IETE
/ENT
ISME
 SES

JALE
AUX

LUI
ET

TABLEAUX

PAR CORPS ET PAR BATAILLES

DES

OFFICIERS TUÉS ET BLESSÉS

PENDANT

LES GUERRES DE L'EMPIRE (1805-1815)

DROITS DE REPRODUCTION ET DE TRADUCTION RÉSERVÉS

TABLEAUX

PAR CORPS ET PAR BATAILLES DES

OFFICIERS TUÉS ET BLESSÉS

PENDANT LES

GUERRES DE L'EMPIRE (1805-1815)

Par A. MARTINIEN

AUX ARCHIVES HISTORIQUES DE LA GUERRE

PARIS
Henri CHARLES-LAVAUZELLE
Éditeur militaire
118, Boulevard Saint-Germain, Rue Danton, 10

(MÊME MAISON A LIMOGES)

AVERTISSEMENT

En entreprenant le travail dont le présent volume n'est qu'une partie, nous avons eu pour but de réunir en un recueil aussi complet que possible les noms des officiers de tout grade et de toute arme tués ou blessés pour la France au cours de nos guerres depuis le règne de Louis XIV inclusivement. La garde nationale et l'armée de mer ne sont pas exceptées, non plus que les officiers étrangers qui étaient au service de France ou qui, servant au titre de leurs nations, ont combattu avec nous comme alliés.

Les listes données aujourd'hui, et par lesquelles débute la publication, comprennent les années 1805 à 1815. Chronologiquement il eût été naturel de commencer par les guerres de l'ancienne monarchie. C'est, au contraire, le dernier volume qui sera consacré à ces guerres et aux campagnes de la République. Il y a là une anomalie évidente, mais elle s'explique aisément si l'on réfléchit que l'éloignement des temps rend les recherches plus difficiles et moins sûres. D'autre part, cela est bien certain, nos annales militaires n'offrent, au point de vue qui nous occupe, rien d'aussi important que les campagnes d'Austerlitz à Waterloo : cette période de dix années a fourni près de 60.000 noms.

Un second volume, actuellement en préparation, comprendra les années 1816 à 1896. Il contiendra à peu près 25.000 noms ; une liste des officiers tués ou blessés dans les insurrections ou émeutes le terminera.

Nous avons rangé les noms par régiments et par batailles, les écrivant comme ils sont écrits dans les contrôles. On ne s'étonnera pas que nous n'ayons pu vérifier l'orthographe de tous.

Employé aux archives du ministère de la guerre, l'auteur pense avoir été à même de présenter des résultats exacts. Il ne s'est pas borné, comme on pourrait le croire, à copier des listes toutes faites. Aussi bien de telles listes n'existent pas au ministère, du moins pour l'époque du premier Empire qui, à elle seule, a exigé le dépouillement de 11.140 cartons, de 2.600 registres ou volumes, soit un travail de plus de dix années.

A la suite des officiers nous aurions voulu nommer les sous-officiers et les soldats tués ou blessés à l'ennemi ; malheureusement cette tâche est, pour plus d'une raison, tout à fait inexécutable. Nous le regrettons plus que nous ne pouvons dire. Par leur courage autant que par leur nombre tous ces humbles méritaient assurément de n'être pas omis dans ce relevé des comptes sanglants de la gloire.

Malgré cette lacune, malgré sans doute quelques autres imperfections inévitables, notre recueil paraîtra peut-être assez rempli pour intéresser à la fois les familles qui s'honorent d'avoir eu des représentants sur nos champs de bataille et les écrivains, aujourd'hui nombreux, qui s'occupent d'histoire militaire.

A. MARTINIEN.

DOCUMENTS CONSULTÉS

1° Ministère de la guerre.

Armée de Saint-Domingue, 1805-1812, ⎫
Grande Armée, 1805-1806-1807,
Armée d'Allemagne, 1809,
Armées du Nord et de Hollande, 1809,
Grande Armée, 1812-1813-1814,
Cent-Jours, armées du Nord, du Rhin, des Alpes, du Jura, du Var, des Pyrénées et de la Loire, 1815,
Armée d'Italie, de 1805 à 1814, ⎬ correspondance.
Armée de Naples et des îles Ioniennes, de 1806 à 1814,
Armée de Dalmatie, de 1806 à 1813,
Armée de Portugal, de 1807 à 1813,
Armée d'Espagne, de 1808 à 1814,
Corse, de 1805 à 1815,
Colonies, de 1805 à 1812, ⎭

Registres de correspondance des maréchaux et généraux.
Mémoires historiques de 1805 à 1815.
Situations des armées de 1805 à 1815.
Situations des divisions militaires de 1805 à 1815.
Historiques des régiments étrangers.
Ouvrages sur les troupes étrangères.
Dossiers des maréchaux et généraux.
Contrôles des états-majors, adjudants-commandants, adjoints à l'état-major, aides de camp, ingénieurs-géographes, officiers des places et guides.
Contrôles des officiers et documents divers sur la gendarmerie.
— — — sur la garde impériale.
— — — sur l'infanterie.
— — — sur la cavalerie.
— — — sur l'artillerie.
— — — sur le génie.
— — — sur les corps hors ligne.
— — — des troupes étrangères au service de France.
Feuilles de journées par département des gardes nationales.
Documents divers sur le train des équipages.
— — sur l'administration de l'armée, service de santé, postes, etc.
Listes mortuaires. Hôpitaux et ambulances de 1805 à 1815.
Pensions militaires (dossiers) de 1801 à 1856.
Classement général (dossiers) de 1792 à 1848.
Documents divers sur les troupes coloniales de 1805 à 1815.
Matricules des officiers de 1816 à 1840 (infanterie, cavalerie, artillerie, génie, etc.).

2° Ministère de la marine.

Guerres maritimes de 1805 à 1815, correspondance.
Equipages de la flotte. Etats-majors des navires armés, documents divers, contrôles des officiers, états de pertes.
Artillerie de la marine, contrôles des officiers, documents divers.
Colonies, documents divers, etc.

3° Archives nationales.

Grande Armée, correspondance de 1812, 1813, 1814.
Documents sur la marine de 1805 à 1815.
Documents sur le royaume d'Italie de 1806 à 1814.

SIGNES ET ABRÉVIATIONS

Col.	Colonel.
Com. d'armes	Commandant d'armes.
Adjud. de P.	Adjudant de place.
Chef de bat.	Chef de bataillon.
Chef d'escad.	Chef d'escadron.
Capit. A.-M.	Capitaine adjudant-major.
Capit.	Capitaine.
Lieut. A.-M.	Lieutenant adjudant-major.
Lieut.	Lieutenant.
S.-lieut. S.-A.-M.	Sous-lieutenant sous-adjudant-major.
S.-lieut.	Sous-lieutenant.
Chirurg.-M.	Chirurgien-major.
Chirurg. A.-M.	Chirurgien aide-major.
Chirurg. S.-A.-M.	Chirurgien-sous-aide-major.
T.	Tué.
B.	Blessé.

NOTA. — Les officiers des 6ᵉ, 7ᵉ et 8ᵉ régiments provisoires d'infanterie, tués ou blessés en Espagne en 1808, étaient détachés d'anciens corps et c'est à ceux-ci qu'on les a fait figurer dans ces listes, ces trois régiments provisoires n'ayant eu qu'une durée éphémère et n'ayant pu concourir, par suite de la capitulation de Baylen, à la formation de nouveaux corps définitifs.

Iʳᵉ PARTIE

L'EMPEREUR NAPOLÉON ET LES PRINCES

L'EMPEREUR NAPOLÉON (1), blessé le 23 avril 1809 devant Ratisbonne.

MURAT, roi de Naples, blessé le 18 octobre 1812, combat de Winkowo.

Eugène de BEAUHARNAIS, vice-roi d'Italie, blessé le 27 novembre 1813 dans une reconnaissance sur Legnago.

Jérome NAPOLÉON, ex-roi de Westphalie, général de division, blessé le 18 juin 1815, bataille de Waterloo.

---

(1) Forte contusion au pied droit.

IIE PARTIE

ÉTAT-MAJOR GÉNÉRAL ET SERVICES GÉNÉRAUX DE L'ARMÉE

I

ÉTAT-MAJOR GÉNÉRAL

Maréchaux de France.

LANNES, B. 26 déc. 1807, combat de Pultusk.

---

8 févr. 1807, bataille d'Eylau.
AUGEREAU, B.
DAVOUT (1), B.

BERNADOTTE, B. 4 mars 1807, combat sur la Passarge.
BERNADOTTE, B. 5 juin 1807, combat de Spanden.
LANNES, B. 22 mai 1809, bataille d'Essling (mort le 31).
BESSIÈRES, B. 6 juill. 1809, bataille de Wagram.
MORTIER, B. 19 nov. 1809, bataille d'Ocaña.
SUCHET, B. 25 oct. 1811, bataille de Sagonte.
MARMONT, B. 22 juill. 1812, bataille des Arapiles.
OUDINOT, B. 17 août 1812, bataille de Polotsk.

DAVOUT, B. 7 sept. 1812, bataille de la Moskowa.
GOUVION-SAINT-CYR, B. 18 oct. 1812, au combat de Polotsk.
OUDINOT, B. 28 nov. 1812, bataille de la Bérésina.
OUDINOT, B. 30 nov. 1812, route de Wilna (à Plescenkovice).
BESSIÈRES, T. 1er mai 1813, affaire de Rippach.
NEY, B. 2 mai 1813, bataille de Lutzen.

18-19 oct. 1813, bataille de Leipzig.
PONIATOWSKI, B. et noyé le 19.
NEY, B. 18.
MARMONT, B. 18.

OUDINOT, B. 29 janv. 1814, bataille de Brienne.
VICTOR, B. 7 mars 1814, bataille de Craonne.
OUDINOT, B. 20 mars 1814, combat d'Arcis-sur-Aube.

---

(1) Forte contusion.

Généraux de division (1).

BISSON, B. 31 oct. 1805, combat de Lambach.
VERDIER, B. 31 oct. 1805, passage de l'Adige.
DEROY (Bavarois), B. 2 nov. 1805, combat de Reichenhall.
OUDINOT (2), B. 16 nov. 1805, combat d'Hollabrünn.

2 déc. 1805, bataille d'Austerlitz.
KELLERMANN (fils), B.
LEBLOND DE SAINT-HILAIRE, B.
WALTHER, B.

14 oct. 1806, bataille d'Auerstœdt.
GUDIN, B.
MORAND, B.

14 oct. 1806, bataille d'Iéna.
LEMAROIS, B.
VICTOR, B.

RAPP (3), B. 26 déc. 1806, combat de Golymin.
BECKER, B. 3 févr. 1807, affaire du château de Froseyn.

8 févr. 1807, bataille d'Eylau.
JARDIN dit DESJARDIN, B. (mort le 11.)
D'HAUTPOUL, B. (mort le 14.)
HEUDELET, B.
MORAND, B.
FRIANT, B.
GROUCHY, B.

DOMBROWSKI (Polonais), B. 23 févr. 1807, combat de Dirschau.
LARIBOISIÈRE, B. mai 1807, siège de Dantzig.

10 juin 1807, bataille d'Heilsberg.
ROUSSEL, T.
ESPAGNE, B.

TEULIÉ (Italien) (4), B. 14 juin 1807, au siège de Colberg (mort le 18).

14 juin 1807, bataille de Friedland.
DROUET D'ERLON, B.
FAY DE LATOUR-MAUBOURG, B.
DOMBROWSKI (Polonais), B.

LOISON, B. 29 juill. 1807, siège de Stralsund.
DUHESME, B. 30 juin 1808, combat sur le Lhobregat (Catalogne).
GOBERT, B. 16 juil. 1808, combat devant Baylen (Andalousie), mort le 17.
DUPONT (5), B. 19 juill. 1808, bataille de Baylen.
VERDIER, B. 4 août 1808 à l'attaque de Saragosse.
DELABORDE, B. 17 août 1808 au combat de Roriça (Portugal).
LAGRANGE, B. 23 nov. 1808, bataille de Tudela.
LEFEBVRE-DESNOETTES, B. 29 déc. 1808, combat de Benavente.
MERMET, B. 16 janv. 1809, combat de la Corogne.
MERLE, B. 29 mars 1809, bataille d'Oporto.
SÉVEROLI (Italien), B. 16 avril 1809, bataille de Sacile (Italie).
CERVONI (6), T. 23 avril 1809, combat de Ratisbonne.
SERAS, B. 29 avril 1809, combat de Soave (Italie).
MACDONALD (7), B. 8 mai 1809, bataille de la Piave.
DELABORDE, B. 12 mai 1809 à l'attaque d'Oporto.
MARMONT (8), B. 17 mai 1809 au combat de Gradschatz (Croatie).
CHABOT, B. 22 mai 1809, combat de Hyel (Catalogne).

---

(1) Lieutenants généraux en 1814.
(2) Commandant la division de grenadiers.
(3) Aide de camp de l'Empereur.
(4) Commandant la division italienne.
(5) Commandant le corps d'observation de la Gironde.
(6) Tué en venant se mettre à la disposition de l'Empereur.
(7) Commandant l'aile droite de l'armée d'Italie.
(8) Commandant l'armée de Dalmatie.

21 et 22 mai 1809, bataille d'Essling.
ESPAGNE, T. 21.
LEBLOND DE SAINT-HILAIRE, B. 22 (mort le 3 juin).
OUDINOT, B. 22.
CLAPARÈDE, B. 22.
THARREAU, B. 21.
LEGRAND, B. 21 et 22.
DUROSNEL, B. 22.
MOUTON (1), B. 22.
FRANQUEMONT (Wurtembergeois), B. 21.

CARTERET (Hollandais), T. 31 mai 1809 à la prise de Stralsund (contre les partisans de Schill).
SÉVEROLI (Italien), B. 14 juin 1809, bataille de Raab.

5 et 6 juill. 1809, bataille de Wagram.
LASALLE, T. 6.
FRÈRE, B. 6.
OUDINOT (2), B. 6.
GRENIER, B. 5.
FRIANT, B. 6.
GUDIN, B. 6.
PACTHOD, B. 6.
SERAS, B. 5.
VANDAMME, B. 6.
VIGNOLLE (3), B. 5.
SAHUC, B. 5.
DE WRÈDE (Bavarois), B. 6.

DELAROCHE, B. 8 juill. 1809 aux avant-postes près de Bayreuth.
CLAPARÈDE, B. 11 juill. 1809, bataille de Znaïm.
LAPISSE, B. 28 juill. 1809, bataille de Talavera-de-la-Reyna (mort le 30).
RUSCA, B. 4 nov. 1809, combat de Nieder-Rasen (Tyrol).
LEVAL, B. 19 nov. 1809, bataille d'Ocana.
SOUHAM, B. 20 févr. 1810, combat de Vich (Catalogne).
MERLE, B. 27 sept. 1810, bataille de Busaco.

SÉNARMONT (4), T. 26 oct. 1810 au siège de Cadix.
DECAEN (5), B. nov. 1810, défense de l'île de France.
VANDERMAESSEN, B. 1er déc. 1810, combat des Tombeaux (Ile de France).
GAZAN, B. 7 févr. 1811 au siège de Badajoz.

5 mars 1811, combat de Chiclana, devant Cadix.
RUFFIN, B. (mort le 15 mai).
VILLATTE, B.

GAZAN, B. 16 mai 1811, bataille d'Albuhéra.
MERMET, B. 15 mai 1811, combat de Lascava-de-Fos-de-Arons (Portugal).
HARISPE, B. 29 mai 1811 au siège de Tarragone.
CAFFARELLI, B. 29 févr. 1812, affaire près de Roncal.
PHILIPPON, B. 3 avril 1812, défense Badajoz.

22 juill. 1812, bataille des Arapiles.
FEREY, B. (mort le 24).
BONET, B.
CLAUZEL, B.

DESSAIX, B. 23 juillet 1812, combat de Mohilow.

17 août 1812, bataille de Smolensk.
FRIANT, B.
ZAYONCHEK (Polonais), B.

18 août 1812, bataille de Polotsk.
DEROY (Bavarois), B. (mort le 23).
GOUVION SAINT-CYR (6), B.
VERDIER, B.
DE WRÈDE (Bavarois), B.

GUDIN, B. 19 août 1812, bataille de Valoutina-Gora (mort le 22).

---

(1) Aide de camp de l'Empereur.
(2) Commandant le 2e corps.
(3) Chef d'état-major de l'armée d'Italie.

(4) Commandant l'artillerie devant Cadix.
(5) Gouverneur général de l'île de France.
(6) Commandant le 6e corps (Bavarois).

7 sept. 1812, bataille de la Moskowa.
MONTBRUN (1), T.
CAULAINCOURT (2), T.
THARREAU, B. (mort le 26).
COMPANS, B.
DESSAIX, B.
FRIANT, B.
GROUCHY (3), B.
LAHOUSSAYE, B.
MORAND, B.
CHAMPION DE NANSOUTY (4), B.
RAPP, B.
DE SAINT-GERMAIN, B.
SOKOLNICKI (Polonais), B.
DE SCHÉLER (Wurtembergeois), B.

BELLIARD, B. 8 sept. 1812, combat route de Mojaïsk.
PAJOL, B. 9 sept. 1812, combat devant Mojaïsk.

18 oct. 1812, combat de Winkowo.
FISZER (Polonais), T.
LEFEBVRE-DESNOETTES, B.

LEGRAND, B. 18 oct. 1812, combat de Polotsk.

24 oct. 1812,
bataille de Malojaroslawetz.
DELZONS, T.
BROUSSIER, B.
PINO (Italien), B.

LAHOUSSAYE, B. 5 nov. 1812, route de Smolensk.
D'ANTHOUARD (5), B. 7 nov. 1812, combat près de Smolensk.

18 nov. 1812, combat de Krasnoë.
RAZOUT, B.
RICARD, B.

26 et 28 nov. 1812,
bataille de la Bérésina.
CLAPARÈDE, B. 28.
GIRARD, B. 28.
LEGRAND, B. 28.
RAPP (6), B. 28.
AMEY, B. 28.
PONIATOWSKI (7) (Polonais), B. 26.
ZAYONCHEK (Polonais), B. 26.
DOMBROWSKI (Polonais), B. 26.
KNIAZIEWICZ (Polonais), B. 28.

EXELMANS, B. 10 déc. 1812, combat devant Wilna.
MORAND (Joseph), T. 2 avril 1813, combat de Lunebourg.
GRENIER, B. 4 avril 1813, combat de Nedlitz.

2 mai 1813, bataille de Lutzen.
GIRARD, B.
BRENIER, B.
SOUHAM, B.
ROCHAMBEAU, B. 19 mai 1813, combat d'Eichberg.

20 et 21 mai 1813,
batailles de Bautzen et Wurschen.
GÉRARD, B.
KELLERMANN, B.
LATRILLE DE LORENCEZ, B.
FRANQUEMONT (Wurtembergeois), B.

22 mai 1813, combat de Reichenbach.
DU ROC (de Michel) (8), B. (mort le 23).
KIRGENER DE PLANTA (9), T.
BRUGIÈRE, dit BRUYÈRE, B. (mort le 5 juin).

GÉRARD, B. 25 mai 1813, affaire en avant de Lauban (Saxe).

21 juin 1813, bataille de Vittoria.
SARRUT, B. (mort le 26).
DARRICAU, B.
DIGEON, B.
LAFON-BLANIAC (Espagnol), B.

---

(1) Commandant le 2ᵉ corps de cavalerie; tué devant la grande redoute.
(2) Tué au moment où il pénétrait dans la grande redoute à la tête de la 2ᵉ division de cuirassiers.
(3) Commandant le 3ᵉ corps de cavalerie.
(4) Commandant le 1ᵉʳ corps de cavalerie.
(5) Aide de camp du vice-roi d'Italie (prince Eugène).

(6) Aide de camp de l'Empereur.
(7) Commandant le 5ᵉ corps (Polonais).
(8) Grand maréchal du palais.
(9) Commandant le génie de la garde impériale.

Foy, B. 22 juin 1813, combat de Mondragon (Espagne).
Conroux, B. 28 juill. 1813, combat de Villalba.
Domon (Napolitain), B. 21 août 1813, affaire de Lowenberg.
Claparède, B. 22 août 1813, combat de Gieshübel.

26 août 1813, affaire de la Katzbach.
Gérard, B.
Roussel d'Hurbal, B.

26 août 1813, bataille de Dresde.
Dumoustier, B.
Roguet, B.

Girard, B. 27 août 1813, combat de Lubnitz.

30 août 1813, affaire de Culm.
Vandamme (1), B.
Haxo, B.
Corbineau (J.-B.-I.), B.

31 août 1813, combat du pont de Bera, passage de la Bidassoa.
Vandermaessen, B. (mort le 1er sept.).
Mignot de Lamartinière, B. (mort le 6 sept.).

Campredon, B. 10 oct. 1813, défense de Dantzig.
Poniatowski (2) (Polonais), B. 12 oct. 1813, affaire route de Rotha, près Leipzig.
Gratien, B. 16 oct. 1813, combat d'avant-postes en Italie.

16, 18 et 19 oct. 1813, bataille de Leipzig.
Vial, T. 18.
Aubry, B. (mort le 10 nov.).
Delmas, B. 18 (mort le 20).
Friédérichs, B. 18 (mort le 20).
Rochambeau, B. 19 (mort le 20).

Belliard (3), B. 18.
Compans, B. 16 et 18.
Gérard, B. 18.
Lefol, B. 16.
Charbonnel, B. 18.
De Fay de Latour-Maubourg (4), B. 16, amputé.
Maison, B. 16.
Pajol, B. 16.
Souham, B. 18.
Sébastiani, B. 18.
Ledru des Essarts, B. 18.
Rozniecki (Polonais), B. 19.
Kamieniecki (Polonais), B. 18.

Champion de Nansouty (5), B. 30 oct. 1813, bataille de Hanau.
Pacthod, B. 30 et 31 oct. 1813, défense du pont de Sachsenhausen.
Danloup-Verdun (Westphalien), B. 2 nov. 1813, combat en avant du Rhin (près de Mayence).
Verdier, B. 10 nov. 1813, combat de Ala (Italie).
Conroux, B. 10 nov. 1813, combat de Sarre (mort le 11).
Villatte, B. 10 déc. 1813, combat sur la Nive, près de Bayonne.

13 déc. 1813, combat de Saint-Pierre-d'Irube.
Darricau, B.
Maransin, B.

Castex, B. 23 janv. 1814, combat de Saint-Trond, près de Liège.

29 janv. 1814, bataille de Brienne.
Decouz, B. (mort le 18 févr.).
Lefebvre-Desnoettes, B.

Drouot (6), B. 1er févr. 1814, bataille de la Rothière.
Lagrange (J.), B. 10 févr. 1814, combat de Champaubert.

---

(1) Commandant le 1er corps. Prisonnier de guerre.
(2) Commandant le 8e corps (Polonais).
(3) Chef d'état-major général de la réserve de cavalerie.
(4) Une jambe emportée. Commandant le 1er corps de cavalerie.
(5) Commandant la cavalerie de la garde impériale.
(6) Commandant l'artillerie de la garde impériale.

11 févr. 1814, bataille de Montmirail.
CHAMPION DE NANSOUTY, B.
MICHEL, B.

RUSCA, T. 14 févr. 1814, sur les remparts de Soissons.
GROUCHY, B. 23 févr. 1814, à la prise de Troyes.
FOY, B. 27 févr. 1814, bataille d'Orthez.

7 mars 1814, bataille de Craonne.
CHAMPION DE NANSOUTY, B.
GROUCHY, B.
BOYER DE REBEVAL, B.

SÉVEROLI (Italien), B. 7 mars 1814, combat de Reggio.

20 mars 1814, combat d'Arcis-sur-Aube.
JANSSENS, B.
LEVAL, B.
CORBINEAU, B.
PAC (Polonais) (1), B.

25 mars 1814, combat de Fère-Champenoise.
PACTHOD, B.
BIGARRÉ, B.

30 mars 1814, bataille de Paris.
RICARD, B.
MICHEL, B.
ARRIGHI, B.

10 avril 1814, bataille de Toulouse.
TAUPIN, T.
HARISPE, B.

LETORT, T. 15 juin 1815, dans un combat chaussée de Charleroi.

(1) Commandant une division de cavalerie polonaise.

16 juin 1815, bataille de Ligny.
GIRARD, B. (mort le 27).
KELLERMANN, B.
HABERT, B.
DOMON, B.
MAURIN, B.

18 juin 1815, bataille de Waterloo ou de Mont-Saint-Jean.
DESVAUX DE SAINT-MAURICE (2), T.
DUHESME, B. (assassiné le 19, mort le 20).
MICHEL, T.
BACHELU, B.
BAILLY DE MONTHION, B.
BARROIS, B.
COLBERT (E.), B.
DURUTTE, B.
FOY, B.
FRIANT, B.
GUYOT, B.
DELORT, B.
SIMMER, B.
LHÉRITIER, B.
ROUSSEL D'HURBAL, B.
RADET (3), B.

GÉRARD (4), B. 18 juin 1815, combat de Wavre.
VANDAMME (5), B. 20 juin 1815, combat de Namur.
BIGARRÉ, B. 21 juin 1815, combat d'Auray.
LECOURBE (6), B. 26 juin 1815, combat des Trois-Maisons, près Belfort.
VICHERY, B. 3 juillet 1815, combat en avant de Vaugirard.
MEUNIER SAINT-CLAIR, B. 4 juillet 1815, combat près Belfort (reconnaissance sous Giromagny).

(2) Commandant l'artillerie de la garde impériale.
(3) Grand prévôt de l'armée du Nord.
(4) Commandant le 4° corps.
(5) Commandant le 3° corps.
(6) Commandant le corps d'armée du Jura.

Généraux de brigade (1).

BARQUIER, B. 11 mars 1803, combat de Santo-Domingo (Antilles).
CAZALS, B. 10 oct. 1805 au pont de Guntzbourg.
BRUN, T. 30 oct. 1805, combat de Caldiéro.
FOUCHER DE CAREIL, B. 16 nov. 1805, combat de Gunterbourg.

2 déc 1805, bataille d'Austerlitz.
VALHUBERT, T.
COMPANS, B.
DEMONT, B.
VAGNAIR DE MARISY, B.
MARGARON, B.
MORAND, B.
RAPP, B.
SCALFORT, B.
SÉBASTIANI, B.
THIÉBAULT, B.
VARÉ, B.

GRIGNY, T. 10 févr. 1806, devant Gaëte.

12 juin 1806, siège de Gaëte.
VALLONGUE, B. (mort le 17).
DEDON, B.

DELEGORGUE, T. 17 juin 1806, combat contre les Monténégrins près de Raguse.
COMPÈRE, B. 4 juill. 1806, combat de Sainte-Euphémie (Calabre).

14 oct. 1806, bataille d'Auerstædt.
DEBILLY, T.
GAUTHIER, B.
PETIT, B.
BONNET D'HONNIÈRES, B.

14 oct. 1806, bataille d'Iéna.
CONROUX, B.
GRAINDORGE, B.
LEDRU DES ESSARTS, B.
VIALA, B.

DELAROCHE, B. 26 nov. 1806, combat de Hameln.
BROUARD, B. 23 déc. 1806, combat de Czarnowo.
VONDERWEIDT, B. 26 déc. 1806, combat de Soldau.

26 déc. 1806, combat de Golymin.
FÉNEROLS, T.
LEFRANC, B.
BOUSSARD, B.

26 déc. 1806, combat de Pultusk.
CLAPARÈDE, B.
MARULAZ, B.
TRELLIARD, B.
VEDEL, B.

PACTHOD, B. 25 janv. 1807, combat de Mohrungen.

5 févr. 1807, combat de Deppen.
GARDANE, B.
DE FAY DE LATOUR-MAUBOURG, B.

NOIROT, B. 6 févr. 1807, combat de Hoff.

8 févr. 1807, bataille d'Eylau.
BINOT, T.
LOCHET, T.
CORBINEAU, T.
BONNET D'HONNIÈRES, B. (mort le 11).
DAHLMANN (2), B. (mort le 10).
VARÉ, B. (mort le 14 mars).
ALBERT, B.
LEVASSEUR, B.
AMEY, B.
LEDRU DES ESSARTS, B.
LEVAL, B.
PICARD, B.
BONARDI DE SAINT-SULPICE, B.
SARRUT, B.
BRUYÈRE, B.

---

(1) Maréchaux de camp en 1814.

(2) Commandant les chasseurs à cheval de la garde impériale.

16 févr. 1807, combat d'Ostrolenka.
CAMPANA, T.
RIGAU, B.

DIGEON, B. 10 avril 1807 au siège de Stralsund.
ROGUET, B. 5 juin 1807, combat de Guttstadt.

6 juin 1807, combat de Deppen.
DUTAILLIS, B.
MARCOGNET, B.

GUYOT, T. 8 juin 1807, combat de Kleinenfeld.

10 juin 1807, bataille d'Heilsberg.
FEREY, B.
LATRILLE DE LORENCEZ, B.
FOULER, B.
VEDEL, B.
VIVIÈS, B.

14 juin 1807, bataille de Friedland.
CARRIÉ, B.
CŒHORN, B.
HARISPE, B.
LEBRUN (1), B.
MOUTON, B.
VEDEL, B.
BRUN (J.-A.), B.
CONROUX, B.

THOUVENOT, B. 14 juin 1807, siège de Colberg.
BUGET, B. 15 juin 1807, combat devant Kœnigsberg.
AVRIL, B. 28 juin 1808, affaire d'Estremoz (Portugal).

28 juin 1808, attaque de Valence (Espagne).
RAZOUT, B.
CAZALS, B.

CASSAGNE, B. 2 juill. 1808, combat de Jaen (Andalousie).
DARMAIGNAC, B. 14 juill. 1808, bataille de Médina-del-Rio-Secco.

19 juill. 1808, bataille de Baylen.
DUPRÈS, B. (mort le 21).
SCHRAMM, B.

RENÉ, assassiné le 29 juill. 1808 à la Caroline (Andalousie) par la populace.

4 août 1808, attaque de Saragosse.
LEFEBVRE-DESNOETTES, B.
LECAT DE BAZANCOURT, B.

21 août 1808, bataille de Vimeiro (Portugal).
BRENIER, B.
CHARLOT, B.
SOLIGNAC, B.
THOMIÈRES, B.

GOULLUS, B. 26 nov. 1808, combat de Garcia (Catalogne).
AUBRÉE, T. 1er déc. 1808, dans une reconnaissance près de Saragosse.

2 et 3 déc. 1808, combats devant Madrid.
LABRUYÈRE, B. 2 (mort le 3).
MAISON, B. 3.

PÉPIN, B. 23 déc. 1808, combat devant Saragosse.
COLBERT (A.-F.-M.), T. 3 janv. 1809, combat de Prieros (Espagne).

16 janv. 1809, combat de la Corogne.
MANIGAULT dit GAULOIS, T.
LEFEBVRE, B.

Janv. et févr. 1809, siège de Saragosse.
LACOSTE (2), T. 2 févr.
ROSTOLLAND, B. 28 janv.
BUGET, B. 28 janv.

FOY, B. 20 mars 1809, devant Braga (Portugal).
JARDON, T. 25 mars 1809, combat de Negrolos (Portugal).
BORDESSOULLE, B. 28 mars 1809, bataille de Médellin.

---

(1) Aide de camp de l'Empereur.

(2) Aide de camp de l'Empereur, commandant le génie devant Saragosse.

DESSAIX, B. 10 avril 1809, combat de Venzone (Italie).
FONTANE (Italien), B. 14 avril 1809, combat de San-Feliu (Espagne).

16 *avril* 1809, *bataille de Sacile.*
DUTRUY, B.
GARREAU, B.
PAGÈS, B.
TESTE, B.

FISZER (Polonais), B. 19 avril 1809, combat de Raszyn (Pologne).
HERVO, T. 21 avril 1809, dans une reconnaissance à Pessingen (Bavière).
CLÉMENT DE LA RONCIÈRE (1), B. 22 avril 1809, bataille d'Eckmühl.
SCHRAMM, B. 23 avril 1809, combat de Ratisbonne.
JULIEN (Italien), B. 24 avril 1809, combat de Roveredo.
SORBIER, B. 29 avril 1809, combat de Soave (mort le 21 mai).
SOYEZ, B. 30 avril 1809, combat de Kravnibrod (Croatie).
DEBROC, B. 2 mai 1809, combat de Montebello.

8 *mai* 1809, *bataille de la Piave.*
RIOULT-DAVENAY, B. (mort le 1ᵉʳ juin).
POINSOT, B.

12 *mai* 1809, *évacuation d'Oporto.*
ARNAUD, B.
RAYNAUD, B.

PELLETIER DE MONTMARIE (L.-F.), B. 12 mai 1809, combat dans le Tyrol.
HARISPE, B. 15 mai 1809, combat de Mouzon (Espagne).

21 *mai* 1809, *combat de Gospich (Croatie).*
SOYEZ, B.
LAUNAY, B.

21 *et* 22 *mai* 1809, *bataille d'Essling.*
POUZET, T. 22.
FOULER, B. 22.

GROS, B. 22.
LELIÈVRE DE LAGRANGE (2), B. 21.
MARULAZ, B. 22.
CURIAL, B. 22.
NAVELET, B. 22.
DE PIRÉ, B. 22.
DESTABENRATH, B. 22.
DE NEUFFER (Wurtembergeois), B. 21.

MAUCUNE, B. 23 mai 1809, combat de Santiago (Espagne).
DELZONS, B. 24 mai 1809, combat d'Ottochatz (Croatie).
TOUSARD, B. 31 mai 1809, combat du pont de Lintz.
GUILLAUME DE VAUDONCOURT (Italien), B. 31 mai 1809, dans une reconnaissance en Tyrol.
PETIT, T. 3 juin 1809, prise du pont de Presbourg.

14 *juin* 1809, *bataille de Raab.*
VALENTIN, B.
D'ANTKOUARD, B.

DALESME, B. 22 juin 1809, combat sur le Danube.
LEDRU DES ESSARTS, B. 1ᵉʳ juill. 1809, combat dans l'île de Lobau (Vienne).

5 *et* 6 *juill.* 1809, *bataille de Wagram.*
DUPRAT, T. 6.
GUIOT DE LA COUR (3), B. 6 (mort le 28).
GAUTIER, B. 6 (mort le 14).
DE HARTITZSCH (Saxon), B. 6 (mort le 24).
ALMÉRAS, B. 6.
BEAUPRÉ, B. 6.
BORDESSOULLE, B. 6.
BRUYÈRE, B. 6.
COEHORN, B. 6.
COLBERT (E.), B. 6.
CORBINEAU, B. 6.
COSSON, B. 6.
DESAILLY, B. 6.
FITEAU, B. 6.
DE FRANCE, B. 6.
GENCY, B. 5.
GÉRARD, B. 5.

---

(1) Un bras emporté.
(2) Un bras emporté.
(3) Une jambe emportée.

GILLY, B. 6.
GRILLOT, B. 6.
HUART, B. 6.
LECLERC, B. 6.
MARULAZ, B. 6.
REYNAUD, B. 6.
VEAUX, B. 5.
LATRILLE DE LORENCEZ, B. 6.
LECOQ (Saxon), B. 6.
ZETTWITZ (Saxon), B. 6.

BRUYÈRE, B. 10 juill. 1809, combat de Schongraben.

11 juill. 1809, bataille de Znaïm.
BERTRAND, B.
DELZONS, B.
DESTABENRATH, B.

28 juill. 1809, bataille de Talavera-de-la-Reyna.
DE PORBECK (Badois), T.
REY, B.
BEAUMONT, B.

VAGNAIR DE MARISY, B. 8 août 1809, prise du pont de l'Arzobispo.
OSTEN, B. 11 août 1809, défense de Flessingue (Ile de Walcheren).
HADELN (Westphalien), T. 1er sept. 1809, combat de Sarria (Catalogne).
JOBA, T. 6 sept. 1809, combat de San-Grégorio (devant Girone).
LORCET, B. 18 oct. 1809, combat de Tamamès (Espagne).
DUMOULIN, B. 1er et 7 nov. 1809, combats de Santa-Colonna (Catalogne).
PARIS D'ILLINS, T. 18 nov. 1809, combat d'Ontigola.
GIRARD, B. 19 nov. 1809, bataille d'Ocana.
CARRIÉ, B. 28 nov. 1809, combat d'Alba-de-Tormès.
BEAURGARD, dit WOIRGARD, T. 19 févr. 1810, combat de Valverde.
BOUSSARD, B. 23 avril 1810, combat devant Lérida.
BUGET, B. 30 avril 1810, siège de Lérida.

27 sept. 1810, bataille de Busaco (Portugal).
GRAINDORGE, B. (mort le 1er oct.).
BÉCHAUD, B.
FOY, B.
MAUCUNE, B.
SIMON, B.
SOULT (1), B.

GAMBS (Napolitain), T. 8 oct. 1810, affaire de Lago-Négro (Calabre).
DESCORCHES DE SAINTE-CROIX, T. 12 oct. 1810 aux avant-postes à Villafranca (Espagne).
D'ABOVILLE (A.-G.), B. 20 oct. 1810 au siège de Cadix.
LE CAPITAINE (Espagnol), B. 3 janv. 1811 dans une reconnaissance à Anover (Espagne).
EUGÈNE ORSATELLI (Italien), B. 11 janv. 1811, combat de Vals (Catalogne) (mort le 12 mai).
VAGNAIR DE MARISY, assassiné le 1er fév. 1811 à Talavera-de-la-Vieja (par des bergers espagnols).
CHAUDRON-ROUSSEAU, T. 5 mars 1811, combat de Chiclana, devant Cadix.
CHAMORIN, T. 25 mars 1811, combat de Campo-Mayor.

5 mai 1811, bataille de Fuentès-d'Onôro.
MAUCUNE, B.
LORCET, B.

16 mai 1811, bataille d'Albuhéra.
PEPIN, T.
WERLÉ, T.
BRAYER, B.
MARANSIN, B.

SALME, T. 27 mai 1811 au siège de Tarragone.
LATRILLE DE LORENCEZ, B. 18 juin 1811, siège de Tarragone.
VALLETAUX, T. 23 juin 1811, combat de Quintanilla-de-Valle (Espagne).
FERRIER (Napolitain), B. 15 juill. 1811, combat de Calatayud (Catalogne).
CORSIN, B. 27 août 1811, affaire d'Astorga.

---

(1) Frère du maréchal.

CHARBONNEL, B. 1811, défense du fort de la Conception (Espagne).
RIGNOUX, B. 10 oct. 1811, combat dans la Serra-de-Ronda (Andalousie).
HUGO (Espagnol), B. oct. 1811, dans une affaire à Sanguessa (Espagne).

25 oct. 1811, bataille de Sagonte.
PELLETIER DE MONTMARIE (L.-F.), B.
PARIS, B.

ESPERT (Espagnol), B. 11 déc. 1811, dans un combat route de Madrid.
BOUSSARD, B. 26 déc. 1811, combat devant Valence.
SOULIER, B. 5 févr. 1812, combat de Sanguessa.
MARANSIN, B. 16 févr. 1812, combat de Cartama (Espagne).
BOURKE, B. 5 mars 1812, combat de Roda (Espagne).
VEILAND, B. 6 avril 1812, défense de Badajoz.
ZENARDI (Napolitain), B. 20 avril 1812, en Calabre, par le feu d'une péniche anglaise.
BERTOLETTI (Italien), B. 21 avril 1812, combat devant Tarragone.
HAMELINAYE, B. 24 juin 1812, dans un combat en Catalogne.
SAINT-GENIÈS (1), B. 15 juill. 1812, combat sur la Drissa (Russie).
CARRIÉ, B. 18 juill. 1812, combat de cavalerie en avant de Salamanque.
DEMBOWSKI, B. 16 juillet 1812, combat devant Valladolid (mort le 18).

22 juill. 1812, bataille des Arapiles.
THOMIÈRES, T.
BERTHELOT-GANIVET DESGRAVIERS, B. (mort le 26).
MENNE, B.

SOULT, B. 23 juill. 1812, combat d'Alba-de-Tormès.

26 juill. 1812, combat d'Ostrowno (Russie).
DERY (Napolitain), B.
NIEMOCINSKI (Polonais), B.

ROUSSEL, T. 26 juill. 1812, à Ostrowno (aux avant-postes, par une sentinelle).
CAILLOUX dit POUGET, B. 11 août 1812, combat devant Polotsk.
VETTER DE LILIENBERG (Autrichien), B. 12 août 1812, combat de Podobna.

17-18 août 1812, bataille de Polotsk.
VALENTIN, B. 18.
CAILLOUX dit POUGET, B. 18.
SIEBEIN (Bavarois), B. 18 (mort le 23).
DE RAGLOWICH (Bavarois), B. 18.
DE VINCENTI (Bavarois), B. 17.

16-18 août 1812, bataille de Smolensk.
GRABOWSKI (M.) (Polonais), T. 18.
GRANDEAU, B. 18.
GRATIEN, B. 18.
MIELZINSKI (Polonais), B. 16.
DE KOCH (Wurtembergeois), B. 18.

19 août 1812, bataille de Valoutina-Gora.
DESAILLY, B.
DALTON, B.

7 sept. 1812, bataille de la Moskowa.
COMPÈRE, T.
DAMAS (Westphalien), T.
HUARD, T.
LANABÈRE, T.
DE LEPEL (Westphalien), T.
MARION, T.
PLAUZONNE, T.
ROMEUF, B. (mort le 9).
DE BREUNING (Wurtembergeois), B. (mort le 30 octobre).
ALMÉRAS, B.
BESSIÈRES (2), B.
BONNAMY, B.
BORDESSOULLE, B.
DE BORSTELL (Westphalien), B.
BOYER DE REBEVAL, B.
BRUNY, B.
CHLOPICKI (Polonais), B.
CHOUARD, B.
DOMMANGET, B.
DUFOUR, B.
GENGOULT, B.

---

(1) Prisonnier de guerre le même jour.

(2) Frère du maréchal.

LEGRAS (Westphalien), B.
HAMMERSTEIN (Westphalien), B.
DE WICKENBERG (Westphalien), B.
KRASINSKI (Polonais), B.
QUEUNOT, B.
MOURIER, B.
- SUBERVIE, B.
TESTE, B.
THIRY, B.
TRIAIRE, B.
D'HENIN, B.
CATTANEO (Napolitain) (1), B.
BURTHE, B.

CHASSERAUX, B. 8 sept. 1812, combat de Bilbao.
CHLOPICKI (Polonais), B. 10 sept. 1812, en avant de Mojaïsk.
CASSAN, B. 12 sept. 1812, combat d'Ousue (Navarre).
FERRIER (Napolitain), B. 29 sept. 1812, combat en avant de Moscou.
MARIASSY DE MARGUSFALVA (Autrichien), B. 4 oct. 1812, combat près de Triszyn.
PRINCE DE LICHTENSTEIN (A.) (Autrichien), B. 8 oct. 1812, combat de Triszyn.

18 oct. 1812, combat de Winkowo.
DERY (Napolitain) (1), T.
SULKOWSKI (Polonais), B.

KONOPKA (Polonais), T. 19 oct. 1812, combat de Slonim (Lithuanie).
CHAUVEL, B. 23 oct. 1812, déblocus de Burgos.

---

24 oct. 1812, bataille de Malojaroslawetz.
LÉVIÉ (Italien), T.
BERTRAND DE SIVRAY, B.
SERRANT, B.
FONTANE (Italien), B.
GIFFLENGA (Italien), B.
FABRE, B. 2 nov. 1812, combat près de Wiasma.
CAILLOUX dit POUGET, B. 7 nov. 1812 par un parti de Cosaques, près de Smolensk.

---

(1) Aide de camp du roi de Naples (Murat).

LATRILLE DE LORENCEZ, B. 11 nov. 1812, combat devant Smolensk.
PAKOSZ (Polonais), B. 14 nov. 1812, combat de Minsk (Lithuanie) (mort en décembre).
HEYLIGERS, B. 14 nov. 1812, combat devant Smolensk.
KOSSECKI (Polonais), B. 15 nov. 1812, affaire devant Minsk.
DE KERNER (Wurtembergeois), B. 15 nov. 1812, route de Krasnoë.

---

17 et 18 nov. 1812, bataille de Krasnoë.
LANCHANTIN, B. 17, disparu.
LEGUAY, B. 18 (mort le 16 déc.).
BERTRAND DE SIVRAY, B. 18.
BARBANÈGRE, B. 18.
DUFOUR, B. 18.
ORNANO, B. 18.
SIMMER, B. 18.

CASTELLA, B. 23 nov. 1812 dans un combat pendant la retraite.

26, 27 et 28 nov. 1812, bataille de la Bérésina.
CANDRAS, T. 28.
GROISNE, B. 28 (disparu).
SIMMER, B. 28.
BARTIER-SAINT-HILAIRE, B. 27.
ALBERT, B. 26.
BLANMONT, B. 28.
CASTEX, B. 27.
DELAITRE, B. 28.
FOURNIER, B. 28.
MOREAU, B. 28.
DEVILLIERS, B. 26.
MOURIER, B. 28.
LINGG (Badois), B. 28.
DAMAS (service de Berg), B. 28.
DZIEWANOWSKI (Polonais), B. 28.
GEITHER (service de Berg), B. 26.

KAMIENSKI (Polonais), B. 29 nov. 1812, affaire de Plescenkovice.
DEVILLIERS, B. 3 déc. 1812, combat de Molodeczno (Lithuanie).
DELORT DE GLÉON, B. 9 déc. 1812, combat devant Wilna, massacré le 10, à la porte de Kowno (Wilna) (mort le 1ᵉʳ janv. 1813).

Coutard, B. 9 déc. 1812, combat en avant de Wilna.
Vichery, B. 3 févr. 1813, combat de Séguensa (Espagne).
Devilliers, B. 5 mars 1813 dans une sortie de la garnison de Dantzig.
Bronikowski (Polonais), B. 18 avril 1813, défense de Wittenberg.
Fulgraf (Westphalien), B. 2 mai 1813, défense de Custrin.

2 mai 1813, bataille de Lutzen.

Gouré, T.
Grillot, B. (mort le 19).
Goris, B.
Anthing, B.
Cacault, B.
Chemineau, B. (amputé).
Chasseraux, B.
Jamin, B.
Thomas (J.), B. 7 mai 1813, combat de Nossen (Saxe).
Guéheneuc, B. (1) 1813 dans une reconnaissance en Saxe.
Balathier (Italien), B. 19 mai 1813, combat d'Eichberg (Saxe).
Boisserolle, B. 19 mai 1813, combat d'Eichberg (Saxe).

20-21 mai 1813, batailles de Bautzen et de Wurschen.

Garnier-Laboissière, B. 20 (mort le 15 sept.).
Sicard, B. 21 (mort le 13 juin).
Ambrosio (Napolitain), B. 20.
Buquet, B. 21.
Lejeune, B. 21.
De Neuffer (Wurtembergeois), B. 21.
Obert, B. 21.
Anthing, B. 21.
Poinsot, B. 24 mai 1813, affaire de Konnern (Westphalie).
Bardet, B. 28 mai 1813, affaire d'Hoyerswerda.
Pastol, T. 31 mai 1813, combat de Neukirch.
Stockmayer (Wurtembergeois), B. 31 mai 1813, combat de Prossen.

(1) Dans le dossier, blessé en Saxe 1813, sans autres indications.

21 juin 1813, bataille de Vittoria.
Lecamus, B.
Vinot, B.
Le Capitaine (Espagnol), B.

Rignoux, B. 25 juill. 1813, combat du col de Maya.
Schweiter, B. 28 juill. 1813, combat de Villalba (Espagne).
Meunier dit Saint-Clair, B. 1ᵉʳ août 1813, combat de Ihanzi près Tchalar.
Beurmann (F.-A.), B. 19 août 1813, combat de Helle (Silésie).
Penne, B. 21 août 1813, affaire de Lowenberg, sur le Bober.
Godart, B. 22 août 1813, combat de Gieshübel.

23 août 1813, combat de Goldberg.

Vachot, T.
Reiset, B.
Simmer, B.
Obert, B.

23 août 1813, combat de Gross-Beeren.

Devaux (P.), B.
Moroni (Italien), B.
De Sahr (Saxon), B.

26 août 1813, affaire de la Katzbach.

Brayer, B.
Simmer, B.

26 et 27 août 1813, bataille de Dresde.

Combelle (2), B. 26 (mort le 15 sept.).
Durrieu, B. 26.
Boyeldieu, B. 26.
Boyer de Rebeval, B. 26.
Butraud, B. 26.
Castex, B. 26.
Dulong, B. 26.
Godart, B. 26.
Gros, B. 26.
Paillard, B. 26 et 27.
Tyndal, B. 26.
Klicki (Polonais), B. 27.

(2) Nommé général de division le 7 septembre 1813.

BAVILLE, B. 27 août 1813, combat de Lubnitz (mort le 24 oct.).
PEPÉ (F.) (Napolitain), B. 29 août 1813, défense de Dantzig.
SIBUET, B. et noyé, 29 août 1813 au combat de Jauer (sur le Bober).
CHARRIÈRE, B. 30 août 1813, affaire de Buntzlau.

29 et 30 août 1813, affaire de Culm.

DUNESME, T. 30.
EMOND D'ESCLEVIN (1), B. 30 (mort le 21 décembre).
HEIMROD (Badois), T. 30.
PRINCE DE REUSS, T. 29.
LAFERRIÈRE-LÉVÊQUE, B. 30.
POUCHELON, B. 30.
QUIOT, B. 30.

WOLF (Westphalien), B. 30 août 1813, affaire près du village de Feldheim.
LAGEON (Westphalien), B. 30 août 1813, combat de Greffenberg.
REY (L.-E.), B. 31 août 1813, défense de Saint-Sébastien.
GUYE (Espagnol), B. 31 août 1813, combat sur les hauteurs d'Irun.

31 août 1813, combat sur la Bidassoa.

MENNE, B.
RÉMOND, B.

JACQUINOT, B. 5 sept. 1813, combat de Dennewitz.
SCHMITZ, B. 6 sept. 1813, combat de Fœstritz (Illyrie).

6 sept. 1813, bataille de Juterbock.

CACAULT, B. (amputé du bras droit, mort le 30).
TOUSSAINT, B.
BARDET, B.
HULOT, B.
SAINT-ANDRÉ (Italien), B.
DE SPITZEMBERG (Wurtembergeois), B.

BELOTTI (Italien), B. 8 sept. 1813, combat de Saint-Marin (Italie).
AZEMAR, T. 13 sept. 1813, combat de Gross-Debnitz.

(1) Etait colonel d'artillerie de marine.

MIELZINSKI (Polonais), B. 16 sept. 1813, combat de Goerde, près de Hambourg.
PORET DE MORVAN, B. 27 sept. 1813, combat d'Emacken.
CASTEX, B. 28 sept. 1813, combat d'Altenbourg.
KLICKI (Polonais), B. 3 oct. 1813 dans un combat près de Dresde.
BÉCHAUD, B. 7 oct. 1813 dans un combat sur les Pyrénées.
HUSSON, B. 10 oct. 1813 dans une sortie de la garnison de Dantzig.
BERTRAND (E.), B. 14 oct. 1813, combat de Liebertwolkwitz (mort le 15 janvier 1814).

16, 18 et 19 oct. 1813, bataille de Leipzig.

BACHELET D'AMVILLE, T. 16.
BOYER (J.-B.-N.-H.), B. 19 (mort le 30).
CAMUS DE RICHEMONT, T. 18.
CŒHORN, B. 18 (mort le 29).
COULOUMY, B. 18 (mort le 29).
D'ESTKO (Polonais), B. 18 (mort le 30).
FERRIÈRE, T. 16.
MAURY, T. 18.
PELLETIER DE MONTMARIE, B. 19 (mort le 2 nov.).
KWASNIEWSKI (Polonais), B. 19 (mort le 8 déc.).
PELLEGRIN, B. 18.
MARAN, B. 18.
VALORY, B. 19.
MÉNARD, B. 16.
MEUNIER, B. 16.
MONTELÉGIER, B. 18.
PELLEPORT, B. 18.
POUCHELON, B. 18.
SAINT-ANDRÉ (Italien), B. 16.
SOPRANSI, B. 18.
AYMARD, B. 18.
BAILLOD, B. 18.
TOLINSKI (Polonais), B. 18.
MONGENET, B. 18.
BERTRAND (A.-J.), B. 19.
DE COETLOSQUET, B. 18.
BESSIÈRES, B. 18.
BRAYER, B. 19.
FILHOL DE CAMAS, B. 16.
CHOISY, B. 16 et 18.
D'AVRANGE D'AUGERANVILLE, B. 18.
GROS, B. 17.
LAFERRIÈRE-LÉVÊQUE, B. 16.

Lafitte, B. 19.
Mandeville, B. 19 par les débris du pont.
Bony, B. 18.
Bronikowski (Polonais), B. 18.
Siérawski (Polonais), B. 18.
Brun (A.), B. 19.
Gruyer, B. 18.
Uminski (Polonais), B. 19.
Zottowski (Polonais), B. 18.
Malachowski (Polonais), B. 19.
Rautenstrauch (Polonais), B. 19.
Grabowski (Polonais), B. 18.

Jarry, B. 28 oct. 1813, combat de Freyberg.
Schramm (1), B. 29 oct. 1813, sortie de la garnison de Dresde.

---

30 et 31 oct. 1813, bataille de Hanau.
Wathiez, B. 30.
Lejeune, B. 30.
Letort, B. 30.
Hulot, B. 30.
Martel (Italien), B. 30.
Moroni (Italien), B. 30.

Chartrand, B. 10 nov. 1813, combat devant Dresde.
Marie, B. 30 nov. 1813, combat d'Arnheim.
Breissand, B. 1er déc. 1813, sortie de la garnison de Dantzig (mort le 2).

---

13 déc. 1813, combat de Saint-Pierre-d'Irube (Pyrénées).
Baille, B.
Maucomble, B.
Mocquery, B.

Rousseau (G.), B. 11 janv. 1814, combat d'Épinal.
Avy, T. 13 janvier 1814, combat de Merxem, près Anvers.
Simon de La Mortière, B. 17 janv. 1814, défense de Langres.
Cambronne, B. 24 janv. 1814, combat de Bar-sur-Aube.

---

(1) Fils du général.

29 janv. 1814, bataille de Brienne.
Baste (contre-amiral), T.
Forestier, B. (mort le 5 févr.).
Jamin, B.
Cavrois, B.

Van-Merlen, B. 31 janv. 1814, combat près de la Rothière.
Marguet, T. 1er févr. 1814, bataille de la Rothière.
Flamand, B. 1er févr. 1814, combat devant Anvers.
César de Laville, B. 9 févr. 1814, défense de Hambourg.
Boudin de Roville, B. 11 févr. 1814, bataille de Montmirail.
Bourmont, B. 11 févr. 1814, combat de Nogent.
Gauthier, B. 13 févr. 1814, combat du pont de Braye-sur-Seine.
Lion, B. 14 févr. 1814, combat de Vauchamps.

---

18 févr. 1814, bataille de Montereau.
Huguet-Chataux, B. (mort le 18 mai).
Delort (J.-A.-A.), B.

Ordonneau, B. 19 févr. 1814, reprise de Bourg (Ain).
Gruyer, B. 22 févr. 1814, combat de Méry.
Gency, B. févr. 1814, combat devant Châlons-sur-Marne.

---

27 févr. 1814, bataille d'Orthez.
Béchaud, T.
Barbot, B.
Gruardet, B.

---

27 févr. 1814, combat de Meaux.
Ormancey, B.
Pinoteau, B.

Osten, B. 27 févr. 1814, défense de Hambourg (mort le 16 mars).
Chassé, B. 27 févr. 1814, combat de Bar-sur-Aube.
Pelleport, B. 28 févr. 1814, défense du pont de Meaux.
Dauture, B. 3 mars 1814, combat de Airre, près Pau.

DORNIER, T. 4 mars 1814, au pont de la Guillotière, près de Troyes.

7 mars 1814, bataille de Craonne.
RONZIER, B. (1) (mort le 19).
BIGARRÉ, B.
BOYER (P.), B.
CAMBRONNE, B.
LAFERRIÈRE-LÉVÊQUE, B.
LECAMUS, B.
LE CAPITAINE, B.
DE SPARRE, B.

PORET DE MORVAN, B. 9 mars 1814, bataille de Laon.
GROUVEL, B. mars 1814.
ORDONNEAU, B. 11 mars 1814, combat de Mâcon.

13 mars 1814, reprise de Reims.
DE SÉGUR (P.), B.
PICQUET, B.

CHASSÉ, B. 20 mars 1814, combat d'Arcis-sur-Aube.

25 mars 1814,
combat de Fère-Champenoise.
JAMIN, B.
THÉVENET, B.
LACZYNSKI (Polonais), B.

30 mars 1814, bataille de Paris.
PELLEPORT, B.
CAMBRONNE, B.
FOURNIER (I.-L.), B.
CLAVEL, B.

10 avril 1814, bataille de Toulouse.
BAUROT, B.
BERLIER, B.
DE LAMORANDIÈRE, B.
DAUTURE, B.

PEGOT, B. 13 avril 1814, combat de la Sturla, près de Gênes.

───────

(1) Une jambe emportée.

3 juin 1815, combat de Saint-Gilles,
près Nantes.
GROBON, B. (mort le 7).
ESTÈVE, B.

16 juin 1815, bataille de Ligny.
LE CAPITAINE, T.
BERRUYER, B.
BILLARD, B.
DUFOUR, B.
FARINE, B.
GAUTHIER, B. (mort le 26 nov.).
PENNE, B.
PIAT, B.
SAINT-RÉMY, B.
DEVILLIERS, B.
VINOT, B.
BOURGEOIS, B.

18 juin 1815, bataille de Waterloo
ou de Mont-Saint-Jean.
AULARD, T.
BAUDUIN, T.
JAMIN, T.
DONOP, disparu.
CAMPY, B.
BLANCARD, B.
CAMBRONNE, B.
DUBOIS, B.
DURRIEU, B.
FARINE, B.
GUITON, B.
HARLET, B.
HENRION, B.
LALLEMAND, B.
PICQUET, B.
TRAVERS, B.
GOBRECHT, B.
BOURGEOIS, B.
NOGUÈS, B.
WATHIEZ, B.

PENNE, T. 19 juin 1815, combat de Wavre.
CLAVEL, B. 26 juin 1815, combat des Trois-Maisons, devant Belfort.
BERTRAND, B. juin 1815, combat devant Belfort.

II

SERVICE D'ÉTAT-MAJOR

Adjudants-commandants.

Lacroix, B. 15 oct. 1805, combat devant Ulm.
De Contamine, B. 21 oct. 1805, bataille navale de Trafalgar.
Dugommet, B. 30 oct. 1805, passage de l'Adige.
Amoretti d'Envie, B. 1805 au fort de Malborghetto (Italie).

2 déc. 1805, bataille d'Austerlitz.
Marès, B. (mort le 7 janv. 1806).
Gérard, B.

Le Sénécal, B. 13 févr. 1806 devant Gaëte.

14 oct. 1806, bataille d'Auerstœdt.
Delotz-Darros, B. (mort le 31 déc.).
Bourke, B.
Cœhorn, B.

Fornier d'Albe, B. 14 oct. 1806, bataille d'Iéna.
Cœhorn, B. 4 nov. 1806, combat près de Varsovie.
Humbert de Molard, B. 26 déc. 1806, combat de Pultusk.
Keek, T. 22 janv. 1807 aux avant-postes par des Cosaques.
Lauberdière, B. 5 févr. 1807, combat de Deppen.
Cœhorn, B. 6 févr. 1807, combat de Hoff.

8 févr. 1807, bataille d'Eylau.
Michel, T.
Mac-Sheehy, T.
Baillod, B.
Bertrand, B.
Rouyer, B.
Fontaine, B.

Mallerot, B. 6 juin 1807, combat de Deppen (mort le 10).

10 juin 1807, bataille d'Heilsberg.
Destabenrath, B.
Boussard, B.
Rouyer, B.
Roussot, B.

14 juin 1807, bataille de Friedland.
Pélissard, T.
Roussot, T.
Duveyrier, B. (mort le 13 juill.).
Lacroix, B.
Bertrand, B.
Reynaud, B.
Dumarest, B.

Mazzuchelli (Italien), B. 14 juin 1807, siège de Colberg.
Hector, B. 21 août 1807 au siège de Stralsund.
Millet de Villeneuve, B. 30 janv. 1808 devant Reggio (Calabre).
Bailleul, assassiné le 13 mars 1808 près d'Antivari (Albanie).
D'Arnault, B. 17 août 1808, combat de Roriça (Portugal).
Pillet, B. 21 août 1808, bataille de Vimeiro (Portugal).

10 nov. 1808, bataille de Spinosa.
Le Bondidier, B.
Wathiez, B.

Miany, B. 1er févr. 1809, défense de la Martinique.
Ripert, B. 11 mars 1809, combat de Mondenedo (Espagne).
Forestier (G.), B. 29 mars 1809, bataille d'Oporto.

Martel (Italien), B. 16 avril 1809, combat de Sacile (Italie).
Molard, B. 24 avril 1809, combat de Roveredo (Italie).
Verger, B. 12 mai 1809, combat devant Vienne.

21-22 mai 1809, bataille d'Essling.
Ransonnet, T. 21.
Chaponnel, B. 22 (mort le 8 juill.).
Thiéry, B. 22.
Dupont d'Erval, B. 21.
Baillod, B. 22.

Chavardès, B. 25 mai 1809, combat près de Naples.

14 juin 1809, bataille de Raab.
Forestier (F.), B.
De Contamine, B.

6 juill. 1809, bataille de Wagram.
Ducommet, B. (mort le 9).
Magnac, B. (mort le 12).
Dupont, T.
La Grange, B.
Amoretti d'Envie, B.
Bonin, B.
Cerise, B.

Rémond, B. 29 juill. 1809, affaire du pont de l'Archevêque, près de Talavera.
Weikel, B. 1er août 1809, défense de l'île de Walcheren.
Geither (1), B. 3 août 1809 au siège de Girone.
Berton, B. 19 nov. 1809, bataille d'Ocana.
Dentzel, B. 17 mars 1810, combat de Vaherda, près de Badajoz.
Desroches, B. 17 mai 1810, combat et défense de Truxillo.
Geither, B. 24 août 1810 dans une affaire près de Tarragone.

27 sept. 1810, bataille de Busaco.
Baurot, B.
Pinoteau, B.
Le Bondidier, B.

Allemand, B. 22 déc. 1810, combat de Mora (Espagne).
Desroches, B. 3 avril 1811, combat de Sabugal.

5 mars 1811, combat de Chiclana (Cadix).
Pellegards, B. (mort le 7).
Gault, B.

Renou de La Brune, B. 5 mai 1811, bataille de Fuentès-d'Onoro.
Balathier (Italien), B. 25 juin 1811, siège de Tarragone.
Verbigier de Saint-Paul (Italien), B. 28 juin 1811, siège de Tarragone.
Alberti, B. 10 août 1811, défense de Java (mort en 1812).
De Santa-Croce, B. 1811, combat de Pombal.
Charroy, T. 28 févr. 1812, affaire de Saint-Romen (Catalogne).
Grandsaigne, B. 9 mai 1812, entre Burgos et Celada (mort le 10).

22 juill. 1812, bataille des Arapiles.
Leclerc de Montpye, B. (mort le 12 sept.).
Durel, B. (mort le 28).

Tavernier, B. 25 juill. 1812, combat d'Ostrowno (Russie).
Maucune, B. 21 août 1812, combat contre les bandes de Mina, route de Carascal.

7 sept. 1812, bataille de la Moskowa.
Dupont d'Erval, T.
De L'Aage de Saint-Cyr, B.
De Jumilhac, B.
Simmer, B. 5.
Parizet, B.
Couture, B.
Weyssenhof (Polonais), B.

Mergès, B. 18 oct. 1812, combat de Winkowo.
Monfalcon, B. 19 oct. 1812, combat de Polotsk.

24 oct. 1812, bataille de Malojaroslawetz.
Fernig, B.
Durrieu, B.

---

(1) Au service du grand-duché de Berg.

Fontenilles, B.
Delfante (Italien), B.

De Kerden de Trobriand, B. 25 oct. 1812, affaire route de Kalouga.
Amoretti d'Envie, B. 2 nov. 1812, combat de Thianiski.

3 nov. 1812, combat de Wiasma.
Morat, B.
Rossignol, B.

Bourmont, B. 9 nov. 1812, au passage du Vop.
Foussart-Dubour, B. 15 nov. 1812, près de Krasnoë, par des Cosaques.
Ripert, B. 17 nov. 1812, par des Cosaques, près de Krasnoë.

16 et 18 nov. 1812, bataille de Krasnoë.
Marchand, B. 18.
Mériage, B. 16.
Forestier (F.), B. 18.
Cedrowski (Polonais), B. 23 nov. 1812, combat devant Bobruisk.
Asselin de Williencourt, B. 24 nov. 1812, par un parti de Cosaques.
Briatte, B. 28 nov. 1812, bataille de la Bérésina.

10 déc. 1812, combat devant Wilna.
Cambis, B. (mort le 16).
Néraud, B. (mort le 13).

Creutzer, B. 12 févr. 1813, dans un combat contre des Cosaques, près de Zirne (Pologne).
Giédroyé (Polonais), B. 13 févr. 1813, combat de Zirne.

2 mai 1813, bataille de Lutzen.
Masson, T.
De Contamine, B.

Thomas (J.), B. 7 mai 1813, combat de Nossen (Saxe).
Briatte, B. 21 mai 1813, bataille de Würschen.
Poupart, B. 21 juin 1813, bataille de Vittoria.
De Songeon, B. 27 juill. 1813, défense de Saint-Sébastien.

Bernard, B. 19 août 1813, combat de Lowenberg.
Coulon, B. 21 août 1813, combat devant Pampelune.
Byland, B. 23 août 1813, combat de Gross Beeren.
Bernard, B. 29 août 1813, affaire devant Lowenberg.
Parguez, B. 29 août 1813, combat de Lindenau.
Sprunglin, B. 30 août 1813, affaire de Culm.
De Songeon, B. 31 août 1813, défense de Saint-Sébastien.

6 sept. 1813, bataille de Juterbock.
Marion, B.
Briatte, B.

Paolucci (Italien), B. 14 sept. 1813, combat de Lippa (Illyrie) (mort).
Bourmont, B. 23 sept. 1813, affaire sur les hauteurs de Harta (Saxe).
Bonin, B. 18 oct. 1813, combat dans le Tyrol.

16, 18 et 19 oct. 1813, bataille de Leipzig.
Monestier, B. et noyé le 19.
Levasseur, T. 18.
Lejeune, B. 18 (mort le 5 nov.).
Robert, T. 19.
Hugues, B. et noyé le 19.
De Contamine, B. 18.
Laborde, B. 18.
Ricard, B. 16.
De Laroque, B. 16.
Tancarville, B. 18.
Ruelle, B. 18.
Monjardet, B. 16.
Szumlanski (Polonais), B. 19.

Martelet, B. 29 oct. 1813, combat devant Hanau.

10 nov. 1813, combat de Sarre (Pyrénées).
Challier, T.
Le Bondidier, B.

Gasquet, B. 13 déc. 1813, combat en avant de Bayonne.
Tengnagelez, B. 11 janv. 1814, combat devant Anvers.

LEROY-DUVERGER (F.), B. 29 janv. 1814, bataille de Brienne (mort le 30).
VASSIMON, B. 9 févr. 1814, combat devant Hambourg.
MURPHY, B. 10 févr. 1814, combat de Champaubert.
ALLEMAND, T. 11 févr. 1814, bataille de Montmirail.
PETIET, B. 17 févr. 1814, combat de Nangis.
COULON, B. 27 févr. 1814, bataille d'Orthez.
GASQUET, B. 2 mars 1814, combat de Airre, près Bayonne.
BERGERET, B. 7 mars 1814, bataille de Craonne.
GAVEDONI (Italien), B. 7 mars 1814, affaire de Reggio (Italie).
SÉMERY, T. 20 mars 1814, combat d'Arcis-sur-Aube.
GAULT, B. 21 mars 1814, défense du pont d'Arcis-sur-Aube.
SALEL, B. 21 mars 1814, affaire près d'Arcis-sur-Aube.
DUHAMEL DE QUERLONDE, T. 22 mars 1814, combat devant Metz.
BARERA (Italien), B. 22 mars 1814, défense de Venise.
DE GORGIER, T. 25 mars 1814, combat de Fère-Champenoise.
L'HUILLIER (1), disparu en mars 1814.
BAGNIOL, B. 1er avril 1814, défense de Magdebourg.

(1) Sans autres indications : était sous-chef d'état-major du 5e corps d'infanterie.

10 *avril* 1814, *bataille de Toulouse.*
GASQUET, B.
COULON, B.

16 *juin* 1815, *bataille de Ligny.*
TRÉZEL, B.
GUICHARD, B.

18 *juin* 1815, *bataille de Waterloo ou de Mont-Saint-Jean.*
CHASSERIAU, B. (mort le 26).
GIÉDROYÉ (Polonais), B.
JANIN, B.
HUDRY, B.
DEVIENNE, B.
LEGAY, B.
CAILLEMER, B.
JUCHEREAU DE SAINT-DENYS, B.
MELLINET, B.

MARION, B. 18 juin 1815, combat de Wavre.
WALDNER, B. 26 juin 1815, combat de Selz (Bas-Rhin).
GOUDORP, T. 3 juill. 1815, combat en avant de Vaugirard (Paris).
DESRIVAUX, B. 4 juill. 1815, combat sous Belfort.

9 *juill.* 1815, *combat devant Strasbourg.*
MURPHY, B.
CLÉMENT DE RIS, B.

Adjoints d'état-major.

BARDIN, capit. B. 18 janv. 1805, combat à bord du *Suffren.*
DAMARAY, capit. B. 28 mars 1805, défense de Santo-Domingo.
BOURDON, lieut., B. 21 août 1805, attaque de Santiago (Antilles).
SAVIOT, chef d'escad., B. 26 oct. 1805, combat devant Vérone.
DELESSE, capit., B. 4 nov. 1805, combat d'Amstetten.

16 *nov.* 1805, *combat d'Hollabrünn.*
BORELLI, chef d'escad., B.
HUDRY, capit., B.

2 *déc.* 1805, *bataille d'Austerlitz.*
MARTIN-LAGARDE, chef d'escad., B.
BORELLI, chef d'escad., B.
MESCLOP, capit., B.
RASPAIL SAINT-ANGE, capit., B.
REY, capit., B.
SALLÉ, capit., B.

SALVAGE, chef d'escad., B. 21 juin 1806 au village de Sillano (Calabre).

Juill. 1806, siège de Gaëte.
BLÉSIMARE, chef d'escad., B. 1er.
MONTIGNY, capit., B. 9.
KOCH, capit. (Napolitain), B. 5.

HEULOT, capit., B. 14 juill. 1806, combat en Calabre.
DE LIVRON, capit. (Napolitain), B. 24 juill. 1806, défense du château de Scylla.
HENNELL, capit., B. 6 août 1806, combat contre des brigands calabrais.
MÉRY, capit. B. 3 sept. 1806, combat en Calabre (mort le 9).

14 oct. 1806, bataille d'Iéna.
RIPERT, chef d'escad., B.
LETELLIER, capit., B.
BACHELET, capit., B.
RASPAIL SAINT-ANGE, capit., B.

DHER, capit., B. 14 oct. 1806, bataille d'Auerstaedt.
FAVRY, capit., T. 1er nov. 1806, affaire de Nossentin (Prusse).

6 nov. 1806, prise de Lubeck.
FOLARD, capit., B.
CLARY, capit., B.

RAPIN, capit., B. 24 déc. 1806, affaire près de Golymin.

26 déc. 1806, combat de Golymin.
MARTIN, chef d'escad. T.
GAUSSART, chef de bat., B.
MAIRE, capit., B.
MARBOT (A.-A.-M.), capit., B.

MIEROLAWSKI, lieut. (Polonais), B. 26 déc. 1806, combat de Pultusk.
HUDRY, chef de bat., B. 31 janv. 1807, affaire route de Willemberg (Prusse).
JURKERWITZ, lieut., T. 3 févr. 1807, combat d'Allenstein.

8 févr. 1807, bataille d'Eylau.
GAUSSART, chef de bat., B.
BAILLOD, chef de bat., B.
SAGET, capit., B.

MAIRE, capit., B.
REY, capit., B.
SIMMER, capit., B.
SIX, capit., B.
FOUCHARD, capit., B.
REINACH, sous-lieut., B.

DE SEUTER, lieut. (Badois), B. 18 févr. 1807, combat en Pologne.
FOUCHARD, capit., B. 1807, à Bromberg.

23 févr. 1807, combat de Dirschau.
BERGONZONI, lieut. (Italien), T.
HAUKÉ, colonel B.

MAFFEI, capit. (Italien), B. 19 mars 1807, au siège de Colberg.
DUPRÉ, lieut., B. 8 avril 1807, à Angermünde (Prusse), par des brigands.
WATRIN, capit. (Hollandais), B. 9 avril 1807, combat devant Stralsund.
SANFOURCHE, capit., B. avril 1807, combat sur la Passarge.
DE LAROCHE, capit., B. 1807 à Neidenbourg.

Avril et mai 1807, siège de Dantzig.
ZENOWITZ, chef d'escad. (Polonais), B. 15 mai.
CHALLIER, capit., B. 10 mai.
VANDER, capit., B. 15 mai.
WITZECK, capit. (Polonais), B. avril.

LEJEANS, capit., B. 7 juin 1807, combat au pont de Spanden.

10 juin 1807, bataille d'Heilsberg.
ARMANET, chef de bat., B.
LALANDE LEBIEZ, capit., B.
BACHELET, capit., B.
REINACH, sous-lieut., B.

14 juin 1807, bataille de Friedland.
D'ARNAULT, chef de bat., B.
BRETON, capit., B.
LAMOUREUX DE LA GENETIÈRE, capit., B.

MIEROLAWSKI, capit. (Polonais), B. 17 juin 1807, défense du pont de Labiau.
HENNING, lieut. (Saxon), B. 21 juin 1807, au siège de Colberg.

Marbot (A.-A.-M.), capit., B. 26 juin 1807, combat de Vizna (Pologne).
Fialkowski, capit. (Polonais), B. 15 juill. 1807, dans une reconnaissance en Silésie.
Eshmann, capit., T. 22 mars 1808, combat de la frégate *La Bellone*, près Lorient.
Goudorp, capit., B. 2 mai 1808, insurrection de Madrid.
Gama, chef de bat. (Portugais), B. 27 juin 1808 dans une affaire près de Coimbre (Portugal).
Pascal, s.-lieut., B. 28 juin 1808 à l'attaque de Valence.
Faucaucourt, capit., B. 30 juin 1808 dans une reconnaissance sous Girone.
Des Essarts, capit., B. 30 juin 1808, combat devant Valence.
Niou, chef d'escad., assassiné le 30 juin 1808 par des insurgés, près de Valence.
Puton, chef de bat., B. 13 juill. 1808, dans une affaire près de Tudela.

14 *juill.* 1808, *bataille de Medina-del-Rio-Secco.*

De Pac, chef d'escad. (Polonais), B.
Monjardet, capit. B.
Cotteret, capit., T. 29 juill. 1808, combat d'Evora (Portugal).
De La Fitte, capit., B. 29 juill. 1808, dans les rues d'Evora (Portugal).
Caignel, capit., assassiné juill. 1808, route de Madrid à Bayonne.
Clayeuski, capit. (Polonais), B. 17 août 1808, route de Pampelune. (Mort le 20.)
Pascal, s.-lieut., B. 19 août 1808, combat de Celina (Espagne).

21 *août* 1808, *bataille de Vimeiro (Portugal).*

Vidal de Vallabrègue, capit., B.
Prévost, capit., B.
Mattat, capit., B.
Vallier, lieut., B.

4 *oct.* 1808, *prise de l'île de Capri (Naples).*

Heulot, capit., B.
Livron, capit. (Napolitain), B.

Vermeulen, lieut.-col. (Hollandais), B. 31 oct. 1808, combat de Durango.

10 *nov.* 1808, *combat de Seybo, (Saint-Domingue).*

De Launay des Isles, major, T.
Desilles, chef de bat., T.
Bocquet, capit., T.
Candeau, lieut., B.
Marquet, lieut., B.

Monjardet, capit., B. 18 nov. 1808, combat devant Burgos.
Douarche, capit., B. 23 nov. 1808, bataille de Tudela.
Mitifiot, capit., assassiné 29 nov. 1808, combat près de Burgos.
Aubrée, chef de bat., B. 9 déc. 1808 devant Saragosse.
De La Vallete, capit., B. 10 déc. 1808, affaire de Pallo-Rinca (Espagne).
Favechamps, lieut., B. 20 déc. 1808, dans une reconnaissance en Espagne.
De Marbot (A.-A.-M.), capit., B. 4 janv. 1809, affaire près d'Astorga.
Pacaud, lieut., B. 16 janv. 1809, combat de la Corogne.
Giroud, capit., B. 17 janv. 1809 dans une reconnaissance en Catalogne (mort le 18).

27 *janv.* 1809, *défense de Santo-Domingo (Antilles).*

Darnaud, capit., B.
Marquet, lieut., B.

Levasseur, capit., B. janv. 1809, par des brigands espagnols.
Lalobe, capit., T. 1ᵉʳ févr. 1809, siège de Saragosse.
Mazin, capit., T. 1ᵉʳ févr. 1809, défense de la Martinique.
D'Adhémar de Cransac, capit., B. 2 févr. 1809 au pont du Moulin-du-Roi (Catalogne).
Cirelli, capit. (Napolitain), B. 6 févr. 1809, combat sur mer entre Roses et Barcelone.
Visconti, capit. (Italien), B. 9 févr. 1809, combat de Santa-Fé (Espagne).
De Salm-Salm, chef d'escad. B. 10 févr. 1809, siège de Saragosse.

Tascher de la Pagerie, chef d'escad., B. 14 févr. 1809, défense du fort Desaix (Martinique).
Morancy, chef d'escad., B. 14 févr. 1809, défense du fort Desaix (Martinique (mort le 25).
Sénilhac, capit., B. 14 mars 1809, affaire de Val-de-Canias (mort).
Destombes, lieut., B. 18 mars 1809, 2e affaire de Val-de-Canias.
Aberson, lieut. (Hollandais), B. 20 mars 1809, combat de Truxillo.
Le Brun d'Orléans, s.-lieut., T. 27 mars 1809, combat de Ciudad-Réal.
Pacaud, lieut., B. 29 mars 1809, bataille d'Oporto.
Fontaine, capit., T. 31 mars 1809 dans une reconnaissance en Galice.
Visconti (O.), capit. (Italien), B. 11 avril 1809, affaire de la Moya (Espagne).
Ziemieki, capit. (Polonais), B. 19 avril 1809, combat de Tann (mort).

22 avril 1809, bataille d'Eckmühl.
Kobylinski, col. (Polonais), B.
Ziernierski, capit. (Polonais), B.

Gombaud, chef d'escad., B. 23 avril 1809, combat de Ratisbonne.
Brentano, lieut. (Bavarois), B. 24 avril 1809, combat de Neumarck.
Siaud, capit., égorgé en mai 1809, près d'Aranda, par la populace (Espagne).
Schwaz, lieut. (Wurtembergeois), B. 1er mai 1809, combat de Piedan.
Joly, capit., T. 8 mai 1809, bataille de la Piave (Italie).
De Bauer capit. (Wurtembergeois), T. 17 mai 1809, combat devant Linz.
Duplan, capit., B. 18 mai 1809, attaque du fort Pradel.
De Coels, capit., B. 21 mai 1809 dans la batterie Beauchêne (défense de la Guadeloupe).
Demaisonneune, capit., B. 21 mai 1809, combat de Gospich (Croatie).

21 et 22 mai 1809, bataille d'Essling.
Laforce, major en 2e, B. 22.
Simmer, chef d'escad., B. 22.
Morat, chef de bat., B. 21 et 22.
Roidot, chef. de bat., B. 22.

Dutrieux, chef de bat., B. 22.
Helle, capit., B. 21 et 22.
De Rascas de Chateauredon, capit., B. 22.
Flocquerelle, capit., B. 22.
Calbat, lieut., B. 22.
Follard, capit., B. 22.
Grobon, capit., B. 22.

23 mai 1809, combat d'Inspruck (Tyrol).
De Fontanges, lieut.-col. (Hollandais), B.
Lefebvre, capit., B.

Horn, capit. (Bavarois), B. 23 mai 1809, combat de Linz.
Augier, capit., B. 25 mai 1809, affaire près d'Ottochatz (Croatie).
Cock d'Oyen, capit. (Hollandais), B. 31 mai 1809, prise de Stralsund.
Fontet de Montailleur, major, B. 14 juin 1809, bataille de Raab.
Duplan, capit., B. 14 juin 1809, bataille de Raab.
Engels (1), capit., B. 18 juin 1809, combat devant Girone.

5 et 6 juill. 1809, bataille de Wagram.
Lafontaine, chef de bat., T. 5.
Sallé, chef de bat., T. 6.
Enée, capit., B. 6 (mort le 9 août).
De Geisdorf, col. (Saxon), B. 6.
Gudin, col., B. 6.
Boudin, major, B. 6.
De Vennevelles, chef d'escad., B. 6.
Roidot, chef de bat., B. 6.
Charron, chef de bat., B. 6.
Charroy, chef de bat., B. 6.
Levigoureux de Montjavoult, capit., B. 6.
Chabert, capit., B. 6.
Demaisonneuve, capit., B. 6.
Tissot, capit., B. 6.
Créplot, capit., B. 6.
Delaveyne, capit., B. 5.
Valmalette, capit., B. 5.
Raspail Saint-Anges, capit., B. 6.
Calbat, lieut., B. 6.
Stralenheim, capit., B. 6.

---
(1) Au service du grand-duché de Berg.

DE DIEPENBRITZ, capit. (Westphalien), B. 8 juill. 1809, assaut du Montjouy (Girone).

11 juill. 1809, bataille de Znaïm.
FLOCQUERELLES, capit., B.
GIRARD, capit., B.

28 juill. 1809, bataille de Talavera-de-la-Reyna.
BIGEX, chef d'escad., B.
GAILLARD, capit., B.

SALLE, s.-lieut., assassiné le 31 juill. 1809, route d'Aranjuez.
LEFEBVRE, capit., B. 13 août 1809, combat d'Inspruck (Tyrol).
BAUR, capit. (Bavarois), B. 13 août 1809, combat de Chwatz (Tyrol).
VANDER-GUNKEL, capit., B. 2 sept. 1809, combat devant Girone.
MONJARDET, capit., B. 18 nov. 1809, combat de Burgos.

19 nov. 1809, bataille d'Ocana.
TELLECHA, chef d'escad. (Espagnol), B.
VAN ZUYLEN VAN NEYVELT, capit., B.

SAINT-JUÉRY, capit., B. 18 déc. 1809, à l'anse à la Barque (défense de la Guadeloupe).
CURNILLON, chef de bat., assassiné le 3 févr. 1810 à Fuentès (Espagne).
VANDER-GUNKEL, capit., B. 16 février 1810, dans une reconnaissance en Espagne.
BAZIN DE FONTENELLE, chef de bat., B. 14 mars 1810, affaire de Cacerès.
MARMONT, chef de bat., T. 18 mai 1810 dans la rade de Cadix.
OPPERMANN, s.-lieut., B. 19 mai 1810, affaire près de Ronda (Andalousie).
D'ESMÉNARD, capit., B. 26 mai 1810, combat de Santiago (Espagne).
CACHERA, capit., B. 22 juin 1810, affaire près d'Elvas.
FRANÇOIS, capit., T. 24 juin 1810, siège de Ciudad-Rodrigo.
HENNELL, capit., B. 2 juill. 1810, combat en Calabre.
DESTRAIS, capit., B. 10 juill. 1810, affaire près d'Almanza.

CANTELOUBE, lieut., B. 6 sept. 1810, combat près de Tarragone.
RIVA, capit., B. 17 sept. 1810, combat d'Otoja (Portugal).
BOCHUD, capit., B. 20 sept. 1810, combat de Coimbre.

27 sept. 1810, bataille de Busaco.
DE TASCHER, chef de bat., B.
SAINT-LAURENT, capit., B.
CROSNIER, lieut., B.

DE RAYMOND LANOUGARÈDE, chef de bat., B. 1er déc. 1810, défense de l'Ile de France.
DE LA VILLE SUR ILLON, capit. (Espagnol), B. 18 janvier 1811, siège d'Olivenza.
VANDER-GUNKEL, capit., B. 18 janv. 1811, affaire de Baijalos.

1811, siège de Badajoz.
PRESSAT, capit., B. 31 janv.
GUILLOT DE LA POTERIE, capit., B. 31 janv.
MAHON, capit. (Portugais), B. 5 mars.
DE CAUMELS, lieut., B. 25 févr.

DOUSSAULT DE LA PRIMAUDIÈRE, capit., B. 20 avril 1811, défense du poste de Loja.

5 mai 1811, bataille de Fuentès-d'Onôro.
DE LOULÉ, col. (Portugais), B.
STOFFEL, chef de bat., B.
FRANÇOIS, capit., B.

16 mai 1811, bataille d'Albuhéra.
HUDRY, chef de bat., B.
VALGUARNERA, chef d'escad. (Espagnol), B.
CHABOURI, capit., B.
INGALDO, capit. (Espagnol), B.
ROMANSKI, capit. (Polonais), B.
MICHEL, lieut., B.
GALABERT, lieut., B.
URBANSKI, lieut. (Polonais), B.
FABREGUETTES, s.-lieut., B.

ASSELIN-DESPARTS, capit., B. 24 mai 1811, à Venta-del-Baul (Espagne).

28 *juin* 1811, *siège de Tarragone.*
DARAMON, capit., B.
DE AZARTA, capit. (Italien), B.
FRANGIPANNE, capit. (Italien), B.

COUPRIE DE LAIREAU, capit., B. 3 juill. 1811 par des guérillas, près de Mérida.
CACHERA, capit., B. 20 juill. 1811 par des brigands en Andalousie.
CANTELOUBE, lieut., B. 6 sept. 1811 étant en mission en Aragon.
GUILLAUMICHON, capit., B. 17 sept. 1811 dans une reconnaissance en Espagne.
COUTENCEAU, lieut., T. 17 oct. 1811 au siège de Sagonte.
GOARRÈSE, capit., B. oct. 1811, défense de Ciudad-Rodrigo.
D'HÉROUVILLE, capit., 25 déc. 1811, passage du Guadalaviar (mort le 23 janv. 1812).
DELAHAYE, lieut. (Italien), B. 10 févr. 1812, combat d'Ussed (Aragon).
BRUNIER, capit., B. 28 févr. 1812, affaire de Saint-Romen (Catalogne).
DENIZOT, capit., B. 7 avril 1812, défense de Badajoz.
TEXIER DE LA POMMERAYE, col. (Espagnol), B. 14 avril 1812, combat du pont d'Almaraz.
MUSTON, chef de bat., B. 13 juill. 1812, combat près de Naval-del-Rey.
PRISYE, capit. (disparu) le 14 juill. 1812, Russie.
DE BRADENBURG, capit. (Prussien), B. 19 juill. 1812, combat d'Eckau, près de Riga.

22 *juill.* 1812, *bataille des Arapiles.*
DUVAL, capit., B.
GAMA, capit. (Portugais), B.

GALLOIS, chef d'escad., B. 25 juill. 1812, combat d'Ostrowno.

27 *juill.* 1812, *combat de Witepsk.*
BERGERET, chef d'escad., B.
DE LA MOUSSAYE, chef de bat., B.
SAINTE-CROIX, capit., B.

DUPLESSIS, capit., B. 11 août 1812, combat en avant de Polotsk.
BARDINET, cap. B. 12 août 1812, combat devant Polotsk.
GOARRÈSE, capit. B. 12 août 1812, combat de Podobna (Lithuanie).

16, 17 *et* 18 *août* 1812,
bataille de Smolensk.

POTKANSKI, chef d'escad. (Polonais), T. 17.
BENQUE, capit. B. 17 (mort le 18).
BROSZKOWSKI, chef d'escad. (Polonais), B. 16.
STRZYZEWSKI, major (Polonais), B. 16.
SOBIESKI, chef de bat. (Polonais), B. 16.
BLÉCHAMP, capit. (Polonais), B. 17.
DOUHOFF, capit. (Polonais), B. 17.
DEMBENSKI, capit. (Polonais), B. 16.
GIECEWICZ, capit. (Polonais), B. 16.

18 *août* 1812, *bataille de Polotsk.*
DE COMEAU, col. (Bavarois), B.
DE GRAVENREUTH, major (Bavarois), B.
WALDERNDORFF, capit. (Bavarois), B.
DE WRÈDE, capit. (Bavarois), B.

19 *août* 1812, *bataille de Valoutina-Gora.*
PREVOST DE GAGEMON, capit., B.
DE COISY, capit., B.
STRALENHEIM, capit., B.

DE GRAVENREUTH, major (Bavarois), B. 22 août 1812, combat devant Polotsk.
COOLS-DESNOYERS, capit., B. 27 août 1812, combat devant Séville.
SÉVELINGES, chef de bat., B. 27 août 1812 près d'Ogopochina, par un parti de Cosaques.

5 *sept.* 1812, *prise de la redoute de Borodino.*
DE ROSTANG, capit. B.
OBERLIN, lieut. B.

7 *sept.* 1812, *bataille de la Moskowa.*
DE FITTE DE SOUCY, capit., B. (mort le 1er janv. 1813).
PÉRIÉ, capit., B.
FOUGY, capit., T.
CLARY, capit., T.

GIROUD, capit., T.
LAUMANN, capit., T.
GOURHUEL, capit., B. (mort le 8).
HUMBERT, col. (Westphalien), B.
BONNAFOUX, chef d'escad., B.
BROSZKOWSKI, chef de bat. (Polonais), B.
PASZKOWSKI, chef d'escad. (Polonais), B.
LETOWSKI, capit. (Polonais), B.
WIERZBITOWICZ, capit. (Polonais), B.
LAUGERT, capit. (Polonais), B.
LEWINSKI, capit. (Polonais), B.
SOBIESKI, chef de bat. (Polonais), B.
FROMENT, capit., B.
DENTZEL, capit., B.
BARBAROUX, capit., B.
BIOT, capit., B.
CHARDON, capit., B.
DE CAMPS DE PRÉFONTAINE, capit., B.
WOLFF, capit. (Westphalien), B.
DE REICHE, capit. (Westphalien), B.
DE PUTTRICH-Ò-LASMA, capit. (Westphalien), B.
PRÉVOT, capit. B.,
DE MARENHOLTZ, capit. (Wurtembergeois), B.
DE SAINTE-CROIX, capit., B.
DE LOWEN, capit. (Westphalien), B.
DESCAMPS, capit., B.

AUBERT, chef de bat., B. 9 sept. 1812, combat route de Moscou.
MONTALRIO, capit., T. 15 sept. 1812, affaire en avant de Moscou.
PICHON, chef de bat. (Napolitain), B. 15 sept. 1812 dans un faubourg de Moscou.
FESSARD, capit., B. 28 sept. 1812 dans une reconnaissance en Espagne.
PUGET, capit., disparu en sept. 1812 en Russie.
FREIRE D'ANDRADE, col., B. 6 oct. 1812, affaire de Proposk (Russie).
MONNOT, major, B. 5 oct. 1812 devant le fort de Chinchilla (Espagne).

18 oct. 1812, combat de Winkowo.
DEMBENSKI, capit. (Polonais), B.
WYLEZYNSKI, capit. (Polonais), B.
BELKE, capit. (Polonais), B.
FERGISS, lieut. (Polonais), B.

24 oct. 1812, bataille de Malojaroslawetz.
DE FONTENILLES, chef de bat., B.
BLANC (M.), capit., B.

GIRARD, chef de bat., B. 25 oct. 1812, combat de Villamorial (Espagne).
WIERZBOLOWICZ, capit. (Polonais), B. 26 oct. 1812, affaire près de Zloben (Lithuanie).
CAULET DE VAUQUELIN, capit., B. 30 oct. 1812 au pont de Jamara (Espagne).

3 nov. 1812, combat de Wiasma.
BODSON DE NOIRFONTAINE, capit., B.
FROMENT, capit., B.

DOUHOFF, capit., B. 10 nov. 1812, combat en arrière de Smolensk.
ALIX, capit. B. 14 nov. 1812, combat de Smoliany.
TERZI, lieut. (Italien), B. 14 nov. 1812 au village de Duchouszcyna, par des Cosaques.
LALANDE, capit., B. 15 nov. 1812 aux avant-postes devant Krasnoë.
FROMENT, capit., B. 16 nov. 1812, combat de Krasnoë,
LALANDE-LEBIEZ, capit., B. 16 nov. 1812 en portant des dépêches au maréchal Ney.
FLOCQUERELLE, capit., B. 18 nov. 1812, combat d'Alba-de-Tormès.

28 nov. 1812, bataille de la Bérésina.
DE GROLMANN, col. (Badois), B. (mort le 8 févr. 1813).
JOUHAULT, chef de bat., B. (mort).
DE BOBERS, capit. (Wurtembergeois), B. (mort le 8 janv. 1813).
BLOUIN, capit., B. et disparu.
BILLIARD, capit. B. (mort le 17 févr. 1813).
BARDINET, chef de bat., B.
FILLEUL, chef d'escad., B.
DUVERGER, capit., B.
DE FLUE, capit., B.
CAVAILHER DE POUMARÈDE, chef d'escad., B.
BOUGAUD, capit., B.
DE PUTTRICH-Ò-LASMA, capit. (Westphalien), B.
CLÉMENT, capit., B.
BLÉCHAMP, capit. (Polonais), B.
GAIEWSKI, capit. (Polonais), B.
TUPALSKI, lieut. (Polonais), B.
KORABIEWSKI, lieut. (Polonais), B.

Drugman, lieut., B. 29 nov. 1812, près de Saragosse, dans une embuscade (mort le 1ᵉʳ déc.).
Dandlau d'Hombourg (1), capit., disparu en nov. 1812 en Espagne.
Riegert (2), capit., B. 5 déc. 1812, combat de Molodetchno (Lithuanie).
Albrespit, capit., assassiné en déc. 1812, près de Madrid, par des brigands.
Négrier, capit., B. 23 déc. 1812, près de Tilsitt, par des Cosaques (mort le 29).
Maingarnaud, major (Espagnol), B. 1ᵉʳ mars 1813 dans une affaire près de l'Escurial.
Delahaye, lieut. (Italien), B. 7 mars 1813, affaire de Poza (Espagne).
Borroni, capit. (Italien), T. 5 avril 1813, combat de Netlitz (Saxe).
Lachelly, capit., B. 27 avril 1813 dans un combat sur l'Elbe (Saxe).

2 mai 1813, bataille de Lutzen.

Gardye de la Chapelle, chef de bat., B.
Niegolowski, capit. (Polonais), B.

De Moynier de Chamborant, chef d'escad., B. 4 mai 1813, affaire de Boela (Espagne).
Zeno, capit. (Napolitain), B. 5 mai 1813, défense de Dantzig.
Prunelle, capit., T. 5 mai 1813, combat près de Dresde.
Warnesson, capit., B. 12 mai 1813, combat près de Hambourg.

20-21 mai 1813, batailles de Bautzen et de Würschen.

Huet, chef de bat., T. 20.
Eissen, chef de bat., B.
Faivre, chef de bat., B.
De Wimpffen, major (Wurtembergeois), B. 21.
Queru, capit., B.
Navier, capit., B.
Chevalier, capit. B.
D'Esclignac, capit., B.
Macdonald, lieut. (Italien), B.

---

(1) Son corps a été retrouvé en decembre 1812, dans le Tage.
(2) Vaguemestre du grand quartier général.

De Grandmaison, capit., B. 23 mai 1813, aux avant-postes près de Bautzen.
Viviand, capit., B. 31 mai 1813, combat de Neukirch.
Bellangé, chef de bat., B. 8 juin 1813 dans une rencontre avec des brigands espagnols.
Sylveyra, s.-lieut. (Portugais), T. 18 juin 1813, combat près de Vittoria.

21 juin 1813, bataille de Vittoria.

Noel, capit., B.
Hierthès, capit., B.
Magellan, lieut., B.

Zadera, chef de bat., assassiné le 12 juill. 1813, à Eltze, près de Hambourg.
Bernier, lieut., B. 25 juill. 1813, combat du col de Maya.
Antoniotti, lieut. (Italien), B. 30 juill. 1813, combat près de Pampelune.

19 août 1813, combat de Lowenberg.

De la Moussaye, chef de bat., B.
Molié, capit., B.
Barbua de Montigny, capit., B.

Raquillier, capit., T. 23 août 1813, affaire de Gross-Beeren.
La Tour, chef de bat., B. 26 août 1813, affaire de la Katzbach.

26-27 août 1813, bataille de Dresde.

Beaumetz, chef d'escad., T. 26.
Sauvalle, capit., B. 26.
Kalperowski, lieut. (Polonais), B. 26.
Cruchet, capit., B. 26.
Rigau, capit., B. 26.
Zabietto, chef de bat. (Polonais), B. 27.
Sokulski, capit. (Polonais), B. 27.

Chouleur, capit., B. 27 août 1813, retraite de la Katzbach.
De La Moussaye, chef de bat., B. 29 août 1813, affaire de Lowenberg.
De Lamarre, capit., B. 29 août 1813, combat devant Dantzig.

30 août 1813, affaire de Culm.

Termelet, chef de bat., B.
De Rostang, capit., B.

Duhot, capit., B.
D'Esparbès, capit., B.

Magellan, lieut., B. 31 août 1813, passage de la Bidassoa.
Barbarin, chef de bat., B. 5 sept. 1813, combat devant Dennewitz.

6 sept. 1813, bataille de Juterbock.
De Bourbel-Montpinçon, major, B.
Lavega, capit., B.
Navier, capit., B.
Locquin, capit., B.
Ferrari, capit. (Italien), B.

Frangipane, capit. (Italien), B. 6 sept. 1813, combat de Villach (Illyrie).
Mrozinski, capit. (Polonais), B. 13 sept. 1813, combat du col d'Ordal (Catalogne).
Termelet, chef de bat., B. 14 sept. 1813, combat de Pirna (Saxe).
Martin, chef de bat., B. 22 sept. 1813, défense de Glogau.
Baccarini, chef de bat. (Italien), B. 7 oct. 1813, aux avant-postes.
Moller, capit., B. 15 oct. 1813, combat devant Hambourg.

16, 18 et 19 oct. 1813, bataille de Leipzig.
Thérondel, chef d'escad., B. 16 (mort).
De Nesmond, capit., T. 6.
Chevalier, capit., B. 16 (disparu).
Martel, capit., B. 19 (mort le 18 nov.).
De Bourbel Montpinçon, major, B. 16.
De Belloc, chef de bat., B. 16.
Corbet, chef de bat., B. 16.
Berthelot, chef de bat., B. 19.
Hennell, chef de bat., B. 19.
Soltyk, chef d'escad. (Polonais), B. 17.
Girard, chef d'escad., B. 19.
Radzychewski, chef d'escad. (Polonais), B. 19.
Lavega, capit., B. 19.
Szerbinski, capit. (Polonais), B. 18.
Zalposki, capit. (Polonais), B. 16.
Maciewski, capit. (Polonais), B. 16.
Walewski, capit. (Polonais), B. 16.
Léotardy, capit., B. 19.
Thiéry, capit., B. 18.
Hazon, capit., B. 18.
Carvalho, capit., B. 16.
Steenberghe, capit., B. 16.

Wouters, capit., B. 16.
Porthié, capit., B. 19.
Thomas, capit., B. 16.
Dutrochet, capit., B. 16.
Latemplerie, capit., B. 19.
Konopka, capit. (Polonais), B. 19.
Navier, capit., B. 18.
De Bordes du Chatelet, capit., B. 16.
De Carné, capit., B. 19.
Locquin, capit., B. 19.
Brunet d'Evry, capit., B. 18.
Laugert, capit. (Polonais), B. 19.
Belke, capit., (Polonais) B. 18.
Kwileck, capit. (Polonais), B. 19.
Lewinski, capit. (Polonais), B. 16.
Luthowski, capit. (Polonais), B. 16.
Kysielnicki, lieut. (Polonais), B. 19.
Potulicki, lieut. (Polonais), B. 19.
Braun, lieut. (Polonais), B. 19.,
Kasperowski, lieut. (Polonais), B. 19.

21 oct. 1813, combat de Freybourg.
De Rigny, chef d'escad. B.
Wogeckowski, capit. (Polonais), B.

Derry, capit., B. 24 oct. 1813 en portant des dépêches à l'Empereur.
Della-Décima, capit. (Italien), B. 25 oct. 1813, combat près d'Erfürth.
Bouttier, chef d'escad., B. 26 oct. 1813, combat d'Eisnach.
Laurent, s.-lieut., B. 26 oct. 1813 dans une reconnaissance près de Torgau.
Coupé de Saint-Donat, chef d'escad., B. 29 oct. 1813, combat devant Hanau.
De Soulaigre, chef d'escad., B. 30 oct. 1813, bataille de Hanau.
Pas, chef de bat. (Italien), B. 31 oct. 1813, défense du pont de Hanau.
Rigau, capit., B. 4 nov. 1813, défense de Dresde.
Delahaye, capit. (Italien), B. 9 nov. 1813, combat d'Alla (Tyrol).
Jarry de Bouffémon, capit., B. 10 nov. 1813, combat de Sarre (Pyrénées).
Michel, chef de bat., B. 10 nov. 1813, défense de Stettin.
Legay-d'Arcy, chef d'escad., B. 13 nov. 1813, combat devant Mayence.
Maingarnaud, major, B. 30 nov. 1813, défense du pont de Nimègue.
Romeling, capit. (Danois), B. 10 déc. 1813, combat de Sehested.

Espejo, lieut. (Espagnol), B. 13 déc. 1813, combat devant Bayonne.
Magnier, capit., B. 2 janv. 1814.
Galeazzi, capit. (Italien), B. 19 janvier 1814 dans une reconnaissance en Italie (mort le 24).
Kwiatkowski, chef d'escad. (Polonais), B. 24 janv. 1814, affaire près de Bar-sur-Aube.
Petit, capit., B. 24 janv. 1814, défense de Strasbourg.
Méeflet, chef d'escad., B. 29 janv. 1814, bataille de Brienne.
Rouillé d'Orfeuil (1), chef de bat., B. 6 févr. 1814 près de Troyes.

8 févr. 1814, bataille du Mincio.

Hautz, capit., B. (mort le 10).
Garrido, capit. (Italien), B.
Saliceti, capit., B.

Delahaye, capit. (Italien), B. 10 févr. 1814, combat de Volta.
Cavaignac, capit., B. 11 févr. 1814, bataille de Montmirail.
Drouault, chef de bat., B. 14 févr. 1814, combat de Vauchamps.
Thiéry, capit., B. 16 févr. 1814, combat de Nangis.
Bella, capit., B. 17 févr. 1814, combat de Chambéry.
Gadski, capit. (Polonais), B. 25 févr. 1814, défense de Mayence (mort le 6 mars).
Delafare, chef d'escad., B. 25 févr. 1814 dans une reconnaissance sur Sézanne.
Capdeville, capit., B. 26 févr. 1814 en portant des dépêches à l'Empereur.
Lacroix, capit., B. 27 févr. 1814, combat de Meaux (mort le 1er mars).
Rousset, chef de bat., B. 28 févr. 1814, affaire près de Meaux.
Boniotti, capit. (Italien), B. 3 mars 1814, combat de Parme.
Cassaigne, capit., B. 3 mars 1814, combat devant Troyes.
Romanski, chef d'escad. (Polonais), T. 5 mars 1814, affaire près de Soissons.

(1) En portant des dépêches du major général au congrès de Châtillon.

7 mars 1814, bataille de Craonne.

Warnesson, major, B.
Capdeville, capit., B.
Koch, capit., B.

Magnier, capit., B. 8 mars 1814, combat devant Laon.
Desmars, capit., B. 8 mars 1814 en portant des dépêches au maj. général.
Gérard, capit., T. 9 mars 1814 au pont de Nogent.
Laclos, chef de bat., T. 18 mars 1814 dans une embuscade par des Cosaques.
Delphis, capit., B. 23 mars 1814, affaire de Sompuis.
Aymard, capit., B. 5 avril 1814, défense de Mayence.

10 avril 1814, bataille de Toulouse.

Favechamps, capit., B.
Antoniotti, capit., B.

16 juin 1815, bataille de Ligny.

Caulet de Vauquelin, chef de bat., T.
De Moysen, chef d'escad., B.
Gufroy, chef d'escad., B.
Guédan, chef de bat., B.
Gentet, chef d'escad., B.
Fourchy, chef d'escad., B.
Michotey, chef d'escad., B.
Freire d'Andrade, col., B.
De Moura, capit., B.
Forget, capit., B.
Vander-Gunkel, capit., B.

18 juin 1815, bataille de Waterloo ou de Mont-Saint-Jean.

Arnaud, col., B.
Froment, chef de bat., B.
Girard, chef de bat., B.
Carréga, chef d'escad., B.
Charpin, chef de bat., B.
Ducloux, capit., B.
Macron, capit., B.
Raoul, capit., B.

D'Andlau d'Hombourg, capit., B. 23 juin 1815, combat sur la Suffel.
Belle, capit., B. 4 juill. 1815, combat devant Belfort.

Ingénieurs géographes.

BROUSSEAUD, chef d'escad., B. 2 déc. 1805, bataille d'Austerlitz.

6 juill. 1809, bataille de Wagram.
GUIBERT, lieut., B.
SION, lieut., B.

GUIBERT, lieut., B. 3 nov. 1805, affaire près d'Inspruck (Tyrol).
BOUTINOT, lieut., B. 12 août 1812, route de Smolensk.
PLONNIES, lieut., B. 30 août 1812 par des Cosaques, route de Moscou.
GUIBERT, capit., B. 5 nov. 1812, près de Smolensk.

PRESSAT, capit., B. 10 nov. 1812, en avant de Smolensk (mort le 4 déc.).
DE PIERREPONT, capit., T. 12 nov. 1812 par des Cosaques, route de Borisow.

28 nov. 1812, aux ponts de la Bérésina.
CHEVRIER, capit., B.
ROUBO, capit., B.

REGNAULT, capit., B. et disparu. 10 déc. 1812 à Wilna.
DELAHAYE, capit., B. 18 juin 1815, bataille de Waterloo.

Aides de camp.

JORRY, lieut., B. 10 oct. 1805, combat du pont de Gumberg.
DEYNÉS, capit., T. 14 oct. 1805, combat d'Elchingen.

14 et 15 oct. 1805, combats devant Ulm.
LEMOYNE, chef d'escad., B. 14.
JORRY, capit., B. 15.

LIMBOURG, capit., T. 17 oct. 1805, prise d'Ulm.

29 oct. 1805, combat devant Vérone (Italie).
FRIDOLSHEIM, chef d'escad., T.
REY, capit., B.

ROCHEX, lieut., B. 30 oct. 1805, combat de Caldiero.
PELET, lieut., B. 31 oct. 1805, passage de l'Adige.
MASSÉNA (1), lieut., B. 2 nov. 1805, combat devant Vérone (mort le 22).
BERGER, capit., T. 4 nov. 1805, combat de Steyer.
SAINT-SIMON, lieut., B. 4 nov. 1805, assaut de Scharnitz.

CAMPANA, capit., B. 11 nov. 1805, combat de Krems.

16 nov. 1805, combat d'Hollabrünn.
DEMANGEOT, chef d'escad., B.
LAMOTTE, chef d'escad., B.
DE SAINT-MARS, lieut., B.
DELAVAL, lieut., B.

DUROSNEL (1), col., B. 21 nov. 1805, affaire devant Brünn.
CLARY, lieut., B. 21 nov. 1805, affaire de Rausnitz (Moravie).

2 déc. 1805, bataille d'Austerlitz.
CHALOPPIN, chef d'escad., T.
MUIRON, capit., T.
RICHEBOURG, capit., T.
CHOUART, chef d'escad., B.
GÉRARD, col., B.
DUFAY, chef d'escad., B.
LEMOYNE, chef d'escad., B.
COLBERT (E.), capit., B.
MOROT, capit. B.
CATELOT, capit., B.
CHEVESTRE, capit., B.
COLBERT (P.), capit., B.
GIROD-NOVILARS, capit., B.

---

(1) Neveu du maréchal.

(1) Écuyer de l'Empereur.

Huot, capit., B.
Esprit, capit., B.
De Saint-Mars, lieut., B.
Cussy, lieut., B.
Lignivilles, lieut., B.
Brunet, lieut., B.
Gourgaud, lieut., B.
Flahaut, lieut., B.
Meyer, lieut., B.
Junker, s.-lieut., B.
Berthemy, s.-lieut., B.
Ordener, s.-lieut., B.

Jorry, capit., B. 4 déc. 1805, combat près de Scharnitz.
Lainé, capit., B. 10 févr. 1806, combat près de Gaëte.
Lamy, chef d'escad., T. 13 févr. 1806 devant Gaëte.
Maurin, capit., B. juin 1806 au siège de Gaëte.
De Montchoisy, capit., B. 2 juillet 1806, combat de Cumeroto (Naples).

4 juill. 1806, combat de Sainte-Euphémie (Calabre).
De Manneville, capit., B.
Clary, capit., B.
Debelle, capit., B.

Laborde, lieut., noyé 1806 en traversant le Sino (Naples).
Forestier, chef d'escad., B. 1806, combat de Civita-del-Tronto (Naples).
Destrès, capit., B. 19 août 1806, combat de Saint-Giovanni-in-Fiore (Naples).
Durrieu, capit., B. 4 oct. 1806 à l'assaut d'Amantea (Naples).
Lami, chef d'escad., T. 12 oct. 1806, étant en colonne en Calabre.

14 oct. 1806, bataille d'Auerstædt.
Lagoublaye, cap., B. (mort le 15 déc).
Christophe, chef d'escad., B.
Frossard, capit., B.
Delaye, capit., B.
Morand, capit., B.

14 oct. 1806, bataille d'Iéna.
Chaponnel, chef d'escad., B.
Thérond, chef d'escad., B.
Lamour, chef de bat., B.

Trémiolle, capit., B.
Chodron, capit., B.
Bourdel, capit., B.
Michel dit Desfossés, capit., B.
Saint-Simon, lieut., B.
Queval, lieut., B.

17 oct. 1806, combat de Halle.
Warenghein, capit., B.
Monck d'User, lieut., B.

Drouot de Lamarche, capit., B. 18 oct. 1806 par un parti de Prussiens.
Strub, chef d'escad., B. 26 oct. 1806, combat de Zehdenick.
Villatte, capit., B. 3 nov. 1806, combat de Crewitz.
Girod-Novilars, capit., B. nuit du 5 au 6 nov. 1806, passage du Leck.
Gayet, capit., T. 30 nov. 1806, combat de Privario, près de Raguse.
Bourran, capit., B. 23 déc. 1806, combat de Biézun, près de Plonsk.
Poncet, capit., B. 25 déc. 1806, combat de Buck.

26 déc. 1806, combat de Pultusk.
Roget, capit., T.
Gavoyelle, lieut., B. (mort le 27).
Chaillot, capit., B.
Meyer de Schauensée, lieut., B.
Cuvillier, s.-lieut., B.

26 déc. 1806, combat de Golymin.
Marulaz, cap. B. (mort le 2 janv. 1807).
De Trobriand, lieut., B.

De Shée, capit., B. 13 janv. 1807 dans une reconnaissance en Prusse.
Gentil Saint-Alphonse, lieut., B. 25 janv. 1807, combat de Mohrüngen.
Regnault de Chatillon, lieut., B. 28 janv. 1807, assaut de Greifswald.
De Laroque, lieut., B. 3 févr. 1807 dans une reconnaissance en Pologne.

4 févr. 1807, à Altenstein, dans une charge de cavalerie.
Bère, capit., B.
Holbec, capit. B.

6 févr. 1807, combat de Hoff.
LEVASSEUR, capit., B. (mort le 11).
PINDRAY, capit., B. (mort le 15 avril).
BRUNEL, capit., T.
LABORDE, lieut., B.

8 févr. 1807, bataille d'Eylau.
FASSARDY, capit., T.
PARIS, capit., T.
ANDRÉOSSY, s.-lieut., T.
SICARD, col., B.
TRIPOUL, chef d'escad., B. 7.
MAUCOMBLE, chef d'escad., B.
DUVIVIER (C.), chef d'escad., B.
CATELOT, chef de bat., B.
LEGRAND, chef de bat., B.
HOLBEC, capit., B. 7.
DE MARBOT (A.-A.-M.), capit., B.
DE MARBOT (J.-B.-A.-M.), lieut., B.
MARTIN, capit., B.
CANAVAS SAINT-AMAND, capit., B.
FONTENILLES, capit., B.
LIÉGEARD, capit., B.
BABUT, capit., B.
BERTHEMY, capit., B.
BOUDIN, capit., B.
MAC-SHÉEHY, capit., B.
POTTIER, lieut., B.
RASCAS DE CHATEAUREDON, lieut., B.
BERTHELOT DE LA GORGETTE, lieut., B.
PRESSAT, lieut., B.
SIMONIN, lieut., B.
JACQUEMINOT, lieut., B.
CUVILLIER, s.-lieut., B.

DE SEUTER, lieut. (Badois), B. 18 févr. 1807 dans une reconnaissance en Pologne.
VARÉLIAUD, capit., B. 2 mars 1807, combat près de Liebstadt.
TALBOT, lieut., T. 3 mars 1807 à l'attaque du village de Schmolainen.

1807, siège de Dantzig.
PAPORET, capit., T. 13 mai.
D'IMÉCOURT, s.-lieut., T. 13 avril.
GAILLARD, chef de bat., B. avril.
FAUVI, capit., B. 6 mai.
SALAMON, capit., B. 26 mars.
CASTILLE (1), capit., B. mai.
DE LA BOURDONNAYE, s.-lieut., B. 7 mai.
BERNARD, capit., B. 12 mai.

(1) Officier d'ordonnance de l'Empereur.

13 mai 1807, combat de Canth (Silésie).
DE MAGERL, lieut. (Bavarois), B.
DE ZANDT, lieut. (Bavarois), B.
DE ZORN, lieut. (Bavarois), B.
CARRÉ, capit., B. 17 mai 1807, aux avant-postes près la Passarge.
DE MANNEVILLE, capit., B. 18 mai 1807, affaire près de Sainte-Euphémie (Calabre).
VINCENT, chef d'escad., B. 23 mai 1807, combat devant Glatz.
DELOM, chef de bat., B. 25 mai 1807, combat près de Guttstadt.
LEJEANS, capit., B. 4 juin 1807 au pont de Spanden.
D'ASTORG, lieut., B. 5 juin 1807, combat de Guttstadt.
LATOUR-MAUBOURG, lieut., B. 6 juin 1807, combat de Deppen.

10 juin 1807, bataille d'Heilsberg.
SICARD, col., B. (mort le 13).
BONNAIRE, lieut., T.
LEBOISTEL, lieut., T.
MICHELER, lieut., T.
RÉMOND, chef de bat., B.
BONNIN, chef de bat., B.
LEGRAND, chef de bat., B.
WATHIEZ, chef d'escad., B.
DE PRESSAC DE LIONCEL, chef de bat., B.
SALLET, capit., B.
HAINDEL, capit., B.
DE SAINT-CHAMANS, capit., B.
DE SÉGUR-BOURZÉLY, capit., B.
CHEUZEVILLE, capit., B.
DE MONACO, capit., B.
DEMERSMANN, capit., B.
LAMETH, capit., B.
SCHRAMM, capit., B.
KOBYLINSKI capit. (Polonais), B.
LONGCHAMP, lieut., B.
WALNER, lieut., B.
FOURCHY, lieut., B.
VIENNET, lieut., B.

CHENAUD, chef de bat., B. 14 juin 1807 dans les faubourgs de Kœnigsberg.

14 juin 1807, bataille de Friedland.
HUTTIN, chef d'escad., T.
LACOSTE, col., B.
DE SAINT-MARS, chef d'escad., B.
BARRAL, chef d'escad., B.

LEBONDIDIER, chef de bat. B.
DUKERMONT, capit., B.
DE SAINT-PIERRE, capit., B.
CHEUZEVILLE, capit., B.
DE SAINT-PIERRE (O.), capit., B.
MARION, capit., B.
GUÉHENEUC, capit., B.
LEROY (P.-L.), capit., B.
MARPERGER, capit., B.
PERQUIT, capit., B.
PERRIN, capit., B.
MELIN, capit., B.
POIROT, lieut., B.
ORILLAT, lieut., B.
PASTRE-VERDIER, lieut., B.
PASTER lieut. (Hollandais), B.

14 juin 1807, combat devant Kœnigsberg.
LETORS DE LARRAY, capit., B.
DE VALLIER, lieut., B.

14 juin 1807, siège de Colberg.
TEULIÉ, capit. (Italien), B.
NAVA, lieut. (Italien), B.

PIÉTON, chef d'escad., B. 15 juin 1807 dans une charge de cavalerie.
VINCENT, chef d'escad., B. 24 juin 1807, assaut de Glatz.

26 juin 1807, dans une charge de cavalerie.
SAINTE-CROIX, chef d'escad., B.
LATERIE, lieut., B.

Juill. 1807, au siège de Stralsund (Poméranie).
FORESTIER, chef d'escad., B.
DE ROCHEDRAGON, capit., B.
THOMAS, lieut., B.

2 mai 1808, insurrection de Madrid.
SÉMERY, chef de bat., B.
PÉRIDON, capit., B.
MOUSSIN DE VILLERS, lieut., B.

CARBONNIER, capit., B. 11 mai 1808, affaire près de Burgos (mort le 17).
DE GALBOIS, lieut., B. 31 mai 1808 dans une émeute à Badajoz.
DE SAINT-QUENTIN, capit., B. 6 juin 1808, combat de Val-de-Penas (Espagne).

FAUCART, lieut., assassiné en juin 1808, près de Vittoria, par des paysans.
DELAFONT DES ESSARTS, capit., B. 28 juin 1808, attaque de Valence.
MENOU, chef d'escad., T. dans les premiers jours de juillet 1808, combat en Catalogne.

14 juill. 1808, bataille de Medina-del-Rio-Secco.
WATHIEZ, chef d'escad., B.
LEFRANC, capit., B.
DUBARRY, capit., B.
DE WALDNER, lieut., B.
BOTTEX, capit., B.
MARTIN, lieut., T. 16 juillet 1808, combat devant Girone.

16 juill. 1808, combat d'Andujar.
FOURNIER, chef de bat., B.
BELHOMME, lieut., B.

19 juill. 1808, bataille de Baylen (Andalousie).
BOUTTIER, capit., B.
MONTGARDÉ, capit., B.
LECLERC, lieut., B.
DE LA MOUSSAYE, lieut., B.

Juill. 1808, 1er siège de Saragosse.
DE BIONNEAU D'EYRAGUES, lieut., B. 23.
D'ABOS, lieut., B. 24.

4 août 1808, attaque de Saragosse (Aragon).
PRÉVOST, capit., T.
MAUGINOT, capit., B. (mort le 28).
NEUHAUSS-MAISONNEUVE, chef d'escad., B.
GODIN, capit., B.
FEUCHÈRES, lieut., B.

LALOU, capit., B. 21 août 1808, bataille de Vimeiro (Portugal).
MIQUEL, capit., B. 22 août 1808, combat contre les Monténégrins.
MARLIÈRE, capit., assassiné le 24 août 1808, combat de Sétubal (Portugal).
PRÉVOST DE GAGEMON, lieut., B. 8 oct. 1808 dans une reconnaissance sur Antivari (Albanie).

DEMONTZEY, capit., B. 26 oct. 1808, combat de Lerin (Espagne). (Mort le 14 nov.)
CLARION, lieut. (Hollandais), B. 31 oct. 1808, combat de Durango.
HERVOUET, lieut., B. 10 nov. 1808, combat de Saybo (Saint-Domingue.)

23 nov. 1808, bataille de Tudela.
GAULIER, capit., T.
GUÉHENEUC, chef de bat., B.
AUBRÉE, chef de bat., B.
DE MARBOT (A.-A.-M.), capit., B.
DE LABÉDOYÈRE, capit., B.
D'ASTORG, lieut., B.

DE SÉGUR (P.) (1), major, B. 30 nov. 1808, combat de Somo-Sierra.
DE MARBOT (J.-B.-A.-M.), capit., B. 1ᵉʳ déc. 1808, dans une reconnaissance à Agreda.

2 et 3 déc. 1808, attaques de Madrid.
BILLY, capit., B. 3.
GROUCHY (A.), lieut., B. 2.

DOREIL, lieut., B. 3 déc. 1808, siège de Rose (Catalogne).
SCHNEIDER, capit., B. 24 déc. 1808, combat devant Saragosse.
DELORT, lieut., B. 24 déc. 1808, combat de la Corona (Espagne).

3 janv. 1809, combat de Villafranca.
LATOUR-MAUBOURG (A.), lieut. (mort le 30).
DEBELLE, chef d'escad., B.

16 janv. 1809, combat de la Corogne.
LEFRANC, capit., B.
AUGIER, capit., B.
DE CHEVILLY, capit., B.

Janv. et févr. 1809, siège de Saragosse.
LEJEUNE, col., B. 27 janv.
ARNAUD DE SAINT-SAUVEUR, chef de bat., B. févr.
DE MARBOT (J.-B.-A.-M.), capit., B. 9 févr.
FIALKOWSKI, capit. (Polonais), B. 10 févr.

(1) Maréchal des logis du palais de l'Empereur.

D'ESPÉRANDIEU, capit., B. janv.
POIROT, lieut., B. 10 févr.
CUVILLIER, lieut., B. févr. 1809, combat de Truxillo.
TOUTAIN, capit., B. 13 févr. 1809, affaire d'El-Puente-del-Arzobispo.
PRESSAT, lieut., B. 22 févr. 1809, combat de Consuegra.
BROSSARD, capit., B. 6 mars 1809, combat de Villaza (Espagne).
BUQUET, lieut., B. 16 mars 1809, combat de Mesa-de-Ibor.
DUKERMONT, capit., B. 18 mars 1809, étant en mission en Espagne.

27 mars 1809, combat devant Oporto.
TAILLANDIER, capit., B.
DE CHEVILLY, capit., B.

27 mars 1809, combat de Ciudad-Réal.
LECZINSKI, capit. (Polonais), B.
SÉBASTIANI (T.), s.-lieut., B.

28 mars 1809, bataille de Medellin.
CHATAUX, col., B.
WEISS, lieut., B.
LAMETH, chef d'escad., T. 31 mars 1809, combat de San-Joao-de-Medeira (Espagne).
DE STUERS, lieut. (Hollandais), B. 31 mai 1809, prise de Stralsund.
ZAMPA, capit. (Italien), B. 16 avril 1809, bataille de Sacile (Italie).
KLICK, lieut. (Bavarois), T. 19 avril 1809, combat d'Abensberg (Bavière).

19 avril 1809, combat de Tann.
BARDOUT, capit., B.
DE MONTMORENCY (R.), lieut., B.
MAUSSION, lieut., B.

DE MENGERSHAUSEN, lieut. (Wurtembergeois), T. 20 avril 1809, affaire près d'Abensberg.

21 avril 1809, combat du pont d'Amarante (Portugal).
LAGUETTE, capit., T.
DUSTON, lieut., B.

22 avril 1809, bataille d'Eckmühl.
PELLETIER DE MONTMARIE, col., B.
MAINGARNAUD, chef de bat., B.

DELAYE, capit., B.
MONTGARDÉ, capit., B.
D'ALBENAS, lieut., B.

23 avril 1809, combat de Ratisbonne.
DE TROBRIAND, chef d'escad., B.
LE BOURGOING, lieut., B.

24 avril 1809, combat de Neumarck.
BIBER, lieut. (Bavarois), T.
DUPUY, lieut., B.

TRIAIRE, col., B. 2 mai 1809, au pont de Delmo (Italie).
PELET, capit., B. 3 mai 1809, combat d'Ebersberg.
STECK, chef d'escad., B. 3 mai 1809 dans une reconnaissance frontière de Bohême.
MAUCOMBLE, chef d'escad., B. 6 mai 1809, combat d'Amstettin.
TRIAIRE, col., B. 8 mai 1809, bataille de la Piave.
DE SAINT-MARS, chef d'escad., B. 10 mai 1809, combat devant Vienne.
COISEL, chef de bat., T. 10 mai 1809, combat près d'Oporto.
MAINGARNAUD, col., B. 11 mai 1809, combat de Woergl (Tyrol).
PALM, major (Bavarois), B. 11 mai 1809 dans les défilés de Lofer (Tyrol).
SUMINSKI, capit. (Polonais), B. 11 mai 1809, combat de Strzelno.

12 mai 1809, évacuation d'Oporto.
VIARD, capit., B.
DE CHEVILLY, capit., B.
TAILLANDIER, capit., B.

DE LIVANI, chef de bat., B. 13 mai 1809, combat devant Girone.
SCHMID, lieut. (Bavarois), B. 15 mai 1809, combat de Schwatz (Tyrol).
DURDANT, capit. T. 18 mai 1809, combat de Penâflor (Espagne).
BLENDOWSKI, lieut. (Polonais), B. 20 mai 1809, assaut de Zamosc (Pologne).

21 et 22 mai 1809, bataille d'Essling.
LEROUX, chef d'escad., B. 22 (mort le 12 juin).
PARADE, capit., T. 22.

D'ALBUQUERQUE, capit., T. 21.
DE VENNEVILLE, capit., T. 22.
DE VIRY, capit., B. 22 (mort le 16 juin).
O'MEARA, col., B. 21.
CAMPY, chef de bat., B. 22.
LEGRAND, chef de bat., B. 22.
DU COETLOSQUET, capit., B. 22.
BRÉSARD, capit., B. 22.
GERBAUD, capit., B. 22.
LIGNIVILLE, capit., B. 22.
CHAURION, capit., B. 22.
DURAND, capit., B. 22.
BARACAN, capit., B. 22.
FAYNOT, capit., B. 22.
GUILLEBON, capit., B. 22.
DE LABÉDOYÈRE, capit., B. 22.
DE MARBOT (J.-B.-A.-M.), capit., B. 22.
PEYRIS, capit., B. 22.
PICARD, capit., B. 22.
WATEVILLE, capit., B. 22.
BAILLY, capit., B. 22.
DE MONTESQUIOU-FEZENSAC, capit., B. 21.
JACQUEMINOT, capit., B. 21.
DENOUE, lieut., B. 21.
BEGEON DE SAINT-MESMES, lieut., B. 22.
JOURDAN, lieut., B. 22.
DE LUKER, lieut., B. 22.
BAUDUS, lieut., B. 22.
CROZET, lieut., B. 22.
DE LABOURDONNAYE, lieut., B. 21.
DE SIGALDI, lieut., B. 22.
POPON, lieut., B. 22.
FOURCHY, lieut., B. 22.
LECOUTEULX DE CANTELEU, s.-lieut., B. 22.
DE CHOISEUL-BEAUPRÉ, lieut., B. 22.

BARBIER-DESHAYEUX, capit., B. 22 mai 1809 en Espagne (mort le 10 juill.).
DURAND, chef d'escad., B. 27 mai 1809 dans l'île Napoléon (Danube).
TENGNAGELL, lieut. (Hollandais), B. 28 mai 1809 par des brigands espagnols.

14 juin 1809, bataille de Raab.
FONTANA, lieut. (Italien), T.
DUKERMONT, capit., B.
SESSA, capit. (Italien), B.
SARTIRANA, capit. (Italien), B.
DECRUEJOULS, capit., B.
LUCCHESINI, s.-lieut., B.

SCHNEIDER, capit., B. 15 juin 1809, combat de Maria, près Saragosse.
MEDICI DE CARIGNANO, lieut. (Italien), T. 18 juin 1809, affaire de Szoni.
TRIAIRE, col., B. 22 juin 1809, combat en avant de Raab.
JORDAN, capit. (Polonais), B. 26 juin 1809, assaut de Sandomir (Pologne).
MURPHY, lieut., B. 30 juin 1809, affaire du passage du Danube.
PAS, capit. (Italien), B. 5 juill. 1809, combat de Palamos.
DE PRESSOLLES, lieut., B. 5 juill. 1809, combat devant Bayreuth.

---

5 et 6 juillet 1809, bataille de Wagram.
CURNILLON, chef de bat., T. 5.
BARILLOT, capit., T. 6.
FAYNOT, capit., T. 6.
SERMIZELLES, capit., B. 6 (mort le 13).
WALDNER (aîné), capit., B. 5 (mort le 13).
RICARD, lieut., T. 5.
SAINTE-CROIX, col., B. 6.
BARIN, chef d'escad., B. 6.
POUDRET DE SEVRET, chef de bat., B. 6.
BAILLOT, chef d'escad., B. 6.
DUMAS, chef d'escad., B. 6.
BOCHATON, chef de bat., B. 6.
MARCHAL, chef de bat., B. 6.
GERMETTE, capit., B. 6.
TAMNET, capit., B. 6.
ORILLAT, capit., B. 6.
MONTGARDÉ, capit., B. 6.
PEYRIS, capit., B. 6.
COUDREUX, capit., B. 6.
CAVAILHER DE POUMARÈDE, capit., B. 6.
BAILLY, capit., B. 6.
BÉGEON, capit., B. 6.
BERGERET, capit., B. 6.
DE PIRÉ, capit., B. 6.
BRO, capit., B. 6.
BORGHÈSE, capit., B. 5.
CURELY, capit., B. 5.
D'HAMMERER, capit., B. 6.
DESSAIX, capit., B. 6.
FROSSARD, capit., B. 5.
GRIGY, capit., B. 6.
POMMEREUIL, capit., B. 6.
DE VARAIGNE, capit., B. 6.
BARDOUT, capit., B. 6.
LE GENTIL DE PAROY, lieut., B. 6.
BOURRONI, lieut. (Italien), B. 6.

BRUYÈRE, lieut., B. 6.
CAVALLIER, lieut., B. 6.
GRÉZÈS SAINT-LOUIS, lieut., B. 6.
GUIBERT, lieut., B. 6.
HUSSON, lieut., B. 6.
POPON, lieut., B. 5.
LETERMELLIER, lieut., B. 6.
BEGEON DE SAINT-MESMES, lieut., B. 6.
D'ALBENAS, lieut., B. 6.
MORET, lieut., B. 6.
DELAPORTE, lieut., B. 6.
MAC-CARTHY, lieut., B. 5.
BARON, lieut., B. 6.
DE LUKER, lieut., B. 6.
GAUTIER, lieut., B. 6.

---

11 juill. 1809, bataille de Znaïm.
DE MARBOT (J.-B.-A.-M.), chef d'escad., B.
GRÉZÈS SAINT-LOUIS, capit., B.
MURPHY, lieut., B.
DAUBENTON, lieut., B.

MAINGARNAUD, col., B. 18 juill. 1809, affaire de Rottenberg (Tyrol).

28 juill. 1809, bataille de Talavera-de-la-Reyna.
CHALLIER, capit., B.
COMMINGES, lieut., B.
MARIE, lieut., B.
ETCHEGOYEN, lieut., B.
VILMORIN, lieut., B.
SAVOISY, lieut., B.
BONNE, lieut., B.
BERNARDI, lieut., B.

DEYMIÉ, chef d'escad., B. 29 juill. 1809, route de Talavera à Madrid.

1809, siège de Girone (Catalogne).
NEUHAUSS-MAISONNEUVE, chef d'escad., T. 2 août.
ZACATONIUS, capit. (Westphalien), T. juill.
GAVARY, chef de bat., B. 19 sept.
LOUBERS, capit., B.
HUGUES, capit., B.
BOILEAU, lieut., B.

---

11 août 1809, bataille d'Almonacid.
BONNE, capit., B.
NIEL, capit., B.

LAGOUTINE, capit., B.
BUQUET, lieut., B.
CLARION, lieut. (Hollandais), B.

SERIÉS, chef de bat., B. 12 août 1809, défense de Flessingue (île de Walcheren).
ROQUES, capit., B. 13 août 1809, défense de Flessingue.
MINGRAT, chef d'escad., B. 19 août 1809 sur les bords de l'Escaut (en observant les Anglais).
RICARD, chef d'escad., B. oct. 1809 dans les défilés du Tyrol.
DUVIVIER (R.-C.), capit., B. 18 octobre 1809, combat de Tamamès.
DEFACZ, capit., B. oct. 1809, combat dans le Tyrol (mort).
DE COIGNY, capit., B. 18 nov. 1809, combat d'Ontigola.
SÉBASTIANI (T.), lieut., B. 18 nov. 1809, combat d'Ontigola.

19 nov. 1809, *bataille d'Ocâna*.

WOIROL, capit., B.
DE COSSIGNY, capit., B.
BUREAUX DE PUSY, capit., B.
LESZEZYNSKI, capit. (Polonais), B.
DE BONTEMS, lieut., B.
BOURGAVIN, lieut., B.

FAUJAS DE SAINT-FOND, col., B. 18 déc. 1809, défense de la Guadeloupe.
DUMAS, lieut., B. 20 déc. 1809, combat d'Olot (Catalogne).
DE SAINT-JEAN DE MONTFRANC, chef de bat., B. 18 janvier 1810, combat près d'Alméïda.
DE LASCOURS, capit., B. 27 mars 1810 dans une reconnaissance en Espagne.
MONTAGNET, capit., B. 21 avril 1810, au siège d'Astorga.
DOAT, capit., B. avril 1810, combat de Saint-Celoni (Catalogne).
BORDIÈRES, lieut., B. 7 mai 1810 au siège de Lerida (mort le 18).
FOURNIER, chef de bat., B. 16 mai 1810 en s'évadant du ponton *La Vieille-Castille* (rade de Cadix).
ALBRESPIT, lieut., B. juin 1810, siège de Ciudad-Rodrigo.

LEMERCIER D'EQUEVILLEY, capit., B. 4 juillet 1810, affaire de Catlégos (Espagne).
TUAULT, capit., B. 10 juill. 1810, assaut de Ciudad-Rodrigo.
BOYER, chef de bat., B. nuit du 14 au 15 août 1810, à Campobasso, par des brigands.
VAUVILLIER, capit., B. 25 août 1810 au siège d'Alméïda.
MARCHANT, lieut., B. 29 août 1810 au siège d'Alméïda.
DUPUITS DE MACONEX, capit., B. 14 sept. 1810, combat en Catologne.

27 sept. 1810, *bataille de Busaco*.

NORBERT-BAILLE, capit., B. (mort le 29 nov.).
LACOUTURE, lieut., B. (mort le 10 janv. 1811).
DELORT, capit., B.
CARDINEAU, capit., B.
VASSE, capit., B.
DE BAR, lieut., B.
LESUEUR DE LA CHAPELLE, lieut., B.
LABARTHE, chef d'escad., T. 19 oct. 1810, combat près de Tolède.
BARRERA, capit., B. 2 nov. 1810 dans une reconnaissance à Valderas.
DAVID, lieut., B. 3 nov. 1810, combat de Baza (Espagne).
MENUSIER, capit., B. nov. 1810 dans une reconnaissance en Espagne.
BLIN D'ILLIERS, capit., T. 1er déc. 1810, combat des Tombeaux (Ile de France).
SERVAT DE L'AILE, lieut., B. 27 déc. 1810 au siège de Tortose.
BARRERA, capit., B. 12 janv. 1811, affaire de Mayorga (Espagne).
DELAVEYNE, capit., B. 15 janv. 1811, combat de Vals (Catalogne).
GALBAUD, chef d'escad., B. 1er févr. 1811, à Talavera-de-la-Vieja (mort le 4 févr.).

Janv. et févr. 1811, siège de Badajoz.

CHAUVEL, lieut., B. 31 janv. (mort le 8 mars).
D'ARNAUD, chef de bat., B. 7 févr.
DUBOURG, capit., B. 31 janv.
DUROC-MESCLOP, capit., 3 févr.

PETIT, capit., B. 19 févr. 1811, bataille de la Gebora, devant Badajoz.

5 mars 1811, combat de Chiclana (devant Cadix).
GUÉRIN, lieut., B. (mort le 15 mai).
CHATAUX, col., B.
DEVIN DE FONTENAY, lieut., B.
DE BONTEMS, lieut., B.
DRUGMAN (1), lieut., B.

DE MARBOT (J.-B.-A.-M.), chef d'escad., B. 14 mars 1811, combat de Miranda-del-Corvo.
LEJEUNE (2), col., B. 5 avril 1811 à Illiescas, route de Séville à Madrid.

5 mai 1811, bataille de Fuentès-d'Onòro.
DEPENOUS, capit., B.
DE SAINT-JEAN DE MONTFRANC, chef de bat., B.
CARDINEAU, capit., B.
DE SEPTEUIL, capit., B.
MONTAGNÉ, lieut., B.

16 mai 1811, bataille d'Albuhèra.
DUROC-MESCLOP, capit. B. (mort le 19).
CARLIER, capit., T.
THOLOZÉ, chef d'escad., B.
MASSOT, capit., B.
D'ESPÉRANDIEU, capit., B.
LAFFITTE, capit., B.
DE NADAILLAC, capit., B.
PETIET, capit., B.
PHILIPPON, capit., B.
BINET, capit., B.
BARBEU-DUBOURG, lieut., B.

BAROIS, major, B. 20 mai 1811, combat naval près de Madagascar.
DE COIGNY, capit., B. 24 mai 1811, affaire de Gor, près Guadix (Espagne).
BARRERA, capit., B. 28 mai 1811, combat de Villa-Nova-del-Campo.

1811, siège de Tarragone.
D'ESCHALARD, chef de bat., B. 14 juin.
GRANGE, chef de bat., B. juin.

---

(1) Officier volontaire. Ex-lieutenant démissionnaire du 27º régiment de chasseurs à cheval.
(2) Au retour d'une mission près des maréchaux Soult et Victor.

ARNAUD DE SAINT-SAUVEUR, chef d'escad., B.
DE RIGNY, capit., B. 22 mai.
BRARD, capit., B. 28 juin.
DESAIX (1), capit., B. 28.
SERVAT DE L'AILE, lieut., B. 16 juin.

GIRARD, lieut., T. 6 juill. 1811 défense de Ciudad-Rodrigo.
PIERRÉ, lieut., B. 9 août 1811, combat de Gor, près Guadix.
GARÇON, lieut., B. 25 août 1811, défense de Java (Inde).
DE BEAUMONT (J.-G.-M.), capit., B. 9 oct. 1811 près d'Arcos, étant en mission (Andalousie).
MASSILLAN DE SANILHAC, lieut., B. 22 oct. 1811 en Espagne.

Oct. 1811, siège de Sagonte.
PROUVANSAL DE SAINT-HILAIRE, capit., T. 19 oct.
TURNO, lieut., T. 17 oct.
GIARDINI, lieut. (Italien), T. 18 oct.

25 oct. 1811, bataille de Sagonte.
PÉRIDON, chef de bat., B.
DEBILLY, capit., B.
BRARD, capit., B.
DE LAMEZAN, capit., B.
TROQUEREAU, capit., B.

BARBEU-DUBOURG, lieut., B. 28 oct. 1811, combat d'Arroyo-Molinos.
LATOUR-MAUBOURG (R.), capit., B. 12 déc. 1811, combat en Espagne.
BORDENAVE, capit., B. 30 nov. 1811, combat devant Valence (mort le 2 déc).

Nov. et déc. 1811, siège de Valence.
ROBERT, capit., T. 26 déc.
DUCHAND, chef d'escad., B. 9 nov.
BOUILLY, chef d'escad. (Italien), B. 31 déc.
GUILLAUMICHON, capit., B. 25 nov.

TUAULT, capit., B. 19 janv. 1812, défense de Ciudad-Rodrigo.
VERNE, lieut., B. 23 févr. 1812 en traversant le village d'Allégria, près de Tolosa.

---

(1) Fils du général tué à Marengo.

LEPLAY DE LA CHAPELLE, s.-lieut., B. 18 mars 1812, combat de Tordesillas.
DE GUILLEBON, lieut., B. 25 mars 1812, combat de Roda (Espagne).

1812, *défense de Badajoz.*
DUHAMEL, lieut., T. 29 mars.
MASSOT, capit., B. 4 avril.
DESMEUVES, lieut., B. 26 mars.
GRAU DE SAINT-VINCENT, lieut., B. 6 avril.

PERNET, capit., B. 9 avril 1812 au défilé de Salinas.
HOUILLON, capit., B. 10 avril 1812, affaire près de Tepa (Espagne).
LISKENNE, lieut., B. 29 avril 1812 dans une reconnaissance près de Bilbao.
MAILLOT-DUCLAUX, capit., B. mai 1812, affaire près de Burgos.
BENOIT, capit., B. 1er juin 1812, combat de Bornos (Andalousie).
VANLOO, lieut., B. 28 juin 1812, combat de Los-Santos (Estramadure).
GRAVIER DE VERGENNES, capit., B. 4 juill. 1812, affaire en avant de Wilna.
SCHÉRER (1), capit., B. 13 juill. 1812, combat de Dunabourg (Russie).

22 *juill.* 1812, *bataille des Arapiles.*
RICHEMONT, col., B.
DUCHEYRON, major, B.
GAUDIN DE SAINT-REMY, capit., B.
DEBARRE, capit., B.
MENNE, capit., B.
JOBERT, capit., B.
LEPLAY DE LA CHAPELLE, lieut., B.
VILLÉ, lieut., B.

22 *juill.* 1812, *combat sur la Dwina.*
DEVAUX, capit., B. (noyé).
DELACROIX, col., B.

DUBOURGET, capit., B. 23 juill. 1812, combat près de la Dwina.
UBAGHS, lieut., B. 23 juill. 1812, route de Burgos, en portant des dépêches.

25 *juill.* 1812, *combat d'Ostrowno.*
HUBERT, chef d'escad., B.
DE CASTELBAJAC, capit., B.

GALBOIS, chef d'escad., B. 26 juill. 1812, combat de Witepsk.
REVOL, capit., T. 27 juill. 1812, affaire près de Mohilow.
GOUT, chef de bat., B. 29 juill. 1812, combat près de Witepsk.
DESSAIX, chef de bat., B. 30 juill. 1812, près du village de Babinovitschi.
FREMIER, s.-lieut., B. 1er août 1812, prise du fort de Martorell (Espagne).
LORRAIN, lieut., B. 4 août 1812, combat près de Burgos (mort le 23).
LACOUR, capit., B. 11 août 1812, combat devant Polotsk.
SUBERVIE, s.-lieut., B. 14 août 1812, combat de Krasnoë.
KOBYLANSKI, col. (Polonais), B. 16 août 1812 aux avant-postes devant Smolensk.

16 *août* 1812, *combat devant Smolensk.*
GOURGAUD (1), capit., B.
D'ALBENAS, capit., B.
SULPICE-CHANOINE DE SAINT-THIEBAULT, lieut., B.

17 *et* 18 *août* 1812, *bataille de Smolensk.*
RADZIMINSKI, lieut. (Polonais), T. 17.
KAMINIECKI, capit. (Polonais), B. 18.
KEWITECKI, capit. (Polonais), B. 18.
KOBYLNICKI, capit. (Polonais), B. 17.
MALCZEWSKI, capit. (Polonais), B. 18.
POTOCKI, chef d'escad. (Polonais), B. 18.
LOSKI, capit. (Polonais), B. 18.
DE FRANQUETOT DE COIGNY (2), capit., B. 18.
GRABOWSKI, capit. (Polonais), B. 17.
SIEHEN, lieut. (Polonais), B. 18.
GORECKI, lieut. (Polonais), B. 18.

18 *août* 1812, *bataille de Polotsk.*
DIÉBOLD, lieut., B. (mort le 9 sept.).
GÉRARD, capit., B.
GERMETTE, capit., B.
DE TAXIS, capit. (Bavarois), B.
SOARÈS D'ALBERGARIA-PEREIRA, lieut., B.
DE DOBENECK, lieut. (Bavarois), B.

---

(1) Fils du général Schérer.

(1) Officier d'ordonnance de l'Empereur.
(2) Le bras droit emporté.

19 août 1812, *bataille de Valoutina-Gora.*
D'ALBIGNAC, chef d'escad., B.
DESMONTIS DE BOISGAUTIER, lieut., B.

DE DRESKI, lieut. (Prussien), B. 22 août 1812, combat de Dahlenkirchen.
DUPLESSIS, chef de bat. (Italien), B. 26 août 1812, route de Ghiat (Russie).
VERDILHAC, capit., B. 27 août 1812 à l'évacuation de Séville.
DE GIULIANO, capit. (Napolitain), B. 5 sept. 1812, redoute de Borodino.

---

7 sept. 1812, *bataille de la Moskowa.*
GAUTIER, chef d'escad., B. (mort le 19 janv. 1813).
MOUCHON, capit., T.
DE SAINT-CERNIN, capit., T.
DUBOURGET, capit., T.
DUBREUIL, capit., T.
FRADIEL, capit., T.
CLERT, capit., T.
DE SEYDEIDITZ, capit. (Saxon), T.
LAMBRECHTS, lieut., T.
DE BROGNIARD, lieut. (Wurtembergeois), T.
BERTHEMY, col. (Napolitain), B.
LÉPINE, chef de bat., B.
BROUSSIER, chef de bat., B.
BAGUET, chef d'escad., B.
GANIOSKI, chef d'escad. (Polonais), B.
DE LA GRAVE chef de bat., B.
CARBONEL, chef d'escad., B.
LEGOURT DE FONGARNIÈRE, chef de bat., B.
GAIEWSKI, chef d'escad. (Polonais), B.
ZWANN, chef d'escad. (Polonais), B.
JABSKOWSKI, chef d'escad. (Polonais), B.
HUOT-GONCOURT, capit., B.
DE CASTEL, capit., B.
ROBERT D'ESCRAGNOLLE, capit., B.
DE TURENNE (J.-F.-M.), capit., B.
DE MOYSEN, capit., B.
SPANAGEL, capit., B.
DU ROCHERET, capit., B.
DE TALLEYRAND-PERRIGORD, capit., B.
BARRERA, capit., B.
DAMEY, capit., B.
DE SAINT-PAUL, capit., B.
KLEIN, capit., B.
MACÉ DE BAGNEUX, capit., B.
SAINTE-ALDEGONTE, capit., B.
MÉJAN, capit., B.
MICHEL, capit., B.
FABVIER, capit., B.
CHAMERLAT, capit., B.
FREMEAUX, capit., B.
MORET, capit., B.
HOFFMANN, capit., B.
DAUBENTON, capit., B.
PRÉVOT, capit., B.
BÉRAUVILLE, capit., B.
BESSET, capit., B.
DE BORCK, capit. (Westphalien), B.
CADIOT, capit., B.
DE CASTELBAJAC, capit., B.
SOLIRÈNE, capit., B.
L'HUILLIER (Léo), capit., B.
ROBYLNIECKI, capit. (Polonais), B.
TURNO, capit. (Polonais) B.
BOJANOWICZ, capit. (Polonais), B.
KWILECKI capit. (Polonais), B.
SÉBASTIANI, capit., B.
OTTHENIN, capit., B.
KIECKI, capit. (Polonais), B.
POTOCKI (A.) capit. (Polonais), B.
ORSETTI, capit. (Polonais), B.
WODZYNSKI, capit. (Polonais), B.
LOSKI, capit. (Polonais), B.
MLOCKI, capit. (Polonais), B.
PERRIER, capit., B.
CASTEL, lieut., B.
LONGUET, lieut., B.
GROUCHY (fils), lieut., B.
DEVIN DE FONTENAY (1), lieut., B.
LAVERAN, lieut., B.
SAINT-BRESSON, lieut., B.
BIOT, lieut., B.
CHÉRON, lieut., B.
FONTENU, lieut., B.
DE LOZ DE BEAUCOURS, lieut., B.
COUET DE LORRY, lieut., B.
D'OBERLIN-MITTERBACH, lieut., B.
SIEHEN, lieut. (Polonais), B.
GORECKI, lieut. (Polonais), B.
WOLODKOWICZ, lieut. (Polonais), B.

DUPUY, capit., B. 10 sept. 1812, combat de Mojaïsk.

---

(1) Entré le premier dans la grande redoute en tête du 5ᵉ cuirassiers.

De Reuss, lieut. (Wurtembergois), B. 11 sept. 1812, combat en avant de Mojaïsk.
Chéruel, lieut., B. 20 sept. 1812, combat d'Alcoucero (Espagne).
Milaire, capit., T. 2 oct. 1812, près de Jamilla (Murcie).
Hersan, major, B. 2 oct. 1812, combat près de Bobruisk.
Sébastiani (T.), capit., B. 4 oct. 1812, combat près de Moscou.

Rouch, capit., B. 13 oct. 1812, combat près de Moscou.

18 oct. 1812, combat de Winkowo, en avant de Moscou.
Gobert, colonel, B.
Girard, chef de bat., B.
Gaiewski, chef d'escad. (Polonais), B.
Kewitecki, capit. (Polonais), B.
De Matharel, capit., B.
Grégoire, capit., B.
Tonnelier, lieut., B.
Fremeaux, capit., B.
Robinet de Malleville, lieut., B.

18 oct. 1812, combat route de Kalouga.
De Rohan-Chabot, lieut., B.
De Bauffremont (A.), lieut., B.

18 oct. 1812, combat de Polotsk.
Vandouwe, major (Bavarois), T.
Vesco, capit., B.

Laeger, capit., assassiné le 20 oct. 1812 à Barcelone.
Revest, lieut., B. 23 oct. 1812 dans un combat en Espagne.
Lecouteulx, capit., B. 24 oct. 1812, affaire sur la route de Kalouga.

24 oct. 1812, bataille de Malojaroslawetz.
Pino, chef d'escad. (Italien), T.
Delzons, capit., B. (mort le 30).
Rottier de Laborde, chef d'escad., B.
Husson, capit., B.
Mazure, capit., B.
Geoffroy, capit., B.
Fontana, lieut. (Italien), B.
Duhot, capit., B.

Kobylanski, col. (Polonais), B. 25 oct. 1812, combat route de Kalouga.
Brunet de Panat, capit., T. 25 oct. 1812, combat près de Médiona (Russie).
Bourgavin, capit., T. 25 oct. 1812, combat de Villamoriale (Espagne).
Isnard de Sainte-Lorette, lieut., B. 26 oct. 1812, combat de Elena (Russie).
Montbrun de Pommarède, lieut., T. 30 oct. 1812 par des Cosaques.
De Fitz-James, capit., B. 30 oct. 1812 au pont d'Aranjuez.
Bérauville, capit., B. 3 nov. 1812, combat de Wiasma.
Mazure, capit., B. 3 nov. 1812, affaire contre des Cosaques.
Spanagel, capit., disparu le 9 nov. 1812, au passage du Dnieper.
Gadant, capit., B. 9 nov. 1812, combat de Iacowo, près de Smolensk.
Algay, capit., B. 13 nov. 1812, combat de Smoliany.
Delfanti, col. (Italien), T. 14 nov. 1812, combat devant Smoliany.
De Schwerdtner, capit., T. 14 nov. 1812, combat de Wolkowisk.
Legay, chef d'escad., B. 15 nov. 1812, combat de Tschaschniki.

16, 17 et 18 nov. 1812, bataille de Krasnoë.
Dega, capit., T. 18.
Ramière, capit., T. 18.
Fromage, capit., T. 18.
Berthezène, lieut., T. 17.
Laboissière, col., B. 18.
Murphy, chef de bat., B. 18.
Husson, capit., B. 16.
D'Hautpoul (1), capit., B. 18.
Subervie, lieut., B. 16.

D'Auderic, capit., B. 19 nov. 1812 par un parti de Cosaques, route de Wilna.
Hauke (J.), capit. (Polonais), B. 21 nov. 1812, combat route de Borisow.
Edeline, capit., B. 27 nov. 1812, combat de Borisow.

---

(1) Officier d'ordonnance de l'Empereur.

26 et 28 nov. 1812, bataille de la Bérésina.

DE NOAILLES (A.), capit., T. 28.
DE RENNEBERG, capit., T. 28.
DUFEY, capit., B. et disparu 28.
DE STRAUSS, lieut. (Badois), B. (mort le 27).
REZZIA, capit. (Italien), B. et disparu 28.
BRUN, chef d'escad., B. 26.
DONEY, chef d'escad., B. 28.
POTOCKI (A.-C.), chef d'escad. (Polonais), B. 26.
DE KALENBERG, capit. (Badois), B. 28.
SZEZANIECKI, capit. (Polonais), B. 26.
BLIN D'ORIMONT, capit., B. 28.
DE WITTGENSTEIN, chef de bat. (Hessois), B. 28.
DEMALVILLE, capit., B. 28.
POTOZCZYNSKI, capit. (Polonais), B. 26.
KAMINIECKI, capit. (Polonais), B. 26.
LOSKI, capit. (Polonais), B. 26.
STOSS, capit. (Polonais), B. 26.
MALCZIWSKI, capit. (Polonais), B. 26.
ANTHING, lieut., B. 28.
SOARÈS D'ALBERGARIA PEREIRA, lieut., B. 28.
CHERON, lieut., B. 28.
PTONSKI, lieut. (Polonais), B. 26.
SZYMANOWSKI, lieut. (Polonais), B. 26.

D'ALÈS, capit. (Westphalien), B. 29 nov. 1812, affaire de Plesenkowitz (Russie).
VESSERON, capit., B. 29 nov. 1812, affaire route de Plesenkowitz (Russie).
DE GALBOIS, chef d'escad., B. 3 déc. 1812, combat de Molodestchno.
LUSZEZEWSKI, capit. (Polonais), B. 5 déc. 1812, par des Cosaques à Osmiana (Lithuanie).
ROUDIER, chef de bat., B. 6 déc. 1812, affaire de Molodestchno (Lithuanie).
BAUDOUY, lieut., B. 6 déc. 1812, affaire de l'Urète, près Saldana (Espagne).
BERTRAND, lieut., B. et disparu, 6 déc. 1812, route de Wilna.
DE ROSSI, col. (Westphalien), B. 11 déc. 1812 dans les rues de Wilna.
DE SAINT-GENIÈS, capit., B. 12 déc. 1812 à la montée de Kowno.

DE BOURBON, lieut., B. 13 déc. 1812, route de Kowno, (mort le 14 févr. 1813).
COLLIN, lieut., B. 15 déc. 1812 par des Cosaques route de Tilsitt.
SALLANTIN, lieut., B. 29 déc. 1812, étant à l'avant-garde dans la retraite sur Dantzig.
DE LAIDET, capit., B. 29 déc. 1812, combat de Lloda (Espagne).

28 janv. 1813 dans un combat en Navarre.

SÉBEVILLE, capit., T.
RÉGNAULT, capit., B.

DORIVAL, capit. (Westphalien), B. 13 févr. 1813, affaire de Kalisch.
POINSOT, capit., B. 23 févr. 1813, combat devant Berlin.
MICHAUD, capit., B. 24 mars 1813, dans une embuscade en Catalogne.
PASCALIS, capit., B. 2 avril 1813, combat de Lunebourg (mort).
DOUTREMONT DE MINIÈRES, capit., B. 12 avril 1813, combat de Biar (Espagne).

2 mai 1813, bataille de Lutzen.

JARDET, col. B. (mort le 8).
LEMOTHEUX, capit., T.
SARREBOURG, capit., B. (mort).
DUPONT, capit., T.
CHAMOIN, chef de bat., B.
CLOUET, chef d'escad., B.
PERDRIZET, capit., B.
TERRASSE, capit., B.
CHASSÉRAUX, capit., B.
WUAILLE, capit., B.
D'AUDERIC, capit., B.
CAMINADE, capit., B.
PROVAÑA, capit., B.
PRETET (1), capit., B.
PRIEUR, lieut., B.
VAN-HOFF, lieut., B.

D'HAUTPOUL, chef de bat., B. 9 mai 1813, passage de l'Elbe.
BERNARD, chef de bat., B. 19 mai 1813, combat d'Eichberg.

---

(1) Officier d'ordonnance de l'Empereur.

20 et 21 mai 1813, *batailles de Bautzen et de Wurschen.*
BOYER, chef de bat., B. 21.
DARNAUD, chef de bat., B. 20.
DE BEURNONVILLE, chef de bat., B. 20.
HEIMÈS, chef d'escad., B. 21.
RICHEBÉ, chef de bat., B. 21.
DE MARTIMPREY, capit., B. 21.
VILMORIN, capit., B. 21.
DE LABASSÉE, lieut., B. 21.
DE STOKMAER, lieut. (Wurtembergeois), B. 21.
DE ARAND, lieut. (Wurtembergeois), B. 21.
DE HUGEL, lieut. (Wurtembergeois), B. 21.

22 mai 1813, *combat de Reichenbach.*
DUPONT-CHAUMONT, capit., T.
LE GENTIL DE PAROY, capit., B.

VILLATE, chef d'escad., B. 22 mai 1813, retraite de Salamanque.
MAYAUD, capit., B. 24 mai 1813 dans une reconnaissance en Espagne.
MAUPERCHÉ, capit., B. 27 mai 1813 aux avant-postes en Saxe.
JACQUEMINOT, chef d'escad., B. 28 mai 1813, combat de Neuda (Saxe).
DE TUSSAC, capit., B. 31 mai 1813, combat de Neukirch.

21 juin 1813, *bataille de Vittoria.*
ROMAN, capit., T.
MICHAULT, capit., B.
DEPANIS, capit., B.
VIDAL, capit., B.
SAUVAT, lieut., B.
GASTEBOIS, lieut., B.
DE BONTEMS, lieut., B.
TARET, lieut., B.
MOREL, lieut., B.
PERRIN, lieut., B.

LAUMONT, capit., B. 1er juill. 1813, combat du pont d'Irun.
ESCARD, capit., B. 8 juill. 1813, combat d'Esquirol (Catalogne).
LEVELING, capit., B. 9 juill. 1813, combat de la Salud (Catalogne).
MOLÈNES, capit., B. 13 juill. 1813, combat de Xuccar (Espagne).

DOAT, capit., B. 17 juill. 1813, défense de Saint-Sébastien.
DE CHARCELLAY, capit., B. 25 juill. 1813, combat du col de Maya.

28 juill. 1813, *retraite de Pampelune.*
REGNAULT, capit., B.
GOMBAUD-SÉRÉVILLE, lieut., B.

30 juill. 1813, *combat devant Pampelune.*
AGIER, capit., B. (mort le 31).
LACHAPELLE, capit., B.
LAFONT, capit., B.

DE CHARCELLAY, capit., B. 3 août 1813, combat sur les Pyrénées.
LECHARTIER, capit., B. 9 août 1813 dans une reconnaissance sur les Pyrénées.
CHARLOT, capit., T. 18 août 1813, à la prise de la tête de pont de Villach (Illyrie).

19 août 1813, *combat de Lowenberg.*
GOBERT, col., B.
ROUDIER, chef de bat., B.

GROSSE, lieut., T. 21 août 1813, affaire de Marzow, près Hambourg.
OSMONT, capit., T. 21 août 1813 dans une reconnaissance près de Gorlitz.
VAULTRIN, lieut., B. 21 août 1813 dans une reconnaissance en Espagne.

22 août 1813, *combat de Gieshübel.*
COLLOT-BÉRENGER, capit., B. (mort le 29).
DELANNOY, lieut., B.

GOGUILLOT, lieut. (Napolitain), B. 23 août 1813, par des brigands en Calabre.
HOURIEL, capit., T. 23 août 1813, affaire de Gross-Beeren.

23 août 1813, *combat de Goldberg.*
MAUPERCHÉ, capit., B.
DEROBE, capit., B.

LANTHONNET, capit., B. 26 août 1813, affaire de la Katzbach.

26 et 27 août 1813, bataille de Dresde.
DE BEUVRAND, chef d'escad., B. (mort le 23 sept.).
GUITON, capit., T. 27.
WALSH, capit., B. 27 (mort le 28).
BÉRANGER, lieut., T. 26 (1).
GAZAN, capit., B. 27.
JOUVIOUX, capit., B. 27.
DE MAILLÉ, capit., B. 26.
CHADABET, capit., B. 26.
STHÉFEN, capit., B. 27.
BOYER, lieut., B. 26.

DELEAU, lieut., B. 27 août 1813, combat près de Kezelsdorf (Saxe).
ALENGRY, capit., B. 29 août 1813, défense de Dantzig.
MAGNIER, lieut., B. 29 août 1813, combat de Buntzlau.

29 août 1813, combat devant Dantzig.
BESANÇON, lieut., T.
DE LAGARDELLE, capit., B.

30 août 1813, affaire de Culm.
CHARLOT, capit., T.
SCHEGULIN, capit., B.
BERCKEIM, capit., B.
DE KOENIGSEGG, capit., B.
ASSEZAT, capit., B.
DUHOT, capit., B.
GUIOT, capit., B.

GOBERT, chef de bat., T. 30 août 1813, combat près de Dresde.

31 août 1813, passage de la Bidassoa.
STEPHENSON, lieut., B et noyé.
VILLATE, chef d'escad., B.
ARNAUD DE SAINT SAUVEUR, chef de bat., B.
HANUS DE MAISONNEUVE, cap., B. 2 sept. 1813, combat devant Dantzig.
CHERET, lieut., B. 5 sept. 1813 étant en mission près de Pirna (Saxe).

6 sept. 1813, bataille de Juterbock.
DELACHAISE, chef d'escad., T.

(1) Officier d'ordonnance de ~~roi Murat~~.

CAILLEUX, capit., B. (mort le 14).
CLOUET, col., B.
BOERIO, capit., B.
GORNEAU, capit., B.
LAVALETTE, capit. (Italien), B.

KAMIENIECKI (1), chef d'escad. (Polonais), B. 9 sept. 1813 près de Bischofswerda.
MOLÈNES, capit., B. 13 sept. 1813, combat du Col d'Ordal (Espagne).
DE FITZ-JAMES, capit., B. 16 sept. 1813, combat de Goerde, près de Lunebourg.
PISSIN, capit., B. 21 sept. 1813, en portant des ordres au maréchal Soult, à son quartier général.
MÉNARD, capit., B. 25 sept. 1813, affaire de Tchernütz (Italie).
DORIVAL, cap. (Westphalien), B. 28 sept. 1813, affaire de Zeitz.
JACQUEMINOT, chef d'escad., B. sept. 1813, combat de Hoyerwerda.
JOUVIOUX, capit., T. 29 sept. 1813 dans une reconnaissance en Saxe.
SKUPIESKI, capit. (Polonais), B. 4 oct. 1813 par des Cosaques près de Dessau.
PETIT, lieut., B. oct. 1813, affaire près de Fulde.
VIAL, capit., B. oct. 1813, défense de Wittenberg.
GORNEAU, capit., B. oct. 1813, défense de Torgau.
DE REINACH, chef d'escad., B. 13 oct. 1813, affaire devant Leipzig.
LEMERCIER, lieut., B. 13 oct. 1813, combat devant Dresde.
DE ERBACH, capit. (Saxon), T. 18 oct. 1813, défense de Dresde.

14, 16, 18 et 19 oct. 1813, bataille de Leipzig.
DALOIGNY, capit., T. 19.
DENOÉ, capit., T. 18.
RASTEAU, capit., T. 18.
COSTER, capit., B. 18 (mort le 4 nov.).
DEBRUYN (2), capit., B. 18 (mort).
RÉSIGNÉ, capit., B. 18 (mort).

(1) En portant des dépêches à l'Empereur.
(2) Van-Sypenstein.

BLÉCHAMP (1), capit. (Polonais), B. et noyé le 19.
DE ERBACH, capit. (Hessois), T. 18.
CHARLOT, lieut., T. 18.
DE CONTADES, lieut., T. 18.
GIROYE DE NEUVI, lieut., T. 18.
MÉZARD, chef de bat., B. 16.
GAZAN, chef de bat., B. 16.
MATHAREL, chef d'escad., B. 16.
MARESCOT, chef d'escad., B. 18.
D'ARNAUD, chef d'escad., B. 18.
POTOCKI (A.), chef d'escad. (Polonais), B. 19.
HAYAERT, chef d'escad., B. 19.
BAGUET, chef d'escad., B. 16.
KICKI, capit. (Polonais), B. 19.
SKORZEWSKI, capit. (Polonais), B. 19.
ORSETTI, capit. (Polonais), B. 18.
CZARSIECKI, capit. (Polonais), B. 19.
BOCKLENDORF, capit. (Polonais), B. 19.
GRABOWSKI, capit. (Polonais), B. 19.
LEWINSKI, capit. (Polonais), B. 18.
BOUBERS, capit., B. 19.
IMBERT DE SAINT-AMAND, capit., B. 16 et 18.
VALLÈS, capit., B. 14.
GUYOT, capit., B. 16.
MASSILLAN DE SANILHAC, capit., B. 16.
COURTOIS de CHARNAILLES, capit., B. 18.
DE LA COSTE, capit., B. 16.
FONTAINE DE CRAMAYEL (R.), capit., B. 18.
KOMIERWOSKI, capit. (Polonais), B. 18.
FABRY, capit., B. 16.
MONTBOURCHER, capit., B. 18.
LACOSTE, capit., B. 18.
LANGLOIS, capit., B. 18.
MACRON, capit., B. 14.
DE SAINTE-MARIE, capit., B. 14.
DE TUSSAC, capit., B. 18.
MORY, capit., B. 18.
DE REINACH (2), capit., B. 18.
MAUROY, capit., B. 19.
RUDOWSKI, capit. (Polonais), B. 19.
LEWEL, capit. (Polonais), B. 19.
TURNO, capit. (Polonais), B. 18.
SENCIER, lieut., B. 18.
OBERSTADT, lieut., B. 18.

(1) Noyé en voulant sauver le prince Poniatowski.
(2) Aide de camp du roi de Naples.

DARBALESTRIER, lieut., B. 18.
BONNAFOUS, lieut., B. 16.
MÉRY, lieut., B. 18.
BARAGUAY D'HILLIERS, lieut., B. 16.
GIBERT, lieut., B. 16.
PETIT, lieut., B. 16.
GERLESI, lieut., B. 19.
LYZMANOWSKI, lieut. (Polonais), B. 19.
GORAYSKI, lieut. (Polonais), B. 18.
POTZ, lieut. (Polonais), B. 18.
FINKE, lieut. (Polonais), B. 18.

DE GAULTIER DE RIGNY, chef de bat., B. 21 oct. 1813, combat en Saxe.
HOLLIER, capit., B. 25 oct. 1813, combat d'Eisenach.
GOMBAUD-SÉRÉVILLE, lieut., B. 26 oct. 1813, combat de Bassano (Italie).
LEFOL, capit., B. 29 oct. 1813, combat devant Francfort-sur-le-Mein.

30 oct. 1813, bataille de Hanau.
RESSIGNOR, capit., B. (mort le 9 nov.)
PROVASI, chef d'escad. (Italien), B.
DE LAIDET, chef de bat., B.
LAVALETTE, capit. (Italien), B.
JACQUEMART, lieut., B.
PANON DU HAZIER, lieut., B.
MAGNAC, lieut., B.

TRAUTENHEIM, capit., B. 3 nov. 1813 à Mestre (Italie), dans une charge de cavalerie.
GROSJEAN, lieut., B. 6 nov. 1813, combat devant Dresde.
GRUNDLER, chef de bat., B. 6 nov. 1813 dans une reconnaissance près de Mayence (mort le 27 déc.).
MASSILLON, capit., B. 8 nov. 1813, défense de Glogau.
MOLINE DE SAINT-YON, chef d'escad., B. 10 nov. 1813, combat de Saint-Jean-de-Luz.

10 nov. 1813, combat de Sarre (Pyrénées).
BODIN, lieut., B.
TARET, lieut., B.
FOY, lieut., B.

DE LOSTENDE, capit., B. 9 nov. 1813, affaire de Hochheim.

SCARAFFIA, lieut. (Italien), B. 16 nov. 1813, combat de Caldiero (mort le 17).
DE BEURNONVILLE, col., B. 29 nov. 1813, combat d'Arnheim.

13 déc. 1813, combat devant Bayonne.
POMADE, capit., T.
BÉNARD, capit., B. (mort le 2 fév. 1814.)

WAILLE, capit., B. déc. 1813, combat d'Alba (Italie).
BAGNALASTA, lieut. (Italien), B. 29 déc. 1813, aux avant-postes en Italie.
DESTOUCHES, chef d'escad., B. 13 janv. 1814, combat devant Anvers.
HUSSON, chef de bat., B. 24 janv. 1814, défense de Strasbourg.

29 janv 1814, bataille de Brienne.
JACQUEMINOT, col. B.
DUHOT, chef de bat., B.
DE SAINTE-ALDEGONTE, chef d'escad., B.
HEIMÈS, chef d'escad., B.
DEVAUX, lieut., B.

1ᵉʳ févr. 1814, bataille de la Rothière.
URVOY DE CLOSMADEUC, capit., B.
CHOMPRÉ, capit., B.
DE GUICHEN, lieut., B.
BILFELD, capit., B. 1ᵉʳ févr. 1814, combat de Durn, près Anvers.
DE MORNAY, lieut., B. 2 févr. 1814, 2ᵉ combat de Brienne.
GOMBAUD-SÉRÉVILLE, lieut., B. 4 févr. 1814, combat près de Villafranca (Italie).

8 févr. 1814, bataille du Mincio.
D'ERRARD (1), chef de bat., B.
ARNOULD, chef de bat., B.

GAYARD, capit., T. 9 févr. 1814, combat devant Hambourg.

11 févr. 1814, bataille de Montmirail.
FRIRION, chef de bat., T.
GOURGAUD (2), chef d'escad., B.

12 févr. 1814, combat de Château-Thierry.
CALIOT, chef d'escad., B.
DESROUSSEAUX, capit., B.

JACQUEMINOT, col., B. 13 févr. 1814, combat de Donnemarie.

13 févr. 1814, attaque du pont de Château-Thierry.
LECOUTEULX DE CANTELEU, chef d'escad., B.
PLANAT, capit., B.

DE HADEL (Ch.), capit., B. 14 févr. 1814 dans une reconnaissance près de Sens.

14 févr. 1814, bataille de Vauchamps.
ROGÉ, chef d'escad., B.
MANGEON, capit., B.
DROUAULT, capit., B.

TRAUTENHEIM, capit., B. 14 févr. 1814 au blocus de Venise.
MARTEL, capit., B. 17 févr. 1814 dans une mission (mort le 26 mars).
FATON, capit., B. 18 févr. 1814, bataille de Montereau.

27 févr. 1814, combat de Bar-sur-Aube.
MIMAND, capit., B. (mort le 7 avril).
JACQUEMINOT, col., B.
DELACROIX, capit., B.

27 févr. 1814, bataille d'Orthez.
BEZARD, capit., T.
ROQUES, capit., T.
TROQUEREAU, capit., B.

XAINTRAILLES, capit., B. 28 févr. 1814, combat devant Provins.
D'AURE, capit., B. 1ᵉʳ mars 1814, combat de Lisy.
PIERLOT, lieut., B. 3 mars 1814, combat de Parme.
DE COULIBEUF DE BLOCQUEVILLE, chef d'escad., B. nuit du 2 au 3 mars 1814, près de la Ferté-sous-Jouarre, étant en mission.

---

(1) Officier d'ordonnance du prince Eugène.
(2) Officier d'ordonnance de l'Empereur.

LERMINIER, capit., B. 4 mars 1814, combat devant Troyes.

7 mars 1814, bataille de Craonne.
FATALOT, capit., T.
BOYER, chef de bat., B.
TALLEYRAND DE PÉRIGORD, capit., B.
PARENT, capit., B.
ROUX, capit., B.
CAPERAN, lieut., B.
DE MONGENET, lieut., B.
PINTARD, chef de bat., B. 8 mars 1814, combat devant Verdun.

9 mars 1814, bataille de Laon.
DESOUCHES, capit., T.
FROMENT, chef de bat., B.

BOULLÉ, chef de bat., B. 13 mars 1814, reprise de Reims.
DE BEAUFORT, capit., B. 19 mars 1814, combat devant Lyon.
DE LAGOANÈRE, capit., B. 21 mars 1814, combat d'Arcis-sur-Aube.

25 mars 1814, combat de Fère-Champenoise.
WIELAND D'HALSTADT, chef de bat., B.
LAMARQUE, chef de bat., B.
ROUX, capit., B. 27 mars 1814, combat devant Paris.

30 mars 1814, bataille de Paris.
FABVIER, col., B.
PIOCHE, chef d'escad., B.
SAINT-CHARLES, chef d'escad., B.
MARIANI, capit., B.

BOUVARD, lieut., T. 1ᵉʳ avril 1814, combat devant Magdebourg.
PAILLOT, chef de bat., B. 8 avril 1814, défense de Strasbourg.

10 avril 1814, bataille de Toulouse.
CASTERAS DE LA RIVIÈRE, capit., T.
GUÉRIN, capit., B.
VERDILHAC, capit., B.
SAUVAGEOT, capit., B.
GOBIN, capit., B.
LAFONT, chef de bat., B. 15 avril 1814, combat devant Plaisance.

16 juin 1815, bataille de Ligny.
MAURIN, chef d'escad., B.
DUMOULIN, capit., B.
LAFONTAINE, capit., B.
FOY, capit., B.
SERVA, capit., B.
MAROUCHE, capit., B.
VERRON, capit., B.
MAGNIER, capit., B.
NOEL, lieut., B.
TILLY, lieut., B.
JACQUEMINOT, lieut., B.

18 juin 1815, bataille de Waterloo ou de Mont-Saint-Jean.
SAILLARD dit SEYWARD, capit., B. (mort le 6 juill.).
SCHMIDT, lieut., T.
DALOZ, lieut., disparu.
DE BAUDUS, chef de bat., B.
VALLÈS, chef d'escad., B.
PARRON, capit., B.
LAFONTAINE, capit., B.
IBRY, chef d'escad., B.
DEYRAGUES, capit., B.
SALLANTIN, capit., B.
BERTHELOT DES VERGERS, capit., B.
MICHAUD, capit., B.
DEWITERN, capit., B.
VÉSUTY, capit., B.
COURTOT, capit., B.
TURIN, lieut., B.
PESSONNEAUX, lieut., B.
DENIZOT, lieut., B.
DE LISLEFERME, lieut., B
MIOT, lieut., B.
GRANDJEAN, lieut., B.
DE VITERMONT, lieut., B.
DONOP, s.-lieut., B.

LOIR-DULUDE, lieut., T. 18 juin 1815, combat de Wavre.
DELAURIER, capit., B. 20 juin 1815, combat devant Namur.
COUTURIER SAINT-CLAIR, chef d'escad., B. 21 juin 1815, combat d'Auray.

26 juin 1815, combat de Selz.
BRUN, lieut., B.
DE PALMAERT, lieut., B.

DE LISLEFERME, lieut., B. 27 juin 1815, combat près de Senlis.
RIEGERT, lieut., B. 1ᵉʳ juill. 1815 au pont de l'Ecluse (Schelestadt).
PERRET, lieut., B. 2 juill. 1815, combat devant Paris.

LEFEBVRE DE ROCHEFORT, lieut., B. 3 juill. 1815, combat en avant de Vaugirard.

4 juill. 1815, combat sous Belfort.
BRANDZEN, capit., B.
DUMAS, lieut., B.

III

OFFICIERS HORS CADRES ET ÉTAT-MAJOR DES PLACES

Officiers hors cadres (1).

JAMIN, major, B. 9 févr. 1807, combat en avant d'Ostrolenka.

14 juin 1807, bataille de Friedland.
LAPOINTE, major, B.
COQUEREAU, chef de bat., B.
D'ARNAUD, chef de bat., B.
DANGER, chef de bat., B.
POUTEAUX, capit., B.
RUBAT, capit., B.

RABIÉ, col., B. 28 juin et 5 août 1808 au siège de Saragosse.
GAILLARD, major, B. 21 janv. 1809 au siège de Saragosse.

3 mai 1809, combat d'Ebersberg.
CARDENEAU, col. en 2ᵉ, T.
LENDY, col. en 2ᵉ, T.
CLOUARD, col. en 2ᵉ, B. (mort le 4).
REBIN, col. en 2ᵉ, B.
SALMON, col. en 2ᵉ, B.
CHABERT, col. en 2ᵉ, B.

21 et 22 mai 1809, bataille d'Essling.
COMMINET, col. en 2ᵉ, T.
BOÏDOT, col. en 2ᵉ, T.
BROYER, col. en 2ᵉ, B.

COQUEREAU, col. en 2ᵉ, B. 22.
PRÉVOST SAINT-CYR, col. en 2ᵉ, B.
CHABERT, col. en 2ᵉ, B.

GARGURICH, chef de bat. (Dalmate), B. 24 mai 1809, près d'Ottochatz (Croatie).

5 et 6 juill. 1809, bataille de Wagram.
REBIN, col. en 2ᵉ, T. 5.
GAUDIN, col. en 2ᵉ, B. 6.
BROYER, col. en 2ᵉ, B. 6.
COURTOIS, col. en 2ᵉ, B. 5.
CHABERT, col. en 2ᵉ, B. 5 et 6.
SARRAIRE, col. en 2ᵉ, B. 6.
AULARD, col. en 2ᵉ, B. 5.
PEUGNET, col. en 2ᵉ, B. 6.
MORAND, col. en 2ᵉ, B. 6.
DESPREZ, col. en 2ᵉ, B. 6.

BRUN, lieut., B. 21 août 1809 par des brigands sur la montagne d'Ordogna (Espagne).
MERMET, col. en 2ᵉ, B. 7 juin 1810, combat d'Alcanitz.

5 mai 1811, bataille de Fuentès-d'Onôro.
LANGERON, col. en 2ᵉ, B.
THÉVENET, col. en 2ᵉ, B.
CHABERT, col. en 2ᵉ, B.

---

(1) Tous ces officiers appartenaient à des corps provisoires ou occupaient des fonctions spéciales dans les différents corps d'armée.

BEAUCOUR, capit., B. 10 juin 1811, à la tête du pont de Badajoz.
ZOEPFFEL, major en 2e, B. 15 juin 1812, combat d'Arenda.
LEGAY, chef d'escad., B. 13 oct. 1812, combat près de Smolensk.
LEGAY, chef d'escad., B. 7 nov. 1812, affaire de Tschaschniki.
ABERJOUX, major en 2e, B. 9 nov. 1812 au passage du Dnieper.
DELLARD, col., B. 11 nov. 1812, affaire de Clémentina (Russie).
WABLE, major en 2e, B.; disparu le 27 nov. 1812, combat de Borisow.
BUSSIÈRES, major en 2e, B. 2; disparu le 28 nov. 1812, à la Bérésina.
BLANCARD, major en 2e; disparu le 10 déc. 1812, à Wilna.
WOLFF, lieut., B. 10 déc. 1812, combat devant Wilna.
LEGROS, major en 2e, B. 5 mars 1813, défense de Dantzig.

2 mai 1813, bataille de Lutzen.

SAUZET, col. en 2e, B. (mort le 2 juin).
CORNILLE, col. en 2e, B.
MAIGROT, col. en 2e, B.
KLIPPFEL, col. en 2e, B.
HENRION, col. en 2e, B.
DOLISIE, col. en 2e, B.
BONY, col. en 2e, B.
LAURAIN, col. en 2e, B.
LUCAS, col. en 2e, B.
LAPORTE, major en 2e, B.

D'ARIÈS, major en 2e, B. 11 mai 1813, combat devant Dresde.

20 et 21 mai 1813, batailles de Bautzen et Wurschen.

CORNILLE, col. en 2e, T.
FORGEOT, col. en 2e, B.
DRUOT, col. en 2e, B.
MAIGROT, col. en 2e, B.
LAPORTE, major en 2e, B.

PIERRE, col. en 2e, B. 4 juin 1813, combat de Zukau.
BELLANCOURT, major en 2e, B. 5 et 9 juin 1813, défense de Dantzig.

DUSSOUS, major en 2e, B. 22 août 1813, combat de Prina.

27 août 1813, combat de Lübnitz.

PICHARD, major en 2e, B.
POINCHEVALLE, major en 2e, B.

29 août 1813, défense de Dantzig.

D'AMBRUGEAC, major en 2e, B.
GLEIZES, major, B.

TURLOT, major, B. 10 sept. 1813, combat dans les gorges de Furstenwald, près de Culm.
BERNARD, major en 2e, B. 23 sept. 1813, combat d'Eichersdorf.
LACROIX, major en 2e, B. 17 oct. 1813, combat devant Dresde.
FASNAGEL, lieut., B. 17 oct. 1813, affaire de Leipzig.

16, 18 et 19 octobre 1813, bataille de Leipzig.

COMMANT, col. en 2e, T. 18.
MAIGROT, col. en 2e, B. 18.
MAURY, col. en 2e, B. 16.
LAURAIN, col. en 2e, B. 18.
FORGEOT, col., B. 18.
COGNE, major, B. 16 et 19.
BERNARD, major en 2e, B. 18.
TISSON, major, B. 18.
PICOT DE DAMPIERRE, major, B. 18.
ROCHE, chef de bat., B. 18.

ROBERT, lieut., B. 20 oct. 1813, affaire devant Dresde.
JEANNIN, major, B. 12 déc. 1813, défense de Torgau.
WILLERME, col. en 2e, T. 26 déc. 1813, combat de Druten.
FOURNIER, major, B. 8 févr. 1814, bataille du Mincio.

11 févr. 1814, bataille de Montmirail.

LAPORTE, major, B.
BLANC, major, B.

DANGER, major, B. 18 févr. 1814, bataille de Montereau.
COLONNA-CESARI, major en 2e, B. 11 mars 1814, combat de Mâcon.

25 mars 1814, combat de Fère-Champenoise.
BERGERON, major, B.
MÉTRAUT, major, B.
SAINT-ALBIN-DURIVOIRE, major B.

DEBELLE, col., B. 29 mars 1815, affaire du pont de la Drôme, près de Romans.

MÉTAYER, lieut., B. 7 juin 1815, combat de Redon.
BRÉGU, lieut., B. 19 juin 1815, affaire de Thouars (Vendée).
BOUXIN, capit., B. 21 juin 1815, combat d'Auray (mort le 4 juill.).
CROSNIER, capit., B. 10 juill. 1815, affaire de Pontoise (mort le 14).

ÉTAT-MAJOR DES PLACES

Commandants d'armes.

MUSTON, chef de bat., B. 27 juill. 1809, affaire de Pedreja (Espagne).
GOND, col., B. 12 août 1809, défense du fort de Clissa (Dalmatie).
PETIT, chef de bat., B. 10 janvier 1810, combat de Torquemada (Espagne).
PRESSECQ, chef de bat., assassiné dans la nuit du 1er au 2 mai 1813 à Port-Ercole.
CREPIN, major, B. 21 mai 1813, défense de Glogau.
ARMAND DE GROS, col., B. 21 juin 1813, bataille de Vittoria.
DE SANTUARY, col., B. 31 août 1813, défense de Saint-Sébastien.

SPRING, chef de bat., B. 4 sept. 1813, dans les gorges de Pezino (Istrie).
CLOUTIER, chef de bat., B. 17 sept. 1813, en conduisant des prisonniers de Dresde à Mayence.
THUILLIER, col., T. 13 oct. 1813, défense de Brême.
CHENEVIER, capit., B. 30 mars 1814, défense du fort de Château-Thierry.
OTENIN, major, T. 1er avril 1814, défense de Compiègne.
GOTTMANN, chef de bat., B. 21 avril 1814 à Porto-Longone (île d'Elbe).
POLI, chef de bat., B. 6 mai 1814 à Gavi, dans une émeute.
STÉFANINI, capit., assassiné le 23 juill. 1815 à Saint-Florent (Corse).

Adjudants de place.

SAUNIER, lieut., T. 31 août 1808, défense du fort de Palmela (Portugal).
BOUILLEROT, capit., B. 12 août 1809, défense du fort de Clissa (Dalmatie).
OLLIVIER, lieut., B. 22 avril 1810, affaire de Montellano, près d'Olmedo.
DESCLAUD, s.-lieut., B. 28 déc. 1810, prise de l'Ile de France.
SEIGNANT SAINT-MARTIN, capit., T. 20 mars 1813, défense de Prats-Mollo.
ROUSSEL, s.-lieut., B. 21 avril 1813, combat de Biar, près d'Alicante.
OPPERMANN, lieut., B. 19 juin 1813 devant Vittoria.

LABATH, chef de bat., B. 31 août 1813, défense de Saint-Sébastien.
PAVY, capit., B. 31 août 1813, défense de Saint-Sébastien.
HANSEN, capit., B. 3 nov. 1813, défense du fort Saint-Nicolo (Illyrie).
AUDELEAU, capit., B. 7 nov. 1813, défense du port de Lessina (Illyrie).
BEAUPOIL, capit., B. 23 janv. 1814, défense de Besançon.
MORITZ, capit., B. 31 janv. 1814, défense de Huningue.
BERNARD, capit., B. 11 févr. 1814, combat d'Auxerre.

Saint-Thomas, capit., B. 25 févr. 1814, défense de Huningue.
Lacassagne, capit., B. 25 juin 1815, blocus de Cambrai.

Berlandier, capit., B. 11 sept. 1815, défense de Longwy.

IV
SERVICE DE SANTÉ ET ADMINISTRATION DE L'ARMÉE

SERVICE DE SANTÉ

Chirurgiens principaux (1).

Poumier, B. 3 avril 1811 à Sabugal.
Ory, T. 11 déc. 1812 par des Cosaques à la montée de Kowno.

Caratery, B. et disparu le 13 févr. 1813 pendant la retraite.

Chirurgiens-majors.

Pascalis, B. 4 mai 1807, défense de l'île de Samanna, près de Saint-Domingue.
Fournier, B. 9 juin 1807 dans les ambulances devant Guttstadt.
Juville, B. 10 juin 1807, bataille d'Heilsberg.
Guchalski (Polonais), B. 14 juin 1807, bataille de Friedland.
Siry, B. 16 juill. 1808, combat d'Andujar (Andalousie) (mort 12 déc.).

19 juill. 1808, sur le champ de bataille de Baylen.
Trion, B.
Soulerat, B.

Caizergues, B. 13 nov. 1808, combat devant Burgos.
Delherbe, B. 6 janv. 1809 au siège de Saragosse.
Mondon, B. 29 avril 1809 près de Caldiero (Italie).

Lafargue, B. 6 juill. 1809 sur le champ de bataille de Wagram.
Garcia (Espagnol), B. 7 mars 1810 en escortant des blessés route de Madrid (mort le 23).
Dausse, B. 25 mars 1811 près de Cordoue (mort le 27).
Delherbe, B. juin 1811 au siège de Tarragone.
Fosseyeux, B. 16 juill. 1812 aux portes de Minsk (Lithuanie).
Trion, B. 22 juill. 1812, bataille des Arapiles, en pansant le maréchal Marmont.
Lafargue, B. 31 juill. 1812, combat de Jacobowo.
Beaujeu, B. 14 août 1812, combat de Krasnoë.
Lambert, B. 29 octobre 1812, route de Smolensk, en escortant des blessés.
Arrachart, B. 19 nov. 1812, route de Krasnoë.

28 et 29 nov. 1812, aux ponts de la Bérésina.
Dubreuil, T. 28.
Bard, B. 28.

---
(1) Les officiers de santé affectés aux corps de troupe se trouvent portés à leurs régiments.

LACORDAIRE, B. 29.
POIRSON, B. 28.

———

MÉDUS, disparu 12 déc. 1812, à Witepsk (Lithuanie).
BALISTE, B. 2 mai 1813, bataille de Lutzen.

———

21 *juin* 1813, *bataille de Vittoria.*
LISSARAGUES, B. et disparu.
PINEL, B. et disparu.
LACRETELLE, B. et disparu.

MAILHES, B. 28 juillet 1813, retraite de Pampelune.
GAUBE, B. 18 oct. 1813, bataille de Leipzig.

Chirurgiens aides-majors.

GRAZIETTI, B. 1806 par les insurgés de Fiumorbo.
BŒUF, B. 19 juill. 1808, bataille de Baylen.
MOYNIER, B. 11 avril 1809 à Udine (Italie).
SOUM, B. 20 mai 1809, affaire de Chavès (Portugal).

6 *juillet* 1809, *bataille de Wagram.*
CASTERA, B.
DELORD, B.

GAUDIN, B. 27 mai 1810, rade de Cadix.
FOUGERAY, B. 23 nov. 1811 dans les montagnes de la Sierra La Gata (Espagne).
JACQUET, B. 7 sept. 1812, bataille de la Moskowa.
JOLY, B. 3 nov. 1812, combat de Wiasma.
TROS, T. 23 nov. 1812 à l'hôpital de Smolensk.

28 *nov.* 1812, *aux ponts de la Bérésina.*
CAVALLI, T.

FELLER, B. et disparu.
PARIS, B. et disparu.
JOLY, B.

———

MAUGUE, T. 10 déc. 1812 à la montagne de Wilna.
PELGRY, B. 14 déc. 1812 en arrière de Kowno (mort le 10 janvier 1813).
SABATIER, B. 1ᵉʳ févr. 1813, affaire près de Burgos (mort le 10 mars).
BULTEZ, B. 26 mai 1813, combat de Haynau.
MEUNIER, B. 26 août 1813, bataille de Dresde.

———

18 *oct.* 1813, *bataille de Leipzig.*
VANDERBAG, B. 18 (mort le 29 janv. 1814).
LE TÉTU, B. 18.

———

NOEL, B. 22 oct. 1813 en Hollande.
LABOURGADE, B. 30 oct. 1813, bataille de Hanau (mort le 29 nov.).
GIONNET, B. 30 déc. 1813 au fort de Clissa (Illyrie).
LE TÉTU, B. 11 févr. 1814, bataille de Montmirail.
GRANDJEAN, B. 1ᵉʳ avril 1814, défense de Magdebourg.

Chirurgiens sous-aides-majors.

GAY, B. 14 oct. 1806, bataille d'Iéna.
PAVY, B. 7 févr. 1807 devant Eylau.
BILHAU, B. 5 juin 1807, combat de Guttstadt.
ALLOUARD, B. 2 mai 1808, insurrection de Madrid.

14 *juill.* 1808,
bataille de Medina-del-Rio-Secco.
DUVAL, B.
MONTOZON-BRACHET, B.

———

JAMBERT, B. juill. 1808, siège de Saragosse.

D'Ogny, B. 19 juill. 1808, bataille de Baylen.
Latour, B. 25 juill. 1808 au fort de Figuières (Catalogne).

12 oct. 1808 près de Badajoz (Espagne).
Dufourneau, B.
Cahouet, B.

Tort, B. 22 mai 1809, bataille d'Essling.

6 juill. 1809, bataille de Wagram.
Laupies, B.
Pauly, B.
Tort, B.

Delin, B. 3 août 1809, défense de Flessingue (Ile de Walcheren).
Imbert, B. 12 janv. 1810, combat de Vich (Catalogne).
Lebrun, B. 2 févr. 1810 devant Hostalrich.
Camatte, B. 25 juill. 1810, par des brigands près de Valladolid (mort le 26 sept.).
Roger, B. 27 sept. 1810, bataille de Busaco (Portugal).
Davnet, B. 23 déc. 1810 près de Salamanque (mort le 30 janv. 1811).
Forget, B. 18 avril 1811, route de Valladolid.
Foulcon, B. 6 mai 1811, défense d'Almeïda.
Foulcon, B. 2 juin 1811, à l'hôpital de Toro.

Clerc, B. juin 1811 en escortant un convoi de blessés en Espagne.
Kuhn, assassiné en juill. 1811 près de Valladolid.
Valleteau de Moulliac, B. 4 mars 1812, route de Buitrago.
Marquez, B. 16 août 1812 à Trillo (Espagne).
Imbert, B. 7 sept. 1812, bataille de la Moskowa.
Flye, T. 18 nov. 1812, bataille de Krasnoë.
Leclère, B. et disparu, 28 nov. 1812, aux ponts de la Bérésina.
Debonmartin, B. 9 déc. 1812, combat devant Wilna (mort le 7 janv. 1813).
Le Tétu, B. 10 déc. 1812 à la montagne de Wilna.
Tribout, B. 11 déc. 1812 sur la place de Wilna (mort le 1ᵉʳ janv. 1813).
Rousselle, B. et disparu, le 12 déc. 1812, à Witepsk (Lithuanie).
Sibades, B. 6 févr. 1813, route de Madrid, en accompagnant des blessés (mort le 10).
Le Tétu, B. 2 mai 1813, bataille de Lutzen.
Le Tétu, B. 20 mai 1813, bataille de Bautzen.
Valleteau de Moulliac, B. 21 juin 1813, bataille de Vittoria.
Piotet, B. 11 sept. 1813 aux avant-postes (Italie) (mort le 20 oct.).
Bertin, B. 18 oct. 1813, bataille de Leipzig.
Roy, B. 1813, défense de Torgau.

Pharmaciens principaux.

Bonfanti (Italien), B. 28 nov. 1812, aux ponts de la Bérézina (mort le 3 janv. 1813).

Pharmaciens majors.

Laprévotte, assassiné en 1808, en Espagne.
Lamiche, B. 6 avril 1812, défense de Badajoz.
Ruchet, B. et disparu, 28 nov. 1812, aux ponts de la Bérésina.

Weybécher, B. et disparu, 21 juin 1813, bataille de Vittoria.
Robert, B. 18 févr. 1814, bataille de Montereau (mort le 13 mars).

Pharmaciens aides-majors.

GARNIER, B. 8 oct. 1812, combat près de Burgos (mort le 9).
DELAVAU, B. et disparu, 28 nov. 1812, aux ponts de la Bérésina.

CRUZEL, B. 16 sept. 1813, combat près de Dessau.

Pharmaciens sous-aides-majors.

LEGAY, T. 3 nov. 1812, combat de Wiasma.
RUINET, B. 13 nov. 1812, route de Smolensk (mort le 8 janv. 1813).

NICOLAS, T. 26 août 1813 au passage du Bober.

ADMINISTRATION DE L'ARMÉE

Inspecteurs aux revues.

LAMER, disparu le 28 nov. 1812 aux ponts de la Bérésina.

Sous-inspecteurs aux revues.

4 juill. 1806, *combat de Ste-Euphémie (Calabre).*
DUCHAUME, B.
MARCHAND, B.

MAGIN, T. 5 sept. 1812 à la redoute de Borodino.

BELFORT, B. et disparu le 24 oct. 1812, bataille de Malojaroslawetz.
FANTUZZI (Italien), B. et disparu le 28 nov. 1812 aux ponts de la Bérésina.
MASSABEAU, disparu, le 12 déc. 1812, à la montée de Kowno.
LEHARIVEL, B. 18 oct. 1813, bataille de Leipzig (mort en nov.).

Adjoints aux inspecteurs aux revues.

BRAND, T. nov. 1812 près de Smolensk.
BENKE (Westphalien), B. 28 nov. 1812 aux ponts de la Bérésina.

Commissaires ordonnateurs.

JOUBERT, B. 24 oct. 1812, bataille de Malojaroslawetz (mort en déc.).
DUPRAT, B. 11 déc. 1812 sur la route de Kowno.
TROUSSET, B. 14 déc. 1812 en avant du Niémen.

Commissaires des guerres.

THIBAULT, T. 21 oct. 1805, bataille de Trafalgar.
MICHAUD, T. 1ᵉʳ sept. 1806 par des brigands en Calabre.
GIAMBELLI (Italien), massacré le 13 mars 1808, à Antivari (Albanie).
GUITTON, B. 1ᵉʳ juin 1812 près de Bel-Alcazar (mort le 14).
BABOUILLER, B. 7 sept. 1812, bataille de la Moskowa.
GUITIER, T. 3 nov. 1812, combat de Wiasma.
DE CABANEL DE SERMET, B. 18 nov. 1812, bataille de Krasnoë.

28 nov. 1812, aux ponts de la Bérésina.
PRADEL, B. et disparu.
DÉRIARD, B. et disparu.
DUPLAA, B.

MICHELET, disparu.
NEURATH, disparu.
SAUCLIÈRES, B. (mort le 4 déc.).
COFFIN, disparu.
DUSSARGUES, disparu.

11 déc. 1812, à Wilna (Lithuanie).
JOURDEUIL, B.
MONY, B.
ROLLAND, B.
PICHOT, disparu.
ROBINEAU, B.

BARNIER, B. 30 déc. 1812, route de Kœnigsberg (mort le 1ᵉʳ janv. 1813).
LEPLAY, B. 30 oct. 1813, bataille de Hanau.
GARNIER, B. 16 juin 1815, bataille de Ligny.

Adjoints aux commissaires des guerres.

TOUQUET, B. 1ᵉʳ févr. 1807 par des Cosaques, en Pologne.
VIERVILLE, B. 25 juin 1808 par des brigands espagnols, route de Valence.
VOSGIEN, assassiné en juill. 1808, par des contrebandiers espagnols, route de Madrid.
DUFRESNE, B. en sept. 1808 à Villareal (Espagne) (mort).
LALOBE, assassiné le 30 janv. 1809 en se rendant à Villalpando.
DELAVIGNE, assassiné le 17 févr. 1809, route de Thuy à Orense.
RÉOL, B. 22 mars 1809, route de Pancorbo (mort le 6 avril).
AVI, B. 2 juin 1809 près de Tudela (mort le 8).
LEBAILLIF, assassiné le 20 sept. 1809 entre Toro et Zamora.
VOIDET, B. 17 nov. 1809 par des brigands, en Espagne.
HUMBERT, T. 3 nov. 1812, combat de Wiasma.
LACENNE, B. 18 nov. 1812, bataille de Krasnoë.

28 nov. 1812, aux ponts de la Bérésina.
GUILLOLOHAN, T.
ALLIÉ, B. et disparu (mort le 22 févr. 1813).
BAYLE, disparu.
TOBIESEN, disparu.
CHASTELLIER, B.
GAGNON, disparu.
JAUBERT, disparu.
LEGRAY, disparu.
LECONTRE, disparu.

BARNIER, B. 10 déc. 1812 aux portes de Wilna.
DE BEAUJEU, disparu le 11 déc. 1812, route de Wilna à Kowno.
LEWAL, disparu le 12 déc. 1812 à la montée de Kowno.
BAUDECOURT (fils), B. le 13 déc. 1812 à Kowno (mort).
SIMONNET, B. 15 déc. 1812 au pont de bateaux sur le Niémen.
BÉLIZAL, B. 27 mars 1813, défense de Dantzig.
ROGER, B. 21 juin 1813, bataille de Vittoria.

Chusin, B. 26 août 1813, bataille de Dresde.
Chusin, B. 19 oct. 1813 au pont de Leipzig.

De Narp, B. 21 octobre 1813, route de Hanau.
Saron, B. 27 févr. 1814, combat de Bar-sur-Aube.

V

SERVICES DU TRÉSOR, DES POSTES ET DES HOPITAUX

Service du Trésor.

Magny, payeur, B. 3 mai 1809, combat d'Ebersberg.
Roulet, payeur principal, B. 29 nov. 1812 aux ponts de la Bérésina (mort le 13 févr. 1813).

Grandsire, payeur principal, B. 29 août 1813, défense de Dantzig.
Barinetti (Italien), payeur principal. B. 12 févr. 1814, défense d'Ancône.

Service des Postes.

Desperrier, directeur, B. 25 déc. 1808 près de Fresnillo-la-Fuente (Espagne).
Giovanoli, directeur, assassiné le 28 déc. 1808, route de Madrid.
Stadieu, contrôleur, B. 6 févr. 1809 en Catalogne.
Vacquerie, directeur, B. juin 1809, défense de Santander.
Feyt, employé, disparu le 1ᵉʳ juill. 1810 à Valdepenas.

Juill. 1810, à *Coïmbre (Portugal)*.
Drangville, employé, B.
Blanvallet, employé, B.

Herbelet, employé, B. 2 sept. 1810 en Portugal.
Poncet, directeur, étouffé le 28 nov. 1812 aux ponts de la Bérésina.
Debringue, direct. principal, B. 29 nov. 1812 aux ponts de la Bérésina (mort).
Liggia (Italien), employé, B. 28 nov. 1812 aux ponts de la Bérésina (mort le 15 janv. 1813).

Services des Hôpitaux et des Subsistances.

Dommange, inspecteur, T. 25 mai 1812, attaque du convoi de Salinas.
Burtin de la Rivière, employé, B. 29 nov. 1812 aux ponts de la Bérésina (mort le 5 janv. 1813).
Chastel de Boinville, directeur, B. 28 nov. 1812 aux ponts de la Bérésina (mort le 7 févr. 1813).

Delavalade, inspecteur, B. 29 nov. 1812 aux ponts de la Bérésina (mort le 2 janv. 1813).
Schoultz, employé, B. 29 nov. 1812 aux ponts de la Bérésina (mort le 23 févr. 1813).
Langlesse, employé, B. 10 févr. 1813 près de Kalisch (mort le 14 juin).

IIIᴇ PARTIE

GARDE IMPÉRIALE [1]

I

INFANTERIE

1ᵉʳ Régiment de Grenadiers à pied (vieille garde) [2].

8 *févr.* 1807, *bataille d'Eylau.*
LABARRIÈRE, lieut., T.
LONCHAMP, chef de bat., B.
ROGERY, capit., B.

JACQUOT, capit., B. 10 févr. 1807, affaire en avant d'Eylau.
LACROIX, lieut., T. 2 mai 1808, insurrection de Madrid.
DURYE, lieut., B. 24 avril 1809, combat de Neumarck.

22 *mai* 1809, *bataille d'Essling.*
VEJU, lieut. A.-M., B.
RITTER, lieut. A.-M., B.
PONSARD, lieut., B.
COUYBA-VILLENEUVE, lieut., B. (mort le 13 juin).
CRISTIANI, lieut., B.

DURYE, capit., B. 6 juill. 1809, bataille de Wagram.
PICQ, lieut., B. 17 nov. 1812, bataille de Krasnoë.
MERCIER, capit., B. 2 mai 1813, bataille de Lutzen.

MASSOL, chef de bat., B. 22 mai 1813, combat de Reichenbach.
DIETTMANN, capit., B. 26 août 1813, bataille de Dresde.

18 *oct.* 1813, *bataille de Leipzig.*
DE MONTQUERON, lieut., B. (mort le 1ᵉʳ nov.).
PARIS, capit., B.
MONTAGNIÈRES, capit., B.
PARIGGI, capit., B.
MANCEAU, lieut., B.

PIERSON, lieut., B. 30 oct. 1813, bataille de Hanau.

14 *févr.* 1814, *bataille de Montmirail.*
DE PERRON, capit., B.
FARÉ (J.-B.), lieut., B.
PIERSON, lieut., B.

GROBERT, capit., B. 9 mars 1814, bataille de Laon.
LION, lieut., B. 16 mars 1814, défense de Soissons.
FOUCHER, lieut. A.-M., B. 20 mars 1814, combat d'Arcis-sur-Aube.
EPAILLY, capit., présumé mort le 30 mars 1814, bataille de Paris.

---

[1] Ex-garde consulaire.
[2] Formé, en 1804, du régiment de grenadiers à pied de la garde consulaire.

68 INFANTERIE

30 *mars* 1814, *bataille de Paris.*
AMAT, capit., B.
LEVESQUE, capit., B.

18 *juin* 1815, *bataille de Waterloo.*
LAFARGUE, chef de bat. B. (mort).
FARÉ, capit. A.-M., B.
GOUSSIN, capit., B.

THOMAS (M.), capit., B.
MARVIE, capit., B.
BÉGOT, lieut., B.
MALLET, lieut., B.
BERNELLE, lieut., B.
CARTON, lieut., B.
COURCENET, lieut., B.
TASSIN, lieut., B.
DUGUENOT, capit., B.

2ᵉ Régiment de Grenadiers à pied (vieille garde) (1).

17 *nov.* 1812, *bataille de Krasnoë.*
FAVAUGE, capit., B.
UMBGROVE, lieut., B.

LEVEAUX, lieut., B. 5 janv. 1813, combat devant Kœnigsberg.

26 *août* 1813, *bataille de Dresde.*
VIONNET DE MARINGONÉ, maj., B.
FUGIER, lieut., B.

16 *et* 18 *oct.* 1813, *bataille de Leipzig.*
VIONNET DE MARINGONÉ, maj., B. 16.
DARQUIER, lieut., B. 18.

VIAUTX, lieut., B. 6 mars 1814, combat devant Laon.

30 *mars* 1814, *bataille de Paris.*
VIAUTX, lieut., T.
DÉCARD, capit,, B.

HARLET, lieut., B. 16 juin 1815, bataille de Ligny.

18 *juin* 1815, *bataille de Waterloo.*
CRETTÉ, capit., T.
MARTENOT DE CORDOUX, chef de bat., B.
BERTRAND, capit., B.
VIVENT, capit., B.
LEBEAU, capit., B.
HOUARNE, lieut., B.
SUSINI, lieut., B.
SUGIER, lieut., B.
SÉNOT, lieut., B.
HECHT, lieut., B.
PIERSON, lieut., B.
OTHENIN, lieut., B.
FAY, lieut., B.
GUESSARD, lieut., B.
HARLET, lieut., B.
QUESTEL, lieut., B.

3ᵉ Régiment de Grenadiers à pied (vieille garde) (2).

17 *nov.* 1812, *bataille de Krasnoë.*
DE QUAY, capit. A.-M., B. (mort le 20 janvier 1813).
BOEBEL, capit., B. (mort le 24).
AMBOS, lieut., B. (mort le 19).
NINABER, lieut., T.
ROSKAMP, lieut., B. (mort le 24).
HUYGENS, lieut., B. (mort le 18 janvier 1813).

GEORGE, chef de bat., B.
TINDAL, capit. A.-M., B.
DE STUERS, lieut., B.
SCHARP, lieut., B.
ROELVINCK, lieut., B.
VANDERHOEF, lieut., B.
BRUIGOM, lieut., B.

HOEFF, lieut., B. 7 déc. 1812, affaire en avant de Wilna.
OVERREITH, lieut. S.-A.-M., B. 11 décembre 1812 par des Cosaques, route de Kowno.
JANSSENS, chirurg. S.-A.-M., B. 11 décembre 1812 à l'ambulance de Wilna.

---

(1) Formé en 1806, du dédoublement du régiment de grenadiers à pied. Licencié en 1808 et reformé en 1811.

(2) Ex-régiment de grenadiers de la garde royale hollandaise. Ce régiment a été détruit pendant la campagne de 1812. Reformé en avril 1815.

INFANTERIE 69

Goossens, lieut., B. 12 déc. 1812 route de Kowno.
Troegg, lieut., B. 13 déc. 1812 à la montée de Kowno.

16 juin 1815, bataille de Ligny.
Rigodin, lieut., B.
Agron, lieut., B.

18 juin 1815, bataille de Waterloo.
Tabayre, capit., T.
Taurines, lieut., B. (mort).
Dusourbier, chirurg. S.-A.-M., T.

Hurault de Sorbée, chef de bat., B.
Foucher, capit. A.-M., B.
Bourdin, capit., B.
Vaude, capit., B.
Renard, lieut., B.
René, lieut., B.
Grobert, lieut., B.
Soulairol, lieut., B.
Reignier, lieut., B.
Bugros, lieut., B.
Lefrançois, lieut., B.
Goyard, lieut., B.
Deis, lieut., B.

4° Régiment de Grenadiers à pied (vieille garde) (1).

16 juin 1815, bataille de Ligny.
Merle, lieut., B.
De Poul, lieut., B.

18 juin 1815, bataille de Waterloo.
Legendre, capit., B. (mort).
Sommeiller, capit., T.
Duhesme, capit., T.
Fouquet, lieut., T.
Chicot, capit. A.-M., B.
Taillefer, chirurg.-M., B.

Viaris, capit., B.
Levesque, capit., B.
Amat, capit., B.
De Poul de Lacoste, lieut., B.
Lefèvre, lieut., B.
Cuny, lieut., B.
Berchet, lieut., B.
Belhomme, lieut., B.
Hansénius, lieut., B.
Lafosse, lieut., B.
Constant, lieut., B.

Régiment de Fusiliers grenadiers (jeune garde) (2).

10 juin 1807, bataille d'Heilsberg.
Martenot de Cordoux, capit. A.-M., B.
Barois, lieut., B.
Vaude, lieut., B.
Delair, lieut., B.
Epailly, lieut., B.

21 et 22 mai 1809, bataille d'Essling.
Duval, capit., T. 22.
Piet, lieut., T. 22.
Hennequin, chef de bat., B. 22.
Brousse, capit., B. 21.
Laborde, capit., B. 21.
Mellier, capit., B. 22.
Arnoult, lieut., B. 22.
Tardieu de Saint-Aubanet, lieut., B. 22.

Caillat, lieut., B. 22 (mort le 30).
Crousse, lieut., B. 22.
Daix, lieut., B. 22.

16 et 17 nov. 1812, bataille de Krasnoë.
Gillet, chef de bat., B. (mort le 8 déc.).
Guesdon, lieut., B. 16 (mort).
Vionnet de Maringoné, chef de bat., B. 17.
Ribet, capit., B. 17.
Delaitre, lieut. S.-A.-M., T. 17.

Pierret, lieut., B. 28 nov. 1812, aux ponts de la Bérésina (mort le 6 déc.).

10 déc. 1812, devant Wilna.
Charlier, chirurg.-M., B. et disparu.
Cain, chirurg.-M., B. et disparu.

(1) Formé en 1815.
(2) Formé en 1807.

Raussy, lieut., B. 13 déc. 1812 à la montée de Kowno (mort).
Hilaire, capit., B. 22 août 1813, affaire de Neumarck (Saxe).

26 *et* 27 *août* 1813, *bataille de Dresde.*
Pasquy, lieut. S.-A.-M., T. 26.
Pailliard, lieut., T. 26.
Commeaux, lieut., T. 27.
Pelée, capit. A.-M., B. 26.
Ribet, capit., B. 26.
Engelmann, lieut., B. 26.
Oudiette, lieut., B. 26.
Deschamp, lieut., B. 26.
Sarranton, lieut., B. 26.

16 *et* 18 *oct.* 1813, *bataille de Leipzig.*
Geoffroy, capit., B. 18 (mort le 28).
Gabillot, capit., B. 18 (mort le 22).
Barrois, chef de bat., B. 16.
Rylski, chef de bat., B. 18.
Hilaire, capit., B. 18.
Galvagny, capit., B. 18.
René, lieut., B. 18.
Chapelle, lieut., B. 18.
Bribot, lieut., B. 18.
Senot, lieut., B. 18.
Vandenbrand, lieut., B. 18.
René (Ph.), lieut., B. 18.

24 *janv.* 1814, *combat de Bar-sur-Aube.*
Caillier, capit., B.
Questel, lieut., B.

Rolland, lieut., B. 1er févr. 1814, bataille de la Rothière.

11 *févr.* 1814, *bataille de Montmirail.*
Gassier, lieut., T.
Lecompte, chef de bat., B.
Fétré, capit., B.
Bernelle, lieut., B.
Rigodin, lieut., B.

Jung, capit. A.-M., B. 28 févr. 1814, combat de Lisy.
Senot, lieut., B. 1er mars 1814, combat devant Meaux.
Barrois, chef de bat., B., nuit du 24 au 25 mars 1814, devant Fère-Champenoise.

25 *mars* 1814, *combat de Fère-Champenoise.*
D'Haussy, lieut., T.
Ribet, capit., B.
Lagneau, chirurg.-M., B.

30 *mars* 1814, *bataille de Paris.*
Posnel de Verneau, capit., T.
Tardieu de Saint-Aubanet, chef de bat., B.
Poulmans, capit., B.
Hilaire, capit., B.
Beaurain, capit., B.
Cretté, capit., B.
Vanspranch, capit., B.
Rolland, lieut., B.
Hérault, lieut., B.
Roussille, lieut., B.
Lechenaut, lieut., B.

1er Régiment de Tirailleurs (1).

22 *mai* 1809, *bataille d'Essling.*
Couturier, lieut., T.
Guérin, lieut., T.
Tronche, lieut., B. (mort le 23 juin).
Lonchamp, col. major, B.
Micheler, capit., B.
Faucon, capit. A.-M., B.
Cicéron, capit., B.
Michel, capit., B.

Léglise, capit., B.
Delaire, lieut. S.-A.-M., B.
Massol, lieut., B.
Royère, lieut., B.

6 *juill.* 1809, *bataille de Wagram.*
Michel, capit., B.
Borne, lieut., B.

Dufour, lieut., T. 2 août 1810, combat de Salinas (Espagne).
Foucher, lieut. A.-M., B. 18 oct. 1810, combat de Viana (Espagne).

---

(1) Ex-1er régiment de tirailleurs-grenadiers formé en 1809. Tous les régiments de tirailleurs étaient *jeune garde.*

IZARD, capit., B. 7 sept. 1812, bataille de la Moskowa.

17 nov. 1812, bataille de Krasnoë.
ROCHE, s.-lieut., T.
LAPORTE, s.-lieut., T.
MANESCAU, s.-lieut., T.
REGNAULT, s.-lieut., T.
SAVY, s.-lieut. S.-A.-M., T.
VAILLANT, lieut., B. 18 (mort le 15 janvier 1813).
LENOIR, major, B.
DELATTRE, s.-lieut., B.
SAVARD, s.-lieut. A.-M., B.

POIGNÉE, s.-lieut., T. 28 nov. 1812, bataille de la Bérésina.
DURIEUX, capit., B. 13 déc. 1812 devant Kowno.
CHARBONNIÈRES, s.-lieut., disparu le 21 déc. 1812, près du Niémen.
DUBIEZ, capit., B. 21 déc. 1812 au pont de bateaux sur le Niémen.

2 mai 1813, bataille de Lutzen.
QUINSAC, lieut., T.
RABOUTET, s.-lieut., T.
PONS, major, B.
SAUGLIÈRES, lieut., B.
DELATRE, lieut., B.

RASTEAU, capit., T. 15 mai 1813, combat devant Leipzig.
SAUGLIÈRES, lieut., B. 21 mai 1813, bataille de Wurschen.
DELATRE, capit., B. 23 mai 1813 aux avant-postes près de Bautzen.

26 et 27 août 1813, bataille de Dresde.
D'AST, capit., B. 26.
LOUVET, capit., B. 26.
IZARD, capit., B. 27.
BARBIER, lieut., B. 27.
BRANCHER, s.-lieut., B. 27.
CHERPITEL, s.-lieut., B. 26.
GUILLEBON, s.-lieut., B. 26.

16, 18 et 19 oct. 1813, bataille de Leipzig.
ALBERT, capit., B. 16.
DELATRE, capit., B. 18.
GODEAU, capit., B. 16.
GUILLEBON, lieut., B. 16.
MEYNADIER, s.-lieut., B. 19.

CHAUSSIER, lieut., T. 31 oct. 1813, combat devant Francfort.
ROUSSEAU, s.-lieut., B. 25 déc. 1813 aux avant-postes sur le Rhin.
BOULLON, capit., B. 30 janv. 1814, combat devant Brienne.

1ᵉʳ févr. 1814, bataille de la Rothière.
DECOURT, capit., B. (mort le 7 avril).
ALBERT, capit., B.
BLANCHER, lieut., B.
CASIMIR, s.-lieut., B.

MAGNAN, capit., B. 7 mars 1814, bataille de Craonne.
IZARD, capit., B. 8 mars 1814, affaire près de Troyes.

13 et 14 mars 1814, combat devant Soissons.
DEBLAYS, chef de bat., T. 13.
CERNEAU, lieut., T. 14.
DROUET, s.-lieut., B. 13.

MARÇON, lieut., B. 25 mars 1814, combat de Fère-Champenoise.
HUMBLOT, lieut., B. 30 mars 1814, bataille de Paris.

18 juin 1815, bataille de Waterloo.
COGNE, chef de bat., B.
DELAUNAY, chef de bat., B.
BELHOMME, capit., B.
TRAPPIER, capit., B.
VERDIER, lieut., B.
HUTEAU, s.-lieut., B.

2ᵉ Régiment de Tirailleurs (1).

22 mai 1809, bataille d'Essling.
COUYBA-VILLENEUVE, capit., B. (mort le 13 juin).
VÉZU, chef de bat., B.

BRÉMONT, capit. A.-M., B. 1811, combat d'Usagre (Espagne).

(1) Ex-2ᵉ régiment de tirailleurs-grenadiers, formé en 1809.

2 *mai* 1813, *bataille de Lutzen.*
DELAAGE, capit., T.
VANDRAGT, capit., T.
HUMBERT, s.-lieut., B. (mort le 9).
HUEL, s.-lieut., B.
GOUGE, s.-lieut., B.

21 *mai* 1813, *bataille de Wurschen.*
BEAUJEU, capit., T.
JERU, capit, T.
PEYTAVIN, lieut., T. 22.
DEFAUT, s.-lieut., T.

26 *et* 27 *août* 1813, *bataille de Dresde.*
BONNET, lieut., B. 26 (mort le 11 nov.).
GROSSARDI, lieut., B. 27 (mrt le 19 sept.).
RULH, lieut., B. 27.

16, 18 *et* 19 *oct.* 1813, *bataille de Leipzig.*
DETHAN, chef de bat., B. 18 (mort le 12 nov.).

BOYER, capit., B. 17.
CASTANIER, capit., B. 19.
HUEL, lieut., B. 18.
RULH, lieut., B. 18.
BONNARDIN, s.-lieut., B. 19.

NOIROT, lieut., B. 29 janv. 1814, bataille de Brienne.
LAPEYRÈRE, s.-lieut., B. 11 févr. 1814, bataille de Montmirail.
JAUGEY, lieut., B. 6 mars 1814 aux avant-postes.
OLIVIER, lieut., T. 7 mars 1814, bataille de Craonne.
HUEL, capit., 14 mars 1814, combat près de Reims.
LAFOREST, s.-lieut., B. 15 mars 1814, combat devant Epernay.
GUILLAUME, capit. A.-M., B. 31 mars 1814, combat de Courtrai.

3ᵉ Régiment de Tirailleurs (1).

RULLIÈRE, lieut. A.-M., B. 8 juin 1811, combat d'Acedo (Navarre).
PYPERS, lieut., B. 15 oct. 1811, affaire de Saldana (Espagne) (mort le 12 janv. 1812).
CARON, capit., B. 16 mai 1812, combat d'Ormasteguy.
MARTENOT DE CORDOUX, chef de bat., B. 8 juin 1812, affaire près d'Acedo.
CAUPENNE, lieut., B. 20 juill. 1812, combat de Valmaseda (Espagne).
GAVARDIE, capit., B. 25 juill. 1812 dans une reconnaissance en Espagne.
CHIRAC, lieut., B. 21 juill. 1812, combat de Santa-Cruz (Espagne).

14 *oct.* 1812, *défense du fort Major (Espagne).*
FOUGÈRES, capit., T.
CONDÉ, capit., B.

GAMARA, s.-lieut., B. 2 mai 1813, bataille de Lutzen.

27 *août* 1813, *bataille de Dresde.*
ROIDOT, chef de bat., T.
CAMBOSEL, lieut., B.

16 *oct.* 1813, *bataille de Leipzig.*
GAILHAC, capit., T.
BILLAULT, lieut., T.
MÉHAUT, lieut., T.
RICHARD, capit., B.
GIONNET, lieut., B.
GARNIER, lieut., B.

26 *oct.* 1813, *combat d'Eissenach.*
BEAUDOIN, capit., B.
PERDRIX, s.-lieut., B.

10 *mars* 1814, *combat devant Laon.*
GALOIS, chef de bat., B.
STUTZER, capit., B.
MARENGO, lieut., B.
ROEPS, lieut., B.
DARCY, s.-lieut., B.

BEAUDOIN, s.-lieut., B. 26 mars 1814, combat près de Courtrai.
MARENGO, capit., B. 30 mars 1814, bataille de Paris.

(1) Ex-1ᵉʳ régiment de conscrits-grenadiers formé en 1809.

18 *juin* 1815, *bataille de Waterloo.*
GAUDIN, s.-lieut., B. (mort le 28).
DION, capit., B.
RICHARD, capit., B.
BEAUDOIN, capit., B.

ADENIS, capit., B.
BARGIGLI, lieut., B.
NOEL, lieut., B.
BERMOND, lieut., B.

4ᵉ Régiment de Tirailleurs (1).

VIGNEAUX, s.-lieut. A.-M., B. 21 mai 1811 dans une reconnaissance en Navarre.
FAYS, s.-lieut., B. 17 août 1812 aux avant-postes devant Smolensk.

17 *nov.* 1812, *bataille de Krasnoë.*
GERMAIN, capit., B.
SABATIER, capit., B.
DE BOISTHIERRY, capit., B.
TURCQ, lieut., B.
GOUPILLEAU, lieut., B.
DUPARC-LOCMARIA, s.-lieut., B.
GRANGENEUVE, s.-lieut., B.
HEYERMANS, s.-lieut., B.

BIGORGNE, s.-lieut., B. 10 déc. 1812, combat devant Wilna.
LACHAPELLE DE BEAULIEU, s.-lieut., 12 déc. 1812, route de Kowno.

31 *déc.* 1812, *combat contre des Cosaques sur le Niémen.*
SABATIER, capit., B. et disparu.
DE BOISTHIERRY, capit., B. et disparu.
TURCQ, lieut., B. et disparu.
GRISSOT, s.-lieut., disparu.
HEYERMANS, s.-lieut., B. et disparu.
GRANGENEUVE, s.-lieut., B. et disparu.

5 *janv.* 1813, *dans les rues de Kœnigsberg.*
VIGNEAUX, lieut., B.
GOUPILLEAU, lieut., B.

DELSOL, lieut., B. 25 févr. 1813, étant en reconnaissance, par des Cosaques.

26 *et* 27 *août* 1813, *bataille de Dresde.*
BESSON, lieut., T. 26.
FAUCON, chef de bat., B. 26.
HOTTE, capit., B. 26.
SOMMEILLER, capit., B. 26.
MALLASSAGNE, capit., B. 26.
DEVASSAUX, lieut., B. 27 (mort le 26 sept.).
COUDROY DE LILLE, lieut. A.-M., B. 26.
FAYS, lieut., B. 26.
HOUOT, s.-lieut., B. 27.
SOULTRAIT, s.-lieut., B. 27.
LANGLOIS, s.-lieut., B. 27.

16 *oct.* 1813, *bataille de Leipzig.*
BILATE, lieut., T. 16.
LEMARÉCHAL, lieut., T. 16.
CARRÉ, major, B. 16.
DELAUNAY, chef de bat., B. 17.

DUQUESNE, s.-lieut., T., 31 oct. 1813, combat devant Francfort.
DEGEILH, lieut. A.-M., B. 1ᵉʳ fév. 1814, bataille de la Rothière.
JUSTET, s.-lieut., B. 1ᵉʳ mars 1814 dans une reconnaissance près de Courtrai.
MICHEL, capit., B. 7 mars 1814, bataille de Craonne.

9 *et* 10 *mars* 1814, *bataille de Laon.*
SIGNORÉ, lieut., B. 10 (mort le 13).
FAYS, capit., B. 9.
GAUCHET, s.-lieut., B. 10.

ALLARA, s.-lieut., disparu le 30 mars 1814, bataille de Paris.

---

(1) Ex-2ᵉ régiment de conscrits-grenadiers, formé en 1809.

5ᵉ Régiment de Tirailleurs (1).

Dun, capit., B. 16 nov. 1812, bataille de Krasnoë.
Bros, s.-lieut., B. 23 nov. 1812, combat sur la route de Borisow.

28 nov. 1812, aux ponts de la Bérésina.
Augros, s.-lieut., B. (mort).
Coutelot, capit., B.
Brugière de la Motte, s.-lieut., B.
Cahier, s.-lieut., B.
Poisson de Grandpray, s.-lieut., B.

Clavaux, s.-lieut., B. 5 déc. 1812, combat devant Smorgoni.
Peyrani de Tourette, lieut., B. 10 déc. 1812, combat devant Wilna.
Emond, capit., B. 11 déc. 1812, combat route de Kowno.

31 déc. 1812, combat contre des Cosaques sur le Niémen.
Blancard, s.-lieut., B. disparu.
Brugière de la Motte, s.-lieut., disparu.
Cahier, s.-lieut. disparu.
Poisson de Grandpray, s.-lieut., disparu.
Roux-Montagnière, s.-lieut., disparu.
Rameau, s.-lieut., B.
Fontenailles, s.-lieut., B.

26 août 1813, bataille de Dresde.
Hennequin, col.-maj., B.
D'Ast, capit., B.

16 octobre 1813, bataille de Leipzig.
Thomas, capit., B.
Scailliette, lieut., B.

Thomas, capit., B. 26 oct. 1813, combat d'Eisenach.
Brisson, lieut. A.-M., B. 1ᵉʳ nov. 1813, combat devant Francfort.
Gouneau, lieut., B. 24 janv. 1814, combat de Bar-sur-Aube.
Royère, chef de bat., B. 29 janv. 1814, bataille de Brienne.

1ᵉʳ févr. 1814, bataille de la Rothière.
Cruvellier, capit., B.
Scailliette, lieut., B.

2 févr. 1814, combat de Rosnay.
Gauret, capit. B.
Dausse, lieut., B.

11 févr. 1814, bataille de Montmirail.
Mairet, s.-lieut., B.
Canaveri, s.-lieut., B.

3 mars 1814, combat d'Arcis-sur-Aube.
Haillecourt, capit., T.
Bagard, capit., B.

Gouneau, lieut., B. 30 mars 1814, bataille de Paris.

30 juin 1815, combat de Vertus (devant Paris).
Liévois, capit., B. (mort) le 14 juillet.
Dorsenne Lepaige, maj., B.
Saliceti, capit., B.
Coudroy, capit., B.
Adrien, s.-lieut., B.

6ᵉ Régiment de Tirailleurs (2).

17 nov. 1812, bataille de Krasnoë.
Marvie, capit., B.
Limonier, capit., B.
Laurent, capit., B.

Vertray, lieut., B.
Pillion, s.-lieut., B.
Clément, s.-lieut., B.

Labruche, s.-lieut. A.-M., B. 1ᵉʳ déc. 1812, combat près de Smorgoni.

---

(1) Formé en 1811.
(2) Formé en 1811.

9 *et* 10 *déc.* 1812, *combat devant Wilna.*
BECKERS, s.-lieut., B. 9.
HENRY, capit., B. 10.
KREBS, s.-lieut. A.-M., B. 10.
RENOUX, s.-lieut., B. 10.

31 *déc.* 1812, *combat contre les Cosaques près du Niémen.*
BAUDRY, capit., B. et disparu.
MARVIE, capit., B. et disparu.
LAURENT, capit., B. et disparu.
HENRY, capit., B. et disparu.
MAHIEU, chirurg. A.-M., disparu.
PILLION, s.-lieut., B. et disparu.
DUBANT, s.-lieut., B. et disparu.
DEMANNY, s.-lieut., disparu.
PASQUIER, s.-lieut., disparu.
CLÉMENT, s.-lieut., disparu.

FRUNEAU, capit., B. 5 janv. 1813 par des Cosaques devant Kœnigsberg.

2 *mai* 1813, *bataille de Lutzen.*
BRUN, s.-lieut., B. (mort le 16).
BERNELLE, capit., B.
NÉRAT, lieut. A.-M., B.
RAPOUTEL, lieut., B.

LEMEUNIER, capit., B. 27 août 1813, bataille de Dresde.
TABELLION, lieut., B. 1813, défense de Glogau.
LÈBRE, lieut., B. 16 oct. 1813 à la tête des tirailleurs, bataille de Leipzig.

16 *et* 18 *oct.* 1813, *bataille de Leipzig.*
KUPSÉ, capit., B. 18.
JARDEL, lieut., B. 18.
VILLEPREUX, chirurg.-M., B. 18.
ALLARD, lieut. A.-M., B. 16.

1er *févr.* 1814, *bataille de La Rothière.*
LACROIX DE CASTRIES, lieut., T.
EGRET, capit., B.
FILLEAU, capit., B.
DE LA SALLE, lieut. A.-M., B.
FUMEY, lieut., B.

LEVASSEUR, s.-lieut., B. 3 févr. 1814, combat de Saint-Dizier.

3 *mars* 1814, *combat d'Arcis-sur-Aube.*
BESSIÈRES, lieut., B. (mort le 9).
JARDEL, capit., B.

7º Régiment de Tirailleurs (1).

2 *mai* 1813, *bataille de Lutzen.*
MAGNE, chef de bat., T.
COUCOURT, major, B.

SOULEILLON, chirurg. S.-A.-M., B. 4 mai 1813 par des partisans, route de Dresde.
FOUQUET, lieut., T. 21 mai 1813, bataille de Wurschen.
MOURENTZ, lieut., disparu le 24 sept. 1813 dans une reconnaissance en Saxe.
LALLEMAND, s.-lieut., T. 16 oct. 1813, bataille de Leipzig.
DEBEESTIN, lieut. A.-M., B. 23 oct. 1813, affaire route de Hanau.

(1) Formé en 1813 de deux bataillons de guerre du régiment des pupilles.

30 *oct.* 1813, *bataille de Hanau.*
MARIN, chirurg.-M., T.
FOLLET, lieut., B.

DAMOUR, lieut., B. 29 janv. 1814, bataille de Brienne.
VIANEY, s.-lieut., B. 28 févr. 1814 aux avant-postes près d'Arsonvalle.

3 *mars* 1814, *combat de Bar-sur-Aube.*
CHARLOT, capit. A.-M., B. (mort le 16).
FACHAU, s.-lieut., B. (mort le 17).
ZENTZ, capit., B.
HUMBERT, lieut., B.
WERNER, lieut., B.
DILLY, lieut., B.
VILLIEN, s.-lieut., B.
BAILAC, s.-lieut., B.

DESFONTAINES, capit., T. 4 mars 1814, affaire près de Troyes.

8ᵉ Régiment de Tirailleurs (1).

26 *août* 1813, *bataille de Dresde.*
MAUGEY, capit., B.
PIHAN, capit., B.
GIRAULT, lieut., B.

16 *oct.* 1813, *bataille de Leipzig.*
HÉBAUT, capit., B.
LASNE, s.-lieut., B.
BRINCOURT, s.-lieut., B.
NAGANT, s.-lieut., B.

LÈBRE, lieut., B. 30 janv. 1814, combat près de Brienne.
DELIMAL, s.-lieut., B. 27 févr. 1814, combat de Bar-sur-Aube.
MICHELER, chef de bat., B. 2 mars 1814, combat près de Troyes.

3 *et* 4 *mars* 1814, *combat du pont de la Guillotière (près de Troyes).*
LUCET, lieut., B. 4.
DÜRWEL, lieut., B. 3.
MOREAU, s.-lieut., B. 3.

21 *mars* 1814, *combat du pont d'Arcis-sur-Aube.*
BONNOURE, chef de bat., B.
LEFRANÇOIS, lieut., B.
MOREAU, s.-lieut., B.

BAYORT, lieut. A.-M., B. 25 mars 1814 aux avant-postes (mort le 15 avril).

9ᵉ Régiment de Tirailleurs (1).

DAULMERY, s.-lieut., T. 26 août 1813, bataille de Dresde.

16 *oct.* 1813, *bataille de Leipzig.*
KINGAL, capit., B.
ALMAND, s.-lieut., B.

RIVALS, capit., B. 3 nov. 1813, combat d'Ochem.
SPIESS, s.-lieut., B. 16 nov. 1813, combat près de Mayence (mort).

1ᵉʳ *févr.* 1814, *combat devant Anvers.*
BOURELLE, s.-lieut., B.
DESCHAMPS, s.-lieut., B.
REVERDY, s.-lieut., B.

FRÉRET, lieut., B. 3 mars 1814, combat du pont de la Guillotière, près de Troyes.
BALLOSSIER, lieut., disparu le 30 mars 1814, bataille de Paris.
CHIRAC, capit., B. 31 mars 1814, combat de Courtrai.

10ᵉ Régiment de Tirailleurs (1).

27 *août* 1813, *bataille de Dresde.*
PORCHET, capit., B. (mort le 19 sept.).
BENQUEY, s.-lieut., B.
FRIOL, s.-lieut., B.

16 et 18 *oct.* 1813, *bataille de Leipzig.*
DUMOULIN, chef de bat., B. 16.
HUMBERT, s.-lieut., B. 18.

DESMOUCHES, capit., B. 21 oct. 1813, route de Hanau.

DIETMANN, capit., B. 2 nov. 1813 aux avant-postes.
ROUSSEAU, s.-lieut., B. 22 déc. 1813 étant en reconnaissance.

1ᵉʳ *févr.* 1814, *combat devant Anvers.*
VILEAU, capit., T.
HEYNER, lieut., T.
JOLLY, lieut., B.
SMAGGE, lieut., B.
DE THÉZAN, s.-lieut., B.

---

(1) Formé en 1813.

Rousseau, lieut., B. 7 mars 1814, bataille de Craonne.

---

9 *et* 10 *mars* 1814, *bataille de Laon.*
Vessillier, chef de bat., B. 9.
De Brossard, capit., B. 9.

Prévost, s.-lieut., B. 10.

De Brossard, capit., B. 29 mars 1814, combat devant Paris.
Jolly, lieut., B. 31 mars 1814, combat devant Courtrai.

11º Régiment de Tirailleurs (1).

Ciron-Rochefort, chef de bat., B. 23 oct. 1813.
Béranger, s.-lieut., disparu le 1er janv. 1814, près de Breda.
Mabillon, lieut., B. 5 févr. 1814, combat devant Anvers.

---

10 *mars* 1814, *combat entre Classy et Laon.*
Holtz, s.-lieut., T.

Godard, chef de bat., B.
Courboin, lieut., B.
Bermont, s.-lieut., B.
Lasserre, s.-lieut., B.

Lemaire, s.-lieut., B. 23 mars 1814, combat devant Courtrai.
Petit, s.-lieut., B. 30 mars 1814, bataille de Paris.

12º Régiment de Tirailleurs (1).

Levillain, chirurg. A.-M., B. 15 oct. 1813, défense de Dresde.

---

11 *janv.* 1814, *combat d'Hoogstraten (près d'Anvers).*
Rouillé, chef de bat., B.
Gabillot, capit., B.
Lemoine, capit., B.
Dutartre, s.-lieut., B.
Dourne, s.-lieut., B.
Bandel, s.-lieut., B.
Domingon, s.-lieut., B.

Humbert, s.-lieut., B. 1er févr. 1814 aux avant-postes, près d'Anvers.

2 *févr.* 1814, *combat devant Anvers.*
Macé, capit., B.
Mignon, s.-lieut., B.

Olivier, s.-lieut., B. 11 mars 1814, affaire devant Anvers (mort le 14).
Gosse de Serlay, capit., B. 28 mars 1814, combat de Claye.
Rostein, chef de bat., B. 30 mars 1814, bataille de Paris.

---

31 *mars* 1814, *combat de Courtrai.*
Camus, s.-lieut., B.
Reygondeau, s.-lieut., B.

13º Régiment de Tirailleurs (1).

Friol, s.-lieut., B. 26 août 1813, bataille de Dresde.

---

21 *déc.* 1813, *combat devant Breda.*
Mocquet, s.-lieut., B.
Paul, s.-lieut., B.

13 *janv.* 1814, *combat de Wynzyhem, en avant d'Anvers.*
Rabourdin, capit., B. (mort le 1er févr.).
Crolet, s.-lieut., B. (mort le 23 févr.).
Laurède, major, B.
Condé, chef de bat., B.
Caupenne, capit. A.-M., B.
Gillet, lieut. A-M., B.
Desjardins, s.-lieut., B.

---

(1) Formé en 1813.

PLUMART, s.-lieut., B.
ALEXANDRE, s.-lieut., B.
FERLIN, s.-lieut., B.

7 mars 1814, bataille de Craonne (1).
PRELIER, chef de bat., B.
MAGNAN, capit., B.

BANNES, capit., B.
CLÉMENT, s.-lieut., B.

FERLIN, s.-lieut., B. 17 mars 1814, combat près d'Anvers.
BRÉMONT, chef de bat., B. 31 mars 1814, combat de Courtrai.

14ᵉ Régiment de Tirailleurs (2).

7 mars 1814, bataille de Craonne.
SIGNORET, lieut., disparu.
MAILLOL, s.-lieut., disparu.
BREMONT (C.), s.-lieut., disparu.
BEAUMONT, chef de bat., B.
CHENET, capit., B.
ALEXANDRE, capit., B.
MENUAU DE VILLENEUVE, capit., B.
RIDARD, lieut., B.

BEAUX, chef de bat., B. 8 mars 1814 aux avant-postes, près de Craonne.
RIVET, capit., B. 10 mars 1814, combat devant Laon.

24 et 25 mars 1814, défense de Soissons.
RECOQUILLÉ, capit., B. 24.
CHOMEL, s.-lieut., B. 25.

25 mars 1814, combat de Fère-Champenoise.
FOURNIOL, lieut., B.
COULON, s.-lieut., B.

CHEVALIER, col., B., 30 mars 1814, bataille de Paris.

30 mars 1814, bataille de Paris.
SAINT-LAURENT, aumônier, disparu.
PLU, chef de bat., B.
BOUCHU, s.-lieut., B.

Régiment de Flanqueurs grenadiers (jeune garde) (3).

26 et 27 août 1813, bataille de Dresde.
OUSSOT, capit., B. 27.
LEBRUN, s.-lieut., B. 26.

16 et 18 oct. 1813, bataille de Leipzig.
GENIN, s.-lieut., B. 16.
MATTER, s.-lieut., B. 16.
DÉCART DE PONTAUT, s.-lieut., B. 18.
SAINT-JUST, s.-lieut., B. 18.

26 oct. 1813, combat d'Eisenach.
BÉRARD, chef de bat., B.
GAVARDIE, chef de bat., B.
VAUDE, capit., B.

LITZLER, lieut., B.
CANTAGREL, s.-lieut., B.

DEKOK, capit., B. 6 févr. 1814, combat devant Troyes.

28 févr. 1814, combat près de Meaux.
FOMBARON, lieut., B. (mort le 6 mars).
CABRIOT, s.-lieut., T.

REIGNIER, s.-lieut., B. 1ᵉʳ mars 1814, combat de Lisy.

7 mars 1814, bataille de Craonne.
MIRABEL, chef de bat., T.
DEBAISSIEUX, s.-lieut., B.

9 mars 1814, bataille de Laon.
GROBERT, capit., B.
GEOFFROY, s.-lieut., B.

---

(1) 3ᵉ bataillon.
(2) Formé en 1814 de l'ex-régiment des grenadiers à pied de la garde royale espagnole.
(3) Formé en 1813.

INFANTERIE

SEGRESTAN, s.-lieut., T. 10 mars 1814 aux avant-postes devant Laon.

13 *mars* 1814, *combat devant Soissons.*
LESSARD, capit., B.
FERNAGU, lieut., B.
BERTHAND, s.-lieut., B.

DÉCART DE PONTAUT, lieut., B. 14 mars 1814, combat de Crouy, près de Soissons.
FAUCON, capit. A.-M., T. 25 mars 1814, combat de Fère-Champenoise.

30 *mars* 1814, *bataille de Paris.*
VAUGUYON, s.-lieut., T.
LEMOINE, s.-lieut., B. (mort le 9 mai).
DESALONS, major, B.
BRASSEUR, capit., B.
MOMPEZ, capit., B.
PARADIS, lieut., B.
FOLLIET, s.-lieut., B.
LAFITTE, s.-lieut., B.
LISKENNE, s.-lieut., B.
GRIFFIER, s.-lieut., B.

1ᵉʳ Régiment de Chasseurs à pied (vieille garde) (1).

MAUGRA, chirurg. A.-M., B. 2 déc. 1805, bataille d'Austerlitz.

8 févr. 1807, *bataille d'Eylau.*
ROZET, lieut., B.
COTHENET, chirurg.-M., B.

22 mai 1809, *bataille d'Essling.*
DORIVAL, lieut., T.
VILLE, capit., B.
GHALLE, lieut., B.
BIGOT, lieut., B.
GADAN, lieut., B.
ROUX, lieut., B.
CONTREL, lieut., B.

COLOMBAN, capit., B. 22 mai 1811, combat de San-Pedro (Espagne).
BOUZENOT, lieut., B. 31 mai 1811, combat de Villodrigo (Espagne).
ROUSSEAU, chef de bat., B. 18 juin 1811, affaire d'Aois (Espagne).
DUBOIS, lieut., B. 16 nov. 1812, bataille de Krasnoë.

18 oct. 1813, *bataille de Leipzig.*
VERNÈRE, capit. A.-M., B.
CAILLOT, capit., B.

24 janv. 1814, *combat de Bar-sur-Aube.*
BARRET, capit., B.
CHARTIER, lieut., B.

PONSOT, lieut., B. 7 mars 1814, bataille de Craonne.
BARIC, lieut., B. 30 mars 1814, bataille de Paris.

18 juin 1815, *bataille de Waterloo.*
MOREL, lieut. A.-M., B. (mort).
BOQUET, lieut., B.
SILLARD, lieut., B.
MOUDREUX, lieut., B.
LARDIER, lieut., B.
THIERRI, lieut., B.
ARNAUD, lieut., B.

2ᵉ Régiment de Chasseurs à pied (vieille garde) (2).

CHANFROID, lieut., B. 8 févr. 1807, bataille d'Eylau.
LAYMET, lieut., B. 26 déc. 1812 par des Cosaques pendant la retraite.

ISCH, capit. A.-M., B. 2 mai 1813, bataille de Lutzen.

26 août 1813, *bataille de Dresde.*
DESHAYES, col.-major, T.
PIOCH, chef de bat., T.
DUFOUR, chef de bat., B.

---

(1) Formé, en 1804, du régiment de chasseurs à pied de la garde consulaire.
(2) Formé, en 1806, du dédoublement du régiment de chasseurs à pied. Licencié en 1808 et reformé en 1811.

30 oct. 1813, *bataille de Hanau*.
GUIBAL, lieut., T.
CAMBRONNE, col.-major, B.
DUFOUR, chef de bat., B.
BLONDON, capit. A.-M., B.
REBSOMEN, lieut. A.-M., B.
MOUNIER, lieut., B.
CABLAT, lieut., B.
ARNOUX, lieut., B.
QUICERNE, lieut., B.
PARIS, lieut., B.
JEANMAIRE, lieut., B.
LEDOME, lieut., B.

LAUVERGEON, lieut., B. 13 janv. 1814, combat devant Langres.

23 et 24 janv. 1814, *combat de Bar-sur-Aube*.
MÉLISSANT, lieut.-A.-M., B. 23.
BRÉVILLE, lieut., B. 24.

11 févr. 1814, *bataille de Montmirail*.
MALLET (A.), col.-major, T.
LAFITTE, capit., B.
GODEFROY, capit., B.
PUCHOIS, lieut., B.
PLUMATTE, lieut., B.
PARIS, lieut., B.
CABLAT, lieut., B.

BAUDIFIER, lieut., B. 12 févr. 1814 aux avant-postes (mort le 29 mars).

7 mars 1814, *bataille de Craonne*.
HEUILLET, capit., B.
FÉLIX, lieut. A.-M., B.
PRETET, lieut., B.
MAZURIER, lieut., B.
MICHAUD, lieut., B.

BÉGOT, lieut., B. 20 mars 1814, combat d'Arcis-sur-Aube.

30 *mars* 1814, *bataille de Paris*.
PLUMATTE, lieut., B.
DENORROY, lieut., B.

18 *juin* 1815, *bataille de Waterloo*.
PESCHOT, capit., B.
CLÉMENT, capit., B.
HEUILLET, capit., B.
AUGUIS, capit., B.
DE STUERS, capit., B.
LE PAGE, lieut., B.
FIGELL, lieut., B.
RIGOLFI, lieut., B.
DELOMÉNIE, lieut., B.
MOUTEL, lieut., B.
ROSEY, lieut., B.

3ᵉ Régiment de Chasseurs à pied (vieille garde) (1).

18 *juin* 1815, *bataille de Waterloo*.
MALLET, col., B. (mort le 9 août).
CARDINAL, chef de bat., B. (mort).
ANGELET, chef de bat., B. (mort le 5 juill.).
AVONDE, capit. B. (mort).
CABOT, capit., B. (mort).
DECOUZ, capit., B. (mort).
ANGELET, lieut., B. (mort).
BARBARA, lieut., B. (mort).
BONNEL, capit., B.
NOVEL, capit. A.-M., B.

PRAX, capit. A.-M., B.
PRETET, lieut. A.-M., B.
LARDENOIS, capit., B.
MINAL, capit., B.
BLONDON, capit., B.
FÉLIX, capit., B.
MICHAUDON, lieut., B.
SÉGUIN, lieut., B.
DESCHAMPS, lieut., B.
MATHIEU, lieut., B.
THIRION, lieut., B.
LOROTTE, lieut., B.
MARTEVILLE, lieut., B.
ROUSSEL, lieut., B.
LANDAIS, lieut., B.

Formé en 1815.

4ᵉ Régiment de Chasseurs à pied (vieille garde) (1).

18 juin 1815, bataille de Waterloo.
Agnès, chef de bat., B. (mort le 15 juill.).
Mesanguy, capit., B. (mort).
Rivet, lieut. A.-M., B. (mort).
Mazurier, lieut., B. (mort).
Décard, capit., B.
Dessaine, capit., B.
Saisset, capit., B.

Isselin, capit., B.
André, lieut., B.
Denorroy, lieut., B.
Lauvergeon, lieut., B.
Lambert, lieut., B.
Montigny, lieut., B.
Brès, lieut., B.
Pavard, lieut., B.

Régiment de Fusiliers chasseurs (jeune garde) (2).

10 juin 1807, bataille d'Heilsberg.
Mahieu, capit., T.
Clément, lieut., T.
Curial, col., B.
De Vrigny, chef de bat., B.
Deshayes, capit., B.
Laplane, capit., B.
Schramm, capit., B.
Beurmann, capit., B.
Labusquette, capit., B.
Pion, capit., B.
Divat, lieut., B.
Escudier, lieut., B.
Debenne, lieut., B.
D'Hervilly, lieut., B.
Villaret, lieut., B.
Juville, chirurg. A.-M., B.

Deshayes, capit., B. 14 juin 1807, bataille de Friedland.
Pion, capit., B. 2 mai 1808, insurrection de Madrid.
Godefroy, lieut., B. 14 juill. 1808, bataille de Médina-del-Rio-Seco.
Colomban, lieut., B. 28 nov. 1808, combat de Somo-Sierra.

22 mai 1809, bataille d'Essling.
Daviel, lieut., T.
Lanabère, col.-major, B.
Rousseau, chef de bat., B.
Bisson, capit., B.
Labusquette, capit., B.

Debenne, lieut., B.
Tronchet, lieut., B.
Pion, capit., B.
Cuenot, lieut., B.
Donny, lieut., B.

Bié, capit. A.-M., T. 25 mai 1811, combat d'Arlavan (Espagne).

25 mai 1811, affaire de Salinas.
Pion, capit., B.
Périllat, capit., B.

16 et 17 nov. 1812, bataille de Krasnoë.
Martin, capit., B. 17.
Challe, lieut., B. 16.
Delaborde, lieut., B. 16.

Labusquette, capit., T. 20 nov. 1812, route de Krasnoë.
Poudavigne, capit., B. 28 nov. 1812, bataille de la Bérésina.
Minal, lieut., B. 22 mai 1813, combat de Reichenbach.

26 août 1813, bataille de Dresde.
Bertin, capit., T.
Dumont, lieut., T.
Gastinel, lieut., T.
François, lieut., T.
Dransart, lieut., T.
Alary, lieut., B. (mort).
Dufour, chef de bat., B.
Gillet, capit. A.-M., B.
Thierry, lieut., B.

Vedel, chef de bat., T. 18 oct. 1813, bataille de Leipzig.

---
(1) Formé en 1815.
(2) Formé en 1806.

24 janv. 1814, combat de Bar-sur-Aube.
AVONDE, capit., B.
NONON, lieut., B.

11 févr. 1814, bataille de Montmirail.
BERTRAND, chef de bat., B.
AVONDE, capit., B.

27 févr. 1814, combat de Meaux.
KELLER, capit., B.
BONNY, lieut., B.
MERCIER, lieut., B.
RICOLFI, lieut., B.

7 mars 1814, bataille de Craonne.
GILLET, capit. A.-M., B.
AUGUIS, capit., B.
DE STUERS, capit., B.
CHALLE, lieut., B.
DUNAND, lieut., B.
MOREL, lieut., B.

25 mars 1814, combat près de Vitry.
SÉGUIN, lieut., B.
TANCOIGNE, lieut., B.
RICOLFI, lieut., B.

SILLARD, lieut., B. 30 mars 1814, bataille de Paris.

1ᵉʳ Régiment de Voltigeurs (1).

22 mai 1809, bataille d'Essling.
GALTÉ, capit. A.-M., B.
CHARTRAND, lieut. A.-M., B.
DUFOUR, capit., B.
MALET, capit., B.
SECRÉTAN, capit., B.
BAILLEUX, lieut., B.
PETIT, lieut., B.
PENOT, lieut., B.
LEVÊQUE, lieut., B.
COULON, lieut., B.

DUCHESNE, s.-lieut., B. 6 juill. 1809, bataille de Wagram.
VAN-GRAVE, s.-lieut., officier payeur, B. 5 oct. 1811, route de Tordesilla à Zimancas.
DUPONT, capit., B. 16 août 1812, bataille de Smolensk (mort le 25).

16, 17 et 18 nov. 1812, bataille de Krasnoë.
SOULÈS, chef de bat., T. 16.
RATTIER, capit. A.-M., B. 17 (mort le 16 févr. 1813).
BIGOT, capit., B. 18 (mort).
LUCE, capit., B. (mort).
GINOUX, capit., B. (mort).
FABVRE, s.-lieut., T.

TEYSSIER, s.-lieut., T.
DUMAS, s.-lieut., T.
GUÉRIN, s.-lieut., T.
KNAPP, s.-lieut., T.
GASQUETON, s.-lieut., T.
AUDÉ, s.-lieut., T.
CAILLET, s.-lieut., B. (mort).
MALLET, col.-major, B.
BLONDEAU, chef de bat., B.
PION, chef de bat., B.
CHARVIN, capit., B.
HEUZARD, capit., B.
LEFEBVRE, capit., B.
CHAVIN, capit., B.
ARNAUD, capit., B.
RIVAL, s.-lieut. A.-M., B.
MOUGEYS, s.-lieut., B.
CABANEL, s.-lieut., B.
CLÉMENT, s.-lieut., B.

PÉTION, s.-lieut., B. 1ᵉʳ déc. 1812, par des Cosaques, route de Wilna.

2 mai 1813, bataille de Lutzen.
DE CONTAMINE, chef de bat., B.
MALLET, chef de bat., B.
PRAETS, capit., B.
ARNAUD, capit., B.
PRANT, capit., B.
CASY, lieut., B.
LARRIEU, s.-lieut., B.
BAILLON, s.-lieut., B.

(1) Ex-1ᵉʳ régiment de tirailleurs-chasseurs formé en 1809. Tous les régiments de voltigeurs étaient *jeune garde*.

26 et 27 août 1813, bataille de Dresde.
JOUAN, col.-major, B. 26.
MALLET, chef de bat., B. 26.
GENTIL-LAPERRIÈRE, capit., B. 27.
BLANC, capit., B. 26.
FONCROSE, s.-lieut., B. 26.
DUBOIS, s.-lieut., B. 26.

16 et 18 oct. 1813, bataille de Leipzig.
CONTRET, capit., T. 16.
ARDANT, capit., B. 18.
CAILLOT, capit., B. 18.
MEUNIER, capit., B. 18.
GUISOT, lieut., B. 18.
SPENBURG, s.-lieut., B. 18.
BONDURAND, s.-lieut., B. 16.

11 janv. 1814, combat d'Epinal.
DEVAUX, chef de bat., T.
COMTOUZ, capit., B.
GENTIL-LAPERRIÈRE, capit., B.
BIZER, s.-lieut., B.
BOUCZO, s.-lieut., B.

29 janv. 1814, bataille de Brienne.
DE CONTAMINE, col.-major, B.
CASY, capit., B.
BLANC, capit., B.

6 mars 1814, aux avant-postes près de Craonne.
LARRIEU, lieut., B.
DUVERNE, s.-lieut., B.

7 mars 1814, bataille de Craonne.
MUTSCHLER, chef de bat., B. (mort le 18).
DE CONTAMINE, col.-major, B.
ROBY, chef de bat., B.
GRAND, capit., B.
DUBOIS, lieut. A.-M., B.
VESPA, lieut. A.-M., B.
BAILLON, lieut., B.
KOHLER, lieut., B.
CHAUVEAU, s.-lieut., B.

HIVER, capit., B. 16 juin 1815, bataille de Ligny (mort le 17).

18 juin 1815, bataille de Waterloo.
TAVERNIER, capit., T.
HOLINGER, s.-lieut., B. (mort le 10 juill.).
GUASCO, chef de bat., B.
ARRIGHI, capit., B.
MARCHANDIN, lieut., B.
CORDEVIOLE, s.-lieut., B.
DUCLOS, s.-lieut., B.
EYMARD, s.-lieut., B.
LORENZI, s.-lieut., B.
DU TILLET, s.-lieut., B.

2ᵉ Régiment de Voltigeurs (1).

COLINET, s.-lieut., B. 15 juin 1811, combat d'Oyon (Espagne).
ALBERT, capit., B. 27 mars 1812, combat de Luzzara (Espagne) (mort le 5 avril).

2 mai 1813, bataille de Lutzen.
BARRAL, capit., T.
PARADIS, capit., B. (mort le 10).
SCHRAMM, col.-major, B.
LASSÈRE, chirurg. A.-M., B.
EVERTS, capit., B.
BOUCHET, capit., B.
MOREAU, capit., B.
SALOMON, lieut. A.-M., B.

DOUMENJOUS-LARROQUE, lieut., B.
HOURDIER, lieut., B.
PRIEUR, lieut., B.

VEYRAT, s.-lieut., B. 25 août 1813 aux avant-postes près de Dresde.

26 et 27 août 1813, bataille de Dresde.
AVY, s.-lieut., B. 27 (mort le 27 sept.).
MARTHE, chef de bat., B. 26.
RENARD, capit., B. 26.
LACOUR, s.-lieut., B. 26.

16 et 18 oct. 1813, bataille de Leipzig.
DRUESNE, lieut. A.-M., B. 18 (mort le 9 nov.).
DAVIEL, capit., B. 16.
COLINET, lieut., B. 18.

---
(1) Ex-2ᵉ régiment de tirailleurs-chasseurs, formé en 1809.

JACQUET, lieut., B. 17.
NEUHARD, lieut., B. 18.
LUQUET, s.-lieut., B. 18.
GEOFFROY, s.-lieut., B. 19.
FROMONT, s.-lieut., B. 18.

11 janv. 1814, combat d'Epinal.
FAVIER, capit. A.-M., T.
QUIVY, lieut. A.-M., B.
NEUHARD, lieut., B.

29 janv. 1814, bataille de Brienne.
GREMINY, lieut., T.
VINCENT, capit., B.
HOURDIER, lieut., B.
NOIROT, lieut., B.
BANNER, s.-lieut., B.

BAUZON, s.-lieut., disparu le 25 févr. 1814 aux avant-postes.
GALLAND, chef de bat., T. 6 mars 1814, combat près de Laon.

7 mars 1814, bataille de Craonne.
LALOUX, lieut., T.
MARTHE, chef de bat., B.
PETETIN, capit., B.
DOUMENJOUS-LARROQUE, capit., B.
LAMAZE, capit., B.
FROMONT, lieut., B.
NIVENHEIM, s.-lieut., B.
PAPINEAU, s.-lieut., B.
PERRIN, lieut., B.

FRANÇAIS, s.-lieut., B. 9 mars 1814, bataille de Laon.

30 mars 1814, bataille de Paris (aux près Saint-Gervais).
LAPORTE, s.-lieut., B. (mort le 6 mai).
JACQUET, lieut., B.
GASSIN, s.-lieut., B.
VEYRAT, s.-lieut., B.
SOULÈS, s.-lieut., B.

3ᵉ Régiment de Voltigeurs (1).

MURET, lieut., B. et massacré le 22 août 1810 au combat de Salinas-de-Anana.
BLANC, s.-lieut., B. 24 avril 1812 dans une reconnaissance en Espagne.

8 juin 1812, combat d'Acedo, au pont de l'Ega (Espagne).
MOREL, s.-lieut., B. (mort le 29 nov.).
ANCIAUME, lieut., B.
MONTALDI, s.-lieut., B.

RENIER, capit., B. 17 sept. 1812, combat de Segura (Espagne).
PRÉVOST, capit., B. 2 mai 1813, bataille de Lutzen.
ROCQUE, major, T. 21 mai 1813, bataille de Wurschen.

26 et 27 août 1813, bataille de Dresde.
PRIOU, capit., T. 26.
PERRIN, lieut., T. 26.
JACOBY, s.-lieut., T. 26.
ALBERT, s.-lieut., B. 26.

VICTOR, lieut., T. 27.
DUHESME, capit., B. 26.
LECOMPTE, s.-lieut., B. 26.

GROULT, capit., B. 18 oct. 1813, bataille de Leipzig.

30 oct. 1813, combat devant Francfort.
HANUCHE, chef de bat., B. aux avant-postes.
HUREL, col.-major, B.
GIROT, capit. A.-M., B.
MELCHIOR, lieut. A.-M., B.
ESNAULT, s.-lieut., B.

PRÉVOST, capit., T. 1ᵉʳ nov. 1813 aux avant-postes devant Francfort.
LECOMPTE, lieut., B. 1ᵉʳ févr. 1814, bataille de la Rothière.

7 mars 1814, bataille de Craonne.
BERNELLE, chef de bat., T.
BACQUET, chef de bat., B. (mort le 20).
DUHESME, capit., B.
POUDEROUS, capit., B.
REBILLY, capit., B.
DE LINOIS, capit., B.
PÉROT, lieut., B.

---

(1) Ex-1ᵉʳ régiment de conscrits-chasseurs formé en 1809.

Constant, lieut., B.
Delestre, s.-lieut., B.

9 et 10 mars 1814, bataille de Laon.
Dariès, s.-lieut., T. 10.
D'Hardivilliers, s.-lieut., B. 9 (mort le 11).
Tragnié, capit., B. 9.
Hélix, lieut., B. 10.
Saint-Frémont, s.-lieut., B. 9.

Vergez, chef de bat., B. 10 mars 1814 en inspectant les avant-postes.

Zevort, capit., B. 25 mars 1814, combat de Fère-Champenoise.

18 juin 1815, bataille de Waterloo.
Laurent, capit., T.
Vailly, capit., T.
Galliot, capit., B.
Millon, lieut. A.-M., B.
Gand, lieut., B.
Dormoy, s.-lieut., B.
Bretet, s.-lieut., B.
Humbert, s.-lieut., B.
Vieriez, s.-lieut., B.

1ᵉʳ Régiment de Voltigeurs (1).

Saint-Martin, capit., B. 11 nov. 1810 étant en colonne mobile en Espagne.
Mounier, s.-lieut., B. 22 mai 1811 en escortant le Trésor en Espagne.

17 nov. 1812, bataille de Krasnoë.
Barbas, capit., T.
Vandenbrock, s.-lieut., T.
Lamm, capit., B.
Mondon, chirurg.-M., B.
Annès, lieut., B.
Duhesme, lieut., B.
Galian, s.-lieut., B.
Goupilleau, s.-lieut., B.
Rival, s.-lieut., B.

Pradier, s.-lieut., B. 29 nov. 1812 aux ponts de la Bérésina (mort le 11 févr. 1813).
Hoising, s.-lieut., B. 6 déc. 1812, combat près d'Osmiana (Lithuanie).
Lasonder, s.-lieut., B. 10 déc. 1812, combat devant Wilna.
Duparc, capit., B. 2 mai 1813, bataille de Lutzen.

16 oct. 1813, bataille de Leipzig.
Forestier, capit. A.-M., B. 16 (mort le 21 déc.).
Rebuffat, lieut., T. 16.

Morel, lieut., B. 16.
Bordais, s.-lieut., B. 16.

De Briges, capit., B. 4 mars 1814, combat de Sézanne.

7 mars 1814, bataille de Craonne.
Marchal, capit., B. (mort en mai).
Quinquant, lieut., B. (mort le 22).
Durand, chef de bat., B.
Lecomte, capit., B.
Giraud, lieut., B.

9 et 10 mars 1814, bataille de Laon.
Cliquot, lieut., B. (mort le 22).
Brun, capit., B. 10.
Rival, lieut. A.-M., B. 10.
Vaultier, lieut. A.-M., B. 9.
Madier, s.-lieut., B. 9.
Duburguet, s.-lieut., B. 9.
Frantzen, s.-lieut., B. 9.
Deleuze, s.-lieut., B. 9.

25 mars 1814, combat de Fère-Champenoise.
Drynatten, s.-lieut., B.
Duburguet, s.-lieut., B.

---

(1) Ex-2ᵉ régiment de conscrits-chasseurs, formé en 1809.

5ᵉ Régiment de Voltigeurs (1).

CHAUCHAR, s.-lieut., B. 7 sept. 1812, bataille de la Moskowa.

13 déc. 1812, combat devant Kowno (Lithuanie).
SÉVERIN, capit., B. et disparu.
BÉAU, capit., B. et disparu.
SÉGALAS, s.-lieut. A.-M., B. et disparu.
DUPUIS, s.-lieut., B. et disparu.
PRUDHON, s.-lieut., B. et disparu.
DELÉE, s.-lieut., B. et disparu.
PRÉVERAND, s.-lieut., B. et disparu.
LAFONTAINE, s.-lieut., B.
SPARRE, s.-lieut., B.
DELAVIGNE, s.-lieut., B.
JACOBS, s.-lieut., B.
LELEU, s.-lieut., B.
BELOT, s.-lieut., B.
PEYRANY, s.-lieut., B.

26 et 27 août 1813, bataille de Dresde.
BEURMANN, chef de bat., B. 27.
CHARRIÈRE, capit., B. 27.
BAILLEUX, capit., B. 27.
CAYARD, capit., B. 27.
GALLERY DE BELLAY, lieut., B. 27.
PILLOT, s.-lieut., B. 26.
CALANNE, s.-lieut., B. 27.

CAUSSE, s.-lieut., B. 29 août 1813, combat devant Pirna.

16 et 18 oct. 1813, bataille de Leipzig.
LAMOUR, capit., T. 16.

BORRIT, lieut., B. 16 (mort le 9 nov.).
LEROUX, capit., B. 18.
LECORPS, capit., B. 18.
CHARRIÈRE, capit., B. 18.
SCHLOSSER, lieut., B. 18.
GALLERY DE BELLAY, lieut., B. 18.
BILLEGER, s.-lieut., B. 16.
BERNARD, s.-lieut., B. 18.
CAUSSE, s.-lieut., B. 18.
LACAZE, s.-lieut., B. 16 et 18.
CALANNE, s.-lieut., B. 17.

ARNOULD, s.-lieut., B. 25 janv. 1814, combat de Fontaine.
MENET, capit., B. 12 mars 1814, combat près de Reims.
RENIER, chef de bat., B. 16 mars 1814, combat devant Reims.

25 mars 1814, combat de Fère-Champenoise.
EMMERY, lieut., B.
GROSSARD, s.-lieut., B.
REGNAULT, s.-lieut., B.
SOLIER, s.-lieut., B.

30 mars 1814, bataille de Paris.
BALMOSIÈRE, lieut., T.
LECORPS, capit., B.
FABRÈGUE, capit., B.
JULIEN, lieut., B.
GROBON, lieut., B.
REGNAULT D'EVRY, lieut., B.
ARNAUD, s.-lieut., B.

6ᵉ Régiment de Voltigeurs (1).

17 et 18 nov. 1812, bataille de Krasnoë.
MOISSON, s.-lieut., T. 17.
PLANTIN, s.-lieut., B. 17 (mort le 16 déc.).
ROBY, capit., B. 18.
ENJALRAND, s.-lieut., B. 17.
DEMONDESCOURT, s.-lieut., B. 17.
DESCHAMPS, s.-lieut., B. 17.
AURIAS, s.-lieut., B. 17.

28 nov. 1812, bataille de la Bérésina.
COUNY, s.-lieut., B. et disparu.
PISSÈRE, capit., B.
ENJALRAND, s.-lieut., B.
RENOUX, s.-lieut., B.

RENOUX, s.-lieut., B. 10 déc. 1812, combat devant Wilna.
AURIAS, s.-lieut., B. et disparu, le 17 déc. 1812, sur la route de Tilsit.
DESCHAMPS, s.-lieut., B. et disparu, 19 déc. 1812, près du Niémen.

(1) Formé en 1811.

DEMONDESCOURT, s.-lieut., B. et disparu le 3 janv. 1813, route de Kœnigsberg.

---

26 *et* 27 *août* 1813, *bataille de Dresde*.
DE SAINT-QUENTIN, chef de bat., B. 26.
HANS, capit., B. 27.
AVIT, lieut., B. 27.
TONNELIER, lieut., B. 27.
SIMONOT, s.-lieut., B. 26.

18 *et* 19 *oct.* 1813, *bataille de Leipzig*.
BOTTACO, lieut., B. 19 (mort).
LEFÈVRE, s.-lieut., B. et disparu le 19.
CASTANIÉ, col.-major, B. 18.
DE SAINT-QUENTIN, chef de bat., B. 18.
DUCROZ, capit., B. 18.
MESANGUY, capit., B. 18.
ESCUDIEZ, capit., B. 18.
JULLIEN, capit., B. 18.
BOUTAULT DE RUSSY, lieut., B. 18.
HIRCQ, lieut., B. 18.
PUECH, s.-lieut., B.
MAYMAT, s.-lieut., B. 18.

29 *janv.* 1814, *bataille de Brienne*.
LECŒUR, capit., T.
CHANTARD, capit., T.
TALBOTIER, lieut., T.
CASTANIÉ, col.-major, B.
SORMAITRE, capit., B.
MICHAUD, capit., B.
DOAZAN, capit., B.
BERLAN, lieut., B.
LÉZÉ, s.-lieut., B.
BOUCHER, s.-lieut., B.
CASTAING, s.-lieut., B.

LADROY, s.-lieut., B. 1er févr. 1814, bataille de la Rothière.

25 *mars* 1814, *combat de Fère-Champenoise*.
DUFAUR, s.-lieut., T.
DE SAINT-QUENTIN, chef de bat., B.
MASSON, lieut., B.
JOLY, s.-lieut., B.

CAILLIEZ, capit., B. 1er avril 1814, combat de Compiègne.
MAYMAT, s.-lieut., B. 2 avril 1814, combat dans la forêt de Compiègne.

7e Régiment de Voltigeurs (1).

ESTEVON DE LA TOUR, capit., T. 1811, combat en Espagne.

15 *juin* 1812, *combat d'Aranda (Espagne)*.
SUPLY, s.-lieut., T.
ZAEPFFEL, chef de bat., B.

26 *et* 27 *août* 1813, *bataille de Dresde*.
HÉROGUELLE, lieut., B. 26. (mort le 4 sept.).
GUILLAUMET, lieut., B. 27.
MOREL, s.-lieut., B. 27.
MEURIZET, lieut., B. 27.

16, 18 *et* 19 *oct.* 1813, *bataille de Leipzig*.
DEGIVERVILLE, capit., T. 18.

---

(1) Ex-régiment des gardes nationales de la garde, formé en 1810.

DE GUIZELIN, lieut., T. 18.
EXCOUSSEAU, chef de bat., B. 16.
SERVATIUS, capit. A.-M., B. 16.
GALLOIS, capit., B. 18.
MAILLARD, capit., B. 18.
LEGOUZ DE VAUX, capit., B. 18.
DÉCRÉTOT, capit., B. 19.
GUILLAUME, lieut., B. 18.
LIBERT, s.-lieut., B. 18.
VINANT, s.-lieut., B. 18.

29 *janv.* 1814, *bataille de Brienne*.
LANTOINE, lieut., T.
MIQUELARD, chef de bat., B.
LEGOUZ DE VAUX, capit., B.
GRAMAT, s.-lieut., B.

7 *mars* 1814, *bataille de Craonne*.
PERROT, lieut., B.
REMY, s.-lieut., B.
JUCHEREAU, s.-lieut., B.

9 et 10 mars 1814, bataille de Laon.

Dupuis, capit., T. 9.
Lepésant la Mazure, capit., B. 9 (mort le 25 mai).
Allard, s.-lieut., disparu le 10.
Galland, lieut., B. 10 (mort le 2 avril).
Miquelard, chef de bat., B. 10.
Legouz de Vaux, capit., B. 9.
Bertrand, s.-lieut., B. 10.
Fontaine, s.-lieut., B. 9.
Castillon, s.-lieut., B. 10.

25 mars 1814, combat de Fère-Champenoise.

Vebert, chef de bat., B.
Servatius, capit. A.-M., B.
Maillard, capit., B.

Bessac, capit., B.
Arthuis, lieut., B.
Pottier, s.-lieut., B.
Badin, s.-lieut., B.
Guillaume, s.-lieut., B.

Lebac, lieut., B. 26 mars 1814, affaire contre des Cosaques (mort le 29).

30 mars 1814, bataille de Paris.

Lecorps, capit., B.
Roquette, s.-lieut., B.

Froment, lieut., B. 31 mars 1814, aux avant-postes devant Paris (mort le 6 avril).

8ᵉ Régiment de Voltigeurs (1).

26 et 27 août 1813, bataille de Dresde.

Perron, capit., T. 27.
Ailhaud, capit., T. 27.
Miglieff, capit., B. 27 (mort).
Bunel, s.-lieut. A.-M., T. 26.
Horgolle, s.-lieut., T. 27.
Secrétan, col.-major, B. 26.
Lardenois, lieut. A.-M., B. 26.
Bunis, capit., B. 27.
Loustaunau, capit., B. 27.
Regnault, capit., B. 27.
Cayrol, lieut., B. 26.
Despaignes, lieut., B. 27.
Jannot, lieut., B. 26.
Lacade-Comte, s.-lieut., B. 27.
Bonnaud, s.-lieut., B. 26.

16, 18 et 19 oct. 1813, bataille de Leipzig.

Filliard, capit., T. 16.
Daloz, s.-lieut., B. 18 (mort le 8 déc.).
Guilbert, capit., B. 18.
Marichaux, capit., B. 18.
Loustaunau, capit., B. 18.
Groult, capit., B. 19.
Bonnaud, lieut., B. 18.

(1) Formé en 1813.

Saragco, lieut., B. 18.
Boixot, s.-lieut., B. 18.
Delassus, s.-lieut., B. 18.

Cardinal, chef de bat., B. 1ᵉʳ févr. 1814, bataille de la Rothière.

14 févr. 1814, combat de Vauchamps.

Ragot, capit., T.
Guilbert, capit., B.

Ménestrel, lieut., B. 28 févr. 1814, combat devant Meaux.
Dirvel, lieut., B. 3 mars 1814, combat de la Chaussée, près de Troyes.

9 et 10 mars 1814, bataille de Laon.

Toussaint, capit., B. 9 (mort le 20).
Montaldi, lieut., B. 10 (mort le 9 juin).
Bonnefoy, capit., B. 9.
Langlan, capit., B. 10.
Cayrol, lieut., B. 10.
Lesouarme, s.-lieut., B. 10.
Pondevaux, s.-lieut., B. 10.

Lévis, capit., B. 20 mars 1814, combat d'Arcis-sur-Aube.
Linard, chef de bat., B. 30 mars 1814, bataille de Paris (mort le 29 avril).

9e Régiment de Voltigeurs (1).

26 et 27 août 1813, bataille de Dresde.
GALMICHE, capit., T. 26.
HUREL, s.-lieut., T. 26.
ALBERT, s.-lieut., B. 26 (mort le 5 sept.).
RENOUF, s.-lieut., B. 26 (mort 13 sept.).
HENRION, col.-major, B. 26.
MISSONNIER, chef de bat., B. 26.
VILDIER, capit., B. 27.
ROVEDA, s.-lieut., B. 26.
PARADAN, s.-lieut., B. 27.
JULIEN, s.-lieut., B. 26.

16 et 18 oct. 1813, bataille de Leipzig.
DUZANEL, s.-lieut., B. 16 (mort le 16 déc.).

HERVÉ, lieut., B. 18.
ABRASSART, lieut., B. 18
ROVEDA, lieut., B. 18 janv. 1814, combat de Vitry.
BLANC, capit., B. 27 mars 1814 au pont de Doulaincourt.

30 mars 1814, bataille de Paris.
GENUY, lieut., B. (mort le 4 avril).
DANLANE, s.-lieut., B. (mort le 7 mai).
BOUCHENY, capit., B.
THEULIER, lieut., B.
CORDIER, lieut., B.
SURAUDÉ, s.-lieut., B.

10e Régiment de Voltigeurs (1).

26 et 27 août 1813, bataille de Dresde.
DUSSAUSSEY, capit., T. 26.
ASSEYZAT, s.-lieut. A.-M., B. 26 (mort le 27).
DEFRESNE, s.-lieut., B. 27.

18 oct. 1813, bataille de Leipzig.
BLONDEAU, lieut., T.
PLACE, capit., B.
DACHEUX, capit., B.
CUNY, s.-lieut., B.
ROUSSEAU, s.-lieut., B.

DE BERNARDI, capit., B. 23 févr. 1814, affaire de Doullens (Somme).

FINAT, chef de bat., T. 12 mars 1814, combat devant Laon.

30 mars 1814, bataille de Paris (Belleville).
RABEZAIN, chef de bat., B. (mort le 14 avril).
BARDY, s.-lieut., disparu.
FERRAT, s.-lieut., T.
SUISSE DE SAINTE-CLAIRE, col.-major, B.
PLACE, capit., B.
MACHILLOT, capit., B.
FOUSSET, capit., B.
CHANDELIER, capit., B.
ROGUET, lieut., B.
PORTE, lieut., B.

11e Régiment de Voltigeurs (1).

26 août 1813, bataille de Dresde.
GUÉRIN, s.-lieut., B. (mort le 15 sept.).
MAUDUIT, s.-lieut., B. (mort le 28).

MAROT, s.-lieut., B. 18 oct. 1813, bataille de Leipzig.
CHAMPION, s.-lieut., B. 28 févr. 1814, combat de Meaux.

9 et 10 mars 1814, bataille de Laon.
FRAPPART, capit., B, 9.
LEVASSOR, s. lieut., B. 9.
DURAND, s.-lieut., B. 10.

DANEL, s.-lieut., B. 20 mars 1814, combat d'Arcis-sur-Aube.
BRAUN, chef de bat., B. 28 mars 1814, défense de Soissons.

---

(1) Formé en 1813.

30 *mars* 1814, *bataille de Paris*.
Bonnard, capit., B. (mort le 19 avril).
Dollet, lieut., T.
Guillet, chef de bat., B.
Nouveau, capit., B.
Drubbel, lieut., B.

Lemesle, lieut., B.
Roset, s.-lieut., B.
Levasson, s.-lieut., B.

Lapierre, capit., T. 6 avril 1814, défense de Soissons.

12° Régiment de Voltigeurs (1).

Dony, capit., B. 30 oct. 1813, bataille de Hanau.
Soury, lieut., B. 11 janv. 1814, combat d'Hoogstraten.

Mars 1814, *défense de Maubeuge*.
Duchareau, chef de bat., B.
Ponelle, s.-lieut., B.

30 *mars* 1814, *bataille de Paris*.
Boisseau, capit., B.
Collignon, lieut., B.
Hervieu, s.-lieut., B.

13° Régiment de Voltigeurs (1).

Philippon, s.-lieut., T. 22 déc. 1813, combat devant Bréda.

11 *janv.* 1814, *combat d'Hoogstraten, près d'Anvers*.
Fabre, chef de bat., B.
Menneval, capit., B.
Desfontaines, s.-lieut. A.-M., B.

1ᵉʳ *févr.* 1814, *combat de Durnes, devant Anvers*.
Constant, capit., B.

Rambourg, capit., B.
Douget, lieut. A.-M., B.
Gibourlet, s.-lieut., B.
Maire, s.-lieut., B.
Delporte, s.-lieut., B.
Mohen, s.-lieut., B.

Leconte, s.-lieut., B. 30 mars 1814, bataille de Paris.

14° Régiment de Voltigeurs (2).

7 *mars* 1814, *bataille de Craonne*.
Say, chef de bat., B. (mort le 24).
Treillard, capit., T.
Dangler, capit. B. (mort le 16).
Moyat, lieut., T.
Chevalier, s.-lieut., T.
Feyraud, s.-lieut., B. (mort).
Charpeney, chef de bat., B.
Aubineau, capit. A.-M., B.
Migneau, capit., B.
Beaufrère, capit., B.

Letourneur, capit., B.
Labouille, capit., B.
Landry, capit., B.
Paris, capit., B.
Chaize, capit., B.
Labrèche, lieut., B.
Pesty, lieut., B.
Chrétien, lieut., B.
Vittard, lieut., B.
Guérin, lieut., B.
Duhaut, lieut., B.
Roberto, lieut., B.
Vierre, s.-lieut., B.
Lugnié, s.-lieut., B.
Montagne, s.-lieut., B.

---

(1) Formé en 1813.
(2) Formé en 1814, de l'ex-régiment des voltigeurs de la garde royale espagnole.

Lavergne, s.-lieut., B.
Bullet, s.-lieut., B.
Lorchat, s.-lieut., B.

Millot, lieut., B. 19 mars 1814 aux avant-postes (mort le 29 sept.).
Montagne, s.-lieut., B. 25 mars 1814, combat de Fère-Champenoise.

15ᵉ Régiment de Voltigeurs (1).

Chouveroux, capit., B. 4 févr. 1814, combat de Bar-sur-Seine.
Jannet, s.-lieut., B. 27 févr. 1814, combat de Meaux.

9 mars 1814, *bataille de Laon.*
Leclerc, col.-major, B.
Ritter, capit., B.

Sturck, capit., B.
Dure, capit., B.
Loiseau, lieut., B.
Bouillet, s.-lieut., B.

Boulanger, lieut., B. 30 mars 1814, bataille de Paris (mort le 2 avril).

16ᵉ Régiment de Voltigeurs (1).

Martelli, s.-lieut., T. 29 janv. 1814, bataille de Brienne.

9 mars 1814, *bataille de Laon.*
Denoyer, chef de bat., B.
Nicolas, lieut., B.
Maziani, s.-lieut., B.

30 mars 1814, *bataille de Paris.*
Vernier, col.-major, B.
Moleras, capit., B.
Forest, capit., B.
Betant, lieut., B.
Bicci, s.-lieut., B.
Tani, s.-lieut., B.
Ducrocq, s.-lieut., B.

Régiment de Flanqueurs chasseurs (2).

17 nov. 1812, *bataille de Krasnoë.*
Bassaget, s.-lieut., T.
Delannoy, capit., B.

Malapert, s.-lieut., B. 28 nov. 1812, aux ponts de la Bérésina.
Girot, lieut. A.-M., B. 13 déc. 1812, combat à la montée de Kowno.

26 et 27 août 1813, *bataille de Dresde.*
Hervouel, s.-lieut., B. 27 (mort le 17 sept.).
Pompejac, col.-major, B. 26.
Patoureau, lieut. A.-M., B. 26.
Thibleau, lieut., B. 27.
Baspré, s.-lieut., B. 26.

16 et 18 oct. 1813, *bataille de Leipzig.*
Glin, chef de bat., B. 16.
Patoureau, lieut. A.-M., B. 18.
Beaufrère, lieut., B. 16.
Levarlet, lieut., B. 16.
Saint-Just, s.-lieut., B. 16.
Despagne, s.-lieut., B. 18.
Coors, s.-lieut., B. 16 et 19.

23 oct. 1813, *combat d'Eisenach.*
Darnaudat, s.-lieut., B.
Thomas, s.-lieut., B.

26 oct. 1813, *à l'avant-garde route de Hanau.*
Almann, capit., T.
Thibleau, lieut., T.
Rouillard, chef de bat., B.

Beaufrère, lieut., B. 11 janv. 1814, combat d'Epinal.

(1) Formé en 1814.
(2) Formé en 1811.

29 *janv.* 1814, *bataille de Brienne.*
PERCHERON, lieut., T.
JANIN, capit., B.

11 *févr.* 1814, *bataille de Montmirail.*
TRUGUET, capit., B. (mort le 1ᵉʳ mars).
ARMAND, capit., T.
POMPEJAC, col.-major, B.
TEISSEIRE, col.-major, B.
ROUILLARD, chef de bat., B.
VANDENEUVEL, capit., B.
KŒNIG, s.-lieut., B.

RICHEBÉ, chef de bat., B. 12 févr. 1814, combat de Château-Thierry.

7 *mars* 1814, *bataille de Craonne.*
JOINEAUX, capit., B.
MALAPERT, lieut. A.-M., B.
BOSQUET, s.-lieut., B.

DARNAUDAT, s.-lieut., B. 9 mars 1814, bataille de Laon.
TOUSSAIN, s.-lieut., B. 17 mars 1814 aux avant-postes par des Cosaques (mort le 20).

30 *mars* 1814, *bataille de Paris.*
RICHEBÉ, chef de bat., T.
POUDAVIGNE, chef de bat., B.
ROCHAS, capit., B.
ARNAUD, s.-lieut., B.
KŒNIGS, s.-lieut., B.

Bataillon des Vélites de Florence (1).

BASTIER, chirurg.-M., B. 2 mai 1813, bataille de Lutzen.

18 *et* 19 *oct.* 1813, *bataille de Leipzig.*
SAVOURET, lieut., T. 18.
ARDOUREL, chef de bat., B. 19.
DELAIRE, capit. A.-M., B. 18.
BASTIER, chirurg.-M., B. 18.
FREDONNET, capit., B. 18.
GUILLOT, capit., B. 18.
ABROBOC, lieut., B. 18.
CLEVER, lieut., B. 19.
DESPEROUX, lieut., B. 18.
DUTREUIL, s.-lieut., B. 18.
HELLE, s.-lieut., B. 18.
SIMON, s.-lieut., B. 18.

25 *janv.* 1814, *combat de Fontaine.*
DELAIRE, chef de bat., T.
DUTREUIL, lieut., B.
HELLE, lieut., B.

VIEILLESCAZES, lieut., B.
JOUIN, s.-lieut., B.

11 *févr.* 1814, *bataille de Montmirail.*
PEYSSON, capit., B.
LALANDE, capit., B.
DUTREUIL, lieut., B.
VIEILLESCAZES, lieut., B.
JOUIN, s.-lieut., B.

DUTREUIL, lieut., B. 28 févr. 1814, combat devant Meaux.
CHAMPION, lieut., B. 29 févr. 1814 aux avant-postes de Meaux.

25 *mars* 1814, *combat de Fère-Champenoise.*
LAROCQUE, lieut., T.
BLANC, capit. A.-M., B.

LALANDE, capit., B. 30 mars 1814, bataille de Paris.

Bataillon des Vélites de Turin (2).

MARENGO, lieut., B. 2 mai 1813, bataille de Lutzen.

18 *oct.* 1813, *bataille de Leipzig.*
GAVIGNET, capit., B.
DESALINES, lieut., B.
MARZOLI, lieut., B.
DEBRET, s.-lieut., B.
DELAROCHE, s.-lieut., B.

---

(1) Formé en 1809 pour la garde de la grande-duchesse de Toscane.
(2) Formé en 1810 pour la garde du gouverneur général des départements au delà des Alpes.

MARENGO, lieut., B. 21 oct. 1813, combat de Gotha.
LARGEAU, s.-lieut., B. 30 oct. 1813, bataille de Hanau.

11 févr. 1814, bataille de Montmirail.
MAZAS, capit., B.
PIOCT, capit., B.
JOLY, capit., B.
DESALINES, lieut., B.

28 févr. 1814, combat de Meaux.
CICÉRON, chef de bat., B.
MAZAS, capit., B.

LAURET, lieut., B.
MULLER, lieut., B.
DESALINES, lieut., B.

9 et 10 mars 1814, bataille de Laon.
GAVIGNET, capit., B. 9
BULTEL, s.-lieut., B. 10.
HEURTEVENT, s.-lieut., B. 10.

30 mars 1814, bataille de Paris.
GAVIGNET, capit., B.
MULLER, lieut., B.
MARENGO, lieut., B.

Régiment des pupilles (1).

ALIZON, lieut., B. 29 nov. 1813, défense du passage de l'Issel (Hollande).

14 déc. 1813, combat de Zuylihem (île Bommel).
PUJOL, s.-lieut., T.

DURRAFOUR, lieut., B.

BOSSONEY, lieut., B. 4 avril 1814, défense de Graves.

Bataillon de dépôt des tirailleurs (2).

BRIDE, lieut., B. 28 juin 1815, combat devant Paris.

Compagnie de vétérans (vieille garde) (3).

COLLETIER, lieut., T. 12 mars 1814, combat devant Reims.

II

CAVALERIE

Régiment de grenadiers à cheval (vieille garde) (4).

DESMONTS, lieut., B. nov. 1805, affaire de Schaffenbourg.

2 déc. 1805, bataille d'Austerlitz.
CLÉMENT, chef d'escad., B.
BORDE, lieut., B.
MESSAGER, lieut., B.
ROLLET, lieut., B.
SERANNE, lieut., B.
JUNKER (5), s.-lieut., B.

---

(1) Formé en 1811, de la légion des vélites hollandais, formée à La Haye en 1809.
(2) Formé en 1813.
(3) Formée en 1804, de la compagnie de vétérans de la garde consulaire.
(4) Formé en 1804, du régiment de grenadiers à cheval de la garde consulaire.

(5) Était détaché près du général Walther comme aide de camp.

8 févr. 1807, bataille d'Eylau.
AUZOUY, capit., T.
BOURDE, lieut., T.
HARDY, lieut., T.
TISSOT, lieut., T.
LEPIC, col., B.
MAUCOMBLE, chef d'escad., B.
GRANDJEAN, capit., B.
DUJON, capit., B.
MARRY, lieut., B.
BOURGEOIS, lieut., B.
DELAPORTE, lieut., B.
LEMAIRE, lieut., B.
SERANNE, lieut., B.
JOANNÈS, lieut., B.
BORDE, lieut., B.
MENY, lieut., B.
BERGER, lieut., B,
DELITOT, lieut., B.

GAUTHIER, chirurg.-M., B. 2 mai 1808, insurrection de Madrid.
LEGRAND, lieut., B. 28 nov. 1812 aux ponts de la Bérésina (mort le 13 déc.).
AUDEVAL, lieut., T. 10 déc. 1812, combat devant Wilna.

---

13 déc. 1812,
combat à la montée de Kowno.
BERGERET, lieut., B. (mort le 25 mars 1813).
COFFINAL, lieut., B. (mort le 7 janv. 1813).

DUCROC DE CHABANNE, lieut., 21 févr. 1813, combat sur l'Elbe.
GOUABIN, lieut., B. 1er mai 1813 aux avant-postes près du maréchal Bessières.
DELAPORTE, chef d'escad., B. 17 sept. 1813, combat de Dolnitz.
BORÉ-VERRIER, lieut., B. 28 sept. 1813, combat d'Altenbourg.

14, 16 et 18 oct. 1813, bataille de Leipzig.
COSTER, capit., B. 18 (mort le 4 nov.).
D'HAREMBERT, capit., B. 16.
PHITILY, lieut., 14.
BARTHÉLEMY, lieut., B. 18.

28, 29 et 30 oct. 1813, bataille de Hanau.
GUINDÉ, lieut. A.-M., T. 29.

CLERC dit LECLÈRE, capit., B. 28.
SPENNEL, capit., B. 30.

JUNCKER, chef d'escad., B. 29 janv. 1814, bataille de Brienne.

---

11 févr. 1814, bataille de Montmirail.
COUTAUSSE, capit., T.
BARBIER, lieut., T.
OGIER, lieut., B. (mort le 4 mars).
MANOT, lieut., B.
DÉSILLE DE LÉONARD, lieut., B.
HABLOT, lieut., B.

BRAUN, lieut., B. 12 févr. 1814, combat de Château-Thierry.
PATRIN, lieut., B. 14 févr. 1814, combat de Vauchamps.

---

17 mars 1814, bataille de Craonne.
KISTER, capit., T.
D'HAREMBERT, chef d'escad., B.
DELAPORTE, chef d'escad., B.
OLIVIER, capit., B.
ROGEAUX, lieut., B.
BOUVIER-DESTOUCHES, lieut., B.
BRAUN, lieut., B.
TIBERGHEIM, s.-lieut., B.

GÉRARD, lieut., B. 27 mars 1814, combat contre des Cosaques (mort le soir).
PATRIN, lieut., B. 15 juin 1815, combat devant Charleroi.

---

18 juin 1815, bataille de Waterloo.
TUEFFERD, lieut., T.
MOREAU, lieut., T.
DELAPORTE, chef d'escad, B.
JAVARY, chef d'escad., B.
LECLERC, capit., B.
ALLMACHER, capit., B.
BARTHON, capit., B.
MARRY, capit., B.
BERGER, capit., B
NOEL, lieut., B.
BURETEL, lieut., B.
TANDEAU, lieut., B.
TEYSSÈRE, lieut., B.
DEBERGUE, lieut., B.
GANDOUIN, lieut., B.
HABLOT, lieut., B.
GENCY, lieut., B.
MORELLET, lieut., B.

Régiment des Dragons (vieille garde) (1).

Letort, col.-major, B. 14 oct. 1806, bataille d'Iéna.
Jolly, capit. A.-M., B. 14 juin 1807, bataille de Friedland.

14 juill. 1808, bataille de Médina-del-Rio-Secco.
Grandjean, chef d'escad., B.
Pisler, lieut., B.
De Meyronnet, lieut., B.

Colomier, lieut. A.-M., T. 5 déc. 1810, dans une reconnaissance en Espagne.
Pinteville, col.-major, B. 7 sept. 1812, bataille de la Moskowa.

25 sept. 1812, dans une reconnaissance en avant de Moscou.
Lerivint, chef d'escad., T.
Marthod, chef d'escad., B. (mort le 5 oct.).
Hoffmayer, chef d'escad., B.
Ligier, capit., B.
Legrand, lieut. A.-M., B.
Hulot, lieut., B.
Pisler, lieut., B.

Leblanc, lieut., T. 3 oct. 1812, combat en avant de Moscou.

25 oct. 1812, combat près de Malojaroslawetz.
Gandolph, lieut., B.
Le Paumier, lieut., B.
Leblanc, lieut., B.

Robert, lieut., B. 18 nov. 1812, bataille de Krasnoë.
Chabran, lieut., B. 28 nov. 1812 aux ponts de la Bérésina (mort le 28 déc.).
Hébert, lieut. B. 26 août 1813, bataille de Dresde.

17 sept. 1813, combat de Toeplitz (Bohême).
Racquet, chef d'escad., T.
Pinteville, col.-major, B.

Decoucy, lieut., B. 10 oct. 1813, affaire près de Leipzig.

18 oct. 1813, bataille de Leipzig.
Deroche, lieut., T.
Chamorin, capit., B.
Landry, lieut., B.

Reiset, lieut., B. 29 oct. 1813, combat devant Hanau.

30 oct. 1813, bataille de Hanau.
Merelle, lieut., B. (mort le 31).
Testot-Ferry, chef d'escad., B.
Gounion-Saint-Léger, chef d'escad., B.
Barbier, capit. A.-M., B.
Chamorin, capit., B.
François, capit., B.
Gandolph, lieut. A.-M., B.
Landry, lieut., B.
Carré, lieut., B.
De Selve, lieut., B.

Vuillemey, lieut., B. 9 nov. 1813, combat devant Liège.
Leblanc, lieut., B. 13 janv. 1814, dans une reconnaissance sur Langres.
Pictet, chef d'escad., B. 15 janv. 1814, combat devant Langres.
Reiset, capit. B. 24 janv. 1814, combat de Bar-sur-Aube.
Wolbert, lieut., B. 9 févr. 1814, combat près de Montmirail.
Barbier, capit. A.-M. B., 12 févr. 1814, combat de Château-Thierry.

12 févr. 1814, combat de Château-Thierry.
Chatry de la Fosse, capit., B.
Dupuy, capit., B.
Aguy, capit., B.

Dulac, capit., B. 13 févr. 1814, affaire près de Champaubert.

---

(1) Formé en 1806.

GIBERT, lieut., B. 5 mars 1814 dans une reconnaissance route de Reims.

7 mars 1814, bataille de Craonne.
BELLOT, chef d'escad., T.
SENET, lieut. A.-M., B.
BADOUREAU, lieut., B
CHARPILLET, lieut., B.
LANDRY, lieut., B.
LEBLANC, lieut., B.
PONTUS, lieut., B.

MORIO, lieut., B. et disparu le 8 mars 1814 dans une reconnaissance.

9 mars 1814, bataille de Laon.
LANDRY, lieut., B.
GIFFARD, lieut., B.

20 mars 1814, combat d'Arcis-sur-Aube.
GERMOND, lieut., B. (mort le 31).
LANDRY, lieut., B.

TIERCE, capit. A.-M., T. 16 juin 1815, bataille de Ligny.

18 juin 1815, bataille de Waterloo.
HÉRISSANT, capit., B. (mort le 26).
DELAPIERRE, lieut., B. (mort le 15 juill.).
POULAIN, lieut., B. (mort le 3 juill.).
FRANÇOIS, chef d'escad., B,
CHATRY DE LA FOSSE, chef d'escad., B.
DULAC, capit., B.
AGUY, capit., B.
DEGASCQ, capit., B.
D'HÉBRARD, lieut., B.
BRACONNOT, lieut., B.
MONNERET, lieut., B.
ROUSSELET, lieut., B.
LEBLANC, lieut., B.
BOURLIER, lieut., B.
KOENIG, lieut., B.
VUILLEMEY, lieut., B.
LEGRAND, lieut., B.
BELLEHURE, lieut., B.
DUVERGIER, lieut., B.

Régiment de Chasseurs à cheval (vieille garde) (1).

COUTARD, lieut., B. 22 oct. 1805, affaire près d'Ulm.
BAYEUX, lieut., B. 20 nov. 1805, étant d'escorte près du maréchal Bessières.

2 déc. 1805, bataille d'Austerlitz.
MORLANT, col., T.
THERVAY (C.), capit., T.
THIRY, chef d'escad., B.
BEURMANN, chef d'escad., B.
CHARPENTIER, chef d'escad., B.
GEIST, capit., B.
SAULNIER, lieut., B.
SÈVE, lieut., B.
BUREAUX DE PUSY, lieut., B.
BOURGEOIS, lieut., B.
LAMBERT, lieut., B.
KRETTLY, lieut., B.
ADDÉ, lieut., B.
BAYEUX, lieut., B.
BARBANÈGRE, lieut., B.

FOURNIER, lieut., B.
GUIOT, lieut., B.
ROUGEOT, lieut., B.
LEVASSEUR, lieut., B.

CORBINEAU, capit., B. 25 déc. 1806, affaire de Lopaczyn.

8 févr. 1807, bataille d'Eylau.
GUYOT, capit., T.
GUIOT, capit., B. (mort le 10).
GUIBERT, lieut., B. (mort le 12).
PEYROT, lieut., B. (mort le 11).
LEGROS, lieut., B. (mort le 9).
THIRY, chef d'escad., B.
DESMICHELS, capit., B.
THERVAY (E.-L.), lieut., B.
ACHYNTRE, lieut., B.
JOANNÈS, lieut., B.
LAMBERT, lieut., B.
RABUSSON, lieut., B.
GARNIER, lieut., B.
DONCHERY, lieut., B.
ROUL, lieut., B.

---

(1) Formé en 1804, du régiment de chasseurs à cheval de la garde consulaire.

SCHMI.., lieut., B.
PERRIER, lieut., B.

DEBEINE, lieut., B. 10 juin 1807, bataille d'Heilsberg.
KRETTLY, lieut., B. 14 juin 1807, bataille de Friedland.

2 mai 1808, insurrection de Madrid.
DAUMESNIL, major, B.
KIRMANN, capit., B.
POIRÉ, capit., B.
GAUTHIER, chirurg.-M., B.
ELIAS, lieut., B.
PAPIGNY, lieut., B.
MAZIAU, lieut., B.
PARIZOT, lieut., B.

29 déc. 1808, combat de Benavente.
BOCHEUX, lieut., T.
CAYRE, capit., B.
GEIST, capit., B.
SÈVE, lieut. A.-M., B.
ASSANT, lieut. S.-A.-M., B.
PASSERIEU, lieut., B.

LAMBERT, lieut., B. 4 juill. 1809 en traversant le Danube.

6 juill. 1809, bataille de Wagram.
FOURNIER, capit. A.-M. T.,
MUZY, capit., T.
FAURE, lieut., T.
PAILHÈS, lieut., T.
FRANCQ, chef d'escad., B.
CORBINEAU, major, B.
DAUMESNIL, major, B.
VIALA, lieut., B.
ACHYNTRE, lieut., B.
MAYEN, lieut., B.
ASSANT, lieut., B.
GREFFE, lieut., B.
MAZIAU, lieut., B.
PÉLISSIER, lieut., B.

BAYARD, lieut., B. 18 juin 1810 en escortant des prisonniers en Espagne.
SOURDIS, s.-lieut., B. 2 mai 1811, combat de Carascal (Espagne).
ROBIN, lieut., B. 10 févr. 1812, étant en colonne mobile en Espagne (mort le 12).

SOURDIS, lieut., B. 23 avril 1812, combat de Robrez (Espagne).
THERVAY, lieut., B. 14 oct. 1812 aux avant-postes devant Moscou.
FAURES, lieut., B. 15 oct. 1812, combat route de Kalouga.
BASSE, lieut., B. 24 oct. 1812, bataille de Malojaroslawetz.

25 oct. 1812, combat en avant de Malojaroslawetz.
KIRMANN, chef d'escad., B.
SCHMIDT, capit., B.
VAZILIER, lieut., B.
FORCIOLI, lieut., B.

BOUTON, lieut. A.-M., B. 17 nov. 1812, bataille de Krasnoë (mort le 20 déc.).
DIJOLS, capit., B. 21 nov. 1812, combat route de Borisow.
DIEUDONNÉ, lieut., B. 7 déc. 1812, route de Wilna (mort le 8).
L'HERNAULT (1), lieut., B. 2 mai 1813, bataille de Lutzen.

22 mai 1813, combat de Reichenbach.
VIALA, capit., B.
DE LENTIVY, lieut., B.

26 et 27 août 1813, bataille de Dresde.
PELLION, lieut., B. 26.
ENJUBAULT, lieut., B. 26.
TOULONGEON, lieut., B. 27.

POIROT DE VALCOURT, lieut,, B. 26 sept. 1813, affaire devant Altenbourg.
ASSANT, capit. A.-M., B. 27 sept. 1813, combat devant Altenbourg.
LARIVIÈRE, capit., B. 14 oct. 1813, combat près de Magdebourg.

18 oct. 1813, bataille de Leipzig.
HENNESON, lieut., T.
LAFITTE, chef d'escad., B.
KIRMANN, chef d'escad., B.
OUDINOT (V.), capit., B.
DIJOLS, capit., B.
VIALA, capit., B.
POIROT DE VALCOURT, lieut., B.

---

(1) En escortant l'Empereur.

96   CAVALERIE

GIBERT, lieut., B. 5 mars 1814 dans une reconnaissance route de Reims.

7 mars 1814, bataille de Craonne.
BELLOT, chef d'escad., T.
SENET, lieut. A.-M., B.
BADOUREAU, lieut., B
CHARPILLET, lieut., B.
LANDRY, lieut., B.
LEBLANC, lieut., B.
PONTUS, lieut., B.

MORIO, lieut., B. et disparu le 8 mars 1814 dans une reconnaissance.

9 mars 1814, bataille de Laon.
LANDRY, lieut., B.
GIFFARD, lieut., B.

20 mars 1814, combat d'Arcis-sur-Aube.
GERMOND, lieut., B. (mort le 31).
LANDRY, lieut., B.

TIERCE. capit. A.-M., T. 16 juin 1815, bataille de Ligny.

18 juin 1815, bataille de Waterloo.
HÉRISSANT, capit., B. (mort le 26).
DELAPIERRE, lieut., B. (mort le 15 juill.).
POULAIN, lieut., B. (mort le 3 juill.).
FRANÇOIS, chef d'escad., B,
CHATRY DE LA FOSSE, chef d'escad., B.
DULAC, capit., B.
AGUY, capit., B.
DEGASCQ, capit., B.
D'HÉBRARD, lieut., B.
BRACONNOT, lieut., B.
MONNERET, lieut., B.
ROUSSELET, lieut., B.
LEBLANC, lieut., B.
BOURLIER, lieut., B.
KOENIG, lieut., B.
VUILLEMEY, lieut., B.
LEGRAND, lieut., B.
BELLEHURE, lieut., B.
DUVERGIER, lieut., B.

Régiment de Chasseurs à cheval (vieille garde) (1).

COUTARD, lieut., B. 22 oct. 1805, affaire près d'Ulm.
BAYEUX, lieut., B. 20 nov. 1805, étant d'escorte près du maréchal Bessières.

2 déc. 1805, bataille d'Austerlitz.
MORLANT, col., T.
THERVAY (C.), capit., T.
THIRY, chef d'escad., B.
BEURMANN, chef d'escad., B.
CHARPENTIER, chef d'escad., B.
GEIST, capit., B.
SAULNIER, lieut., B.
SÈVE, lieut., B.
BUREAUX DE PUSY, lieut., B.
BOURGEOIS, lieut., B.
LAMBERT, lieut., B.
KRETTLY, lieut., B.
ADDÉ, lieut., B.
BAYEUX, lieut., B.
BARBANÈGRE, lieut., B.

FOURNIER, lieut., B.
GUIOT, lieut., B.
ROUGEOT, lieut., B.
LEVASSEUR, lieut., B.

CORBINEAU, capit., B. 25 déc. 1806, affaire de Lopaczyn.

8 févr. 1807, bataille d'Eylau.
GUYOT, capit., T.
GUIOT, capit., B. (mort le 10).
GUIBERT, lieut., B. (mort le 12).
PEYROT, lieut., B. (mort le 11).
LEGROS, lieut., B. (mort le 9).
THIRY, chef d'escad., B.
DESMICHELS, capit., B.
THERVAY (E.-L.), lieut., B.
ACHYNTRE, lieut., B.
JOANNÈS, lieut., B.
LAMBERT, lieut., B.
RABUSSON, lieut., B.
GARNIER, lieut., B.
DONCHERY, lieut., B.
ROUL, lieut., B.

(1) Formé en 1804, du regiment de chasseurs à cheval de la garde consulaire.

SCHMI..., lieut., B.
PERRIER, lieut., B.

DEBEINE, lieut., B. 10 juin 1807, bataille d'Heilsberg.
KRETTLY, lieut., B. 14 juin 1807, bataille de Friedland.

---

2 mai 1808, insurrection de Madrid.
DAUMESNIL, major, B.
KIRMANN, capit., B.
POIRÉ, capit., B.
GAUTHIER, chirurg.-M., B.
ELIAS, lieut., B.
PAPIGNY, lieut., B.
MAZIAU, lieut., B.
PARIZOT, lieut., B.

---

29 déc. 1808, combat de Benavente.
BOCHEUX, lieut., T.
CAYRE, capit., B.
GEIST, capit., B.
SÈVE, lieut. A.-M., B.
ASSANT, lieut. S.-A.-M., B.
PASSERIEU, lieut., B.

LAMBERT, lieut., B. 4 juill. 1809 en traversant le Danube.

---

6 juill. 1809, bataille de Wagram.
FOURNIER, capit. A.-M. T.,
MUZY, capit., T.
FAURE, lieut., T.
PAILHÈS, lieut., T.
FRANCQ, chef d'escad., B.
CORBINEAU, major, B.
DAUMESNIL, major, B.
VIALA, lieut., B.
ACHYNTRE, lieut., B.
MAYEN, lieut., B.
ASSANT, lieut., B.
GREFFE, lieut., B.
MAZIAU, lieut., B.
PÉLISSIER, lieut., B.

BAYARD, lieut., B. 18 juin 1810 en escortant des prisonniers en Espagne.
SOURDIS, s.-lieut., B. 2 mai 1811, combat de Carascal (Espagne).
ROBIN, lieut., B. 10 févr. 1812, étant en colonne mobile en Espagne (mort le 12).

SOURDIS, lieut., B. 23 avril 1812, combat de Robrez (Espagne).
THERVAY, lieut., B. 14 oct. 1812 aux avant-postes devant Moscou.
FAURES, lieut., B. 15 oct. 1812, combat route de Kalouga.
BASSE, lieut., B. 24 oct. 1812, bataille de Malojaroslawetz.

---

25 oct. 1812, combat en avant de Malojaroslawetz.
KIRMANN, chef d'escad., B.
SCHMIDT, capit., B.
VAZILIER, lieut., B.
FORCIOLI, lieut., B.

BOUTON, lieut. A.-M., B. 17 nov. 1812, bataille de Krasnoë (mort le 20 déc.).
DIJOLS, capit., B. 21 nov. 1812, combat route de Borisow.
DIEUDONNÉ, lieut., B. 7 déc. 1812, route de Wilna (mort le 8).
L'HERNAULT (1), lieut., B. 2 mai 1813, bataille de Lutzen.

---

22 mai 1813, combat de Reichenbach.
VIALA, capit., B.
DE LENTIVY, lieut., B.

---

26 et 27 août 1813, bataille de Dresde.
PELLION, lieut., B. 26.
ENJUBAULT, lieut., B. 26.
TOULONGEON, lieut., B. 27.

POIROT DE VALCOURT, lieut., B. 26 sept. 1813, affaire devant Altenbourg.
ASSANT, capit. A.-M., B. 27 sept. 1813, combat devant Altenbourg.
LARIVIÈRE, capit., B. 14 oct. 1813, combat près de Magdebourg.

---

18 oct. 1813, bataille de Leipzig.
HENNESON, lieut., T.
LAFITTE, chef d'escad., B.
KIRMANN, chef d'escad., B.
OUDINOT (V.), capit., B.
DIJOLS, capit., B.
VIALA, capit., B.
POIROT DE VALCOURT, lieut., B.

---

(1) En escortant l'Empereur.

23 oct. 1813, *combat de Weimar.*
VANOT, chef d'escad., T.
LEMERCIER, chef d'escad., B.
PELLION, lieut., B.
ARNOUX, lieut., B.

BAILLIEU, lieut., B. 27 oct. 1813, affaire de Wach.

29 *et* 30 *oct* 1813, *bataille de Hanau.*
JOANNÈS, chef d'escad., B. 30.
GUTSCHENRITTER, lieut. S.-A.-M., B. 29.
PARQUIN, lieut., B. 30.

LÉTANG, lieut., B. 27 déc. 1813, combat devant Bréda.
CHIRET, s.-lieut., B. 31 déc. 1813, étant en reconnaissance près de Bréda.
KORTE, lieut., B. 29 janv. 1814, bataille de Brienne.
GOUDEMETZ, lieut., B. 11 févr. 1814, bataille de Montmirail.

12 *févr.* 1814, *combat devant Château-Thierry.*
SANGLIER, lieut., T.
PELLION, lieut., B.

MONERY, lieut., B. 18 févr. 1814, bataille de Montereau.
LEMERCIER, chef d'escad., B. 1ᵉʳ mars 1814, affaire de Lisy.
MOYSANT, capit., B. 4 mars 1814, combat devant Soissons.

7 *mars* 1814, *bataille de Craonne.*
ACHYNTRE, capit., T.
OUDINOT (V.), capit., B.
SPIGRÉ, lieut. A.-M., B.

CHAPELLE, lieut., B.
JOUGLAS, lieut., B.

DACKWEILLER, lieut. S.-A.-M., B. 11 mars 1814, combat devant Soissons.
BLANC, lieut., B. 11 mars 1814, combat près de Laon.
ROLIN, lieut., B. 17 mars 1814, combat de Braine.
MOYSANT, capit., B. 30 mars 1814, bataille de Paris.

31 *mars* 1814, *combat de Courtrai.*
SALMON, capit., B.
ASSANT, capit., B.
VELAY, lieut., B.
MERTENS, lieut., B.

18 *juin* 1815, *bataille de Waterloo.*
ROCOURT, capit., T.
KAPFER, lieut., T.
LEQUATRE, lieut., T.
DESEY, lieut., T.
DURAND, lieut., T.
FAURES, lieut., B. (mort le 17 juill.).
BLANQUEFORT, chef d'escad., B.
LAFITTE, chef d'escad., B.
MASSA, capit., B.
GAY, capit., B.
LADROITTÉ, capit., B.
CARPENTIER, lieut., B.
MOREL, lieut., B.
SPÉRIÈRE, lieut., B.
PELLION, lieut., B.
DARMAGNAC, lieut., B.
DACKWEILLER, lieut., B.
ARNOUX, lieut., B.
BAYARD, lieut., B.
FOULON, lieut., B.

Compagnie de Mamelucks (vieille garde) (1).

2 *déc.* 1805, *bataille d'Austerlitz.*
HABAIBY, lieut., B.
CHAHIN, lieut., B.
RENNO, lieut., B.

DELAITRE, chef d'escad., B. 25 déc. 1806, affaire de Lopaczyn.

ASBONNE, lieut., B. 26 déc. 1806, combat de Golymin.

8 *févr.* 1807, *bataille d'Eylau.*
CHAHIN, lieut., B.
ROUYER, lieut., B.
HABAIBY, lieut., B.

2 *mai* 1808, *insurrection de Madrid.*
DAOUD, capit., B.

---

(1) Escadron en 1813. La compagnie de mamelucks avait été formée en 1804.

SOLIMAN, lieut., B.
CHAHIN, lieut., B.
RENNO, lieut., B.
ROUYER, lieut., B.

ROUYER, lieut., B. 4 août 1808, attaque de Saragosse.

29 déc. 1808, *combat de Benavente.*
AZARIA, lieut., T.
HABAIBY, lieut., B.

28 *sept.* 1813, *combat d'Altenbourg.*
ASBONNE, capit., B.
MASSAD, lieut., B.

ASBONNE, capit., B. 23 oct. 1813, combat de Weimar.
ASBONNE, capit., B. 30 oct. 1813, bataille de Hanau.

1ᵉʳ Régiment de Chevau-Légers (vieille garde) (1).

KRASINSKI, col., B. 2 mai 1808, insurrection de Madrid.

14 *juill.* 1808, *bataille de Medina-del-Rio-Secco*
FREDRO, capit., B.
JANKOWSKI, lieut., B.
HEMPEL, lieut., B.

30 *nov.* 1808, *bataille de Somo-Sierra.*
DZJESWANOWSKI, capit., B. (mort le 8 déc.).
NOWICKI, lieut., T.
RUDOWSKI, lieut., T.
KRYZANWSKI, lieut., T.
KOZIÉTULSKI (2), chef d'escad., B.
KRASINSKI (P.), capit., B.
NIÉGOLEWSKI, lieut., B.
ROMAN, lieut., B.

BOGUCKI, lieut., assassiné le 9 janv. 1809 près de Valladolid.

22 *mai* 1809, *bataille d'Essling.*
KOZICKI, capit., T.
OLSZEWSKI, lieut., B.
ZAWIDZKI, lieut., B.

6 *juill.* 1809, *bataille de Wagram.*
MOGIELNICKI, lieut., T.
MARCZYNSKI, lieut., B. (mort le 29).
KRASINSKI, col., B.
KOZIÉTULSKI, chef d'escad., B.
DUVIVIER, capit. A.-M., B.

STOKOWSKI, capit., B.
JERMANOWSKI, capit., B.
LUBIENSKI, capit., B.
WIBITZKI, lieut., B.
JARACZEWSKI, lieut., B.
TEDWEN, lieut., B.
SLIWOSKI, lieut., B.
BALINSKI, lieut., B.

1810, *combat de Santa-Cruz.*
JORDAN, lieut., B.
GIÉDROYE, lieut., B.

BROCKI, lieut., B. 1810, affaire de Cerignano (Espagne).
DEPLACE, chirurg.-M., assassiné le 21 sept. 1810 par des guérillas.
STOKOWSKI, chef d'escad., B. 1811, à Pancorbo, par des brigands.
BROCKI, capit., B. 18 oct. 1812, combat de Woronowo.
ROMAN, lieut., B. 18 oct. 1812, combat de Woronowo.
KOZIÉTULSKI, chef d'escad., B. 23 oct. 1812, affaire route de Kalouga.
WISNIEWSKI, lieut., B. 7 déc. 1812, route de Wilna, par des Cosaques.
ZAWIDZKI, lieut, assassiné le 30 mars 1813, à Chantilly.

26 *et* 27 *août* 1813, *bataille de Dresde.*
KRUSZEWSKI, capit., B. 27 (mort le 9 sept.).
KRASINSKI (J.), lieut., T. 27.
STRADOMSKI, lieut., T. 27.
ROSZKIEWICZ, lieut., B. 26.

---

(1) Polonais. Formé en 1807.
(2) Le chef d'escadron Koziétulski a commandé la charge à Somo-Sierra.

17 *sept.* 1813, *combat de Peterswald.*
GOTARTOWSKI, lieut., B. (mort le 29).
HEMPEL, lieut., B.
SOKOLOWSKI, lieut., B.

18 *et* 19 *oct.* 1813, *bataille de Leipzig.*
TYSKIEWICZ, lieut., B. 18.
KOMORNICKI, lieut., B. 19.
LACZYNSKI, lieut., B. 19.

30 *oct.* 1813, *bataille de Hanau.*
RADZIWILL, col., B. (mort le 11 nov.).
GIELGUT, lieut., T.
KOZYCKI, capit., B.

SUCHNOWSKI, lieut., B. 21 févr. 1814 aux avant-postes (mort le 25 mars).
GIRARDOT, chirurg.-M., B. 7 mars 1814, bataille de Craonne.

2° Régiment de Chevau-Légers (vieille garde) (1).

27 *juill.* 1812, *combat d'avant-postes.*
VAN-VYCHGEL, lieut., B. (mort le 17 janv. 1813).
VAN-ZUYLEN-VAN-NYEVELD, lieut., B.

FALLOT, lieut., B. 7 sept. 1812, bataille de la Moskowa (mort le 14 oct.).
DELABORDE, lieut., B. 25 sept. 1812, affaire en avant de Moscou.

28 *nov.* 1812, *bataille de la Bérésina.*
VAN-HASSELT, major, B. (mort le 30).
COURBE, capit., B. (mort le 22 déc.).
STERKE, lieut., B. et disparu le 3 janv. 1813.
DAS, lieut., B. (mort le 16 déc.).
VERDIÈRE, chef d'escad., B.
HEYDEN, lieut., B.

DE WATTEVILLE, chef d'escad., B. et mort le 7 déc. 1812 route de Wilna.
VANDERMEULEN, capit., B. et disparu le 10 déc. 1812 devant Wilna.
TIMMERMAN, capit., B. et disparu le 14 déc. 1812, à la montée de Kowno.
FISCHER, lieut., B. et disparu le 15 déc. 1812, route de Tilsitt.
BERTHAUT, capit., B. 11 avril 1813 étant en reconnaissance.

22 *mai* 1813, *combat de Reichenbach.*
ALEXANDRE, capit., B. (mort le 30).
LEMAIRE, capit., B. (mort le 23 nov.).
REYNTJES, s.-lieut., B. (mort le 6 juin).
JOUET, capit., B.
SALVETAT, lieut., B.

BOCHER, lieut., B.
DE GROOT, lieut., B.

ENJUBEAULT, lieut., B. 26 août 1813, bataille de Dresde.

17 *et* 18 *sept.* 1813, *combat de Toëplitz.*
LANDRIÈVE, capit., B.
DEJEAN, lieut., B.
CHARASSIN, lieut., B.
SÉRAN, lieut., B.
PAILLARD, s.-lieut., B.

DE WACKERVANZON, lieut., T. 25 sept. 1813 dans une reconnaissance en Saxe.
DUFOUR, capit., B. 28 sept. 1813, combat d'Altenbourg.
MAURIN, chef d'escad., B. 1ᵉʳ oct. 1813 en visitant les avant-postes en Saxe.

16 *et* 18 *oct.* 1813, *bataille de Leipzig.*
BARBIER D'ANCOURT, s.-lieut., T. 18.
HESHUSIUS, capit., B. 18.
BREPOELS, lieut., B. 18.
DASSIER, s.-lieut., B. 16.

SENNEPART, capit., B. 1ᵉʳ nov. 1813, combat de Narène.
LETHUILLIER, lieut., B. 10 janv. 1814, affaire d'Hochstraaten, près Bréda.
RECHINGER, lieut., B. 13 janv. 1814, combat près d'Anvers.
COLLIGNON, lieut., B. 24 janv. 1814, combat devant Liège.
DE SOURDIS, lieut., B. janv. 1814 aux avant-postes près de Hoogtken.
ALEXANDRE, s.-lieut., B. 27 janv. 1814, affaire devant Liège.

---

(1) Formé en 1810 de l'ex-régiment de cavalerie de la garde royale hollandaise.

1ᵉʳ févr. 1814, *bataille de la Rothière.*
VANDER BRUGGHEN, lieut., disparu.
UBAGHS, lieut., B.

PAILLARD, s.-lieut., B. 5 févr. 1814, combat près d'Anvers.
CHARASSIN, lieut., B. 18 févr. 1814, bataille de Montereau.
CENAS, s.-lieut., T. 25 févr. 1814, dans une reconnaissance sur Anvers.

7 mars 1814, *bataille de Craonne.*
SPIES (J.-C.), lieut., T.
DE GROOT, s.-lieut., B.
DUPLAN, s.-lieut., B.

PARRAS, s.-lieut., T. 14 mars 1814 en escortant des prisonniers russes.
BUYS, lieut., B. 26 mars 1814, combat de Saint-Dizier.

PÉLISSIER, lieut., B. 30 mars 1814, bataille de Paris.

16 juin 1815, *bataille de Ligny.*
GAUTHIER, capit., B.
CABART, capit., B.

18 juin 1815, *bataille de Waterloo.*
GAUTHIER, capit., T.
GUTSCHENREITER, lieut. A.-M., B.
BISIAUX, lieut. A.-M., B.
LETHUILLIER, lieut., B.
REIAUTEY, lieut., B.
ENJUBEAULT, lieut., B.
FONNADE, lieut., B.
BILLARD, lieut., B.
LHOTTE, lieut., B.
BOUDGOUT, s.-lieut., B.

3ᵉ Régiment de Chevau-Légers (1).

ZIELONKA (2), lieut., B. 24 oct. 1812, bataille de Malojaroslawetz.

19 oct. 1812, *combat de Slonim (Lithuanie).*
TYSKIEWITZ, capit. A.-M., disparu.
DESHAIES, capit. A.-M., B. et disparu.
LUKOWSKI, capit., B. et disparu.
KONOPKA (A.), lieut., B. (mort).
BYERZINSKI, chef d'escad., B.
SOLTAU, chef d'escad., B.
KADZINSKI, chef d'escad., B.

LAPOTT, capit., B.
DOMBROWSKI, lieut., B.
STAMIROWSKI, lieut., B.
ZABIELLO, lieut., B.
JABLONOWSKI, lieut., B.
CHIELINSKI, lieut., B.
STANIZEWSKI, lieut., B.
ZANOYSKI, lieut., B.
DONON, lieut., B.

ZIELONKA, lieut., B. 20 déc. 1812, combat près du Niémen.

Escadrons des Tartares lithuaniens (3).

MURZA-ULAN, capit., T. 10 déc. 1812, combat devant Wilna.

11 déc. 1812, *combat aux portes de Wilna.*
ACHMATOWICZ (4), chef d'escad., T.

BOLEMSKI, capit., B.
ULAN, capit., B.

(1) Ce régiment, formé à Varsovie et à Wilna, fut détruit à Slonim le 19 octobre de la même année.
(2) Était détaché comme officier d'ordonnance près du général Sokolnicki.
(3) Formé à Wilna en 1812.
(4) Le chef d'escadron et 10 officiers furent tués ou blessés, les 10 et 11 décembre 1812, à Wilna.

1ᵉʳ Régiment d'Eclaireurs (vieille garde) (1).

Josselin, lieut., B. 7 janv. 1814, affaire de Tournotte.
Drion, lieut., B. 24 janv. 1814, combat près de Brienne.

7 mars 1814, bataille de Craonne.
Quentin, capit., B.
Richard, capit., B.
Renaux, lieut., B.
Spigre, lieut., B.

Joubert, lieut., B.
Samy, lieut., B.

Nepoty, lieut., B. 10 mars 1814, bataille de Laon.
Zickel, lieut., B. 20 mars 1814, combat d'Arcis-sur-Aube.
Lenglier, s.-lieut., B. 30 mars 1814, bataille de Paris.

2ᵉ Régiment d'Eclaireurs.

Luzerna, s.-lieut., B. 3 mars 1814 dans une reconnaissance.
Allard, lieut., B. 24 févr. 1814 aux avant-postes.

7 mars 1814, bataille de Craonne.
Morin, lieut. A.-M., T.
Gaietté, capit., B. (mort le 26).
Deleau, capit., B.

Bourdillon, lieut., B. 9 mars 1814, bataille de Laon.

12 mars 1814, combat devant Reims.
Bombrain, capit., B.
Bourdillon, lieut., B.

Moll, capit., T. 15 mars 1814 aux avant-postes.

20 mars 1814, combat d'Arcis-sur-Aube.
Rouxelin de Formigny, capit., B.
Jonglas, lieut. A.-M., B.
Rey, lieut., B.
Belley, lieut., B.
Certorio, s.-lieut., B.
Sevin, s.-lieut., B.
Decaux, s.-lieut., B.
Darchambaux, s.-lieut., B.

Luzerna, s.-lieut., B. 30 mars 1814, bataille de Paris.

3ᵉ Régiment d'Eclaireurs (Polonais).

20 mars 1814, combat d'Arcis-sur-Aube.
Szepticki, chef d'escad., B.
Zaluski, chef d'escad., B.
Kozycki, capit. A.-M., B.
Rousselet, lieut. A.-M., B.
Toedwen, capit., B.
Zablocki, capit., B.

Jordan, lieut., B.
Mankowski, lieut., B.
Visniewski, lieut., B.
Paskiewicz, lieut., B.
Strzelecki, s.-lieut., B.
Kosicki, s.-lieut., B.

30 mars 1814, bataille de Paris.
Roszkiewicz, capit., B.
Jordan, lieut., B.
Gadon, lieut., B.
Echandi, lieut., B.

---

(1) Les 3 régiments d'éclaireurs furent formés en 1814 : le 1ᵉʳ régiment attaché au régiment de grenadiers, le 2ᵉ régiment au régiment de dragons et le 3ᵉ régiment au 1ᵉʳ régiment de chevau-legers-lanciers.

1er Régiment de Gardes d'honneur (1).

Prince GABRIELLI, capit., B. 18 oct. 1813, bataille de Leipzig.
POYART, s.-lieut., B. 1814, combat d'Epernay.

13 mars 1814, reprise de Reims.
DE CAMPIGNEULLES, lieut., T.
DE LA GENEVRAYE, lieut., B.

DE LALONDE, lieut., B.
PERRIER, lieut., B.
TILLAYE, chirurg. A.-M., B.

31 mars 1814, combat de Courtrai.
D'ARMANVILLE, chef d'escad., B.
DE VIGAN, lieut., B.
DE LESPARDA, lieut., B.

2° Régiment de Gardes d'honneur.

UREEDE, lieut., T. 19 oct. 1813, bataille de Leipzig.
DE BOURCIER DE MONTUREUX, lieut., B. 2 janv. 1814, affaire près de Worms.

NICOD, capit., B. 4 févr. 1814, blocus de Mayence.

3° Régiment de Gardes d'honneur.

18 oct. 1813, bataille de Leipzig.
DE LARROCHE, lieut., B. 18 (mort le 10 nov.).
DE LA BROSSE, lieut., B. 18.
BERTRAND DE NARCÉ, capit., B. 18.

DE LA BROSSE, lieut., B. 28 oct. 1813, combat près de Hanau (mort le 21 nov.).

30 et 31 oct. 1813, bataille de Hanau.
HEUVRARD, lieut., B. 30 (mort le 25 nov.).
NOEL, capit., B. 30.
DE GOUVELLO, capit., B. 30.
CHOTARD, lieut., B. 30.
DELPLA, s.-lieut., B. 31.

CHOTARD, lieut., B. 9 janv. 1814, affaire devant Saverne.

TASCHEREAU-DESPICTIÈRES, capit., B. 28 févr. 1814, combat de Meaux.
COUTURIER DE SAINT-CLAIR, capit., B. 7 mars 1814, bataille de Craonne.

13 mars 1814, reprise de Reims.
DE BELMONT-BRIANÇON, col.-major, T.
LEGOUT-DUPLESSIS, capit., B.
DE KERGRIST, lieut., B.
MARTIN DE BOURGON, lieut., B.
SAPINAULD, lieut. B.

PRUVOST DE SAULTY, lieut., B. 26 mars 1814, combat devant Landau.
DUVAL DE BEAULIEU, capit., B. 27 mars 1814, combat de Meaux.
DE LA TOURETTE, chef d'escad., B. 30 mars 1814, bataille de Paris.
DE BELLEVUE, capit., B. 9 avril 1814, combat devant Landau.

4° Régiment de Gardes d'honneur.

BACHELET, lieut., B. 18 oct. 1813, bataille de Leipzig.

DUBUISSON, lieut., B. 4 janv. 1814, défense de Strasbourg.
DALISSAC, capit., B. janv. 1814 dans une reconnaissance à Tettviller, près de Strasbourg.

---

(1) Les 4 regiments de gardes d'honneur furent formés en 1813.

Légion de Gendarmerie d'élite (vieille garde) (1).

COMPAGNON, lieut., B. 14 oct. 1806, bataille d'Iéna.
JACQUIN, col.-major, B. 2 mai 1808, insurrection de Madrid.
GILLET, lieut., B. 4 août 1808, attaque de Saragosse.

28 nov. 1812, aux ponts de la Bérésina.
OGER, capit., B. (mort le 26 déc.).
BATUT, lieut., B. (mort le 18 déc.).
LETONDAT, lieut., B. (mort le 1ᵉʳ janv. 1813).
BURGEAT, lieut., B. (mort le 7 déc.).

LABORDE, lieut., B. 10 déc. 1812, combat devant Wilna.

13 févr. 1813, affaire devant Posen.
JEANROT, lieut., B.
BORNE, lieut., B.

BIGARD, lieut., T. 2 mai 1813, bataille de Lutzen.
RAVENEZ, lieut., B. 16 oct. 1813, bataille de Leipzig.
GALLOIS, lieut., B. 1814, combat devant Arras.
VIÉNOT, lieut., T. 16 juin 1815, bataille de Ligny.
BLOUME, lieut., B. 18 juin 1815, bataille de Waterloo.

Compagnies de Gendarmes d'ordonnance (2).

CARRION-NIZAS, capit., B. 15 mars 1807 aux avant-postes devant Colberg.

D'ALBUQUERQUE, lieut.-A.-M., B. 18 mars 1807, dans une reconnaissance près de Colberg.

III

ARTILLERIE, GÉNIE, TRAIN ET MARINS.

ARTILLERIE.

Régiment d'Artillerie à pied (vieille garde) (3).

22 mai 1809, bataille d'Essling.
BOULARD, chef de bat., B.
BIZARD, capit., B.

6 juill. 1809, bataille de Wagram.
MARTIN, capit., B. (mort le 14).
COUSTARD, lieut., T.
DROUOT, col.-major, B.
BOULARD, chef de bat., B.
LAGUETTE-MORNAY, capit., B.
AUBERT, capit., B.

---

(1) Formée en 1804.
(2) Formées en 1806 et licenciées en 1807.
(3) Formé en 1808.

BIZARD, capit., B.
COTTIN, capit., B.

5 sept. 1812, attaque de la redoute de Borodino.

MAILLARD, capit., B.
STURTZ, lieut., B.

7 sept. 1812, bataille de la Moskowa.

LANOUE, lieut., T.
STURTZ, lieut., B. (mort le 10).
MAILLARD, capit., B.
OUDIN, capit., B.
AUBERT, capit., B.
CHARPENTIER, lieut., B.
DEVRIÈS, lieut., B.
LESUEUR, lieut., B.
GRAPPIN, lieut., B.
DERRION, lieut., B.

EVAIN, capit., B. 18 oct. 1812 par l'explosion d'un caisson, à Moscou.

16 et 17 nov. 1812, bataille de Krasnoë.

SALLERIN, capit., B. 16 (mort le 14 janv. 1813).
LAVILLETTE, capit., B. 16 (mort).
DEMERVILLE, lieut., B. 17 (mort).
MASSIAS, lieut., B. 16.

28 nov. 1812, aux ponts de la Bérésina.

BONAFFOS, capit., B.
LESUEUR, lieut., B.

MOCQUART, capit., B. 6 déc. 1812, route de Wilna (mort).
DEVRIÈS, capit., B. 9 déc. 1812 en avant de Wilna. Disparu le 3 janv. 1813.
ZEIS, lieut., B. 10 déc. 1812, combat devant Wilna (mort).
GRAPPIN, lieut., B. 11 déc. 1812 aux portes de Wilna, par des Cosaques (mort).
MABRU, capit., B. 13 déc. 1812 à la montée de Kowno.

2 mai 1813, bataille de Lutzen.

DITSCH, capit., T.
DE FOURCROY, capit., T.
DE MAINVILLE, capit., B.

D'HAUTPOUL, chef de bat., B. 11 mai 1813 au passage de l'Elbe.
BÉRANGER, capit., B. 26 août 1813, bataille de Dresde.

16 et 18 oct. 1813, bataille de Leipzig.

LEFRANÇAIS, chef de bat., B. 16 (mort).
GUICHARD, lieut., T. 16.
RAMADOU, lieut., T. 18.
LEFÈVRE, lieut., T. 18.
BRULARD-SANCY, capit., B. 18 (mort le 8 nov.).
DE MAINVILLE, capit., B. 18.
BEAUFORT-CANILHAC, lieut., B. 18.

MAURICE, lieut., B. 24 janv. 1814, combat de Bar-sur-Aube.
HENRAUX, capit. A. M., B. 1ᵉʳ févr. 1814, bataille de la Rothière.

11 févr. 1814, bataille de Montmirail.

EGERLÉ, capit., B.
DELON, capit., B.

GENTIL, capit., B. 7 mars 1814, bataille de Craonne.
DE METZ, capit., B. 7 mars 1814, bataille de Craonne.
DE METZ, capit., B. 13 mars 1814, reprise de Reims.

30 mars 1814, bataille de Paris.

BRÉON, lieut., B. (mort le 24 avril).
CHARPENTIER, capit., B.
DUVAL, capit., B.
DELON, capit., B.
ROSTAN (1), lieut., B.

18 juin 1815, bataille de Waterloo.

BITCHE, major, B. (mort en juin).
TATTET, lieut., T.
COULOMBON, lieut., B. (mort le 12 juill.).
RAOUL, chef de bat., B.
GARDEUR-LEBRUN, capit., B.
AUBERTIN, capit., B.
GENTIL, capit., B.
MAURIN, lieut., B.

---

(1) Instructeur à l'Ecole polytechnique.

Régiment d'Artillerie à pied (jeune garde) (1)

LAFIZELIÈRE, capit., B. 2 mai 1813, bataille de Lutzen.

20 et 21 mai 1813, batailles de Bautzen et Wurschen.

AUBERT, chef de bat., B. 21.
GRÉGOIRE, lieut., B. 20.

26 et 27 août 1813, bataille de Dresde.

HENRION, col.-major, B. 26.
CADET, capit., B. 26.
CHARPENTIER, lieut., B. 27.
COTEAU, lieut., B. 26.

16 et 18 oct. 1813, bataille de Leipzig.

OUDIN, chef de bat., B. 16 (mort le 19).
JANNEZ, capit., T. 18.
DUHAL, lieut., T. 16.
CAHÉ, capit., B. 16 (mort le 3 nov.).
CADET, capit., B. 16 (mort).
MERLE, lieut., T. 18.
BONY, lieut., T. 16.
GRILLET, lieut., B. 16 (mort).

FLANDIN, lieut., B. 16 (mort).
BOUVET, lieut., B. 18 (mort le 30).
COULOMBON, lieut., B. 16.
PÉRIGNON, lieut., B. 18.

30 oct. 1813, bataille de Hanau.

CUVELIER, capit., B.
CORNUEL, capit., B.

HENRION, col.-major, B. 1er févr. 1814, bataille de la Rothière.
CHAILLOU DU BOURG, lieut., B. 2 févr. 1814, combat de Lesmont.
DE TOURNEMINE, capit., B. 18 févr. 1814, bataille de Montereau.
MARCOT, capit., B. 27 févr. 1814, combat de Meaux (mort le 1er mars).

30 mars 1814, bataille de Paris.

AUBERTIN, capit., B.
ROMESTEIN, capit., B.
DUPERCHE DE MESNILHATON, capit., B.
REINARD, lieut., B.

Régiment d'Artillerie à cheval (vieille garde) (2)

GREINER, chef d'escad., B. 2 déc. 1805, bataille d'Austerlitz.

8 févr. 1807, bataille d'Eylau.

RIEUSSEC, lieut., T.
DUBUARD-MARIN, capit., B.

ALLAVÈNE, lieut., B. 10 juin 1807, bataille d'Heilsberg.
BERTHIER, capit., B. 2 mai 1808, insurrection de Madrid.

6 juill. 1809, bataille de Wagram.

BOSC, capit., T.
FOLARD, capit., B. (mort le 16 sept.).
ANDRIEUX, lieut., T.
EVEN, lieut., T.

PAUZAT, lieut., T.
D'ABOVILLE (C.), col., B.
GREINER, chef d'escad., B.
D'HAUTPOUL, capit., B.
ROLLEPOT, lieut., B.
KERNIER, lieut., B.
MANCEL, lieut., B.
DUCOUDRAY, lieut., B.
EUVRARD, lieut., B.

7 sept. 1812, bataille de la Moskowa.

GUILLET, lieut., B. (mort le 10 avril 1813).
LAFOND, capit., B.
CERCELET, lieut., B.

DUBUARD-MARIN, major, B. 24 oct. 1812, bataille de Malojaroslawetz.
DENISET, lieut., B. 17 nov. 1812, bataille de Krasnoë.
JOFFRENOT DE MONTLEBERT, capit., B. 28 nov. 1812 aux ponts de la Bérésina (mort le 4 janv. 1813).

---

(1) Formé en 1813.
(2) Formé en 1801, de l'artillerie à cheval de la garde consulaire.

DELABIGNE, lieut., B. 9 déc. 1812, route de Wilna (mort).
DECHAMBREY, capit., B. 10 déc. 1812, combat devant Wilna.
BOISSET, lieut., B. 13 déc. 1812 à la montée de Kowno (mort).

26 août 1813, bataille de Dresde.
VIARD, capit., T.
DE MARCILLY, lieut., B.

18 oct. 1813, bataille de Leipzig.
GEORGES DE LEMUD, chef d'escad., B.
DESNOYERS, lieut., B.

MOLIN, lieut., B. 30 oct. 1813, bataille de Hanau.

DUBUARD-MARIN, major, B. 1er févr. 1814, bataille de la Rothière.
MANCEL, capit., B. 18 févr. 1814, bataille de Montereau.
BOISSELIER, chef d'escad., T. 3 mars 1814, combat devant Reims.
CERCELET, capit., B. 7 mars 1814, bataille de Craonne.
LENOURY, capit., T. 8 mars 1814, combat devant Soissons.
GUERRIER, capit., T. 13 mars 1814, reprise de Reims.

18 juin 1815, bataille de Waterloo.
DUBUARD-MARIN, col., B.
SAVARIN, capit., B.
MANCEL, capit., B.

Compagnie de Canonniers vétérans (vieille garde) (1).

COTTELIER, lieut., T. 13 mars 1814, reprise de Reims.

Bataillon principal du Train d'artillerie (vieille garde) (2).

6 juill.1809, bataille de Wagram.
CHRISTOPHE, capit., B. (mort le 16 janv. 1810).
LEROY, capit., B.
LEBLANC, lieut., B.

HÉRY, chirurg.-M., B. oct. 1811, affaire près de Valladolid.
BASTON, s.-lieut., B. 24 févr. 1812 à la défense d'un convoi de munitions.

7 sept. 1812, bataille de la Moskowa.
BEUDOT, lieut., B.
COLOMB, lieut., B.
SENILLE, lieut., B.

GUEVEL, capit., B. 24 oct. 1812, bataille de Malojaroslawetz.
MONIN, lieut., B. 17 nov. 1812, bataille de Krasnoë.
BEUDOT, lieut., B. 28 nov. 1812 aux ponts de la Bérésina.

MONIN, lieut., B. 10 déc. 1812, combat devant Wilna.
BEUDOT, lieut., B. 13 déc. 1812 à la montée de Kowno (mort).
MONIN, lieut., B. 16 déc. 1812 au pont de bateaux sur le Niémen (mort le 6 janvier 1813).

2 mai 1813, bataille de Lutzen.
DAVID, capit., B.
PIGNIÈRE, lieut. A.-M., B.
BARON, lieut., B.
HAVARD, s.-lieut., B.

21 mai 1813, bataille de Wurschen.
GENIN, lieut., B.
CIRET, lieut., B.
BERTRAND, lieut., B.
HAVARD, s.-lieut., B.

26 et 27 août 1813, bataille de Dresde.
GENIN, lieut., T. 26.
BARON, lieut., T. 26.
COLOMB, capit., B. 26.
FOUET, lieut., B. 27.
DECONDÉ, lieut., B. 27.

---

(1) Formée en 1811.
(2) Formé, en 1806, du train d'artillerie de la garde consulaire. 1er régiment en 1813.

18 *oct.* 1813, *bataille de Leipzig.*
LEMERCIER, lieut., R.
BRESNIÈRES, lieut., B.
ARNOUX, lieut., B.

SENILLE, lieut., B. 30 oct. 1813, bataille de Hanau.

DECONDÉ, lieut., B. 11 févr. 1814, bataille de Montmirail.
PANOT, lieut., B. 30 mars 1814, bataille de Paris.
HECFEUILLE, lieut., B. 31 mars 1814, combat de Courtrai.
FILLON, lieut., B. 18 juin 1815, bataille de Waterloo.

Bataillon *bis* du Train d'artillerie (jeune garde) (1).

BULOTTE, capit., B. 16 juill. 1808, combat d'Andujar.

19 *juill.* 1808, *bataille de Baylen.*
TIBERGE, lieut., B. (mort en juin 1809).
MONIN, s.-lieut.-quartier-maître, B.
LEBLANC, lieut., B. (mort le 26 févr. 1809).
PERRON, lieut., B. (mort en 1810, sur les pontons).
FROSSARD, s.-lieut., B.
BARON, s.-lieut., B.
BRENIÈRES, s.-lieut., B.

BLOCAILLE, lieut., B. févr. 1809 au siège de Saragosse.

6 *juill.* 1809, *bataille de Wagram.*
LEDOUX, capit., B. (mort le 27).
VALLERY, lieut., B.
LEMERCIER, lieut., B.
ARNOUX, lieut., B.

7 *sept.* 1812, *bataille de la Moskowa.*
DEMAIDY, capit., B.
MONTREUIL, lieut., B.

GODIN, lieut., B. 24 oct. 1812, bataille de Malojaroslawetz.
FOUET, lieut., B. 28 nov. 1812 aux ponts de la Bérésina.

2 *mai* 1813, *bataille de Lutzen.*
BOUDRY, lieut., B.
LAUDE, lieut., B.

21 *mai* 1813, *bataille de Wurschen.*
MONTREUIL, lieut., B.
LAUDE, lieut., B.

MAYOT, s.-lieut., B. 29 mai 1813 à la défense d'un convoi en Saxe.

26 *août* 1813, *bataille de Dresde.*
MONTALANT, lieut., B.
DITCH, s.-lieut., B.
LEBLOND, s.-lieut., B.
BARBIÉ, lieut., B.

16, 18 *et* 19 *oct.* 1813, *bataille de Leipzig.*
BOUDRY, lieut., B. 16.
SCHMITT, lieut., B. 18.
BARBIÉ, lieut., B. 19.
SAUNIER, lieut., B. 16.
FILLION, s.-lieut., B. 18.
MAYOT, lieut., B. 18.
PANOT, lieut., B. 16.

MARMET, lieut., B. 10 nov. 1813, combat devant Mayence.

5 *févr.* 1814, *combat près de Sézanne.*
SAUNIER, lieut., B.
MARMET, lieut., B.

BARBIER, lieut., B. 10 mars 1814, bataille de Laon.
LATAILLE, s.-lieut., B. 20 mars 1814, combat d'Arcis-sur-Aube.

30 *mars* 1814, *bataille de Paris.*
MARÉCHAL, lieut., B.
LIOUVILLE, s.-lieut., B.

---

(1) Forme en 1808 du dédoublement du bataillon principal. 2ᵉ regiment en 1813.

Compagnie de Sapeurs du génie (vieille garde) (1).

FOURNIER, capit., T. 20 mars 1814, au pont d'Arcis-sur-Aube.

Bataillon du Train des équipages (2).

NOËL, lieut., B. 28 nov. 1811 en défendant un convoi, sur la route de Vittoria (mort le 1ᵉʳ déc.).

7 sept. 1812, bataille de la Moskowa.
BRELET, lieut., B.
DELCAMBRE, lieut., B.

CHOBÉ, lieut., B. 15 nov. 1812, bataille de Krasnoë. Disparu le 21 nov.

28 nov. 1812, aux ponts de la Bérésina.
BRELET, lieut., B. et disparu.
CROSNIER, s.-lieut., B. et disparu.

DELCAMBRE, lieut., B. 4 déc. 1812, près de Smorgoni (présumé mort).
THIEBERGE, chirurg. A.-M. Disparu le 9 déc. 1812, route de Wilna.
MARCHAND, s.-lieut., B. 27 oct. 1813 en défendant son convoi contre des Cosaques près de Hanau.
FROMENT, lieut., T. 30 mars 1814, bataille de Paris.

Bataillon de Marins (3).

JACQUELOT, lieut., T. 2 déc. 1805, bataille d'Austerlitz.
KERVÉGUIN, capit., B. 2 mai 1808, insurrection de Madrid.

19 juill. 1808, bataille de Baylen.
SERVAL, capit., B.
ETCHEGARAY, capit., B.
COTELLE, capit., B.
LEHENAFF, lieut., B.
KÉRAUDREN, lieut., B.
GRIVEL, lieut., B.
CRÉTEL, lieut., B.
DURAND-LINOIS, lieut., B.

---

(1) Formée en 1810. Bataillon en 1811.
(2) Formé en 1811.
(3) Formé en 1804.

ROUGOEIL, lieut., B.
BARBERI, lieut., B.

12 août 1808, par la populace de Rota (Andalousie) étant prisonniers de guerre.
CRÉTEL, lieut., B. (mort le 20 sept.).
DURAND-LINOIS, lieut., B.
LEGOFF, lieut., B.

28 nov. 1812, aux ponts de la Bérésina.
ALLÈGRE, lieut., B. (mort le 7 déc.).
BOUVIER DES TOUCHES, capit., B.
PRÉAUX, lieut., B.
GALLOIS, lieut., B.

PERROT, lieut., B. 10 déc. 1812, combat devant Wilna (mort).

IVᴱ PARTIE

GENDARMERIE

FORCE PUBLIQUE AUX ARMÉES

SAUNIER, chef d'escad., B. 8 févr. 1807, bataille d'Eylau.
BETEND, lieut., B. 10 juin 1807, bataille d'Heilsberg.
BROUVILLE, lieut., B. 2 mai 1808, insurrection de Madrid.
CASABIANCA, capit., B. 23 févr. 1808, combat sur la Fluvia (Catalogne).
THOMAS, chef d'escad., B. 7 févr. 1809, combat près d'Olmedo (Espagne).
SAUNIER, col., B. 17 avril 1809, combat contre les Autrichiens près de Varsovie.
BETEND, lieut., B. 22 mai 1809, bataille d'Essling.
GREPPO, lieut., B. 17 août 1810, en escortant des prisonniers à Madrid.
PAVETTI, col., B. 28 août 1810 dans une affaire près d'Almeïda.
DORAISON, chef d'escad., T. 28 août 1810 au village de Naval-de-Avel près d'Almeïda.
MONTHOUS, capit., B. 5 mars 1811, affaire de Baronza (Andalousie).
BEAUCOUR, lieut., B. 7 juin 1811, défense de Badajoz.
SARIEN, lieut., T. 29 déc. 1811, en escortant des prisonniers à Tolède.
ROLLIN, lieut., B. 6 nov. 1812, combat près de Witepsk.
LEFEBVRE, lieut., B. 9 nov. 1812, combat en avant de Smolensk (mort le 5 déc.).
GROMAND, capit., B. 16 nov. 1812, bataille de Krasnoë.
SIMONOT, lieut., B. 29 nov. 1812 aux ponts de la Bérésina (mort le 20 janv. 1813).

13 *déc.* 1812, *affaire à la montée de Kowno.*
LINAS, chef d'escad., B. et disparu.
PHILIPPE, lieut., B. et disparu.
DOUHOT, lieut., B. et disparu.
AMYOT, lieut., B. et disparu.

LEBLANC, lieut., B. 21 juin 1813, bataille de Vittoria.

13 *oct.* 1813, *en escortant un convoi près d'Erfurth.*
DAMIEN, capit., B.
FRANÇOIS, lieut., B.
ARMENGAUD, lieut., B.

19 *oct.* 1813, *bataille de Leipzig.*
DAVID-BELLEVILLE, capit., B.
OSSENT, capit., B.

POIRÉ, lieut., B. 24 oct. 1813, combat de Castel-Franco (Italie).

11 *mars* 1814, *combat près de Soissons.*
CAVAILHON, capit., B.
PAIN, lieut., B.
WOLFF, s.-lieut., B.

13 *mars* 1814, *reprise de Reims.*
MARGOTTA, lieut., T.
BOSSOREILLE, capit., B.

20 *mars* 1814, *combat d'Arcis-sur-Aube.*
BONDY, s.-lieut., T.
LERICHE, s.-lieut., B.

PRÉLOT, lieut., T. 25 mars 1814, combat de Fère-Champenoise.

ESCUDIER, chef d'escal., B. 6 avril 1814, en escortant des prisonniers en Italie.

Légions départementales.

FRANÇON, lieut., B. 2 août 1808, étant à la poursuite de brigands dans la Lozère.
JANY, lieut., B. 4 août 1808, en poursuivant des brigands en Piémont.
RICHARD, capit., B. 8 sept. 1808, combat contre des brigands près d'Ancône.
PARIS, lieut., T. 14 sept. 1809 dans une embuscade de brigands près de Parme.
LACROIX, lieut., T. 24 janv. 1813 dans une émeute près de Château-Gontier.
BUREAUX, lieut., B. 14 avril 1813, combat près de Hambourg.
DE MEY, lieut., B. 13 déc. 1813, combat en Hollande.
LAURENT, lieut., B. 11 janv. 1814, combat d'Epinal.

VIARD, lieut., B. 16 janv. 1814, affaire devant le fort de Batz (Anvers).
DE VASRONVAL, capit., B. 13 févr. 1814 dans une émeute à Courtrai.
BERNARD, lieut., T. 3 mars 1814 dans une émeute en Vendée.
CHANOINE dit DUMESNIL, lieut., B. 11 mars 1814, combat devant Soissons (mort le 22 août).
BUDAN DE BOISLAURENT, lieut., B. 17 mai 1815, affaire de Châtillon.
SELLIER, lieut., B. 24 juin 1815, affaire près de Sedan.
SILVY, capit., B. 25 juin 1815 dans une émeute à Marseille (mort le 7 août).
DE SAINT-BLANCARD DE SAINT-VICTOR, lieut., B. 19 juill. 1815 dans une émeute en Corse.

GENDARMERIE D'ESPAGNE.

1re Légion à cheval dite de Burgos (1).

VÉJUS, s.-lieut., B. 16 avril 1810 en escortant le Trésor près de Burgos (Vieille-Castille).
PLISTAT, lieut., B. 1er nov. 1810 dans une reconnaissance près Burgos.
PUJOL, lieut., B. 9 mai 1811, combat contre des guérillas, route de Burgos, à Estepar.
SAUVAL, lieut., B. 5 juill. 1811, en escortant un convoi de blessés de Melgar à Burgos.
BRUN, s.-lieut., B. 10 janv. 1812, en escortant des blessés route de Burgos à Pampelune.

LACROIX, s.-lieut., B. 18 sept. 1812, combat près de Vittoria (Biscaye).
SAUVAL, lieut., B. 19 sept. 1812 dans une reconnaissance près de Vittoria (mort le 5 oct.).

23 oct. 1812, combat de Villodrigo.

BETEILLE, col., B.
BOURGEOIS, chef d'escad., B.
PUJOL, capit., B.
LEYMARIE, capit., B.
PLISTAT, lieut., B.
OLIER, lieut., B.
LELARGE, s.-lieut., B.

SALMON, s.-lieut., B. 10 déc. 1812, défense d'un convoi route de Miranda.

(1) Formée en 1810 de détachements à cheval pris dans les 20 escadrons de gendarmerie de l'armée d'Espagne.

2ᵉ Légion (1).

MOUILLON, lieut., T. 3 juin 1809 par des brigands près de Saragosse (Aragon).
MEIGNE, lieut., B. 7 avril 1810, en escortant des prisonniers de Saragosse à Tudela.
BERTHOD, capit., B. 16 avril 1810, combat d'Alborgué (Aragon).
ROUX, lieut., T. 13 mai 1810, combat de Calatayud.
DÉTROY, lieut., B. 19 juin 1810, en escortant des prisonniers à la frontière.
LIVERMANS, lieut., T. 30 juill. 1810, affaire de Benabarre (Aragon).
LIGNÉE, s.-lieut., T. 29 oct. 1810, combat de Barbastro (Aragon).

7 avril 1811, affaire de Sadava.
COOMANS, lieut., B.
EGASSE, s.-lieut., B.

DOMMANGE, lieut., T. 16 oct. 1811, affaire près de Palencia.
FOISON, lieut., B. 16 oct. 1811, étant à la poursuite de brigands en Navarre.

7 janv. 1812, combat de Huesca (Aragon).
ANDRÉ, chef d'escad., B.
DUBUISSON, lieut., B.
LEROUX, s.-lieut., B.
COUDRIEUX, s.-lieut., B.

PELLETIER, s.-lieut., B. 22 janv. 1812, affaire près de Saragosse.
LEROY, lieut., T. 4 févr. 1812, affaire de Pedrena, près Santander.
METRAS, lieut., B. 25 juill. 1812, affaire de Santa-Olaria.
CHAGRIOT, capit., T. 21 août 1812, combat près de Pampelune (Navarre).
FOISON, capit., B. 20 nov. 1812, étant en colonne mobile près de Barbastro.
GAUDET, lieut., B. 17 mars 1813, affaire de Mora (Aragon).
DUPONT, s.-lieut., B. 9 mai 1813 dans une reconnaissance en Aragon.
COUVEZ, lieut., B. 1813, défense du château de Monzon.
QUERQUY, s.-lieut., B. 5 févr. 1814, défense du château de Monzon.

3ᵉ Légion (2).

BONNARDEL, lieut., B. 16 avril 1810, étant à la poursuite de brigands en Navarre.
PERRIN, s.-lieut., T. 3 mai 1810, en escortant le Trésor près de Valladolid.
BONNARDEL, lieut., B. 17 juin 1811, combat de Carascal.
MARMILLOT, s.-lieut., B. 19 déc. 1811 dans une reconnaissance sur Zubiry.
ANEILSARY, s.-lieut., T. 19 déc. 1811, affaire près de Pampelune (Navarre).

11 janv. 1812, affaire près de Sanguesa.
VOISSE, lieut., B.
BONNARDEL, lieut., B.

D'HALMONT, col., B. 3 juin 1812 par des brigands, route de Barbastro.
OURY, s.-lieut., T. 5 juin 1812, combat de Zubiry (Navarre).
RUSSAILHE, lieut., B. 13 août 1812, combat près de Pampelune.

21 août 1812, affaire de Thiebus, près de Pampelune.
BONNARDEL, capit., B.
VIQUENEL, lieut., B.
HOSTEIN, lieut., B.
RICOU, s.-lieut., B.

23 déc. 1812, combat de Mendivil (Navarre).
OLRY, lieut., T.
BARBIER, s.-lieut., B.
VARNNOUT, s.-lieut., B.

---

(1) Formée en 1810 des 9ᵉ, 10ᵉ, 11ᵉ, 12ᵉ, 13ᵉ et 14ᵉ escadrons de gendarmerie d'Espagne.
(2) Formée en 1810 des 5ᵉ, 6ᵉ, 7ᵉ, 17ᵉ et 20ᵉ escadrons de gendarmerie d'Espagne.

Warmont, s.-lieut., B. 28 janv. 1813, affaire près de Pampelune.
Brun, lieut., T. 11 févr. 1813, combat de Taffala.
Teyregeol, lieut., B. 9 et 22 mars 1813, combat route de Pampelune.
Faye, capit., B. 10 mai 1813, combat de Roncal.

Hostein, lieut., B. 11 mai 1813, affaire près de Pampelune (mort le 31 juill.).
Ricou, s.-lieut., B. 16 août 1813, défense de Pampelune.
Legendre, s.-lieut., B. 1er nov. 1813 sur les remparts de Pampelune.

4e Légion (1).

14 *août* 1811, *attaque de Santander*.
Jobey, capit., T.
Valdingue, lieut., T.

Depied, s.-lieut., B. 17 sept. 1811 dans une reconnaissance en Biscaye.
Calté, capit., B. 27 mars 1812, défense du pont de Tejo.
Calté, capit., B. 13 avril 1812, combat de Santillana (Aragon).
Camus, s.-lieut., B. 25 mai 1812, combat de Santa-Crus-de-la-Nueva (Navarre).
Izare, lieut., B. 6 janv. 1813, combat de Bilbao (mort le 2 févr.).

Depied, s.-lieut., B. 10 janv. 1813, combat près de Vittoria.

6 *avril* 1813, *combat devant Bilbao*.
Schmitt, s.-lieut., B. (mort).
Combassier, lieut., B.

Foulon, s.-lieut., T. 10 avril 1813, affaire près de Bilbao.
Depied, s.-lieut., B. 12 avril 1813, défense du fort d'Arlaban.
Hagelstein, s.-lieut. B. 10 sept. 1813, défense de Pampelune.
Calté, capit., B. 1er nov. 1813, défense de Pampelune.

5e Légion (2).

Vériras, s.-lieut., B. 31 mai 1810, affaire près de Santander.
Fauchon, s.-lieut. B. 20 oct. 1810 par des brigands, route de Santander (mort le 28).

11 *août* 1811, *défense de Santander*.
Ricquart, lieut., T.
Castaing, capit., B.
Vériras, lieut., B.
Girardet, s.-lieut., B.

Clerjeaud, s.-lieut., B. 29 juin 1812, route de Pancorbo, en escortant des prisonniers espagnols.

Guillomet, lieut., B. 16 août 1812, affaire près de Reynosa.
Raffé, lieut., B. 5 sept. 1812, combat dans la plaine d'Odogna.
Billy, chef d'escad., B. sept. 1812, affaire près de Burgos.
Bulla, lieut., B. 17 déc. 1812 en escortant un convoi, route de Taffala.

23 *mars* 1813, *combat près de Vittoria*.
Viquenel, lieut., T.
Lemoine, s.-lieut., B. (mort).

Billy, chef d'escad., B. 9 nov. 1813, combat route de Bayonne.

(1) Formée en 1810, des 1er, 2e, 3e, 4e et 8e escadrons de gendarmerie d'Espagne.

(2) Formée en 1810, des 15e, 16e, 18e et 19e escadrons de gendarmerie d'Espagne.

6ᵉ Légion dite de Catalogne (1).

Rigau, lieut., B. 11 mai 1811, combat près de Figuières.

Warnault, lieut., B. 14 mai 1811, combat de Saint-Laurent-de-la-Muga (Catalogne).

9 *juill.* 1813, *combat de la Salute (Catalogne).*

Corso, capit., B.
Sempé, lieut., B.

---

(1) Formée, en 1811, avec des détachements des légions de gendarmerie départementale.

Vᵉ PARTIE

INFANTERIE

I

RÉGIMENTS D'INFANTERIE DE LIGNE

1ᵉʳ Régiment.

18 oct. 1805, passage de l'Adige.
Beaulieu, capit., B.
Cétier, s.-lieut., B.

30 oct. 1805, combat de Caldiéro.
David, lieut., B. (mort le 1ᵉʳ avril 1806).
Rogeard, capit., B.
Giroux, lieut., B.
Dépéronne, s.-lieut., B.
Hardy, lieut., B.
Lassé, s.-lieut., B.
Papillon, s.-lieut., B.

Merle, major, B. 14 déc. 1805, combat de Gorizia (Italie).
De Saint-Pierre, s.-lieut., B. 5 avril 1806, affaire de Martorano (Naples).

20 mai 1806, combat de Civita-del-Tronto.
Chapellière, s.-lieut., B. (mort).
Droit, chef de bat., B.
Navarre-Merveillaud, capit., B.
Beaulieu, capit., B.
Dubois, lieut., B.
Finot, s.-lieut., B.

16 sept. 1806, combat du pont de Galiano (Naples).
Voisin, capit., B.
Hardy, lieut., B.

Droit, chef de bat., B. 5 déc. 1806, combat d'Amantea.
Droit, chef de bat., B. 2 janv. 1807, affaire de Belmonte.
Devérité, s.-lieut., B. 7 févr. 1807, combat de Fiume-Freddo (Naples).
Dubois, s.-lieut., T. 21 févr. 1807, affaire de Cosenza.
Revel, lieut. A.-M., B. 22 févr. 1807, affaire d'Amantea.

Mai et juin 1807, siège de Cotrône.
Droit, chef de bat., B. 10 juin.
Tougard, s.-lieut., B. 5 mai.

Delabarre, s.-lieut., B. 28 juin 1808, défense de l'île d'Ischia (Naples).

16 avril 1809, bataille de Sacile (Italie).
Saunier, capit., T.
Coquet, capit., B. (mort).
Bellavoine, lieut., T.
Decostard, s.-lieut., B. (mort le 29).
Saint-Martin, col., B.
Frison, chirurg. S.-A.-M., B.
Voisin, capit., B.
Lesterpt, capit., B.
Revel, capit., B.
Goureau, capit., B.
Beaulieu, capit., B.
Lambert, capit., B.
Murjas, capit., B.

LÉTANG, lieut., B.
GOT, lieut., B.
LABOISSIÈRE, lieut., B.
BOUVIER DE GONDREVILLE, lieut., B.
JULIER, lieut., B.
SAINT-POL, s.-lieut., B.
LEFRANC, s.-lieut., B.

PIGNY, chef de bat., B. 8 mai 1809, bataille de la Piave.

18 mai 1809, attaque de Malborghetto.
POILROUX, lieut., B.
MONALDI, lieut., B.

5 et 6 juill. 1809, bataille de Wagram.
DUCHARNE, capit., T. 6.
CRAMAILLE, chef de bat., B. 6.
ROUILLÉ, capit., B. 6.
REVEL, capit., B. 6.
DUBOIS, capit., B. 6.
ROGEARD, capit., B. 6.
GARIN, lieut., B. 5.
FINOT, lieut., B. 6.
BONNET, lieut., B. 6.
BLADINIÈRES, lieut., B. 6.
KEMMERER, lieut., B. 6.
GAVOU, lieut., B. 6.

PERNON, lieut., B. 7 juill. 1809 aux avant-postes de Wagram (mort le 26).
POULMAIRE, chirurg. S.-A.-M., B. 19 avril 1811 en escortant des prisonniers et des blessés en Espagne.

28 nov. 1811, combat de Miranda-Castegna (Espagne).
PIGNY, chef de bat., B.
LESPINE, capit., B.

Juin et juill. 1812, défense d'Astorga.
THÉVENIN, lieut., B. 18 juin.
JAUGE, lieut., B. 14 juill.

22 juill. 1812, bataille des Arapiles.
DUBOIS, capit., B.
WIART, capit., B.

17 août 1812, défense d'Astorga (royaume de Léon).
GUILLOT, lieut., T.
JOUARISSE, capit., B. (mort le 27).

BLADINIÈRES, capit. A.-M., B.
MALOT, s.-lieut., B.

25 juill. 1813, combat du col d'Artobisca.
LIÉNARD, lieut., B.
GRILLET, s.-lieut., B.

LIÉNARD, lieut., T. 30 juill. 1813 retraite sur Pampelune.
HANNEVINKEL, major, B. 1er août 1813, combat d'Echalar.
GELLÉ, capit., B. 2 août 1813, aux avant-postes d'Echalar.

31 août 1813, défense de Saint-Sébastien.
CRAMAILLE, chef de bat., B. (mort le 3 sept.).
LÉTANG, capit., B.
HERLOBIG, s.-lieut., B.
PIÉRARD, s.-lieut., B.
MARTINEAU, s.-lieut., B.

GÉRIN, lieut., B., 3 sept. 1813, défense de Saint-Sébastien.
LETOUZÉ, lieut., B. 28 sept. 1813, combat de Meissen (Saxe).
SAINT-POL, capit. A.-M., B. 3 oct. 1813, affaire de Folgaria (Italie).

18 oct. 1813, bataille de Leipzig.
DONNET, chef de bat., T.
TALON, capit., B. (mort le 13 nov.).
MOYSÈS, s.-lieut., T.
MOTHE, capit., B.
BELLIGAND, capit., B.
TAFFIN, capit., B.
BOYEAU, lieut., B.

LAMOUREUX, lieut., T. 9 nov. 1813 aux avant-postes, en Italie.

10 nov. 1813, combat d'Ainhoué (près de Bayonne).
GRILLET, s.-lieut., T.
MORINET, s.-lieut., B.
LAPAINE, s.-lieut., B.

8 févr. 1814, bataille du Mincio.
GAUTHIER, capit., B. (mort).
DELABARRE, capit., B.
DURIVAUX, lieut., B.
LEBERTHON, lieut., B.

Mothe, capit., B. 10 févr. 1814, combat de Champaubert.
Vidal, capit., B. 14 févr. 1814, bataille de Vauchamps.

1er mars 1814, *combat de Saint-Julien (Savoie)*.
Frison, chirurg. A.-M., B. (mort).
Garin, chef de bat., B.

De Nyvenheim, s.-lieut., B. 9 mars 1814, bataille de Laon.
Cloix, lieut., B. 30 mars 1814, bataille de Paris.
Le Franc, capit., B. 3 mai 1814 dans une révolte de prisonniers autrichiens à Aix.

---

16 *juin* 1815, *bataille de Ligny*.
Depéronne, chef de bat., B. (mort).
Sigault, capit., T.
Bunel, capit., T.
Leroy, lieut., T.
Rey, lieut., T.
Herlobig, s.-lieut., T.
Heulot, chef de bat., B.
Beissac, capit. A.-M., B.
Parliac, capit. A.-M., B.
Lemonnier, capit., B.
Mouton, capit., B.
Vidal, capit., B.
Ménard, capit., B.
Henry, lieut., B.

Cottan, lieut., B.
Bel, lieut., B.
Lecorps, lieut., B.
Cloix, lieut., B.
Meyer, lieut., B.
Val-Dampierre, lieut., B.
Péronnet, s.-lieut., B.
Genton, s.-lieut., B.
Maigret, s.-lieut., B.
Béchameil, s.-lieut., B.
Martineau, s.-lieut., B.
Leiris, s.-lieut., B.
Rey, s.-lieut., B.

---

18 *juin* 1815, *bataille de Waterloo*.
Plafait, capit. A.-M., T.
Aumont, capit., T.
Jumel, capit., T.
Vassort, s.-lieut., T.
Espitalier, s.-lieut., T.
Lebeau, major, B.
Beissac, capit. A.-M., B.
Sadoul, capit., B.
Anglade, capit., B.
Meynard, capit., B.
Pardiac, lieut., B.
Boyeau, lieut., B.
Labussière, lieut., B.
O'Keeffe, lieut., B.
Coulon, s.-lieut., B.
Figat, s.-lieut., B.
Laffon de Gougournac, s.-lieut., B.
Parayon, s.-lieut., B.

2e Régiment.

22 *juill.* 1805, *combat du cap Finistère*.
Branger, capit., B.
Lodie, lieut., B.

---

21 *oct.* 1805, *bataille navale de Trafalgar*.
Carrière, capit., B. et noyé.
Last, s.-lieut., T.
Lemaitre, capit., B.
Bérenger, capit., B.
Garnier, capit., B.
Desflandres, capit., B.
Soissons, lieut., B.
Sosset, lieut., B.
Landour, s.-lieut., B.
Béhagnon, s.-lieut., B.

5 *nov.* 1805, *combat naval du golfe de Gascogne*.
Garnier, capit., B.
Vierron, s.-lieut., B.

Passerat, s.-lieut., B. 4 déc. 1805 dans un combat naval.
Maldiné, s.-lieut., assassiné en 1806 dans la rade de Cadix.

Août 1807, *siège de Stralsund*.
Benard, s.-lieut., B. 15.
Pételot, s.-lieut., B. 16.

---

26 *juin* 1808, *combat devant Figuières*.
Lambrigot, s.-lieut., T.

GUILLEMARD, capit., B. (mort le 16 juill.).

RICHARD, s.-lieut., B. 15 août 1808 aux avant-postes devant Girone.

16 août 1808, attaque de Girone.
LAVILLATTE, capit., B. (mort le 22 sept.).
SERRE, capit., B. (mort le 11 sept.).
HUET, s.-lieut., B. (mort le 24).
PIAT, major, B.

RICHARD, s.-lieut., B. 11 oct. 1808, prise du camp des insurgés devant Barcelone.
VUIDÉ, capit., B. 12 avril 1809 près de Steinach (Tyrol).

24 avril 1809, combat de Neumarck.
BENARD, lieut., B.
LAMARE, s.-lieut., B.

21 et 22 mai 1809, bataille d'Essling.
GÉRARD, capit., B. (mort le 27).
PISSEAU, capit., B. (mort le 29).
DELIENCOURT, capit., B. 22.
HABERT, capit., B. 21.

6 juill. 1809, bataille de Wagram.
DELGA, col., B. (mort le 30).
JACQUEMARD, capit., B. (mort le 30).
FALRET, lieut., B. (mort le 23 août).
DOUET, s.-lieut., T.
COLLARD, s.-lieut., B. (mort le 29 janv. 1810).
BOUDRY, chef de bat., B.
COTHIAS, chef de bat., B.
AUBERT, capit., B.
GERMAIN, capit., B.
HABERT, capit., B.
BONNE, lieut. A.-M., B.
GONOT, lieut., B.
PINARD, s.-lieut., B.
CAVALIN, s.-lieut., B.
MOINET, s.-lieut., B.

1809, siège de Girone.
LAURENT, capit., T. 29 mai.
BLONDIN, lieut., T. 9 juill.
JUCLIÉ, lieut. A.-M., T. 14 sept.
PARETHON, s.-lieut., B. 6 août (mort le 14 sept.).
BOERIO, s.-lieut., T. 9 juill.

GRAPIN, s.-lieut., T. 25 juin.
QUIDET, s.-lieut., T. 6 août.
SADET, capit., B. 8 juill.

BLANPAIN, s.-lieut., B. 17 oct. 1809, combat en Catalogne.
RICHARD, s.-lieut., B. 12 nov. 1809, passage du pont du Roi (Catalogne).

1ᵉʳ août 1812, combat de Jacobowo.
MAUCOURANT, lieut., T.
COQUIN, s.-lieut., T.
MÉLEUX, s.-lieut., T.
VARIN, s.-lieut., T.
GIROT, capit., B.
D'HIVERT, capit., B.
PONCET, capit., B.
BENET, lieut., B.
BIGEAST, lieut., B.
FAUCHÉ, lieut., B.
COURTIAL, lieut., porte-aigle, B.
MORFOUASSE, lieut., B.
LESCAR, s.-lieut., B.
LEFRANC, s.-lieut., B.

DE CHANTIGNET, lieut., T. 11 août 1812, combat devant Polotsk.
VANBERGHUIS, capit., B. 16 août 1812, combat de Polotsk.

18 août 1812, bataille de Polotsk.
SERVIN, chef de bat., T.
BOURIGEAUX, capit., T.
DE WIMPFFEN, capit. T.
GAYNOT, lieut., T.
ROBERT, lieut., T.
OURIET, lieut., T.
RENAUDIN, lieut., B. (mort le 3 sept.).
COLIN, lieut., B. (mort le 10 sept.).
RENAUD, s.-lieut., B.
DE WIMPFFEN, col., B.
ALLARD, chef de bat., B.
SADET, chef de bat., B.
JUSTEAU, chef de bat., B.
CHEDIN, capit., B.
GIROT, capit., B.
VEZIEN, capit., B.
EUDEL, capit., B.
GAIGNOT, capit., B.
FORGERON, capit., B.
GRELLET, lieut., B.
LECOLLIN, lieut., B.
RICHARD, lieut., B.

Sené, lieut., B.
Coudroy de Lille, lieut., B.
Joudrain, lieut., B.
Courtial, lieut. porte-aigle, B.
Nivois, lieut., B.
Trépeaux, s.-lieut., B.
Pigneret, s.-lieut., B.
Gallois, s.-lieut., B.
Gillot, s.-lieut., B.
Gaspard, s.-lieut., B.

18 oct. 1812, *combat de Polotsk.*
Vérove, chef de bat., B. (mort le 24 janv. 1813).
Gaignot, capit., B.
Darcq, capit., B.
Lefranc, lieut., B.
Petit, lieut., B.
Juzan, lieut., B.
Lecollin, lieut., B.
Fauché, lieut., B.
Gaspard, s.-lieut., B.

28 nov. 1812, *bataille de la Bérésina.*
Larchevêque, capit., T.
Pierron, capit., B. (mort en janv. 1813).
Fricot, s.-lieut., T.
Mouchet, major, B.
Darcq, chef de bat., B.
Dutocq, chef de bat., B.
Sadet, chef de bat., B.
Girot, capit., B.
Joudrain, capit., B.
Eudel, capit., B. 26.
Benet, capit., B.
Juzan, lieut. A.-M., B.
Nivois, lieut., B. 26.
Coudroy de Lille, lieut., B.
Trépeaux, lieut., B.
Forois, lieut., B.

Hermant, s.-lieut., B. 29 nov. 1812 aux ponts de la Bérésina (mort le 5 janv. 1813).
Poupier, lieut. A.-M., T. 8 déc. 1812, route de Wilna.
Schmidt, lieut., B. 8 déc. 1812 route de Wilna. (Sans nouvelles depuis.)
Vezieu, capit., B. 25 déc. 1812 pendant la retraite.

24 *avril* 1813, *combat sur l'Elbe.*
Pinard, capit., T.

Isambert, s.-lieut., B. (mort le 11 mai).

Dumez, capit., B. 29 avril 1813 au pont de la Saale.

16 *et* 18 *oct.* 1813, *bataille de Leipzig.*
Huard, capit., T. 18.
Latache, capit., B. 16 (mort le 16 janv. 1814).
Colin (L.), lieut., T. 18.
Staglieno, col., B. 18.
Darcq, chef de bat., B. 18.
Lecollin, capit., B. 18.
Moinet, capit., B. 18.
Dosda, capit., B. 19.
Gallois, lieut. A.-M., B. 18.
Petit, lieut., B. 18.
Forois, lieut., B. 18.
Velland, s.-lieut., B. 18.
Friederich, s.-lieut., B. 14.
Foube, s.-lieut., B. 16.
Jeanson, s.-lieut., B. 16.

Grellet, capit., B. 10 janv. 1814, combat de Saint-Dié.
Clément, capit., B. 29 janv. 1814, bataille de Brienne.
Verrière, s.-lieut., B. 1er févr. 1814, bataille de la Rothière.
Nivois, capit., B. 27 févr. 1814, 3e combat de Bar-sur-Aube.

1814, *défense de Besançon.*
Dupré, capit., T. 1er févr.
Armand, capit., B. 31 mars (mort le 3 avril).
Guille, lieut., T. 1er févr.
Pierret, s.-lieut., T. 25 janv.
Lasnier, s.-lieut., T. 28 févr.
Gauchi, s.-lieut., T. 14 mars.
Petit, capit., B. 1er avril.
Aubert, capit., B. 31 janv.
Girot, capit., B. 31 mars.
Brigot, lieut., B. 1er avril.
Botteri, lieut., B. 1er févr.
Pedrant, s.-lieut., B. 31 janv.
Boudet, s.-lieut., B. 1er avril.

Richard, capit., B. 5 avril 1814, défense de Magdebourg.
Cheviré, lieut., B. 1er avril 1814, défense de Magdebourg.

Corvinus, col., B. 30 mars 1814, bataille de Paris (mort le 26 avril).

16 *juin* 1815, *bataille de Ligny.*
Tamponet, capit., T.
Girot, capit., B.
Grobon, lieut., B.
Pergaut, lieut., B.
Amelot, lieut., B.
Collard, s.-lieut., B.

18 *juin* 1815, *bataille de Waterloo.*
Lacomme, capit., T.
Detchemendy, s.-lieut., T.
Normand, s.-lieut., T.
Le Sénécal, s.-lieut., T.
Salmon, s.-lieut., T.
Dupuy, s.-lieut., T.
Sarrant, chef de bat., B.
Gallimardet, capit. A.-M., B.
Gallois, capit., B.
Gaignot, capit., B.
Bourdageau, capit., B.
Dubarry, capit., B.
Ravier de Julière, capit., B.
Poncet, capit., B.
Bordot, capit., B.
Laignoux, capit., B.
Toulouse, lieut., B.
Morfoise, lieut., B.
Deshu, lieut., B.
Simaire, lieut., B.
Pierre, lieut., B.
Mouginot, lieut., B.
Béhagnon, s.-lieut., B.
Charton, s.-lieut., B.
Moulin, s.-lieut., B.
Rioual, s.-lieut., B.

2 *juill.* 1815, *combat du pont de Sèvres.*
Rulens, lieut., T.
Ravier de Julière, cap., B.
Leullier, s.-lieut., B.

3ᵉ Régiment.

Combe, lieut., B. 18 oct. 1805, combat de Memmingen.

16 *nov.* 1805, *combat d'Hollabrünn.*
Fert, capit., T.
Pariset, capit., T.
Létang, capit., B. (mort le 4 janv. 1806).
Willemin, capit., B. (mort le 9 déc.).
Mauco, lieut., T.
Cordier, lieut., T.
Clavet, lieut., T.
Horiot, chef de bat., B.
Vernadet, capit., B.
Baril, capit., B.
Calvairac, lieut., B.
Riduet, lieut., B.
Baurin, s.-lieut., B.
Brunet, s.-lieut., B.
Jeppé, s.-lieut., B.

2 *déc.* 1805, *bataille d'Austerlitz.*
Mollien, capit., T.
Vocanson, capit., T.
Ragot, lieut., T.
Theveny, s.-lieut., T.
Saulnier, s.-lieut., T.
Fontaine, capit., B.
Laignelot, capit., B.
Baussain, capit., B.
Polosson, capit., B.
Fœrch, capit., B.
Goguel, capit., B.
Valette, capit., B.
Matrot, lieut., B.
Gibotz, lieut., B.
Bougheix, lieut., B.
Cirel, lieut., B.
Coquerille, lieut., B.
Fouquier, lieut., B.
Stéger, lieut., B.
Gadoux, lieut., B.
Richon, lieut., B.
Grillet, s.-lieut., B.
Corbin, s.-lieut., B.
Baurin, s.-lieut., B.
Descaves, s.-lieut., B.
Bolot, s.-lieut., B.
Luc, s.-lieut., B.
Mieu, s.-lieut., B.
Maurin, s.-lieut., B.
Faivre, s.-lieut., B.

10 *juin* 1807, *bataille d'Heilsberg.*
Marie, chef de bat., T.

SCHOLLER, capit., T.
BERRIER, capit., T.
COUSIN, capit., T.
ANDRÉ, capit., B. (mort le 27 juill.).
GIBOTZ, lieut., B. (mort le 6 juill.).
KLEIN, lieut., T.
CIREL, lieut., B. (mort le 31 juill.).
GURGÉ, lieut., T.
MICHEL, lieut., T.
CHAGNIOT, s.-lieut. B. (mort le 13 juill.).
JUIF, s.-lieut., T.
THABAUD, s.-lieut., T.
SCHOBERT, col., B.
GRANDIDIER, chef de bat., B.
GADOUX, capit., B.
LAIGNELOT, capit., B.
HUGUES, capit., B.
GOMER, capit., B.
VERNADET, capit., B.
DELPHIN, capit., B.
CLÉMENT, capit., B.
GACHET, capit., B.
GUILLAUMOT, capit., B.
BOICHOT, capit., B.
JEANROY, lieut., B.
PARISOT, lieut., B.
LUG, lieut., B.
BIPPERT, lieut., B.
SAGE, s.-lieut., B.
ROBERT, s.-lieut., B.
BESSIN, s.-lieut., B.
DUROUSSEAU, s.-lieut., B.
COCHARD, s.-lieut., B.
GRAILHE, s.-lieut., B.

14 *juin* 1807, *bataille de Friedland.*

MENASSIER, s.-lieut., B. (mort le 23 oct.).
JAQUET, s.-lieut., B. (mort le 12).
MATROT, capit., B.
BOGNY, capit., B.
COQUERILLE, capit., B.
VERNADET, capit., B.
GADOUX, capit., B.
FONTAINE, capit., B.
GUY, capit., B.
HENRIOT, capit., B.
VENDEUR, capit., B.
PARISOT, lieut., B.
FOUQUIER, lieut., B.
DESPLAN, lieut., B.
BIPPERT, lieut., B.
GRILLET, lieut., B.

MIEU, lieut., B.
ISSELIN, s.-lieut., B.
ROBERT, s.-lieut., B.
LOUSTEAU, s.-lieut., B.
LARROQUE, s.-lieut., B.
BREZET, s.-lieut., B.

19 *avril* 1809, *combat de Thann.*

ALEXIS, lieut., T.
FELDER, s.-lieut., T.
UZÈS, s.-lieut., T.
GIRERD, capit., B.
VERNADET, capit., B.
FAVRE, capit., B.
POLOSSON, capit., B.
BEAUJEUX, capit., B.
GUY, capit., B.
PARISOT, capit., B.
PELLAPRAT, capit., B.
MINVIELLE, lieut. A.-M., B.
BOISSON, lieut., B.
LOUSTEAU, lieut., B.
BOLOT, lieut., B.
CORBIN, lieut., B.
LACOSTE, s.-lieut., B.
BREZET, s.-lieut., B.
COFFIN, s.-lieut., B.
DESPLAN, lieut., B.
RENAUD, s.-lieut., B.
BUTEL, s.-lieut., B.
JEANDEL, s.-lieut., B.
LEROUX, s.-lieut., B.

22 *avril* 1809, *bataille d'Eckmühl.*

PRODHOMME, capit., B.
DUROUSSEAU, lieut., B.

22 *mai* 1809, *bataille d'Essling.*

PERRIER, capit., T.
DORANGE, lieut., T.
JEANNENEY, s.-lieut., B. (mort le 28).
LAFITHE, chef de bat., B.
GRANDIDIER, chef de bat., B.
HENRIOT, capit., B.
GADOUX, capit., B.
MATROT, capit., B.
GOGUEL, capit., B.
BOICHOT, capit., B.
FOUQUIER, capit., B.
VENDEUR, capit., B.
FONTAINE, capit., B.
GUILLAUMOT, capit., B.
BELUZE, lieut., B.

RAVI, lieut., B.
DESPLAN, lieut., B.
STEGER, lieut., B.
GRILLET, lieut., B.
MAURIN, lieut., B.
RASTEAU, s.-lieut., B.
HURT, s.-lieut., B.
MERLET, s.-lieut., B.
LARROQUE, s.-lieut., B.
SAGE, s.-lieut., B.
ROBERT, s.-lieut., B.
COSTE, s.-lieut., B.

6 juill. 1809, bataille de Wagram.
MOTTE, chef de bat., B. (mort le 28).
CHEVALLIER, lieut. porte-aigle, B.
SCHOBERT, col. B.
GRANDIDIER, chef de bat., B.
MATROT, capit., B.
POLOSSON, capit., B.
BOICHOT, capit., B.
BIPPERT, capit., B.
GOGUEL, capit., B.
PELLAPRAT, capit., B.
PRODHOMME, capit., B.
BOGNY, capit., B.
THOMAS, capit., B.
GREVILLOT, lieut., B.
MIEU, lieut., B.
JUNOT, s.-lieut., B.
HERBAULT, s.-lieut., B.
RENAULT, s.-lieut., B.
GEOFFROY, s.-lieut., B.

5 févr. 1812, combat de Sanguessa (Espagne).
FOURNIOUX, lieut., B. (mort).
HEURTAUX, chirurg. S.-A.-M., B. (mort le 30 mars).
DUCOURET, col., B.
KREITZER, capit., B.
HENRIC, capit., B.
PRODHOMME, capit., B.
REGARD, lieut., B.

23 mars 1812, dans une reconnaissance en Espagne.
PASCAL-PIERRE, s.-lieut., T.
LAIGRE, capit., B. (mort le 15 avril).

1er août 1812, combat de Bilbao.
GÉRARD, lieut., B. (mort le 15 sept.)
KREITZER, capit., B.

11 oct. 1812, combat de Carascales (Navarre).
MARIN, lieut., T.
TARDY, chef de bat., B.

12 oct. 1812, 2º combat de Carascales.
CANAT, lieut., B. (mort le 21).
COURTOT, lieut., B. (mort le 16 nov.)
ERHARD, lieut., B.

15 oct. 1812, combat de Magnaron.
GUY, capit., B. (mort le 20 nov.).
GIRERD, capit. B. (mort le 27 déc.).

16 oct. 1812, combat près de Pampelune.
TARDY, chef de bat., B.
HENRION, s.-lieut., B.

STÉGER, capit., T. 10 déc. 1812, combat contre les Espagnols.
PETITGUYOT, capit., B. 12 déc. 1812 par des Cosaques, route de Kowno.
DUFEU, s.-lieut., T. 28 janv. 1813 dans une reconnaissance en Espagne.
BARDIN, s.-lieut., B. 9 févr. 1813, route de Pampelune (mort le 28).
DECALOGNE, s.-lieut., T. 22 mars 1813, combat devant Pampelune.
GAUTIER. s.-lieut., B. 17 avril 1813, défense de Wittemberg.
HORIOT, capit., B. 21 juin 1813, bataille de Vittoria.
MOURGUES, capit., B. 7 août 1813, combat d'Andoze.

31 août 1813, combat sur la Bidassoa.
DUCOURET, col., T.
FRISSARD, lieut., T.
GRUET, chef de bat., B.
NARÇON, capit., B.
SAINT-OMER, lieut., B.
GRACIAS, lieut., B.
BOURGEOISE, s.-lieut., B.

CORRÉARD, s.-lieut., T. 2 sept. 1813, combat près de Lérida.

16 sept. 1813, combat de Goerde, devant Hambourg.
CHAVANNE, major B. (mort le 9 nov.).
PETITGUYOT, chef de bat., T.
ISSELIN, capit., T.
GUY, capit. A.-M., B. (mort le soir).

JOUBERT, lieut. A.-M., T.
DUROUSSEAU, capit., B.
PARISOT, capit., B.
JOLY, capit., B.
JEANDIN, capit., B.
LEROY, lieut., B.
BEAUBLET, s.-lieut., B.
MOULINES, s.-lieut., B.
JULIEN, s.-lieut., B.
BENOIT, s.-lieut., B.
LAVENUT, s.-lieut., B.
PERRIER, s.-lieut., B.
BÉRAUD, s.-lieut., B.
VIDEAUX, s.-lieut., B.
TERNIER, s.-lieut., B.
MÉROT, s.-lieut., B.

7 oct. 1813, combat de Sainte-Barbe (Pyrénées).

LARROQUE, capit., T.
LEDUC, lieut. A.-M., T.
GRACIAS, lieut., T.
MICHEL, lieut., T.
SAGOT, lieut., B.
THIÉBAULT, s.-lieut., B.

ASTOR, chef de bat., B. 9 oct. 1813 aux avant-postes sur les Pyrénées.
NAUDIN, s.-lieut., B. 10 nov. 1813, combat de Sarre (Pyrénées).
CRONNIER, s.-lieut., B. 5 déc. 1813, défense du fort de Rottembourg.

10 et 11 déc. 1813, combats devant Bayonne.

DUFOUR, s.-lieut., T. 10.
DAVID, lieut., B. 11.

9 févr. 1814, combat devant Hambourg.

RIGAULT, s.-lieut., B. (mort le 19 mars).
LECAMUS, chef de bat., B.
PARECHET, s.-lieut., B.
TRABERT, chirurg. S.-A.-M., B.

NICOLEAU, lieut., B. 18 févr. 1814 aux avant-postes devant Hambourg (mort le 15 mars).

27 févr. 1814, combat de Bar-sur-Aube.
HURT, capit., T.

SAGOT, capit., B.

DUMOULIN, lieut., B. 7 mars 1814 en relevant les postes en avant de Hambourg.

17 mars 1814, combat de Provins.

MOURGUES, capit., T.
RIBEAU, s.-lieut., B. (mort le 12 avril).

21 mars 1814, combat d'Arcis-sur-Aube.

LECÈNE, lieut., T.
BRIBES, chef de bat., B.
SAGES, capit., B.
NARÇON, capit., B.
FLEURY, s.-lieut., B.

16 juin 1815, bataille de Ligny.

DUROUSSEAU, capit., B.
ERHARD, capit., B.
GLORGET, lieut., B.
GEORGES, s.-lieut., B.
FLEURY, s.-lieut., B.

18 juin 1815, bataille de Waterloo.

LAROCHE, capit., T.
LAURENT, capit., T.
LAVACHE, capit., B. et disparu.
LEBRUN, lieut., T.
BOUGEZ, lieut., B. (mort le 22).
VAUTRIN, col., B. et amputé.
DUROUSSEAU, capit., B.
REGARD, capit., B.
GRILLET, capit., B.
LEYDIER, capit., B.
LECADET-MÉROSIÈRE, capit., B.
LEGRAND, lieut. A.-M., B.
BOOT, lieut. porte-aigle, B.
DUPEYRE, lieut., B.
LE ROCH, lieut., B.
CORBEIL, lieut., B.
MILET, lieut., B.
LABORIE, lieut., B.
PRIN, lieut., B
GODARD, lieut., B.
LARORE, lieut., B.
BOTTO, s.-lieut., B.
BAISSAC, s.-lieut., B.
CRONNIER, s.-lieut., B.
CELU, s.-lieut., B.

4ᵉ Régiment.

2 déc. 1805, bataille d'Austerlitz.
Guye, chef de bat., B.
Boucaud, capit., B.
Mercier, capit., B.
Montaudry, capit., B.
Laurent, capit., B.
Patou, capit., B.
Duthu, capit., B.
Dupin, lieut., B.
Jullié, lieut., B.
Maury, lieut., B.
Laforgue, s.-lieut., B.
Mousset, s.-lieut., B.

3 févr. 1807, combat de Bergfried.
Boyeldieu, col., B.
Reboul, chef de bat., B.
Lannes, capit., B.
Castié, lieut., B.
Jullié, lieut., B.

8 févr. 1807, bataille d'Eylau.
Lemarois, col., T.
Boucaud, capit., T.
Brisac, capit., T.
Avieny, capit., T.
Descazeaux, capit., T.
Richard, capit., T.
Dabesie, lieut., T.
Saunier, lieut., T.
Jouvenel, lieut., T.
Lannes, capit., B.
Poujade, capit., B.
Lauté, lieut. A.-M., B.
Fenasse, lieut., B.
Candy, lieut., B.
Massy, lieut., B.
Lanusse, s.-lieut., B.

10 juin 1807, bataille d'Heilsberg.
Maury, capit., T.
Alix, s.-lieut., T.
Boyeldieu, col., B.
Danloup-Verdun, chef de bat., B.
Brenger, chef de bat., B.
Patou, capit., B.
Mercier, capit., B.
Rathelot, lieut., B.
Saint-Martin, lieut., B.
Eudel, s.-lieut., B.
Prévost-Saint-Cyr, s.-lieut., B.

14 juin 1807, bataille de Friedland.
Coquereau, chef de bat., B.
Chatelain, capit., B.
Ribot, lieut., B.
Mazars, s.-lieut., B.
Crespy, s.-lieut., B.
Camblon, lieut., B.

Blanc, major, B. 28 juin 1808, attaque de Valence (Espagne) (mort le 1ᵉʳ juill.).
Ferrasse, s.-lieut., B. 1ᵉʳ mai 1809, combat de Neumarck.

22 mai 1809, bataille d'Essling.
Deperret, capit., B. (mort le 4 juill.).
Berdoulet, lieut., T.
Héricey, s.-lieut., T.
Cassan, chef de bat., B.
Branger, chef de bat., B.
Teullé, chef de bat., B.
Thomas, capit., B.
Poujade, capit., B.
Dupin, capit., B.
Clavarel, capit., B.
Ribot, capit., B.
Florençon, capit., B.
Massy, capit., B.
David, lieut. A.-M., B.
Saint-Martin, lieut. A.-M., B.
Pauly, lieut. A.-M., B.
Lanusse, lieut., B.
Lecouteux, lieut., B,
Deligny, lieut., B.
Mérès, lieut., B.
Rouede, lieut., B.
Freu, s.-lieut., B.
Du Rocheret, s.-lieut., B.
Roussel, s.-lieut., B.
Bordère, s.-lieut., B.
Borderie, s.-lieut., B.
De Partz de Courtray, s.-lieut., B.
De Poudenx, s.-lieut., B.
Le Bachellé, s.-lieut., B.
Ferrasse, s.-lieut., B.

6 juill. 1809, bataille de Wagram.

Wiriot, chef de bat., T.
Castagnet, capit., B. (mort le 11 août).
Lafond, capit., B. (mort le 3 août).
Caucurte, capit., T.
Claverie, capit., T.
Villiers, capit., B. (mort le 19).
Saint-Martin, lieut. A.-M., T.
Alary, lieut., B. (mort le 30).
Marchand, lieut., B. (mort le 11).
Dussols, lieut., B. (mort le 21).
Paillon, s.-lieut., B. (mort).
Gavarret, s.-lieut., T.
Linet, s.-lieut., T.
Chauffour, s.-lieut., B. (mort le 19 sept.).
Vachez, s.-lieut., B. (mort le 8).
Boyeldieu, col. B.
Zenowitz, chef de bat., B.
Teullé, chef de bat., B.
Deligny, capit., B.
Thibault, capit., B.
Sabère, capit., B.
Patou, capit., B.
Thomas, capit., B.
Poujade, capit., B.
De Montjavoust, capit., B.
François, capit., B.
Florençon, capit., B.
Astre, lieut., B.
David, lieut. A.-M., B.
Du Rocheret, s.-lieut., B.
Lanusse, lieut., B.
Garric, lieut., B.
Rathelot, lieut., B.
Pauly, lieut. A.-M., B.
Soulairac, s.-lieut., B.
Blin de Bailleul, s.-lieut., B.
Alary, s.-lieut., B.
De Partz de Courtray, s.-lieut., B.
Poudenx, s.-lieut., B.
Prevel, s.-lieut., B.
Larrieu, s.-lieut., B.
Busque, s.-lieut., B.
Colomb-d'Arcine, s.-lieut., B.
Prévost Saint-Cyr, lieut., B.

Viguier, capit., B. 11 juill. 1809, bataille de Znaïm.
Albert, lieut., B. 16 août 1812, combat devant Smolensk.

---

18 août 1812, bataille de Smolensk.

Laureux, capit., T.
Camblon, capit., B.
Crépin, lieut., T.
Carivenne, lieut., T.
Jacot, s.-lieut., T.
Thomas, chef de bat., B.
Chavanne, chef de bat., B.
Gourrat, capit., B.
Astre, capit., B.
Capuran, capit., B.
François, lieut. A.-M., B.
Boyer, s.-lieut., B.
Robin, s.-lieut., B.

---

19 août 1812, combat de Valoutina.

Materre, major en 2e, B.
Albert, lieut., B.
Defay, capit., B.
Venon, capit., B.
Ferlug, lieut., B.
Salières, lieut., B.
Dartigaux, lieut., B.
Rollet, s.-lieut., B.

---

7 sept. 1812, bataille de la Moskowa.

Massy, col., T.
Lannes, chef de bat., T.
Florençon, chef de bat., T.
Camblon, capit., T.
Mercier, lieut., T.
Payssé, lieut., B. (mort le 20).
Gillot, s.-lieut., T.
Ducasse, s.-lieut., T.
Schreiner, s.-lieut., T.
Thomas, chef de bat., B.
De Montjavoust, chef de bat., B.
De Lachau, capit., B.
Astre, capit., B.
Mérès, capit., B.
Bordère, capit., B.
Massy, capit., B.
Lanusse, capit., B.
Tierce, capit., B.
Capuran, capit., B.
Barthélemy, capit., B.
Colomb d'Arcine, capit., B.
Trémaux, lieut. A.-M., B.
Amblard, lieut., B.
Cailleaud, lieut., B.
Mouillard, lieut., B.
Burtin, lieut., B.
Sire, s.-lieut., B.

Costentin, s.-lieut., B.
Loritz, s.-lieut., B.
Adam, s.-lieut., B.
Ruscat, s.-lieut., B.

Mouillard, lieut., B. 10 nov. 1812, combat contre les Cosaques près Smolensk.
Rouchat, s.-lieut., T. 13 nov. 1812 en avant de Smolensk, par l'explosion d'un caisson.

---

18 nov. 1812, bataille de Krasnoï.

Lapeyrie-Langlade, s.-lieut., B. (mort le 27 janv. 1813).
Béraud, lieut., B. (mort).
Queyrol, capit., B.
Colomb d'Arcine, chef de bat., B.
De Lachau, capit., B.
Debye, capit., B.
Freu, capit., B.
Thévenin, capit., B.
Amblard, capit., B.
Delage, capit., B.
Burtin, lieut., B.
Damiens, lieut., B.
Loritz, lieut., B.
Joly, s.-lieut., B.
Bourgoin, s.-lieut., B.
Gassan, s.-lieut., B.
Vezu, s.-lieut., B.
Hervier, s.-lieut., B.
Castera, s.-lieut., B.
Costentin, s.-lieut., B.

Fouchet, lieut., B. 21 nov. 1812, combat près de Borisow.
Quinsac, lieut., B. 24 nov. 1812, route de Borisow.
Soulairac, capit., B. 28 nov. 1812 aux ponts de la Bérésina.
Lalande, lieut., B. et disparu le 6 déc. 1812, route de Wilna.
Queyrol, capit., B. 9 déc. 1812, combat devant Wilna.
Chesnu, lieut., disparu le 9 déc. 1812, combat devant Wilna.
Thévenin, capit., B. 13 déc. 1812, combat à la montée de Kowno.
Durgueil, capit., B. 5 mars 1813, défense de Dantzig.

Grenouillet, s.-lieut., B. 29 mai 1813, combat de Willemsbourg.
Perreau, capit., B. 26 août 1813, bataille de Dresde.
Fauvel, chirurg.-M., B. 10 oct. 1813, défense de Dresde.

16, 18 et 19 oct. 1813, bataille de Leipzig.

Perreau, capit., T. 16.
Tierce, capit., T. 18.
Capdeviole, capit., T. 18.
Dartigaux, capit., T. 18.
Moutin, capit., T. 18.
Sieutat, lieut., T. 18.
D'Houtau, lieut., B. 18 (mort le 7 nov.).
Fleurat, lieut., B. 16 (mort).
Hignier, lieut., B. 16 (mort le 18 nov.).
Dasseige, s.-lieut., B. 16 (mort).
Royanne, s.-lieut., T. 18.
De Folin, s.-lieut., B. 19 (mort).
Materre, col., B. 16.
Colomb-d'Arcine, chef de bat., B. 16.
Jardin, major, B. 16.
Raynaud, capit., B. 16 et 18.
Defay, capit., B. 16.
Mérès, capit., B. 16.
Paux, capit., B. 18.
Piffaut, capit., B. 18.
Grégoire, capit., B. 16.
Delorme, lieut., B. 16.
Merlet, lieut., B. 16.
Focard, lieut., B. 16.
Dorsanne, lieut., B. 16.
Bajon, lieut., B. 16.
Sperna, lieut., B. 16.
Closse, s.-lieut., B. 16.
Archen, s.-lieut., B. 16.
Rabusson, lieut., B. 16.

---

30 oct. 1813, bataille de Hanau.

Beaudels, s.-lieut., B. (mort le 14 nov.).
Drouet, s.-lieut., B.
Emery, s.-lieut., B.

Moisset, capit., B. 4 janv. 1814, combat devant Magdebourg.

10 janv. 1814, combat de Saint-Dié.

Drouet, lieut., B.
Isoard, s.-lieut., B.

1er févr. 1814, bataille de la Rothière.
MATERRE, col., B.
FRANÇOIS, capit., T.
LAPLAIGNE, capit., B. (mort le 19).
GIOT, s.-lieut., T.
BLERZY, s.-lieut., B. (mort).
COLOMB-D'ARCINE, chef de bat., B.
GRÉGOIRE, capit., B.
L'HABITANT, capit., B.
GENESTE, lieut., B.
ADAM, lieut., B.
DROUET, lieut., B.
LEFEVRE, lieut., B.
SPERNA, lieut., B.
GAULTIER, s.-lieut, B.

12 févr. 1814, combat de Nogent.
THOMAS, s.-lieut., B. (mort le 24).
BARTOLINI, lieut., B.
RABUSSON, lieut., B.

18 févr. 1814, bataille de Montereau.
DESCLAUX, capit., T.
COUDON, capit., B. (mort le 28).
CAILLEAUD, capit., B.
SIRÉ, capit., B.
PAQUES, lieut., B.
RIEUX, lieut., B.
GOBIN, lieut., B.
BOYÉ, s.-lieut, B.

DE LACHAU, chef de bat., B. 18 févr. 1814 aux avant-postes.

27 févr. 1814, combat de Bar-sur-Aube.
CHALMEL, lieut., B.
THÉVENET, s.-lieut., B.

GAULTIER, lieut., B. 27 févr. 1814, combat près la Guillotière.
RABUSSON, lieut. A.-M., B. 8 mars 1814, combat de Nogent.
MAIRESSE, s.-lieut., B. 15 mars 1814, combat devant Nogent.
DURAZZO, capit., B. 23 mars 1814 aux avant-postes.
DELAS, capit., B. 30 mars 1814, bataille de Paris.

16 juin 1815, bataille de Ligny.
LAFITTE, capit., T.
FAULLAIN, col., B.
ROCHARD, chef de bat., B.
GIMIÉ, chef de bat., B.
DELATER, capit., B.
FAVET, capit., B.
DESOLIO, capit., B.
THÉVENIN, capit., B.
MÉRÈS, capit., B.
BORDÈRE, capit., B.
JULLIÉ, capit., B.
BAJON, lieut., B.
GENETET, lieut., B.
GIRAUD-TIXIER DE LA PLACE, lieut., B.
TOUZALIN, lieut., B.
JOUFFRET, lieut., B.
BAJON, lieut., B.
ANNEQUIN, lieut., B.
CLERC, s.-lieut., B.
GUILLAUME, s -lieut., B.
KRANTZ, s.-lieut., B.
BEAU, s.-lieut., B.
BOYÉ, s.-lieut., B.
COLLET, s.-lieut., B.
SARRA, s.-lieut., B.

5e Régiment.

30 oct. 1805, combat de Caldiero.
MERLIN, capit., T.
JANNIN, capit., B. (mort le 23 nov.).
MARTIN, lieut., T.
BARSUT, lieut., T.
RIVIÈRE, lieut., T.
SANTONA, s.-lieut., B. (mort le 31 déc.).
PERROUD, s.-lieut., B. (mort le 20 janv. 1806).
LEGRAND, s.-lieut., B. (mort le 2 déc.).
BOURGEOIS, lieut., B. (mort le 16 mai 1806).

GAILLARD, chef de bat., B.
RICHARD, chef de bat., B.
ROBIN, capit., B.
ARNOLD, capit., B.
SANTOLINI, capit., B.
NOEL, capit., B.
BRASSEUR, lieut., B.
PHILIBEAUX, s.-lieut., B.
REGNAULT, s.-lieut., B.
CLAUDOT, s.-lieut., B.
CHAPUZET, s.-lieut., B
AVERIN, s.-lieut., B.

1806, blocus de Raguse.

SAURINE, capit., B. 17 juin (mort le 4 juill.).
LEVESQUE, major, B. 2 juin.
DARCHE, capit., B. 28 juin.
HENRY, capit., B. 17 juin.
LAFARGUE, capit., B. 17 juin.
THOMAS, lieut., B. 8 juin.
BATTAUT, lieut., B. 2 juin.
LEFÈVRE, lieut., B. 17 juin.
MESNILGRANTE, lieut., B. 11 juin.
CHOSSON, s.-lieut., B. 12 juin.
VIAL, chirurg. A.-M., B. 21 juin.
MELIGNON, lieut., B. 7 juin.

DARCHE, capit., B. 10 sept. 1806, combat contre les Monténégrins.
PIERRARD, capit. A.-M., T. 8 oct. 1806, combat de Bergato (Albanie).
ARNOLE, capit., B. 15 nov. 1806, combat contre les Monténégrins (mort le 17).

16 avril 1809, bataille de Sacile.

CORNET, lieut., B. (mort le 9 mai).
TISNÈS, capit., B.
THIBAULT, capit., B.
BRASSEUR, capit., B.
COPIN, capit., B.
PAGEOT, lieut. A.-M., B.
CARIVEN, lieut., B.
FAUCON, lieut., B.
HÉLIE DE TRÉPEREL, s.-lieut., B.
QUARRÉ, s.-lieut., B.
GROLET, s.-lieut., B.

MELIGNON, capit., B. 21 avril 1809 devant le fort de Malghiera.
PETIT, s.-lieut., B. 23 avril 1809, combat devant Malghiera (mort le 24).
COSTE, capit., B. 28 avril 1809, combat d'Ervenich (Croatie).
BERTRAND, capit., B. 30 avril 1809, combat près d'Ervenich (Croatie).

21 et 22 mai 1809, combats de Gospich (Croatie).

PILLOUX, lieut., B. 22 (mort le 1ᵉʳ juill.).
SERRANT, chef de bat., B. 21.
JOLY, chef de bat., B. 21.
ROBILLARD, capit., B. 22.
RIBRON, lieut., B. 22.
RIBROUT, s.-lieut., B. 22.

MONPREZ, lieut., B. 22.
LEHAYER DE BIMOREL, s.-lieut., B. 21.

11 juill. 1809, bataille de Znaïm.

JOLY, chef de bat., B.
CARRÉ, capit., B.
PORTEMONT, capit., B.
DUGUÉ, capit., B.
GÉRONIMY, lieut., B.
MONPREZ, lieut., B.
GIRAUD, lieut., B.
DEWITE, lieut., B.
MOUILLON, s.-lieut., B.
GRINVALT, s.-lieut., B.
RABIET, s.-lieut., B.

TISNÈS, capit., B. 6 oct. 1809, affaire de Lavacca (Tyrol).
PHILIBEAUX, lieut., B. 3 nov. 1809, combat contre les insurgés tyroliens.

16 nov. 1809, combat de Meran (Tyrol).

THIBAULT, capit., B.
GROLET, s.-lieut., B.

MESSAGEOT, capit., B. 10 sept. 1811, combat en Catalogne.
DAVID, lieut., B. 21 sept. 1811, combat de Moncado (Catalogne).
ROUSSILLE, col., B. 13 nov. 1811, étant en reconnaissance en Catalogne.

3 déc. 1811, étant en colonne mobile en Catalogne.

PAISSÉ, capit., B.
TARDIVEAU, lieut. A.-M., B.

16 avril 1812, combat d'Olot (Catalogne).

PERROTIN, capit., B.
PHILIBEAUX, capit., B.

DEFFORT, lieut., B. 24 avril 1812, combat d'Olot (mort le 29).
BLUET, s.-lieut., B. 29 mai 1812, combat devant Olot (Catalogne).
BLUET, s.-lieut., B. 17 sept. 1812, étant en reconnaissance en Catalogne.

19 sept. 1812, combat de Saint-Vincent (Catalogne).

BIZOUARRE, s.-lieut., B.
HÉLIE DE TRÉPEREL, lieut., B.

2 nov. 1812, *combat de Garriga
(haute Catalogne).*

PERROT, capit., T.
GALLIEN, capit., B. (mort le 23).
RAGON, lieut., T.
GÉRONIMY, capit., B.
MUGNIER, s.-lieut., B.

LUZU, capit., B. 26 déc. 1812, combat près de Vich.

---

2 mai 1813, bataille de Lutzen.

FAVETIER, lieut., T.
TISSOT, capit., B.
LEGRAND, lieut. A.-M., B.

FRANCOT, s.-lieut., B. 17 mai 1813, affaire de Bisbal (haute Catalogne).

---

21 mai 1813, bataille de Würschen.

TARDIVEAU, capit., T.
TOUCHARD, capit., T.
COURAND, lieut., B.
GARDEY, capit., B.

1813, défense de Dresde.

DELÉCHAUD, capit., B. 8 sept.
THILL, capit., B. 8 sept.
COPIN, chef de bat., B. 5 oct.
MATHELIER, lieut., B. 5 oct.

MARGERIS, s.-lieut., B. 5 oct. 1813, défense de Barcelone.
PIDANSAT, s.-lieut., B. 17 oct. 1813, défense de Torgau.

16, 18 et 19 oct. 1813, bataille de Leipzig.

MAROT, major, B. 18 (mort le 23).
DELÉCHAUD, capit., B. 19 (mort le 23 févr. 1814).
ROBERT, lieut., B. 18.
HARDY, s.-lieut., T. 19.
RENAULT, s.-lieut., T. 16.
BROULARD, s.-lieut., T. 16.

COPIN, chef de bat., B. 19.
LEGRAND, chef de bat., B. 16.
LAFAYE, capit., B. 16.
PINTREL, capit., B. 16.
DUMAY, s.-lieut., B. 16.
DUMEIL, s.-lieut., B. 16.
GALIMARDET, lieut. A.-M., B. 19.
GERMOND, lieut., B. 16.

BARTHÉLEMY, s.-lieut., B. 27 janv. 1814, combat devant Belfort.

1er mars 1814, combat de Saint-Julien (Savoie).

DUSSÈRE, capit., B.
TOULOUSE, s.-lieut., B.

DOURBIE, lieut., B. 25 mars 1814, affaire de Villeseneuse.

---

18 juin 1815, bataille de Waterloo.

BLUET, capit. A.-M., T.
MICHELIN, lieut., B. (mort le 10 juill.).
GIROU, s.-lieut., T.
ANDRÉ, s.-lieut., T.
ROUSSILLE, col., B.
LEFÈVRE, chef de bat., B.
POINTARD, capit. A.-M., B.
PHILIBEAUX, capit., B.
RIMBAULT, capit., B.
CAILLET, capit., B.
THÉBAULT, capit., B.
VALETTE, lieut., B.
PARADIS, lieut., B.
RUFIN, lieut., B.
MATTER, lieut., B.
BONNARD, lieut., B.
REGNARD, s.-lieut., B.
LAURENT, s.-lieut., B.
DELALE, s.-lieut., B.
MALLET, s.-lieut., B.
GUIRAUD, s.-lieut., B.
GILLET, s.-lieut., B.

LABEILLE, s.-lieut., B. 29 juin 1815, combat devant Belfort.

6ᵉ Régiment.

MARMINIA, s.-lieut., B. 30 oct. 1805, combat de Caldiero.
FOUROT, s.-lieut., B. 3 févr. 1806, combat en Calabre.
SORNIN, lieut., T. 26 mars 1806, combat en Calabre.
MAINGARNAUD, lieut., B. 2 avril 1806, combat de Saint-Blaise (Calabre).
PEUGET, capit., T. 3 avril 1806 dans une reconnaissance en Calabre.
MARCHAL, s.-lieut., B. 1ᵉʳ mai 1806, combat en Calabre.
BOURBAKI, s.-lieut., B. 5 avril 1806, combat de Martorano (Naples).
NOEL, lieut., B. 4 juill. 1806, combat de Sainte-Euphémie.

1806, siège de Gaëte.
WARNIER, lieut., B. 2 juin et 7 juill.
POCHET, s.-lieut., B. 7 juill.
FOUROT, lieut., B. 3 juill.
MARTINOTY, s.-lieut., B. 26 juin.

1ᵉʳ sept. 1806, combat en Calabre (Camerotta).
DIMEY, s.-lieut., B. (mort le 11).
WARNIER, lieut., B.
PANACHON, s.-lieut., B.

22 sept. 1806, combat en Calabre.
POTOT, capit., T.
GAUT, s.-lieut., T.

BERTRAND, s.-lieut. B. 1ᵉʳ mai 1807, affaire de Zora (Calabre).
ROUGEMONT, lieut., T. 18 juin 1807, étant en colonne mobile en Calabre.
HARDYAU, capit., B. 19 juin 1807, affaire de Campo-Tenèse.
MICHAUD, lieut. A.-M., B. 21 févr. 1813, combat devant Berlin.
CHERON, capit., B. 29 avril 1813, combat de Mersebourg.
BRIBRON, chef de bat., B. 5 avril 1813, défense de Corfou.
DUMEZ, lieut., B. 29 avril 1813, attaque du pont de la Saale.
PONS, capit., B. 29 avril 1813, combat de Merssbourg.

CADMUS, lieut., T. 5 mai 1813, étant en reconnaissance près de Dresde.
BORDIER, s.-lieut., B. 5 mai 1813, combat près de Dresde.
GRANGIER, chef de bat., B. 7 mai 1813 aux avant-postes de Nosten.
VALADE, s.-lieut., B. 7 mai 1813, combat de Nosten.
LACOSTAS, s.-lieut., B. 5 mai 1813 près de Dresde.
MICHAUD, capit., B. 9 mai 1813 au passage de l'Elbe.

15 mai 1813, combat près de Bautzen.
DESDEVENS, capit., B.
SAENZ, capit., B.
DUMEZ, capit. A.-M., B.
HUDELOT, s.-lieut., B.

MOUCHÉ, lieut., T. 20 mai 1813, bataille de Bautzen.

21 mai 1813, bataille de Wurschen.
TROLLAT, lieut., B. (mort le 26 juill.).
LECLOIREC, s.-lieut., T.
JOLLIVET, s.-lieut., T.
FOURROT (1), capit. B.
ROSIER, capit., B.
MARÉCHAUX, capit., B.
TYRANT, capit., B.
POIRIER, lieut., B.
BRUNEAU, s.-lieut., B.
BORDIER, s.-lieut., B.
MOLÈNES, s.-lieut., B.
THIRIET, s.-lieut., B.
LACOSTAS, s.-lieut., B.
HUDELOT, s.-lieut., B.

THOMAS, capit., B. 4 juin 1813, combat près de Bautzen.
FROSSARD, major, T. 23 août 1813 en inspectant les avant-postes devant Goldberg.

23 août 1813, combat de Goldberg.
CLAVIER, chef de bat., B. (mort).

(1) Fourot.

Gross, capit., T.
Christin, capit., T.
Habrié, s.-lieut., T.
Leloup, capit., B.
Bastié, capit., B.
Desdevens, capit., B.
Maréchaux, capit., B.
Dumez, capit. A.-M., B.
Buard, capit., B.
Bruneau, lieut., B.
Bibert, lieut., B.
Hillion, lieut., B.
Durand, s.-lieut., B.
Dubal, s.-lieut., B.
Poussou, s.-lieut., B.
Rouy, s.-lieut., B.

23 août 1813, combat sur l'Adriatique.
Noel, s.-lieut., B.
Bertrand, s.-lieut., B.

26 août 1813, affaire de la Katzbach.
Buston, capit., B.
Nadal, lieut., B.

Dumas, s.-lieut., B. 10 sept. 1813 aux avant-postes en Saxe.
Molènes, s.-lieut., B. 27 août 1813 pendant la retraite de la Katzbach.
Gire, s.-lieut., B. 6 sept. 1813 aux avant-postes, Saxe.

18 oct. 1813, bataille de Leipzig.
Bérard, s.-lieut., T.
Bruneau, lieut., B.

19 oct. 1813, combat sur la rive droite du pont de Leipzig.
(Le pont ayant sauté, tous ces officiers ont été faits prisonniers.)
Michaud, lieut., B. (mort le 2 nov.).
Chapuis, lieut., B. (mort le 7 nov.).
Amelot, s.-lieut., T.
Buchet, col. en 2e, B.
Bouzinac, chef de bat., B.
Fougères, chef de bat., B.

Denis, capit., B.
Pons, capit., B.
Barthélemy, capit., B.
Boileau, capit., B.
Vial, capit., B.
Vaure, capit., B.
Maréchaux, capit., B.
Evrard, lieut., B.
Augereaud, lieut., B.
Goudard, lieut., B.
Udelot, lieut., B.
Ballande, lieut., B.
Marbotin, s.-lieut., B.
Latouche, s.-lieut., B.
Laterrade, s.-lieut., B.
Thurier, s.-lieut., B.
Benezet, lieut. A.-M., B.
Poussou, lieut., B.

18 oct. 1813, défense de Trieste.
Leridon, chef de bat., B.
Muzaton, capit., B.

Fauché, s.-lieut., B. 30 oct. 1813, bataille de Hanau.
Mariotti, lieut., B., 4 déc. 1813, combat de Bassano.

29 juin 1815, combat devant Belfort.
Ledoux, s.-lieut., B.
Girard, lieut., B.
Ridelle, lieut., B.
Chevallier, s.-lieut., B.
Desvignes, s.-lieut., B.

4 juill. 1815, défense de Belfort.
Dufruit, capit., B. (mort le 6).
Blandin, lieut., T.
Bordier, s.-lieut., T.
Fringant, s.-lieut., B.
Pizard, lieut., B.

Pidansat, capit., B., sept. 1815, défense de Belfort.
Bonnet, chef de bat., B. 1er juill. 1815, au pont de Souvenand.

7ᵉ Régiment.

CHAPUS, capit., B. 9 juin 1808, affaire d'Arbos (Catalogne).
OLIVIER, lieut., B. 15 juill. 1808, combat de Bascano, près Figuières.
FAUCHOT, lieut., B. 24 juill. 1808, combat devant Girone.
ARNOULT, s.-lieut., B. 16 août 1808, combat de Bascano.
THOMAS, s.-lieut., B. 19 août 1808, combat devant Barcelone.
CHAPUS, capit., B. 12 août 1808, affaire route de Girone.
RICHARD, s.-lieut., B. 11 oct. 1808, affaire près de Barcelone.
ALEXANDRE, s.-lieut., B. 8 nov. 1808, combat de Saint-André.

8 nov. 1808, combat de Saint-André (Catalogne).

VARLET, lieut., T.
CHAPUS, capit., B.
COLLIGNON, capit. A.-M., B.
CHAMBEYRON, capit., B.
DUPONT, capit., B.
DUMONT, lieut., B. (mort 23 déc.).

26 nov. 1808, combat de Gracia (Catalogne).

POUTARD, lieut., B.
NAVISET, s.-lieut., B.
DENOCKER, s.-lieut., B.
COURTEJAIRE, s.-lieut., B.

21 déc. 1808, affaire près de Molins-del-Rey (Catalogne).

CHAPUS, capit., B.
CHAMBEYRON, capit., B.
BRIERRE, capit., B.
COTTE, capit., B.
COURTIN, capit., B.
ALEXANDRE, s.-lieut., B.
FERRERY, s.-lieut., B.

POUZOUX, s.-lieut., B. 6 janv. 1809, affaire près de Girone.
COURTEJAIRE, s.-lieut., B. 16 janv. 1809, combat de Masquefa.
RABY, lieut., B. 17 janv. 1809 étant en reconnaissance près Masquefa.

POUZOUX, s.-lieut., B. 7 févr. 1809 par des brigands catalans.
RIOLET, lieut., B. 8 févr. 1809, affaire de Martorell (mort le 2 mars).

17 févr. 1809, 2ᵉ combat de Masquefa.

DUPONT, capit., B.
ROBERT, lieut., B.

MARBOIS, capit., B. 2 mars 1809, affaire de Capellada (Catalogne) (mort le 17).
SAINT-GUIRONS, lieut., B. 14 mars 1809, affaire du Moulin-du-Roi (Catalogne).

1809, siège de Girone.

GUINET, lieut., T. 8 mai.
GROS, capit., B. 19 sept.
FABRIAS, lieut., B. 10 oct.
PICHAUD, s.-lieut., B. 24 août.
FABRIAS DE ROCHEGUDE, s.-lieut., B. 10 juill.
DUBREUIL, lieut., B. 5 juill.

POUPIER, chef de bat., B. 1ᵉʳ nov. 1809, affaire de Santa-Colomba.

12 nov. 1809, combat de Molins-del-Rey.

RICHARD, s.-lieut., B.
POULHARIES, s.-lieut., B.

DUTOU, capit., B. 26 nov. 1809, combat de Jesos, près de Barcelone.
JAUDAS, capit., B. 20 déc. 1809, passage de la Fluvia, près de Bascara.

21 janv. 1810, combat de Moyette (Catalogne).

BLANCHARD, capit., B. (mort le 31 mars).
JACQUIN, lieut. A.-M., B. (mort le 27).
CORBASSON, lieut., T.
PATOT, lieut., B. (mort le 13 févr.).
KLEBER, s.-lieut., T.
LOMBARD, s.-lieut., B. (mort).

20 févr. 1810, combat de Vich (Catalogne).

LECLERC, lieut., B.
SÉRIACOP, s.-lieut., B.

Gros, capit., B. 1er avril 1810, combat de Villafranca.
Desrousseaux, lieut., T. 24 avril 1810 à Tarragone (étant prisonnier).
Denocker, s.-lieut., B. 17 juill. 1810, affaire de Caradeden.

18 juill. 1810, étant en reconnaissance (Catalogne).
Douchet, capit., T.
Massue, capit., T.

Filliette, lieut., B. 16 janv. 1811, affaire de Vals.

31 mars 1811, affaire des défilés de Manresa.
Auboin, capit., B.
Groslambert, capit., B.

Touchard, chirurg. A.-M., B. 2 avril 1811, affaire du col d'Avit.

1811, siège de Tarragone.
Valot, chef de bat., B. 28 juin (mort le 16 juill.).
Miocque, chef de bat., B. 29 mai (mort le 7 juin).
Gentel, lieut., T. 29 mai.
Brifflot, lieut., T. 28 juin.
Fouvergne, s.-lieut., B. (mort le 5 juin).
Failly, chef de bat., B. 6 mai.
Saint-Guirons, capit., B. 3 mai.
Gillard, capit., B. 14 mai.
Pineau, capit., B. 5 mai.
Brenier, lieut., B. 4 mai.
Mangin, lieut., B. 3 et 20 mai.
Delanoy, lieut., B. 29 mai.
Gros, lieut., B. 18 mai.
Filliette, lieut., B. 8 mai.
Cavelier, lieut., B. 8 mai.
Viguier, s.-lieut., B. 4 mai.
Fauchot, s.-lieut., B. 20 mai.
Caudeval, s.-lieut., B. 29 mai.
Gilland, s.-lieut., B. 29 mai.
Delmas, s.-lieut., B. 26 et 29 mai.
Regnault, s.-lieut., B. 29 mai.
Touchard, chirurg. A.-M., B. 20 mai.

Huguet, s.-lieut., B. 6 août 1811 en escortant des prisonniers à la frontière.

1811, siège de Sagonte.
Buffet, capit., T. 27 sept.
Dumont, lieut., B. 24 sept.
Sorat, lieut., B. 26 sept.

2 oct. 1811, affaire de Sagonte (à la Puebla).
Subé, s.-lieut., B. (mort le 25 mai 1812).
Saint-Ange de Jotterat, s.-lieut., B.
Ravaux, s.-lieut., B. 3 oct. 1811 à Villareal (mort le 4).

25 oct. 1811, bataille de Sagonte.
Mouroux, capit., B.
Dubreuil, lieut. A.-M., B.
Fabrias (1), lieut., B.
Comeiras, lieut., B.
Albert, s.-lieut., B.
Vallery, s.-lieut., B.
Rebould, s.-lieut., B.
Margon, s.-lieut., B.

Fages, s.-lieut., B. 25 déc. 1811, combat devant Valence.
Brenier, capit., B. 31 déc. 1811, affaire devant Valence.
Guilaine, capit., B. 26 mai 1812 étant en colonne mobile près de Valence (mort le 5 juin).

11 avril 1813, combat d'Yecla.
Saint-Ange de Jotterat, lieut., T.
Fauchot, s.-lieut., B.

Herenberger, chef de bat., B. 13 avril 1813, combat de Villena.

21 mai 1813, bataille de Würschen.
Aubry, major, B. (mort le 5 juin).
Pinaut, capit., B. (mort le 25).
Saint-André, capit., T.
Joffre, lieut., T.
Gessel, s.-lieut., T.
Groslambert, chef de bat., B.
Honoré, capit., B.
Roussel, capit., B.
Comeiras, capit., B.
Delmas, lieut., B.
Lonjumeau, s.-lieut., B.

---
(1) Fabrias de Rochegude.

Estève, s.-lieut., B.
Lingrand, s.-lieut., B.
Caudeval, lieut., B.
Gavori, s.-lieut., B.

Poque-Mesmin, lieut., B. 28 mai 1813 aux avant-postes en Saxe.

4 juin 1813, combat de Lukau.
Brenier, capit., B.
Delmas, lieut., B.
De Farémont, lieut., B.
Massey, s.-lieut., B.
Boulanger, s.-lieut., B.

Gavaller, lieut., B. 15 août 1813 dans une reconnaissance en Espagne.
Giamarchy, lieut., B. 25 août 1813 par des paysans espagnols.

6 sept. 1813, bataille de Jutzrbock.
Reddet, capit. A.-M., T.
Lemoine, s.-lieut., T.
Quinquet, capit., B.
Gros, capit., B.
Delmas, capit., B.
Maclaire, capit., B.
Perret, capit., B.
Massey, s.-lieut., B.
Fairand, s.-lieut., B.
Sollier, capit. A.-M., B.

Lagrange-Chancel, capit., T. 10 sept. 1813, affaire de Falleja (Catalogne).
Bougault, col., B. 12 sept. 1813, combat près d'Ordal.

13 sept. 1813, affaire du col d'Ordal.
Fabrias de Rochegude, capit., B.

François, s.-lieut., B.
Poulharies, s.-lieut., B.

Poiry, capit., B. 22 sept. 1813, combat en Catalogne.

27 sept. 1813, affaire d'avant-postes en Italie (Zirknitz).
Delaroche, capit., B.
Debornier, s.-lieut., B.

Chomey, chef de bat., B. 20 oct. 1813, combat de Neumbourg.
Pichon, capit., B. 31 oct. 1813, combat en avant de Hanau.
Montalan, lieut., B. 9 nov. 1813, combat devant Mayence (mort le 28).
Georges, major, B. 9 nov. 1813, combat devant Mayence.
Rivals, s.-lieut., B. 16 janv. 1814 dans une reconnaissance en Italie (mort le 23).

8 févr. 1814, bataille du Mincio.
Chauvin, capit., B. (mort le 19).
Pierret, lieut., B. (mort le 28).
Paulet, s.-lieut., T.
Savery, capit., B. (mort le 23).
Gauzy, capit., B.
Corona, lieut., B.
Gouère, capit., B.
Castelin, s.-lieut., B.

Monhard, s.-lieut., B. 20 mars 1814, combat devant Lyon.
Montossé, chef de bat., B. 2 avril 1814, combat de Romans (Drôme).

8° Régiment.

Bannerot, s.-lieut., T. 4 nov. 1806, combat de Crewismuhlen.
Marcelle, capit., B. 17 oct. 1806, combat de Halle.

6 nov. 1806, prise de Lubeck.
Debergues, capit., T.
Chevillard, lieut., T.
Gougeard, capit., B. (mort le 2 avril 1807).

Develle, capit., B.
Mathis, capit., B.
Peutin, capit., B.
Toublanc, lieut., B.
Diamant, s.-lieut., B.
Garniron, s.-lieut., B.
Friquera, s.-lieut., B.
Collin, s.-lieut., B.
Prat, chirurg. S.-A.-M., B.
Tancrède, capit., B.

Spire, lieut., B. 8 déc. 1806 aux avant-postes (mort le 6 févr. 1807).
Collin, s.-lieut., B. 24 janv. 1807, affaire de Liebstadt.

25 janv. 1807, combat de Mohrungen.
Penot, capit., B.
Mathis, capit., B.
Lenglé, lieut., B.
Mercier, lieut., B.
Quéquet, lieut., B.
Bruyenne, s.-lieut., B.

16 févr. 1807, combat d'Ostrolenka.
Gaveau, lieut., T.
Guéry, lieut., B. (mort le 20).

Penot, capit., B. 17 févr. 1807 aux avant-postes (mort le 20 oct.).

3 déc. 1808, combat devant Madrid.
Bressant, lieut., B.
Gratiol, s.-lieut., B.

22 mai 1809, bataille d'Essling.
Dumez, capit., B. (mort le 28).
Sirot, s.-lieut., T.
Aillet, capit., B.
Moreau, capit., B.
Meyer, lieut., B.
Bouzerot, s.-lieut., B.
Lemaire, s.-lieut., B.
Benoit, s.-lieut., B.

Bourdot, capit., B. 18 juin 1809 par des brigands, en Espagne.

5 et 6 juill. 1809, bataille de Wagram.
Jacob, capit., T. 6.
Jannin, lieut., B. 6 (mort le 9).
Neurisse, s.-lieut., B. 6 (mort le 30).
Moureau, capit., B. 5.
Breugnot, capit., B. 6.
Toublanc, capit., B. 6.
Dupin, capit., B. 6.
Moreau, capit., B. 6.
Martin-Mariveaux, capit., B. 6.
Lejour, lieut., B. 5.
Bouzerot, lieut., B. 5.
Daillan, lieut., B. 6.
Chabot, s.-lieut., B. 6.

Subtil, s.-lieut., B. 6.
Castaigne, s.-lieut., B. 6.

28 juill. 1809, bataille de Talavera-de-la-Reyna.
Develle, chef de bat., T.
Leballeur, capit., T.
Baignard, capit., T.
Pinard, capit. A.-M., B. (mort le 16 août).
Roussillon, chef de bat., B.
Duval, lieut. A.-M., B.
Songis, chirurg.-M., B.
Chouette, capit., B.
Lemosquet, capit., B.
Cornette, capit., B.
Saint-Cric, capit., B.
Caumont, lieut., B.
Boillot, lieut., B.
Durand, lieut., B.
Leprince, lieut., B.
Lajonquière, lieut., B.
Guillemain, lieut., B.
Lacvivier, s.-lieut., B.
Gougeard, s.-lieut., B.
Ravède, s.-lieut., B.
Aliberti, s.-lieut., B.

Mercier, capit., B. 1er oct. 1809, combat de Ramora.
Aliberti, lieut., B. 7 août 1810, dans une reconnaissance en Vieille-Castille.
O. Houzé, s.-lieut., T. 29 août 1810, combat du Trocadero (Cadix).

5 mars 1811, combat de Chiclana.
Autié, col., T.
Lanusse, chef de bat., T.
Vilfeux, capit., T.
Grangy, capit., T.
Doumick, lieut., T.
Moreau, s.-lieut., B. (mort le 27).
Vigo-Roussillon, chef de bat., B.
Guilpart, capit., B.
Arbey, capit., B.
Duchanoy, capit., B.
Leprince, lieut., B.
Durand, lieut., B.
Bourlet, lieut., B.
Caumont, lieut., B.
Gardie, lieut., B.
Joly, lieut., B.

GUILLEMIN, lieut., B.
MAZET, s.-lieut., B.
DE TERSON, s.-lieut., B.
LAROUX, s.-lieut., B.
GOUJEARD, s.-lieut., B.
ALIBERTI, lieut., B.
BABIN, s.-lieut., B.

CASTAIGNE, lieut., B. 5 mai 1811, bataille de Fuentès-d'Onoro.
MONLIEU, capit., T. 3 mai 1811 aux avant-postes de Fuentès-d'Onoro.
COUSIN, s.-lieut., B. 11 mai 1811, évacuation d'Almeïda.
RAVIER, s.-lieut., B. 17 nov. 1812 en Espagne.

3 février 1813, *combat de Ligneaza.*
COLLIN, capit., B.
SAINT-CRIC, capit., B.

CORNETTE, capit., B. 3 mars 1813, défense de Dantzig.
BROTONIER DE LA JUTENOIS (1), lieut., assassiné le 10 mars 1813 à Madrid.
TALLERIE, s.-lieut., B. 21 juin 1813, bataille de Vittoria.
POELPOEL, lieut., T. 25 juill. 1813, défense du col de Maya.
PARENT, s.-lieut., B. 8 juill. 1813 au fort de Cuxhaven.
BÉRARD, s.-lieut., B. 27 juill. 1813, combat près de Pampelune (mort le 20 août).
CORNEILLE, chef de bat., B. 28 juill. 1813, combat devant Pampelune (mort le 21 août).

30 *juill.* 1813, *Pampelune.*
CHEVILLARD, capit., B.
ODINOT, capit., B.

CHABANNES, lieut., B. 30 juill., 1813, retraite de Pampelune.
VÉGLIO, capit., B. 31 août 1813 au passage de la Bidassoa (mort le 12 sept.).
DE PARIS, s.-lieut., B. 31 août 1813, passage de la Bidassoa.

(1) Dans un bal, d'un coup de pistolet.

8 *sept.* 1813, *combat de Dohna (Saxe).*
GILLY, major, B.
DESLOQUOIS, chef de bat., B.

10 *sept.* 1813, *combat de Toëplitz.*
CHAUVOT, capit., B.
FONTENAILLE, capit., B. (mort le 23).
DEVAUX, lieut., B.
BRASÉDEL, s.-lieut., B.

1813, *défense de Dresde.*
GILLY, major, B. 7 nov.
GUILLEMAIN, capit., B. 9 oct.
DEGON, capit., B. 17 oct. (mort le 6 nov.).
BAILLET, capit., B. 8 oct.
BRASIDEC, s.-lieut., B. 8 oct.
DEVAUX, lieut., B. 8 oct.
BRASÉDEL, s.-lieut., B. 8 oct.

BOURCIER, lieut., B. 7 oct. 1813, combat sur les Pyrénées.
CORNETTE, capit., B. 26 oct. 1813, défense de Torgau.
NICOLOT, capit., B. 10 nov. 1813, combat d'Ainhoa (Pyrénées).

13 *déc.* 1813, *combat devant Bayonne.*
LEGRAND, s.-lieut., B.
TALLERIE, capit., B.

LOGEAT, capit., B. 10 févr. 1814, combat de Nogent-sur-Seine.
HUBERT, lieut., B. 21 févr. 1814, combat de Bar-sur-Aube.

27 *févr.* 1814, *combat de Bar-sur-Aube.*
PARIS, lieut., B.
LEGRAND, lieut., B.

21 *mars* 1814, *combat d'Arcis-sur-Aube.*
TALLERIE, capit., B.
ROUSSET, lieut., B.
MORNIVAL, s.-lieut., B.

LAGRANGE, lieut., B. 9 avril 1814, défense de Venloo.

18 *juin* 1815, *bataille de Waterloo.*
LEPRINCE, capit. T.
BERTRAND, chef de bat., B.
BOUILHET, capit. A.-M., B.
BOULLENGER, capit., B.

RÉGIMENTS D'INFANTERIE DE LIGNE 137

Souilhagon, capit., B.
Arlin, capit., B.
Pluchard, capit., B.
Vivès, lieut., B.
Cousin, lieut., B.
Baillet, lieut., B.
Lahougue, lieut., B.
Corbrion, lieut., B.

Legrand, lieut., B.
Laroche, s.-lieut., B.
Brard, s.-lieut., B.
Martinet, s.-lieut., B.
Guignard, s.-lieut., B.
Dumesnil, s.-lieut., B.
Lancé, s.-lieut., B.
Bouché, s.-lieut., B.

9ᵉ Régiment.

16 nov. 1805, combat d'Hollabrünn.
Rousselot, capit., B.
Pépin, capit., B.

Musset, lieut., B. 2 déc. 1805, bataille d'Austerlitz.

11 avril 1809, combat de Venzone (Italie).
Cadenas, capit., T.
Laurent, capit., B.
Rivoire, lieut., B.
D'Hailly, lieut., B.
Droupy, s.-lieut., B.
Pontenier, s.-lieut., B. 10.

16 avril 1809, bataille de Sacile.
Guyard, capit., B.
Villeneuve, capit., B.
Rioust, capit., B.

2 mai 1809, combat de Montebello.
Scheidhauer, capit., B.
Rioust, capit., B.
Lalande, capit., B.
Pernet, capit., B.
Jeanne, lieut., B.
Lemarchand, s.-lieut., B.
Lemaire, s.-lieut., B.
Pontenier, s.-lieut., B.
Leclerc, s.-lieut., B.

8 mai 1809, bataille de la Piave.
Duhomme, s.-lieut., B. (mort le 24).
Bruyère, capit., B.
Noirmand, s.-lieut., B. (mort le 1ᵉʳ juin).

Mouton, major, B. 14 juin 1809, bataille de Raab.

6 juill. 1809, bataille de Wagram.
Gallet, col., T.
Barsut, chef de bat., T.
Hérouard, chef de bat., T.
Manissier, capit., B. (mort le 9).
Martin, capit., T.
Lafoux, capit., B. (mort le 14).
Roussel, capit., B. (mort le 11).
Pépin, capit. A.-M., B. (mort le 7 août).
Puget, s.-lieut., T.
By, s.-lieut., T.
Pelteret, s.-lieut., T.
Couvreur, s.-lieut., T.
Duhomme, s.-lieut., B. (mort le 22).
Villeneuve, capit., B.
Scheidhauer, capit., B.
Moutin, capit., B.
Lemaire, capit., B.
Savary, lieut., B.
Pontenier, lieut., B.
Blanchet, lieut., B.
Demange, s.-lieut., B.
Clause, s.-lieut., B.
Picard, s.-lieut., B.
Tirot, s.-lieut., B.
Gauthier, s.-lieut., B.
Leclerc, s.-lieut., B.

Broche, s.-lieut., B. 8 déc. 1809, affaire près de Lentz.

27 juill. 1812, combat d'Ostrowno.
Laporte, chef de bat., B. (mort le 27 sept.).
Savary, capit., T.
Thévenot, capit., T.
Chastant, lieut., B. (mort le 21 août).
Trougard, s.-lieut., T.
Barthaumieux, s.-lieut., B.

7 *sept.* 1812, *bataille de la Moskowa.*
ROUSSELOT, chef de bat., B. (mort le 30).
BUCHETTE, capit., B. (mort le 30).
VAILLANT, capit., B. (mort le 20 nov.).
ROUBERET, capit., B. (mort le 9 oct.).
ROLLET, lieut., T.
DEMONYE, lieut., T.
VAUTIER, s.-lieut., T.
DANSETTE, s.-lieut., T.
VAUTRÉ, col., B.
VAUTRÉ, chef de bat., B.
RIOUST, chef de bat., B.
MEUNIER, lieut. porte-aigle, B.
CHAMBORAND, capit., B.
AUGENARD, capit., B.
MERLE, capit., B.
HÉVEUR, capit., B.
GUENIFFEY, capit., B.
CABOT, capit., B.
DEMANGE, capit., B.
TIREL, capit., B.
NANTIL, capit., B.
LEBRUN, lieut., B.
BONNET, lieut., B.
AUCLERRE, lieut., B.
BERTEAUX, lieut., B.
FILBERT, lieut., B.
CARANDAT, lieut., B.
DUBOURNAIL, lieut., B.
HÉRAULT, lieut., B.
BAUDON, lieut., B.
DEMARCY, lieut., B.
BAUVE, s.-lieut., B.
CLÉMENDOT, s.-lieut., B.
BARTHAUMIEUX, s.-lieut., B.
CLÉMENT, s.-lieut., B.
VERNAUX, s.-lieut., B.
MINARD, s.-lieut., B.
DELARIBERETTE, s.-lieut., B.
AVÉROUS, s.-lieut., B.
PONTHIAUX, s.-lieut., B.
VANDERMONDE, s.-lieut. B.
CABOT, chirurg. S.-A.-M., B.
CHARLIER, s.-lieut., B.
DAVID, s.-lieut., B.

24 *oct.* 1812, *bataille de Malojaroslawetz.*
DEMANGE, capit., T.
RENAUDIÈRE, s.-lieut., T.
AVÉROUS, s.-lieut., T.
GUIRAUD, capit., T.
DROUPY, capit., B.

ROUBEAU, s.-lieut., B.
CLÉMENDOT, s.-lieut., B.
CHARTIER, lieut., B.
BARTHAUMIEUX, s.-lieut., B.

3 *nov.* 1812, *combat de Wiasma.*
REGNIER, s.-lieut., B. (disparu).
DAVID, lieut., B.
ZINDEL, s.-lieut., B.
GRENET, s.-lieut., B.

7 *nov.* 1812, *combat de Dorogobouj.*
FATOU, lieut., B.
AUCLERRE, lieut., B.

12 *nov.* 1812, *affaire près de Smolensk.*
BERNARD, lieut. B.
DUBOURNAIL, lieut., B.

VANDERMONDE, s.-lieut., B. 14 nov. 1812, combat devant Smolensk.
TURQUAND, s.-lieut., T. 15 nov. 1812, aux avant-postes, près de Krasnoë.

15 *nov.* 1812, *affaire près de Krasnoë.*
CHARTIER, lieut., B.
ADAM, s.-lieut., B.

BLANCHET, capit., B. 15 déc. 1812 par les Cosaques, près de Tilsitt.
THIREL, capit., B. 16 déc. 1812, combat devant Kowno.
CLÉMENDOT, s.-lieut., B. 16 déc. 1812 près du Niémen.
ROYER, s.-lieut., B. 12 janv. 1813, route de Posen, par des Cosaques.
DELARIBERETTE, s.-lieut., B. 13 janv. 1813 pendant la retraite sur Posen.
CHERRIER, chef de bat., T. 6 sept. 1813, combat devant Villach.
FATOU, capit., B. 7 sept. 1813, affaire de Foëstrich (Illyrie).
DAVID, capit., B. 13 sept. 1813, affaire aux avant-postes, en Illyrie (mort le 30).

19 *sept.* 1813, *combat d'Halembourg.*
LEBRUN, capit., B.
VAUSSEUR, lieut., B.
CASTILLON, lieut., B.

ROUBERET, s.-lieut., B. 22 sept. 1813, combat de Gaschin.

13 oct. 1813, *combat de Venzone.*
PARMENTIER, capit., B.
BONNET, capit., B.

GRAINDORGE, capit., T. 24 oct. 1813, affaire devant Bassano.

26 oct. 1813, *combat de Bassano.*
LEMAIRE, chef de bat., B.
GATELIER, capit., B.
BAUVE, lieut., B.
MONGUILLON, lieut., B.
BAROTTE, s.-lieut., B.
ZINDEL, lieut., B.
CHARVET, s.-lieut., B.
WIGUIER, s.-lieut., B.
FOINEST, s.-lieut., B.

VANDERMONDE, capit., B. 31 oct. 1813, affaire près de Bassano.

VANDERMONDE, capit., B. 1er déc. 1813, étant en reconnaissance en Italie.

8 *févr.* 1814, *combat devant Goïto.*
GATELIER, capit., B.
BOUDIER, s.-lieut., B.

2 *mars* 1814, *combat de Parme.*
BROUSSIER, col., B.
PARMENTIER, capit., B.
DAVID DES ETANGS, capit., B.
BAROTTE, s.-lieut., B.

GALLÉ, s.-lieut., B. 23 mars 1814, affaire sur la Brenta.
MÉRAY, s.-lieut., B. 23 mars 1814, au poste de la Chiozza.
PÉZÉ, s.-lieut., B. 13 avril 1814, combat de la Sturla, près de Gênes.

13 *avril* 1814, *combat sur le Taro.*
HORCHOLLE, capit., B.
VERNEAUX, capit., B.

10e Régiment.

31 oct. 1805, *passage de l'Adige.*
PORTES, capit., T.
BRIARD, s.-lieut., B. (mort le 8 déc.).
HUSSON, capit., B.

24 *nov.* 1805, *combat de Castel-Franco.*
ROSSI, s.-lieut., T.
BENOIST, capit., B.

1806, *siège de Gaëte.*
PEUTET, s.-lieut., B. mars (mort le 21).
HUSSON, capit., B. 13 juill.
THOMAS, chef de bat., B. 26 juin.
JACQUOT, lieut., B.
BOULLE, s.-lieut., B. 15 mai.
LECRINIER, capit., B. 8 juill.
JACOB, lieut., B. 10 juill.

CHANAVA, capit. B. 18 sept. 1806, combat de Tino (Naples) (mort le 21).
COURSOT, capit., T. 25 sept. 1806, affaire de Sorra (Naples).
CONDÉ, lieut., B. 10 oct. 1809, combat de Trente (Tyrol).

4 oct. 1808, *prise de l'île de Capri.*
JACOB, capit., B.
BAL, capit., B.

MONGET, lieut., B. 28 oct. 1808, défense de l'île de Capri.
GRIGY, capit., B. 11 juill. 1809 en Calabre.
DONNAT, capit., B. 18 avril 1810, combat contre des brigands dans la Basilicate (Naples).
ROSSIGNOL, lieut., B. 5 mai 1810 par des brigands dans la Capitanate.
CLASSE, capit., B. 24 août 1810, combat devant Messine.
JULLIEN, s.-lieut., B. 16 mai 1811, affaire contre des brigands espagnols.

24 *juill.* 1811, *affaire de Saint-Grégoire (Navarre).*
BOCCHINO, chirurg. S.-A.-M., T.
BOURSERET, lieut., A.-M., B.

ROUSSEL, chirurg. A.-M., B. 5 janv. 1812 dans une rue de Saragosse.

11 *janv. 1812, dans une reconnaissance en Espagne.*
Gommier, lieut., B. (mort le 8 juill.).
Romain, s.-lieut., T.

Mouton, capit., B. 20 sept. 1812, affaire de Cuebacardel.
Rihet, chef de bat., T. 26 sept. 1812, combat de Calatayud.
Montlahuc, lieut., B. 3 nov. 1812, combat près de Pampelune.

23 *déc. 1812, passage de la rivière de Vera, étant en colonne mobile, en Espagne.*
Pinguet, s.-lieut., T.
Rabin, s.-lieut., T.
Cazenaze, s.-lieut., B.

2 *mars 1813, combat de Soz (Aragon).*
Jolly, s.-lieut., B. (mort en mars).
Porquet, capit., B.
Aupich, capit., B.
Cazenave, s.-lieut., B.

2 *mai* 1813, *bataille de Lutzen.*
Malfroy, capit., B. (mort le 12).
Gazeau, s.-lieut., B. (mort le 3).
Méline, lieut., B.
Allouveau de Montréal, lieut., B.
Mandon, s.-lieut., B.
Monget, capit., B.

Nicolas, s.-lieut., B. 10 mai 1813, affaire près de Dresde.

11 *mai* 1813, *passage de l'Elbe.*
Perdrieux, lieut. A.-M., B. (mort le 14).
Cuppé, chef de bat., B.
Messonnier, capit., B.
Nicolas, s.-lieut., B.
Marsoudet, lieut., B.

François, s.-lieut., B. 13 mai 1813, combat près de Dresde.

20 *mai* 1813, *bataille de Bautzen.*
Fournet, capit., T.
Colin, lieut., B.

21 *mai* 1813, *bataille de Würschen.*
Degert, capit., B. (mort le 26 nov.).
Franchimant, s.-lieut., B.

Berger, lieut., B. 4 juin 1813, affaire d'avant-postes en Saxe.
Mouton, capit., B. 21 juin 1813, bataille de Vittoria.

10 *juill.* 1813, *défense de Sarragosse. (affaire d'Alcubière).*
Gramont, lieut., T.
Silvain, s.-lieut., T.
Hibert, lieut., B.

23 *août* 1813, *combat de Goldberg.*
Latour, lieut. A.-M., B. (mort le 25).
Garnier, lieut., B. (mort le 27).
Lange, s.-lieut., T.
Caillier, s.-lieut., T.
Baron, capit., B.
Allouveau de Montréal, capit., B.

Bresson, capit., T. 7 sept. 1813, aux avant-postes, près de Laybach.
Mandon, s.-lieut., B. 12 oct. 1813, aux avant-postes en Saxe (mort le 24 nov.).

16 et 19 *oct.* 1813, *bataille de Leipzig.*
Renaud, capit., T. 16.
Cuppé, chef de bat., B. 19.
Poilvé, chef de bat., B. 16.
Méline, capit., B. 19.
Jullien, capit., B. 18.
Franchimant, lieut. A.-M., B. 16.
Guillaume, lieut. A.-M., B. 16.
Marsoudet, capit., B. 19.
Moreau, lieut., B. 19.
Montagnon, s.-lieut., B. 16.
Fonfrède, s.-lieut., B. 19.
Colin, capit., B. 19.

30 *oct.* 1813, *bataille de Hanau.*
Dubarry, capit., B.
Lacave, lieut., B.
Berger, capit., B.
Lefranc, lieut., B.

Thomas, s.-lieut., B. 25 nov. 1813, combat de Jacca (Espagne).
Maréchaux, capit., B. 3 déc. 1813, défense de Torgau.

8 *févr.* 1814, *bataille du Mincio.*
Gaudefroy, capit., T.
Maumelat, capit., B. (mort le 14).

MÉTHENOM, lieut., B. (mort le 20).
LAMARQUE, s.-lieut., T.
CHEVALIER, s.-lieut., B.
GUENOT, s.-lieut., B.
MAYRETTE, s.-lieut., B.

FOURNIER, capit., B. 10 févr. 1814 aux avant-postes, en Italie.
BOUCHET, lieut., T. 27 févr. 1814, bataille d'Orthez.
PORQUET, capit., B. 2 mars 1814, combat de Aire (Pyrénées).
GUYON, capit., B. 17 févr. 1814, au pont d'Arrivercite (Basses-Pyrénées).
HIBERT, lieut., B. 17 févr. 1814, combat de Sauveterre.

10 avril 1814, bataille de Toulouse.
ROSSIGNOL, capit., T.
DUBALEN, col., B.
DUCOS, chef de bat., B.
DE CLAUSUN, lieut., B.
SIMON, s.-lieut., B.
HIBERT, capit., B.
MARIGNY, lieut., B.
DELAPORTA, s.-lieut., B.
TALBOT, s.-lieut., B.

BOUDET, chef de bat., B. 10 avril 1814, affaire sur le Taro (Italie).

13 avril 1814, combat de Borgo-Saint-Donino.
BARD, capit., B.
JACQUEMIN, s.-lieut., B.

18 juin 1815, bataille de Waterloo.
ROUDILLON, capit., T.
BLANCHARD, lieut., B. (mort le 26).
DECOS, chef de bat., B.
CLAUDEL, capit., B.
DESCLÈVES, capit., B.
REY-DEMORANDE, capit., B.
DROUAS, capit., B.
LEMAIRE, capit., B.
CAZENAVE, capit., B.
BOUCHU, s.-lieut. porte-aigle, B.
LACAVE, lieut., B.
BEAUVAIS, lieut., B.
AIRAL, lieut., B.
GUESDON, lieut., B.
LIGER, lieut., B.
BEAUFRÈRE, lieut., B.
NESTIER, s.-lieut., B.
BERTHIER, s.-lieut., B.
VINCENT, s.-lieut., B.
NICOLINE, s.-lieut., B.
MAYRETTE, s.-lieut., B.
DUGI, s.-lieut., B.
DAGAULT, s.-lieut., B.

11º Régiment.

PARIZOT, lieut., B. 29 nov. 1805, affaire près de Gratz (Styrie).
ARRAZAT, s.-lieut., B. 30 sept. 1806, dans une affaire aux Bouches du Cattaro.
ROUQUIER, s.-lieut., B. 1ᵉʳ oct. 1806, combat en Dalmatie (contre des Monténégrins).
LAFONT, capit., B. 28 oct. 1806, combat de Castelnovo (Dalmatie).

Juin 1807, combats près de Spalatro (frontière du Monténégro).
DESCAZALS, capit., T. juin.
RICHON, s.-lieut., T. 18 juin.
MICHEL, s.-lieut., T. 16 juin.

RIGAULT, s.-lieut., B. 23 sept. 1808, combat en Dalmatie (mort le 3 févr. 1809).

16 avril 1809, bataille de Sacile.
GRASSET, capit., T.
LEINS, lieut., T.
ARRAZAT, capit., B.
LABADIE, capit., B.
DUPRÉ, s.-lieut., B.
DEHAN, lieut., B.
RICARD, s.-lieut., B.

29 et 30 avril 1809, combats de Bender (Croatie).
SAUTIER, lieut., B. 30 (mort le 4 mai).
PIQUE, s.-lieut., T. 29.
BERTRAND, capit., B. 30.
CORLIN, capit., B. 30.
RANCHON, lieut., B. 30.

16 et 17 mai 1809, combats de Gratchatzen (Croatie).
MONCEGU, lieut. A.-M., B. 16.

Cassagne, capit., B. 17.
Charton, s.-lieut., B. 17.

Vabre, s.-lieut., T. 22 mai 1809, affaire près de Gratchatzen.
Jolle, chef de bat., B. 29 juin 1809, combat de Gratz (Styrie).
Defaysse, chef de bat., B. 6 juill. 1809, bataille de Wagram.

11 juill. 1809, bataille de Znaïm.
Grollier, capit., T.
Jacques, capit., B.
Calendre, capit., B.
Charrin, capit., B.
Obrion, capit., B.
Bouecre, lieut., B.
Baldy, lieut., B.
Vergniaud, lieut., B.
Courbeville, lieut., B.
Castillon, lieut., B.
Escallon, capit., B.
Monthégut, lieut., B.
Maussion, lieut., B.
Desplanches, s.-lieut. B.
Monthégut (J.), s.-lieut., B.
Arnaud, s.-lieut., B.
Valette, s.-lieut., B.
Ricard, s.-lieut., B.
Deschaud, s.-lieut., B.

1811, blocus de Figuières (Catalogne).
Beurthe, lieut., B. 3 août.
Duportail, chirurg. A.-M., B. 11 mai.
Blondeau, lieut., B. 3 août.
Assier, s.-lieut., B. 11 août.

Vergniau, lieut., B. 10 mars 1812, étant en reconnaissance en Catalogne (mort le 14).
Duportal, chirurg. A.-M., B. 8 juill. 1812, affaire de Villanova (Catalogne).

---

28 juill. 1812, prise du Mont-Serrat.
Cayasse, lieut., B. (mort le 2 nov. 1813).
Bernard, s.-lieut., B.

Barbette, lieut., B. 27 sept. 1812, affaire de Léria (Catalogne).
Castillon, lieut., B. 10 avril 1813, combat d'avant-postes (Espagne).
Vilanova, s.-lieut., B. 17 avril 1813, défense de Vittenberg.

Landau, capit., B. 27 avril 1813, combat de Weissenfels (mort le 29).
Beaubis, capit., B. 22 mai 1813, combat de Reichenbach.

---

19 août 1813, combat de Helle.
Sarrère, chef de bat., B.
Laloge, capit., B.

---

19 août 1813, combat d'Amposta (devant Tortose).
Sornette, lieut., T.
Grasset, capit., B.
Verdier, capit., B.
Vermersch, lieut., B.
Maixant, lieut., B.

---

22 août 1813, combat près de Goldberg.
Violand, capit., B.
Amadieu, lieut., B.
Mehée, lieut., B.

---

27 août 1813, bataille de Dresde.
Chambon, lieut., B.
Caminald, s.-lieut., B.

Hercule, s.-lieut., B. 23 sept. 1813, défense de Dresde.
Guilleminot, s.-lieut., B. 4 oct. 1813, combat de Saint-Privat (Catalogne).
Arrazat, capit., B. 30 oct. 1813, bataille de Hanau.

16, 18 et 19 oct. 1813, bataille de Leipzig.
Dubugq, capit., T. 18.
Richard, capit., B. 16 (mort le 4 nov.).
Borakouski, lieut., T. 19.
Blondel, capit., B. 16.
Beauchet, capit., B. 16.
Caseneuve, s.-lieut., B. 18.
Colle, s.-lieut., B. 16.
Caminade, s.-lieut., B. 19.

Barbette, capit., B. 20 nov. 1813, affaire d'Olon (Espagne).
Jardard, lieut., B. 3 févr. 1814, combat de la Chaussée.
Reiss, lieut., B. 6 févr. 1814, combat de Belcombe (Savoie).
Bécherel, s.-lieut., B. 13 févr. 1814, défense de Belfort.

19 *févr.* 1814, *combat devant Chambéry.*
Teunissen-Dirk, capit., B.
Meynaud, s.-lieut., B.

1er *mars* 1814, *combat de Saint-Julien (Savoie).*
Saussine, lieut., T.
Noiré, capit., B.

1814, *défense de Tortose.*
Uzel, s.-lieut., T. 24 mars.
Assier, lieut., B. 1er avril.
Colson, s.-lieut., B. 1er avril.

18 *juin* 1815, *bataille de Waterloo.*
Aubrée, col., B. (mort le 27).
Floquet, s.-lieut., B. (mort le 15 juill.).

Haulon, chef de bat., B.
Maxant, capit., B.
Monthégut, capit., B.
Courbeville, capit., B.
Moreau, capit., B.
Imbert, capit. A.-M., B.
Beaulis, capit., B.
Heluis, capit., B.
Dupré, lieut., B.
Vermersch, lieut., B.
Maillard, lieut., B.
Pareira, lieut., B.
Ménéglier, lieut., B.
Dutreuil, s.-lieut., B.
Minel, s.-lieut., B.
Rasquinet, s.-lieut., B.

12e Régiment.

14 *oct.* 1806, *bataille d'Auerstædt.*
Maron, capit., T.
Minon, capit., T.
Chapellier, capit., T.
Gueny, capit., B. (mort le 16 nov.).
Argenton, capit., B. (mort le 11 nov.).
Chalié, capit., B. (m^{rt} le 23 janv. 1807).
Sensenbrener, lieut., B. (m^{rt} le 19 nov.).
Humbert (F.), lieut., T.
Dessoindre, lieut., T.
Leblanc, lieut., T.
Thiébault, lieut., B. (mort le 18 nov.).
Olivier, s.-lieut., T.
Palata, s.-lieut., T.
Bouteiller, s.-lieut., T.
Léger, s.-lieut., B. (mort le 2 nov.).
Viard, s.-lieut., B. (mort le 7 nov.).
Vergez, col., B.
Boumard, capit., B.
Durmer, capit., B.
Lebon, capit., B.
Dechambe, capit., B.
Philippier, capit., B.
Renault, capit., B.
Montagard, capit. A.-M., B.
Pigeard, capit., B.
Bibault, capit., B.
Robert, lieut., B.
Caillot, s.-lieut., B.
Breuil, lieut., B.
Bouyer, s.-lieut., B.
Ripert, s.-lieut., B.

Bizot, lieut., B.
Mitel, s.-lieut., B.
Chevallier, s.-lieut., B.
Battault, s.-lieut., B.
Talbotier, s.-lieut., B.

26 *déc.* 1806, *combat de Pultusk.*
Muller, col., B.
Laluye, capit., B.
Durmer, capit., B.

23 *déc.* 1806, *combat de Czarnowo.*
Fournier, capit., T.
Noel, lieut., T.
Nicourt, lieut., B. (mort le 1er févr. 1807).
Louvrier, capit., B.

8 *févr.* 1807, *bataille d'Eylau.*
Godard, capit., T.
Bodier, s.-lieut., B. (mort le 11 mars).
Louis, capit., B.

22 *avril* 1809, *bataille d'Eckmühl.*
Grossot-Devercy, chef de bat., B. (mort le 26).
Bertrand, lieut., T.
Bourdot, lieut., B.

23 *avril* 1809, *combat de Ratisbonne.*
Dupeyrat, s.-lieut., T.
Pierre, major, B.

PÉLISSIER, capit., B.
MONTAGARD, capit. A.-M., B.
BATIAULT, lieut., B.
GUILLOT, lieut., B.
GEYER, s.-lieut., B.
ROUSSEL, s.-lieut., B.

22 mai 1809, *bataille d'Essling.*
PIGEARD, capit., B.
SOUINOIS, s.-lieut., B.

3 juin 1809, *combat de Presbourg.*
GUÉRIN, capit. A.-M., T.
HECQUET, capit., B. (mort le soir).
FRÉJACQUES, capit., T.
LEMOINE, lieut., T.
BECKER, chef de bat., B.
MICHELET, lieut. A.-M., B.
BONFILLIOU, lieut. porte-aigle, B.
FUZIER, capit., B.
MASSÉRANO, capit., B.
MITEL, capit., B.
BOURDOT, capit., B.
THIERY, lieut., B.
DE BEAULIEU, lieut., B.
CAROT, s.-lieut., B.
HIAGUY, s.-lieut., B.
BOUCHERIE, s.-lieut., B.
ROUSSEL, s.-lieut., B.
DE RUMIGNY, s.-lieut., B.

6 juill. 1809, *bataille de Wagram.*
DESSULLEAU, s.-lieut., T.
VILLENEUVE, s.-lieut., B. (mort le 11).
THOULOUZE, col., B.
PIERRE, major, B.
HÉMON, chef de bat., B.
MONTEYRÉMARD, chef de bat., B.
GUYOT, chef de bat., B.
TROUILLIET, capit., B.
LALUYE, capit., B.
HOPQUIN, capit., B.
DE RUMIGNY, lieut., B.
CAILLOT, lieut., B.
FOUGERY, lieut., B.
BARON, lieut., B.
PIGERON, capit., B.
DELAUNE, lieut., B.
THIÉRY, lieut., B.
BOUCHERIE, lieut., B.
GUILLOT, lieut., B.
FRANÇOIS, lieut., B.
QUERRUEL, s.-lieut., B.

FEISTHAMEL, s.-lieut., B.
VALETTE, s.-lieut., B.
MITEL, s.-lieut., B.
ANTOINE, s.-lieut., B.
MOUSTARDIER, s.-lieut., B.
ROTA, s.-lieut., B.

BARON, capit., B. 16 août 1812, aux avant-postes devant Smolensk.

17 et 18 août 1812, *bataille de Smolensk.*
DELAUNE, capit., T. 17.
BERCHE, capit., B. (mort).
MONNIER, lieut., B. 18 (mort le 27).
MASSON, lieut., T. 18.
MORAZZI, lieut., T. 18.
PIERSON, s.-lieut., B. 18 (mort le 26).
DE BEAULIEU, capit., B. 18.
SENAULT, lieut., B. 17.
THIÉRY, capit., B. 18.
ROUY, lieut., B. 18.
CHAPUY, lieut., B. 18.
BAROTEAUX, s.-lieut., B. 18.
BOUYERS, lieut., B. 17.

19 août 1812, *combat de Valoutina-Gora.*
THOULOUZE, col., B. (mort le 21).
CLÉMENT, major en 2e, B. (mort le 23).
HÉMON, chef de bat., T.
FRANÇOIS, capit., T.
GUÉRINOT, capit., T.
ROUSSEL, capit., T.
FRANÇOIS (L.), capit., T.
BASTIDE, s.-lieut., T.
ROBERT, chef de bat., B.
BONNEVILLE, chef de bat., B.
DEHIS, capit., B.
MARTIN, capit., B.
ANTOINE, lieut., B.
ROUBY, lieut., B.
WILLEMAUT, lieut., B.
HÉDIART, lieut., B.
SARAZIN, s.-lieut., B.
JOANNAS, s.-lieut., B.
ROSIER, s.-lieut., B.
DAUVÉ, s.-lieut., B.
MILLOT, s.-lieut., B.
DESNOYERS, s.-lieut., B.

7 sept. 1812, *bataille de la Moskowa.*
HUMBERT, capit., B. (mort le 26).
MOUSTARDIER, lieut., T.
BAILLOT, lieut., T.

Barzun, lieut., T.
Leclerc, lieut., B. (mort le 30).
Magnien, s.-lieut., T.
Delasse, s.-lieut., T.
Adam, chef de bat., B.
Michelet, capit. A.-M., B.
Bonfillou, capit. A.-M., B.
Martin, capit., B.
Berche, capit., B.
Dehis, capit., B.
Raynaud, capit., B.
Gérard, capit., B.
Fougery, capit., B.
Etienne, capit., B.
Henry, capit., B.
Baron, capit., B.
Ceha, lieut., B.
Lefèvre (marin), lieut., B.
Hiérard, lieut., B.
Dresnaud, s.-lieut., B.
Campenon, s.-lieut., B.
Frisch, lieut., B.

24 oct. 1812, bataille de Malojaroslawetz.

Ricadat, lieut., T.
Bouyers, lieut., B.

3 nov. 1812, combat de Wiasma.

De Beaufort, chef de bat., B.
Gérard, chef de bat., B.
Roussel, capit., B.
Lefèvre (marin), lieut., B.
Blavier, s.-lieut., B.
Cottolenc, lieut., B.

28 nov. 1812, aux ponts de la Bérésina.

Rouby, capit., B.
Cheret, s.-lieut., B.
Fouque, lieut., B. (mort le 2 janv. 1813).

Willemant, lieut., B. 10 déc. 1812, défense de Wilna.

29 et 30 août 1813, affaire de Culm.

Carot, capit., T.
Rota, capit., T.
Buret, capit., T.
De Beaulieu, capit., T.
Berlaud, capit., T.
Muyssart, capit., T.
Legat, capit., T.
Ribot, lieut., T.

Hédiard, lieut., T.
Richelet, lieut., T.
Paris, lieut., T.
Mounier, chef de bat., B.
Dehis, chef de bat., B.
Rouy, capit., B.
Henry, capit., B.
Capuy, capit., B.
Gilbert, capit., B.
Ceha, capit., B.
Delforge, capit., B.
Michelet, capit., B.
Bonfillou, capit., B.
Muiron, capit., B.
Senault, lieut. A.-M., B.
Bénard, lieut., B. 29.
Dresnaud, lieut., B.
Willinger, lieut., B.
Lefèvre, lieut., B.
Cordon, lieut., B.
Thouvenin, lieut., B.
Cottolenc, s.-lieut., B.
Coulomb, s.-lieut., B.
Maudet, s.-lieut., B. 29.
Josselin, s.-lieut., B.
Deblois, s.-lieut., B. 29.
Gilly, s.-lieut., B.
Muller, s.-lieut., B.
Michel, s.-lieut., B.
Garnesson, s.-lieut., B.
Girardin, s.-lieut., B.
Perceau, s.-lieut., B.

Cheret, s.-lieut., B. 5 sept. 1813, défense de Pirna (Dresde).
Schmid, s.-lieut., T. 13 sept. 1813, devant Péterswald.
Raffour, capit., B. 14 sept. 1813, défense de Dresde (mort le 25).

14 sept. 1813, combat de Péterswald.

Bassour, capit., T.
Watelié, capit., B. (mort le 27).
Martin, lieut., T.
Follye, s.-lieut., T.
Mounier, chef de bat., B.
Etienne, capit., B.
Garnesson, lieut., B.
Cheret, s.-lieut., B.

Lemaire, capit., B. 17 sept. 1813, défense de Dresde.

TROUSLOT, capit., B. 10 oct. 1813, défense de Dresde.

19 oct. 1813, combat de Dohna.
CEHA, capit., B.
PRADEL, lieut., B.
MICHEL, s.-lieut., B.
COUSIN, s.-lieut., B.

LAFARGUE, capit., B. 29 oct. 1813, combat devant Hanau.
COUSIN, s.-lieut., B. 4 nov. 1813, étant de grand'garde devant Dresde.
MUIRON, capit., B. 5 nov. 1813, combat d'Ockeim.

5 nov. 1813, défense de Dresde.
MAUDET, s.-lieut., B. (mort le 17).
MONTBET, s.-lieut., B. (mort le soir).
BONFILLOU, capit., B.
MICHELET, capit., B.
THIÉRY, capit., B.
PRADEL, lieut., B.

DESHAYES, lieut., B. 1er févr. 1814, bataille de la Rothière.

8 mars 1814, surprise de Berg-op-Zoom.
FOUGLAIRE, lieut., T.
ROUGERIE, capit., B.

20 mars 1814, combat d'Arcis-sur-Aube.
LETELLIER, major, B. (mort le 23).
MARCHADIER, lieut., T.

DARDE, chef de bat., B.
MÉRON, capit., B. (mort le 26 avril).
MASSON, capit., B.
ROUY, capit., B.
DERENX, lieut., B.
VAUTRIN, lieut., B.
VASSEUR, lieut., B.

16 juin 1815, bataille de Ligny.
MOUNIER, chef de bat., B.
PORTE, capit., B.
PETITJEAN, capit., B.
DURUELLE, capit., B.
GLORIEUX, lieut., B.
AGUILLON, lieut., B.
WILLINGER, lieut., B.
LANGLOIS, lieut., B.
GALLIER, s.-lieut., B.
LEBRASSEUR, s.-lieut., B.
BLONDEL, s.-lieut., B.
FERVAQUE, s.-lieut., B.
GROS, s.-lieut., B.

20 juin 1815, combat de Namur.
CHAMPY, s.-lieut., T.
BONFILLIOU, capit., B.
LELOUP, capit., B.
REVERCHON, lieut., B.
LION, s.-lieut., B.

SÉNAULT, capit. A.-M., B. 2 juill. 1815, combat de Sèvres.
LOOSBAGH, lieut., B. 2 juill. 1815, affaire près de Châlons.

13e Régiment.

CUNY, s.-lieut., B. 8 oct. 1805, combat de Wertingen (mort le 20).

16 nov. 1805, combat d'Hollabrünn.
TOURNIER, lieut., B. (mort le 24).
NIOT, s.-lieut., T.
CHESNEAU, capit., B.

BÉNISSIER, s.-lieut., B. 2 déc. 1805, bataille d'Austerlitz.
COUTELOUX, lieut., B. 16 avril 1809, bataille de Sacile (mort le 1er mai).
DELOBEAU, capit., B. 29 avril 1809, combat de Saint-Boniface (Italie).

GOSSE DE SERLAY, s.-lieut., B. 8 mai 1809, bataille de la Piave (mort le 12).

29 avril 1809, combat de Saint-Boniface (Italie).
SEGUY, chef de bat., B.
D'ALLARD, capit., B.

12 mai 1809, combat de Saint-Daniel.
MEUNIER, lieut., B.
HÉNAULT, s.-lieut., B.

17 mai 1809, affaire d'Ober-Laybach.
RIDERCHER, lieut., T.

Lautier, capit., B.
Prévot, s.-lieut., B.

5 et 6 juill. 1809, bataille de Wagram.

Huin, col., T.
Ginot, chef de bat., T. 5.
Leluau, capit., B. (mort le 22).
Davy, capit., B. (mort le 28).
Deruelle, capit., B. (mort).
Pernoud, capit., B. (mort le 28).
Lombard, capit. A.-M., T.
Renard, capit., B. (mort).
Langlois, lieut., B. (mort).
Vigneron, lieut., B. (mort le 27).
Gérard, s.-lieut., T.
Chalot, s.-lieut., T.
Lautier, capit., B.
Quillet, capit., B.
Poilpré, capit., B.
Ville, capit., B.
Desroches, lieut. A.-M., B.
Bénissier, capit., B.
Hurault de Sorbée, lieut., B.
Deshais, capit., B.
Questroy, lieut., B. 5.
Prat, capit., B. 6.
Méghin, capit., B. 6.
Roger, s.-lieut., B.
Sabert, s.-lieut., B. 5.
Aubiat, s.-lieut., B.
Bénard, lieut., B. 5.
Coignon, s.-lieut., B. 5.
Rohard, s.-lieut., B.
Levasseur, s.-lieut., B.
Fabert, s.-lieut., B. 5.

Delobeau, capit., B. 4 nov. 1809, combat près de Botzen (Tyrol).
Laugier, s.-lieut., B. 20 nov. 1809, combat dans le Tyrol.
Hersant, lieut., B. 26 sept. 1809, affaire dans le Tyrol.
Bené, lieut. A.-M., B. 16 avril 1810, dans une rencontre avec des brigands italiens.
Lambinet, lieut., B. 15 juill. 1809, étant à la poursuite de brigands italiens.

---

2 mai 1813, bataille de Lutzen.

Larcilly, col., B. (mort le 20).
Maréchal, capit., B. (mort le 19).
Gouy, lieut., T.

20 et 21 mai 1813, batailles de Bautzen et Würschen.

Caillon, capit., B. 21 (mort le 20 juin).
Colin, lieut., T. 21.
Morard, lieut., T. 21.
Hinard, lieut., B. 21 (mort le 14 juin).
Drouard, lieut. A.-M., B. 20.
Laugier, lieut., B. 20.
Grosjean, lieut., B. 20.
Pitre, lieut., B. 20.
Brequigny, lieut., B. 20.
Caille, lieut., B. 20.
Dubrat, lieut., B. 19.
Lacouture, lieut., B. 21.
Olagnier, lieut., B. 21.
Druin, lieut., B. 21.
Perriquet, lieut., B. 21.
Garrin, s.-lieut., B. 20.
Collat, s.-lieut., B. 20.
Gosselin, s.-lieut., B. 20.
Molènes, s.-lieut., B.
Audegon, lieut., B. 20.

6 sept. 1813, bataille de Juterbock.

Abel, capit., T.
Marcillac, capit., T.
Roux, lieut., T.
Rigault, lieut., T.
Clausse, lieut., T.
Chardon, lieut., T.
Quillet, chef de bat., B.
Mercier, chef de bat., B.
Bené, capit., B.
Rehm, capit., B.
Questroy, capit., B.
Herbin, capit., B.
Bréquigny, capit., B.
Creuzel, capit., B.
Lacouture, lieut., B.
Garrin, lieut., B.
Thévenet, lieut., B.
Walter, s.-lieut., B.
Boucher, s.-lieut., B.
Collat, s.-lieut., B.
Lombard, s.-lieut., B.
Letellier, s.-lieut., B.
Dachez, capit., B.
Janin, lieut., B.

8 sept. 1813, combat devant Torgau.

Coignon, capit., T.
Roger, capit., B.

AUCAPITAINE, lieut., B.
GARRIN, s.-lieut., B.
LÉVEILLÉ, s.-lieut., B.
VILLAINE, s.-lieut., B.
LOMBARDI, s.-lieut., B.

DELAHAYE, lieut., B. 1er oct. 1813, affaire devant Torgau.
FRANQUELIN, s.-lieut., B. 2 oct. 1813, aux avant-postes (Saxe).

3 oct. 1813, combat de Wartembourg.
FRANQUELIN, s.-lieut., B. (mórt le 29 nov.).
LEFEBVRE, lieut., B.
VAUTHIER, lieut., B.
QUIÉREL, capit., B.
TROSCH, s.-lieut., B.
MAZAN, s.-lieut., B.
BRODARD, s.-lieut., B.

SIMONET, s.-lieut., B.
FILHASTRE, chirurg. S.-A.-M., B.

18 oct. 1813, bataille de Leipzig.
BARA, lieut., B.
SEVESTRE, s.-lieut., B.

NAGISCARDE, capit., B. 21 oct. 1813, étant en reconnaissance sur Freyburg.
CAPPE, s.-lieut., B. 24 oct. 1813, aux avant-postes devant Erfurth.
QUESTROY, capit., B. 29 oct. 1813, combat devant Hanau.
MARÉCHAUX, capit., B. 3 déc. 1813, défense de Torgau.
GRIMPREL, lieut., T. 25 juin 1815, dans une émeute à Marseille.
RINDERHAGEN, s.-lieut., B. 18 juill. 1815, affaire des casernes à Nîmes.

14e Régiment.

2 déc. 1805, bataille d'Austerlitz.
MAZAS, col., T.
BLANC, chef de bat., B.
ROUELLE, chef de bat., B.
GUIBÉ, capit., B.
STAHL, capit., B.
GRÉMILLON, capit., B.
THUILLIER, capit., B.
CHAUVOUX, capit., B.
ANNÉE, capit., B.
HÉNON, lieut., B.
ROLLAND, lieut., B.
DAUBY, lieut., B.
RICHARD, lieut., B.
DENEITS, lieut., B.
DUPRÉ, s.-lieut., B.
ROBICQUET, s.-lieut., B.
LAMBERT, s.-lieut., B.

14 oct. 1806, bataille d'Iéna.
HÉBERT, lieut., B. (mort le 31).
DUPUY, chef de bat., B.
THUILLIER, capit., B.

24 déc. 1806, passage du pont de Kolonzumbia (sur la Wkra).
SAVARY, col., T.
ARNAUD, capit. A.-M., T.

YVON, capit. A.-M., T.
DUFEY, lieut., T.
NARDEAU, s.-lieut., B. (mort le 19 janv. 1807).
BROSSET, capit., B.
GÉRARD, lieut., B.
FERRAN, lieut., B.
BREBION, s.-lieut., B.
DESSEAUX, s.-lieut., B.

26 déc. 1806, combat de Golymin.
HUOT, capit., B.
GUYOT, s.-lieut., B.
SIEYES, lieut., B.
ROBICQUET, s.-lieut., B.
DESSEAUX, s.-lieut., B.

8 fevr. 1807, bataille d'Eylau.
DAUSSY, chef de bat., T.
DOUGÉ, capit., T.
FREU, capit., T.
GUERIN, capit., T.
GUILLET, capit., T.
LABEILLE, capit., T.
LESPICIER, capit., T.
VANDERMAËSEN, capit., T.
ARNAUD (J.), lieut. A.-M., T.
BEAUDIN, lieut., T.
DUPONCHEL, lieut., T.

RÉGIMENTS D'INFANTERIE DE LIGNE

Dupré, lieut., T.
François, lieut., T.
Gilles, lieut., T.
Lelong, lieut., T.
Brebion, s.-lieut., T.
Chazelles, s.-lieut., T.
Gachassin, s.-lieut., T.
Gautier, s.-lieut., T.
Gohin, s.-lieut., T.
Lehuby, s.-lieut., T.
Menard, s.-lieut., T.
Pouthier, s.-lieut., T.
Villot, s.-lieut., T,
Dauguet, capit., B. (mort le 26).
Varin, s.-lieut., B. (mort le 16).
Henriod, col., B.
Dupuy, chef de bat., B.
Martin, capit., B.
Benzein, capit., B.
Chauvoux, capit., B.
De Sainte-Maréville, capit., B.
Turlot, capit., B,
Lambert, lieut., B.
Pellier, lieut., B.
Richard, lieut., B.
Chavance, s.-lieut., B.
Detorcy, s.-lieut., B.
Play, s.-lieut., B.

Biche, s.-lieut., assassiné le 4 mars 1807, près Thorn (par des partisans).

---

10 juin 1807, bataille d'Heilsberg.

Génélot, lieut., T.
Henriod, col., B.
Lemercier, chef de bat., B.
Stahl, chef de bat., B.
Année, capit., B.
Benzein, capit., B.
Duhamel, capit., B.
Grémillon, capit., B.
Hannier, capit., B.
Lavigne, capit., B.
Martin, capit., B.
Poignant, capit., B.
Richard, capit., B.
De Sainte-Maréville, cap. B.
Turlot, capit., B.
Chavance, lieut., B.
Delatre, lieut., B.
Ferran, lieut., B.
Sieyes, lieut., B.
Lambert, lieut., B.

Marquizet, lieut., B.
Thelmont, lieut., B.
Vincent (B.), lieut., B.
Clavier, s.-lieut., B.
Delbecque, s.-lieut., B.
Hardy, s.-lieut., B.
Lalande, s.-lieut., B.
Paisant, s.-lieut., B.
Muiron, s.-lieut., B.
De Torcy, s.-lieut., B.
Bellier, s.-lieut., B.
Dauxion, s.-lieut., B.

---

4 août 1808, attaque de Saragosse.

Benzein, capit., T.
Labbé, capit., T.
Delbecque, lieut., B. (mort le 5).
Cabailh, s.-lieut., T.
Lassus, lieut., B. (mort le 9 oct.).
Henon, capit., B.
Ferran, capit., B.
Broqua, lieut., B.
Laffargue, lieut., B.
Parlier, s.-lieut., B.
Muiron, s.-lieut., B.

Pignet, major, B. 7 nov. 1808, affaire de Valmaceda.
Pellier, capit., B. 23 nov. 1808, combat de Tudela.

1809, siège de Saragosse.

Bordeaux, capit., T. 2 févr.
Lamothe, capit., T. 4 févr.
Vincent, capit., T. 16 janv.
Gasseau, lieut., T. 8 févr.
Gintrac, s.-lieut., T. 11 févr.
Laguillermie, lieut., T. 28 janv.
Stahl, chef de bat., B. 20 janv. (mort le 8 févr.).
Dessales, lieut., B. 20 janv. (mort le 14 févr.).
Thelmont, lieut., B. 2 févr. (mort le 22).
Berthelot, lieut., B. 8 févr. (mort le 9).
Chavance, capit., B. 3 févr.
Roy, lieut. A.-M., B. 5 janv.
Veillard, lieut., B. 30 janv.
Bonnafoux, lieut., B. 12 janv.
Arnold, s.-lieut., B. 30 janv.
Dorival, s.-lieut., B. 15 janv.
Carrère, s.-lieut., B. 19 févr.

DAUXION, s.-lieut., B. 4 janv. et 11 févr.
FERRAND, s.-lieut., B. 11 janv.
MORLAN, s.-lieut., B. 22 janv.
MUIRON, s.-lieut., B. 11 janv.
OURLIAC, s.-lieut., B. 27 janv.
RONZET, s.-lieut., B. 23 janv.

16 mai 1809, combat de Monzon.
BONNAFOUX, lieut., T.
BOURGEOT, s.-lieut., B. (mort le 28 juin).
PÉRIÉ, s.-lieut., B. (mort le 21).
RAVET, s.-lieut., B. (mort le 20).
PLAY, capit., B.
OURLIAC, lieut., B.

13 mai 1810, combat de Calatayud.
POIGNANT, capit., T.
PALATS, s.-lieut., T.
PETIT, chef de bat., B. et assassiné.
BERRY, chirurg. S.-A.-M., B.
HARTLAUB, lieut., B.
REY, s.-lieut., B.
PETIT, lieut., B.

CHALAMEL, s.-lieut., T. 18 mai 1810, en reconnaissance, en Espagne (près d'Alcanitz).
CLAVIER, lieut., B. 13 juin 1810, en reconnaissance, en Espagne.

1810, siège de Tortose.
CORNEVIN, capit., T. 3 août.
AUTHIER, lieut., T. 3 août.
TACQUET, capit., B. 7 juill. et 3 août.
RAMBURE, lieut., B. 7 juill.
COHAPÉ, s.-lieut., B. 4 juill.
MUIRON, s.-lieut., B. 15 juill.

5 nov. 1810, affaire de la Jana.
MUIRON, lieut., B.
REY, s.-lieut., B.

26 nov. 1810, combat d'Uldeconna.
BERTIN, lieut., B.
CLAVIER, lieut., B.

PERCHERON, s.-lieut., T. 13 janv. 1811, en colonne mobile en Navarre.
GIBIELLE, s.-lieut., T. 9 mai 1811, en reconnaissance en Espagne.

1811, combat d'Alcover (Catalogne).
SAUER, lieut., T. 21 mai.
DE TORCY, capit., T. 22 mai.

1811, siège de Tarragone.
DELAUNOY, capit., B. 19 juin.
DELAIDET, capit., B. 12 juin (2ᵉ fois le 20 juin).
VINCENT, capit., B. 25 juin.
RAMBURE, lieut., B. 28 juin.

DELAUNOY, capit., B. 27 juill. 1811, affaire d'Igualade.
CERF, capit., B. 13 août 1811, affaire d'Igualade.
MACCARD, chef de bat., B. 23 sept. 1811, affaire de Cabassis.

7 oct. 1811, combat de Granadilla.
LAFFARGUE, capit., B.
VOLUZAN, lieut., B.

FERRAN, capit., B. 5 nov. 1811, à la Jana.
DELAIDET, capit., B. 13 oct. 1811, Catalogne.
LACORRE, s.-lieut. B. 9 déc. 1811, à Tuxent.
RONZET, lieut., T. 9 janv. 1812, près d'Urgel.

12 avril 1813, combat de Villena (Espagne).
DAUXION, capit., B.
FERRAND, lieut., B.
RUBIER, lieut., B.
BERTHOLET, s.-lieut., B.

21 mai 1813, bataille de Würschen.
FONTAINE, chirurg. A.-M., B.
JOURDEUIL, s.-lieut., B.

CLAVIER, lieut., B. 13 juin 1813, à Carcagenti.

30 sept. 1813, à Meissen (Saxe).
GUYONNET, lieut., B.
GROLÈRE, lieut., B.

16 et 18 oct. 1813, bataille de Leizpig.
DEZEF, capit., T. 16.
LAFFARGUE, capit., T. 19.
BUQUET, lieut., T. 19.

Pessez, lieut., T. 18.
Munier, s.-lieut., T. 16.
Ferrand, s.-lieut., T. 18.
Goblot, s.-lieut., T. 18.
Harbaux, s.-lieut., T. 16.
Fontaine, chirurg. A.-M., B. 19.
Liénard, capit., B. 16.
Angelis, capit. A.-M., B. 16.
Labe, capit., B. 14.
Morlan, capit., B. 16.
Goutheret, lieut., B. 19.
Godot-Paquet, s.-lieut., B. 19.
Jourdeuil, s.-lieut., B. 16.
Simon, s.-lieut., B. 16.

1813, siège de Dantzig.
Rambure, capit. T. 11 oct.
Loffler, lieut., T. 11 oct.
Offerman, lieut., T. 11 oct.
Deberly, capit. A.-M., B. 11 oct.
Bocheron, capit., B. 2 nov.
Lallouette, s.-lieut., B. 7 oct.

Nanterne, s.-lieut., B. 25 nov.
Charmy, s.-lieut., B. 10 nov.

Joly, capit., B. 11 févr. 1814, combat de Nogent.

16 mars 1814, blocus de Thionville.
Milon, chef de bat., B.
Jacquemart, s.-lieut., B.

Maux, lieut., B. 19 mars 1815, devant Lyon.
Lonnoy, lieut., T. 1er avril 1814, combat de Compiègne.
Dimey, lieut., B. 1er juin 1815, affaire de Saint-Léger (Vendée).

28 juin 1815, combat de l'Hôpital (Savoie).
Ancelot, s.-lieut., B. (mort le 15 juill.).
Décot, lieut., B.
Gachet, lieut., B.
Gerard, lieut., B.

15e Régiment.

6 févr. 1806, combat naval de Santo-Domingo.
Barthe, capit., T.
Pradier d'Agrin, s.-lieut., B. (mort le 15).
Curiot, s.-lieut., B.

14 juin 1807, bataille de Friedland.
Aran, capit. A.-M., T.
Faure, capit., T.
Lainé, capit., T.
Trefcon, capit., T.
Feuvrais, lieut., T.
Seroux, capit., B. (mort le 5 juill.).
Fririon, lieut., B. (mort le 22).
Thouret, lieut., B. (mort le 24 déc.).
Gestas, s.-lieut., B. (mort 6 juill.).
Dainié, s.-lieut., T.
Reynaud, col., B.
Langlois, chef de bat., B.
Augeard, capit., B.
Beaurain, capit., B.
Boursin, capit., B.
Cazanave, capit., B.
Fabre, capit., B.
Guis, capit., B.

Gruzé, capit., B.
Molin, capit., B.
Larazide, capit., B.
Longefay, capit., B.
Vigier, capit., B.
Guillaume, lieut., B.
Pan-Lacroix, lieut., B.
Bony, s.-lieut., B.
Chauvin, s.-lieut., B.
Debar, s.-lieut., B.
Delaunois, s.-lieut., B.
Mongrotte, s.-lieut., B.
Pernon, s.-lieut., B.

Bigot, capit., B. 8 juin 1808, affaire de Tudela.
Pentin, chef de bat., T. 2 juill. 1808, devant Saragosse.

15 juin 1808, devant Saragosse.
Antoine, capit., T.
Lapaire, s.-lieut., T.
Saulçoy, lieut., B.

Frégier, capit., T. 2 juill. 1808, siège de Saragosse.

FAGES (C.), lieut., 14 juill. 1808, bataille de Rio-Secco.
RICHARD, lieut., B. 29 juill. 1808, combat d'Evora (Portugal).
ETIENNE, capit., B. 5 août 1808, attaque de Saragosse.
RICHARD, lieut., B. 21 août 1808, bataille de Vimeiro.

10 nov. 1808, combat devant Burgos.
GRUZÉ, capit., T.
BIGOT, capit., B.
TREFCON, capit., B.

16 janv. 1809, bataille de La Corogne.
MARIÉ, capit., B. (mort le 3 juin).
ROUYRE, capit., B.

NARJOT, lieut., noyé le 16 févr. 1809 au passage du Minho.
GANEAU, capit., T. 1er mars 1809, affaire de Port-Marin (Portugal).

29 mars 1809, bataille d'Oporto.
BARON, capit., T.
VALET, capit., T.
COTTERELLE, s.-lieut., T.
MOLIN, chef de bat., B.
PRON, capit., B.
TEISSEIRÉ, capit., B.
DELARUE, lieut., B.
FAGES (F.), lieut., B.
COLSIN, s.-lieut., B.
GUILHEM, s.-lieut., B.
PERRET, s.-lieut., B.

GOURDON, s.-lieut., B. 9 avril 1809, affaire de Tuy.

12 mai 1809, retraite d'Oporto.
CAVIROT, s.-lieut., B. (mort).
AUBRY, chef de bat., B.
AUCHER, capit., B.
AGNEL, lieut., B.

RIGOLLET, capit., T. 16 mai 1809, Salamande (Portugal).
LASALLE, chirurg. S.-A.-M., B. 10 avril 1810, près de Ciudad-Rodrigo.
DELORT, s.-lieut., B. 10 avril 1810, route de Madrid (mort le 24 mai).
TREFCON, capit., B. 21 avril 1810, Portugal (Astorga).

BEAU, s.-lieut., 21 avril 1810, siège d'Astorga.

4 août 1812, combat près de Burgos.
BRIOIS, capit., B. (mort le 9).
BUCHMELLER, lieut., B. (mort le 19).
LEGENDRE, s.-lieut., T.

13 oct. 1810, combat de Sobral (Portugal).
DELARUE, lieut., B. (mort).
ROUYRE, capit., B.
GAUTHIER, lieut., B.
LEROUXEAU, lieut., B.

CHAVANY, capit., assassiné le 11 oct. 1811, à Villanueva-de-la-Vera.
RENARD, s.-lieut., B. 17 févr. 1812, affaire de Pedrosa.
DESALNEUVE, s.-lieut., B. 18 févr. 1812, à Alba-de-Tormès.
PICARD-DUCHAMBON, s.-lieut., B. 4 mai 1812, Albarco (Espagne).
VICTOR, capit., B. 23 juin 1812, défense du fort de Salamanque.

22 juill. 1812, bataille des Arapiles.
VILLEMANT, chef de bat., T.
PRON, capit., T.
LEROY, s.-lieut., T.
DE CRESSAC, s.-lieut., B. (mort le 14 nov.).
MASSUE, s.-lieut., B. (mort le 25 mars 1813).
COLSIN, lieut. B. (mort).
GRANDVOINET, chirurg. S.-A.-M., B.
CHEVALLIER, capit., B.
DÉHARGUE, capit., B.
GUIS, capit., B.
MARIÉ, capit., B.
PAN-LACROIX, capit., B.
PERRET, lieut., B.
ALIBERT, lieut., B.
PINSTON, lieut., B.
LOYER, s.-lieut., B.

LAFITTE, capit., T. 25 oct. 1812, affaire à Duenès (Espagne).

25 oct. 1812, Villa-Muriel (Espagne) (assaut de ce village).
PERRET, lieut., B.

Paré, s.-lieut., B.
Maury, s.-lieut., B.

Bourjalliat, chef de bat., B. 20 mai 1813, bataille de Bautzen.
Marc, s.-lieut., B. 21 mai 1813, bataille de Würschen.
Descamps, lieut., B. 18 juin 1813, en reconnaissance en Espagne.
Farin, lieut., B. 18 juin 1813, à Frias (Espagne).

28 juill. 1813, retraite de Pampelune.
Bertrand (1), capit., B. (mort).
Dermoncourt, capit., T.
Roche, capit., T.
Monnet, capit., B. (mort le 30 sept.).
Levavasseur, col., B.
Lesueur dit Lachapelle, chef de bat., B.
Francq, capit., B.
Martin, capit., B.
Monneau, lieut., B.
Geneste, s.-lieut., B.
Gabaudan, s.-lieut., B.
Grenier, s.-lieut., B.

31 août 1813, au pont d'Irun.
Francq, capit., B.
Richard, lieut., B.

28 sept. 1813, combat de Meissen.
Charbaut, capit., B.
Défy, s.-lieut., B.
Descombes, s.-lieut., B. 29.

7 oct. 1813, combat du Pont d'Irun.
Grellet, capit., B. (m^{rt} le 11 janv. 1814).
Lerouxeau, capit., B.
Benard, s.-lieut., B.
Hamelin, s.-lieut., B.
Vannier, s.-lieut., B.

Laratte, capit., B. 16 oct. 1813, bataille de Leipzig (mort le 7 janv. 1814).

18 et 19 oct. 1813, bataille de Leipzig.
Martin, s.-lieut., T. 19.
Rougé, major, B. 19 (mort).
Feydeau, capit., B. 19 (mort).

(1) Présumé mort.

Paillard, capit., B. 19 (mort).
Soutoul, capit., B. 19 (mort le 26).
Décherville, lieut., B. 18 (mort le 6 janv. 1814).
Blondeau, capit., B. 18.
Julia, lieut., B. 19.
Tafoureau, s.-lieut., B. 18.

L'Hongre, lieut., B. 1er nov. 1813, bataille de Hanau.

10 nov. 1813, combat de St-Jean-de-Luz.
Maury, lieut., B.
Hamelin, s.-lieut., B.

Nanterne, s.-lieut., B. 25 nov. 1813, défense de Dantzig.

10 févr. 1814, bataille de Champaubert.
Lecœuvre, s.-lieut., B. (m^{rt} le 12 mars).
Gruzé, capit., B. (mort).
Guyot de Ferraudière, lieut., B.

11 févr. 1814, combat de Sens.
Soulas, s.-lieut., T.
Bailly, s.-lieut., B.
Vasnier, s.-lieut., B.

Normand, capit., B. 14 févr. 1814, combat de Vauchamps.

27 févr. 1814, combat de Bar-sur-Aube.
Lerouxeau, capit., B.
Pelletier, lieut. A.-M., B.
Girault, lieut., B.
Salviat, lieut., B.
Bidard, s.-lieut., B.
Favard, s.-lieut., B.
Lecomte, s.-lieut., B.

Leprêtre, capit., B. 5 mars 1814, combat devant Soissons.
Richard, lieut., B. 6 mars 1814, combat de Provins.
L'Heureux, s.-lieut., B. 12 mars 1814, bataille de Reims.
Trubert, s.-lieut., B. 26 mars 1814, (mort).
Sergent, lieut., B. 8 avril 1814, défense de Strasbourg.
Chevallier, chef de bat., B. 9 avril 1814, Erfurth.

16ᵉ Régiment.

CETTIER, s.-lieut., B. 18 oct. 1805, devant le château de Vérone.

21 oct. 1805, bataille navale de Trafalgar.
CHAFANGE, capit., T.
ROLIN, capit., T.
PERRONET, lieut., T.
GALPIN, s.-lieut., T.
GIPPON, s.-lieut., T.
LECLERC, s.-lieut., T.
GIROIS, capit., B.
VOIRIN, chef de bat., B.
MARTIN, capit., B.
PERNET, capit., B.
ROCHE, lieut., B.
LAVIGNAC, s.-lieut., B.
CARRIÈRE, s.-lieut., B.
DOUCET, lieut., B.
SAINTON, s.-lieut., B.
BOSSU, s.-lieut., B.
THOREAU, s.-lieut., B.
AUBRY, lieut., B.

FORQUIGNON, s.-lieut., B. 25 oct. 1805, combat en mer à bord du vaisseau *Le Berwick*.

26 oct. 1805, à bord du vaisseau L'Indomptable.
GIROIS, capit., noyé.
DOUCET, lieut., noyé.
AUBRY, lieut., noyé.
BOSSU, s.-lieut., noyé.
LAVIGNAC, s.-lieut., noyé.

4 nov. 1805, combat naval du Cap Ortegal.
ROCHE, lieut., B.
SAINTON, s.-lieut., B.

THOMAS, s.-lieut., T. 4 nov. 1805, à bord du *Mont-Blanc* (combat du Cap Ortegal).
JUSTIN, lieut., B. 14 juill. 1807, affaire de Redebas (contre les Suédois).
LATOUR, chef de bat., B. 15 juill. 1808, affaire de Arentz (Catalogne).

MARCHAL, capit., B. 14 juill. 1807, affaire de Redebas (Poméranie suédoise).

7 août 1808, combat de La Jonquière (Catalogne).
DUCHOQUET, s.-lieut., T.
GABORY, s.-lieut., T.
BERTRAND, lieut., B. (mort le 26).

16 août 1808, devant Girone.
LATOUR, chef de bat., B.
COLSON, s.-lieut., B.

1809, siège de Girone.
HANNECART, s.-lieut., T. 5 août.
JOMEAUX, s.-lieut., T. 5 août.
FALE, s.-lieut., B. juill. (mort le 18 août).
CALIBRE, capit., B. 17 juin.
PINSON, capit., B. 19 juin.
RAFFALLY, capit., B. 19 juin et 19 août.
COLLET, lieut., B. 19 juin.
GUILLON, s.-lieut., B. 17 juin.
COLSON, s.-lieut., B. 2 juill.
GUILLON, s.-lieut., B. 8 juill.
CALIBRE, capit., B. 19 août.
OLIVIER, lieut., B. 19 sept.
CALIBRE, capit., B. 19 déc.
PINSON, capit., B. 6 juill.

LEROUX, s.-lieut., B. 24 avril 1809, combat de Neumarck.
BERTORA, lieut., B. 11 mai 1809, combat devant Vienne (mort 13 mai).

21 et 22 mai 1809 bataille d'Essling.
NICOLLE, capit., T. 21.
DETHOSSE, lieut., T. 21.
BORREL, s.-lieut., B. 21 (mort le 27 juin).
POULIN, chef de bat., B. 21.
JACQUEMIN, capit., B. 21.
PERNOT, capit., B. 21.
GILLET, capit., B. 22.
MARTIN (L.), capit., B. 21.
THUNOT, capit., B. 21.
PRIEUR, lieut., B. 22.
LECLAIRE, lieut., B. 21.
CULPIN, lieut., B. 21.
MASSON, lieut., B. 21.
GALLAY, s.-lieut., B. 21.

Deschaises, lieut., B. 21.
Lafeuille, s.-lieut., B. 21.
Charon, lieut., B. 22.
Debroich, s.-lieut., B. 21.

Bouvier, s.-lieut., B. 4 juill. 1809, aux avant-postes sur le Danube (mort le même jour).

6 juill. 1809, bataille de Wagram.
Mourot, capit., B. 6. (mort le 5 août).
Pasteau, capit., B. 6. (mort le 13 août).
Gudin, col., B. 6.
Raison, capit., B. 6.
Marin, chirurg. A.-M., B. 6.
Camus, capit., B. 6.
Boiteau, s.-lieut., B. 6.
Debhoich, lieut., B. 6.
Boulanger, lieut., B. 6.
Moran, s.-lieut., B. 6.
René, s.-lieut., B. 6.
Donzac, s.-lieut., B. 6.
Mirandol, s.-lieut., B. 6.

Poincenet, s.-lieut., B. 4 août et 19 sept. 1809, devant Girone.
Calibre, capit., B. 27 déc. 1809, affaire près de Figuières.
Cettier, cap., B. 6 mai 1810, blocus de Figuières.
Ricard, s.-lieut., B. 12 juin 1810, combat d'Olot.
Cettier, capit., B. 25 juin 1810, affaire devant Figuières.

1811, siège de Tarragone.
Revel, chef de bat., T. 30 juin.
Ronot, capit., T. 31 mai.
Maitréanche, lieut., T. 29 mai.
Besson, lieut. A.-M., B. 30 juin (mort le 1er juill.).
Lambert, s.-lieut., B. 30 mai (mort le 11 juin).
Faucaucourt, chef de bat., B. 30 juin.
Poulin, chef de bat., B. 28 mai.
Déjagher, chirurg. A.-M., B. 25 mai.
Larue, capit., B. 14 mai.
Beuvet, lieut., B. 28 mai.
Boulanger, lieut., B. 29 mai.
Deschaises, lieut., B. 29 mai.
Fouchet, lieut., B. 27 mai.
Leclaire, lieut., B. 21 mai.

Moran, lieut., B. 23 juill.
Forget, s.-lieut., B. 25 mars.

Jaume, chirurg. S.-A.-M., B. 10 août 1811, au blocus de Figuières.

1811, bataille de Sagonte.
Allard, capit., T. 23 sept.
Menessier, capit., T. 25 oct.
Benard, capit., B. 25 oct. (mort le 28).
Lepage, capit., B. 25 oct. (mort le 30).
Gudin, col., B. 25 oct.
Deschaises, lieut., B. 29 sept.
Guichard, lieut., B. 25 oct.
Fouchet, lieut., B. 25 oct.
Penon, lieut., B. 25 oct.
Bouthier, s.-lieut., B. 25 oct.
Duval, s.-lieut., B. 25 oct.
Perdrielle, s.-lieut., B. 25 oct.
Tissier, lieut., B. 25 oct.

Boulet, capit., B. 28 oct. 1811, combat en Espagne.
Carrière, capit., T. 19 nov. 1811, combat de Castillon-de-la-Plana (Aragon).
Géret, lieut., T. 25 févr. 1812, en reconnaissance en Espagne.
Perdrielle, s.-lieut., B. 25 avril 1812 étant en colonne mobile (Aragon).
Poulain, s.-lieut., B. 26 mai 1812 près Barcelone (mort le 2 juin).

25 août 1812, combat d'Utel (Aragon).
Hunot, capit., T.
Varin, capit., T.
Soulages, lieut. A.-M., T.
Lefort, lieut., T.
Deschaises, capit., B.
Lafeuille, capit., B.
Ménil, lieut., B.
Forget, lieut. A.-M., B.
Tissier, lieut., B.
Duval, s.-lieut., B.
Vimar, chirurg.-M., B.
Royer, s.-lieut., B.
Perdrielle, s.-lieut., B.

Héraud (S.), s.-lieut., B. 8 févr. 1813, Espagne.

15 *mars* 1813 (*Espagne*).
MORAN, capit., B.
MONTIGNY, s.-lieut., B.

SAUSSAC, lieut., T. 13 juin 1813, affaire de Carcaxente (Aragon).
GAUTHIER, capit., B. 19 juill. 1813 étant en colonne mobile (Espagne).
HÉRAUD (J.-B.), lieut., B. 8 août 1813, au fort Morilla.
ROUX, s.-lieut., B. 3 oct. 1813 en escortant des prisonniers, route de Leipzig (Saxe).

16 et 18 oct. 1813, *bataille de Leipzig*.
ZELLER, lieut., T. 16.
THIEBAULT, s.-lieut., T. 18.
LASESCURAS, capit., B. 16.
PARIS, lieut. A.-M., B. 16.
SPWILA, lieut., B. 16.
DEWAELE, s.-lieut., B. 16.
BOURGOIN, s.-lieut., B. 16.
GILLARD, lieut., B. 16.
PETIT, s.-lieut., B. 18.

DENISET, lieut., B. 26 oct. 1813, à Roveredo.
PETIT, lieut., B. 1ᵉʳ févr. 1814, aux avant-postes devant La Rothière.
FOUCHET, capit., B. 8 févr. 1814, bataille du Mincio.
SALOMON, capit., T. 10 févr. 1814, étant en reconnaissance sur le Mincio.
GAUTHIER, capit., B. 22 févr. 1814, combat de Château-Thierry.
DETWEILER, lieut., B. 4 mars 1814, combat de Poligny (Jura).
DE MONTIGNY, capit., B. 13 mars 1814, combat près de Lyon.
DEMAUROY, capit. T. 17 mars 1814, combat de Belleville, près de Villefranche (Rhône).
HACQUIN, capit., T. 19 mars 1814, combat de Montzabano (Italie).
PETIT, lieut., B. 30 mars 1814, bataille de Paris.
BECKER, s.-lieut., B. 30 mars 1814, aux avant-postes, armée de Lyon.

17ᵉ Régiment.

31 oct. 1805, *combat de Lambach*.
FLOUTIER, capit., B.
ROUYER, s.-lieut., B.

LESEUR, capit., B. 2 déc., Austerlitz (mort le 11).
CONROUX, col., B. 2 déc. 1805, bataille d'Austerlitz.

14 oct. 1806, *bataille d'Auerstædt*.
TENIÈRES, capit., B. (mort 21 nov.).
VERGNES, chef de bat., B.
MORAND, capit., B.

24 déc. 1806, *passage du Bug*.
VERGNES, chef de bat., B.
BOUJU, capit., B.
MANOT, capit., B.
VEZIAN, capit., B.
DENIS, lieut., B.
MASSE, lieut., B.
BONNAIRE, s.-lieut., B.
DUFAUR, s.-lieut., B.

26 déc. 1806, *combat de Golymin*.
ALLARD, capit., B.
LALUYE, capit., B.
MOUROUX, capit., B.
LARGUIER, lieut., B.

8 févr. 1807, *bataille d'Eylau*.
CRONIER, capit., T.
FLOUTIER, capit., T.
PARADIS, capit., T.
VIGER, capit., T.
DENIS, lieut., T.
MORIN, s.-lieut., T.
GODELLE, capit., B. (mort 22 mars).
ANGOT, lieut., B. (mort 12).
RETHORÉ, lieut., B. (mort le 14).
MALLET, chef de bat., B.
BERGERON, capit., B.
CROIZET, capit., B.
CAMESCASSE, capit., B.
HALBOUT, capit., B.
LESPINETTE, capit., B.
HECQUET, capit., B.
VEZIAN, capit., B.
ABADIE, lieut., B.

Bord, lieut., B.
Combes, lieut., B.
Couzin, lieut.,
Deraime, lieut., B.
Lamarque, lieut. A.-M., B.
Laroque, lieut., B.
Quiot, lieut., B.
Barrat, s.-lieut., B.
Beaudeau, s.-lieut., B.
Ebrard, s.-lieut., B.
Dubroca, s.-lieut., B.
Dufaur, s.-lieut., B.
Gelis, s.-lieut., B.
Lacger (H.), s.-lieut., B.
Lacger-Camplong, s.-lieut., B.
Mellié, s.-lieut., B.
Serron, s.-lieut., B.

10 juin 1807, bataille d'Heilsberg.
Deluis, lieut., T.
Lanusse, col., B.
Lespinette, capit., B.

Lagelouze, lieut., B. 17 avril 1809, affaire près de Ratisbonne.
Barbier, capit., B. 18 avril 1809, combat près de Ratisbonne.

19 avril 1809, combat de Thann.
Belon, s.-lieut., B.
Prin, s.-lieut., B.

Oudet, col., B. 20 avril 1809, combat d'Abensberg.
Martin, capit., B. 21 avril 1809 aux avant-postes près d'Eckmühl.
Varlet, lieut., T. 16 mai 1809, combat d'Essersdorf.

22 mai 1809, bataille d'Essling.
Massot, chef de bat., T.
Blondel, lieut., B.
Marest, lieut., B.

6 juill. 1809, bataille de Wagram.
Rouyer, capit., T.
Perot, capit., T.
Marin, capit., T.
Viellard, capit., T.
Labry, lieut., T.
Hautin, s.-lieut., T.
Oudet, col., B. (mort le 9).
Davout, capit., B. (mort le 10).

Gauthier, capit., B. (mort le 17).
Lauverjat, capit., B. (mort le 27).
Delalandre, lieut., B. (mort le 17).
Joyeux, chef de bat., B.
Abadie, capit., B.
Barbier, capit., B.
Bazin, capit., B.
Bord, capit., B.
Bremond, capit., B.
Laluye, capit., B.
Lemoine, capit., B.
Martin, capit., B.
Masse, capit., B.
Noyelle, capit., B.
Roux, capit., B.
Serron, lieut. A.-M., B.
Carmes de la Brugnières, lieut., B.
Blondel, lieut., B.
Pillerault, lieut., B.
Renaud, lieut., B.
Belon, s.-lieut., B.
Boutechoque, s.-lieut., B.
Locqueneux, lieut., B.
Chardin, s.-lieut., B.
Fréchaud, s.-lieut., B.
Lapeyre, s.-lieut., B.
L'Hote, s.-lieut., B.
Jouard, s.-lieut., B.
Pare, s.-lieut., B.
Pelletier, s.-lieut., B.
Roux (C.), s.-lieut., B.
Thierard, s.-lieut., B.
Vidal, s.-lieut., B.

17 et 18 août 1812, bataille de Smolensk.
Gauthier, lieut., T. 17.
Schanus, lieut., T. 17.
Desbordes, s.-lieut., T. 17.
Pierre, capit., B. 17 (mort le 15 déc.).
Renaud, lieut. A.-M., B. 17 (mort le 16 déc.).
Mailliard, lieut., B. 17 (mort en nov.).
Verel, lieut., B. 17 (mort le 19).
Vassehot, col., B. 17.
Barbier, capit., B. 17.
Blanc, capit., B. 17.
Coppier, capit., B. 17.
Delallemand, capit., B. 18.
Feisthamel, capit., B. 17.
Chardin, capit. A.-M., B. 17.
Mouroux, capit., B. 17.
Dreptin, lieut., B. 17.
Roilet, s.-lieut., B. 17.

TROUSLOT, s.-lieut., B. 17.
DELAHAYE, s.-lieut., B. 17.

5 sept. 1812, combat de Borodino.
NOEL, s.-lieut., T.
VENANIGRE, capit., B. (mort le 25 oct.).
MOUGINÉ, s.-lieut., B. (mort le 9).
BORD, capit., B.
FOURNIER, capit., B.
LEVASSEUR, capit., B.
L'HOTE, lieut. A.-M., B.
BALADÈRE, lieut., T.
COLÈRE, lieut., B.
BARRAS, lieut., B.
OLIVIER, lieut., B.

7 sept. 1812, bataille de la Moskowa.
BOUJOT, chef de bat., T.
VASSEROT, chef de bat., T.
PARE, capit., T.
SAINPÉ, capit., T.
BLONDEL, lieut. A.-M., T.
AUGLÈRE, lieut., T.
BAILLET, lieut., T.
DURANDEAU, lieut., T.
GANTELET, lieut., T.
GRIMIAUX, lieut., T.
LOISNEL, lieut., T.
MARTIN, lieut., T.
ALLARD, s.-lieut., T.
GUYON, s.-lieut., T.
JACQUINOT, s.-lieut., T.
MORAND, chef de bat., B. (mort le 9).
SERRON, chef de bat., B. (mort le 8 déc.).
BONNAIRE, capit., B. (mort le 15).
LEMOINE, capit., B. (mort le 20).
LEMONT, capit., B. (mort le 23).
SCHWARTZBACH, capit., B. (mort le 29 nov.).
CARMES DE LA BRUGNIÈRES, lieut., B. (mort le 10).
DORFFLER, lieut., B. (mort).
LAVIOLLE, lieut., B. (mort le 10).
DARBONNET, s.-lieut., B. (mort le 17 déc.).
MALET, s.-lieut., B. (mort).
HUBERT, chef de bat., B.
BADIN, capit., B.
BORD, capit., B.
COUZIN, capit., B.
EBRARD, capit., B.
FEISTHAMEL, capit., B.
GOUYON, capit., B.

LAMARQUE, capit., B.
LEVASSEUR, capit., B.
THIERARD, capit., B.
VIDAL, capit., B.
BRIQUELOT, lieut. A.-M., B.
BAVAUT, lieut., B.
COLÈRE, lieut., B.
DELAUNE, lieut., B.
GÉNESSIAUX, lieut., B.
DAUTREMAY, lieut., B.
HERBIN, lieut., B.
OLIVIER, lieut., B.
AUBERT, s.-lieut., B.
ESPÉRANDIEU, s.-lieut., B.
DORMOY, s.-lieut., B.
HOFFMANN, s.-lieut., B.
LANNIER, s.-lieut., B.
LEBRUN, s.-lieut., B.
DECOUSSER, s.-lieut., B.
TROUSLOT, s.-lieut., B.
VIEL, s.-lieut., B.

DELALLEMAND, capit., B. 18 sept. 1812 dans une affaire à Bobruisk.

3 nov. 1812, combat de Wiasma.
JONÈS, capit., B. (mort le 4 janv. 1813).
LAMARQUE, chef de bat., B.
CHARDIN, capit., B.
BORD, capit., B.
MALNOCE, lieut., B.
ARMANDET, s.-lieut., B.
LACHATAIGNERAI, s.-lieut., B.
THIBAULT, s.-lieut., B.

16 et 17 nov. 1812, bataille de Krasnoë.
HUBERT, chef de bat., B. 17.
LALUYE, chef de bat., B. 17.
CRUNELLE, lieut. A.-M., B. 16.
MALNOCE, lieut., B. 17.
DEWRÉE, s.-lieut., B. 16.
DROUOT, s.-lieut., B. 16.

VASSEROT, col., B. 29 nov. 1812, Bérésina.
HOCHET, s.-lieut., B. 4 déc. 1812, route de Wilna. Disparu.
HERBIN, capit., B. 10 déc. 1812, devant Wilna.
BURGE, s.-lieut., B. 22 mars 1813, défense de Stettin.
DATHÉ, lieut., B. 29 mars 1813, défense de Stettin.

30 août 1813, *affaire de Culm.*

CURRAT, capit. A.-M., T.
DAUTREMAY, capit., B. (mort le 17 sept).
LOUSTONNEAU, lieut., B. (mort le 12 oct.)
SUSBIELLE, col., B.
COUZIN, chef de bat., B.
LALUYE, chef de bat., B.
BAVAUT, capit., B.
FEISTHAMEL, capit., B.
LAFARGUE, capit., B.
BONAFFRE, capit., B.
COLÈRE, capit., B.
LANNIER, capit., B.
PAISSÉ, capit., B.
FERRET, lieut., B. 28.
GRANDCOURT, lieut., B. 28.
GRANDJEAN, lieut., B.
HOFFMANN, lieut., B.
OLIVAINTE, lieut., B.
PICHARD, lieut., B.
SCHAUMER, lieut., B. 30.
VALLET, lieut., B.
BESSON, lieut., B. 27.
ARMANDET, s.-lieut., B. 28.
CAVEZ, s.-lieut., B. 30.
DAUSSÈRE, s.-lieut., B.
DESFONTAINES, s.-lieut. B. (mort le 27 nov.).
JAQUET, s.-lieut., B. 30.
LEROY, s.-lieut., B. 30.
MOUGENOT, s.-lieut., B. 28.

GRILLET, capit., B. 12 sept. 1813, aux avant-postes (mort le 7 oct.).

14 *sept.* 1813, *combat de Peterswald.*
SALEUR, capit., T.
CHAILLY, lieut. A.-M., T.
PRÉVOST DE GAGEMON, chef de bat., B. 14 sept.
THIBAULT, lieut., B. (mort le 23 nov.).
THIERARD, capit., B.
HOFFMANN, lieut., B.
DURÈGNE, s.-lieut., B.
FROMENT, s.-lieut., B. 16.
MALLET, lieut., B. 15. (mort le 1er oct.).

MOREL, lieut., B. 16 oct. 1813, à Leipzig.

1813, *défense de Dresde.*
DEMOUSSEAUX, lieut., B. 12 oct. (mort le 13).
FEISTHAMEL, capit., B. 10 oct.
GOUYON, capit., B. 11 oct.
LANNIER, capit., B. 6 nov.
TASSIN, capit., B. 17 oct.
ROILET, capit., B. 17 oct.
THIERARD, capit., B. 6 nov.
GAUCHET, lieut., B. 8 nov.
PICHARD, lieut., B. 17 oct.
BAILLOUT, s.-lieut., B. 6 nov.
BELLANCOURT, s.-lieut., B. 17 oct.
MOUGENOT, s.-lieut., B. 17 sept.
BELLANCOURT, s.-lieut., B. 14 sept.

8 *mars* 1814, *défense de Berg-op-Zoom.*
DELAUNE, capit., B.
CADOT, lieut., B.
CHAMECIN, s.-lieut., B.

DELAUNAY, lieut., B. 9 mars 1814, Berg-op-Zoom.

31 *mars* 1814, *combat de Courtrai.*
PIESTAUD, capit., B.
CRUNELLE, lieut. A.-M., B.
JAQUET, lieut., B.

JEANNIN, major, B. 31 mars 1814, Courtrai.

18 *juin* 1815, *bataille de Waterloo.*
GUILLON, capit., T.
MULLER, capit., T.
LHOT, lieut., T.
VIEL, lieut., T.
REBOURCEAU, capit., B. (mort le 29).
VIDAL, capit., B.
EGRET, capit., B.
BLIGNY, lieut., B.
RECOULÈS, lieut., B.
DORNER, lieut., B. 17.
LOUSTEAU, s.-lieut., B.
DROUHIN, s.-lieut., B.
PEYRON, s.-lieut., B.
GUILLOTIN, s.-lieut., B.
MORLIÈRE, s.-lieut., B.
REBATEL, s.-lieut., B.
BORD, capit., B.
LARREY, capit., B.

DELORD (1), capit., B. (mort le 11 janv. 1816).
HOUEL, s.-lieut., B.
LABEILLE, lieut., B.

18ᵉ Régiment.

16 nov. 1805, combat d'Hollabrünn.
BERTHIER, capit., B.
MALLET, capit., B.
LAFORGUE, lieut., B. (mort le 20).

2 déc. 1805, bataille d'Austerlitz.
CHEYNET, chef de bat. B. (mort 22 janv. 1806).
CHARPENTIER, capit., B.
REYMOND, capit., B.
MATERRE, capit., B.
BARTHELEMY, lieut., B.
FARGEOT, s.-lieut., B.

7 févr. 1807, bataille d'Eylau.
BARTHELEMY, capit., T.
BITOU, capit., T.
DALBOUSSIÈRE, capit., T.
MOLIN, capit., T.
DAIGNAS, lieut., T.
JOUBERT, lieut., T.
SOLEILHET, s.-lieut., T.
RAMONDOU, capit., B. (mort le 3 mars).
DEMIRBERNE, capit., B. (mort le 9).
RAVIER, col., B.
PELLEPORT, chef de bat., B.
BAUDIN, capit., B.
BORELLE, capit., B.
CHARPENTIER, capit., B.
PASCAL, capit., B.
CORNEILLAN, capit., B.
DUMAGNOU, capit., B.
LACOMBE, capit., B.
MICHEL, capit., B.
BARBARA, capit., B.
BARTHELEMY, lieut., B.
BONNET, lieut., B.
CORDEL, lieut., B.
DABEAUX, lieut., B.
GARGAT, lieut., B.
FABRE, lieut., B.
GENEVOIS, lieut., B.
MATERRE (J.), lieut., B.
RAVIER, lieut., B.
BERCHET, s.-lieut., B.

BLAND, s.-lieut., B.
BONNET, s.-lieut., B.
CHARON, s.-lieut., B.
JANIN, s.-lieut., B.
COTANTIN, s.-lieut., B.
DELPECH, s.-lieut., B.
HOUSSARD, s.-lieut., B.
MEDRANO, s.-lieut., B.
MEUNIER, s.-lieut., B.
MICHEL, s.-lieut., B.
NARDON, s.-lieut., B.
OLLIER, s.-lieut., B.
SIBUET, s.-lieut., B.
VAUTREY, s.-lieut., B.

10 juin 1807, bataille d'Heilsberg.
DAIGNAS, s.-lieut., T.
BARBARA, capit., B. (mort le 9 juillet).
BUADA, s.-lieut., B. (mort le 11).
VAUTRÉ, chef de bat., B.
GILLET, capit., B.
PASCAL, capit., B.
RAVIER, lieut. A.-M., B.
CHARON, lieut., B.
DEVISME, lieut., B.
LACOMBE, lieut., B.
MATERRE (J.), lieut., B.
MOTTE, lieut., B.
BERCHET, s.-lieut., B.
DESBARRAT, s.-lieut., B.
ESCUDIER, s.-lieut., B.
FARGEOT, s.-lieut., B.
MEDRANO, s.-lieut., B.
NARDON, s.-lieut., B.
ROTTIER, s.-lieut., B.
SAUZÈDE, s.-lieut., B.

14 juin 1807, bataille de Friedland.
FRISSON, capit., T.
LABRIOT, capit. B.
LACROIX, s.-lieut., B.

3 mai 1809, combat d'Ebersberg.
COMMUNIER, capit., B.
GENEVOIS, capit., B.
VAUTRÉ, lieut., B.
FARGEOT, s.-lieut., B.

(1) Noyé en rentrant des prisons d'Angleterre.

22 mai 1809, bataille d'Essling.

RAVIER, capit. A.-M., T.
LAGARDOGE, s.-lieut., T.
MEDRANO, s.-lieut., T.
CAILLET, capit., B. (mort 28 juin).
MENARD, lieut., B. (mort 30 nov.).
TALAZAC, lieut., B. (mort 5 juin).
BOUBÉE, s.-lieut., B. (mort 13 août).
RAVIER, col., B.
GUIGARD, chef de bat., B.
JAQUET, chef de bat., B.
REY, chef de bat., B.
LACOMBE, capit. A.-M., B.
ASTOR, capit., B.
BARTHELEMY, capit., B.
CHARPENTIER, capit., B.
DABEAUX, capit., B.
DELSOL, capit., B.
LAMBERT, capit., B.
MATERRE, capit., B.
MOTTE, capit., B.
MORAND, lieut., B.
LAMARRE, lieut. A.-M., B.
CORDEL, lieut., B. 21.
DELPECH, lieut., B.
MERCIER, lieut., B.
COSTE, lieut., B.
MESSENET, lieut., B.
MEUNIER, lieut., B.
ROTTIER, lieut., B.
VAUTRÉ, lieut., B. 21.
ABADIE, s.-lieut., B.
ISNARD, s.-lieut., B.
RANCHON, s.-lieut., B.

6 juill. 1809, bataille de Wagram.

MAZOYER, s.-lieut., T.
TROUILLER, s.-lieut., T.
MICHEL, lieut. A.-M., B. (mort 30).
MERCIER, lieut., B. (mort 25).
LEGRAND, s.-lieut., B. (mort).
BONNET, capit., B.
CUSSET, capit., B.
FARGEOT, lieut., B.
JANNIN, lieut., B.
JUGLARD, lieut., B.
VICHET, lieut., B.
CANTAL, s.-lieut., B.
LEGARDEUR, s.-lieut., B.
LEGROS, s.-lieut., B.
POULET, s.-lieut., B.
GLORIOT, s.-lieut., B.

9 juill. 1809, combat d'Hollabrünn.

PLANTIÉ, capit., B. (mort 17).
PAMS, lieut., B. (mort 16).
LAVOLAINE, s.-lieut., B. (mort 20).
REY, chef de bat., B.
CORNEILLAN, capit., B.
CUSSET, capit., B.
DRUOT, s.-lieut., B.

11 juill. 1809, bataille de Znaïm.

COTANTIN, lieut., B. (mort 31).
ROUX, capit., B.
DELPECH, lieut.
GIRARD, s.-lieut., B.
GUBERNATIS, s.-lieut., B.
RICOME, s.-lieut., B.

19 août 1812, combat de Valoutina-Gora.

PASCAL, capit., T.
DELEVESYE, capit., B. (mort le 5 oct.).
GARÉS, lieut., B. (mort le 17 sept.).
CHAUFFARD, chef de bat., B.
NARDON, capit., B.
BOUDOUSQUIÉ, lieut., B.
DUMONT, lieut., B.
FRÉMOND, s.-lieut., B.
VILLARD, s.-lieut., B.

7 sept. 1812, bataille de la Moskowa.

BANKS, capit., T.
CHAMAROIS, capit., T.
HANNEWINKEL, capit., T.
JUGLARD, capit., T.
POULVEREL, capit., T.
DRUOT, lieut., T.
GARBILLON, lieut., T.
VIEL, lieut., T.
JESSAUME, s.-lieut., T.
CAILLET, capit., B. (mort le 30).
BRET, s.-lieut., B. (mort le 12).
CRESSONNIER, chef de bat., B.
FORNIER, chef de bat., B.
LACOMBE, chef de bat., B.
CHARON, capit., B.
DRUOT, capit., B.
GLORIOT, capit., B.
LAMARRE, capit., B.
REISSENBACH, capit., B.
SAPET, capit., B.
STRUICK, capit., B.
BLANCHE, lieut., B.
BOUDOUSQUIÉ, lieut., B.

Cassier, lieut., B.
Chatillon, lieut., B.
Dumont, lieut., B.
Fremeaux, lieut., B.
Lavenne, lieut., B.
Queya, lieut., B.
Ricord, lieut., B.
Boyers, s.-lieut., B.
Geerinckx, s.-lieut., B.
Henry, s.-lieut., B.
Herskenrode, s.-lieut., B.
Meunier, s.-lieut., B.
Pauvet, s.-lieut., B.
Spanoghe, s.-lieut., B.
De Saint-Denis, s.-lieut., B.
Vander-Hagen, s.-lieut., B.
Villard, s.-lieut., B.

1812, pendant la retraite de Russie.

Sébastiani, capit., T. 2 nov.
Clément, lieut., T. 4 nov.
Boudin, capit., B. 4 nov.
Dervieux, capit., B. 5 nov.
Geerinckx, s.-lieut., B. 12 nov.
Henry, s.-lieut., B. 5 nov.
Hénard, capit., B. 5 nov.

Desnos, s.-lieut., B. 14 nov. 1812, à Gjat.
Forest, lieut., T. 21 nov. 1812 pendant la retraite.

18 nov. 1812, bataille de Krasnoë.
Daviel, capit., T.
Sébille, capit., T.
Astor, s.-lieut., T.
Canille, s.-lieut., T.
De Rouvroy, capit., B. (mort).
Bonnet, chef de bat., B.
Labaume, chef de bat., B.
Lacombe, chef de bat., B.
Bergounhe, capit., B.
Débarats, capit., B.
Druot, capit., B.
Escudier, capit., B.
De Lachau, capit., B.
Queya, capit., B. 19.
Blanche, lieut., B.
Ricord, lieut., B.
Loidrot, s.-lieut., B.
Canalle, s.-lieut., B.
Cholat, s.-lieut., B.
Frémond, s.-lieut., B.

Gachot, s.-lieut., B.
Lacombe, s.-lieut., B.
Larochette, s.-lieut., B.
Clauteaux, s.-lieut., B.
Gensana, lieut., B.

Lesur, s.-lieut., B. 9 déc. 1812, route de Wilna, combat contre des Cosaques.
Dervieux, capit., B. 6 avril 1813, Esleben, étant aux avant-postes.
Hénard, capit., B. 13 avril 1813, combat devant Hambourg.
Queya, capit., B. 15 avril 1813, reprise de Hambourg.
Boissy, s.-lieut., B. 2 mai 1813, bataille de Lutzen.
Bonnet, chef de bat., B. 9 mai 1813, combat de Willemsbourg.
Delorme, capit., T. 20 août 1813, affaire près de Leibnitz.

27 août 1813, combat de Leibnitz (1).
Coste, chef de bat., B.
Duston de Villereglan, capit., B.
Darrac, lieut., B.
Barthe, lieut., B.
Mouly, lieut., B.
Lavagnac, s.-lieut., B.

10 oct. 1813, affaire près de Leipzig.
Leblanc, s.-lieut., B.
Desavid, capit., B.
Boissy, lieut., B.
Dilton, lieut., B.
Fleury, lieut., B.

18 et 19 oct. 1813, bataille de Leipzig.
Deguermeur, capit., B. 18 (mort le 19).
Sausset, col., B. 18.
Uny, major, B. 19 (par l'explosion du pont).
Martinet, chef de bat., B. 19 (par l'explosion du pont).
Borie, chirurg.-M., B. 18.
Hénard, capit., B. 18.
Dervieux, capit., B. 18.
Desavid, capit., B. 18.
Queya, capit., B. 18.
Milliot, lieut., B. 18.

(1) 3ᵉ bataillon.

FLEURY, lieut., B. 19 (par l'explosion du pont).
BAGARADES, s.-lieut., B. 18.
DUSSAUSY, s.-lieut., B. 18.
HOUSSIER, s.-lieut., B. 18.
LEBEL, s.-lieut., B. 18.

30 oct. 1813, bataille de Hanau.
HENRY, lieut., T.
LESUR, lieut., B.
JOANNÈS, s.-lieut., B.
SIGNORET, lieut., B.

29 janv. 1814, bataille de Brienne.
CRESSONNIER, chef de bat., T.
CHIBOUT, lieut., T.
MAUVIEL, chef de bat., B.
BIZALION, capit. A.-M., B.
BOISSY, capit. A.-M., B.
BARRIÈRE, capit., B.
DESAVID, capit., B.
DRONCHAT, capit., B.
SAINT-DENIS, capit., B.
QUEYA, capit., B.
BARRAL, lieut., B.
CAMPREDON, lieut., B.
GABET, lieut., B.
GEOFFROI, lieut., B.
GORGON, lieut., B.
MILLIOT, lieut., B.
DAUTRICHE, s.-lieut., B.
GEOFFROI, s.-lieut., B.
GARIMONT, s.-lieut., B.
PICOT, s.-lieut., B.
SALVANDI DE LA GRAVIÈRE, s.-lieut., B.
RICHARD, s.-lieut., B.

1er févr. 1814, bataille de la Rothière.
SIGNORET, capit. A.-M., B.
BARRIÈRE, capit., B.

10 et 11 févr. 1814, combat de Nogent.
DUMONT, lieut., B. 10.

LOGEAT, lieut., B. 10.
GEOFFROI, s.-lieut., B. 11.

18 févr. 1814, bataille de Montereau.
BENOIT, lieut., T.
CASSIER, capit., B.
CHATILLON, capit., B.

PELLÉ, capit., B. 23 févr. 1814, combat devant Ligny.
GIROUX, capit., B. 26 févr. 1814, combat devant Bar-sur-Aube.

27 févr. 1814, combat de Bar-sur-Aube.
CASTAGNIER, capit., B.
BOYERS, lieut., B.
DUFOUR, s.-lieut., B.

FRIOL, lieut., B. 28 févr. 1814, aux avant-postes, près de Bar-sur-Aube (mort le 2 mars).

1814, défense de Strasbourg.
LESUR, capit., B. 1er mars.
MIEROSLAWSKY, lieut., B. 8 avril.
COLLIN, s.-lieut., B. 9 mars.

LAMOUROUX, capit., B. 26 juin 1815, combat de la Suffel.

9 juill. 1815, devant Strasbourg.
GUITARD, lieut., B. (mort le 24).
MOULY, capit. A.-M., B.
BARRIÈRE, capit., B.
CUNY, s.-lieut., B.
LACOMBE DE LAMAZIÈRE, s.-lieut., B.
TANDOU, s.-lieut., B.

GENSANA, lieut., B. 26 juill. 1815, à Sarrebourg, étant en colonne mobile.

19e Régiment.

ROUSSEAU, chirurg. S.-A.-M., B. 2 déc. 1805, Austerlitz.

1807, siège de Dantzig.
SAUVETERRE, capit., T. 28 avril.
FRAY, s.-lieut., T. 28 avril.

BEDUBOURG, s.-lieut., B. 28 avril.
BERTRAND, chef de bat., B. 8 mai.
DECOS, capit., B. 2 et 13 mai.
MAGNE, capit., B. 8 mai.
GRUET, lieut., B. 8 mai.
RABE, lieut., B. 8 mai.

PAJOT, chirurg. A.-M., B. 14 juin 1807, bataille de Friedland.

5 *et* 6 *juill.* 1809, *bataille de Wagram.*
BERTY, capit., T. 5.
DUMONT, capit., T. 5.
VAUTHIER, capit., T. 5.
SOYER, lieut., T. 5.
DUHOT, lieut., B. 5 (mort 19 oct.).
PACARIN, lieut. A.-M., B. 5 (mort).
BLECHLINGER, capit., B. 5.
BOIZARD, lieut., B. 5.
DUBOSCQ, lieut., B. 5.
HUNION, lieut., B. 5.
LAFITTE (Ch.), lieut., B. 5.
THIBON, lieut., B. 5.
DUPIN, s.-lieut., B. 5.
LAMBLIN, s.-lieut., B. 5.
SAVAËTTE, s.-lieut., B. 5.
LAFITTE (J.), capit., T. 6.
SIMONNOT, capit., T. 6.
DELORT, lieut., T. 6.
AUBRY, col., B. 5 et 6.
GAUCHERET, chef de bat., B. 6.
TRUPEL, chef de bat., B. 6.
ANDRÉ, capit., B. 6.
BALTHAZARD, capit., B. 6.
COUDÈRE, capit., B. 6.
DECOS, capit., B. 6.
FOS, capit., B. 6.
JARDIN, capit., B. 6.
MAGNE, capit., B. 6.
MAYERN, capit., B. 6.
MEZINS, capit., B. 6.
PONSART, capit., B. 6.
GRENON, lieut., B. 6.
MAILLOT, lieut., B. 6.
CANTAL, s.-lieut., B. 6.
MOLLIER, s.-lieut., B. 6.
CAVALIER, s.-lieut., B. 6.
DEVAUX, s.-lieut., B. 6.
BRUNAT, s.-lieut., B. 6.
DUPONCHEL, s.-lieut., B. 6.
PIKELL, chirurg. A.-M., B. 5.
LANGLET, s.-lieut., B. 6.
LAFITTE, lieut., B. 6.
DESCHAMPS, s.-lieut., B. 5.

THERASSON, s.-lieut., B. 7 avril 1810, siège d'Astorga.

1810, *combat de Sobral (Espagne).*
GUINET, lieut., T. 14 oct.

MARRENS, capit., B. 14 oct.
HOUREZ, lieut., B. 14 oct.
SICARD, s.-lieut., B. 14 oct.
NORMAL, s.-lieut., T. 18 oct.

DUPONT, chef de bat., B. 12 oct. 1810, affaire de Sobral.
OLIVE, s.-lieut., B. avril 1811, affaire de Fresno-de-Ribeira (mort le 18).

30 *et* 31 *juill.* 1812, *combat de Drissa.*
CHARRIER, lieut., B. 30.
GAUCHERET, chef de bat., B. 31.
CHAPEAU, capit., B. 31.
LORIOL, lieut., B. 31.
BARNIER, lieut. A.-M., B. 31.
CREPIN, lieut., B. 31.
ROUSSE, lieut., B. 31.
DESBARBIEUX, s.-lieut., B. 31.
MONAIS, lieut., B. 30.
GRESSE, capit., B. 31.

1ᵉʳ *août* 1812, *combat de Jacobowo.*
BERRARD, capit., T.
ROSSI, lieut., T.
DUROY DE FONTENELLE, major en 2ᵉ, T.
BARNIER, lieut. A.-M., B. (mort le 5).
MIAGZINSKI, capit., B.
GRESSE, capit., B.
JARNIER, lieut., B.
RENAUD, lieut., B.
MAUNAIX, lieut., B.
CHARRIER, lieut., B.

18 *août* 1812, *bataille de Polotsk.*
AUBRY, col., T.
DESPENSE, capit., T.
DROUARD, capit., T.
MASCRÈS, capit., T.
PARRY, capit., T.
RACHELBOOM, capit., T.
CLEENVERCK, lieut., T.
SAINT-AUBERT, lieut., T.
DEU, chef de bat., B. (mort).
PERGOT, capit., B. (mort 15 oct.).
BULLIER, capit. A.-M., B.
CHAPEAU, capit., B.
CREPIN, capit. A.-M., B.
GOMBAULT, capit., B.
LAFITTE, capit., B.
PELLETIER, capit., B.
ROUX, capit., B.

THÉRASSON, capit., B.
VERNAY, capit., B.
TASSARD, lieut., B.
CHARRIER, lieut., B.
PAUTY, lieut. A.-M., B.
LORIOL, lieut., B.
DEPLANQUE, lieut., B.
BEAUVILLAIN, s.-lieut., B.
ISOIRE, s.-lieut., B.
MEYER, s.-lieut., B.
MILLOT, s.-lieut., B.
ROUSSE, s.-lieut., B.

18 et 19 oct. 1812, *combats de Polotsk.*
LANCELLE, lieut., T. 18.
BRANCHE, s.-lieut., T. 18.
CLAUDEL, s.-lieut., T. 18.
HAUTE, s.-lieut., T. 18.
POURNAIN, s.-lieut., T. 18.
LARUE, s.-lieut., B. 18 (mort 25).
PIÈTRE, s.-lieut., B. 18.
GUILLOT, capit., B. 19.
LELOSSE, s.-lieut., B. 20.

ISOIRE, s.-lieut., B. 6 nov. 1812, aux avant-postes, Russie.

Nov. 1812, bataille de la Bérésina.
DEVAUX, capit., T. 23.
BESSIN, capit., T. 26.
GRIPPIÈRE, lieut., T. 26.
TRIMOLET, capit., B. 26 (mort).
GRANDJEAN, capit., T. 28.
MORELLE, lieut., T. 28.
GIROD, lieut., T. 28.
ROUSSE, s.-lieut., T. 28.
BOIZART, capit., B. 24.
LORIOL, lieut., B. 24.
GAUCHERET, major en 2e, B. 28.
TRUPEL, major, B. 28.
MANSON, chirurg. S.-A.-M., B. 28.
CONSTANTIN, capit. A.-M., B. 28.
TASSARD, lieut., B. 28.
GRAVIER, s.-lieut., B. 28.
MORLET, s.-lieut., B. 28.
THÉRASSON, capit., B. 29.
SÉGOFFIN, s.-lieut., B. 28 et disparu le 6 déc.
CHAVET, lieut., B. 29.
HOUREZ, lieut. A.-M., B. 29.
PIETTE, s.-lieut., B. 28.

LEMAIRE, s.-lieut., B. 1er janv. 1813 par des Cosaques près de Tilsitt (mort le 11).
PLUMECOCQ, s.-lieut., B. 17 janv. 1813, retraite de Russie.
CHARRIER, lieut., B. 27 janv. 1813, retraite de Russie.
BEDUBOURG, s.-lieut., B. 27 avril 1813, défense de Dantzig.
DIGARD, lieut., B. 27 avril 1813, Hambourg.
LÉVÊQUE, capit., B. 12 mai 1813, Hambourg.

1813, combats en Saxe.
CONSTANTIN, capit. A.-M., B. 4 juin.
PAJOT, chirurg. A.-M., B. 5 juin.

27 août 1813, bataille de Dresde (1).
AUBIN, capit., T.
CHATENET, capit., T.
DALLOT, capit., T.
MERLET, capit., T.
BOUCHÉ, lieut., T.
CHARLES, s.-lieut., T.
CARBON, s.-lieut., B. (mort le 2 sept.).
LEFEBVRE, s.-lieut., T.
AUFFRAYE, s.-lieut., B. (mort le 10 sept.).
FRELOIS, capit., B.
ROUX, capit., B.
GRESSE, capit., B.
LENGLET, capit., B.
LERILLIER, capit., B.
MERLET, capit., B. (Lubnitz).
LÉVÊQUE, capit., B.
BERTHAUT, capit., B. (Lubnitz).
ROUSSE, capit., B.
WATERLOT, lieut., B.
DIGARD (P.-A.), lieut., B.
REITZ, lieut., B.
GRILL, lieut., B. (Lubnitz).
FROUVÉ, s.-lieut., B.
GARCIN, s.-lieut., B.
FÈVRE, s.-lieut., B. (Lubnitz).

16 et 18 oct. 1813, bataille de Leipzig.
CARON, lieut., T. 16.
LASSOYE, lieut., T. 16.
BULLIER, chef de bat., T. 18.
TASSARD, capit., T. 18.

(1) Le 3e bataillon a pris part au combat de Lubnitz, le 27 août 1813.

Dallot, s.-lieut., T. 18.
Oudot, chef de bat., B. 18 (mort le 6 nov.).
Trupel, col., B. 16.
Grégoire, capit., B. 16.
Rousse, capit. A.-M., B. 16.
Miaczinski, capit., B. 16.
Boizart, capit., B. 16.
Chauvin, capit., B. 16.
Vidier, capit., B. 16.
Normand, lieut., B. 16.
Buchillot, s.-lieut., B. 16.
Péruche, s.-lieut., B. 16.
Varnier, s.-lieut., B. 16.
Bournès, capit., B. 18.
Desmoulliez, capit. B. 18.
Fossat, capit., B. 16.
Lafite, capit., B. 18.
Bayle, lieut., B. 18.
Sabardesse, lieut., B. 18.
Duvivier, s.-lieut., B. 18.
Trouvé, s.-lieut., B. 18.

Courtoisier, s.-lieut., B. 7 nov. 1813, affaire près Mayence.

29 *janv.* 1814, *bataille de Brienne.*
Grégoire, capit., B.
Digard, capit., B.
Monais, capit., B.
Bouy, lieut., B.
Tricat, lieut., B.
Bony, s.-lieut., B.
Péruche, s.-lieut., B.
Joly, lieut., B.

18 *févr.* 1814, *bataille de Montereau.*
Sautraine, lieut., B. (mort le 22).
Brunet, capit., B.
Darasse, lieut., B.
Wilhem, lieut., B.
Cambron, s.-lieut., B.

Daniel, s.-lieut., B. 17 févr. 1814, aux avant-postes près de Montereau.

28 *févr.* 1814, *combat de Bar-sur-Aube.*
Hourez, capit., T.
Joly, lieut., B.

18 *juin* 1815, *bataille de Waterloo.*
Dutroy, capit., T.
Velay, capit., T.
Darasse, lieut., T.
Ziloff, s.-lieut., T.
Monin, chirurg. A.-M., disparu.
De Rossy, capit., disparu.
Hallet, s.-lieut., disparu.
Crépin, capit., B. (mort le 2 août).
Canonne, lieut., B. (mort le 7 juillet).
De Maussion, chef de bat., B.
Ollier, capit. A.-M., B.
Frelois, capit., B.
Hagen, capit., B.
Gresse, capit., B.
Maunaix, capit., B.
Ponsard, capit., B.
Lecointe, lieut., B.
Samuel, lieut., B.
Millot, s.-lieut., B.
Perrin, s.-lieut., B.
Olivier, s.-lieut., B.

20ᵉ Régiment.

18 *oct.* 1805, *passage de l'Adige.*
Turin, capit., B.
Petit, lieut., B.

30 *oct.* 1805, *combat de Caldiero.*
Grimprelle, capit., T.
Poupet, capit., B. (mort le 12 nov.).
Launois, s.-lieut., B. (mort le 29 nov.).
Pregnon, chef de bat., B.
Blin, capit. A.-M., B.
Bernhard, capit., B.
Simonin, capit., B.
Cailhassou, capit., B.

André, lieut., B.
Dayez, lieut., B.
Bouchet, lieut., B.
Davous, lieut., B.
Goyhenne, lieut., B.
Vaillant, lieut., B.

Dhardivillé, lieut., T. 27 oct. 1806, affaire de Larretto (Abruzzes).
Grandjean, lieut., B. 25 déc. 1806, étant en colonne mobile en Calabre.
Delécray, capit., B. 9 févr. 1807, affaire en Calabre.

Délot, capit., B. 17 oct. 1807, en Calabre.
Lemaire, capit., B. 19 juin 1809, Palmi (Naples) (mort le 8 juill.).
D'Hauteroche, s.-lieut., B. 19 juin 1809, à Palmi (Naples).
Bouthier, capit., B. 12 juill. 1809, affaire de Vigo (Naples).
Naudé, lieut., B. 25 janv. 1810, Saint-Biaggo (Calabre).
Desplanques, s.-lieut., B. 6 oct. 1811, affaire contre des insurgés en Navarre.
Cremmer, s.-lieut., B. 27 déc. 1811, affaire de Castellon-de-la-Plana.

15 févr 1812, combat près de Valence.
Joubert, capit., B.
Larmonier, s.-lieut., B.
Costafava, lieut., T. 22 avril 1812, dans une reconnaissance en Catalogne.
Delanoue, s.-lieut., T. 19 mai 1812, combat de Teruel.

2 mai 1813, bataille de Lutzen.
Dechevilly, chef de bat., B.
Pinard, capit., B.
Grignon, capit., B.

Ceppi, lieut., B. 2 mai 1813, affaire de Las Cabrillas (près de Valence).

21 mai 1813, bataille de Würschen.
Girardin, capit., B.
Lonjumeau, lieut., B.
Olivier, lieut., 16 juin 1813, défense de Tarragone.
Caroz, lieut., B. 28 juill. 1813, retraite de Pampelune.
Ricœur, chef de bat., B. 19 août 1813, défense de Tortose.
Bordot, lieut., B. 18 sept. 1813, combat près Dresde.

22 sept. 1813, combat de Bischoffewerda. (Saxe).
Cuinet, chef de bat., T. 22.
Mollière, lieut., T. 22.
Girardin, capit., B. 22.
Dorival, lieut., B. 22.
Barnave, lieut., B. 22.

18 et 19 oct. 1813, bataille de Leipzig.
Bourgade, lieut., B. 1er oct. 1813 aux avant-postes en Italie.

Grundler, chef de bat., B. 18 (mort le 27 déc.).
Cochet, s.-lieut., B. 18 (mort le 5 nov.).
Bonnamie, capit., B. 18.
Dorival, s.-lieut., B. 19.
Guenaux, s. lieut., B. 19.
Meyret, s.-lieut., B. 18.

30 oct. 1813, bataille de Hanau.
Thuillier, capit., T.
Deruelle, capit., B.
George, s.-lieut., B.

Briffaud, s.-lieut., B. 1er nov. 1813 aux avant-postes en Italie.

15 nov. 1813, combat de Caldiero.
Turin (1), major, B. (mort le 30).
Jarlot, s.-lieut., T.
Franel, s.-lieut., B.

19 nov. 1813, combat de Saint-Michel (Italie).
Mandrillon, chef de bat., T.
Demaynard, capit., B.
Delavigne, lieut., B.
Bourgade, lieut., B.
Robert, lieut., B.
Cardou, s.-lieut., B. 3 déc. 1813, combat de Rovigo.

Marchant, lieut., B. 3 déc. 1813, combat de Rovigo.
France, lieut., B. 31 déc. 1813, affaire près de Lamena (Italie).

2 janv. 1814, défense de Tortose.
Ricœur, chef de bat., B.
Seguy, capit., B.

Collot, capit., B. 8 févr. 1814, bataille du Mincio (mort le 7 mars).
Robin, s.-lieut., B. 10 févr. 1814, près de Valleggio.
Didion, lieut., B. 12 févr. 1814, défense de Tortose.
Fallue, s.-lieut., B. 14 févr. 1814, Italie (mort le 11 avril).

19 févr. 1814, combat de Bourg.
Esnard, col., B.
Maygrier, lieut., B.

_____
(1) Commandait la 31e demi-brigade provisoire.

11 *mars* 1814, *combat devant Mâcon.*
Roussel, lieut., T.
Patard, s.-lieut., B. (mort le 23).
Esnard, col., B.
Bouty, capit., B.
Villeroy, capit., B.
Babin-Delignac, lieut., B.
Chemin, s.-lieut., B.
Thiébaut, s.-lieut., B.

Wilhelmy, lieut., B. 14 mars 1814, devant Lyon (mort le 18).
Bouchereau, lieut., B. 18 mars 1814, combat devant Lyon.
Dosda, s.-lieut., B. 19 mars 1814, devant Lyon.

20 *mars* 1814, *combat devant Lyon.*
Lebrun, capit., B. (mort le 1ᵉʳ avril).
Grigy, chef de bat., B.
Lahaye, lieut., B.

28 *juin* 1815, *combat de Conflans*
(*sur les Alpes*).
Bonjouan de la Varenne, capit., B.
Bonvalon, capit., B.
Spaeth, capit., B.
Pister, s.-lieut., B.
Paris, s.-lieut., B.

21ᵉ Régiment.

Vassale, lieut., T. 18 juill. 1805, combat d'Ambleteuse contre des péniches anglaises.

14 *oct.* 1806, *bataille d'Auerstædt.*
Morizot, capit., T.
Terrier, lieut., T.
Lerahier, s.-lieut., T.
Harpon, lieut., B. (mort).
Madebos, s.-lieut., B. (mort).
Grognet, chef de bat., B.
Delouche, capit., B.
Duchêne, capit., B
Sire, capit. A.-M., B.
Camusat, capit., B.
Boisson, capit., B.
Rome, capit., B.
Dalmont, lieut., B.
Caillebotte, lieut., B.
Amy, lieut., B.
Lauzieres, s.-lieut., B.
Bernard, capit., B.
Alard, lieut., B.
Mylius, lieut., B.
Lemaire, lieut., B.
Delafare, s.-lieut., B.
Ginoux, lieut., B.
Bonnefont, s.-lieut., B.
Leroux, s.-lieut., B.

Vuillemot, s.-lieut., B. 17 déc. 1806, sur le Bug.

26 *déc.* 1806, *combat de Pultusck.*
Bernard, chef de bat., B.
Picot, capit., B.
Rome, capit., B.
Nollet, capit., B.
Chabrier, lieut., B.
Leroux, lieut., B.
Delzons, s.-lieut., B.

Picot, capit., B. 23 déc. 1806 au passage de la Narew.

8 *févr.* 1807, *bataille d'Eylau.*
Lévicq, lieut., T.
Lebaud, lieut., B.

23 *avril* 1809, *combat de Ratisbonne.*
Honte, capit., T.
Paslom, capit., T.
Evrard, lieut., T.
Richard, lieut., T.
Constant, lieut., B.
Devillers, lieut., B.
Ladrague, lieut., B.
Veniot, lieut., B.
Bolot, lieut., B.

22 *mai* 1809, *bataille d'Essling.*
Dupuy, lieut., T.
Nicolain, capit., B.
Lauzières, lieut. A.-M., B.
Verrier, s.-lieut., B.

3 juin 1809, *combat de Presbourg*.
GEOFFROY, lieut. A.-M., T.
AMY, capit., B.
CHABRIER, capit., B.
JOBERT (J.-B.), s.-lieut., B.
ROSSY, s.-lieut., B.

6 *juill.* 1809, *bataille de Wagram*.
GAILLARD, capit., B. (mort le 23).
BOCHET, lieut., T.
DELGA, s.-lieut., T.
DURIEUX, s.-lieut., T.
FRANÇOIS, chef de bat. B. (mort le 16).
MONTHIOL, capit., B. (mort le 26).
FRASSIN, capit., B. (mort le 24).
NICOLAIN, lieut., B. (mort le 25).
DAUTEUILLE, lieut., B. (mort le 25).
LEVERT, s.-lieut., B. (mort le 29).
CASTELLIN, lieut., B. (mort le 14 août).
OUDET, lieut., B. (mort le 8).
PRIGNOT, lieut. A.-M., B. (mort le 20).
WERTZ, s.-lieut., B. (m^{rt} le même jour).
DUCREST, major., B.
BERNARD, chef de bat., B.
BROUSSARD, chef de bat., B.
TEXIER, capit., B.
ALLARD, capit., B.
DALMONT, capit., B.
BARON (L.), capit., B.
DELAMARRE, capit., B.
BESSAT, capit., B.
VUILLERMOZ, capit., B.
COURVOISIER, capit., B.
NICOLAIN, capit., B.
DENIS, capit., B.
GINOUX, capit., B.
METRAUD, capit., B.
FRANÇOIS, capit., B.
BELOT, lieut., B.
CAILLEBOTTE, lieut., B.
CANAT, lieut., B.
CONSTANT, lieut., B.
EYSSAUTIER, lieut., B.
LEROUX, lieut., B.
AUBRY, s.-lieut., B.
CAUDRON, s.-lieut., B.
DANIEL, s.-lieut., B.
DOLE, s.-lieut., B.
JOBERT (N.), s.-lieut., B.
JOBERT (J.-B.), s.-lieut., B.
MÉNÉTRIER, s.-lieut., B.
DE CUIROYE-CABÉ, lieut., B.
GOUSSIER, s.-lieut., B.

DUFOUR, capit., T. 14 août 1812, dans une reconnaissance sur Polowicki.

17 *août* 1812, *bataille de Smolensk*.
DESPREZ, lieut., T.
CANAT, capit., B.
FUMEZ, capit., B.
GOUSSIER, capit., B.
LADRAGUE, capit., B.
ROSSY, capit., B.
DESVERNOIS, lieut., B.
RIVAUD, lieut., B.
VAILLANT, lieut., B.
HOCÉDÉ, s.-lieut., B.
POINCELET, s.-lieut., B.
BLONDEAU, lieut., B.
DEMOUTON, s.-lieut., B.

19 *août* 1812, *combat de Valoutina-Gora*.
CAMUSAT, chef de bat., T.
DENIS, chef de bat., T.
BELOT, capit., T.
JACQUOT, s.-lieut., T.
LAURENT, s.-lieut., T.
NOLLET, lieut., B. (mort le 20).
FUZIER, chef de bat., B.
METRAUD, chef de bat., B.
BARON, capit., B.
BAUCHAU, capit., B.
BLONDEAU, capit., B.
BONY, capit., B.
BRESSONGAY, capit., B.
COSTAMAGNA, capit., B.
CONSTANT, capit., B.
COUDER, capit., B.
GOUSSIER, capit., B.
JOBERT (N.), capit., B.
LEROY, capit., B.
LACHENAL, capit. A.-M., B.
LEROUX, capit. A.-M., B.
BLONDEAU, lieut., B.
ARNOUX, lieut., B.
BOISSON, lieut., B.
VALLOT, lieut., B.
SÉNÉCHAL, lieut., B.
DUPLESSIS, lieut., B.
RAOULT DE MAINTENAY, lieut., B.
SARROBERT, s.-lieut., B.
FROISSARD, s.-lieut., B.
BRARD, s.-lieut., B.
JANNAUD, s.-lieut., B.
ARNEFAUT, s.-lieut., B.

Rousseau, s.-lieut., B.
Gay, s.-lieut., B.

7 sept. 1812, bataille de la Moskowa.
Bouvier, lieut., T.
Demangeon, lieut., T.
Lerables, s.-lieut., T.
Duthoya, chef de bat., B. (mort le 16).
Caudron, capit., B. (mort le 15 oct.).
Chenu, lieut., B. (mort le 9).
Teullé, col., B.
Lafiton, major en 2e, B.
Fuzier, chef de bat., B.
Raby, chef de bat., B.
Baron, chef de bat., B.
Jobert, capit., B.
Constant, capit., B.
Fostier, capit., B.
Jobert (J.-B.), capit., B.
Decouz, lieut., B.
Magnien, lieut., B.
Cugnot, lieut., B.
Renoux, lieut., B.
Charrau, lieut., B.
Raoult de Maintenay, lieut., B.
Beelaert, s.-lieut., B.
Jeannin, lieut., B.
Brard, s.-lieut., B.
Demouton, s.-lieut., B.
Féton, s.-lieut., B.
Gérard, s.-lieut., B.
Danin, s.-lieut., B.

Chicaud, lieut., B. 24 oct. 1812, bataille de Malojaroslawetz.

31 oct. 1812, sur la route de Wiasma (près du couvent de Mojaïsk).
Constant, capit., B.
Crampé, lieut., B.
Brard, lieut., B.

3 nov. 1812, combat de Wiasma.
Charreau, lieut., T.
Belgrand, s.-lieut., T.
Ragot, s.-lieut., T.
Lafiton, major en 2e, B.
Canat, capit., B.
Ourblain, capit., B.
Claude, lieut., B.
Poliot, lieut., B.
Pruneau, s.-lieut., B.
Delcamp, s.-lieut., B.

Ploche, chirurg. A.-M., B.
Lepoutre, s.-lieut., B.
Hérel, s.-lieut., B.

Viard, capit., B. 22 août 1813, combat de Pirna (Saxe).

26 août 1813, bataille de Dresde. (défense du village d'Aldenau).
Fuzier, chef de bat., T.
Decouz, capit., T.
Delacour, capit., T.
Avignon de Morlac, lieut., T.
Cauchies, lieut., T.
Millard, lieut., T.
Aubry, s.-lieut., T.
Dufour, s.-lieut., T.
Clairet, s.-lieut., T.
Macart, capit., B. (mort le 19 sept.).
Gérard, lieut., B. (mort le 9 sept.).
Querelle, lieut., B. (mort le 24 févr. 1814).
Grillon, s.-lieut., B. (mort le 1er sept.).
Giacobi, s.-lieut., T.
Guigard, col., B.
Boutloup, capit., B.
Moreau, capit., B.
Arnoux, capit., B.
Constant, capit., B.
Baron, capit., B.
Brebant, lieut., B.
Oustin, lieut., B.
Preux, s.-lieut., B.
Massonnet, s.-lieut., B.
Dimey, s.-lieut., B.
Jeannin, lieut., B.

Blanc, lieut., B. 13 sept. 1813, affaire de Gieshübel.

15 sept. 1813, combat devant Pirna.
Fostier, capit., B.
Bony, capit., B.
Fournier, capit., B.

15 sept. 1813, combat d'Hollendorf.
Ladrague, capit., B.
Magnin, capit., B.
Figer, lieut., B.

Jobert, major, B. 18 sept. 1813, étant en reconnaissance sur Keinitz.

MALTÈRE, lieut., B. 17 oct. 1813, aux avant-postes, en Saxe.
BOURGUIGNON, s.-lieut., B. 10 nov. 1813, défense de Glogau.

8 mars 1814, défense de Berg-op-Zoom.
TIGER, capit. A.-M., B. (mort le 8 avril).
RAOULT DE MAINTENAY, capit., B.
LANGRAND, lieut., B.
DAVID, lieut., B.
BENOIT, s.-lieut., B.

18 juin 1815, bataille de Waterloo.
ESPANA, capit., B. (mort le 2 juill.).
FOSTIER, capit., T.
BAYER, s.-lieut., T.
HENRY, s.-lieut., T.
GÉNISSON, capit., B. et disparu.

THORY, capit., B. (mort).
DELCHAMBRE, s.-lieut., T.
CARRÉ, col., B.
DEBAR, chef de bat., B.
DEBONNET, chef de bat., B.
CONSTANT, capit., B.
JEVIN, capit., B.
BOURGOGNE, capit., B.
DELCOURT, capit., B.
CRAMPÉ, lieut. A.-M., B.
SOUFFLET, lieut., B.
TERCINET, lieut., B.
BARBAY, lieut., B.
BENOIT, lieut., B.
PASCAUD, lieut., B.
PYONNIER, s.-lieut., B.
FLEURY, s.-lieut., B.
CANGE, s.-lieut., B.

22ᵉ Régiment.

CLÉMENT, col., B. 25 oct. 1805.

8 nov. 1806, combat devant Hameln.
DURAND, lieut., B.
LAFOND, lieut., B.

29 janv. 1807, devant Stralsund.
JOUVARD, capit., B.
MONTPELLIER, capit., B.
GUILLAUMONT, lieut., B. 26 févr. 1807, Stralsund.

10 juin 1807, bataille d'Heilsberg.
DURAND, capit., T.
FRIGAUT, capit., T.
GALLEY, lieut., T.
GATEAU, lieut., T.
SELLIER, lieut., T.
DELCROIX, s.-lieut., T.
JAVERNOT, capit., B. (mort le 22 sept.).
IMBERT, s.-lieut., B. (mort le 31 août).
LAFÈRE, s.-lieut., B. (mort le 4 juill.).
ARMAND, col., B.
TAUPIN, capit., B.
BIAL, capit., B.
BERTHET, capit., B.
DUROCH, capit., B.
FETY, capit., B.
SOUNIÉ, capit., B.
MATHIEU, capit., B.

CHASTAING, lieut., B.
HOST, lieut. A.-M., B.
DECKMINE, lieut., B.
FERMEIN, lieut., B.
DEIONGHE, lieut., B.
DAMBERT, lieut., B.
COQUET, s.-lieut., B.
PONCHOT, lieut., B.
DELACROIX, s.-lieut., B.
LACHAPELLE DE MORETON, s.-lieut., B.
LEGRAND, s.-lieut., B.
DELAUNE, s.-lieut., B.
TAPIN, s.-lieut., B.
HUMBERT, s.-lieut., B.
LASCOMBE, capit., T. 14 juin 1807, bataille de Friedland.
DUMONT, chef de bat., T. 28 juin 1808, attaque de Valence.
SELLIER, capit., B. 5 mai 1809, près Magdebourg (affaire contre Schill).
FRÉMONT, lieut., B. 7 janv. 1810, en reconnaissance, en Espagne.
JUGE, capit., B. 4 avril 1810, en escortant le trésor à Madrid.
LACHAPELLE DE MORETON, lieut., B. 21 avril 1810, siège d'Astorga.
JUTEAU, capit., assassiné le 21 sept. 1810, dans une reconnaissance en Portugal.
MICHEL, s.-lieut., B. 25 janv. 1812, en reconnaissance en Espagne.

*18 juill. 1812, combat de
Castrillo-Guarena.*
Coquet, capit., B.
Hallot, capit., B.
Humbert, capit., B.
Duterne, lieut., B.

22 juill. 1812, bataille des Arapiles.
Deckemine, capit., T.
Salomon, capit., B. (mort le 7 août).
Maugenest, capit., B. et disparu.
Delom, col., B.
Chastaing, capit., B.
Boivin, capit., B.
Molin, capit., B.
Desprez, lieut., B.
Tapin, capit., B.
Frémont, lieut., B.
Cercey, lieut., B.
Joudioux, lieut., B.
Norblin, lieut., B.
Bérot, lieut., B.
Meullnaère, lieut. porte-aigle, B.
Armand, lieut., B.
Gervaisot, s.-lieut., B.

Carré, s.-lieut., T. 3 avril 1813, près Vergara (Espagne).
Saint-Venant, chef de bat., B. 1er mai 1813, combat de Weissenfels.

2 mai 1813, bataille de Lutzen.
Lamour, col., T.
Larchez, capit., T. 1er.
Vanhersel, capit. T.
Gouache, chef de bat., B. (mort le 8 juill.).
Legrand, capit., B. (mort le 17).
Ladrèze, s.-lieut., B. (mort le 11 juin).
Binet, major en 2e, B.
Deionghe, chef de bat., B.
Renault, capit., B.
Bellenger, capit., B.
Bulliod, capit., B.
Sage, capit., B.
Chevillon, capit., B.
Dubas, capit., B.
Févelas, capit., B.
Petit, capit., B.
Guillaumont, lieut. A.-M., B.
Dobijon, lieut., B.
Labrousse, lieut., B.
Feray, lieut., B.

Gobert, lieut., B.
Gouffin, lieut., B.
Labbé, lieut., B.
Medock, lieut., B.
Prévot (A.), lieut., B.
Simon, lieut., B.
Vice, lieut., B.
Boisselier, lieut., B.
Genesson, lieut., B.
Neron, s.-lieut., B.
Maheu, s.-lieut., B.
Ragot, s.-lieut., B.
Valet, s.-lieut., B.

21 mai 1813, bataille de Würschen.
Bruge, capit., T.
Dassant, capit., T.
Daubigny, capit., T.
Deborgher, lieut., T.
Lafoy, lieut., T.
Vanhersel, lieut., T.
Louvel, s.-lieut., T.
Veran, col., B.
Saint-Martin, chef de bat., B.
Sounié, chef de bat., B.
Simonnot, lieut. A.-M., B.
Audinet, lieut., B.
Ladevèze, lieut., B. (mort le 11 juin)
Prévot (J.-F.), lieut., B.
Armand, s.-lieut., B.
Daubigeon, lieut., B.
Deprez, s.-lieut., B.
Ménétrier, s.-lieut., B.
Petit, s.-lieut., B.
Sénécal, s.-lieut., B.

Rassis, capit., B. 5 août 1813, combat devant Nieuport (mort le même jour).

26 août 1813, affaire de la Katzbach.
Bez, s.-lieut., B.
Blay, lieut., B.

1813, défense de Saint-Sébastien.
Desailly, chef de bat., T. 25 juill.
Clary, capit., T. 31 août.
Cléret, capit., T. 31 août.
Faveau, lieut., T. 9 août.
Simon, lieut., T. 26 août.
Pilard, lieut., T. 31 août.
Desailly, chef de bat., B. 17 juill.
Minot, capit., B. 31 août.

Duhesme, capit., B. 25 juill.
Barbau, capit., B. 31 août.
Séguier, capit., B. 1er août.
Loisel de la Hauthière, capit., B. 31 août.
Alexis, lieut., B. 25 juill.
Léonard, lieut., B. 31 août.
Pelletier, s.-lieut., B. 9 sept.
Henry, lieut., B. 6 sept.
Munier, s.-lieut., B. 31 août.
Cailliez, s.-lieut., B. 31 août.

16, 18 et 19 oct. 1813, bataille de Leipzig.

Dreyer, lieut., B. 19.
Pommier, lieut., B. 18.
Rolland, s.-lieut., B. 16.

Rolland, s.-lieut., B. 30 oct. 1813, bataille de Hanau.
Rolland, s.-lieut., B. 30 nov. 1813, combat d'Arnheim.
Gari, lieut., B. 16 déc. 1813, dans une reconnaissance en avant de Maestricht.

1814, défense de Maestricht.

Gari, lieut., B. 21 janv. 1814.
Zanotti, capit., B. 24 mars.
Brasseur, lieut., B. 3 avril.
Legros, s.-lieut., B. 3 avril.
Philippe, s.-lieut., B. 20 mars.

16 juin 1815, bataille de Ligny.

Buliod, capit., B.
Armand, capit., B.
Amyot, capit., B.
Séguier, capit., B.
Pariselle, capit., B.
Humbert, capit., B.
Desprez, lieut., B.
Dumenil, lieut., B.
Joudioux, lieut., B.
Nicole de Bard, lieut., B.
Ragot, lieut., B.
Plessis, lieut., B.
Maucorps, s.-lieut., B.
Choop, s.-lieut., B.
Doriant, s.-lieut., B.
Delanos, s.-lieut., B.
Bunau, s.-lieut., B.

18 juin 1815, combat de Wavre.

Conte, lieut., T.
Germain, chef de bat., B.
Prévôt, capit., B.
Guillaumont, capit., B.
Rigollot, lieut., B.
Petit, s.-lieut., B.
Mercier, s.-lieut., B.

19 juin 1815, combat route de Namur.

Vauzour, lieut., T.
Dupille, capit., B.
Batelle, s.-lieut., B.

23e Régiment.

30 oct. 1805, combat de Caldiero.

Jeannin, capit., B. (mort le 30 nov.).
Muguet, capit., B. (mort le 5 janv. 1806).
Jacquot, lieut., B. (mort le 5 nov.).
Pelu, lieut., B.
Boutroy, lieut., B.

Motte, capit., B. 4 nov. 1805, au passage de la Brenta.
Godebin, s.-lieut., B. 18 nov. 1805, Santa-Crose (Carniole).
Rousseau, capit., B. 2 mai 1806, à Lésina (Adriatique).
Billeul, capit., B. 26 mai 1806, à Lésina (Adriatique).

Silvert, lieut., B. 31 juill. 1806, Dalmatie (mort le 4 août).

1806, Raguse (Dalmatie).

Sordoillet, capit., T. 17 juin.
Delannoy, capit., B. 7 juin.
Hudoux, capit., B. 17 juin.
Raveneau, capit., B. 17 juin.
Baudry, lieut., B. 17 juin.
Fournier, s.-lieut., B. 7 juin.
Godebin, s.-lieut., B. 1er juin.
Aloze, lieut., B. 1er juin.

1er oct. 1806, combat de Castelnovo (Dalmatie).

Couturier, capit. A.-M., T.

Rapin, lieut., B.
Guenal, s.-lieut., B.

Nicolas, capit., noyé au passage de la Narenta (Illyrie).

22 août 1808, combat d'Ibraichi (Albanie).

Jossée, chef de bat., T.
Bourguignon, capit., B.
Méline, lieut., B. 17 et 22.

Desalons, chef de bat., B. 16 avril 1809, bataille de Sacile.
Poilvé, lieut., B. 30 avril 1809, affaire du pont de Pagine (Dalmatie).

8 mai 1809, bataille de la Piave.

Rapin, capit., B. (mort le 10 juin).
Desalons, chef de bat., B.
Décard, lieut., B.

11 mai 1809, combat de Saint-Daniel (Italie).

Pol, capit., B. (mort le 31).
Raveneau, capit., B.

16 mai 1809, combat de Kitta (Dalmatie).

Lelièvre, lieut., B.
Hélin, s.-lieut., B.

17 mai 1809, combat de Gradschatz (Croatie).

Minal, col., B.
Baudry, lieut. A.-M., B.
Roseaux, lieut., B.

Méline, lieut., B. 21 mai 1809, affaire de Gospich (Croatie).

5 et 6 juill. 1809, bataille de Wagram.

Desnos, capit., T. 6.
Thierry de Saint Beaussant, lieut., T. 5.
Desalons, chef de bat., B. 6.
Leproux, capit., B. 5.
Brégeon, lieut., B. 6.
Lemaitre, capit., B. 6.
Décard, lieut., B. 5.
Dubosq, lieut., B. 6.
Lemasson, lieut., B. 5.

Fournier, lieut., B. 6.
Larocque, s.-lieut., B. 5.
Réthoré, lieut., B. 6.
Jousserand, s.-lieut., B. 6.
Mahé, s.-lieut., B. 6.
Pievert, s.-lieut., B. 5.
Horric de la Motte, lieut., B. 6.

Alix, s.-lieut., B. 21 oct. 1810, affaire en Catalogne.
Dolbeau, capit., B. 5 juin 1811, en colonne mobile en Espagne.
Pelletier, capit., B. 2 sept. 1811 à la redoute de Moncada (Catalogne).
Frémon, lieut., B. 20 janv. 1812 étant en reconnaissance en Catalogne (mort le 20 févr.).
Graffiny, lieut., B. 1er avril 1812, combat près de Barcelone (mort le 21 août).

2 mai 1813, bataille de Lutzen.

Latour, col., B.
Gilbert, chef de bat., B.

20 et 21 mai 1813, batailles de Bautzen et de Würschen.

Lévêque, capit., B. (mort le 11 juin).
Raveneau, capit., B. 21 (mort le 25).
Godebin, capit., T. 20.
Clerget, lieut., B. (mort le 7 juin).
Fandard, s.-lieut., B. (mort le 28).
Pérus, lieut., B. 21 (mort le 20 juill.).
Latour, col., B. 20.
Granblaise, capit., B. 20.
Bacoup, capit., B. 21.
Bellurier, capit., B. 21.
Behen, capit., B. 20.
Nicolas, capit., B. 21.
Delprat, capit., B. 20.
Lelièvre, capit., B. 20.
Bonnave, capit., B. 21.
Rogon, capit., B. 21.
Maison, lieut., B. 21.
Masson, lieut., B. 21.
Arthuys, s.-lieut., B. 21.
Gaucher, s.-lieut., B. 21.
Gras, s.-lieut. porte-aigle, B. 21.
Lelong, s.-lieut., B. 21.
Lerat, s.-lieut., B. 20.
Marck, s.-lieut., B. 21.
Tissot, s.-lieut., B. 19.
Villain, s.-lieut., B. 21.

Cophineau, s.-lieut., B. 21.
Garnier, s.-lieut., B. 21.
Durvelle, lieut., B. 20.

---

23 *juin* 1813, *combat de Banolas.*
Vitu, capit., T.
Sagne, chef de bat., B.
Vauloger, capit., B.
Galla, capit., B.

1813, *Catalogne (affaire de la Salud).*
Boyaval, chef de bat., B. 9 juill. (mort le 2 sept.).
Helin, capit., B. 9 juill.
Arnaud, lieut., B. 9 juill.
Fossard, lieut., B. 8 juill.
Companyo, s.-lieut., B. 9 juill.

6 *sept.* 1813, *bataille de Juterbock.*
Anteplain, capit., T. 6.
Voimant, capit., B. 6 (mort le 30).
Behen, capit., B. 7.
Vernier, col., B. 6.
Gaucher, lieut., B. 6.
Grabeuil, chef de bat., B. 6.
Tissot, lieut., B. 6.
Front, lieut., B. 7.
Paillot, s.-lieut., B. 6.
Vienne, lieut., B. 6.
Ripert, s.-lieut., B. 6.
Laprovote, s.-lieut., B. 6.
Louig, s.-lieut., B. 6.

3 *oct.* 1813, *combat de Wartembourg.*
Grabeuil, chef de bat., B. (mort le 10).
Nanot, s.-lieut., T.
Vernier, col., B.
Desmoulins, lieut., B.
Marck, lieut., B.
Chapuis, s.-lieut., B.
Paillot, s.-lieut., B.

16 *et* 18 *oct.* 1813, *bataille de Leipzig.*
Aubry, s.-lieut., B. 18 (mort le 22 nov.).
Graindorge, lieut., B. 16 (mort le 24 mars 1814).
Forestier, capit., B. 18.
Rogon, capit., B. 16.

Lerat, lieut., B. 16.
Martin, s.-lieut., B. 18.
Bertheau, s.-lieut., B. 18.
Mathieu, s.-lieut., B. 18.

---

20 *et* 21 *oct.* 1813, *combats de Freyburg.*
Pelu, chef de bat., B. 21.
Behen, capit., B. 20.
Césard, capit., B. 21.

31 *oct.* 1813, *combat devant Hanau.*
Moulard, capit., T.
Necchi, s.-lieut., T.
Bruon, lieut., B. (mort le 28 nov.).
Ripert, s.-lieut., B.

D'Har, major, B. 1er janv. 1814, combat de Briengen.
Bailly, s.-lieut., B. 19 févr. 1814, combat de Chambéry (Savoie).
Corderan, lieut., B. 24 févr. 1814, combat d'Annecy (Savoie).
Guignon, capit., B. 27 févr. 1814, combat de Carouge (Savoie).
Companyo, lieut., B. 11 mars 1814, combat de Bourg (Ain).

16 *juin* 1815, *bataille de Ligny.*
Barjalé, chirurg. A.-M., T.
Gilbert, chef de bat., B.
Bilger, capit., B.
Gobert, capit., B.
Méline, capit., B.
Thimont, capit., B.
Collin, lieut., B.
Couty, lieut., B.
Delforges, lieut., B.
Maison, lieut., B.
Pasquier, lieut., B.
Rougelle, s.-lieut., B.
Dumeige, lieut., B.

18 *juin* 1815, *combat de Wavre.*
Jossée, s.-lieut., T.
Latour, s.-lieut., T.
Oudelin, lieut., B. (mort le 1er juill.).
Pillot, s.-lieut., B. (mort le 8 août).
Blin-Mutrel, capit., B.

24ᵉ Régiment.

Ronné, s.-lieut., B. 22 août 1803, à bord du vaisseau l'Alexandre.
Rougère, capit., T. 23 sept. 1803, dans une batterie de l'île de Bas (près de Brest).

---

26 déc. 1806, combat de Golymin.
Semélé, col., B.
Lejeune, capit., B.
Sauvageot, s.-lieut., B.
Leclerc, lieut., B.

---

8 févr. 1807, bataille d'Eylau.
Nadal, chef de bat., B. (mort le 9).
Bouteilloux, capit., T.
Chevillard, capit., T.
Eymery, capit., T.
Regnault, capit., B. (mort le 13 mai).
Sengel, capit., T.
Barbou, lieut., T.
Rousselle, lieut., T.
Valentin, lieut., T.
Bonnet, s.-lieut., B. (mort le 27).
Morel, s.-lieut., T.
Darmagnac, s.-lieut., B. (mort le 24).
Remy, s.-lieut., T.
Bourgeois, s.-lieut., B. (mort le 17 mars).
Duteille, s.-lieut., B. (mort le 22).
Saint-Privé, lieut., B. (mort le 24).
Riotan, s.-lieut., B. (mort le même jour).
Castillard, chef de bat., B.
Boudin, capit. A.-M., B.
Cornebise, capit., B.
Peltier, capit., B.
Devilliers, capit., B.
Picart, capit., B.
Dunet, capit., B.
Thomas, capit., B.
Jolivet, capit., B.
Nicod, capit., B.
Lachapelle, capit., B.
Vaast, capit., B.
Lamy, capit., B.
Bléhée, capit., B.
Meilleur, capit., B.
Meline, capit., B.
Tripe, capit., B.
Castillard, lieut., B.
Delamarche, lieut., B.
Dévé, lieut., B.
Fortin, lieut., B.
Amiot, lieut., B.
Gennevaux, lieut., B.
Lessard, lieut., B.
Parmentier, lieut., B.
Senard, lieut., B.
Constantin, s.-lieut., B.
Flamand, s.-lieut., B.
Garan, s.-lieut., B.
Larivière, s.-lieut., B.
Leclercq, s.-lieut., B.
Regnault, s.-lieut., B.
Marcoux, s.-lieut., B.
Durand, s.-lieut., B.
Mertens, s.-lieut., B.
Caillet, s.-lieut., B.
Rémy (J.-F.), s.-lieut., B.

---

26 févr. 1807, combat de Braunsberg.
Tasset, lieut., T.
Picart, chef de bat., B.
Doumengie, capit., B.
Blanc, s.-lieut., B.

---

14 juin 1807, bataille de Friedland.
Olivier, capit., B.
Bouvet, lieut. A.-M., B.
Dabancourt, lieut., B.
Bardolet, s.-lieut., B.

Clavel, major, B. 28 juin 1808, attaque de Valence.
Lejeune, capit., B. 3 nov. 1808, combat près de Bilbao.

---

30 nov. 1808, bataille de Sommo-Sierra.
Castillard, lieut., B.
Joseph, s.-lieut., B.

Flamand, capit., B. 2 déc. 1808, attaque de Madrid.
Costa, chirurg. S.-A.-M., T. 1ᵉʳ avril 1809, en escortant des blessés à Madrid (Espagne).

22 mai 1809, bataille d'Essling.
BRULTÉ, capit., B.
FORNIER, capit., B.
BAZAUD, lieut., B.
FOULLOY, lieut., B.
GIBON, lieut., B.
ALLERAUD, s.-lieut., B.
GERMAIN, s.-lieut., B.
IBERT, s.-lieut., B.
LOUTRE, s.-lieut., B.

5 et 6 juill. 1809, bataille de Wagram.
TRIPE, chef de bat., B. 6.
BRULTÉ, capit., B. 6.
CREUGNIET, capit., B. 5.
VERGER, capit., B. 6.
CHAISE, lieut., B. 6.
MONDAT, chirurg. S.-A.-M., B. 6.
ALLERAUD, s.-lieut., B. 6.
PÉRIGNON, lieut., B. 5.
GERMAIN, s.-lieut., B. 5.
LOUTRE, s.-lieut., B. 6.
MARCOUX, s.-lieut., B. 6.
DEVÉ, capit., B. 6.

28 juill. 1809, bataille de Talavera-de-la-Reyna.
ROUSSEL, lieut., T.
GILIOT, s.-lieut., T.
PIOT, s.-lieut., T.
DUNET, chef de bat., B. (mort le 2 août).
SENARD, capit., B. (mort le 12 août).
HAZARD, lieut., B. (mort le 3 sept.).
CONSCIENCE, chef de bat., B.
LACHAPELLE, capit., B.
STRAUB, capit., B.
DUKERMONT, lieut., B.
GAZAN, lieut., B.
LARIVIÈRE, lieut., B.
MERTENS, lieut., B.
RONNÉ, lieut., B.
SAINT-MARC, lieut., B.
BOUTEILLOUX, s.-lieut., B.
JUBERT, s.-lieut., B.
GUIBERT, s.-lieut., B.
REINHARD, s.-lieut., B.
SERTLET, s.-lieut., B.
VANIER, s.-lieut., B.

5 mars 1811, combat de Chiclana.
MERTENS, capit., T.
BOUTEILLOUX, s.-lieut., T.
JOLIVET, capit., B. (mort le 6).

DUKERMONT, lieut., B. (mort le 10).
MAIRE, s.-lieut., B. (mort le 19).
JAMIN, col., B.
FLAMAND, capit., B.
GABRIEL, capit., B.
GAZAN, capit., B.
LARIVIÈRE, capit., B.
DEMASURE, s.-lieut., B.
VERMOT, s.-lieut., B.

5 mai 1811, bataille de Fuentès-d'Onoro.
FOULLOY, capit., T.
TRIPE, chef de bat., B.
GIBON, capit., B.
BARDOLET, lieut., B.
PERNOT, s.-lieut., B.

MONNERIE, lieut., B. 25 août 1811 à Zara (Espagne).

3 mai 1813, combat de Miranda.
ARDITY, capit., B. (mort le 3 août).
PARMENTIER, capit., B.

1813, siège de Dantzig.
BANSIÈRE, capit., T. 4 déc.
QUINARD, s.-lieut., T. 9 juin.
DUPRAT, chef de bat., B. 9 juin (mort le 18).
HOUDART, s.-lieut., B. 25 juin (mort en nov.).
LAMAZE, chirurg. S.-A.-M., B. 9 juin.
LEBOUCQ, capit., B. 29 août.
LAGARDELLE, lieut., B. 7 juin.
MEUNIER, s.-lieut., B. 9 juin.

21 juin 1813, bataille de Vittoria.
FONTON, lieut. A.-M., B.
LABUSSIÈRE, s.-lieut., B.

PRÉVOST, capit., T. 23 juill. 1813 étant en reconnaissance en Espagne.

25 juill. 1813, combat du col de Maya.
ROY, chef de bat., B. (mort le 16 août).
DUNET, s.-lieut., B. (mort le 5 sept.).
COURTOR, capit., B.
VOGELWEID, s.-lieut., B.

31 juill. 1813, retraite de Pampelune (Espagne).
HENRY, col., B.

BRULTÉ, capit., B.
LECOMTE, lieut., B.

27 août 1813, bataille de Dresde.
HARDITY, capit., B. (mort le 28 sept.).
CHAUMONT, s.-lieut., B.
DUSSAIGNE, lieut., B.
DUSESGUAIN, s.-lieut., B.
FUERBACH, s.-lieut., B.
SIMON, s.-lieut., B.

1er nov. 1813, défense de Dresde.
FUERBACH, lieut., B.
CHERON, s.-lieut., B.

MARRAULT, s.-lieut., B. 9 déc. 1813, devant Bayonne.
DOMY, s.-lieut., B. 12 déc. 1813, devant Bayonne.

22 févr. 1814, combat de Méry-sur-Seine.
MEYER, capit., T.
VIALAT, capit., T.
MIGNOT, chef de bat., B. (mort le 19 mars).

MARCHANDISE, lieut., B. (mort).
WARIN, lieut., B.
BODIN, lieut., B.
LEROUX, lieut., B.

1er mars 1814, combat de Saint-Julien (Savoie).
LEFORESTIER, capit., T.
LECLERCQ, lieut., T.
HURACHE, capit., B.

SIMONIN, lieut., B. 20 mars 1814, combat de Mâcon.
COUVREUX, s.-lieut., B. 20 mars 1814, combat d'Arcis-sur-Aube.
MONNERIE, capit., B. 31 mars 1814, défense de Besançon.

11 juill. 1815, combat de Mâcon.
LEVASSEUR, capit., noyé.
JACOPELLY, s.-lieut., T.
LEMAITRE, chirurg. S.-A.-M., B.
MONTARGON, lieut., B.

25e Régiment.

14 oct. 1806, bataille d'Auerstœdt.
VIDAL, capit., T.
BOUDON, s.-lieut., T.
COUDER, s.-lieut., T.
ESMENJAUD, s.-lieut., T.
FAURE, capit., B. (mort le 3 nov.).
GIVORT, lieut., B. (mort le 13 mars 1807).
VASSAL, s.-lieut., B. (mort le 28).
CASSAIGNE, col., B.
DUPART, capit., B.
BUSSY, chirurg.-M., B.
LAVALLÉE, chef de bat., B.
GIGOUX, capit., B.
LALANDE, capit., B.
SANTON, capit., B.
RAGLET, capit., B.
COMBE, capit., B.
RANCHON, capit., B.
PAQUET, lieut., B.
COQUEL, s.-lieut., B.
DEBLOU, s.-lieut., B.
RAILLON, s.-lieut., B.
MONTERNAL, s.-lieut., B.
ALARY, s.-lieut., B.

DANEZAN, s.-lieut., B. 23 déc. 1806, combat de Czarnowo (Pologne).

26 déc. 1806, combat de Pulstuck.
NICOLAS, capit., T.
DELMAS, s.-lieut., T.
FOURTINES, capit., B.
SIBEUD, capit., B.
KENGAL, lieut., B.
SABATIER, lieut., B.
DANEZAN, s.-lieut., B.

8 févr. 1807, bataille d'Eylau.
LAVALLÉE, chef de bat., T.
ARNAUD, lieut., B.

22 avril 1809, bataille d'Eckmühl.
DEBLOU, lieut., T.
BAUME, lieut., B.
DANEZAN, lieut., B.
HOL, s.-lieut., B.
BLETON, s.-lieut., B.

23 *avril* 1809, *combat de Ratisbonne.*
DE CHARNAILLES, s.-lieut., B.
ARNAUD, capit., B.
CHATAIN, capit., B.
MONTERNAL, lieut., B.
GALICY, lieut., B.
GUILHAUDIN, lieut., B.
MAZURE, lieut., B.
LASALLE, lieut., B.
DIETTMANN, s.-lieut., B.

6 *juill.* 1809, *bataille de Wagram.*
COUTOLENC, s.-lieut., T.
PILHES, capit., B. (mort le 3 août).
DESCHAMPS, lieut., B. (mort le 21 sept.).
HUARDEAU, s.-lieut., B. (mort le 21 sept.)
CARON, capit., B.
MORPAIN, capit., B.
FOURTINES, capit., B.
DUPART, capit., B.
LABOUILLE, capit., B.
PAQUET, capit., B.
BAS, chirurg. A.-M., B.
ALARY, lieut., B.
COQUEL, lieut., B.
DARRIEN, lieut., B.
MERLE, lieut., B.
PÉRIMOND, lieut., B.
DORLODOT, s.-lieut., B.
DOUTRELAINE, s.-lieut., B.
HACHET, s.-lieut., B.
LEYDIER, s.-lieut., B.

COTTET, s.-lieut., B. 11 juill. 1809, combat devant Znaïm (Moravie).
MOLARD, s.-lieut., B. 18 juin 1810, siège de Ciudad-Rodrigo.
GAILLARD, s.-lieut., B. 25 juill. 1810 devant Astorga.

12 *oct.* 1810, *combat de Sobral (Portugal).*
LEVERT, s.-lieut., T.
LOISEL, lieut., B. (mort le 14 févr. 1811).
BIGOT, capit., B.

DULÇAT, s.-lieut., B. 17 mai 1811, affaire de Carascal.
IGNON, capit., B. 18 août 1812, bataille de Smolensk.

22 *août* 1812, *combat de Dorogobouj.*
LEBRETON, lieut., T.
DAVID, s.-lieut., B. (mort le 30 sept.).

MERLE, capit., B.
GORELLE, lieut. A.-M., B.

5 *et* 7 *sept.* 1812, *bataille de la Moskowa.*
MESSENET, capit., T. 7.
BILLORÉ, s.-lieut., T. 7.
LEBŒUF, capit., B. 5 (mort le 12).
GIGOUX, chef de bat., B. le 5.
BONNET, capit., B. 7.
VADEL, capit., B. 7.
GALICY, capit., B. 7.
BÉLISSAN, lieut., B. 7.
VILLAR, s.-lieut., B. 7.

COTTET, capit., B. 5 oct. 1812 aux avant-postes près Moscou.

24 *oct.* 1812, *bataille de Malojaroslawetz.*
HOCHSTETTER, capit., B. (mort le 12 nov.)
BUSSON, lieut., B. (mort le 27).
GAUDRY, capit., B.
BLETON, capit., B.
GAILLARD, capit., B.
GORELLE, lieut. A.-M., B.
VALERY, lieut., B.
CAMUS, lieut., B.
DEFAREMOND, lieut., B.
MINOUFLET, s.-lieut., B.

3 *nov.* 1812, *bataille de Wiasma.*
GIGOUX, chef de bat., B.
LABOUILLE, chef de bat., B.
DIETTMANN, capit., B.
PÉRIMOND, capit., B.
BLETON, capit., B.
DUSARD, lieut., B.

BESNARD, capit., B. 4 nov. 1812, route de Smolensk.
DULÇAT, s.-lieut., B. et disparu le 7 nov. 1812, route de Krasnoë.
ROLLIN, lieut., B. 9 nov. 1812, en Russie.
ROTTIER, capit., B. 17 nov. 1812, combat de Krasnoë.
COMTE, s.-lieut., B. 18 nov. 1812 à Krasnoë.
BELISSAN, lieut., B. 28 nov. 1812 aux ponts de la Bérésina.

9 *déc.* 1812, *à Wilna.*
DRAPIER, s.-lieut., B.
TENAILLE-LESCHENAUX, s.-lieut., B.

DESHAMEAUX, chef de bat., B. déc. 1812 à Wilna.
THIBAULT, s.-lieut., B. et disparu le 27 déc. 1812, route de Dantzig.
PÉRIMOND, capit., B. 8 avril 1813, défense de Stettin.
GAILLARD, capit., B. 25 août 1813, combat devant Dresde.

26, 27 et 28 août 1813, *bataille de Dresde et combat de Pirna.*

BESSENAY, major, B. 27 (mort le 23 sept.).
GORELLE, capit. A.-M., B. 26.
DIETTMANN, capit., B. 26.
DUSARD, capit., B. 27.
PITEL, capit., B. 28.
BALDAIROUX, lieut., B. 27.
TRINCART, lieut., B. 26.
COMTE, lieut., B. 26.
ANGLADE, lieut., B. 26.
DOMBS, lieut., B. 27.
DONCOURT, lieut., B. 26.
PARADIS, lieut., B. 28.
PÉRARD, lieut., B. 26.
POULAINS, lieut., B. 27.
DUNESME, s.-lieut., B. 26.
TROUVÉ, s.-lieut., B. 27.

30 août 1813, *affaire de Culm.*

GOUJON, s.-lieut., B. (mort le 13 sept.).
FOURNIER, capit., B.
GAUTHIER, capit., B.
JOUSSAUME, capit., B.
MARMAGNANT, s.-lieut., B.

18 oct. 1813, *bataille de Leipzig.*

FABARO, lieut., B.
TROUVÉ, s.-lieut., B.

GROOTERS, s.-lieut., B. 13 janv. 1814, combat de Merxen, près d'Anvers.

27 mars 1814, *combat de Meaux.*

KERKOFF, lieut., B.
GIRARDIN, s.-lieut., B.

DREUX, capit., B. 30 mars 1814, bataille de Paris.

18 *juin* 1815, *bataille de Waterloo.*

COQUARD, lieut., B. (mort).
PAQUET, chef de bat., B.
GALICY, chef de bat., B.
DOUTRELAINE, capit. A.-M., B.
MARQUILLE, capit., B.
BONIN, capit. A.-M., B.
MÉRITE, capit., B.
GAUDRY, capit., B.
COTTET, capit., B.
HOURIET, capit., B.
DUPEYRÉ, capit., B.
CHATAGNER, capit., B.
JUSTAUME, capit., B.
PARADIS, capit., B.
AKER, capit., B.
TURPIN, lieut., B.
RITCH, lieut., B.
GIFFE, lieut., B.
KHAN, lieut., B.
THIL, lieut., B.
O'KEEFFE, lieut., B.
JUSSY, lieut., B.
DITT, lieut., B.
CRONEBROUCK, lieut., B.
LEJAU, s.-lieut., B.
SOURY, lieut., B.
PETIT, s.-lieut., B.
LHÉRITIER, s.-lieut., B.
MARMAGNANT, s.-lieut., B.
PETIT, s.-lieut., B.
VILLA, s.-lieut., B.

26ᵉ Régiment.

22 *févr.* 1805, *prise du Roseau (île de la Dominique).*

DEBURE, capit., B. (mort le 27 mars).
AIGUESPARS, lieut., T.
DOMEZ, lieut., T.
DUPONT, s.-lieut., T.
BLOQUÉ, s.-lieut., B. (mort le 26 mars).
LECLERC, lieut., B.

TAURIAC, lieut., B. 25 sept. 1806, combat à bord de la frégate *la Minerve.*
RENAUDIN, s.-lieut., B. 25 sept. 1806, combat à bord de la frégate *la Minerve.*
MEUNIER, lieut., B. 21 juin 1808, combat en Portugal, dans les Algarves.

26 et 27 juin 1808, combat de Béja
(Portugal).
D'Hièvre, capit., T. 26.
Dein, chef de bat., B. 26.
Dubois, capit., B. 27.
Girard, lieut. A.-M., B. 26.
Lacouture, s.-lieut., B. 27.
Lausière, s.-lieut., B. 27.

1er févr. 1809, défense de la Martinique.
Micholet, lieut., B.
Laplanche, s.-lieut., B.

Roux, capit., B. 2 févr. 1809, défense de la Martinique.

20 mars 1809, combat de Braga
(Portugal).
Glaise, lieut., B.
Rasavet, lieut., B.

Seré, lieut., B. 12 déc. 1809, affaire de Drósco (Espagne).

1810, siège de Ciudad-Rodrigo.
Groult, lieut., T. 12 juin.
Guéridas, lieut., B.

27 sept. 1810, bataille de Busaco.
Barère, major, T.
Bigerel, capit., T.
Massen, capit., T.
Vinclair, capit., T.
Roquemaure, lieut. A.-M., T.
Cloez, lieut., T.
Colombel, capit., B. (mort le 15 févr.).
Seriza, capit., B. (mort le 28 mars).
Miquel, lieut., B. (mort le 4 oct.).
Guillemin, chef de bat., B.
Pigalle, capit., B.
Bourquain, capit., B.
Puech, lieut., B.
Cassel, lieut. A.-M., B.
Berruvier, lieut., B.
Becquet, lieut., B.
Cournil, lieut., B.
Desprez, lieut., B.
Guyard, lieut., B.
Sibien, s.-lieut., B.
Bigey, s.-lieut., B.

Laparra, capit., B. 22 déc. 1810, combat près d'Astorga.

Prevost, chef de bat., B. 3 avril 1811, combat de Sabugal.
Bourquain, capit., B. 3 mai 1811, affaire près d'Almeïda.

5 mai 1811, bataille de Fuentès-d'Onoro.
Guillemin, chef de bat., B.
Boissel, capit., B.
Rogier, lieut., B.

Guyard, capit., B. 5 juin 1811, en colonne mobile (Portugal).
Collignon, capit., T. 5 juill. 1811, affaire de la montagne d'Ardonna (Espagne).
Gourdan, lieut., B. 6 oct. 1811, en colonne mobile (Espagne).
Couturier, s.-lieut., B. 11 avril 1812, étant en reconnaissance à la Tassa (Espagne).
Rozier, lieut., B. 5 mai 1812, en reconnaissance en Espagne.

22 juill. 1812, bataille des Arapiles.
Guyard, capit., B.
Romanacé, chirurg. A.-M., B.
Noel, capit., B.
Pottier, lieut., B.
Souchel, s.-lieut., B.
Humbert, lieut., B.

Pretement, s.-lieut., B. 22 mai 1812, à bord de la frégate l'Andromaque.
Renouvier, major, B. 16 août 1812, affaire à la Cinca (Espagne).

20 mai 1813, bataille de Bautzen.
Lombard, capit., B.
Contancin, capit., B.

27 et 28 juill. 1813, retraite de Pampelune.
Guéridot, capit., T. 27.
Heurard, s.-lieut., B. 28 (mort le 13 août).
Méchin, capit., B. 28.
Lacroix, lieut., B. 28.
Couturier, lieut., B. 27.
Lelong, lieut., B. 28.
Béthune, s.-lieut., B. 28.
Maillot, capit., B. 23 août 1813, combat sur le Bober (Saxe).
Pavy, capit., B. 29 août 1813, défense de Saint-Sébastien.

GIRARD, lieut., B. 31 août 1813, passage de la Bidassoa.

1er sept. 1813, *combat du pont de Berra.*
LACROIX, capit., B.
BALME, lieut., B.
COUTURIER, lieut., B.
ORTH, lieut., B.

CHARPENTIER, capit., B. 18 sept. 1813, aux avant-postes sur les Pyrénées.

7 *octobre* 1813, *affaire de Bayonnette.*
CORDIER, chef de bat., B.
LACROIX, capit., B.

16 *et* 18 *oct.* 1813, *bataille de Leipzig.*
BÉZIEUX, capit., T. 16.
GUYMONT, lieut., T. 18.
LOMBARD, capit., B. 18.
BIGEY, capit., B. 18 (mort le 26 nov.).
LALOY, lieut., B. 18 (présumé mort).
NICOLAS, chef de bat., B. 18.
HUMBERT, capit., B. 18.
DEMAUX, s.-lieut., B. 18.

3 *janv.* 1814, *affaire de Binghen.*
DONNY, s.-lieut., T.
NICOLAS, chef de bat., B.
POTTIER, capit., B.
SAUBOUL, lieut., B.

ZEVORT, chef de bat., B. 25 mars 1814, combat de Fère-Champenoise.

14 *avril* 1814, *sortie de Bayonne.*
DANFER, capit., B. (mort le 2 mai).
MORDANT, s.-lieut., B. (mort le 15).
PÉRIGNON, capit., B.
COUTURIER, lieut., B.
ORTH, lieut., B.
D'AUMONT, s.-lieut., B.
BORDIER, s.-lieut., B.

1er *juin* 1815, *combat de Châtillon (Vendée).*
GALLOIS, s.-lieut., B. (mort le 19 sept.).
CASSAN, lieut., B.
HOUSSEN, s.-lieut., B.

27e Régiment.

9 *oct.* 1805, *combat de Guntzbourg.*
NEUVILLE, lieut., T.
PARANT, chef de bat., B. (mort).
BEQUAS, capit., B.
BLANCHARD, s.-lieut., B. (mort le 30).
GLEIZES, capit. A.-M., B.
ABADIE, capit., B.
DUTHU, capit., B.
MOURTON, lieut., B.

BARRAL, capit., B. 14 oct. 1805, combat d'Elchingen.

15 *oct.* 1805, *combat devant Ulm.*
PEYROT, s.-lieut., B. (mort le 8 nov.).
SAUX, capit., B.
BLONDEL, capit., B.
ORTLIEB, s.-lieut., B.
LEFEBVRE, lieut., B.

4 *nov.* 1805, *combat de Scharnitz.*
GOSSELIN, s.-lieut., B. (mort le 22).
ROUGÉ, capit., B.
GILLET, capit., B.

BUROS, lieut., B. 17 oct. 1806 en escortant des prisonniers prussiens sur Mayence.

DUPONT, s.-lieut., B. 8 févr. 1807, bataille d'Eylau.

5 *mars* 1807, *combat de Gutstadt.*
AUVRAY, lieut., T.
LAPIERRE, s.-lieut., T.
MEAU, capit., B. (mort le 16).
BAZERQUE, capit., B.
GILLET, capit., B.

MARTIN, capit., B. 4 mai 1807, affaire de Petterswald.

5 *et* 6 *juin* 1807, *combat de Gutstadt (passage du pont de Deppen).*
DUCAU, lieut. A.-M., T. 6.
AUJAY, lieut., T. 5.
BARRAL, capit., B. 5.
ESCHMANN, capit., B. 5.
LEFEBVRE, capit., B. 5.
MARTIN, capit., B. 6.
ORTLIEB, lieut., B. 5.
FCHAUPRÉ, s.-lieut., B. 6.

14 juin 1807, *bataille de Friedland.*
MENNE, col., B.
BAZERQUE, capit., B.
GASSIÉS, capit., B,
CASTERAN, capit., B.
CHAGUÉ, capit., B.
DUCASTAING, capit., B.
DAUGA, capit., B.
COUERBE, lieut., B.
SEMMONT, capit., B.
AUDINOS, lieut., B.
FABIEN, lieut. A.-M., B.
BOURQUIN, lieut., B.
FONTAINE, lieut., B.
BONNEFOND, s.-lieut., B.

DALESSE, s.-lieut., B. 23 nov. 1808, bataille de Tudela (mort le 8 janv. 1809).
CARANT, chirurg. S.-A.-M., B. 11 mars 1809, affaire contre des brigands espagnols.

3 *mai* 1809, *combat d'Ebersberg.*
GAUVAIN-CRESSENT, chef de bat., T.
HUOT, capit., T.
BORDAT, capit. A.-M., B.
CHAUDOUET, lieut., B.
MAILLET, s.-lieut., B.
DUBOIS, s.-lieut., B.

22 *mai* 1809, *bataille d'Essling.*
ANZELY, s.-lieut., B.
POULLIEN, capit., B.

5 et 6 *juill.* 1809, *bataille de Wagram.*
HERBET, capit., B. 5 (mort le 18).
ROUANET, lieut., B. 6 (mort le 12 août).
DAVID, chef de bat., B. 6.
BORDAT, capit. A.-M., B. 5.
DEBUIGNE, capit., B. 5.
GRADET, capit., B. 5.
POULLIEN, capit., B. 5.
MALYE, capit., B. 5.
DEBLOUX, lieut. A.-M., B. 6.
ARDUSSY, s.-lieut., B. 6.
CROIX, s.-lieut., B. 5.

18 *oct.* 1809; *combat de Tamamès.*
HUSSON, s.-lieut., B.
HERMANN, lieut., B.

DUBOÉ, lieut., B. 25 juin 1810, affaire près d'Almeïda.

1810, *siège de Ciudad-Rodrigo.*
LACAVE, lieut., B. 2 juin (mort le 27 juill.).
BARRAL, chef de bat., B. 10 juill.
COUERBE, capit., B. 30 juin.
HALLUENT, lieut., B. 30 juin.
LOCHER, s.-lieut., B. 30 juin.

FITZ-JAMES, s.-lieut., B. 23 févr. 1810 en s'évadant des pontons de Cadix.
HALLUENT, lieut., B. 27 sept. 1810, bataille de Busaco (mort le 7 oct.).
PICOT, chirurg. A.-M., assassiné le 30 sept. 1810 (Espagne).

12 *mars* 1811, *combat de Redinha.*
FOURNIER, capit. A.-M., T.
LACOMBE, capit., B. (mort le 30 sept.).
BRALET, capit., B.
BOYER, lieut., B.
DUMOULIN, s.-lieut., B.

14 *mars* 1811, *combat de Condeixa.*
DUPUIS, capit., B.
FONTAINE, capit., B.
PRESSELER, s.-lieut., B.

15 *mars* 1811, *combat de Fos-de-Arona.*
COLLETTE, chef de bat., B.
MARIN, lieut., B.
DUMOULIN, s.-lieut., B.

MALYE, capit., B. 7 avril 1811, défense d'Almeïda.

5 *mai* 1811, *bataille de Fuentès-d'Onoro.*
RAGLET, capit., B. (mort le 8 juin).
VIGUIER, capit., B. (mort le 8 juin).
COLLETTE, chef de bat., B.
CASTERAN, capit., B.
DELAUME, lieut. A.-M., B.

BESNARD, capit., B. 12 nov. 1811, affaire dans les environs d'Avila.
JAOUEN, s.-lieut., assassiné le 8 déc. 1811, près de Pampelune (Espagne).
LAFITTE, lieut., B. 20 mars 1812, étant en colonne mobile (Espagne).

22 *juill.* 1812, *bataille des Arapiles.*
DUPUY, capit., T.
PIQUEUR, s.-lieut., T.
DEHAUTECLOQUE, capit., B.

FABIEN, capit., B.
BRÉARD, lieut., B.
PERRU, lieut., B.
CASTERAN, s.-lieut., B.

LAROCHE, lieut., B. 11 août 1812, route de Burgos, par des brigands (mort le 21).

31 mars 1813, dans une reconnaissance en Navarre (Espagne).
MORARD DE GALLE, lieut., T.
LEGRAND, chirurg. S.-A.-M., B.
GERMAIX, capit., B.
REMAUGE, capit., B.
GUYON SAINT-VICTOR, capit., B.
ECHAUPRE, capit., B.
ESTELLET, lieut., B.
PRESLER, lieut., B. (mort).
LAGOSTENA, lieut., B.
GAIGNETTE, s.-lieut., B.
PERROT, lieut., B.
DOMAINJOUR, s.-lieut., B.
PENOT, s.-lieut., B.
DAUPHINOT, s.-lieut., B.

PICHOT, lieut., B. 2 mai 1813, bataille de Lutzen.
HERSANT, major, B. 21 mai 1813, bataille de Wurschen.

25 juill. 1813, combat du col de Maya.
HENNON, lieut., B. (mort le 29 sept.).
AUFROY, s.-lieut., B. (mort le 17 août).
LAROCHE, s.-lieut., B. (mort le 19 août).
PINET, s.-lieut., B. (mort le 15 août).
GRADET, capit., B.
SAVARY, capit., B.
SAVARY, lieut., B.
BONNEFOND, capit.; B. 28 juill. 1813, retraite de Pampelune.
VERON, capit., B. 1er août 1813, étant en reconnaissance (Espagne).

2 août 1813, dans une reconnaissance en Espagne.
ROUANNET, lieut., B. (mort le 21).
DEMOL, s.-lieut., B.

BARAT, lieut., B. 26 août 1813, bataille de Dresde.

29 août 1813, affaire de Culm.
TALBEAUX, capit., T.
COMPTANT, chirurg. A.-M., B.
LOISEAU, chirurg. A.-M., B.
GUILLAUME, capit., B.
BONNET, capit., B.
LITTEZ, capit., B.
MAN, capit., B.

BOURSIER, s.-lieut., B. 8 sept. 1813, combat de Dohna (Saxe).

1813, défense de Dresde.
ROHAULT, lieut., B. 15 sept.
NOURRY, s.-lieut., T. 17 sept.
BOURQUIN, capit., B. 19 oct. (mort le 20).
HÉRAULT, capit., B. 17 sept.
LECLERC, capit., B. 17 sept.
CLERC, lieut., B. 15 sept.
SERRAVALLE, capit., B. 17 sept.
CATALA, lieut. A.-M., B. 13 oct. (mort le 3 nov.).
COLOMBIER, lieut., B. oct.
LAGOUTTE, lieut., B. oct.
MAILLER, s.-lieut., B. 17 sept.

10 nov. 1813, combat de Saint-Pé, près Bayonne.
DEMOL, lieut., T.
DESMARETS, lieut., B. (mort le 16 déc.).
RENARD, s.-lieut., B. (mort le 26).
MALTÊTE, capit., B.
MARIN, capit., B.
LANNÈS, lieut., B.
MIOT, lieut., B.
LATELLE, s.-lieut., B.

13 déc. 1813, combat devant Bayonne.
MARIN, capit., B.
CONRARD, s.-lieut., B.

27 févr. 1814, bataille d'Orthez.
DUMOULIN, lieut., T.
COMAILLE, capit., B. (mort le 19 juin).
DENIZET, chef de bat., B.
LANNÈS, lieut., B.
VAXIN, lieut., B.
ENTZMINGER, s.-lieut., B.
MULTZER, s.-lieut., B.

31 mars 1814, affaire devant Blaye.
ESTELLE, lieut., B.
PERREAU, lieut., B.

VALAT, lieut., B. 1er avril 1814, combat de Blaye.
MALTÊTE, capit., T. 10 avril 1814, bataille de Toulouse.
GILLET, s.-lieut., B. 3 juin 1815, combat de Saint-Gilles (Vendée).

18 *juin* 1815, *bataille de Waterloo.*
MARIN, capit., T.
BUJEON, chef de bat., B.
DELOUME, capit. A.-M., B.
REGNAULT, capit., B.
PERRIER, capit., B.

SERRAVALLE, capit., B.
VERDIER, capit., B.
BARTHELMY, lieut., B.
CLERC, lieut., B.
DELBROUCK, lieut., B.
HARTMANN, lieut., B.
LITTI, s.-lieut., B.
MASSÉ, s.-lieut., B.
BOUDREAU, s.-lieut., B.
ROUSSELOT, s.-lieut., B.
METZGER, s.-lieut., B.
SAULT, s.-lieut., B.

28e Régiment.

2 *déc.* 1805, *bataille d'Austerlitz.*
BRUGES dit BEAUVAIS, capit., B (mort le 29).
BRAZAIRAT, capit., B.

FERROUILLET, s.-lieut., B. 2 nov. 1806, combat de Waren.

8 *févr.* 1807, *bataille d'Eylau.*
BONNARD, capit., T.
GRAUX, lieut., T. le 7.
TESTARD, lieut., T.
MORLOT, capit., B. (mort le 12 mars).
BOUROTTE, chef de bat., B.
ORIOT, capit. B. (mort le 25 mars).
ROTTIER, capit., B.
SERVANT, capit., B.
MATIS, capit., B.
GUENEAU-DAUMONT, lieut., B.
COURTY, lieut., B.
LUQUET, lieut., B.
AUGÉ, lieut., B.
MEZIN, lieut., B.
MICHEL, lieut., B.
THAGUSSIOT, lieut., B.
GAILLARD, s.-lieut., B.
MACLAIR, s.-lieut., B.
BRANQUE, s.-lieut., B.
REVERDY, s.-lieut., B.
LEPESANT, s.-lieut., B.

10 *juin* 1807, *bataille d'Heilsberg.*
VIDELOU, capit., T.
MEZIN, lieut., B.
MICHEL, lieut., B.

DUSAUTIER, s.-lieut., B. 14 juin 1807, combat devant Kœnigsberg.
SCHWEICKERT, chef de bat., B. 24 déc. 1808 à l'affaire du val de Caza (Espagne).
MOUGEY, s.-lieut., B. 27 janv. 1809, par des paysans à Aranda.
PICHARD, capit., B. 21 févr. 1809, route de Madrid, en défendant les bagages du régiment.
GRANGER, s.-lieut., B. 17 juill. 1809, affaire de Baromás (Espagne).

28 *juill.* 1809, *bataille de Talavera-de-la-Reyna.*
BRECART, capit., T.
GEMEAU, capit., T.
GRAND, capit., T.
COPPIER, lieut., T.
BAIL, s.-lieut., T.
EYREM, s.-lieut., T.
TOUSSAINT, col., B.
SCHWEICKERT, chef de bat., B.
DESCHAMPS, chef de bat., B.
GUYARD, capit., B.
BONESME, capit., B.
DELMAS, capit., B.
COLIN, capit., B.
BOURSIN, capit., B.
CORBINIÈRE, capit., B.
LAPORTERIE, capit., B.
GRIFFON, capit., B.
BAINVILLE, capit., B.
JACQUET, capit., B.
LAPLANCHE, capit., B.

DANDREST, lieut., B.
ORSAL-DUCREY, lieut., B.
BERTHOU, s.-lieut., B.
GAILLARD, s.-lieut., B.
DE LUSSY, s.-lieut., B.

11 *août* 1809, *bataille d'Almonacid.*
POPIE, lieut., T.
CREPEAU, capit. A.-M., B.
BONESME, capit., B.
CORBINIÈRE, capit., B.
CRÉPEAU, capit., B.
MEZIN, capit., B.
PÉLISSIÉ, lieut., B.
LORRAIN, lieut. A.-M., B.
BOULARD, s.-lieut., B.
CORNET, s.-lieut., B.
DEBAYE, s.-lieut., B.
MENUSSIER, s.-lieut., B.
ROHR, s.-lieut., B.

MANGIN, s.-lieut., B. 17 oct. 1809, étant en colonne mobile (Espagne).
MATRAY, s.-lieut., B. 27 sept. 1810, bataille de Busaco (Portugal).

14 *oct.* 1810, *combat de Sobral (Portugal).*
JOUVE, lieut., T.
DEBÈZE, capit., B.
ROBIN, capit., B.

25 *mai* 1811, *combat de Salinas, près Vittoria.*
CHABERT, s.-lieut., T.
MEZIN, s.-lieut., B.
LAGRANGE, s.-lieut., B.

LEDOUX, s.-lieut., B. 12 mars 1812, combat de Villarejo (Espagne).
DEBÈZE, capit., B. 24 sept. 1812, combat de Santona (Espagne).

21 *juin* 1813, *bataille de Vittoria.*
COLETTE, capit., T.
GRANGÉ, capit., T.
GUENEAU-DAUMONT, capit., T.
CROSNIER, lieut., T.
LEVRAUX, capit., B.
LEMAITRE, lieut., B.
THÉVENET, lieut., B.
LARMINACH, s.-lieut., B.
LEVRAULT, s.-lieut., B.

25 *juill.* 1813, *combat du col de Maya.*
BERRAUD, capit., B.
CORBINIÈRE, capit., B.
FERROUILLET, capit., B.
GAILLARD, capit., B.
LAGNY, capit., B.
LECLERCQ, lieut., B.
LECONTE, lieut., B.
BAREY, s.-lieut., B.
GAUZY, s.-lieut., B.
LAFOREST, s.-lieut., B.
LEBIN, s.-lieut., B.
ROLLIN, s.-lieut., B.
JESPÈRE, s.-lieut., B.

28 *juill.* 1813, *retraite de Pampelune.*
LEGRAND, chef de bat., B. (mort le 29).
LAIR, s.-lieut., B. (mort le 4 sept.).

30 *juill.* 1813, *combat de la vallée d'Elizondo.*
CRÉPIN, capit., T.
MEZIN, capit., T.
MANGIN, capit., B.
COURMACEUL, lieut., B.
MUTEL, s.-lieut., B.
JOURDAIN, s.-lieut., B.

BERTHOU, capit., B. 1er août 1813, étant en colonne mobile, en Espagne (mort le 20).

8 *sept.* 1813, *défense de Dresde.*
ROHR, capit., B. (mort le 14).
MARTINIÈRE, capit., T.
LAVOISIER, s.-lieut., B.
ROLER, lieut., B.

MILLOT, capit., T. 6 oct. 1813 aux avant-postes devant Dresde (Saxe).
MANGIN, capit., B. 9 nov. 1813, combat près de Sarre (Pyrénées).

10 *nov.* 1813, *combat de Sarre.*
SAINT-HILAIRE, col., B.
REYNIER, lieut., B.
LEMARIGNÉ, s.-lieut., B.

Combats devant Bayonne.
LABOTTIÈRE, capit., T. 10 déc. 1813.
LECLERCQ, lieut., B. 13 déc. 1813.

GUINAUDEAU, capit., B. 29 nov. 1813, combat devant Arnheim.

Harancourt, s.-lieut., B. 8 févr. 1814, aux avant-postes près Anvers.

27 févr. 1814, combat de Bar-sur-Aube.
Mulot, capit., T.
Lefoix, capit., B.
Dobigny, lieut., B.
Gatey, lieut., B.
Lecerf, lieut., B.
Brun, s.-lieut., B.
Lesueur, s.-lieut., B.
Morvillier, s.-lieut., B.
Roby, s.-lieut., B.
Forge, s.-lieut., B.

Guyard, lieut., B. 1ᵉʳ mars 1814, combat de Bar-sur-Aube.

21 mars 1814, combat d'Arcis-sur-Aube.
Sicard, s.-lieut., T.
Bertin, chef de bat., B.
Lemaitre, capit., B.
Lebin, lieut., B.
Lepas, lieut., B.
Vimont, lieut., B.
Mutel, s.-lieut., B.
Rousse, s.-lieut., B.

25 mars 1814, combat de Fère-Champenoise.
Labadie, major, T.
Mansville, capit., B.

18 juin 1815, bataille de Waterloo.
Hurault, capit. A.-M., T.
Faure, capit., T.
Laforest, lieut., T.
Thévenet, lieut., T.
Miedan, s.-lieut., T.
Marens, chef de bat., B. (mort le 10 juill.).
Guinaudeau, capit., B.
Ledoulx de Sainte-Croix, capit., B.
D'Uzer, capit., B.
Vicherat, capit., B.
Vimont, capit., B.
Boussard, capit., B.
Kien, lieut., B.
Ricard, lieut., B.
Lemmens, s.-lieut., B.
Wanault, s.-lieut., B.
Courmaceul, lieut., B.

29ᵉ Régiment.

18 oct. 1805, combat du pont de Vérone.
Maréchal, capit., B.
Bach, lieut., B.
Doré, lieut., B.
Petit, lieut., B.

19 oct. 1805, combat près de Vérone.
Verdier, s.-lieut., T.
Liston, capit., B.

30 oct. 1805, combat de Caldiero.
Bonnel, s.-lieut., T.
Caille, lieut., B. (mort le 7 déc.).
Roelans, capit., B.
Magry, s.-lieut., B.

31 oct. 1805, affaire d'avant-garde.
Lelièvre, s.-lieut., T.
Randon, s.-lieut., T.
Balestrier, capit., B.
Rogeard, capit., B.

Verdier, s.-lieut., B. 1ᵉʳ nov. 1805, combat sur l'Adige.
Graziani, chef de bat., B. 13 août 1806, Naples (commandait une colonne mobile en Calabre).
Boinet, s.-lieut., B. 8 août 1806, affaire de Lauria (Naples).
Depersin, s.-lieut., B. 10 sept. 1806, affaire d'Issiari (Calabre).
Réquichot, s.-lieut., B. 7 janv. 1807, au blocus d'Amantéa (Calabre).
Colin, s.-lieut., B. 10 févr. 1807, affaire de Lescale (Calabre).

28 mai 1807, siège de Reggio (Naples).
Vallois, capit. A.-M., T.
Lecomte, lieut., T.
Pirot, capit., B. (mort le 8 juin).
Legat, lieut., B.
Lecuyer, lieut., B.
Audiette, capit., B.

Assassinés le 13 *oct.* 1807 *au village de Gli-Parenti.*
Cornu, capit., T.
Robineau, capit., T.
Bienvenuant, s.-lieut., T.

Chenin, lieut., B. 28 mai 1807, combat de Milletto (Naples).
Aubray, lieut., T. 27 sept. 1807, étant à la poursuite de brigands en Calabre.
Warin, capit., B. 8 sept. 1808, par des brigands, Calabre (mort le 13 oct.).
Richard, capit., B. 8 sept. 1808, près d'Ancône (poursuite des brigands).
Rocquier, lieut., B. 1er mars 1809, dans une batterie de côtes près de Naples (mort le 3 mars).

29 *avril* 1809, *combat de Villanova.*
Soyer, s.-lieut., B. (mort le 4 mai).
Lecat, capit., B.
Mathon, lieut., B.

29 *avril* 1809, *combat de Saint-Boniface.*
Laborie, chef de bat., T.
Lécuyer, capit., B.
Supersac, capit., B.

12 *mai* 1809, *combat de Saint-Daniel.*
Fiacre, s.-lieut., B.
Gain, lieut., B.

Paitru, chef de bat., B. 14 juin 1809, bataille de Raab.

5 et 6 *juill.* 1809, *bataille de Wagram.*
Hocquet, capit., T. 6.
Mouline, capit., T. 5.
Duwicquet de Lenclos (L.-J.-A.), lieut., T. 5.
Favier, lieut., B. 5 (mort le 29).
Prieur, lieut., T. 5.
Renard (T.), lieut., T. 5.
Debeugny, s.-lieut., T. 6.
Devallois, capit., B. 6 (mort le 26).
Renoult, capit., B. 6 (mort le 28).
Duwicquet de Lenclos, lieut., B. 6 (mort le 6 août).
Lahitte, lieut., B. 6 (mort le 8).
Jontot, lieut., B. 6 (mort le 17).
Coste, s.-lieut., B. 6 (mort le 23).
Billard, col., B. 6.
Groizard, chef de bat., B. 6.

Hussenet, chef de bat., B. 6.
Susbielle, chef de bat., B. 6.
Nolinay, chirurg. A.-M., B. 6.
Rogeard, capit., B. 6.
Brodeau, capit., B. 6.
Chaon, capit., B. 5.
Chemin, capit., B. 5.
Duprat, capit., B. 6.
Gouju, capit., B. 5.
Labussière, capit., B. 5.
Guichard, capit., B. 6.
Richard, capit., B. 5.
Larcher, capit., B. 5.
Chenin, lieut. A.-M., B. 5.
Maurice, lieut. A.-M., B. 5.
Cheval, lieut., B. 6.
Comte, lieut., B. 6.
Gain, lieut., B. 5.
Heisz, lieut., B. 6.
Noel-Poilvilain, lieut., B. 6.
Robichez, lieut., B. 5.
Senique, lieut., B. 6.
Du Vaudelais, lieut., B. 6.
Bidaut, s.-lieut., B. 5.
Candon, s.-lieut., B. 6.
Carpentier, s.-lieut., B. 6.
Chodron, s.-lieut., B. 5.
Debay, s.-lieut., B. 5.
Henrion, s.-lieut., B. 6.
Montagut, s.-lieut., B. 6.
Pérès, s.-lieut., B. 6.
Renard (G.-J.), s.-lieut., B. 6.
Rigaud, s.-lieut., B. 6.
Tailleur, s.-lieut., B. 5.

Daspeyras, lieut. B. 24 oct. 1809, combat de Bidal (Tyrol).
Bailly, lieut., B. 4 nov. 1809, combat de Bolzano (Tyrol) (mort le 17).
Clérin, s.-lieut., B. 8 nov. 1809, combat dans le Tyrol.
Allemand, s.-lieut., B. 8 nov. 1809, combat de Bruneken (Tyrol).
Jolly, chirurg. A.-M., B. 6 nov. 1809 à Chiusa (Tyrol).
Curie, s.-lieut., B. 4 déc. 1812, combat près d'Osmiana.
Caryer, s.-lieut., B. 5 déc. 1812, combat d'Osmiana (Lithuanie).

6 *déc.* 1812, *combat d'Osmiana.*
Mareuge, capit., B.
Terlier, capit., B.

10 déc. 1812, *combat devant Wilna.*
BRACKMANN, chef de bat., T.
PAITRU, chef de bat., T.
CHAON, capit., T.
BRODEAU, capit., B. (mort).
FIACRE, capit., B. (mort).
MORIS, capit., B. (mort le 31 déc.).
DU VAUDELAIS, capit., B. (mort).
WESTREENEN, capit., B. (mort le 12 janv. 1813).
HURAULT, s.-lieut., B. (mort le 9 janv. 1813).
SOYER, s.-lieut., B. (mort le 24).
DEMONT, chirurg. A.-M., B.
POILVILAIN, capit., B.
SAINTYVES, lieut. A.-M., B.
CARYER, s.-lieut., B.
CERALLO, s.-lieut., B.
GILOT, s.-lieut., B.
GODENNE, s.-lieut., B.
JOUAVILLE, s.-lieut., B.
VILLIÈRE, s.-lieut., B.

13 déc. 1812, *à la montée de Kowno.*
TESTARD, capit., B. (mort).
LÉCUYER, capit., B.

14 déc. 1812, *combat devant Kowno.*
LAMALMAISON, lieut. A.-M., B. (mort).
BERTRAND, lieut., B.
FLUGI, s.-lieut., B.
MAURICE, capit., B. 1ᵉʳ janv. 1813, affaire de Marienwerder.

5 janv. 1813, *combat de Kœnigsberg.*
TAVERNIER, s.-lieut., B. (mort).
RENARD, lieut., B.
VAN-AKEN, s.-lieut., B.

5 mars 1813, *combat d'Ohra (sortie de Dantzig).*
LABUSSIÈRE, capit., T.
LESSELINGUE, lieut. A.-M., T.
BOUVENOT, lieut., T.
D'AMIENS, lieut., B. (mort le 16).
LANGENAAKEN, lieut., B. (mort le 18 avril).
SARRAZIN, lieut., B. (mort le 16).
BOINET, capit., B.
CHEMIN, capit. A.-M., B.
CHAQUET, capit., B.
DELONDRES, capit., B.
HEISZ, capit., B.

HENRION, capit., B.
SENIQUE, capit., B.
VOIRIN, capit., B.
LABITTE, lieut., B.
DUCROT, lieut., B.
COLINET, s.-lieut., B.
DAZÉ, s.-lieut., B.
LESUEUR, s.-lieut., B.
PIERRON, s.-lieut., B.
GUYARD, s.-lieut., B. 13 avril 1813, défense de Dantzig.
LEHEC, s.-lieut., B. 18 oct. 1813, défense de Dantzig.
REMOND, lieut., B. 28 nov. 1813, à Stade, près Hambourg.
SAURIMONT, capit., B. 17 nov. 1813, défense de Dantzig.

1814, *défense de Hambourg.*
BACCHOS, s.-lieut., B. 22 janv. (mort le même jour).
MAURICE, capit., B. 1ᵉʳ janv.
ARONDEL, s.-lieut., B. 22 janv.

GOIN, capit., B. 1ᵉʳ janv. 1814, combat devant Hambourg.

9 févr. 1814, *combat de Willemsbourg (Hambourg).*
PIERRE, col., T.
ALMERAZ, lieut., B. (mort le 10 mars).
CHAMPONNAIS, lieut., B. (mort le 13).
TRICAULT, lieut., B. (mort le 26).
DUMAS, s.-lieut., B. (mort le 9 mars).
JOURDAN, lieut., B. (mort le 1ᵉʳ mars).
RESSEJAG, chef de bat., B.
BLONDEL, capit., B.
LEDUC, capit., B.
MENUSIER, capit., B.
VILLIÈRE, lieut. A.-M., B.
ROCHELLE, lieut., B.
BAJAUT, s.-lieut., B.
MERCIER, s.-lieut., B.

CHARLES, lieut., B. 20 mars 1814, défense de Hambourg.

18 juin 1815, *bataille de Waterloo.*
CLAVILLE, lieut., T.
CALLAT, lieut., B. (mort le 11 janv. 1816).
DUQUESNOY, chef de bat., B.
CHARLES, lieut., B.

Renard, lieut., B.
Choré, s.-lieut., B.
Grosjean, s.-lieut., B.

Mohen, s.-lieut., B.
Pouzergue, s.-lieut., B..
Sortant, s.-lieut., B.

30° Régiment.

Laforgue, s.-lieut., noyé le 27 oct. 1805, passage de l'Inn.

2 déc. 1805, bataille d'Austerlitz.
Billotte, capit., T.
Blanchemain, capit., T.
Richard, chef de bat., B.
Charlier, chirurg.-M., B.
Joubert, capit., B.
Plaige, capit., B.
Villermoz, capit., B.
Morgat, lieut., B.
Cauvet, lieut., B.
Jund, lieut., B.
Pansin, lieut., B.
Blain, s.-lieut., B.
Kerveiller, s.-lieut., B.
Ledieu, s.-lieut., B.
Morais, s.-lieut., B.
Richard, s.-lieut., B.

14 oct. 1806, bataille d'Auerstœdt.
Kerweiller, s.-lieut., T.
Buliod, s.-lieut., B.
Glandines, lieut. A.-M., B.

23 déc. 1806, combat de Czarnowo.
Dodo-Desmarets, chef de bat., T.
Pluchet, capit., B.
Cheminade, lieut., B. (mort le 14 janv.).
Blanpain, capit., B.
Richard, lieut., B.
Dumesnil, capit., B.
Vergniaud, s.-lieut., B.
Lassègue, capit., B.

26 déc. 1806, aux avant-postes (Pologne).
Bordarier, s.-lieut., B.
Morin, s.-lieut., B.

8 févr. 1807, bataille d'Eylau.
Bonnet, capit., T.
Voiturier, capit., T.
Miennay, lieut., T.
Pinçon, lieut., T.

Larcher, s.-lieut., T.
Mazier, s.-lieut., T.
Walter, col., B.
Villémain, chef de bat., B.
Duthoya, capit., B.
Dulau, lieut., B.
Jacobé, capit., B.
Grellet, capit., B.
Devaux, s.-lieut., B.
Berthier, lieut., B.
Girardot, s.-lieut., B.
Marie, s.-lieut., B.
Morin, s.-lieut., B.
Benoit, lieut., B.

14 juin 1807, bataille de Friedland.
Carrière, s.-lieut., T.
Lourbert, lieut., B.

Bonnet, lieut., B. 21 avril 1809, combat de Landshut.
Larcher, s.-lieut., T. 22 avril 1809, à Eckmühl.
Blanc, lieut., B. 23 avril 1809, combat de Ratisbonne.

22 mai 1809, bataille d'Essling (1).
Mercier, chef de bat., T.
Jacobé, capit., B.
Herbin, s.-lieut., B.

6 juill. 1809, bataille de Wagram.
Lassègue, s.-lieut., B. (mort le 15).
Mousse, s.-lieut., T.
Faure, lieut., B. (mort).
Joubert, col., B.
Aillet, chef de bat., B.
Fleury, capit., B.
De Huis, capit., B.
Brésillon, s.-lieut., B.
Plançon, s.-lieut., B.
Solirenne, s.-lieut., B.

17 août 1812, bataille de Smolensk.
Gaudelette, lieut., T.

---
(1) 4° bataillon.

HALTIER, lieut., T.
SCHERER, lieut. porte-aigle, T.
RAMBEAU, s.-lieut., B. (mort 29 déc.).
VERGNIAUD, capit., B.
MORIN, lieut., B.
BORNE, lieut., B.
WITTAS, chef de bat., B.
JACOB, s.-lieut., B.

---

7 sept. 1812, bataille de la Moskowa.
MERLETTE, chef de bat., T.
PLAIGE, chef de bat., T.
DULAU, capit. A.-M., T. 5.
BONNET, capit., T.
DOMEZILLE, capit., T.
DUVAL, capit., T.
GRUN, capit., T.
DE MONTETY, capit., T.
THIÈBE, capit., T.
VERGNIAUD, capit., T.
CAPELA, lieut., T.
CARRIER, lieut., T.
COUTURE, lieut., T.
FLOURY, lieut., T.
MAGNAN, lieut., T.
SAUVAGE, lieut., T.
BERGERAT, s.-lieut., T.
QUESNEL, s.-lieut., T.
RIGAUX, s.-lieut., T.
LAMOTTE, capit., B. (mort le 10 oct.).
DEVILLAIRE, lieut., B. (mort le 6 oct.).
DELALLE, s.-lieut., B. (mort le 4 oct.).
BUQUET, col., B.
WITAS, chef de bat., B.
GUILIN, capit. A.-M., B.
BACOT, capit., B.
BLAIN, capit., B.
JACOBÉ, capit., B.
BOUTRAIS, capit., B.
CHRISTOPHE, capit., B.
HERBIN, capit., B.
FAVIÉ, capit., B.
MORIN, capit., B.
FRANÇOIS, capit., B.
DE HUIS, capit., B.
RICHARD, capit., B.
SOLIRENNE, capit., B.
MOIREAU, lieut. A.-M., B.
VERGNEAUD, lieut. A.-M., B.
RONIN, lieut. A.-M., B.
AIGOIN, lieut., B.
FAURE SAINT-ROMAIN, lieut., B.
HAY DE SANCÉ, lieut., B.

CAUSSE, s.-lieut., B.
ROSSET, s.-lieut., B.
LAURENT, s.-lieut., B.
MARIN, s.-lieut., B.
PICHOT, s.-lieut., B.
BRANDIN, s.-lieut., B.
TALABOT, s.-lieut., B.
THOMAIN, s.-lieut., B.
PAILLIÉ, s.-lieut., B.

WITAS, chef de bat., B. 26 oct. 1812, route de Ghyat.
HERVÉ, major, B. 1ᵉʳ nov. 1812, combat de Ghyat.
LAFON, s.-lieut., B. 16 oct. 1812, affaire près de Moscou.

---

3 nov. 1812, combat de Wiasma.
BOUCHÉ, lieut., T.
BÈGUE, s.-lieut., B.
BÉGUIGETTE, s.-lieut., B.
VINET, s.-lieut., B.

HAY DE SANCÉ, capit., B. 9 nov. 1812, combat devant Smolensk.
LABAT, capit., B. le 8 déc. 1812, près de Wilna.

---

17 nov. 1812, bataille de Krasnoë.
LAMBLIN, capit., T.
FRANÇOIS, capit., B.
GUILLAUMOT, s.-lieut., B.
GRAND, s.-lieut., B.

---

28 nov. 1812, bataille de la Bérésina.
DESCOURTILS, lieut., T.
GRAND DE CHAMPROUET, lieut. A.-M., B. (mort en févr. 1813).
ROBIN, s.-lieut., B. (mort le 8 janv. 1813).

CHARBONNIER, capit., B. 10 déc. 1812, route de Wilna (mort le 9 févr. 1813).
PRÉVOST, capit., B. 12 déc. 1812, route de Kowno (mort en janv. 1813).
BORDARIER, capit., B. 16 juin 1813, affaire près de Hambourg.
THOMAIN, capit., B. 18 août 1813, près de Hambourg.
FARGET, lieut., B. 23 août 1813, combat près de Hambourg.
TALABOT, capit., B. 8 oct. 1813, près Hambourg.

HERMAN, s.-lieut., B. 14 nov. 1813, devant Hambourg.
BOUXIN, capit., B. 5 sept. 1813, combat près Schewerin (Schwerin).
BOUTRAIS, chef de bat., B. 21 janv. 1814, défense de Hambourg.

9 févr. 1814, combat de Willemsbourg.
NORMAND, lieut., T.
PAULMIER, s.-lieut., T.
PÉRAUDON, lieut., B. (mort 12 mars).
FOUCHET, s.-lieut., B. (mort 1ᵉʳ mars).
RAMAND, col., B.
HERVIEU, major, B.
ROUSSEAU, capit., B.
LAURENT, capit., B.
GEFFRIARD, lieut., B.
VANCRANELYNGHE, lieut., B.
MILLET, s.-lieut., B.
HARDEL, s.-lieut., B.
VERDERY, lieut., B.

MÉRILLE, capit., B. 11 févr. 1814, combat d'Auxerre.

16 juin 1815, bataille de Ligny.
HERVIEU, major, T.

LAFOLIE, chef de bat., T.
RICHARD, chef de bat., T.
HUREL, capit. A.-M., T.
GUIBERT, capit., T.
VINET, lieut. A.-M., T.
PASQUIER, lieut., T.
VALLET, s.-lieut., T.
BLAIN, chef de bat., B.
CREMER, capit., B.
FAVIÉ, capit., B.
HAY DE SANCÉ, capit., B.
JULIAN, capit., B.
MOIREAU, capit., B.
TALABOT, capit., B.
MÉCHIN, lieut., B.
DESFONTAINES, lieut. A.-M., B.
BOURGEOIS, lieut., B.
GAUDAIS, lieut., B.
BONNELATTE, s.-lieut., B.
GUILLAUMOT, s.-lieut., B.

20 juin 1815, combat de Namur.
VILLEMINOT, capit., T.
PLANÇON, capit., B.
DESFONTAINES, lieut. A.-M., B.

32ᵉ Régiment.

9 oct. 1805, combat d'Aslach.
SOULIER, lieut., B.
MANEYROL, s.-lieut., B.

11 oct. 1805, combat d'Albeck.
MALLACOUR, lieut., B. (mort le 4 déc.).
BOUGE, chef de bat., B.
CASTAGNIÉ, lieut., B.
SOUILLER, lieut., B.

17 oct. 1806, combat du pont de Halle.
DUPORT, lieut., T.
RAMPON, s.-lieut., T.
DAUMIÉ, capit., B.
DELAUNEY, capit., B.
FRANGIN, capit., B.
GARENT, capit., B.
PERROSSIER, capit., B.
BOULON, lieut., B.
CAILLIEZ, lieut., B.
BRONDEAU, s.-lieut., B.

CASSE, s.-lieut., B.
MONCK D'USER, s.-lieut., B.

1ᵉʳ nov. 1806, combat de Waren.
BERCHON, capit., B. (mort le 2 avril 1807).
GIMIEZ, capit., B.
FERROUILLET, lieut., B.
ESTRADE, lieut., B.
MACÉ, lieut., B.

LEFÈVRE, chirurg.-M., B. 6 nov. 1806, prise de Lubeck.

26 févr. 1807, combat de Braünsberg.
BOULON, capit., B.
CASTAGNIÉ, lieut., B.

14 juin 1807, bataille de Friedland.
JOVIN, lieut., T.
DARBEL, s.-lieut., B. (mort le 7 juill.).

RÉGIMENTS D'INFANTERIE DE LIGNE

Liotard, capit., B.
Vallat, capit., B.
Sarrant, lieut., B.
Bertrand, s.-lieut., B.
Casse, s.-lieut., B. 14 août 1808, devant Alméida.

21 août 1808, bataille de Vimeiro (Portugal).

Caillot, capit., B.
Toutant, lieut., B.
Cailliez, s.-lieut., B.
Belfontaine, s.-lieut., T. 31 oct. 1808, combat de Durango (Espagne).
Monnet, chef de bat., T. 12 mars 1809, combat de Cervera (Espagne).
Liotard, capit., B. 27 mars 1809, combat de Ciudad-Réal.

28 juill. 1809, bataille de Talavera-de-la-Reyna.

Augier, capit., T.
Rinesy, capit., T.
Delahais, s.-lieut., T.
Bouévrière, lieut., B. (mort le 6 déc.).
Aymard, col., B.
Staglieno, chef de bat., B.
Frangin, capit., B.
Gimiez, capit., B.
Pérossier, capit., B.
Aymard, lieut., B.
Tinthoin, lieut., B.
Bertrand, s.-lieut., B.
Casse, s.-lieut., B.

11 août 1809, bataille d'Almonacid.

Guillot, capit., T.
Austry-Sainte-Colombe, lieut., T.
Hermant, capit., B. (mort le 26).
Beausset, chef de bat., B.
Lamartinière, chef de bat., B.
Cailliez, capit., B.
Frangin, capit., B.
Gervais, capit., B.
Leroy, capit., B.
Raguenet, capit., B.
Taurel, capit., B.
Vallat, capit., B.
Villecrosse, capit., B.
Boussès-Lagrange, lieut., B.
Lajoux, lieut., B.
Roques, lieut., B.
Colomb, s.-lieut., B.

Carcenac, s.-lieut., B.
Chabartès, s.-lieut., B.
Delannoy, s.-lieut., B.
D'Hamal, s.-lieut., B.
Tournier, s.-lieut., B.

Soulairol, lieut., B. 16 avril 1810, combat de Sainte-Hélène (Espagne).
Boussès-Lagrange, lieut., B. 9 juill. 1810, à Marbeilla (Espagne).
Brulé, s.-lieut., B. 27 sept. 1810, Mont-Réal (Navarre).
Staglieno, chef de bat., T. 8 oct. 1810, combat en Espagne.
Maneyrol, lieut., T. 26 oct. 1810, Alfernate (Espagne).
Riche, lieut., B. 31 janv. 1811, combat de Baza (mort le même jour).
Clamens, lieut. A.-M., B. 24 avril 1811, en reconnaissance en Espagne (mort le 9 mai).

15 mai 1811, combat à Ubida (Espagne).

Sourdeval, capit., T.
Cailliez, lieut., T.
Boulon, capit., B.
Toutant, lieut., B.
Genty, s.-lieut., B.

Geoffroy, s.-lieut., T. 11 août 1811, affaire de Venta-del-Baul (Espagne).
Brincourt, s.-lieut., B. 16 oct. 1811, près de Venta-del-Baul (Espagne).
Carcenac, lieut., B. 2 févr. 1812, à Ticola (Espagne).
Michaud, s.-lieut., B. 8 juill. 1812, combat de Ronda.

24 juill. 1812, combat d'Ossona (Espagne).

Lavauzelle, lieut., T.
Bertrand, lieut., B.

2 mai 1813, bataille de Lutzen.

Marioge, chef de bat., B.
Chaumont, capit., B.
Defresney, capit., B.
Doré, capit., B.
Pélissier, capit., B.
Ousty, lieut., B.
Clerc, s.-lieut., B.
Coger, s.-lieut., B.

21 *mai* 1813, *bataille de Würschen.*
MENNUET, capit., T.
BOURGEOIS, lieut., B.

21 *juin* 1813, *bataille de Vittoria.*
CONSCIENCE, major 2°, T.
DRUET, s.-lieut., T.
FRANGIN, capit., B.
MAIGNEL, lieut., B.
MARGERIT, lieut., B.
PEBERNAD, s.-lieut., B.

FERROUILLET, capit., B. 25 juill. 1813, en colonne mobile, en Espagne.

28 *juill.* 1813, *retraite de Pampelune.*
CHAMPLAIN, capit., T.
BAILLION, s.-lieut., T.
FAIVRE, capit., T.
BRANGER, col., B.
DUPART, chef de bat., B.
FRANGIN, capit., B.
LEROY, capit., B.
TAUREL, capit., B.
COLOMB, lieut., B.
MAIGNIEL, lieut., B.
MICHEL, lieut., B.
PIERRÉ, lieut., B.
RIVIÈRE, lieut., B.
SAINT-MARTIN-VEYRAN, lieut., B.
TOURNIER, lieut., B.
DEFLANDRE, s.-lieut., B.
EGASSE, s.-lieut., B.
PROISY, s.-lieut., B.
MURAIRE, s.-lieut., B.

21 *août* 1813, *combat de Buntzlau.*
DORÉ, lieut. A.-M., T.
GIBASSIER, capit., B.
TRUFFET, s.-lieut., B.

PICARD, s.-lieut., T. 23 août 1813, combat de Langaron.

26 *et* 27 *août* 1813, *bataille de Dresde.*
ROQUES, capit. A.-M., B. 26.
BÉZAUT, capit., B. 26.
RAPIN, capit., B. 27.
CHAUFFOURNIS, s.-lieut., B. 27.

30 *août* 1813, *à Buntzlau.*
CHINEAU, lieut., B.
GROS, capit., B.

ANDRÉ, chef de bat., B. 7 oct. 1813, combat d'Ascain.

9 *oct.* 1813, *combat de Dohna (Saxe).*
VIENOT, lieut., B. (mort le 9 nov.).
CARCENAC, capit., B.
RUSTAN, capit., B.
VERDELET, s.-lieut., B.

12 *et* 13 *oct.* 1813, *combats de la redoute de Sainte-Barbe.*
DE BEAUCOURT-SOUILLARD, s.-lieut., B. 12 (mort le 19).
BRANGER, col., B. 13.
TOURNIER, capit., B. 13.

16 *et* 18 *oct.* 1813, *bataille de Leipzig.*
DUMONBARD, capit., B. 18 (mort).
SORRE, capit., B. 18 (mort).
PERROSSIER, chef de bat., B. 16.
MARON, capit., B. 18.
SAINT-CLAIR, capit., B. 18.
SONIER, lieut., B. les 16 et 18.
BERGERET, lieut., B. 18.
BONNETON, lieut., B. 18.
BRINCOURT, lieut., B. 16.
LALANDE, lieut., B. 18.
CHERON, s.-lieut., B. 18.

10 *nov.* 1813, *combat de Sarre (sous Bayonne).*
BARBIER, capit., B. (mort le 14).
LEROY, capit., B.
LEROUX, capit., B.

10 *févr.* 1814, *combat de Nogent-sur-Seine.*
PÉLISSIER, capit., B.
BOISSIÈRE, lieut., B.

17 *févr.* 1814, *combat de Nangis.*
DAREAU-LAUBADÈRE, capit., T.
GÉRARD, chef de bat., B.
ESTARD, capit., B.

18 *févr.* 1814, *bataille de Montereau.*
BONSIRVEN, lieut., B.
MALAVOIS, lieut., B.
BARRAL, lieut., B.

27 *févr.* 1814, *bataille d'Orthez.*
LAFOND, s.-lieut., T.
CHABARTÈS, capit., B. (mort).

Branger, col., B.
Thomas, chef de bat., B.
Frangin, capit., B.
Thenadet, s.-lieut., B.
De La Roussille, s.-lieut., B. 1er avril 1814, défense de Mayence (mort le 28).

10 avril 1814, bataille de Toulouse.
Lançon, lieut., T.
Rivière, capit., B.

Noë, lieut., B.
Scorsini, s.-lieut., B.
Tétard, s.-lieut., B.

Taurel, capit., T. 28 juin 1815, combat devant Strasbourg.

9 juill. 1815, combat devant Strasbourg.
Rustan, capit., B.
Bourgeois, lieut., B.
Jouin, s.-lieut., B.

33e Régiment.

Gournay, capit., B. 6 nov. 1805, aux avants-postes de la Grande Armée.

2 déc. 1805, bataille d'Austerlitz.
Cartier, chef de bat., B.
Faivre, capit., B.
Philippe, lieut. A.-M., B.
Belin, capit., B.
Schubart, capit., B.
Defrance, capit., B.
Lion, capit., B.
Leroy, capit., B.
Darras, s.-lieut., B.
Durand, s.-lieut., B.
Crouzet, s.-lieut., B.
Gleisolle, s.-lieut., B.
Caillez, s.-lieut., B.
Hermant, s.-lieut., B.

14 oct. 1806, bataille d'Auerstœdt.
Cartier, chef de bat., T.
Schubart, capit., A.-M., T.
Archambault, capit., T.
Nadeau, capit., B.
Werquin, lieut., B.
Voisin, s.-lieut., B.
Froger, s.-lieut., B.
Valmalette de Coustel, s.-lieut., B.

24 déc. 1806, combat de Nazielsk.
Pouchelon, major, B.
Vannier, capit., B.
Nortier, capit., B.

8 févr. 1807, bataille d'Eylau.
Bertin, capit., T.
Guéroult, capit., T.
Guizard, capit., T.
Moret, capit., T.

Robert, capit., T.
Gleisolle, lieut., T.
Magoulèse, lieut., T.
Metras, lieut., T.
Cotteret, s.-lieut., T.
Amaury, capit., B. (mort 19).
Gavroy, capit., B. (mort 19).
Simon, capit., B. (mort 1er mars).
Toulouse, chef de bat., B.
Hennon, capit., B.
Jaurèche, capit., B.
Léonard, capit., B.
Lion, capit., B.
Bovery, lieut., B.
Faivre, capit., B.
Gamelin, lieut., B.
Peyrusse, lieut., B.
Delpech, s.-lieut., B.
Caillez, s.-lieut., B.
Durand, s.-lieut., B.

14 juin 1807, bataille de Friedland.
Cormery, lieut., B.
Lebleu, s.-lieut., B.
Hedelin, lieut., B.

19 avril 1809, combat de Thann.
Thiéry, capit., T.
Maublanc, lieut., T.
Mathieu, s.-lieut., T.
Baudin, capit., B.
Blanchard, lieut., B.

21 avril 1809, combat de Landshut.
Bouchet, s.-lieut., T. 22.
Hennon, capit., B. 21.
Peyroux, capit., B. 21.
Masson, s.-lieut., B. 21.

23 *avril* 1809, *combat de Ratisbonne*.
Bovery, capit., B.
Neumann, s.-lieut., B.

6 *juill.* 1809, *bataille de Wagram*.
Contour, capit., B. (mort 23).
Burgez, lieut., B. (mort 27).
Nadeau, chef de bat., B.
Bovery, capit., B.
Lebleu, lieut., B.
Morançais, s.-lieut., B.
Ducros, s.-lieut., B.
Argenton, s.-lieut., B.
Jacqueneaux, s.-lieut., B.
Richard, s.-lieut., B.
Garbe, s.-lieut., B.

Bouvier, capit., B. 18 août 1812, bataille de Smolensk (mort le 30 oct.).
Berry, s.-lieut., B. 17 août 1812, Smolensk.

7 *sept.* 1812, *bataille de la Moskowa*.
Gatté, capit., T.
Gatté, lieut., T.
Meynardie-Sejournas, lieut., T.
Autard, s.-lieut., T.
Poulin, s.-lieut., T.
Courondeau, capit., B. (mort le 30).
Domingon, capit., B. (mort le 13).
Devals, lieut., B. (mort).
Jandoin, lieut., B. (mort le 30).
Maire, major, B.
De Goux, chef de bat., B.
Tondu, chef de bat., B.
Cauchois, capit., B.
Neumann, capit., B.
Peyrusse, capit., B.
Calais, capit., B.
Peyroux, capit., B.
Bouchez, lieut., B.
Deshayes, lieut., B.
Ducros, lieut., B.
Fournelle, lieut., B.
Gatinais, lieut., B.
Sallot, lieut., B.
François, s.-lieut., B.
Toquoy, lieut., B.
Deissaux, s.-lieut., B.
Hardel, s.-lieut., B.
Lebœuf, s.-lieut., B.

Peyrusse, capit., B. 9 sept. 1812, à la prise de Mojaïsk.

1812, *combats près de Moscou*.
Fauvo, capit., T. 4 oct.
Choppy, capit., B. 9 sept.
Choppy, capit., B. 4 oct.
Minard, capit., B. 4 oct.
Mathieu, lieut. A.-M., B. 4 oct.
Hamel, lieut., B. 6 oct.
Aubry, s.-lieut., B. 10 sept.
Bléhée, s.-lieut., B. 4 oct.
Lebœuf, s.-lieut., B. 13 sept.
Cousin, s.-lieut., B. 4 oct.

18 *nov.* 1812, *bataille de Krasnoë*.
Gatinois, s.-lieut., T.
Jacquin, capit., B. (mort le 20).
Nadeau, chef de bat., B.
Calais, capit., B.
Ducros, capit. A.-M., B.
Lebleu, capit., B.
Bléhée, lieut. A.-M., B.
Boudot, lieut., B. (disparu le 15 déc.).
Sallot, lieut., B.
Validier, s.-lieut., B. (mort le 29 déc.).
Darminières, s.-lieut., B.
Lebœuf, s.-lieut., B.
Dessaux, s.-lieut., B.
Gatinois, s.-lieut., B.
Delanoy, s.-lieut., B.
Dubois, s.-lieut., B. et disparu.
Enion, s.-lieut., B.
Pellevillain, s.-lieut., B.
Cousin, s.-lieut., B.
Ponza, s.-lieut., B.
Guillemin, s.-lieut., B.

Couppon, capit., T. 29 nov. 1812, passage de la Bérésina.
Sarmage, lieut., B. et gelé, 6 déc. 1812, route de Wilna.
Morancé, lieut., B., 1812, Saint-Lambert, près Dantzig.
Tiengou, lieut., B. 10 déc. 1812, combat devant Wilna.
Clamens, capit., B. 8 mai 1813, près de Vittoria (mort le 9).

13 *mai* 1813, *passage de l'Elbe*.
Choppy, capit., B.
Hardel, lieut., B.

Monoire, s.-lieut., B.
Rouquette, s.-lieut., B.

Dumolard, s.-lieut., B. 22 août 1813, combat de Pirna (Saxe).

26 août 1813, bataille de Dresde.

De Goux, chef de bat., B.
Hénard, capit., B.
Calais, capit., B.
Toquoy, capit., B.
Bousquet, s.-lieut., B. 28.
Dumoncel, s.-lieut., B.
Paris, s.-lieut., B.
Pellevillain, s.-lieut., B.

Dumolard, s.-lieut., B. 29 août 1813, combat de Pirna (en escortant les bagages du régiment).

30 août 1813, affaire de Culm.

Mercier, chef de bat., T.
Dumont, capit., T.
Schneider, capit., disparu.
Bonniol, capit., B. (mort le 7 sept.).
Lequœux, capit., B. (mort le 20 sept.).
Joanny, lieut., B. (mort 8 sept.).
Barthélemy, major, B.
Caillez, chef de bat., B.
Caillaux, capit., B.
Bléhée, lieut. A.-M., B.
Albert, lieut., B.
Eymard, lieut., B.
Forest, lieut., B.
Delorieux, s.-lieut. porte-aigle, B.
Boilet, s.-lieut., B.
Paris, s.-lieut., B.
Rey, s.-lieut., B.
Itam, lieut., B.

14 sept. 1813, combat de Peterswald.

De Goux, chef de bat., B.
Bisson, capit., B.
Fournelle, capit., B.
Desprez, s.-lieut., B.

1813, combat près de Leipzig.

Bourrée, capit., B. 13 oct. (mort le 31).
Delpech, capit., B. 10 oct.
Toquoy, capit., B. 9 oct.
Lambertin, lieut., B. 9 oct.
Brunet, s.-lieut., B. 18 sept.

16 et 18 oct., bataille de Leipzig.

Maire, col., B. 16.
Berthelot, chef de bat., B. 16.
Bléhée, lieut. A.-M., B. 16.
Dejean, s.-lieut., B. 19.
Constans, lieut., B. 18.
Dumoncel, s.-lieut., B. 18.
Faravelli, s.-lieut., B. 18.
Martin, s.-lieut., B. 18.

1814, défense de Luxembourg.

Fressange, lieut., T. mars.
Cossard, s.-lieut., B. 15 févr.
Desprez, s.-lieut., B. 15 févr.
Gauthier, s.-lieut., B. 15 févr.

20 juin 1815, combat de Namur.

De Goux, chef de bat., B. (mort le 29 juill.).
Rousseauville, s.-lieut., B. (présumé mort).
Lebleu, capit., B.
Hénard, capit., B.
Neumann, capit., B.
Testu, capit., B.
Chopy, capit., B.
Roudolphie, lieut., B.
Tatareau, lieut., B.
Gerson, lieut., B.
Nicolas, s.-lieut., B.
Bourelle, s.-lieut., B.
Dumolard, s.-lieut., B.
Girardier, s.-lieut., B.
Delucci, lieut., B.
Gachot, s.-lieut., B.

34ᵉ Régiment.

2 déc. 1805, bataille d'Austerlitz.

Blanc, s.-lieut., T.
Guillemin, s.-lieut., B. (mort le 1ᵉʳ février 1806).
Klein, chef de bat., B.
Dumas, capit. A.-M., B.
Boyer, capit. A.-M., B.
Habert, capit., B.
Lecomte, capit., B.
Lagriffoul, capit., B.

PICARD, capit., B.
ROUX, capit., B.
BOIROT, capit., B.
BONOT, capit., B.
BEC, lieut., B.
HOURLON, lieut., B.
CORRÈZE, s.-lieut., B.
CASTRES, s.-lieut., B.
AVIAS, s.-lieut., B.
ROBERT, s.-lieut., B.
PONS, s.-lieut., B.
LOMBARD, s.-lieut., B.

10 oct. 1806, *combat de Saalfeld.*
BARBIER, capit., T.
DELPECH, capit., T.
JAVEL, capit., T.
DESTANQUES, capit., B.
BAUDINAU, capit., B.
PICARD, capit., B.

14 oct. 1806, *bataille d'Iéna.*
ANCEAUX, lieut., T.
LECOMTE, capit., B. (mort le 24 janv. 1807).
MÉNESCLOUX, lieut., B. (mort le 10 nov.).
DURAT, s.-lieut., B. (mort le 20).
DUMOUSTIER, col., B.
BRUIX, capit. A.-M., B.
LEMAIRE, capit., B.
CHABERT, capit., B.
DUPEYRON, capit., B.
DROUARD, capit., B.
PICARD, capit., B.
HABERT, capit., B.
LAGRIFFOUL, capit., B.
LANOIX, capit., B.
LAUTREC, capit., B.
MARTIN, capit., B.
ROUX, capit., B.
TROYON, capit., B.
VACHOT, capit., B.
BEC, lieut., B.
CLAVET, lieut., B.
EPLENIER, lieut., B.
JOURNET, lieut., B.
LACOUTURE, lieut., B.
FORGET, s.-lieut., B.
SEGRETIN, lieut., B.
CASTRES, s.-lieut., B.
RAMONET, s.-lieut., B.
ADAM, s.-lieut., B.
TEMPLIER, s.-lieut., B.

26 *déc.* 1806, *combat de Pultusk.*
GAUTHIER, capit., T.
GRAPPE, capit., T.
HOURLON, capit., T.
DELPECH, lieut., T.
PERRON, capit., B. (mort).
FERRAND, lieut., B. (mort le 29 janv. 1807).
DUMOUSTIER, col., B.
BAUDINEAU, capit., B.
BEC, capit., B.
TROYON, capit., B.
BAILLIOT, lieut., B.
BOUCHON, lieut., B.
CHAUSSY, lieut., B.
GIRARD, lieut., B.
FROXGE, lieut., B.
LACOUTURE, lieut., B.
JUSTE, s.-lieut., B.
SAINT-MARTIN, s.-lieut., B.
BAZIN, s.-lieut., B.

BARTHÉLEMY, lieut., B. 7 janv. 1807, aux avant-postes (mort le 28).

14 *juin* 1807, *bataille de Friedland.*
BARSUT, capit., T.
BOUCHER, s.-lieut., T.
CLAVET, capit., B.
CHABERT, chef de bat., B.
BORDAT, lieut., B.
CHARTIER, lieut., B.

26 *déc.* 1808, *siège de Saragosse.*
HERSANT, chef de bat., B.
DEVOSGES, capit., B.

CHAUD, capit., B. 18 janv. 1809, siège de Saragosse.

19 *nov.* 1809, *bataille d'Ocana.*
DRANSART, lieut., T.
PASQUIER, s.-lieut., T.
DROUARD, capit., B.
HURTAUD, lieut., B.
LAROQUE, s. lieut., B.

11 *août* 1810, *combat de Villa-Garcia.*
DELAHAYE, capit. A.-M., T.
LEVÈQUE, s. lieut., T.
REMOND, col., B.
FRAICHE, s.-lieut., B.

BARILLET, s.-lieut., B. 21 août 1810, en colonne mobile en Espagne.
GIROUARD, s.-lieut., T. 7 oct. 1810, en colonne mobile en Espagne.
DURAND (J.), capit., B. 13 oct. 1810, en colonne mobile en Portugal.
CADILLON, chef de bat., B. 23 janv. 1811, siège d'Olivença (mort le 17 févr.).

1811, *siège de Badajoz.*
LEMU, capit., T. 7 févr.
RAPIN, s.-lieut., T. 7 févr.
DAUPHIN, s.-lieut., B. (mort le 9 juill.).
ANDRIEU, s.-lieut., B. 11 févr. (mort le 10 mars).
ROBERT, capit. A.-M., B. 7 févr.
GRITTE, capit., B. 7 févr.
HEURTAUD, capit., B. 7 févr.
ROUX, capit., B. 7 févr.
LAROQUE, lieut., B. 11 févr.

GRITTE, capit., B. 19 févr. 1811, bataille de la Gebora.
DURAND (A.), lieut., T. 10 mai 1811, en reconnaissance, en Espagne, devant Badajoz.

10 et 11 mai 1811, défense de Badajoz.
DURAND (J.), capit., B. 10.
LALANNE, s.-lieut., T. 11.

16 mai 1811, bataille de la Albuhera.
AMYOT, s.-lieut., T.
CHOLET, s.-lieut., T.
RENARD, s.-lieut., T.
BOIREAU, capit., B. (mort le 9 juin).
COMBARLIEU, capit., B. (mort le 17 juin).
BUFFATRILLE, capit., B. (mort le 7 juin).
PINSON, lieut., B. (mort le 14 oct.).
DÉRÉCALDE, capit., B.
GILLET, capit., B.
SECRETIN, capit., B.
HULOT, lieut., B.
LACHON, lieut., B.
GUETTARD, s.-lieut., B.
JULLIEN, s.-lieut., B.
MARTIN, s.-lieut., B.

CHAISE, lieut., B. 17 mai 1811, étant à la poursuite des guérillas (mort le 2 juill.).
PINEL, capit., B. 25 mai 1811, en colonne mobile en Espagne (mort le 5 juin).

BERTHET, major, B. 27 août 1811, à Ponte-Ferrada (mort le 17 sept.).

28 oct. 1811, combat de Rio-Molino.
HEURTAUD, capit., B.
SECRETIN, capit., B.

VARLET, capit., B. 4 août 1812, Villadrigo.
BRIN, s.-lieut., B. 2 juin 1812, affaire de Villa-Réal.

1812, défense du château de Burgos.
WILLERMET, capit., T. 18 oct.
ARTREUX, lieut., T. 19 sept.
D'HERSON, s.-lieut., T. 22 sept.
GIMBRÈDE, s.-lieut., T. 7 oct.
SAINT-MARTIN, s.-lieut., T. 7 oct.
HOUARD, chirurg. A.-M., B. sept.
LAROQUE, capit., B. 21 août.
COMBES, s.-lieut., B. 18 oct.
PLOVIER, s.-lieut., B.

DORTOUX, capit., T. 16 nov. 1812, défense du château de Burgos.

2 mai 1813, bataille de Lutzen.
GILLIARD, capit., B.
POURCEL, capit., B.
VARTET, capit., B.
MARIN, lieut., B.
DUBOIS, s.-lieut., B.
LARECHE, s.-lieut., B.

21 mai 1813, bataille de Würschen.
TEMPLIER, capit., B. 21 (mort le 8 juin).
HERSANT, chef de bat., B. 21.
GILLIARD, capit., B. 21.
LAMBERT, capit., B. 21.
VARLET, capit., B. 21.
LARÈCHE, s.-lieut., B. 21.
RAMOND, s.-lieut., B. 22.
VAUGELAS, s.-lieut., B. 21.

1813, défense de Saint-Sébastien.
BERNIER, lieut., T. 31 août.
AIGNELOT, capit., B. 1er sept.
JACQUOT, capit., B. 31 août.
KŒNERDING-COK, capit., B. 1er sept.
THERMELAUD, capit., B. 31.
SIMON dit DUMAINE, capit., B. 16 juill.
BERNARD, lieut., B. 27 août.
DELRUE, lieut., B. 31 août.

Guellon, lieut., B. 31 août.
Neron, s.-lieut., B. 15 juill.
Ponthieu, s.-lieut., B. 31 août.
Rouget, s.-lieut., B. 31 août.

Castaing, capit., B. 1er sept. 1813, passage de la Bidassoa.
Thomas, chef de bat., B. 19 sept. 1813, défense de Saint-Sébastien.
Mille, s.-lieut., B. 7 oct. 1813, combat d'avant-postes sur les Pyrénées.

Oct. 1813, défense de Dresde.
Crosson, capit. A.-M., B.
Ruston, capit., B.
Vienot, lieut., B.
Vincent, lieut., B.
Verdelet, s.-lieut., B.

10 nov. 1813, combat de Sarre.
Fondousse, col., B. (mort le 18).
Robert, capit., B.

Culy, lieut., B. 13 déc. 1813, combat devant Bayonne.

20 mars 1814, combat d'Arcis-sur-Aube.
Hurtaud, chef de bat., T.
Barillet, capit., T.
Gillier, capit., B.
Dugareuil, lieut. A.-M., B.
Melin, lieut., T.
Vahin, lieut., B.

16 juin 1815, bataille de Ligny.
Felix, capit., T.
Peigné, lieut., T.
Portron, s.-lieut., T.
Bouis, chef de bat., B.
Auxousteaux, chef de bat., B.
Gardel, capit., B.
Baudineau, capit., B.
Beauvais, capit., B.
Favey, capit., B.
Jacquot, capit., B.
Sauzède, capit., B.
Junin, lieut. A.-M., B.
Chonet (1), lieut., B.
Emmery, lieut., B.
Hardouin, lieut., B.
Duperrey, s.-lieut., B.
Roger, lieut., B.

18 juin 1815, combat de Wavre.
Rayneaud, capit., T.
Gardini, s.-lieut., T.
Mouton, col., B.
Chancenotte, lieut., B.

Rougiron, capit., B. 21 juin 1815 route de Namur.
Brulé, lieut., B. 19 juill. 1815, défense de Rocroy.

1815, défense de Givet.
Rougiron, capit., B. 3 août.
Duperrey, s.-lieut., B. 3 sept.

(1) Chonet de Bolmont.

35e Régiment.

Cornu, capit., B. 3 nov. 1805 aux avant-postes de la division Oudinot.

15 avril 1809, combat de Pordenone.
Castagnède, lieut., B. (mort le 6 mai).
Felder, s.-lieut., B. (mort le 1er mai).
Breissand, col., B.
Haldenwenger, capit. A.-M., B.
Mary, capit., B.
Mugneret, chirurg.-M., B.
Delaire, capit., B.
Fauconnet, capit., B.
Fougerolles, capit., B.
Haulon, capit., B.
Jaubert, capit., B.

Rabannelly, capit., B.
Saisset, capit., B.
Decamps, lieut., B.
Huot-Goncourt, lieut., B.
Detussac, lieut., B.
Dirodel, lieut., B.
Marquiant, lieut., B.
Merquez, s.-lieut., B.
Trouyet, s.-lieut., B.

Laisné, lieut., B. 16 avril 1809, bataille de Sacile.
Millot, s.-lieut., B. 3 mai 1809, combat de Bassano (mort le 4).

25 *mai* 1809, *combat de Saint-Michel*
(Italie).
Borel, capit., B.
Brossier de la Rouillère, s.-lieut., B.
Moreau, s.-lieut., B.
Rondeaux, s.-lieut., B.

14 *juin* 1809, *bataille de Raab.*
Séguin, capit., T.
Hommais, capit., B. (mort 18 juill.).
Plantier, lieut., B. (mort 5 sept.).
Simonnet, s.-lieut., B. (mort le 20).
Normand, lieut. A.-M., B.
Jullien, lieut., B.
Olivier, lieut., B.

6 *juill.* 1809, *bataille de Wagram.*
Figié, chef de bat., B.
L'Homme, lieut., B.

4 *déc.* 1809, *combat de Brixen (Tyrol).*
Delmas, capit., B. (mort le 20).
Raynaud, s.-lieut., B.

Dranguet, capit., B. 26 juillet 1812, combat d'Ostrowno (Russie).

7 *sept.* 1812, *bataille de la Moskowa.*
Raynaud, lieut., T.
Decloquemann, s.-lieut., T.
Maquette, s.-lieut., T.
Haldenwenger, capit. A.-M., B. (mort le 19).
Fougerolles, chef de bat., B.
Fournier, chef de bat., B.
Mieux, capit., B.
Dubois, capit., B.
Peltier, capit., B.
Monges, capit., B.
L'Homme, lieut., B.
Delaitre, s.-lieut., B.
Marbouty, lieut., B.
Rentier, lieut., B.
Delmotte, s.-lieut., B.
Dewière, s.-lieut., B.
Magny, s.-lieut., B.
Gaulier, lieut., B.
Campart, lieut., B.

24 *oct.* 1812, *bataille de*
Malojaroslawetz.
Penant, col., T.
Baudouin, capit., T.

Proquez, lieut., B. (mort le 3 nov.).
Figié, major, B.
Fournier, chef de bat., B.
Vandenas, chef de bat., B.
Biennoury, capit., B.
Dranguet, capit., B.
Jullien, capit., B.
Reinemer, capit., B.
L'Homme, lieut., B.
Braquety, lieut., B.
Marbouty, lieut., B.
Trouyet, lieut., B.
Dumas, s.-lieut., B.
Tabouret, s.-lieut., B.

Pelletier, capit., T. 26 oct. 1812, Russie, route d'Orcha.
Bellaud, capit., B. 11 nov. 1812, Russie, route de Smolensk.
Guiller, capit., T. 12 nov. 1812, combat de Dorogobouj, route de Smolensk.

16 *nov.* 1812, *bataille de Krasnoë.*
Reynemer, capit., T.
Figié, major, B.
Marcilly, chef de bat., B.
Pariez, capit., B.
Roux, capit. A.-M., B.
Biennoury, capit., B.
Coupiat, capit., B. (mort le soir).
Gérard, capit., B.
Dor, capit., B.
Labarrière, capit., B.
Dubois, capit., B.
Douillet, capit., B.
Paysant, capit., B.
Gaulier, lieut., B.
Berger, lieut., B.
Trouyet, lieut., B.
Latour d'Auvergne, s.-lieut., B.

Nov. 1812, *combats devant Smolensk.*
Barbier, s.-lieut., T. 15.
Delahaye, s.-lieut., T. 12.

28 *et* 29 *nov.* 1812, *aux ponts*
de la Bérésina.
Gouin, s.-lieut., B. (mort le 4 févr. 1813).
Magny, lieut., B.
Compart, lieut., B. 29.

Place, capit., B. 1ᵉʳ déc. 1812, route de Smorgony (disparu).

DIRODEL, lieut., B. 7 mars 1813 devant Glogau.
POTHIER, s.-lieut., B. 17 mai 1813, défense de Glogau.

19 *sept.* 1813, *combat de Rosek (Illyrie).*
FIGIÉ, col., B.
LAJOU, s.-lieut., B. (mort le 20).
TOLMER, s.-lieut., B.

CLÉMENT, s.-lieut., B. 9 nov. 1813, combat de Tela (Tyrol).
GRILLON, s.-lieut., B. 19 oct. 1813 aux avant-postes en Italie.
SCHABAILLE, lieut., B. 15 nov. 1813, combat de Caldiero.

8 *févr* 1814, *bataille du Mincio.*
DUBOIS, chef de bat., T.
GRENIER, capit., B. (mort le 20).
ROUX, chef de bat., B.

DUFRASNE, capit., B.
SEINE, capit., B.
LEFEBVRE, lieut., B.

DUBOURGEAIS, capit., B. 15 févr. 1814, devant Parme (mort le 16).
LEROY, lieut., B. 25 févr. 1814, combat devant Parme.

2 *mars* 1814, *prise de Parme.*
FOUGEROLLES, chef de bat., B.
BELLAUD, capit., B.
GAULET, s.-lieut., B.

CLÉMENT, s.-lieut., B. 13 avril 1814 devant Parme.
SANTINI, s.-lieut., B. 24 avril 1814 à Longone (Italie).
BERGER, capit., B. 31 mars 1815 à la Porta (Corse) (mort le même jour).

36e Régiment.

BONNE, lieut., B. 7 oct. 1805, combat d'Augsbourg.

2 *déc.* 1805, *bataille d'Austerlitz.*
POURCELET, lieut., T.
VALLÉE, s.-lieut., B. (mort le 12).
HOUDARD-LAMOTTE, col., B.
PERRIER, chef de bat., B.
BERGON, capit., B.
BUZZINI, capit., B.
CHARTENER, capit., B.
CHAUFFARD, capit., B.
DUHIL, capit., B.
FERRAND, capit., B.
LABBÉ, capit., B.
LANGLOIS, capit., B.
LEBRUN (D.), capit., B.
CARREY (P.), lieut. A.-M., B.
DELIMEUX, lieut., B.
GAUCHERON, lieut., B.
NICLOSSE, lieut., B.
PAPILLON, lieut., B.
DANGASSE, s.-lieut., B.
GENET, s.-lieut., B.
JEANGÉRARD, s.-lieut., B.
LEFEUBVRE, s.-lieut., B.
MOREAU, s.-lieut., B.
MORIN, s.-lieut., B.

ROBELET, s.-lieut., B.
SCHAUENBOURG, s.-lieut., B.

14 *oct.* 1806, *bataille d'Iéna.*
HOUDARD-LAMOTTE, col., T.
PÉRIER, capit. A.-M., T.
MORIN, capit., T.
ROUSSEAU, capit., T.
ABADIE, lieut. A.-M., T.
FINETTE, s.-lieut., T.
PERRET, s.-lieut., B. (mort le 2 nov.).
FOLLEY, capit., B.
GUIDON, capit., B.
MORIENS, capit., B.
RAOUL, capit., B.
LAGABE, lieut., B.
MORIN, lieut., B.
DANGASSE, lieut., B.

8 *févr.* 1807, *bataille d'Eylau.*
GILBERT, capit., T.
PAVYS, capit., T.
CAILLER, lieut., T.
BOURLON, s.-lieut., T.
FEUVRIER, lieut., B. (mort le 26 avril).
VENOT, lieut., B. (mort le 30 avril).
BERLIER, col., B.
LECUREL, chef de bat., B.

LIMOSIN, capit., B.
BORGON, capit., B.
CARREY (P.), capit., B.
CHAUFFARD, capit., B.
CHOLET, capit., B.
DUCROS, capit., B.
GERMAIN, capit., B.
LAGABE, capit., B.
MORIENS, capit., B.
TELLIER, capit.,B.
LEGOULLON, lieut., porte-aigle, B.
DANGASSE, lieut., B.
FROIDURE, lieut., B.
ROLLIN, lieut., B.
LEFEUBVRE, lieut., B.
MOUGIN, lieut., B
ROBLET, lieut., B.
TRIBOULOT, lieut., B.
DOUVILLÉ, s.-lieut., B.
DUSTON, s.-lieut., B.
GRUNDLAIR, s.-lieut., B.
LEVRAY, s.-lieut., B.
MAURICE, s.-lieut., B.
ROI, s.-lieut., B.

10 juin 1807, bataille d'Heilsberg.
GERMAIN, capit., T.
SCHAUENBOURG, capit., T.
WUILMARD, capit., T.
LEGOULLON, lieut., T.
PORTENSEIGNE, lieut., T.
FERBUS, s.-lieut., T.
FIN, s.-lieut., T.
JEAN, s.-lieut., T.
LECUREL, chef de bat., B.
LAGABE, capit., B.
COURTEILLE, capit., B.
MOUGIN, capit., B.
AVRIL, lieut., B.
MAHÉ, lieut., B.
DANGASSE, lieut., B.
GAUTHIER, lieut., B.
LEFEUBVRE, lieut., B.
BAUDIN, s.-lieut., B.
BROCCARD, s.-lieut., B.
COURVOL, s.-lieut., B.
DESMOLIN, s.-lieut., B.
DOUVILLÉ, s.-lieut., B.
LEVRAY, s.-lieut., B.
MAURICE, s.-lieut., B.
RAMBOURG, s.-lieut., B.
THOMASSIN, s.-lieut., B.

FROIDURE, capit., B. 16 janv. 1809, bataille de la Corogne.
LAGABE, capit., B. 26 mars 1809, combat du Vigo.
BLANC, capit., B. 23 avril 1809, combat de Ratisbonne.
MONDOT, s.-lieut., B. 2 mai 1809 au pont d'Amarante.
ALLAU, capit., B. 19 mars 1810 dans un combat contre les guérilleros, près d'Astorga.
PATY, chef de bat., B. 10 juin 1810, Astorga.

14 août 1810, combat près d'Astorga.
COIGNARD, lieut., T.
LEVRAY, capit., B.
RIGOLIN, s.-lieut., B.

27 sept. 1810, bataille de Busaco.
BUZZINI, chef de bat., T.
LEVRAY, capit., T.
MATHIEU, lieut. A.-M., T.
BOUDRINGHEN, s.-lieut., T.
RIGOLIN, s.-lieut., T.
AVRIL, capit., B. (mort le 4 oct.).
DEMOUGIN, capit., B. (mort le 7 oct.).
MAILHER, capit., B. (mort le 30).
SCHNEIDER, chef de bat., B.
GAUTHIER, capit., B.
PRIEUR, capit., B.
ROBLET, capit., B.
BLAISE, lieut., B.
CORRIGEUX, s.-lieut., B.
GRUNDLER, lieut., B.
JAUME, lieut., B.
VANNY, lieut., B.
BERNARD, s.-lieut., B.
LOUGET, s.-lieut., B.
HUOT, s.-lieut., B.
JAUTEL, s.-lieut., B.
LAPIE-LAFAYE, s.-lieut., B.
LEROY, s.-lieut., B.
PIET-CHAMBELLE, s.-lieut., B.
RÉGNIER, s.-lieut., B.
CHARLES, s.-lieut., B.

4 oct. 1810, combat de Coïmbre.
SCHNEIDER, chef de bat., B. (mort le 14).
CHEVILLOT, s.-lieut., B. (mort le 30 mars 1811).

Pays, s.-lieut., B. 13 janv. 1811, passage du Douéro.

3 avril 1811, combat de Sabugal.
Delhomme, capit., T.
Laurent, capit., B. (mort le 3 mai).
Mougin, capit., B.
Gidoint, lieut., B.
James, s.-lieut., B.

Planchois, s.-lieut., B. 30 avril 1812, affaire devant Salamanque.

22 juill. 1812, bataille des Arapiles.
Bourquin, capit., B.
Leguerney, capit., B.
Blanc, capit., B.

Cazier, s.-lieut., B. 27 sept. 1812, affaire de Coïmbre.
Bonne, capit., B. 3 nov. 1812, combat de Wiasma.
Leclerc, lieut., B. 16 nov. 1812, combat de Wolkowisk.

27 nov. 1812, combat de Borisow.
Pineau, capit., T.
Prieur, capit., B. et disparu.
Detray, lieut., B. et disparu.
Charles, s.-lieut., B. (mort).
Goubert, s.-lieut., B. et disparu.
Massuet, s.-lieut., B. et disparu.
Hignet, chef de bat., B. (mort le 21 janv. 1813).
Dussault, capit., B.
Corrigeux, lieut., B.
David, s.-lieut., B.
Jardin, s.-lieut., B.
Taillefer, s.-lieut., B.

Dangasse, capit. A.-M., B. 28 nov. 1812 sur les hauteurs de Borisow (mort).
Darbel, capit., B. 28 nov. 1812 aux ponts de la Bérésina.
Leclerc, lieut., B. 8 févr. 1813, combat de Guitusbal (Bohême).

21 juin 1813, bataille de Vittoria.
Gauthier, capit., B. (mort le 14 juill.).
Bourdier, lieut., B.
Houillon, s.-lieut., B.
Troccard, s.-lieut., B.

Douvillé, capit., T. 25 juill. 1813, combat d'Eyrola (Espagne).
Paty, major, B. 27 août 1813, bataille de Dresde.

30 août 1813, affaire de Culm.
Ferry, capit., T.
Lanoix, capit., B. (mort le 23 oct.).
Riss, capit., T.
Loncle, lieut., T. 29.
Sicart, major, B.
Morlin, capit., B.
Delacondemène, capit., B.
Billot, lieut., B.
Desfontaine, lieut. A.-M., B. (mort le 13 oct.).
Lignères, lieut., B.
Bera, s.-lieut., B.
Boulhane, s.-lieut., B.
Foucherat, s.-lieut., B.
Flamand, s.-lieut., B.
Thouvenot, s.-lieut., B.
Michel, s.-lieut., B.

14 sept. 1813, combat de Peterswald.
Leguerney, capit., T.
Blaise, capit., B.
Rouard, s.-lieut., B.
Deyson, s.-lieut., B. (mort le 2 oct.).

3 nov. 1813, défense de Dresde.
Corrigeux, capit., T.
Le Chevalier, lieut., B.

10 et 13 déc. 1813, combats devant Bayonne.
Regnier, capit., T.
Babillon, lieut., T.
Mougin, chef de bat., B.
Buzzolini, capit., B.
Pays, capit., B.
Troccard, lieut., B.
Corrogette, s.-lieut., B. 13.
Lerobourg, s.-lieut., B.
Muller, s.-lieut., B.
Pastourel, s.-lieut., B.
Renaud, s.-lieut., B. 13.
Ballet, lieut., B. (mort le 18).

Nicolas, s.-lieut., B. 13 févr. 1814 à Peyrehorade (Pyrénées).

22 févr. 1814, combat du pont de Méry.
Hocquot, lieut., T.
Bourdier, capit., B.

27 févr. 1814, bataille d'Orthez.
Wolff, s.-lieut., T.
Jandel, capit., B.

Ramel, s.-lieut., B. 10 mars 1814, bataille de Laon.

19 mars 1814, combat de Vic-de-Bigorre.
Réthoré, capit., B.
Muller, lieut., B.

Vigé, capit., T. 14 mars 1814 aux avant-postes, Grande Armée.

20 mars 1814, combat d'Arcis-sur-Aube.
Luchini, capit., B. (mort en avril).
Demongeot, lieut., B.
Boullier, s.-lieut., B. (mort le 21 avril).

Desmolin, capit., B. 10 avril 1814, bataille de Toulouse.

28 juin 1815, combat sur la Suffel (devant Strasbourg).
Elie, lieut., B.
Carrey, capit., B.
Lamoliatte, lieut., B.

37ᵉ Régiment.

Peiffer, capit., T. 3 févr. 1806, combat naval de Santo-Domingo, à bord du *Brave*.

6 févr 1806, combat naval de Santo-Domingo.
Vial, capit., B. à bord du *Suffren*.
Salvat, s.-lieut., B. à bord du *Jupiter*.
Balland, lieut., B. à bord du *Brave*.
Joly, capit., B. 6 août 1807, siège de Stralsund.

1808, combats en Catalogne.
Bullé, s.-lieut., T. 10 août.
Damarzid, s.-lieut., B. 2 sept. (mort 3).
Froment, capit., B. 9 juin.
Royer, lieut., B. 20 juin.
Royer, lieut., B. 10 nov.
Deguery, s.-lieut., B. 20 juin.
Gérôme, s.-lieut., B. 26 nov.
Maurice, s.-lieut., B. 8 sept.

1809, défense de Santo-Domingo.
David, capit., B. 24 janv.
Maréchal, s.-lieut., T. 25 janv.
Virion, capit., B. 25 janv.
Franco, lieut., B. 25 janv.
Lami, lieut., B. 20 févr.

1809, combats en Catalogne.
Boitard, lieut., B. 4 sept. (mort 12 nov.).

Federlin, capit., B. 2 févr.
Gioux, capit., B. 11 janv.
Lecouflay, capit., B. 2 févr.
Asselin, lieut. A.-M., B. 12 janv.
Gérôme, s.-lieut., B. 20 févr.
Maurice, s.-lieut., B. 8 janv.

14 mars 1809, combat de Molins-del-Rey (passage du pont).
Deleisseigues, chef de bat., B.
Balland, capit., B.
Federlin, capit., B.
Froment, capit., B.
Gioux, capit., B.
Devaux, capit., B.
Didier, lieut., B.
Thiéry, lieut., B.
Bonnenfant, s.-lieut., B.
Deguery, s.-lieut., B.

24 avril 1809, combat de Neumarck.
Marchal, capit., B.
Richomme, capit., B.

21 et 22 mai 1809, bataille d'Essling.
Bournet, s.-lieut., T. 21.
Grivel, s.-lieut., T. 22.
D'Har, chef de bat., B. 21.
Calary, capit., B. 21.
Ciron, capit., B. 22.
Delavillette, capit., B. 21.

Theis, capit., B. 21.
Herbert, capit., B. 21.
De Bonneval, lieut., B. 22.
De Saint-Martin, lieut., B. 21.
Parmantel, lieut., B. 22.
Alexandrini, s.-lieut., B. 22.
Cros, s.-lieut., B. 22.
Plet, s.-lieut., B. 21.
Gautier, s.-lieut., B. 21.
Humbert, s.-lieut., B. 21.
Leguay, s.-lieut., B. 21.

6 juill. 1809, bataille de Wagram.
Sallot, capit., T.
Paris, lieut. A.-M., T.
Lemaire, lieut., T.
Rousseau, lieut., B. (mort).
Nazal, chef de bat., B.
Fingerling, capit., B.
Lafargue, chirurg.-M., B.
Theis, capit., B.
Marchal, capit., B.
Mouchel, capit., B.
Barillon, lieut., B.
Cros, s.-lieut., B.

Didier, lieut., B. 11 janv. 1810, combat sur les hauteurs de Masnou (Catalogne).
Deleissègues, chef de bat., T. 21 janv. 1810, en colonne mobile en Catalogne.
Didier, lieut., B. 19 août 1810, en colonne mobile en Catalogne.
Neuchèze, lieut., B. 29 sept. 1810, en reconnaissance (Espagne) (mort le 3 oct.).
Gérome, capit., B. 24 mai 1811, au blocus de Figuières.
Seras, capit., B. 10 mai 1811 au Pertus (mort le 12).
Lecouflay, capit., T. 24 mai 1811, à Figuières.

31 juill. 1812, combat de Jacobowo.
Miotte, capit., B. (mort le 4 août).
Argenton, capit., B.

1ᵉʳ août 1812, combat d'Oboïardszina.
Gindre, capit., B. (mort le 12).
Nazal, chef de bat., B.
Devilleneuve, s.-lieut., B.
Fontaine, s.-lieut., B.

17 et 18 août 1812, bataille de Polotsk.
Mayot, col., T. 18.
Lefiot, capit., T. 17.
Bullot, lieut., T. 18.
Froment, lieut., T. 18.
Bégille, capit., B. 18 (mort le 25).
Dautel, capit., B. 17 (mort le 18).
Miotte, capit., B. 17 (mort le 18).
Cornet, s.-lieut., B. 19 (mort le 10 sept.).
D'Har, chef de bat., B. 18.
Tavernier, chef de bat., B. 18.
Alexandrini, capit., B. 17.
Argenton, capit., B. 18.
Asselin, capit., B. 18.
Royer, capit., B. 18.
Bonnenfant, lieut., B. 18.
Brochet, lieut., B. 18.
Félix, lieut., B. 18.
Martin, lieut. A.-M., B. 18.
Nicot, lieut., B. 18.
Raguet de Brancion, lieut., B. 18.
Richard, s.-lieut., B. 17.
Toussaint, s.-lieut., B. 18.
Leclaire, s.-lieut., B. 18.
Villemain, s.-lieut., B. 17.
Frequat, s.-lieut., B. 18.

18 oct. 1812, combat de Polotsk.
Renaud, capit., B. 18 (mort 1ᵉʳ nov.).
Duval, capit., B. 18.
Noel, capit., B. 18.
Marchat, lieut., B. 18.

31 oct. 1812, combat de Smoliany.
Renard, lieut., T.
Guyot, lieut., B. et disparu le 10 déc.
Cartoux, s.-lieut., T.
Hubert, s.-lieut., B.

28 nov. 1812, bataille de la Bérésina.
Bourdouche, capit., T.
Robert, capit., T.
Hammann, capit., B. (mort en déc.).
Wentrebeck, lieut., B. (mort le 5 déc.).
Bulot, lieut., T.
Combastel, s.-lieut., T.
Olivier, s.-lieut., T.
Fortier, col., B.
Fournier, major, B.
Cottenet, chef de bat., B. 26.
Blanc, chirurg. A.-M., B.
Darbel, capit., B.

Marchal, capit., B.
Gindre, capit., B.
Lienard, capit., B.
Villemain, lieut., B.
Hubert, lieut., B.
Crotti, s.-lieut., B.
Astor, s.-lieut., B.
Gillard, lieut., B. 29.

Vilcher, s.-lieut., B. 30 nov. 1812, Russie, pendant la retraite.
Hubert, lieut., B. 15 déc. 1812, près de Tilsitt.
Turel, lieut., T. 25 déc. 1812, en Russie, pendant la retraite.

27 août 1813, bataille de Dresde.
Singry, chef de bat., B.
Cartoux, capit., T.
Rappe, lieut., B.

Huguenin, lieut., B. 16 oct. 1813, défense de Dresde.

16 et 18 oct. 1813, bataille de Leipzig.
Genin, capit., T. 18.
Charmoille, lieut., T. 18.
Verpillage, lieut., T. 18.
Spéelmann, major, B. 16.
Meslin, chef de bat., B. 16.
Marchat, capit., B. 16.
Larcade, capit., B. 16.
Alexandrini, capit., B. 16.
Barillon, capit., B. 16.
Cros, capit., B. 16.
Duval, capit., B. 18.
Lanjuinais, capit., B. 18.
Péletier, capit., B. 16.
Gillard, capit., B. 16.
Prunier, capit., B. 16.
Raguet de Brancion, capit., B. 16.
Richard, capit., B. 16.
Vial, capit., B. 16.
Genet, lieut. A.-M., B. 16.
Humbert, lieut. A.-M., B. 18.
Roux, lieut. A.-M., B. 16.
Choquet, lieut., B. 16 et 18.
Besnier, lieut., B. 16.
Gremaux, lieut., B. 16.
Malaval, lieut., B. 18.
Neis, lieut., B. 16.
Pélissier, lieut., B. 18.
Lobertreaux, lieut., B. 18.

Rougemaitre, lieut., B. 16.
Laure, s.-lieut., B. 18.
Meige, s.-lieut., B. 16.
Sacomand (L.), s.-lieut., B. 16.
Charles, s.-lieut., B. 19.
Sacomand (C.), s.-lieut., B. 16.
Guillon, s.-lieut., B. 16.
Sauffret, s.-lieut., B. 16.
Vilcher, s.-lieut., B. 18.

Fortier, col., B. 19 oct. 1813, bataille de Leipzig.
Gauché, lieut., T. 25 oct. 1813, combat près Hanau.
Guillon, s.-lieut., B. 29 oct. 1813, combat devant Hanau.
Fèvre, s.-lieut., B. 22 janv. 1814, combat de Ligny.
Choquet, lieut., B. 31 janv. 1814, combat à Beauregard (Savoie).
Astor, capit., B. 23 janv. 1814, combat de Ligny.

1814, défense de Besançon.
Devaux, capit., T. 1er avril.
Monnier, capit., T. 31 mars.
Prunier, capit., T. 3 mars.
Vial, capit., T. 3 mars.
Maige, lieut., B. 3 mars (mort le 29).
Gillard, capit., B. 19 févr.
Choquet, capit., B. 1er avril.
Pierson, lieut., B. 2 mars.
Vilcher, lieut., B. 28 janv.
Blanc, s.-lieut., B. 1er avril.
Richardot, s.-lieut., B. 1er avril.
Renard, s.-lieut., B. 31 mars.

Reynard, lieut., B. 29 janv. 1814, bataille de Brienne.

1er févr. 1814, bataille de la Rothière.
Barillon, capit., B.
Levis, capit., B.
Moret, lieut., B.

16 juin 1815, bataille de Ligny.
Menestrel, lieut., T.
Coliny, capit., B.
Fontaine, capit., B.
Levis, capit., B.
Provost, capit., B.
Brunet, s.-lieut., B.

DELOYERS, s.-lieut., B.
LARUE, s.-lieut., B.
HUGUENIN, s.-lieut., B.
BLANCHON, lieut., B.

RENARD, s.-lieut., B.

GOFFART, s.-lieut., B. 18 juin 1815, combat de Wavre.

39ᵉ Régiment.

14 oct. 1805, *combat d'Elchingen.*
BLONDEL, capit., B. (mort le 23).
GELLY, capit., B.
ISNARD, capit., B.
PONT, lieut. A.-M., B.
ROMAN, lieut. A.-M., B.
DUVIVIER, s.-lieut., B.

HENRION, chef de bat., B. 2 déc. 1805, bataille d'Austerlitz.

14 oct. 1806, *bataille d'Iéna.*
MINIER, capit., B.
FOURCHET, s.-lieut., B.

8 févr. 1807, *bataille d'Eylau.*
PICAT, capit., B.
FRIRION, s.-lieut., B.

MONIER, capit., B. 16 mai 1807, combat devant Dantzig.

5 juin 1807, *combat de Wolfsdorf.*
BERNARD, capit., B.
GUILLOT, capit., B.
NICOLAS, lieut., B.
VAUTIER, lieut., B.
FAIVRE, s.-lieut., B.
GUINTRAND, s.-lieut., B.
LEBELIN, s.-lieut., B.

6 juin 1807, *combat de Deppen.*
CLAPPIER, chef de bat., B.
SAUVAN, capit., B.

9 juin 1807, *combat de Guttstadt.*
BUISSON, lieut., B.
FRIRION, s.-lieut., B.

14 juin 1807, *bataille de Friedland.*
FRIRION, capit., T.
PRADEZ, capit., T.
BLANC, lieut., B. (mort le 17).
GROSJEAN, lieut., B. (mort le 16 juill.).
GUPILLOTTE, lieut., B. (mort le 20).

LEROUX, lieut., B. (mort le 18).
TAVANT, s.-lieut., B. (mort le 16 juill.).
HUGUENOT, capit., B.
MASSON, capit., B.
TOUGAS, lieut. A.-M., B.
DUVIVIER, lieut., B.
LACROIX, lieut., B.
THERRASSIER, lieut., B.
BESSEAT, s.-lieut., B.
MANIFAU, s.-lieut., B.

3 mai 1809, *combat d'Ebersberg.*
CLOUARD, major, B. (mort le 11).
VIDAL, capit., B. (mort le 4).
PHILIP-PAGEZ, capit., B.

22 mai 1809, *bataille d'Essling.*
VAVASSEUR, lieut., T.
FAUCILLON, capit. A.-M., B.
LACROIX, lieut., B.
CUZIN, s.-lieut., B.
GIRARD, s.-lieut., B.

FAUCILHON, capit. A.-M., B. 22 mai 1809, dans une affaire près d'Avila (Espagne).

5 et 6 juill. 1809, *bataille de Wagram.*
GRANDSIR, capit., B. 6 (mort le 9).
CLERC, lieut., B. 5 (mort le 29).
LEROUX, lieut. B. 5 (mort le 24 juill.).
FISCHER, s.-lieut., B. 5 (mort le 25).
BRIES, lieut., B. 5.
ROBERT, lieut., B. 5.

CHARPENTIER, capit., B. 7 juin 1809, affaire de Sampayo (Espagne).

18 oct. 1809, *combat de Tamamès.*
BORELY, chef de bat., B. (mort).
FRÉCHET, capit., B. (mort).
FLEURBAY, s.-lieut., B. (mort).
GUIBAL, s.-lieut., B. (mort).
MOREAU, chirurg. S.-A.-M., B.
MAURICE, chef de bat., B.

FARGÈS, capit., B.
GANOT, capit., B.
DUVIVIER, capit., B.
JOURNET, capit., B.
TEPPE, capit., B.
TOURNOUER, capit., B.
BOHN, capit., B.
DUCHON, lieut., B.
LARCHER, lieut., B.
GERSAN, s.-lieut., B.

1810, *siège de Ciudad-Rodrigo.*
BOUDEVILLE, capit., T., 28 juin.
WALTERSPIEHL, chirurg. S.-A.-M., B. 10 juill.
FRIRION, capit., B. 28 juin.
DUCHON, lieut., B. 6 juill.
FOURMY, lieut., B. 7 juill.
CLÉMENT, s.-lieut., B. 6 juill.
SAUTERNE, s.-lieut., B. 8 juill.

27 *sept.* 1810, *bataille de Busaco.*
LAPIQUE, chef de bat., B.
TOURNOUER, capit., B.
ARNOUX, s.-lieut., B.

14 *mars* 1811, *combat de Condexa (Portugal).*
HERRENBERG, chef de bat., B.
CHAVENOIS, lieut., B.
JANDIN, capit., B.

5 *mai* 1811, *bataille de Fuentès-d'Onoro.*
BULTÉ, capit., T.
GAILLARD, capit., T.
MONDESCOURT, capit., T.
BAUTRUCHE, lieut., T.
GALIBERT, lieut., T.
VOLAN, lieut., T.
CAPEAU, s.-lieut., T.
HERRIER-LACHESNÉE, s.-lieut., T.
POUMEAU, s.-lieut., T.
THÉVENET, col., B.
LUYA, capit., B.
VILLEFRANQUE, capit., B.
BEZUY, capit., B.
LALOY, s.-lieut., B.
NOIRJEAN, s.-lieut., B.
VIDALIE, s.-lieut., B.
ROBIQUET, capit., B.

VAN-SCHELLEBECK, chef de bat., T. 4 févr. 1812 en colonne mobile (Espagne).

CAZAZEUX, lieut., assassiné, le 12 févr. 1812, par des brigands espagnols.
LAYESNES, lieut., B. 22 mars 1812, au pont d'Almaras.

19 *mai* 1812, *combat de Lugar-Nuovo.*
COUTAMY, s.-lieut., B. (mort le 20 juin).
TEPPE, chef de bat., B.

COUTHILLY, s.-lieut., B. 27 mai 1812, dans une reconnaissance en Espagne (mort le 25 juin).

22 *juill.* 1812, *bataille des Arapiles.*
BINECHER, capit., B.
GOSSE, capit., B.

Siège de Castro-Urdiale.
BEER, capit., B. 27 avril 1813.
CRITON, lieut., T. 28 avril 1813.

HERMAND, capit., B. 2 mai 1813, bataille de Lutzen.
LEROUGE, s.-lieut., B. 25 juin 1813, à Tolosa.

30 *juill.* 1813, *devant Pampelune.*
PARISSE, s.-lieut., B.
LALOY, lieut., B.

26 *août* 1813, *bataille de Dresde.*
ROCHE, capit., B.
GUÉRIN, lieut., B. (mort le 15 sept.).
VARILLOT, capit., B. 29 août 1813, défense de Dantzig (mort le 8 déc.).
LARCHER, capit., B. 27 août 1813, bataille de Dresde.
ROUSSILLON, s.-lieut., B. 8 sept. 1813, aux avant-postes en Saxe.
GRIVALET, lieut., B. 29 sept. 1813, défense de Dantzig.
TEXIER, capit., B. 11 oct. 1813, Dantzig (mort le 7 nov.).
DUPRÉ, chef de bat., B. 11 oct. 1813, affaire d'Ohra (Dantzig).

18 *oct.* 1813, *bataille de Leipzig.*
HÉBERT, capit., T.
DEVAUX, lieut., T.
VENTE, s.-lieut., T.
BOURGADE, capit., B.
FRESQUET, capit., B.
BREVET, capit., B.

BELLIER, s.-lieut., B. 31 oct. 1813, défense de Dantzig.
PAILLARD, lieut., B. 10 déc. 1813, combat en avant de Bayonne.

13 *déc.* 1813, *combat devant Bayonne.*
VINCENT, s.-lieut., B. (mort le 21 déc.).
THÉVENET, col., B.
PRUVOST, s.-lieut., B.
VION, lieut., B.
AZEUF, s.-lieut., B.

D'ORVAL, s.-lieut., B. 12 janv. 1814, défense de Bayonne (mort le 1er févr.)

27 *févr.* 1814, *bataille d'Orthez.*
LAROUSSILHE, s.-lieut., B. (mort le 28 avril).

GRADET, chef de bat., B.
LEROUGE, lieut. A.-M., B.
TILLIER, s.-lieut., B.
BÈGUE, s.-lieut., B.

DESHAYES, s.-lieut., T. 2 mars 1814, combat d'Aire.

10 *avril* 1814, *bataille de Toulouse.*
LALOY, capit., B.
FOURNIE, s.-lieut., B.
BRAUX, s.-lieut., B.

26 *juin* 1815, *combat de Seltz.*
FABER, s.-lieut., B. (mort le 27).
PONTANIER, capit., B.
CORCELLE, lieut., B.

10e Régiment.

2 *déc.* 1805, *bataille d'Austerlitz.*
POLLET, capit., B. (mort le 15 janv. 1806).
ARNAUD, capit., B.
CRAVEMORTE, capit., B.
LEMAIRE, capit., B.
BILLORET, lieut., B.
DELLANOY, lieut., B.
ADAM, lieut., B.
LAGNIEL, lieut., B.
ROBERT, lieut., B.
SAVIGNY, s.-lieut., B.

COURTOIS, s.-lieut., T. 3 déc. 1805 près d'Austerlitz.

14 *oct.* 1806, *bataille d'Iéna.*
CHASSEREAU, col., B.
PILET, capit., B.
COUTÉ, capit., B.
BARDEAUX, capit., B.
LEMAIRE, capit., B.
LECORNEY, lieut., B.
LEPAGE, lieut., B.
BIZET, s.-lieut., B.
LEGRIEL, s.-lieut., B.
ROLLIN, s.-lieut., B.
VOIROL, s.-lieut., B.

SAVIGNY, lieut., B. 19 nov. 1806, combat près de Thorn.
WATRÉ, capit., B. 6 mars 1807, en Pologne, étant en reconnaissance.

14 *juin* 1807, *bataille de Friedland.*
VRAC, s.-lieut., T.
COUTÉ, capit., B.
CRESPY, s.-lieut., B.

DUCLOS, capit., B. 30 nov. 1808, combat de Somo-Sierra.
BOCHATON, s.-lieut., T. 21 avril 1809, Espagne (par des brigands).

3 *mai* 1809, *combat d'Ebersberg.*
COUTÉ, capit., T.
FONTAINE, s.-lieut., T.
PETIT, s.-lieut., T.
REBIN, major, B.
LACROIX, lieut., B.
LALLIER, s.-lieut., B.
ROBBE, s.-lieut., B.
TERRIER, lieut., B.

22 *mai* 1809, *bataille d'Essling.*
CALVAIRAC, s.-lieut., T.
DURPAIRE (1), capit., B. (mort le 9 juill.).
GUILLOT, chef de bat., B.
CRESPY, capit., B.
DELANNOY, capit., B.
JEANDROT, capit., B.
LAVIGNE, capit., B.
LECORNEY, capit., B.
STIEL, capit., B.

(1) Guiot du Repaire.

BOURILLON, lieut., B.
GUYOT, lieut., B.
COURCENET, s.-lieut., B.
DEREY, s.-lieut., B.
DOUARD, s.-lieut., B.
MATTEY, s.-lieut., B.

6 *juill.* 1809, *bataille de Wagram.*
REBIN, major, T.
DEBLOUX, capit., B.
GUYOT, capit., B.
LECORNEY, capit., B.
LALLIER, lieut., B.
ROBBES, lieut., B.
BERTRAND, s.-lieut., B.
MONPHOUX, s.-lieut., B.
NOAILLES, s.-lieut., B.
TONDU, s.-lieut., B.
BERTRAND, s.-lieut., B.

LOUTRELLE, lieut., T. 6 août 1809, passage du pont de l'Arzobispo.

19 *nov.* 1809, *bataille d'Ocana.*
CHASSEREAU, col., B.
BESSA, capit., B.
BOISSAY, capit., B.
LAGNIEL, capit., B.
VOIROL, capit., B.
BOUCHER, s.-lieut., B.
MARCHAND, s.-lieut., B.
TRÉBUSSET, s.-lieut., B.
TRUBESSÉ, s.-lieut., B.

DUFETEL, s.-lieut., B. 28 nov. 1809, combat de Tudela.

1ᵉʳ *mai* 1810, *combat d'Abodonnate.*
FILLIOT, s.-lieut., T.
GOUGAUD, capit., B. (mort le 2).
VILLEPREUX, capit., B. (mort le 15).
DEJOUY, s.-lieut., B.

3 *mai* 1810, *combat de Grazalcina (Espagne).*
O'FARELL, lieut., B. (mort le 15).
LEROUGE, capit., B.
PRUDENT, lieut., B.

5 *mai* 1810, *combat d'Ataljato.*
LESACHÉ, chef de bat., B. (mort le 6).
LEPAGE, lieut., B.

BARBEU-DUBOURG, lieut., B. 21 juin 1810, combat dans les montagnes de Ronda (Andalousie).
BOISSERAUD, s.-lieut., B. 25 juin 1810 à Ronda (Andalousie), étant en reconnaissance.
POLLET, lieut., T. 11 août 1810 à Villagarcia, en conduisant un courrier.
PAGÈS, lieut., B. 14 oct. 1810 en reconnaissance, en Espagne.

30 *déc* 1810, *en colonne mobile (Espagne).*
BILLORET, capit., B. (mort le 30 janv. 1811).
BERTRAND, s.-lieut., B.
COURCENET, lieut., B.
BONNISSEAU, lieut., B.

1811, *siège de Badajoz.*
MUTTE, capit., T. 7 févr.
PARRA, capit., T. 7 févr.
SORIN, s.-lieut., T. 5 févr.
DELAMARRE, s.-lieut., B. 7 févr. (mort le 8).
BARROIS, capit. A.-M., B. 31 janv.
BOISSAY, capit., B. 7 févr.
LOUARD, capit., B. 31 janv.
ROBERT, capit., B. 8 févr.
KERMORIAL, lieut. A.-M., B. 7 févr.
BOUCHER, lieut., B. 7 févr.
DEMAREST, s.-lieut., B. 7 févr.
DEMENON, s.-lieut., B. 31 janv.
DURAND, s.-lieut., B. 7 févr.

5 *mai* 1811, *bataille de Fuentès-d'Onoro.*
VINCENT, s.-lieut., B. (mort).
PERRIER (1), s.-lieut., B.
CHASSEREAUX, lieut. A.-M., B.

16 *mai* 1811, *bataille d'Albuhera.*
DELAMARRE, capit., T.
LEMARCHAND, lieut., T.
MARCHAND, lieut., T.
MILLET, lieut., T.
GASPARD-BONNOT, chef de bat., B. (mort le 9 juin).
SUPERSAC, chef de bat., B. (mort le 1ᵉʳ juill.).
PRUDENT, capit.; B. (mort).
LEPAGE, lieut., B. (mort le 8 juin).

(1) Périé de Lasbarthes.

TRÉBUSSET, lieut., B. (mort).
ROLLET, s.-lieut., B. (mort).
WOIROL, chef de bat., B.
BARROIS, capit. A.-M., B.
BOISSAY, capit., B.
BOURDON, capit., B.
LALONDE, capit., B.
BOISSERAUD, lieut., B.
MAUCO (J.), lieut., B.
DEMENON, s.-lieut., B.
MARCHAND, s.-lieut., B.
LOUMAGNE, s.-lieut., B.
MAUCO (R.), s.-lieut., B.
PLOMB, s.-lieut., B.
BROCHU, s.-lieut., B.

RICARD, lieut., assassiné le 2 oct. 1811 en Espagne par des brigands.

28 oct. 1811, combat d'Aroyo-de-Molinos.
WOIROL, chef de bat., B.
BOUNIN, chirurg. A.-M., B.
BOURDON, capit., B.

DE MAURÈS DE MALARTIC, lieut., B. 19 mars 1812, affaire de Sarria (Espagne).

22 août 1812, combat de Durango, près Bilbao.
ARNOULD, capit., T.
GUYOT, capit., T.
MONPHOUX, capit., T.
PLOUVIER, capit., T.
VIGNERON, lieut., T.
BOISSAY, capit., B.
LEBLANC, capit., B.
BASSET, lieut., B.
TRUBESSÉ, lieut., B.
LEFEBVRE, s.-lieut., B.
PLOMB, s.-lieut., B.
PUNTOUS, s.-lieut., B.
DOUARD, lieut., B.

FITZ-JAMES, lieut., B. 30 oct. 1812, combat du pont d'Aranguel (Espagne).

3 févr. 1813, en colonne mobile, en Espagne.
DEREY, lieut., B.
LEFEBVRE, s.-lieut., B.

DOUVILLE, s.-lieut., assassiné le 3 févr. 1813, Espagne, par des guérilleros.

2 mai 1813, bataille de Lutzen.
DECHAUD, lieut., B. (mort le 27 août).
DUMONT, lieut., B.
FALAGUERRE, s.-lieut., B.
POIROT, s.-lieut., B.

21 mai 1813, bataille de Würschen.
DELABROUSSE, lieut., T.
DUCLOS, chef de bat., B.
LAMANT, capit., B.
MOLLET, capit., B.
COHAY, s.-lieut., B.
REVERDY, s.-lieut., B.
RICHARD, s.-lieut., B.

LEPAGE, lieut., B. 7 juin 1813, affaire de Carmona (Espagne) (mort le 8).

1ᵉʳ juill. 1813, combat du pont d'Irun.
BARRY, capit., T.
CASSIN, s.-lieut., T.
GRANDMOUGIN, lieut., B. (mort le 24).
LAUMONT, capit., B.
SALLET, s.-lieut., B.
COURTOIS, capit., B. 2 août 1813, en reconnaissance (Espagne) (mort le 23 nov.).

26 août 1813, bataille de Dresde.
BARROIS, capit., T.
S. ESCHER, lieut., B.

30 août 1813, affaire de Culm.
KOLB, capit., B. 29 (mort).
FLEURY, capit., B.
LEMAIRE, lieut., B.
ROUSSEL, lieut., B.
LAMPRIÈRE, s.-lieut., B.

VILLIER, capit., B. août 1813, en colonne mobile (Espagne).
TRUBESSÉ, capit., B. 1ᵉʳ sept. 1813, combat du pont de Béra.

18 et 19 oct. 1813, bataille de Leipzig.
DAGNEAU, s.-lieut., T.
DESMARETS, capit., B. (mort).
GELIN, lieut., B. 19 (mort 31).
LEBLANC, capit., B.
CABARÉ, lieut., B.

Douard, capit., B. 19.
Jappiot, lieut., B.
Anfray, s.-lieut., B. 19.
Roussin, s.-lieut., B.
Sagez, s.-lieut., B. 19.
Grassel, lieut., B. 19 (mort le 17 nov.).

10 nov. 1813, combat de Sarre.

Dennier, capit., T.
Mathey, capit., T.
Matteï, capit., T.
Rollet, capit., T.
Sabalos, s.-lieut., B. (mort le 1er déc.).
Samazan, s.-lieut., B. (mort le même jour).
Boissay, chef de bat., B.
Basset, capit., B.
Brochu, capit., B.
Draye, capit., B.
Lallier, capit., B.
Leroy, lieut. A.-M., B.
Blanchard, lieut., B.
Dejouy, lieut., B.
Louard, capit., B.
Plomb, lieut., B.
Alzien, s.-lieut., B.
Colig, s.-lieut., B.
Collin, s.-lieut., B.
Kuhn, s.-lieut., B.
Sager, s.-lieut., B.

Rauffon, capit., T. 6 janv. 1814, défense de Strasbourg.

1er févr. 1814, bataille de la Rothière.

Cahay, lieut., B.
Compère, capit., B.

11 févr. 1814, bataille de Montmirail.

Denis-Martial, capit., B.
Fournier, lieut., B.
Lorgery, s.-lieut., B.

27 févr. 1814, bataille d'Orthez.

Dejouy, capit., T.
D'Ambly, capit., B.
De Menou, capit., B.

6 mars 1814, défense de Schelestadt.

Brisbard, lieut., T.
Ernst, s.-lieut., T.
Rolland, s.-lieut. B.

Fournier, s.-lieut., B. 28 mars 1814, combat de Claye.

30 mars 1814, bataille de Paris.

Debas, capit., B.
Richard, s.-lieut., B.
Cahay, lieut., B.

Poete, s.-lieut., B. 10 avril 1814, bataille de Toulouse.

28 juin 1815, combat sur la Suffel, devant Strasbourg.

Pagès, capit., B.
Driget, lieut., B.
Gleysolle, lieut., B.
Dupertuis, s.-lieut., B.

42e Régiment.

Maignan, s.-lieut., B. 9 mars 1806, combat de Campo-Tenèse (Naples).

4 juillet 1806, combat de Sainte-Euphémie (Naples).

Jollivel, capit., T.
Trumeau, s.-lieut., T.
Boismartel, capit., B.
Servin, capit., B.
Martorel, capit., B.
Fleury, lieut., B.
Chevillard, capit., B.
Rébillot, lieut., B.
Maire, s.-lieut., B.

Cléret, capit., B. 24 juill. 1806, combat en Calabre.
Joubert, s.-lieut., B. 6 déc. 1806, affaire d'Amantèa (Calabre).
Jamault, s.-lieut., B. janv. 1807, siège d'Amantèa (Calabre).
Marcadet, lieut., B. 21 févr. 1809, affaire de Villafranca (mort le 18 mars).
Dexam, lieut., B. 25 févr. 1809, combat de Vals (Catalogne).
Rébillot, capit., B. 25 mai 1809, combat de Saint-Michel (Styrie).
Cuignet, capit., B. 25 mai 1809, combat de Saint-Michel (Styrie).

SIBERT, s.-lieut., T. 8 juin 1809, affaire près de Girone (Catalogne).

14 juin 1809, bataille de Raab.
L'HOIR, lieut. A.-M., T.
LEBLANC, s.-lieut., B. (mort le 9 juill.).
FARCHET, lieut., B.

6 juill. 1809, bataille de Wagram.
BORNE, lieut., B. (mort le 31).
JUGE, chef de bat., B.
HARDOUIN, capit., B.
DAUBIN, s.-lieut., B.

CORDIER, capit., T. 12 août 1809, affaire de Vilar (Catalogne).
DUVAL, lieut., B. 29 sept. 1809, combat de Bascano.
RUBILLON, chef de bat., B. 24 oct. 1809 au siège de Girone.
SIMON, capit., B. 31 déc. 1809, combat en Catalogne.

12 janv. 1810, affaire de Vich (Catalogne).
TROYHIARD, lieut. A.-M., T.
BAUDUS, s.-lieut., B. (mort).

20 févr. 1810, combat de Vich.
PHILIPPIEZ, chef de bat., B.
FEUILLET, capit., B.
BERTHIER, capit., B.
DEXAM, capit., B.
SIMON, capit., B.
FRUSSOTTE, s.-lieut., B.
MARTIN, s.-lieut., B.
NUGUE, capit., B.
PERRIÈRE, capit., B.

GROBERT, capit. A.-M., B. 7 mars 1811 à l'affaire de Lajonquière (Catalogne).
BAUCHARD, lieut., B. 30 mars 1811 combat près de Barcelone.
DAUBIN, lieut., 31 mars 1811, combat près de Barcelone.
SALVA, s.-lieut., B. 1811 près de Mataro (mort).
BOCHERELLE, s.-lieut., B. 1er avril 1811, près de Barcelone.

1811, siège de Tarragone.
PALETTE, lieut., T. 18 juin.
CLAUDIN, lieut., T. juin.

MARCADÉ, lieut., B. juin (mort).
LEBLOND, s.-lieut., B. 28 juin (mort en juill.).
CORNILLUS, lieut., B. 23 juin.
DIÉCAMP, capit., B. 28 juin.
D'ANTIN, capit., B. 29 juin.
LEBELLÉ, capit., B. 28 juin.
FAIRIN, lieut., B. 11 juill.
CHONT, s.-lieut., B. 21 juin.

CHEVILLARD, capit., B. 14 sept. 1811, dans une reconnaissance près de Lerida.
LAVAUX, capit., T. 9 oct. 1811 en escortant un courrier route de Lerida.
JAMET, chirurg. S.-A.-M., B. 11 oct. 1811 par les guérillas (mort le 3 nov.).
CHEVILLARD, capit., B. 4 mai 1812, défense du fort de Mataro.
CASQUIL, s.-lieut., B. 16 juill. 1812, affaire près de Lerida.
LEVACON, lieut., B. 7 août 1812, combat de Mataro.

20 mai 1813, bataille de Bautzen.
DUGOUR, lieut., T.
MOITRIER, s.-lieut., T.
BERSE, lieut., B.
VILLAYE, lieut., B.
DETSCHUDY, capit., B.
BOUCHER, s.-lieut., B.
PASQUIER, capit., B.

BERGIER, chef de bat., T. 21 mai 1813, bataille de Würschen.

4 juin 1813, combat de Lukau (Saxe).
DUGOUR, s.-lieut., T.
MAZEL, s.-lieut., B.

D'ANTIN, capit., B. 20 juill. 1813, combat devant Lerida.

27 juill. 1813, combat de Terragrossa.
CORNILLUS, capit., B.
JABELOT, chirurg. A.-M., B.
PUYDELMAS, lieut., B.
DIEUDONNÉ, lieut., B.

BOUCHER, s.-lieut., B. 19 août 1813, aux avant-postes, à Baruth.
SOLON, capit., B. 6 sept. 1813, combat de Foëstrich (Illyrie).

7 oct. 1813, *combat de Tarvis (Italie).*
Martin, capit., B.
Monsnereau, s.-lieut., B.

Bouyé, lieut., B. 19 oct. 1813, bataille de Leipzig.
Lefebvre, s.-lieut., B. 18 oct. 1813, bataille de Leipzig.

14 et 15 nov. 1813, *combats de Caldiero.*
Bellot, s.-lieut., B. 15 (mort le 24).
Gérard, capit., B. 14.
Renouard, capit., B. 15.
Jacomet, lieut., B. 15.
Pecqueur, lieut., B. 15.
Hauchecorne, lieut., B. 15.
Deloche, lieut., B. 15.
Monsnereau, lieut., B. 15.

26 et 27 nov. 1813, *combats devant Ferrare.*
Maurice, lieut., B. 26.
Baudy, lieut., B. 27.

Aubert, capit., B. 14 déc. 1813, défense de Torgau.
Gérard, capit., B. 30 déc. 1813, combat de Ferrare.

10 et 11 mars 1814, *combat de Monzambano.*
Lamy, capit., T. 11.
Boulay, capit., B. 11.

Du Portail, capit., B. 11.
De Bergeret, capit., B. 11.
Dupont, s.-lieut., B. 11.
Dezettre, s.-lieut., B. 10.
Alibert, s.-lieut., B. 11.
Andriot, s.-lieut., B. 10.
Guément, s.-lieut.; B. 11.

13 avril 1814, *combat sur le Taro.*
Labrunie, dit Laprade, lieut., B.
Lautré, lieut., B.
Dussuc, lieut., B.

Cornillus, capit., B. 12 mai 1814, défense de Jacca (Espagne).
Desuilly, lieut., T. 2 avril 1815, affaire du pont de la Drôme, près de Valence.
Martin, capit., B. 21 juin 1815, combat d'Evian (Savoie).

27 juin 1815, *combat de Bonneville (Savoie).*
Servierres, s.-lieut., T.
Moussoux, lieut., B.

Rubillon, col., B. 28 juin 1815, combat près de Bonneville.
Querouil, s.-lieut., T. 30 juin 1815, affaire de Seyssel (Savoie).

6 juill. 1815, *combat de Nantua.*
Chont, lieut., T.
Morant, capit., B.

43ᵉ Régiment.

2 déc. 1805, *bataille d'Austerlitz.*
Maillé, s.-lieut., T.
Rogeau, capit., B. (mort le 5 janv. 1806).
Thiebault, capit., B. (mort le 17).
Gruyer, chef de bat., B.
Proffil, chef de bat., B.
Colin, capit., B.
Deschange, capit., B.
Berlin, capit., B.
Gisclard, lieut., B.
Magnin, capit., B.
Lecointe-Desiles, lieut., B.
Maudier, lieut., B.
Rodicq, lieut., B.
Canelle, s.-lieut., B.

14 oct. 1806, *bataille d'Iéna.*
Huet, s.-lieut., B.
Brion, capit., B.
Marchal, lieut., B.

Lacour, capit., B. 2 janv. 1807, étant en tirailleur.

8 févr. 1807, *bataille d'Eylau.*
Lemarrois, col., T.
Proffil, chef de bat., T.
Monin, capit., T.
Perdigau, capit., T.
Jacquet, s.-lieut., T.
Vernier, s.-lieut., T.

Aumont, capit., B. (mort le 17).
Séré, lieut., B. (mort le 2 mars).
Renard, chef de bat., B.
Cune, capit., B.
Colin, capit., B.
David, capit., B.
François, capit., B.
Josse, capit., B.
Lecointe-Desiles, capit., B.
Mallard, capit., B.
Magnin, capit., B.
Mougey, capit., B.
Rodicq, capit., B.
Barbier, lieut., B.
Guillouet, lieut., B.
Goujard, lieut., B.
Jeannin, lieut., B.
Rousseau, lieut., B.
Braye, s.-lieut., B.
Halbout, s.-lieut., B.
Kelle, s.-lieut., B.
Méry, s.-lieut., B.
Roussel, s.-lieut., B.
Seriziat, s.-lieut., B.
Bosquet, lieut., B.

10 *juin* 1807, *bataille d'Heilsberg.*

Culhat, capit., T.
Mélard, capit., T.
Digout, lieut. A.-M., T.
Charue, lieut., T.
Duval, lieut., T.
Jacquin, lieut., T.
Briquet, s.-lieut., T.
Poinel, s.-lieut., T.
Richard, s.-lieut., T.
Lataye, capit., B. (mort le 4 juill.).
Chuler, s.-lieut., B. (mort le 9 août).
Dané, s.-lieut., B. (mort).
Beaussin, col., B.
Cune, capit., B.
Josse, capit., B.
Rodicq, capit., B.
Galbaud, lieut., B.
Rojat, lieut., B.
Roussel, lieut., B.
Barault, s.-lieut., B.
Denjoy, s.-lieut., B.
Desroches, s.-lieut., B.
Marette, s.-lieut., B.
Martin, s.-lieut., B.
Méry, s.-lieut., B.
Sambucy, s.-lieut., B.

Tardieu, s.-lieut., B.
De Bernardi, s.-lieut., B.

14 *juill.* 1808, *bataille de Medina-del-Rio-Secco.*

Lhommer, capit., T.
Hastrel, lieut., B.
Offel, lieut., B.

Veinand, capit., B. 16 août 1808, affaire de Bilbao.
Lecointe-Desiles, capit., B. 18 oct. 1808, combat de Zamora.
Lecoq, capit., B. 24 oct. 1808, affaire de Bilbao.
Hastrel, s.-lieut., B. 25 oct. 1808, combat de Durango
Deschange, chef de bat., B. 25 oct. 1808, à Bonao (Espagne).
De Bernardi, lieut., B. 6 mai 1809, combat contre les guérillas (Asturies).
Pérot s.-lieut., B. 10 juin 1809, combat près Santander.
Delafontenelle, s.-lieut., B. 18 août 1809, Espagne.
Pérot, s.-lieut., B. 29 sept. 1809, affaire près d'Huriel.
Cassagne, capit., T. 5 nov. 1809, combat du col de Banos.
Rodicq, capit., B. 3 avril 1810, combat de Ronda.

1810, *combat de Grasaliena (Espagne).*

Martin, lieut., B. 6 avril.
Corbet, s.-lieut., B. 8 avril.
Emery, s.-lieut., B. 21 mai.
Chatelain, chef de bat., B. 24 avril 1810, à Carascal (étant à la poursuite des guérillas).

1810, *reprise de Ronda (Andalousie).*

Le Trésor, capit., T. 8 avril.
Salomon de Trévelet, lieut., T. 20 juin.
Braye, capit., B. 19 juin.
Seriziat, lieut., B. 20 juin.
Dufaure, lieut., B. 13 juill.
Thyret, s.-lieut., B. 20 juin.

Prondt, chirurg. S.-A.-M., B. 3 août 1810, combat près Pampelune.

31 août 1810, combat d'Aspiro
(Espagne).
TIMMERSMANS, s.-lieut., T.
LAVOINE, s.-lieut., B.

ROJAT, capit., B. 11 sept. 1810, dans la Sierra de Ronda.
SÉRIZIAT, lieut., B. 16 nov. 1810, en reconnaissance en Espagne.
HEVIN, chirurg. A.-M., B. 8 déc. 1810, en reconnaissance en Espagne.
LAVOINE, s.-lieut., B. 15 janv. 1811, affaire près de Vittoria.

1811, défense de Ronda.
BEAUSSAIN, col. T., 27 févr.
SERIZIAT, lieut., B. 2 mars.
SAUVÉ, s.-lieut., B. 12 mars.

FONTAINE, s.-lieut., B. 26 mai 1811, affaire à Ubeda.

23 juill. 1811, combat de Villa-Nova-del-Duque.
GARREAU, s.-lieut., B.
LECOINTE-DESILES, capit., B.
FONTAINE, s.-lieut., B

BOSQUET, capit., B. 6 sept. 1811, combat en Espagne.
THYRET, lieut., B. 28 nov. 1811, affaire en avant de Saint-Roch, près de Gibraltar.
MAZIER, capit., T. 3 déc. 1811, défense de Motril.
CRESPIN, capit., B. 13 avril 1812, combat d'Osuna.
GROULT, lieut., B. 9 févr. 1812, combat d'avant-postes en Espagne.

14 avril 1812, combat d'Olora.
DEVEZ, col., T.
BEAUSSAIN, lieut., T.
DUPY, capit., B. (mort 25).
HEVIN, chirurg. A.-M., B.
PÉROT, capit., B.
GROULT, lieut., B.
JOANNIN, s.-lieut., B.

BOSQUET, capit., B. 15 mars 1812, combat en Espagne.
LECLERQ, capit., B. 19 avril 1813, combat de Berda-du-Tormès.

2 mai 1813, bataille de Lutzen.
PERROUX, capit., T.
GIRARD, lieut., T.
CHATELAIN, chef de bat., B.
MONRENY, s.-lieut., B.

21 juin 1813, bataille de Vittoria.
SIRON, capit., B. (mort le 12 nov.).
DE LA MORLIÈRE, s.-lieut., B. (mort le 20 juill.).
FAILLY, major, B.
ROUSSEL, chef de bat., B.
SÉRIZIAT, capit., B.
VIMONT, capit., B.
THOREAU DE LA MARTINIÈRE, lieut. A.-M., B.
MAIRE, lieut., B.
BOENERS, s.-lieut., B.
ROJAT, s.-lieut., B.

28 juill. 1813, combat près de Pampelune.
MENTRELLE, lieut., T.
THOUVENEL, lieut., B. (mort le 25 août).
GOETZ, capit., B.
MARTIN, capit., B.
TARDIEU, capit., B.
FOISSY, lieut., B.
BEAUMIER, s.-lieut., B.
BOURGUIGNON, s.-lieut., B.
BRIGARD, s.-lieut., B.
COCU, s.-lieut., B.
DEVAUX, s.-lieut., B.
DUPONT, s.-lieut., B.
DUSSERET, s.-lieut., B.

2 août 1813, combat d'Echalard (Pyrénées).
BLOCHET, lieut., T.
JOANNIN, lieut. A.-M., B. (mort le 3).
LECLERCQ, capit., B.
CHERRIÈRE, lieut., B.

29 août 1813, affaire de Culm.
DECHAMPS, capit., B.
SENEKENE, chirurg. S.-A.-M., B.
CLANIE, chirurg. S.-A.-M., B.
COUHIER, lieut., B.
DUBOURDIEU, lieut., B.
GUFFROY, lieut., B.
EMERY, lieut., B.
THIENARD, lieut., B.
PONTFORT, s.-lieut., B.

PERRIN, s.-lieut., B. 31 août 1813, combat de Sainte-Barbe.

13 oct. 1813, combat de Sainte-Barbe (Pyrénées).
DUPONT, s.-lieut., B. (mort le 19).
VELLER, col., B.
CHERRIÈRE, lieut., B.

Du 16 au 19 oct. 1813, bataille de Leipzig.
CHEVREUIL, capit., T. 17.
DESCHAMPS, capit., T. 17.
KELLE, capit., T. 17.
LEVÊQUE, lieut., T. 17.
NIVOIS, s.-lieut., T. 17.
TICOT D'HANZO, chef de bat., B. 19 (mort le 2 nov.).
MARTIN, capit., B. 18.
BONNET, lieut., B. 19.
KLEIN, lieut., B. 19.
MONTRENY, lieut., B. 18.
ARNOULT, s.-lieut., B. 19.
GARNIER, s.-lieut., B. 19.
GÉRARDIN, s.-lieut., B. 16.
PONTFORT, s.-lieut., B. 18.
TÉTARD, s.-lieut., B. 19.
VINOTIER, s.-lieut., B. 19.

POULAIN, capit., B. 31 oct. 1813, bataille de Hanau.

10 et 18 nov. 1813, combats de Sainte-Barbe (sur les Pyrénées).
POUSSE, capit., T. 10.
TARDIEU, capit., T. 18.
DIRCKS, lieut., T. 10.
BLED, s.-lieut., T. 10.
SIRON, capit., B. 11 (mort le 12).
GOETZ, capit., B. (mort le 10).
VANBONNEGHAUSSEN, lieut., B. 18 (m^t).
VELLER, col., B. 10.
FOISSY, capit., B. 10.
BACHELIN, lieut. A.-M., B. 10.
BOENERS, lieut., B. 19.
MAIRE, lieut., B. 10.
MELIN, lieut., B. 18.
BODIOT, s.-lieut., B. 10.
COCU, s.-lieut., B. 18.
PONCELIN, s.-lieut., B. 18.

PONTFORT, lieut., B. 3 janv. 1814, combat de Simmern.

27 févr. 1814, bataille d'Orthez.
CLAVEL, lieut., T.
BALTHASAR, s.-lieut., B. (m^rt le 20 mars).
DELAFONTENELLE, capit., B.
POMMIER, capit., B.
BOURGUIGNON, lieut. A.-M., B.
BRICARD, lieut., B.
LEFEBVRE, s.-lieut.
MINGRET, s.-lieut., B.
NIMMENDORFF, s.-lieut., B.
SERVENAY, s.-lieut., B.

9 mars 1814, bataille de Laon.
FERRÉ, s.-lieut., B.
DOUILLEZ, lieut., B.

12 mars 1814, combat devant Reims.
DREVETON, capit., B. (mort le 13).
PEROT, capit., B.
ARNOULT, s.-lieut., B.
CAUVRY, s.-lieut., B.

CLAUDON, capit., T. 25 mars 1814, combat de Fère-Champenoise.

30 mars 1814, bataille de Paris.
ESSEN, chef de bat., B. (mort le 11 avril).
CHATELAIN, chef de bat., B.
TOURNOT, capit., B.
BILLOT, lieut., B.
BOULANGER, lieut.
MONTRÉMY, lieut., B.
LEVÊQUE, lieut., B.
JABOUIN, s.-lieut., B.

CHEVALIER, s.-lieut., B. 31 mars 1814, combat devant Tournai.

10 avril 1814, bataille de Toulouse.
HÉVIN, chirurg. A.-M., B.
MARTIN, capit., B.
PERRIN, capit., B.
MESTIVIER, s.-lieut., B.
MINGUET, s.-lieut., B.

MIMIN, s.-lieut., B. 3 juin 1815, combat de Sâint-Gilles (Vendée).
SONNET, lieut., B. 4 juin 1815, combat de Matha (Vendée).

44ᵉ Régiment.

14 oct. 1806, bataille d'Iéna.
MULLER (V.), capit., T.
MULLER (P.), capit., T.
JACQUEMARD, chef de bat., B.

26 déc. 1806, combat de Pultusk.
HENRY, lieut., T.
LANSAC, capit., B.
SATIN, capit., B.
TOURTAT, capit., B.
DAGNEAU, lieut., B.
OLIVIER, capit., B.

8 févr. 1807, bataille d'Eylau.
LABAT, capit., T.
LASSUS, capit., B. (mort le 20).
CAMUS, capit., T.
CARTERON, capit., T.
JUTEAU, lieut., T.
BOURGINE, s.-lieut., B. (mort le 3 juin)
LAPIERRE, s.-lieut., T.
POLASTRE, s.-lieut., T.
MUTIN, s.-lieut., T
DEVELARD, s.-lieut., B. (mort le 1ᵉʳ mars).
LAPORTE, s.-lieut., disparu.
JACQUEMARD, chef de bat., B.
MINET, capit., B.
DUNAND, capit., B.
SATIN, capit., B.
TRÉHAIR, capit., B.
BRIOTET, lieut., B.
BOUDEVILLE, lieut., B.
ESPRIT, lieut., B.
CHARLES, s.-lieut., B.
RACHIS, s.-lieut., B.

DREVETON, capit., B. 16 févr. 1807, bataille d'Ostrolenka.

1807, siège de Dantzig.
MARTINEAUX, lieut., T. 13 avril.
FOURMONT, s.-lieut., T. 13 avril.
DROUIN, capit., B. 13 avril.
TOURTAT, capit., B. 7 avril.
TOURNAY, capit., B. 13 avril.
GOUZENS-FONTAINE, s.-lieut., B. 13 avril.
VIDAL, s.-lieut., B. 13 avril.
DORÉ, s.-lieut., B. 13 avril.

LAFOSSE, col., B. 10 mai 1807 au siège de Dantzig.

14 juin 1807, bataille de Friedland.
HÉNARD, s.-lieut., T.
DRÉVETON, capit., B.
VIOLETTE, lieut., B.
LABADIE, s.-lieut., B.

4 août 1808, attaque de Saragosse.
GUILLET, chef de bat., B. (mort le 20).
TOURNAY, capit., B. (mort le 20 sept.).
LOUVET, lieut., T.
LABARRIÈRE, lieut., B. (mort le 6).
VACHIER, s.-lieut., T.
DACOSTA, lieut., B. (mort le 1ᵉʳ déc.).
BELOT, chef de bat., B.
LAURIALD, capit., B.
EVRARD, capit., B.
LEFRÉRE, capit., B.
BIÉ, lieut. A.-M., B.
L'HÉRITIER, lieut., B.
RACHIS, lieut., B.
RITTER, lieut., B.
ROUVIÈRE, lieut., B.
DUCLOS, lieut., B.
BULLET, s.-lieut., B.
DELAPORTE, s.-lieut., B.
VEDEL, lieut., assassiné le 6 sept. 1808, route de Areau, par des brigands, en Espagne.

26 oct. 1808, combat de Lerins (Navarre).
QUIRIN, capit., B.
BERTON, s.-lieut., B.

LAURIALD, capit., B. 31 déc. 1808, combat devant Saragosse.

Janv. et févr. 1809, siège de Saragosse.
AURERT, s.-lieut., T. 31 janv.
CRELLEROT, s.-lieut., T. 10 janv.
GUETTMAN, capit., B. 27 janv.
ESPRIT, capit., B. 29 janv.
PERDREAU, s.-lieut., B. 11 janv.
GUILLOT, lieut., B. 19 févr.
ESPRIT, capit., B. 19 févr.

BRUNIER, lieut., B. 8 févr.
MARCHAND, s.-lieut., B. 8 févr.
BARBIER, s.-lieut., B. 8 févr.

VINCENT, sous-lieut., T. 25 avril 1809, affaire près d'Alcanitz.
DÉJARDINS, s.-lieut., B. 16 mai 1809, dans une reconnaissance en Aragon.
FERRY, s.-lieut., B. 17 mai 1809, aux avant-postes près d'Alcanitz.

19 mai 1809, combat d'Alcanitz.
HENNEBERT, lieut., B.
DUNAND, capit., B.
BARBIER, s.-lieut., B. 21 mai 1809, aux avant-postes près d'Alcanitz.
LABADIE, lieut., T. 19 juill. 1809, étant en colonne mobile en Espagne (à Ivard).

1810, siège de Tortose.
BEZY, s.-lieut., B. 12 juill. (mort le même jour).
DUCLOS, capit., B. 3 août.
MULLER (J.), capit., B. 28 déc.
ROBERT, lieut., B. 3 août.
DELAPORTE, lieut., B. 3 août.
DE CHAUBUSSON, lieut., B. 30 août et 27 déc.

BELOT, chef de bat., B. 11 févr. 1811, combat de Sanguessa (Navarre).

BATTALLIER, chirurg. S.-A.-M., B. 27 nov. 1811, combat devant Valence.

21 juill. 1812, combat d'Iby (royaume de Valence).
PÉTÉTIN, capit., T.
BERTON, capit., T.
DE CHAUBUSSON, lieut., B. (mort le 30).
MACRET, capit., B.
ROSSY, capit., B.
AUVRAY, lieut., B.
MARTIN, s.-lieut., B.
GRANDHAYE, s.-lieut., B.

13 nov 1812, combat de Smoliany.
TEULLÉ, maj., T.
GOUZENS-FONTAINE, lieut. A.-M., T.
CHENUAUD, s.-lieut., T.
BARBIER, s.-lieut., B.

CUNIN, s.-lieut., B. 23 nov. 1812, combat de Galopiniski.

27 nov. 1812, combat de Borisow.
DÉCORAL, capit., B. (mort).
ROBERT, capit., B. (mort).
CONSTANT, capit., B. et disparu.
LAMY, lieut. A.-M., B. (mort).
MUSIGNEUX, lieut., B. (mort).
CHALOT, lieut., B. (mort).
BARBIER, s.-lieut., B. et disparu..
DEVALS, s.-lieut., B. (mort).
GUYARD, s.-lieut., B. (mort).
LEFÈVRE, s.-lieut., B. (mort).
DE MANNEVILLE, chef de bat., B.
GALARD, chirurg.-m., B.
BUTAUD, chirurg. S.-A.-M., B.
DUNAND, capit., B.
GUETTMANN, capit., B.
BOISNEAUD, capit., B.
FOUGÈRE, capit., B.
THUILLIER, capit., B.
BLANZAQUE, capit., B.
RICHARD, s.-lieut., B.
PETITJEAN, s.-lieut., B.
ROUSSELOT, s.-lieut., B.
COULOT, s.-lieut., B.
FROYARD, s.-lieut., B.
DEROUVILLE, s.-lieut., B.
BALLU, s.-lieut., B.
BERRANGER, s.-lieut., B.
POULLE, s.-lieut., B.
GUILLOT DE LAPOTERIE, s.-lieut., B.

VIDAL, capit., B. 11 avril 1813, combat de Yecla (Murcie).
MASSY, capit., B. 26 juin 1813, affaire d'Oléria (Valence).
TROMPETTE, s.-lieut, B. 18 août 1813, aux avant-postes devant Hambourg.

13 sept. 1813, combat du col d'Ordal.
LELLER, lieut., T.
DEMARQUE, s.-lieut., B. (mort le 20 mars 1814).
FEUCHÈRES, chef de bat., B.
DUMONT, s.-lieut., B.

9 févr. 1814, combat du pont d'Harbourg (Hambourg).
RICHARD, capit., B. (mort le 9 mars).
ROUSSELIN, s.-lieut., B. (mort le 13).
GAGON, chef de bat., B.

Gourrier, capit., B.
Bergeron, capit., B.
Leduc, lieut. A.-M., B.

Perdreau, capit., B. 16 janv. 1814, au pont du Roi (Catalogne).

16 *avril* 1814, *défense de Barcelone.*
Guinot, capit., T.
Satonnay, capit., B.
Spiégel, lieut., B.

16 *juin* 1815, *bataille de Ligny.*
Sérignat, lieut., T.

Emery, capit., B.
Charles, capit., B.
Thévenot, capit., B.
Agnès, capit., B.
Laguerre, lieut., B.
Tracol, lieut., B.
Lagarde, s.-lieut., B.
Bury, s.-lieut., B.
Desfiennes, s.-lieut., B.

Thévenot, capit., B. 1er juill. 1815, combat de Roquencourt.
Massy, capit., B. 2 juill. 1815, combat devant Vaugirard.

45e Régiment.

Petit, capit., B. 2 déc. 1805, bataille d'Austerlitz.
Yver, lieut., B. 25 janv. 1807, combat près d'Osterode.

16 *févr.* 1807, *combat d'Ostrolenka.*
Jasserou, capit., B.
Vitou, lieut., B.

14 *juin* 1807, *bataille de Friedland.*
Marchal, capit., T.
Blein, lieut., B.
Comdamin, lieut., B.

Yver, lieut., B. 3 déc. 1808, prise de Madrid.
Lyonnard, capit., B. 8 févr. 1809, dans une reconnaissance en Espagne.
Faucher, s.-lieut., T. 14 mai 1809, combat d'Alcantara.

22 *mai* 1809, *bataille d'Essling.*
Triquet, s.-lieut., T.
Grégoire, chef de bat., B.
Petit, capit., B.
Rousset, capit., B.
Ferrari, lieut., B.
Giraud, lieut., B.
Vallat, lieut., B.
Blanc, s.-lieut., B.
Warnier, s.-lieut., B.
Hénissart, s.-lieut., B.

5 *et* 6 *juill.* 1809, *bataille de Wagram.*
Georges, lieut., B. 6 (mort le 14).

Grégoire, chef de bat., B. 6.
Jamonet, capit., B. 5.
Blanc, s.-lieut., B. 6.

28 *juill.* 1809, *bataille de Talavera-de-la-Reyna.*
Servet, capit., T.
Bain, lieut., T.
Michel, capit., B. (mort le 16 août).
Baillyat, lieut. B. (mort le 30 sept.).
Leduc, s.-lieut., B. (mort).
Barrié, col., B.
Lenglade, chef de bat., B.
Devaud, lieut., B.
Herbert, capit., B.
Métais, lieut. A.-M., B.
Chambray, lieut., B.
Senlis, lieut., B.
Vaillet, lieut., B.
De Saint-Martin-Valogne, lieut., B.
Venard, lieut., B.
Buron, s.-lieut., B.
Ducasse, s.-lieut., B.
Raymond, s.-lieut., B.

Suin, s.-lieut., B. 14 août 1809, défense de Flessingue.
Sivan, capit., B. 15 nov. 1810, en Andalousie (poursuite des brigands).

5 *mars* 1811, *combat de Chiclana.*
Berthier, capit., T.
Daubagne, lieut. A.-M., T.
Chaudrat, chirurg.-S.-A.-M., B.

LORCET, s.-lieut., B. 15 avril 1811, devant Cadix.
CASTELIN, lieut., T. 16 avril 1811, combat devant Cadix (batterie de Récissé).

16 mai 1811, bataille d'Albuhera.
CHATILLON, s.-lieut., T.
GUILLEBEAUX, s.-lieut., T.
JEAN, capit., B.
GUILLOT, s.-lieut., B.
REGNAUT-BRINCOURT, capit., B.

NEYRAC, s.-lieut., B. 5 sept. 1812, affaire de Loca (Espagne).
SUBERVILLE, lieut., B. 29 sept. 1812, dans une embuscade près de Madrid.

10 nov. 1812, combat d'Alba-de-Tormés.
DALIMAGNE, lieut., T.
MERVEILLEUX, lieut., T.
DEVAUD, capit., B.
REGNAUT-BRINCOURT, capit., B.
YUNCK, s.-lieut., B.

29 nov. 1812, pendant la retraite, en Espagne.
RIMBAUD, s.-lieut., T.
SUBERVILLF, lieut., B.

CHAURANT, lieut., B. 9 juin 1813, siège de Dantzig.

21 juin 1813, bataille de Vittoria.
DROUAS, s.-lieut., T.
DUPONT, capit., B. (mort le 3 août).
STOUPPE, lieut. A.-M., B. (mort le 3 juill.).
GUILLIN, s.-lieut., B.
GUILLOT, s.-lieut., B.

MALVIGNE, chirurg.-M., B. 28 juin 1813, défense de Pampelune.

28 juill. 1813, retraite de Pampelune.
VARÉ, col., T. 30.
PINAULT, capit., T. 28.
PAUL, s.-lieut., T. 28.
MALVIGNE, chirurg.-M., B. 31.
BERGIER, capit., B. 28.
GUEDOU, s.-lieut., B. 28.
SCRIBANY, s.-lieut., B. 28.

22 août 1813, *combat d'Ollendorff (Saxe).*
RAYNAUD, capit., T.
TABARD, capit., T.
PONS, capit., B.
CHEUZARD, lieut., B.
TRIQUET, s.-lieut., B.

26 août 1813, bataille de Dresde.
PÉLISSIER, capit., B.
SAINT-MARTIN, capit., B.
GUÉRIN, s.-lieut., B.
BOGAERT, s.-lieut., B.

BOUTIN, capit. A.-M., B. 3 sept. 1813, défense de Dantzig.

10 sept. 1813, défense de Dresde.
SENLIS, capit., T.
JAHICO, s.-lieut., B.

24 sept. 1813, combat de Leibstadt.
BLEIN, capit., B.
BOGAERT, s.-lieut., B.

8 oct. 1813, défense de Dresde.
ZWENGER, chef de bat., B.
DUCASSE, capit., B.
LEBON, lieut., B.
LEVESQUE, lieut., B.
CLÉMENT, s.-lieut., B. (mort le 26).
GUÉRIN, s.-lieut., B.

10 nov. 1813, combat de Sarre.
GUERRIER, chef de bat., B.
BERNAULT, capit., B.
GUILLIN, lieut., B.

27 févr. 1814, bataille d'Orthez.
DEBOUT, lieut., T.
MONTEAU, capit., B.
IMBERT, lieut., B.

20 mars 1814, combat devant Tarbes.
SAINTE-MARIE, lieut., T.
GUILLIN, capit., B.

10 avril 1814, bataille de Toulouse.
MACRON, s.-lieut., T.
VIATTE, lieut. A.-M., B. (mort).
GABORY, lieut., B. (mort le 21).
BRODARD, s.-lieut., B. (mort le 4 mai).
GUILLIN, capit., B.

Monteau, capit., B.
Imbert, lieut., B.

---

18 *juin* 1815, *bataille de Waterloo.*
Guibert, capit., T.
Regnaut-Brincourt, capit., T.
Vallat, capit., T.
Sivan, chef de bat., B.
Gruard, chef de bat., B.
Porée, capit. A.-M., B.
Drollet, capit., B.
Verdelet, capit., B.
Giraud, capit., B.
Vitou, capit., B.
Sergent, capit., B.
Dreptin, capit., B.
Jamonet, capit., B.
Farrat, lieut.

Lebon, lieut.
Varnier, lieut.
Yunck, lieut.
Triquet, lieut.
Bernon, lieut.
Martin, lieut.
Perrard, lieut.
Bourguignon, lieut.
Augeau, s.-lieut.
Augette, s.-lieut.
Lapierre, s.-lieut.
Levacher, s.-lieut.
Laguerre, s.-lieut.
Destrès, s.-lieut.
Mayeux, s.-lieut.
Gauthier, s.-lieut.
Gardet, s.-lieut.

16ᵉ Régiment.

2 *déc.* 1805, *bataille d'Austerlitz.*
Heudeline, capit., T.
Gaillard, capit., T.
Cambronne, s.-lieut., T.
Bergelet, lieut., B. (mort).
Forges, capit., B.
Maurin, capit., B.
Masson, lieut., B.
Auburtin, lieut., B.
Bonnefoy, lieut., B.
D'Hotel, s.-lieut., B.
Leduc, s.-lieut., B.
Dillon, s.-lieut., B.
Bigourat, lieut., B.

---

8 *févr.* 1807, *bataille d'Eylau.*
Heudeline, capit., B. (mort).
Peyssier, capit., B. (mort le 1ᵉʳ mars).
Masson, capit., B. (mort le 12 juin).
Pflaum, lieut., B. (mort le 19).
Mérens, s.-lieut., T.
Garnier, s.-lieut., T.
Aubrée, s.-lieut., T.
Legagneur, s.-lieut., B. (mort le 28).
Menu, chef de bat., B.
Letellier, capit., B.
Chrétien, capit., B.
Bonnefoy, capit., B.
Senac, lieut., B.
Quillet, s.-lieut., B.

Sirouvalle, s.-lieut., B.
Peychaud, lieut., B.
Montaxier, s.-lieut., B.
Dupré, s.-lieut., B.

5 *juin* 1807, *combat de Lomitten.*
Robert, chef de bat., T.
Thibeault, s.-lieut., T.
Florio, s.-lieut., B. (mort le 8).
Richard, col., B.
Prévaux, capit., B.
Forge, capit., B.
Triboulet, capit., B.
Lucas de Peslouan, s.-lieut., B.
Regnault, capit., B.
Dutrieux, capit., B.
Richard, s.-lieut., B.
Chomerac, s.-lieut., B.
Poirot, lieut., B.
Blanvarlet, s.-lieut., B.
Paillard, s.-lieut., B.

10 *juin* 1807, *bataille d'Heilsberg.*
Jouy, chef de bat., B.
Berraud, s.-lieut., B.
Barlier, lieut., B.
Branet, s.-lieut., B.
Chomerac, s.-lieut., B.
Marian, s.-lieut., B.
Dillon, lieut., B.

BOULAND, lieut., B. 14 juin 1807, combat devant Kœnigsberg (mort le 20).
SAVIT, capit., B. 27 mai 1809 aux avant-postes sur le Danube.

21 et 22 mai 1809, bataille d'Essling.
RICHARD, col., T. 21.
SAINMOND, capit., B. 22 (mort le 28).
BOUTILLIER, capit. A.-M., T. 21.
TRÉCHAND, lieut., T. 21.
LEUDOYEN, lieut., T. 21.
LAGIER, lieut., T. 21.
PIDOUX, s.-lieut., B. 22 (mort).
LEGRAIN, s.-lieut., B. 21 (mort le 29 juin).
GONTHIER, s.-lieut., B. 21 (mort le 1er juin).
MORBLIN, s.-lieut., T. 21.
LEMIÈRE, chef de bat., B. 22.
MONMÉJA, capit., B. 22.
PRAT, capit., B. 21.
AUBURTIN, capit., B. 22.
BARLIER, capit., B. 21.
CAZET, lieut., B. 22.
POLY, lieut., B. 21.
RICHARD, lieut., B. 22.
PEYCHAUD, lieut., B. 22.
KERSAUZIE, s.-lieut., B. 22.
FRAISSE, s.-lieut., B. 22.
DUVAL (P.), s.-lieut., B. 21.
GRÉSILLE, lieut., B. 21.
LUCAS DE PESLOUAN, s.-lieut., B. 21.
MAURICE, lieut., B. (mort le 1er juin).

6 juill. 1809, bataille de Wagram.
MARTIN, capit., T.
KERSAUZIE, lieut., T.
LANDRIE, s.-lieut., T.
GAILLOT, s.-lieut., T.
BAUDINOT, col., B.
TRIBOULET, chef de bat., B.
JOUY, chef de bat., B.
BONNEFOY, capit., B.
DESCOINS, capit., B.
PERRON, lieut., B.
AUBURTIN, capit., B.
FALAISE, s.-lieut., B.
LEDUC, lieut. A.-M., B.
BERNARD, s.-lieut., B.
SOULÈS, lieut., B.
GRÉSILLE, lieut., B.
CAUVY, s.-lieut., B.

TEREYGEOL, s.-lieut., B.
DUVAL (P.), s.-lieut., B.

11 juill. 1809, bataille de Znaïm.
LEDUC, capit. A.-M., T.
BARRÉ, capit., T.
POUDRE, capit., B.
SALMON, capit., B.
BONNEFOY, capit., B.
SENAC, capit., B.
POUJADE, capit., B.
GAULARD, lieut., B.
POLY, lieut., B.
DUVAL, lieut., B.
FRAISSE, s.-lieut., B.

RÉBILLET, lieut., T. 5 avril 1810 par des brigands, près de Valladolid.
BLANVARLET, lieut., B. sept. 1810, affaire devant Ciudad-Rodrigo.
BRANET, capit., B. 5 mai 1811, bataille de Fuentès-d'Onoro.
NOBLET, lieut., T. 31 août 1812, aux avant-postes, route de Moscou.

16 et 17 août 1812, bataille de Smolensk.
PIDOUX, capit., T. 16.
LEVASSEUR, capit., T. 16.
CERTAIN, capit., T. 16.
DESCOINS, capit., T. 16.
MICHAUD, capit. A.-M., T. 17.
BERTHET, lieut., T. 16.
BACHELOT, lieut., T. 16.
CORNU, s.-lieut., T. 16.
BOURDEAUX, s.-lieut., T. 16.
BRUE, col., B. 17.
BONNEFOY, chef de bat., B. 16.
POUJADE, chef de bat., B. 16.
LETELLIER, chef de bat., B. 17.
BEUWART, capit., B. 17.
BARBIER, capit., B. 16.
DELFAUT, capit., B. 16.
FOLIE, capit., B. 17.
MONTAXIER, capit., B. 17.
BERNARD, capit., B. 16.
BARLIER, capit., B. 17.
CHASSARD, lieut., B. 16.
MINEL, lieut., B. 16.
BÉGODIN, lieut., B. 16.
JUNCK, lieut., B. 16.
MOURLOT, lieut., B. 16.
GÉRARD, lieut., B. 16.

19 août 1812, bataille de Valoutina-Gora.

PLEZ, capit., T.
BERNARD, capit., B.

ANGELOT, s.-lieut., T. 19 août 1812 aux avant-postes de Valoutina.

7 sept. 1812, bataille de la Moskowa.

PAILLARD, capit., T.
PASLOM, lieut., T.
BRALSBERGER, s.-lieut., B. (mort le 1er oct.).
VOLETTE, lieut., B. (mort le 16).
MALET, s.-lieut., B. (mort le 28).
COUTURAUD, chef de bat., B.
LECESNE, capit. A.-M., B.
QUILLET, capit., B.
LEMARCHAND, capit., B.
DEBADIER, capit., B.
DUCOURTHIAL, capit., B.
RAMBAUD, lieut., B.
LACRETELLE, lieut., B.
CHASSARD, lieut., B.
SCHMIDT, lieut., B.
HEUDELINE (Pierre), s.-lieut., B.
JOUCHOUX, s.-lieut., B.

11 nov. 1812, combat de Minsk. (Le 6e bataillon, prisonnier de guerre à Minsk.)

LAPERSONNE, chef de bat., B.
PRAT, capit., B.
BRUYÈRE, lieut., B.
PIERREDON, s.-lieut., B.
DESTULT, s.-lieut., B.

18 nov. 1812, bataille de Krasnoë.

MOUSSE, major, B. et disparu.
GUÉNARD, lieut., T.
LACHAUME, lieut., B. (mort le 19).
BOUTIGNY, lieut. A.-M., B. (mort le soir).
CLAUDE, s.-lieut., B. et disparu.
SEGRIS, s.-lieut., B., disparu le 25 nov.
TURPIN, lieut., B. mort le 14 déc.
HÉDOUIN, s.-lieut., B. (disparu).
MOLÈRE, capit., B.
RADAL, capit., B.
CORRIBAU, capit., B.
GOUFFÉ, capit., B.
GAULARD, capit., B.
BACQUET, capit., B.

FERRET, chirurg. S.-A.-M., B.
MICHEL, s.-lieut., B.
NAVARRE, s.-lieut., B. (disparu).
FRAISSE, s.-lieut., B.
BARTHÉLÉMY, s.-lieut., B.

20 nov. 1812, combat d'Orcha.

DUCHON, capit., B.
FRAISSE, capit., B.
BARBE, capit., B.
BENTZMAN, lieut., B.

28 nov. 1812, aux ponts de la Bérésina.

JUNCK, lieut., B.
MERCIER, chirurg.-m., B.
BONAMY, s.-lieut., B. 10 déc. 1812, combat devant Wilna.
BARBET, capit., B. 16 déc. 1812, près du pont de Tilsitt, par des Cosaques (mort).
JOUCHOUX, lieut., B. 16 déc. 1812, près du pont de Tilsitt.

29 (1) et 30 août 1813, affaire de Culm.

BEURWAERT, chef de bat., T. 29.
LENGLUMÉ, lieut., B. 29 (mort le 30).
ARNOULT, s.-lieut., T. 30.
MICHAUT, s.-lieut., B. 29 (mort le 2 sept.).
BASIE, s.-lieut., T. 29.
ROBICHON, s.-lieut., T. 30.
PACOURET, s.-lieut., T. 30.
BIGOT, s.-lieut., T. 29.
PARRANT, s.-lieut., T. 30.
DELARUE, s.-lieut., T. 29.
TOUCAS, major, B. 29.
PEYCHAUD, chef de bat., B. 29.
LECESNE, capit. A.-M., B. 29.
BOUCHOT, capit., B. 29.
LEMARCHAND, capit., B. 29.
BRANET, capit., B. 30.
DENEUX, capit., B. 29.
LECOQ, capit., B. 29.
PHILIPPE, capit., B. 29.
VEZIN, capit., B. 29.
RENAUD, capit., B. 29.
LACRETELLE, capit., B. 29.
BENTZMAN, capit., B. 29.
RABUNOT, lieut., B. 29.
BARIL, lieut., B. 29.
GUFFROY, lieut., B. 29.

(1) 29, affaire du pont de Kœnigstein.

SEGAN, s.-lieut., B. 29.
LECLERC, s.-lieut., B. 29.
COLLAS, s.-lieut., B. 29.
MASQUILLIER, s.-lieut., B. 29.
TOUTAIN, s.-lieut., B. 29.

18 et 19 oct. 1813, bataille de Leipzig.
BONNET, lieut., B. 19 (mort le 31).
MICHEAU, s.-lieut., B. 19 (mort le 27).
LACRETELLE, capit., B. 18.
LECLERC DE MUFFEY, s.-lieut., B. 18.
MARLOT, s.-lieut., B. 18.
GALLIER, s.-lieut., B. 18.
CHASSARD, capit., B. 16.

ZELLER, chirurg. A.-M., B. 30 oct. 1813, bataille de Hanau.

1813, défense de Magdebourg.
BARLIER, chef de bat., B. 29 nov.
CHAILLOUX, s.-lieut., B. 9 déc.

29 janv. 1814, bataille de Brienne.
SIMONET, lieut., T.
GUENON, capit. A.-M., B.
HEUDELINE, lieut., B.
BARRIL, lieut., B.
TOUTAIN, s.-lieut., B.
GALLIER, s.-lieut., B.
SERVAT, s.-lieut., B. (mort le 9 mars).

RAIMBAUD, capit., B. 1er févr. 1814, bataille de la Rothière.

18 févr. 1814, bataille de Montereau.
HÉDOUIN, capit., B.
LEHELLOCO, capit., B.

MARNAS, lieut., B. 26 févr. 1814, combat de Bar-sur-Aube.
SERVAT, s.-lieut., T. 16 mars 1814, combat de Nogent.

18 juin 1815, bataille de Waterloo.
LANGLET, capit., B.(m^t le 11 janv. 1816).
GUENON, capit., B. (mort en oct.).
BECK, lieut., T.
POUJADE, chef de bat., B.
COUTUREAU, chef de bat., B.
BONNEFOY, chef de bat., B.
TARDIF, chirurg.-M., B.
GRANGER, capit., B.
BIZET, capit., B.
BRANET, capit., B.
LECOQ, capit., B.
GÉRARD, capit., B.
PEYROLLON, lieut., B.
CHASTEL, lieut., B.
DEGROUSSILLERS, lieut., B.
FÉRON, lieut., B.
MÉRIC, lieut., B.
ROBIN, lieut., B.
ISAMBART, s.-lieut., B.
DEGANTÈS, s.-lieut., B.
GUIDON, s.-lieut., B.
LENORMAND, s.-lieut., B.
BARRÉ, s.-lieut., B.

CUCHE, s.-lieut., B. 29 juin 1815, affaire près de Saint-Cloud.

47e Régiment.

HUBICHE, s.-lieut., B. 15 juin 1808, combat devant Saragosse.

26 juin 1808, combat de Béja (Portugal).
DEIN, chef de bat., B.
BAUDOIN, s.-lieut., B.

O'NEILL, capit., B. 10 juill. 1808, combat devant Saragosse.
PERNET, s.-lieut., B. 12 juill. 1808, combat devant Saragosse.

14 juill. 1808, Médina-del-Rio-Secco.
SENNEGON, capit., B.
MEYON, capit., B.

4 août 1808, attaque de Saragosse.
MARTINAT, capit., B.
GAUGET, s.-lieut., B.
DULON, s.-lieut., B.

CHABOT, s.-lieut., B. 2 oct. 1808, étant en colonne mobile en Espagne.

16 janv. 1809, combat de la Corogne.
HARDY, capit., T.
SIONNET, lieut., T.
CHOPIN, lieut., T.
LE DUC, lieut., T.
SEVRY, s.-lieut., B. (mort le 3 mars).

MESSAGER, lieut., B.
CHAVAROZ, lieut., B.
LEGAM, s.-lieut., B.
CHABOT, s.-lieut., B.
FRAIN, s.-lieut., B.
DEMAILLY, lieut., B.
BLANCHARD, s.-lieut., B.

HUBICHE, lieut., B. 11 févr. 1809, par des brigands, près de Pampelune (mort le 26).

29 mars 1809, bataille d'Oporto.
DAUTURE, major, B.
MERCIER, capit., B.
FAËS, lieut., B.

MONTENOISE, capit., B. 11 avril 1809, blocus de Tuy.
CONSTANTIN, s.-lieut., B. 12 mai 1809, évacuation d'Oporto.
COINTET, lieut., B. 11 mai 1809, combat en avant d'Oporto.
CHABOT, s.-lieut., B. 7 déc. 1809, étant en colonne mobile en Portugal.

3 mars 1810, étant en reconnaissance sur Villa-Nova, près Merida.
DESMARQUETTES, capit., assassiné.
LEBARON, lieut., assassiné.
MARTELLY, s.-lieut., assassiné.

21 avril 1810, siège d'Astorga.
MARTINAT, capit., T.
SALLÉ, lieut., T.
FABRE, capit., B.

21 avril 1810, sur la brèche d'Astorga.
DELAHAIS, s.-lieut., T.
LESTANG, s.-lieut., B.

27 sept. 1810, bataille de Busaco.
AUBÉ, capit., B.
LEGENDRE, s.-lieut., B.

7 oct. 1810, défense de Coimbre.
RUINET, s.-lieut., T.
MOHIER, capit., B.

NORMAND, capit., B. 7 mars 1811, dans une reconnaissance en Espagne.
LELORRAIN, s.-lieut., B. 27 mars 1811, affaire de Peya.

JOBEY, capit., B. 17 août 1811, combat sur la route de Salamanque.
CROCHON (1), s.-lieut., B. 1ᵉʳ sept. 1811, combat de Monasterio (Espagne).
ANDRÉ, capit., B. 23 sept. 1811, dans une affaire contre les Anglais (Espagne).
TITEUX, capit., B. 12 janv. 1812, combat près de Pampelune.
HEUZÉ, capit., T. 31 janv. 1812, en escortant des prisonniers à Madrid.
TURILLON, s.-lieut., T. 5 mars 1812, affaire de Majorga (Espagne).
GILLET, s.-lieut., B. 28 mars 1812, combat en Navarre.
O'NEILL, chef de bat., B. 27 juin 1812, au fort de Salamanque.

22 juill. 1812, bataille des Arapiles.
FELKER, capit., T.
LEGENDRE, lieut., T.
CHASTEIGNER, lieut. A.-M., T.
BAILLARGÉ, s.-lieut., T.
DEIN, col., B.
O'NEILL, chef de bat., B.
FABRE, chef de bat., B.
COGLINTY, lieut. A.-M., B.
GIGLIUTTI, lieut. A.-M., B.
JOBEY, capit., B.
BOURGUIGNON, capit., B.
DAVAL, lieut., B.
LEGENDRE (L.), lieut., B.
ANDRÉ, s.-lieut., B.
CRUSSARD, s.-lieut., B.
MARAUDON, lieut., B.
NEUVILLE, s.-lieut., B.

LEGENDRE, capit., B. 21 avril 1813, combat en Navarre.
CHAMPROND, lieut., B. 22 avril 1813, poursuite des guérillas en Navarre.
CRUSSARD, s.-lieut., B. 22 avril 1813, en escortant un courrier.

2 mai 1813, bataille de Lutzen.
LACOMBE, s.-lieut., T.
FABRE, chef de bat., B.
MESSAGER, capit., B.
TITEUX, capit., B.
SAULÇOY, capit., B.

(1) Crochon-Delaprairie.

9 *mai* 1813, *étant en colonne mobile en Espagne.*
MARRE, capit., B.
CRUSSARD, s.-lieut., B.

DE LESTANG, capit., B. 22 mai 1813, affaire près de Würschen.
DE LAVILENIÉ, lieut., B. 21 juin 1813, bataille de Vittoria.
LEGENDRE, capit., B. 22 juill. 1813, combat devant Pampelune.

---

28 *juill.* 1813, *retraite de Pampelune.*
AGIER, chef de bat., B. (mort le 4 août).
DORRIDANT, capit., B. (mort le 20 nov.).
BRAUX, capit., B. (mort le 9 août).
BRANGER, major, B.
MEYON, chef de bat., B. 28 et 30.
BOIVIN, lieut. A.-M., B.
CAMPAGNAC, capit., B.
MARRE, capit., B.
BLANCHARD, capit., B.
PENIN, capit., B.
LECAM, capit., B.
GIGLIUTTI, capit., B.
NOGERÉE, lieut., B.
LELORRAIN, lieut., B.
HAUFFROY, lieut, B.
FOURNIER, lieut., B.
CROCHON, lieut., B.
BILLARD, s.-lieut., B.
CRUSSARD, s.-lieut., B.
CHANDESAIS, s.-lieut., B.
COLLE, s.-lieut., B.

---

31 *août* 1813, *au passage de la Bidassoa.*
MEYON, chef de bat., B.
BENARD, lieut., B.

---

31 *août* 1813, *combat en Bohême (Tœplitz).*
GAUTHIER, capit., T.
MEMIN, s.-lieut., B.
DUMAS, s.-lieut., B.

MARTIN, capit., B. 28 sept. 1813, étant en reconnaissance sur les Pyrénées.

---

7 *oct.* 1813, *affaire de la Croix-des-Bouquets. Combat sur les Pyrénées.*
MILLER, capit., B.

LELORRAIN, capit., B.
CHAMPROND, lieut., B.
BARBET, s.-lieut., B.

16, 18 *et* 19 *oct.* 1813, *bataille de Leipzig.*
MINARD, s.-lieut., B. 16 (mort le 18).
VILLEMIN, lieut., B. 18 (mort le 10 nov.).
FABRE, major, B. 19.
DU ROCHERET, chef de bat., B. 16.
LAROQUE, capit., B. 19.
DE LESTANG, capit., B. 18.
LOICHET, s.-lieut., B. 16.
SEGAUD, s.-lieut., B. 16.

---

10 *nov.* 1813, *combat de Sarre (Pyrénées).*
COLLE, lieut., B.
BARRIÈRE, capit., B.
PURPAN, lieut., B.

SCHMIDT, s.-lieut., B. 13 déc. 1813, combat devant Bayonne.
BRULEBOEUF, s.-lieut. B. 14 déc. 1813, combat sur la Nive.

---

31 *déc.* 1813, *défense de Mayence.*
GRISARD, capit., B.
LECOMTE, s.-lieut., B.
DALORMEAU, s.-lieut., B.

GRANGER, s.-lieut., B. 1er janv. 1814, combat devant Manheim.

---

27 *févr.* 1814, *bataille d'Orthez.*
DEIN, col., T.
ORYE, lieut. A.-M., T.
CROCHON, capit., B.
DELUGRÉ, capit., B.
DE RENNEVILLE, lieut., B.

---

10 *avril* 1814, *bataille de Toulouse.*
CHASTAIGNAC, chef de bat., B. (mort le 4 mai).
QUILLER, s.-lieut., T.
BAJAU, chef de bat., B.
GUILLOT, capit., B. (mort le 21 juin).
DELUGRÉ, capit., B.
CHAMPROND, capit., B.
BARRIÈRE, capit., B.
DONNET, lieut., B.
LAINÉ, s.-lieut., B.

48ᵉ Régiment.

2 déc. 1805, bataille d'Austerlitz.
FRANCLET, capit., T.
DUMAS, capit., B. (mort le 11).
LARUE, lieut., T.
BLUMB, s.-lieut. B. (mort le 16 janv. 1806).
BOURDON-LACOMBE, chef de bat., B.
LAFONTAINE, capit., B.
DOURZES, capit., B.
TURU, capit., B.
HÉRAUD, lieut., B.
SURLEAU, s.-lieut., B.
DUBUS, s.-lieut., B.
BLAIN, lieut., B.

14 oct. 1806, bataille d'Auerstaedt.
DRUT, capit., B.
CHRISTOPHE, capit., B.
CHANTRAINE, lieut., B.

24 déc. 1806, combat de Czarnowo.
LAFONTAINE, capit. A.-M., B.
DAVAL, capit., B.
SURLEAU, s.-lieut., B.
MAROT, s.-lieut., B.

8 févr. 1807, bataille d'Eylau.
GUÉROULT, capit., T.
NICAISE, capit., B. (mort le 2 mars).
ARNAUD, lieut., T.
ROCHE, lieut., B. (mort le 20).
PERRIER, lieut., B. (mort le 17).
VASSON, s.-lieut., T.
DUVIGNEAU, s.-lieut., T.
GLACHANT, chef de bat., B.
NOOS, capit. A.-M., B.
QUINARD, lieut. A.-M., B.
SALLÉ, s.-lieut., porte-aigle, B.
TRAMBLAY, capit., B.
THÉVENOT, capit., B.
YVES, capit., B.
CHANTRAINE, capit., B.
LESAGE, capit., B.
FROSSARD, lieut., B.
PEREYVE, lieut., B.
LABOULAYE (dit GELÉE), lieut., B.
GALANT, lieut., B.
JACQUET, lieut., B.
MANCHERON, lieut., B.

PASQUIS, s.-lieut., B.
SARREBOURSE, s.-lieut., B.
BUTTEAU, s.-lieut., B.
MONTAXIER, s.-lieut., B.

19 avril 1809, combat de Thann.
PEREYVE, capit., B.
BODEREAU, lieut., B.
DULAU, s.-lieut., B.

20 avril 1809, combat d'Abensberg.
PLENDOUX, capit., B.
FABRY, s.-lieut., B.

22 avril 1809, bataille d'Eckmühl.
NOOS, chef de bat., B.
LAFONTAINE, capit. A.-M., B.
RENOUF, lieut., B.
DUMONT, s.-lieut., B.

ROBBE, capit., B. 23 avril 1809, combat devant Ratisbonne.
BOESSEY, lieut., B. 6 juill. 1809, bataille de Wagram.

7 août 1809, défense de Flessingue (île de Walcheren).
QUÉRENGAL, s.-lieut., B.
LOURDES, s.-lieut., B.
LESTIENNE, s.-lieut., B.

BOUCHEZ, lieut., B. 12 août 1809, défense de Flessingue.
LOOBUYCK, s.-lieut., B. 9 août 1812, étant aux avant-postes, Russie.

7 sept. 1812, bataille de la Moskowa.
MANCHERON, capit., T.
DAVAL, capit., T.
DEVAUX, capit., T.
DONNET, capit., T.
FABRY, capit., T.
SALLÉ, capit., T.
BOISSET, capit., T.
HUET, lieut., T.
TAVERNIER, lieut., T.
DUCHAT, lieut., B.
ROBERT, chef de bat., B.
LAMBERT, capit. A.-M., B.

PAYAC, capit. A.-M., B.
PAUL, capit., B.
BULTEAU, capit., B.
BERCEGOL, capit., B.
MATHIEU, capit., B.
PÈPE, capit., B.
THOMASSIN, lieut., B.
BARREAU, lieut., B.
DE PLEWITZ, lieut., B.
CRÉMIEUX, lieut., B.
ADAM, s.-lieut., B.
RABOSSE, s.-lieut., B.
BASTARD, s.-lieut., B.
MASSÉ, s.-lieut., B.
FONDEUR, s.-lieut., B.
BRIGUIBOUL, s.-lieut., B.
RABOTEAU, s.-lieut., B.
PÉRET, s.-lieut., B.
LAMBERT, s.-lieut., B.

10 sept. 1812, *combat de Mojaïsk.*
LAMAGNET, chef de bat., T.
PEREYVE, capit., B. (mort le 15).
MAHIEUX, lieut., T.
DELAVIGNE, major, B.
VANNIER, chef de bat., B.
HOULLIEZ, capit., B.
PUISSANT, capit., B.
DULAU, capit., B.
SONNEVILLE, capit., B.
LAUGIER, capit., B.
RABATEAU, s.-lieut., B.
POMMIER, s.-lieut., B.
HUSSON, lieut., B.
PAYAC, s.-lieut., B.

DELÉPAULT, lieut., T. 14 sept. 1812, affaire aux portes de Moscou.

4 oct. 1812, *combat de Kalouga.*
HAVET, capit., B. (mort).
LISLE, lieut., T.
LINAUT, s.-lieut., T.
CHAUVEL, s.-lieut., T.
PAQUET, s.-lieut., T.
LABBÉ, capit. A.-M., B.
LEPRINCE, capit., B.
REY, capit., B.
FOURNIER, capit., B.
REYNAUD, capit., B.
PUISSANT, capit., B.
BULTEAU, capit., B.
DUCHAT, capit., B.

BERCEGOL, capit., B.
MATHIEU, capit., B.
BUISSON, lieut., B.
DEROY, lieut. A.-M., B.
MONCHY, lieut., B.
VOITRIN, lieut., B.
BUSSIÈRE, s.-lieut., B.
PERRET, s.-lieut., B.
CARDENS, s.-lieut., B.
LEBAT, s.-lieut., B.
RENAUD, s.-lieut., B.
TATOUT, s.-lieut., B.

RENAUD, s.-lieut., B. 9 oct. 1812, combat devant Kalouga.
LEVAAST, lieut., T. 5 oct. 1812, combat près de Kalouga.
PÈPE, capit., B. 3 nov. 1812, combat de Viasma.

18 *nov.* 1812, *bataille de Krasnoë.*
LAINÉ, chef de bat., T.
RADAL, capit., T.
DELARUE, lieut., T.
COUTENCEAU, lieut., T.
BRETHEAU, s.-lieut., T.
BRETON, s.-lieut., T.
LARUE, s.-lieut., T.
PELET, col., B.
LABBÉ, capit. A.-M., B.
DUBOIS, capit., B.
PAUL, capit., B.
GAUTHIER, capit., B.
PAJACQUES, capit., B.
MOREAU, capit., B.
DUCHAT, capit., B.
ROBBE, capit., B.
THOMASSIN, lieut., B.
HAGRON, lieut., B.
GOTRAY, lieut., B.
BAUDINOT, s.-lieut., B.
PAUMIER, s.-lieut., B.
LANGLOIS, s.-lieut., B.
PAYAC, s.-lieut., B.

28 *nov.* 1812, *passage de la Bérésina.*
RICARD, chef de bat., T.
DULEAU, capit., B. (mort le 7 déc.).

BROUSSARD, major en 2e, B. 12 déc. 1812, route de Kowno.
HAUCLAIRE, s.-lieut., B. 22 mai 1813 au fort de Hop, sur l'Elbe.

29 *août* 1813, *combat sur l'Elbe.*
RABOTEAU, s.-lieut., B. (mort).
HUSSON, capit., B.

RENOUF, chef de bat., B. 24 nov. 1813, défense de Stettin.
ADAM, s.-lieut., B. 19 déc. 1813 aux avant-postes devant Hambourg.

9 *et* 17 *févr.* 1814,
combats devant Hambourg.
DEMÉ, capit., B. 9.
GUÉDÉ, capit., B. 17.
HUSSON, capit., B. 17.
MARTINET, lieut., B. 17.
TATOUT, s.-lieut., B. 9.

DELARUE, s.-lieut., B. 27 février 1814, combat devant Meaux.
BLANCHARD, major en 2°, T. 25 mars 1814, combat de Fère-Champenoise.

16 *juin* 1815, *bataille de Ligny.*
SIMONET, capit., T.
LAMBERT, s.-lieut., T.

ROBBE, chef de bat., B.
DELAUNAY, capit., B.
CHOMPRÉ, capit., B.
BERCEGOL, capit., B.
BULTEAU, capit., B.
LEROY, lieut., B.
DANCEL, lieut., B.
BAL, lieut., B.
BRIQUEBOUIL, lieut., B.
BAUDINAUD, s.-lieut., B.
LOOBUYCK, s.-lieut., B.
EDIGOFFEN, s.-lieut., B.
FRÉQUIN, s.-lieut., B.

2 *juill.* 1815, *combat de Sèvres.*
ROBBE, chef de bat., T.
PÉRALDI, col., B.
HINART, chef de bat., B.
GUÉDÉ, capit., B.
GALLANT, capit., B.
BAL, lieut., B.
MOREAU, lieut., B.
DUMONT, s.-lieut., B.
CARTERET, s.-lieut., B.
JACQUET, s.-lieut., B.

50° Régiment.

15 *oct.* 1805, *combat devant Ulm.*
MANDRILLON, capit., B. (mort le 21 mars 1806).
JANOT, lieut., B. (mort le 29).
BARREAU, s.-lieut., T.
GOLIARD, s.-lieut., T.
COUGET, capit., B.
SAVARIN, capit., B.
DUPUY, capit., B.
DAVID, capit., B.
BERTIN, lieut., B.
DESCHATEAUX, lieut., B.
LAMBERT, s.-lieut., B.
ROUGET, s.-lieut., B.
GÉRARD, s.-lieut., B.
SÉRIZIAT, s.-lieut., B.
DOGUET, s.-lieut., B.

4 *nov.* 1805, *combat de Scharnitz.*
JUILLET, chef de bat., B.
HALLÉ, lieut., B.
MINAULT, s.-lieut., B.

HUTIN, lieut., B. 15 déc. 1806, dans une reconnaissance sur Thorn.
DESCHATEAUX, capit., B. 8 févr. 1807, bataille d'Eylau.

4 *mars* 1807, *combat de Zechem.*
JOLY, capit., B. (mort le 11).
BAILLY, s.-lieut., T.
BERTIN, capit., B.
SAVARIN, capit., B.
PÉCHENEZ, capit., B.
TRÉSEL, capit., B.
BROCARD, lieut., B.
DOGUET, lieut., B.

5 *juin* 1807, *aux avant-postes de Deppen.*
LONJON, chef de bat., B.
FAIVRE, capit., B.

6 *juin* 1807, 2° *combat de Deppen.*
FRAPPARD, col., B.
BORNAT, capit., B.
BRULPORT, s.-lieut., B.
GAUTHIER, s.-lieut., B.

14 *juin* 1807, *bataille de Friedland.*
PATHIEU, capit., T.
VIALLE, capit., T.
TRÉSEL, capit., B.
LEJEUNE, lieut., B.
BARDEY, lieut., B.
CARTEAUX, lieut., B.

LABOUVRIE, s.-lieut., T. 10 juill. 1808, dans une reconnaissance en Espagne.
CHAGUÉ, chef de bat., B. 29 nov. 1808, affaire de Ruberca (Espagne).
PAQUET, capit., assassiné le 5 déc. 1808, combat près de Logrono.
CUIDET dit MONJOIS, lieut., B. 10 mars 1809, aux avant-postes en Espagne (mort le 15 juin).

11 *mars* 1809, *combat de Mondone (Espagne).*
COMMANT, chef de bat., B.
CUÉNET, capit., B.
BARREAU, s.-lieut., B.

ROUGET, lieut., B. 6 juill. 1809, bataille de Wagram.
GARDERESSE, s.-lieut., T. 12 août 1809, combat du col de Banos.

Juin 1810, *siège de Ciudad-Rodrigo.*
PRAIN, s.-lieut., T. 20.
PELLETIN, capit., B. 20.
CASTILLE, lieut., B. 9.

CASTILLE, lieut., B. 22 juill. 1810, affaire du pont de la Coa.

11 *mars* 1811, *combat de Mondonedo.*
GUILLAUME, lieut., T.
FRAPPARD, col., B.
BOYARD DES MARCHAIS, s.-lieut., B.

CASTILLE, lieut., B. 12 mars 1811, aux avant-postes de Redina.

12 *mars* 1811, *combat de Redina.*
SAUNOIS, lieut., B.
DUVAL, lieut., B.
GRANGE, lieut., B.
RAMAIT, s.-lieut., B.

JOLY, lieut., B. 28 mars 1811, affaire près de Guarda (mort le 1er avril).

BRASSIER, capit., T. 5 mai 1811, bataille de Fuentès d'Onoro.
VAUQUELIN, lieut., B. 11 mai 1811, évacuation d'Almeïda.
BELLOT, lieut., B. 6 juin 1811, défense du pont d'Irun.
BERTRAND DE LA DOUYS, lieut., T. 30 août 1811, combat près d'El-Barca.
CARTEAUX, lieut., B. 20 sept. 1811, étant en reconnaissance, Espagne.
GRENIER, lieut., T. 11 oct. 1811, combat près de Valladolid.
THOUVENIN, s.-lieut., B. juin 1812, combat d'Avila (Espagne).

22 *juill.* 1812, *bataille des Arapiles.*
CHAMBELANT, chef de bat., T.
ALLISÉ, capit., T.
DOGUET, capit., T.
GUENEAU, capit., T.
BINGET, capit., T.
DONÈVE, capit., B. (mort le 20 sept.).
MICHAUT, lieut. A.-M., T.
LAFITOT, lieut., B. (mort le 22 août).
BOYARD, lieut. A.-M., T.
MERCIER, s.-lieut., T.
BOILLON, s.-lieut., T.
PRÉVOST-SAINT-CYR, col., B.
GRANDJEAN, capit., B.
DORÉ, lieut., B.
THIÉRY, lieut., B.
CASTILLE, lieut., B.
SELVES, lieut., B.
VUILLEMOT, lieut., B.
VINCENT, lieut., B.
NOEL, lieut., B.
CUENET, lieut., B.
MESNOT, s.-lieut., B.
BELLERIVE, s.-lieut., B.
COMMIS, s.-lieut., B.
CARRÈRE, s.-lieut., B.
BOYARD DES MARCHAIS, s.-lieut., B.
DE VALON, s.-lieut., B.

DOUSSOU, lieut., B. 13 août 1812, dans les rues de Madrid.
CUENET, capit., B. sept. 1812, devant Burgos.

2 *mai* 1813, *bataille de Lutzen.*
VILLAIN, s.-lieut., T.
MONDON, chef de bat., B.
CHOPARD, chef de bat., B.

PANNETIER, lieut. A.-M., B.
LEFÈVRE, capit., B.
BUREAU, capit., B.
CHOUSSY, lieut., B.
LATREILLE, lieut., B.
DUPETIOT DE TAILLAC, lieut., B.
MARIÉ, s.-lieut., B.
BELLERIVE, s.-lieut., B.
PIERSON, s.-lieut., B.
BÉRAUD, s.-lieut., B.
WEISS, s.-lieut., B.
LOGIÉ, chirurg. A.-M., B.

7 mai 1813, combat sur l'Elbe.
COULEZ, capit., B.
BÉRAUD, s.-lieut., B.

9 mai 1813, au passage de l'Elbe.
LEJEUNE, capit., T.
BARDEZ, capit., B.
WEISS, capit., B.
CHOUSSY, lieut., B.
ELION, s.-lieut., B.
BÉRAUD, s.-lieut., B.

PIOLINE, lieut., B. *18 mai 1813, affaire près de Leipzig.*

21 mai 1813, bataille de Würschen.
LATREILLE, capit., B. (mort le 29).
MENSOT, lieut., T.
LAURENT, s.-lieut., T.
PAVAILLON, s.-lieut., B. (mort le 9 juin).
PANETIER, capit. A.-M., B.
BAILLIF, lieut., B.
COMPÈRE, lieut., B.
BELOT, lieut., B.
PÉRINEL, s.-lieut., B.
WEISS, s.-lieut., B.
BÉRAUD, s.-lieut., B.
PIERSON, s.-lieut., B.
CHOUSSY, lieut., B.

LACRETELLE, chirurg.-m., B. *21 juin 1813, bataille de Vittoria.*

Juill. 1813, retraite de Pampelune.
COSSET, capit., B. 28.
VALLÉE, s.-lieut., B.

MAYERHOFFES, s.-lieut., B. 1ᵉʳ août 1813, combat devant Archala (Espagne).

2 août 1813, combat près d'Echalar.
LALANDE, chef de bat., B.
GUINAND-JAMBON, capit. A.-M., T.

MONDON, chef de bat., B. 19 août 1813, combat de Lowenberg.

25 août 1813, combat devant Dresde.
VUILLEMOT, capit., B.
SIGNE, lieut., B.
PIERRESIGNE, lieut., B.

27 août 1813, bataille de Dresde.
PETITIN, lieut., T.
MANDRIOT, s.-lieut., T.
HUTIN, capit., T.

VELLET, capit., B. 30 août 1813, combat de Buntzlau.

8 sept. 1813, combat de Pirna.
MICHAUD, lieut., T.
NOEL, capit., B.
LECLERC, s.-lieut., B.

7 oct. 1813, combat sur les Pyrénées (La-Croix-des-Bouquets).
CUENET, capit., B.
COMMIS, lieut., B.

16, 18 et 19 oct. 1813, bataille de Leipzig.
DAUVERGNE, lieut., B. et disparu le 19.
CHAGUÉ, chef de bat., B. 18.
BAILLY, capit., B. 19.
JOLY, lieut., B. 16.
KEILUS, lieut., B. 18.
BELOT, lieut., B. 18.
HERLAUT, lieut., B.
HIÉLENS, lieut., B.
BÉRAUD, s.-lieut., B.
LECLERC, s.-lieut., B.
ROLINE, s.-lieut., B.
BELLARD, s.-lieut., B.
BROCHAT, s.-lieut., B.

30 et 31 oct 1813, bataille de Hanau.
COULEZ, capit., T. 30.
VARINAUX, s.-lieut., B. 31.

13 nov. 1813, combat de Sarre (Pyrénées).
PRÉVOST SAINT-CYR, col., B.

Faivre, lieut., B.
Gigon, s.-lieut., B.
Renaud, s.-lieut., B.

Micolot, lieut., B. 4 janv. 1814, affaire sur la Moselle.

11 févr. 1814, bataille de Montmirail.
Benoit, chef de bat., B.
Pierresigne, lieut., B.

27 févr. 1814, bataille d'Orthez.
Verhoeven, s.-lieut., T.
Lalande, chef de bat., B.
Bardoux, s.-lieut., B.
Charbonnier, s.-lieut., B.

9 mars 1814, bataille de Laon.
Mastieu, s.-lieut., T.
Huyon, s.-lieut., B.
Vellet, capit., B. 13 mars 1814, reprise de Reims.
Berquin, s.-lieut., T. 19 mars 1814, combat de Vic-de-Bigorre (Pyrénées).

30 mars 1814, bataille de Paris.
Lavigogne, s.-lieut., T.
Gatto, lieut. A.-M., B.
Brulport, capit., B.
Boulot, capit., B.

Chabrisson, lieut., B.
Nageotte, s.-lieut., B.
Guillaume, s.-lieut., B.
Marie, s.-lieut., B.
Granet, s.-lieut., B.

10 avril 1814, bataille de Toulouse.
Lebreton, s.-lieut., B.
Pinet, s.-lieut., B.

16 juin 1815, bataille de Ligny.
Mondon, chef de bat., T.
Coste, capit., T.
Mauttrotez, lieut. A.-M., T.
Doré, capit., B.
Cuenet, capit., B.
De Lussy, capit., B.
Aupick, capit., B.
Gauthier, capit., B.
Commis, capit., B.
Lebreton, s.-lieut., B.
Letessier, s.-lieut., B.
Nageotte, s.-lieut., B.
Signe, lieut., B.

18 juin 1815, combat de Wavre.
Dauphin, chef de bat., B.
Lemaire, s.-lieut., B.

Marie, s.-lieut., T. 26 juin 1815, combat de Villers-Cotterets.

51ᵉ Régiment.

Arquevaux, lieut., B. 2 déc. 1805, bataille d'Austerlitz.

14 oct. 1806, bataille d'Iéna.
Puyo, capit. A.-M., T.
Auvergne, capit., T.
Idrac, lieut., T.
Tremoulet, lieut., T.
Abesque, s.-lieut., T.
Cadert, lieut., B. (mort le 13 juin 1807).
Gallo, chef de bat., B.
Normand, capit., B.
Naudon, capit., B.
Surau, capit., B.
Tabardin, capit., B.
Caire, s.-lieut., B.
Despans de Cubières, s.-lieut., B.
Gelot, s.-lieut., B.

Vila, lieut., B. 3 déc. 1806 aux avant-postes, en Pologne.

26 déc. 1806, combat de Golymin.
Billot, capit., B.
Bonne, s.-lieut., B.

8 févr. 1807, bataille d'Eylau.
Fournier, lieut., T.
Martel, lieut., T.
Saner, s.-lieut., T.
Janot, capit., B. (mort le 15).
Sannod, capit., B. (mort).
Jersé, s.-lieut., B.
Missonier, capit., B.
Naudon, capit., B.
Normand, capit., B.
Lehmann, s.-lieut., B.

Despans de Cubières, lieut., B.
Dupuy, s.-lieut., B.

16 févr. 1807, combat d'Ostrolenka.
Mianné, capit., B. (mort le 15 mars).
Magenc, lieut., B.
Hons, s.-lieut., T.

Millet, s.-lieut., B. 27 juin 1808, attaque de Valence.
Bousquet de Jolinière, lieut., B. 2 juin 1809, en Asturies.
Clément, s.-lieut., B. 2 juin 1809, combat de Saint-Martin (Asturies).
Rédart, capit., T. 26 juin 1809, près d'Oviedo (Asturies).
Destouet, lieut., assassiné 21 août 1809 (sur la route de Vittoria).
Billot, lieut., B. 7 sept. 1810, près de Cordoue.
Klein, s.-lieut., B. 16 sept. 1811 à Benarjan, près Gibraltar.
André, capit., B. 23 sept. 1811 à Ubrique, près Ronda.

25 sept. 1811, combat de Ximena (Grenade).
Gelot, capit., B.
Millon, lieut., B.
Colambard, s.-lieut., B.
Reverdy, s.-lieut., B.

Normand, capit., B. 26 sept. 1811, affaire près de Ronda (Andalousie).

31 déc. 1811, siège de Tarifa.
Simonel, capit., T.
Imbert, lieut., B. (mort).
Kernier, lieut., B. (mort le 26 janv. 1812).
Lecamte, lieut., B. (mort le 19 janv. 1812).
Musias, lieut. A.-M., B.

Toyon, s.-lieut. T. 9 juill. 1812 dans une reconnaissance en Espagne.
Genty, s.-lieut., B. 5 janv. 1812, siège de Tarifa.
Sconnio, capit., B. 14 oct. 1812, combat près de Smoliany.
Millon, lieut., B. 12 nov. 1812, combat de Strukonowitz.
Litner, lieut., T. 14 nov. 1812, combat de Smoliany.

27 nov. 1812, combat de Borisow.
Broqua, capit., B. (mort).
Biot, lieut., B. et disparu.
Fernet, lieut., B. et disparu.
Lainé, lieut., B. et disparu.
Mortail, lieut., B. (mort en déc.).
Colson, s.-lieut., B. et disparu.
Durat, s.-lieut., B. (mort en déc.).
Maupré, s.-lieut., B. et disparu.
Mosson, s.-lieut., B. et disparu.
Dupetit, chef de bat., B.
Cravey, capit., B.
Gauthier, capit., B.
Champion, lieut., B.
Corner, lieut., B.
Warnotte, s.-lieut., B.
Coeffet, s.-lieut., B.

Willers, s.-lieut., B. 8 janv. 1813 pendant la retraite (mort le 13).

21 juin 1813, bataille de Vittoria.
Dounié, capit., B. (mort le 25 sept.).
Castaingt, capit., B.
Klein, lieut., B.
Taret, lieut., B.
Delaplace, s.-lieut., B.

25 juill. 1813, combat du Col-de-Maya.
Taillé, col., T.
Charpentier, capit., T.
Mars, capit., B. (mort le 1er sept.).
Viaud, lieut., B. (mort le 5 sept.).
Chanclu, capit., B.
Colambard, lieut., B.
Coutillier, lieut., B.
Jupin, s.-lieut., B.
Rondot, s.-lieut., B.

Sachs, capit., T. 28 juill. 1813, retraite de Pampelune.

27 et 28 août 1813, bataille de Dresde.
Baille, capit., B. 27.
Dabadie, capit., B. 27.
Daurignac, lieut., B. 28.
Girante, s.-lieut., B. 28.

30 août 1813, combat de Pirna.
Duval, s.-lieut., B.
Rogaze, s.-lieut., B.

30 *août* 1813, *affaire de Culm.*
LAMBRETSON, lieut., B. (m^rt le 20 sept.).
BOUCHEROT, lieut., B. (mort).
DERLON, s.-lieut., B. (mort le 26 oct.).
COURTET, capit., B.
MILHET, capit., B.
LECOMTE, capit., B.
SEINTIS, lieut., B.
LEGRAND, s.-lieut., B.
GIRANTE, s.-lieut., B.

31 *août* 1813, *combat sur la Bidassoa.*
BETOUS, s.-lieut., T.
PATIGNY, s.-lieut., T.
BERTRAND, capit., B. (mort le 22 sept.).
SAVARY, lieut., B. (mort le 29 oct.).
CHANCHU, capit., B.
LECHENET, lieut., B.

BIOT, capit., B. 18 sept. 1813, combat près de Culm.

16 *oct.* 1813, *bataille de Leipzig.*
DUVAL, s.-lieut., B.
TIXIER, s.-lieut., B.

COTTINEAU, capit., B. 25 nov. 1813, affaire près d'Arnheim.

30 *nov.* 1813, *combat d'Arnheim.*
BERTRA, s.-lieut., T.
TANTON, s.-lieut., B. (m^rt le même jour).
CORMILLOT, capit., B.
COTTINEAU, capit., B.

9 *et* 10 *déc.* 1813, *combat devant Ainhoa.*
CASTAING, capit., B. 9.
DELAPLACE, lieut. A.-M., B. 9.
JOLY, s.-lieut., B. 10.

13 *déc.* 1813, *combat de Saint-Pierre-d'Irrube, près de Bayonne.*
COURTILLIER, capit., B.
KLEIN, capit., B.
JUPIN, lieut., B.
RIPHO, lieut., B.

PAUBERT, s.-lieut., B.
SCHMITZ, s.-lieut., B.

DURTESTE, capit., B. 27 février 1814, bataille d'Orthez.

8 *et* 9 *mars* 1814, *défense de Berg-op-Zoom.*
GIRARDOT, s.-lieut., T. 8.
MICHON, capit., B. (mort le 11).

31 *mars* 1814, *combat de Courtrai.*
DONNAT, lieut., B. (mort le 3 avril).
GRESSIER, s.-lieut., B.

10 *avril* 1814, *bataille de Toulouse.*
YVON, capit., B. (mort le même jour).
ABADIE, s.-lieut., B. (mort le 13).
COURTILLIER, capit., B.
LECHENET, capit., B.
FAUDOAS, lieut., B.
JOLY, lieut., B.
PAUBERT, s.-lieut., B.

FORMIS, chef de bat., B. 16 juin 1815, bataille de Ligny.

18 *juin* 1815, *bataille de Waterloo.*
RIGNON, col., T.
ESCARGUEL, capit., T.
HARENT, capit., T.
PENAUD, capit., T.
SCHALDER, lieut., T.
BUY, s.-lieut., T.
CLÉMEMT, lieut. B. (mort).
JORON, lieut., B. (mort le 1er juill.).
PERNET, chef de bat., B.
BIOT, capit., B.
CORMILLOT, capit., B.
DABADIE, capit., B.
DUPUY DE BOISGES, capit., B.
SEBISCH, capit., B.
BILLOT, capit., B.
ALAVOINE, lieut., B.
ANSOUS, s.-lieut., B.
KÙKES, s.-lieut., B.
VERRIER, s.-lieut., B.

52ᵉ Régiment.

18 oct. 1805, *passage de l'Adige.*
DENICHOT, capit., T.
BENEUX, lieut., T.
MIELLET, lieut., T.
MONET, lieut., T.
VACHEROT, lieut., T.
MENUET, capit., B. (mort le même jour).
PAUMIER, s.-lieut., B. (mort le 7 nov.).
PASTOL, col., B.
BERNIER, capit., B.
FREYTAG, capit., B.
ADIEN, capit., B.
RABOTTE, capit., B.
DANTON, capit., B.
BOSSE, lieut., B.
SALOMON, s.-lieut., B.

30 oct. 1805, *combat de Caldiero.*
BERRY, capit., T.
GRIFFON, capit., T.
LEROY, capit., T.
DESROCHES, s.-lieut., T.
BARBE, s.-lieut., B.
CASSON, lieut., B.

DUFOUR, s.-lieut., B. 20 mars 1806 dans une reconnaissance (royaume de Naples).
BERNARD, chirurg.-M., B. 6 juill. 1806, combat de Lauria (Naples).
MOULIN, lieut., B. 8 juill. 1806 dans la rade de Naples.

4 oct. 1806, *combat en Calabre (à Saint-Pierre, près Cosenza).*
DROUET, lieut., T.
LAUNAY, s.-lieut., T.

NEVEU, s.-lieut., B. 11 déc. 1806, au siège d'Amantéa (Calabre).
LEVINVILLE, capit., B. 5 janv. 1807, au siège d'Amantéa (Calabre).

19 janv. 1807, *siège d'Amantéa (Calabre).*
PASTOL, col., B.
DOUÉ, capit., B.
GALLINAUD, capit., B.
GUESDRA, lieut., B.

GRÉLOIS (C.), s.-lieut., B. 10 juin 1807, surprise de Cotrone (Calabre).
DUFOUR, s.-lieut., B. 23 juin 1807, combat de Sassale (Calabre).
TOURNIER, lieut., T. 4 déc. 1807, par des brigands, en Calabre.

1808, *prise de Capri (Naples).*
JOUBINEAUX, capit., B. 4 oct.
GRÉLOIS, s.-lieut., B. 7 oct.

16 avril 1809, *bataille de Sacile.*
DRAPIER, lieut., B. (mort le 8 mai).
BEAUDOIN, chef de bat., B.
COSSON, capit., B.
DELAVAQUERIE, capit., B.
DESPERSAC, capit., B.
DAMONNEVILLE, lieut., B.
NICOT, lieut., B.
SAINT-GERMAIN, lieut., B.
VACHEROT, lieut., B.
DUCHATEL, s.-lieut., B.

DUFOUR, s.-lieut., B. 4 mai 1809, combat sur la Brenta.

8 mai 1809, *bataille de la Piave.*
GROSBON, chef de bat., B.
PAOLINI, chef de bat., B.
BOSSE, capit., B.

17 mai 1809, *combat de Malborghetto.*
CAPMAN, capit., B.
DESPARSAC, capit., B.
GUESDRA, capit., B.
RIGONOT, lieut., B.

HILAIRE, capit., B. 22 mai 1809, combat près Malborghetto.

6 juill. 1809, *bataille de Wagram.*
THORIN, lieut., B. (mort le 9 déc.).
PAOLINI, chef de bat., B.
BOSSE, capit., B.
LECLERC, capit., B.
CAPMAN, capit., B.
DAUBURTIN, capit., B.
HACHIN, capit., B.
HILAIRE, capit., B.

Marcel, capit., B.
Rabotte, capit., B.
Barrat, lieut., B.
Gadré, lieut., B.
Lebrun, lieut., B.
Poirier, lieut., B.
Renateaux, lieut., B.
Vallier, lieut., B.
Roussogue, s.-lieut., B.
Dumas, s.-lieut., B.
Labatie, s.-lieut., B.
Durand, chirurg. A.-M., B.

Quenet, lieut., B. 21 août 1811, étant détaché en Espagne.
Laure, s.-lieut., T. 17 sept. 1811, combat dans les défilés de Salinas (contre les bandes de Mina).
Quenet, lieut., B. 28 janv. 1812, par des brigands, en Espagne.
Garnier, s.-lieut., T. 27 juin 1812, étant en reconnaissance, en Espagne.
Desparsac, capit., B. 10 août 1812, étant en reconnaissance, en Espagne (mort le 29 sept.).

11 oct. 1812, combat de Carascal (près Pampelune).

Paul, capit., T.
Moulin, chef de bat., B. (mort le 15).
Renateaux, lieut., B. (mort le 29).
Bosse, capit., B.
Petit-Colas, capit., B.

Dumas, lieut., B. 21 août 1812, affaire près de Carascal.

15 oct. 1812, combat de Manièra (près Pampelune).

Jacquemet, major, B.
Piat, lieut., B.

Jacquemet, major, B. 30 nov. 1812, combat de Noain (Espagne).

---

28 janv. 1813, combat de Carascal.
Bosse, chef de bat., B.
Duchatel, capit., B.

Dumas, capit., B. 8 mai 1813, combat d'Arriba (Espagne).

13 mai 1813, combat de Roncal.
Jacquemet, major, B.
Boussogue, capit., B.
Lambert, capit., B.
Lebrun, capit., B.
Paris, lieut., B.
Copeaux, s.-lieut., B.

21 mai 1813, bataille de Würschen.
Clerc, s.-lieut., T.
Moulin, chef de bat., B.
Daireaux, capit., B.
Dufay, lieut., B.
Fontaboni, lieut., B.
Leláidier, lieut., B.
Laudo, lieut., B.
Rolland, lieut., B.
Coutin, lieut., B.
Rajasse, s.-lieut., B.
Ablin, s.-lieut., B.

1813, défense de Pampelune.
Benoist, lieut., B. (mort le 26 juill.).
Menessier, lieut., B. (mort le 13 sept.).
Rigonot, capit., B. 1er juill.

6 sept. 1813, bataille de Juterbock.
Pipereaux, lieut., B. (mort le 27).
Rivaux, lieut., T.
Darré, chef de bat., B. (mort le 18).
Colson, chef de bat., B.
Dufay, capit., B. 5.
Barthelemy, capit., B.
Jamin, lieut., B.
Pommerie, lieut., B.
Brossoneau, s.-lieut., B.
Chevalier, s.-lieut., B.
Rajasse, s.-lieut., B.

10 oct. 1813, sortie de Pampelune, sur les Pyrénées.
Beaupoil, lieut., B.
Bonnet, lieut., B.
Rolland, lieut., B.

26 oct. 1813, combat de Bassano (Italie).
Emeric, capit., B.
Pinasson, capit., B.
Calvier, s.-lieut., B.

30 et 31 oct. 1813, bataille de Hanau.
LIMOUSIN, major en 2e, B. 31.
POMMERIE, lieut., B. 30.

COLSON, chef de bat., B. 10 nov. 1813, siège de Torgau.

8 févr. 1814, bataille du Mincio.
BERTRAND, capit., B.
ARMAND, s.-lieut., B.
EMERIC, capit., B.

BOUSSONGNE, capit., B. 2 mars 1814, combat de Parme (Italie).

17 et 18 avril 1814, combat devant Gênes.
LOUBAT, lieut., T. 17.

LEBRUN, capit., B. 18.
THIEBAUT, s.-lieut., B. 17.

26 juin 1815, combat devant Huningue.
POUPART, chef de bat., B.
DUPRADAUX, capit., B.
BACQUEVILLE, lieut., B.
DEMORCY-DELLETRE, lieut., B.

1er juill. 1815, combat de Chèvremont, devant Belfort.
REY-BROUDISCOU, capit., B.
QUENET, capit., B.
DUVOY, lieut., B.
LABEILLE, s.-lieut., B.
CLÉMENT, s.-lieut., B.
HUOT, s.-lieut., B.

53e Régiment.

BENOIST, capit., B. 24 nov. 1805, combat de Castel-Franco (Italie).

16 avril 1809, bataille de Sacile.
LAVERGNE, capit., B.
BLANVILLAIN, capit., B.
ROUSSEL, capit., B.
PERRAUT, capit., B.
MASILLIAN DE SANILHAC, s.-lieut., B.

MINJEARD, capit., B. 20 avril 1809, étant de ronde aux avant-postes (Italie) (mort le 7 août).

29 avril 1809, combat de Suave.
PLAUT, capit., B.
PERRAUT, capit., B.

BOUVIER, s.-lieut., T. 16 mai 1809, aux avant-postes (Italie), au pied de la redoute de Tarvis.

25 mai 1809, combat de Saint-Michel.
SAVET, capit., B.
BRUNET, capit., B.
LOISELLE, s.-lieut., B.

14 juin 1809, bataille de Raab.
FAUVET, capit. A.-M., T.
JANNIN, capit., T.
BUSSON, capit., T.

ARNOUX, lieut., T.
MARTIN, chef de bat., B.
CUVILLIER, capit., B.
PLAUT, capit., B.
PERRAUT, capit., B.
MICHALET, capit., B.
DICY, capit., B.
GLORIEUX, lieut., B.
SENEQUIER, lieut., B.
D'HERBIGNY, lieut., B.
CHAUVEAU, s.-lieut., B.
DECRET, s.-lieut., B.
SERRAIS, s.-lieut., B.
CARRÈRE, lieut., B.
MARGOTIN, s.-lieut., B.
DARTOIS, lieut. A.-M., B.

5 et 6 juill. 1809, bataille de Wagram.
CARON, chef de bat., T. 6.
DIGNARON, chef de bat., B. 5 (mort le 22 déc.).
GODET, capit., B. 6 (mort le 28 août).
MAIGNE, lieut., T. 6.
TOURNADE, capit. A.-M., T. 6.
LANNOIS, s.-lieut., T. 6.
DARTOIS, lieut. A.-M., B. 6 (mort le 19).
JOANNIS, col., B. 6.
PESTEL, capit., B. 5.
DOMINIQUE, capit., B. 6.
BRUNET (R.), lieut., B. 6.
SERRAIS, lieut., B. 5.

LAPORTE, lieut., B. 6.
GUIEU, s.-lieut., B. 6.

1809, *combats contre les insurgés tyroliens (bandes de Hofer)*.

LAPORTE, lieut., T. 23 nov. à Saint-Léonard.
MAGALLON, capit., B. 18 nov. à Lucot.
HAPPEN, capit., B. 19 nov. à Saint-Léonard.
GLORIEUX, lieut., B. 19 nov. à Saint-Léonard.
BOLLA, s.-lieut., B. 8 nov. au fort de Mulbach.
TALLOT, s.-lieut., B. 8 nov. au fort de Mulbach.
BONNARD, s.-lieut., B. 21 nov. à Saint-Léonard.
LEBLANC, s.-lieut., B. 22 nov. à Saint-Léonard.
BOYER, s.-lieut., B. 26 nov. à Clausen.
BOURRAN, capit. A. M., B. 8 déc. à la Chiusa.
BOLLA, s.-lieut., B. 8 déc. à la Chiusa.
SAVET, capit., B. 8 déc. à Lucot.

AUBERT, lieut., T. 13 mars 1811, combat de Lissa (Adriatique).
WEISSIÈRES, chef de bat., B. janv. 1810, dans une reconnaissance en Tyrol.
AUDEBERT, lieut., T. 29 févr. 1812, combat de la frégate *la Favorite*.
TARAVANT, chef de bat., B. 23 juill. 1812, affaire devant Witepsk (passage de la Dwina).

7 *sept.* 1812, *bataille de la Moskowa*.

MICHAUT, capit., T.
QUETEL, capit., T.
FAVRE, capit., T.
GUYON, capit., T.
MAURICE, major, B.
LAVERGNE, chef de bat., B.
DALLARD, chef de bat., B.
GIRARD, capit. A.-M., B.
BOUCHEZ, capit. A.-M., B.
PESTEL, capit., B.
SAVET, capit., B.
REYNAUD, capit., B.
DESLANDES, capit., B.
BRUNET (J.), capit., B.
DENIS, capit., B.

LAVERNÈDE (S.), capit., B.
LAVERNÈDE (J.-L.), lieut., B.
BUISSON, lieut., B.
POIGNANT, lieut., B.
MARLÉ, lieut., B.
LANGLET, lieut., B.
BERTRAND, lieut., B.
DUCROISET, s.-lieut., B.
MICHEL, s.-lieut., B.
NARBONNE, s.-lieut., B.

GIRARD, capit. A.-M., T. 11 sept. 1812, à l'avant-garde, route de Moscou.
BRUNET (R.), capit., T. 17 sept. 1812, combat en avant de Moscou.
HÉRAULT, s.-lieut., B. 18 oct. 1812, aux avant-postes, route de Moscou.

24 *oct.* 1812, *bataille de Malojaroslawetz*.

LAVERNÈDE, lieut., T.
DIEUTEGARDE, lieut., B.
BERTHAULT, s.-lieut., B.
BERTRAND, lieut., B.

3 *nov.* 1812, *combat de Wiasma*.

DÉCRET, capit., B.
DUVÉE, s.-lieut., B.
MAUJEAN, s.-lieut., B.

SANDER, s.-lieut., B. 3 nov. 1812, aux avant-postes, route de Wiasma.
BOLLA, capit., T. 3 nov. 1812, étant en reconnaissance route de Wiasma.
NARBONNE, s.-lieut., B. 4 nov. 1812, par des Cosaques, route de Smolensk.
LEROY, s.-lieut., B. 10 nov. 1812, combat devant Smolensk.
CORNILLÉ, s.-lieut., B. 11 nov. 1812, par des Cosaques, sur la route de Smolensk.
CAPPÉ, s.-lieut., B. 12 nov. 1812, combat en avant de Smolensk.

16 *nov.* 1812, *bataille de Krasnoë*.

VILMAIN, chef de bat., T.
HAPPEN, chef de bat., B. (mort le 19).
GUIEU, capit., T.
MICHALET, capit., T.
AUBRY, lieut., T.
DALLARD, chef de bat., B.
BOUCHEZ, capit. A.-M., B.
LAVERNÈDE, capit., B.

Brunet (J.), capit., B.
Guyon, capit., B.
Lombard, capit., B.
Gagelin, capit., B.
Rousseau, capit., B.
Deblonay, capit., B.
Bournicale, lieut., B.
Turcot, lieut., B.
Ducroiset, s.-lieut., B.
Orcières, s.-lieut., B.
Prince, s.-lieut., B.
Berthault, s.-lieut., B.
Michel, s.-lieut., B.
Marchand, s.-lieut., B.

Schereibre, lieut., T. 24 nov. 1812, par des Cosaques, route de Borisow.
Orcières, s.-lieut., B. 8 déc. 1812, sur la route de Wilna.
Savet, capit., B. 9 déc. 1812, combat devant Wilna.
Pestel, capit., B. 10 déc. 1812 combat devant Wilna.

---

20 déc. 1812, combat près du Niémen (route de Kœnigsberg).

Reynaud, capit., B.
Sarrasin, capit., B.
Hébert, lieut., B.
Marizy, s.-lieut., B.

---

15 sept. 1813, combat en Illyrie.

Goulard, chef de bat., B.
Dieutegarde, capit., B.

Camou (1), lieut., B. 18 sept. 1813, affaire de Saint-Hermagore (Illyrie).
Dranguet, chef de bat., B. 31 oct. 1813, combat près de Bassano.

---

15 nov. 1813, combat de Caldiéro.

Facquet, capit., T.
Capitan, lieut., T.
Ledoux, lieut., B. (mort le 23).
Grobon, col., B.
Devauchaux, capit., B.
Dethy, s.-lieut., B.
Obriot, s.-lieut., B.
Demichaux, s.-lieut., B.

---

(1) Devenu général de division de la Garde impériale du Second Empire.

Pautier, s.-lieut., B.
Klémann, s.-lieut., B.

Loiselle, capit., B. 16 nov. 1813, combat devant Caldiero.

---

18 nov. 1813, aux avant-postes de Saint-Michel.

Bourgeois, lieut., B.
Ouriet, s.-lieut., B.
Turcot, capit., B.

---

19 nov. 1813, combat de Saint-Michel.

Clausse, capit., B.
Lequesne, capit., B.
Duwée, lieut., B.
Ceytre, lieut., B.
Lutereaux, lieut., B.
Saint-Maugary, lieut., B.
André, s.-lieut., B.
Villard, s.-lieut., B.
Mathieu, s.-lieut., B.
Orcières, lieut., B.
Klemann, s.-lieut., B.

Perningo, capit., B. 7 déc. 1813, affaire près de Rovigo.

---

8 déc. 1813, combat de Rovigo.

Bonnard, capit., B.
Delrieu, s.-lieut., B. (mort le 4 janv. 1814).
Langlet, lieut., B. et disparu.
Grobon, col., B.
Petit, capit., B.
Lorvo, s.-lieut., B.

Roux, capit., B. 9 déc. 1813, affaire de Villabonna (Italie).
Strati, lieut., B. 26 déc. 1813, affaire de Forli (Italie).

---

8 févr. 1814, bataille du Mincio.

Perningo, capit., B. (mort).
Leblanc, lieut., T.
Delambray, s.-lieut., B. (mort).
Taillepied de la Garenne, capit., B.
Clause, capit., B.
André, capit., B.
De Salamon de Suarce, capit., B.
Guibaud, capit., B.
Chauveau, capit., B.
Detafoi, capit., B.

DELABOULAYE, capit., B.
CORNILLE, lieut. A.-M., B.
PAUL, lieut., B.
DEMICHAUX, lieut., B.
SAINT-MARGARY, lieut., B.
DENISOT, lieut., B.
LUTEREAUX, lieut., B.
PAUTRIER, s.-lieut., B.
GUILLAUME, s.-lieut., B.
LAMARTHÉE, s.-lieut., B.
TONNET, s.-lieut., B.
DELRIVAL, s.-lieut., B.
LANOIX, s.-lieut., B.
GENAEL, s.-lieut., B.
LAGEYRE-TÉRAILLON, lieut., B.

PESTEL, capit., B. 13 mars 1814, défense de Luxembourg.
ANDRÉ, lieut., T. 18 mars 1814, aux avant-postes sur le Mincio.
MARJOLON, s.-lieut., B. 13 avril 1814, combat de Borgo-St-Donino (Italie).

21 juin 1815, combat de la Meillerie (Savoie).

LEPINE, capit., T.
AIGOIN, s.-lieut., T.
DRASSAR, s.-lieut., B. (mort en juill.).
SOLMIAC, chef de bat., B.

LAROCHE, capit., B. 4 juill. 1815, combat dans les gorges de Nantua.

54ᵉ Régiment.

GRANDIDIER, capit., B. 11 nov. 1805, combat de Diernstein.
BOSSET, s.-lieut., B. 2 déc. 1805, bataille d'Austerlitz.
LEBRET, capit., B. 16 févr. 1807, combat d'Ostrolenka.
EVRAT, s.-lieut., B. 14 juin 1807, bataille de Friedland.
MEUNIER, capit., B. 10 nov. 1808, combat d'Espinosa.
FOY, s.-lieut., B. 10 avril 1809, combat près Ciudad-Rodrigo.

22 mai 1809, bataille d'Essling.

GENEVREY, lieut., T.
THIMUS, lieut., B.

5 juill. 1809, bataille de Wagram.

PONDICQ, chef de bat., T.
BEAUMONT, capit., T.
DUBOIS, capit., B.
SIMONEAU, s.-lieut., B.

28 juill. 1809, bataille de Talavera-de-la-Reyna.

MARLIEZ, capit., T.
VALLAT, capit., T.
CARDAILLAC, chef de bat., B. (mort le 15 oct.).
LARIVIÈRE, s.-lieut., B. (mort le 22 août).
PHILIPPON, col., B.
MARTIN, chef de bat., B.

D'HARREVILLE, capit., B.
GUILLOT, capit., B.
RONNES, capit., B.
FOUINAT, lieut. A.-M., B.
DELESQUE, lieut., B.
GEOFFRENET, lieut., B.
GUIGNARD, lieut., B.
LEMAISTRE, lieut., B.
DELCROIX, s.-lieut., B.
DRAPIER, s.-lieut., B.
LEIRECY, s.-lieut., B.
MASCRET, s.-lieut., B.
NAGET, s.-lieut., B. (mort le 16 août).

30 mars 1810, combat en Espagne (île Saint-Louis, devant Cadix).

CERTAIN, s.-lieut., B. (mort le 1ᵉʳ avril).
GUYOT, capit., B.

ONFRAY, lieut., B. 4 juill. 1810, combat près Guimena (Espagne.)
DELESQUE, lieut., B. 26 déc. 1810, dans une batterie devant Cadix.

5 mars 1811, combat de Chiclana (devant Cadix).

VERGNES, chef de bat., T.
BERTRAND, capit. A.-M., T.
GOLZIO, capit., T.
SCAMPS, capit., T.
TARDIEU, capit., T.
SYBRANOT, lieut., B. (mort le 27 juin).
BONNEVAL, capit., B.

Delavallée, capit., B.
Baligand, capit., B.
Crosse, lieut., B.
Curnillon, lieut., B. (mort le 23 avril).
Ymand, lieut., B.
Liénard, lieut., B.

5 mai 1811, bataille de Fuentès-d'Onoro.
Provost, capit., B. (mort le 6).
Boite, lieut., B.
Bonnard, s.-lieut., B.

David, capit., B. 7 mars 1811, devant Cadix (mort le 28).
Leduc, capit., T. 5 mai 1811, défense d'Almeïda.
D'Harréville, capit., T. 21 mai 1811, en colonne mobile en Espagne.
Pesant, lieut., B. 16 sept. 1811, en colonne mobile en Espagne.
Guignard, capit., B. 31 déc. 1811, siège de Tarifa.
Guyot, capit., B. 5 janv. 1812, siège de Tarifa.
Sargon, lieut., T. 6 avril 1812, en reconnaissance en Espagne.
Buchner, s.-lieut., B. 28 juin 1812, en reconnaissance en Espagne.
Barbier, s.-lieut., B. 29 déc. 1812, combat près d'Elbing.

6 févr. 1813, combat d'Oignon (Espagne).
Prieur, chef de bat., B.
Ymand, capit., B.

Onfray, capit., B. 21 juin 1813, bataille de Vittoria.

25 juill. 1813, combat du col de Maya.
Villiers, capit., B. (mort le 25).
Marquet, lieut., B. (mort le 27).
Delinon, capit., B.
Denelle, lieut., B.
Heumann, lieut., B.
Stam, s.-lieut., B.

Vouillemont, chef de bat., B. 28 juill. 1813, retraite de Pampelune.

26 août 1813, bataille de Dresde.
Adam, capit., T.
Delavallée, capit., T.
Abot, lieut., T.

Dournel, s.-lieut., B. (mort le 13 sept.).
Defossaux, lieut., B.
Le Lionx, lieut., B. 27 août.

Joéanot, s.-lieut., B. 7 oct. 1813, combat sur les Pyrénées.
Rascassy, s.-lieut., B. 10 oct. 1813, combat sur les Pyrénées (mort le 13).

16 et 18 oct. 1813, bataille de Leipzig.
Boite, capit., T. 16.
Degauville, capit., B. 18.
Roptin, capit., B. 16.
Joly, lieut., B. 16.
Limon, lieut., B. 16.
Barbaux, s.-lieut., B. 16.

Boisson, s.-lieut., B. 22 oct. 1813, défense de Dantzig.
Legrand, capit. A.-M., B. 7 nov. 1813, combat devant Bayonne.
Désert, s.-lieut., B. 10 nov. 1813, combat devant Bayonne.

11 nov. 1813, combat devant Bayonne.
Fleuret, capit., T.
Lelioux, lieut., B.

Vouillemont, chef de bat., B. 13 déc. 1813, combat devant Bayonne.

27 févr. 1814, combat de Bar-sur-Aube.
Saint-Faust, col., T.
D'Halvillé, capit., B. (mort le 28).
Kremers, chirurg. A.-M., B.
Delinon, capit., B.
Onfray, capit., B.
Fournier, lieut., B.
Joéanot, lieut., B.
Ferner, s.-lieut., B.

Itam, s.-lieut., B. 28 févr. 1814, défense de Maestricht.

25 mars 1814, combat de Fère-Champenoise.
Legrand, capit. A.-M., B.
Prioux, s.-lieut., B.

Vignitée, s.-lieut., B. 27 mars 1814, combat de Meaux.

3 avril 1814, défense de Maestricht.
DROMBY, s.-lieut., B.
DESCAVES, capit., B.

18 juin 1815, bataille de Waterloo.
CHARTON, capit., B.
BÉLISSENT, capit., B.
GUIGNARD, capit., B. (mort).
SIMON, capit., B.
HAGRÉ, capit , B.
JEANMETZ, lieut., B. (mort).
LEMETAER, lieut., B.
BERT, lieut., B.

LIMON, lieut., B. (mort le 24).
SEGONDY, lieut., B. (mort).
SIMON, lieut., B.
CAMP, lieut., B.
STAM, lieut., B. (mort).
STEYNER, lieut., B.
LEROY (J.-C.), s.-lieut., B. (mort le 19 juill.).
LEROY (Th.), lieut., B.
MASSÉ, s.-lieut., B.
PÉRÈS, s.-lieut., B.
SARRÉ, s.-lieut., B.
PEUGNET, s.-lieut., B.

55ᵉ Régiment.

2 déc. 1805, bataille d'Austerlitz.
TOUPET, lieut., T.
RABIÉ, chef de bat., B.
CHARTENER, chef de bat., B.
ROBILLARD, chef de bat., B.
HERVIEUX, capit., B.
DESSOMMES, capit., B.
WEIS, capit., B.
VIVIEN, capit., B.
COQUART, lieut., B.
ANGUILLE, lieut., B.
RABION, capit., B.
BELLENFANT, lieut., B.
DAUPHIN, lieut., B.
FALQUET, lieut., B.

14 oct. 1806, bataille d'Iéna.
DUPIN, capit., T.
DESSOMMES, capit., B.
GIROUX, lieut., B.

8 févr. 1807, bataille d'Eylau.
JELENSPERGER, capit., T.
SILBERMANN, col., B. (mort le 4 mars).
DALESME, capit. B. (mort le 21).
ALLAIS, s.-lieut., B. (mort le 23).
CHARTENER, chef de bat., B.
LABBÉ, capit., B.
MANHÈS, capit., B.
AVROUIN, lieut. A.-M., B.
PELOUX, capit., B.
AUZERAL, lieut., B.
BARRÉ, lieut., B.
BOUTINEAU, lieut., B.
GAYON, lieut., B.
SILBERMANN, lieut., B.

PELLÉ, s.-lieut., B.
BRASIER-CHANÉ, lieut., B.

10 juin 1807, bataille d'Heilsberg.
PERRIER, col., T.
DESGARDES, capit., T.
RUELLET, capit., T.
MOIRÉ, capit., B. (mort).
ROBILLARD, chef de bat., B.
CHARTENER, chef de bat., B.
SIREJEAN, capit., B.
BACQUET, capit., B.
CHÉRET, capit., B.
BLANCHARD, lieut., B.
HUGOT, capit., B.
COUTELLE, lieut., B.
BERNETTE, lieut. A.-M., B.
GIROUX, lieut., B.
BRIAM, capit., B.
LAMERVILLE, lieut., B.
JOURDANEAU, s.-lieut., B.
VIELBANS, lieut., B.
LEXE, s.-lieut., B.

14 juill. 1808, bataille de Médina-del-Rio-Secco.
FALQUET, capit., B.
HERKENROTH, s.-lieut., B.

SAGLIER, lieut., B. 27 nov. 1809, affaire d'Alcaza (Espagne).
SICARD, capit., T. 6 oct. 1809, en reconnaissance en Espagne.
DEHARCHIER, lieut., T. 19 nov. 1809, bataille d'Ocâna.
CHIVEAUX, capit., T. 28 juill. 1810, en colonne mobile en Espagne.

RATEAU, lieut., B. 23 mars 1811, combat d'Oignon.
LABBÉ, capit., T. 15 mai 1811, aux avant-postes sur la Albuhera.

16 *mai 1811, bataille de la Albuhera.*
AUZERAL, lieut., T.
FRANÇAIS, s.-lieut., T.
DUVAL, capit., B. (mort le 17).
DER, s.-lieut., B. (mort le 2 juin).
SCHWITER, col., B.
PERRIN DE LATOUCHE, chirurg.-A.-M., B.
PÉCHEUR, capit., B.
BERNARD, lieut. A.-M., B.
DURIEZ, lieut., B.
SACLIER, lieut., B.
THOMAS, lieut., B.
VIELBANS, lieut., B.
DALUN, s.-lieut., B.
NOGUEZ, s.-lieut., B.

DER, s.-lieut., T. 2 juin 1811, à Almandratero (Espagne).
LACROIX, capit., B. 18 mai 1811, par des brigands près d'Albuhera (Espagne).
PETEIL, chef de bat., B. 23 avril 1812, en visitant les avant-postes devant Campillo.

23 *avril 1812, combat de Campillo.*
NAVAILLES, chef de bat., T.
GROSDIDIER, s.-lieut., T.
PERRIN DE LATOUCHE, chirurg.-A.-M., B.
JOVE, capit., B.
LECALON, lieut., B.
SACLIER, lieut., B.
ANDRÉ-NOIRET, s.-lieut., B.

GAYON, capit., B. 4 juin 1812, par des contrebandiers, à Atpujaras (Espagne).
BLANCHARD, capit., B. 9 juin 1812, en colonne mobile en Espagne.

9 *juill. 1812, combat de Coïn (Espagne).*
TOYON, s.-lieut., T.
CARRION, lieut., B. (mort le 10).
NOGUEZ, s.-lieut., B.

26 *nov. 1812, combat de Borisow.*
FALCONNET, s.-lieut., B. (mort).
BUZY, capit., B.

JOYEUX, capit., B.
COEFFÉ, s.-lieut., B.
ENGINGER, s.-lieut., B.

DUCROIX, chirurg.-M., B. 10 déc. 1812, combat devant Wilna.

21 *juin 1813, bataille de Vittoria.*
THIESSE, s.-lieut., T.
ROUSSEZ, lieut., B. (mort le 26 août).
ARNOULT, lieut., B.

28 *juill. 1813, retraite de Pampelune.*
SACHS, capit., T.
BONNEAU, lieut., T.
VILLEBRUN, lieut., T.
MANGIN, lieut., B. (mort le 3 août).
MORIN, col., B.
BAUDINET, lieut., B.
CAROZ, lieut., B.
DUBOIS, s.-lieut., B.

PINGOT, s.-lieut., T. 2 août 1813, combat sur les Pyrénées.

30 *août 1813, affaire de Culm.*
L'HEUREUX, capit., T.
BUY, lieut. A.-M., B.
ANDRÉ, lieut., B.
BELLAVOINE, s.-lieut., B.
BOUCHÉ, s.-lieut., B.

BOURT, capit., B. 17 sept. 1813, combat près Culm.
BEAUDINET, capit., B. 13 oct. 1813, combat de Sarre.
MICHEL, capit., T. 15 oct. 1813, défense de Dresde.
GRANGÉ, capit., T. 21 oct. 1813, défense de Dresde (Pirna).

10 *nov. 1813, combat de Sarre.*
LOUBIÈRE, lieut., T.
DALMAIS, capit., B. 10 nov. 1813, combat de Sarre.
BRIARD, s.-lieut., B.

BLANCHARD, capit., T. 30 nov. 1813, combat d'Arnheim.

27 *févr. 1814, bataille d'Orthez.*
DUTERTRE, capit., T.
BOULANGÉ, capit., B. (mort le 24 août).

Degoy, capit., B. 6 avril 1814, aux avant-postes près de Toulouse.
Lefèvre, s.-lieut., T. 10 avril 1814, bataille de Toulouse.
André, lieut., B. 16 juin 1815, bataille de Ligny.

18 *juin* 1815, *bataille de Waterloo.*
Villa, lieut., disparu.
Buffet, s.-lieut., disparu.
Dequeux de Saint-Hilaire, s.-lieut., disparu.
Labigne, s.-lieut., disparu.
Lauvray du Monceau, lieut., T.
De la Moussaye, chef de bat., B.
Caroz, capit., B.

Coutelle, capit., B.
Degoy, capit., B.
Dupuy, capit., B.
Genty, capit., B.
Ricome, capit., B.
Briard, lieut., B.
Champeaux, lieut., B.
Frachisse, lieut., B.
Vary, lieut., B.
Bouché, s.-lieut., B.
Itié, s.-lieut., B.
Pierre, s.-lieut., B.

Durand, chef de bat., T. 27 juin 1815, combat de Compiègne.

56e Régiment.

31 *oct.* 1805, *combat devant Caldiero (Italie).*
Hersan, chef de bat., B.
Paget, capit., B.
Lefebvre, capit., B.
Mazuet, lieut., B.
Pelletier, lieut., B.
Jeantel, s.-lieut., B.

Passerat, capit., B. 3 nov. 1805, combat à bord du vaisseau *le Mont-Blanc*.

24 *nov.* 1805, *combat de Castel-Franco.*
Boutroue, col., B. (mort le 4 déc.).
Pillet, capit., B. (mort le 26).
Pugnière, capit., B. (mort le 28).
Mazuet, lieut., B. (mort le 25).
Villard, lieut., B. (mort le 8 déc.).
Vauchy, capit., B.
Georges, lieut. A.-M., B.
Jeandel, s.-lieut., B.

Juill. 1807, *siège de Stralsund.*
Gengoult, col., B. 7 juill.
Allerstorffer, capit., B. 14 juill.
Floquerelle, capit., B. 7 juill.
Bontemps, capit., B. 14 juill.
Cartier, s.-lieut., B. 9 août.
Pommageot, s.-lieut., B. 6 août.

Cedraz, lieut., T. 30 juin 1808, étant en reconnaissance en Catalogne.

Riva, capit., B. 12 août 1808, combat devant Girone.
Lugnot, lieut., B. 16 août 1808 par des paysans catalans, devant Girone.
Plassiard, capit., B. 16 août 1808, combat devant Girone.

1809, *siège de Girone (Catalogne).*
Robin, chef de bat., B. 19 sept. (mort le 5 oct.).
Gouvenel, capit., B. 24 juin (mort le 16 août).
Blanchot, s.-lieut., T. 19 sept.
Lugnot, capit., B. 19 sept.
Bertin, lieut., B. 24 juin.
Douceron, lieut., B. 24 juin.
Dessaut, lieut., B. 19 sept.
Barras, lieut., B. 19 sept.
Douceron, lieut., B. 12 août.
Pettier, s.-lieut., B. 14 août.
Gelis, s.-lieut., B. 4 août.

Driget, s.-lieut., B. 12 mai 1809, au Prater, devant Vienne.
Blanchot, s.-lieut., B. 4 août 1809, siège de Girone.

21 *et* 22 *mai* 1809, *bataille d'Essling.*
Demommerot, capit. A.-M., T. 21.
Béguin, lieut., T. 22.
Larche, lieut., T. 22.
Gengoult, s.-lieut., T. 21.

MIGNOT, s.-lieut., T. 21.
CHEVALON, s.-lieut., B. 21 (mort le 1ᵉʳ juill.).
GENGOULT, col., B. 22.
CORTEZ, chef de bat., B. 21.
BIAL, chef de bat., B. 22.
MORLOT, capit., B. 21.
GAUCHAIS, capit., B. 22.
ENDERS, capit., B. 21.
GÉRARDOT, capit., B. 21.
MAIRET, capit., B. 22.
JEGU, capit., B. 22.
CARON, capit., B. 22.
MIGY, lieut., B. 22.
BOUCHON, lieut., B. 21.
ARDILLIER, lieut., B. 21.
DARAM, lieut., B. 22.
MAYOT, s.-lieut., B. 22.
BERGER, lieut., B. 22.
TRÉCOLLE, s.-lieut., B. 21.
DESSEINE, lieut., B. 22.
FOURCHAULT, s.-lieut., B. 22.
SANGUINÈDE, s.-lieut., B. 21.
HUBERT, s.-lieut., B. 21.
NORMAND, s.-lieut., B. 22.
MENISSEL, s.-lieut., B. 22.
GURSCHING, s.-lieut., B. 21.
DE COURTILLOLES, s.-lieut., B. 22.
ALLENGRY, s.-lieut., B. 22.

6 juill. 1809, bataille de Wagram.
DARGENT, capit., B.
PARCHAPPE, lieut., B.
MENISSEL, lieut., B.
DUMAS, s.-lieut., B.

VILLENEUVE, capit., T. 18 déc. 1809, affaire de la Montagne-Noire (Catalogne).
ADHEMAR, chef de bat., B. 11 févr. 1810, combat de Molins-del-Rey.
LUGNOT, lieut., B. 1ᵉʳ avril 1810, combat devant Hostalrich.
PARCHAPPE, capit., B. 10 juill. 1812, combat près de Dunabourg.
MONTFAJON, capit., B. 13 juill. 1812, combat de Dunabourg.

14 juill. 1812, combat de Dunabourg.
LEDUCHAT, lieut., T.
BEAUDOT, s.-lieut., T.
DEROCHE, capit., B.
DOREY, lieut., B.

30 et 31 juill. 1812, combat de Jacobowo.
TREFCON, chef de bat., B. 30.
BERTIN, capit., B. 30.
PARCHAPPE, capit., B. 31.
NORMAND, lieut., B. 30.
CROISET, s.-lieut., B. 30.

1ᵉʳ août 1812, combat de Drissa.
DESMAZIER, capit. A.-M., T.
CADENET, capit. A.-M., B.
LAVALETTE, chef de bat., B.
ADHÉMAR, chef de bat., B.
TREFCON, chef de bat., B.
GUIRAUD, capit., B.
DOUCERON, capit., B.
GIRARDOT, capit., B.
SANGUINÈDE, lieut., B.
MEUGIN, lieut., B.
WINGERT, s.-lieut., T. 15 août 1812, combat devant Polotsk.

17 et 18 août 1812, bataille de Polotsk.
LEDOUX, capit., T. 17.
PELLETIER, capit., T. 18.
BARBARY, s.-lieut., T. 18.
DAVID, s.-lieut., T. 18.
MAROTTE, s.-lieut., T. 18.
PITOIZET, s.-lieut., B. (mort le 15 sept.).
GENGOULT, col., B. 18.
LUGNOT, capit., B. 18.
DARGENT, capit., B. 18.
FAUCHER, capit., B. 17.
PERRU, s.-lieut., B. 18.
CHERON, chirurg. A.-M., B. 18.

RAVAZÉ, lieut., T., 24 août 1812, étant en reconnaissance devant Polotsk.
MARCERON, s.-lieut., B. 23 sept. 1813, combat devant Polotsk.

18 oct. 1812, combat de Polotsk.
DELHAYE, col., B.
GUIRAUD, capit., B.
PERIN, lieut., B.
MONBLET, lieut., B.
DE MARTINES, s.-lieut., B.
GOUGET, s.-lieut., B.
TEXTER, s.-lieut., B.

GUINARD, s.-lieut., T. 15 nov. 1812 par des Cosaques, étant à l'arrière-garde de la division.

ADHÉMAR, chef de bat., B. 19 nov. 1812 pendant la marche sur Borisow.

28 *nov.* 1812, *bataille de la Bérésina.*
DEGAEN, capit., T.
GUENIN, lieut., T.
DUPRÉ, lieut., T.
GIRARD DU CHATEAU-VIEUX, lieut., T.
PUÉNIN, lieut., T.
VAN ORSCHOOT, s.-lieut., T.
COLLIN, s.-lieut., T.
LAUBRIÈRE, lieut., B. (mort le 5 déc.).
AUTUN, s.-lieut., T.
BÉLOIS, s.-lieut., T.
LAMOTTE, chef de bat., B.
GÉLIX, capit., B.
SANGUINÈDE, lieut., B.
MANPEURT, s.-lieut., B.
CLAUDEL, s.-lieut., B.
TEXTER, s.-lieut., B.
MONBLET, s.-lieut., B.

CROUET, chef de bat., B. 28 nov. 1812, aux ponts de la Bérésina.
DUMONTEL, s.-lieut., T. 4 déc. 1812 par des Cosaques près de Smorgony.
LABORY, s.-lieut., T. 6 déc. 1812, combat près d'Osmiana.
BUFQUIN, capit., T. 15 déc. 1812, affaire près de Tilsitt.

27 *août* 1813, *bataille de Dresde* (1).
BERTIN (2), capit., T.
DELSAUX, capit., T.
GOIRAND (2), s.-lieut., B. (mort le 28).
BIAL, major, B.
SAUVAN, capit., B.
ROUSSEL (2), chef de bat., B.
BARAT, capit., B.
VEROT, capit., B.
DIDIER (2), capit., B.
GAICHOT, s.-lieut., B.
PERRU, lieut., B.
LAPORTE, s.-lieut., B.

DEGLAIRE, capit., B. 27 août 1813, combat devant Magdebourg (mort le 28).

(1) Le 3ᵉ bataillon prit part au combat de Lubnitz le même jour.
(2) Tous ces officiers furent blessés au combat de Lubnitz.

16 *et* 18 *oct.* 1813, *bataille de Leipzig.*
CESBRON, capit., T. 16.
PETIT, capit. A.-M., T. 16.
BALLET, lieut., T. 16.
SOLIVEAU, lieut., T. 16.
BESSIÈRE, s.-lieut., T. 16.
HÉLARD, s.-lieut., T. 16.
PAPIN, s.-lieut., T. 18.
CHAMBON, lieut., B. 18 (mort).
NAAS, capit., B. 16.
GUIRAUD, capit., B. 18.
GÉLIS, capit., B. 16.
BAUCHÉ, capit., B. 18.
POULAIN, capit., B. 16.
BARRAT, capit., B. 16.
MAHER, capit., B. 16.
MONPEURT, lieut., B. 18.
CHAMBON, lieut., B. 16 et 18.
BEAUJEUX, s.-lieut., B. 16.
THIRION, s.-lieut., B. 18.
RAUTURIER, s.-lieut., B. 18.

MONPEURT, lieut., B. 30 oct. 1813, bataille de Hanau.

29 *janvier* 1814, *bataille de Brienne.*
PENNEHOULD, lieut., T.
HOUILLON, s.-lieut., T.
DELHAYE, col., B.
LILLY, s.-lieut., B.
CLÉMENT, lieut., B.
REYBIER, lieut., B.

1ᵉʳ *févr.* 1814, *bataille de la Rothière.*
ENDERS, chef de bat., B.
NORMAND, lieut., B.
GUIRAUD, capit., B.

CADENET, A.-M., T. 20 févr. 1814, combat devant Meaux.
VUILLAUMÉ, capit., B. 22 avril 1814, défense de Magdebourg.
DE LORT DE SÉRIGNAN, s.-lieut., B. 4 mars 1814, combat devant Troyes.

16 *juin* 1815, *bataille de Ligny.*
BRESSON, s.-lieut., T.
GIRARDOT, chef de bat., B.
NAAS, capit. A.-M., B.
GUIRAUD, capit., B.
CROISET, lieut., B.
MOULIS, s.-lieut., B.

Kuhn, s.-lieut., B.
Normand, lieut., B.

18 *juin* 1815, *combat de Wavre.*
Enders, chef de bat., B.
Allinquant, s.-lieut., B.

Battardy, lieut., B. 19 juin 1815, combat de Wavre.
Bonnefoy, capit., T. 20 juin 1815, combat devant Namur.

57ᵉ Régiment.

2 *décembre* 1805, *bataille d'Austerlitz.*
Schwiter, chef de bat., B.
Cazeneuve, capit., B.
Fitte, capit., B.
Guiremand, lieut., B.
Raverat, s.-lieut., B.
Anglade, lieut., B.

8 *févr.* 1807, *bataille d'Eylau.*
Legrand, s.-lieut., B. (mort le 27).
Barthet, s.-lieut., T.
Gayet, lieut., B.
Laforgue, s.-lieut., B.

Guillot, s.-lieut., B. 16 févr. 1807, combat d'Ostrolenka.

5 *juin* 1807, *combat de Lomitten.*
Joly, capit., B. (mort le 9).
Lavigne, lieut., B. (mort le 15).
Debeauvais, s.-lieut., T.
Langlet, chef de bat., B.
Lafont, capit., B.
Tap, capit., B.
Gleize, capit., B.
Cavail, capit., B.
Laporte, lieut., B.
Viala, lieut., B.
Péronier, lieut., B.
Pevet, lieut., B.
Massot, lieut., B.
Raverat, s.-lieut., B.
Mellier, s.-lieut., B.
Chapuis, s.-lieut., B.
Delmas, s.-lieut., B.
Grenet, chirurg. S.-A.-M., B.
Veranneman, s.-lieut., B.

10 *juin* 1807, *bataille d'Heilsberg.*
Jouet, capit., T.
Dupuy, s.-lieut., T.
Robiou, s.-lieut., T.

Labat, s.-lieut., B. (mort le 28 juill.).
Nellesen, capit., B.
Bazy, capit., B.
Diette, capit., B.
Cazeneuve, capit., B.
Autrand, capit., B.
Point, lieut., B.
Bastoul, lieut., B.
Viala, lieut., B.
Veyrier, lieut., B.
Massot, lieut., B.
Peyruzat, lieut., B.
Niel, lieut., B.
Laforgue, s.-lieut., B.

18 *juill.* 1808, *combat près de Madrid.*
Barraire (1), chef de bat., B. (mᵗ le 22).
Larivière, capit., assassiné.

19 *avril* 1809, *combat de Thann.*
Pézieux, capit., T.
Marous, lieut., T.
Roasio, s.-lieut., B. (mort le 14 mai).
Brosset, chef de bat., B.
Pilhes, capit., B.
Massot, capit., B.
Boyer, capit., B.
Chancel, capit., B.
Laffont, capit., B.
Viala, capit., B.
Pevet, capit., B.
Gerbal, capit., B.
Pelenc, capit., B.
Bertet, capit., B.
Péronier, lieut., B.
Raverat, lieut., B.
Saint-Cyr, lieut., B.
Dehemery, s.-lieut., B.
Basset, s.-lieut., B.

---

(1) Ces deux officiers étaient détachés dans un corps provisoire.

21 avril 1809, *combat de Landshut.*
VEYRIER, capit., B.
PONTIER, capit., B.

22 mai 1809, *bataille d'Essling.*
CARRIÉ, lieut. A.-M., B. (mort le 8 juin).
GIRBET, lieut., B. (mort le 24 juill.).
MOTHE, lieut., T.
DARAM, s.-lieut., B. (mort le 1ᵉʳ juin).
DUQUESNE, s.-lieut., T.
HUMBERT, s.-lieut., B. (mort le 30).
GLEISE, chef de bat., B.
BRUN, capit. A.-M., B.
VEYRIER, capit., B.
LAFFONT, capit., B.
CHANCEL, capit., B.
CORÈGE, capit., B.
LAVALLARD, capit., B.
PELENC, capit., B.
THOMAS, capit., B.
BOYER, capit., B.
BERTET, capit., B.
DUCHEIN, lieut. A.-M., B.
DANSAGE, capit., B.
DEBEAUNE, lieut., B.
GAUZY, lieut., B.
JOUFFRAY, lieut., B.
MELLIER, lieut., B.
GRÉPAT, s.-lieut., B.
TENAILLE, s.-lieut., B.
ROSSIGNOL, s.-lieut., B.
MENUT, s.-lieut., B.
BARRET, s.-lieut., B.
BLEYNIE, s.-lieut., B.
PORTE, s.-lieut., B.
MAURY, s.-lieut., B.

5 et 6 juill. 1809, *bataille de Wagram.*
ESCUDIER, capit., T. 6.
MARTIN, lieut., T. 5.
DEBEAUNE, lieut., B. 5 (mort le 25).
DURAND, s.-lieut., B. 6 (mort le 26).
GIRBES, s.-lieut., B. 5 (mort le 25).
CHARRIÈRE, col., B. 6.
GLEISE, chef de bat., B. 5.
CORÈGE, capit., B. 6.
LAFFONT, capit., B. 5.
PELENC, capit., B. 5.
BASTOUL, capit., B. 6.
BERTET, capit., B. 5.
TAMAIGNAN, capit., B. 5.
VIALA, capit., B. 5.

BRUN, capit., B. 6.
THOMAS, capit., B. 6.
JOUFFRAY, lieut., B. 5.
CANONNE, lieut., B. 5.
DÉGA, lieut., B. 5.
GAYET, s.-lieut., B. 5.
BAROUSSE, s.-lieut., B. 5.
L'HOMME, s.-lieut., B. 5.
DEMONT, s.-lieut., B. 6.
PLAINVILLE, s.-lieut., B. 5.
BEZAMAT, s.-lieut., B. 5 et 6.
RACIER, s.-lieut., B. 6. (mort le 18).

BENOIT (1), lieut., T. 10 août 1810, combat en Espagne.
MALASPINA, lieut., noyé le 15 août 1812, en traversant le Dnieper.

5 sept. 1812, *combat de Borodino.*
GELÉE LABOULAYE, chef de bat., T.
GUIMET, capit. A.-M., B. (mort le 5 oct.).
LAFONT, lieut., B. (mort le 9 oct.).
DAGONAUX, s.-lieut., T.
CHARVIN, s.-lieut., T.
GLEISE, chef de bat., B.
PEVET, capit., B.
BOYER, capit., B.
DIETTE, capit., B.
DEMONT, lieut., B. (mort le 21 sept.).
DAVOUST, s.-lieut., B.
LAURAS, s.-lieut., B.

7 sept. 1812, *bataille de la Moskowa.*
JÆGER, major, T.
GIRARD, chef de bat., B. (mort le 10).
VIALA, capit., T.
TAMAIGNAN, capit., T.
LAVALLART, capit., T.
BALANT, lieut., T.
DOLL, lieut., B. (mort le 8 oct.).
NEAU, s.-lieut., T.
GUÉRIN, s.-lieut., T.
FRANCE, s.-lieut., T.
BARDENET, s.-lieut., B. (mort le 12).
NOGUIÈS, s.-lieut., T.
RICHARD, s.-lieut., B. (mort le 12).
BOYER, chef de bat., B.
THOMAS, chef de bat., B.
SIMON, capit., B.
PLESSIS, capit., B. (mort le 1ᵉʳ nov.).

(1) Etant détaché près d'un général.

Gauzy, capit., B.
Waubert, capit., B.
Bastoul, capit., B.
Moreau, capit., B.
Delmas, capit., B.
Brun, capit., B.
Gaspard, lieut., B.
Griaut, capit., B.
Barousse, lieut., B.
De Lacoste, capit., B.
Tenaille, lieut., B.
Mahou, lieut., B.
Tavernier, lieut., B.
Porte, lieut., B.
Richard, s.-lieut., B.
Mielly, s.-lieut., B.
Brié, s.-lieut., B.
Bourgade, s.-lieut., B.
Colin, s.-lieut., B.
Bouteyre, s.-lieut., B.
Vanaret, s.-lieut., B.
Coste, s.-lieut., B.
Vignolle, lieut. A.-M., B.
Rousseaux, lieut., brulé le 17 sept. 1812, dans l'incendie de Moscou.
Huisse, s.-lieut., B. 18 oct. 1812, au départ de Moscou, par des Cosaques.
Bastoul, capit., B. 24 oct. 1812, bataille de Malojaroslawetz.

3 nov. 1812, combat de Wiasma.

Vermées, chef de bat., B. (mort le 9).
Pevet, capit., B. (mort le 9).
Grépat, capit., T.
Bourgade, lieut. A.-M., B. (mort le 16).
Lefrançois, lieut. A.-M., B. (m{t} le 16).
Brun, chef de bat., B.
Tavernier, capit., B. (égaré le 9 déc.).
L'Homme, capit., B.
Brunet, capit., B.
Vignolle, lieut. A.-M., B.
Dedieu, lieut., B.
Hanton, lieut., B.
B. Poisson, lieut., B.
Deshayese, s.-lieut., B.
Barthet, s.-lieut., B.
Bourgeau, s.-lieut., B.
Beaucourt, s.-lieut., B.
Marlier, lieut., B.
Dubois, s.-lieut., B.

Salzard, s.-lieut., brulé le 16 nov. 1812 dans l'hôpital de Smolensk.

Grospilier, lieut., B. 17 nov. 1812. par des Cosaques, route de Krasnoë.

16 et 17 nov. 1812, bataille de Krasnoë.

Astier, lieut., T. 17.
Laffont, chef de bat., B. 16.
Toulemonde, s.-lieut., B. 17.
Pouthier, s. lieut., B. 17.
Dimié, s.-lieut., B. 17.

Rossignol, capit., T. 29 nov. 1812, combat près d'Orcha.
Guillot, s.-lieut., B. 10 déc. 1812, combat devant Wilna.
Richard, capit., B. 6 mai 1813, combat devant Dessau.
Collonge, lieut., B. 22 mai 1813, combat de Reichenbach.
Pilhès, capit., B. 28 août 1813, combat de Pirna.

30 août 1813, affaire de Culm.

Picharry, chef de bat., B. (mort).
Mathieu, capit., T.
Brié, lieut., T.
Malaguin, s.-lieut., T.
Diette, chef de bat., B.
Cochereau, capit., B.
Jouffray, capit., B.
Waubert, capit., B.
Griaut, capit., B.
Marchès, lieut., B.
Perrin, lieut., B.
Ruet, lieut., B.
Desjardins, s.-lieut., B.
Brevert, s.-lieut., B.
Ferry, s.-lieut., B.

1813, défense de Dresde.

De Lacoste, capit., T. 14 sept.
Avoine, lieut., B. 9 oct. (mort le 13).
Tenaille, capit., B. 14 sept.
Moyret, capit., B. 17 oct.
Colin, capit., B. 16 sept.
Coste, capit., B. 20 oct.
Roubi, lieut., B. 17 oct.
Férot, lieut., B. 18 sept.
Rivoire, lieut., B. 18 oct.
Beaurain, lieut., B. 14 sept. et 6 oct.
Lacomme, s.-lieut., B. 14 sept.

Lehec, s.-lieut., B. 18 oct. 1813, défense de Dantzig.

PAULY, chef de bat., B. 31 oct. 1813, bataille de Hanau.
FERRAND, lieut., B. 26 févr. 1814, 2ᵉ combat de Bar-sur-Aube.

AMBAU, s.-lieut., B. 8 avril 1814, défense de Kehl.
FERRAND, lieut., B. 8 juill. 1815, défense de Landau.

58ᵉ Régiment.

(1) 16 nov. 1805, *combat d'Hollabrünn*
DOLLÉ, lieut., T.
LARRAN, s.-lieut., T.
MOUCHARD, lieut., T.
BAYLE, chef de bat., B.
MALLET, lieut., B.
POISSON, capit., B.

BAILLY, s.-lieut., B. 2 déc. 1805, bataille d'Austerlitz (mort le 16).

14 *juin* 1807, *bataille de Friedland.*
DUTARTRE, capit., T.
COUTURIER, lieut., T.
BERTHELOT, s.-lieut., T.
BONNIN, s.-lieut., T.
DELAHAYE, capit., B. (mort le 15).
LHEUREUX, s.-lieut., B. (mort le 4 oct.).
ARNAUD, col., B.
BRUDEN, capit., B.
FOURCADE, chef de bat., B.
FAUCHEUR, capit., B.
BETHMONT, capit., B.
DRIVET, capit., B.
FONSON, lieut., B.
SAINTORIN, lieut., B.
BIMBOT, s.-lieut., B.
CRESPIN, capit., B.

BERTRAND, major, B. 29 juill. 1808, combat d'Evora (Portugal).

21 *août* 1808, *bataille de Vimeiro (Portugal).*
DUGACE, lieut., B. (mort le 13 nov.).
FAURE, capit., T.
BAYLE, chef de bat., B.
MONTUY DE LASALLE, capit., B.
MEILLE, s.-lieut., B.
PLUMTOT, s.-lieut., B.
KRIGER, lieut., B.

7 *nov.* 1808, *combat de Valmeïda (Espagne).*
TRISSE, capit., T.
POIRET, lieut., T.
PIGNET, chef de bat., B.
LEDOUX, lieut., B.
RICARD, s.-lieut., B.

28 *juill.* 1809, *bataille de Talavera-de-la-Reyna.*
LELIDEC, capit., T.
ROUSSEL-MONCATRY, capit., T.
MARS, lieut., T.
CABOT, lieut. A.-M., B. (mort le 29).
LEGRAND, col., B.
SAINTORIN, capit., B.
FAUCHEUR, capit., B.
JOUFFROY, capit., B.
POLLÉ, lieut. A.-M., B.
FONSON, lieut., B.
DRAPIER, s.-lieut., B.
HURÉ, s.-lieut., B.
LAURENT, s.-lieut., B.
MARC, s.-lieut., B.
OUDIN, s.-lieut., B.
POCHET, s.-lieut., B.

11 *août* 1809, *bataille d'Almonacid.*
DRIVET, capit., B.
CHARTICO, lieut., B.

KREMERS, chirurg. A.-M., B. 8 janv. 1810, combat de Huescal (Espagne).
LAUNAY, lieut., T. 29 mai 1810 entre Ronda et Grenade.
MARCHAND, lieut., B. 10 juill. 1810 au fort de Marbella (mort le 15).
DELLUC, chirurg. A.-M., B. 10 sept. 1810 dans une embuscade près Grenade.
MONTUY DE LASALLE, capit., B. 16 janv. 1811, combat près de Malaga.

4 *mars* 1811, *affaire de Roncevaux.*
MOUREUX, s.-lieut., T.

---

(1) Le bataillon d'élite.

Fiteux, s.-lieut., B.

Rigal, capit., T. 31 mars 1811, près d'Albama (Espagne).

16 mai 1811, bataille d'Albuhera.

Fourcade, chef de bat., T.
Fauveau, capit., T.
Bimbot, lieut., T.
Cardinaux, capit., B. (mort le 31).
Legrand, col., B.
De Tracy, chef de bat., B.
Merle, chirurg. S.-A.-M., B.
Denizot, capit., B.
Ducasse, capit., B.
Guittard, capit., B.
Malbette, capit., B.
Ponson, capit., B.
Carrette, lieut., B.
Chartier, lieut., B.
David, lieut., B.
Drivet, lieut., B.
Fouquet, lieut., B.
Oudin, lieut., B.
Brodard, s.-lieut., B.
Collardot, s.-lieut., B.
Collette, s.-lieut., B.
Pochet, s.-lieut., B.
Rouchon, s.-lieut., B.

Collette, s.-lieut., T. 21 août 1811, étant en reconnaissance en Espagne.

7 déc. 1811, combat de Stepona (Espagne).

Lheureux, capit., B.
Jean, s.-lieut., B.

Pinchemaille, lieut., T. 31 déc. 1811, en colonne mobile en Espagne.
Coquet, lieut., B. déc. 1811, en colonne mobile en Espagne (mort le 22).
Pihan, lieut., B. 13 janv. 1812, affaire de Cartania (Espagne).

16 févr. 1812, combat de Cartania, près Malaga.

Garnier, lieut., T.
Tirel, chef de bat., B. (mort le 18).
Pihan, lieut., B.
Langibout, s.-lieut., B.

1812, défense de Badajoz.

Augereaud, lieut., B. 6 avril.

Rouchon, lieut., B. 6 avril.
Conchon, s.-lieut., B. 7 mars.
Geoffroy, s.-lieut., B. 6 avril.

Marielle, lieut., B. 14 avril 1812, combat d'Alora, près Malaga.
Bayle, chef de bat., B. 30 avril 1812, étant en colonne mobile près de Malaga.
Baye-Dugaye, chef de bat., B. 24 mai 1812, évacuation de Cadix.
Henry, capit., B. 29 sept. 1812, dans une reconnaissance en Espagne.
Thévenot, capit., B. 20 juin 1812 étant en colonne mobile route de Malaga (mort le 21).

14 juill. 1812, combat près de Malaga.

Montuy de Lasalle, capit., B.
Fouquet, lieut., B.

Candy, s.-lieut., T. 24 avril 1813, étant en reconnaissance en Espagne.

2 mai 1813, bataille de Lutzen.

Raulin, chef de bat., B.
Berge, capit., B.
Berthaux, capit., B.
Defevre, capit., B.
Gibert, capit., B.
Boissard, lieut., B.
Dupont, s.-lieut., B.
Genot, s.-lieut., B.

21 mai 1813, bataille de Würschen.

Gauthier, capit., B.
Fournier, lieut., B.
Rippart, lieut., B.

21 juin 1813, bataille de Vittoria.

Defoucault, lieut., T.
Vanoutrive, s.-lieut., B. (mort le 19 août).
Pointrin, chef de bat., B.
Fonson, capit., B.
Langibout, s. lieut., B.
Messager, s.-lieut., B.

28 et 30 juill. 1813, retraite de Pampelune.

Donnat, col., T. 28.
Laurent, capit., T. 30.
Vallat, chef de bat., B. 28.

BARTHELEMY, capit., B. 30.
FOUQUET, capit., B. 28.
RICARD, capit., B. 28.

HARDOUIN, lieut., B. 1er août 1813, combat près Pampelune.

26 août 1813, bataille de Dresde.
DELASALLE, lieut., B. (mort le 19 oct.).
DUBIER, lieut., B. (mort le 13 sept.).
DELACROIX, capit., B.
DEFEVRE, capit., B.
HUET, capit., B.
MALLET, capit., B.
PIMONT, capit., B.
JOSSE, lieut., B.
BARRAS, lieut., B.

Oct. 1813, défense de Dresde.
HUET, capit., B. 9 oct. (mort le 28 nov.).
BARRAS, lieut., T. oct.
DUPONT, lieut., B. 9 oct. (mort le 7 nov.).
BOYELLAN, s.-lieut., T. 9 oct.
PIMONT, capit., B. 9 oct.
THAN, s.-lieut., B. 9 oct.
BARBELLET, s.-lieut., B. 9 oct.
CLOTHIER, s.-lieut., B. 11 oct.

DAUPHIN, capit., B. 18 oct. 1813, bataille de Leipzig.
VANDERCRUYSSEN, s.-lieut., B. 19 oct. 1813, bataille de Leipzig.
DUDEFAIT, s.-lieut., B. 30 oct. 1813, bataille de Hanau.

10 et 13 nov. 1813, combat de Sarre (Pyrénées).
HARDOUIN, lieut., B. 10.
BOULAIT, s.-lieut., B. 10.
VALLAT, s.-lieut., B. 13.

HERY, s.-lieut., B. 10 déc. 1813, combat près Bayonne (mort le 19 janv. 1814).

13 janv. 1814, combat de Merxheim, près d'Anvers.
DUCOING, s.-lieut., B.
DIJEON, s.-lieut., B.

BOUCHET, lieut., B. 12 févr. 1814, combat de Nogent.

18 févr. 1814, bataille de Montereau.
PRUS, chirurg. A.-M., B.
LAMBOLÉ, lieut., B.

GUICHARD, capit., B. 18 févr. 1814, combat de Nangis.
GUILLIER, capit., B. 19 févr. 1814, combat de Nangis.

27 févr. 1814, bataille d'Orthez.
GOULAND, capit., T.
VACQUIER, capit., T.
DUMAS, s.-lieut., T.
LAPROTTE, s.-lieut., T.
VALLAT, chef de bat., B.
LEUTHREAU, s.-lieut., B.

3 mars 1814, combat de Troyes.
VOLF, lieut. A.-M., B.
CHAILLOU, s.-lieut., B.

30 mars 1814, bataille de Paris.
EBINGRE, lieut., B.
COLLERET, s.-lieut., B.

VITASSE, capit., B. 2 avril 1814 dans une sortie de Magdebourg.

59e Régiment.

9 oct. 1805, combat du pont de Guntzbourg.
LACUÉE (G.), col., T.
AUGÉ, s.-lieut., T.
D HARRUS, s.-lieut., T.
BOURDON, capit., B.
CARON, capit., B.
LAFOSSE, capit., B.

TREVARY, capit., B.
VILLARS, capit., B.
CONTAT, lieut., B.
RENOM, lieut., B.
MELICQUE, lieut., B.
DURIEUX, s.-lieut., B.
SCHUSTER, s.-lieut., B.

5 févr. 1807, combat sur la Passarge.
DANGEROS, lieut., B. (mort le 4 avril).
THÉRAIN, lieut., B.
CONTAT, lieut., B.

BOHY, lieut., B. 15 mai 1807, siège de Dantzig.

5 juin 1807, combat de Wolfsdorf.
MAZURE, capit., T.
BARDET, lieut., T.
CONTAT, capit., B.
MANDEVILLE, capit., B.
RENARD, capit., B.
THÉRAIN, lieut., B.

14 juin 1807, bataille de Friedland.
BORDES, capit., T.
OEILLET, lieut., T.
DECAISNE, capit., B. (mort le 7 juill.).
DURAND, capit., B.
ALDIGÉ, capit., B.
ISCH, capit., B.
LISSOT, s.-lieut., B.
PERRIN, s.-lieut., B.
LEFOL, s.-lieut., B.

28 nov. 1808, combat de Somo-Sierra.
MENNE, lieut., B.
GASTEBOIS, s.-lieut., B.

RAIMOND, chirurg. S.-A.-M., assassiné le 10 févr. 1809, en défendant des blessés près Villafranca (Espagne).

3 mai 1809, combat du pont d'Ebersberg.
ROBIN, lieut., B.
PIDANCET, s.-lieut., B.

VILLARS, chef de bat., B. 18 mai 1809, combat de Penaflor (Espagne).

22 mai 1809, bataille d'Essling.
DOLIVE, lieut., T.
DRUMEL, lieut., B.
LAMBERT, s.-lieut., B.
ASTOIN, lieut., B.

6 juill. 1809, bataille de Wagram.
BRUGE, capit., B. (mort le 21).
LABRIDERIE, s.-lieut., B. (m. le 30 août).
LAURENT, capit., B.
MALHERBE, capit., B.

SOMBRIN, capit., B.
BENOIT, capit., B.
DANNER, lieut., B.
ROBIN, lieut., B.

18 oct. 1809, combat de Tamamès.
BOURDON, capit., B.
ISCH, capit., B.
RICORDEAU, lieut., B.

1810, siège de Ciudad-Rodrigo.
POUILLÉ D'ORFEUIL, lieut., T. 4 juill.
AIGOUY, capit. A.-M., B.
PUTIOT, capit., B.
SARDHA, capit., B. 20 juill.

LAMBERT, s.-lieut., B. 30 déc. 1810, affaire devant Benavente.
DANNER, lieut., B. 21 janv. 1811, affaire de Panego (Portugal).
DUMONT, lieut., B. 14 mars 1811, combat près Ciudad-Rodrigo (mort le 3 avril).

16 mars 1811, combat de Miranda-del-Corvo.
DAGATHE, capit., T.
GUÉRIN, lieut., B.

DUZAS, lieut., B. 12 avril 1811, combat de Reudinha.
OLAGNIER, capit., T. 5 mai 1811, bataille de Fuentès-d'Onoro.
MAGLOIRE, lieut., B. 20 juin 1811, affaire contre des guérillas (Espagne).
MATHIEU, s.-lieut., B. 28 févr. 1812, affaire près Salamanque (pont de Palacio, sur l'Adaja).

22 juill. 1812, bataille des Arapiles.
AIGOUY, capit., T.
BOGARD, capit., T.
COLLIN, s.-lieut., T.
LOU, s.-lieut., T.
RAFFIT, chef de bat., B.
DECHEVRIÈRES, capit., B.
D'HAUTPOUL, capit., B.
SOMBRIN, capit., B.
BOUCHAT, lieut., B.
CONNAC, lieut., B.
KOLLE, lieut., B.
MÉNAGÉ, lieut., B.
PETIT, lieut., B.

Baligaud, s.-lieut., B.
Card, s.-lieut., B.
Coste, s.-lieut., B.
Dewaylle, s.-lieut., B.
Lamok, s.-lieut., B.

Pioger, s.-lieut., B. 6 avril 1813, défense de Stettin.

2 mai 1813, bataille de Lutzen.
Nardou, lieut., T.
Dupont, s.-lieut., T.
Sorbets, capit., B. (mort le 2 juin).
Dumaine, lieut., B.

10 mai 1813, combat de Tolosa.
Demonchy, capit., B.
Koeck, lieut., B.

21 mai 1813, bataille de Würschen.
Menaud, lieut., B.
Sizejol, lieut., B.

9 juin 1813, défense de Dantzig.
Bohy, capit., B.
Noblot, capit., B.
Devillas, s.-lieut., B.

1813, défense de Dantzig.
Bellanger, chef de bat., B. 9 juin.
Bohy, capit., B. 29 août.
Boutin, capit., B. 4 sept.
Durieux, capit., B. 5 mars.

Durand, capit., B. 25 juill. 1813, combat du col de Maya.

28 juill. 1813, retraite de Pampelune.
Foucault, chef de bat., T.
Baligaud, capit., T.
Riencourt, capit., T.
Malnoury, s.-lieut., T.
Savelberghe, capit., B. (mort le 29).
Kermenenan, lieut., B.

Bourlier, capit., T. 1er août 1813, combat de Saint-Martin (Navarre).
De Loverdo, col., B. 2 août 1813, affaire près d'Echalar (Pyrénées).

22 août 1813, combat de Pirna (Saxe).
Choiset, chef de bat., B.
Sardha, capit., B.

Morisot, lieut. A.-M., B.
Masson, lieut., B.
Thiebaut, lieut., B.
Dayvaille, s.-lieut., B.

26 août 1813, bataille de Dresde.
Dumaine, lieut., B.
Masson, lieut., B.
Patou, lieut., B.

12 sept. 1813, combat de Pirna.
Bechié, capit., T.
Petit, capit., T.

18 oct. 1813, bataille de Leipzig.
De Lagardelle, lieut., T.
Menans, lieut., T.
Monméja, lieut., T.
Sireyjol, lieut., B. (mort le 31).
Louette, chef de bat., B.
Morisot, lieut. A.-M., B.
Bras, capit., B.
Duzas, capit., B.
Chalot, lieut., B. 18 (disparu).
Regnault de la Soudière, lieut., B.
Fréminet, s.-lieut., B. 19.
Gilbert, s.-lieut., B.
Thieffry, s.-lieut., B.

10 nov. 1813, combat de Sarre (Pyrénées) (à la redoute Louis-XIV).
Houllier (L.), capit., T.
Claveau, lieut., T.
David, lieut., T.
Delaunay, lieut., T.
Houllier (P.), chef de bat., B. (mort le 30).
Kermenenan, capit., B. (mt le 6 déc.).
Drumel, capit., B.
Filhon, capit., B.

27 févr. 1814, bataille d'Orthez.
Guilleminot, lieut., B.
Mathieu, lieut. A.-M., B.
Solante, s.-lieut., B.

1814, défense de Luxembourg.
Gal, capit., B. 9 janv.
Bley, lieut., B. 8 mars.
Antoine, s.-lieut., B. 28 mars.
Gillin, s.-lieut., B. 28 mars.
Thieffry, s.-lieut., B. 15 mars.

Moreau, capit., B. 2 avril 1814 : défense de Metz (mort le 6 avril, à Metz).

---

10 avril 1814, bataille de Toulouse.
Génété, capit., B. (mort le 12 mai).
Darsonville, lieut., B.
Masson, s.-lieut., B.
Solante, s.-lieut., B.

---

16 juin 1815, bataille de Ligny.
Baquet, capit., T.
L'Hoste, capit., B.
Pelletier, capit., T.
Laurain, col., B.
Durieu, capit., B.
Renard, capit., B.
Sardha, capit., B.
Buffet, lieut., B.

Lapaix, lieut., B.
Bazile, s.-lieut., B.
Bleuzet, s.-lieut., B.
Valentin, lieut., B.
Soupey, lieut., B.

18 et 19 juin 1815, combat de Wavre.
Bosset (F.), lieut., T. 19.
Gignoux, lieut., T. 19.
Vanneroy, lieut., T. 19.
Laurain, col., B. 18.
Masson, capit., B. 18.
Soyer, lieut., B. 18.
Bleuzet, s.-lieut., B. 19.
Voirin, s.-lieut., B. 18.

Soyer, lieut., T. 2 juill. 1815, combat devant Paris.

60ᵉ Régiment.

30 oct. 1805, combat de Caldiero.
Froment, chef de bat., T.
Chardot, capit., T.
Masson, lieut., T.
Recouvreur, chef de bat., B.
Lebannier, chef de bat., B.
De la Lande, capit., B.
Chatton, capit., B.
Groizard, capit., B.
Olivier, lieut., B.
Delamotte, s.-lieut., B.

Martner, lieut., T. 3 nov. 1805, combat devant Vicence.
Bernelle, s.-lieut., B. 4 nov. 1805, combat de Vicence.
Aubier, lieut., B. 17 nov. 1805, combat de Cernis (Italie).
Doury, lieut., B. 19 oct. 1806, étant à la poursuite de brigands italiens.
Grobon, major, B. 8 mai 1809, bataille de la Piave.

16 et 17 mai 1809, prise des redoutes de Tarvis.
Robin, lieut., B. 16.
Brady, lieut., B. 17.

14 juin 1809, bataille de Raab.
Rochette, s.-lieut., T.

Guénée, chef de bat., B.
Déaddé, chef de bat., B.
Vallée, capit., B.
Lefevre, capit., B.
Penhard, lieut., B.
Lemoine, lieut., B.
Taravant, capit., B.
Crozet, lieut., B.
Robin, lieut., B.
Bruguières, lieut., B.
Dausse, s.-lieut., B.
Valdemann, s.-lieut., B.
Moulines, s.-lieut., B.

5 et 6 juill. 1809, bataille de Wagram.
Grobon, major, B. 6.
Burtée, chef de bat., B. 5.
Blanchard, capit., B. 5.
Hérault, capit., B. 5.
Sornette, capit., B. 5.
Chaussée, lieut., B. 5.
Deroche, lieut., B. 6.

Gay, lieut., T. 15 juill. 1809, étant à la poursuite des brigands à Rigalato (Italie).
Lamotte, capit., B. 3 juin 1810, étant en colonne mobile en Espagne.
Achard, capit., B. 3 mai 1811, au blocus de Figuières (Catalogne).

5 *mars* 1812, *combat de Roda (Aragon).*
GAVANNIER, lieut., B. (mort le 10).
MEULAN, chef de bat., B.
ANGLADE, capit. A.-M., B.
DÉSIRÉ, capit., B.
SERDEY, capit., B.
BESANÇON, capit., B.
BAZUS, capit., B.
PRETET, lieut., B.
MOULINES, lieut., B.
PICARD, lieut., B.

19 *avril* 1812, *combat en Aragon (près de Bujarlos).*
OLIVIER, capit., T.
BEAUGRAND, capit., B.

THÉVENIN, lieut., B. et mort le 2 oct. 1812 dans la Guarigua (Catalogne).
ADAM, capit., B. 2 oct. 1812, affaire de la Guarigua (Espagne).
PILLIOUD, chef de bat., B. 30 oct. 1812, combat contre les guérillas espagnols.
HOLCHOUT, s.-lieut., B. 2 nov. 1812, combat de la Guarigua (Catalogne).
VINCENT, s.-lieut., B. 21 janv. 1813, étant en reconnaissance en Espagne.
PONSARD, capit., B. 23 janv. 1813, en escortant le Trésor en Espagne (mort le 12 févr.).
PAYANT, capit., B. 30 avril 1813, en colonne mobile contre les guérillas espagnols.
CHOLET, lieut., B. 31 mai 1813, affaire près d'Olot.

DE LIVANI, chef de bat., B. 23 juin 1813, combat près de Banolas.
AUBIER, capit., B. 30 juin 1813, combat de Banolas (Espagne).

9 *juill.* 1813, *combat de La Salud (Catalogne).*
PELLOT, s.-lieut., B. (mort le 17).
ROUSSEAU, capit., B.
MOULINES, capit., B.
HAMONT, capit., B.
LESGUILLON, lieut., B.
HUSSON, s.-lieut., B.
JÉROME, s.-lieut., B.
CORNOT, s.-lieut., B.

26 *août* 1813, *bataille de Dresde.*
BOHN, chef de bat., B.
MARION, s.-lieut., B.

9 *oct.* 1813, *défense de Dresde.*
DÉADDÉ, major, B.
PATOUILLET, capit., B.
NICOLEAU, lieut., B.
SARDOU, s.-lieut., B.

LAXAGNE, capit., B. 15 févr. 1814, affaire de Garris.
LECOUFFE, s.-lieut., B. 24 févr. 1814, combat d'Annecy (Savoie).
BADIER, s.-lieut., B. 10 avril 1814, bataille de Toulouse.
CHEVALIER, lieut., B. 16 avril 1814, défense de Barcelone.

61ᵉ Régiment.

14 *oct.* 1806, *bataille d'Auerstædt.*
LEFEBVRE, capit., T.
DOUMENGE, capit., B. (mort le 25).
BUIGNET, capit., B. (mort le 22).
REIGNER, capit., B. (m¹ le 10 févr. 1807).
GARCERAN, lieut., T.
JEHAN, lieut., B. (mort le 13 nov.).
BESOMBES, lieut., T.
GALETTES, s.-lieut., T.
LEMAIRE, s.-lieut., T.
CARATIER, s.-lieut., B. (mort le 8 nov.).
NICOLAS, col., B.

PEUGNET, chef de bat., B.
JOUBERT, capit., B.
DELOMÉNIE, capit., B.
DUPRÉ, capit., B.
LABROUE, lieut., B.
BELLANGÉ, lieut., B.
ANTHEAUME, s.-lieut., B.
ANDRIEU, s.-lieut., B.
DUHOUX, s.-lieut., B.
COMBARIEUX, lieut., B.
VARAIGNE, s.-lieut., B.
JUGENELLE, s.-lieut., B.

DESSIRIER, s.-lieut., B.
VIVÈS, s.-lieut., B.
ABEILLE, s.-lieut., B.

8 févr. 1807, bataille d'Eylau.
FAURE, col., B. (mort le 1ᵉʳ mars).
BALAVOINE, capit., T.
BAILLARGEAU, capit., T.
MOREL, capit., T.
LOIREAU, capit., T.
CARDON, capit., T.
PASSEMARD, lieut., T.
GAILLARD, lieut., T.
LABOURAUX, lieut., T.
JOUZEAU, lieut., T.
TOUPART, s.-lieut., T.
LABOULET, capit., B.
PELTRET, capit. A.-M., B.
DELOMÉNIE, capit., B.
POUGET, capit., B.
ROUSSEAU, capit., B.
MAMALET, lieut., B.
DELCROIX, s.-lieut., B.
BÉRAUD, s.-lieut., B.
BAUDRY, s.-lieut., B.

HAMEL, capit., B. 6 juin 1807 aux avant-postes.
BERTHLÉ, chirurg. S.-A.-M., B. 14 juin 1807, bataille de Friedland.

21 avril 1809, combat de Landshut.
CHEVALIER, capit., T.
HENVIEU, capit., B.
BEAUREPAIRE, lieut., B.
LÉVÈQUE, s.-lieut., B.
MONTEIL, s.-lieut., B.

BONVALLOT, s.-lieut., T. 22 mai 1809, bataille d'Essling.

6 juill. 1809, bataille de Wagram.
L'AUGE, capit., T.
DAUBIAN, lieut. A.-M., T.
AUDIDIER, lieut., B. (mort le 31).
FRÉMONT, lieut., B. (mort le 10).
SEGUIN, s.-lieut., B. (mort le 19).
SIMON, capit., B.
MABIRE, lieut., B.
LALAUME, lieut., B.
ABEILLE, s.-lieut., B.
CHAUSPRACH, s.-lieut., B.
DESROCHES, s.-lieut., B.

MORGAND, lieut., B. 12 août 1810 dans une émeute à Rissbüttel.

23 juill. 1812, combat de Mohilew.
PAGÈS, capit., B. (mort le 24).
BOULANGER, lieut., B. (mort le 25).
PERNET, s.-lieut., T.
CHARPENTIER, capit., B.
VIS, capit., B.
DELCROIX, capit., B.
ABEILLE, lieut., B.
LAMBERT, s.-lieut., B.
GARNON, lieut., B.
MASSOT, s.-lieut., B.
CATOIRE, s.-lieut., B.

MOLIÈRE, s.-lieut., B. 29 août 1812, combat de Wiasma.

5 sept. 1812, combat de Borodino.
CHATELAIN, capit., B.
DIETTE, capit., B.
DESTOR, capit., B.
DELFORGE, s.-lieut., B.

MIREUR, chef de bat., B. 6 sept. 1812 aux avant-postes de la Moskowa.

7 sept. 1812, bataille de la Moskowa.
DUPRÉ, chef de bat., T.
BAZY, chef de bat., T.
LERIQUE, capit., B. (mort le 2 oct.).
ROY, capit., B. (mort le 20).
THOMAS, lieut., T.
ROCQUES, lieut., T.
ENGREMY, capit., B.
CHARPENTIER, capit., B.
LABROUE, capit., B.
ANDRIEUX, capit., B.
MAZARD, lieut. A.-M., B.
ABEILLE, lieut., B.
LAMBERT, s.-lieut., B.
CHAUSPRACH, lieut., B.
BRUNIER, s.-lieut., B.
PAMEYER, lieut., B.
DESMAZIS, lieut., B.
JEHAN, lieut., B.
TONDET, s.-lieut., B.

MILLE, lieut., B. 2 oct. 1812, combat en avant de Moscou.

3 nov. 1812, combat de Wiasma.
PIGNET, s.-lieut., T.
FRESSANCOURT, s.-lieut., B. (mort le 15).
SUREAUD, lieut., B.
TONDET, lieut., B.
MOLIÈRE, lieut., B.

LAVIALLE, chirurg. S.-A.-M., B. 9 nov. 1812, combat devant Smolensk.
LECLERC, s.-lieut., B. 13 nov. 1812 par des Cosaques près de Krasnoë.

15 et 17 nov. 1812,
combats devant Krasnoë.
BROSSARD, capit., B. 17 (mort le 21).
FLOURY, s.-lieut., T. 17.
DUHOUT, chef de bat., B.
MELLET, chirurg. S.-A.-M., B. 17.
LEFEVRE, chirurg. S.-A.-M., B. 17.
ROUDIER, lieut. A.-M., B. 17.
BARTIER, lieut., B. 15.
ROUSSEAU, s.-lieut., B. 17.
MARTEL, lieut., B. 15.
GATTELET, lieut., B. 15.
DUMONTEIL, s.-lieut., B. 15.
PRINCE, s.-lieut., B. 15.
SECOND, s.-lieut., B. 17.
MANOURY, s.-lieut., B. 15.
GOBELET, s.-lieut., B. 17.
DELFLANDRES, s.-lieut., B. 17.
BARRAL, s.-lieut., B. 17.

8 déc. 1812, combat route de Wilna.
FEIDEL, lieut., B.
RODEAU, s.-lieut., B.

DEMANN, capit., B. 10 déc. 1812, combat devant Wilna.
FORSTEN, lieut., B. 12 déc. 1812 par des Cosaques, route de Kowno.
KŒBELÉ, s.-lieut., B. 13 déc. 1812, route de Kowno (disparu).

13 déc. 1812, combat à la montée
de Kowno.
JOUGLET, capit., B.
TAVENET, lieut. A.-M., B.
MELLET, chirurg. S.-A.-M., B.
BERRANGER, capit., B.
KÆBELÉ, lieut., B.
HOUPILLARD, lieut., B.
CEINTURET, s.-lieut., B.

BARRAL, s.-lieut., B. 15 déc. 1812, route du Niémen.
PERGAUD, s.-lieut., B. 18 déc. 1812 au pont du Niémen.
DUMAS, lieut., B. 5 sept. 1813 au pont de Bucken (Hambourg).
SEGOND, s.-lieut., B. 16 sept. 1813, combat devant Hambourg.
GATTELET, lieut., B. 27 nov. 1813, défense de Dantzig.
DESSIRIER, lieut., B. 4 janv. 1814 aux avant-postes devant Hambourg.
CAREY, capit., B. 7 janv. 1814, défense de Sarrelouis (mort le 22).

9 févr. 1814, combat devant Hambourg.
TIROLOY, s.-lieut., B.
LEROY, s.-lieut., B.

MARCHAND, capit., B. 9 févr. 1814, combat de Willemsbourg.

17 févr. 1814, combat de Willemsbourg
(devant Hambourg).
VALLET, capit., T.
SOYER, capit., B. (mort le 19).
RICAUT, capit., B. (mort le 12 mars).
RICARD, col., B.
BÉRAUD, capit., B.
MORGAND, capit., B.
PRUDHOMME, capit., B.
ABEILLE, capit., B.
MARCHAND, capit., B.
CHAUSPRACH, capit., B.
LAMBERT, lieut., B.
FRÉZARD, lieut., B.
LÉONARD, s.-lieut., B.
TAILLANDIER, s.-lieut., B.
MONNERET, s.-lieut., B.

TAILLANDIER, s.-lieut., B. 19 mars 1814, défense de Hambourg.

16 juin 1815, bataille de Ligny.
DUHOUX, chef de bat., T.
MORGAND, capit., T.
RIOT, lieut., T.
PELTRET, chef de bat., B.
BEAUREPAIRE, capit., B.
DESTOR, capit., B.
LEGRAND, lieut. A.-M., B.
DUBOIS, capit., B.
JEHAN, lieut., B.

Monchou, lieut., B.
Fourteau, lieut., B.
Chave, lieut., B.
Leroy, s.-lieut., B.
Morel, s.-lieut., B.

18 juin 1815, bataille de Waterloo.
Vasseur, capit., T.
Léger, lieut., T.
Taillandier, s.-lieut., T.
Fourgeau, capit. A.-M., B.
Levert, chirurg.-M., B.

Jugenelle, capit., B.
Destor, capit., B.
Chausprach, capit., B.
Sureaud, capit., B.
Maserpoix, capit., B.
Segond, lieut., B. (mort le 13 juill.).
Chave, lieut., B.
Tondet, lieut., B.
Pollet, s.-lieut., B.
Mathieu, s.-lieut., B.
Cambassèdes, s.-lieut., B.

62ᵉ Régiment.

30 oct. 1805, au passage de l'Adige.
Antoine, capit., T.
Derebergues, s.-lieut., B.
Marchal, s.-lieut., B.

31 oct. 1805, combat devant Caldiero.
Mousset, s.-lieut., T.
Seigneurie, lieut., B.

24 nov. 1805, combat de Castel-Franco.
Touret, s.-lieut., B.
Georges, lieut. A.-M., B.

Chardonnet, s.-lieut., B. 26 avril 1806, aux avant-postes devant Gaëte.

1806, siège de Gaëte.
Morizot, capit., T. 15 mai.
Vincent, capit., T. 7 juill.
Deschamps, capit., T. 7 juill.
Petit, capit., B. 15 mai (mort le 26).
Pfau, lieut., T. 4 juin.
Ducommun, capit., B. 23 mars.
Monneret, capit., B. 29 juin.
Barrey, capit., B. 22 mai.
Régnier, capit., B. 16 juin.
Rottmann, capit., B. 22 mai.
Fauchier, lieut., B. 29 juin.
Deplaigne, capit., B. 29 juin.
Henry, s.-lieut., B. 5 mai.
Mereau, s.-lieut., B. 19 mai.
Tarnier, s.-lieut., B. 25 mai.
Relongue, lieut., B. 6 juill.

Resnier, s.-lieut., noyé, le 3 mars 1807, dans une expédition sur Capri (Naples).

Rougemont, lieut., T. 18 juin 1807, affaire de Rivello (Calabre).
Toillon, s.-lieut., B. 7 févr. 1808, combat devant Scylla (Calabre).

8 févr. 1808, combat devant Scylla.
Laurent, capit., T.
Dantenis, lieut., B. (mort le 10).

Decommun, capit., B. 25 mars 1808, par des brigands, au pont de Santo-Olivo.
Fabre, lieut., B. 8 juin 1808, étant à la poursuite de brigands en Calabre.
Lamotte, chef de bat., B. 8 mai 1809, bataille de la Piave.

17 mai 1809, combat de Malborghetto (Italie).
Mitault, capit., T.
Miquel, lieut., T.
Bardin, s.-lieut., B. (mort le 15 juin).
Duportail, chef de bat., B.
Rottmann, capit., B.
Berceau, capit., B.
Leroux, lieut., B.
Lefebvre, lieut., B.

14 juin 1809, bataille de Raab.
Compiègne, lieut., T.
Gallien, s.-lieut., T.
Pouchain, s.-lieut., T.
Saint-George, s.-lieut., B. (mort le 28).
Debarre, s.-lieut., B. (mort le 28).
Renaud, s.-lieut., T.
Fadates, s.-lieut., B. (mort le 28).
Duportail, chef de bat., B.

Varez, capit., B.
Legendre, capit., B.
Seigneurie, capit., B.
Desfossez, capit., B.
Meulan, capit., B.
Mereau, capit., B.
Rehm, capit., B.
Follot, lieut., B.
Jacquesson, lieut., B.
Guéniot, lieut., B.
Descombes des Morelles, lieut., B.
Prieur, lieut., B.
Douzon, s.-lieut., B.
Martin, s.-lieut., B.

Poinsignon, chef de bat., B. 1er juill. 1809, aux avant-postes, sur le Danube.

5 et 6 juill. 1809, bataille de Wagram.
Prieur, capit. A.-M., T. 5.
Maljean, capit., B. 5 (mort le 25).
Poinsignon, chef de bat., B. 5.
Dumay, capit., B. 5.
Kayser, capit., B. 5.
Coussaud, chef de bat., B. 5.
Lafond, capit., B. 5.
Magers, capit., B. 5.
Lenouaut, capit., B. 5.
Dufeux, capit., B. 5.
Franck, lieut., B. 5.
Fabre, lieut., B. 5.
Fricot, lieut., B. 5.
Decombes, lieut., B. 6.
Bertrand, s.-lieut., B. 5.
Terrier, s.-lieut., B. 5.
Ganeval, s.-lieut., B. 6.
Guéniot, lieut., B. 6.

Rehm, capit., B. 29 juin 1810, étant à la poursuite de brigands en Calabre (mort le 11 juill.).
Dumay, capit., B. 27 sept. 1811, affaire d'Alda-Delponte (Portugal).

28 nov. 1811, combat de Landrinel (Espagne).
Fauchier, capit., B.
Guéniot, capit., B.

Desfossez, capit., B. 13 janv. 1812, affaire près de Salamanque.

Meulan, chef de bat., B. 5 mai 1812, affaire près de Roda (Espagne).
Bertrand, capit., T. 3 juill. 1812, étant en colonne mobile en Espagne (à Polia).

22 juill. 1812, bataille des Arapiles.
Pinteau, lieut., T.
Rousseau, lieut., B. (mort le 2 oct.).
Poinsignon, chef de bat., B.
Blanchard, chef de bat., B.
Mauvais, capit., B.
Mereau, capit., B.
Fricot, capit., B.
Ithier, capit., B.
Mayer, capit., B.
Breton, lieut., B.
Moutardier, lieut., B.
Barberet, s.-lieut., B.
Lopin, s.-lieut., B.
Raclot, lieut., B.

29 sept. 1812, combat de Logrono.
Dutillet, lieut., B. (mort le soir).
Renaud, lieut., B. (mort le 7 févr. 1813).
Suchon, s.-lieut., T.
Henry, capit., B.
Prieur, capit., B.
Vallet, capit., B.
Cunin, lieut., B.

Vouzelland, s.-lieut., B. 24 avril 1813 aux avant-postes en Espagne (mort le 26).

1813, défense de Saint-Sébastien.
Douzon, capit., T. 17 juill.
Rothmann, lieut., T. 31 juill.
Saint-James, lieut., T. 17 juill.
Toutard, lieut., T. 18 août.
Julteau, lieut., B. 8 juill. (mort le 16).
Thellot, s.-lieut., B. 8 sept. (mt le 15).
Blanchard, chef de bat., B. 28 août.
Blot, capit., B. 17 juill.
Lambert, capit., B.
Cussis, capit., B. 31 août.
Roses, lieut. A.-M., B. 31 juill.
Henry, capit., B. 8 sept.
Debarre, lieut., B. 8 sept.
Delort, lieut., B. 25 juill.
Thomas, lieut., B. 31 juill.
Trimoullier, lieut., B. 31 juill.
Roditaille, lieut., B. 31 juill.

Boyer, s.-lieut., B. 28 août.
Béné, s.-lieut., B. 27 juill.
Kollin, s.-lieut., B. 31 août.

Brousse, lieut., B. 29 sept. 1813, affaire sur l'Elbe.

18 et 19 oct. 1813, bataille de Leipzig.
Berceau, chef de bat., B. 18.
Achery, capit., B. 19.
Haizet, capit., B. 19.
Pacory, lieut., B. 19.
Marqueyret, lieut., B. 18.
Ducommun, s.-lieut., B. 18.
Villé, s.-lieut., B. 19.
Rabiet, s.-lieut., B. 19.
Dauphin, capit., B. 18.
Brousse, lieut., B. 18.

29 janv. 1814, bataille de Brienne.
Miquelard, chef de bat., B.
Joly, capit., B.
Blanquet, s.-lieut., B.
Tisseron, s.-lieut., B.

8 févr. 1814, bataille du Mincio.
Maurin, capit., T.
Ducrot, capit., B.
Leroy, capit., B.

Pierret, capit., B.
Aubriet, lieut., B.
Michaud, s.-lieut., B.

Legay, lieut., B. 10 mars 1814 aux avant-postes en Italie.
Miquelard, chef de bat., B. 10 mars 1814, reprise de Laon.

27 mars 1814, combat de Meaux.
Joux, capit., B. (mort le 17 avril).
Ducommun, s.-lieut., T.
Grandjean, chef de bat., B. (mort le 4 juin).

30 mars 1814, bataille de Paris.
Maqueyrat, capit., B.
Melignon, lieut. A.-M., B.

2 avril 1814, combat de Voreppe, près de Grenoble.
Magers, capit., B.
Bouille, s.-lieut., B.

1ᵉʳ et 2 juill. 1815, défense de Montbéliard.
Gaucher, capit., B. 1ᵉʳ.
Fauché, capit., B. 2.

63ᵉ Régiment.

26 déc. 1806, combat de Golymin.
Grévy, lieut., B. (mᵗ le 27 sept. 1807).
Cassier, sous-lieut., B.
Nogier, capit. A.-M., B.
Donnot, lieut., B.

8 févr. 1807, bataille d'Eylau.
Lacuée, col., T.
Guiton, chef de bat., B. (mort le 10).
Renardet, capit., T.
Cauvin, capit., B. (mort le 10 avril).
Arnal, lieut., B. (mort le 12 mars).
Guillaume, lieut., T.
Resnier, s.-lieut., T.
Lecharron, s.-lieut., T.
Gentil, chef de bat., B.
Garibal, capit., B.
Bonnal, capit., B.
Hotte, capit., B.
Abel, capit., B.

Malmontet, capit., B.
Gillet, capit., B.
Dassieu, lieut., B.
Revel, lieut., B.
Carré, lieut., B.
Joubert, s.-lieut., B.
Boutigny, lieut., B.
Pelluchon, s.-lieut., B.
Riche, lieut., B.
Videau, s.-lieut., B.
Tuech, lieut., B.
Denant, s.-lieut., B.
Garnier, lieut., B.
Bec, s.-lieut., B.

4 et 5 juin 1807, combat du pont de Spanden.
Thonion, s.-lieut., B. 4.
Didiat, s.-lieut., B. 5.

BAUDINOT, s.-lieut., B. 10 juin 1807, bataille d'Heilsberg.

14 juin 1807, bataille de Friedland.
HÉZARD, s.-lieut., B.
LECANUT, s.-lieut., B.
TOURET, capit., B.

JOUBERT, lieut., B. 16 juin 1807, combat sur la Pregel.

10 nov. 1808, bataille d'Espinosa.
POIROT, capit., T.
BOITEL, capit., T.
LEFEBVRE, capit., B.
GODEFROY, lieut., B.
DESNOUHÈS, s.-lieut., B.

3 déc. 1808, à la prise de Madrid.
CAILLET, s.-lieut., B.
MALLET, capit., B.

LEFEBVRE, capit., B. 10 janv. 1809, affaire d'Arganda.
MINARDE, s.-lieut., B. 22 févr. 1809, aux avant-postes en Espagne (mort le 24).
FROY, s.-lieut., B. 23 mars 1809, combat près de Medellin.

22 mai 1809, bataille d'Essling.
GARIBAL, capit., B. (mort le 23 juin).
DELAFERRANDIÈRE, s.-lieut., T.
HAUSER, lieut., T.
MOUCHON, chef de bat., B.
CASSIER, capit., B.
GALLAND, capit., B.
LIGOURE, capit., B.
GACHET, capit., B.
BAUDINOT, lieut., B.
TUECH, lieut. A.-M., B.
VIDEAU, lieut., B.
PIMPERNELLE, lieut., B.
LECANUT, lieut., B.

GOBIN, s.-lieut., T. 21 juin 1809, étant en découverte en Espagne.
BAS, s.-lieut., assassiné le 1ᵉʳ juillet 1809 par des paysans espagnols.

5 et 6 juill. 1809, bataille de Wagram.
CASSIER, capit., B. 5.
BAUDINOT, lieut., B. 5.
BACHELIER, s.-lieut., B. 6.

28 juill. 1809, bataille de Talavera-de-la-Reyna.
DONNOT, capit., B.
VILLE, capit., B.
HOTTE, capit., B.
PELLUCHON, s.-lieut., B.

LACROIX, s.-lieut., B. 4 nov. 1810, affaire de la Nieva (Santa-Maria-de-la-Nueva).
PIMPERNELLE, capit., B. 30 déc. 1810, affaire contre les brigands près Benavente (Espagne).
MOUTARD, s.-lieut., B. 1ᵉʳ janv. 1811 en escortant le Trésor en Portugal.

5 mai 1811, bataille de Fuentès-d'Onoro.
ARNAL, lieut., T.
HUMBERT, lieut., B. (mort le 11).
TOUCHE, s.-lieut., T.
GUILBERT, s.-lieut., T.
MICHEL, chef de bat., B.
GRANGIER, capit., B.
THONION, lieut., B.

16 mai 1811, bataille de La Albuhera.
LAPLAINE, capit., B. (mort).
COURTEILLE, s.-lieut., T.

LOUP, capit., T. 14 juin 1811, combat devant Cadix.
BAUDINOT, capit., B. 30 oct. 1811, combat près de Benavente.

27 août 1812, défense du pont de Triana, évacuation de Séville.
VIDEAU, capit., T.
LEROUGE, lieut., assassiné.
BRIROT, s.-lieut., B. (mort).
LACHAPELLE, lieut., B.
LATTIL, chirurg.-M., B.
BOTTE, chirurg. A.-M., B.
PELLEGRIN, s.-lieut., B.

Avril 1813, défense de Stettin.
QUONIAM, lieut., B. 15 avril.
BERTHIER, s.-lieut., B. 27 avril.

CROUVISIER, capit., B. 7 mai 1813, combat en Saxe.
PERNIER, lieut., B. 21 juin 1813, bataille de Vittoria.

DESTAS, s.-lieut., B. 10 juill. 1813 dans une reconnaissance route de Pampelune.
DEBRAY, s.-lieut., B. 25 juill. 1813, combat du col de Maya.

28 *et* 30 *juill.* 1813, *retraite de Pampelune.*
MEUNIER DE SAINT-CLAIR, col., B. 28.
MEUNIER, s.-lieut., B. 30.

1er *août* 1813, *défense du pont d'Hiali.*
BACHELIER, capit., B.
POMPON, s.-lieut., B.

29 *et* 30 *août* 1813, *affaire de Culm.*
KAIL, col., B. 30.
LAURENT, capit. A.-M., B. 29.
DIDIAT, capit., B. 29.
PETIT, lieut., B. 30.

31 *août* 1813, *combat sur la Bidassoa.*
PLANTON, capit., B.
DEBRAY, s.-lieut., B.
MEUNIER, s.-lieut., B.
BARTHÉLEMY, s.-lieut., B.
VIBERT, s.-lieut., B.

LAURENT, capit. A.-M., B. 13 et 14 sept. 1813, combats d'Hellendorf (Saxe).

15 *et* 17 *sept.* 1813, *combats d'Hellendorf* (*Saxe*).
DESTANTAT, lieut., T. 15.
BARBIER, chef de bat., B. 15 et 17.
LAURENT, capit. A.-M., B. 17.
DIDIAT, capit., B. 15.
GODEFROY, capit., B. 15.
GUIBAUD, capit., B. 15.
DELAFOND, capit., B. 15.
DIGALIN, lieut., B. 15.
SOREIL, s.-lieut., B. 15.

PELLEGRIN, capit., B. 10 oct. 1813, défense de Dresde.

16 *et* 18 *oct.* 1813, *bataille de Leipzig.*
ABRIAL, capit., B. 16.
ALLARD, capit., B. 18.
PRIEUR, capit., B. 18.

LORIOT, capit., B. 18.
LACROIX, lieut., B. 16.
DESTAS, lieut., B. 18.
REVEST, lieut., B. 16.
BOURIOT, s.-lieut., B. 18.
DUROQ, s.-lieut., B. 18.
HARRY, s.-lieut., B. 18 et 19.
LÉCOURT, s.-lieut., B. 18.
MARIÉ, lieut., B. 16.

10 *et* 11 *nov.* 1813 (*combats sur la Nivelle*), *combats devant Bayonne.*
HEUILLARD, capit., T. 10.
DEVARIAUX, lieut., B. 11 (mort le 30).
HÉBERT, lieut., B. 10.
BOUDIER, lieut., B. 10.
PETIT, s.-lieut., B. 10.

13 *déc.* 1813, *combat devant Bayonne* (*sur la Nive*).
DUFAUT, chef de bat., B. (mort le 15).
MILHAU, capit., T.
PELLUCHON, lieut., B. (mort le 14).
PLANTON, capit., B.
BACHELIER, capit., B.
DEBRAY, lieut., B.
MEUNIER, s.-lieut., B.
VIBERT, s.-lieut., B.
GODREUIL, s.-lieut., B.

GODEFROY, capit., B. 17 déc. 1813, étant en reconnaissance devant Bayonne.
HÉZARD, capit., B. 10 janv. et 27 févr. 1814, défense de Neufbrisach.
POMPON, lieut., B. 10 avril 1814, bataille de Toulouse.

16 *juin* 1815, *bataille de Ligny.*
LAURÈDE, col., B. (mort le 27).
MOUTARD, chef de bat., T.
BLANC, capit., B.
VIDEAU, capit., B.
ABRIAL, capit., B.
BELLION, lieut., B.
BOUILLER, lieut., B.
BELLENET, s.-lieut., B.
PETIT, s.-lieut., B.
SOREIL, s.-lieut., B.

64ᵉ Régiment.

Nérin, col., B. 14 nov. 1805, combat de Frankendall.

2 déc. 1805, bataille d'Austerlitz.
Truffier, capit., T.
Bostmanbrun, capit., B. (mort le 7).
Percé, lieut., B. (mort le 3).
Joubert, chef de bat., B.
Fraisse, capit. A.-M., B.
Fruneau, capit., B.
Caffé, chirurg. A.-M., B.
Lachapelle, chirurg. S.-A.-M., B.
Tonnelle, s.-lieut., B.

Mouillaud, capit., B. 10 oct. 1806, combat de Saalfeld.

14 oct. 1806, bataille d'Iéna.
Lachaze, s.-lieut., T.
Imbert, capit., B. (mort le 23 oct.).
Darleux, s.-lieut., B.
Blanche, s.-lieut., B. (mort le 16).
Lillers, lieut., B.
Binet, s.-lieut., B.

26 déc. 1806, combat de Pultusk.
Pichard, chef de bat., B.
Tonnelle, capit., B.
Osullivan, capit., B.
Perrin, capit., B.
Bugeaud, lieut., B.
Hardouin, capit., B.
Baradat, s.-lieut., B.
Godard, capit., B.
Cornibert, s.-lieut., B.
Démoulin, s.-lieut., B.
Guérin, s.-lieut., B.

Develle, s.-lieut., B. 17 janv. 1807, combat près Graudentz.
Guérin, lieut., B. 21 avril 1807, affaire près Ostrolenka.
Darleux, lieut., T. 26 avril 1807, aux avant-postes sur la Narew.
Maigrot, capit., B. 12 mai 1807, aux avant-postes (Pologne).

14 juin 1807, bataille de Friedland.
Nicolas, capit. B. (mort le 9 oct.).

Flers, lieut., B.

Lorain (F.), lieut., T. 2 févr. 1809, siège de Saragosse.
Magnant, capit., B. 25 févr. 1809, affaire de Saint-Sévero (Espagne).
Coste, lieut. A.-M., B. 22 mai 1809, bataille d'Essling (mort 30 juin).
Guéret, chef de bat., B. 22 mai 1809, bataille d'Essling,
Osullivan, capit., B. 15 juin 1809, à Maria (Espagne).

5 et 6 juill. 1809, bataille de Wagram.
Courtois, capit., T. 5.
Guez, chef de bat., B. 5.
Raymond (E.), capit., B. 5.
Lejeune, capit., B. 5.
Raymond (L.), capit., B. 5.
Ramangé, lieut., B. 6.
Berthaud, s.-lieut., B. 5.
Bousquet, s.-lieut., B. 6.
Courseaux, s.-lieut., B. 6.
Coutable, s.-lieut., B. 6.
Tardif, chirurg. A.-M., B. 6.

Pouliquen, lieut. A.-M., B. 27 oct. 1809, en reconnaissance en Espagne (mort le 29).

19 nov. 1809, bataille d'Ocana.
Peschery, col., B. (mort le 2 déc.).
Chevreux, s.-lieut., B. (mort le 28).
Pichard, chef de bat., B.
Chevaillau, capit., B.
Martin, capit., B.
Mouillaud, capit., B.
Bret, lieut., B.
Chabas, lieut., B.
Rigonnaud, s.-lieut., B.

Gourlotte, lieut., T. 20 nov. 1809, combat de Villa-Nueva.
Collet, lieut. A.-M., B. 12 juin 1810, dans une embuscade près de Ronda Espagne (mort le 15).
Guy, lieut., B. 14 juill. 1810, défense de Ronda.

11 août 1810, combat de Villa-Garcia.
DEMUN, lieut., T.
MARTIN, capit., B.
GUÉRIN, lieut., B.
PÉCHOLIER, s.-lieut., B. 10.

1811, siège de Badajoz.
GUÉRINET, s.-lieut., T. 3 févr.
VIGENT, col., B. 7 févr. (m{t} le 14 avril).
FRUNEAU, capit. A.-M., B. 7 févr.
CHEVAILLEAU, capit., B. 7 févr.
DEBENATH, lieut., B. 29 janv.
RIGONNAUD, lieut., B. 7 févr.

16 mai 1811, bataille de La Albuhera.
ASTRUC, chef de bat., T.
LORRAIN (J.), capit., T.
BALISTE, lieut., T.
COURTEILLE, lieut., T.
BRET, capit., B. (mort le 22 nov.).
PICHARD, chef de bat., B.
HENRY, chef de bat., B.
BINET, capit., B.
PERTUIT, capit., B.
CHEVAILLEAU, capit., B.
TONNELLE, capit., B.
LILLERS, capit., B.
MISSET, capit., B.
DÉMOULIN, lieut. A.-M., B.
CHAPSON, lieut., B.
MAISTRE-BOUSSANELLE, lieut. A.-M., B.
BACHE, s.-lieut., B.
BARADAT, lieut., B.
BOLOGNINO, lieut., B.
HARLET, lieut., B.
PÉCHOLIER, lieut., B.
RIGONNAUD, lieut., B.
LOUDOUX, s.-lieut., B.
VERMONDANS, s.-lieut., B.

LAPLAINE, capit., B. 18 mai 1811, dans une reconnaissance en Espagne, près de Séville (mort le 14 juill.).

1812, défense de Badajoz.
GUIMBERTEAU, capit., B. 7 avril.
FOUSSÉ, lieut., B. 3 avril.
LOUDOUX, s.-lieut., B. 2 avril.

MOUILLAUD, s.-lieut., B. 17 nov. 1812, à Samonos (Espagne).
DE SERRA, capit., B. 23 avril 1813, combat de Mondragon.

30 juill. 1813, déblocus de Pampelune.
HUGAND, capit., T.
LAMIRAULT, capit., T.
CHAPSON, lieut., T.
OMALINS, capit., B. (mort le 11 août).
CANEL, lieut., B. (mort le 6 sept.).
MAHUET, capit., B.

1er août 1813, combat d'Etchalar.
MAISTRE-BOUSSANELLE, capit., B.
CHEVILLARD, s.-lieut., B.

HOLTFELTZ, lieut., B. 3 août 1813, aux avant-postes (mort le 9).

26 et 27 août 1813, bataille de Dresde.
LEBLANC, capit., T. 26.
GALTIER, lieut., T. 27.
LEROUX, lieut., T. 27.
TONNARD, s.-lieut., T. 27.
ARNAULD, capit., B. 27 (mort le 12 sept.).
DINANCEAU, major, B. 27.
GABET, chef de bat., B. 27.
BERTHAUD, capit., B. 27.
COUTABLE, capit., B. 26.
PÉCHOLIER, capit., B. 26.
BONHOMME, lieut., B. 27.
MARLIER, lieut., B. 27.

8 sept. 1813, combat de Pirna.
LEMAISTRE, chef de bat., B.
DEVAUX, capit., B.

TEXIER, s.-lieut., B. 8 oct. 1813, combat devant Dresde.
GUY, capit., T. 22 oct. 1813, combat de Neustadt.

10 nov. 1813, combat de Sarre (Pyrénées).
BAUX, capit., B. (mort le 12).
PELLETIER, capit., B. (mort le 30 déc.).
GAILLARD, capit., B.

13 déc. 1813, combat devant Bayonne (sur la Nive).
COUSIN, lieut., T.
COLLINION, capit., B. (mort le 19).
LEVANS, lieut., B. (mort le 8 janv. 1814).
DURAND, s.-lieut., B. (mort le 3 janv. 1814).
LEPAGE, s.-lieut., B. (mort le 11 janv. 1814).

Depanis, chef de bat., B.
Chabas, capit., B.
Girard, capit., B.
Guérin, capit., B.
Michel, capit., B.
Vermondans, capit., B.
Lambert, lieut., B.
Rogoleau, lieut., B.
Mercereau, s.-lieut., B.
Pothin, s.-lieut., B.

Vignot, lieut., B. 7 janv. 1814, défense de Besançon (mort le 28).
Bay, s.-lieut., T. 1ᵉʳ févr. 1814, bataille de la Rothière.

1814, *défense de Besançon.*
Arrault, lieut., B. 31 mars (mort le 2 juill.).
Lemaistre, chef de bat., B. 1ᵉʳ avril.
Medica, capit., B. 1ᵉʳ avril.
Mouchet, capit., B. 31 mars.
Légendre, s.-lieut., B. 31 mars.

1814, *défense de Bayonne.*
Dupont, capit., B. 14 avril (mort le 15).
Chabas, capit., B. 14 avril.
Passarieu, lieut., B. 14 avril.

Pothier, lieut., B. 14 avril.
Cosson, s.-lieut., B. 14 avril.

16 *juin* 1815, *bataille de Ligny.*
Dubalen, col., B. (mort le 20).
Baumes, capit., B. (mort le 19).
Surande, s.-lieut., B. (mort le 20).
Fournols, capit. A.-M., B.
Frascaroli, capit., B.
Revest, capit., B.
Bourjot, lieut., B.
Ducassau, lieut., B.
Vistoo, lieut., B.
Novello, s.-lieut., B.
Morio, s.-lieut., B.
Chapuzot, s.-lieut., B.
Prost, s.-lieut., B.
Vidal, s.-lieut., B.

18 *et* 19 *juin* 1815, *combat de Wavre.*
Collignon, chef de bat., B. 19.
Bernard, capit., B. 19.
Rigonnaud, capit., B. 19.
Charpentier, lieut., B. 19.
Molerot, lieut., B. 18.
Joyeux, s.-lieut., B. 18.
Meunier, s.-lieut., B. 18.
Truffier, s.-lieut., B. 18.

65ᵉ Régiment.

Desroches, capit., B. 11 févr. 1807, blocus de Stralsund.
Vuillemain, lieut., B. 16 mai 1807, siège de Stralsund (mort le 31).
Dartigaux, chirurg. A.-M., B. 7 juin 1807, près d'Heilsberg.

19 *avril* 1809, *défense de Ratisbonne.*
Chaumard, capit., T.
Demestre, s.-lieut., T.
Bardeaux, capit., B.
Deker, capit., B.
Saint-Léon, capit., B.
Coutard, lieut., B.
Rey, s.-lieut., B.
Montbrun, s.-lieut., B.
Varin, s.-lieut., B.
Belbèze, s.-lieut., B.
Wanpoppel, chirurg. S.-A.-M., B.

22 *mai* 1809, *bataille d'Essling.*
Bohant, chef de bat., T.
Gazy, capit., T.
Evette, capit., B.
Goulard, lieut., B.

Winterheld, lieut., B. 6 juill. 1809, bataille de Wagram.

Août 1809, *défense de Flessingue (île de Walcheren).*
Boumard, chef de bat., B. 13 août.
Mehler, capit., B. 2 août.
Thiébault, lieut., B. 2 août.
Duffor, lieut., B. 12 août.
Chevalier, s.-lieut., B. 4 août.

1810, *siège d'Astorga.*
Roessel, capit., T. 22 avril.
Ferrey, lieut., B. 19 avril.

CHOPPART, capit., B. 10 juill. 1810, au siège de Ciudad-Rodrigo.
THIÉBAULT, capit., T. 1er juin 1811, sur la route de Duenas à Cabenas.
CLAIRAC, lieut., B. 18 juin 1811, près de Casrilas, par des brigands espagnols.
KLOSTERHUIS, lieut., B. 22 avril 1812, combat de Villaréal.

Juin 1812, défense de Salamanque.
DUCHEMIN, chef de bat., B. 27 juin.
BORIE, capit., B. 26 juin.
DONNET, capit., B, 19 juin.
DAUXION, s.-lieut., B. 19 juin.
LEZAT, lieut., B. 18 juin.

*18 juill. 1812,
combat devant Salamanque.*
KOELER, lieut., T.
DUTOUR, lieut., T.
DUSOIR, lieut., B.

22 juill. 1812, bataille des Arapiles.
THIMOTÉE, capit., T.
BERTRAND, lieut., B. (mort le 30 sept.).
HUBERT, lieut., B. (mort le 11 août).
CAMPY, col., B.
FAGET, chef de bat., B.
BONTEMPS, capit., B.
VARACHE, s.-lieut., B.

DEKER, capit., B. 11 oct. 1812, combat près de Pampelune.
FOLLY, lieut., B. 2 avril 1813, combat de Castro (Espagne).

2 mai 1813, bataille de Lutzen.
LE SÉNÉCHAL, capit., T.
LAFORE, capit., B. (mort le 27 oct.).
DEMYANNÉE, lieut., B. (mort le 12 juin).
FAUVERTEIX, chef de bat., B.
RAVERDY, lieut. A.-M., B.
VARIN, capit., B.
VANDENSANDE, lieut., B.
SÉNEVÉ, lieut., B.
NARBONNE, s.-lieut., B.

VAUQUELIN, lieut. A.-M., B. 21 mai 1813, bataille de Wurschen (mort le 27).
PUYDEBAT, lieut., B. 18 juin 1813, combat d'Osma (Espagne).

18 juin 1813, aux avant-postes de Vittoria.
FLEURY, lieut., B.
ROBERT, lieut., B.

19 juin 1813, combat devant Vittoria.
MAUFFROY, capit., B. (mort le 23 oct.).
VANDERKERCKOVEN, chirurg.-M., B.

21 juin 1813, bataille de Vittoria.
PELOUSE, capit., B. (mort le 14 juill.).
WARNIER, lieut., B. (mort le 10 sept.).
CORVISIER, capit., B.

22 août 1813, combat de Gieshübel.
VERNIER, lieut., T.
TRUNZER, s.-lieut., T.
PHILIPPE, capit., B.
ANDRIEUX, s.-lieut., B.

26 et 27 août 1813, bataille de Dresde.
MONTEYREMARD, col., B. 27.
VILLENEUVE, major, B. 26 (mort le 14 sept.).
VIELBANS, chef de bat., B. 26.
HOURIE, capit. A.-M., B. 26.
JEANNINGROS, capit., B. 26.
TALBEAUX, s.-lieut., B. 26.

18 oct. 1813, bataille de Leipzig.
ALAIS, capit., B. 18 (mort le 12 janv. 1814).
LAFFON, lieut., T. 18.
ANDRIEUX, lieut., T. 18.
MINUTY, lieut., T. 18.
DENIS, lieut., T. 18.
VIELBANS, chef de bat., B. 18.
PAYAN, lieut., B. 18.
BRUEL, s.-lieut., B. 18.
GUILLAUME, capit., B. 18.

DELIZE, chef de bat., T. 24 oct. 1813, défense de Torgau.

1813, défense de Torgau.
VALETTE, capit., B. (mort le 30 nov.).
PRÉTAT, capit., B. (mort le 26 déc.).

FLEURY, capit., B. 19 nov. 1813, affaire d'Ernani.
CORNÈDE, lieut., B. 9 déc. 1813, combat devant Bayonne.

BONTEMPS, chef de bat., T. 10 déc. 1813, en visitant les avant-postes devant Bayonne.

10 déc. 1813, combat devant Bayonne.
CARDINNE, capit., T.
ROT, capit., B. (mort le 15).
REY, lieut. A.-M., B. (mort le 18).

KLOSTERHUIS, capit., B. 13 déc. 1813, combat sous Bayonne.

27 févr. 1814, bataille d'Orthez.
DE PARRON, capit., B.
FOLLY, capit., B.
BARTHE, lieut., B.
ENEL, s.-lieut., B.

PHILIPPE, capit., B. 9 mars 1814, bataille de Laon.
PAYEN, lieut., B. 25 mars 1814, combat de Fère-Champenoise.

30 mars 1814, bataille de Paris.
GUILLAUME, capit., B.
LEPOULIGUEN, capit., B.
TALBEAUX, s.-lieut., B.

10 avril 1814, bataille de Toulouse.
MARZOLPH, lieut., T.
WEIDER, s.-lieut., B. (mort le 29).
BOITEL, capit., B.
BOURGEOIS, s.-lieut., B.

HIERTHÈS, s.-lieut., B. 20 mai 1815, combat d'Aizenay (Vendée), mort le 10 juin).

21 mai 1815, combat de Saint-Gilles (Vendée).
DUSOIR, capit., T.
SAVORNIN, capit., B.

CASTEL, capit., B. 15 juin 1815, affaire des Mattes (Vendée), mort le 30.

19 juin 1815, combat devant Namur.
DUPONT, lieut., T.
DUFRENEL, capit., B.
MARIGUET, capit., B.
DUFEOR, lieut., B.
CREPIN, lieut., B.
TALBEAUX, s.-lieut., B.
LAROCHE, s.-lieut., B.
NAU, s.-lieut., B.

66ᵉ Régiment.

PELAT, lieut., B. 1ᵉʳ avril 1807, défense d'une batterie de côtes (Morbihan).
LÉTENDART, s.-lieut., B. 10 avril 1808, combat d'Oeiras (Portugal).
SERGENT, capit., T. 23 août 1808, défense de Marie-Galante (Antilles).
MOTTET, lieut., assassiné le 6 janv. 1809, en rejoignant son bataillon en Espagne.
DEBEAUVE, capit., T. 15 janv. 1809, combat devant la Corogne.
MONTANNIER, lieut., B. 29 mars 1809, bataille d'Oporto.
DESBIATS, s.-lieut., T. 4 mai 1809, au pont de Guimarens (Portugal).
CAMBRIELS, col., B. 21 juin 1809, combat à bord de la frégate *la Furieuse*.
DUBOUL, chef de bat., B. 18 déc. 1809, défense de la Guadeloupe.
DAUBINE, capit., B. 30 janv. 1810, défense de la Guadeloupe.

3 févr. 1810, défense de la Guadeloupe (combat du morne Bel-Air).
MAURICE, capit., T.
AUBERT, capit., B.
BRIEN, capit., B.
BERLOT, capit., B.
DE TREDERN, lieut., B.

DEFRANCE, capit., B. 4 févr. 1810, défense de la Guadeloupe.
MONTANNIER, lieut., B. 21 avril 1810, au siège d'Astorga.

21 juin 1810, siège de Ciudad-Rodrigo.
GRIGNON, capit., B.
DE TRONJOLLY, lieut., B.

24 juill. 1810, défense du pont de la Coa, près d'Almeïda.
ELIFFZIUS, lieut., T.
DE TRONJOLLY, lieut., B. (mort en déc.)
COPPIN, lieut., B. (mort le 6 août).

Dutilleux, s.-lieut., T.
Henry, s.-lieut., T.
Béchaud, col., B.
Stavelot, chef de bat., B.
Lefèvre (N.), capit. A.-M., B.
Gallery, capit. A.-M., B.
Pelat, capit., B.
Bonnamazon, capit., B.
Badimon, lieut., B.
Dormy, lieut., B.
Royer, s.-lieut., B.
Bonnet, chirurg. S.-A.-M., B.
Vialette, s.-lieut., B.

27 sept. 1810, bataille de Busaco.

Gourdot, capit., T.
Sevestre, capit., T.
Vaissac, lieut., T.
Viaud, s.-lieut., T.
Arnaud, s.-lieut., T.
Béchaud, col., B.
Vivarès, chef de bat., B.
Carré, capit., B.
Saint-Laurent, capit., B.
Dehogues, capit., B.
Demay, capit., B.
Izambard, capit., B.
Rabin-Grandmaison, lieut., B.
Debar, lieut., B.
Badimon, lieut., B.
Bérardy, lieut., B.
Cosseron de Villenoisy, s.-lieut., B.
Bonnet, chirurg. S.-A.-M., B.
Pardiag, lieut., B.
Stehelin, lieut., B.

6 oct. 1810, combat de Coimbre.

Badimon, lieut., B.
Bonnet, chirurg. S.-A.-M., B.

Cosseron de Villenoisy, s.-lieut., B. 7 oct. 1810, affaire d'Alberla (Espagne).
Pardiag, lieut., B. 7 oct. 1810, affaire d'Alberla.

5 mai 1811, bataille de Fuentès-d'Onòro.

Olivier, lieut., T.
Viel-Dehautmesnil, lieut , T.
Vivarès, chef de bat., B.
Demay, capit., B.
Dormy, capit., B.
Grignon, capit., B.

Sempé, lieut., B.
Lane, s.-lieut., B.

Chadeau, s.-lieut., B. 10 janv. 1812, combat près de Madrid.
Jacotin, s.-lieut., B. 11 janv. 1812, combat en Navarre.

22 juill. 1812, bataille des Arapiles.

Vialette, lieut., T.
Négelin, s.-lieut., T.
Ducheyron, major, B.
Vivarès, chef de bat., B.
Blanchard, capit., B.
Cambérand, capit., B.
Evrard, capit., B.
Demay, capit., B.
Lepreux, capit., B.
Montannier, capit., B.
Baschet, lieut., B.
Pellé, lieut., B.
Guesswillers, lieut., B.
Baltazard, s.-lieut., B.
Lecompte, lieut., B.
Poirier, s.-lieut., B.

Guyot, lieut., B. 8 sept. 1812 par des brigands espagnols.

25 oct. 1812, combat de Villamuriel.

Portenseigne, s.-lieut., T.
Izambard, chef de bat., B.
Colaert, lieut., B.
Poirier, s.-lieut., B.

2 mai 1813, bataille de Lutzen.

Béchaud, capit., B.
Poirier, s.-lieut., B.
Vautier, s.-lieut., B.

Gillet, capit., T. 21 mai 1813, bataille de Wurschen.
Lesclive, s.-lieut., B. 3 juin 1813 aux avant-postes en Saxe.

29 et 30 juill. 1813, retraite de Pampelune.

Jaquier, chef de bat., B. 30.
Mestais, capit., B. 30.
Riva, lieut., B. 30.
Bellon, chirurg. A.-M., B. 29.
Bonlaron, capit., B. 30.

MINAULT, capit., B. 31 juill. 1813, route de Pampelune (mort le 29 nov. 1813).

16 oct. 1813, bataille de Leipzig.

PETIT-PRESSIGNY, s.-lieut., T.
SILLÈGUE, chef de bat., B.
PÉTRY, capit., B.
GUESSWILLERS, capit. A.-M., B.
DORMY, capit., B.
JOUANNE, capit., B.
VAUTIER, lieut., B.
POITTEVIN, lieut., B.

BENOIT, capit., B. 28 oct. 1813, combat près de Hanau.
ACHARD, s.-lieut., B. 30 oct. 1813, bataille de Hanau.

DAVID, lieut., B. 2 mars 1814, défense de Metz.
PEYRAUD, s.-lieut., B. 7 mars 1814, bataille de Craonne.
COLLOT, lieut., B. 9 mars 1814, bataille de Laon.
VANNEAU, lieut., B. 13 mars 1814, reprise de Reims.
PEYRUSSE, chirurg. A.-M., B. 29 mars 1814, combat de Saint-André-de-Cubzac.

14 avril 1814, sortie de la garnison de Bayonne.

HANER, chef de bat., B.
PERNELLE, lieut. A.-M., B.

67ᵉ Régiment.

DUPUIS, s.-lieut., B. 22 juill. 1805, combat du cap Finistère.

21 oct. 1805, bataille navale de Trafalgar.

MAGNIEN, capit., T.
MANCEL, s.-lieut., T.
MONGINOT, s.-lieut., T.
LEROUX, lieut., B. et noyé.
JACQUEMET, chef de bat., B.
CARLY, capit. A.-M., B.
DEMONCHEAUX, capit., B.
MÉRIAUX, capit., B.
DUCRET, lieut., B.
DUPUIS, lieut., B.
FRANCHET, lieut., B.
LABARTHE, lieut., B.
L'AUGRAY, lieut., B.
MACHAT, lieut., B.
MARÉCHAL, lieut., B.
MONS, lieut., B.
RACAUD, lieut., B.
RATIVEAU, lieut., B.
BAILLE (1), s.-lieut., B.
BEAU, s.-lieut., B.
BEURTHE, s.-lieut., B.
GEORGES, s.-lieut., B.
TAFFIN, s.-lieut., B.

(1) Baille de Beauregard.

4 nov. 1805, combat naval du cap d'Ortal.

FRANCHET, lieut., B.
VENET, s.-lieut., B.

PERRIN, s.-lieut., B. 6 août 1807, siège de Stralsund.
BITAUBÉ, s.-lieut., B. 25 févr. 1809, combat de Vals (Catalogne).
DEFRANCE, s.-lieut., B. 30 mars 1809, combat de Castellon (Catalogne).
LACHAPELLE, lieut., T. 24 avril 1809, combat de Roveredo (Italie).

26 avril 1809, combat contre les insurgés du Tyrol.

BORDENAVE, capit., B. (mort le 10 mai).
ROCHERON, s.-lieut., B. (mort le 10 mai).
MILHAUD, s.-lieut., B.

21 et 22 mai 1809, bataille d'Essling.
BERNARD, capit., T. 21.
GUENOT, s.-lieut., T. 22.
LAFFONT, s.-lieut., T. 22.
CARRON, lieut. A.-M., B. 22 (mort le 12 juin).
JACQUEMET, chef de bat., B. 22.
RIGNEAULT, capit., B. 21.
MARTINET, capit., B. 21.
SAINT-AUBIN, capit., B. 22.
COLLARD, lieut., B. 21.

DAVID, lieut., B. 21.
DELAMARRE, lieut., B. 22.
MAZADE, lieut., B. 22.
MOREAU, lieut., B. 22.
BALDY, s.-lieut., B. 21.
DUMETZ, s.-lieut., B. 21.
FABREGUETTE, s.-lieut., B. 22.
SERY, s.-lieut., B. 22.

MILHAUD, s.-lieut., B. 6 juin 1809, combat de Klagenfurth (Tyrol).
BRUYENNE, lieut., B. 12 juin 1809, dans une reconnaissance en Catalogne.

6 juill. 1809, bataille de Wagram.
LAFARGUE, lieut., T.
DUTOURP, lieut. A.-M., B. (mort le même jour).
SOLLIN, s.-lieut., B. (mort).
GRANDPRÈS, lieut., B. (mort le 4 nov.).
PETIT, col., B.
DÉJARDIN, capit., B.
LABORNE, capit., B.
LEBON, capit., B.
LIMELETTE, capit., B.
COLLARD, lieut., B.
DELAMARRE, lieut., B.
DUROCHERET, lieut., B.
MOREAU, lieut., B.
DESJARDIN, s.-lieut., B.
HUGUET, s.-lieut., B.
LABORNE, s.-lieut., B.
RESIN, s.-lieut., B.

3 avril 1810, prise du monastère du Montserrat (Catalogne).
THOMAS, capit., T.
AUGÉ, capit., B.
PERRIN, lieut., B.

5 déc. 1810, combat près d'Olot.
PALLIN, capit., B.
FOUCHÉ, capit., B. (mort le 5 mai 1811).

HUGUET, capit., B. 7 déc. 1810, combat en Catalogne.
PONS, s.-lieut., B. 3 janv. 1811, combat en Catalogne.
HERTZOP, s.-lieut., B. 8 mars 1811, dans une reconnaissance en Catalogne (mort le 2 mai).

1811, combats d'Olot.
BELATON, capit., B. 17 mars.
WANDERLIN, capit., B. 13 avril.

WANDERLIN, capit., B. 6 mai 1811, affaire de Casteljoli.

1811, blocus de Figuières (Catalogne).
LAUTIER, s.-lieut., T. 15 avril.
LUCAS, capit., B. 11 avril (mort le 29).
HERTZOG, lieut., B. 15 avril (mort le 2 mai).
LIMELETTE, capit., B. 18 août.
BELMER, capit., 24 avril.
SAUNIER, capit., B. 11 juin.
MILHAUD, lieut., B. 20 mai.
ISSERT, s.-lieut., B. 14 mai.
MALOT, s.-lieut., B. 11 avril.

SANNIER, capit., B. 11 juin 1811, combat de Terrada (Catalogne).
HALBIQUE, lieut., B. 3 déc. 1811, combat de Saint-Celoni (Catalogne).
DELAMARRE, capit., B. 2 févr. 1812, à Olot (Catalogne).
DEMAILLY, lieut., B. 3 févr. 1812, affaire près de Saint-Celoni (Catalogne).
FOUACHE, s.-lieut., B. 22 févr. 1812, en Catalogne (mort le 26 févr.).
ALBUSTROF, s.-lieut., B. 3 mars 1812, combat de Saint-Privat (Catalogne).
GONIAT, s.-lieut., B. 5 mars 1812, combat en Catalogne.

9 juin 1812, combat d'Olot.
BONNET, lieut., B.
GRIMAUD, s.-lieut., B.

MOREAU, capit., B. 20 déc. 1812, en escortant un convoi en Catalogne.
BIZET, s.-lieut., B. 5 mars 1813, défense d'Olot.

30 avril 1813, en escortant un convoi en Catalogne.
LACROIX, lieut., T.
PALLARÉS, lieut., T.
PAYAN, capit., B.
GRIMAUD, lieut., B.

2 mai 1813, bataille de Lutzen.
GALLOIS, capit. A.-M., T.

CLAPARÈDE, s.-lieut., B. (mort le 26 août).
PÉRATHON, chef de bat., B.
DUBUISSON, lieut. A.-M., B.
MEUNIER, lieut., B.
SCIARD, lieut., B.

DALAN, lieut., B. 11 mai 1813, passage de l'Elbe près Dresde.
SERRE, lieut., B. 20 juin 1813, combat d'Ordal (Catalogne).

21 *mai* 1813, *bataille de Würschen.*
DELONGUEVAL, capit., B.
LABORNE, capit., B.
MALOT, capit., B.
MARÉCHAL, capit., B.
RIGNEAULT, capit., B.
COURCIER, lieut., B.
LANNOY, lieut., B.
MICHEL, s.-lieut., B.

28 *mai* 1813, *affaire d'avant-postes en Saxe.*
MORAL, capit., B.
LOMBARD, lieut., B.
DEVERTU, capit., B. 30 août 1813, combat près Villach (Illyrie).

6 *sept.* 1813, *bataille de Juterbock.*
BELATON, capit., T.
PENLOU, capit., T.
CARLES, s.-lieut., T.
MASSON, s.-lieut., T.
ROMIGNIER, s.-lieut., T.
PÉRATHON, chef de bat., B.
DELONGUEVAL, capit., B.
GINGUENÉ, capit., B.
L'HÔTE, lieut., B.
HAAS, lieut., B.
LAPROSE, s.-lieut., B.
MICHEL, s.-lieut., B.

4 *oct.* 1813, *combat de Saint-Privat (Catalogne).*
PUJAC, lieut., T.

CASSARD, capit., B.
CÉZARY, lieut., B.

DUBUISSON, capit., B. 9 nov. 1813, combat près de Mayence.
TASSORELLI, chirurg. A.-M., B. 21 nov. 1813, défense de Venise.
COULÈS, lieut., B. 18 févr. 1814, combat de Meximieux.
PAGET, s.-lieut., B. 18 févr. 1814, défense de Mantoue.

20 *févr.* 1814, *combat de Bourg-en-Bresse.*
BOISSEL, s.-lieut., B.
BRUGNIÈRES, s.-lieut., B.

FLORENCE, s.-lieut., B. 2 mars 1814, prise de Parme.

11 *mars* 1814, *combat de Mâcon.*
DUROCHERET, capit., T.
BELLON, capit., B.
MERME, capit., B.
SERY, capit., B.
COULÈS, lieut., B.
COULON, lieut., B.
PRADAL, lieut., B.
DUPUICH, s.-lieut., B.
NOUGARÈDE, s.-lieut., B.

18 *mars* 1814, *combat près Villefranche (Rhône).*
DUPUICH, s.-lieut., B.
TARRIDE, s.-lieut., B.

ALLEIGNE, s.-lieut., B. 19 mars 1814, affaire près Lyon (mort).
CLÉRISSE, s.-lieut., B. 20 mars 1814, combat de Lyon.
SOUVERAIN, lieut. A.-M., B. 13 avril 1814, combat de La Sturla, près Gênes.
RAJASSE, lieut., B. 17 avril 1814, combat près Gênes.

69ᵉ Régiment.

14 oct. 1805, combat d'Elchingen.
Robert, capit., T.
Paris, lieut., T.
Franc, s.-lieut., T.
Lombard, s.-lieut., B.
Dupont, capit. A.-M., B.
Camelier, capit., B.
Collet, capit., B.
Giraud, capit., B.
Pascal, capit., B.
Toulouse, capit., B.
Berret, s.-lieut., B.
Lanty, s.-lieut., B.
Dartigues, lieut., B.

Pélicot, lieut., T. 3 nov 1805, affaire du pont de Leutach.

10 nov. 1805, combat de la vallée de Sternach.
Sainson, capit., T.
Doumet, lieut., B.
Berret, s.-lieut., B.

Pioggey, chirurg. S.-A.-M., B. 20 nov. 1805, affaire dans le Tyrol.
Gaffé, s.-lieut., B. 4 déc. 1805, attaque du fort de Leutach (m¹ le même jour).

14 oct. 1806, bataille d'Iéna.
Nicolas, lieut., B.
Bernachot, s.-lieut., B.

25 déc. 1806, combat de Soldau.
Meignan, capit., B.
Chaumet, lieut., B.
Martinet, lieut., B.
Faré, s.-lieut., B.
Paris, lieut., B.

Berret, s.-lieut., T. 10 févr. 1807, affaire près de Soldau.
Avisse, lieut., B. 12 mai 1807 dans une affaire près de Dantzig.

5 juin 1807, combat de Guttstadt.
Mandeville, chef de bat., B.
Faré, lieut., B.
Gaillard, lieut., B.

Monnier, lieut., B.
Moulin, lieut., B.

6 juin 1807, combat de Deppen.
Demange, capit., B.
Lemoine, capit., B.

14 juin 1807, bataille de Friedland.
Castillon, capit., T.
Oternaud, s.-lieut., T.
Tardieu, chef de bat., B. (mort le 5 août).
Audibert, capit., B. (mort le 5 juill.).
Delpech, capit., B. (mort le 29).
Fririon, col., B.
Magne, chef de bat., B.
Fournier, capit., B.
Lemoine, capit., B.
Poupon, capit., B.
Reboul, capit., B.
Seguin, capit., B.
Dufour, lieut. A. M., B.
Bernachot, s.-lieut., B.
Cros, lieut., B.
Chaillard, s.-lieut., B.
Davesne, s.-lieut., B.
Dupuy, s.-lieut., B.
Lambert, s.-lieut., B.

Lespagnol, chirurg. S.-A.-M., B. 23 mars 1809, en escortant des blessés à Saint-Jacques (Galice).
Reboul, capit., B. 12 avril 1809, combat de Pontevedra (Galice).

3 mai 1809, combat d'Ebersberg.
Delabit, capit., B. (mort le 10).
Versillier, s.-lieut., B.

19 mai 1809, combat de Lugo.
Collard, lieut., B. (mort le 24).
Thouvenin, lieut., B.

22 mai 1809, bataille d'Essling.
Poupinet, lieut., T.
Pouteaux, chef de bat., B.
Giraud, capit., B.
Brun, s.-lieut., B.

LEMOINE, capit., T. 23 mai 1809, combat de Santiago (Espagne).

---

5 et 6 juill. 1809, bataille de Wagram.
BRUN, s.-lieut., T. 5.
DESCOTTIGNIES, chef de bat., B. 5.
BURTY, capit., B. 6.
TERRE, capit., B. 5.
FARÉ, lieut. A.-M., B. 6.
DELÉTANG, lieut., B. 5.
FOURNIER, lieut., B. 5.
DELAGE, s.-lieut., B. 5.
HANKÉ, s.-lieut., B. 5.

---

18 oct. 1809, combat de Tamamès (Espagne) (entre Rodrigo et Salamanque).
ARMAND, capit., T.
LAMBERT, s.-lieut., T.
COUTIER, capit., B.
GAILLARD, capit., B.
CHAUMET, lieut., B.
COLLIN, lieut., B.

IBRY, lieut., B. 29 mars 1810, affaire de Saumunoz (Salamanque).
RAIBAUD, capit., B. 24 juin 1810, siège de Ciudad-Rodrigo.

1810, siège d'Almeïda.
LHUILLIER, s.-lieut., B. 26 juill.
ROUX, s.-lieut., B. 25 août.
DEUSTER, lieut., B. 2 sept.

---

27 sept. 1810, bataille de Busaco (Portugal).
ROUX, capit., B. (mort le 10 nov.).
PICHON, lieut., B. (mort le 7 oct.).
BÉRA, s.-lieut., B. (mort le 4 oct.).
LÉONARD, s.-lieut., B. (mort le 9 déc.).
DUTHOYA, chef de bat., B.
BAUDRY, capit., B.
COUTIER, capit., B.
BLANC, capit., B.
FAUVERTEY, capit., B.
HAUCK, capit., B.
MOULIN, capit., B.
AGNELLY, capit., B.
REYNAUD, capit., B.
VINCENT, capit., B.
DARTIGUES, capit., B.
GARNIER, lieut., B.
ROUX dit DERAZE, lieut., B.

FAUCHIER, s.-lieut., B.
TARDIEU, s.-lieut., B.

DUFOUR, capit., B. 17 oct. 1810, combat près Tolède.

---

5 mai 1811, bataille de Fuentès-d'Onoro.
SOURD, capit., T.
LABRIC, lieut., T.
FRIRION, s.-lieut., T.
FRIRION, col., B.
TERRE, capit., B.
CHABERT, s.-lieut., B.
NEUVILLE, s.-lieut., B.
RAGOT, s.-lieut., B.
CHAUBRY, lieut., B.

SOULLIER, lieut., B. 11 mai 1811, évacuation d'Almeïda.
THOMAS, s.-lieut., B. 5 juin 1811, près Almeïda.
CHAUBRY, capit., T. 5 avril 1812, combat d'Elcampillo.

---

22 juill. 1812, bataille des Arapiles.
RIGAUD, capit., B. (mort le 25).
PYL, lieut., B. (mort le 26).
CAREL, chef de bat., B.
FOURNIER, capit., B.
MARUS, capit., B.
ROUX, capit., B.
THÉNOT, lieut., B.
BATAILLARD, s.-lieut., B.
CHABERT, s.-lieut., B. 23.
MARCEL, s.-lieut., B.

FRÉLY, lieut., B. 19 déc. 1812, étant en colonne mobile à Morallès-de-Toro (Espagne).

---

2 mai 1813, bataille de Lutzen.
DESCORAILLES, capit., T.
LIENHARD, s.-lieut., T.
BARBOUJAC, chef de bat., B.
HAUKÉ, capit., B.
ROUX dit DERAZE, capit., B.
OGONIOT, lieut., B.
BOISSENIER, s.-lieut., B.
BOIZARD, s.-lieut., B.

---

11 mai 1813, combat de Castro-Urdiale.
GIRAUD, chef de bat., B. (mort le 12).
BATAILLARD, capit., B.

21 mai 1813, bataille de Würschen.
BARBOUJAC, chef de bat., B.
BAUDRY, capit., B.
GENEVAY, capit., B.
GENOT, lieut., B.
LEMOINE, lieut., B.
PERROT, lieut., B.
PORTET, s.-lieut., B.
PORTEZ, s.-lieut., B.

25 et 26 juin 1813, combats de Tolosa.
LABAIG, lieut., T. 26.
BRUCKER, s.-lieut., T. 25.
TRAMUS, lieut., B. 25 (mort le 16 juill.).
HAUFFER, s.-lieut., B. 25 (mort le 19 juill.).

25 juill. 1813, combat du col de Maya.
CALLET, capit., B. (mort le 26).
GÉRAL, capit., B.
GOUJET, s.-lieut., B.
HOTELAIN, s.-lieut., B.
HUX, s.-lieut., B.

26 août 1813, bataille de Dresde.
PATRU, capit., B. (mort le 30).
LESPAGNOL, chirurg. A.-M., B.
MILLARD, lieut., B.
MOZET, s.-lieut., B.
PEIGNOT, s.-lieut., B.

30 août 1813, combat de Buntzlau.
LEMOINE, capit., B.
BOUTERIN, lieut., B.
PORTEZ, s.-lieut., B.

JOBERT, major, B. 18 sept. 1813, en visitant les avant-postes en Saxe.

18 et 19 oct. 1813, bataille de Leipzig.
AUBINEAU, capit., T.
FAUCHIER, capit., T.
MARTINET, lieut., T.
DELAMOTTE DE BERNICO, s.-lieut., T.
MONTEIL, s.-lieut., T.
LEDONNÉ, major, B. (mort le 26).
DEMESANGE, capit., B. (mort le 23 déc.).
PERROT, lieut., B. (mort le 23 déc.).
CHADUC, s.-lieut., B. (mort le 27).
ROYER, s.-lieut., B. (mort le 29).
TURC, chef de bat., B.
DAUBERTE, capit., B. 19.
BERNARD, capit., B.

GENOT, capit., B.
LEMOINE, capit., B.
QUESNEL, capit., B. 18 et 19.
BOIZARD, lieut., B.
BOUTERIN, lieut., B.
DE GLYME, lieut., B.
MOZET, lieut., B.
SIBERT, lieut., B.
BERGERET, s.-lieut., B.
CORNET, s.-lieut., B.
DEPRET, s.-lieut., B.
DUCROCQ, s.-lieut., B.
MAILLARD, s.-lieut., B.
PAILLET, s.-lieut., B.
TESSET, s.-lieut., B.
THIERRY, s.-lieut., B.

10 nov. 1813, combat d'Espelette (Pyrénées).
GUINAND, col., T.
BERNACHOT, capit., B.
FOY, capit., B.
ROZÉ, capit., B.
BATAILLARD, lieut., B.
HUX, s.-lieut., B.

10 déc. 1813, combat près Bayonne.
GARAMPONT, capit., B. (mort le 17 janv. 1814).
ROHMER, capit., B.
BOISSELOT, lieut., B.

13 déc. 1813, combat près Bayonne (sur la Nive).
GUGLIERY, capit. A.-M., B.
FOURNIER, capit., B.
BATAILLARD, lieut., B.
BENOIT, lieut., B.
UHLRICH, lieut., B.
BOULARD, s.-lieut., B. (présumé mort à Bayonne).
MARCHANDÉ, s.-lieut., B.
MÉGY, capit., B.

1er janv. 1814, combat devant Bayonne.
MARCEL, capit., B.
MARUS, capit., B.

15 févr. 1814, défense de Luxembourg.
HANTZ, s.-lieut., T.
GAVOILLE, capit., B.

FABRE, s.-lieut., B. 18 févr. 1814, combat devant Bayonne (m⁺ le 1ᵉʳ mars).

27 févr. 1814, bataille d'Orthez.
ALLARD, capit., T.
CROIZADE, capit., T.
BERNACHOT, capit., B.
DANNER, capit., B.
GARNIER, lieut., B.
LABILLE, lieut., B.

2 mars 1814, combat de Aire.
SCHIMPF, capit., B. (mort le 13).
LHUILLIER, capit., B.

19 mars 1814, combat de Vic-de-Bigorre.
GUGLIERY, capit., B.
FREDURE, lieut., B.

10 avril 1814, bataille de Toulouse.
ROBLIN, lieut., T.

ROZE, capit., B.

16 juin 1815, bataille de Ligny.
BERNACHOT, capit., T.
ROUX-DERAZE, capit., T.
KLEIN, lieut., T.
PIERRE, lieut., T.
GUILLEMAUN, s.-lieut., T.
BESANÇON, s.-lieut., B.
FRELY, s.-lieut., B.
HERLUISON, s.-lieut., B.
NEULAT, s.-lieut., B.
SZELG, s.-lieut., B.

2 juill. 1815, combat devant Paris.
ANDRIEUX-SÉRIZIAT, capit., B.
HUSSON, capit., B.
GAULY, lieut., B.
OUDART, lieut., B.
PIEDORT, lieut., B.

70ᵉ Régiment.

MENET, s.-lieut., T. 21 oct. 1805 à la bataille de Trafalgar.
REY, capit., T. 15 juin 1808, combat devant Saragosse.
PUTON, capit., B. 11 juill. 1808, combat devant Saragosse.
ROBERT, col. à la suite, B. 4 août 1808, attaque de Saragosse.

17 août 1808, combat de Roriça (Portugal).
GRATIEUX (J.-B.), capit., B. (mort le 30 oct.).
BOCQUET, s.-lieut., T.
ROQUES, s.-lieut., B. (mort le 21 oct.).
ROUYER, col., B.
NAGONNE, chef de bat., B.
GRATIEUX (P.-A.), capit. A.-M., B.
QUILLET, capit., B.
LABADIE, capit., B.
LABAT, capit., B.
TAFFOUREAU, lieut., B.
LAPLACE, lieut., B.
PARIS, lieut., B.
GRONNIER, s.-lieut., B.
CORRÉARD, s.-lieut., B.
MAZURIER, s.-lieut., B.

LEMAIRE, s.-lieut., B.
LEFEURE, s.-lieut., B.
ALBERT, s.-lieut., B.

21 août 1808, bataille de Vimeiro (Portugal).
GRAVIER, capit., T.
RADIGUET, capit., T.
LARRIU, lieut., B.
BEAUVOLLIER, lieut., B.
MAGNE, lieut., B.
CORNET, lieut., B.

CHOMPRÉ, s.-lieut., B. 24 déc. 1808, au siège de Saragosse.

16 janv. 1809, combat de La Corogne.
ROUYER, lieut., B. (mort le 18 mai).
LABADIE, chef de bat., B.
LAVIGNE (B.-J.), chef de bat., B.
RABE, capit., B.
MORIN, s.-lieut., B.
DOUTTÉ, s.-lieut., B.

30 mars 1809, prise d'Oporto.
GRATIEUX (P.-A.), capit., B. (mort le 15 avril).

Puton, lieut., B. (mort le 22 avril).
Husson, capit., B. 17 avril 1809 aux avant-postes d'Amarante.
Roy, capit., B. 18 avril 1809 en défendant le pont d'Amarante.
Doutté, s.-lieut., B. 11 mai 1809, combat devant Oporto.

12 mai 1809, évacuation d'Oporto.
Charlois, capit., T.
Bézard, capit., T.
Gateaux, s.-lieut., B. (mort le 12 juin).
Servin, chef de bat., B.
Besson, chef de bat., B.
Folin, capit., B.
Labat, capit., B.
Merlin, capit., B.
Journel, capit., B.
Vernus, lieut., B. 11.
Paris, lieut., B.
Barberet, s.-lieut., B.

Guyot-Durpaire, capit., B. 25 nov. 1809 en escortant des prisonniers à Madrid.
Gros, capit., B. 28 mars 1810, étant en colonne mobile en Espagne.
Gallois, chirurg. S.-A.-M., assassiné le 6 avril 1810 dans une rue à Madrid.
Taffoureau, lieut., B. 21 avril 1810 au siège d'Astorga.

27 sept. 1810, bataille de Busaco (en avant de Coimbre).
Salay, capit., B. (mort).
Leboucher, lieut. A.-M., T.
Lanchère, lieut., T.
Fallot, lieut., T.
Langlois, s.-lieut., B. (mort le 1er oct.).
Thomas, s.-lieut., B. (mort).
Lavigne, col., B.
Lavigne (B.-J.), chef de bat., B.
Labadie, chef de bat., B.
Dankaert, capit., B.
Favre, capit., B.
Labat, capit., B.
Magny, capit., B.
Merlin, capit., B.
Sigre, lieut., B.
Bouland, lieut., B.
Larquier, lieut., B.
Bourbeault, s.-lieut., B.

Gravier-Dumonceaux, s.-lieut., B.

Pointurier, chef de bat., B. 20 mars 1811, étant à la poursuite des brigands portugais.

3 avril 1811, combat de Sabugal.
Lavigne, col., B. (mort le 4).
Cassereaux, lieut., T.
Fabre, lieut. A.-M., B. (mort le 4).
Velland, s.-lieut., T.
Laroche, chirurg.-M., B.
Duhalde, capit., B.
Labat, capit., B.
Taffoureau, capit., B.
Arthaud, capit., B.
Doutté, lieut., B.
Darolles, lieut., B.
Debacq, lieut., B.
Guiot, lieut., B.
Lemaire, lieut., B.
Thomas, lieut., B.
Chadirac, lieut., B.

Galliac, capit., B. 20 mai 1811 dans un combat naval près de Madagascar.
Renaud, capit., B. 6 nov. 1811 dans une reconnaissance en Portugal.

28 mars 1812, combat d'Osorno (Espagne).
Boileau, capit., T.
Gros, chef de bat., B.
Chompré, capit. A.-M., B.
Desclaux, s.-lieut., B.
Ketler, s.-lieut., B.

Chevalier, capit., B. 4 avril 1812, affaire de Palacia.
Montfaucon, lieut., B. 30 avril 1812, combat près d'Osorno.

22 juill. 1812, bataille des Arapiles.
Poumiés, capit., T.
Bonnechôse, capit., B. (mort).
Dumareix, col., B.
Chevalier, capit., B.
Nonat, s.-lieut., B.

Desrolines de la Motte, capit., B. 25 déc. 1812, étant en reconnaissance en Espagne.

15 janv. 1813, combat de Sahagan (Royaume de Leon).
LABADIÉ, chef de bat., B.
PANDOLFI, capit., B.
CHADIVAC, capit., B.
MIQUELARD, capit., B.

20 mai 1813, bataille de Bautzen.
MORIN, s.-lieut., B.
GUIOT, capit., B.
BARBEY, s.-lieut., B.

28 juill. 1813, retraite de Pampelune.
DESCUNS, s.-lieut., B. (mort le 26 août).
LEVASSEUR, capit., B.
MONTEILS, lieut., B.
PICARD, lieut., B. 29.
GUDIN, lieut., B.

16 et 18 oct. 1813, bataille de Leipzig.
BUSSON, capit., B. 18 (mort).
DOUAT, lieut., T. 18.
ARTHUYS, s.-lieut., B. 18 (mort le 27 nov.).
SAUGE, major, B. 18.
VAUDRY, chef de bat., B. 18.
ROY, capit., B. 18.
QUARRÉ, capit., B. 18.
BERNES, capit., B. 18.
DAVOIS, capit., B. 18.
BÉCAT, lieut., B. 18.
PERRIN, s.-lieut., B. 16.
LIORÉ, s.-lieut., B. 16.
DAIRET, s.-lieut., B. 16.
DUCASSE, s.-lieut., B. 18.
LE LIEURRE DE LAUDEPIN, lieut., B. 16.

DEBACQ, capit., B. 7 oct. 1813, combat sur les Pyrénées (montagne de la Reine).

10 nov. 1813, combat de Sarre (Pyrénées).
JUMEAUX, s.-lieut., B. (m^t le 13 mars).
KERINGER, s.-lieut., B. (mort le 18).
BOYER, lieut. A.-M., B.

11 déc. 1813, combat de Saint-Pierre-d'Irube.
COGNET, capit., B. (mort).
DELPORT, lieut., B.

CHOMPRÉ, capit., B. 1er févr. 1814, combat de la Rothière.

30 janv. 1814, combat de Vassy.
PERRIN, lieut., B. 29.
MALLET, lieut., B.
HOLBE, s.-lieut., B.
CATIN, s.-lieut., B.

10 févr. 1814, combat près de Bail.
ETIENNE, lieut., B. (mort).
SEIGNEURIE, capit., B.

27 févr. 1814, bataille d'Orthez.
MARTIN, s.-lieut., B.
BERNARD, s.-lieut., B.

FOLLIN, chef de bat., B. 25 mars 1814, combat de Fère-Champenoise.
DAROLES, s.-lieut., B. 28 mars 1814, combat devant Paris (mort le 30 avril).

30 mars 1814, bataille de Paris.
VAUDRY, chef de bat., B.
DAVOIS, capit., B.
GOURG, s.-lieut., B.
GONTHIER, s.-lieut., B.
DESTOUET, s.-lieut., B.

14 avril 1814, défense de Bayonne.
SAINT-ETIENNE, chef de bat., B. (mort le 19).
SAINT-PERN, capit., T.
FAYET, s.-lieut., T.
DELPORT, lieut., B.
COLOMBE, s.-lieut., B.
LECONTE, s.-lieut., B.

16 juin 1815, bataille de Ligny.
MAURY, col., T.
WERGER, capit. A.-M., B.
SIGRE, capit., B.
CORRÉARD, capit., B.
FREMONT, capit., B.
FONTAINE, lieut., B.
SOYER, lieut., B.
LEVILLAIN, lieut., B.
PETITJEAN, s.-lieut., B.
VERRIER, s.-lieut., B.
NAU, s.-lieut., B.

18 *juin* 1815, *combat de Wavre.*
Uny, col., T.
Empereur, capit., T.

Faure, lieut., B.
Thiroux, s.-lieut., B.

72e Régiment.

Marbœuf, chef de bat., B. 16 avril 1807, affaire de Ferdinandshoff (contre les Suédois).

14 *juin* 1807, *bataille de Friedland.*
L'Hermitte, capit., T.
Marin, capit., T.
Morel, capit., T.
Fauquet, chef de bat., B. (mort le 18 juill.).
Bergault, capit., B. (mort le 15).
Gaillardot, capit., B. (mort le 4 juill.).
Huet, capit., B. (mort le 3 août).
Meslé, capit., B. (mort le 16).
Tillac, capit., B. (mort le 15).
Brindau, s.-lieut., B. (mort le 2 juill.).
Figatier, col., B.
Chauvelot, capit., B.
Gaillard, capit., B.
Bazelle, capit., B.
Mercier, capit., B.
Chaillery, s.-lieut., B.
Dufresne, lieut., B.
Teste, lieut., B.
Ledos, lieut., B.
Cochoix, s.-lieut., B.
Leseur, lieut., B.
Royer, lieut., B.

19 *avril* 1809, *combat de Thann.*
Chauveau, s.-lieut., T.
Ambroise, s.-lieut., B. (mort le 10 mai).
Melton, capit., B.
Gaillard, capit., B.
Lefizelier, capit., B.
Poirier, capit., B.
Marigny, lieut., B.
Moulin, lieut., B.
Royer, lieut., B.
Chambelland, s.-lieut., B.
Devienne, s.-lieut., B.
Marce, lieut., B.

22 *avril* 1809, *bataille d'Eckmühl.*
Pollet, capit., T.
Berthé, lieut., B. (mort le 1er mai).

Bureau, capit., B.
Gaborit, capit., B.
Mercier, capit., B.
Blanc, lieut., B.
Ledos, lieut., B. (amputé).
Bailleux, lieut., B.
Raymond, lieut., B.
Delechelle, s.-lieut., B.
Lefort, lieut., B.

13 *mai* 1809, *prise de Vienne.*
Schrapff, capit., B. (mort le 16).
Cartier, lieut. A.-M., B.

22 *mai* 1809, *bataille d'Essling.*
Lemarchand, lieut. A.-M., T.
Callais, lieut., T.
Beaucôté, lieut., B. (mort le 10 juin).
Renard, lieut., B. (mort le 11 juin).
Barras, chef de bat., B.
Bial, chef de bat., B.
Marbœuf, chef de bat., B.
Barjeon, capit., B.
Boussac, capit., B.
Dufresne, capit., B.
Chenais, capit., B.
Bazelle, capit., B.
Launais, capit., B.
Chibout, lieut. A.-M., B.
Blandin, lieut., B.
Chantelou, lieut., B.
Dubé, lieut., B.
Dupont, lieut., B.
Gaudron, lieut., B.
Lefort, lieut., B.
Gons, lieut., B.
Marce, lieut., B.
Moulin, lieut., B.
Didier, s.-lieut., B.
Fougerolles, s.-lieut., B.

5 et 6 *juill.* 1809, *bataille de Wagram.*
Kick, chef de bat., B. 5.
Barras, chef de bat., T. 5.
Marin, capit., T. 6.
Doublat, s.-lieut., T. 6.

CHIBOUT, capit., B. 6.
LEFORT, capit., B. 6.
DUPONT, lieut., B. 6.
MARIGNY, lieut., B. 6.
MOULIN, lieut., B. 6.
PINCHON, s.-lieut., B. 6.

GUILLEBAUD, capit., B. 14 août 1809, défense de Flessingue.
LAFITTE, col., B. 17 août 1812, combat devant Smolensk.

18 août 1812, bataille de Smolensk.
RAYMOND, capit., T.
BONNEFOY, lieut., T.
L'HERMITTE, s.-lieut., T.
SAUVÉ, s.-lieut., T.
BLANC, capit., B.
LEFORT, capit., B.
DE LAPANOUSE, capit., B.
DÈSJEORGES, lieut., B.
DUBOIS, lieut., B.
LELOUP, lieut., B.
DELAHAYE, s.-lieut., B.
SEGRETIER, lieut., B.
BRULÉ, s.-lieut., B.
COINTOUX, s.-lieut., B.
LONNOY, s.-lieut., B.

19 août 1812, combat de Valoutina-Gora.
BERTET, chef de bat., T.
ROYER, lieut., T.
HÉRARD, lieut., A.-M., B.
BRUGNON, lieut., B.

7 sept. 1812, bataille de la Moskowa.
BLANDIN, capit., T.
BOULARD, capit., T.
FOUGEROLLES, capit., T.
BAUGY, lieut., T.
DESSAUBAZ, lieut., T.
FLORY, lieut., T.
LÉCU, lieut., T.
LEEN, lieut., T.
LELEUX, s.-lieut., T.
PETITJEAN, s.-lieut., T.
QUEYSEN, s.-lieut., T.
COURTIER, lieut., B. (mort le 11).
LEVICOMTE, lieut., B. (mort le 8 oct.).
FONTOLIVE, s.-lieut., B. (mort le 16 oct.).
SAUVÉ, s.-lieut., B. (mort le 16).
CARTIER, chef de bat., B.
DUFRESNE, chef de bat., B.

GABORIT, chef de bat., B. (amputé).
MELTON, chef de bat., B.
TOURE, chef de bat., B.
BOUILLON, capit., B.
CHAPRON, capit., B.
CHIBOUT, capit., B.
DESJEORGES, capit., B.
DIDIER, capit., B.
PINCHON, capit., B.
FATALOT, lieut. A.-M., B.
BRUNET, lieut., B.
DE BRUIN, s.-lieut., B.

MARCE, capit., B. 26 oct. 1812, par des Cosaques, route de Wiasma.
DUBÉ, lieut. A.-M., B. 3 nov. 1812, combat de Wiasma.

18 nov. 1812, bataille de Krasnoë.
DAMERMONT, lieut., T.
RISBOIS, lieut., T.
MARIVETZ, s.-lieut., B. (mort le 8 déc.).
CHAPRON, chef de bat., B.
DUBÉ, capit. A.-M., B.
FATALOT, capit., B.
LEFORT, capit., B.
COINTOUX, lieut. A.-M., B.
BRINCARD, lieut., B.
PERDRISY, lieut., B.
SEGRETIER, lieut., B.
GOUPIL, lieut., B.
PERDRIGIER, lieut., B.
GILLOT, s.-lieut., B.
MASQUILLÉ, s.-lieut., B.
BARBIER, s.-lieut., B.
LEFORESTIER, s.-lieut., B.
DURFORT, s.-lieut., B.
DELACROIX, s.-lieut., B.
BARBIER, s.-lieut., B.

DURFORT, s.-lieut., B. et disparu le 20 nov. 1812, route de Borisow.

28 nov. 1812, *aux ponts de la Bérésina.*
SOUDÉ, capit., B. (mort le 5 déc.).
LONNOY, s.-lieut., B.

8 et 10 déc. 1812, combats en avant de Wilna.
MAJOU, lieut., B. 8.
PERGAUD, lieut., B. 8.
DIJON, s.-lieut., B. 8.
BOURDON, s.-lieut., B. 8.

Roussel, s.-lieut., B. 10.

Bureau, capit., B. 10 déc. 1812, combat devant Wilna (mort le 14).
Moreau, s.-lieut., B. 12 déc. 1812, par des cosaques, route de Kowno (mort le 1er janv. 1813).

11 déc. 1812, route de Kowno.
Chibout, lieut., B.
Dufresne, major, B.

13 et 15 déc. 1812, combat sur la route de Kowno au Niemen.
Gaborit, chef de bat., B. 15.
Fichelle, capit., B. 13.
Dromby, s.-lieut., B. 15.
Delacroix, s.-lieut., B. 15.
Radier, s.-lieut., B. 15.
Salembier, lieut., B. 15.
Merlin, s.-lieut., B. 15.

Lefebure de Saint-Idelphont, chirurg. A.-M., B. 19 mai 1813 par une vedette en Saxe.

(1) 27 août 1813, combat de Lübnitz.
Morlaincourt, chef de bat., B.
Pinchon, capit., B.
Bertrand, lieut., B.
Rouget, s.-lieut., B.

30 août 1813, affaire de Culm.
Morel, capit., B. (mort le 24 sept.).
Cartier, chef de bat., B.
Melton, chef de bat., B. (amputé).
Morlaincourt, chef de bat., B.
Toure, chef de bat., B.
Bringard, capit., B.
Brugnon, capit., B.
Moulin, capit., B.
Roy, lieut., B.
Caneau, s.-lieut., B.
Guibert, s.-lieut., B.

Hecquet, s.-lieut., B. 30 oct. 1813, bataille de Hanau.

18 oct. 1813, bataille de Leipzig.
Dubé, capit. A.-M., T. 16.
Dubouchen, s.-lieut., T. 19.

(1) 3e bataillon.

Jumelet, capit., T.
Bonnet, s.-lieut., T.
Ramade, s.-lieut., T. 16.
Guidon, major en 2e, B.
Généraux, capit., B.
Hecquet, s.-lieut., B.
Mayeur, s.-lieut., B.

Charière, capit., B. 15 déc. 1813, aux avant-postes, devant Magdebourg.
Legrain, capit. A.-M., B. 22 janv. 1814, près de Louvain.

28 janv. 1814, combat de Louvain.
Pérard, capit., B.
Spring, lieut., B.

1er févr. 1814, bataille de La Rothière.
Legrain, capit. A.-M., B.
Caneau, lieut., B.
Mayent, lieut., B.
Mateur, s.-lieut., B.
Orsi, s.-lieut., B.

Paque, lieut., T. 3 févr. 1814, combat de la Chaussée, près de Troyes.

18 févr. 1814, bataille de Montereau.
Deresme, lieut., T.
Saucisse, s.-lieut., B.

Traverse, lieut., B. 21 févr. 1814 aux avant-postes en Champagne.
Mayeur, lieut., B. 23 févr. 1814, reprise de Troyes.
Vignaux, lieut., B. 25 févr. 1814, affaire près de Laon.
Mahet, lieut., B. 28 févr. 1814, combat de Bar-sur-Aube.
Robert, capit., B. 3 mars 1814, combat devant Troyes.
Saucisse, s.-lieut., B. 26 mars 1814, combat de Saint-Dizier.
Ribes, capit., B. 29 mars 1814, aux avant-postes devant Paris.

30 mars 1814, bataille de Paris.
Fournier, capit., T.
Richard, capit., B. (mort le 21 mai).
Chapuis, capit., B. (mort le 31).
Ribes, capit., B.
Crappotte, capit., B.
Simonin, lieut., B.

QUERTIN, s.-lieut., B.
RITTER, s.-lieut., B.
BESANÇON, s.-lieut., B.
JANDEL, s.-lieut., B.

CHENEVIER, capit., B. 31 mars aux avant-postes de la barrière de Clichy.

16 juin 1815, bataille de Ligny.
PELLETIER, capit., T.
CONTE, capit., B. (mort le 26).
THIBAULT, chef de bat., B.
CALMES, s.-lieut., B.
CHAPUZOT, s.-lieut., B.

18 juin 1815, bataille de Waterloo.
GRILLIÈRE, s.-lieut., B. (mort le 18 sept.).
TOURE, chef de bat., B.
LEGRAIN, capit. A.-M., B.
DUPUY, capit., B.
LELOUP, capit., B.
TOMBERLY, lieut., B.
BOISSON, s.-lieut., B.
GUYBERT, s.-lieut., B.
ROY, s.-lieut., B.

HÉNARD, lieut., B. 2 juill. 1815, combat devant Paris (mort le 20).

75ᵉ Régiment.

16 nov. 1805, combat d'Hollabrünn.
REGNIER, lieut., T.
DESLEVADES, s.-lieut., B.

2 déc. 1805, bataille d'Austerlitz.
JAYMEBON, lieut., T.
L'HUILLIER, col., B.
BICHLER, s.-lieut., B.
PERTUS, capit., B.

6 févr. 1807, combat de Hoff.
DUBOURDIEU, lieut., T.
CASSAND, capit., B. (mort le 10).
CHATAIGNIER, capit., B. (mort le 11 mars).
CHEVALLIER, capit., B. (mort le 13).
COMBE, capit., B. (mort le 11 mars).
DOIRIER, lieut., B. (mort le même jour).
L'HUILLIER, col., B.
BUISSON, capit. A.-M., B.
PERTUS, capit., B.
LAPISSE, s.-lieut., B.
DALGON, s.-lieut., B.
BARBAUD, s.-lieut., B.
DE LA ROCHASSIÈRE, s.-lieut., B.

8 févr. 1807, bataille d'Eylau.
DESCUDÉ, capit., T.
PARIS, lieut., T.
DEMONTAGU, s.-lieut., T.
EMERY, chef de bat., B.
NOLLAND, capit., B.
BONTAT, lieut., B.
DARGENTOL, s.-lieut., B.

DAVID, s.-lieut., B.
DESLEVADES, s.-lieut., B.
FERMIN, lieut., B.

10 juin 1807, bataille d'Heilsberg.
BERRY, s.-lieut., T.
BUQUET, col., B.
CHIBERT, capit., B.
MARCHAND, capit., B.
FOURNEAUX, capit., B.
RIVET, s.-lieut., B.

14 juin 1807, combat devant Kœnigsberg.
GRANGHON, lieut., B.
RIVET, s.-lieut., B.

28 juill. 1809, bataille de Talavera-de-la-Reyna.
BUZENET, capit., B.
GOMERET, capit., T.
DUZAS, s.-lieut., T.
BUQUET, col., B.
EMERY, chef de bat., B.
FOURNEAUX, chef de bat., B.
VATOT, chef de bat., B.
PLANTIER, capit., B.
GRANGHON, lieut., B.
HERMANN, lieut., B.
POTEAU, s.-lieut., B.
LAFONTAINE, lieut., B.
DE LA ROCHASSIÈRE, lieut., B.
ARGAUT, s.-lieut., B.
CHAZOTTE, s.-lieut., B.
COUVRY, s.-lieut., B.

FOIRET, s.-lieut., B.
LELORIN, s.-lieut., B.
PREVOST-MERLEVAL, s.-lieut., B.
GRANGHON, lieut., B.

11 août 1809, bataille d'Almonacid.
RENAUDIN, s.-lieut., T.
GAZAGNAIRE, capit. A.-M., B.
DUCHEN, capit., B.
FERMIN, capit., B.
GEORGE, capit., B.
NOLLAND, capit., B.
BONTAT, lieut., B.
CHABAUD, lieut., B.
BOURDIER, s.-lieut., B.
MARTINOT, s.-lieut., B.
MASSOT, s.-lieut., B.
D'ARNAUDIN, s.-lieut., B.

CHAZOTTE, s.-lieut., B. 1er mars 1810, combat de Peza.
BOURDIER, s.-lieut., B. 15 mars 1810, défense d'Alboucaras.
DELORT, s.-lieut., B. 7 avril 1810, dans une reconnaissance en Espagne (mort le 24 mai).
D'ARNAUDIN, s.-lieut., B. 3 juill. 1810, dans une reconnaissance (Espagne).

10 oct. 1810, combat de Junclev (Espagne).
REMOND, capit., T.
BAIGNET, s.-lieut., T.
STOLCHE, s.-lieut., T.

GUICHARD, s.-lieut., B. 12 févr. 1811, affaire de Alcala-de-Henarès.

24 févr. 1811, à Pliego, par des brigands, dans une maison.
PREVOST-MERLEVAL, s.-lieut., B.
BUQUET, s.-lieut., B.

BENARD, lieut., B. 11 mai 1811, retraite d'Almeïda.
FRIOL, lieut., B. 2 mars 1812, dans une reconnaissance à Navasines (Espagne).
FRANSUROT, capit., T. 6 avril 1812, à Villalba.
FOURNEAUX, chef de bat., B. 6 avril 1812, combat de Villalba.

JACQUEMONT DU DONJON, s.-lieut., B. 10 juill. 1812, affaire de San-Bernardo.
VATOT, chef de bat., B. 18 janv. 1813, combat près de Madrid.

2 mai 1813, bataille de Lutzen.
BRUN, capit., B.
DUCHEMIN, capit., B.
MARCHAND, lieut., B.

21 mai 1813, bataille de Würschen.
BURTÉ, chef de bat., B. (mort le 22).
COUVRY, capit., B.
DOLDER, capit., B.
DUCHEMIN, capit., B.
DARGENTOLLE, s.-lieut., B.

21 juin 1813, bataille de Vittoria.
PUIGSECH, capit., T.
SERVANT, chef de bat., B. (mort le 23).
BORDONNEAU, lieut., B. (mort le 25 juill.)
NOLLAND, chef de bat., B. 21 et 23.
BOMÉA, capit., B.
MASSOT, capit., B.
VIGIER, capit., B.
BRILLARD, lieut., B.
MATHIÈRES, lieut., B.
MOULIÈRES, lieut., B.
OLIVIER, lieut., B.
DESCLAIS, s.-lieut., B.
HENRY, s.-lieut., B.

25 juill. 1813, combat du col de Maya.
LANGUEDOUE, capit., T.
DE LA ROCHASSIÈRE, capit., B. (mort le 3 août).

30 juill. 1813, retraite de Pampelune.
ROY, s.-lieut., T.
DAVID, capit., B. (mort le 4 sept.).
PREVOST-MERLEVAL, capit., B. (mort le 9 sept.).
BENOIST, lieut., B. (mort le 19 août).
GAUTHIER, s.-lieut., B. (mort le 6 sept.).
NOLLAND, chef de bat., B.
SAGNOL, chef de bat., B.
CHERBONNIER, capit., B.
CHEVESSAILLES, capit., B.
LAPISSE, capit., B.
VIGIER, capit., B.
GRUERE, lieut., B.
MATHIÈRE, lieut., B.
OLIVIER, lieut., B.

DARGÈRE, s.-lieut., B.
VALENTINI, s.-lieut., B.

26 août 1813, bataille de Dresde.
ARGAUT, capit., T.
BOUCHEMANN, capit., T.
LABOUREAU, capit., B. (mort le 29).
DEVAUD, chef de bat., B.
MILLET, chirurg. S.-A.-M., B.
HERMANN, capit., B.
ROUVAIRE, capit., B.
MOUREST, capit., B.
DE MALDAN, lieut., B.
DYVINCOURT, lieut., B.
FOIRET, lieut., B.
MUZARD, lieut., B.
GABET, s.-lieut., B.

30 août 1813, combat de Buntzlau.
CHEVALIER, s.-lieut., B. (m^t le 18 sept.).
BOURDIER, capit., B.
JANIN, capit., B.
BUQUET, lieut., B.
GÉRARD, lieut., B.
RENOUT, s.-lieut., B.
DYVINCOURT, lieut., B.

31 août 1813, combat de Vera (passage de la Bidassoa).
LELORIN, capit. A.-M., B.
VIGIER, capit., B.
MATHIÈRE, lieut., B.

8 sept. 1813, combat de Pirna (Dresde).
ALAIS, capit., B.
DUFOUR, s.-lieut., B.
DYVINCOURT, lieut., B.

8 oct. 1813, défense de Dresde.
DUBREUIL, lieut., B. (mort le 13).
FLAMANT, lieut., B. (mort le 12).

PINET, s.-lieut., B. 13 déc. 1813, combat de Saint-Pierre-d'Irube, près Bayonne.

27 févr. 1814, bataille d'Orthez.
GUICHARD, capit., T.
MOULIÈRES, capit., B.
BERNERONT, lieut., B.
CLAVEL, lieut., B.
MORIZE, lieut., B.

19 mars 1814, combat de Vic-de-Bigorre.
CHAZOTTE, capit., B.
OLIVIER, lieut. A.-M., B.

LEMAIRE, s.-lieut., B. 31 mars 1814, combat de Tournai.

10 avril 1814, bataille de Toulouse.
MORIZE, lieut. A.-M., B.
COURTIN DE TORSAY, s.-lieut., B.

BORROMÉE DE SANDOVAL, lieut., B. 10 juin 1815, combat de Musillac (Morbihan).

19 juin 1815, combat de Namur.
LAPISSE, capit., T.
GARNIER, capit., B.
LEMAIRE, capit., B.
DEBUTTES, lieut., B.
DUCHET, s.-lieut., B.

76e Régiment.

PRUNEAU, s.-lieut., B. 14 oct. 1805, combat d'Elchingen.
GLATIGNY, s.-lieut., B. 29 oct. 1805, aux avant-postes dans le Tyrol.
RISPAUD D'AIGUEBELLE, lieut., B. 8 nov. 1805, combat de Stimach (Tyrol).
GALIMAND, s.-lieut., B. 13 nov. 1805, combat dans les défilés du Tyrol.

18 nov. 1805, combat de Botzen (Tyrol).
GIRARD, capit., T.

DAVID, capit., B.
DÉJARDINS, s.-lieut., B.

GUILLET, capit., B. 5 févr. 1807, affaire près Deppen.

5 et 6 juin 1807, défense du pont de Deppen.
ROBIN, lieut., T. 5.
VIGNE, lieut., T. 6.
NASSÈS, s.-lieut., T. 5.

David, capit., B. 5.
Renoud, capit., B. 5.
Bellangé, capit., B. 6.
Rispaud d'Aiguebelle, capit., B. 6.
Michel, lieut., B. 5.
Quoniam, lieut., B. 5.
Tarlé, s.-lieut., B. 6.
Montoviller, s.-lieut., B. 6.
Soudey, s.-lieut., B. 5.

14 juin 1807, bataille de Friedland.
Faure-Jonquière, col., B. (mort le 15).
La Rivière, capit., T.
Langlois, chef de bat., B.
Zimmer, chef de bat., B.
Bertheau, capit. A.-M., B.
Renoud, capit., B.
Simon, lieut., B.
Martin, lieut., B.
Secrétain, s.-lieut., B.
Lesage, s.-lieut., B.
Bourdon, lieut., B.

De Hugo, s.-lieut., B. 16 juill. 1808, combat d'Andujar.
Bailly, capit., B. 19 juill. 1808, affaire de Baylen.
Tournier, capit., B. 27 févr. 1809 dans une affaire près de la Corogne.

3 mai 1809, combat d'Ebersberg.
Descartes, capit., T.
Pruneau, lieut., B.

Guimbelot, lieut., B. 8 mai 1809 au pont de Saint-Paillo (Galice).

21 et 22 mai 1809, bataille d'Essling.
Crété, capit., T. 21.
Odinot, capit., T. 22.
Bernard, s.-lieut., T. 22.
Pruneau, capit., B. 22.
Secretain, lieut., B. 22.
Andreau, s.-lieut., B. 22.

Villain, s.-lieut., B. 7 juin 1809, combat de Sampayo (Espagne).
Hérisson, capit., B. 30 juin 1809, étant en colonne mobile en Espagne.
Renoud, capit., B. 5 juill. 1809 en traversant le Danube.

5 et 6 juill. 1809, bataille de Wagram.
Lagrenade, capit., B. 6 (mort le 10).
Crétal, lieut. A.-M., B. 5.
Cazaubon, s.-lieut., B. 6.
Colin, lieut., B. 5.

Capo d'Echetto, chirurg. S.-A.-M., B. 23 sept. 1809 en Espagne.

18 oct. 1809, combat de Tamamès.
Gicquel, capit., T.
Courvoisier, lieut. A.-M., T.
Fabry, lieut., T.
Lesage, lieut., T.
Vaugarnier, lieut., T.
Spiaux, s.-lieut., T.
Lebas, s.-lieut., T.
Genevay, chef de bat., B.
Foussenquy, chef de bat., B.
Rispaud d'Aiguebelle, capit., B.
Badin, capit., B.
Béon, capit., B.
Goujon, capit. A.-M., B.
Quoniam, capit., B.
Langlois, capit., B.
Lecourt, capit., B.
Déjardins, capit., B.
Coiffier, lieut., B.
Bourdon, lieut., B.
Carrelet, s.-lieut., B.
Levasseur, s.-lieut., B.
Selle, s.-lieut., B.

Béchuot, s.-lieut., B. 3 mars 1810 étant en colonne mobile en Espagne.
L'Hoste dit Landel, lieut., B. 21 avril 1810 en escortant le Trésor à Madrid.

Juill. 1810, siège de Ciudad-Rodrigo.
Michel Augustin, capit., T. 8.
Lesueur, s.-lieut., T. 8.
Dejean, lieut., B. 8.
Degen, s.-lieut., B. 3.
Poudrel, capit., B. 8.

Bonnefond, capit., B. 7 sept. 1810, siège d'Almeïda.
Hérisson, capit., noyé le 16 mai 1810 à bord de la *Vieille-Castille*, rade de Cadix.
Selle, s.-lieut., B. 10 sept. 1810, défense d'Orkoba (Espagne).

27 sept. 1810, *bataille de Busaco.*
MARTINOT, lieut., B.
LAUZAVECHIA, s.-lieut., B.
LARGE, s.-lieut., B.

DU TERTRE-DELMARCQ, s.-lieut., B. 13 déc. 1810 en escortant un courrier à Salamanque.
BISSON, lieut., B. 12 mars 1811, combat de Redinha (Espagne).

14 mars 1811, *combat de Miranda-del-Corvo.*
LARGE, s.-lieut., B.
ELAMBERT, capit., B.
BARBA, capit., B.
DESSESSARD, capit., B.
GOBERT, lieut., B.
RAVENEL DE BOISDOETEL, s.-lieut., B.

LARGE, s.-lieut., B. 31 juill. 1811 près de Valladolid (mort le 6 sept.).

5 mai 1811, *bataille de Fuentès-d'Onoro.*
COLLET, capit., T.
PORTEMONT, chef de bat., B.
PIQUEREL, capit., B.
TREILLET, capit., B.
DESSESSARD, capit., B.
CHAMBERT, capit., B.
MARCANDIER, lieut., B.
STOUVENAKER, lieut., B.
RENAULT, capit., B.

VAN-GOENS, lieut., massacré par les Espagnols le 8 déc. 1811, près de Pampelune.
BAILLY, lieut., B. 11 mai 1811 à l'évacuation d'Almeïda.
KLEINCHMITT, lieut., B. 21 janv. 1812 étant de service au pont d'Oniate (Espagne).

22 juill. 1812, *bataille des Arapiles.*
LEBERT, lieut., T.
MARTINOT, capit., B.
DESSESSARD, capit., B.
LAUZAVECHIA, s.-lieut., B.
MASSIBOT, s.-lieut., B.
LAMBERT, s.-lieut., B.
ROSSIGNOL, chirurg. A.-M., B.

MUTEL, lieut., B. 12 mai 1813, défense de Stettin (mort le 14).

25 juill. 1813, *combat du col de Maya.*
MONTOVILLER, capit., T.
HUVICZ, lieut., T.

28 et 30 juill. 1813, *retraite de Pampelune.*
CARON, s.-lieut., B. 28.
BLANCHON, s.-lieut., B. 30.

30 août 1813, *affaire de Culm.*
GRAND-MOTHÉ, lieut., T.
LEVASSEUR, capit. A.-M., B.

17 sept. 1813, *combat devant Dresde.*
NAIGEON, chef de bat., T.
LEVUSSEN, lieut. A.-M., B.
DEGEN, capit., B.
JOUQUET, capit., B.
JACQUOT, capit., B.
DUTERTRE-DELMARCQ, capit., B.
MANDRIEUX, capit., B.
IMBERT, lieut., B.
COUX, lieut., B.
DÉTROIT, s.-lieut., B. (mort le 24).

13 oct. 1813, *défense de Dresde.*
DURET, lieut., T.
COURTOIS, capit., B.
DROUOT, capit., B. (mort le 21).
PARÉ, lieut., B.
VALLOT, s.-lieut., B.
TUGNOT, s.-lieut., B.
HOFFMAN, s.-lieut., B. (mort le 19).
NAIGEON, s.-lieut., B.

BARON, capit., B. 10 nov. 1813, combat de Sarre.
BASSAS, capit., B. 19 nov. 1813, combat près de Bayonne.

13 déc. 1813, *combat devant Bayonne.*
DUPONT, s.-lieut., B. (mort le 31).
THÉVENET, col., B.
CHAIGNEAU-LAGUIBERDERYE, capit., B. (mort le 3 janv. 1814).
MASSIBOT, lieut., B.

27 févr. 1814, *bataille d'Orthez.*
CARON, lieut., B.
CASTETTAN, lieut., B.

ARNAULT, capit., B. 14 mars 1814, aux avant-postes près de Toulouse.

10 *avril* 1814, *bataille de Toulouse.*
BOULAN, lieut., B. (mort le 11).
VILLAIN, capit., B.
MASSIBOT, lieut., B.
COLLET, lieut., B.

16 *juin* 1815, *bataille de Ligny.*
BISSON, capit., B. (mort le 26).
LECOURT, capit., B.
FAVART, capit., B.
MARTINOT, capit., B.
VILLAIN capit., B.
DESLAURIERS, capit., B.
LANGLOIS, lieut., B.
TERRIN, lieut., B.
LECLERC, lieut., B.
VIEL, s.-lieut., B.

DÉAL, s.-lieut., B.
HUGO, s.-lieut., B.
CHAMEROY, s.-lieut., B.

19 *juin* 1815, *combat devant Wavre.*
ROUSSELOT, s.-lieut., B. (mort le 26).
CHAMEROY, s.-lieut., B. (mort le 6 juill.).
FERRAND DE MISSOL, capit., B.
GUIMBELOT, capit., B.
FERRAND, capit., B.
BIZANET, lieut., B.
DEBLAUWE, lieut., B.
LASSUS, lieut., B.
VIDAL, s.-lieut., B.
NAIGEON, s.-lieut., B.
REAU, s.-lieut., B.

MESMER, lieut., B. 3 juill. 1815, combat devant Paris.

79e Régiment.

21 *oct.* 1805,
bataille navale de Trafalgar.
MEDEAU, s.-lieut., T.
MAYER, capit., B.
CAZALIS, capit., B.
GUILLAUME, capit., B.
WATILLEAUX, lieut., B.
CARRÉ, lieut., B.
SAUSSINE, s.-lieut., B.
CHAUVIN, lieut., B.

DENEST, lieut., B. 29 oct. 1805, au passage de l'Adige.

30 *oct.* 1805, *combat de Caldiero.*
GRENOT, lieut. A.-M., B. (mort le 22 nov.).
DANDRÉ, capit., B.
DUQUESNE, capit., B.
PATIN, capit., B.
CLERC, lieut., B.
LAVERRIÈRE, s.-lieut., B.
BOUTEILLE, s--lieut B.

LESEYEUX, lieut., T. 4 nov. 1805, combat naval du Ferrol (Espagne).
HUGOT, lieut. A.-M., B. 5 nov. 1805, au passage de la Brenta.

LAPAUME, s.-lieut., noyé le 17 nov. 1805 au passage de l'Isonzo (Italie).

1er *oct.* 1806, *combat au Monténégro.*
PATUREAU, capit., B.
CHENAL, capit., B.

CALMIN, s.-lieut., B. 3 oct. 1806, combat de Castelnovo.
COURTOT, s.-lieut., B. 1er nov. 1806, combat devant Castelnovo.

20 *sept.* 1808, *combat d'Ottovo (Turquie).*
ESPÉRANDIEU, capit., B.
KERPAEN DE KERSALLO, lieut., B.
DELOUCHE, capit., B. 4 mai 1809, combat près de la Piave (à Bassano).

21 *mai* 1809, *combat de Gospich (Croatie).*
DENEST, capit., T.
DEFEUX, s.-lieut., B. (mort).
BRUÈRE, capit., B.
SAUVAIGNE, chirurg. S.-A.-M., B.
CARTIER, lieut., B.

DELAYANT, chef de bat., B. 25 mai 1809, combat d'Ottchatz (Croatie).

Leroy, s.-lieut., B. 8 juin 1809, combat de Saint-Daniel (Italie).
Cortot, lieut., B. 6 juill. 1809, bataille de Wagram (mort le 15).
Lacroix, s.-lieut., B. 6 juill. 1809, dans la nuit, aux avant-postes de Wagram.

11 juill. 1809, bataille de Znaïm.
Bruère, capit., B.
Patureau, capit., B.
Munier, lieut., B.
Calmain, s.-lieut., B.

Boulanger, capit., B. 12 juill. 1811, combat devant Figuières.

1811, siège de Figuières.
Catrin, lieut., B. 14 (mort le même jour).
Kerpaen de Kersallo, capit., B. 14 août.
Ramon, capit., B. 14 août.
Calmain, lieut., B. 3 août.
Jeantel, lieut., B. 13 juin.

Ramon, capit., B. 27 janv. 1812, combat en Catalogne.
Kerpaen de Kersallo, capit., B. 7 avril 1813, défense du fort de Mataro.

2 mai 1813, bataille de Lutzen.
Carré, chef de bat., B.
Lesueur, lieut. A.-M., B.
Perleau, lieut., B.
Garnier, s.-lieut., B.
Coutelot, s.-lieut., B.
Touroul, s.-lieut., B.

9 mai 1813, passage de l'Elbe.
Vitry, capit., T.
Charon, capit., B.
Gicquel, lieut., B.

17 mai 1813, combat de Sainte-Cristine (Catalogne).
Charpentier, lieut., B.
Benzelin, lieut., B.

Carré, chef de bat., B. 20 mai 1813, bataille de Bautzen.

13 oct. 1813, défense de Dresde.
Coste, capit., T.
Grau de Saint-Amand, s.-lieut., B. (mort le 27 oct.).
Fauchay, capit., B.
Siéverts, capit., B.
Derouilla, capit., B.
Landreau, lieut., B.
Rondeau, s.-lieut., B.

Buteau, s.-lieut., B. 14 févr. 1814, affaire de Soissons (mort le 8 mars).

24 mars 1814, combat de Voiron (Isère).
Filliol, lieut., B. (mort le 26 avril).
Pech, s.-lieut., T.

29 mars 1814, 2º combat de Voiron.
Marot, capit., B.
Mazetier, s.-lieut., B.
Gérardot, s.-lieut., B.
Moquin, s.-lieut., B.

Jantet, capit., B. 13 juin 1814, défense de Figuières.

81ᵉ Régiment.

16 nov. 1805, combat d'Hollabrünn.
Lelièvre, capit., T.
Bouteiller, lieut., B. (mort le 16 déc.).
Mauger, capit., B.
Bizien, capit., B.
Ricœur, capit., B.

9 et 11 avril 1806, siège de Curzolla (Adriatique).
Guyot, s.-lieut., B. (mort le 25).

Dauvergne, lieut., B. 11.

11 déc. 1806, défense de Curzolla (île de l'Adriatique).
Trayer, capit., B.
Baudin, capit., B.
Plessard, lieut., B.

Brossier, capit., B. 18 juin 1807, combat de Prémoria (Dalmatie), mort le 15 juill.

PARMENTIER, s.-lieut., B. 7 juill. 1807, combat contre les Monténégrins, (Dalmatie).

21 mai 1809, combat de Gospich (Croatie).
DROUET, s.-lieut. (porte-aigle), T.
VACHEROT, lieut., B. (mort le 24).
MAGNIÉ, lieut., B. (mort le 24).
CHENARD, lieut., B.
MICHELET, s.-lieut., B.
BESSIÈRES, s.-lieut., B.

11 juill. 1809, bataille de Znaïm.
LEMIÈRE, lieut., B. (mort le 3 août).
LAPIERRE, chef de bat., B.
GRIGNARD, capit., B.
BAZIRE, capit., B.
DESSIRIÉ, capit., B.
VIGNOLLES, capit., B.
TRAYER, capit., B.
COQUELET, lieut., B.
LASBORDES, lieut., B.
RIBADEAU-DUCLOS, s.-lieut., B.
JARJAVAY, s.-lieut., B.
TARDIF, s.-lieut., B.

MARIE, s.-lieut., B. 14 nov. 1809, combat de Mérans (Tyrol).
JUSSAUME, lieut., B. 16 mai 1811, combat en Catalogne.
HUART, capit., B. 24 juill. 1811, combat de San-Grégorio.
BERTRA, s.-lieut., B. 25 juill. 1812, combat de Santa-Olario-la-Mayor.
DARRÉ, chirurg. A.-M., B. 8 oct. 1812, en escortant des blessés, route d'Errara.

27 nov. 1812, combat de Huesca.
CONTI, capit., B.
DESBOEUF, lieut., B.

SAVARI, s. lieut., B. 1er déc. 1812, dans une reconnaissance en Espagne (mort le 2).
MAUVIEL, capit., B. 20 déc. 1812, étant en reconnaissance en Aragon.
DUBOC, s.-lieut., B. 23 déc., 1812, en escortant un convoi de blessés en Aragon.

25 déc. 1812, combat d'Almonia.
DESSOLINES, capit., B.
MAUCO, capit., B.
HERMITE, s.-lieut., B.

2 mars 1812, combat de Sos (Espagne).
MARIE, capit., B.
PALAVICINI, lieut., B.
HERMITE, s.-lieut., B.
BONHOMME, s.-lieut., B.

JAIME, s.-lieut., B. 19 mai 1813, dans une reconnaissance en Espagne.
TERRIER, col., B. 8 juill. 1813, affaire d'Alcubière (près de Saragosse).

10 juill. 1813, affaire d'Alcubière (défense de Saragosse).
BONNARD, capit., B.
DESTROGES, capit., B. (mort le 24 nov.)
LACORÈZE, lieut., B. (mort le 20).
GUISARD, s.-lieut., B. (mort le 1er août).
BALIGAND, capit., B.
D'EBEINE, lieut., B.
PALAVICINI, lieut., B.
LE JEUNE, s.-lieut., B.
FLAGY, s.-lieut., B.

LEVAVASSEUR, capit., B. 28 sept. 1813, défense de Sagonte.

13 oct. 1805, défense de Dresde.
JOUBERT, capit., B.
DELCEP, capit., B.
HIMAN, capit., B.
PETIT, lieut., B.

DESBOEUF, lieut., B. 27 nov. 1813, par des brigands près de Huesca.
BESSIÈRES, capit., B. 10 janv. 1814, combat en avant de Bayonne.
MOULIN, lieut., B. 14 févr. 1814, combat de Sauveterre.

15 févr. 1814, affaire des Grottes, près de Lyon.
BOISSON, s.-lieut., T.
BARBIER, s.-lieut., B.

27 févr. 1814, bataille d'Orthez.
HUARD, chef de bat., B.
BOUDONVILLE, capit., B.
MARTIN, s.-lieut., B.

BERNARD, s.-lieut., B.

POTIGNY, capit. A.-M., B. 2 mars 1814, combat d'Aire (Pyrénées).

10 avril 1814, bataille de Toulouse.
CHAMIOT, capit., B. (mort le 12).
HUARD, chef de bat., B.

BOUDONVILLE, capit., B.
FOURLON, capit., B.
RAMELOT, s.-lieut., B.
MOCQUET, s.-lieut., B.

BELLET, lieut., B. 14 avril 1814, aux avant-postes près de Toulouse.

82e Régiment.

DUTIL, lieut., B. 1er juin 1805, prise du Diamant (Martinique).
GIRAUDON, s.-lieut., B. 2 juin 1805, prise du Diamant (Martinique).

21 août 1808, bataille de Vimeiro (Portugal).
PEYTAVY, chef de bat., T.
FAUCHEREAU, lieut., T.
LAMBERT, lieut., B. (mort le 30 sept.).
SERRES, s.-lieut., T.
THIBAUT, capit., B.
PROUTIÈRE, capit., B.
CURIA, lieut., B.
THÉVENARD, s.-lieut., B.
MALLET, lieut., B.
SEMBRÈS, chirurg.-M., B.

ALLORY, capit., B. 30 oct. 1808 au combat du brick *le Palinure* (Martinique).
FRANCO, s.-lieut., B. 24 janv. 1809 à Santo-Domingo (Antilles).
REYNAUD, chirurg. A.-M., B. 26 janv. 1809 en défendant les malades français à l'hôpital de Vigo.

1er et 2 févr. 1809,
défense de la Martinique (Antilles).
LAHIER, capit., T. 1er.
DÉRANGER, capit., T. 1er.
BLIMER, capit., B. 1er.
ALLORY, capit., B. 2.
GINOT, lieut. A.-M., B. 2.
DESHAULEURS, lieut., B. 1er.
MONNERAT, s.-lieut., B. 1er.

CHAUFOUR, s.-lieut., B. 19 févr. 1809, défense du fort Desaix (Martinique).
BRICE, capit., T. 9 avril 1809, défense du pont de Lima (Portugal).

CHEVÉ, s.-lieut., B. 8 avril 1809, défense du pont de Lima (Portugal).
CAPDEVIELLE, capit., B. 19 mars 1810 au pont de Saint-Félix (Espagne).

24 juill. 1810, siège d'Almeida.
CATTUE, s.-lieut., T.
NINON, capit., B.
THOMAS, lieut., B.

27 sept. 1810, bataille de Busaco.
HUMBERT, capit. A.-M., T.
COURSAN, capit., T.
THOMAS, s.-lieut., T.
MARQUÉ, capit., B.
GARRET, lieut., B.
SENART, s.-lieut., B.
DAUPEIN, s.-lieut., B.

3 mai 1811,
aux avant-postes près d'Almeida.
MOREL, major, B.
JORAND, capit., B.

5 mai 1811, bataille de Fuentès-d'Onoro.
GOYER, capit., T.
ZONFEL, capit., T.
FAU, lieut., T.
PESTEL, s.-lieut., T.
MOREL, major, B.
DAUDIRAC, lieut., B.
PETITPAS, lieut., B.
TESSIER, lieut., B.

10 mai 1811, évacuation d'Almeida.
BERTHIER, capit., B.
CLIPET, capit., B.
GILBERT, lieut., B.
ROBERT, s.-lieut., B.
VERNAET, s.-lieut., B.

THOMAS, lieut., B. 19 nov. 1811, défense du pont de la Coa (Portugal).
BOUIRE, lieut. A.-M., B. 18 janv. 1812, combat près d'Alba-de-Tormès.
GALLOIS, capit., B. 10 févr. 1812, combat de Valdestillas.
MICHAUD, lieut., B. 8 juin 1812, combat d'Aranda.
FRAIN, lieut., B. 23 juin 1812, blocus du fort de Salamanque.

22 *juill.* 1812, *bataille des Arapiles.*
NINON, chef de bat., B. (mort).
BERTHIER, capit., B.
STEIGER, capit., B.
COMTE, lieut., B.
ROBERT, lieut., B.
DUVERGER, s.-lieut., B.
THOMAS, lieut., B.
PIOLLENC, s.-lieut., B.

VERPRAET, s.-lieut., B. 21 oct. 1812, combat en avant de Burgos.

30 *oct.* 1812, *combat de Tordesillas.*
VERNAET, lieut., B.
ZANDRINO, lieut., B.

20 *et* 21 *mai* 1813, *batailles de Bautzen et de Würschen.*
DE CRÉQUY, chef de bat., B. 21.
DAUDIRAC, capit., B. 21.
GARRET, capit., B. 20.
REY, s.-lieut., B. 20.
MONTAGNIÉ, s.-lieut., B. 20.

BOUIRE, capit., B. 21 juin 1813, bataille de Vittoria.
BONA, s.-lieut., B. 24 juin 1813, combat de Villafranca (Espagne).

29 *juill.* 1813, *combat route de Pampelune (ou de Sarauzen).*
COMTE, capit., B.
BARRÉ, lieut., B.

30 *juill.* 1813, *affaire devant Pampelune.*
BRÉANT, capit., B.
BORD, lieut., B.
BLANCHIER, lieut., B.

18 *oct.* 1813, *bataille de Leipzig.*
LUQUER, lieut., T.

THIERRY, s.-lieut., T.
VALDENAIRE, capit., B.

17 *févr.* 1814, *combat de Nangis.*
LAGIER, capit., B. (mort le 25 mars).
CLUIS, s.-lieut., T.

AUBÈGES, capit., B. 23 févr. 1814, défense de Barcelone.

1814, *défense de Bayonne.*
MÉRY, s.-lieut., B. 23 févr. (mort le 16 avril).
GALLOIS, capit., B. 23 févr.
PETITPAS, capit., B. 14 avril.
FAYARD, capit., B. 27 févr. et 14 avril.
AUBÈGES, capit., B.
LOIX, capit., B. 14 avril.
LOIX, lieut., B. 27 févr.
BONA, s.-lieut., B. 14 avril.

VIVIEN, chef de bat., B. 15 avril 1814, défense de Bayonne.

16 *juin* 1815, *bataille de Ligny.*
LECOMTE, lieut., T.
PINGUET, chef de bat., B.
SEBIRE, capit. A.-M., B.
VELLICUS, s.-lieut. porte-aigle, B.
BOUIRE, capit., B.
THIBAUT, capit., B.
FARAULT, capit., B.
AUBÈGES, capit., B.
GARRET, capit., B.
BROUSSARD, capit., B.
QUARANTE, lieut., B.
NICAISE, lieut., B.
BOULET, lieut., B.
MAGNAN, lieut., B.
FOURNAISE, lieut., B.
DAYET, s.-lieut., B.
EVRARD, s.-lieut., B.
LELEUX, s.-lieut., B.
ROUGET, s.-lieut., B.
NOELLAT, s.-lieut., B.
SIGAUT, s.-lieut., B.
DUMINY, s.-lieut., B.

MARREL DE JARDINS, s.-lieut., B. 21 juin 1815, combat d'Auray.

30 *juin* 1815, *défense de Neuf-Brisach.*
ELOY, lieut., B.
PEYRUC, s.-lieut., B.

84ᵉ Régiment.

11 *avril* 1809, *combat de Venzone.*
MAYER, capit., T.
GOVEAU, chef de bat., B.
FLAGEOLLET, capit., B.
GROSSIORD, s.-lieut., B.

16 *avril* 1809, *bataille de Sacile.*
THIBAUT, lieut., T.
DEMENONVILLE, lieut., T.
LECERF, s.-lieut., B. (mort le 11 mai).
FRAUNIÉ, capit., B.
JULIEN, capit., B.
SERRE, lieut., B.
PELLEGRAIN, lieut., B.
TESTARD, s.-lieut., B.

TESTU, lieut., B. 11 mai 1809, combat de Saint-Daniel.
MARCHAL, capit., B. 16 mai 1809, aux avant-postes devant le fort Prévalt.
LUART, capit., B. 17 mai 1809, attaque du fort Prévalt.

26 *juin* 1809, *combat de Gratz (Saint-Léonard)* (1).
SERGENT, capit., B. (mort le 6 juill.).
SAMSON, capit., B. (mort le 30).
SOUBRE, capit., B. (mort le 24 juill.).
DEWALS, chef de bat., B.
BOUDON-LACOMBE, chef de bat., B.
TRAVERSE, capit., B.
VAUR, capit., B.
NAGET, lieut., B. 17.
BRACKMANN, capit., B. 19.
LERIDON, s.-lieut., B. 25.
LABIGNE, s.-lieut., B.
JEAN, s.-lieut., B.

6 *juill.* 1809, *bataille de Wagram.*
BARRÉ, capit., T.
HURON, capit., T.
MAGNENOT, capit., T.
DEDEZ, capit., T.
VAUSSELLE, lieut., B. (mort le 8).
PILLAS, lieut., T.
TOURTELLE, lieut., B. (mort le 29).
BOISSIÈRE, lieut., T.

NOEL (N.), lieut., T.
GAULTIER, s.-lieut., T.
NOEL (J.-B.), s.-lieut., T.
DUPONT, s.-lieut., T.
MUSNIER, chef de bat., B.
BOUDON-LACOMBE, chef de bat., B.
GOVEAU, chef de bat., B.
LEFEBVRE, capit. A.-M., B.
PIAUD, lieut. A.-M., B.
TOUSSAINT, lieut. A.-M., B.
MITOUFFLET, capit., B.
BOURGAIN, capit., B.
CHOUET, capit., B.
HAMON, capit., B.
BEYNAC, capit., B.
BERNARD, lieut., B.
DUVERGIER, lieut., B.
GAUTIER, lieut., B.
PHILIPPON, lieut., B.
AUDELAN, lieut., B.
NAGET, lieut., B.
VOISIN, lieut., B.
GÉRIN, lieut., B.
LABADIE, lieut., B.
PRÉAULT, s.-lieut., B.
DIAN, s.-lieut., B.
PELLEGRAIN, s.-lieut., B.
BASTIEN, s.-lieut., B.
DE COMBEJEAN, chirurg. S.-A.-M., B.
GENU, s.-lieut., B.
MOLET, s.-lieut., B.
JEOTTE, s.-lieut., B.

VAUTRÉ, major, B. 7 juill. 1809, combat contre les insurgés tyroliens.
FLAGEOLLET, capit., T. 5 déc. 1809, combat dans les montagnes du Tyrol, près du fort de Clauzen.
GILLET, s.-lieut., T. 1ᵉʳ déc. 1809, attaque de Sthencin (Tyrol).

26 *juill.* 1812, *combat d'Ostrowno.*
BENIER, lieut., B. (mort le 26 sept.).
HERMANN, s.-lieut., T.
PRÉAULT, capit., B.
MENU, capit., B.
LHUILLIER, capit., B.
LANDREAU, capit., B.
JEAN, lieut., B.

---

(1) Un contre dix.

Broche, lieut., B.
Goulet, s.-lieut., B.
Remeaux, lieut., B.

Testu, capit., B. 5 sept. 1812, affaire devant Borodino.

*21 sept. 1812,
aux avant-postes près de Moscou.*

Landreau, capit., B.
Besse, lieut., B.

24 *oct.* 1812, *bataille de Malojaroslawetz.*

Legros, capit., T.
Hamon, capit., T.
Huault, capit., T.
Demesse, lieut., T.
Sabatier, s.-lieut., T.
Bergeret, s.-lieut., B. (mort le 14 nov.).
Fraunié, chef de bat., B.
Leridon, capit. A.-M., B.
Lhuillier, capit., B.
Ferlin, capit., B.
Guinguené, lieut., B.
Jean, capit., B.
Lamant, lieut., B.
Mathieu, lieut., B.
Pacotte, lieut., B.
Lambert, s.-lieut., B.
Monestes, s.-lieut., B.
Tourtarel, s.-lieut., B.

Allemand, s.-lieut., T. 30 oct. 1812, au passage du Borysthène.
Mathieu, lieut., B. 8 nov. 1812, combat sur le Vop.
Rey, lieut., T. 10 nov. 1812, aux avant-postes sur le Vop.

14 *nov.* 1812, *combat près de Krasnoë.*

Duvergier, capit., B.
Ferlin, capit., B.
Lamant, lieut., B.
Tourtarel, s.-lieut., B.

16 *nov.* 1812, *bataille de Krasnoë.*

Le Comte, s.-lieut., T.
Cressot, capit., B.

9 *et* 10 *déc.* 1812, *combats devant Wilna.*

Poutier, major, B. (mort).
Dian, capit., B. (mort le 14 déc.).

Vateaux, s.-lieut., B. (mort).
Victor, chef de bat., B. 9.
Rabanelli, chef de bat., B. 9.
Vassal, capit., B. 9.
Bourgain, capit., B. 9.
Ferlemann, capit., B. 9.
Cousin, capit., B. 10.
Boron, lieut., B. 9.
Bonnet, lieut., B. 9.
Truche, s.-lieut., B. 10.
Noirot, s.-lieut., B. 10.
Viard, s.-lieut., B. 9.
Mathis, s.-lieut., B. 9.

Kœning, lieut., T. 11 déc. 1812 par des Cosaques, route de Kowno.
Cousin, capit., B. et disparu le 12 déc. 1812, route de Kowno.

6 *sept.* 1813, *combat de Feistritz (Illyrie).*

Douguy, capit., T.
Auvré, capit., B.
Barrat, capit., B.
Solon, capit., B.
Poirel, capit., B.
Marsaux, capit., B.
Bigault, lieut., B.
Lambert, lieut., B.
Debost, lieut., B.
Gaillard, lieut., B.
Treille, lieut., B.
De Bigault de Maisonneuve, lieut., B.

Henry, s.-lieut., T. nuit du 4 au 5 sept. 1813 à bord de la frégade *la Danaë*, rade de Trieste.

25 *sept.* 1813, *combat près de Laybach (affaire de Tchernütz).*

Lecarlé, capit., T.
Postelle, lieut., B.
Debost, lieut., B.
Ruelle, capit., B.
Mitoufflet, lieut., B.

6 *oct.* 1813, *combat sur l'Isonzo.*

Bonnet, lieut., T.
Donguy, capit., B.

Serre, lieut., B. 8 oct. 1813, affaire de Canal.
Fiau, s.-lieut., B. 24 oct. 1813, combat d'Opitaletto.

15 nov. 1813, *combat de Caldiero.*
CHOTARD, chef de bat., B.
MAIREL, lieut., B.
PHILIPPEAU, s.-lieut., B.
BOUSQUET, s.-lieut., B.

VAUTRIN, s.-lieut., B. 3 janv. 1814, combat devant Vérone.
BASTIEN, capit., T. 8 févr. 1814, bataille du Mincio.
VAUTRIN, s.-lieut., B. 11 mars 1814, combat devant Plaisance.
PACOTTE, capit., B. 14 avril 1814, affaire devant Plaisance.

18 *juin* 1815, *bataille de Waterloo.*
DAVID, chef de bat., T.

BONDINI, lieut., B. (mort le 9 juill.).
LAMBERT, lieut., T. (porte-drapeau).
FIAU, lieut., T.
ETIENNE, s.-lieut., B. (mort).
LANDREAU, capit., B.
ROUSSEAUX, capit., B.
PACOTTE, capit., B.
CHARASSON, capit., B.
GRANGIER, s.-lieut., B.
DUPUY, lieut., B.
NOUVELLE, s.-lieut., B.
BOUSQUET, s.-lieut., B.
PHILIPPEAU, s.-lieut., B.
LAMANT, lieut., B.
MAIREL, lieut., B.

85ᵉ Régiment.

14 *oct.* 1806, *bataille d'Auerstaedt.*
CHABERT, capit., T.
LUCCIANA, capit., T.
LEGALLAIS, capit., T.
CATRON, capit., B. (mort le 3 nov.).
JARLOT, capit., B. (mort le 3 déc.).
PERNAIN, lieut., T.
BOUTET, lieut., T.
DUBOIS, lieut., T.
MARTRES, lieut., T.
BOYER, capit., B. (m¹ le 20 janv. 1807).
POMMEZ, lieut., B. (mort le 28).
DUPLAINE, s.-lieut., T.
BARBIER, s.-lieut., T.
DUBOSC, s.-lieut., T.
VIALA, col., B.
COULAUDON, capit., B.
DENOU, capit., B.
MONTFORT, capit., B.
FILANCHIER, capit., B.
ORCELLE, lieut., B.
ROUAN, s.-lieut., B.
PACAUD, lieut., B.
BERTAUD, s.-lieut., B.
LEGAY, lieut., B.
MARTIN, s.-lieut., B.
LAFORET, s.-lieut., B.
STOELKER, s.-lieut., B.
DECRUEJOULS, s.-lieut., B.

PÉCHERIE, capit., B. 11 déc. 1806, affaire sur le Bug.

15 *déc.* 1806, *affaire en Pologne.*
DANIEL, s.-lieut., T.
DULIGNY-ROCHEFORT, s.-lieut., B. (mort le 25).

PONSOT, s.-lieut., B. 17 déc. 1806, aux avant-postes en Pologne.

26 *déc.* 1806, *combat de Pultusk.*
DUPELLIN, col., B.
ROUGELIN, capit., B.

23 *avril* 1809, *combat devant Ratisbonne.*
DOIN, lieut., B.
PERREAU, lieut., B.

22 *mai* 1809, *bataille d'Essling.*
HÉRAUD, capit., B. (mort).
MAHAU, lieut. A.-M., B.
DOIN, lieut., B. 3 juin 1809, combat de Presbourg.
VINCENT, lieut., B. 1ᵉʳ juill. 1809, combat sur le Danube (mort le 1ᵉʳ août).

6 *juill.* 1809, *bataille de Wagram.*
PAOLY, capit., B. (mort le 28).
JOUBERT, capit., T.
MALPÉ, capit., B. (mort le 21).
MARTINET, s.-lieut., T.
LESPÈRE, s.-lieut., B. (mort le 19).
LECLAIR, s.-lieut., B. (mort le 9).
SALMON, capit., B.

MICAS, capit., B.
MAHAU, capit., B.
HURDY, capit., B.
DENOU, capit., B.
DEFAYSSE, capit., B.
PLOCHE, chirurg. A.-M., B.
LAUZE, lieut., B.
GRUARD, lieut., B.
DELAUNOIS, s.-lieut., B.
POUZILLE, s.-lieut., B.
BOULANGER, s.-lieut., B.
CANTINEAU, s.-lieut., B. (mort le 30).

BEUNET, lieut., B. 9 juill. 1809, aux avant-postes d'Hollabrünn (mort le 25).
GALLAND, capit., B. 20 juill. 1812 aux avant-postes de Mohilew.

23 *juill*. 1812, *combat de Mohilew*.

MOULIN, capit., B. (mort le 26).
DUFAY, s.-lieut., T.
ROSWACK, s.-lieut., T.
BONNET, capit., B.
SALMON, capit., B.
JONDOT, capit., B.
COMPAN, lieut., B.
LABORDE, lieut., B.
BELBÈZE, lieut., B.
LAUZE, lieut., B.
BLONDELLE, s.-lieut., B.

7 *sept*. 1812, *bataille de la Moskowa*.

GAUBERT, capit., T.
BONNET, capit., T.
GRANDJEAN, capit., T.
VINCENT, lieut., T.
LANDAIS, lieut., T.
CHAMPENOIS, s.-lieut., T.
BAILLON, major en 2°, B.
CHAPUIS, capit., B.
JONDOT, capit., B.
CHENNEVIÈRE, lieut., B.
CHEISSON, lieut., B.
JOUBERT, lieut., B.
CHARLOT, lieut., B.
BOULANGER, lieut., B.
DAUBERNET, s.-lieut., B.
BAUDIN, s.-lieut., B.

3 *nov*. 1812, *combat de Wiasma*.

CENTENIER, chef de bat., T.
STOELKER, capit., T.

GERMAIN, capit., T.
LOUBERT (L.), lieut., T.
COURTIN, s.-lieut., B. (mort le 4).
JONDOT, capit., B.
DOIN, capit., B.
SALMON, capit., B.
BAVEREL, lieut., B.
LAFORÊT, lieut., B.
LOUBERS, s.-lieut., B.
LEGAY, s.-lieut., B
DESAULTY, s.-lieut., B.

7 *nov*. 1812, *affaire route de Smolensk*.

VARNAY, lieut., T.
NOÉ, s.-lieut., B.

17 *nov*. 1812, *bataille de Krasnoë*.

NAVELOT, s.-lieut., T.
BERNARD, capit., B.
CHEVALIER, lieut., B.
SAINGRY, s.-lieut., B.
DUVAL, s.-lieut., B.

10 et 11 *déc*. 1812, *combats devant Wilna*.

GALAND, chef de bat., B. 10.
BLOT, capit., B. 11.
CAMPAN DE BELBÈZE, lieut., B. 10.
THOMAS, lieut., B. 10.
DEBLOU, lieut., B. 10.
BERTRAND, s.-lieut., B. 10.
ROBIN, capit., B. 4 avril 1813 aux avant-postes près de Magdebourg.
PICARD, lieut., B. 19 avril 1813, combat de Lilienthal.

28 *août* 1813, *combat devant Dresde*.

EPINGER, s.-lieut., T.
PONCET, s.-lieut., T.

30 *août* 1813, *affaire de Culm*.

LIMOGE, capit., B.
LASNIER, capit., B.
COLIN, lieut., B.
LOUBERS, lieut., B.
BONJOUAN DE LAVARENNE, s.-lieut.
HERVIEU, lieut., B.
ALLAIRE, s.-lieut., B.
BERTHOLA, s.-lieut., B.
DESCHAMPS, s.-lieut., B.

1813, *défense de Dresde*.

COGET, col., B. 6 nov. (mort le 10 déc.).

GRANDJEAN, capit., B. 6 nov. (mort le 16 déc.).
TAILLARD, capit., T. 14 sept.
JACQUET, lieut. A.-M., T. 14 sept.
CHARLOT, lieut., T. 8 oct.
BEUZARD, lieut., T. 8 oct.
HUREAU, s.-lieut., T. 30 oct.
CHEVALIER, capit., B. 14.
SÉNÉ, s.-lieut., B. 14 sept.

SALMON, chef de bat., B. 30 déc. 1813, défense de Magdebourg.

9 mars 1814, bataille de Laon.
BONJOUAN DE LAVARENNE, capit., B.
MARQUET, lieut., B.
BARGE, s.-lieut., B.
BONTEMS, s.-lieut., B.
JUNG, s.-lieut., B.

BONJOUAN DE LAVARENNE, capit., B. 25 mars 1814, combat de Fère-Champenoise.

30 mars 1814, bataille de Paris.
PERSON, s.-lieut., B.

TERRIER, s.-lieut., B.

18 juin 1815, bataille de Waterloo.
DE FONTENAILLE, lieut., T.
PERROT, lieut., T.
LEGRAND, s.-lieut., T.
DUMAS, capit., B. (mort le 23 juill.).
PERRIN, lieut., B. (mort le 12 juill.).
LASNIER, capit., B.
PHILIP, capit. A.-M., B.
VIGUIER, capit., B.
LAFORÊT, capit., B.
CHAPUIS, capit., B.
POUZILLE, lieut. A.-M., B.
BERDELLÉ, lieut., B.
MONT-VIGUIER, lieut., B.
LEGAY, lieut., B.
HERVIEU, lieut., B.
LEMESLE, lieut., B.
SARRAN, lieut., B.
DESBŒUF, lieut., B.
DOYEN, s.-lieut., B.
DAHY, s.-lieut., B.
PERRAT, lieut., B.
LOISELET, s.-lieut., B.

86ᵉ Régiment.

BIDER, lieut., B. 26 févr. 1808, étant en patrouille dans les rues de Lisbonne.

22 mars 1808, à bord de la frégate la Syrène.
DESROZIERS, capit., B.
BEAUFRÈRE, s.-lieut., B.

TIMBAL, s.-lieut., B. 20 juin 1808, combat de Villa-Viciosa (Portugal).
LANDIN, capit., B. 28 juin 1808, affaire devant Evora (Portugal).

29 juill. 1808, combat d'Evora (Portugal).
FILIS, s.-lieut., T.
BAZIN DE FONTENELLE (1), chef de bat., B.
HOMAND, lieut., B.

(1) Monté le premier à l'assaut d'Evora, sous le feu de l'ennemi, a ouvert une des portes au général Margaron, auquel il a remis l'épée du général commandant la place.

RIVIÉRI, s.-lieut., B.
TIMBAL, s.-lieut., B.

21 août 1808, bataille de Vimeiro (Portugal).
PASCHALI, capit., T.
BARBERET, lieut., T.
CHAPPE, s.-lieut., T.
JURAN, capit., B. (mort le 4 sept.).
HALM, lieut., B. (mort le 6 sept.).
SUFFISANT, capit., B.
LANDIN, capit., B.
SAUSSE, s.-lieut., B.
VIVENT, s.-lieut., B.

27 sept. 1808, dans un naufrage, en rentrant en France.
GANIVET, chef de bat. (noyé).
MARRIGUES, chirurg.-M. (noyé).
LERCH, lieut. (noyé).
ROYER, lieut. (noyé).
LAROCQUE, s.-lieut. (noyé).

REVEST, chef de bat. (noyé le 30 sept. 1808, dans un naufrage, en rentrant en France).

16 *janv.* 1809, *combat de La Corogne.*
GUITARD, lieut., B.
VIVENT, s.-lieut., B.

MORÉ, s.-lieut., B. 5 mars 1809, attaque de Vérin (Portugal).

29 *mars* 1809, *bataille d'Oporto.*
GUERRAIN, chef de bat., B. (mort le 10 juin).
PARISOT, capit., T.
BOURGOGNE, lieut., T.
DOLISIE, chef de bat., B.
CANDY, capit., B.
EYMA, capit., B.
DESPLANTES, s.-lieut., B.
LHUISSIER, s.-lieut., B.
THIERRY, s.-lieut., B.
PASCHALI, s.-lieut., B.

PEYRE-FERRY, capit., B. 6 juin 1809, affaire d'Orillos, près d'Olmedo.
DARÉ, chirurg. S.-A.-M., B. 20 déc. 1809, par des paysans, en Espagne.

14 *mars* 1810, *combat de Carérès (Espagne).*
BAZIN, chef de bat., B.
PERRIN, lieut., B.
BESSIÈRES, s.-lieut., B.

LEVASSEUR, lieut., B. 21 avril 1810, devant Astorga.

27 *sept.* 1810, *bataille de Busaco.*
SCHNEIDER, chef de bat., B.
LESECQ, capit. A.-M.; B.
POIRIER, capit., B.
COULLIBŒUF, lieut., B.

BLIN D'ORIMONT, lieut., B. 25 janv. 1811, affaire du pont d'Alcova.
RIVIÈRE, s.-lieut., B. 9 mars 1811, combat de Pombal.
BABOT, capit., B. 12 mars 1811, étant en colonne mobile, en Espagne.

14 *mars* 1811, *combat de Miranda-del-Corvo.*
BRUNET, capit., B.

BARBE, s.-lieut., B.
SALZARD, lieut., B.

DELPLATZ, lieut., T. 19 janv. 1812, combat de Ciudad-Rodrigo.

22 *juill.* 1812, *bataille des Arapiles.*
DESVIGNES, capit., B.
PARISOT, lieut. A.-M., B.
PASCHALI, lieut., B.

20 *oct.* 1812, *combat de Monastério.*
DAUDEY, capit., B. (mort le 14 nov.).
LESECQ, capit., B. (mort le 24 nov.).
PROVOST, lieut., B.

TOURANGIN, lieut., B. 11 févr. 1813, affaire de Terruella (Espagne).
LATTAPY, s.-lieut., B. 2 mai 1813, bataille de Lutzen.

18 *juin* 1813, *combat à Espejo (près Bilbao).*
ROUSSEL, s.-lieut., T.
HUMBERT, s.-lieut., B.
CHAINEAU, capit., B.

21 *juin* 1813, *bataille de Vittoria.*
ALIX, s.-lieut., B. (mort le 12 juill.).
LAFOLIE, capit., B.

BAYARD, lieut., B. 21 juill. 1813, défense d'Irun.

30 *juill.* 1813, *retraite devant Pampelune.*
LOHIER, capit., B.
VACHIER, capit., B.
GAULTIER DE LAGUITIÈRE, lieut. A.-M., B.

31 *août* 1813, *aux avant-postes en Bohême.*
GUILLEMIN, capit., B.
LAYROT, capit., B.

16 *oct.* 1813, *bataille de Leipzig.*
DESFONTAINES, capit., T.
DOUZON, capit., T.
CAZENEUVE, lieut., T.
CODECHEVRE, s.-lieut., T.
DEGOUY, s.-lieut., B. (mort le 31 oct.).
LAMBERT, chef de bat., B.
LATAPPY, capit., B.

CROCHEREAU-DUBREUIL, capit., B.
DUVAL, lieut., B.
BOUDRAY, lieut., B.

CHAINEAU, capit., B. 13 déc. 1813, combat devant Bayonne.
LEFRANC, lieut., B. 30 oct. 1813, bataille de Hanau.
DE COULON (1), capit., B. 3 févr. 1814, défense de Mayence (mort le 17).
LEMERRE, s.-lieut., B. 17 févr. 1814, combat de Valjouan.

27 févr. 1814, bataille d'Orthez.
GAUTHIER, s.-lieut., T.
SCHALCK, chirurg. A.-M., B.
LEGENDRE, s.-lieut., B.
LABROUSSE, s.-lieut., B.
VINCENT, capit., B.

12 mars 1814, combat d'Aire (Pyrénées).
MARC-TOUSSAINT, capit., T.
GOUREAU, capit., B.

14 mars 1814, combat de Tarbes.
TITEUX, s.-lieut., T.
MARIE, s.-lieut., B.
CHARPENTIER, lieut., B.

SPRINGER, capit., T. 15 mars 1814, aux avant-postes près de Tarbes.
JACQUET, s.-lieut., B. 28 mars 1814, combat de Claye, près Paris.

---

(1) Coulon du Janty.

30 mars 1814, bataille de Paris.
CHANCEREL, capit., B.
JOURDAIN, chirurg.-M., B.
LANEAU, lieut., B.

BADER, lieut., B. 30 mars 1814, combat près de Toulouse (mort le 30 avril).
LAFOLIE, capit., B. 10 avril 1814, bataille de Toulouse.

16 juin 1815, bataille de Ligny.
BRUNET, capit., B.
LACAZE, capit., B.
LANEAU, lieut., B.
BARBERIN, lieut., B.
AUVRAY, lieut., B.
MÉAULLE, s.-lieut., B.
LABROUSSE, s.-lieut., B.

20 juin 1815, combat de Namur.
DURANTHON, capit., B. (mort le 13 août).
MESSERSCHMITZ, lieut., B. (mort le 10 août).
BOURDON, chef de bat., B.
BOURGON, lieut. A.-M., B.
CARBONNIER, capit., B.
MARIE, s.-lieut., B.
PITET, lieut., B.
OFFENSTEIN, lieut., B.
MALHER, s.-lieut., B.
DESNOYELLES, s.-lieut., B.

21 juin 1815, combat d'Auray.
BAYARD, lieut., B. (mort le 6 juill.).
FANET, s.-lieut., B.

88e Régiment.

2 déc. 1805, bataille d'Austerlitz.
CURIAL, col., B.
CAMBRONNE, chef de bat., B.
PECCLET, capit., B.
JACQUET, capit., B.
MARGUET, capit., B.
MOREAU, lieut., B.
LOMBARD, s.-lieut., B.
ROY, s.-lieut., B.

14 oct. 1806, bataille d'Iéna.
LAMOUR, major, B. (mort).
LOZIVY, chef de bat., B. (mort).

MOREAU, lieut., B. (mort le 15 nov.).
BLAIZAT, capit., B.
BARGEL, capit., B.
GABET, lieut., B.
MAIRE, lieut., B.
BORDES, s.-lieut., B.

DRIENCOURT, capit., assassiné le 7 nov. 1806 par des paysans près de Wurtzbourg.

26 déc. 1806, combat de Pultusk.
RAIGNAUD, chef de bat., B. (mort le 15 janv. 1807).

Monnot, chef de bat., B. (mort le 15 janv. 1807).
Flandrin, capit., T.
Weis, capit., T.
Brassat, capit., T.
Jacquet, capit., B. (m¹ le 6 janv. 1807).
Champey, lieut., T.
Fromont, lieut., T.
Cabut, lieut., T.
Drion, lieut., T.
Girard, lieut., T.
Chauvin, lieut., T.
Roy, s.-lieut., T.
Gendron, s.-lieut., T.
Malet, s.-lieut., T.
Le Roy, s.-lieut., T.
Chalard, s.-lieut., T.
Bordes, s.-lieut., T.
Vidal, s.-lieut., T.
Durieux, s.-lieut., T.
Lucet, s.-lieut., T.
Bergny, s.-lieut., B. (mort).
Doumeng, capit., B.
Hurel, capit., B.
Carry, capit., B.
Tirel, capit., B.
Gille, capit., B.
Vionnet, capit., B.
Kremmer, capit., B.
Henning, capit., B.
Dautremont, lieut. A.-M., B.
Salomon, capit., B.
Lombard, lieut., B.
Fritz, lieut., B.
Guémard, lieut., B.
Gabet, lieut., B.
Lesage, s.-lieut., B.
Darras, s.-lieut., B.
Maire, lieut., B.
Barrière, s.-lieut., B.

Dautremont, capit., B. le 11 janv. 1807, en se rendant en France.
Guillaumot, capit., B. 31 déc. 1808, affaire devant Saragosse.

3 mai 1809, combat d'Ebersberg.
Dambournet, capit., T.
Henin, capit., T.
Joubert, capit., B.

22 mai 1809, bataille d'Essling.
Barbot, chef de bat., B.

Bobion, capit., B.
Lepanier, s.-lieut., B.
Geymet, lieut., B.

5 juill. 1809, bataille de Wagram.
Vallée, capit., T.
Clerc-Lasalle, capit., B. (mort le 14).
Poyeau, capit., B.
Lamour, lieut., B.
Reinbold, lieut., B.
Geymet, lieut., B.
Lepagnier, s.-lieut., B.

8 août 1809, au pont de l'Arzobispo.
De Briges, capit., B.
Chalard, lieut., B.

19 nov. 1809, bataille d'Ocâna.
Guémard, capit., T.
Veilande, col., B.
Maire, capit., B.
Vionnet, capit., B.

Demaneville, s.-lieut., T., 2 mars 1810, étant en reconnaissance route de Ronxillo en Espagne.
Chapuy, capit., B. 4 mai 1810, affaire de Gibralcon (Espagne).
Dufoulon, s.-lieut., T. 6 août 1810, combat près de Monasterio.
Belliard, lieut., B. 11 août 1810, affaire de Villa-Garcia.
Steinbrenner, s.-lieut., B., 11 août 1810, à Villa-Garcia.
Bourgeois, s.-lieut., B. 31 déc. 1810, étant en reconnaissance en Espagne.

1811, siège de Badajoz.
Descey, capit., T. 10 juin.
Brassat, capit., T. 8 mai.
Larèche, capit., T. 17 févr.
Blondin, s.-lieut., T. 1ᵉʳ mars.
Olmy, s.-lieut., T. 31 janv.
Chauvin, capit., B. 31 janv.
Gille, capit., B. 10 et 15 mai.
Dautremont, capit., B. 31 janv.
Maire, capit., B. 3 févr.
Girard, lieut., B. 31 janv.
Grau de Saint-Vincent, lieut., B. 31 janv.
Belperont, lieut. A.-M., B. 3 févr.
Wallner, capit., B. 16 mars.

19 févr. 1811, bataille de la Gebora.
Darras, capit., B.
Echemann, s.-lieut., B.
Chalard, lieut., B.

Lepagnier, s.-lieut., B. 5 mai 1811, bataille de Fuentès-d'Onoro.
Dubarry, chef de bat., B. 3 juill. 1811, à Badajoz.

16 mai 1811, bataille de la Albuhera.
Dupire, capit., T.
Dautremont, capit., T.
Hubscher, lieut., T.
Lacroix de Lusson, lieut., T.
Chabord, lieut., T.
Segret, lieut., T.
Merle, s.-lieut., T.
Letourneur, col., B.
Durarry, chef de bat., B.
Leconte, capit., B.
Belperont, lieut. A.-M., B.

Avril 1812, défense de Badajoz.
Roz, capit., B. 7.
Lerouge, lieut., B. 7.
Malcuisant, chirurg. A.-M., B. 1er.
Goulard, s.-lieut., B. 7.
Mouchel, capit., B. 7.
Grandjean, s.-lieut., B. 7.

2 mai 1813, bataille de Lutzen.
Defrène, lieut., T.
Bouchard, chef de bat., B.
Boutinel, capit. A.-M., B. (mort le 31 août).
D'Hennezel, capit., B.
Couvreux, capit., B.
Pavoux, capit., B.
Baude, capit., B.
Tisserand, capit., B.
Louis, lieut., B.
Barreau, s.-lieut., B.
Cœugnet, s.-lieut., B.
Mouret, s.-lieut., B.
Brouant, s.-lieut., B.

21 mai 1813, bataille de Würschen.
Roux, lieut., T.
Gosse, s.-lieut., T.
Tisserand, capit., B.
Cœugnet, s.-lieut., B.
Roussel, s.-lieut., B.

21 juin 1813, bataille de Vittoria.
Jeanne, s.-lieut., B. (mort le 3 juill.).
Girard, capit., B.
Doré, capit., B.
Lepagnier, lieut., B.
Bourgeois, lieut., B.
Belliard, capit., B.
Godin, lieut., B.

Page, capit., T. 28 juill. 1813, retraite de Pampelune.
Lepagnier, lieut., B. 1er sept. 1813, défense du pont de Berra (Bidassoa).

17 sept. 1813, combat devant Dresde.
Boulogne, s.-lieut., B. (mort le 21).
Mouret, lieut., B.

Revy, s.-lieut., B. 3 oct. 1813, défense de Dantzig (mort le 9).
Gillet, chef de bat., T. 7 oct. 1813, dans la redoute de la Bayonnette.

16 et 18 oct. 1813, bataille de Leipzig.
Douzon, capit., T. 16.
Roussel, lieut., B. 16.
Cordero, lieut., B. 16 (mort le 30).
Mouret, lieut., B. 18.

10 nov. 1813, combat devant Bayonne (Sarre).
Perrier, capit., T.
Girard, capit., B.
Bourgeois, capit., B.
Laroche, lieut., B.
Fusenot, lieut., B.
Carbonnier, s.-lieut., B.
Arribert, s.-lieut., B.
Maubourguet, s.-lieut., B.

Lanfant, capit., B. 22 nov. 1813, défense de Dantzig (mort le 12 déc.).
Parchappe, chef de bat., B. 1er févr. 1814, bataille de la Rothière.
Raveaud, capit., B. 9 mars 1814, bataille de Laon.

30 mars 1814, bataille de Paris.
Segonne, s.-lieut., B.
Goué, s.-lieut., B.
Mellinet, s.-lieut., B.

16 *juin* 1815, *bataille de Ligny.*
BRANDON, capit., T.
COURSEAUX, capit., T.
CORBIN, lieut., T.
DE KONING, lieut., T.
MIAL, lieut., T.
HILLAIRE, lieut., T.
CORLIEU, s.-lieut., T.
CEBERG, s.-lieut., T.
MORIN, s.-lieut., T.
STREICHER, lieut., B. (mort le 25 août).
FARCONNET, s.-lieut., B. (mort).
COENGNET, lieut., B. (mort).
DOUILLET, capit. A.-M., B.
JOUBERT, capit., B.
GOSSE DE SERLAY, capit., B.
PAVOUX, capit., B.
ROZ, capit., B.

STEINBRENNER, capit., B.
GOUT, capit., B.
DUMESNIL, lieut., B.
PRUCHLINSKI, lieut., B.
BROUANT, lieut., B.
HABARY, s.-lieut., B.
GEST, s.-lieut., B.
LIARD, s.-lieut., B.
HUVIER, lieut., B.
ROUSSEAU, s.-lieut., B.
GRUET, s.-lieut., B.

18 *juin* 1815, *combat de Wavre.*
ROZ, capit., B.
REMARQUE, s.-lieut., B.

DELAPISSE, capit., T. 19 juin 1815 dans la retraite de Wavre.

89ᵉ Régiment.

COILLOT, chef de bat., B. 27 mars 1805, défense de Santo-Domingo (mort).
PAILLIER, chef de bat., B. 7 nov. 1808, pendant la marche sur Seybo.

10 *nov.* 1808, *combat de Seybo (Saint-Domingue).*
CAMBOULIS, capit., T.
POINTE, s.-lieut., B.

1809, *défense de Santo-Domingo (Saint-Domingue).*
RIOLLET, lieut., B. 8 févr. (m^t le 2 mars).

FORTIER, chef de bat., B. 20 févr.
BULTÉ, chef de bat., B. 20 févr.
VILLE, capit., B. 24 janv.
BEER, capit., B. 22 févr.
MIQUEL, capit., B. 24 janv.
BLANC, lieut., B. 26 janv.
COSTAMAGNA, lieut., B. 27 janv.
TOURET, lieut., B. 24 janv.
COSTAMAGNA, lieut., B. 22 févr.
RIVA, s.-lieut., B. 25 janv.
CÉSARD, s.-lieut., B. 24 janv.
LACAZE, chirurg.-M., B. 25 janv.

92ᵉ Régiment.

16 *avril* 1809, *bataille de Sacile.*
BLANCHOT, capit., B. (mort le 11 mai).
NAGLE, col., B.
MARÉCHAL, capit., B.
TIGLIN, capit., B.
BLANCHEVILLE, capit., B.
LECOINTRE, capit., B.
RODELSTURTZ, lieut. A.-M., B.
EMOND, lieut., B.
FERRET, lieut., B.
ROUVANIER, lieut., B.
CLAVELIN, chirurg.-M., B.

GIRAULT, lieut., B. 11 mai 1809, combat de Saint-Daniel (Italie).

17 *mai* 1809, *assaut du fort Prèwald.*
PERROT, lieut., T.
LALLEMAND, capit., B.
FARGUE, lieut., B.
LALOUETTE, s.-lieut., B.

FAUCHER, lieut., B. 27 juin 1809, combat de Gratz (mort le 16 juill.).

6 juill. 1809, bataille de Wagram.

DAGET, capit., T.
DRACH, capit., B. (mort le 3 août).
HÉLOIN, capit., B. (mort le 22).
DEVISMES, lieut., T.
DOREY, lieut., T.
FAUCHER, lieut., B. (mort le 16).
MARTIN, s.-lieut., T.
BAILLEUX, s.-lieut., B. (mort le 23).
ROBIN, s.-lieut., T.
SAUDOIS, s.-lieut., B. (mort le 21).
ORY, s.-lieut., T.
NAGLE, col., B.
GOUY (1), major, B. (mort le 21).
BALLYAT, chef de bat., B.
GOUGEON, chef de bat., B.
THOLOZAN, chef de bat., B.
BARON, capit., B.
MARÉCHAL, capit., B.
MIONNET, capit., B.
NOURRY, capit., B.
LORION, capit., B.
MATAIGNE, capit., B.
BLANCHEVILLE, capit., B.
FÉLIX, capit., B.
LALLEMAND, capit., B.
CASTILLE, capit., B.
LECOINTRE, capit., B.
EMOND, lieut. A.-M., B.
RODELSTURTZ, lieut. A.-M., B.
DAMBOISE, lieut., B.
FERRET, lieut., B.
BASSE, lieut., B.
GIRAULT, lieut., B.
PORTALLIER, lieut., B.
LADRIÈRE, lieut., B.
MÉDARD, s.-lieut., B.
GOURLEZ, s.-lieut., B.
VAYNE, s.-lieut., B.
PRÉVILLE DE VILLAIRES, lieut., B.
COLSON, s.-lieut., B.

CASTILLE, capit., B. 2 déc. 1809, combat dans le Tyrol.
BOUYGUES, capit., B. 22 févr. 1812, combat naval du vaisseau *le Rivoli* (près de Venise).

26 juill. 1812, combat d'Ostrowno.

RIVALLON, s.-lieut., B. (mort le 6 sept.).
ROASIO, lieut., B. (mort le 25 nov.).

---

(1) Nommé colonel du 9⁰ de ligne le 9 juillet.

LANIER, col., B.
LIVINGSTON, chef de bat., B.
BARON, capit. A.-M., B.
BAUDOT, capit., B.
SAINT-MARTIN, capit., B.
LALLEMAND, capit., B.
GAYRAL, capit., B.
LECOINTRE, capit., B.
JOUGLAS, capit., B.
VAYNE, lieut., B.
DUVERDIER, lieut., B.
JACQUES, lieut., B.
RENAUD, lieut., B.
DE BOSSON, lieut., B.
GUENON, s.-lieut., B.
EYRIÈS, s.-lieut., B.

7 sept. 1812, bataille de la Moskowa.

AUVRAY, chef de bat., B.
LECOINTRE, capit., B.
COLLIGNON, capit., B.
COQUILLE, lieut., B.
BAUDOIN, s.-lieut., B.
DUBUA, s.-lieut., B.
EYRIÈS, s.-lieut., B.
GUENART, s.-lieut., B.

24 oct. 1812, bataille de Malojaroslawetz.

LAMBERT, lieut., T.
QUENTIN, s.-lieut., T.
LAVERGE, chef de bat., B.
JOUGLAS, capit., B.
GUILLERMIN, capit., B.
COLLIGNON, capit., B.
GAYRAL, capit., B.
MAGNY, capit., B.
ROBERT, capit., B.
TIGLIN, capit., B.
VINCENOT, capit., B.
PERRIER, lieut., B.
NAUDIN, lieut., B.
COQUILLE, lieut., B.
MONMON, s.-lieut., B.
THOMAS, s.-lieut., B.
DUPRESSOIR, s.-lieut., B.

3 nov. 1812, combat de Wiasma.

REBOUL, chef de bat., B. (mort).
KOULEN, lieut., B. (mort le 10).
GUILLERMIN, capit., B.
OBERT, capit., B.
PASSET, capit., B.

Gayral, capit., B.
Bénier, lieut., B.
Feuillard, lieut., B.
Josset, lieut., B.
Perdrizet, lieut., B.
Chopart, s.-lieut., B.
Thomas, s.-lieut., B.
Menu, s.-lieut., B.
Monmon, s.-lieut., B.

Dubua, s.-lieut., B. 14 nov. 1812, combat devant Krasnoë.

16 nov. 1812, bataille de Krasnoë.
Coche, s.-lieut., T.
Chatelard, major en 2e, B.
Girault, capit., B.
Collignon, capit., B.
Lebeuf, capit., B.
Pottier, capit., B.
Hérisson, capit., B.
Basse, capit., B.
Gourlez, lieut. A.-M., B.
Mignon, lieut., B.
Lacaille, lieut., B.
Dupressoir, s.-lieut., B.
Desrousseaux, s.-lieut., B. et disparu.

Feuillard, lieut., B. 14 nov. 1812, combat devant Smolensk.
Nicole, s.-lieut., B. 27 nov. 1812 aux ponts de la Bérésina (mort le soir).

28 nov. 1812, passage de la Bérésina.
Tiglin, capit., B.
Dide, lieut., B. (mort le 8 mars 1813).
Monmon, s.-lieut., B.
Couly, s.-lieut., B.

10 déc. 1812, combat devant Wilna.
Duverdier, lieut., T.
Monmon, s.-lieut., B.

Legrand, lieut., B. 1er janv. 1813 par des Cosaques (mort le 12).
Marthe, chef de bat., B. 30 avril 1813 à la défense de la tête du pont de Glogau.
Obert, chef de bat., B. 10 sept. 1813 aux avant-postes de Feistritz.
Harvus, capit., B. 7 sept. 1813, combat de Feistritz.

Leridon, chef de bat., B. 18 oct. 1813, défense du château de Trieste.

16 sept. 1813, combat de Kraimbourg.
Faure, capit., B.
Bouchet, lieut., B.

Godin, capit., T. 15 nov. 1813, combat de Caldiero.
Eyriès, lieut., B. 12 déc. 1813, combat de Viarrezzo.

8 févr. 1814, bataille du Mincio.
Galletier, capit., B. (mort le 9).
Girard, lieut., T.
Zerlaud, lieut., T.
Close, lieut., T.
Maitre, s.-lieut., B. (mort).
Guillermin, chef de bat., B.
Robert, capit., B.
L'Homme, capit., B.
Lemistre, capit., B.
Blasset, lieut., B.
Faulin, s.-lieut., B.
Chauffard, lieut., B.
Mongeot, s.-lieut., B.
Lobrot, s.-lieut., B.
Boisot, s.-lieut., B.
Lepoix, lieut., B.
Thorel, lieut., B.

8 mars 1814, combat de Reggio.
Fauchon, lieut., B. (mort).
Correy, lieut., B. (mort le 24 mai).
Ladrière, capit., B.

16 juin 1815, bataille de Ligny.
Demandré, capit., T.
Garraux, s.-lieut., T.
Bel, s.-lieut., T.
Jannier, s.-lieut., T.
Duparge, lieut., B.
Legrand, s.-lieut., B.

18 juin 1815, bataille de Waterloo.
Habert, capit., B. (disparu).
Deblaye, lieut., B.
Merey, capit., B.
Harvus, capit., B.
Enderlein, capit., B.
Hérisson, capit., B.
Vargasson, capit., B.

Fournier, lieut., B.
Caron, lieut., B.
Delimal, s.-lieut., B.

Martin, s.-lieut., B.
Bouchon, s.-lieut., B.
Clerget, lieut., B.

93ᵉ Régiment.

Jacquin, lieut., B. 10 août 1805, au combat de la frégade *la Didon*.
Jacquin, lieut., T. 21 oct., 1805, bataille navale de Trafalgar.

1ᵉʳ juill. 1807, siège de Colberg.
Marais, capit., T.
Desmarets, capit., T.
Lambert, s.-lieut., T.
Legrand, s.-lieut., T.
Fribourg, capit., B.
Bélichon, capit., B.
Fremanger, capit., B.
Sangenot, capit., B.
Prieur, lieut., B.
Vincenty, lieut., B.
Berthod, s.-lieut., B.
Authier, s.-lieut., B.
Haner, s.-lieut., B.

Martin, capit., B. 6 juin 1808, dans une reconnaissance en Catalogne.
Fesson, lieut., B. 6 juill. 1808, combat d'Esparaguera (Catalogne).
Dugabé, s.-lieut., B. 23 juill. 1808, combat près de Barcelone.
Onsin, capit., B. 16 nov. 1808, combat devant Barcelone.
Martin, capit., B. 9 janv. 1809, attaque du Montserrat (Catalogne).
Guénot, lieut., T. 11 janv. 1809, en escortant des prisonniers espagnols à Perpignan.
D'Heillecourt, s.-lieut., T. 9 mars 1809, en escortant un courrier à Barcelone (Catalogne).

14 mars 1809, combat de Molins-del-Rey (Catalogne).
Flamant, lieut. A.-M., B. (mort le 6 avril).
Pémillé, lieut., B. (mort le 4 avril).
Dumont (A.), lieut., B. (mort le 31).
Valence, lieut., B. (mort le 16).
Dumont (C.), s.-lieut., B. (mort le 6 juin).

Gendre, capit., B.
Legendre, capit., B.
Gaulard, lieut., B.

22 mai 1809, bataille d'Essling.
Colard, s.-lieut., B. (mort le 10 juin).
Dumont (P.), s.-lieut., B. (mort le 27).
Trost, capit. A.-M., B.
Boisleux, capit., B.
Rivet, lieut., B.
Moncourier, lieut., B.
Prieur, lieut., B.
Campagne, s.-lieut., B.
Guelain, s.-lieut., B.

6 juin 1809, combat de Klagenfurth (Tyrol).
Justamont, capit., T.
Bonnin, capit., B. (mort le 7).
Motellier, lieut., T.
Vincent, lieut., B.
Cherrier, s.-lieut., B.

Legendre, capit., B. 18 juin 1809, dans une reconnaissance en Catalogne.

5 juill. 1809, bataille de Wagram.
Vernier, capit., B.
Parizot, s.-lieut., B.
Beaupoil, s.-lieut., B.
Chaillet, s.-lieut., B.

Legendre, capit., B. 19 juill. 1809, affaire devant Figuières.
Delentaigne, chef de bat., B. 20 déc. 1809, affaire de Bascara (Catalogne).

20 févr. 1810, combat de Vich.
Gaulard, lieut., B.
Abert, lieut., B.
Rey, lieut., B.

Martin, capit., B. 25 août 1810, étant en colonne mobile en Catalogne.
Derougemont, lieut., B. 14 mars 1811, dans une embuscade, en Catalogne (mort le 16).

FRANCFORT, chirurg. A.-M., B. 12 août 1811 au camp devant Figuières (mort le 4 janv. 1812).

19 août 1812, combat de Valoutina-Gora.
JOLY, capit., T.
BREVET, capit., T.
PRIEUR, lieut., T.
CLÉMENCET, lieut., T.
LAQUEUILLE, lieut., T.
REMLINGER, capit., B.
MUGNIER, capit., B.
CARTIER, capit., B.

7 sept. 1812, bataille de la Moskowa.
BAUDUIN, col., B.
GRAND, chef de bat., B. (mort le 18 oct.).
MUGNIER, capit., B. (mort le 17 oct.).
MAILLET, lieut., T.
FANTON, s.-lieut., T.
MARCHAL, major, B.
BANSARD, chef de bat., B.
CHEDIN, chef de bat., B.
FOURET, capit., B.
TUVO, capit., B.
ANCEY, capit., B.
GIRAUDEAU, capit., B.
CARBONERO, capit., B.
PRETET, capit., B.
LACHAUVELLIÈRE, capit., B.
GERMA, lieut. A.-M., B.
ADMONT, lieut. A.-M., B.
VAUCLIN, lieut., B.
CLAUDEL, lieut., B.
MINARY, lieut., B.
AMBLARD, lieut., B.
LEMAIRE, s.-lieut., B.

MICHAUT, chef de bat., B. 28 oct. 1812 par des Cosaques, pendant la retraite.
DAVID, s.-lieut., B. 11 nov. 1812, combat en avant de Smolensk.
GAIGNOT, major, B. 17 nov. 1812, combat devant Krasnoë.

18 nov. 1812, bataille de Krasnoë.
LUGA, lieut., T.
ROUSSEL, lieut., T.
LEFRANÇOIS, lieut., T.
REMLINGER, capit., B.
RAMPILLON, lieut., B.

VALENCE, s.-lieut., B. 22 nov. 1812, route de Borisow, par des Cosaques.

28 nov. 1812, passage de la Bérésina.
MICHAUT, chef de bat., B. 29.
PRIEUR, capit., B. 28.
MICHAUD, lieut., B. 28.
CLAUDEL, lieut., B. 28.
TROUVÉ, capit., B. 28, disparu le 18 déc.

VINCENTY, capit., T. 10 déc. 1812, étant de service près du maréchal Ney, à Wilna.
FRONTEAU, s.-lieut., B. 10 déc. 1812 devant Wilna, disparu le 18.
VIOLOT, s.-lieut., B. 1ᵉʳ janv. 1813 devant Kœnigsberg (mort le 25).
RANDON (1), s.-lieut., B. 2 mai 1813, bataille de Lutzen.
RENEUFVRE, s.-lieut., B. 9 mai 1813, affaire dans l'île de Willembourg.

27 août 1813, bataille de Dresde.
PRETET, capit., B.
PUJOL, s.-lieut., B.

16 sept. 1813, combat près de Leipzig.
MARCHAL, col., B.
MIROUFLE, capit., B.

DESCOINS, s.-lieut., B. 19 sept. 1813, combat près de Magdebourg.
KURSENNE, lieut., B. 25 oct. 1813, défense de Dantzig.

16 et 18 oct. 1813, bataille de Leipzig.
GRAND, chef de bat., T.
CHAMPIGNY, capit., B. 16 (mort le 7 janv. 1814).
SOUPEAU, capit., T. 16.
LAVOCAT, lieut., T. 16.
AUBEL, lieut., T. 16.
BELLOC, s.-lieut., T. 16.
COMERÇON, s.-lieut., T. 18.
DUVERNAY, s.-lieut., T. 16.
BANSARD, chef de bat., B. 14 et 16.
PRETET, capit., B. 16.
CLAUDEL, capit., B. 19.
MIROUFLE, capit., B. 16.
DAVAL, capit., B. 16.

---

(1) Détaché près du général Marchand comme officier d'état-major. Devenu maréchal de France.

RENEUFVRE. lieut. A.-M., B. 14.
CABANES, lieut., B. 18.
DIORÉ, s.-lieut., B. 16.
BERTRAND, s.-lieut., B. 19.
NICOLIN, s.-lieut., B. 18.
VERGÉ, s.-lieut., B. 16.
BALOSSIER, s.-lieut., B. 16.

REMOND, lieut., B. 30 oct. 1813, bataille de Hanau (mort le 9 nov.).

29 *janv. 1814, bataille de Brienne.*
ANCEY, capit., T.
DAUBERMENY, lieut., T.
AMBLARD, capit., B.
SECRETIN, capit., B.
LECONTE, lieut., B.

MIROUFLE, capit., B. 13 févr. 1814, défense de Belfort.
ABERT, capit., B. 20 févr. 1814, combat près de Ligny.
FILOT, s.-lieut., B. 27 févr. 1814, combat de Bar-sur-Aube.
DUNAU, lieut., B. 1ᵉʳ avril 1814, défense de Magdebourg.

1814, défense de Besançon.
COURTEPASE, lieut., T. 1ᵉʳ avril.
VERGÉ, s.-lieut., T. 1ᵉʳ avril.

BANSARD, chef de bat., B. 7 janv.
DELARUELLE, lieut. A.-M., B. 31 mars.
FORIR, lieut., B. 17 févr.
COURTEPASE, lieut., B. 1ᵉʳ févr.
VAUCLIN, lieut., B. 1ᵉʳ avril.
MARTIN, lieut., B. 31 mars.
RENARD, s.-lieut., B. 31 mars.

16 *juin 1815, bataille de Ligny.*
DESVEAU, s.-lieut., T.
MOULIN, s.-lieut., B.

18 *juin 1815, bataille de Waterloo.*
LECLERC, capit., T.
KOEHLER, capit., T.
MARTIN, lieut., T.
ROLLAND, lieut., T.
LÉVY, lieut., T.
MAILLARD, s.-lieut., T.
LUGNOT, chef de bat., B.
CAIRE, capit., B.
DELLIER, capit., B.
ADMONT, capit., B.
RENEUFVRE, capit. A.-M., B.
DELARUELLE, capit., B.
GRANDJEAN, lieut., B.
MIGAULT, lieut., B.
CASTELS, s.-lieut., B.
GRÉGOIRE, lieut., B.
LAPICOTIÈRE, lieut., B.

94ᵉ Régiment.

2 *déc. 1805, bataille d'Austerlitz.*
LAGRANGE, capit., B. (mᵗ le 5 févr. 1806).
DE GROMÉTY, chef de bat., B.
MULLER, lieut., B.
OMPHALIUS, s.-lieut., B.

WOIROL, lieut., B. 14 oct. 1806, bataille d'Iéna.

6 *nov. 1806, combat de Lubeck.*
VASSEUR, lieut. A.-M., T.
WALLART, s.-lieut., T.
MARTIN, chef de bat., B. (mᵗ le 16 nov.).
RAZOUT, capit., B. (mort le 11 nov.).
SUAUX, capit., B.
BOURLET, capit., B.
CABARET, capit., B.
VARIN, capit., B.
CHOISET, capit., B.

CAILLOT, lieut., B.
CHAUVET, capit., B.
CORNE, lieut., B.
JANIN, lieut., B.
COURTRAIZE, s.-lieut., B.
GENARD, s.-lieut., B.
GOUSSART, s.-lieut., B.
GUILLAUME, s.-lieut., B.
GRANDJEAN, s.-lieut., B.
OMPHALIUS, s.-lieut., B.
DELACROIX, lieut., B.

16 *févr. 1807, combat d'Ostrolenka.*
REGNAULD, lieut., B. (mort le 15 mars).
ALLIER, lieut., B.

14 *juin 1807, bataille de Friedland.*
CABARET, capit., B.
LEJET, s.-lieut., B.

HENRY, capit., B. 2 mai 1808, insurrection de Madrid.

---

31 oct. 1808, *combat de Durango.*
BRISAC, lieut., T.
MOREL, s.-lieut., B.

GOUT, lieut., B. 5 nov. 1808, combat de Valmaseda (Espagne).

---

10 nov. 1808, *bataille d'Espinosa.*
MULLER, lieut., T.
BELORGEOT, s.-lieut., T.
BEYNET, capit., B.
BOURLET, capit., B.
DURAND, capit., B.
COURTRAIZE, lieut., B.
GAVALDO, lieut., B.
HAUCE, lieut., B.
RAZOUT, s.-lieut., B.
DENICOD DE MAUGNY, s.-lieut., B.
QUENEAU, lieut., B.
DEVAUX, s.-lieut., B
CHAPARD, s.-lieut., B.
PAPE, s.-lieut., B.
NICOLE, s.-lieut., B.

---

2 et 3 déc. 1808,
attaque et prise de Madrid.
ROEDERER, capit., B. 3.
NOEL, lieut. A.-M., B. 3.
HANSE, lieut., B. 2.
COURTRAIZE, lieut., B. 3.

ROEDERER, capit., B. 17 mars 1809, au passage du Tage.
LAYMONT, capit., B. 17 mai 1809, étant en colonne mobile en Espagne.

---

22 mai 1809, *bataille d'Essling.*
FRINKLIN, lieut., T.
SUAUX, chef de bat., B.
LECOURT, capit., B.
DELACROIX, capit., B.
VILLART, capit., B.
DEPIERRE, s.-lieut., B.
WATTELET, s.-lieut., B.
DECOSNE, s.-lieut., B.

---

6 juill. 1809, *bataille de Wagram.*
LEBRAS, s.-lieut., T.
ARNOULD, s.-lieut., B.

BARIC, lieut., B.
MARCHAND, capit., B.

---

28 juill. 1809,
bataille de Talavera-de-la-Reyna.
JEANPIERRE, capit., T.
DURAND, capit., B.
AIGRETTE, lieut., B.
CAMUS, s.-lieut., B.
GENARD, s.-lieut., B.

BOUTAN, s.-lieut., B. 16 mars 1810, combat de Nanaguessa.
HERBILLON, s.-lieut., B. 30 sept. 1810, combat d'Ubrique.
HERBILLON, s.-lieut., B. 1er oct. 1810, en reconnaissance en Espagne (mort le 3) à Arcos (Andalousie).

---

5 mars 1811, *combat de Chiclana.*
SOUDAN, s.-lieut., T.
CHOISET, capit., B.
COURTRAIZE, lieut., B.
COUPEAU, s.-lieut., B.
DEMANGEOT, s.-lieut., B.
PEUCHOT, s.-lieut., B.
TABOURIN, s.-lieut., B.
BRISAC, s.-lieut., B.

SIMON, s.-lieut., B. 9 mars 1811, combat de Medina-Sidonia.
CHAPARD, s.-lieut., B. 5 avril 1811 en escortant un convoi de blessés à Baylen.

---

5 mai 1811, *bataille de Fuentès-d'Onoro.*
GAUSSART, s.-lieut., B. (mort le 9).
SANCY, lieut., B.

---

19 sept. 1811, *défense du fort d'Alcala.*
EPAILLY, lieut., T.
HAINCK, s.-lieut., B.

---

31 déc. 1811, *siège de Tarifa.*
COMBELLE, col., B.
BARIC, lieut., B.

MOYNIER-DUBOURG, lieut., disparu 12 sept. 1812, à Grenade (présumé assassiné).
LAMOUREUX, s.-lieut., B. 4 févr. 1813 à Langenfurth, près Dantzig (mort le 9 mai).

5 mars 1813, combat d'Ohra (Dantzig).
THIRIOT, capit., B.
FLAMME, s.-lieut., B.

COURSIERS, s.-lieut., B. 27 mai 1813, combat de Villa-Réal.
WATTELET, s.-lieut., B. 26 mai 1813, combat près de Salamanque.

21 juin 1813, bataille de Vittoria.
ROEDERER, chef de bat., B.
RUEL, s.-lieut., B.
THABOURIN, s.-lieut., B.

7 juill. 1813, combat d'Urdache.
DELANOIX, capit., T.
GALICHET, capit., B.
BARIC, lieut., B.
CAMUS, s.-lieut., B.
SIMONOT, s.-lieut., B.

COLIN, capit., B. 24 juill. 1813, affaire dans la vallée de Bastan.

31 juill. 1813, combat près de Pampelune.
BOLLINGER, capit., B.
NOEL, capit., B.
THABOURIN, lieut., B.

DEMANGEOT, s.-lieut., B. 2 août 1813, combat près de Bera.

27 août 1813, bataille de Dresde.
AIGRETTE, s.-lieut., T.
HANSE, capit., B.
LOMBARD, s.-lieut., B.
RAULLIN, s.-lieut., B.

8 sept 1813, combat devant Dresde.
CARRÉ, capit. A.-M., T.
FICH, lieut., B.
HAINCK, lieut., B.
GÉRARD, s.-lieut., B.

GRANDJEAN, lieut., B. 11 oct. 1813, défense de Dantzig.
TAULANE, s.-lieut., B. 21 oct. 1813 dans une affaire en Saxe.
POMIÈS, s.-lieut., B. 2 nov. 1813, défense de Dresde.

13 déc. 1813, combat devant Bayonne.
LOBSTEIN, capit., B. (mort le 5 janv. 1814).
FROMENTEL, lieut., B. (mort le 1er janv. 1814).
MAURY, lieut., B. (mort le 20 janv. 1814).
GOUGEON, col., B.
BÉCHELÉ, chef de bat., B.
BEYNET, chef de bat., B.
BOLLINGER, capit., B.
COLIN, capit., B.
BENOIT, lieut., B.
BOITEUX, lieut., B.
LAURE, lieut., B.
MOHR, lieut., B.
QUENEAU, lieut., B.
BRALEY, s.-lieut., B.
CAMUS, s.-lieut., B.
CHEVALLIER, s.-lieut., B.
DURAND (A.), s.-lieut., B.
MARC, s.-lieut., B.
GENARD, s.-lieut., B.
NOBILEAU, s.-lieut., B.
SIMONOT, s.-lieut., B.
BARBAZA, s.-lieut., B.

HASTIER, capit., B. 19 déc. 1813, combat devant Bayonne (mort le 13 janv. 1814).
ROSSIGNOL, lieut. A.-M., B. 20 déc. 1813 aux avant-postes devant Bayonne (mort le 5 janv. 1814).
BRULÉ, s.-lieut., B. 10 avril 1814, bataille de Toulouse.

14 avril 1814, sortie de la garnison de Bayonne.
NICOL, capit., B. (mort le 8 mai).
ZEITVOGEL, lieut. A.-M., T.
CATHALA, s.-lieut., T.
DURAND (E.), s.-lieut., T.
PIERRET, s.-lieut., T.
SUREAU, s.-lieut., B. (mort le 30).
BEYNET, chef de bat., B.
DURAND (F.), capit., B.
PEUCHOT, capit., B.
BOITEUX, lieut., B.
CAMUS, lieut., B.
CHAPARD, lieut., B.
GABALDOT, lieut., B.
JULLIOT, lieut., B.
QUENEAU, lieut., B.
DURAND (A.), s.-lieut., B.
SIMON, s.-lieut., B.

95ᵉ Régiment.

Larché, capit., B. 2 déc. 1805, bataille d'Austerlitz.

6 nov. 1806, combat de Lubeck.
Dutaillis, capit., T.
Lefebvre, capit., B. (mort).
Picheloup, capit., B.
Godefroy, capit., B.
Vasserot, capit., B.
Perrottet, lieut., B.
Grandjean, s.-lieut., B.

16 janv. 1807 aux avant-postes en Pologne.
Alt, s.-lieut., B. (mort le 15 mars).
Chevalier, lieut., B.

Garnier, s.-lieut., B. 5 juin 1807, combat de Deppen.

14 juin 1807, bataille de Friedland.
Ransonnet, lieut., B. (mort le 27).
Bonnet, chef de bat., B.
Vecten, capit., B.
Tourneur, lieut., B.
Henriot, capit., B.
Chazal, s.-lieut., B.

31 oct. 1808, combat de Durango (Espagne).
Burnel, s.-lieut., B.
Bouchu, lieut., B.

10 nov. 1808, bataille d'Espinosa.
Carrère, capit., B.
Joannès, capit., B.
Henriot, capit., B.
Macret, capit., B.

Blanchard, lieut., B. 2 déc. 1808 aux avant-postes devant Madrid.
Fouché, capit., T. 28 mars 1809, bataille de Medellin.
Macret, capit., B. 29 mars 1809, combat de San-Benito, près de Medellin.

22 mai 1809, bataille d'Essling.
Durmois, s.-lieut., T.
Saunier, s.-lieut., T.
Meylier, chef de bat., B.
Arnold, capit., B.

6 juill. 1809, bataille de Wagram.
Mandon, s.-lieut., T.
Coste, s.-lieut., B. (mort le 23).
Meylier, chef de bat., B.
Arnald, capit., B.
Mollot, lieut., B.
Leneveu, s.-lieut., B.
Mony, s.-lieut., B.
Bernecourt, s.-lieut., B.

Linard, s.-lieut., B. 1ᵉʳ mars 1810, combat de Ximene (Andalousie).
De Fitz-James, s.-lieut., B. 23 févr. 1810 dans la tranchée devant Cadix.

16 mars 1810, combat devant Cadix.
Berreau, capit., T.
Burnel, lieut., B. (mort le 19).
Mailhes, chirurg.-M., B.

Rivoire, s.-lieut., B. 12 mai 1810, combat contre des guérilleros (mort le 14).
Havet, lieut., B. 1ᵉʳ juill. 1810, siège de Cadix (mort le 8 juill.).
Gudin, lieut., B. 6 août 1810, siège de Cadix (mort).
Guéguet, capit., B. 7 avril 1811, affaire devant Cadix (mort le 8).

1811, siège de Cadix.
Larcher, chef de bat., B. 9 mars.
Cros-Davenas, capit., B. 4 mars.
Delorme, capit., B. 23 mai.
Operti, capit., B. 16 mars.
Alth, s.-lieut., B. août (mort).
Anton, s.-lieut., B. 4 mars.
Linard, s.-lieut., B. 1ᵉʳ mars.

Garnaud, s.-lieut., B. 28 déc. 1811, au siège de Tarifa (Espagne).
Henriot, capit., T. 16 mai 1811, bataille de La Albuhera.
Mianné, lieut., B. 15 avril 1812, aux avant-postes de Cadix.
Buelli, s.-lieut., B. 10 déc. 1812, combat près Miranda.
Anton, lieut., B. 3 mars 1812, prise du pont de Santi-Petri.

27 déc. 1812, au pont sur le Niémen.
BILLIARD, capit., B. (mort le 17 févr. 1813).
BÉLISAIRE, s.-lieut., B. (mort le 1er janv. 1813).

CHARLET, s.-lieut., B. 21 juin 1813, bataille de Vittoria.
DELASALLE, chef de bat., B. 25 juill. 1813, combat du col de Maya.

31 juill. 1813, combat du col d'Aran.
DUGUA, capit. A.-M., B.
MONY, s.-lieut., B.
VENDRÈCHE, s.-lieut., B.

26 août 1813, bataille de Dresde.
ROGER, capit., T.
FOLGE, capit., B. (mort le 22 sept.).
LINARD, lieut., B.
AUBRITON, s.-lieut., B.
HOMBERG, s.-lieut., B.
PLUYS, s.-lieut., B.

JAYMEBON, lieut., B. 4 sept. 1813, défense de Dantzig (mort le 26 nov.).
DEBŒUF, lieut., B. 14 sept. 1813, défense de Dresde.
ARNAUD, lieut., B. 2 nov. 1813, défense de Dantzig (mort le 5).
DESGUEZ, chirurg. A.-M., B. 9 nov. 1813, en avant de Bayonne.
SUGIER, capit., B. 9 déc. 1813, en avant de Bayonne.
CHAURÉ, capit., B. 7 janv. 1814, défense de Mayence.
PORTIER, s.-lieut., B. 5 avril 1814, défense de Mayence.

BEREAU, s.-lieut., B. 27 févr. 1814, défense de Bayonne (mort le 29).
TOUZÉ, s.-lieut., B. 20 mars 1814, combat devant Lyon.
DIRECTE, s.-lieut., B. 14 avril 1814, Bayonne (mort le 20).

Avril 1814, défense de Bayonne.
DELASALLE, chef de bat., B. 15 (mort le même jour).
LAUCHARD, capit., B. 14 (mort le 26).
VIGNY, capit., B. 10.
BEREAU, lieut., B. 14.
DUMAS, s.-lieut., B. 14.

18 juin 1815, bataille de Waterloo.
CHASTELLAIN, lieut., T.
DEHAULT, lieut., B. (noyé en rentrant des prisons d'Angleterre en janvier 1816).
LINARD, capit., B.
BOUDHORS, capit., B.
OPERTI, capit., B.
DELORME, capit., B.
MICHEL, capit., B.
DOULCERON, capit., B.
CHÉRY, lieut., B.
RADU, lieut., B.
COLOMBIER, lieut., B.
PUTHOD, lieut., B.
SCHASSERÉ, lieut., B.
CHEVALIER, s.-lieut., B.
VIADER, s.-lieut., B.
DARGENT, s.-lieut., B.
BERGERON, s.-lieut., B.
LAMBERT, s.-lieut., B.

96e Régiment.

11 oct. 1805, combat d'Albeck.
BUISSON, lieut., B.
GÉRARD, lieut., B.
LEROY, s.-lieut., B.

17 oct. 1806, combat de Halle.
MOUGEY, capit., T.
BERBIGIÉ, s.-lieut., T.
MIAN, s.-lieut., T.
MOULIN, chef de bat., B.
GILLARDOT, capit., B.
BOURGEOIS, s.-lieut., B.

MONCEAU, chirurg.-M., B.

CHAUVET, capit., B. 16 févr. 1807, combat d'Ostrolenka.

26 févr. 1807, combat de Braunsberg.
LANGLOIS, lieut., B.
DE LOSTANGES, s.-lieut., B.

14 juin 1807, bataille de Friedland.
BERTRAND, s.-lieut., T.
BIGOT, capit., B.
CHAUVET, capit., B.

GARNIER, capit., B.
LÉVÊQUE DE VILMORIN, s.-lieut., B.
DE LOSTANGES, s.-lieut., B.
DUMOUTIER, lieut., B.

LEGROS, s.-lieut., B. 7 nov. 1808, combat de Villemassada (Espagne).

30 nov. 1808, bataille de Sommo-Sierra.
CALÈS, col., B.
DUCLOS, capit., B.
VANDERMAEZEN, capit., B.

22 mai 1809, bataille d'Essling.
DEHERME, lieut., T.
DELATOUCHE, lieut., T.
LEVARLET, s.-lieut., B. (mort le 28 juin).
BEAUREPAIRE, capit., B.
GARRY, capit., B.
RENAULT, capit., B.
DUPUIS, lieut., B.
DEPIERRE, s.-lieut., B.

6 juill. 1809, bataille de Wagram.
GOULLEY, capit., T.
JOLY, s.-lieut., T.
JOUAN, chef de bat., B.
CHAZAL, capit., B.
DUPUIS, capit., B.
ISSELIN, lieut., B.
LAURENS, lieut., B.
ESTÈVE, s.-lieut., B.

28 juill. 1809, bataille de Talavera-de-la-Reyna.
GODEFROY, chef de bat., T.
GOURDON, capit., T.
GRANGER, lieut., T.
RAIMONT, lieut., T.
RENNESON, lieut., T.
DESGRANGES, lieut., B. (mort le 1ᵉʳ sept.).
OLIVIER, s.-lieut., B. (mort le 16 août).
CALÈS, col., B.
LOYARD, chef de bat., B.
THÉVENIN, capit., B.
BOBILLIER, capit., B.
IMBERT, capit., B.
JEAN, capit., B.
PRÉBOIS, capit., B.
DESGUILLON, lieut., B.
HERMAND, lieut., B.
HOURDON, lieut., B.
JACOB, lieut., B.

MARBAUD, lieut., B.
NAIGEON, lieut., B.
SARETTE, lieut., B.
BESANÇON, s.-lieut., B.
BOBLIQUE, s.-lieut., B.
LEVESQUE, s.-lieut., B.
DE LOSTANGES, s.-lieut., B.
SAINT-HILAIRE, s.-lieut., B.

BARBAUD, capit., B. 25 févr. 1810, aux batteries devant Cadix.
BONNET, lieut., T. 29 juill. 1810, combat près Pampelune.
BARBAUD, capit., B. 15 sept. 1810, combat devant Cadix.
CLAUSSE, lieut., B. 13 déc. 1810, combat devant Cadix.

5 mars 1811, combat de Chiclana.
MAINGARNAUD, col., T.
DAROZ, lieut., T.
REVEL, chef de bat., B.
BELAIR, chirurg. A.-M., B.
IMBERT, capit., B.
JUST, lieut., B.
SUDREAU, lieut., B.
THEUREL, lieut., B.
NAIGEON, lieut., B.
REUCHE, s.-lieut. porte-aigle, B.
WILHEM, s.-lieut., B.

IMBERT, capit., B. 26 juin 1811, affaire de la Niebla (devant Cadix).
ANGELET, s.-lieut., B. 6 juin 1811, siège de Cadix.
BICHEBOIS, lieut. (disparu), 1ᵉʳ juill. 1811, siège de Cadix.
ANGELET, s.-lieut., B. 9 sept. 1811, siège de Cadix.
NOEL, capit., B. 2 févr. 1812, siège de Cadix.
DUPLESSIS, lieut. B. 22 mai 1812, combat d'Alcala-de-Henarès.

1ᵉʳ juin 1812, combat de Bornos.
DOMBLY, s.-lieut., B. (mort).
CLAVEL, col., B.
REVEL, chef de bat., B.
VARDA, chef de bat., B.
JACOB, capit., B.
GÉRARD, lieut. A.-M., B.
CARLIN, lieut., B.
PRIELLÉ, lieut., B.

Just, lieut., B.
Barrois, capit., B.
Simon de Fongrenier, lieut., B.

Colletier, s.-lieut. (noyé) 4 juin 1812, en Espagne, présumé assassiné.
Fleury, lieut., B. 10 déc. 1812, combat de Miogo (Espagne).

14 *et* 15 *avril* 1813, *défense de Stettin (Prusse)*.
Joblet, s.-lieut., B. 14.
Laurent, lieut., B. 15.
Gadollé, lieut., B. 15.

Noel, capit., B. 3 mai 1813, affaire de Miranda.
Duplessis, lieut., B. 22 avril 1813, affaire d'Alcala.

21 *juin* 1813, *bataille de Vittoria*.
Maigrot, capit., T.
Rey, s.-lieut., T.
Clavel, col., B.
Jacob, capit., B.
Thion, s.-lieut., B.

25 *juill.* 1813, *combat du col de Maya*.
Vallat, lieut. A.-M., T.
Roger, s.-lieut., B.

30 *août* 1813, *affaire de Culm*.
Huguet, capit., T.
Rollin, s.-lieut., T.
Chevaux, lieut., B.
Josset, lieut., B.
Viel, lieut., B.
Girard, s.-lieut., B.

15 *sept.* 1813, *combat de Peterswald*.
Desguillon, capit., T.
Cartier, s.-lieut., T.
Bourdin, capit., B. (mort le 21 oct.).
Bourgiot, capit., B.
Menard, s.-lieut., B.

16 *oct.* 1813, *bataille de Leipzig*.
Demétivier, capit., B.
Dupuis, capit., B.
Isselin, capit., B.
David, lieut., B.
Lefort, lieut., B.
Goué, s.-lieut., B.
Malgras, s.-lieut., B.

Monnerat, s.-lieut., B.
Bourdin, capit., T. 10 nov. 1813, défense de Dresde.

10 *nov.* 1813, *combat de Sarre (sur la Nive)*.
Dumont, capit., B. (mort le 11).
Blanchet, lieut., B.

Simon de Fongrenier, lieut., B. 11 déc. 1813, combat devant Bayonne.

13 *déc.* 1813, *combat de Saint-Pierre-d'Irube*.
Pilloy, capit., T.
Bigault, lieut., T.
Delval, s.-lieut., T.
Just, capit., B.
Angelet, lieut., B.
Bertin, s.-lieut., B.
Durand, lieut., B.
Legrain, s.-lieut., B.
Roger, lieut., B.

Duplessis, capit., B. 20 févr. 1814, combat de Sauveterre.
Brésil, lieut., B. 27 févr. 1814, combat devant Bayonne.
Bruyer, lieut., B. 27 févr. 1814, bataille d'Orthez.
Brésil, lieut., B. 14 mars 1814, combat devant Bayonne.

22 *mars* 1814, *combat de Hartz, près Metz*.
Demétivier, capit., B.
Brisset, lieut., B.

Angelet, lieut., B. 30 mars 1814, bataille de Paris.

16 *juin* 1815, *bataille de Ligny*.
Delaunoy, capit., T.
Grand, s.-lieut., T.
Vistoo, s.-lieut., T.
Paris, capit., B.
Lasse, capit., B.
Binet de Marcognet, lieut., B.
Chantrel, lieut., B. 17.
Cornet, lieut., B.
Guyot-Duvigneul, s.-lieut., B.

20 *juin* 1815, *combat de Namur*.
Ozenne, capit., T.

FAUVILLE, lieut., T.
LEFORT, lieut., B.
OLLIVERO DE RUBIANCA, lieut., B.

MELLINET, s.-lieut., B. 14 juill. 1815, défense de Metz.

100ᵉ Régiment.

11 nov 1805, *combat de Diernstein (ou de Dürrenstein).*
SIMONNOT, capit., T.
BERNARD, capit., B. (mort le 27).
PETIT, capit., T.
MARLOIS, lieut., B. (mort).
PELLETIER, lieut., T.
LERVAL, s.-lieut., B. (mort le même jour).
HARDY, s.-lieut., B. (mort le 11 déc.).
RITAY, col., B.
CARPENTRAS, capit., B.
LASALLE, capit., B.
MARION, capit., B.
COLIN, lieut., B.
COMTE, lieut., B.
ARNAUD, lieut., B.
TESTARD, lieut., B.
DÉFAUT, lieut., B.
LAPÉCHERIE, lieut., B.
DELACHAUSSÉE, lieut., B.
DARNET, lieut., B.
DESPORTES, s.-lieut., B.
POINBŒUF, s.-lieut., B.
CHANAL, s.-lieut., B.
ROGU, lieut., B.

14 oct. 1806, *bataille d'Iéna.*
RENOUX, lieut., T.
MAROTEL, lieut., T.
QUIOT, col., B.
DELESSART, chef de bat., B.
LESCOUVÉ, chef de bat., B.
CAMUS, capit., B.
VALLIER, capit., B.
OUDOT, capit., B.
DARNET, lieut., B.
GELLE, lieut., B.
VILLEMIN, s.-lieut., B.
MÉZERAT, s.-lieut., B.
LONG, s.-lieut., B.
MACHET, s.-lieut., B.
BESNARD, s.-lieut., B.

26 déc. 1806, *combat de Pultusk.*
LABREAUX, capit., T.

JODON DE VILLEROCHÉ, chef de bat., B.
LESCOUVÉ, chef de bat., B
QUIOT, lieut., B.
BINANT, lieut., B.
OLIVIER, capit., B.
VIRET, lieut., B.
VILLENEUVE, capit., B.
BAUDET, s.-lieut., B.
ASTIER, s.-lieut., B.
GUINDON, s.-lieut., B.

QUIOT, capit., B. 8 févr. 1807, bataille d'Eylau.

16 févr. 1807, *combat d'Ostrolenka.*
SEVRIN, lieut., B. (mort le 20 mars).
CHANEL, lieut., B.
OUDOT, capit., B.

1808, *combats devant Saragosse.*
MORMONT, s.-lieut., T. 21 déc.
DERIBAINS, s.-lieut., B. 28 déc.
VILLENEUVE, capit., B. 21 déc.

LONG, lieut., assassiné le 7 janv. 1809 à Caparoso (Navarre).

21 déc. 1808, *dans une reconnaissance devant Saragosse.*
LENOIR, capit., B. (mᵗ le 30 janv. 1809).
RENAUDIN, capit., B.

1809, *siège de Saragosse.*
JARDY, lieut., B. 18 févr. (mort le 21 avril).
BAUDET, lieut., B. 18 févr.

3 mai 1809, *combat d'Ebersberg.*
FANTON, s.-lieut., T.
BINANT, lieut. A.-M., B.
BLONDEAU, s.-lieut., B.

DERIBAINS, lieut., B. 15 mai 1809, combat en Catalogne.

22 mai 1809, *bataille d'Essling.*
DAUGER, chef de bat., B.
BINANT, lieut. A.-M., B.

Buisson, s.-lieut., B.
Debrunot, s.-lieut., B.

Pape, s.-lieut., B. 23 juin 1809, dans une reconnaissance en Espagne.

5 *et* 6 *juill.* 1809, *bataille de Wagram.*
Lucas, capit., T. 5.
Remond, capit., B. 6 (mort le 30).
Dauger, chef de bat., B. 5.
Caruel, capit., B. 6.
Nicolas, lieut., B. 6.
Benoist, capit., B. 6.

26 *mars* 1810, *étant en colonne mobile, Espagne.*
Parent, s.-lieut., B. (mort).
Gaud, chef de bat., B.

Gelle, capit., B. 10 juill. 1810, combat près du village de Berlauga.

1811, *siège de Badajoz.*
Bonnois, s.-lieut., B. 22 févr. (mort le 13 mai).
Quiot, col., B. 7 févr.
Pigeon, s.-lieut., B. 7 févr.
Tourbier, s.-lieut., B. 9 mars.

25 *mars* 1811, *combat de Campo-Mayor.*
Defaut, capit., B.
Deribains, lieut., B.
Janet, s.-lieut., B.

Debrunot, lieut., B. 3 mai 1811, en escortant un convoi, en Espagne.
Lalou, chef de bat., B. 10 mai 1811, défense de Badajoz.

16 *mai* 1811, *bataille de La Albuhera.*
Gelle, capit., T.
Gaday, capit., T.
Montaux, s.-lieut., T.
Vrion, s.-lieut., T.
Quiot, col., B.
Gaud, chef de bat., B.
Villeneuve, capit., B.
Lejeune, capit., B.
Delachaussée, capit., B.
Buglet, capit., B.
Besnard, capit., B.
Guyotte, lieut. porte-aigle, B.
Mézerat, lieut., B.
Jussaume, lieut., B.

Guillot, lieut., B.
Pigeon, s.-lieut., B.
Allard, s.-lieut., B.

17 *nov.* 1812, *combat de Zan-Munoz (Espagne).*
Dumont, lieut., T.
Dallier, s.-lieut., T.
Duval, s.-lieut., T.
Machet, lieut., B.
Lascaux, lieut., B.
Allard, lieut., B.

Fougère, capit., B. 19 nov. 1812, en visitant les avant-postes de Zan-Munoz.

3 *mai* 1813, *combat près de Miranda.*
Janet, lieut., T.
Besnard, capit., B.

Debilly, lieut., B. 27 mai 1813, aux avant-postes, en Espagne.

21 *juin* 1813, *bataille de Vittoria.*
Prince, capit., B.
Bilquet, lieut., B.

Miquel, capit., B. 8 juill. 1813, près de Pampelune, en conduisant des prisonniers anglais.

25 *juill.* 1813, *combat du col de Maya.*
Amadieu, chef de bat., B. (mort le 21 août).
Faussillon, capit., B.
Prince, capit., B.
Lépine, s.-lieut., B.
Lepeule, lieut., B.

22 *août* 1813, *combat de Pirna.*
Martin, lieut., T.
Faraguet, capit., B.
Roseau, s.-lieut., B.
Allasseur, s.-lieut., B.

26 *et* 27 *août* 1813, *bataille de Dresde.*
Renaud, lieut., T. 26.
Viret, capit., B. 26 et 27.
Machet, capit., B. 26.
Astier, capit., B.
Coulon, capit., B. 27.
Pape, lieut. A.-M., B. 27.

Adam, lieut., B. 26.
Lafontaine, lieut., B. 27.
Bedos, s.-lieut., B. 26.
Lebrun, s.-lieut., B. 28.
Fermines, s.-lieut., B. 27.
Lambert, s.-lieut., B. 28.

17 oct. 1813, défense de Dresde.
Vertu, capit., B.
Simonnet, s.-lieut., B.

Fermines, lieut., B. 11 nov. 1813, près de Krems.

13 déc. 1813, combat devant Bayonne.
Dufont, lieut., B. (mort le 19).
Miquel, capit., B.
Jannet, lieut., B.
Hestein, s.-lieut., B.

Laurens, s.-lieut., B. 2 mars 1814, combat d'Aire (sur l'Adour).

18 mars 1814, défense de Luxembourg.
Borel, capit., B.
Moitrier, s.-lieut., B.

10 avril 1814, bataille de Toulouse.
Giacolo, lieut., B. (mort le 10 mai).
Albert, chef de bat., B.

Steiger, s.-lieut., B.

16 juin 1815, bataille de Ligny.
Delachaussée, capit., T.
De Pointis, chef de bat., B.
Dey, capit., B.
Astier, capit., B.
Coulon, capit., B.
Miquel, capit., B.
L'Hérillier, capit., B.
Causon, lieut., B.
Brotbeck, lieut., B.
Montels, lieut., B.
Fourneron, lieut., B.
Rudler, lieut., B.
Lambert, s.-lieut., B.
Parry, s.-lieut., B.
Poly, lieut., B.

18 juin 1815, bataille de Waterloo.
Martinet, lieut., T.
Pastrie, capit., B.
Mallot, lieut., B.
Desprez, lieut., B.
Doublet, s.-lieut., B.
Leurat, s.-lieut., B.
Lebrun, s.-lieut., B.
Jalet, lieut., B.
Henrat, s.-lieut., B.

101ᵉ Régiment.

30 oct. 1805, combat de Caldièro.
Guillaume, chef de bat., B. (mort le 8 nov.).
Guioth, s.-lieut., B.

Nottet, s.-lieut., B. 31 oct. 1805, combat de Montebello (Italie).
Chervet, s.-lieut., T. 12 mai 1806, combat devant Capri (Naples).

Juill. 1806, siège de Gaëte.
Matrot, capit., B. 13.
Joliet, lieut., B. 11.
Michaud, lieut., B. 11.

Ménot, s.-lieut., B. 6 févr. 1809, en colonne mobile en Calabre (au village de San-Biayo).
De Narp, lieut., B. 23 juill. 1809, combat contre des brigands napolitains.
Baillou, capit., B. 24 sept. 1809, combat en Calabre.

Mornard, capit., B. 9 oct. 1809, affaire de Vignola (Italie).
Boulade, capit., B. 31 oct. 1809, combat de Bedole (Tyrol).

Sept. 1810, combat de Villa-San-Giovani (Naples).
Charassey, s.-lieut., T. 5 sept.
De Narp, lieut., B. 6 sept.

Malaizé, lieut., B. 26 déc. 1811, entre Logrono et Arau (Espagne).
Belin, s.-lieut., B. 14 mai 1812, dans une reconnaissance en Espagne.
Gaveau, chef de bat., B. 3 juill. 1812, combat de Pollo (Espagne).

22 juill. 1812, bataille des Arapiles.
Dutrieux, chef de bat., T.
Sabattier, capit., T.
Brunelle, capit., B. (mort le 24).
Gamonet, lieut., T.

MIGNARD, lieut., B. (mort le 23).
MARTIN, s.-lieut., B. (mort le 25).
DHERBEZ-LATOUR, col., B.
LESTERPT, chef de bat., B.
ROSSIGNOLI, capit., B.
FLOCARD, capit., B.
VINCENT, capit., B.
WENZEL, capit., B.
MIGNIEN, capit., B.
GUIOTH, lieut., B.
THOMAS, lieut., B.
ALLIEZ, lieut., B.
MAZERET, lieut., B.
TABOURET, s.-lieut., B.
MARTEL, s.-lieut., B.
LECANTE (F.), s.-lieut., B.
LECANTE (C.), s.-lieut., B.
BOIVIN, s.-lieut., B.
CHATELAIN, s.-lieut., B.

21 mai 1813, bataille de Würschen.
GUIOTH, capit., T.
CLERGET, lieut., T.
GENET. s.-lieut., T.
CHAMEROY, chef de bat., B.
DUCASSE, capit., B.
ALLIEZ, capit., B.
FLOCARD, capit., B.
VIDAL, s.-lieut., B.

4 juin 1813, combat de Lukau.
LABBÉ, s.-lieut., B.
BRIVOI, lieut., B.

HELÈGUE, chirurg. A.-M., B. 1er juill. 1813, près du pont d'Irun.
SERMET, s.-lieut., B. 7 oct. 1813, combat sur les Pyrénées (disparu).

6 sept. 1813, bataille de Juterbock.
NAUDIN, capit., T.
POUDIOUX, lieut., T.
SEULLES, capit., B.
GILLY, lieut., B.
VIDAL, s.-lieut., B.

ROUSSEL, s.-lieut., B. 17 sept. 1813, affaire de Sainte-Marie (Illyrie).

7 oct. 1813, combat sur les Pyrénées.
CANUEL, capit., B.
NOTTET, lieut., B.

PINEL, lieut., B. 22 oct. 1813, combat près d'Erfurth (mort le 9 nov.).

ALEXANDRE, capit. A.-M., B. 22 oct. 1813, aux avant-postes, Saxe.
CHARPENTIER, s.-lieut,, B. 23 oct. 1813, pendant la retraite.

30 et 31 oct. 1813, bataille de Hanau.
PROST, lieut., T. 30.
MARCHAND, lieut., T. 31.
DINET, s.-lieut., T. 31.
DUCASSE, capit., B. 31.
MOREL, lieut., B. 31.
JOANNIS, lieut., B. 30.

19 nov. 1813, combat de Saint-Michel (Italie).
FLOCARD, chef de bat., B.
COMMUN, capit., B.
GUILLAINE, s.-lieut., B.

3 déc. 1813, combat de Rovigo.
FLOCARD, chef de bat., B.
MAZERET, capit., B.
RALIER, s.-lieut., B.
RABAR, s.-lieut., B.

9 et 10 déc. 1813, combat devant Bayonne.
MÉHAIGNERY, s.-lieut., T. 9.
NIDERLINDER, s.-lieut., B. 10, (mort le 2 janv. 1814).
PIRODON, s.-lieut., B. 9.

10 févr. 1814, combat de Volta (Italie).
COMMUN, capit., B.
BOIVIN, lieut., B.
RIVIÈRE, s.-lieut., B.

27 févr. 1814, combat de Bar-sur-Aube.
BEL, capit., B.
PELOUX, lieut., B.

HARLIER, lieut. A.-M., B. 16 mars 1814, affaire des Echelles (Savoie).

21 mars 1814, combat d'Arcis-sur-Aube.
SIMONOT, s.-lieut., B.
MONNOT, s.-lieut., B.

GARNIER, lieut., B. 7 avril 1814 aux avant-postes en Italie.
AIGHEL, capit., T. 13 avril 1814, combat de la Sturla près de Gênes.
HUARD, capit., T. 15 avril 1814, combat devant Gênes (Albaro).
LUCOTY, lieut., B. 29 juin 1815 dans une sortie de la place de Schelestadt.

RÉGIMENTS D'INFANTERIE DE LIGNE 319

30 *juin* 1815, *défense de Neufbrisach.*
Bougel, lieut., B.
Peyruc, s.-lieut., B.

8 *juill.* 1815, *défense de Neufbrisach.*
Darrassus, capit., B.
Sagette, lieut., B.

102ᵉ Régiment.

18 *oct.* 1805, *passage de l'Adige.*
Buhl, capit., B.
Laroque, lieut., B.
Berchoud, lieut., B.
Gaugé, s.-lieut., B.

30 *oct.* 1805, *combat de Caldiero.*
Voirin, lieut., T.
Callamand, lieut., T.
Barré, capit., B.
Baume, lieut., B.
Vincenot, lieut., B.
Laroque, lieut., B.
Modot, lieut., B
Guillaumie, lieut., B.
Rochette, s.-lieut., B.
Moncel, s.-lieut., B.
Rouvier, lieut., B.
Deville, s.-lieut., B.

3 *août* 1806, *combat de Rocca-Gloriosa (Naples).*
Régnié, lieut. A.-M., T.
Modot, lieut., B.

16 *avril* 1809, *bataille de Sacile.*
Sonis, chef de bat., T.
Quellenec, capit., B. (mort le 22 juin).
Sallingue, lieut., B. (mort le 25 mai).
Boudier, lieut., T.
Foissin, lieut., T.
Schiélé, capit., B.
Kessler, capit., B.
Fulcheron, lieut. porte-aigle, B.
Berchoud, lieut. A.-M., B.
Modot, lieut., B.
Delorme, lieut., B.
Trenet, s.-lieut., B.
Nippert, s.-lieut., B.

29 *avril* 1809, *combat de Suave (Italie).*
Huntzbuchler, capit., B. (mort le 2 mai).
Chames, s.-lieut., B. (mort le 29 mai).
D'Arnault, capit., B.

Baltié, capit., B.
Merget, lieut., B.

8 *mai* 1809, *bataille de la Piave.*
Tronquoy, chef de bat., T.
Rochette, lieut., T.
Chamers, lieut., B (mort le 23).
Abadie, s.-lieut., B. (mort le soir).

Roustan, s.-lieut., B. 17 mai 1809, prise du fort de Malborghetto.

14 *juin* 1809, *bataille de Raab.*
Garnier, lieut., B. (mort le 10 déc.).
Espert, col., B.
Sicre, chef de bat., B.
Deslandes, capit. A.-M., B.
Richebé, lieut. A.-M., B.
Hemmer, capit., B.
Remier, capit., B.
Keller, lieut., B.
Grandfils, lieut., B.
Roustan, s.-lieut., B.
Aymé, s.-lieut., B.
Gasquet, s.-lieut., B.
Gaudet, s.-lieut., B.

5 *et* 6 *juill.* 1809, *bataille de Wagram.*
Porst, capit., T. 6.
Rabaliatti, capit., B. 5 (mort le 21).
Stien, capit., B. 5.
Hemmer, capit., B. 5.
Leloutre, capit., B. 5.
Modot, capit., B. 5.
Deslandes, capit. A.-M., B. 5
Richebé, lieut. A.-M., B. 5
Delorme, lieut., B. 5.
Klein, s.-lieut., B.
Aymé, s.-lieut., B.
Callamand, s.-lieut., B.

Bousicot, lieut., B. 25 janv. 1811, combat de Leora (Espagne).

5 *et* 6 *mars* 1811, *combat d'Olot (Catalogne).*
Delorme, capit., B. 6 (mort le 26).
Lasson, lieut., T. 6.
Lutz, lieut., B. 5 (mort le 3 avril).
Rouvillois, s.-lieut., B. 6.

Tosquinet, s.-lieut., B. 23 mars 1811, aux avant-postes, en Catalogne.
Rigolet, s.-lieut., B. 16 avril 1812, combat devant Olot (Catalogne).
Maring, s.-lieut., B. 22 avril 1812, affaire des Quatre-Maisons, près de Girone.
Aymé, lieut., B. 25 avril 1812, étant en reconnaissance près d'Olot.

25 *oct.* 1812, *combat devant Olot.*
Tarette, capit., B. (mort le 12 nov.).
Noel, lieut., B.

Merget, capit., B. 17 janv. 1813, combat d'Olot (mort le 25 avril).

7 *mai* 1813, *combat de Ribas (Catalogne).*
Gaudet, capit., T.
Schlœsing, capit., B.
Viardin, lieut., B.
Regnaud, chirurg.-M., B.
Giffey, s.-lieut., B.
De Pineton de Chambrun, lieut., B.

Lepage, lieut., B. 9 mai 1813, combat devant Neustadt (Saxe).
De Chambrun, lieut., B. 11 mai 1813, combat contre des Catalans.

11 *mai* 1813, *passage de l'Elbe près Neustadt (Saxe).*
Géant, lieut. (mort le 17 juin).
Dugel, capit., B.
Laire, lieut. A.-M., B.
Mocquard, lieut., B.
Sottison, s.-lieut., B.

Deville, capit., B. 24 sept. 1813, combat près Bautzen.

8 *oct.* 1813, *combat de Tarvis (Italie).*
Collin, capit., B.
Tosquinet, lieut., B.
Penant, s.-lieut., B.

Lelièvre, s.-lieut., T. 18 oct. 1813, bataille de Leipzig.
Madier, s.-lieut., B. 30 oct. 1813, dans les gorges du Tyrol.
Devautier, major, B. 2 nov. 1813, affaire d'Erbezo (Italie).
Malabre, s.-lieut., T. 5 nov. 1813, combat devant Tarvis.
Hallot, lieut., B. 6 nov. 1813, combat devant Mayence (mort le 14 nov.).

15 *nov.* 1813, *combat de Caldiero.*
Scharff, chef de bat., T.
Devautier, major, B.
Fournel, capit., B.
Lozes, s.-lieut., B.
Renier, s.-lieut., B.
Combalusier, s.-lieut., B.

30 *oct.* 1813, *bataille de Hanau.*
Prevost, capit., B.
Triquet, lieut., B.
Bombarde, s.-lieut., B.

19 *nov.* 1813, *combat de Saint-Michel (Italie).*
Schneider, lieut., B. (mort le 22 déc.).
Delaisse, chef de bat., B.
Debay, capit., B.
Viardin, capit., B.
Rey, lieut., B.
Balzetti, s.-lieut., B.

Silvan, lieut., B. 30 nov. 1813, combat d'Arnheim.

8 *déc.* 1813, *combat de Rovigo.*
Collin, capit., B.
Roustan, lieut. A.-M., B.
Routier, lieut., B.
Levasseur, lieut., B.
Kessler, s.-lieut., B.

Tosquinet, capit., B. 8 févr. 1814, bataille du Mincio.
Bascaus, s.-lieut., B. 10 févr. 1814, combat de Volta.
Prévost, capit., B. 12 févr. 1814, combat de la Ferté-sous-Jouarre.
Boucicot, capit. A.-M., B. 14 avril 1814, défense de Gênes.

27 *juin* 1815, *combat de Dannemarie.*
Pigal, capit., T.
Schlœsing, capit., B.
Roustan, capit., B.
Fulcheron, capit., B.
Callamand, capit., B.
Maring, s.-lieut., B.
Grégoire, s.-lieut., B.
Deletté, s.-lieut., B.

29 *juin* 1815, *combat de Valdieu, près de Belfort.*
Trouillard, s.-lieut., T.
Dechaux, chef de bat., B. (mort le 30).

Guillot, lieut. A.-M., B.
Arndt, lieut., B.
Leconte, s.-lieut., B.
Brisset, s.-lieut., B.

1ᵉʳ *juill.* 1815, *affaire de Besancourt.*
Lapujade, lieut., B. (mort le 1ᵉʳ sept.).
Gellé, s.-lieut., T.

4 *juill.* 1815, *combat devant Belfort.*
Derson, capit., B.
Bernardin, lieut., B.
Génie, lieut., B.

103ᵉ Régiment.

11 *nov.* 1805, *combat de Diernstein (ou de Dürrenstein).*
Kœnig dit Leroy, capit., T.
Mouchet, capit., T.
Charpentier, lieut., T.
Delvaux, lieut., T.
Duchaumois, lieut., T.
Ferrier, s.-lieut., T.
Boutarel, capit., B. (mort).
Taupin, col., B.
Aubert, capit., B.
Bernard, capit., B.
Jourdain, capit., B.
Lidor, capit., B.
Mercier, lieut., B.
Couard, s.-lieut., B.

14 *oct.* 1806, *bataille d'Iéna.*
Larivière, capit., T.
Vautrain, capit., T.
Genin, capit., B. (mort le 19 nov.).
Huart, lieut., B. (mort).
Pasquier, chef de bat., B.
Lefèvre-Des Gardes, chef de bat., B.
Bernard, capit., B.
Demeney, capit., B.
Pépin, capit., B.
Barthélemy, capit., B.
Peyronnet, capit., B.
Proust, capit., B.
Muller, lieut. A.-M., B.
Valtat, lieut. A.-M., B.
Carrel, lieut., B.
Lenoble, lieut., B.

Richard, lieut., B.
Gaudel, s.-lieut., B.

16 *févr.* 1807, *combat d'Ostrolenka.*
Boichat, lieut., T.
Proust, capit., B. (mort le 18 juin).
Tourneur, capit., B. (mort le 8 mars).
Hoffmann, chef de bat., B.
Beauvert, capit., B.
Labral, capit., B.
Labarell, capit., B.
Mercier, capit., B.
Lurat, capit., B.
Marvie, lieut., B.
Chabert, lieut., B.
Campana, s.-lieut., B.
Lorrin, s.-lieut., B.

Pierre, lieut., T. 11 avril 1807, aux avant-postes.
Huart, lieut., B. 22 juin 1808, combat contre des insurgés, à Aranjuez.
Fanard, lieut., assassiné 30 juin 1808, près Vittoria, par des paysans.

1809, *siège de Saragosse.*
Henry, s.-lieut., B. 2 mars (mort le même jour).
Aubert, capit., B. 8 févr.
Lurat, capit., B. 8 févr.
Gauché, lieut., B. 8 févr.
D'Hurlaborde, lieut., B. 8 févr.

21

3 mai 1809, combat d'Ebersberg.
MAUPASSANT, s.-lieut., T.
BROGARD, capit., B. (mort le 5).
LAFOREST, capit., B.
THÉVENOT, chef de bat., B.

22 mai 1809, bataille d'Essling.
RONDOT, lieut., B.
DURIEU, s.-lieut., B.

MASSONI, s.-lieut., B. 19 nov. 1809, bataille d'Ocana.
LURAT, capit., B. 1ᵉʳ mai 1810, combat de Ronda.
CANIOT, s.-lieut., B. 2 mai 1810, défense de Ronda (mort le 2 juin).
LARAN, s.-lieut., B. 22 mai 1810, combat en Navarre.

24 août 1810, combat de Moguès (Espagne).
MILLON, capit., B.
DAUDEBARD (1), lieut., B.

ADNOT, s.-lieut., B. 27 août 1810, en colonne mobile en Espagne.
VILAIN, capit., B. 16 févr. 1811, affaire de Fréjenas (Estramadure).

1811, siège de Badajoz.
DUDOYER, capit., B. 7 févr.
RONDOT, lieut., B. 7 févr.

MONIER, lieut., B. 5 mai 1811, bataille de Fuentès-d'Onoro.

16 mai 1811, bataille de la Albuhera.
GOUJON, capit., T.
JORDANY, lieut. A.-M., T.
DEGREMONT, lieut. porte-aigle, T.
HORMENT, lieut., T.
PÉRARDEL, lieut., T.
HERTZOOGT, s.-lieut., T.
LAPIERRE, chef de bat., B. (mort le 18).
HUGUET, chef de bat., B.
LURAT, capit., B.
MARVIE, capit., B.
MILLON, capit., B.
PÉPIN, capit., B.
FERRAND DE SENDRICOURT, lieut., B.
REGNAULT, lieut., B.

(1) D'Audebard de Ferussac.

AUBERT, s.-lieut., B.
BOURCELLIER, s.-lieut., B.
COCU, s.-lieut., B.
MASSONNI, s.-lieut., B.

1812, défense de Badajoz.
JEUVERNAY, capit., B. 7 avril (mˡ le 25).
MARIGNIER, lieut., B. 7 avril.
MOURNAUD, lieut., B. 7 avril.
RONDOT, lieut., B. 7 avril.
GIROT, capit., B. 19 mars.

BARBOT DE LA TRÉSORIÈRE, lieut., B. 25 oct. 1812, affaire dans la vallée de Bastan.

2 mai 1813, bataille de Lutzen.
CHAUTEMS, major, B. (mort le 25).
ENARD, lieut., B. (mort le 25).
DEPAGNE, capit., B.
MAILLARD, capit., B.
MONIER, capit., B.
RAYMOND, capit., B.
MÉNARD, lieut., B.

PROST, s.-lieut., B. 3 mai 1813, combat de Miranda.

21 mai 1813, bataille de Würschen.
BATHIAS, lieut., T.
MÉNARD, lieut., T.

JOURNÈS, lieut., B. 27 mai 1813, combat de Villa-Réal (Espagne).

21 juin 1813, bataille de Vittoria.
POISNE, capit., T.
VAULDRY DE LABORDE, capit., T.
BAUDIN, chef de bat., B.
HENRI, capit., B.
POILVÉ, capit., B.
ROYER, capit., B.
ROGER, s.-lieut., B.
FAURE, chirurg.-M., B.

PAPELIN, lieut., B. 9 juill. 1813, combat d'Urdache (Espagne).

25 juill. 1813, combat du col de Maya.
CHARLES, capit., T.
FONTAINE, s.-lieut., T.
ADNOT, lieut., B. (mort le 31).
FORGET, lieut., B. (mort le 28).

BONNAIRE, col., B.
BOURCELLIER, capit., B.
DEPREZ, capit., B.
FERRAND DE SENDRICOURT, capit., B.
LEGRIS, lieut., B.
GASTELAIS, s.-lieut., B.
LEFEVRE, s.-lieut., B.
MIETTON, s.-lieut., B.
OLIVIER, s.-lieut., B.
OSMONDE, s.-lieut., B.

22 *août 1813, combat de Pirna*
(*devant Dresde*).

GUYTON, chef de bat., T.
GONNET, capit., T.
BRUHIER, s.-lieut., T.
MARTIN, s.-lieut., T.
BÉGUIN, chirurg. S.-A.-M., B.
JUNCA, capit., B.
REGNAULT, capit., B.
POINSIGNON, lieut., B.
ANTOINE, s.-lieut., B.
BOCQUILLON, s.-lieut., B.
RÉALY, s.-lieut., B.

26 *et* 27 *août* 1813, *bataille de Dresde*.
DELEAU, major, B.
BÉGUIN, chirurg. S.-A.-M., B.

TISSERAND, s.-lieut., B. 30 août 1813, combat de Buntzlau.

10 *sept*. 1813, *combat de Tœplitz*.
BERTRAND, lieut.,
PIET-DELESTRADE, lieut., B.
POINSIGNON, lieut., B.
BOCQUILLON, s.-lieut., B.

DELPECH (A.), capit., T. 17 sept. 1813, défense de Dresde.

10 *oct*. 1813, *combat de Geiersberg*.
DELPECH (C.), capit., T.
JUNCA, capit., T.

PIET-DELESTRADE, lieut., B.
POINSIGNON, lieut., B.

HENRY, capit., B. 13 oct. 1813, combat de Sarre (sur la Nive).

16 *oct*. 1813, *bataille de Leipzig*.
LACARPE, capit., T.
THILMONT, lieut., T.
BADIN, s.-lieut., T.
MALMOUCHE, capit., B. (m^t le 25 nov.).
CHENNE, lieut., B. (mort le 13 nov.).
LADOYE, s.-lieut., B. (mort le 11 nov.).
CASTAING, capit., B.
DARGENT, lieut., B.
PIERRON, lieut., B.
CHAUVIN, s.-lieut., B.
TISSERAND, s.-lieut., B.
THOUVENIN, s.-lieut., B.

17 *oct*. 1813, *défense de Dresde*.
CAREL, capit., B. (mort).
GALLAND, capit., B. (mort).
TREMBLAY, lieut., B. (mort le 22).

BARBOT DE LA TRÉSORIÈRE, lieut., B. 25 oct. 1813, combat de la vallée de Bastan.

30 *et* 31 *oct*. 1813, *bataille de Hanau*.
AUBERT, capit., T. 30.
AUBIN, lieut. A.-M., T. 31.
TISSERAND, capit., B. 31 (mort le 5 nov.).

PROST, lieut., B. 1er janv. 1814, combat près de Mayence.

27 *févr*. 1814, *bataille d'Orthez*.
GRANDJEAN, capit., B.
COQUAUX, s.-lieut., B.
OLIVIER, lieut., B.

COSTE, s.-lieut., B. 10 avril 1814, bataille de Toulouse.

104° Régiment (1).

WŒLFFEL, s.-lieut., B. 28 juin 1815, combat sur la Suffel.

(1) Formé en 1814.

105ᵉ Régiment.

14 oct. 1806, bataille d'Iéna.
MATHERON, lieut., T.
PUEL, capit. A.-M., B.
DUBAS, capit., B.
LOYER, capit., B.
LAMOUR, lieut., B.

HOUZÉ, s.-lieut., B. 24 déc. 1806, passage et combat de la Wrka (Pologne).

24 déc. 1806, affaire près Golymin.
DELATOUCHE, chirurg. S.-A.-M., B.
VEDRENNE, capit., B.

26 déc. 1806, combat de Golymin.
DEWEZ, capit., B.
LECLÈRE, capit., B.
BULOT, lieut. A.-M., B.
BOUTILLERS, s.-lieut., B.
BARAVEAU, s.-lieut., B.

8 févr. 1807, bataille d'Eylau.
RENAUD, capit., T.
BOURNAZEL, s.-lieut., T.
CHAMPCENETZ, s.-lieut., B. (mort le 19).
COVIN, s.-lieut., T.
CHARTRON, capit., B. (mort le 23).
COEFFÉ, capit., B. (mort le 10).
HABERT, lieut., B. (mort le 7 juin).
LESCAUDEY, chef de bat., B.
VEDRENNE, capit., B.
BULOT, lieut. A.-M., B.
BRABANT, lieut., B.
CHAMPAGNOL, lieut., B.
KAILLE, lieut., B.
GUILLIER, lieut., B.
COSTE, lieut., B.
LOTTE, s.-lieut., B.
BRARD, s.-lieut., B.
MAUGER, s.-lieut., B.
CHAMBARD, s.-lieut., B.
GUYNAT, chirurg. S.-A.-M., B.

10 juin 1807, bataille d'Heilsberg.
ORSSANT, lieut., T.
HABERT, col., B.
MOLLE, capit., B.
RIQUOIR, capit., B.
CHAMBARD, s.-lieut., B.

VOGIEN, lieut., B.
GIROUX, s.-lieut., B.
CHALLOY, s.-lieut., B.

CHAMBARD, s.-lieut., B. 14 juin 1807, bataille de Friedland.

19 avril 1809, combat de Thann.
HABERT, s.-lieut., T.
HABERT, capit., B. (mort le 25 juin).
MAUSSION, capit., B.
LECLERQ, lieut., B.
LESPINASSE, lieut., B.
MAILLET, lieut., B.
DE MOSTOLAC, lieut., B.
PICHON, lieut., B.

**13 mai 1809,
combat de l'île du Lac-Noir (Danube).**
GADROIS, lieut. A.-M., T.
GROMAULT, capit., B.
LESPINASSE-PEBEYRE, capit., B.
LECERF, capit., B.
BONNAMIE, lieut., B.
RATEAU, chef de bat., B.

22 mai 1809, bataille d'Essling.
DUVERRIER, lieut., T.
HOUZÉ, lieut., B. (mort le 3 juin).
DUBOIS, s.-lieut., T.
DE BLANMONT, col., B.
BOUTILLERS, capit., B.
DENIS, capit., B.
BRARD, capit., B.
BUREAU, capit., B.
FRISSON, capit., B.
MAILLET, capit., B.
CHAMBARD, lieut., B.
VOGIEN, lieut., B.
DESPIERRES, lieut., B.
PETON, lieut., B.
FLAMANT, lieut., B.
MANGIN, lieut., B.
HANER, lieut., B.
LOTTE, lieut., B.
GUILLAUME, s.-lieut., B.
VACHER, s.-lieut., B.
POURCHET, s.-lieut., B.
DUFOUR, lieut., B.

5 et 6 juill. 1809, bataille de Wagram.
BERTHIEU, capit., T. 5.
GUILLAUME, lieut., T. 5.
CAMUS, s.-lieut., T. 5.
POIRSON, chef de bat., B. 6.
CHAMBARD, capit., B. 5.
DÉRIVIER, capit., B. 5.
HESSE, capit., B. 6.
PROTH, s.-lieut., B.
POMMEPY, s.-lieut., B. 5.

VACHER, lieut., B. 28 juill. 1811, affaire de Maesta (Biscaye).
LESPINASSE, capit., B. 26 juill. 1811, en reconnaissance en Espagne.
REMY, capit., B. 14 sept. 1811, dans une émeute en Biscaye.
GOBLET, lieut., B. 5 févr. 1812, combat de Sanguesa.
ALLOUIS, lieut., T. 23 mai 1812, en escortant des prisonniers en Espagne.
LESCUYER, lieut., T. 11 juill. 1812, étant en colonne mobile en Espagne.
BERTRAND, capit., B. 27 août 1812, en colonne mobile, Espagne (mort le 1er sept.).

---

11 oct. 1812, *en colonne mobile en Espagne.*
LECERF, capit., T.
MARION, capit., B. (mort le 23).
FOUBERT, s.-lieut., B.

BÉZUCHET, chirurg.-A.-M., B. 11 oct. 1812, en Navarre.
PICHON, capit., B. 14 oct. 1812, combat en Navarre.
CHARPENTIER, capit., B. 6 oct. 1812, dans une reconnaissance en Espagne.

---

15 oct. 1812, *combat contre les bandes de Mina, près Pampelune.*
LESCAUDEY, major, T.
LARCHER, chef de bat., T.
BOURSET, capit., T.
RAOUS, lieut., A.-M., T.
CORNUET, s.-lieut., T.
MARION, capit., B. (mort le 24).
CAHON, lieut., B.
FLAMANT, lieut., B.
GOBLET, lieut., B.
JULLIOT, s.-lieut., B.

10 déc. 1812, *combat devant Wilna.*
ROY, capit. A.-M., B. (mort le 12 janv. 1813).
GUÉLARD, capit., B. et disparu.
FOUCAUD, lieut. A.-M., B et disparu.
CHARDONNIER, lieut., B. et disparu.
PUJO, lieut., B. et disparu.
LEBLANC, s.-lieut., B. et disparu.
HERBERT, chef de bat., B.
GUÉLARD, capit., B.
COQUERILLE, capit., B.
VIVIEN, lieut., B.
BOULAY, s.-lieut., B.
GAILLET, s.-lieut., B.
PORTIER, s.-lieut., B.
SUFFLOT, s.-lieut., B.

CORNUET, s.-lieut., T. 17 déc. 1812 par des cosaques près du Niémen.
BOULAY, s.-lieut., B. 6 janv. 1813, combat de Kœnigsberg.
VACHER, lieut., B. 9 févr. 1813, en colonne mobile en Espagne.
POURCHET, capit., B. 11 févr. 1813, combat d'Ordana (Espagne).

---

22 mars 1813, *combat près Pampelune.*
MAUSSION, chef de bat., T.
RAPOLD, capit., T.
VACHER, capit., B.

---

13 mai 1813,
combat de Roncal (Espagne).
REMY, capit., B.
LEPIN, lieut., B.
CHRISTIANNE, s.-lieut., B.

LAUVRAY, s.-lieut., T. 21 mai 1813, siège de Jaca.
FEBVRE, s.-lieut., B. 13 juin 1813, en colonne mobile en Espagne.
BACIGALUPO, lieut., B. 28 juill. 1813, retraite de Pampelune.
CHARPENTIER, capit., B. 31 août 1813, passage de la Bidassoa.

---

16 sept. 1813, *combat de Goerde, près Hambourg.*
LECLERC, capit., T.
COURLET, s.-lieut., T.
VILLE, major, B.
MANUEL, lieut. A.-M., B.
DARD, lieut., B.

7 oct. 1813, *combat sur les Pyrénées.*
MORINET, s.-lieut., B. (mort le 28).
FLEURY, s.-lieut., B.

9 déc. 1813, *combat près Bayonne.*
RAPPALO, lieut., T.
PLÉ, s.-lieut., B.

CHAMBRY, s.-lieut., B. 13 déc. 1813, combat de Sarre sur la Nive (mort le 22).
GUYET, capit., B. 13 janv. 1814, combat d'Hentzbutel, près Hambourg.
LEVASSEUR, s.-lieut., B. 3 févr. 1814, défense de Hambourg.

9 févr. 1814, *combat devant Hambourg.*
COSTE, chef de bat., B.
RIVIÈRE, chef de bat., B.
MERCIER, lieut., B.
GAVAIS, s.-lieut., B.
GEIGER, s.-lieut., B.

27 févr. 1814, *combat de Bar-sur-Aube.*
LEPAIN, capit., B.
LESAGE, lieut. A.-M., B.
DUPUY, lieut., B.
HOUZÉ, s.-lieut., B.
BERTRAND, lieut., B.

PETON, capit., B. 15 mars 1814, affaire des Echelles, près de Provins.

20 mars 1814, *combat d'Arcis-sur-Aube.*
CASTANT, capit., B.
PHÉLIPPEAUX, capit., B.
FLEURY, lieut. A.-M., B.
PERCEVAL, s.-lieut., B.
THÉRIAULT, s.-lieut., B.

BEER, chef de bat., T. 5 avril 1814.

18 *juin* 1815, *bataille de Waterloo.*
BONNET, chef de bat., T.
IMPÉRIAL, chef de bat., T.
GUYET, capit., T.
KLEIN, capit., T.
TAUBY, capit., T.
BERNET, lieut., T.
CHAILLOUX, lieut., T.
FÈVRE, lieut., T.
PRIEUR, lieut., T.
PLÉ, s.-lieut., T.
RIGOLET, s.-lieut., T.
RIBOUD, capit. A.-M., B.
GENTY, col., B.
CASTANT, capit., B.
GILBERT, capit., B.
JOANNIS, capit., B.
LEPAIN, capit., B.
MANG, capit., B.
PHÉLIPPEAUX, capit., B.
POURCHET, capit., B. (mort le 18 juill.).
CARDON, lieut., B.
CHANTELAT, lieut., porte-aigle, B.
DREUHL, lieut., B.
HILLENVECK, lieut., B.
JEAN, lieut., B.
MALOT, lieut., B.
MERCIER, lieut., B.
BLANCHARD, s.-lieut., B.
BLIN, s.-lieut., B.
CHARRON, s.-lieut., B.
GOIN, s.-lieut., B.
NORMAND, s.-lieut., B.
RIOLLET (1), s.-lieut., B. (mort le 11 janv. 1816).

(1) Noyé en rentrant des prisons d'Angleterre.

106ᵉ Régiment.

BLUTEAU, s.-lieut., B. 21 oct. 1805, combat sur l'Adige.

16 *avril* 1809, *bataille de Sacile.*
BICHEBOIS, capit., B.
GAUTHIER, lieut. A.-M., B.
CHEVAL, lieut., B.
LECLERCQ, s.-lieut., B.

DURAND, s.-lieut., T. 18 mai 1809, combat de Pradel (Italie).

25 *mai* 1809, *combat de Léoben (Saint-Michel).*
NANCILHAN, lieut., T.
MIRDONDAY, capit., B. (mort le 1ᵉʳ juin).
THOOSE, capit., B. (mort le 13 juin).
CHEVALIER, capit., B.

LAMIES, lieut., B.
LÉPINE, s.-lieut., B.

14 juin 1809, bataille de Raab.

BAILLEUL, capit., T.
FORCADE, capit., T.
LAHAURE, capit., T.
LINOIR, capit., T.
MOLIENS, capit., T.
SPERLING, capit., T.
BUSSIGNY, lieut., T.
LAPOSTOLLE, lieut., T.
REIGNIER, lieut., T.
ROZE, lieut., T.
ROUZÉ, lieut., T.
DEMOLIVOS, s.-lieut., T.
THIBAUDET, capit., B. (mort le 6 juill.).
BONDENET, chef de bat., B.
VERNIER, chef de bat., B.
CHARDRAN, capit., B.
AUGEREAUX, capit., B.
FOURNIER (N.-E.-B.), capit., B.
JUMEL, capit., B.
PROTEAU, capit., B.
SOYER, capit., B.
GROSSETÈTE, lieut., B.
ROUSSEL, lieut., B.
STAVELOT, lieut., B.
LANDAIS, s.-lieut., B.
ALEXANDRE, lieut., B.
BARBERET, s.-lieut., B.
GAVARY, s.-lieut., B.
JACOB, s.-lieut., B.
THIBBOURG, s.-lieut., B.

5 et 6 juill. 1809, bataille de Wagram.

LEFEBVRE, lieut. A.-M., T. 5.
ESTÈVE, lieut., T. 6.
LEBOT, lieut., T. 5.
CHAUVIÈRE, s.-lieut., T. 6.
LACHASSAGNE, s.-lieut., T. 6.
DESPREZ, capit., B. 6 (mort).
ANDRY, capit., B. 6.
CHEVALIER, capit., B. 5.
FOURNIER (N.-E.-B.), capit., B. 5.
MOREAU, capit., B. 6.
GAUTHIER, lieut. A.-M., B. 6.
BISSON, lieut., B. 6.
QUIN, lieut., B. 5.
DÉHU, s.-lieut., B. 6.
DÉPAGNE, s.-lieut., B. 5.
JACQUES, s.-lieut., B. 6.
MILLIER, s.-lieut., B. 6.

SAINTJEAN, s.-lieut., B. 6.
TULASNE, s.-lieut., B. 6.
LEBRUN, s.-lieut., B. 6.

HENRY, capit., B. 13 mars 1810, à Budrio (Italie), par des brigands.

26 juill. 1812, combat d'Ostrowno.

MILLIER, lieut., B. (mort le 29).
POUDRET DE SEVRET, chef de bat., B.
CHAUVEAU, capit., B.
GAY, lieut., B.
RAPIN, s.-lieut., B.
MICHAUX, s.-lieut., B.

NOORDZICK, s.-lieut., B. 27 juill. 1812, près d'Ostrowno (Russie).

7 sept. 1812, bataille de la Moskowa.

GAUTHIER, capit., T.
PETITCOLIN, capit., T.
NICOLAS, capit., T.
FOULON, lieut., T.
LHUILLIER, lieut., T.
MARCEL, lieut., T.
VENDERAA, lieut., T.
COUROLLE, s.-lieut., T.
BOILOT, s.-lieut., T.
DEMORY, s.-lieut., T.
GIRARD, s.-lieut., T.
SAINTOT, s.-lieut., T.
GEOFFRIN, lieut., B. (mort le 15).
GERMAIN, lieut., B. (mort le 21 nov.).
AUBERT, s.-lieut., B. (mort le 14).
CANDUSSIO, s.-lieut., B. (mort le 17).
DIET, s.-lieut., B. (mort le 18).
STERLIN-LAPLAINE, s.-lieut., B. (mort le 16).
BERTRAND, col., B.
PIGEARD, chef de bat., B.
DAZIER, chef de bat., B.
GLIN, chef de bat., B.
BICHEBOIS, capit., B.
CHEVAL, capit., B.
CHEVALIER, capit., B.
DESJARDINS, capit., B.
DUMARTEL, capit., B.
FOURNIER (N.-E.-B.), capit., B.
GALLOIS, capit., B.
LECLERCQ, capit., B.
MOREAU, capit., B.
MORIGNAT, capit., B.
QUIN, capit., B.

Touzi, capit., B.
Gavary, lieut., B.
Lafont, lieut., B.
Martinet, lieut., B.
Pennetier, lieut., B.
Tulasne, lieut., B.
Volkenner, lieut., B.
Danin, s.-lieut., B.
Fiquet, s.-lieut., B.
Giot, s.-lieut., B.
Laplanche, s.-lieut., B.
Lauret, s.-lieut., B.
Malin, s.-lieut., B.
Michaux, s.-lieut., B.
Robbe, s.-lieut., B.
Rouge, s.-lieut., B.
Simion, s.-lieut., B.

24 oct. 1812,
bataille de Malojaroslawetz.

Dazier, chef de bat., T.
Gay, lieut., T.
Chauveau, capit., B.
Lafond, capit., B.
Roussel, capit. B.
Guyon, s.-lieut., B.
Rapin, lieut., B.

Blanc, capit., noyé en traversant, la Kalouga, le 25 oct. 1812, près de Malojaroslawetz.
Chauveau, capit., B. 3 nov. 1812, combat de Wiasma.
Saintaubin, lieut., T. 11 nov. 1812 combat près Smolensk.
Goillard, s.-lieut., T. 11 nov. 1812, route de Smolensk.

16 et 18 nov. 1812, bataille de Krasnoë.
Jacquot, lieut., T. 16.
Savoye, capit., B. (mort le 20).
Houdry, lieut., B. (mort le 21).
Bichebois, capit., B. 16.

Laurent, capit., B. 16.
Saxe, lieut., B. 16.
Tulasne, lieut., B. 16.
Lanusse, s.-lieut., B. 18.

Dimier, lieut., T. 16 nov. 1812 aux avant-postes devant Krasnoë.
Saintjean, lieut., B. 23 nov. 1812, par des Cosaques, près de Borisow.
Ricard, major, B. 9 déc. 1812, combat près de Wilna.
Morignat, capit., B. et disparu le 10 déc. 1812, devant Wilna.
Hébert, s.-lieut., T. 12 sept. 1813, combat en Illyrie.
Caille, lieut., B. 8 déc. 1813, combat sur l'Adige.

24 déc. 1813, combat de Castagnaro, sur l'Adige.

Martinet, capit., T.
Poudret de Sevret, col., B.
Mallet, s.-lieut., B.
Hugues, s.-lieut., B.

Fournier (J.), capit., B. 8 févr. 1814, bataille du Mincio.

10 févr. 1814, combat de Borghetto.
Lefebvre, capit., T.
Grimont, lieut., B.

2 mars 1814, combat de Plaisance.
Lesman, capit., B. (mort le 26 avril).
Tulasne, capit., B.

Orrechia, chef de bat., B. 2 mars 1814, combat de Parme (mort le 20 avril).

13 avril 1814,
sur le Taro, dans une reconnaissance.
Mulot, capit., B.
Caqueret, capit., B.

107ᵉ Régiment (1).

3 févr. 1814, combat de la Chaussée.
Discret, capit., B. (mort le 13 mars).
De Beyssac, capit., B.
Bombarde, s.-lieut., B.
Lefèvre, lieut., B.

4 févr. 1814, combat de Châlons.
Charpy, capit. A.-M., T.
Raby, capit., B.

(1) Formé en 1814.

Petison, capit., B.
Fontanille, lieut., B.
Labbé, s.-lieut., B.
Langtinet, s.-lieut., B.
Doumet, s.-lieut., B.
Monty, lieut., B.

Allouveau de Montréal, capit., B. 5 févr. 1814, aux avant-postes devant Châlons.

*9 févr. 1814,
combat de la Ferté-sous-Jouarre.*
Tripe, col., B.
Grignon, capit., B.
Jonas, lieut., B.

Michaud, capit., B. 21 févr. 1814, aux avant-postes.

Girardin, lieut., B. 16 juin 1815, bataille de Ligny.

18 juin 1815, bataille de Waterloo.
Espéron, capit., T.
Bousquet, lieut., T.
Farconet, s.-lieut., T.
Hermelé, s.-lieut., B. (mort le 13 nov.).
Druot, col., B.
Cuppé, chef de bat., B.
Begouin, chef de bat., B.
Silva, capit., B.
Wanderpepen, capit., B.
Deruelle, capit., B.
Delarue, capit., B.
Ducasse, capit., B.
Dericq, lieut., B.
Deblamont, s.-lieut., B.
Antouard, s.-lieut., B.

108ᵉ Régiment.

2 déc. 1805, bataille d'Austerlitz.
Bienvenu, capit., T.
Contossé, capit., T.
Galmard, capit., T.
Gorin, capit., T.
Duluquy, lieut., T.
Millot, s.-lieut., T.
Mourette, capit., B. (mort).
Masson, capit., B.
Lalance, capit., B.
Frazé, capit., B.
Arbey, lieut., B.
Chambeau, lieut., B.
Bouffaré, lieut., B.
Clerc, lieut., B.
Massonpierre, s.-lieut., B.

14 oct. 1806, bataille d'Auerstaedt.
Higonet, col., T.
Jolly, capit., T.
Pequignot, capit., T.
Chevalier, chef de bat., B. (mort le 21).
Deschaud, lieut., B. (mort le 19).
Lefranc, lieut., B. (mort le 16).
Tanron, lieut., B. (mort le 1ᵉʳ déc.).
Marsault, s.-lieut., B.
Letourmy, s.-lieut., B.
D'Albenas, s.-lieut., B.
Perrot, s.-lieut., B.

Lamaire, chef de bat., B. 14 oct. 1806, bataille d'Iéna.

24 déc. 1806, combat de Nasielsk:
Charenton, lieut., B.
Decouis, s.-lieut., B.

8 févr. 1807, bataille d'Eylau.
Tasche, capit., T.
Baudoz, lieut., T.
Pantenier, lieut., T.
Chedoux, s.-lieut., T.
Vidal, s.-lieut., T.
Billy, lieut., B. (mort le 11 mars).
Millot, capit., B.
Grassoreille, capit., B.
Guerendel, capit. A.-M., B.
Higonet, capit. B.
Clerc, capit., B.
Dupré, capit., B.
Louzeau, lieut., B.
Hautin, s.-lieut., B.
Massonpierre, s.-lieut., B.
Pillotel, s.-lieut., B.
Sommer, s.-lieut., B.

Duboze, chirurg. A.-M., B. 29 mars 1809, par des paysans autrichiens.

21 avril 1809, combat de Landshut.
Rouget, s.-lieut., T.
Schmitt, chef de bat., B.
Louzeau, capit., B.
Lefranc, lieut., B.
Pidolle, lieut., B.
Fournier, s.-lieut., B.
Paillard, s.-lieut., B.

22 avril 1809, bataille d'Eckmühl.
Higonet, capit., B.
Couture, s.-lieut., B.
Paillard, s.-lieut., B.

6 juill. 1809, bataille de Wagram.
Garnier, chef de bat., T. 5.
Fleuret, lieut. porte-aigle, T.
Rothembourg, col., B.
Guillemot, lieut., B.
Blaze, lieut., B.

23 juill. 1812, combat de Mohilew.
Alix, s.-lieut., T.
Pinon, s.-lieut., T.
Moniot, capit., B. (mort le 3 sept.).
Laffineur, lieut., B. (mort le 30 sept.).
Achard, col., B.
Guillemot, capit., B.
Penet, capit., B.
Toubié, capit., B.
Dhaucourt, lieut., B.
Gossin, lieut., B.
Leroux, lieut., B.
Chenillot, s.-lieut., B.
Couillet, s.-lieut., B.
Degivais, s.-lieut., B.
Lecomte, s.-lieut., B.
Moreau, s.-lieut., B.
Rouault, s.-lieut., B.
Tobias, s.-lieut., B.
Exsoupe, s.-lieut., B.

7 sept. 1812, bataille de la Moskowa.
Regnier, lieut., T.
Lubin, s.-lieut., B. (mort le 30).
Achard, col., B.
Danduran, chef de bat., B.
Coutellier, capit., B.
Forquin, capit., B.
Guillemot, capit., B.
Pidolle, capit., B.
Audoux, lieut., B.
Massias, lieut., B.

Rouault, lieut., B.
Leroux, lieut., B.
Rouff, lieut., B.
Dubreuil, s.-lieut., B.
Liégeois, s.-lieut., B.

Massias, lieut., B 7 oct. 1812, combat près de Moscou.
Toubie, capit., B. 11 oct. 1812, aux avant-postes près Moscou.
Perrard, s.-lieut., B. 25 oct. 1812, combat de Kalouga.
Jeaucourt, s.-lieut., disparu le 3 nov. 1812, route de Wiasma.

3 nov. 1812, combat de Wiasma.
Gaudrat, lieut., T.
Lalance, chef de bat., B.
Bonne, capit., B
Collot, capit., B.
Lefranc, capit., B.
Massonpierre, capit., B.
Penet, capit., B.
Perrot, capit., B.
Massias, lieut., B.
Boucher, s.-lieut., B.
Lambert, lieut., B.
Lecointe, s.-lieut., B.
Perrard, s.-lieut., B.
Thuillier, lieut., B.

16 et 17 nov. 1812, bataille de Krasnoë.
Prin, lieut., T. 17.
Perris, lieut., B. 16 (mort le 10 janv. 1813).
Blume, s.-lieut., B. 16 (mort le 13 déc.).
Mortier, s.-lieut., B. 16 (mort le 10 déc.).
Penet, capit., B. 17.
Arnault, lieut., B. 17.
Boucher, s.-lieut., B. 16.
Dubreuil, s.-lieut., B. 17.
Turpin, s.-lieut., B. 17.
Exsoupe, s.-lieut., B. 16.

Thiron, s.-lieut., brûlé 19 nov. 1812 à Smolensk.
Deglaire, s.-lieut., T., 24 nov. 1812 sur la route de Borisow.
Touchaleaume, major en 2e, B. 25 nov. 1812 par des Cosaques près de Borisow (mort le 26).

28 nov. 1812, bataille de la Bérésina.
HERVOUET, capit., disparu.
SPOOR, chirurg. S.-A.-M., T.
DELBY, lieut. A.-M., B. (mort le 1813).
BURAIS, s.-lieut., T.
DANDURAN, chef de bat., B.
DESLANDES, capit., B.
DEGIVAIS, lieut., B.

EXSOUPE, s.-lieut., B. 10 avril 1813, défense de Thorn.

1814, combats d'Haarbourg (défense de Hambourg).
GRUELLE, lieut., B. 20 janv. (mort le 19 févr.).
DANDURAN, chef de bat., B. 7 févr.
COUTURE, capit. A.-M., B. 9 févr.
ACHARD, capit., B. 20 janv.
CLAUDE, capit., B. 20 janv.
GIFE, capit., B. 31 mars.
MASSIAS, capit., B. 22 janv.
ROBERT, capit., B. 20 janv.
PERROT, capit., B. 20 janv.
COLLENOT, lieut., B. 20 janv.
JOCLAS, lieut., B. 20 janv.
LOISY, lieut., B. 20 janv.
SALSEZ, lieut., B. 20 janv.
VENDEUR, lieut., B. 20 janv.
FRISSON, s.-lieut., B. 22 janv.
BLAZE, capit., B. 17 févr.
GOFFLOT, s.-lieut., B. 29 mars.
LAMARRE, s.-lieut., B. 9 févr.
BULÉE, s.-lieut., B. 9 févr.

1814, défense d'Anvers.
LAVIE, lieut., B. 20 janv.
HERBILLON, s.-lieut., B. 11 févr.

TISSERAND, lieut., B. 13 janv. 1814, siège de Wittemberg.
BOUVIER, s.-lieut., B. 17 févr. 1814, combat de l'Ile de Willemsbourg.
LOUIS, lieut., B. 4 avril 1814, défense de Hambourg.

16 juin 1815, bataille de Ligny.
RENARD, s.-lieut., T.
THÉVENOT, s.-lieut., T.
VER, s.-lieut., T.
HIGONET, col., B.
NAÎL, capit., B.
ARNAULT, capit., B.
FILLEAU, capit., B.
GIFFE, capit., B.
DEMARÇAT, lieut., B.
RICHARD, lieut., B.
SALSEZ, lieut., B.
COURTRAY, s.-lieut., B.
RHINCK, s.-lieut., B.
COLLENOT, lieut., B.
VAGNAIR, s.-lieut., B.
GUIDEZ, s.-lieut., B.
COLLOT, capit., B.

18 juin 1815, bataille de Waterloo.
MÉRY, chef de bat., B. (mort le 28).
BASPREY, lieut., B. (mort le 20).
BONNET, lieut., B. (mort le 30).
TABARD, lieut., B. (mort le 28).
MICHEL, lieut., B. (mort le 26 juill.).
HIGONET, col., B.
LEFRANC, chef de bat., B.
REMY, capit., B.
CLAUDE, capit., B.
SIMON, capit., B.
ARNAULT, capit., B.
BOREL, capit., B.
LESASSIER, lieut., B.
GIRARDIN, lieut., B.
GOSSIN, lieut., B.
GÉRARD, lieut., B.
RHINCK, lieut., B.
PAQUIEZ, lieut., B.
SALSEZ, lieut., B.
BEZIAN, s.-lieut., B.

BAZAINE, capit., T. 21 juin 1815, défense d'Avesnes.
ROBERT, lieut., B. 2 juill. 1815, combat devant Paris.

111ᵉ Régiment.

2 déc. 1805, bataille d'Austerlitz.
BOYDO, capit., T.
COLLA, capit., T.
GUIGUE, chef de bat., B.
EULA, capit., B.
GROSSO, lieut., B.
MARTORELLI, lieut., B.
NARDIN, lieut., B.

14 oct. 1806, bataille d'Auerstaedt.
NARDIN, lieut., T.
BOSSOLO, s.-lieut., T.
CHARBON-VALTANGE, s.-lieut., T.
GRANCIA, s.-lieut., T.
NAVELLIS, s.-lieut., T.
BUSCA, capit., B. (mort le 8 févr.).
ARDOYN, capit., B.
CAVALLI, capit., B.
DENIS, capit., B.
BRUNO, capit., B.
GIUSIANA, capit., B.
MASSAROLI, capit., B.
MENSA, capit., B.
OJEDA, capit., B.
RICHERI, capit., B.
EULA, capit., B.
BERLETI, lieut. porte-aigle, B.
LAPIERRE, lieut., B.
CERRATO, lieut., B.
PINTO, lieut., B.
VACCA, lieut., B.
VIANZINI, lieut., B.
VIARIZZIO, lieut., B.
CHALLUT, s.-lieut., B.
GAUTHIER, s.-lieut., B.
BERTINI, s.-lieut., B.

12 févr. 1807, combat de Myszinin.
VITTONATO, lieut., B.
BASTIÉ, s.-lieut., B.

NIER, chef de bat., B. 16 juill. 1808, combat d'Andujar (mᵗ en avril 1809).
DELCARETTE, capit., B. 15 juill. 1808, devant Andujar (mort en août).
VITTONATO, capit., B. 10 avril 1809, combat d'Ambach.
BONNARD, s.-lieut., B. 21 avril 1809 aux avant-postes devant Eckmühl.

22 avril 1809, bataille d'Eckmühl.
SIGNORETTI, capit., B.
EULA, lieut., B.
PINTO, lieut., B.

22 mai 1809, bataille d'Essling.
BAUDI-SELVE, capit., B.
FRAMION, s.-lieut., T.
BASTIÉ, s.-lieut., B.

6 juill. 1809, bataille de Wagram.
OJEDA, chef de bat., T.
CARTINI, capit., B.
MOTTE, capit., B.
PÉRACHIO, lieut., B.
DESNOS, s.-lieut., B.
BERTIN, lieut., B.
MOSER, s.-lieut., B.
CAMERANO, lieut., B.

COUBARD, chef de bat., B. 9 juill. 1809, route de Znaïm.
BÉRUTTI, capit., massacré le 28 nov. 1809, sur les côtes d'Afrique, s'étant échappé à la nage des pontons de Cadix.

27 août 1812, combat devant Wiasma.
RICCI, lieut., B.
BAUDI, capit., B.

5 sept. 1812, combat de Borodino.
RABIN, capit., T.
PÉCOUL, capit., B. (mort le 6).
TESTU-DELGUO, lieut., B. (mort le 6).
EULA, capit., B.
SICCO, capit., B.
TORELLI, lieut., B.
CAMUS, s.-lieut., B.
LACENNE, s.-lieut., B.

7 sept. 1812, bataille de la Moskowa.
ARNAUD, capit., T.
MORELLI, lieut., T.
BUON, lieut., B. (mort le 25).
CAMPANA, lieut., B. (mort le 10).
DESMAZIÈRES, lieut., B. (mᵗ le 17 oct.).
TUERTI, lieut., B. (mort le 25).
WAGNER, lieut., B. (mort le 5 oct.).

RICHERI, chef de bat., B.
GARDIEZ, capit. A.-M., B.
ALBASIO, capit., B.
ALBASO, capit., B.
BONNARD, capit., B.
LÉONI, capit., B.
RICARD, capit., B.
TARABRE, capit., B.
EULA, capit., B.
VACCA, capit., B.
VIARIS, capit., B.
VOLF-VON-VOSTERODE, capit., B.
COLLET, lieut., B.
LACENNE, lieut., B.
OZELLA, s.-lieut., B.
JURIETTI, s.-lieut., B.
ROSSETTI, s.-lieut., B.
MERCANTIN, s.-lieut., B.
VOLDAN, s.-lieut., B.

VITTONATO, capit., B. 23 oct. 1812, combat près de Malojaroslawetz.
DETCHWERRY, lieut., T. 2 nov. 1812, affaire avec des Cosaques à Kolskoï.

---

3 nov. 1812, combat de Wiasma.
BALEGNO, capit., T.
BASTEROT, capit., T.
LAROCHE, lieut., T.
MORESSIO, lieut., T.
BILLOUIN, s.-lieut., B. (mort le 11).
DE MONTIGLIO, major en 2ᵉ, B.
DUPORT, s.-lieut., B. (mort le 20).
JULLIEN, s.-lieut., B. (mort le 8).
FOLLIS, lieut., B.
CARDON, s.-lieut., B.
MOZER, lieut., B.
BOFFANO, s.-lieut., B.
VAYRA, s.-lieut., B.

---

17 nov. 1812, bataille de Krasnoë.
JUILLET, col., B. (mort le 10 déc.).
DOLEATI, s.-lieut., B. (mort le 13 déc.).
GIUSIANIA, chef de bat., B.
DE LAFON, lieut. A.-M., B.
CAZALONE, lieut., B.
GIACHINO, lieut., B.
VOLDAN, lieut., B.
ARTAUD, s.-lieut., B.
FASSIO, s.-lieut., B.
GHELMA, s.-lieut., B.

PAGÈS, s.-lieut., B. 23 nov. 1812, par des Cosaques (mort le 6 janv. 1813).
DESNOS, capit., B. 24 nov. 1812, combat de Minsk.
CACHELU, capit., B. 25 nov. 1812, affaire contre des Cosaques (mort le 6 déc.).
PINTO, capit., B. 30 nov. 1812, combat près de Minsk.
LESBROS, chef de bat., B. 9 déc. 1812, affaire près Wilna.
VAYRA, s.-lieut., B. 10 déc. 1812, combat de Wilna.
MARAIS, lieut., B. 4 avril 1813, défense de Stettin.
MARAIS, lieut., B. 3 sept. 1813, défense de Stettin.
GALLINO, lieut., T. 24 août 1813, défense de Stettin.

---

3 sept. 1813, combat de Lubeck.
RISTON, capit. A.-M., T.
LEGROS, capit., B.

---

14 nov. 1813, défense de Hambourg.
MAZUCCO, lieut., B.
SELIMAN, s.-lieut., T.

DOLÉATI, lieut., B. 14 déc. 1813, devant Hambourg.
SIGNORET, capit., B. 1ᵉʳ févr. 1814, bataille de La Rothière.

1814, défense de Hambourg.
LEGUERNEY, chef de bat., T. 31 mars.
HOLTZ, col., B. 23 janv. (mort le 26).
COSME, capit., B. 17 févr.
RACANI, capit. A.-M., B.
GARDIEZ, capit., B. 18 mars.
JULIERS, capit., B. 17 févr.
CHALUT, capit., B. 1ᵉʳ avril.
MERCIER, capit., B. 17 févr.
VOLDAN, lieut. A.-M., B. 1ᵉʳ avril.
FIORIO, lieut., B. 1ᵉʳ avril.
PASERO, lieut., B. 17 févr.
FASSIO, s.-lieut., B. 1ᵉʳ avril.
LAJA, lieut., B. 1ᵉʳ avril.

---

16 juin 1815, bataille de Ligny.
DENJOY, chef de bat., T.
VOLLIOT, s.-lieut., T.
ANDONNAIGUE, capit., B.
DUCE, capit., B.
REYNAUD, capit., B.

PASSERO, lieut., B.
MENAGGI, lieut., B.
PECH, lieut., B.
MINAGLIA, lieut., B.
MUSSO, s.-lieut., B.

CHARLOT, s.-lieut., B.
NADAU, s.-lieut., B.

MÉSINGUE, s.-lieut., B. 19 juin 1815, combat de Wavre.

112º Régiment.

1ᵉʳ et 2 déc. 1808, *combat de la Fluvia (Espagne).*
DE WAUTHIER, chef de bat., B.
PESTIAUX, lieut., B.

MARTIGNY, lieut., B. 5 janv. 1809, combat devant Barcelone.
HENNECART, capit. A.-M., B. 25 févr. 1809, combat de Vals (Espagne) (mort le 5 avril).
HANUENULS, lieut. A.-M., B. 1ᵉʳ avril 1809, combat en Catalogne (mort le 5 avril).

24 *avril* 1809, *combat de Volano (Italie).*
WIMPFFEN, capit., B. (mort le 30).
DE WARANGHIEN, chef de bat., B.
DEHOUSSE, capit., B.
GOETHALS, capit., B.
ROMAIN, capit., B.
THOUMINI DE LA HAULLE, lieut., B.
FOURNIÉ, s.-lieut., B.

9 *mai* 1809, *combat d'Odersa.*
ENGEL, lieut., T.
D'ORSAY, chef de bat., B.

DANCELS, s.-lieut., B. 10 mai 1809, combat de San-Danielo (Frioul).

17 mai 1809, *combat du col de Tarvis.*
SCHMIDT, capit., B.
GUIRARD, s.-lieut., B.

SABATÉ, s.-lieut., B. 26 mai 1809, combat dans la plaine de Vich (Catalogne).

14 *juin* 1809, *bataille de Raab.*
DUROY DE FONTENAILLES, chef de bat., B.
VANDERSANDEN, capit., B.
DUFRENEL, lieut., B.
D'OTREPPE, lieut., B.

GUIRARD, s.-lieut., B.
RICHARDSON, s.-lieut., B.

6 *juill.* 1809, *bataille de Wagram.*
HACCART, capit. A.-M., T.
GAMERAGE (1), capit., B. (mort le 10).
DE ROSÉE, capit., T.
RUZETTE, capit., T.
DERVILDE, lieut. A.-M., T.
DEMORAQUIN, lieut., T.
LIGE, lieut., T.
LEGROS, s.-lieut., T.
DELEMOINE, capit., B.
DUCORRON, capit., B.
DUPERRON, capit., B.
SECOURGEON, capit., B.
DEVACKER, lieut., B. (mort le 23).
STUCKENS, capit., B.
TERMONIA, capit., B.
NYPELS, lieut., B.
SAUTEL, lieut., B.
DUFLOQUET, s.-lieut., B.
ESPERON, s.-lieut., B.
L'OLIVIER, s.-lieut., B.
PENGUERN, s.-lieut., B.
STIÉNON, s.-lieut., B.
FOSSARD DE ROZEVILLE, s.-lieut., B.
TEXTOR, s.-lieut., B.
HONDAGNÉ DE LARCHE, s.-lieut., B.

BRULÉ, lieut., B. 19 sept. 1809, combat de Thiana (Espagne).
MARTIGNY, lieut., B. 25 oct. 1809, combat de San-Fillio.
BOUCHER, capit., B. 21 janv. 1810, affaire de Santa-Perpetua (Espagne).
DELALAIN, lieut., B. 22 févr. 1813, combat devant Berlin.

29 *avril* 1813, *combat de Mersebourg.*
DEMAILLY, lieut., T.
DUFRESNEL (F.), capit., B.

(1) Gaminarage.

DE SAEGHER, lieut., B.
DELALAIN, lieut., B.
BOUVIER, s.-lieut., B.

15 mai 1813, combat près Bautzen.
KAIL, major, B.
BOUVIER, s.-lieut., B.
DUFRESNEL (Ch.), s.-lieut., B.
FRANIATTE, capit., B.

21 mai 1813, bataille de Würschen.
SCALA, lieut., T.
GAUTHIER, lieut., B. (mort le 22).
TOURET, chef de bat., B.
MINO, chirurg. A.-M., B.
DROUSSART, capit., B.
FRANIATTE, capit., B.
MATURÉ, capit., B.
BAUDOUX, lieut., B.
LAVABRE, lieut., B.
BONINI, lieut., B.
POUJOLLE, lieut., B.
DELANNOY, s.-lieut., B.
PESIN, s.-lieut., B.
GILLIARD, lieut., B.

19 août 1813, combat de Lowenberg.
BONINI, lieut., B.
GIRARD, lieut., B.

23 août 1813, combat de Goldberg.
LERAT, capit., T.
BOUCHER, capit., B. (mort le 29).
QUIRINY, capit., B. (mort le 28).
BURY, lieut., B. (mort le 6 déc.).
DE LA BÉDOYÈRE, col., B.
FROMENT, chef de bat., B.
DANNEELS, capit., B.
DUFRESNEL (F.), capit., B.
ESPÉRON, capit., B.
MATURÉ, capit., B.
THOUMINI, capit., B.
BOUVIER, lieut., B.
DELANNOY, lieut., B.
LATOUR, s.-lieut., B.

CLÉMENT, s.-lieut., B.
CARROZ, s.-lieut., B.
DE SAULSES DE LATOUR, s.-lieut., B.

26 et 28 août 1813, affaire de la Katzbach.
DEFACQZ, capit., B. 26.
DRONSART, capit., B. 28.
PARDIAC, lieut., B. 26.
PORTAL, s.-lieut., B. 26.
CLÉMENT, s.-lieut., B. 26.
PESIN, s.-lieut., B. 26.

20 sept. 1813, affaire d'avant-postes (Italie).
DEBŒUR, chef de bat., B.
GUIRARD, capit., B.

18 et 19 oct. 1813, bataille de Leipzig.
BOISSIN, chef de bat., B. 19.
PHILIPPE, chef de bat., B. 18.
DOTREPPE, capit., B. 18.
FOURNIÉ DE SAINT-AMANT, capit., B. 19.
GILLIARD, capit., B. 19.
MATURÉ, capit., B. 18.
DE PENGUERN, capit., B. 18.
CASENEUVE, s.-lieut., B. 18.
DUFRESNEL (Ch.), s.-lieut., B. 18.
DE SAULSES DE LATOUR, s.-lieut., B. 18.

DANNEELS, capit., B. 30 oct. 1813, bataille de Hanau.
TERMONIA, chef de bat., T. 25 nov. 1813, combat d'Arnheim.
DELALAIN, capit., B. 29 nov. 1813, combat devant Arnheim.
BASSET, s.-lieut., B. 30 nov. 1813, combat d'Arnheim.
DE MÉRITENS, lieut. A.-M., B. 8 déc. 1813, combat en Italie.
MEULENEER, capit., B. 13 déc. 1813, combat de Vareggio (Italie).
BOUVIER, lieut., B. 25 mars 1814, combat de Fère-Champenoise.

113ᵉ Régiment (1).

Août 1808, blocus de Girone.
TRIEB, capit., B. 5 août.
SOLDANI, capit., B. 5 août.
PISTOLESI, lieut., B. 2 août.

DE LA ROCCA, lieut., B. 4 août.
DAPARMA, s.-lieut., B. 15 août.

(1) Formé en 1808.

Août 1808, *combats devant Figuières.*
VELUTY, capit., B. 16 août.
CUSANI, capit., B. 23 août.
POITEVIN, lieut. A.-M., B. 22 août.

PINESCHI, s.-lieut., B. déc. 1808, au siège de Roses.

2 *janv.* 1809,
combat de Castillon-de-Ampurias.
HAIRÉ, s.-lieut., T.
FRIESCH, lieut., B.

FERRARI, capit., disparu le 10 juill. 1810, étant de grand'garde en Espagne.
BOCCARDI, capit., B. 10 nov. 1810, étant en colonne mobile près de Ségovie.

5 *mai* 1811, *combat de Bonas (Espagne).*
GOUZIN, s.-lieut., T.
DAIGAILLIEZ, capit., B.
PERRIN, lieut., B.
COMBERLI, s.-lieut., B.
DE LA ROCCA, lieut., B.

CHEVALIER, lieut., B. 6 mai 1811, par des brigands, près de Baqueza.
BERTINI, lieut., B. 7 juin 1811, en poursuivant les guérillas entre la Banera et Léon.
CASTELLI, capit., T. 11 juill. 1811, combat de Torquemada (Espagne).
MESPLÉ, s.-lieut., B. 20 juill. 1811, défense de Villamanan (Espagne).

18 *et* 19 *janv.* 1812, *défense de Ciudad-Rodrigo.*
DELLA-ROCCA, capit., T. 19.
VELUTY, capit., T. 19.
COLLESCHI, lieut., T. 18.
BRISSON, s.-lieut., B. 19 (mort).
BOTTIONI, capit., B. 18.
TUCCOLI, capit., B. 19.
CECCHERELLI, lieut., B. 19.
PINESCHI, s.-lieut., B. 19.

STAMPHLY, capit., B. 12 mai 1812, combat près de Burgos.

22 *juill.* 1812, *bataille des Arapiles.*
PROVANI, major, B.

LAURENT, chef de bat., B.

VIVIEN, lieut., B. 1er nov. 1812, défense du village de Sinerone (Espagne).

6 *nov.* 1812, *comb^t sur la route de Wilna.*
FRIESCH, lieut., B.
CIANCHI, s.-lieut., B.

MIGNON, lieut., B. 4 déc. 1812, combat devant Osmiana.

5 *déc.* 1812, *combat d'Osmiana (Russie).*
DURAZZO, lieut., B.
BONNARIC, lieut., B.

10 *déc.* 1812, *combat devant Wilna.*
BONGINI, capit., B. et disparu.
TOMMASSI, capit., B. (mort).
CIANCHI, s.-lieut., B. et disparu.
DORSO, s.-lieut., B. et disparu.
FRATINI, s.-lieut., B. et disparu.
MARRAFFI, s.-lieut., B. et disparu.
RAVAGLI, s.-lieut., B. et disparu.
BONGINI, chef de bat., B.
CIAVALDINI, capit., B.
GRIFONI, lieut., B.
RENAUD, lieut., B.

RÉGALIA, capit., B. 10 déc. 1812, devant Wilna, par des Cosaques.
SIAM, capit., B. 15 déc. 1812, affaire près du Niemen.
CORRAZIA, capit., B. 5 janv. 1813, combat devant Kœnigsberg.
MIGNON, lieut., B. 8 janv. 1813, affaire sur la route de Kœnigsberg.
RENAUD, lieut., B. 9 janv. 1813 par des cosaques (mort le 11).
BONI, lieut., T. 1er févr. 1813 dans une reconnaissance en Espagne.

5 *mars* 1813, *combat d'Ohra (défense de Dantzig).*
PATRIARCHI, capit., B.
FRIESCH, lieut., B.
SCHIANCHI, s.-lieut., B.

FRANCON, lieut., B. 5 juin 1813, défense de Dantzig.
REYNIER, lieut., B. 5 janv. 1814, défense de Magdebourg.

10 févr. 1814, combat de Champaubert.
DESGAILLIEZ, capit., T.
DE LA ROCCA, capit., T.
LOREILLE, lieut., T.
BARUTI, lieut., B.

DURAZZO, capit., B. 23 mars 1814, aux avant-postes près de Paris.
DAVOUST, s.-lieut., B. 30 mars 1814, bataille de Paris.

114ᵉ Régiment (1).

24 juin 1808, combat des Trois Montagnes (Espagne).
DELAROCHE, lieut., B.
BERTHOMÉ, lieut., B.
BOUVARD, s.-lieut., B.

FLAMANT, s.-lieut., T. 27 juin 1808, attaque de Valence (Espagne).

28 juin 1808, attaque devant Valence.
CAPITAINE, capit., T.
VENTURINI, capit., B.
MARBAUD, capit. A.-M., B.
DESGRANGES, capit., B.
CUNY, capit., B.
CONTENOT, capit., B.
TROUILLOT, capit., B.
MÉLINE, capit., B.
MARCHAND, lieut., B.
CHARTIER, lieut., B.
LACROIX, s.-lieut., B.
CAILLY, s.-lieut., B.
NAEL, s.-lieut., B.

MUNTREL, chef de bat., B. 28 juin 1808, en inspectant les avant-postes devant Valence.

14 juill. 1808, bataille de Medina-del-Rio-Secco.
COMPAIN, capit., B. (mort le 25).
ARBOD, major, B.

BERTHOMÉ, lieut., B. 17 juill. 1808, combat devant Saragosse.
THOMAS, capit., B. 24 juill. 1808, devant Saragosse.
CHARMEL, s.-lieut., B. 29 juill. 1808, 1ᵉʳ siège de Saragosse.
REBOUL, s.-lieut., B. 21 déc. 1808, combat près Saragosse.
DASSIEU, lieut., B. 24 déc. 1808, combat près Saragosse.

1809, siège de Saragosse.
ROUX, capit., T. 11 févr.
PARISET, lieut. A.-M., T. 23 janv.
BILLY, lieut., T. 20 févr.
OLIVIER, lieut., T. 19 févr.
HUBERT, s.-lieut., T. 31 janv.
PRÉVOST, s.-lieut., T. 27 janv.
LAPLANE, chef de bat., B. 23 janv.
MUNTREL, chef de bat., B. 25 janv.
RONFORT, capit., B. 13 janv.
CONTRÉGLISE, capit., B. 28 janv.
BOUCHON, lieut., B. 28 janv.
LA GUILLERMIE, lieut., B. 28 janv.
LIGNARD, lieut., B. 23 janv.
CHEVALIER, s.-lieut., B. 31 janv.
DUBARET DE LIMÉ, s.-lieut., B. 20 févr.
MASSOT, s.-lieut., B. 27 janv.
OURLIAC, s.-lieut., B. 27 janv.
ROUMAIN, s.-lieut., B. 6 févr.

RANCHON, lieut., B. 30 avril 1809, affaire à Bender.

23 mai 1809, combat d'Alcanitz.
MUNTREL, chef de bat., T.
SAINT-HORANT, s.-lieut., T.
VILLEMIN, chef de bat., B. (mort le 22 juin).
RIBOT, capit., B. (mort le 1ᵉʳ juin).
LAPLANE, chef de bat., B.
BERTHOMÉ, capit., B.
MEUNIER, capit., B.
SINN, capit., B.
DUCORBIER, lieut. A.-M., B.
BLANCHOT, lieut., B.
GERBAULT, lieut., B.
LIGNARD, lieut., B.
AUBRY, s.-lieut., B.
FERREY, s.-lieut., B.
REBOUL, s.-lieut., B.

(1) Formé en 1808.

Ayasse, lient., B. 6 juin 1809, combat de Carminera (Espagne).
Bouvard, s.-lieut., B. 13 juin 1809, en colonne mobile (Espagne).
Rodet, s.-lieut., B. 25 juin 1809, en colonne mobile (Espagne).
Ayasse, capit., B. 6 janv. 1810, étant à la poursuite des brigands (Aragon).

1810, siège de Lérida.

Fontaine, s.-lieut., T. 13 juill.
Obry, s.-lieut., T. 9 mai.
Godeau, s.-lieut., B. 20 mai (m le 26).
Destangue, capit., B. 6 mai.
Merigot, s.-lieut., B. 24 mai.
Lignard, lieut., B. 4 juin.

Destangue, capit., B. 16 août 1810, affaire près d'Alcala.
Aussandon, capit., T. 7 sept. 1810, en reconnaissance en Espagne.
Wunsch, chef de bat., B. 26 nov. 1810, combat de Cevia, près de Tortose.

1810, siège de Tortose.

Duir, lieut. A.-M., T. 31 déc.
Chartier, capit., B. 20 déc.
Merigot, lieut., B. 25 déc.
Hautemer, s.-lieut., B. 29 déc.
Hassoux, capit., B. 29 déc.

Floriot, lieut., B. 28 juin 1811, siège de Tarragone.
Mascres, lieut., T. 1er août 1811, en reconnaissance en Espagne.
Impérial, capit., B. 20 oct. 1811, affaire de Carigua.
Espié, chef de bat., B. janv. 1811, dans une reconnaissance (Aragon).

25 oct. 1811, bataille de Sagonte.

Laplaine, chef de bat., B. 18.
Ranchon, capit., B.
Lauvergnat, s.-lieut., B.

Bouchon, capit., B. 26 déc. 1811, siège de Valence.
Picot, s.-lieut., T. 20 déc. 1811, combat de Serra.
Place, lieut., B. 25 déc. 1811 devant Valence.
Leclerc, lieut., B. 31 août 1812, dans une embuscade en Aragon.
Cornet, s.-lieut., T. 4 sept. 1812, en reconnaissance en Espagne.

28 janv. 1813, combat de Carascal (près de Pampelune).

Dolo, capit., B.
Baillard, lieut., B.

---

13 avril 1813, combat de Castella.

Arbod, col., T.
Dubarry, lieut., T.
Delas, s.-lieut., T.
Hebert, s.-lieut., T.
Chopin, s.-lieut., B. (mort le 25 mai).
Huart, s.-lieut., B. (mort le 21).
Bruges, capit., B.
Frault, capit., B.
De Varroux, capit. A.-M., B.
D'Ariguié, lieut., B.
Arligny, s.-lieut., B.
Dehosta, s.-lieut., B.
Roger, s.-lieut., B.

Dechomets, lieut., B. 1er août 1813, défense du château de Saragosse.

19 août 1813, combat près de Tortose.

Laget, capit., B.
Laloye, capit., B.

Nicoleau, s.-lieut., B. 7 nov. 1813, affaire de Saint-Filio.
Nillars, capit., T. 29 nov. 1813, combat en Catalogne.
Richardmoulin, capit., B. 1er janv. 1814, combat en Catalogne.

115e Régiment (1).

Labussière, capit., B. 11 mars 1808, affaire d'Aranda (par les paysans révoltés).

Mougey, s.-lieut., B. 27 mars 1808 par la populace d'Aranda.

(1) Forme en 1808.

28 *juin* 1808, *attaque devant Valence.*
DUMONT, chef de bat., T. 28.
CLAVEL, major, B. 28.
RENOUVIER, chef de bat., B. 28.
TOUZEY, capit., B. 28.
ALBERNY, capit., B. 28.
LABUSSIÈRE, capit., B. 29.
GARRAUD, s.-lieut., B. 28.
OLIVERO, s.-lieut., B. 28.

GAUSSARD, major, B. 29 juin 1808 dans la retraite de Valence.
TOUZEY, capit., B. 4 juill. 1808, affaire du pont de Xuxar, près Valence.
JAQUET, capit., B. 30 juill. 1808, devant Saragosse.
MENANS, s.-lieut., B. 23 nov. 1808 bataille de Tudela.

1809, *siège de Saragosse.*
SCEPEAUX, capit., T. 11 févr.
SÉBILLE, capit., T. 11 févr.
DEMANGEOT, lieut., T. 15 févr.
DEKENNE, s.-lieut., T. 28 janv.
FAY, s.-lieut., T. 9 févr.
CHARPIN, capit., B. 10 févr. (mᵗ le 28).
PORTAIS, lieut., B. 28 janv. (mort le 20 avril).
LEFÈVRE, capit., B. 29 janv.
TERMELET, capit., B. 29 janv.
PLATEL, capit., B. 10 févr.
SCHNEIDER, capit., B. 1ᵉʳ janv.
VIENNET, capit., B. 28 janv.
BOURGEOIS, lieut., B. 15 janv.
CAUMONT, lieut., B. 18 févr.
GASC, lieut., B. 19 janv.
LEOUTRE, lieut., B. 15 janv.
PARÈS, lieut., B. 10 févr.
SOURDA, lieut., B. 27 janv.
CESBRON, s.-lieut., B. 17 févr.
JACQUET, s.-lieut., B. 16 févr.
LASSÉ, s.-lieut., B. 28 janv. et 21 févr.
PLACE, s.-lieut., B. 27 janv.
VIVAUX, s.-lieut., B. 28 janv.
LACRETELLE, lieut., B. 28 janv.

CLÉMENT, capit., B. 23 mai 1809, combat d'Alcanitz.

15 *juin* 1809, *combat de Maria.*
LEMARCHAND, capit., T.
WOLFF, lieut., B. (mort le 31 juill.).
SCHNEIDER, capit., B.

LEFEBVRE, capit., B.
BOURGEOIS, lieut., B.
PLACE, s.-lieut., B.
PARÈS, s.-lieut., B.
LEOUTRE, lieut., B.

CAUMONT, lieut., B. 30 août 1809, affaire de Roncal (Espagne).

16 *oct.* 1809, *combat de Carpio.*
DUPEYROUX, col. B.
MOUGEY, lieut., B.

PARIS, s.-lieut., B. 10 déc. 1809, affaire près d'Alcanitz.

1810, *siège de Lerida.*
BENOIT, capit., T. 10 févr.
GUEYTAT, capit., T. 19 avril.
CAUMONT, capit., B. 23 avril.
SAINT-ANGE, s.-lieut., B. 13 mai.
PARÈS, lieut., B. 10 avril.

BOURGEOIS, lieut., B. 20 sept. 1810, étant en colonne mobile (Espagne).

1810, *siège de Tortose.*
COURTOISE, capit., T. 19 nov.
ADAM, capit., B. 29 déc.
CAUMONT, capit., B. 30 déc.

1811, *siège de Tarragone.*
DEMAILHET, capit., T. 10 juin.
LEMERCIER, capit., T. 12 juin.
PONTIER, lieut., T. 22 juin.
FOISSIER, capit., B. 26 juin.
LAURENT, capit., B. 4 juin.
JACQUET, lieut., B. 18 juin.
HACQUART, s.-lieut., B. 11 juin.
LAJOIE, s.-lieut., B. 16 juin.
ROUHAUD, s.-lieut., B. 22 juin.

26 *mai* 1811, *combat de Grattalo.*
DULCERON, capit., B.
BARTHAIRE, s.-lieut., B.

DUPEYROUX, col., B. 20 sept. 1811, dans une reconnaissance près du Mont-Serrat.
LELOUP, capit., T. 8 oct. 1811, prise du Mont-Serrat.
VIVAUX, lieut., B. 3 janv. 1812, combat de Taffala.

TERMELET, capit., B. 14 janv. 1812, combat devant Altafulla.

19 *janv.* 1812, *combat de Peniscola.*
JOUARDET, capit., B. (mort le 7 févr.).
GASC, lieut., B.

CLÉMENT, lieut., B. 21 janv. 1812, combat d'Altafulla (mort le 31).
SOURDEL, capit., B. 24 janv. 1812, étant en colonne mobile (mort le 8 févr.).

26 *mai* 1812, *combat de Molins-del-Rey.*
DUMAS, lieut., T.
OLIVERO, capit., B.
SIGRE, capit., B.
ADAM, s.-lieut., B.

BARTHEZ, lieut., T. 23 août 1812, affaire à Molins-del-Rey.
DANNER, s.-lieut., T. 11 nov. 1812, combat du col de Balaguier.
LEOUFFRE, s.-lieut., T. 2 déc. 1812, combat de Villafranca (Catalogne).
CAZENEUVE, lieut., B. 2 juill. 1813, en Espagne (mort).
JACQUET, capit., B. 31 août 1813, combat d'Irun.

4 *oct.* 1813, *combat de Saint-Privat (Catalogne).*
BERTHOIS, capit., T.

BARBALAT, capit., B.
PUTHOD, s.-lieut., B.

ANSERMAIN, capit., B. 15 oct. 1813, défense du fort de Lerida.
LEBON, s.-lieut., assassiné le 1er janv. 1814 par des paysans catalans.

15 *févr.* 1814, *affaire de Garis.*
CONDÉ, s.-lieut., T.
ADAM, capit., B.
SALVAING, s.-lieut., B.
VINCENT, capit., B.
SCHASSERÉ, s.-lieut., B.

DUCROS, lieut. A.-M., B. 17 févr. 1814, combat de Sauveterre.
HACQUEMIL, lieut., B. 2 mars 1814, combat d'Aire.

10 *avril* 1814, *bataille de Toulouse.*
FOUCHIER, capit., B.
LAVERGNE, capit., B.
LECURET, capit., B.
POTHEY, capit., B.
ROUHAUD, capit., B.
VINCENT, capit., B.
STIMLER, lieut. A.-M., B.

SAINT-ANGE, s.-lieut., B. 13 mai 1814, défense de Lérida.

116e Régiment (1).

FANART, capit., assassiné en juin 1808 près de Madrid.
HENRION, chef de bat., assassiné 6 nov. 1808, route de Pampelune à Saint-Jean-Pied-de-Port (Espagne).

23 *nov.* 1808, *bataille de Tudela.*
BÉRAUD, capit., B.
LAGARDE, capit., B.
CARRON, s.-lieut., B.
JACQUET, s.-lieut., B.
JAY, s.-lieut., B.
LASSAILLY, s.-lieut., B.
MAYTAYER, s.-lieut., B.
MOUCHOT, s.-lieut., B.
POINCARRÉ, s.-lieut., B.

1809, *siège de Saragosse.*
BÉRAUD, capit., T. 18 févr.
ROUELLE, col., B. 12 févr.
DURAND, chef de bat., B. 12 janv.

BÉROL, chef de bat., assassiné par des brigands, 28 janv. 1809, à Valcarlo (Espagne).
SARRADE, lieut., B. 9 févr. 1810, dans une reconnaissance près de Saragosse.

13 *mai* 1810, *siège de Lerida.*
PAILLOU, lieut. A.-M., T.

(1) Formé en 1808.

Rouelle, col., B.
Gavary, capit., B.
Lasailly, capit., B.
Jay, lieut., B.

15 juill. 1810, combat de Tivisa.
Hoffmann, chef de bat., T.
Charf, capit., B.
Naud, lieut., B.

Picot, s.-lieut., B. 17 déc. 1810, siège de Tortose.
Bourdonnay, capit., B. 18 déc. 1810, siège de Tortose.

1811, siège de Tarragone.
Cailloux, capit., T. 18 mai.
Francoul, capit., T. 28 juin.
Lamotte, s.-lieut., T. 18 mai.
Monnier, s.-lieut., T. 18 mai.
Laroche-Lambert, lieut., B. 18 mai (mort le 13 juill.).
Dequen, s.-lieut., B. 18 mai (mort le 28 juin).
Rouelle, col., B. 18 mai.
Alexandre, chef de bat., B. 14 mai.
Gardère, capit., B. 28 juin.
Kuntz-Bellisaire, lieut., B. 28 juin.
Mouchot, lieut., B. 28 juin.
Perard, lieut., B. 28 juin.
Pierret, capit., B. 22 juin.
De Pelet, s.-lieut., B. 18 mai.
Taunay, s.-lieut., B. 14 mai.
Picot, s.-lieut., B. 16 mai.

Carron, lieut., B. 18 mai.
Caillard, s.-lieut., B. 2 et 28 juin.
Huot de Frasnois, lieut., B. 18 mai.

25 oct. 1811, bataille de Sagonte.
Jacquet, lieut., T.
Bourdonnay, capit., B.
Marcel, lieut., B.
Petitbon, lieut., B.
Taunay, s.-lieut., B.
Villemur, s.-lieut., B.

4 nov. 1811, affaire de Valmina.
Patre, lieut., B.
Porion, s.-lieut., B.

Deschamps, s.-lieut., assassiné le 10 sept. 1812, affaire du col d'Almanza.
De Pelet, lieut., B. 2 mai 1813, bataille de Lutzen.
Langrené, lieut., B. 16 janv. 1814, combat sur le Llobregat (Catalogne).
Comman, lieut. A.-M., B. 27 févr. 1814, bataille d'Orthez.

20 mars 1814, combat devant Tarbes.
Tolly, capit., T.
Discours, s.-lieut., B.
Castillon, lieut., B.

Picollet, s.-lieut., B. 7 avril 1814, combat d'Emu (Isère).
Brulé, s.-lieut., B. 10 avril 1814, bataille de Toulouse.

117ᵉ Régiment (1).

Diaman, lieut., B. 23 août 1808, combat d'Arros (Espagne).

23 nov. 1808, bataille de Tudela.
Perriers, s.-lieut., T.
Martin, capit., B. (mort le 20 sept. 1809).
Champel, s.-lieut., B. (mort le 1ᵉʳ févr. 1809).
Lapayrollerie, chef de bat., B.
Chevestre, capit., B.
Esprit, capit., B.
Jaubert, capit., B.
Dora, lieut., B.
Durand, s.-lieut., B.
Mauger, s.-lieut., B.

1809, siège de Saragosse.
Durand, chef de bat., B. 28 janv.
Chabot, capit. A.-M., B. 28 janv.
Deschambre, capit., B. 28 janv.
Durand, capit., B. 18 janv.
Chabot, lieut. A.-M., 4 janv.
Rey, lieut., B. 4 janv.

Bertrand, capit., T. 24 juin 1809, combat d'Alcanitz.

29 juin 1809, affaire sur la Cinca.
Chevalier, lieut., T.

---
(1) Formé en 1808.

BONNET, lieut., B. (mort le 6 août).

JAUBERT, capit., B. 9 juill. 1809, affaire de Salinas.
FOUBERT, s.-lieut., B. 8 août 1809, en reconnaissance en Espagne.
FOUBERT, s.-lieut., B. 13 sept. 1809, combat de Salinas.
GUILLER, s.-lieut., assassiné 6 oct. 1809, Espagne.
GAROT, s.-lieut., B. 19 nov. 1809, combat d'Alfarras.
GRESSARD, capit., B. 6 mars 1810, affaire sur le Guadalaviar.

1810, siège de Lérida.
ROBERT, col., B. 12 avril.
DORA, capit., B. 23 avril.
BALLAR, lieut., B. mai.
BERGERON, lieut., B. 10 avril.
GAUTREAU, lieut., B. 12 mai.
DELURET, s.-lieut., B. 19 avril.
LEPIN, s.-lieut., B. 23 mai.

RIVAILLE, s.-lieut., B. 20 sept. 1810, en défendant un convoi en Espagne (mort le 25 oct.).

3 mars 1811, combat de Perello (Espagne).
DORA, capit., B.
BORD, lieut., B.
ROUSSEAU, lieut., B.

1811, siège de Tarragone.
BIZET, capit., B. 16 juin.
LAMOUR, capit., B. 27 juin.
JUMELAIR, lieut., B. 27 mai.
YELLY, s.-lieut., B. 16 juin.

7 août 1811, combat de l'Amposta.
MENU, capit., B.
DULAU, lieut., B.

29 sept. 1811, prise de Murviedro.
ROUSSEAU, lieut., B. (mort le 4 oct.).
BERGERON, capit., B.
JACQUIN, capit., B.
BORD, lieut., B.
DELERUT, lieut., B.
BRESSAUD, s.-lieut., B. 28 sept.
ROUGET, s.-lieut., B.
VERNINAC DE SAINT-MAUR, s.-lieut., B.

18 oct. 1811, siège de Sagonte.
CUNY, capit., T.
MATHIS, col., B.
DURAND, lieut., B.
GAUCHET, lieut., B.

CLAUDOT, capit., B. 23 oct. 1811, siège de Sagonte.

29 oct. 1811, combat près Valence (au Grao).
DELERUT, lieut., T.
AUBERTIN, lieut., B. (mort le 4 nov.).

1811, siège de Valence.
MAUSSABRÉ, capit., T. 30 déc.
BOSSARD, capit., B. 27 nov.
FOUBERT, capit., B. 21 nov.
BASCANS, s.-lieut., B. 3 déc.
LAMY, chef de bat., B. 26 déc.

LEPIN, lieut., B. 23 mars 1812, combat près Alicante.
LEPIN, lieut., B. 26 avril 1812, combat près Alicante.
SEMPÉ, capit., B. 27 janv. 1813, combat près Pampelune.
BASCANS, s.-lieut., B. 12 avril 1813, combat d'Adzaneta.
QUOANTZ, s.-lieut., T. 24 mai 1813, combat de Perello (Espagne).
JARRY, s.-lieut., B. 31 mai 1813, affaire à Galpé.
CHAILLAN, lieut., B. 18 juin 1813, combat de Villanova.
BONDURAND, lieut., B. 13 sept. 1813, combat de Villafranca.
MURAT, capit., T. 16 sept. 1813, affaire de Denia (assaut du fort).
DUROUSSY, lieut. A.-M., T. 7 nov. 1813, affaire de Denia.
GUILLEMAIN, chirurg.-A.-M., B. 23 nov. 1813, à Denia.
MAUGER, capit., B. 27 févr. 1814, bataille d'Orthez.

10 avril 1814, bataille de Toulouse.
DEVAUCHELLE, chirurg. S.-A.-M., T.
TILLET, lieut., B.

16 avril 1814, combat près de Barcelone.
GRAMONT, lieut., B. (mort le 15 mai).
AUDRY, s.-lieut., B. (mort le 10 mai).

LAMBERT, s.-lieut., B. (mort le 24 mai).
DROGLIOT, lieut. A.-M., B.

PATRIS, lieut., B. 17 avril 1814, défense de Barcelone.

118ᵉ Régiment (1).

1808, 1ᵉʳ siège de Saragosse.
MALRIEU, lieut., T. 2 juill.
NOIRTIER, capit., B.
DUBOIS, lieut., B. 4 août.
CROUZAT, s.-lieut., B. 5 juill.

CROUZAT, s.-lieut., B. 7 sept. 1808, combat de Lombier (Navarre).
CROUZAT, s.-lieut., B. 6 janv. 1809, combat en Navarre (Espagne).
GRAND, lieut., T. 8 janv. 1809, affaire de Cignerolo (Espagne).
VILLEMAIN, major, B. 25 janv. 1809, combat à Alcanitz (mort le 22 juin).
DELVOLÉE, lieut., T. 15 juin 1809 en Navarre (Espagne).
BOUVIER, capit., B. 10 oct. 1809, combat de Santa-Maria-del-Campo.
PÉRIGAULT DE LA CHAUX, s.-lieut., B. 2 févr. 1810 par des brigands à Oviedo.
CHANTON, s.-lieut., B. 4 févr. 1810, affaire d'Esporto (mort le 7 mars).
GRANDCHAMP, s.-lieut., B. 1ᵉʳ mars 1810 (Asturies), à la Paula-de-Siero.

9 avril 1810,
combat au pont de Mansaneda.
RAVIZZA, s.-lieut., T.
CHALENDAR, lieut., B. (mort le 21).
BONHORE, s.-lieut., B.

BALMA, s.-lieut., B. 14 avril 1810 à Sotto (Asturies).
RITTER, capit., B. 23 avril 1810, affaire de Sotto (mort le 28).
DELABOISSIÈRE, s.-lieut., B. 24 avril 1810, combat de Mansanedo.
MARGOET, capit., B. 25 avril 1810, combat de Sacto-del-Rey.
JEANNIN, chef de bat., B. 27 avril 1810, 2ᵉ combat de Sacto-del-Rey.
DUBOIS, capit., B. 16 juin 1810, combat de Grado (mort le 21 juill.).

15 août 1810, combat de Linarès. (Asturies).
CHANTECLAIR, lieut., B.
PICHERY, lieut., B.
LASALLE, s.-lieut., B.

MANDRILLON, lieut., B 6 sept. 1810, affaire de Grado.
NOUBEL, s.-lieut., B. 20 sept. 1810, affaire près l'Infierto (Asturies).
LAROQUE, capit., B. 26 sept. 1810 à l'Infierto.
BALMA, s.-lieut., B. 1ᵉʳ oct. 1810 à la Pola (Asturies).
MYLIUS, capit., B. 18 oct. 1810, affaire de Gizon.
GUY, s.-lieut., B. 28 oct. 1810, combat contre des brigands (Asturies).

28 nov. 1810,
combat de Grado (Asturies).
BARBU, capit., T.
BORIE, capit., T.
MANCEAU, s.-lieut., T.
ANGAULT, capit., B.
MANDRILLON, lieut., B.

VAQUELIN, lieut., B. 28 nov. 1810, défense de Fresno.

28 et 29 nov. 1810,
défense du pont de Miranda.
GUICHARD, chef de bat., T. 28.
BONHORE, lieut., B. 28 (mort le 19 déc.).
GENTILHOMME, capit., B. 29.

10 déc. 1810,
attaque du pont de Miranda.
LABROUSSE, s.-lieut., T.
AUGIER, s.-lieut., B. (mort le 28).

FAUSTINI, s.-lieut., B. 28 déc. 1810, prise du pont de Sotto (mort le 2 janv. 1811).

(1) Formé en 1808.

**18 mars 1811,
combat de Cangas-de-Tineo.**
BERNELLE, capit., B.
PELLERIN, capit., B.

COURTOIS, lieut., B. 20 mars 1811, près Ralles.
PELLERIN, capit., B. 29 mars 1811, près Paolo (Asturies).
PELLERIN, capit., B. 10 juin 1811 sur la route d'Astorga.

2 juill. 1811, combat à Orbigo (près Léon).
PELLERIN, capit., B.
CABANNES, s.-lieut., B.

VESIN, lieut., B. 17 oct. 1811 à Cea.
GANNAT, lieut., B. 23 oct. 1811, affaire de Lapola-de-Gordon (Leon).
RÉBUFAT, s.-lieut., B. 5 janv. 1812, affaire de Santillano (Asturies).
LASALLE, lieut., B. 15 janv. 1812, combat de Villasana (Biscaye).
BEAUVAIS, lieut., B. 20 févr. 1812, dans une reconnaissance près d'Oviedo (Asturies).

---

9 avril 1812, combat à Orosco (Biscaye).
GRAVIER, s.-lieut., T.
LASALLE, lieut., B.

COURTOIS, lieut., B. 12 mai 1812, passage du pont de Fierros.
GUILLOT, capit., B. 23 mai 1812, combat dans les Asturies (mort le 29).
ANGAULT, capit., B. 30 mai 1812 au pont de Los-Fierros.
FOUGERAY, chirurg. A.-M., B. 27 juin 1812 au fort de Salamanque.

---

22 juill. 1812, bataille des Arapiles.
D'AUBERT, capit., T.
DIGNIÈRE, lieut., T.
VAQUELIN, capit., B.
BOUISSET, s.-lieut., B. (mort le 30 oct.).
ESTÈVE, col., B.
FLAMANT, capit., B.
AIGUIER, capit., B.
SAURIE, capit., B.
CHANTECLAIR, capit., B.
DEY, capit., B.
JOLY, capit., B.

VAUDEVILLE, lieut. A.-M., B.
BÉGON DE LAROUGIÈRE, lieut., B.
BIDAULT, lieut., B.
VESIN, lieut., B.
FOREST, s.-lieut., B.
GRILLET, s.-lieut., B.
GERBAUD, s.-lieut., B.
GULLIMAT, s.-lieut., B.

MOUTON, capit., B. 20 sept. 1812, affaire de Cueba-Cardel.
MAYNARD, lieut., T. 20 sept. 1812, combat de Briviescas.
NOUBEL, lieut., B. 20 sept. 1812, combat de Pradanos, près Burgos.
MARIN, s.-lieut., B. 22 sept. 1812 par des brigands, en Espagne.
CAZAUBON, capit., T. 15 nov. 1812 à Briviesca.
JOURNÉ, capit., T. 10 déc. 1812, route de Miranda, défense d'un convoi.

6 janv. 1813, défense de Bilbao.
COMBASSIVE, s.-lieut., B.
LEBOULANGER, s.-lieut., B.

10 avril 1813, route de Bilbao (Espagne)..
COMBASSIVE, s.-lieut., T.
VAQUELIN, capit., B. (mort le 20).

21 juin 1813, bataille de Vittoria.
DELAUNOY, capit., T.
MISSET, lieut., B. (mort le 30).
VILLARS, col., B.
MYLIUS, chef de bat., B.
MOUTON, capit., B.
SIFFERMANNE, capit., B.
CHAILLAN, lieut., B.
DURAND, lieut., B.
GUILLAUME, lieut., B.
GULLIMAT, lieut., B.
LODS, s.-lieut., B.

JOLIVET, lieut., B. 5 juill. 1813, étant en reconnaissance, Espagne.

30 juill. 1813, retraite de Pampelune.
BRAUD, capit., T.
DELAPORTE, capit., T.
GANNAT, capit., B.
COUTTIN, lieut., B.
VANDERHEYDEN, lieut., B.
DESPREZ, s.-lieut., B.

FAURE, s.-lieut., B.

---

31 *août* 1813, *combat sur la Bidassoa.*
BÉGON DE LAROUGIÈRE, capit., B.
BRUNEAU, capit., B.
COURTOIS, capit., B.
LAROQUE, capit., B.
PICHAT, s.-lieut., B.
GARNIER, lieut., B.
MARIN, lieut., B.
MESNAGER, lieut., B.
RIGAULT, lieut., B.
BERTHIER, s.-lieut., B.
COLLIN, s.-lieut., B.
LEFÈVRE, s.-lieut., B.
LODS, s.-lieut., B.
GULLIMAT, lieut., B.
GILLANT, lieut., B.
MONTELS, s.-lieut., B.
ROLLAND, s.-lieut., B.

VAUDEVILLE, capit., B. 6 oct. 1813, affaire de la Croix-des-Bouquets.
LAROQUE, capit., B. 7 oct. 1813, combat d'Orogne.
PAUPIE, s.-lieut., T. 7 nov. 1813, à Orogne.
LAVALETTE, lieut., B. 11 nov. 1813, à Bidar.

10 *déc.* 1813, *combat devant Bayonne.*
PERROT, chef de bat., T. 10.
KIRSCHBERG, chef de bat., T. 10.
BOURDIER, capit., T. 11.
DENOÉ, capit., T. 10.
GANNAT, capit., B. 10.
FOREST, lieut., B. 10

GARNIER, lieut., B. 12.
POLY, lieut., B. 10.
ROCHE, s.-lieut., B. 10.

27 *févr.* 1814, *bataille d'Orthez.*
DUSSERRE, lieut., T.
BIDAULT, capit., B.
DEY, capit., B.
GARNIER, capit., B.
POLY, lieut., B.

20 *mars* 1814, *combat de Vic-de-Bigorre.*
MAILHÉ, s.-lieut., T.
CHAILLAN, capit., B.
COURTOIS, capit., B.

GANNAT, capit., B. 21 mars 1814, combat d'Arcis-sur-Aube (mort le 27).

22 *mars* 1814, *combat d'Arcis-sur-Aube.*
DROUET, lieut., T.
RAYÉ, lieut., T.

CHASSEDIOLLE, s.-lieut., B. 26 mars 1814 aux avant-postes (mort le 30).

10 *avril* 1814, *bataille de Toulouse.*
AGNEL, lieut., T.
FLEUR, s.-lieut., B. (mort).
ANTONIOTTI, capit. B.
DUTREMBLAY, capit., B.
MARIN, capit., B.
VAUDEVILLE, capit., B.
SAINT-AMAND, lieut. A.-M., B.
HÉMARD, lieut., B.
MONTELS, lieut., B.
RIGAULT, lieut., B.

119ᵉ Régiment (1).

PORTE, lieut., T. 6 juin 1808, combat devant Logrono (Espagne).

2 *juill.* 1808, *combat devant Saragosse.*
CRÉTIN, major, B.
MANGIN, lieut., B. (mort le 11).
VARNIER, lieut., B.

7 *juill.* 1808, *combat de Palencia.*
CORDIER, capit., T.
RAIMOND, capit., B.

LE MAÎTRE, capit., T. 11 juill. 1808, affaire devant Saragosse.

14 *juill.* 1808, *bataille de Medina-del-Rio-Secco.*
LEGRAND, lieut., B.
FABREGUETTES, s.-lieut., B.
HENKINZOTH, s.-lieut., B.

---

(1) Formé en 1808.

LANGELIER, lieut., B. 22 juill. 1808 devant Saragosse.

28 et 29 juill. 1808, combats devant Saragosse.
GENCY, chef de bat., T. 28.
GANDOIS, lieut., T. 29.

4 août 1808, attaque de Saragosse.
REMOND, capit., B. (mort le 12 nov.).
CAHAL, capit., T.
LHOMER, capit., T.
FICHET, lieut., T.
AFFET, lieut., B.
HASTREL, s.-lieut., B.

VATA, capit., B. 4 févr. 1809, combat contre des insurgés asturiens.

22 mai 1809, au passage de la Deba (Asturies).
LUBERSAT, lieut., B. (mort).
GOLFIN, lieut., T.
TEFFREY, s.-lieut., T.
LOYAL, capit., B.

10 juin 1809, combat de Santander.
NAYLIES, s.-lieut., B.
FADVILLE, s.-lieut., B.

GONA, s.-lieut., T. 1er juill. 1809, dans une rue de Saragosse (Aragon).
NAYLIES, s.-lieut., B. 18 août 1809, combat de Lapola (Asturies).

25 août 1809, étant en colonne mobile (Asturies).
SALVEY, lieut. (mort le 31 déc.).
BŒUF, s.-lieut., T.
LELEU, s.-lieut., T.
LEGRAND, lieut., B.
POINÇOT, s.-lieut., B.

FAUROT, capit., B. 22 sept. 1809, défense d'une maison en Asturies.
GONARD, s.-lieut., B. 20 janv. 1810, en escortant des blessés à Oviedo.
FAUROT, capit., B. 26 janv. 1810, en conduisant des prisonniers espagnols route de Bilba.
NAYLIES, s.-lieut., B. 8 mars 1810, au pont de Colloto (Asturies).
GILLOT, chef de bat., B. 25 avril 1810, affaire d'Alianès.

DURIF, s.-lieut., T. 16 mai 1810, étant en colonne mobile en Asturies.
SCHLOSSER, chirurg. S.-A.-M., B. 10 juin 1810, dans une maison de Sautadez.
GONARD, s.-lieut., T. 30 juin 1810, défense du pont de Santo (Asturies).
NAYLIES, s.-lieut., B. 8 août 1810, en escortant des blessés, en Asturies.
LUSTRINGER, chef de bat., B. 25 août 1810, affaire de Cangas-d'Onisastaris.
GAUDIN DE SAINT-REMY, capit., B. 10 sept. 1810, prise d'Oviedo (Asturies).
LERBET, s.-lieut., T. 17 sept. 1810, affaire près de Villaviciosa.
BEAUJARD, lieut., T. 18 sept. 1810, dans les rues d'Oviedo, par des bandits.
BACON, s.-lieut., T. 26 sept. 1810, dans une reconnaissance en Asturies.
BAUDOUY, s.-lieut., B. 27 sept. 1810, affaire de Pena-Cava.
MAZADE, lieut., T. 16 nov. 1810, combat d'Avila.
GAUDIN DE SAINT-REMY, capit., B. 28 mars 1811, dans une reconnaissance en Espagne (devant Gijon).

21 et 23 juin 1811, combats de Quintanilla-de-Valle (Asturies).
NOEL, lieut., T. 23 juin.
PATY, chef de bat., B. 21.
GOBIN, capit., B. 21.
PIVON, capit., B. 23.
FERVAQUE, capit., B. 23.
PERRÉ, capit., B. 23.
MAIGNOL, lieut., B. 23.
LANGELIER, capit., B. 23.

GODEFROY, lieut., B. 2 juill. 1811, au pont d'Orbigo.
LABARRE, s.-lieut., T. 20 juill. 1811, combat près d'Astorga.
VATA, capit., B. 23 juill. 1811, près d'Astorga, par des guérillas.
DELMOTTE, lieut., B. 16 juill. 1811, devant Astorga.
LUSTRINGER, chef de bat., B. 10 nov. 1811, en escortant le Trésor en Asturies.

22 juill. 1812, bataille des Arapiles.
MICHEL, capit., T.

Larguier, capit., T.
Lallecherre, lieut. A.-M., T.
Cailly, lieut., B. (mort le 10 oct.).
Yunck, s.-lieut., B. (mort le 3 août).
Crétin, col., B.
Magnin, major, B.
Lustringer, chef de bat., B.
Paty, chef de bat., B.
Didier, capit., B.
Gouvion, capit., B.
Guilbert, capit., B.
Vata, capit., B.
Devignes, lieut., B.
Nicolas, lieut., B.
Fournerie, capit., B.
Richez, lieut., B.
Poislane, lieut., B.
Fossé, lieut., B.
Normand, lieut., B.
Corbu, s.-lieut., B.
Thirard, s.-lieut., B.

Lautard, lieut., B. 22 sept. 1812, dans une affaire près de Briviesca.

6 janv. 1813, combat de Bilbao.
Lajarthe, lieut., B.
Tessier, chirurg. A.-M., B.

21 juin 1813, bataille de Vittoria.
Aubry, chef de bat., T.
Sirvin, capit., T.
Géaris, capit., B. (mort le 1er août).
Pensan, lieut., T.
Magnin, col., B.
Gouvion, capit., B.
Bajon, capit., B.
Houssaye, capit., B.
Pauchez, capit., B.
Gillet, lieut. A.-M., B.
Lafolye, lieut., B.
Poncelet, lieut., B.
Ramakers, lieut., B.

Poulain, s.-lieut., B. 27 juill. 1813, défense de Saint-Sébastien.
Lajarthe, capit., B. 30 juill. 1813, combat devant Pampelune.

31 juill. 1813, défense du pont d'Irun.
Bayard, s.-lieut., B.
Poinçot, lieut., B.
Marquiset, s.-lieut., B.

Servant, s.-lieut., B. 11 août 1813 aux avant-postes sur la Bidassoa (mort le 13).

31 août 1813, combat sur la Bidassoa.
Crozel, capit., T.
Bonnet, capit., T.
Ramakers, lieut., T.
Thirant, lieut., B. (mort le 19 sept.).
Magnin, col., B.
Besson, major, B.
Vacance, chef de bat., B.
Solvet, capit., B.
Noiret, capit., B.
Tisserand, lieut., B.
Rey, capit., B.
Strock, capit., B.
Fossé, lieut., B.
Poncelet, lieut., B.
Desfontaines, lieut., B.
Stalraefen, s.-lieut., B.

Cazeneuve, lieut., B. 10 oct 1813, combat devant Hendaye (Pyrénées) (mort le 16).
Astor, major, B. 7 oct. 1813, combat d'Hendaye (Pyrénées).
André, s.-lieut., B. 11 déc. 1813, combat devant Bayonne (mort le 14).

13 déc. 1813,
combat de Saint-Pierre-d'Irube.
Delair, capit., B. (mort le 22 févr. 1814).
Constant, s.-lieut., T.
Solvet, capit., B.
Varnier, capit., B.
Desfontaines, capit., B.
Beillard, lieut., B.
Pétry, lieut., B.
Finiels, s.-lieut., B.

27 févr. 1814, bataille d'Orthez.
Averé, s.-lieut., T.
Juste, s.-lieut., T.
Siégrist, s.-lieut., T.
Labrousse, s.-lieut., B.
Chalons, s.-lieut., B.

Brézil, lieut., B. 14 mars 1814, défense de Bayonne.

10 avril 1814, bataille de Toulouse.
BOSSELET, lieut., T.
DESFONTAINES, capit., B.
BAYARD, capit., B.
BARBARIN, lieut., B.
LAFOLYE, capit., B.

PAGEOT, capit., B.
GIBERT, lieut., B.

BROUSSÈS, lieut., B. 13 avril 1814, défense de Bayonne.

120ᵉ Régiment (1).

14 juill. 1808,
bataille de Médina-del-Rio-Secco.
BUSSIÈRE, major, B.
POULAIN-DESCHATEAUX, capit., B.
CHEVALIER, lieut. A.-M., B.
RICHARDIN, s.-lieut., B.
CUVIER, s.-lieut., B.

BEAUVE, capit., T. 15 janv. 1809, par des brigands, en Espagne.
FURTEMBERG, s.-lieut., T. 8 févr. 1809, combat de San-Pedro.

29 avril 1809, affaire de Camijanès.
MAZARD, s.-lieut., B.
LEMAITRE, lieut., B. (mort le 20 mai).

LAMBERT, lieut., B. 21 mai 1809, combat de Canjas (Asturies).
CHANTREAU, chef de bat., T. 22 mai 1809, au passage de la Deba (Asturies).
COLOMBON, capit., T. 25 mai 1809, au passage de la Deba (Asturies).
SIJAS, s.-lieut., B. 7 juin 1809, affaire de Saint-Illana.

10 juin 1809, combat de Santander.
GARSIN, capit.; T.
MUE, capit., T.
CANNES, s.-lieut., T.
GEORGE, lieut., B.
PAPAUD, s.-lieut., B.

LACHAUX, s.-lieut., B. 8 août 1809, affaire de Selis.
GUYOT, s.-lieut., T. 26 août 1809, combat près de Santona.
LAMARE, s.-lieut., T. 3 sept. 1809, assassiné en Espagne (Sama-Laugrès).
VINCENT, lieut. A.-M., B. 18 oct. 1809, attaque du pont de Camijanès.

PERRIER, capit., B. 25 janv. 1810, affaire dans les Asturies.

7 févr. 1810,
défense du pont de Soto (Asturies).
CHEVETEL, capit., T.
FORMY, s.-lieut., B.

DUPRÉ, lieut., B. 7 avril 1810, combat près de Grandota (Asturies).
GEORGES, lieut., T. 10 févr. 1810, assassiné en Espagne.
HORRIC de BEAUCAIRE, s.-lieut., B. 15 févr. 1810, prise du pont de Penaflor.

9 mars 1810, combat de Grado.
LAROCHE, s.-lieut., T.
GIORDA, chirurg.-M., T.
PAPAUD, s.-lieut., B.

ALLEAU, capit., B. 19 mars 1810, combat de Fresno.
FOLLET, capit., B. 29 avril 1810, combat en Asturies.
SCHLOSSER, chirurg. A.-M., B. 20 août 1810, reprise de Santander.
GAUTHIER, col., B. 6 sept. 1810, combat de Fresno.
GENIN, lieut., T. 6 sept. 1810, massacré par des brigands, en Espagne.
FORMY, s.-lieut., B. 27 sept. 1810, combat de Tavergo (Asturies).
LEPINE, capit., B. 20 oct. 1810, combat de Fresno.
DUGUÉ, capit., T. 21 oct. 1810, défense d'une maison près de Fresno.
MARTIN, capit., B. 22 nov. 1810, affaire près de Fresno.

(1) Formé en 1808.

28 et 29 nov. 1810,
combats de Fresno (Asturies).
Louvel, s.-lieut., B. 29 (mort le 3 déc.).
Beaugendre, capit., B. 28.
Leroy-Ducoudray, capit., B. 28.
Guidet, capit., B. 28.
Alric, lieut., B. 28.
Petit, s.-lieut., B. 29.

Lenouaud, chef de bat., B. 9 déc. 1810, combat sur la Pequèna (mort le 18).
Lesquin, s.-lieut., T. 31 janv. 1811, sur la route d'Oviedo.
Horric, lieut., B. 1er févr. 1811, affaire dans les montagnes (Asturies).
Cordier, capit., T. 11 juin 1811 par des paysans route d'Oviedo.
Mazard, lieut., B. 28 sept. 1811, dans une reconnaissance sur Fresno.
Mazure, capit., T. 6 oct. 1811, dans une embuscade route d'Oviedo.
Parisot, capit., B. 14 déc. 1811, affaire de Mont-Guya (Asturies).

6 et 7 avril 1812, *combat de Lasduenas (Léon).*
Formy, lieut., B. 6.
Godard, s.-lieut., B. 6.
Regnault, s.-lieut., B. 7.

Declaisse, lieut., B. 16 juin 1812, combat de Cangas.

22 juill. 1812, *bataille des Arapiles.*
Perrier, capit., B.
Ferrin, capit. A.-M., B.
Carel, capit., B.
Bertin, capit., B.
Chaumet, lieut. A.-M., B.
Debuisson, s.-lieut., B.
Déclaissé, lieut., B.

4 août 1812, *défense de Burgos.*
Chatillon, s.-lieut., T.
Claudel, lieut., B.
Guidet, lieut., B.
Desbuisson, s.-lieut., B.
Denaux, s.-lieut., B.

Cheruel, lieut., B. 20 sept. 1812, affaire à Alcoucero.
Mazard, lieut., B. 26 oct. 1812, affaire de Cantalapera.

6 janv. 1813, *combat de Bilbao.*
Berger, s.-lieut., B.
Maillet, s.-lieut., B.

21 juin 1813, *bataille de Vittoria.*
Ferrin, capit. A.-M., B.
Carel, capit., B.
Formy de la Blanchetée, capit., B.

Moinet, s.-lieut., B. 25 juin 1813, route de Tolosa.
Jutteau, s.-lieut., B. 15 juill. 1813, près de Pampelune (mort le 16).

28 juill. 1813, *retraite de Pampelune.*
Laboidec, capit., T.
Perrez, capit., T.
Poinot, lieut., T. 28.
Gaillet, lieut., T.
Maillermont, s.-lieut., T.
Richardin, capit., T. 30.
Joannis, capit., B.
Caroz, lieut., B.
Horric de Beaucaire, lieut., B.
Pervillé, s.-lieut., B.
Deconink, s.-lieut., B.

Maillard, capit., B. 3 août 1813, dans une reconnaissance, en Espagne (mort le 11).

31 août 1813, *combat sur la Bidassoa (pont d'Irun.).*
Bouthmy, col., T.
Bajon, chef de bat. B. (mort le 1er sept.).
Chantereau, chef de bat., T.
Aubry, capit., T.
Boidée, capit., T.
Lacoste, capit., T.
Letuillier, capit., T.
Renonville, capit., T.
Costel, lieut., T.
Trubert, s.-lieut., B. (mort).
Dambly, chef de bat., B.
Prat, capit., B.
Roquart, capit., B.
Pervillé, lieut., B.
Reine, lieut., B.
Blanc, s.-lieut., B.
Camberlin, lieut., B.

Mathieux, lieut., B. 10 nov. 1813, combat du camp d'Orogne.

1813, *combat devant Bayonne.*
ROND, lieut., B. (mort le 15 févr. 1814).
DAGENÈS, capit., T. 9 déc.
FORMY, capit., B. 10 déc.
HORRIG, capit., B. 10 déc.
PAGNIER, capit., B. 9 déc.
BERTRAND, lieut. A.-M., B. 10 déc.
BELL, lieut., B. 9 déc.
MARIE, s.-lieut., B. 3 déc.
COGULET, s.-lieut., B. 10 déc.
DESFONTAINES, s.-lieut., B. 10 déc.
LEJEARD, lieut., B. 9 déc.
LACOSTE, s.-lieut., B. 12 déc.
MARTIN, s.-lieut., B. 10 déc.

27 *févr.* 1814, *bataille d'Orthez.*
PLAQUET, lieut. A.-M., T.
BONTAT, chef de bat., B.
FRANÇOIS, capit., B.

CRISPY, lieut., B.
BONTAT, s.-lieut., B.

MAZARD, capit., B. 3 avril 1814, défense de Bayonne.
GINSER, chirurg. S.-A.-M., B. 6 avril 1814, défense de Blaye.

10 *avril* 1814, *bataille de Toulouse.*
SALLAT, capit. T.
CABAL, chef de bat., B.
CHERUEL, capit., B.
FERRIN, capit., B.
PAPAUD, capit., B.
COGULET, lieut., B.
CRISPY, lieut., T.
CHARRIER, s.-lieut., B.
DECONINK, s.-lieut., B.

121ᵉ Régiment (1).

GÉRARD D'HANONCELLES, s.-lieut., B. 23 déc. 1808, devant Saragosse (mort le même jour).

1809, *siège de Saragosse.*
LÉGER, capit. A.-M., T. 27 janv.
LIENNE, lieut., B. 21 janv. (mort le 27).
DAUNY, capit., B. 27 janv.
LEGUY, capit., B. 1er janv.
DANJOU, s.-lieut., B. janv.
GIRARD, s.-lieut., B. 27 janv.
REVOUX, s.-lieut., B. 27 janv.
WAGNON, s.-lieut., B. 27 janv.

DOUILLET, s.-lieut., B. 12 mars 1809, affaire de Tudela.

20 *avril* 1809, *combat contre les insurgés, en Espagne.*
PIDENCET, lieut. (assassiné).
BAILLET, s.-lieut. (assassiné).
MARJOUDET, s.-lieut., B. (m^{rt} le 26 févr. 1810).

CHAUDOT, s.-lieut., T. 24 avril 1809, combat de Jacca.
LOITRON, lieut., B. 12 juill. 1809, à Tudela.
MAUGIN, s.-lieut., T. 25 oct. 1809, à Tamarité, près Lérida.

FLEYSSAC, s.-lieut., B. 6 juill. 1809, montagnes de Jacca.
CORNU, lieut., B. 1er déc. 1809 en escortant le Trésor à Madrid (mort le 23).

3 *mars* 1810, *combat de Tamarité.*
COUSIN, s.-lieut., B.
DESTOUP, s.-lieut., B.

1810, *siège de Lérida.*
TAMISSIER, s.-lieut., B. 27 mai (mort le 4 août).
LAJOU, lieut., B. 4 mai (mort le 8).
LEFRANÇOIS, capit., B. 11 mai.
MASSON, lieut., B. 18 mai.
FLEYSSAC, s.-lieut., B. 13 mai.

ROUSSELET, lieut. (assassiné le 20 août 1810, à Tamarité).
MAILLEFER, s.-lieut., T. 1er nov. 1810, affaire d'Hébard.

12 *nov.* 1810, *combat de Fuente-Santa (près de Villel).*
FAVRE, lieut., B. (mort le 21).
RUET, lieut., T.
GIRARD, lieut., T.

(1) Formé en 1809.

Puellon, s.-lieut., T.
Millet, col., B.
Dubarry, capit., B.
Lagneau, capit., B.

Lelud, lieut., B. déc. 1810, siège de Tortose.

31 janv. 1811, combat de Checa.
Nuret, capit., T.
Meneau, chef de bat., B.
Lagneau, capit., B.
Lemière, s.-lieut., B.

Lefrançois, capit., B. 23 mai 1811, combat du Val-de-Penas.
Meneau, chef de bat., 8 juin 1811, siège de Mequinenza.

1811, siège de Tarragone.
Fleyssac, capit., B. 28 juin.
Wagnon, capit., B. 24 juin.
Laubion, lieut., B. 20 juin.
Paul, lieut., B. 27 juin.
Simon, lieut., B. 27 juin.
Masson, s.-lieut., B. 28 juin.

Geant, capit., B. 1er août 1811, combat de Porrera.
Prevost, capit., T. 8 oct. 1811, combat près Tortose.
Mouroux, capit., B. 25 oct. 1811, bataille de Sagonte.
D'Hargenvillier, s.-lieut., B. 4 nov. 1811 par des habitants de Saragosse (mort le 27).
Audinot, lieut., B. 4 nov. 1811 par des habitants de Saragosse (mort le 12).
Heyraud, s.-lieut., B. 26 déc. 1811, passage du Guadalaviar.
Laurent, capit., T. 2 janv. 1812, combat de Pinel.
Chabot, lieut., B. 19 janv. 1812, combat de Villasecca.

19 janv. 1812, combat de Villasecca.
Hureault, lieut., T.
Emonet, s.-lieut., B.
Genu, lieut., B.

Danglade, capit., B. 5 mars 1812, affaire de Roda.

Devade, lieut., B. 22 mai 1812, combat naval devant Lorient.
Paris, s.-lieut., B. 6 avril 1813, combat de Jacca.

13 avril 1813, combat de Castalla.
Méhediot, capit., T.
Rivierre, capit., T.
Sabattier, capit., T.
Oury, s.-lieut., T.
Millet, col., B.
Basset, capit., B.
Desmarest, capit., B.
Lapierre, capit., B.
Lelut, capit., B.
Cousin, lieut., B.
Heyraut, lieut., B.
Schivre, lieut., B.
De Belleau, s.-lieut., B.
Destoup, s.-lieut., B.
Dogna, s.-lieut., B.
Guillemin, s.-lieut., B.
Lebreton, s.-lieut., B.
Maffré, s.-lieut., B.
Thuet, s.-lieut., B.

21 mai 1813, bataille de Würschen.
Belot, major, B. (mort).
Prost, chef de bat., B.
Rabot, s.-lieut., B.

Lapierre, capit., B. 10 août 1813, combat de Molins-del-Rey.

16, 18 et 19 oct. 1813, bataille de Leipzig.
Guilleaume, chef de bat., T. 16.
Lefrançois, capit., T. 16.
Pernette, capit., T. 16.
Picot, capit., T. 18.
Larousse, capit., B. 16, présumé mort.
Boulanger, lieut., T. 16.
Baudron, s.-lieut., T. 16.
Thireault, s.-lieut., T. 16.
Lilavois, lieut., B. 16 (mort le 3 nov.).
Maggetti, lieut., disparu 19.
Motillon, s.-lieut., B. 18 (mort le 14 nov.).
Bujeon, chef de bat., B. 16.
Christophe, capit., B. 16.
Dubrac, lieut., B. 16.
Marie, lieut., B. 16.
Roux, lieut., B. 19.
Cornu, s.-lieut., B. 16.

FRÉDET, s.-lieut., B. 18.
MANUEL, lieut., B. 18.

7 nov. 1813, *combat de San-Felice (Catalogne)*.

LAPIERRE, capit., B.
DESHORTIES DE BEAULIEU, lieut., B.
MAFFRÉ, lieut., B.
VARIN, lieut., B.
LEBRETON, s.-lieut., B.

FLEYSSAC, capit., B. 11 nov. 1813 en Catalogne.
THUET, s.-lieut., B. 15 nov. 1813 en Catalogne.
DOUILLET, capit., B. 1ᵉʳ févr. 1814, bataille de La Rothière.
CUSSAT, capit., B. 10 févr. 1814, combat de Champaubert.
CORNU, lieut., B. 10 févr. 1814 aux avant-postes devant Champaubert.

2 févr. 1814, combat de Rosnay.
PROST, major, B.
WAGNON, chef de bat., B.
FRÉDET, lieut., B.
GILLET, s.-lieut., B.

RENAULT, capit., B. 9 mars 1814, bataille de Laon.

20 mars 1814, combat d'Arcis-sur-Aube.
MASSON, capit., B.
VASSEUR, lieut., B.

MANUEL, capit., B. 6 mars 1814, combat en avant de Soissons.
RIVIER, s.-lieut., B. 25 mars 1814, combat de Fère-Champenoise.
FRETEY, lieut., B. 29 mars 1814, combat devant Paris.

30 mars 1814, bataille de Paris.
L'HOTELLIER, chef de bat., B.
WAGNON, chef de bat., B.

122ᵉ Régiment (1).

GARDAHAUT, lieut., B. 18 janv. 1809, blocus du Ferrol.
DINEL DE LA BLUNAIS, s.-lieut., B. 12 mars 1809 dans une reconnaissance en Portugal.
CABAUT, lieut., B. 26 mars 1809, combat près de Vigo.
BOUCHET, lieut., B. 29 mars 1809, prise d'Oporto (Portugal).
SOIGNET, capit., T. 7 avril 1809, défense de Tuy.
D'AZÉMAR, s.-lieut., B. 21 juin 1809 aux avant-postes de Tuy.
MARTIN, capit., B. 16 août 1809, étant en reconnaissance sur Benavente.
BOURGADY, lieut., B. 1ᵉʳ févr. 1810, combat dans les Asturies.
MERCIER, capit., T. 8 mars 1810 au pont de Santo (Asturies) par des brigands.
BAUCHE, s.-lieut., B. 13 juill. 1810, route d'Oviedo (mort en 1811).
DUVERNE, s.-lieut., B. 15 juill. 1810, affaire de la Polo-Delena (Asturies).
CAZENAVE, lieut., B. 26 juill. 1810, étant en colonne mobile en Asturies.
CHARLET, lieut., B. 2 août 1810, combat de La Robla (Castille).

GÉRARD, capit., B. 15 août 1810, combat de Serena (Asturies).
DUCHASTEL, s.-lieut., T. 19 sept. 1810, affaire près Cangas.
GOUIN, chef de bat., B. 22 sept. 1810, affaire de Quinta (Asturies).

10 oct. 1810, combat contre les insurgés en Asturies.
LETILLOIS, capit., B. (mort le 31).
LASERRE, lieut., B.

ROLLAND, capit., T. 25 oct. 1810, défense du pont d'Alba (Castille).
BOUGARS, lieut., T. 29 déc. 1810, affaire près d'Oviedo.
BONTEMPS, capit., B. 13 janv. 1811, combat de Lumbier.
MENANT, capit., T. 3 avril 1811, défense de Villamanil.

1811, défense d'Astorga.
LEBEL, s.-lieut., T. 23 juin.
MAGNETTE, s.-lieut., T. 23 juin.
SAUVAIRE, chef de bat., B. 23 juill.

(1) Formé en 1809.

GÉRARD, capit., B. 23 juin.
DUVERNE, lieut. A.-M., B. 23 juin.

2 juill. 1811, défense du pont d'Orbigo.
CAZENAVE, capit., B.
GUENOT, lieut., B.

DELACROIX-DUREPAIRE, capit., T. 15 juill. 1811 par des brigands en Espagne.
FRÉGOT, s.-lieut., B. 30 nov. 1811 à Soria (mort le même jour).
HÉRON, capit., B. 30 nov. 1811, combat de Soria.
BATTELLIER, capit., B. 23 janv. 1812 en escortant des blessés en Espagne (mort le 25).
LEROY, capit., T. 15 avril 1812, étant en colonne près de Villa-Viciosa.
CHALRET, lieut., B. 24 mai 1812, affaire de Villa-Viciosa.
LETOURNEL, capit., B. 28 mai 1812, combat de Pola-de-Seero.
DUREUIL, s.-lieut., B. 2 juin 1812 dans une reconnaissance en Asturies.
FAUROT, chef de bat., B. 5 juin 1812, combat de Villa-Viciosa.
BOUCHET, capit., B. 18 juin 1812 en Asturies.

22 juill. 1812, bataille des Arapiles.
ASSIER, s.-lieut., T.
GOURSEAU, s.-lieut., T.
SIMON, s.-lieut., T.
SAUVAIRE, chef de bat., B.
BOUCHET, capit., B.
BIGOT, capit., B.
GÉRARD, capit., B.
DUVERNE, capit., B.
LEPERT, capit., B.
LECOQ, lieut., B.
COLLET, capit., B.
MENANS, lieut., B.
CAUCHARD, s.-lieut., B.
GILBERT, s.-lieut., B.

MARNAS, lieut., B. 6 janv. 1813, combat de Bilbao.
SCHMITZ, s.-lieut., T. 8 janv. 1813 à Bilbao.
DINEL, lieut., B. 10 avril 1813 à Bilbao.

2 mai 1813, bataille de Lutzen.
SIBERT, capit., T.
SAUBINET, lieut., B.

21 mai 1813, bataille de Würschen.
MENANS, capit., B.
CHASSY, lieut., B.

21 juin 1813, bataille de Vittoria.
SEGUIN, s.-lieut., T.
BALBEDAT, lieut., B. (mort le 19 juill.).
VIENNOT, lieut., B. (mort le 4 juill.).
GOUIN, chef de bat., B.
LETOURNEL, capit., B.

VENDREVIN, s.-lieut., B. 28 juill. 1813, retraite de Pampelune.

30 juill. 1813, retraite de Pampelune.
ETIENNE, capit., B. (mort le 23 nov.).
DECRET, lieut., B. (mort).
D'ORSAY, col., B.
BOURDEIX, lieut., B.

SOUILHAGON DE BRUET, capit., B. 3 août 1813 aux avant-postes sur les Pyrénées.
DE HORN, s.-lieut., B. 27 août 1813, bataille de Dresde.

31 août 1813, combat sur la Bidassoa.
GAILLARD, capit., T.
GERDEN, s.-lieut., B. (mort le 30 sept.).
BERTRAND, chef de bat., B.
SOUILHAGON DE BRUET, capit., B.
BIZANET, capit., B.

VARIN DE SAINT-OUEN, lieut., B. 7 oct. 1813, attaque du col de Saint-Filiu.

16 et 18 oct. 1813, bataille de Leipzig.
MAGNET, lieut., T. 16.
DUBOUCHER, s.-lieut., T. 16.
LAFFRANCHI, s.-lieut., B. 18 (mort le 15 nov.).
COMMUNAY, capit., B. 16.
COURT, capit., B. 16.
GILBERT, capit., B. 16.
LASSERRE, capit., B. 16.
MALUQUER, lieut., B. 16.
MAZAURIC, lieut., B. 16.
PÉES, lieut., B. 16.

VEYRINE, lieut., B. 19.
FERRAND, s.-lieut., B. 16.
BOUET, s.-lieut., B. 16.
ESPRIT, s.-lieut., B. 18.
MAUNIER, s.-lieut., B. 16.
RAYNAL, s.-lieut., B. 18.

PHILIPPE, capit., B. 19 oct. 1813 au pont de Leipzig.

10 nov. 1813, combat de Sarre (Pyrénées).
BARRIER, lieut., B.
BRUN, s.-lieut., B.

10 déc. 1813, combat devant Bayonne.
MAURIN, lieut., B. (mort le 24).
AUBERTOT, s.-lieut., B. (mort le 10 janv. 1814).
HUTIN, capit., B.

AVIENNY, s.-lieut., B. 17 févr. 1814, combat de Nangis.
RICARD, chef de bat., B. 23 févr. 1814, combat de Méry-sur-Seine.
KENOR, capit., B. 25 févr. 1814, combat de Bar-sur-Aube.

7 mars 1814, bataille de Craonne.
LEFIZELIER, major, T.
DESHAYES, capit., T.
FISCHER, capit., T.

AVEZAC, capit., B.
JULIEN, capit., B.
MAILLOT, s.-lieut., B.
CHRETIN, lieut., B.

9 et 10 mars 1814, bataille de Laon.
BRUN, lieut. A.-M., B. 10.
BOUROTTE, lieut., B.
CHEVALET, lieut., B. 9.
POITOUX, lieut., B. 9.
CHABOUT, s.-lieut., B. 10.
MERLE, s.-lieut., B. 10.

BOURQUIN, s.-lieut., B. 12 mars 1814, en Champagne (mort le 23 avril).

20 mars 1814, combat d'Arcis-sur-Aube.
COLOMBIER, chef de bat., B. (mort le 21 avril).
DUCHEMIN, capit., B. (mort).
PERRIN, capit., B. (mort).
RASPAIL, chef de bat., B.
BOULANGER, lieut., B.
AZAM, capit., B.
ESTOURBEILLON, lieut., B.
ANGLADE, capit., B.
RAYNAL, lieut., B.
SALVAIN, lieut., B.
EGRET, s.-lieut., B.
DUJARRIER, lieut., B.
LEVAVASSEUR, lieut., B.

123ᵉ Régiment (1).

PIEPER, s.-lieut., T. 28 mai 1811, affaire de la Venta-Cardenas (Manche).
LALLEMAND, lieut., B. 26 mars 1811, dans une batterie de côtes à Hooghal.
WILHELMIE, lieut., B. 7 avril 1811, étant en colonne mobile en Espagne.

18 oct. 1812, combat de Polotsk.
AVIZARD, col., B.
MARRENS, chef de bat., B.
VON DER LINDEN, capit. A.-M., B.
LECOMPTE, capit., B.
KRAYENHOFF, capit., B.
LICH, lieut., B.
MURAOUR, lieut., B.
LA SERRE, lieut., B.

LOYON, s.-lieut., B.
LAFONT, s.-lieut., B.
REEDER, s.-lieut., B.
SÉJOURNÉ, lieut., B.

31 oct. 1812, combat de Tchaniski.
DELACROIX, s.-lieut., B.
SURGET, capit., B.

VAN VOSHOL, capit., B. 1ᵉʳ nov. 1812, affaire de Porchaswicki.

28 nov. 1812, bataille de la Bérésina.
VON DER LINDEN, capit. A.-M. (disparu).
GASTER, lieut. porte-aigle, D.

(1) Formé en 1810.

Von Thiel, lieut. officier payeur (disparu).
Van Alphen, capit. (disparu).
Surget, capit. (disparu).
Vandermaud, capit., B. (mort le 5 janv. 1813).
Lecompte, capit., D.
Faloy, capit., D.
Krayenhoff, capit., D.
Rebourceau, capit., D.
Boerma, capit., D.
Van Haugwitz, capit., D.
Schutter, capit., D.
Ducarron, capit., D.
Cramotte, capit., D.
Claassen, capit., D.
Jouffroy, capit., D.
Sissmann, lieut., B. (mort le 13 janv. 1813).
Claasen (H.), lieut. (disparu).
Van den Ooster Kamp, lieut., D.
La Serre, lieut., D.
Wouters de Terwerden, lieut., D.
Courant, lieut., D.
Van Diermen, lieut., D.
Van Oyen, lieut., D.
Gillebert, lieut., D.
De Pineda, lieut., D.
Wissener, lieut., D.
De Schorsen, lieut., D.
Vottelen, lieut., D.
Reede van Oudtshornn, lieut., D.

Le Clerc, s.-lieut., D.
Martorel, s.-lieut., D.
Loyon, s.-lieut., D.
Du Bois, s.-lieut., D.
Reeder, s.-lieut., D.
Storm, s.-lieut., D.
Donton, s.-lieut., D.
Malapert, s.-lieut., D.
Ewald, s.-lieut., D.
Foucault, s.-lieut., D.
Lafont, s.-lieut., D.
Fos, chef de bat., B.
Senac, chef de bat., B.

Van Buseck, capit., B. et disparu le 10 déc., combat devant Wilna.
Baudry, s.-lieut., B. et disparu le 25 déc. 1812, en arrière du Niemen.
La Rate dit Saint-Clair, capit., B. 24 sept. 1813, dans une reconnaissance.
Rolland, lieut., B. 30 nov. 1813, combat d'Arnheim.

13 janv. 1814, défense de Vittenberg.
Dominianus, capit., B.
Mansuy, lieut., B.

30 mars 1814, défense de Wesel.
André, capit., B.
Goudard, capit., B.
Labeille, lieut., B.

124ᵉ Régiment (1).

18 août 1812, bataille de Polotsk.
Speelmann, capit., T.
Hautin, capit., T.
Goursillot, lieut., B. (mort le 18 sept.).
Hardyau, col., B.
Keiser, chef de bat., B.
Veldtmann, lieut. A.-M., B.
Havez, lieut., B.
Groot-Stiffry, lieut., B.
Peloutier, lieut., B.
Laurent, lieut., B.
Langen-Van-Thierry, s.-lieut., B.
Lourdel-Hénaut, s.-lieut., B.

31 oct. 1812, combat de Tchaniski.
Hardyau, col., T.
Schchel, lieut. A.-M., T.

Vandenabèle, s.-lieut., T.
Bigot, s.-lieut., B. (disparu).
Mouchel, chef de bat., B.
Chasseur, capit., B.
Herr, capit., B.
Van-Sulkom, capit., B.
Marsail, lieut., B.
Meyer, lieut., B.
Havez, lieut., B.
Basile, s.-lieut., B.
Van-Kaps, s.-lieut., B.

Rivaux, capit., B. 31 oct. 1812, en soutenant la retraite devant Tchaniski.

(1) Formé en 1810.

28 nov. 1812, *bataille de la Bérésina*.
Van-Sulkom, capit., T.
Burghard, s.-lieut., disparu.
Fonteim, chirurg. S.-A.-M., disparu.
Boucheler, chirurg. S.-A.-M., disparu.
Hania, chef de bat., B.
Camphuis, capit., B.
Van-Stapèle, capit., B.
Delomone, capit., B.
Schwartz, s.-lieut., B. (mort le 12 janv. 1813).
Kerstmann, s.-lieut., B. (mort le 14 janv. 1813).
La Sageas, chirurg. S.-A.-M., B. (mort le 4 mars 1813).
Gravestein, lieut., B.
Hubner, lieut., B.
Veeren, lieut., B.
Devrée, lieut., B.
Lonbar, lieut., B.
Haakmeester, lieut., B.
Rouge, s.-lieut., B.

Van-Langen, s.-lieut., B.
Lourdel-Hénaut, s.-lieut., B.
Hoffmann, s.-lieut., B.
Stelman, lieut., B. (mort le 12 janv. 1813).

13 déc. 1812, *combat à la montée de Kowno*.
Hoffmann, s.-lieut., B. (mort).
Hubner, lieut., B. (disparu).
Dufort, s.-lieut., B.
Sagné, lieut., B. (mort le 26 janv. 1813).

Mai 1813, *défense de Stettin*.
De Langle, lieut., T. 24.
Notte, s.-lieut., B. 12.

13 janv. 1814, *défense de Wittenberg*.
Delandre, capit., T.
Perdoulle, capit., B.
Delomone, capit., B.

125ᵉ Régiment (1).

Daniel, capit., B. 12 nov. 1812, combat de Strukonowitz (mort en août 1813).

14 nov. 1812, *combat de Smoliany*.
Ondorp, lieut., T.
Gallard, capit., B.

27 nov. 1812, *combat de Borisow*.
Berckmann, capit. A.-M., B. (mort le 12 janv. 1814).
Pacqué, capit., B. (mort).
D'Estré, capit., B. (mort).
Kempe, capit., B. (mort).
Van Otterloo, capit., B. (mort).
Van Liebergen, capit., T.
Bougarelle, capit., B. (mort le 8 févr. 1813).
De La Fargue, capit., T.
Govard, capit., T.
Van den Boom, lieut., B. (mort).
Caillou, lieut., B. (mort).
Saalbach, lieut., T.
Van Rooyen, lieut., D.
Herkenrath, lieut., T.
Coenraads, lieut., B. (mort).

Van Tiffelen, lieut., T.
Werdmuller Von Elgg, lieut., B. (mort).
Randon, lieut., B. (mort).
De Marçay, s.-lieut., B. (mort).
Roffé, s.-lieut., B. (mort le 6 déc.).
Van Doesburg, s.-lieut., T.
Van Lamsweerde, s.-lieut., T.
Raux, s.-lieut., T.
Hendsch, s.-lieut., T.
Musquetier, s.-lieut., T.
De Jongh, s.-lieut., B. (mort).
Barchon, s.-lieut., T.
Thévenet de Mongachez, s.-lieut., T.
Suriray de La Rue, s.-lieut., B. (mort le 16 déc.).
Sebel, chirurg.-major, T.
Zembsch, chirurg. A.-M., T.
Scharten, chirurg. A.-M., T.
Struyk, chirurg. S.-A.-M., T.
De Forbin, s.-lieut., B.
Salf, s.-lieut., B. (mort le 12 janv. 1813).

(1) Formé en 1810.

DUBARRET, s.-lieut., disparu.
LEMARCHAND DU CASSEL, s.-lieut., B.

GOTTE, capit., B. 23 nov. 1813, défense de Magdebourg (mort le 1ᵉʳ déc.).

126ᵉ Régiment (1).

13 et 14 nov. 1812, combat de Smoliany.
KRAGER, capit., B. 14. (mort le 30 déc.).
HOSSELET, chef de bat., B. 14.
SCHNEIDER, capit., B. 14.
DELABORDE, capit., B. 14.
NICOLLE, lieut., B. 13.
BEYDEWITZ, s.-lieut. (porte-aigle), B. 14.
FOURNERON, s.-lieut., B. 14.
UBERFELD, s.-lieut., B. 14.

TRUPTIL, capit., B. 23 nov. 1812, aux avant-postes près de Borisow.

27 nov. 1812, combat de Borisow.
SEBIRE, capit., B. (mort le 22 déc.).
MOUTIN, capit., B. (mort le 11 févr. 1813).
DELABORDE, capit., B. (mort).
VAN-LIMBURG-STIRUM, capit., B. (mort).
MIDDENLDORP, capit., B. (mort).
MACKAY, lieut. A.-M., B. (mort le 9 janv. 1813).
MACKENHAUPT, lieut. A.-M., B. (mort le 29 déc.).
SCHMITZ, lieut. A.-M., B. (mort le 25 déc.).
MORET, lieut., B. (mort le 19 déc.).
GARD, lieut., B. (mort le 5 févr. 1813).

DE GUBERNATUS, lieut., B. (mort le 22 févr. 1813).
LIMWURN, lieut., B. (mort).
BEYDEWITZ, s.-lieut. (porte-aigle), B. (mort le 4 déc.).
UBERFELD, s.-lieut., B. (mort le 14 janv. 1813).
SLUYTERMAN, s.-lieut., B. (mort le 20 déc.).
MINARY, s.-lieut., B. (mort le 27 janv. 1813).
LONGIN, s.-lieut., B. (mort le 30 janv. 1813).
CAURY, s.-lieut., B. (mort le 2 févr. 1813).
HOOYIN, s.-lieut., B. (mort).
ERBES, s.-lieut., B. (mort le 28 déc.).
RHÉES, s.-lieut., B. (mort le soir).
BUCHNER, chirurg. S.-A.-M., B. (mort le 30 déc.).
HOFFMAN, chirurg. S.-A.-M., B. (mort le 11 janv. 1813).
VYNANDS, chirurg. S.-A.-M., B. (mort le 10 janv. 1813).
FOURNERON, s.-lieut., B.
KAMPS, s.-lieut., B.
PLEGHER, capit., B. (disparu).

(1) Formé en 1810.

127ᵉ Régiment (1).

20 juill. 1812, en Lithuanie.
CHRISTI-PALLIÈRE, s.-lieut., disparu.
RAGOT, s.-lieut., disparu.

17 et 18 août 1812, bataille de Smolensk.
HARIOT, capit., T. 17.
CARRON, capit., B. (mort 17).
DEMERX, capit., B. (mort le 15 mars 1813).
DE SCRIBA (G.), lieut., B. (mort).
DE SCRIBA (Ch.), lieut., B. (mort).
HUBER, s.-lieut., disparu.
MULLER, s.-lieut., T. 17.

MONTIGNY, s.-lieut., T. 17.
RISON, chef de bat., B.
DEMAN, capit., B.
ROSSY, capit., B.
DESOLIO, capit., B.
DUCROC DE BRASSAC, lieut., B.
QUERRUEL, lieut., B.
DENHENBRUCK, capit., B. 17.
DELATER, lieut., B. 18.
RÉCHÈDE, capit. A.-M., B. 17.
BEHL, lieut., B. 17.

(1) Formé en 1811.

SCHWARSKI, lieut., B. 17.
MERTENS, lieut., B. 17.
VAN-HARLEM, s.-lieut., B. 17.
HUESK, s.-lieut., B. 17.
VAN-THUYL, s.-lieut., B. 17.
GRUKMANN, s.-lieut., B. 17.
VAN-GEIL, s.-lieut., B. 17.

19 août 1812, combat de Valoutina-Gora.
DENELLE, chef de bat., B.
MILARDET, capit., B.
COTTAINT, s.-lieut., B.
SCHUTTÉ, s.-lieut., B.

BOAS, s.-lieut., disparu, le 2 nov. 1812, combat près de Wiasma.
VAN-TUYL, lieut., disparu, le 10 nov. 1812, en arrière de Smolensk.

17 nov. 1812, bataille de Krasnoë.
BERTHIER, s.-lieut., B. (mort).
SCHUTTÉ, s.-lieut., B. (mort).
VOYER, chirurg. S.-A.-M., B. (mort le 2 déc.).
GUISTEL, s.-lieut., B.

PETIT, chirurg.-M., B. 28 nov. 1812, passage de la Bérésina (mort le 19 janv. 1813).
D'ISSING, capit., disparu le 3 déc. 1812, près de Smorgony.
RIEGERT, lieut., B. 9 déc. 1812, combat près de Chombeck.

15 et 16 déc. 1812,
affaires en avant de Kowno.
DE SCRIBA (J.), capit., disparu 15.

RECHEDÉ, capit. A.-M., D. 16.
TERRASSON, chirurg. S.-A.-M., D. 15.
DUBOUIX, chirurg. A.-M., D. 15.

CRYNE, s.-lieut., porte-aigle, disparu le 25 déc. 1812 près de Wehlau.

31 déc. 1812,
affaire en avant de Kœnigsberg.
DE BLOIS, capit., disparu.
MERTENS, capit., D.
BEHL, lieut., D.
HINCK, lieut., D.
GRUKMANN, s.-lieut., D.
POEYFERRÉ, lieut., D. et B.
RUTTEN, lieut., D.
VAN-GEEL, lieut., D.
VAN-HARLEM, s.-lieut., D.
KUHN, s.-lieut., D.
STROHMAYER, s.-lieut., D.
BITTER, s.-lieut., D.

ICARD, capit., B. 24 mars 1814, défense de Wesel.

30 mars 1814, défense de Wesel.
TALBERT, lieut. A.-M., B. (mort le 29 avril).
PAYEN, lieut., B. (mort le 2 avril).
MOSNIER, capit., T.
ONNO, capit., B.
VER, s.-lieut., B.
HENRY, s.-lieut., B.
SCHLICHER, s.-lieut., B.

128ᵉ Régiment (1).

WIEGAND, s.-lieut., noyé le 17 juin 1812, en traversant la Wilia (Lithuanie).
METZINGER, col., B. 31 juill. 1812 aux avant-postes de Jacobowo.

1ᵉʳ août 1812, combat de Jacobowo.
RASPONY, s.-lieut., B.
MULLER, s.-lieut., B.

18 août 1812, bataille de Polotsk.
LIES, lieut., T.

BRENOT, s.-lieut., B.
MULLER, s.-lieut., B.

LIOUVILLE, lieut., B. 15 sept. 1812 étant en reconnaissance devant Polotsk.

18 oct. 1812, combat de Polotsk.
PLESSIS, capit., B. (mort le 1ᵉʳ nov.).
CHERLY, chef de bat., B.
FOURCHAULT, capit., B.

(1) Formé en 1811.

SIGFELD, lieut., B.
MULLER, lieut., B. 19.
RUTGERS, lieut., B.
VANDENHEUVEL, s.-lieut., B.
LECLERCQ, s.-lieut., B.
MERTENS, s.-lieut., B.
SAMUEL, s.-lieut., B.

MARTENS, s.-lieut., B. 21 oct. 1812, affaire devant Polotsk.
DE ROEST, s.-lieut., B. 6 nov. 1812, étant à l'avant-garde, Russie.

28 nov. 1812, bataille de la Bérésina.
RUSPÉ, capit., B. (mort).
TELLEGEN, chef de bat., B.
PEIGNÉ, capit., B.
BOELFREMA, capit., B.
BROSSET, lieut., B.
MULLER, s.-lieut., B.
GUINBEAU, s.-lieut., B.

BONY, capit., B. 3 déc. 1812 par des Cosaques, près de Smorgony.
DRIÈS, lieut., B. 4 déc. 1812, en défendant l'aigle du régiment à Smorgony.

10 déc. 1812, combat devant Wilna.
RANSONNET, lieut., B.
BRABAUT, lieut., B.
GORSE-LAFERRIÈRE, s.-lieut., B.

13 déc. 1812, affaire à la montée de Kowno.
BAHEUX, chirurg. S.-A.-M., T.
METTE, chirurg. S.-A.-M., B.
ROEDER, capit., B.
RUTJERS, lieut., B.

PETITIER, s.-lieut., B. 15 déc. 1812 au pont de Tilsitt.
HERMANN, chef de bat., B. 22 août 1813, défense de Custrin.
MULLER, s.-lieut., B. 29 sept. 1813, défense de Cassel (Westphalie).
DARRIEN, capit., B. 26 déc. 1813, défense de Kehl.

1814, défense de Kehl.
MAFFRE, capit., B. 8 avril (mort le 8 juill.).
BUCHHEIT, capit., B. 3 avril.

129ᵉ Régiment (1).

15, 17 et 18 nov. 1812, bataille de Krasnoë.
BAZAINE, capit., B. 17 (mort le 13 déc.).
GIELY, capit., B. 17 (mort).
CHABRE, lieut., T. 15.
CRÉTAILLE, lieut., B. 17 (mort le 19).
HOLMANN, s.-lieut., T. 18.
CUGNON D'ALINCOURT, s.-lieut., T. 17.
POLY, s.-lieut., B. 18 (mort le 4 déc.).
MARTIN, chirurg.-M., B. 17.
FURTH, chirurg. A.-M., B. 17.
FREYTAG, capit., B. 17.
LADOUYS, capit., B. 17.
DE NASSAU, s.-lieut., B. 17.
SCHOLTZ, s.-lieut., B. 17.
VAN OUTHEUSDEN, s.-lieut., B. 17.
ZIMMERMANN, s.-lieut., B. 17.
HERVET, lieut., B. 18.

28 nov. 1812, bataille de la Bérésina.
DE BÉARN, chef de bat., B. (mort).
KOLFF, capit., B. (mort le 9 déc.).

JACOB (B.), lieut., B. (mort le 10 déc.).
FERNAN-DUCROS, lieut., D.
VARTELLES, lieut., D.
JACOB (A.), lieut., D.
DEWEYE, s.-lieut., D.
LUHMAN, s.-lieut., D.
VAN WINSDHEIM, s.-lieut., D.
HOLLIGER, s.-lieut., B. (mort le 29).
REGUISSE, lieut., B. (mort le 6 janv. 1813).
DECKEN, s.-lieut., B.
MAYER, lieut., B. (mort le 8 déc.).
KELLERS, s.-lieut., B. (mort le 5 déc.).
JALADIS, chirurg. S.-A.-M., B. et D.
BÉRENGER, s.-lieut., D.
VERWEY, lieut., D.
DE NEUWIRTH, capit., B. (mort le 4 févr. 1813).

---

(1) M. Jauffret, chirurgien S.-A.-M., a sauvé le drapeau du régiment à Krasnoë.
Ce régiment a été formé en 1811.

NARCOLSEN, lieut., B. (mort le 5 janv. 1813).
JOUAULT, capit., B. (mort le 16 janv. 1813).
LUDWIG, s.-lieut., B. (mort le 13 janv. 1813).
NAUSI, lieut., B. (mort le 5 janv. 1813).

FREYTAG, capit., B. (mort en 1813).
HERVET, lieut., B.
FLORIN, capit., B. et D.

FLAMAND, capit., B. et D. le 5 déc. 1812, entre Borisow et Wilna.

130e Régiment (1).

26 *janv.* 1811, *combat de Cabeson-del-Sal.*
HUGOT, chef de bat., B. (mort).
DOBANTON, capit., B.
BASSIGALUPO, s.-lieut., B.

DOBANTON, capit., assassiné le 5 févr. 1811, au village de Barcena.
WILHELMIE, s.-lieut., B. 8 mai 1811, affaire de Daymias.
BOSSUS, s.-lieut., B. 19 avril 1811, combat du pont d'Arcé.
DALMAIS, lieut., B. 23 avril 1811, étant en reconnaissance en Espagne.
KERMEL, lieut., T. 7 août 1811, affaire de Torrelavega.

14 *août* 1811, *combat de Torrelavega.*
CABANEL, chef de bat., T.
GONNET, lieut., B. (mort le 24 déc.).
MAISONNAIS, s.-lieut., B.

LEROY, lieut., T. 7 févr. 1812, affaire de l'Apredegna.
POINSIGNON, s.-lieut., B. 12 févr. 1812, au pont de Tejo (Espagne).
LACROIX, lieut., B. 29 mars 1812, étant en reconnaissance en Espagne.
JACQUINOT DE PRESLE, s.-lieut., B. 27 juill. 1812, combat de Santander.
POINSIGNON, s.-lieut., B. 2 août 1812, devant Santander.
VAN GENDEREN, lieut., B. 6 août 1812, étant en colonne mobile, Espagne.
PATISSIER, capit. A.-M., B. 17 oct. 1812, défense du fort de Burgos.

16 *oct.* 1812, *défense du fort de Burgos.*
CHAMPION, lieut., T.
FAURE, s.-lieut., T.

DEBELLANGÉ, capit., B. 26 oct. 1812, au pont de Cabesson (Espagne).
MÉTIVIER, s.-lieut., T. 20 juill. 1813, étant aux avant-postes, Espagne.
DE SAINT-OUEN D'ERNEMONT, capit., B. 25 juill. 1813, près de Roncevaux.

1813, *combats devant Pampelune.*
CROCE, lieut., B. 28 juill.
QUYN, s.-lieut., B. 28 juill.
DELAHAYE, lieut., B. 31 juill.
DELRUE, s.-lieut., B. 28 juill.

10 *nov.* 1813, *combat de Sarre.*
LACROIX, capit., T.
SCHINDLER, capit., B. (mort le 3 déc.).
VIDAL, lieut., T.
DEROUVILLE, s.-lieut., T.
RAVI, capit., B.
MEUNIER, s.-lieut., B.
QUYN, s.-lieut., B.
NOVELLO, s.-lieut., B.

1813, *défense de Santona.*
LUCAN, lieut. A.-M., T. 31 déc.
GARNIER, capit., B. 24 oct.

1813, *défense de Bayonne.*
DURUT, capit., T. 13 déc.
NOVELLO, s.-lieut., B. 24 déc.
GUIBOUT, lieut., B. (mort le 18 août 1814).

MATHIEU, s.-lieut., B. 1er janv. 1814, défense de Bayonne.
CROCE, capit., B. 2 févr. 1814, combat de Bar-sur-Aube.

(1) Formé en 1811.

131ᵉ Régiment (1).

Carel, lieut. A.-M., B. 8 nov. 1812, en visitant les avant-postes à Wolkowisk.

---

14 et 16 nov. 1812, *défense du pont de Wolkowisk.*
Van-Galen, s.-lieut., T. 16.
Joyeux, capit., B. 16.
Hory, s.-lieut., B. 14.

Meunier, capit., B. 8 déc. 1812, combat près de Volkowitz.
Pernot, capit., B. 13 févr. 1813, combat de Kalisch (mort le 12 juin).

22 mai 1813, *combat de Reichenbach.*
Visdelou, lieut., T.
Remi, capit., B.

---

22 et 23 août 1813, *affaire de Gross-Beeren.*
Perron, capit., T. 23.
Diouloufet, lieut., T. 22.
Cyallis, chef de bat., B. 22.
Brandon, capit., B. 23.
Namyr, capit., B. 23.
Vaillant, capit., B. 23.
Gout, capit., B. 23.
Denis, lieut., B. 23.
Louche, s.-lieut., B. 22.
Bourbier, s.-lieut., B. 23.
Louta, s.-lieut., B. 22.
Veper, s.-lieut., B. 23.
Pronnier, s.-lieut., B. 22.

---

6 sept. 1813, *bataille de Ju!erbock.*
Hébert, lieut., B.

Jumin, lieut. A.-M., B.
Lantivy, lieut., B.
Morthier, s.-lieut., B.

Carlhian, s.-lieut., B. 2 oct. 1813, affaire devant Dessau.

---

7 oct. 1813, *affaire de Saffnitz (Tarcis).*
Saint-Martin, capit., B. (mort).
Voirin, lieut., T.

---

18 et 19 oct. 1813, *bataille de Leipzig.*
Duhan, s.-lieut., T. 18.
Bérard, chef de bat., B. 18.
Pintard, capit., B. 18.
Pabot-Chatelard, lieut., B. 18.
Vanalstein, s.-lieut., B. 18.
Martin, s.-lieut., B. 19.

---

21 oct. 1813, *combat de Freiburg.*
Létang, capit., T.
Bérard, chef de bat., B.
Jumin, lieut. A.-M., B.
Cyallis, chef de bat., B.

Bérard, chef de bat., B. 10 févr. 1814, combat près du Mincio.
Beaupoil, capit., B. 24 janv. 1814, défense de Besancon.
Cordy, capit., B. 12 mars 1814, défense du fort Lacoste (Zélande).
Sauvanet, lieut., B. 16 mars 1814, aux avant-postes sur le Mincio.

---

(1) Formé en 1812, ex-régiment de Walcheren.

132ᵉ Régiment (1).

Pied, capit., B. 15 nov. 1812, combat de Wolkowisk.
Denis, chef de bat., B. 12 févr. 1813, affaire devant Kalisch.

13 févr. 1813, *combat de Kalisch.*
Boudard, capit. A.-M., T.
Sautre, capit., T.

Caupenne, lieut., B. (mort le 20).
Pathuraud, capit., B.
Gaillard, capit., B.
Vallet, lieut., B.
Gourdain, lieut., B.
Fassin, s.-lieut., B.

---

(1) Formé en 1812, ex-régiment de l'Ile de Ré.

FERRASSE, capit., B.
DEVILLIER, lieut. A.-M., B.

TRIDOULAT, col., B. 2 mai 1813, bataille de Lutzen.

20 mai 1813, bataille de Bautzen.
MAILLOT, capit., B.
CHAUDORAT, capit., B.

GOURDAIN, capit., B. 22 août 1813, étant en reconnaissance près de Gross-Beeren.

23 août 1813, affaire de Gross-Beeren.
ROBERT, capit., B. (mort le 2 sept.).
GRANGER, s.-lieut., T.
TRIDOULAT, col., B.
MAILLOT, capit., B.
CHAUDORAT, capit., B.
WAGNER, lieut., B.
PUCHEUX, s.-lieut., B.

CASSAN, lieut., B. 1er sept. 1813, aux avant-postes en avant de Villach (Illyrie).

6 sept. 1813, bataille de Juterbock.
ROCH, capit., B. (mort le 27).
CAILHASSON, major, B.
RIGAZO, capit., B.

16 et 18 oct. 1813, bataille de Leipzig.
BLUM, major, B. 18.
JULIEN, capit., B. 18.
MONJEAUX, capit., B. 18.
LEGARDEUR, capit., B. 18.
WERMULER, lieut., B. 16.

21 oct. 1813, combat sur les hauteurs de Friedburg.
CHAUDORAT, capit., B.
BERT, lieut., B.
BERMOND, lieut., B.
DESALON, s.-lieut., B.

CASSAN, lieut., B. 15 nov. 1813, combat de Caldiero.
BACQUEVILLE, lieut., B. 30 déc. 1813, combat devant Ferrare.

1er févr. 1814, bataille de La Rothière.
GOURDAIN, capit., B.
LAFON, lieut., B.
BERT, lieut., B.
VALLADE, lieut., B.
BERMOND, lieut., B.

FRANCHETEAU, capit., B. 8 févr. 1814, bataille du Mincio.
FOURNIER, capit., B. 10 févr. 1814, combat de Champaubert.
MARIMOND, lieut., B. 18 mars 1814, au blocus de Metz.

30 mars 1814, bataille de Paris.
THOMAS, capit., T.
FERRAUD, capit., B. (mort le 16 avril).
MONTARIOL, capit., B. (mort le 20 avril).
DENIS, chef de bat., B.
LEGRIS, capit., B.
NOEL, lieut., B.
VALLADE, lieut., B.
THEISSIER, lieut., B.
DESALON, s.-lieut., B.

133e Régiment (1).

BARBERIS, s.-lieut., B. 11 sept. 1811, dans une patrouille au cap Sepet.

13 févr. 1813, combat de Kalisch.
BÉRANDA, s.-lieut., B. (mort).
JEMOIS, capit., B. (présumé mort).
KIFFER, capit., B.
GODART, lieut. A.-M., B.
GRAMMIZZI, s.-lieut., B.
BERETTA, s.-lieut., B.
BOCCHI, s.-lieut., B.

CESIR, s.-lieut., B.
GRILLO, s.-lieut., B.

BELINO, s.-lieut., B. 14 nov. 1813, combat près de Kalisch.

22 août 1813, combat de Westock, près Gross-Beeren.
BRAYDA, s.-lieut., B. (mort le 26 oct.).

(1) Formé en 1812.
Ex-2e régiment de la Méditerranée.

Monier, capit., B.
Buchet, capit., B.
Riverra, lieut., B.

6 sept. 1813, bataille de Juterbock.
Rostan, chef de bat., T.
Bureau, capit., T.
Donnet, capit., T.
Petitdemange, capit., B. (mort).
Menu du Ménil, col., B.
Mandilli, capit., B.
Copmartin, lieut., B.
Gambarotta, lieut., B.

Ledieu, s.-lieut., T. 13 sept. 1813, étant aux avant-postes en Illyrie.

*18 sept. 1813,
combat de Saint-Hermagora (Illyrie).*
Bastien, capit., B.
Wuesten, capit., B.
Césir, lieut., B.

Broquier, chirurg. S.-A.-M., B.

29 sept. 1813, combat devant Dessau.
Guerre, s.-lieut., T.
Mochino, lieut., T.
Gautrot, chef de bat., B.
Aschiéry, lieut., B.

18 et 19 oct. 1813, bataille de Leipzig.
Souvay, capit., B. 18 (mort le 29 nov.).
Sancio, s.-lieut., T. 18.
Gautrot, chef de bat., B. 18.
Aubert, chef de bat., B. 19.
Ferrand, s.-lieut., B. 18.
Romangin, lieut., B. 18.
Duportail, s.-lieut., B. 19.
Langlois, s.-lieut., B. 19.
Marsol, s.-lieut., B. 19.

1814, défense de Landau.
Sellier, lieut., B. 18 févr.
Thébot, lieut., B. 20 mars.

134ᵉ Régiment (1).

19 mai 1813, combat de Weissig.
Herbin, capit. A.-M., T.
Arnold, capit., T.
Duval, lieut., B. (mort le 20).
Gorisse, s.-lieut., B. (mort le 21).
Daniel, capit., B.
Cottin, s.-lieut., B.
Oderkerk, s.-lieut., B.
Duval, s.-lieut., B.
Bourgarel, chirurg.-M., B.

Albert, capit., B. 21 mai 1813, bataille de Würschen.
Pietch, s.-lieut., B. 26 mai 1813, aux avant-postes en Saxe.

19 août 1813, combat de Lœwenberg.
Brillat, col., B.
De la Moussaye, chef de bat., B.
Heudelet, capit. A.-M., B.
Bougarel, chirurg.-M., B.
Blimé, capit., B.
Bourdillat, capit., B.
Demarçay, lieut., B.
Cottin, s.-lieut., B.
Daussoy, s.-lieut., B.

Lebars, s.-lieut., B.

Dornier, lieut., B. 23 août 1813, combat de Goldberg.

29 août 1813, affaire sur le Bober.
Daviet, major, B. (mort le 31).
Cazeneuve, chirurg. A.-M., disparu.
Huttier, chirug. A.-M., disparu.
Borde, chirurg. S.-A.M., disparu.
Ravet, lieut. porte-aigle, T.
Lamarre, capit., disparu.
Hans, capit., disparu.
Frérot, capit., T.
Robinet, lieut., disparu.
Moezarski, lieut., disparu.
Waldschmidt, lieut., disparu.
Betton, s.-lieut., disparu.
Geas, s.-lieut., T.
Tardy, s.-lieut., T.
Lalbingue, s.-lieut., disparu.
Seigneron, s.-lieut., disparu.
Leblanc, chef de bat., B.
Bourdillat, capit., B.

---
(1) Ex-regiment de la garde de Paris. Formé en 1813.

Dardé, capit., B.
Sinel, capit., B.
Bernez, capit., B.
Desban, lieut., B.
Millair de Hertzberg, lieut., B.
Luciano, lieut., B.
Probal, lieut., B.
Alquier, lieut., B.
Tuncq, s.-lieut., B.

Raoul, s.-lieut., B. 7 nov. 1813, aux avant-postes devant Magdebourg. (mort le 8).

8 nov. 1813, combat de Solhen, près de Magdebourg.
Gotte, capit., B. (mort le 1ᵉʳ déc.).

Robin, lieut., B. (mort le 21).
Ligé, capit., B.
Stopani, capit., B.
Félix, capit., B.
Bournon, s.-lieut., B.

Tourret, s.-lieut., B. 5 janv. 1814, défense de Magdebourg.

1ᵉʳ avril 1814, défense de Magdebourg.
Quast, lieut., B. (mort le 14).
Gally, lieut., B.
Leroy, s.-lieut., B.
Passet, s.-lieut., B.

135ᵉ Régiment (1).

2 mai 1813, combat de Halle.
Regeau, capit., B. (mort).
Rouxel, capit., T.
Borès, s.-lieut., T.
Regnier, s.-lieut., T.
Heulot, chef de bat., B.
Frémont, capit., B.
Souveron, capit., B.
Favre, lieut., B. et disparu.
Gaudy, s.-lieut., B.
Prinet, s.-lieut., B.

19 mai 1813, combat de Wessig.
Foucault, lieut., T.
Cognel, s.-lieut., T.
Guettard, capit., B.
Brondeau, capit., B.
Corbet, lieut., B.
Clauden, lieut., B.
Valin, s.-lieut., B.
Bravard, s.-lieut., B.
Guérin, s.-lieut., B.

19 août 1813, combat de Lowenberg.
Guettard, capit., T.
Bousquières, capit., T.
Fauchisson, lieut., T.
Valin, s.-lieut., T.
Galinant, capit., B.
Taupin, capit., B.
Aumont, capit., B.
Jozon, capit., B.

Macret, capit., B.
Balle, lieut., B.
Wernier, lieut., B.
Gaignat, s.-lieut., B.
Claudin, s.-lieut., B.

23 août 1813, combat de Goldberg.
Brondeau, capit., T.
Bonnel, capit., T.
Dorvil, capit., B. (mort le 24 sept.).
Corbet, lieut., T.
Plafait, capit., A.-M., B.
Anglade, capit., B.
Simon, capit., B.
Larcher, capit., B.
Mareschal, lieut., B.
Tressegnier, lieut., B.
Valdampierre, s.-lieut., B.

Clauden, lieut., B. 30 août 1813 aux avant-postes (mort le 16 sept.).

15 sept. 1813, affaire près de Bautzen.
Bravard, s.-lieut., T.
Lombard, s.-lieut., B.

Boccalin, s.-lieut., B. 6 oct. 1813 aux avant-postes devant Dresde.

---

(1) Formé en 1813.

16 et 18 oct. 1813, bataille de Leipzig.
COMBETTE, major, T. 16.
HEULOT, chef de bat., B. 16.
VICTOR, capit., B. 16.
AUBAGNAN, capit., B. 16.
MARESCHAL, capit., B. 16.
AUMONT, capit., B. 16.
JOLY, lieut., B. 16.
BOYEAU, lieut., B. 16.
HENRION, lieut., B. 16.
JACKOWSKI, lieut., B. 16.
GUERIN, lieut., B. 16.
GIBERT DE LAMETZ, s.-lieut., B. 16.
LEROY, s.-lieut., B. 16.
PÉRONNET, s.-lieut., B. 16.
TREZENIÈS, s.-lieut., B. 18.
SIMONET, s.-lieut., B. 18.
MUGNIER, s.-lieut., B. 16.
MOISY, s.-lieut., B. 16.
DUTILLIET, s.-lieut., B. 16.

SOLLIN, s.-lieut., B. 16.
GILLARD, s.-lieut., B. 16.
DOIGNES, s.-lieut., B. 16.
GUILLARD DE BALON, s.-lieut., B. 16.

29 et 30 oct. 1813, bataille de Hanau.
PÉRONNET, s.-lieut., B. 30.
DOIGNY, s.-lieut., B. 29.

PRÉVOST, chef de bat., B. 2 janv. 1814, affaire à Osserwinter.
SIMON, chef de bat., B. 10 févr. 1814, combat de Nogent-sur-Seine.
HEULOT, chef de bat., B. 16 févr. 1814 aux avant-postes, route de Montereau.
GUIGNAT, s.-lieut., B. 19 févr. 1814, combat près de Montereau.
BONARD, s.-lieut., B. 3 mars 1814, combat devant Troyes.

136e Régiment (1).

2 mai 1813, bataille de Lutzen.
DOMERNEYER, capit., T.
BOULAND, capit., T.
MAUDUIT, capit., T.
HAUTEMPS, capit., B. (mort le 25 juin).
GEOFFROY, lieut., T.
PICHOT, lieut., T.
DESOL, lieut., T.
LAMARINE, s.-lieut., T.
DAUBREMÉ, col., B.
NOURISSAT, chef de bat., B.
SAULCE, chef de bat., B.
BAQUET, capit. A.-M., B.
BOISGELIN, lieut. A.-M., B.
DOREY, capit., B.
TREPPIER, capit., B.
DIMONCOURT, capit., B.
MASSON, capit., B.
PÉRACY, capit., B.
DANKAERT, capit., B.
MASSICARD, lieut., B.
MERCIER, lieut., B.
ROUSSIAU, lieut., B.
JARLOT, lieut., B.
PARANCE, lieut., B.
CAUVIN, lieut., B.
LALAUT-DEPETIGNY, lieut., B.
SIRANDELLE, lieut., B.
MALVY, lieut., B.

CHEVREUIL, lieut., B.
BOUCLET, lieut., B.
QUILLIGO, s.-lieut., B.
LACOSTE, s.-lieut., B.
LESCAR, s.-lieut., B.
FERANDELLE, s.-lieut., B.
GEOFFROY, lieut., B.
BAZILE, s.-lieut., B.
LANGAULT, s.-lieut., B.
PONTARE, s.-lieut., B.
SCIBERT, lieut., B.

21 mai 1813, bataille de Würschen.
DELAPLACE, capit., T.
BRISSET, capit., T.
OTENIN, major en 2e, B.
ECKHOUT, chef de bat., B.
L'HONNEUX, chef de bat., B.
SAULCE, chef de bat., B.
FAVEREAU, capit., B.
MASSON, capit., B.
DUPONT, capit., B.
DERMOYER, capit., B.
POINTURIER, capit., B.
TREPPIER, capit., B.
CHESNEAU, capit., B.
DELANOY, capit., B.

(1) Formé en 1813.

DEFOUCHIER, lieut. A.-M., B.
BOUCLET, lieut., B.
CHEVREUX, lieut., B.
PUGNIER, s.-lieut., B.
KEPF, s.-lieut., B.
BOTTES, s.-lieut., B.

16, 18 et 19 oct. 1813, bataille de Leipzig.

SAULCE, chef de bat., T. 18.
BOUSSARD, capit., T. 18.
MASSICARD, capit., T. 18.
FALCOU, lieut., T. 19.
MALOT, s.-lieut., T. 18.
GATINEAUD, chef de bat., B. 18.
CHESNEAU, capit., B. 18.
BAQUET, capit., B. 18.
JARLOT, capit., B. 18.
BOISGELIN, lieut. A. M., B. 18.
BOUCLET, lieut., B. 18.
SCIBERT, lieut., B. 18.
GEOFFROY, lieut., B. 16.
DELAFORET, lieut., B. 18.
DEFOUCHIER, lieut. A.-M., B. 18.
LANGAULT, lieut., B. 18.
BLONDET, s.-lieut., B. 18.
DUBETTIER, s.-lieut., B. 18.
MIGNON, s.-lieut., B. 17.
BAUCHE, s.-lieut., B. 18.
LEVIN, s.-lieut., B. 18.

PONTARD, s.-lieut., B. 18.
KEPF, s.-lieut., B. 18.
LACROIX, s.-lieut., B. 18.

LEBLOND, s.-lieut., B. 30 oct. 1813, bataille de Hanau (mort le 8 nov.).
CAUVIN, lieut., B. 2 janv. 1814, affaire de Simmeren.

11 févr. 1814, bataille de Montmirail.

DAUBREMÉ, col., B.
GALIMAND, chef de bat., B.
GATINEAUD, chef de bat., B.
LEROY, capit., B.
MATARD, lieut., B.
VOIRIN, s.-lieut., B.
DE BOISGELIN, capit., B.

BOUCLET, lieut., B. 18 mars 1814, défense de Soissons.
L'HONNEUX, chef de bat., B. 20 mars 1814, combat d'Arcis-sur-Aube.
ROUSSEL, lieut., B. 28 mars 1814, défense de Soissons.

30 mars 1814, bataille de Paris.

JUGRAND, capit., B.
ROUSSIAU, lieut., B.
DUBETTIER, s.-lieut., B.

137ᵉ Régiment (1).

21 mai 1813, bataille de Würschen.

DUPLAN, capit., T.
DURANDEAU, lieut. A.-M., T.
GEZ, lieut., B. (mort).
OLIVET, major, B.
STAGLIENO, chef de bat., B.
DEGAND, capit., B.
LOHYER, capit., B.
MAUBORGNE, capit., B.
SIMON, capit., B.
BERTAU, capit., B.
GUILLOT, capit., B.
TROTTET, capit., B.
COVA, capit., B.
LANTERA, lieut., B.
HÉNOCQUE, lieut., B.
VENET, lieut., B.
DÉSOTEUX, lieut., B.

PERRET (A.), s.-lieut., B.
SIRY, s.-lieut., B.
LEFEBVRE, s.-lieut., B.
CARDON, s.-lieut., B.
STREGLIO, s.-lieut., B.
FERRAUD, s.-lieut., B.
SOZZI, s.-lieut., B.
PICCARDI, s.-lieut., B.
PERRAULT, s.-lieut., B.
DUROISIN, s.-lieut., B.
MINVIELLE, chirurg. A.-M., B.

28 mai 1813, combat d'Hoyerwerda.

DUCHOQUÉ, chef de bat., T.
MATTEÏ, lieut., T.
BACCI, lieut., T.

(1) Formé en 1813.

RÉGIMENTS D'INFANTERIE DE LIGNE 367

Charias, s.-lieut., T.
Trottet, capit., B.
Duroisin, s.-lieut., B.
Streglio, s.-lieut., B.

Minvielle, chirurg. A.-M., B. 23 août 1813, affaire de Gross-Beeren.

6 sept. 1813, bataille de Juterbock.
Biron, capit., T.
Saur-Bertrand, capit., T.
Emery, capit., T.
Spaccheti, lieut., T.
Massa-Saluzzo, s.-lieut., T.
Olivet, major, B.
Conray, capit., B.
Leromain, capit., B.
Joly, capit., B. 5.
Tarducci, lieut. A.-M., B. 5.
Hénoque, lieut., B.
Wirt, lieut., B.
Deluchi, lieut., B.
Gibeau, s.-lieut., B.
Filliard, s.-lieut., B.
Lefebvre, s.-lieut., B.
Foglietta, s.-lieut., B.
Gouiran, s.-lieut., B.
Duroisin, s.-lieut., B. 5.
Nicolas, s.-lieut., B.
Cravelli, chirurg. S.-A.-M., B.

24 sept. 1813, combat de Wartenbourg.
Gauthier, capit., T.
Desoteux, lieut., T.
Brossard, chef de bat., B.
Demeva, lieut., B.
Perret (A.), lieut., B.
Foglietta, s.-lieut., B.
Petit-Cuneo, s.-lieut., B.
Jacopelli, s.-lieut., B.
Perret (C.), s.-lieut., B.
Siry, s.-lieut., B.

18 et 19 oct. 1813, bataille de Leipzig.
Siméon, capit., T. 18.
Petit-Cuneo, capit., B. 19.
Lohyer, capit., B. 18.
Mauborgne, capit., B. 18.
Breuilh, capit., B. 18.
Pérard, capit., B. 18.
Joly, capit., B. 18.
Leclerc, lieut., B. 18.
Mariès, s.-lieut., B. 18.
Nicolas, s.-lieut., B. 18.

Brossard, chef de bat., B. 29 oct. 1813, bataille de Hanau.
Nicolas, s.-lieut., B. 30 oct. 1813, bataille de Hanau.
Gibeau, s.-lieut., B. 4 mars 1814, défense de Mayence.

138ᵉ Régiment (1).

2 mai 1813, bataille de Lutzen.
Dupuis, capit., T.
Chevallier, lieut., T.
Vacelier, lieut., B. (mort le 13).
Nataly de Maran, col., B.
Martel, major, B.
Mary, chef de bat., B.
Deswals, chef de bat., B.
Pont, chef de bat., B.
Soulé, chef de bat., B.
Breton, capit. A.-M., B.
Guérendel, capit., B.
Desvignes, capit., B.
Pouget, capit., B.
Vignardon, capit., B.
Cotteret, capit., B.
Sauterne, capit., B.
Jondot, capit., B.

Desquin, capit., B.
Coligny, capit., B.
Abaquesné de Parfouru, capit., B.
Jupong, lieut., B.
Burdet, lieut., B.
Buchner, lieut., B.
Farine, lieut., B.
Guitter, lieut., B.
Oulès, lieut., B.
Muller, lieut., B.
Durier, s.-lieut., B.
Tantot, s.-lieut., B.
Pelisson, s.-lieut., B.
Guillon, s.-lieut., B.
Vitry, s.-lieut., B.
Lebisson, s.-lieut., B.

(1) Formé en 1813.

Guiton, s.-lieut., B.
Bajon, lieut., B.

Mary, chef de bat., B. 20 mai 1813, bataille de Bautzen.

21 mai 1813, bataille de Würschen.
Pont, chef de bat., B. (mort le 24).
Hue de Coligny, capit., B. (mort en juin).
Lecomte, lieut., T.
Legagneux, lieut., T.
Bussine, lieut., T.
Flé, s.-lieut., T.
Cottret, capit., B.
Potel, capit., B.
Rossi, capit., B.
Hallé, s.-lieut., B.
Roussel, s.-lieut., B.
Charvais, s.-lieut., B.

26 août 1813, affaire de la Katzbach.
Clermont, chef de bat., B.
Titard, s.-lieut., B.

Béra, s.-lieut., B. 30 août 1813, affaire de Culm (étant détaché).
Campriston, chirurg. S.-A.-M., B. 5 sept. 1813, affaire près de Dresde.
Guiton, s.-lieut., B. 17 oct. 1813, aux avant-postes devant Leipzig.

18 oct. 1813, bataille de Leipzig.
Jacquemin, chef de bat., T. 18.
Rossy, capit., T. 18.
Curty, capit., T. 18.
Gay, capit., T. 18.
Dodeman, lieut., T. 18.
Chevalier, lieut., T. 18.
Lebisson, lieut., T. 18.

Guillot, lieut., T. 18.
Perret, capit., B. 18.
Sauterne, capit., B. 18.
Baligand, capit., B. 18.
Oulès, lieut., B. 18.
Tanchou, lieut., B. 18.
Beaujour, capit., B. 18.

Macé, s.-lieut., B. 30 oct. 1813, bataille de Hanau.

11 févr. 1814, bataille de Montmirail.
Tourasse, capit., B. (mort le 18).
Le Chaillard, capit., B. (mort le 18).
Tallavigne, lieut., T.
Gilbert, lieut., T.
Porthault, s.-lieut., B. (mort le 1ᵉʳ mars).
Sinn, chef de bat., B.
Breton, capit. A.-M., B.
Guillabert, capit. A.-M., B.
Roger, capit., B.
Chambry, capit., B.
James, capit., B.
Ducourneau, capit., B.
Boisguillot, capit., B.
Garavel, capit., B.
Roussel, lieut. porte-aigle, B.
Dubeau, lieut., B.
Tanchou, lieut., B.
Héberlet, lieut., B.
Dargenne, s.-lieut., B.

Armieux, lieut., B. 12 mars 1814, combat près de Reims.
Guérin, lieut., B. 30 mars 1814, bataille de Paris.
Michel, lieut., T. 18 avril 1814, défense de Glogau.

139ᵉ Régiment (1).

2 mai 1813, bataille de Lutzen.
Perrot, chef de bat., T.
Rochelle, chef de bat., T.
Latouche, capit., T.
Le Rahier, lieut. A.-M., B. (mort le 6).
Lasausse, lieut., B.
Aubriot, s.-lieut., T.
Philippon, s.-lieut., T.
Demontzey, s.-lieut., B. (mort le 10).

Vielle, s.-lieut., B. (mort le 31).
Bertrand, col., B.
Cardeilhac, major, B.
Yves, major en 2ᵉ, B.
Joecel, chef de bat., B.
Paul, chef de bat., B.
Delaporte, chef de bat., B.

(1) Formé en 1813.

Pellet, lieut. A.-M., B.
Masson, lieut. porte-aigle, B.
Coisy, capit., B.
Valdemann, capit., B.
Voisin, capit., B.
Anguillaume, capit., B.
Sarraméa, capit., B.
Lacomme, capit., B.
Regnier, capit., B.
Rencurel, capit., B.
Cailus, capit., B.
Pinson, capit., B.
Pons, capit. A.-M., B.
Gaillard, lieut. A.-M., B.
Chanier, capit., B.
Hermand, capit., B.
Martin, lieut., B.
Chaperon, lieut., B.
Leroy, lieut., B.
Pagnien, lieut., B.
Huttier, lieut., B.
Durand, lieut., B.
Pierre, lieut., B.
Mage, lieut., B.
Vincent, s.-lieut., B.
Desoye, s.-lieut., B.
Destrès, s.-lieut., B.
Pichard, s.-lieut., B.
Soissons, s.-lieut., B.
Lasnier, s.-lieut., B.
Henrion, s.-lieut., B.
Chabaudie, s.-lieut., B.
Tardif, s.-lieut., B.
De Lalonde, s.-lieut., B.
Petitjean, s.-lieut., B.

21 mai 1813, bataille de Würschen.

Pons, capit., B.
Bourmy, lieut., B.
Chaperon, lieut., B.
Saucy, lieut., B.
Lecomte, lieut., B.
Agoust, s.-lieut., B.

19 août 1813, affaire entre Hanau et Buntzlau.

Sarraméa, capit. B. (mort le 28).
Canalir, capit., B. (mort le 20).
Merle, capit., B. (mort le 6 sept.).
Bourmy, lieut., B.
Thouvenin, s.-lieut., B.

Moutin, major, T. 26 août 1813, affaire de la Katzbach.

4 oct. 1813, combat de Kemnitz.

Coisy, capit., B.
Malaizé, capit., B.

14, 16 et 18 oct. 1813, bataille de Leipzig.

Gravier, capit., T. 18.
Parard, s.-lieut., T. 18.
Delalonde, s.-lieut., B. (disparu), 18.
Genevay, col., B. 16.
Luzu, chef de bat., B. 18.
Boarin, chef de bat., B. 18.
Wichard, capit., B. 16.
Chapuis, chirurg.-M., B. 18.
Bouquet, chirurg. S.-A.-M., B. 18.
Lecomte, lieut. A.-M., B. 16.
Pons, capit., B. 14.
Lebeau, capit., B. 16.
Pinson, capit., B. 18.
Barzum, lieut. A.-M., B. 16.
Rossy, lieut. A.-M., B. 14 et 16.
Pierre, lieut., B. 14.
Lasnier, lieut. porte-aigle, B. 16.
Rigard, s.-lieut., B. 18.
Moulin, s.-lieut., B. 16.
Rigaut, s.-lieut., B. 14.
Raffaud, s.-lieut., B. 16.
Coulon, s.-lieut., B. 18.

19 oct. 1813, en traversant le pont de Leipzig (1).

Julienne, capit., B. (disparu).
Boarin, chef de bat., B.
Cailus, capit., B.
Lacomme, capit., B.
Valdemann, capit., B.
Mathieu, s.-lieut., B.
Tissier, s.-lieut., B.

30 oct. 1813, bataille de Hanau.

Coisy, capit., B.
Bourny, lieut., B.
Gautier, lieut., B.
Monginot, lieut., B.
Billion, lieut., B.

Jacques dit Lapierre, s. lieut., B. 5 févr. 1814, étant aux avant-postes.
Renaud, capit., B. 9 févr. 1814, combat de la Ferté-sous-Jouarre.

(1) Le régiment se trouvait sur le pont de Leipzig au moment où il a sauté, le 19 oct. 1813.

140ᵉ Régiment (1).

2 mai 1813, *bataille de Lutzen.*
PASCAL, chef de bat., B. (mort).
GRIMPREL, capit., T.
VERNEY, capit., T.
VALLÉE, lieut., T.
DOUSSOT, lieut., T.
GOIX, lieut., B. (disparu).
GARRÉ, lieut., T.
REVEL, lieut., T.
ROUPEY, lieut., T.
LEVÈRE, lieut., B. (mort le 14 août).
LECOURSONNAYS, s.-lieut., B. (mort le 28 août).
JOUNEAU, major, B.
HUSSON, chef de bat., B.
NOUGARET, chef de bat., B.
DE LAUGIER, chef de bat., B.
BENASTRE, capit. A.-M., B.
DEVILLE, capit., B.
MOULIÈRE, capit., B.
THURIN, capit., B.
LEMOULLEC, capit., B.
DE SAINT-GILLES, capit., B.
DESMARETS, capit., B.
CHABRAND, lieut., B.
CAVADÈNE, lieut., B.
SOLLIER, lieut., B.
THIESSON, lieut., B.
DE CARADEUC, lieut., B.
JOILLIOUX, lieut., B.
SAILLOT, lieut., B.
GARREAU, lieut., B.
DESHU, s.-lieut., B.
MATTET, s.-lieut., B.
GUICHET, s.-lieut., B.
BERTHIN, s.-lieut., B.
BONNAFONT, s.-lieut., B.
VANDEWELDE, s.-lieut., B.
DUDEKEM, s.-lieut., B.
DEKER, s.-lieut., B.
DE MALET, s.-lieut., B.

21 mai 1813, *bataille de Würschen.*
WERGER, capit. A.-M., B.
RECOULÈS, s.-lieut., B.
BONNAFOUS, s.-lieut., B.

GIBON, lieut., T. 26 août 1813, affaire de la Katzbach.

22 et 23 sept. 1813, *aux avant-postes en avant de Stolpen.*
MASSONI, capit., B. 23.
MORIDE, lieut., B. 22.
TENIERS, s.-lieut., T. 23.
TESNIÈRES, s.-lieut., B. 23.

BENASTRE, capit. A.-M., B. 27 sept. 1813, étant en reconnaissance à Stolpen.
DESENTIS, lieut., T. 6 oct. 1813, en avant de Chemnitz.

16, 18 et 19 oct. 1813, *bataille de Leipzig.*
MONALDI, chef de bat., T. 16.
PARANT, capit., T. 16.
THURIN, capit., T. 16.
DEVARENNES, capit., B. 16 (mort le 6 nov.).
GOR, lieut., T. 19.
DELORAILLE, lieut., B. 18 (mort le 8 nov.).
DE LAUGIER, chef de bat., B. 19.
WERGER, capit., B. 18.
MARTIN, capit., B. 19.
GOURGOUSSE, capit., B. 16.
MASSONI, capit., B. 16.
OBLET, lieut., B. 16.
BUCAILLE, lieut., B. 16.
POUZOLS, s.-lieut., B. 16.
JOUILLOUX, lieut., B. 18.
ZIELINSKI, lieut., B. 16.

DUFRANE, lieut., B. 30 oct. 1813, bataille de Hanau (mort le 6 nov.).
BENASTRE, chef de bat., B. 2 déc. 1813, affaire de Neuss.
BLANVARLET, chef de bat., B. 13 janv. 1814, blocus de Juliers.

---
(1) Formé en 1813.

141ᵉ Régiment (1).

2 mai 1813, *bataille de Lutzen.*
REDON, chef de bat., T.
DEMANGE, lieut., T.
LAMOE, lieut., T.
SAINT-MARTIN, lieut., B. (m^rt le 5 juin).
DEMONTEZET, s.-lieut., T.
MONTAIGU, s.-lieut., T.
PIGNET, col., B.
VERDURE, chef de bat., B.
ANGELET, chef de bat., B.
DARGENT, capit., B.
HOCQUART, capit., B.
GODEROY, capit., B.
PETITBON, capit., B.
MAURICE, capit., B.
LAPERRIÈRE, capit., B.
DINÉ, capit., B.
PIOT, capit., B.
NORMAND, lieut., B.
CHEVREUX, lieut., B.
DUMORA, lieut., B.
TRASSIMÈNE, lieut., B.
PELLET, lieut., B.
GRUSSE, lieut., B.
SOUFFLER, lieut., B.
GRAS, lieut., B.
ROCHE, lieut. A.-M., B.
AUBERTIN, lieut., B.
PUECH, lieut., B.
SERGENT, lieut. A.-M., B.
CASTELLI, lieut., B.
MAISONNEUVE, s.-lieut., B.
DULAC, s.-lieut., B.
POUYAS, s.-lieut., B.
DUFAY, s.-lieut., B.
FOUCHE, s.-lieut., B.
BERDELLET, s.-lieut., B.
VARIN, s.-lieut., B.
BARDOU, s.-lieut., B.
PERRIN, s.-lieut., B.
TARET, s.-lieut., B.
BASDELET, s.-lieut., B.
BOUTIGNY, s.-lieut., B.
LUGAN, s.-lieut., B.
DEVOTZ, s.-lieut., B.

21 mai 1813, *bataille de Würschen.*
RIBES, capit., B.
LEFEBVRE, lieut., B.

19 août 1813, *combat de Siebennicken.*
GAUTHIER, chef de bat., T.
COUET, capit., T.
CONTABLEAU, lieut., B.
LESTANG, lieut., B.

VINEL, lieut., B. 22 août 1813, aux avant-postes (mort le 14 nov.).

26 août 1813, *affaire de la Katzbach.*
DESCOUBAS, lieut. A.-M., T.
HUMBERT, s.-lieut., B.

PIGNET, col., B. 12 oct. 1813, en visitant les grand'gardes, Leipzig.

14 oct. 1813, *combat devant Leipzig.*
BARBOUJAC, major, B.
COMPAGNON, capit., B.

16, 18 et 19 oct. 1813, *bataille de Leipzig.*
MAURICE, capit., T. 16.
MATHIO, capit., T. 18.
BELLANGER, capit., T. 16.
DE COURVILLE, capit., T. 16.
DASSEZAT, lieut., T. 16.
GRASSET, lieut., B. 18 (mort le 15 nov.).
TAVET, lieut., B. 16 (mort le 5 nov.).
PIGNET, col., B. 16.
CAILLET, chef de bat., B. 19.
CHATELET, capit., B. 18.
HIMAS, capit., B. 18.
DUMORA, capit., B. 16.
THÉAN, capit., B. 18.
MELIN, lieut., B. 16.
BERDELLET, lieut., B. 16.
VARIN, lieut., B. 18.
LAFLEUR, lieut., B. 18.
AUBERTIN, lieut., B. 18.
DEVOLZ, lieut., B. 18.
TONDUT, s.-lieut., B. 19.
PROTAT, s.-lieut., B. 18.
ROCHETTE, s.-lieut., B. 18.

30 mars 1814, *bataille de Paris*
(pont de Neuilly).
GODEFROY, capit., B.
DAYMARD, lieut., B.
BOUTIGNY, lieut., B.

---
(1) Formé en 1813.

142ᵉ Régiment (1).

2 mai 1813, *bataille de Lutzen.*
PECQUEUX, capit., T.
BOUDROT, capit., T.
SALIN, capit., T.
DUBOIS, lieut., T.
BOSSARD, s.-lieut., T.
GILLES-NOEL, s.-lieut., T.
GALIMBERTY, lieut., B. (mort).
TAUPIGNON, s.-lieut., B. (mort).
FOURNIER, chef de bat., B.
DELPY, chef de bat., B.
DEBAY, chef de bat., B.
AZE, capit. A.-M., B.
POUSSON, capit., B.
DESCALUP, capit., B.
CHAROST, capit., B.
TAUPIER, capit., B.
GAUTIER, capit., B.
AVERZAC, capit., B.
MEILLEUR, capit., B.
HÉTRELLE, capit., B.
FRÉBY, lieut., B.
BLADIER, lieut., B.
DAVIAS, lieut., B.
LAGARDE, lieut., B.
GALAND, lieut., B.
BERTE, lieut., B.
ARTIGUES, lieut., B.
LACHAPELLE, lieut., B.
JEANGOUT, lieut., B.
RAGUENEAU, s.-lieut. porte-aigle, B.
BUTEAUX, s.-lieut., B.
SENCIER, s.-lieut., B.
HOUSTE, s.-lieut., B.
TOUSSENET, s.-lieut., B.
LEROUX, s.-lieut., B.
BORGUET, s.-lieut., B.
DE NOIZET, s.-lieut., B.

21 mai 1813, *bataille de Würschen.*
GUÉNIOT, lieut., T.
DELANLAIGNE, chef de bat., B.
DELPY, chef de bat., B.
PEYRET-POQUE, capit., B.

JEANGOUT, lieut., B.
LAVAUX, s.-lieut., B.
LEROUX, s.-lieut., B.
RENAUD, s.-lieut., B.
ROBOREL, lieut., B.

GORRE, s.-lieut., T. 19 août 1813, combat de Siebennicken.
PEYRET-POQUE, capit., B. 21 août 1813 aux avant-postes, en Saxe.

18 *et* 19 oct. 1813, *bataille de Leipzig.*
CAMESCASSE, col., T. 18.
EMION, major, B. 19.
DELPY, chef de bat., B. 18.
GODEFROY, capit., B. 18.
ARTIGUES, capit., B. 19.
LÉVÊQUE, lieut., B. 18.
HÉDOU, s.-lieut., B. 18.
MONJAURÈS, s.-lieut., B. 18.
LAMOLIATTE, s.-lieut., B. 18.
CHAPUY, s.-lieut., B. 18.
DANGASE, chef de bat., B. 18.

MONJAURÈS, s.-lieut., B. 30 oct. 1813, bataille de Hanau.

3 *févr.* 1814, *combat devant Troyes.*
BLIN-DORIMONT, chef de bat., B.
LALLEMAND, capit., B.

11 *févr.* 1814, *combat de Nogent.*
GASPARD, capit., B.
CATEL, lieut., B.
GAILLARD, s.-lieut., B.

BLIN-DORIMONT, chef de bat., B. 17 févr. 1814, combat de Valjouan.
CHOUETTE, lieut., B. 26 févr. 1814, aux avant-postes près de Troyes.
RENAUD, lieut., B. 29 mars 1814, combat près de Paris.

(1) Formé en 1813.

143ᵉ Régiment (1).

Bouscarin, capit., T. 7 mai 1813, affaire de Ribas (Catalogne).
Descoult, s.-lieut., B. 8 mai 1813, affaire près de Puycerda (mort le 20 juin).
Pillet, s.-lieut., B. 9 mai 1813, combat près de Puycerda (mort le 22).
Grandjean de Fouchy, capit., B. 4 juin 1813, défense du fort Royal, à Tarragone.

Duba, s.-lieut., B., 14 et 28 sept. 1813, défense de Jaca.
Buffet, lieut., B. 16 janv. 1814, combat du pont du Roi (Catalogne).

16 avril 1814, combat de Garcia (Catalogne).
Pagès, capit., B.
Jullien, s.-lieut., B.

(1) Formé en 1813.

144ᵉ Régiment (1).

2 mai 1813, bataille de Lutzen.
Couret, capit., T.
Ladan, capit., T.
Mortier, capit., T.
Rambaud, capit., T.
Philibert, capit., T.
Dufour, capit., B. (mort le 12 juill.).
Boudin de Roville, col., B.
Gilbert, chef de bat., B.
Dupré, capit. A.-M., B.
Chantre, lieut. A.-M., B.
Tarissan, capit., B.
Toytot, capit., B.
Heintz, capit., B.
Azema, capit., B.
Valat, capit., B.
Mallet, capit., B.
Genou, capit., B.
De Lussy, capit., B.
Bordes, capit., B.
Fouques, lieut., B.
Estrampes, lieut., B.
Loubens, lieut., B.
Lacaze, lieut., B.
Astor, lieut., B.
Rabouille, lieut., B.
Testut, lieut., B.
Pinet, s.-lieut., B.
Brouhonet, lieut., B.
Jaubert, s.-lieut., B.
Daban, s.-lieut., B.
Tézac, s.-lieut., B.
Destrebenray, s.-lieut., B.
Darnaud, s.-lieut., B.

21 mai 1813, bataille de Würschen.
Vuatrin, chef de bat., T.
Brouhonnet, capit., B.
Dupin, lieut. A.-M., B.
Hervé, lieut., B.
Daban, s.-lieut., B.
Courtois, s.-lieut., B.

Désarnauds, lieut., B. 15 août 1813, aux avant-postes en Saxe.
Lemaire, capit., B. 26 août 1813, affaire de la Katzbach.

30 août 1813, combat de Buntzlau.
Antheaume, chef de bat., T.
Anguille, capit., B.

Cavalier, chirurg. S.-A.-M., B. 8 oct. 1813, attaque des ambulances en Saxe.

16, 18 et 19 oct. 1813, bataille de Leipzig.
Bailly, capit., T., 19.
Bataille, lieut., T. 18.
Astor, lieut., T. 18.
Benoist, lieut., T. 18.
Delort, s.-lieut., T. 18.
Chailliot, chef de bat., B. 18.
Tarissan, capit., B. 18.
Toytot, capit., B. 19.
Fronge, capit., B. 18.
Lefueur, capit., B. 18.
Darnaud, s.-lieut., B. 19.

(1) Formé en 1813.

MAILLARD, s.-lieut., B. 18.
DAUNOUS, s.-lieut., B. 16.
BLOQUET, s.-lieut., B. 18.

REISSENBACH, chef de bat., B. 28 oct. 1813, combat en avant de Hanau.
LERA, s.-lieut., B. 4 déc. 1813, combat devant Coblentz.
TIZAC, s.-lieut., B. 1ᵉʳ janv. 1814, défense de Coblentz.
ANGUILLE, capit., B. 1ᵉʳ févr. 1814, bataille de la Rothière.

2 févr. 1814, combat du pont d'Ienville.
DEVRIÈRE, lieut., T.
SINSON, s.-lieut., T.
DABAN, s.-lieut., B.

TIZAC, s.-lieut., B. 28 mars 1814, aux avant-postes.

29 mars 1814, combat devant Paris.
GRANGIEN, capit., B.
BERNIER, s.-lieut., B.

145ᵉ Régiment (1).

2 mai 1813, bataille de Lutzen.
DULAC DU RUISSEAU, capit., T.
RABUT, capit., T.
CANTAL, capit., T.
VIGNERON, lieut., T.
ACHILLI, lieut., T.
MABIRE, lieut., T.
GERMAIN, lieut., T.
ANTHELME, major, B.
CARUEL, chef de bat., B.
VINDREY, capit., B.
OLIVIER, capit., B.
LEMOINE, lieut. A.-M., B.
BOURDON, lieut. A.-M., B.
DUPRÉ, lieut., B.
GRAND, lieut., B.
MAZET, lieut., B.
LARTIGUE, s.-lieut., B.
RAUT, s.-lieut., B.
DELARUE, s.-lieut., B.

21 mai 1813, bataille de Würschen.
NICOLAS, col., B.
GUILMARD, chef de bat., B.
DUFRESNAY, capit. A.-M., B.
OLIVIER, capit., B.
PFEYFFER, capit., B.
DURIN, capit., B.
SIBELET, capit., B.
MARIGUET, capit., B.
LEBRUN, lieut., B.

VEUILLAT, s.-lieut., B.
DENER, s.-lieut., B.
LARIVIÈRE, s.-lieut., B.

BOURDON, lieut. A.-M., B. 22 mai 1813, combat de Reichenbach.
LEBLOND, s.-lieut., B. 27 août 1813, aux avant-postes (Silésie).
HACHET, lieut., B. 7 sept. 1813, aux avant-postes de Gœrlitz.

16, 18 et 19 oct. 1813, bataille de Leipzig.
LINAGE, chef de bat., T. 16.
DHERQUE, lieut. A.-M., T. 18.
HÉMERY, lieut., T. 16.
COLLIAR, lieut., T. 16.
LEBRUN, major, B. 16.
KORESYNSKY, capit., B. 19.
TOUTAIN, capit. A.-M., B. 18 et 19.
BELLISSANT, capit., B. 16.
DECLASSÉ, capit., B. 16.
VEUILLAT, lieut., B. 18.
LINAGE, s.-lieut., B. 18.
JOB, s.-lieut., B. 16.
LUCHETI, s.-lieut., B. 19.

BOURDON, lieut. A.-M., B. 1ᵉʳ janv. 1814, défense de Coblentz.

---

(1) Formé en 1813.

146ᵉ Régiment (1).

Satin, capit., B. 31 mai 1813, aux avant-postes.
Kuhn, s.-lieut., B. 19 août 1813, combat de Lowenberg.

23 août 1813, combat de Goldberg.
Avée, capit. A.-M., B.
Brun, capit., B.
Deflandre, lieut., B.
Saroléa de Cheratte, lieut., B.

29 août 1813, affaire sur le Bober.
Falcon, col., T.
Bernard, major, B. et noyé.
Loyard, chef de bat., T.
Imbert Desessars, chef de bat., B. et disparu.
Swerner, capit., B. (disparu).
Wilhardt, capit., D.
Satin, capit., B. et noyé.
De Cloudt, capit., D.
Gusseuk-Lo, capit., D.
Van Dommelen, capit., D.
Riegel, capit., D.
Clostre, capit., B. et D.
Claersens, capit., D.
Gatin, capit., B. (disparu).
Von Griesheim, capit., D.
Mulder, lieut., D.
Boissay, lieut., D.
Luther, lieut., D.
Broosé, lieut., D.
Weis, lieut., D.
Ackermann, lieut., D.
Gugg, lieut., D.
Pleisner, lieut., D.
Schrikkel, lieut., D.
Kempees, lieut., D.

Godefroy, lieut., B. (disparu).
Eugert, s.-lieut., D.
Texdor, s.-lieut., D.
Janssen, s.-lieut., D.
Lhotte, s.-lieut., D.
Bonnemains, s.-lieut., B. et D.
Kersihoven, s.-lieut., B. et D.
De Brüyn, s.-lieut., B. et D.
Schol, s.-lieut., B. (mort le 15 déc.).
Jannette, s.-lieut., D.
De Sternbach, s.-lieut., D.
Peyres, s.-lieut., D.
De Schalenkamp, s.-lieut., D.
Varia, s.-lieut., B. et D.
Worn, s.-lieut., B. et D.
Schlepp, s.-lieut., B. et D.
Mars, s.-lieut., D.
Dessener, s.-lieut., D.
Meiring, s.-lieut., D.
Gilbert, chef de bat., B.
Avée, capit. A.-M., B.
Fays, capit., B.
Richoux, capit., B.
Neigle, capit., B.
Grousset, capit., B.
Hardy, capit., B.
Blain, lieut., B.
Carré, lieut., B.
Viviand, s.-lieut., B.
Bidault, lieut., B.
Routier, lieut., B
Delattre, s.-lieut., B.
Verteege, s.-lieut., B.
Contou, s.-lieut., B.
Henry, s.-lieut., B.

(1) Le regiment, prisonnier de guerre le 29 août 1813.

147ᵉ Régiment (1).

Moreau, chef de bat., B. 2 mai 1813, bataille de Lutzen.

26 et 27 mai 1813, affaire devant Breslau.
Deglynes, s.-lieut., T. 26.
Rubin, major, B. 26.
Dubut, lieut. A.-M., B. 27.

31 mai 1813, combat de Neukirchen.
Barré, chef de bat., B.
Huguet, major, B.
Maugé, lieut., B.
Brunet, s.-lieut., B.

(1) Le regiment, prisonnier de guerre le 29 août 1813.

19 août 1813, *combat de Lowenberg.*
FOURNIER, lieut., T.
ISAMBRANT, s.-lieut., T.
GAYE, s.-lieut., B.
GODEFROY, s.-lieut., B.

23 août 1813, *combat de Goldberg.*
YVAN, s.-lieut., T.
BARRÉ, chef de bat., B.
GUILLES, capit., B.
CREPET, capit., B.
LEMIÈRE, lieut., B.
MENARD, lieut., B.

29 août 1813, *affaire sur le Bober.*
MEGET, chef de bat. (noyé).
CLARET, chirurg. A.-M. (noyé).
BEHR, lieut. A.-M., disparu.
LAYENTHAL, chirurg. A.-M., D.
BITSCHIE, capit., D.
BROUSMA, lieut., D.
DUCHESNE, lieut., D.
VANVREKEREN, lieut., D.
BUREGEAT, s.-lieut., D.
GUYOT, s.-lieut., D.
POSSELINS, s.-lieut., D.
LABORYE, s.-lieut., D. et B.
SARRET, s.-lieut., D.

PLANE, s.-lieut., D.
VANDERVEN, s.-lieut., D.
DECOQ, s.-lieut., D.
BEAUDIGNIES, s.-lieut., D.
LONGCHAMP, s.-lieut., D.
DECHAMP, s.-lieut., D.
THIRIAUX, capit., B. (mort le 8 déc.).
SIBERLING, capit., B. (mort en oct.).
MORTAL, lieut., B. (mort).
TINNÈS, s.-lieut., B. (mort).
MONDON, chef de bat., B.
BARRÉ, chef de bat., B.
LHUILLIER, chef de bat., B.
MICHEL, capit., B.
EGRET, capit., B.
GUILLES, capit., B.
DUBUT, lieut. A.-M., B.
BOSSERET, lieut., B.
LARCHE, s.-lieut., B.
MAUGÉ, lieut., B.
JULLION, s.-lieut., B.
NEUVILLE, s.-lieut., B.
GÉRUS DE LABORYE, s.-lieut., B.
LEMIÈRE, lieut., B.

ROUSSEL, s.-lieut., B. 20 déc. 1813, défense de Torgau.

148ᵉ Régiment (1).

MARCHADIER, capit., B. 18 févr. 1813, passage de l'Elbe.
LOISEAU, lieut. A.-M., B. 2 mai 1813, bataille de Lutzen.
LOISEAU, lieut. A.-M., B. 18 mai 1813 en visitant les avant-postes près de Bautzen.
PITEL, s.-lieut., B. 21 mai 1813, bataille de Würschen.
DONIÈS, s.-lieut., B. 23 mai 1813, affaire près de Dessau.
MIAILHE, lieut. A.-M., B. 24 mai 1813, combat de Buntzlau.

31 mai 1813, *combat devant Breslau.*
KESSELER, capit., T.
RAMOND, capit., B. (mort le 23 août).
LECLERC, capit., B.
CARON, capit., B.
VANDERGROESEN, lieut., B.

1ᵉʳ juin 1813, *combat de Lissa* (Prusse).
PREVOST, lieut., T.
HEUDE, s.-lieut., T.

19 août 1813, *combat de Lowenberg.*
DATTY, lieut., T.
DÉCLOPS, lieut., T.
DESLANDES, chef de bat., B.
LECLERC, capit., B.
GALVAGNO, capit., B.
BONNET, capit., B.
GRUGELU, s.-lieut., B.

21 août 1813, *passage du Bober.*
BOUCHER, capit., T.
BUFFET, capit., B. (mort le 25).
PLANTINE, lieut., B. (mort le 24).
DESPLECHIN, lieut., B.

(1) Le régiment, prisonnier de guerre le 29 août 1813.

23 *août* 1813, *combat de Goldberg.*
DEMBENSK, lieut., T.
GILBERT, s.-lieut., T.
ROCHETTE, s.-lieut., B. (mort le 29).
DESLANDES, chef de bat., B.
DESPLECHIN, lieut., B.
LOISEAU, lieut. A.-M., B.
BÉVILLE, lieut., B.

BONIN, capit. A.-M., B. 26 août 1813, en inspectant des postes avancés.
VIGNAL, lieut., B. 26 août 1813, combat de Jauer.

29 *août* 1813, *affaire sur le Bober.*
COLLIGNON, lieut. A. M., T.
BÉVILLE, lieut., T.
MAILLOT, s.-lieut., T.
GAUVIN, s.-lieut., T.
KLAASEN, s.-lieut., T.
VACHON, s.-lieut., B. (mort le 10 déc.).
GENTIL, s.-lieut., B. (m^t le 16 avril 1814).
VARIN, major, B.

CARON, capit., B.
DEVERT, capit., B.
MIALHE, lieut. A.-M., B.
VANCOCKELBERG, capit., B.
MONNOT, capit., B.
LANDEAU, capit., B.
BONNET, capit., B.
LECLERC, capit., B.
ANTOINE, lieut., B.
GRUGELU, lieut., B.
LENARDON, lieut., B.
GROSSE, lieut. porte-aigle, B.
MAENHOUT, lieut., B.
SOUDAIN, s.-lieut., B.
SOLEIL, s.-lieut., B.
DEVLIEGER, s.-lieut., B.
FASCIEUX, s.-lieut., B.
PIFFAUT, s.-lieut., B.

LEGUAY, chirurg. S.-A.-M., B. 19 oct. 1813, au pont de Leipzig.
KERKOFF, lieut., B. 27 mars 1814, affaire devant Meaux.

149e Régiment (1).

19 *août* 1813, *combat de Lowenberg.*
DUBOS, capit., B. (mort le 6 sept.).
FARGON, lieut., T.
BOUDIN, lieut., T.
BOURBOUSSE, chef de bat., B.
SALLEYX, chef de bat., B.
CHALLOY, capit. A.-M., B.
LEPINET, capit., B
BOURGEOIS, capit., B.
CARON, lieut., B.
BOUTON, s.-lieut., B.
DE BOULNOIS, s.-lieut., B.
CHARBOUTON, s.-lieut., B.

23 *août* 1813, *combat de Goldberg.*
LEROUX, capit., T.
CARTIER, chef de bat., B.
SALLEYX, chef de bat., B.
FAUCHON, capit., B.
DOUCHERAIN, capit., B.
MACRON, capit., B.
GÉLINIÈRE, capit., B.
CAVALIER, lieut., B.
GÉRARD, lieut., B.
ROYER, lieut., B.
RENAUD, s.-lieut., B.

BESNARD, s.-lieut., B.
MADELAIN, s.-lieut., B.
DE BONFILS, s.-lieut., B.
DE TOCQUEVILLE, s.-lieut., B.

CHARDIN, s.-lieut., B. 26 août 1813, affaire de la Katzbach.

13 *sept.* 1813, *combat de Stolpen.*
CARTIER, chef de bat., B.
CARON, lieut., B.
ANTONINI, lieut., B.
GEST, s.-lieut., B.
DE BLANMONT, s.-lieut., B.
FARGONET, s.-lieut., B.

PÉLISSIER, capit., B. 14° sept. 1813, près de Stolpen (mort le 2 oct.).
MARÉCHAL, s.-lieut., B. 15 et 17 sept. 1813, affaires d'avant-postes en Saxe.
GEST, s.-lieut., B. 29 oct. 1813, combat devant Hanau.
ROGER, capit., B. 3 févr. 1814, aux avant-postes (mort le 20 mars).

(1) Formé en 1813.

SCHERNER, s.-lieut., B. 4 févr. 1814, combat de St-Thiébault (mort le 24).
DE TOCQUEVILLE, capit., B. 12 févr. 1814, combat de Château-Thierry.
CARON, capit., B. 20 mars 1814, combat d'Arcis-sur-Aube.

25 mars 1814, combat de Fère-Champenoise.
LEVAILLANT, s.-lieut., T.
LECOMTE, s.-lieut., T.
DRUOT, col., B.
RENAUD, chef de bat., B.
PETIT-DIDIER, chirurg. A.-M., B.
DELATTRE, chirurg. S.-A.-M., B.
LEPINET, cap., B.
BOURGEOIS, capit., B.
CAVALIER, cap., B.

DOUCHERAIN, capit., B.
PREVOST, capit., B.
CHESNAT, lieut., B.
DERIENCOURT, lieut., B.
DERICQ, lieut., B.
FAVANT, lieut., B.
DEBLAMORET, s.-lieut., B.
MARGANTIN, s.-lieut., B.
FONBONNE, s.-lieut., B.
TABAREAUD, s.-lieut., B.
MONNAVON, s.-lieut., B.
DE BLANMONT, s.-lieut., B.
FARCONET, s.-lieut., B.
LEROUX, lieut., B.
DEBAY, s.-lieut., B.
HUCORNE, lieut., B.
D'ERICQ D'EQUAQUELON, lieut., B.

150e Régiment (1).

27 août 1813, retraite de la Katzbach.
LAGARDE, lieut. A.-M., T.
PETIT, lieut., B. (mort le 7 nov.).
MAUS, s.-lieut., B. (mort).
MORIN, chef de bat., B.
DE GEYER D'ORTH, capit. A.-M., B.
GINESTET, s.-lieut., B.
LOUGNON, s.-lieut., B.
MATHIEU, s.-lieut., B.
CARRÉ, lieut., B.
MAILLARD, s.-lieut., B.
DUPRÉ, s.-lieut., B.
COLLON, chirurg. S.-A.-M., B.

LAMBELIN, capit., B. 28 août 1813 en soutenant la retraite de la Katzbach.
L'HEUREUX, s.-lieut., B. 28 août 1813, retraite de la Katzbach.
HERBERG, capit., B. 13 sept. 1813, étant en reconnaissance devant Bischofswerda.

13 sept. 1813, combat de Bischofswerda.
PUYSÉGUR, lieut., T.
DESTOURELLES, s.-lieut., T.
SIMON, s.-lieut., B.

BONENFANT, lieut. A.-M., B. 15 oct. 1813, combat devant Dresde.

16 et 18 oct. 1813, bataille de Leipzig.
CRAPEZ, capit., T. 16.
JACQUEMIN, lieut., T. 16.
BENOIST, capit., B. 16 (mort).
LEFÈVRE, lieut., B. 16 (mort le 7 nov.).
DEREIX, col., B. 16.
LACROIX, chef de bat., B. 18.
DEFAUT, chef de bat., B. 18.
JULIEN, capit., B. 18.
ROBLET, capit., B. 16.
LAYNAY, capit., B. 16.
SCHWARTZ, capit., B. 16.
GLINSKI, lieut., B. 16.
MARÉCHAL, lieut., B. 18.
GOGUELY, capit., B. 16.

BUCHS, s.-lieut., T. 2 déc. 1813, combat de Neuss.
LAURENT, lieut., B. 9 mars 1814, défense de Maëstricht.

(1) Formé en 1813.

151ᵉ Régiment (1).

Géraud, lieut., T. 24 avril 1813, reconnaissance sur Gerbstaedt.
Mackereel, lieut., B. 28 avril 1813, affaire de Halle.
Sellier, major, B. 5 mai 1813, étant à la poursuite de l'ennemi route de Wermsdorf.
Bourgnon, s.-lieut., B. 2 mai 1813, prise de Leipzig.
Perrez, lieut., B. 7 mai 1813, combat en avant de Leipzig.

19 mai 1813, combat de Weissig.

Recouvreur, col., T.
Joly, capit., T.
Laisné, capit., B.
Rossy, capit., B.
Tellier, lieut., B. (mort le 19 juin).
Coudert, lieut. A.-M., B.
Soufflet, lieut., B.
Decocq, lieut., B.
Grimard, s.-lieut., B.

21 mai 1813, bataille de Wurschen.

Debar, chef de bat., B.
Chibaux, s.-lieut., B.
Chauchat, s.-lieut., B.
Hébrard, s.-lieut., B.

26 mai 1813, combat de Hainau (Silésie).

Laisné, capit., B. (mort le 12 juin).
Seydoux, lieut. A.-M., T.
Decocq, lieut., T.
Fortin, s.-lieut., T.
Sellier, major, B.
Chaboux, chef de bat., B.
Bonnet, capit. A.-M., B.
Flaman, capit., B.
Prudhomme, capit., B.
Mallard, capit., B.
Bodin, capit., B.
Hachin, capit., B.
Dafferner, capit., B.
Crochon, lieut., B.
Berthod, lieut., B.
Kersenbrock, lieut., B.
Connaut, lieut., B.
Crovy, lieut., B.
Minet, lieut., B.
Schneider, s.-lieut., B.
Dubrule, s.-lieut., B.
Werquin, s.-lieut., B.

Lebron, col., B. 25 sept. 1813, combat devant Glogau.

10 nov. 1813, défense de Glogau.

Rossy, capit., T.
Espert, s.-lieut., T.
Savoye, chef de bat., B.
Guernut, capit., B.
Guérin, capit., B.
Malandy, capit., B.
Crochon, lieut., B.
Perrez, lieut., B.
Berthod, lieut., B.
Barbay, lieut., B.
Fleury, lieut., B.
Bourgnon, s.-lieut., B.
Morbach, s.-lieut., B.

Grand-Pierre, s.-lieut., B. 20 févr. 1814, combat près de Courtrai.

(1) Formé en 1813.

152ᵉ Régiment (1).

Deleschelle, lieut., B. 7 févr. 1813, dans une émeute à Hambourg.
Drincqbier, lieut., B. 24 févr. 1813, pendant les troubles de Hambourg.
Bergault, s.-lieut., B. 24 févr. 1813, pendant les troubles de Hambourg.

2 avril 1813, combat de Lunebourg.

Meunier, chef de bat., B. (mort le 28).
Dochter, capit., B. (mort le 20 juin).
Palis, major, B.
Roblin, capit., B.

(1) Formé en 1813.

Schœnlen, lieut., B.
Droittier, lieut., B.
Rouzet, s.-lieut., B.
Billion, s.-lieut., B.
Bergault, s.-lieut., B.
Chavehied, s.-lieut., B.
Chabrand, s.-lieut., B.
Servère, s.-lieut., B.

22 avril 1813, combat d'Ottersberg.
Combet, capit. A.-M., B.
Rœderer, s.-lieut., B.

Drincqbier, lieut., B. 25 avril 1813, affaire près de Soltrum.

9 mai 1813, combat de Harbourg.
Peck, capit., T.
Rouzet, s.-lieut., B. (mort le 9 juin).
Roblin, capit., B.
Voitier, lieut., B.
Dahm, lieut., B.
Bergault, s.-lieut., B.
Cassin, s.-lieut., B.

30 mai 1813, passage de l'Elbe.
Chavehied, s.-lieut., B.
Billion, s.-lieut., B.
Voitier, lieut., B.
Cassin, s.-lieut., B.

19 août 1813, combat de Lowenberg.
Blime, capit., B.
Bligny, s.-lieut., B.

21 août 1813, combat sur le Bober.
Jehn, capit., T.
Liégeois, s.-lieut., T.
Legrand, s.-lieut., B.
Dahm, lieut., B.

26 août 1813, affaire de la Katzbach.
De Fréval, chef de bat., B.
Lépine, chef de bat., B.
Mathis, capit., B.
Gilles, capit. A.-M., B.
Rey, lieut. A.-M., B.
Chavatte, lieut., B.

Cassin, lieut., B.
Effroy, lieut., B.
Reye, s.-lieut., B.

Grison, capit., B. 27 août 1813 pendant la retraite de la Katzbach.
Albre, capit., B. 4 sept. 1813, combat de Hochkirch.
Watel, capit., B. 2 sept. 1813, aux avant-postes (mort le 3).
Fesneau, lieut., B. 13 sept. 1813, combat de Drebnitz.

14 oct. 1813, combat de Liebertwolkwitz.
Maurin, capit., T.
Juhel, lieut., T.
Denis, s.-lieut., T.
Lemoine, s.-lieut., T.
Riant, s.-lieut., T.
Lépine, chef de bat., B.
Marielle, capit. A.-M., B.
Mathis, capit., B.
Fesneau, lieut., B.
Gast, lieut., B.

16, 18 et 19 oct. 1813, bataille de Leipzig.
Raynaud, col., B. 16.
Muller, major, B. 16.
David, chef de bat., B. 18.
Voitier, capit., B. 18.
Delacroix, capit., B. 16.
Jersé, capit., B. 16.
Boutan, capit., B. 16.
Gilles, capit. A.-M., B. 16.
Effroy, lieut., B. 16.
Fesneau, lieut., B. 19.
Sarselle, s.-lieut., B. 18.
Remy, s.-lieut., B. 18.
Toussaint, s.-lieut., B. 18.

24 janv. 1814, défense de Strasbourg.
Bartholet, major, B.
Vatier, s.-lieut., B.

Effroy, lieut., B. 16 mars 1814, défense de Mayence.
Billion, lieut., B. 30 mars 1814, bataille de Paris.

153ᵉ Régiment (1).

BERTIN, capit., T. 29 avril 1813, combat devant Halle.
SANDKOUL, chef de bat., T. 2 mai 1813, combat et prise de Leipzig.

19 mai 1813, combat de Weissig.
DUPRÉ, lieut., T.
GUÉNÉE, chef de bat., B.
CHAMBON, lieut. A.-M., B.
JABOULIN, capit., B.
SARAZIN, capit., B.
BONINI, lieut., B.
COURVOISIER, lieut., B.
ANCION, s.-lieut., B.
LEFÈVRE, s.-lieut., B.
JANNOT, s.-lieut., B.

26 mai 1813, combat de Hainau.
JABOULIN, capit., B. (mort).
HUMBERT, s.-lieut., B. (mort le 1ᵉʳ févr. 1814).
GARNIER, capit., B.
VILLA, lieut., B.
ROSEVELD, s.-lieut., B.
DELEDEUILLE, chirurg. A.-M., B.
MASSOC-MANDRÉ, s.-lieut., B.

19 août 1813, combat de Lowenberg.
OLIVIER, chef de bat., B.
FIRMIN, lieut., B.
BONINI, lieut., B.
GIRARD, lieut., B.

21 août 1813, passage du Bober à Lowenberg.
DESCORAILLES, s.-lieut., T.
FREMIN, major, B.
TRUCHOT, capit., B.
SILVA, capit., B.
SAUNEZ, lieut., B.
SELVES, s.-lieut., B.
MONFORT, s.-lieut., B.
FIRMIN, lieut., B.
BRIGAUD, s.-lieut., B.

26 août 1813, affaire sur la Katzbach.
HAAS, s.-lieut., T.
BODIN, capit., B.
BOISSERY, lieut., B.
STIENON, lieut., B.

FRANCOTTE, s.-lieut., B.

RANCO, lieut., B. 28 août 1813, étant en reconnaissance sur la Katzbach.
GUYET, s.-lieut., B. 2 sept. 1813, aux avant-postes.
RICOME, capit., B. 4 sept. 1813, combat de Hochkirch.
DUMORET, s.-lieut., B. 13 sept. 1813 aux avant-postes (mort le 28).
JEANNOT, s-lieut., B. 16 sept. 1813, affaire près de Drebnitz.
CAVAGNALI, s.-lieut., T. 17 sept. 1813, aux avant-postes de Drebnitz.
RIBOULET, lieut., B. 20 sept. 1813, défense de Torgau.

14 oct. 1813, combat de Liebertwolkwitz.
AZÉMA, s.-lieut. porte-aigle, T.
RICOME, capit., B.
COLLOT, lieut., B.

16, 18 et 19 oct. 1813, bataille de Leipzig.
SCHMID, chef de bat., T. 19.
DAVAUX, capit., T. 18.
COLLOT, lieut., T. 18.
BRANCHE, s.-lieut., B. 16 (mort).
ROZET, capit., B. 18.
CHAMBON, lieut. A.-M., B. 16.
LAMOUROUX, capit., B. 18.
GUYET, lieut. A.-M., B. 18.
LARATE, lieut., B. 16 (mort le 7 janv. 1814).
LECHALAS, s.-lieut., B. 16.
ARIBALDI-GHILINI, lieut., B. 16 (présumé mort).
COMBES, s.-lieut., B. 19.
AUCOURT, s.-lieut., B. 16.

DELEDEUILLE, chirurg. A.-M., B. 28 oct. 1813, en escortant des blessés à Hanau.

3 et 4 févr. 1814, défense de Châlons.
POITIER, capit., B. 3 (mort le 17).
LEOPOLD, lieut., B. 4.

(1) Formé en 1813.

BISCH, s.-lieut., B. 10 févr. 1814, combat de Champaubert.
BROCHON, lieut., B. 11 févr. 1814, combat de Nogent.

18 févr. 1814, bataille de Montereau.
RENAULT, capit., B.
LABRIOT, capit., B.

154· Régiment (1).

5 avril 1813, combat de Mockern.
HELIG, lieut., T.
L'HOMME-DIEU, s.-lieut., B. (m¹ le 2 mai).
DUBREUIL, capit., B.
JOUFFROY, lieut., B.
LITTÉE, lieut., B.

19 mai 1813, combat de Weissig.
SINBERGE, chef de bat., T.
GOY, lieut., B. (mort le 20 juill.).
POULET, lieut., T.
FORTIN, lieut., B. (mort).
CALVET, s.-lieut., B. (mort le 3 juill.).
PÉCHARMAND, s.-lieut., B. (m¹ le 5 juin).
OZILLIAU, col., B.
FAULLAIN, major, B.
LOISEAU, chef de bat., B.
DEVAIVRE, capit., B.
LAMBERT, capit., B.
JOSSE, capit., B.
RICHARDOT, capit., B.
BERTRAND, capit., B.
BOUZEREAU, capit., B.
MERCIER, lieut., B.
DELCEY, lieut., B.
MORIZOT, lieut., B.
ROLLIN, lieut. A.-M., B.
DUSSERT, lieut., B.
LORDE, lieut., B.
COUTHERUT, s.-lieut., B.
PERROT, s.-lieut., B.
REMÈGE, s.-lieut., B.
GAUTHIER, s.-lieut., B.
PERRARD, s.-lieut., B.
FORTIN, s.-lieut., B.
MONGIN, s.-lieut., B.

MIALHE, lieut. A.-M., B. 24 mai 1813, en visitant les avant-postes à Buntzlau.
BELLISLE, capit., B. 25 mai 1813, dans une reconnaissance (mort le 10 août).

21 août 1813, combat de Lowenberg (sur le Bober).
DUBOUT, s.-lieut., B. (mort le 22).

OZILLIAU, col., B.
LOISEAU, chef de bat., B.
GOBUT, lieut., B.
VAUTHRIN, s.-lieut., B.
BADIN, s.-lieut., B.
DEPIENNE, s.-lieut., B.
LEBLANC, s.-lieut., B.
SEPRÈS, s.-lieut., B.

23 août 1813, combat de Goldberg.
ARNAUD, chef de bat., B.
GABOT, s.-lieut., B.

26 août 1813, affaire de la Katzbach.
ROCHETTE, s.-lieut., T.
OZILLIAU, col., B.
ARNAUD, chef de bat., B.
BERTRAND, capit., B.
HOUCKE, capit., B.
HERMANN, lieut., B.
GERMAIN, s.-lieut., B.

28 août 1813, pendant la retraite de la Katzbach.
ARDOUIN, lieut., B.
FEINTE, s.-lieut., B.

MOURET, s.-lieut., B. 9 sept. 1813, étant aux avant-postes.

13 et 15 sept. 1813, combats de Drebnitz.
BOUZEREAU, capit., B. 13.
CAZAL, capit., B. 13.
DZIERZANSKI, capit., B. 13.
THOMAS, lieut., B. 15.
COMPANS, lieut., B. 15.
BOULEAU, s.-lieut., B. 15.

GEMEAU, s.-lieut., B. 11 oct. 1813, étant en reconnaissance près de Leipzig (mort le 19 déc.).

(1) Formé en 1813.

14 oct. 1813, *combat de Liebertwolkwitz*.
Didier, capit., T.
Guillier, lieut. A.-M., T.
Baudin, capit., B.
Vuillame, capit., B.
Dussert, capit., B.
Valthin, s.-lieut., B.
Martin, s.-lieut., B.
Nowicki, s.-lieut., B.

16, 18 et 19 oct. 1813, *bataille de Leipzig*.
Leroy, capit., T. 18.
Caron, lieut., T. 18.
Couturier, lieut., B. 16 (m¹ le 20 nov.).
Arnaud, chef de bat., B. 16.
Regnault, chef de bat., B. 16.
Casal, capit., B. 18.
Vidaux, capit., B. 16.
Dubut, capit., B. 18.
Baudin, capit., B. 19.
Bouzereau, capit., B. 18.
Lorde, lieut., B. 18.
Gabot, lieut., B. 18.
Couthurut, lieut., B. 18.
Dreptin, lieut., B. 16.

Dietz, lieut., B. 16.
Pascal, s.-lieut., B. 18.
Girardet, s.-lieut., B. 18.
Mouret, s.-lieut., B. 19.

Cobut, lieut., B. 29 déc. 1813, défense de Belfort.
Lorde, lieut., B. 24 oct. 1813, combat de Gotha.
Zome, s.-lieut., B. 28 oct. 1813, affaire près de Hanau.
Beck, capit., B. janv. 1814, défense de Magdebourg.
Mouret, s.-lieut., B. 3 janv. 1814, blocus de Belfort.

3 et 4 févr. 1814,
défense de Châlons-sur-Marne.
Casal, capit., B. 4.
Laguerre, s.-lieut., B. 3.

Ducert, capit., B. 1ᵉʳ avril 1814, dans une sortie de la garnison de Besançon.

155ᵉ Régiment (1).

Merle, s.-lieut., B. 6 mars 1813, au passage de l'Elbe.
Remolue, capit., B. 5 avril 1813, affaire devant Magdebourg (mort le 13).

19 mai 1813, *combat de Weissig*.
Forgues, capit., T.
Provost, lieut., T.
Mondions, s.-lieut., T.
Véron de Farincourt, chef de bat., B.
Le Doux, chef de bat., B.
Henriette, capit., B.
Gallais, capit., B.
Meisseix, capit., B.
Chapuis, lieut., B.
Laurençon, lieut., B.
Linard, lieut., B.
Lemétaer, lieut., B.
Fossé-Tricotet, lieut., B.
Brossette, s.-lieut., B.
Duvalet, s.-lieut., B.
Boucherat, s.-lieut., B.

21 mai 1813, *bataille de Würschen*.
Houget, capit., B. (mort le 17 juin).
Fauré, capit., B.
Desossé, capit., B.

26 août 1813, *affaire de la Katzbach*.
Gélinard, s.-lieut., B.
Robert, s.-lieut., B.

27 août 1813, *retraite de la Katzbach*.
Roux, capit., B.
Laveine, lieut., B.

Lavergne, chirurg.-M., B. 28 août 1813, près de la Katzbach (mort le 19 oct.).

13 sept. 1813, *combat de Drebnitz*.
Dezoux, s.-lieut., B.
Vigouroux, s.-lieut., B.

---

(1) Formé en 1813.

GARBY, s.-lieut., B.
MERLE, s.-lieut., B.

DELAPRÉE, lieut., B. 14 oct. 1813, combat de Liebertwolkwitz (mort le 29).

16, 18 et 19 oct. 1813, bataille de Leipzig.

SENNEGON, col., T. 16.
HORBON, lieut., T. 19.
DUVALET, s.-lieut., T. 19.
LECAMUS, s.-lieut., T. 16.
ABERSON, major en 2°, B. 16 et 19.
LE DOUX, chef de bat., B. 16.
BACOT, chef de bat., B. 16.
VÉRON DE FARINCOURT, chef de bat., B. 16 et 18.
MEISSEX (1), capit., B. 16.
CHAPUIS, capit., B. 16.
BLANC, capit., B. 19.
MOUSSIER, capit., B. 16.
GALLAIS, capit., B. 16.
GUIBAL, capit., B. 16.
BOUYER, capit., B. 16.
HAGRE, capit., B. 16.
JACQUIN, lieut., B. 16.
BEAUVISAGE, lieut., B. 16.
PETITJEAN, lieut., B. 16.

(1) Meisseix.

BERT, lieut., B. 16.
CHAMOIN, lieut., B. 16. (mort).
GARNIER, lieut., B. 16.
BASQUIN, s.-lieut., B. 16.
CHARTON, s.-lieut., B. 16.
MAHON, s.-lieut., B. 19.
MERLE, s.-lieut., B. 19.
MATHIEU, s.-lieut., B. 16.
SONGEON, s.-lieut., B. 16 et 19.

GARBY, s.-lieut., B. 28 oct. 1813, route de Hanau.
JOUVARD, s.-lieut., B. 30 oct. 1813, bataille de Hanau.
BERMOND, capit., B. 31 oct. 1813, combat en avant de Hanau.
POULMIER, s.-lieut., B. 30 janv. 1814, combat devant Brienne.

9 févr. 1814, combat de la Ferté-sous-Jouarre.

CHARLET, col., B.
JACQUIN, lieut., B.
LÉON, lieut., B.

FAURE, capit., B. 18 févr. 1814, affaire d'Orléans.
JOUVARD, lieut., B. 8 mars 1814, combat de Meaux.

156° Régiment (1).

VIGLIETTI, lieut., B. 21 avril 1813, aux avant-postes près Cobourg.
JUVIG, s.-lieut, B., 21 mai 1813, bataille de Würschen.
EYMIEU, capit., T. 5 sept. 1813, combat de Zahna.

6 sept. 1813, bataille de Juterbock.

CHAUVET, capit., B. (mort en sept.).
LAUTIER, capit., T.
BRUNERY, capit., T.
CERUTTI, capit., T.
VIANI, capit., T.
QUAGLIA, lieut., T.
MOUNIER, lieut., T.
PHILIPPA, lieut., B. (mort).
GALLO, s.-lieut., T.
LOUIG, s.-lieut., T.
BILLIOUX, s.-lieut., T.

VOTTA, lieut., T.
VIAL, s.-lieut., T.
LABORDE, s.-lieut., B. (mort).
LECHALLIER, capit., B.
MARTIN, capit., B.
MONTICELLI, lieut. A.-M., B.
FALETTI, lieut., B.
COLLIN, lieut., B.
GIANITTY, lieut., B.
GUITHARD, s.-lieut., B.
PERSON, s.-lieut., B.
RIOUX, s.-lieut., B.
PONTE, lieut., B.
VAUGIER, s.-lieut., B.
JUVIG, s.-lieut., B.
CAMIN, sous-lieut., B.
MICHAUD, s.-lieut., B.

(1) Formé en 1813.

Gay, s.-lieut., B.
Billioux, s.-lieut., B.

Mathieu, capit. A.-M., B. 4 oct. 1813, aux avant-postes. Saxe.
Vaugier, s.-lieut., B. 21 oct. 1813, combat de Kœsen.
Purat, capit., B. 30 oct. 1813, bataille de Hanau (mort le 20 nov.).

Oudot (1), col., T. 30 mars 1814, bataille de Paris.
Ricci, lieut., T. 2 avril 1814, défense de Mayence.
Thivel, cap., B. 2 avril 1814, combat de Voreppe.

(1) Le colonel Oudot commandait une brigade de la 1re division de la réserve de Paris.

II

RÉGIMENTS D'INFANTERIE LÉGÈRE

1er Régiment.

Reymaeckers, capit., T. 6 mars 1806, combat de Lago-Negro.
Saint-Pierre, lieut., B. 5 avril 1806, combat de Monterano (Naples).
Saint-Pierre, lieut., B. 5 juin 1806, affaire près de Séminara (Calabre).

4 juill. 1806, combat de Sainte-Euphémie (Calabre).
Gastebois, chef de bat., T.
Bétrémieux, capit., T.
Challot, capit., T.
Lecerf, lieut., T.
Mauduit, lieut., T.
Maréchal, s.-lieut., T.
Masson, s.-lieut., T.
Saget, capit., B.
Paget, capit., B.
Grime, capit., B.
Denéchaux, capit., B.
Valdan, capit., B.
Kolvenbach, lieut., B.
Fréjacques, lieut., B.
Prévot, lieut., B.
Herpin, s.-lieut., B.
Marie, s.-lieut., B.
Hollert, s.-lieut., B.
Nait, s.-lieut., B.
Chavarin, s.-lieut., B.

Leclair, capit., B. 13 sept. 1806, combat de Sigliano.
Henrion, capit., B. 15 sept. 1806, combat contre des brigands calabrais.
Bazoux, lieut., B. 5 nov. 1806, en escortant des prisonniers à Naples.

Févr. 1807, combats devant Strongoli (Naples).
Bruneau, s.-lieut., T. 22 févr.
Huguet, chef de bat., B. 20 févr.
Poulain, capit., B. 10 févr.

Audigane, s.-lieut., B. 1er févr. 1808, prise du château de Reggio.
Gayet, s.-lieut., T. 1er nov. 1808, étant en reconnaissance en Espagne.
Witmer, capit., B. 8 déc. 1808, affaire près de Figuières (mort le 22).
Menestrel, capit., B. 16 janv. 1809, combat devant Barcelone.

25 fév. 1809, combat de Vals (Catalogne).
Vancutsen, capit., T.
Normand, capit., B.
Empereur, s.-lieut., B.

Bouchon, capit., B. 29 févr. 1809, combat en Catalogne.

18 avril 1809, attaque du fort Pradel (Italie).

SAINT-PIERRE, capit., B.
LABARRE, s.-lieut., B.

SCHMITT, chef de bat., B. 23 avril 1809, combat de Saint-Julien (Catalogne).
BRINISHOLTZ, capit., T. 28 mai 1809, étant en reconnaissance en Catalogne.

29 mai 1809, combat de Saint-Hilary (Catalogne).

CHOMÉ, capit., B.
LAISNÉ, capit., B.
ALBRESPIT, s.-lieut., B.

SERRAS, capit., B. 14 juin 1809 bataille de Raab (mort le 15).
HUGUET, chef de bat., B. 6 juill. 1809, combat devant Presbourg.
SALMON, capit., noyé le 10 août 1809 dans le Ter (Catalogne), en poursuivant les brigands.

1ᵉʳ nov. 1809, affaire de Santa-Colomba (Catalogne).

CHOUELLER, capit., B.
CHARTON, lieut., B.

CUVILLIER, lieut., B. 8 nov. 1809, combat dans le Tyrol.
PATER, lieut., T. 12 janv. 1810, étant en colonne mobile en Espagne.
BOUILLET, capit., B. 12 févr. 1810, dans une affaire près de Vich.
ALBRESPIT, s.-lieut., B. 29 mai 1810, affaire de Saint-Hilary.

10 juill. 1810, en escortant un convoi de blessés à Saragosse.

HERWEGH, capit., B.
DELAMARRE, s.-lieut., B.

CHAVARIN, capit., B. 15 juill. 1810, dans une reconnaissance en Catalogne.
DENÉCHAUX, capit., B. 18 juill. 1810, affaire de la Grenouillère (Catalogne).
FLEURET, lieut., B. 26 août 1810, affaire de Montblanc (Catalogne).
TARDU, lieut., T. 20 oct. 1810, combat près de Solona (Catalogne).

1811, siège de Tarragone.

ROUILLÉ D'ORFEUIL, capit., T. 16 juin.
THOMAS, capit., T. 20 mai.
DHUILLÉ, lieut., T. 17 juin.
LE SAGE, lieut., T. 6 juin.
PERNIER, lieut., T. 28 juin.
DIEUDONNÉ, s.-lieut., T. 28 juin.
HOUILLON, capit., B. 21 juin (mᵗ le 26).
CASSE, s.-lieut., B. 8 juin (mort le 30).
ERHARD, chef de bat., B.   juin.
BOUILLET, capit., B. 21 juin.
CHARTON, capit., B.
MICHEL, capit. A.-M., B. 28 juin.
DENÉCHAUX, capit., B.
ALBRESPIT, lieut., B. 16 juin.
KIMLI, lieut., B. 21 juin.
DELANNOY, s.-lieut., B. 28 juin.
LECOMTE, lieut., B. 22 juin.
PATUREL, s.-lieut., B. 16 juin.
PASQUIER, s.-lieut., B. 21 juin.
CRESSON, s.-lieut., B. 28 juin.
TOMPEUR, s.-lieut., B. 8 juin.

MICHEL, s.-lieut., T. avril 1811, Saint-Celoni (Espagne).
MEYFRET, lieut., T. 25 juill. 1811, Mont-Serrat (Catalogne).
SAMSON, lieut., B.   oct. 1811, par les insurgés catalans.
JOUSSENET, capit., B. 1ᵉʳ janv. 1812 par des brigands espagnols.

12 juin 1812, en reconnaissance (en Espagne).

ALBRESPIT, capit., T.
JACQUET, capit., T.

12 avril 1813, combat près de Biar (Espagne).

TOMBEUR, lieut., T.
LONGE, s.-lieut., T.
GOMIEN, capit., B. (mort le 24 août).
FÉRON, s.-lieut., B.
LAPIERRE, s.-lieut., B.
MENARD, s.-lieut., B.

DUCASTAING, chirurg. A.-M., B. 2 mai 1813, Lutzen.

20 mai 1813, bataille de Bautzen.

TILLET, lieut. A.-M., B. (mort le 21).
TASSIN, capit., B.
GODEFROY, capit., B.

DEHAECK, capit., B.
BOUTET, lieut., B.
CRETTE, s.-lieut., B.

4 juin 1813, combat de Lukau (Saxe).
DEHAECK, capit., B.
CRETTE, s.-lieut., B.

6 sept. 1813, bataille de Juterbock.
GOUILLY, lieut., T.
LABARRE, capit., B.
LEBAILLY, lieut., B.

VAUMAIRIS, lieut., B. 7 sept. 1813, affaire de Saint-Filio (Catalogne).
BOUTET, lieut., B. 28 sept. 1813, combat près de Dessau.
MOSSERON, capit., B. 16 oct. 1813, en reconnaissance en Espagne (mort le 15 nov.).
DE BRÉA, capit., B. 18 oct. 1813, bataille de Leipzig.
FAUCHÉ, capit., B. 17 oct. 1813, aux avant-postes devant Leipzig.
TOULANE, s.-lieut., B. 21 oct. 1813, défense de Zara (Illyrie).
CHAPEAUX, lieut., B. 11 déc. 1813 aux avant-postes en Italie (mort le 12).
MENESTRELLE, capit., B. 20 nov. 1813, combat en Italie (mort le 28).
GOSSELIN, s.-lieut., B. 23 déc. 1813, défense de Barcelone (mort le 26).

3 févr. 1814, combat de Châlons-s^r-Marne.
LEBLEY, lieut., B.
VERGNOLE, lieut., B.

8 févr. 1814, Mincio.
HIERTHÈS, s.-lieut., B.
MAITROT, s.-lieut., B.

DELAMARRE, capit., B. 9 févr. 1814, aux avant-postes du Mincio.

27 févr. 1814, combat de Bar-sur-Aube.
VIDAL DE LAUZUN, chef de bat., B.
BAUD, capit., B.

18 mars 1814, combat de Saint-Georges (Rhône).
REMOND, capit., T.
LAFORGE, lieut., B.

BALME, lieut., B. 20 mars 1814, défense de Lyon.
MONTOSSÉ, capit., B. 2 avril 1814, combat de Romans (Drôme).

16 juin 1815, bataille de Ligny.
DESPANS-CUBIÈRES, col., B.
COURT, lieut., B.
GRUNDLER, lieut., B.

18 juin 1815, bataille de Waterloo.
NANOT, capit., T.
POITOUX, capit., T.
LEGROS, s.-lieut., T.
VIGNAL, capit. A.-M., B. (m^t le 30 août).
JACOB, s.-lieut., B. (mort le 1er juill.).
DESPANS-CUBIÈRES, col., B.
JOLYET, chef de bat., B.
HUSSON, capit. A.-M., B.
DE BREA, capit., B.
DOGIMONT, capit., B.
HAGARD, capit., B.
PREVOST, capit., B.
VIBERT, capit., B.
DE CUSSY, lieut., B.
BOUTOUR, lieut., B.
GOIN, lieut., B.
GUILLERMAIN, lieut., B.
TOMBEUR, lieut., B.
VILCOQ, lieut., B.
BOURILLON, s.-lieut., B.
COMBESCURE, s.-lieut., B.
GOUVERNE, s.-lieut., B.
SICARD, s.-lieut., B.

2e Régiment.

BURLET, lieut., B. 2 déc. 1805, bataille d'Austerlitz (mort le 16 janv. 1806).
MAC-MAHON, s.-lieut., B. 6 janv. 1807, combat de Wollin.
DUPONT, capit., B. 20 mars 1807, combat devant Dantzig.

1807, siège de Dantzig.
FRANÇOIS, capit., T. 7 mai.
CORBIN, s.-lieut., T. 16 avril.
CARRIOL, capit., B. mai (m^t le 3 juin).
CRÉPIN, s.-lieut., B. mai (mort le 11 juin).

Puisoie, capit., B. 15 mai.
Estrampes, capit., B. 15 mars.
Schrist, capit., B. 15 mai.
Alsdoerfer, capit., B. 16 avril et 15 mai.
Lavergne, lieut., B. 20 mars.
Frincart, capit., B. 21 mars.
Lebas, lieut., B. 15 mai.
Viant, lieut., B. 15 mai.
Dumont (C.), s.-lieut., B. 16 avril.
Fabre, s.-lieut., B. 15 mai.
Veron de Farincourt, s.-lieut., B. 15 mai.
Michel, s.-lieut., B. 15 mai.
Pestel, s.-lieut., B. 15 mai.
De la Moussaye, s.-lieut., B. 15 mai.

10 *juin* 1807, *bataille d'Heilsberg.*
Pierson, major, B.
Deborthon, lieut., B.
Mellet, capit., B.
Devaux, lieut., B.
Dumont (M.), lieut., B.
Varangot, s.-lieut., B.
Levasseur, lieut., B.
Paillet, s.-lieut., B.
Roelantz, capit., B.

14 *juin* 1807, *bataille de Friedland.*
Charpentier, s.-lieut., T.
Gaudissard, lieut., B. (mort le 31 juill.).
Gorjon, s.-lieut., B. (mort le 23 juill.).
Macquart, s.-lieut., B. (mort le 16).
Deverville, s.-lieut., B. (mort le 23 juill.).
Brayer, col., B.
Paty, capit., B.
Basle, lieut., B.
Subsole, lieut., B.
Ganivet, lieut., B.
Everard, capit., B.
Laroche, lieut., B.
Bach, capit., B.
Dalongeville, s.-lieut., B.
Besançon, s.-lieut., B.
De la Moussaye, s.-lieut., B.
Chouzany, capit., B.
Nicolas, lieut., B.
Bonamy, lieut., B.

Debouche, capit., T. 24 juin 1807, affaire près de Tilsitt.

17 *août* 1808, *combat d'Obidos (Portugal).*
Chevallier, capit., T.
Viant, capit., B.
Dumont (C.), lieut., B.
Canuel, s.-lieut., B.

21 *août* 1808, *bataille de Vimeiro.*
Everard, capit., B.
Dumolard, s.-lieut., B.

Lussan, s.-lieut., B. 17 sept. 1808, combat de Frias (Espagne).

19 *nov.* 1808, *prise du pont de Saint-Vincent (Espagne).*
Durieux, lieut., T.
Dalongeville, lieut., B.
Argod, s.-lieut., B.

Colette, lieut., T. 6 janv. 1809, aux avant-postes en arrière du Ferrol.

7 *janv.* 1809, *combat devant Lugo.*
André, capit., B.
Durand, s.-lieut., B.

15 *janv.* 1809, *combat devant La Corogne.*
Perrin, lieut., T.
Roelantz, capit., B.

16 *janv.* 1809, *combat de La Corogne.*
Puisoie, chef de bat., B.
Carlier, lieut., B.
Argod, s.-lieut., B.
Mollet, s.-lieut., B.

Fernez, lieut., B. 19 janv. 1809, aux avant-postes en Espagne.
Dreux, s.-lieut., T. 26 mars 1809, combat devant Oporto.

27 *et* 29 *mars* 1809, *combat d'Oporto.*
Caplain, s.-lieut., B. 29.
Argod, s.-lieut., B. 27.
Débonnaire, s.-lieut., B. 29.

Basle, capit., T. 22 avril 1809, combat d'Amarante.
Rafy, capit., B. 1er mai 1809, combat d'Amarante.
Deborthon, lieut., B. 13 mai 1809, affaire de Mésinfrio (Portugal).

COURTADE, s.-lieut., B. 12 juin 1809, au pont de Bibet (Galice).
VERZEAU, lieut., B. 14 juin 1810, dans une reconnaissance en Portugal.

27 sept. 1810, bataille de Busaco.
DUVAL, chef de bat., T.
BRUN, capit., T.
BUGNY, capit., T.
THIERRY, capit., T.
LEVERVE, lieut., T.
MONJOVY, lieut., T.
MERLE, col., B.
BRAYER, lieut., B. (mort le 16 nov.).
DUPUY, lieut., B. (mort le 16 févr. 1811).
GODIN, chef de bat., B.
PUISOIE, chef de bat., B.
DEBORTHON, capit., B.
LAROCHE, capit., B.
LAROCHE-COURDON, capit., B.
MEUNIER SAINT-CLAIR, lieut. A.-M., B.
HAUDEBOURT, lieut., B.
HENRIETTE, lieut., B.
NÉGRIER, lieut., B.
VINAY, lieut., B.
VINET, lieut., B.
LUSSAN, s.-lieut., B.

PASQUIER, s.-lieut., T. 4 oct. 1810, étant en reconnaissance en Portugal.

15 nov. 1810, combat de Prierero (Portugal).
RAGUIN, s.-lieut., T.
DELETTRE, capit., B.

LETELLIER, s.-lieut., B. 26 déc. 1810, en colonne mobile (Espagne).
BÉRARD, capit., B. 13 janv. 1811, affaire de Lombières (Navarre).
VAUTHELIN, s.-lieut., B. 29 mars 1811, affaire de Lombières (Espagne).
DESHEULES, lieut., B. 23 mars 1811, affaire de l'Orzarcos (Portugal).

3 avril 1811, combat de Sabugal.
GODEL, capit., T.
MANDIER, capit., T.
VERU, lieut., T.
MERLE, col., B. (mort le 19 nov.).
CARABILLE, lieut., B. (mort le 6).
DUDIDLIEU, capit., B.

LEHONGRE, capit., B.

POULLAIN, s.-lieut., B. 26 oct. 1811, combat de Naval-Moral.

22 juill. 1812, bataille des Arapiles.
SOL, lieut., B.
AMAT, lieut., B.

RAMEAUX, col., B. 6 déc. 1812, affaire de Saldana.

2 mai 1813, bataille de Lutzen.
LAPORTE, major, B.
LEVASSEUR, chef de bat., B.
AUBERTI, capit., B.
AUDOUS, capit., B.
CANTALOUBE, capit., B.
DUMOLARD, capit., B.
THERRON, capit., B.
CAILLARD, lieut., B.
CAILLAVET, lieut., B.
DUDOUIT, lieut., B.
MARMET, lieut., B.
DARBONNE, s.-lieut., B.
LABORD, s.-lieut., B.
SCHOURAS, s.-lieut., B.
LÉGER, s.-lieut., B.

LACOMBE, lieut. A.-M., B. 8 mai 1813, combat de Castro (Espagne).

21 mai 1813, bataille de Würschen.
MAROQUIN, lieut., T.
LAPORTE, major, B.
LEVASSEUR, chef de bat., B.
LETELLIER, capit., B.
LEBEAU, lieut., B.
BRUNCLERD, lieut., B.

DORÉ, capit., T. 17 juin 1813, combat près Vittoria.

21 juin 1813, bataille de Vittoria.
HYVAN, s.-lieut., T.
BEAUCHAMP, capit., B. (mort le 29 juill.).
LACRETELLE, chirurg.-M., B.
PUISOIE, chef de bat., B.
DE NÉGRIER, capit., B.
LACOMBE, lieut. A.-M., B.
SAVARY, s.-lieut., B.

31 août 1813, combat sur la Bidassoa.
DALONGEVILLE, capit., T.
LAGÈS, capit., T.
PATRELLE, s.-lieut., T.
RAMEAUX, col., B. (mort le 1ᵉʳ sept.).
LEHONGRE, capit., B. (mort le 27 déc.).
COLLISSON, lieut., B. (mort le 27 déc.).
GODIN, chef de bat., B.
HALA, capit., B.
MAGENDIE, capit., B.
DE NÉGRIER, capit., B.
VALENTIN, capit., B.
ARNAUD, lieut., B.
DURAND, lieut., B.
FLOTARD, lieut., B.
LUSSIGNOL, lieut., B.
DESPLAND, s.-lieut., B.
DELBREL, s.-lieut., B.
DEUSTER, s.-lieut., B.
LASCABANNES, s.-lieut., B.

LEBEAU, lieut., B. 26 août 1813, affaire de la Katzbach.
BOUZERAN, s.-lieut., B. 1ᵉʳ sept. 1813, sur la Bidassoa (mort le 13 nov.).
BOUSSIER, s.-lieut., B. 8 sept. 1813, combat de Donna (Saxe).
AUBERTI, capit., B. 18 sept. 1813, aux avant-postes en Saxe.

7 oct. 1813, combat de St-Jean-de-Luz.
GODIN, chef de bat., B.
VARIN, lieut., B.

LEVASSEUR, chef de bat., B. 10 oct. 1813, aux avant-postes, Saxe.
DE SAINT-LÉGER, lieut., B. 12 oct. 1813, combat de Dessau.
DESGRAMBES, s.-lieut., B. 16 oct. 1813, bataille de Leipzig.
LECOMTE, s.-lieut., B. 18 oct. 1813, bataille de Leipzig.
ASTRUC, lieut., B. 28 oct. 1813, défense de Dantzig.

10 nov. 1813, combat d'Orrogne, près Bayonne.
GERBEAU, s.-lieut., B. (mort le 15).
COULEAU, lieut., B.
DESPLAND, lieut., B.
FABARD, lieut., B.

CARRÉ, chef de bat., B. 2 nov. 1813, défense de Dantzig.

DEUSTER, lieut., B. 10 déc. 1813, combat de Bidar, près Bayonne.
CABAGNAC, lieut., B. 11 déc. 1813, aux avant-postes, près Bidar (mort le 19 janv. 1814).
HAUDEBOURT, chef de bat., T. 1ᵉʳ févr. 1814, à Geinville.

11 févr. 1814, bataille de Montmirail.
CANTALOUBE, capit., B.
CREMER, capit., B.
SAVARY, lieut., B.
LANGLAIS, lieut., B.

13 févr. 1814, affaire de Dannemarie.
HALA, capit., T.
BOSSU, chef de bat., B.
MOLLET, capit., B.
TOURNET, s.-lieut., B.
DEBERGNE, s.-lieut., B.

BARDOL, lieut., B. 14 févr. 1814, combat de Vauchamps.

22 févr. 1814, combat de Méry.
DELORT, capit., B.
VINAY, capit., B.
LUSIGNOL, capit., B.
VALENTIN, capit., B.
BOULET, s.-lieut., B.

ANDRÉ, lieut., B. 13 mars 1814, reprise de Reims.
NAVAS, capit., B. 21 mars 1814, combat d'Arcis-sur-Aube.
ARPAGE, s.-lieut., B. 25 mars 1814, combat de Fère-Champenoise.
AUBERTI, capit., B. 28 mars 1814, combat près de Paris.

30 mars 1814, bataille de Paris.
LUBIN, lieut., T.
LAMANOID, capit., B.
AUBERTI, capit., B.
CAROVÉ, lieut., B.
VINAY, lieut., B. 29.
GROSBON, lieut., B.
DELAPORTE, s.-lieut., B.
GUILLAUME, lieut., B. 29.

ESTÈVE, lieut., T. 15 juin 1815, aux avant-postes près Ligny.

16 *juin* 1815, *bataille de Ligny.*
MAIGROT, col., B.
BONN, capit., B.
MOLLET, capit., B.
BUN, capit., B.
SAMSON, capit., B.
DESPLAND, lieut., B.
VINAY, capit., B.
MIDAN, lieut., B.
HOFFMANN, s.-lieut., B.
DALBIS, lieut. B.
SENÈS, lieut., B.

18 *juin* 1815, *bataille de Waterloo.*
LETOURNEUR, capit., T.

ASTRUC, lieut., T.
BOIXOT, lieut., T.
TILLOY, s.-lieut., T.
DELORT, capit., B. (mort le 6 juill.).
BASSET, chef de bat., B.
DE NÉGRIER, chef de bat., B.
LUSIGNOL, capit., B.
DEUSTER, capit., B.
DELESCHELLE, capit., B.
MACAIRE, s.-lieut., B.
SERGENT, s.-lieut., B.
OSMOND, s.-lieut., B.
GRENOT, s.-lieut., B.

3ᵉ Régiment.

4 *nov.* 1805, *combat d'Amstetten.*
PETEL, capit., B.
THIBAUT, s.-lieut., B.

16 *nov.* 1805, *combat d'Hollabrünn.*
LANGLOIS, s.-lieut., B.
LAURENT, s.-lieut., B.

1807, *au siège de Colberg.*
COURTOIS, lieut., T. 1ᵉʳ juill.
GRUET, s.-lieut., T. 1ᵉʳ juill.
GURY, capit., B. 1ᵉʳ juill. (mort le 7).
DAVID, lieut., B. 24 juin.
EICKEMEYER, lieut., B. 1ᵉʳ juill.
PETITJEAN, lieut., B. 24 juin.

GIAMARCHI, capit., B. 5 nov. 1808, route de Bergera (Catalogne).
MARABAIL, s.-lieut., assassiné le 31 juill. 1808, par les Espagnols, en Danemarck.
LALOY (1), s.-lieut., B. 31 juill. 1808, à Rœskild (Danemarck).

25 *févr.* 1809, *combat de Vals* (*Catalogne*).
LOUBEAU, capit., B.
DENIS, s.-lieut., B.

BLETTERIE, chef de bat., B. 28 avril 1809, affaire de Saint-Victor (Catalogne).
GUENEAU, lieut., B. 28 avril 1809, en colonne mobile en Catalogne.

22 *mai* 1809, *bataille d'Essling.*
KOESTER, capit., T.
CHEVET, capit., B.
SERVY, capit., B.
FALAIRE, capit., B.
PERRIER, capit., B.
BOITEUX, lieut., B.
LANGLOIS, capit., B.
CAZALIS, lieut., B.
GOURDIN, lieut., B.
SANSON, lieut., B.
RAISON, s.-lieut., B.
O'KENNEDY, s.-lieut., B.
TRILLES, s.-lieut., B.

BÉRANGER, capit., B. 12 avril 1809, dans les gorges du Tyrol, par les insurgés.

5 *et* 6 *juill.* 1809, *bataille de Wagram.*
CHAUVIN, capit., B. 6.
DUVILLA, capit., B. 6.
PIGEON, capit., B. 5.
SERVY, capit., B. 5.
CAZALIS, lieut., B. 6.
O'KENNEDY, lieut., B. 6.
OLLIVIER, lieut., B. 6.

---

(1) En courant à la défense du général Fririon, qui était assailli par les soldats espagnols insurgés.

WOIRIN, lieut., B. 5 oct. 1809, dans une affaire contre les bandes d'Hofer (Tyrol).
DENIS, s.-lieut., B. 24 déc. 1809, en colonne mobile en Catalogne.
DE RÉVÉREND, chef de bat., B. 25 déc. 1809, à la prise d'Olot (Catalogne).
ALLAIN, capit., B. 24 janv. 1810, affaire près d'Altafulla.

20 févr. 1810, combat de Vich.
BROUARD, lieut., T.
BARRET, capit., B.

21 août 1810, combat devant Tarragone.
COMBE, lieut., B.
FILIARD, lieut., B.

LACROIX, s.-lieut., T. 20 nov. 1810, combat de Banolas.
CHAUVIN, capit., B. 13 déc. 1810, affaire de Palamos.

1811, au blocus de Figuières.
ITTY, chef de bat., T. 3 mai.
PIGEON, chef de bat., T. 16 avril.
FOURLET, lieut., T. 8 juill.
BAILLY, s.-lieut., T. 13 avril.
CHAMAISON, s.-lieut., T. 4 déc.
RAVA, s.-lieut., T. 13 avril.
THOMASSON, s.-lieut., T. 15 avril.
PETITJEAN, lieut., B. 15 avril (m⁺ le 21).
FARA, s.-lieut., T. 24 mai.
BARBOIRON, capit., B. 13 avril.
BONNE, capit., B. 15 août.
SANSON, capit., B. 3 mai.
CAZALIS, capit., B. 13 avril.
LANGLOIS, capit., B. 16 avril.
OLLIVIER, capit., B. 15 août.
AVRIL, lieut., B. 3 mai.
BLANCHOT, lieut., B. 16 avril.
BRUNET, lieut., B. 3 mai.
VILLETART, lieut., B. 13 avril.
BOURRET, s.-lieut., B. 16 avril.
MAS, s.-lieut., B. 3 mai.
DE SAINT-GENIS, s.-lieut., B. 16 avril.
SIRBAN, s.-lieut., B. 15 août.

3 déc. 1811, combat de Saint-Celoni.
BRABANT, lieut., B. (mort le 11).
PRESLET, s.-lieut., B.

24 janv. 1812, combat d'Alta-Fulla.
ALLAIN, capit., B.
BOITEUX, capit., B.
RAISON, capit., B.
GACHARDIN, lieut., B.
PERRIN, lieut., B.
FOGEL, s.-lieut., B.

3 févr. 1812, en conduisant des prisonniers en Catalogne.
BARBOIRON, capit., B.
MERLE, s.-lieut., B.

COCULET, s.-lieut., T. 15 févr. 1812 devant Hostalrich.
MAS, lieut., B. 4 mai 1812, combat de Moléon.
LACROIX, lieut., T. 21 nov. 1812, défense du fort de Banolas (Espagne).
GRAFFINI, lieut., B. 1ᵉʳ août 1812, affaire en Espagne (mort le 21).
DURAND, lieut., B. 2 févr. 1813, combat de Venta-Quemada.

13 avril 1813, combat de Castalla.
GENTON, capit., T.
JACOMET, capit., T.
MONNIER, lieut., T.
COUDER, s.-lieut., T.
DROUIN, s.-lieut., T.
MEYER, s.-lieut., T.
ROY, s.-lieut., T.
TOUPOIX, s.-lieut., T.
BARRIÈRE, s.-lieut., B. (mort le 23).
MERLE, capit., B.
RAISON, capit., B.
BARRET, lieut., B.
CLAVERIE, lieut., B.

11 mai 1813, combat de Weissig (Saxe).
GACHET, s.-lieut., T.
GUILLAUD, capit., B. (mort le 16 juin).
SANNIN, lieut., B. (mort).

21 mai 1813, bataille de Würschen.
JOLY, lieut., T.
SAREBOURG, capit. B. (mort le 25).
TASTU, capit., B. (mort le 15 juill.).
BEAUBIS, capit., B.
BRÉHERET, capit., B.
FAITOT, lieut., B.
SALLE, lieut., B.

BONNION, s.-lieut., B. 14 juill. 1813, dans une reconnaissance sous Tortose.
MARBOTIN, capit., B. 5 août 1813, à Xerta, sous Tortose.
JACOB, lieut., B. 19 août 1813, combat de Lowenberg (Silésie).

23 août 1813, *combat de Goldberg.*
FALCONNIER, lieut., T.
DEBILLY, chef de bat., B. 19 (m¹ le 20).
COURTOIS, lieut., B. (mort).
DUCRET, chef de bat., B.
JALABERT, chef de bat., B.
CHAMBAUD, capit., B.
MAS, capit., B.
MARCHAL, capit., B.
AUTRAN, s.-lieut., B.
LASSERRE, s.-lieut., B.
REVEIL, s.-lieut., B.
JEANJEAN, s.-lieut., B.

16, 18 et 19 oct. 1813, *bataille de Leipzig.*
DE SAINT-GENIS, capit. A.-M., T. 16.
DYONNET, s.-lieut., T. 16.
DULCAT, lieut. A.-M., B. 18 (mort).

LARDY, lieut., B. 18 (mort le 29 nov.).
TISSOT, major en 2ᵉ, B. 19.
BONNE, chef de bat., B. 16.
DUCRET, chef de bat., B. 18.
NADREAU, capit., B. 18.
REVOL, lieut., B. 18.
FONTANE, s.-lieut., B. 18.
LASSERRE, s.-lieut., B. 18.
MARTIN, s.-lieut., B. 19.
WAUBERT, s.-lieut., B. 18.
TOURNIÈRE, s.-lieut., B. 16.
VIDAL, lieut., B. 18.

1813, *blocus de Tortose.*
ARNAUD, lieut., T. 19 août.
CAZALIS, chef de bat., B. 21 déc.
MARBOTTIN, capit., B. 5 août.
VILLIERS, lieut., B. 19 août.

OLLIVIER, capit., T. 21 déc. 1813, défense de Girone.
BARRET, capit., B. 18 janv. 1814, combat du Pont-du-Roi (Catalogne).
BOURLY, s.-lieut., B. 19 mars 1814, combat de Vic-de-Bigorre.

4ᵉ Régiment.

14 oct. 1805, *capitulation d'Ulm.*
BRACONNIER, capit., B.
LECOMTE, capit., B.
ROUGOLE, lieut., B.

11 nov. 1805, *combat de Diernstein (ou de Durrenstein).*
DORON, capit., T.
MOLLIN, s.-lieut., B. (mort).
GUYARDET, major, B.
CHEVILLET, chef de bat., B.
ALLIER, capit. A.-M., B.
ROY, capit., B.
DUVAL, capit., B.
MILLEY, capit., B.
ROCH, capit., B.
GIGNAC, capit., B.
MARSAINT, lieut., B.
PAJOLAT, lieut., B.
STELLEY, lieut., B.
ASBRECH, s.-lieut., B.
JULIEN, lieut., B.

DENORMAN, s.-lieut., B.
COURNUD, s.-lieut., B.
RAYNAUD. s.-lieut., B.
LAPOULLE, s.-lieut., B.

14 juin 1807, *bataille de Friedland.*
ROY, capit., T.
PIOTTAZ, lieut., B. (mort le 4 août).
DESTAING, s.-lieut., B. (mort le 2 août).
CARRET, capit., B.
LECOMTE, capit., B.
DAIGRE, capit., B.
DELLAU, capit., B.
CORNUD, capit., B.
ROUGOLE, capit., B.
CAISSEL, lieut., B.
BARRABÉ, s.-lieut., B.
RAJON, s.-lieut., B.
PRAX, s.-lieut., B.
GAUD, lieut., B.
FOLLIET, lieut., B.

Coulon, s.-lieut., B. 21 sept. 1807 dans la marche sur Lisbonne (Portugal).

11 juill. 1808, bataille de Médina-del-Rio-Secco.
Michal, capit., B. (mort le 17).
Chapuzet, chef de bat., B.
Crétin, lieut., B.
Marsaint, lieut., B.
Rajon, lieut., B.
Serven, lieut., B.

17 août 1808, combat de Roriça.
Guillermin, lieut., B.
Meslier, major, B.
Saint-Martin, s.-lieut., B.

21 août 1808, bataille de Vimeiro.
Allier, capit. A.-M., T.
Orange, capit., B.
Reynaud, capit., B.
Soulé, s.-lieut., B.
Saint-Martin, s.-lieut., B.

10 et 11 nov. 1808, bataille et prise de Burgos.
Cambefort, capit., B. 10.
Savier, lieut., B. 10.
Albaret, s.-lieut., B. 11.
Panissod, s.-lieut., B. 10.

Prax, lieut., B. 12 nov. 1808, combat près de Burgos.
Bordet, s.-lieut., T. 18 déc. 1808, combat de Torquemada.

3 janv. 1809, à Villafranca.
Chapuzet, chef de bat., B.
Cumin, s.-lieut., B.

7 janv. 1809, combat de Lugo.
Nadaud, s.-lieut., T.
Philippeaux, s.-lieut., T.
Serven, lieut., B.

16 janv. 1809, combat de la Corogne.
Meillier, lieut., T. 16.
Causse, capit., B. 16 (mort le 1ᵉʳ avril).
Lohr, capit., B. 16 (mort).
Angelergue, s.-lieut., B. 16 (mort le 29).
Corsin, col., B. 16.
Carret, capit., B. 15.
Folliet, capit., B. 16.

Asbrech, lieut. A.-M., B. 17.
Serven, lieut., B. 15.
Dubois, s.-lieut., B. 16.

Gaud, capit., B. 7 févr. 1809, combat contre les insurgés espagnols.

29 mars 1809, prise et bataille d'Oporto.
Mallat, chef de bat., T.
Courbevaisse, lieut., T.
Roche, capit., B. (mort le 12 mai).
Corsin, col., B.
Damamm, chef de bat., B.
Palis, chef de bat., B.
Bailly, capit., B.
Merle, capit. A.-M., B. 28.
Colomb, capit., B.
Rossin, lieut., B.
Asbrech, lieut., B.
Laroux, s.-lieut., B.
Guillermin, lieut., B.

Mauget, chirurg. A.-M., B. 4 avril 1809, combat de Chavès.
Cumin, s.-lieut., B. 22 avril 1809, combat devant Oporto (mort le 12 mai).

12 mai 1809, évacuation d'Oporto.
Bertrand, capit., B.
Merle, capit. A.-M., B.
Cornud, capit., B.
Lambert, s.-lieut., B.
Marchal, capit., B. 16 mai 1809, prise du pont de Salamante.
Garnier, lieut., B. 18 mai 1809, retraite d'Oporto.
Leguay, s.-lieut., B. 16 mai 1810, rade de Cadix.
Guillermin, capit., B. 5 juill. 1810, affaire de Cerès-de Los-Cabaleros.

27 sept. 1810, bataille de Busaco.
Benard, capit., B. (mort le 2 oct.).
Lassée, lieut. B. (mort le 11 janv. 1811).
Pus, lieut., B. (mort).
Delizy, s.-lieut., B. (mort le 11 oct.).
Demontis, s.-lieut., B. (mort).
Jamart, s.-lieut., B. (mort).
Luzy, s.-lieut., B. (mort le 8 oct.).
Salles, s.-lieut., B. (mort le 12 nov.).
Berthelot-Desgraviers, col., B.
Carré, chef de bat., B.
Palis, chef de bat., B.

CARRET, capit., B.
MERLE, capit., B.
REYNAUD, capit., B.
PRAX, lieut. A.-M., B.
DURGUEIL, lieut., B.
SALMON, lieut., B.
DUBOIS, s.-lieut., B.
LAMBERT, s.-lieut., B.
PÉRIMONT, s.-lieut., B.

HENNE, s.-lieut., B. 22 nov. 1810, contre des guérillas (Espagne).
DELATOUR, s.-lieut., B. 25 déc. 1810, contre des guérillas (Espagne).
LAGORÉE, lieut., B. 23 mars 1811, combat en Navarre.
SAINT-MARTIN, lieut., B. 26 mars 1811, en colonne mobile (Espagne).

3 avril 1811, combat de Sabugal.
BERTHELOT-DESGRAVIERS, col., B.
ROSSIN, lieut. A.-M., B. (mort le 10).
FOURNIER, s.-lieut., B. (mort).
CHAPUZET, chef de bat., B.
CAMBEFORT, s.-lieut., B.

SAINT-MARTIN, lieut., B. 6 juin 1811, contre des guérillas (Espagne).
MARSAINT, lieut., B. 18 juill. 1811, défense de Badajoz.
THIERRY, chirurg. S.-A.-M., T. 27 août 1811 par des insurgés espagnols.
BRUNET, s.-lieut., B. 27 nov. 1811, en colonne mobile, Espagne (mort le 10 déc.).
FOUSSIER, lieut., B. 27 nov. 1811, à Quintanilla.
DUVAL, chirurg. S.-A.-M., B. 3 déc. 1811, en Portugal.

22 juill. 1812, bataille des Arapiles.
DUVAL, chirurg. S. A.-M.
BOURRINET, lieut., B.

BONJOUR, lieut., B. 28 août 1812, contre des guérillas (Espagne).
ROLLAND, lieut., T. 24 oct. 1812, contre des guérillas (Espagne).

5 mars 1813, combat d'Ohra (défense de Dantzig).
COUDERC, chef de bat., B.
DURGUEIL, capit., B.

MILCENT, capit., B.
LAUGIER, s.-lieut., B.

LAVERAN, lieut., B. 6 mars 1813, combat de Carion (Espagne).

2 mai 1813, bataille de Lutzen
ATOCH, chirurg. A.-M., T.
BOISLINARD, lieut., T.
THAURIN, s.-lieut., T.
DIEUZAIDE, chef de bat., B.
PIERSON, capit., B.
BONJOUR, lieut. A.-M., B.
LAPARA, lieut., B.
LAPORTE, lieut., B.
LEDRU, s.-lieut., B.
SIMON, s.-lieut., B.
VAUGUET, s.-lieut., B.

21 mai 1813, bataille de Würschen.
DIEUZAIDE, chef de bat., B. (mort).
DERVILLERS, capit., B.
GARNIER, capit., B.
CAMBEFORT, lieut., B.
SIMON, lieut., B.

MATON, s.-lieut., B. 17 juin 1813, près de Salinas.

21 juin 1813, bataille de Vittoria.
RICHAUD, capit., T.
LANGERON, col., B.
TALANDIER, lieut., B.

26 août 1813, bataille de Dresde.
BOURRINET, capit., B.
HEVIN, capit., B.
MARTIN, lieut., B.
DEBORDES, s.-lieut., B.

30 août 1813, affaire de Culm.
BOUCHUT, capit., T.
FONTENILLE, capit., B.
TROISVALET, capit., B.
TOIN, lieut., B.
SAUTON, s.-lieut., B.
GORY, s.-lieut., B.

18 oct. 1813, bataille de Leipzig.
DEVILLERS, capit., B.
PIERSON, capit., B.
CAMBEFORT, lieut., B.
LEDRU, s.-lieut., B.

GRAFFIGNY, s.-lieut., B. 10 nov. 1813, aux avant-postes, Pyrénées (mort le 30).

1813, défense de Dantzig.

DUMAS, lieut., T. 30 nov.
FOURNIER, capit., B. 30 nov. (mort le 17 janv. 1814).
BARGET, lieut., B. 30 nov. (mort le 16 déc.).
MILCENT, capit., B. 2 nov.
MARTIN, s.-lieut., B. 21 oct.

1813, combats devant Bayonne.

TALANDIER, capit., B.
THEUREAU, lieut., B. 13 déc. (mort le 13 mai 1814).
DAUPHIN, s.-lieut., B. 11 déc.
PÉJU, s.-lieut., B. 13 déc.
LAVERAN, capit., B. 13 déc.

CHARDOT, s.-lieut., B. 2 janv. 1814, près de Dantzig, par des Cosaques.

11 févr. 1814, bataille de Montmirail.

LACAZE, lieut. A.-M., T.
BERNE, chef de bat., B.
DIMPRE, chef de bat., B.
REYNIER, capit., B.
DUPRÉ, s.-lieut., B.

REINGUEBERG, s.-lieut., B. 14 févr. 1814, bataille de Vauchamps.

17 févr. 1814, combat de Valjouan.

FREAU, lieut., T.
CHIROT, capit., B.
DEMERCY (1), capit., B.
LAMBERT, capit., B.
SALMON, capit., B.

GOBIN, capit., B. 18 févr. 1814, bataille de Montereau.
DUPIN, lieut., B. 27 févr. 1814, combat de Meaux.

27 févr. 1814, bataille d'Orthez.

PÉJU, lieut., B.
MARCHON, s.-lieut., B.

---

(1) Comte de Mercy.

30 mars 1814, bataille de Paris (Montreuil).

ALBARET, capit., B. (mort le 27 avril).
REMY, s.-lieut., T.
GARNIER, capit., B. (mort le 31).
SALMON, capit., B. (mort le 13 avril).
ESPRIT, lieut., B. (mort le 6 avril).
BRUN, s.-lieut., B. (mort).
LABORDE, s.-lieut., T.
MARCHAL, lieut., B.
LERAHIER, s.-lieut., B.
ALAIS, s.-lieut., B.
SÉJOURNANT, lieut., B.
REDON, s.-lieut., B.

MICHEL, lieut., B. 30 mars 1814, aux avant-postes de Bayonne (mort le 7 avril).

4 avril 1814, combat de Pithiviers.

PAGES, s.-lieut., T.
LEBEAU, major, B.
CHIROT, capit., B.
ROCH, capit., B.

SENCE, s.-lieut., B. 10 avril 1814, bataille de Toulouse (mort le 17).

16 juin 1815, bataille de Ligny.

GRAND, lieut., T.
MESNARD, lieut., T.
THÉRON, lieut., T.
VIDAL, lieut., T.
BOUCHARD, s.-lieut., T.
DAUPHIN, lieut., B. (mort).
PEYRIS, col., B.
DAMAMM, chef de bat., B.
ALLARD, capit., B.
AVIT, capit., B.
BOURRINET, capit., B.
INGLEMANN, capit., B.
LHOTERIE, capit., B.
POUSCET, capit., B.
RAJON, capit., B.
TALANDIER, capit., B.
BONJOUR, lieut. A.-M., B.
AMBARD, lieut., B.
DAIGREMONT, lieut., B.
FAURE, lieut., B.
DESBORDES, lieut., B.
CANUYÈS, s.-lieut., B.
COGNÈS, s.-lieut., B.
FARGUES, s.-lieut., B.

LAMARLIÈRE, s.-lieut., B.
MONTIGNY, s.-lieut., B.
REINQUEBERG, s.-lieut., B.
TIXERRE, s.-lieut., B.
GAYARD, s.-lieut., B.

18 juin 1815, bataille de Waterloo.
FLANDIN, capit., B. (mort le 13 août).
CHERON, lieut., B. et disparu.

DEHENNAULT (1), chef de bat., B.
TALANDIER, capit., B.
CLOUET, lieut. A.-M., B.
ROMEY, lieut. A.-M., B.
LESDOS, s.-lieut., B.
QUEYA, s.-lieut., B.

(1) De Hennault de Bertaucourt.

5° Régiment.

TAUTELLIER, s.-lieut., B. 30 déc. 1805, défense de Saint-Domingue.

14 juill. 1807, siège de Stralsund.
L'YVER, s.-lieut., T.
FAURE, chef de bat., B.
POTEL, capit., B.
DE LAIDET, s.-lieut., B.

DEWARREUX, s.-lieut., T. 2 mai 1808, insurrection de Madrid.

10 nov. 1808, combat de Saybo (Saint-Domingue).
ALLIEZ, chef de bat., T.
BRIETTY, capit., T.

KAUFFMANN, capit., B. 27 janv. 1809, défense de Santo-Domingo (m¹ le 28).
MAZERAT, lieut., B. 24 juin 1809, à Santo-Domingo.

1809, siège de Saragosse.
VALETTE, lieut., T. 27 janv.
DEMAZIS, s.-lieut., T. 27 janv.
LEFIN, s.-lieut., B. 27 janv. (mort le 17 mai).
VERNINES, capit., B. 27 janv.
BOUDON, s.-lieut., B. 27 janv.
REMY, s.-lieut., B. 27 janv.

LASALLE, capit., B. 19 mars 1809, combat de Gothon (Aragon).
REMY, lieut., B. 16 mai 1809, contre des guérillas, en Espagne.

1809, combat d'Alcanitz.
LASSERRE, capit., T. 23 mai.
REMI, capit., B. 23 mai.

5 et 6 juill. 1809, bataille de Wagram.
QUINCIEUX, chef de bat., T. 5.
LEMAITRE, capit., T. 5.
VÉNARD, lieut., T. 5.
ROUSSEL, s.-lieut., T. 5.
SADOURMY, s.-lieut., T. 5.
GASSE, capit., B. 5 (mort le 18).
ROUSSEL, capit., B. 5 (mort le 16).
MONSABLON, s.-lieut., B. 5 (mort).
LAFARGUE, chirurg. A.-M., B. 6.
JAMONNET, capit., B. 5.
TRIAIRE, capit., B. 5.
POTEL, capit., B. 5.
LALUBIE, capit., B. 6.
AIGNELOT, lieut., B. 5.
DROUIN, s.-lieut., B. 5.
DE LAIDET, s.-lieut., B. 5.
SAINT-JULIEN, s.-lieut., B. 5.
DRILLOLE, s.-lieut., B. 5.

PÉGOT, s.-lieut., B. 28 août 1809, combat de Roncal.

1810, siège de Lérida.
BIAYS, capit., T. 12 mai.
ARVET, capit., B. 12 avril.
BERTEAUX, capit., B. 13 mai.
DIMPRE, capit., B. 13 mai.
GOSSELLE, capit., B. 13 mai.
PERROUD, capit., B. 12 mai.
DARHAMPÉ, lieut., B. 13 mai.
CRAMER, s.-lieut., B. 13 avril.
DUFILLON, s.-lieut., B. 13 mai.

1810, siège de Tortose.
GESCOT, capit., B. 26 déc.
BARBÉ, s.-lieut., B. 28 déc.
CARA, s.-lieut., B. 16 déc.
DETCHATS, s.-lieut., B. 15 déc.

BELLOT, lieut., B. 13 sept. 1810, combat de la frégate l'*Astrée*.
DIMPRE, capit., B. 3 mars 1811, combat du col de Balaguier.
HUEL-LANEAUX, capit., B. 20 mai 1811, à bord de la frégate *la Néréide*.
RAYNAUD, s.-lieut., B. 5 juin 1811, à Orduna.

1811, siège de Tarragone.
JAVERSAC, chef de bat., T. 16 juin.
DORFEUILLE, lieut., T. 22 juin.
ELIE, lieut., T. 18 mai.
DARTHE, s.-lieut., T. 15 juin.
VUILLIEMIN, capit., B. 18 mai (m^t le 22).
WAL, lieut., B. 19 mai (mort le 2 juin).
RICHARD, s.-lieut., B. 16 juin (mort le 8 juill.).
PÉGOT, lieut., B. 12 juin.
ANICOT, chef de bat., B. 16 juin.
CHOPPIN, s.-lieut., B. 28 juin.
SCHREINER, lieut., B. 28 juin.
COUTENCEAU, s.-lieut., B. 16 juin.
BARBÉ, s.-lieut., B. 28 juin.
DESGALLAIX, s.-lieut., B. 18 mai.
PAIN, s.-lieut., B. 13 et 21 juin.

DUFILLON, lieut., B. 17 sept. 1811, affaire d'Orpès (Espagne).

1811, siège de Murviedro.
ANICOT, chef de bat., T. 29 sept.
CHAZEL, lieut. A.-M., T. 29 sept.
SCHREINER, lieut., B. 28 sept.

25 oct. 1811, bataille de Sagonte.
PIERRON, s.-lieut., B. (mort le 1er déc.).
PERROUD, chef de bat., B. 28 sept., au siège).
BONNIN, lieut., B.
ROSTOLLAND, s.-lieut., B.

LACOMME, s.-lieut., T. 9 nov. 1811, affaire près Murviedro.

1811, siège de Valence.
DUPONT, capit., B. 1er déc.
SCHREINER, lieut., B. 21 déc.
BARBÉ, s.-lieut., B. 7 nov.
DUSSAUSSAY, s.-lieut., B. 21 déc.

DARHAMPÉ, lieut., B. 15 févr. 1812, combat près Valence.

12 juill. 1812, combat de Logrõno.
LAURENT, capit., B.
NOEL, s.-lieut., B.

21 août 1812, en escortant le Trésor (Espagne).
GESCOT, capit., B.
FOUQUES, lieut., B.

DROUIN, lieut., B. 11 oct. 1812, en colonne mobile en Espagne.
LERAY, capit., B. 15 oct. 1812, combat de Manero (Navarre).
ARVET, capit., B. 28 oct. 1812, près de Sagonte.

14 déc. 1812, combat près Tudela.
CHERON, lieut., T.
GRIMAUD, capit., B. (m^t le 29 janv. 1813).

DECOMBEJEAN, chirurg. A.-M., 20 janv. 1813, près Tolosa.
JACQUEMIN, capit., B. 9 févr. 1813, route de Pampelune, en escortant des prisonniers espagnols.

28 janv. 1813, en reconnaissance en Espagne.
GESCOT, capit., B.
LAMARLE, s.-lieut., B.

BOUSSON, s.-lieut., B. 22 mars 1813, Thiebas (Espagne).
PROST capit., B. 2 mai 1813, bataille de Lutzen.

13 mai 1813, combat de Roncal.
GESCOT, capit., B.
DUFILLON, lieut., B.

21 mai 1813, bataille de Würschen.
LAFEUILLADE, s.-lieut., T.
SALMON, s.-lieut., B.
MÉLOT, s.-lieut., B.

10 juin 1813, affaire près de Roncal.
FOUQUES, lieut., B.
HAILLOT, s.-lieut., B.

LEFIZELLIER, capit., B. 8 juill. 1813, retraite de Saragosse.
CONVERT, capit., B. 30 juill. 1813, devant Pampelune.

31 *juill.* 1813, *retraite de Pampelune.*
MEZIN, lieut., T.
GARAVEL, lieut., B.
NOEL, lieut., B.
DELAUZANT, s.-lieut., B.

Août 1813, *combat près Saint-Estevan.*
SOMMÉ, lieut., T. 1ᵉʳ.
CONVERT, capit., B. 30.
CRAMER, capit., B. 1ᵉʳ.
LIEGROIS, capit., B. 1ᵉʳ.
BAUDART, s.-lieut., B. 1ᵉʳ.
BOUSSON, s.-lieut., B. 1ᵉʳ.
COITIN, s.-lieut., B. 31.

1813, *défense de Tortose.*
ARVET, chef de bat., B. 28 oct.
DARHAMPÉ, capit., B. 18 août.
DUFILLON, capit., B. 19 août.
DUSSAUSSAY, capit., B. 18 août.

GILLET, chef de bat., B. 19 août 1813, combat de Buntzlau.

31 *août* 1813, *combat d'Urdache (Bidassoa).*
DRILLOLE, capit., T.
RUELLE, s.-lieut., T.
VERDIER, s.-lieut., T.
CURNIER DE PILVERT, col., B.
NOEL, lieut., B.
BOUSSON, s.-lieut., B.
DUCASSE, s.-lieut., B.
TISSERAND, s.-lieut., B.

15 *sept.* 1813, *combat près Bautzen.*
DUNOYER, lieut., B.
POINTIS, lieut., B.
LENOIR, s.-lieut., B.

HARDY, s.-lieut., T. 19 oct. 1813, dans les rues de Leipzig.

16 *et* 18 *oct.* 1813, *bataille de Leipzig.*
STAWESKI, capit., T. 16.
JOURDAN, capit., B. 18.
BARBÉ, lieut., B. 18.
ROUSSEAU, lieut., B. 18.
JACQUEMIN, capit., B. 19.
DEMANGE, s.-lieut., B. 16 et 18.
LENOIR, lieut., B. 18.

9 *nov.* 1813, *combat près de Mayence.*
BERGÈS, s.-lieut., T.
ROUSSEAU, capit., B.

7 *et* 13 *déc.* 1813, *combats devant Bayonne.*
PERRONNET, capit., T. 7.
FONTAINE, s.-lieut., B. 7. (mort le 8).
JAUBERT, chef de bat., B. 13.
NOEL, capit., B. 13.
MOUSSIER, capit., B. 13 (mort le 18).
COLLIN, lieut., B. 13.
VAILLANT, lieut., B. 13.
LENFANT, s.-lieut., B. 13.

1814, *blocus de Bayonne.*
REY, chef de bat., F. 14 avril.
ESPIGNE, capit., B. 14 mars.
GIBAUD, capit., B. 14 avril.
NOEL, capit., B. 23 et 27 févr.
FRITCHY, s.-lieut., B. 27 févr. (mort le 14 avril).
PERRIN, capit., B. 24 févr.
LEMAIRE, s.-lieut., B. 14 avril.

BOURDIN, lieut., B. 10 févr. 1814, défense du pont de Nogent.
DELAUZANT, capit., B. 10 févr. 1814, combat de Nogent.
JOURDAN, capit., B. 17 févr. 1814, combat de Nangis.
RAGON, capit., B. 18 févr. 1814, bataille de Montereau.
HENRIOT, s.-lieut., B. 20 févr. 1814, aux avant-postes (mort le 2 mars).

2 *et* 3 *mars* 1814, *combats de la Chaussée, devant Troyes.*
GESCOT, capit., B. 3.
LOUIS, lieut., B. 2.

18 *juin* 1815, *bataille de Waterloo.*
LACROIX, capit., T.
LEROY, capit., T.
GAUD, chef de bat., B.
BERTHOLE, lieut., T.
MICHEL, s.-lieut., T.
SALICETI, capit., B.
BOULLIER, capit., B.
DE BELLEVILLE, lieut., B.
EYMARD, lieut., B.
FARSAC, lieut., B.
RUFFIN, s.-lieut., B.

THIBAULD, lieut., B. (noyé le 10 janv. 1846, en rentrant en France). | SANEJOUAND, s.-lieut., B.

6ᵉ Régiment.

14 oct. 1805, combat d'Elchingen.
MOUROUX, lieut., T.
ROUSSEL, lieut., T.
GROSLAIN, chef de bat., B.
CORBIN, capit., B.
SÉGUELA, capit., B.
LIMONNIER, capit., B.
RENVOYÉ, capit., B.
GAUCHE, lieut., T.
FRANQUIN, lieut., B.
RAULIN, lieut., B.
SAUZEAU, lieut., B.
CHARTIER, s.-lieut., B.
CHABOT, lieut., B.
LAFOND, s.-lieut., B.
LAINÉ, s.-lieut., B.
LALIGAND, s.-lieut., B.
RIED, s.-lieut., B.
DUVAL, s.-lieut., B.

PLANCHET, capit., B. 14 oct. 1806, bataille d'Iéna.
MARMIER, lieut., B. 1ᵉʳ janv. 1807, affaire d'avant-postes, Pologne.

8 févr. 1807, bataille d'Eylau.
PRADAL, capit., B.
PILNET, capit., B.

26 févr. 1807, aux avant-postes (Peterswald).
LIMONNIER, capit., B.
PÉRIN, s.-lieut., B.
GALLOT, lieut., B.

5 et 6 juin 1807, combat de Guttstadt.
TOURNEUR, lieut., T. 5.
AUVRAI, s.-lieut., T. 6.
FRANÇOIS, s.-lieut., B. 5. (mᵗ le 9 juill.).
LIMONNIER, capit., B. 5.
ROUSSILLE, capit., B. 5.
THOMAS, capit., B. 6.
CHABOT, lieut., B. 6.
FRANQUIN, lieut., B. 5.
LANDRÉ, lieut., B. 5.
CHARTIER, lieut., B. 5.
ROHAUL, s.-lieut., B. 6.

VIDAL DE LAUZUN, s.-lieut., B. 5.
HANRY, lieut., B. 5.

RENVOYÉ, capit., B. 8 juin 1807, combat de Guttstadt.

14 juin 1807, bataille de Friedland.
GUERRIER, capit., T.
CONSTANT, s.-lieut., T.
HUIN, capit., B. (mort le 16).
CARPENTIER, capit., B.
GUILLAUMET, lieut., B.
RAULIN, lieut., B.
LARRIEU, lieut., B.
CHARTIER, lieut., B.
DUVAUCEL, s.-lieut., B.
DUCHANGE, lieut., B.
FRIOL, s.-lieut., B.
OUDIN, capit., B.
GUINGRET, s.-lieut., B.
LAFONT, s.-lieut., B.
GÉHIN, s.-lieut., B.

ROHAULT, s.-lieut., B. 8 juin 1808, par des brigands (Espagne).

18 mars 1809, combat contre les guérillas, Espagne.
PREY, s.-lieut., B. (mort le 23 avril).
OUDIN, capit., B.
CRESTEY, s.-lieut., B.
ROLLIN, lieut., B. 13 avril 1809, affaire de Pont-de-San-Payo (Espagne).

22 mai 1809, bataille d'Essling.
MASSY, chef de bat., T.
VAN-BERCHEM, chef de bat., T.
DUMOUTIER (A.), lieut. A.-M., B. (mort le 22 juill.).
GÉHIN, capit., B.
FOUQUET, capit., B.
TURPIN, capit., B.
PLANCHET, capit., B.
GÉRARD, capit., B.
BRICHARD, lieut., B.
CANIVET, lieut., B.
BLANCHARD, s.-lieut., B.

ROLLIER, lieut., B.
LUCE, s.-lieut., B.
TANGY, s.-lieut., B.

23 mai 1809, combat de Santiago (Galice).

BEUCHEZ, lieut., B. (mort le 5 juin).
THERY, capit., T.
LEFLOCH, s.-lieut., T.
THOMAS, chef de bat., B.
COLIN, capit., B.
VIDAL DE LAUZUN, lieut., B.
FRIOL, s.-lieut., B.
LAFONT, s.-lieut., B.
LEVRAT, s.-lieut., B.
MAYENOBÉ, lieut., B.

5 et 6 juill. 1809, bataille de Wagram.

VICAIRE, lieut., T, 6.
DUMOUTIER (R.), lieut. A.-M., B. 6 (mort le 22).
GROSLAIN, major, B. 6.
GÉHIN, capit., B.
ADAM, s.-lieut., B. 6.
TURPIN, capit., B. 6.
DECHESNE, s.-lieut., B. 6.
GÉRARD, capit., B. 6.
QUILLOT (B.), s.-lieut., B. 6.
QUILLOT (F.), s.-lieut., B. 5.
TANGY, lieut., B. 6.

FLAMANT, capit., assassiné 18 sept. 1809, par des brigands, à Mâcon (Saône-et-Loire).

18 oct. 1809, combat de Tamamès.

CAILLAT, lieut., T.
LIMONNIER, capit., B.
CAILLE, capit., B.
GUILLAUMET, lieut. A.-M., B.
LAFONT, lieut., B.
DECAUX, s.-lieut., B.
MAYENOBÉ, lieut., B.

MAYENOBÉ, lieut., B. 9 mars 1810, étant à la poursuite de brigands, en Espagne.
LEGAY, s.-lieut., B. 16 mai 1810, rade de Cadix (à bord du ponton *la Vieille-Castille*).

1810, siège de Ciudad-Rodrigo.

LIMONNIER, capit., B. 17 juin.
GUINGRET, lieut., B. 27 juill.

27 sept. 1810, bataille de Busaco.

AMY, col., T.
PAYEN, lieut., T.
BEUCHON, capit., B. (mort le 24 déc.).
DELAUNAY, lieut., B. (mort le 6 févr. 1811).
CHARTIER, capit., B.
DELOM, chef de bat., B.
TASCHER, chef de bat., B.
LARRIEU, capit., B.
GUINGRET, lieut., B.
CHABOT, capit., B.
HARISMENDY, lieut., B.
NEUMAYER, s.-lieut., B.
MASSIAS, s.-lieut., B.
FRANQUIN, lieut., B.

GUILLAUMET, capit., B. 22 sept. 1810, en colonne mobile en Espagne.
ROETTIERS, lieut., B. 2 févr. 1811, aux avant-postes en Espagne.

11 mars 1811, combat en Espagne.

CAULLIER, lieut., T.
D'ALBOUY, s.-lieut., T.
VIDAL (R.), s.-lieut., B.
BOUTEILLE, s.-lieut., B.

MASSIAS, lieut., B. 14 mars 1811, affaire en Portugal.
ADERT, s.-lieut., B. 4 avril 1811, étant en colonne mobile près de Coimbre.

5 mai 1811, bataille de Fuentès-de-Onoro.

DECAUX, lieut., B.
GÉHIN, capit., B.
GUINGRET, lieut., B.
FERRET, s.-lieut., B.
POISAT, s.-lieut., B.

ROETTIERS, lieut., B. 25 août 1811, dans une reconnaissance en Espagne.
CRESTEY, lieut., T. 26 sept. 1811, en reconnaissance (Espagne).
RAULIN, capit., B. 4 oct. 1811, en reconnaissance en Biscaye.
DUCELLIER, lieut., B. 4 oct. 1811, combat devant Coimbre (Espagne).

22 juill. 1812, bataille des Arapiles.

MOLARD, col., B. (mort le 4 août).
GUILLAUMET, capit., B.
PHILIPPE, capit., B.

POULAIN, capit., B.
RIED, capit., B.
ROHAULT, capit., B.
RAVAILLER, lieut., B.
BOUTEILLE, s.-lieut., B.
LAGOUTINE, s.-lieut., B.
PARIS, s.-lieut., B.

RAULIN, capit., B. 9 janv. 1813, affaire contre les brigands espagnols.
CREVY, s.-lieut., B. 10 janv. 1813, en colonne mobile en Espagne (à El-Barco).
ROBERT, s.-lieut., B. 10 janv. 1813, à Salina-d'Anana.
JACMINOT, lieut., B. 16 janv. 1813, près de Dantzig.
VESTU, capit., B. 26 janv. 1813, combat devant Dantzig.
FERRET, s.-lieut., B. 20 févr. 1813, combat contre des guérillas (Espagne)
LESECQUE, s.-lieut., B. 5 mars 1813, combat d'Ohra (Dantzig).
VIDAL, capit., B. 2 mai 1813 aux avant-postes devant Lutzen.

2 mai 1813, bataille de Lutzen.
REUDET, s.-lieut., T.
CAMUS, lieut., B. (mort le 5).
CARBOUDHUAI, capit., B.
GUILLAUMET, capit., B.
LAHENNIER, capit., B.
DOMPMARTIN, s.-lieut., B.
VEYRIER, lieut., B.
LECOMPTE, s.-lieut., B.
BERNARD, s.-lieut., B.
VIARDOT, s.-lieut., B.

ROYER, s.-lieut., B. 7 mai 1813, aux avant-postes sur l'Elbe.

21 mai 1813, bataille de Würschen.
GUILLAUMET, capit., B.
RIED, capit., B.
GRANAT, lieut., B.
NICOLAS, lieut., B.
RENARD, lieut., B.
VEYRIER, lieut., B.

25 juin 1813, combat de Tolosa.
CHAVASSIEUX, lieut., B. (m¹ le 14 juill.).
MASSIAS, lieut., B.
LAURENT, s.-lieut., B.

NEUMAYER, capit., B. 25 juill. 1813, combat du col de Maya.

28 juill. 1813, devant Pampelune.
LEVRAT, capit., T.
PERRIN, s.-lieut., B.
GÉRAN, s.-lieut., B.

LAIGNEAU, lieut., B. 21 août 1813, combat sur le Bober.

1813, défense de Dantzig.
ELAMBERT, chef de bat., B. 29 août.
DECAUX, capit., B. 20 nov.
VESTU, capit., B. 1ᵉʳ nov.
GAULLIER, lieut. A.-M., B. 10 nov.
JACMINOT, s.-lieut., B. 29 août.
BELLANT, s.-lieut., 21 nov.
CORARD, lieut., B. 29 août.
BESSE, lieut., B. 29 sept.

31 août 1813, combat de Buntzlau.
RIED, capit., B.
LAIGNEAU, lieut., B.
PROUST, s.-lieut., B.

PATOUX, lieut., B. 1ᵉʳ nov. 1813, défense de Dantzig.
AUBERT, capit., B. 12 sept. 1813, aux avant-postes de Tœplitz.
ALLEMAND, s.-lieut., T. 2 oct. 1813, près de Bayonne.
BRICHARD, capit., T. 13 oct. 1813, combat près de Leipzig.

18 oct. 1813, bataille de Leipzig.
GEMEAU, chef de bat., B. 18.
LARRIEU, chef de bat., B. 18.
ARNOUX, capit., B. 18.
ROBERT, lieut., B. 18.
PLARD, s.-lieut., B. 16.
GENET, s.-lieut., B. 16.
PROUST, s.-lieut., B. 18.
VINEPE, s.-lieut., B. 18.
VIRET, lieut., B. 18.

MONTREF, capit., B. 2. nov. 1813, en colonne mobile (Espagne) (mort le 3).

10 nov. 1813, combat près Bayonne.
MASSIAS, capit., B.
GAULLIER, lieut. A.-M., B.

ROQUE, s.-lieut., 4 B. déc. 1813, défense de Torgau.

10 déc. 1813, combat près Bayonne.
BACHOD, capit., T.
NEUMAYER, capit., B.
QUILLOT (F.), capit., B.

1er févr. 1814, défense de Phalsbourg.
CHENDRET, s.-lieut., T.
ROBERT, lieut., B.

ROBIN, lieut., B. 1er févr. 1814, bataille de La Rothière.
PHILIPPE, chef de bat., B. 14 févr. 1814, combat de Vauchamps.
RIED, capit., B. 17 févr. 1814, combat de Valjouan.

27 févr. 1814, bataille d'Orthez.
DUCRET, capit., B.
GÉRAN, lieut., B.
LAURENT, lieut., B.
PERRIN, lieut., B.

28 févr. 1814, combat près d'Orthez.
BERNARD, s.-lieut., B.
VINEPE, s.-lieut., B.

DIEULOUARD, s.-lieut., B. 7 mars 1814, bataille de Craonne.

19 mars 1814, combat de Vic-de-Bigorre.
LAGRASSERIE, capit., B.
MASSIAS, capit., B.
GIRARDIN, s.-lieut., B.

10 avril 1814, bataille de Toulouse.
DUCRET, capit., B.
NEUMAYER, capit., B.
BURDEL, lieut., B.

16 juin 1815, bataille de Ligny.
GRÉGOIRE, capit., T.
DE CANROBERT, s.-lieut., T.
QUEYA, s.-lieut., B. (mort le 8 juill.).
GEMEAU, chef de bat., B.
VIDAL (Z.), capit. A.-M., B.
VIGNERON, capit., B.
LUBET, capit., B.
VESTU, capit., B.
CREVRY, lieut., B.
BRETONVILLE, lieut., B.
BOUTEILLE, s.-lieut., B.
COLOMBIER, s.-lieut., B.
MOHO, s.-lieut., B.
COUILLARD, s.-lieut., B.

7º Régiment.

DEPOMMERY, s.-lieut., B. 26 nov. 1806, au passage du Bug.

24 déc. 1806, attaque du pont de Sochoczym.
MARTIN, chef de bat., T.
BRANDON, s.-lieut., B. (mort le 28).
HAMON, capit., B.
LEFÈVRE, lieut., B.

8 févr. 1807, bataille d'Eylau.
VAGNAIR, chef de bat., T.
GAIGNOT, capit., B. (mort le 8 mars).
DECONTE, capit., T.
DERIQUEHEM, capit., T.
VAUTRAIN, capit., B. (mort le 2 août).
ASTRE, capit., T.
MORRAIN, lieut., B. (mort le 11 mars).
DALQUIER-FONFRÈDE, lieut., B. (m¹ le 26).

PLANTIER, s.-lieut., T.
LABASTIE, s.-lieut., T.
BAILLIF, chef de bat., B.
BAUGER, capit. A.-M., B.
HALLOY, capit., B.
COLARD, capit., B.
LAPROTE, capit., B.
MERCIER, capit., B.
OEHLERT, capit., B.
MÉLAC, capit., B.
ROTH, lieut., B.
VILLEDIEU, lieut., B.
SINN, lieut., B.
LOMBARD, lieut., B.
GUESNON, lieut., B.
SÉGUINEAU, lieut., B.
DEVAREUX, lieut., B.
ADRIEN, s.-lieut., B.
DUPUY, s.-lieut., B.

DE SÈDE, s.-lieut., B.
FOUILLADE, s.-lieut., B.
GALLOIS, lieut., B.
CAILLAU, s.-lieut., B.
DUPONT, s.-lieut., B.
GARRALON, s.-lieut., B.
BRÉARD, s.-lieut., B.
FOUQUET, s.-lieut., B.
BERTHOMÉ, s.-lieut., B.
PRIOLAT dit LAJEUNESSE, s.-lieut., B.

LUCAS, capit., T. 15 juin 1807, sur le Prégel, par des Cosaques.

19 avril 1809, combat de Thann.
WAROQUIER, lieut. A.-M., T.
TOUREAUD, s.-lieut., T.
LAMAIRE, col., B.
SAURY, chef de bat., B.
BONNESCUELLE, capit., B.
BROCQ, capit., B.
MÉLAC, capit., B.
SAUX, lieut., B.
ADRIEN, lieut., B.
COURTIES, s.-lieut., B.
COLLIN, s.-lieut., B.
BEAUMONT, s.-lieut., B.
SERRY, s.-lieut., B.

23 avril 1809, combat de Ratisbonne.
LARCHER, s.-lieut., T.
JOINEAUX, lieut., B.
DANDALLE, capit., B.

BROCQ, capit., B. 4 mai 1809, combat devant Presbourg.

22 mai 1809, bataille d'Essling.
FAGE, capit., T.
COSTE, capit., T.
SAILLY, lieut., T.
PATENÔTRE, s.-lieut., B.

GUESNON, capit., B. 6 juin 1809, aux avant-postes sur le Danube.

6 juill. 1809, bataille de Wagram.
FOUILHADE, lieut., T.
ADELINE, lieut., T.
LAMAIRE, col., B.
SAURY, chef de bat., B.
SCHERLI, capit., B.
MAISONNAVE, capit., B.

FERRIOL, capit., B.
BONNESCUELLE, capit., B.
GARNIER, capit., B.
BOUQUET, capit., B.
MÉLAC, capit., B.
DEPIERRE, capit., B.
BARBIER, lieut., B.
COSSO, lieut., B.
DUPUY, lieut., B.
CHEVALIER, lieut., B.
BUTARD, lieut., B.
MADIER, s.-lieut., B.
DIETZ, s.-lieut., B.
GAVOIS, s.-lieut., B.
FLOUGAUD, s.-lieut., B.
MARCEL, s.-lieut., B.
RIVOIZA, s.-lieut., B.
GUILLABERT, s.-lieut., B.

17 août 1812, bataille de Smolensk.
DUFOUR, capit., T.
VILLEMESSAN, capit., T.
FLAMAND, lieut., T.
DANDALLE, lieut., T.
HORN, s.-lieut., T.
DE BAYOL, s.-lieut., T.
ESPION, s.-lieut., T.
DENOUE, chef de bat., B.
COURTILLON, capit., B.
ROMAN, capit., B.
ROBIN, capit., B.
TRASCAZE, lieut., B.
BABY, s.-lieut., B.
PACHON, lieut., B.

19 août 1812, combat de Valoutina-Gora.
SAILLY, capit., T.
SABE, capit., T.
AUDIN, capit., B. (mort le 23).
POUILLÉ, capit., B. (mort le 23).
VIGNOLLES, lieut., T.
TOURNIER, s.-lieut., T.
GAVOTY, s.-lieut., T.
BRONDEL DE ROQUEVAIRE, capit., B.
MONCEY, capit., B.
MERCERON, capit., B.
BROCQ, capit., B.
DESPLANQUES, capit., B.
LIGNEAU, lieut., B.
RAOUX, lieut., B.
ROMANS, lieut., B.
PACHON, lieut., B.
JACQUEMART, s.-lieut., B.

JOUANNET, s.-lieut., B.
MALHAUTIER, s.-lieut., B.

7 *sept.* 1812, *bataille de la Moskowa.*
SERIES, chef de bat., B. (mort le 17).
DUCOURTIEUX, capit., B. (mort le 15).
DELANGLE, capit., T.
BOISTE, capit., T.
SÉGUINEAU, capit., T.
ADRIEN, capit., T.
SAVINEL, lieut., B. (mort le 9).
BELLAS, s.-lieut., B. (mort le 20).
ROME, col., B.
BAILLIF, major en 2ᵉ, B.
BUTARD, chef de bat., B.
MARGERIE, chef de bat., B.
DESPLANQUES, capit., B.
COSSO, capit., B.
DE SÈDE, capit., B.
CHESNON DE CHAMPMORIN DE JAROSSEY, lieut., B.
MADIER, lieut., B.
MASSON, lieut., B.
OUVRARD, lieut., B.
FALCON, lieut., B.
ROUJEAN, lieut., B.
FAGET, s.-lieut., B.
JACQUEMART, s.-lieut., B.
SOUBRAT, s.-lieut., B.
IZAMBERT, s.-lieut., B.

CAPTAL, lieut., B. 16 sept. 1812, étant en reconnaissance dans les environs de Moscou.
FLOUCAUD, capit., B. 21 oct. 1812, affaire contre des Cosaques à Kalouga.

24 *oct.* 1812, *bataille de Malojaroslawetz.*
MERCERON, capit., B.
BRÉARD, capit., B.
SOUBRAT, s.-lieut., B.
DEVINCHES, s.-lieut., B.
VIDAL, s.-lieut., B.

3 *nov.* 1812, *combat de Wiasma.*
BEAUGEZ, major en 2ᵉ, B.
LANGLOIS DE LONGUEVILLE, lieut., B.

11 *nov.* 1812, *combat devant Smolensk.*
MINET, capit., B.
BROCQ, capit., B.
BLEUZET, lieut., B.
CHAURAUD, s.-lieut., B.

DESCHAMPS, s.-lieut., B.
BITAUBÉE, s.-lieut., B.

SOUBRAT, lieut., B. 16 nov. 1812, bataille de Krasnoë.

18 *nov.* 1812, *bataille de Krasnoë.*
MERCERON, capit., B.
BRÉARD, capit., B.

VAN-STEENSEL, capit., T. 28 nov. 1812, au passage de la Bérésina.
GÉRARD, lieut., B. aux ponts de la Bérésina (28 nov.) (mort en 1813 à Wilna).

28 *nov.* 1812, *aux ponts de la Bérésina.*
DANDALLE, capit., T.
MAUNOIR, capit. (écrasé).
MONTGAUZY, s.-lieut., T.
MAZOYER, s.-lieut., B.
DE LAURENS, lieut., B. (mort le 18 déc.).

TORTAT, s.-lieut., B. 7 déc. 1812, combat en avant de Wilna.
GAVOY, capit., B. 4 déc. 1812, près de Smorgoni, par des Cosaques.

29 *et* 30 *août* 1813, *affaire de Culm.*
DUPORTAIL, major, T. 29.
FÉRÉOL, chef de bat., T. 30.
PROD'HOMME, capit., T. 30.
MAISONNAVE, capit., T. 30.
MARCEL, capit., T. 30.
QUESNOT, capit., T. 30.
LEROY, capit., T. 30.
AUBERTIN, lieut., T. 30.
GRUGEZ, lieut. A.-M., T. 30.
DELIGNON, lieut., T. 30.
DAMPHOUX, s.-lieut., T. 30.
GAUGLIN, s.-lieut., T. 30.
CARDOIS, s.-lieut., T. 30.
DAVIAUD, s.-lieut., T. 30.
AUTRAN, col., B. 30 (resté sur le champ de bataille, présumé mort).
BERTRAND, chef de bat., B. 29.
MARGERIE, chef de bat., B. 29.
BUTARD, chef de bat., B. 29.
PACHON, capit., B. 29.
FACY, capit., B. 30.
SOLMON, capit., B. 29.
DE BRONDEL DE ROQUEVAIRE, capit., B. 29.
RAYMOND, capit., B. 30.

Lussac, capit., B. 30.
Chas, capit., B. 30.
Pfleiger, capit., B. 30.
Soubrat, lieut., B. 30.
Roujean, lieut., B. 30.
Redarez, lieut. A.-M., B. 30.
Boissière, lieut., B. 30.
Robin, lieut., B. 30.
Pelissier, s.-lieut., B. 30.
Grenon, s.-lieut., B. 30.
Therade, s.-lieut., B. 30.
Reguis, s.-lieut., B. 30.

Reddet, capit. A.-M., T. 6 sept. 1813, combat devant Dresde.

14 sept. 1813, combat de Peterswald.
Blanc, lieut., T. 14.
Cabot, s.-lieut., T. 14.

Davout, s.-lieut., B. 15 (mort le 28).
Brocq, chef de bat., B. 14.
Courtillon, capit., B. 14.
Ligneau, lieut., B. 14.
Pelissier, s.-lieut., B. 14.

10 oct. 1813, défense de Dresde.
Déserville, s.-lieut., B. (mort).
Dampmartin, s.-lieut., B. (m^t le 5 déc.).

24 déc. 1813, défense de Huningue.
Sautemont, capit., B.
Solmon, capit., B.
Lechenet, lieut., B.

Chesnon de Champmorin du Jarassey, capit., B. 30 déc. et 1er avril 1814, défense de Magdebourg.

8e Régiment.

Decarnin, lieut., B. 23 oct. 1805, combat de Fiume (Italie).
Hullion, capit., B. 11 oct. 1805, combat d'Augsbourg.
Paul, lieut., B. 16 juin 1807, combat route de Stuza (Dalmatie).
Boe, s.-lieut., B. 16 avril 1809, bataille de Sacile.

8 mai 1809, bataille de la Piave.
Sauvage, lieut. A.-M., B.
Deschamps, capit., B.

Siegmund, capit., B. 16 mai 1809, combat en Croatie.

20 et 21 mai 1809, combat de Gospich.
Brun, lieut., B. 20.
Leguillon, lieut., B. 21.

Marquis, s.-lieut., B. 26 mai 1809, affaire de Berlochk (Croatie).

6 juill. 1809, bataille de Wagram.
Lelarge, capit., T.
L'Huillier, capit., T.
Maffre, s.-lieut., T.
Lecomte, capit., B. (mort le 8).
Moncheront, capit., B. (mort).
Destouches, s.-lieut., B. (mort).

Bois, chef de bat., B.
Latour, chef de bat., B.
Paul, capit., B.
Deschamps, capit., B.
Delaforet, s.-lieut., B.
Dauvergne, lieut., B.
Ferreyrol, s.-lieut., B.
Delahaye, s.-lieut., B.
Verreulx, s.-lieut., B.
Gouriez, lieut., B. (mort le 25).

11 juill. 1809, bataille de Znaïm.
Plique, lieut., T.
Sartori, s.-lieut., B.

Forville, s.-lieut., T. 29 sept. 1810 en reconnaissance en Catalogne.
Brice, s.-lieut., B. 3 mai 1811, blocus de Figuières.
Verreulx, lieut., B. 29 juill. 1811, devant Figuières.
Favier, lieut., B. 6 août 1811, devant Figuières.
Woilard, capit., B. 27 févr. 1812, étant en colonne mobile en Catalogne.

25 et 26 juill. 1812, combat d'Ostrowno.
Raymond, capit., T. 25.
Cambernon, lieut., T. 25.
Lacomme, lieut., T. 25.

Mure, s.-lieut., T. 25.
Repiquet, s.-lieut., T. 25.
Walle, s.-lieut., T. 25.
Augler, capit., B. (mort le 27).
Serrent, col., B.
Wahl, capit., B.
Drouel, capit., B.
Leguillon, capit., B.
Marquis, capit., B.
Aymé, lieut., B. 25.
Dauvergne, lieut., B.
Pierret, lieut., B. 25.

24 et 25 oct. 1812,
bataille de Malojaroslawetz.

Virion, capit., T.
Petremen, lieut., T.
Rey, s.-lieut., T.
Boe, capit., B.
Camoin, capit., B. 25.
Dessaine, capit., B.
Servin, capit., B.
Perroud, s.-lieut., B.
Rouchon, s.-lieut., B.

Drouel, capit. B. 7 nov. 1812, route de Smolensk, par des Cosaques.

16 nov. 1812, bataille de Krasnoë.

Sieurac, lieut., T.
Remouleux, s.-lieut., T.
Ricard, col., B.
Matignon, lieut. A.-M., B.
Lefèvre, s.-lieut., B.
Merchez, lieut., B.
Rouchon, s.-lieut., B.

27 et 28 nov. 1812, aux ponts
de la Bérésina.

Masson, major en 2ᵉ, B. 28.
Mottet, capit., B. 28.
Guyot, lieut., B. 27 et disparu.
Blot, lieut., B. 28.

Déc. 1812, route de Wilna au Niemen.
Lorieux, capit., B. 7.
Grangier, capit., B. 11.
Perrard, s.-lieut., B. 9.
Delfaux, s.-lieut., B. 14.
Villiot, s.-lieut., B. 14.
Bertrand, s.-lieut., B. 8.
Sault, s.-lieut., B. 16.
Gossin, s.-lieut., B. 14.

Gravier, s.-lieut., B. 9.
Mazet, s.-lieut., B. 9.
Digout, s.-lieut., B. 13.

Marion, s.-lieut., B. 7 mars 1813, défense de Glogau.
Delsey, s.-lieut., B. 21 mai 1813, bataille de Würschen.

25 et 26 août 1813, bataille de Dresde.

Prevel, s.-lieut., T. 26.
Camoin, capit., B. 25.
Gagnon, capit., B. 26.
Manot, capit., B. 26.
Perroud, capit., B. 26.
Ricard, lieut., B. 26.
Henry, s.-lieut., B. 25.

6 sept. 1813, bataille de Juterbock.

Sevestre, capit., T.
Tristan de L'Hermitte, lieut., T.
Couturier, capit. B. (mort le 26).
Woilard, chef de bat., B.
Lacroix, chirurg. A.-M., B.
Courtois, capit., B.
Delaforet, capit., B.
Laforest, capit. B.
Mayer, capit., B.
Lebaylli, lieut., B.
Ricard, lieut., B.
Delsey, s.-lieut., B.
Lambert, s.-lieut., B.
Lebailly, s.-lieut., B.
Policant, s.-lieut., B.
Charavin, s.-lieut., B.
Bez, s.-lieut., B.

8 sept. 1813, défense de Pirna.

Joye, lieut., B.
Pelet, s.-lieut., B.

Doyen, lieut., B. 14 sept. 1813, combat de Tœplitz.
Crète, lieut., B. 15 sept. 1813, combat de Willembourg.

18 sept. 1813, affaire d'Autendorf
(Bohême).

Evrard, lieut. A.-M., B.
Ollagnier, s.-lieut., B.

24 sept. 1813, près de Torgau.

Manot, capit., T.

COURTOIS, capit., B.

3 oct. 1813, combat de Wartenbourg.
CAUSSE, s.-lieut., T.
CHARTRON, capit., B.
BELLET, lieut., B. (mort le 14).
LAVRUT, lieut., B.
LAFOREST, capit., B.

LATOUR, chef de bat., B. 4 oct. 1813, près de Torgau (mort le 25 nov.).

16 oct. 1813, bataille de Leipzig.
LAPIQUE, capit., T.
VINOIS, capit., T.
RAMPAL, lieut., T.
LANÇON, s.-lieut., T.
VIAL, s.-lieut., T.
VIELLE, s.-lieut., T.
JACOMET, lieut. A.-M., B. (mort le 10 nov.).
RICARD, col., B.
CHARTRON, capit., B.
FABRE, capit., B.
GAGNON, capit., B.
VERREULX, capit., B.
FAVIER, lieut. A.-M., B.
BRICE, lieut., B.
CRÈTE, lieut., B.
BLONDEL, s.-lieut., B.
DEVAUJANY, s.-lieut., B.
DOUSSEAU, s.-lieut., B.
DUCLOS, s.-lieut., B.
POLICANT, s.-lieut., B.
PREVELLE, s.-lieut., B.
VOGT, s.-lieut., B.

30 et 31 oct. 1813, bataille de Hanau.
JOFFROY, s.-lieut., B. 31 (mort le 30 nov.).

SIX, lieut., B. 31.
NAVETTE, lieut., B. 30.
DOUSSEAU, s.-lieut., B. 31.
DUCLOS, s.-lieut., B. 31.
VOGT, s.-lieut., B. 31.

COURTOIS, capit., B. 4 nov. 1813, devant Torgau.
BARTHÉLEMY, lieut., B. 15 févr. 1814 à Chapareillan (Isère).
PREVELLE, s.-lieut., B. 24 févr. 1814, combat près d'Annecy.
ALBERT, s.-lieut., B. 27 févr. 1814, combat devant Carouge (Savoie).
SAVOYE, chef de bat., B. 24 mars 1814, combat d'Annecy (Savoie).
CHARVET, capit., B. 24 mars 1814, Annecy.

25 mars 1814, Annecy.
DANTRAS, capit., T.
RICARD, lieut., B.

DE FOIX, s.-lieut., B. 29 mars 1814, affaire de Tarare, près de Lyon.

19 juin 1815, combat de Wavre.
DUVIVIER, capit., T.
MAYLIES, capit., T.
BESNARD, capit., B.
FOURNIEL, lieut., B.
GUILLEBON, lieut., B.
ESCUDIER, s.-lieut., B.

LANGLOIS, lieut., B. 20 juin 1815, combat de Namur.
HENRY, s.-lieut., B. 20 juin 1815, combat entre Léger et La Roche-Servière (Vendée).

9ᵉ Régiment.

11 oct. 1805, combat d'Aslach.
BERNARD, capit., B.
MITTOUR, capit., B.
BONNEAU, lieut., B.
DONOT, lieut., B.
PAULET, lieut., B.
VADEL, lieut., B.
LAMBERT, s.-lieut., B.
GAROUSTE, lieut., B.

14 oct. 1805, combat devant Ulm.
BRUYÈRE, capit., B.
JANIN, capit., B.

GAROUSTE, lieut., B. 16 oct. 1805, combat près d'Ulm.

11 nov. 1805, combat de Diernstein (ou de Dürrenstein).
REBOULLEAU, s.-lieut., T.

SERTELET, s.-lieut., T.
GABRIEL, capit., B.
GRANDIDIER, capit., B.

17 oct. 1806, combat de Halle.
MEUNIER, col., B.
BALSON, capit., B.
BERBAIN, lieut., B.

1er nov. 1806, combat de Waren.
GUITTARD, capit., T.
DESNOYER, s.-lieut., B.
GROS, s.-lieut., B.

25 janv. 1807, combat de Mohrungen.
DONOT, lieut., T.
RAMEAUX, chef de bat., B.
TOUSSAINT dit SPADA, capit., B.
BALESDENT, chirurg. S.-A.-M., B.
AUBRIOT, lieut., B.

PAULET (J.), capit., B. 8 févr. 1807, bataille d'Eylau.
PERRIN, lieut., B. 15 févr. 1807, combat de Mansfeld.

26 févr. 1807, combat de Braunsberg.
LEPREST, lieut., B. (mort le 25 mai).
BONNEAU, lieut., B.
VADEL, lieut., B.
DESFONTAINES, s.-lieut., B.
PARANT, s.-lieut., B.

14 juin 1807, bataille de Friedland.
GONDOUIN, lieut., T.
RAMEAUX, chef de bat., B.
BILLON, capit. A.-M., B.
BALSON, capit., B.
BERNARD, capit., B.
GROSDIDIER dit PIERRON, lieut., B.
VADEL, capit., B.
BRUYÈRE, capit., B.
BERBAIN, lieut., B.
FOUQUET, lieut., B.
NEUFVILLE, lieut., B.
POUTHIER, lieut., B.
CLOPT, s.-lieut., B.
FONTBONNE, s.-lieut., B.
WOLSACK, s.-lieut., B.
DUCHEMIN, s.-lieut., B.

VINCLAIR, capit., B. 10 nov. 1808, bataille d'Espinosa.

DESJARDINS, lieut. A.-M., B. 7 nov. 1808, étant en reconnaissance en Espagne.
MEUNIER, col., B. 11 nov. 1808, combat d'Espinosa.

3 déc. 1808, prise de Madrid.
VANDERBACH, chirurg.-M., B.
PERRIN, capit., B.
BOUTON, lieut., B.
GIROD DE L'AIN, lieut., B.

LEBARC, capit., B. 28 mars 1809, bataille de Medellin.

22 mai 1809, bataille d'Essling.
LEGENDRE, lieut. A.-M., T.
MAGOT, s.-lieut., T.
SAINT-MARTIN, s.-lieut., T.
BOULLÉ, s.-lieut., B. (mort le 17 oct.).
PROST, chef de bat., B.
RIBEAUCOURT, capit., B.
MÉRET, capit. A.-M., B.
BABLON, capit., B.
CHARTON, capit., B.
LEROY, capit., B.
ETIENNE, capit., B.
BERBIOU, lieut., B.
GUILLIER, s.-lieut., B.
D'HOUDAN, s.-lieut., B.
VIEU, lieut., B.

5 et 6 juill. 1809, bataille de Wagram.
RIGOTIER, s.-lieut., T.
MÉRET, capit. A.-M., B.
LEROY, capit., B. 6.
CHARTON, capit., B.
THIERRY, capit., B.
RIVET, lieut., B.
SOFFRÉON, s.-lieut., B. 5.
AMY, s.-lieut., B. 6.

28 juill. 1809,
bataille de Talavera-de-la-Reyna.
CARTON, capit., T.
MARTINET, capit., T.
PERROT, capit., T.
RIGOLLIER, s.-lieut., T.
RÉGEAU, s.-lieut., B. (mort le 9 nov.).
MEUNIER, col., B.
BRUYÈRE, chef de bat., B.
MAURIN, chef de bat., B.
MARTINET, capit., B.
AUBRIOT, capit., B.

BILLON, capit., B.
NICOLAS, capit., B.
DESROCHEMORE, lieut. A.-M., B.
GIRAULT, lieut. A.-M., B.
VILLARD, lieut. A.-M., B.
MASSA, lieut., B.
GROS, lieut., B.
TOULLIER, lieut., B.
FONTBONNE, s.-lieut., B.
GRABEUIL, s.-lieut., B.
PREVOST, s.-lieut., B.
REGNAULT, s.-lieut., B.

LEBARC, capit., B. 19 juin 1810, affaire près de Cadix.
DONGÉE, capit., T. 25 nov. 1810, en colonne mobile en Espagne.
CLOPT, lieut., T. 12 janv. 1811, Ultera.

5 mars 1811, combat de Chiclana.

JOANNE, s.-lieut., T.
ROUGEOT, s.-lieut., T.
REGEAU, chef de bat., B.
WOLSACK, lieut., B.
MATHIEU, lieut. porte-aigle, B.
CARDRON, s.-lieut., B.
VANDERBACH, chirurg.-M., B.
MASSA, lieut., B.

BESSE, lieut., T. 20 mars 1811, dans l'île de Léon.
LELOUP, s.-lieut., T. 5 mai 1811, à Santa-Maria, devant Cadix.

5 mai 1811, bataille de Fuentès-d'Onòro.

FRANÇOIS, s.-lieut., T.
PLANCHET, chef de bat., B.
POUTHIER, capit., B.
MIGEON, lieut., B.
BARBERIS, s.-lieut., B.
SOFFRÉON, s.-lieut., B.

1812, défense de Badajoz.

THIERRY, capit., B. 7 (mort le 8).
LAREBERGERIE, lieut., T. 6 avril.
DE MONTAGNAC, lieut., T. 25 mars.
PORTIER, capit., B. 6 avril.
CALMEAU, lieut., B. 6 avril.
GRABEUIL, lieut., B. 6 avril.
LEMAITRE, lieut., B. 7 avril.
SEVRAC, s.-lieut., B. 7 avril.
COUSART, s.-lieut., B. 6 avril.

1ᵉʳ juin 1812, combat de Bornos.

PLANCHET, chef de bat., T.
BOUTON, capit., B.
BARROIS, capit., B.
ETIENNE, capit., B.
POUTHIER, capit., B.
DOREY, lieut., B.
MOULIN, lieut., B.

MOUSIN, s.-lieut., T. 3 juin 1811, aux avant-postes, par une sentinelle anglaise.
CUINAT, s.-lieut., B. 16 avril 1813, contre des guérillas en Espagne.
BEAUME, col., B. 23 avril 1813, en colonne mobile en Espagne.

2 mai 1813, bataille de Lutzen.

HENDESCH, capit., T.
SANDFORT, capit., T.
LEBRUN, s.-lieut., T.
ROYER, capit., B. (mort le 6 juin).
ETIENNE, chef de bat., B.
FRIRION, chef de bat., B.
WALT, capit., B.
BRAYER, lieut., B.
DUC, lieut., B.
DUCHARNE, lieut., B.
MANSON, lieut., B.
GERARD, s.-lieut., B.

20 et 21 mai 1813, batailles de Bautzen et de Würschen.

MAINBOURG, capit., T. 21.
BONNEGENT, lieut., T. 21.
TOUILLIER (C.), s.-lieut., T. 21.
MOURÈZE, major, B. 21.
ETIENNE, chef de bat., B. 20.
BONARD, lieut., B. 20.
CARDRON, lieut., B. 20.
DUCHARNE, lieut., B. 21.
GENTY, lieut., B. 20.
JOFFRÉON, lieut., B. 21.
MAURON, lieut., B. 21.
AUBERT, s.-lieut., B. 21.
BARBIER, s.-lieut., B. 21.
BISSON, s.-lieut., B. 21.
BOGGIO, s.-lieut., B. 21.
FERRAND, s.-lieut., B. 21.
GÉRARD, s.-lieut., B. 21.
MUSSIER, s.-lieut., B. 20.

21 *juin* 1813, *bataille de Vittoria.*
PEYLIER, s.-lieut., T.
CASENEUVE, capit., B.
FOUQUET, capit., B.
MARCHEZ, capit., B.
SAUVAT, capit., B.
GUILLET, lieut., B.
DE FONTBONNE, lieut. A.-M., B.
BERBION, lieut., B.
DEBLOU, lieut., B.

28 *et* 30 *juill.* 1813, *retraite de Pampelune.*
DAUTURE, col., B. 30.
MOULIN, capit., B. 28.
DENIS, s.-lieut., B. 28.

FÉA, lieut., B. 25 août 1813, combat de Pirna.
BORGIALLY, lieut. A.-M., B. 26 août 1813, bataille de Dresde.
DELAHAYE, capit., B. 27 août 1813, bataille de Dresde.

30 *août* 1813, *affaire de Culm.*
PARANT, chef de bat., B.
MASSON, capit., B.
MAURICE, lieut. A.-M., B.
WENDORFF, lieut., B.
BARTHÉLEMY, s.-lieut., B.
BISSON, s.-lieut., B.
MICOP, s.-lieut., B.
TOUILLIER (F.), capit., B.
PAU, lieut., B. (mort le 10 sept.).

RÉGEAU, capit., T. 1ᵉʳ sept. 1813, en colonne mobile en Espagne.
PARIS, capit., B. 31 août 1813, combat sur la Bidassoa.
JOUANI, s.-lieut., B. 12 sept. 1813, affaire en avant de Dresde (mort le 11 oct.).

15 *sept.* 1813, *combat de Peterswald (Dresde).*
MASSON DE COLIGNY, capit., B.
PARANT, chef de bat., B.
HEUDSCH, capit., B.
TESSON, capit., B. (mort le 1ᵉʳ oct.).
VOLVACH, capit., B.
GENTIL, lieut., B. (mort le 24).
PERRIN, lieut., B.
BASSEGUY, capit., B. (mort le 24 oct.).

MICOP, s.-lieut., B.
PERRIA, s.-lieut., B.

7 *oct.* 1813, *combat du camp de Bayonnette.*
SANDFORT, capit., B. (mort le 21).
VERNIER, capit., T.
PÉLISSIER, s.-lieut., T.
PERRIN, chef de bat., B.
ARNOULD, capit., B.
CASENEUVE, capit., B.
FOUCAULT, lieut., B.
CHAUVEAU, capit., B.
BOUDIN, lieut., B.
FLEURY, capit., B.
DE BENNEVIE, lieut., B.
BARDIN, lieut., B.
MAGNIN, s.-lieut., B.

18 *et* 19 *oct.* 1813, *bataille de Leipzig.*
HUSSON, capit., B. 19.
FÉA, lieut., B. 18.
SCHENCK, lieut., B. 19.
BARTHÉLEMY, s.-lieut., B. 19.
DELARUE, s.-lieut., B. 18.
PLACE, s.-lieut., B. 19.

DELAVALETTE, capit., B. 10 nov. 1813, combat de Sarre (Pyrénées).
FONBONNE, capit. B. 17 nov. 1813, étant en reconnaissance sur les Pyrénées (mort le 19).
DEJARDIN, chef de bat., B. 10 déc. 1813, combat de Saint-Pierre-d'Irube.
BONNEAU, chef de bat., B. 31 déc. 1813, défense de Torgau.

12 *janv.* 1814, *défense de Bayonne.*
DESJARDINS, chef de bat., B.
GRANDJEAN, capit., T. 12.

MAGNIN, lieut., B. 12 janv. 1814, combat de Baygori, près de Saint-Jean-Pied-de-Port.

11 *févr.* 1814, *bataille de Montmirail.*
FRIRION, chef de bat., T.
MANSON, capit., B.
DELARUE, s.-lieut., B.
DEVOGE, s.-lieut., B.

PARPET, lieut., B. 18 févr. 1814, étant de grand'garde (mort le 17 mars).

CUINAT, lieut., B. 18 mars 1814, défense de Longwy.
FÉRAUD, s.-lieut., B. 30 mars 1814, bataille de Paris.

10 avril 1814, bataille de Toulouse.
SAUVAT, capit., B.
DIDIAT, lieut., B.

16 juin 1815, bataille de Ligny.
BILLON, chef de bat., T.
WALT, capit., T.
FRICK, lieut., T.
MARTIN, s.-lieut., T.

GROS, capit., B.
TÉTREL, capit., B.
JOSSE, capit., B.
HÉRON, s.-lieut., B.
SAUVAT, capit., B.
SÉVRAC, lieut., B.
LACOMBE, lieut., B.
DENIS, s.-lieut., B.
MONTEMONT, s.-lieut., B.
BAYEN, lieut., B.

DESLON, s.-lieut., T. 2 juill. 1815, combat de Paris.

10ᵉ Régiment.

LAFEUILLE, s.-lieut., T. 3 oct. 1805, défense de la rade de Boulogne.

2 déc. 1805, bataille d'Austerlitz.
SIMONIN, chef de bat., T.
OUSTIN, capit., T.
RHOR, capit., T.
SALMADE, capit., T.
PLANTIER, lieut., T.
POUZET, col., B.
LABAT, capit., B.
CHABOT, capit. A.-M., B.
LABORDE, capit., B.
CLASQUIN, lieut., B.
TAQUET, lieut., B.
GARÇON, s.-lieut., B.
MASSEBŒUF, s.-lieut., B.

PILLET, lieut., B. 14 oct. 1806, bataille d'Iéna.
GARÇON, lieut., B. 3 févr. 1807 aux avant-postes en Pologne.

8 févr. 1807, bataille d'Eylau.
DISPIEL, chef de bat., T.
IMBARD, capit., T.
LEMPEREUR, capit., T.
BOURBIER, lieut., T.
BOURGEAUD, s.-lieut., T.
LAMBERT, capit., B. (mort le 13).
BAZENET, capit., B.
DESLONS, capit., B.
DESGRANGES, capit., B.
JACOT, capit., B.
LABORDE, capit., B.

COLARD, capit., B.
TACHON, capit., B.
BARBIER, lieut., B.
PEYRE, capit., B.
CHEQUIN, lieut., B.
GARÇON, lieut., B.
LORDEN, lieut., B.
THIVOLLE, lieut., B.
PROST, lieut., B.
CHASSAGNE, s.-lieut., B.
GÉLINET, s.-lieut., B.
GENTON DE VILLEFRANCHE, s.-lieut., B.
MASSEBŒUF, s.-lieut., B.
PICHON, s.-lieut., B.
SALOMON, s.-lieut., B.
VILLEDIEU, s.-lieut., B.

10 juin 1807, bataille d'Heilsberg.
VEYE, capit., T.
DUBOIS, lieut., T.
DEKER, capit., B.
JACOT, capit., B.
LABORDE, capit., B.
MARICHAL, capit., B.
PRADAL, capit., B.
TACHON, capit., B.
PEYRE, capit., B.
TAQUET, capit., B.
DUBERNET, lieut., B.
DESAIX (1), s.-lieut., B.
LEGROUX, s.-lieut., B.
SALFRANQUE, s.-lieut., B.
SALOMON, s.-lieut., B.

(1) Fils du général.

STERNAUX, s.-lieut., B.

14 juin 1807, bataille de Friedland.
LARRIEU, capit., B.
GOB, s.-lieut., B.
FAVRE, lieut., B.
LEJEUNE, s.-lieut., B.

19 avril 1809, combat de Thann.
DAVANCE, capit., B.
DEKER, capit., B.
THIVOLLE, capit., B.
GERBE, lieut., B.
SALOMON, lieut., B.
LELARGE, s.-lieut., B.
BRESSON, s.-lieut., B.
CUSSAC, s.-lieut., B.
LEGROUX, s.-lieut., B.

21 avril 1809, combat de Landshut.
GROMEZ, capit., B.
JACOT, capit., B.
RICHARD, capit., B.
LORDEN, capit., B.
TAQUET, capit., B.
SALOMON, lieut., B.
BONNENFANT, s.-lieut., B.

22 avril 1809, bataille d'Eckmühl.
RUERRE, capit., T.
PIET, lieut., T.
BERTHEZÈNE, col., B.
LAFITTE, chef de bat., B.
MARICHAL, chef de bat., B.
PEYRE, capit., B.
GROMEZ, capit., B.
DESLONS, capit. A.-M., B.
TACHON, capit., B.
LABORDE, capit., B.
BARBIER, lieut. A.-M., B.
BERTHEZÈNE, lieut. A.-M., B.
DESCRIVIEUX, s.-lieut., B.
GOB, s.-lieut., B.
SALFRANQUE, s.-lieut., B.

22 mai 1809, bataille d'Essling.
AVIGNON, s.-lieut., T.
VERDUN, s.-lieut., T.
ANTELME, chef de bat., B.
DESLONS, chef de bat., B.
BOULOUCH, capit., B.
LORDEN, capit., B.

BAZENET, capit., B.
TAQUET, capit., B.
RICHARDOT, capit., B.
BOISSON, lieut., B.
THOURET, lieut., B.
CHASSAGNE, lieut., B.
NÉGRIN, lieut., B.
PICHON, lieut., B.
DÉKER, capit., B.
SALOMON, lieut., B.
BRESSARD, capit., B.
BRESSON, s.-lieut., B.
DUBERNET, lieut., B.
DESCRIVIEUX, s.-lieut., B.
BONENFANT, s.-lieut., B.
LACOSTE, s.-lieut., B.
STERNAUX, s.-lieut., B.
ROBERT, s.-lieut., B.

5 et 6 juill. 1809, bataille de Wagram.
DESLONS, chef de bat., T. 5.
MORIOUX, capit., T.
LELARGE, s.-lieut., B. 6 (mort le 4 août).
BERTHEZÈNE, col., B. 6.
MARICHAL, chef de bat., B. 6.
JANDET, chirurg. S.-A.-M., B. 5.
GARÇON, capit., B. 5.
LABAT, capit., B. 6.
PRADAL, capit., B. 5.
BOULOUCH, capit., B. 6.
BRESSON, lieut., B. 5.
DUBERNET, lieut., B. 5 et 6.
MENVIELLE, lieut., B. 5.
MONTLAHUC, lieut., B. 5.
NÉGRIN, lieut., B. 5.
ASTIER, s.-lieut., B. 5.
ROBERT, s.-lieut., B. 5.
DESCRIVIEUX, s.-lieut., B. 6.
AUDIGIER, s.-lieut., B. 6.

LEXIR, s.-lieut., B. 2 mars 1812, combat près Pampelune (mort le 17).

2 mars 1812, en colonne mobile, en Navarre.
DAVANCE, chef de bat., B.
LAMBERT, chirurg. A.-M., B.

CORNIER, s.-lieut., B. 23 juill. 1812, combat d'Alba (Espagne).
REMY, s.-lieut., B. 9 août 1812, combat près de Pampelune, en escortant des prisonniers.

ASTIER, lieut., B. 10 août 1812, combat de Saint-Cristoval, près Pampelune.
HUCHEROT, lieut., B. 10 août 1812, près de Pampelune (mort le 1er sept.).

21 août 1812, combat de Carascal (Espagne).

ROCH, s.-lieut., T.
MÉZIÈRES, s.-lieut., B. (mort le 27 déc.).
CADRÈS, chef de bat., B.
GARÇON, capit., B.
LEGROUX, lieut., B.
ADAM, s.-lieut., B.
DESCRIVIEUX, lieut., B.
TANDARD, s.-lieut., B.
WORS, s.-lieut., B.
BONNETAT, s.-lieut., B.

29 août 1812, combat contre les bandes de Mina, près Pampelune.

LORDEN, capit., T.
RICARD, capit., B.

LUNEAU, col., B. 15 oct. 1812, affaire de Micislaw.

15 oct. 1812, combat en Navarre.

SENOUILHET, capit., B.
LAMBERT, chirurg. A.-M., B.

GARÇON, capit., B. 2 nov. 1812, combat d'Estella.

3 nov. 1812, combat devant Pampelune.

BLOQUET, lieut., B. (mort le 13).
MENVIELLE, lieut., B.
MONTLAHUC, lieut., B.
BENTEYRAC, lieut., B.

CHAZERANT, s.-lieut., B. 3 nov. 1812, combat de Noain (Espagne).
GUITTARD, s.-lieut., B. 3 nov. 1812, combat près de l'Oula (Russie).
DEIMIÉ, capit., B. 12 nov. 1812, aux avant-postes près de Lukolm (Russie).

13 nov. 1812, combat de Smoliany.

DAVENIÈRE, s.-lieut., B. (mort en déc.).
FLORQUIN, chef de bat., B.

14 nov. 1812, combat devant Smoliany.

DUHOUX DE CRÈFCŒUR, lieut., B.

DUCHAFFAUT, lieut., B.

RICARD, capit., B. 18 nov. 1812, combat de Carascal.

27 nov. 1812, combat de Borisow.

DUBERNET, capit., B. (mort).
JANSENNE, capit., B. (mort le 10 janv. 1813).
PIEDFER, capit., B. (mort le 27 janv. 1813).
PREMIER, lieut. A.-M., B. (mort).
COUTELLIER, lieut., B. (mort).
BALLET, s.-lieut., B. (mort).
DUHOUX, s.-lieut., B. (mort).
OLRY, s.-lieut., B. (mort).
RENAUDIN, capit., B.
DOUHAINT, capit., B.
BERTHELON, lieut., B.
CHAVASSIEU D'AUDEBERT, s.-lieut., B.

28 janv. 1813, combat près Pampelune.

TAQUET, capit., B. (mort le 29).
CUSSAC, capit., B.
HENRION, lieut. A.-M., B.
VILLEDIEU, capit., B.
ASTIER, lieut., B.

9 févr. 1813, combat près Pampelune.

FOUQUET, lieut., T.
GACHOT, capit., B.

GARÇON, capit., B. 28 févr. 1813, en colonne mobile en Espagne.
PERROT, chef de bat., T. 2 mai 1813, bataille de Lutzen.
LAGAUZÈRE, lieut., B. 13 mai 1813, affaire près de Roncal.
KARR, lieut., T. 19 mai 1813, aux avant-postes près de Roncal (Espagne).
LEMAIRE, lieut., B. 22 juin 1813, aux avant-postes près Vittoria (mort le 15 juill.).
ASTIER, capit., B. 10 août 1813, aux avant-postes sur les Pyrénées.

29 août 1813, affaire de Culm.

CHENAL, s.-lieut., B.
DOUHAINT, capit., B.

NICOLAS, lieut., B. 31 août 1813, combat de Buntzlau.

7 oct. 1813, *combat de la Croix-des-Bouquets, sur les Pyrénées.*
Cussac, capit., B.
Garsonnat, s.-lieut., B.
Tulpin, s.-lieut., B.

10 oct. 1813, *combat de Naumbourg (Saxe) (ou de Wethau).*
Villedieu, capit., B.
Gachot, capit., B.
Bournat, lieut., B.
Beltram, s.-lieut., B.
Gothreau, s.-lieut., B.

1813, *défense de Dresde.*
Moncaup, major, B. 10 oct.
Borel, capit., B. 17 oct.
Salomon, lieut., B. 17 oct.
Cart, s.-lieut., B. 9 oct.
Ekein, s.-lieut., B. 14 nov.
Sédille, s.-lieut., B. 9 oct.

Balza, capit., B. 16 oct. 1813, bataille de Leipzig.
Chapel, lieut., B. 30 oct. 1813, bataille de Hanau.
Benteyac, lieut., B. 3 nov. 1813, combat devant Mayence.

14 févr. 1814, *bataille de Vauchamps.*
Buron, lieut., T.
Astier, capit., B.
Michaud, s.-lieut., B.
Olivier, s.-lieut., B.

27 févr. 1814, *combat de Bar-sur-Aube.*
Pavy, chef de bat., T.
Casteras, s.-lieut., T.
Friol, lieut., B. (mort le 2 mars).
Luneau, col., B.
Bonnefoy, capit. A.-M., B.
Salomon, capit., B.
Royer, lieut., B.
D'Arvey, s.-lieut., B.

Cornibet, s.-lieut., B.
Laurent-Deroussière, s.-lieut., B. 6 mars 1814, défense de Schelestadt.
Broyard, lieut., B. 15 mars 1814, défense de Schelestadt.
David, lieut., B. 16 mars 1814, combat de Provins.

21 mars 1814, *combat d'Arcis-sur-Aube.*
Tandard, lieut., B.
Bugarel, s.-lieut., B.
Laborde, s.-lieut., B.

Peter, s.-lieut., B. 26 mars 1814, combat devant Provins.
Rifau, lieut., B. 22 juin 1815, Strasbourg.

28 juin 1815, *combat sur la Suffel, près de Strasbourg.*
Arnoux, chef de bat., T.
Eckein, s.-lieut., T.
Bonnefoi, capit. A.-M., B.
Salomon, capit., B.
Audois, lieut., B.
Buchette, lieut., B.
Latour, lieut., B.
Morel, lieut., B.
Clesse, s.-lieut., B.
Michaud, s.-lieut., B.
Hame, s.-lieut., B.
Pégulu, s.-lieut., B.
Colson, lieut., B.

9 juill. 1815, *combat devant Strasbourg.*
Moulis, lieut., T.
Morel, capit., B. (mort le 12).
Rio, capit. A.-M., B.
Demons, capit., B.
Roche, lieut., B.
Pétremann, s.-lieut., B.

11ᵉ Régiment (1).

Beltrut, capit. A.-M., B. 11 juill. 1812, affaire de Widzouy (Russie).

1ᵉʳ août 1812, *combat de Sivotschina.*
Anselmi, capit., T.

Bertrand, capit., T.
Martoglio, capit. A.-M., B.
Ollagnier, capit. A.-M., B.

(1) Formé en 1811.

DELCARETO, capit., B.
JUSTET, capit., B.
MONTEGRANDI, capit., B.
PIANELLI, capit., B.
VANTINI, capit., B.
VAUTRIN, capit., B.
MOLINO, lieut., B.
RUFFA, lieut., B.
GRAND, s.-lieut., B.
VENTURINI, lieut., B.
MARCAGGI, s.-lieut., B.
SALVETTI, s.-lieut., B.
VIGLIETTI, s.-lieut., B.
ARBAUD, lieut., B.

4 août 1812, combat sur la Dwina.
FRANCESCHI, capit., B.
BERRA, s.-lieut., B.

BROGLIO, capit., B. 10 août 1812, affaire de Kochanowo.
CECCALDI, s.-lieut., B. 11 août 1812, étant en tirailleurs en avant de Kochanowo.

11 août 1812, combat de Soolna.
CASABIANCA, col., B. (mort le 14).
CACHERANO, major en 2ᵉ, B.
BOURCKHOLTZ, lieut., B.
BLANCHET, lieut., B.
VENTURINI, lieut., B.
MEYER, lieut., B.
ODDONE, s.-lieut., B.
CORBALLETTI, s.-lieut., B.

SANTENA, capit., B. 16 août 1812, combat près Polotsk.

18 août 1812, bataille de Polotsk.
FIORÉ, s.-lieut., T.
CANTON, s.-lieut., T.
RAGONI, s.-lieut., B. (mort le 26).
TESSIO, s.-lieut., B. (mort le 26).
RATTAZZI, capit., B.
DEANNAUX, lieut., B.
GIOCCANTI, lieut., B.
MOLINO, s.-lieut., B.
CAROZZO, s.-lieut., B.
DANESI, s.-lieut., B.
CECCALDI, s.-lieut., B.

PHILIPPI, s.-lieut., B. 24 août 1812, aux avant-postes en avant de Polotsk.

18 et 19 oct. 1812, combat devant Polotsk.
ALIOU, capit., T. 19.
DUFOUR, capit., T. 19.
ROVELLI, lieut., T. 19.
BERNARDI, s.-lieut., T. 19.
CARENA, lieut., B. (mort 19).
VINCENTI, sous-lieut., B. 18 (mort le 6 nov.).
BLANC, chef de bat., B. 18.
BAYLE, capit., B. 18.
GIOCCANTI, capit., B. 19.
MORONI, capit., B. 19.
OLLAGNIER, capit., B. 16.
PIANELLI, capit., B. 19.
RATTAZZI, capit., B. 19.
RISTORI, capit., B. 19.
TEQUILLÉ, capit., B. 19.
VENTURINI, lieut., B. 18.
DAYER, lieut., B. 19.
GARBIGLIA, lieut., B. 18.
BONNIFACI, s.-lieut., B. 18.
GATZELU, s.-lieut., B. 18.
MARIANI, s.-lieut., B. 19.
SALVETTI, s.-lieut., B. 18.
SIMONI, s.-lieut., B. 18.
MACARIO, lieut., B. 18.

ETIENNE, lieut., B. 19 nov. 1812, au village de Zalmoka (Lithuanie).

28 nov. 1812, bataille de la Bérésina.
BUTAFOCO, capit., T. 27.
SPOTURNO, capit., T. 28.
DELPONTE, chef de bat., B. 28.
PIANELLI, capit., B.
ROCCASERA, capit., B. 28.
BAILLY, s.-lieut., B. 28.
SOZZI, capit., B. 28.
CORBALLETTI, s.-lieut., B. 28.
GATZELU, s.-lieut., B. 28.

FOLACCI, capit., B. 7 juin 1813, combat devant Leipzig.

27 août 1813, bataille de Dresde.
BARAZZOLI, s.-lieut., T. 27.
DOUHET, lieut., B. (mort le 18 sept.).
BELTRUT, chef de bat., B.
CHAMBON, lieut., B. 27.
ROCCASERRA, lieut., B. 27.
COQUOZ, s.-lieut., B. 27.

MARIANI, capit., B. 11 mai 1813, combat en avant de Hambourg.
BAILLY, lieut., B. 19 sept. 1813, combat en Saxe.

4 oct. 1813, combat près Augsbourg.
MARTIN, s.-lieut., B.
CLÉMENSO, lieut., B.

MORETTI, s.-lieut., B. 12 oct. 1813, combat en Saxe.

16, 17 et 18 oct. 1813, bataille de Leipzig.
DELPONTE, major, B. 16.
GARANCIONI, lieut., T. 18.
SARTORIS, lieut., T. 16.
COSTA, s.-lieut., T. 16.
VALENTI, s.-lieut., T. 16.
DOVET, lieut., T. 17.
CARRÈRE, capit., B. 18 (mort le 29).
LABARBE, lieut., B. 16 (mort le 23 nov.)
MARIETTI, lieut., B. 16 (mort le 13 déc.).
PETEL, major, B. 16.
SIGNORETTI, chef de bat., B. 16.
BUSSI, capit., B. 16.
CECCALDI, capit., B. 17.
CLEMENSO, capit., B. 16.
GAY, capit., B. 16.
PIANELLI, capit., B. 16.
FRANCHI, lieut., B. 16.
BUZZI, lieut., B. 16.
COMPOSTINO, lieut., B. 16.
DELAPIERRE, lieut., B. 16.
SALICETTI, lieut., B. 17.
DUFOUR, s.-lieut., B. 16.
PLANCHE dit VILLEMIER, s.-lieut., B. 18.
TAFFNIER, s.-lieut., B. 16.
VINCENTI, s.-lieut., B. 18.

CHAMPION, capit., B. 19 déc. 1813, défense de Magdebourg.
ROBATEL, s.-lieut., B. 5 janv. 1814, défense de Magdebourg.
FRANCHI, lieut., B. 29 janv. 1814, bataille de Brienne.
ALBERT, capit., B. 2 févr. 1814, combat près Brienne.

BOYER, s.-lieut., B. 4 févr. 1814, aux avant-postes.

11 févr. 1814, combat de Nogent.
SIGNORETTI, chef de bat., B.
PIANELLI, capit., B.

18 févr. 1814, bataille de Montereau.
BLANC, major, B.
DELAPIERRE, lieut., B.
ROATA, lieut., B.

30 mars 1814, bataille de Paris.
CHEVALLIER, lieut., B.
STÉFANOPOLI, s.-lieut., B.

16 juin 1815, bataille de Ligny.
PARMEGIANI, chef de bat., B.
BASTIANI, s.-lieut. porte-aigle, B.
MATTEÏ, capit., B.
ROCHAIX, capit., B.
DE SAINT-JULIEN, capit., B.
CASALTA, capit., B.
LAPORTE, capit., B.
ALBERT, capit., B.
FARINOLLE, capit., B.
POLIDORI, capit., B.
BONNIFACCI, lieut., B.
GAFAYOLI, lieut., B.
MAULPOIX, lieut., B.
MORELLI, lieut., B.
PATIN, lieut., B.
BOISSET, s.-lieut., B.
BOULET, s.-lieut., B.
GRAND, s.-lieut., B.
MATTERRE, s.-lieut., B.
DECŒNENS, s.-lieut., B.

21 juin 1815, combat d'Auray (Morbihan).
DE MILLEVILLE, capit., T.
BARRES, s.-lieut., B. (mort le 20 sept.).
BERNARDI, s.-lieut., B. (mort).
MARIOTTI, capit. A.-M., B.
SOLESI, capit., B.
DANTIN, lieut., B.
COURTOIS, s.-lieut., B.

12e Régiment.

4 nov. 1805, *combat d'Amstetten.*
Bérol, capit., B.
Pouget, capit., B.
Abline, lieut., B.

Jamin, major, B. 9 févr. 1807, combat près d'Ostrolenka.

1807, siège de Dantzig.
Mazel, capit., T. 15 mai.
Pascal, s.-lieut., T. 15 mai.
Oudot, chef de bat., B. 15 mai.
Corsin, chef de bat., B. 15 mai.
Frechon, chirurg. S.-A.-M., B. 15 mai.
De Brette, lieut., B. mai.
Colomb, lieut., B. 15 mai.
Demagne, lieut., B. 14 mai.
Fieux, lieut., B. 15 mai.
Goiseau, lieut., B. 15 mai.
Rochas, lieut., B.
Kieffer, s.-lieut., B. 9 mai.
L'Hours, s.-lieut., B. 16 mai.
Leclercq, s.-lieut., B. 27 avril.

10 juin 1807, bataille d'Heilsberg.
Flat, chef de bat., T.
Graillat, chef de bat., T.
Poux, capit., T.
Laget, capit., T.
Saint-Pierre, capit., B. (mort le 15 juill.).
Duport, lieut., B. (mort le 11).
Passador, lieut., T.
Mielle, s.-lieut., T.
Pérochat, s.-lieut., T.
Le Peintheur, s.-lieut., B. (disparu).
Jeanin, col., B.
Fornerol, capit. A.-M., B.
Béranger, capit., B.
Armand, capit., B.
Ferlin, capit., B.
Bouclet, capit., B.
Sibert, capit., B.
Cagnat, capit., B.
Matice, capit., B.
Du Ruel, capit., B.
Thibaut, capit., B.
Villeton, capit., B.
Berlier, lieut., B.

De Brette, lieut., B.
Cappanegra, lieut., B.
Couchet, lieut., B.
Goiseau, lieut., B.
Morin, lieut., B.
Falcon, s.-lieut., B.
Lecomte, s.-lieut., B.
Maillotte, s.-lieut., B.
Michel, s.-lieut., B.
Peslot, s.-lieut., B.

---

14 juin 1807, bataille de Friedland.
Testevides, capit., B. (mort le 15).
Ferlin, capit., B.
Fronty, s.-lieut., B.
Gardet, s.-lieut., B.
Toussaint, s.-lieut., B.
Valentin, s.-lieut., B.
Yescot, s.-lieut., B.

Cerboni, capit., B. 29 juill. 1808, combat d'Evora (Portugal).

21 août 1808, bataille de Vimeiro (Portugal).
Palenchon, lieut., T.
Garay, s.-lieut., T.
Abline, capit., B. (mort le 29).
Taisand, capit., B.
Sauvan, capit., B.
Turquais, capit., B.
Falcon (Ch.), s.-lieut., B.

Cagnat, lieut., B. 23 oct. 1808, combat de Bilbao.
Tissot, s.-lieut., B. 31 oct. 1808, combat de Bilbao.
Millot, chef de bat., B. 27 sept. 1809, combat de Benavente.
Bailly, s.-lieut., B. 24 févr. 1809, en reconnaissance en Espagne.
Lacambre, s.-lieut., B. 18 mai 1809, affaire de Puéros-Pagarès.
Béguin, s.-lieut., B. 11 août 1809, bataille d'Almonacid.
Maisonneuve, s.-lieut., B. 3 févr. 1810, combat d'Antequerra (m^t le 21 oct.).
Dufey, capit., B. 10 mars 1810, affaire de Pajarès (Espagne).

AILHAUD, s.-lieut., B. 14 sept. 1810, à Ibar.
DUPRÉ, capit., B. 4 nov. 1810, combat de Bilbao.
YESCOT, capit., B. 26 déc. 1810, combat près Tudela.
JARDIN, s.-lieut., T. 27 janv. 1811, combat d'Avila.
AILHAUD, lieut., B. 16 mars 1811, à Los-Arcos, près Vittoria.
LAGORSSE, s.-lieut., T. 27 mars 1811, à Los-Arcos, près Vittoria.
CLOT, s.-lieut., B. 27 janv. 1811, combat d'Avila.
CHASTELAIN, capit., B. 14 avril 1811, entre Manzanarès et Santa-Cruz.

16 mai 1811, bataille de La Albuhera.
CAPPANEGRA, capit., T.
MAUDOT, lieut., B. (mort le 11 juin).
TRENONEY, lieut., B. (mort le 6 juin).
FORNEROL (P.), s.-lieut., B. (mort le 22 mars 1812).
REVEST, s.-lieut., B. (mort le 1er sept.).
WEYLER, s.-lieut., B. (mort le 9 juin).
ARMAND, chef de bat., B.
BERNARD, chef de bat., B.
LOUIS, chef de bat., B.
CORNU, capit. A.-M., B.
CURME, capit. A.-M., B.
BALMOSSIÈRE, capit., B.
BERLIER, capit., B.
BOUCLET, capit., B.
FERLIN, capit., B.
ROCHAS, capit., B.
RODET, capit., B.
SURDUN, capit., B.
TOUSSAINT, capit., B.
BÉGUIN, lieut., B.
GRELET, lieut., B.
JUMELET, lieut., B.
MAS, lieut., B.
CHARPENAY, s.-lieut., B.
GERBAUD, s.-lieut., B.
HÉRY, s.-lieut., B.
TISSOT, s.-lieut., B.
VERDIER, s.-lieut., B.
BEAUJOIN, s.-lieut., B.

JUMELET, lieut., B. 9 août 1811, combat de Pozo-Alcon.

22 oct. 1811, combat à Ximena.
GAULEY, capit., T.

KIEFFER, capit., B.

BEAUJOIN, s.-lieut., B. 5 nov. 1811, affaire près de Bornos.
DEFAILLY, lieut., B. 21 janv. 1812, à Lerma.
CLESSE, lieut., B. 6 févr. 1812, affaire près d'Aranda (mort le 7).

5 juin 1812, près Madrid.
DU RUEL, capit., B.
CHARPENAY, s.-lieut., B.

AILHAUD, lieut., B. 18 août 1812, Aranjuez.
TARTENSON, lieut., B. 5 sept. 1812, affaire de Loja (Espagne).
TISSOT, lieut., B. 28 sept. 1812, Laucard (Espagne).
GROMONT, lieut., B. 28 oct. 1812, retraite de l'Andalousie.
PILLIOUD, capit., B. 30 oct. 1812, au pont de Karadina (Espagne).

10 nov. 1812, combat d'Alba-de-Tormès.
GROMONT, lieut., B. (mort le 14 nov.).
MICHEL, s.-lieut., B.

2 mai 1813, bataille de Lutzen.
DELARUE, capit., B.
PERRARD, capit., B.
VERDIER, lieut., B.
DAUSSAT, s.-lieut., B.

21 mai 1813, bataille de Wurschen.
BÉGUIN, capit., B.
AYMONIN, capit., B. 21 et 22.
POITOUX, capit., B.
DELARUE, capit., B.
BÉGUIN, capit., B.
CAMBEFORT, lieut., B.
FALCON, s.-lieut., B.
FOURRIER, s.-lieut., B.

RAMBOURG, lieut., B. 9 juin 1813, défense de Dantzig.

21 juin 1813, bataille de Vittoria.
PÉRICAUD, lieut., T.
LÉPINE, lieut., T.
THIBAUT, major, B.
BERLIÉ, chef de bat., B.
CARUCHET, chirurg. S.-A.-M., B.
ROUX, capit., B.

DAITEG, capit., B.
PARIS, lieut., B.
CHARPENAY, lieut., B.
FERREL, lieut., B.
BORNICHE, s.-lieut., B.
LAHOUGUE, s.-lieut., B.
BLANCHARD, s.-lieut., B.

27 et 28 juill. 1813, retraite de Pampelune.

TOUSSAINT, capit., T. 27.
MAS, capit., T. 27.
MARMAY, capit., B. le 28 (m¹ le 1ᵉʳ août).
BRUXELLES, s.-lieut., B. 28 (m¹ le 3 août).
FERRAS, lieut., B. 27 (mort le 5 août).
CORNU, capit. A.-M., B. 27.
DUPOUEY, lieut. A.-M., B. 27.
CORRARD, lieut. A.-M., B. 27.

30 juill. 1813, combat devant Pampelune.

CAPDEVILLE, s.-lieut., B. (mort).
LAVOCAT, s.-lieut., T.
LAGNIEL, capit., B.
JOLLITON, capit., B.
NIOX, lieut., B.

FOURRIER, s.-lieut., B. 19 août 1813, combat en Saxe.

30 août 1813, affaire de Culm.

LOUIS, chef de bat., T.
CRÉPIN, capit., B. (mort sept.).
SIGRAIL, chef de bat., B.
CORRARD, capit. A.-M., B.
DEMAGNE, capit., B.
MATICE, capit., B.
RODET, capit., B.
TEMPLIER, capit., B.
VOIZOT, lieut., B.
MAGNAUD, s.-lieut., B.
MANUEL, s.-lieut., B.
NAGANT, s.-lieut., B. 29.
PICHON, s.-lieut., B.

15 sept. 1813, combat de Peterswald (Dresde).

PICHON, lieut., T.
VOIROT, s.-lieut., T.
RADET, capit., B.
TEMPLIER, capit., B.
BIENET, lieut., B.
BAVRAUD, s.-lieut., B.
PACAUD, s.-lieut., B. (mort le 22 nov.).

7 oct. 1813, combat sur les Pyrénées.

MERVEILLEUX, lieut., B.
BROISSARD, s.-lieut., B.

18 et 19 oct. 1813, bataille de Leipzig.

TAPPRE, lieut., B. 18 (mort le 21 janv. 1814).
BERNARD, major en 2ᵉ, B. 18.
CAMBEFORT, lieut., B. 18.
GIRARD, lieut., B. 18.
FALCON, lieut., B. 19.

2 oct. 1813, en Saxe.

DEBORTHON, chef de bat., T.
SABATIER, capit., T.

10 nov. 1813, combat de Sarre (Pyrénées).

BOUHTAY, chef de bat., T.
DUPOUEY, capit. A.-M., B.
BABUTY, capit., B.
CASTILLE, lieut., B.
DURY, lieut., B.
CAPDEVILLE, s.-lieut., B.
DEMONCEAUS, s.-lieut., B.
CYRILLE, s.-lieut., B.

DAUSSAT, s.-lieut., B. 10 nov. 1813, défense de Glogau.
BLANCHARD, lieut., B. 23 nov. 1813 aux avant-postes près de Bayonne.

10 déc. 1813, combat devant Bayonne.

MOUTTET, col., B.
VERDUN, major, B.
ROUX, capit., B.
GARRIC, lieut., B.

CURMER, chef de bat., B. 13 déc. 1813, combat devant Bayonne (mort).
VOIZOT, lieut., B. 18 déc. 1813, défense de Torgau.
RENAUD, chef de bat., T. 1ᵉʳ févr. 1814, défense de Bayonne.
GIRARD, capit., B. 4 févr. 1814, affaire devant Châlons-sur-Marne.
GRIOIS, capit., B. 10 févr. 1814, aux avant-postes devant Montereau.
COPIN, s.-lieut., B. 17 févr. 1814, combat de Nangis.

27 févr. 1814, bataille d'Orthez.

LAMORLETTE, chef de bat., B.

ROETTIERS, capit., B.
ROUX, capit., B.
BROISSARD, lieut., B.
POMÈS, lieut., B.
MAUGER, s.-lieut., B.
GAGE dit MACHEROL, s.-lieut., B.

DURY, capit., B. 19 mars 1814, combat de Vic-de-Bigorre.

---

10 avril 1814, bataille de Toulouse.
ESTIARD, lieut., B. (mort le 13 sept.).
LAMORLETTE, chef de bat., B.
ERNOUS, lieut., B.
CHAUVILLE, lieut., B.
VERNAY, s.-lieut., B.

---

16 juin 1815, bataille de Ligny.
BERLIER, chef de bat., B.
MURAT, capit., B.
DUPOUEY, capit., B.

MÉTAYER, capit., B.
CHARPENAY, capit., B.
ROCHAS, capit., B.
SOULÉ, capit., B.
RODET, capit., B.
OUDINOT, capit., B.
FALCOU, capit., B.
CRESSAT, lieut., B.
AGUILLON, lieut., B.
GIRARDIN, lieut., B.
THORON, lieut., B.
GAUFFIER, lieut., B.
VOIZOT, lieut., B.
BRUNGNAUD DES BERGÈRES, s.-lieut., B.
AMARAT, s.-lieut., porte-aigle, B.
GAUTHIER, s.-lieut., B.
LENTHEREAU, s.-lieut., B.
GRAINDORGE, s.-lieut., B.
DUCHAUSSOIS, s.-lieut., B.
DEVILLEREAU, s.-lieut., B.

13ᵉ Régiment.

GUÉTREL, lieut., B. 4 nov. 1805, combat de Steyer (Tyrol.

---

5 nov. 1805, attaque du pont de Steyer.
BERNARD, s.-lieut., T.
KIRCHE, lieut. A.-M., B.

DUPARQUE, capit., T. 8 nov. 1805, dans les gorges de la Styrie.

---

2 déc. 1805, bataille d'Austerlitz.
CASTEX, col., T.
LAMARTINY, capit., B. (mort le 22).
DERUET, s.-lieut., T.
SANSON, capit., B.
SARAZIN, lieut., B.
DESGRANGES, s.-lieut., B.

---

14 oct. 1806, bataille d'Auerstaedt.
GÉLY, capit., T.
PIGOU, capit., T.
MAULT, capit., T.
BARBANT, capit., T.
TROMPE, capit., T.
BOURGAULT, s.-lieut., T.
THIÉBAULT, s.-lieut., T.
GUYARDET, col., B.
THÉVENET, chef de bat., B.

VARLET, capit., B.
HILL, capit., B.
SOUPLET, capit., B.
PÉRIER, capit., B.
BARBIER, capit., B.
CRAINCOURT, lieut. A.-M., B.
GUÉTREL, lieut., B.
TOPENOT, lieut., B.
LENDORMY, lieut., B.
BOUFFE, lieut., B.
REISET, s.-lieut., B.
GOURHAELLE, s.-lieut., B.
PERRIN, s.-lieut., B.
PÉCHOT, s.-lieut., B.
FRUGER, lieut., B.

POTIER, s.-lieut., B. 23 déc. 1806, aux avant-postes en Pologne.

---

6 févr. 1807, combat en avant de Landsberg.
BÉROUD, capit., B. (mort le 8).
JOURDAIN, lieut., B. (mort le 13).
IVONNET, lieut., B. (mort le 20).
DUPENLOUX, capit., B.
VARLET, capit., B.
CRAINCOURT, lieut. A.-M., B.
GOURHAELLE, s.-lieut., B.

8 févr. 1807, bataille d'Eylau.
THOMASSIN, capit., T.
PERROT, s.-lieut., T.
SURBLÉ, s.-lieut., T.
BLOT, s.-lieut., T.
HEIN, s.-lieut., T.
DUBRETON, s.-lieut., B. (mort le 24 mars).
THÉVENET, chef de bat., B.
BARRA, lieut., B.
LAFITTE, capit., B.
MAGNIER, lieut., B.
VIENT, s.-lieut., B.
BONNEVAL, s.-lieut., B.
LA COSTE, s.-lieut., B.
GARREAU, s.-lieut., B.
POUL, s.-lieut., B.
LANAUD, lieut., B.

PERRON, capit., B. 11 avril 1809, aux avant-postes.
GARREAU, lieut., B. 19 avril 1809, combat de Thann.
BRICE, chef de bat., B. 21 avril 1809, aux avant-postes de Landshut.

21 avril 1809, combat de Landshut.
BELARD, s.-lieut., T.
BONNEVAL, s.-lieut., B.

---

23 avril 1809, combat de Ratisbonne.
AUBRON, capit., B. (mort le 8 mai).
TONDEUR, lieut., T.
MAUDUIT, s.-lieut., B.
BAYEUX, lieut., B.

15 mai 1809, combat de Dunaberg.
MATHIOT, capit., T.
ALEXANDRINI, s.-lieut., T.

MARQUER, lieut., B. 28 déc. 1809, affaire dans l'île de Walcheren.

6 juill. 1809, bataille de Wagram.
GUKUREL, chef de bat., B.
GENIN, s.-lieut., B.
BRETON, s.-lieut., B.
BENITON, s.-lieut., B.
PÉCHOT, capit., B.

BROCHARD, capit., B. 7 juill. 1809, aux avant-postes.

17 août 1812, bataille de Smolensk.
CRAINCOURT, chef de bat., B. (mort le 7 sept.).
DANDALLE, chef de bat., T.
EPRY, capit., T.
COUVRECHEL, capit., T.
FILLOT, lieut., B. (mort le soir).
VÉRONNET, lieut., B. (mort le 21).
GÉRARD, lieut., T.
VASSELIN, s.-lieut., T.
IMBERTY, s.-lieut., T.
WASSERONVAL, chef de bat., B.
MONDET, chef de bat., B.
LEBOEUF, capit. A.-M., B.
LANAUD, capit., B.
BROC, capit., B.
LA COSTE, capit., B.
BARBUA (1), capit., B.
GILBERT, capit., B.
BONNEVAL, capit., B.
MAGNIER, capit., B.
REISET, capit., B.
POTIER, capit., B.
BAYEUX, capit., B.
DELAUNAY, capit., B.
GENIN, capit., B.
POUL, capit., B.
THELOHAN, lieut., B.
RAY, lieut., B.
DECOMBE, lieut., B.
COLINOT, lieut., B.
RAVARY, lieut., B.
SOUZIAUX, lieut., B.
BILLAUD, s.-lieut., B.
DURAND, s.-lieut., B.
DORGET, s.-lieut., B.
AUZOUX, s.-lieut., B.
DELRIEU, s.-lieut., B.
GOURHAEL, lieut., B.
DUCROT, lieut. A.-M., B.

7 sept. 1812, bataille de la Moskowa.
SARRAZIN, capit., T.
LEREMBERT, lieut. A.-M., B. (mort en oct.).
GAUSSET, lieut. porte-aigle, B. (mort).
RIBES, lieut., T.
HELLWICH, lieut., B. (mort).
GASTON, s.-lieut., T.
ISAMBART, s.-lieut., B. (mort).
BORY, capit., B.

---

(1) Barbua de Montigny.

POTIER, capit., B.
VIENT, capit., B.
BARRA, capit., B.
BONNEVAL, capit., B.
MATHILDE, capit., B.
DELOFFRE, capit., B.
RAVARD, lieut., B.
DUCROT, lieut. A.-M., B.
BONPAIN, lieut., B.
DUVERNAY, lieut., B.
DEROUETTE, lieut., B.
RAVARD, lieut., B.
GISANCOURT, lieut., B.
THÉLOHAN, lieut., B.
GUILLEMOT, s.-lieut., B.
COROLLER, s.-lieut., B.
FORESTIER, s.-lieut., B.
LECROCQ, s.-lieut., B.
SOMMEILLER, lieut., B.

3 nov. 1812, combat de Wiasma.
MUNICK, lieut. A.-M., T.
BAUBY, lieut., T.
BAUDARY, lieut., T.
THÉLOHAN, lieut., T.
LÉVÊQUE, s.-lieut., T.
LENDORMY, chef de bat., B.
DROMARD, lieut., B.
FROMONT DE BOUAILLES, lieut., B.

RAVARD, lieut., B. 4 nov. 1812, aux avant-postes, route de Smolensk.
NORMAND, s.-lieut., B. 17 nov. 1812, combat devant Bobruisk.

26 et 27 août 1813, bataille de Dresde.
NOGUÉS, major, T. 26.
DELOFFRE, capit., B. 27 (mort).
BORREL, s.-lieut., B. 26 (mort le 25 sept.).
ORANGE, chef de bat., B. 28.
LACASSAGNE, capit., B. 26.
VIENT, capit., B. 26.
CHAUBIN, lieut., B. 27.
ANDRIÉTY, lieut., B. 26.
COLLIN, s.-lieut., B. 26.

30 août 1813, affaire de Culm.
QUANDALLE, col., B. (mort le 23 oct.).
GOBERT, chef de bat., T.
GOULET, capit. A.-M., T.
BIDELOS, capit., T.
NEVEU, capit., T.

DALEYRAC, capit., B. (mort le 2 oct.).
MAUBEUGE, lieut., B. (mort le 21 nov.).
COLLIGNON, s.-lieut., B. (mort).
BOREL, s.-lieut., B. (mort le 25 sept.).
ORANGE, chef de bat., B.
MOREAU, chef de bat., B.
FREBOURG, capit., B.
MAGNIER, capit., B.
PERRIN, capit., B.
FERNET, capit. A.-M., B.
CAMBRON, capit., B.
STOEBERT, capit., B.
RAVARD, capit., B.
BARBERIS, capit., B.
DUCROT, capit., B.
MAYER, lieut., B.
LESCURE, chirurg.-M., B.
GAULIEZ, lieut. A.-M., B.
JOULIN, lieut., B.
GODARD, lieut., B.
COMBE, lieut., B.
HANNEUX, lieut., B.
AUZOUX, lieut., B.
HENNE, lieut., B.
DELRIEU, lieut., B.
JAMAIRE, s.-lieut., B.
GUILLEMOT, lieut., B.
FREMONT, lieut., B.
DENOLET, s.-lieut., B.
CASTAT, s.-lieut., B.
ACIER, s.-lieut., B.
DE REYNAUD DE VILLEVERD, s.-lieut., B.
CHEVILLOT, s.-lieut., B.
DUBREUIL, s.-lieut., B.
CASTEL, s.-lieut., B.
GLASSON, s.-lieut., B.
BONTÉ, s.-lieut., B.
BARBARET, s.-lieut., B.

1813, défense de Dresde.
BARBERIS, capit., B. 29 oct. (mort le 8 nov.).
MACRON, lieut. A.-M., T. 27 sept.
MOREAU, chef de bat., B. 6 nov.
FERNET, capit. A.-M., B. 27 oct.
REGNAULT, capit., 17 oct.
LUSSAN, capit., B. 16 oct.
SOUTHON, capit., B. 6 nov.
DUCHAN, lieut., B. 12 nov.
GARNIER, s.-lieut., B. 6 nov.
BERTRAND, lieut., B. 10 sept.
SALLIOR, lieut., B. 6 nov.
SÉVILLE, s.-lieut., B. 16 oct.

2 févr. 1814, *combat de Merxen (Anvers)*.
DELAUNAY, capit., B.
LACHENEVRERIE, cap., B. (m¹ le 5 mars.)
BALMARY, lieut., B.

18 *juin* 1815, *bataille de Waterloo*.
MONTAGNAC, capit. A.-M. (disparu).
DOU, capit., T.
MAGNIER, capit., B. (mort le 3 juill.).
CHALMAS, lieut., T.
JANNAIRE, s.-lieut., T.
ORANGE, s.-lieut., T.
ROQUE, s.-lieut., T.
LOTIEZ, capit., B.
VILLA, capit., B.
DUPORCQ, capit., B.
POTIER, capit., B.
DECOURCY (1), capit., B.

(1) Hardouin de Coursy.

STŒBERT, capit., B.
LLOBET, capit., B.
DELÉCOLE, lieut., B.
RAVARD, capit., B.
GUILMOT, lieut., B.
DUCHAMP, lieut., B.
LEFÈVRE, lieut., B.
LOCHOT, lieut., B.
JOULIN, lieut., B. 17.
DUCHESNE lieut., B. 17.
DENOLET, s.-lieut., B.
BILLEAU, s.-lieut., B.
THENREZ, s.-lieut., B.
TABOURIN, s.-lieut., B.
LAUBMEISTER, s.-lieut., B.
PASSERY, s.-lieut., B.
MARIE, s.-lieut., B.

14ᵉ Régiment.

30 *oct.* 1805, *combat de Caldiero*.
JOUCLET, capit., T.
CORNILLE, capit. A.-M., B. (mort le 27 nov.).
DEBOUTERRE, capit. A.-M., B. (mort le 27 nov.).
CAEN, s.-lieut., T.
DAVID, s.-lieut., T.
ANDRÉ, lieut., B.

PERRONNET, s.-lieut., T. 12 juill. 1806, combat de Cassano (Naples).
DESROCHER, s.-lieut., B. 15 juill. 1806, étant en reconnaissance en Calabre.
SABATIER, lieut., B. 14 sept. 1806, combat en Calabre.
TROUPEL, capit., T. 7 déc. 1807, défense de Céphalonie (Iles Ioniennes).

2 *mai* 1813, *bataille de Lutzen*.
DEPOGE, chef de bat., B.
PIERRE, capit. A.-M., B.
DELPÊCHE, capit., B.
ANDRÉ, capit., B.
GOBERT, capit., B.
NÉGRINO, s.-lieut., B.
TERRIER, s.-lieut., B.
TOULIN, s.-lieut., B.
RAVIDAT, s.-lieut., B.

SAINT-ESTÈVE, lieut., B.

SECOURGEON, chef de bat., B. 11 mai 1813, combat d'avant-garde à Schiniedefeld (Saxe).

12 *mai* 1813, *aux avant-postes (Saxe)*.
GASTINET, capit., B. (mort le 15).
TOULIN, s.-lieut., B.
LEBLOND, s.-lieut., B.

20 *mai* 1813, *bataille de Bautzen*.
PETIT, lieut., B.
GRANGIER, s.-lieut., B.
BÉNARD, lieut., B.

BRUYÈRE, s.-lieut., B. 6 juin 1813, étant en reconnaissance en Saxe.
PETIT, lieut., B. 22 août 1813, aux avant-postes (Saxe).

26 *août* 1813, *affaire de la Katzbach*.
LEFAIBRE, capit., T.
GAUGOIS, capit., T.
LALLEMAND, lieut., T.
DERRY, lieut., T.
ROUHIÈRE, lieut., T.
CULMANN, s.-lieut., T.
BLOND, s.-lieut., T.

FÉDON, s.-lieut., T.
NÉGRINO, s.-lieut., T.
LALLEMAND, s.-lieut., B.

MILANI, s.-lieut., B. 30 août 1813, combat près de Goerlitz.
TERRIER, s.-lieut., B. 6 sept. 1813, affaire près de la Neisse.
ANNEQUIN, capit., B. 6 oct. 1813, combat près de Trieste (mort le 1ᵉʳ nov.).

8 oct. 1813, défense du fort de Trieste.
GUIOT, lieut., B.
RINGS, s.-lieut., B.

Du 16 au 19 oct. 1813, bataille de Leipzig.
CHAPUIS, chef de bat., T. 16.
MALLET, capit., T. 16.
MONDONNET, capit., T. 16.
MONNOIR, capit., T. 16.
COMPLEX, lieut., B. 19 (mort le 2 déc.).
GOUFFLARD, lieut., T. 16.
COTTRET, lieut., T. 16.
CABANIÉ, lieut., T. 19.
BERTEL, s.-lieut., B. 16 (mort le 10 mars 1814).
SEGOURGEON, chef de bat., B. 16.

ANGÉLIS, capit. A.-M., B. 16.
FAURE, capit., B. 16.
SABATIER, capit., B. 16.
GIVRY, lieut., B. 19.
PLOYER, lieut. A.-M., B. 16.
BÉNARD, lieut., B. 17.
VIAL, lieut., B. 19.
FAURE, s.-lieut., B. 18.
GARDEN, s.-lieut., B. 16.

HENRYPIERRE, s.-lieut., B. 30 oct. 1813, bataille de Hanau.

8 févr. 1814, bataille du Mincio.
DELAFLÉCHELLE, capit., T.
NOEL, chef de bat., B.
FOUCHEROT, capit., B.
DAMONET, capit., B.
DAMONT, lieut., B.
BENARD, lieut., B.
POIGNARD, s.-lieut., B.
VEILLER, s.-lieut., B.

FAURE, lieut., B. 8 avril 1814, défense de Kehl.
STIELER, col., B. mars 1815, dans une émeute en Corse.

15ᵉ Régiment.

BARRAL, capit., B. 10 juin 1805, dans un combat naval près du Havre.

2 déc. 1805, bataille d'Austerlitz.
DANVAUX, lieut., T.
VITRÉ, s.-lieut., T.
CROISIER, capit., B. (mort le 5).
GEITHER, major, B.
DULONG, chef de bat., B.
CHARPENTIER, capit. A.-M., B.
BONTEMS, capit., B.
DEVISME, capit., B.
DUFOUR, capit., B.
HESSE, capit., B.
MARTEAU, capit., B.
MÉNARD, capit., B.
SERRE, capit., B.
CHAPUY, lieut., B.
FAURE, lieut., B.
JAMAIN, lieut., B.

LARCHER, lieut., B.
PACHON, lieut., B.
ANTOINE, s.-lieut., B.
OUDIN, s.-lieut., B.
SALAIGNAC, s.-lieut., B.

14 juin 1807, combat devant Kœnigsberg.
DEVILLÉ, capit., B. (mort).
LEMAIRE, capit., B. (mort).
LAGARDE, lieut., B.

MOUCHEL, capit., B. 29 juill. 1808, combat d'Evora (Portugal.)
BRONDÈS, s.-lieut., T. 21 août 1808, bataille de Vimeiro (Portugal).
GRAVIS, s.-lieut., B. 16 janv. 1809, combat de La Corogne.
DOUCET, capit., B. 17 janv. 1809, combat devant La Corogne.

**14 avril 1809,
combat près de Donawerth.**
Reyniac, capit., B.
Visinier, capit., B.

19 avril 1809, combat de Thann.
Coudreux, capit., B.
De Maussion, lieut., B.
Pachon, lieut., B.
Adeler, s.-lieut., B.
Racine, s.-lieut., B.

21 avril 1809, combat de Landshut.
Varin, s.-lieut., T.
Dubuc, capit., B. (mort le 15 mai).
Coudreux, capit., B.
Coutelot, capit., B.
Delombre, capit., B.
Ducarouge, capit., B.
Ravier, capit., B.
Serre, capit., B.
Lenormand de Kergré, lieut., B.

Péruset, capit., B. 9 mai 1809, affaire de la Maison-Froide (Portugal).
Charvais, capit. A.-M., B. 16 mai 1809, combat de Misarella (Portugal).

5 et 6 juill. 1809, bataille de Wagram.
Declareuil, capit., B. 5 (mort le 8).
Fermery, lieut., B. 5 (mort le 9).
Noos, col., B. 6.
Vié, capit., B. 6.
Griot, capit. A.-M., B. 6.
Pastureau, capit., B. 6.
Laussat, capit., B. 6.
Rosier, capit., B. 6.
Cretal, lieut., B. 6.
Delonlay, lieut., B. 6.
Bardel, s.-lieut., B. 6.
Goupy, s.-lieut., B. 6.
Mourant, s.-lieut., B. 6.

Perchel, lieut., B. 14 avril 1810, siège de Ciudad-Rodrigo (mort le 30).
Masson, s.-lieut., B. 26 juin 1810, siège de Ciudad-Rodrigo.
Gravis, s.-lieut., B. 6 juill. 1810, siège de Ciudad-Rodrigo.
Petot, s.-lieut., B. 10 oct. 1810, dans une reconnaissance en Portugal.
Louis, capit. A.-M., B. 27 déc. 1810, en reconnaissance en Espagne.

17 août 1812, bataille de Smolensk.
Merger, chef de bat., T.
Ravier, capit., T.
Laurent, capit., B. (mort le 26 nov.).
Saintot, capit., T.
Barré, lieut., T.
Delacan, lieut., B. (mort).
Dekolbe, lieut., B. (mort le 8 oct.).
Kasner, s.-lieut., B. (mort le 30 sept.).
Miquel, s.-lieut., B. (mort le 9 oct.).
André, capit., B.
Cougny, capit., B.
Sermage, capit., B.
Benoist, capit., B.
Coudreux, capit., B.
Bolmier, lieut., B.
Domengie, lieut., B.
Garand, lieut., B.
Vissoque, lieut., B.
Larcher, capit., B. (mort le 22 janv. 1813).
Feuilloley, s.-lieut., B.
Rayet, s.-lieut., B.
Thibault, s.-lieut., B. 18.
Fabry, lieut., B. 17.

7 sept. 1812, bataille de la Moskowa.
Martin, capit., T.
Dijont, lieut., T.
Dupont, lieut., T.
Gravis, lieut., T.
Guillot, s.-lieut., T.
La Place, capit., B. (mort le 4 oct.).
Willemet, capit., B. (mort le 10 oct.).
Tutot, lieut., B. (mort le 18).
Bouvier, s.-lieut., B. (mort le 15).
Dinant, s.-lieut., B. (mort le 20).
Dreturier, chef de bat., B.
Jourdain, chef de bat., B.
Marrichal, chef de bat., B.
Codevelle, capit., B.
Bardel, capit., B.
Brulard, capit., B.
Delonlay, capit., B.
Deschièvres, capit., B.
Evelart, capit., B.
Laussat, capit., B.
Racine, capit., B.
Rosier, capit., B.
Visinier, capit., B.
Charpentier, lieut., B.
Fruchier, lieut., B.
Hervet, lieut., B.

Jacolin, lieut., B.
Lagareste, lieut., B.
Rouillon, lieut., B.
Delaurier, s.-lieut., B.
Guillemain, s.-lieut., B.
Laby, s.-lieut., B.
Lamy, s.-lieut., B.
Maître, s.-lieut., B.
Millot, s.-lieut., B.
Saint-Marcellin (1), s.-lieut., B.
Sarramia, s.-lieut., B.
Ferron, s.-lieut., B.

9 et 10 sept. 1812, combats de Mojaïsk.
Smit, capit., B. (mort).
Pinard, lieut., B. (mort le 25).
Nicolas, lieut., B. (mort le 18 oct.).
Comparot, s.-lieut., B. (mort le 15).
Duverger, s.-lieut., B. (mort le 3 nov.).
Brice, major en 2e, B.
Nicolas, chef de bat., B.
Bardel, capit., B.
Codevelle, capit., B.
Smitz, capit., B.
Delonlay, capit., B. 9.
Gérard, capit., B.
Mourant, lieut., B.
Baudouin, s.-lieut., B.
Blanc, s.-lieut., B.
Faron, s.-lieut., B.
Laby, s.-lieut., B.
Thibault, s.-lieut., B.
Trullard, s.-lieut., B.
Vallon, s.-lieut., B.
Ville, s.-lieut., B. 9.
Guichard, s.-lieut., B. 10.

Marion, s.-lieut., B. 4 oct. 1812, combat près de Moscou.
Ravet, s.-lieut., B. 1er nov. 1812, dans un village, par des Cosaques (Russie).
Coudreux, chef de bat., B. 4 nov. 1812, à Isas, en avant de Wiasma.

17 et 18 nov. 1812, bataille de Krasnoë.
Laurent, capit., B. 17 (mort le 26).
Rivet, capit., B. (mort).
Joly, s-lieut., B. 17 (mort le 18).
Duprey, major en 2e, B. 18.

(1) Etait détaché près du prince Eugène comme officier d'ordonnance.

Coudreux, chef de bat., B. 18.
Dupont, capit. A.-M., B. 18.
Oudin, capit. A.-M., B. 18.
Racine, capit., B. 18.
Gibert, capit., B. 18.
Deschièvres, capit., B. 18.
Charpentier, lieut., B. 18.
Domengie, lieut., B. 17.
Garand, lieut., B. 18.
Gibout, lieut., B. 18.
Saviot, lieut., B. 18.
Hubout, lieut., B. 18.
Jacolin, lieut., B. 18.
Lagareste, lieut., B. 18.
Revilly, lieut., B. 18.
Cambier, s.-lieut., B. 18.
Masson, s.-lieut., B. 17.
Campagne, s.-lieut., B. 18.
Roussel, s.-lieut., B. 18.

Sigu, s.-lieut., B. 1er janv. 1813, près de Kœnigsberg (mort le 10).
Vitasse, lieut., B. 2 avril 1813, aux avant-postes de Magdebourg.

18 août 1813, combat de Lauenbourg.
Millot, lieut., B.
Mottet, s.-lieut., B.

Baltié, major en 2e, B. 26 août 1813, bataille de Dresde (mort le 27 sept.).
Goulu, s.-lieut., B. 6 oct. 1813, affaire de Grosmulseau.
Voisin, s.-lieut., B. 22 oct. 1813, combat près de Hambourg.
Trullard, lieut., B. 13 janv. 1814, défense d'Anvers.
Rapine, lieut., B. 1er févr. 1814, bataille de la Rothière.
Merlin, capit., B. 18 févr. 1814, bataille de Montereau.
Fruchier, chef de bat., B. 17 févr. 1814, défense de Hambourg.
Lamblée, s.-lieut., B. 15 juin 1815, combat devant Charleroy.

16 juin 1815, bataille de Ligny.
Evelart, capit., T.
Legoubin, capit., T.
Ville, lieut., B. 15 (mort le 16).
Protche, chef de bat., B.
Gasnier, capit., B.
Gérard, capit., B.

428 RÉGIMENTS D'INFANTERIE LÉGÈRE

BLIN, lieut., B.
GALLIER, lieut., B.
SIBILLOTTE, lieut., B.
VILLARD, lieut., B.
BREMONT, s.-lieut., B.
LEMARCHAND, s.-lieut., B.
THIBAULT, s.-lieut., B.
RENVOYÉ, s.-lieut., B.

18 juin 1815, combat de Wavre.
PRÉVOST, lieut., T.
FOLLIAU, capit., B.
LE PROVOST DE LA VOLTAIS, capit., B.
PITANCE, capit., B.

PRINGUET, capit., B.
GAY, lieut., B.
MAÎTRE, lieut., B.
SARDINE, lieut., B.
BONIS, s.-lieut., B.
BOURGEOIS, s.-lieut., B.
LIEFFROY, s.-lieut., B.
MUNERET, s.-lieut., B.
PERNET, s.-lieut., B.
RENVOYER, s.-lieut., B.
CHARPENTIER, capit., B.

GIROD, s.-lieut., B. 20 juin 1815, combat de Namur (mort le 6 juill.).

16ᵉ Régiment.

14 oct. 1806, bataille d'Iéna.
CHALLUT, capit., T.
GUY, capit., T.
BOCQUET, lieut., T.
BARY, s.-lieut., T.
CARMOUCHE, s.-lieut., T.
GAIN, capit., B. (mort le 16).
HEZARD, capit., B. (mort le 24).
PALET, capit., B. (mort le 19).
SAÔNIER, capit., B. (mʳᵗ le 29 mars 1807).
WITZ, capit., B. (mʳᵗ le 21 févr. 1807).
DELGUE, s.-lieut., B. (mʳᵗ le 10 mai 1807).
HARISPE, col., B.
DUPENLOUP, capit., B.
CROUZET, capit., B.
FRÉMONT, capit., B.
FAGET, capit., B.
HARISPE, capit., B.
LABBÉ, s.-lieut., B.
VENTURINI, lieut., B.
LEGRAS, s.-lieut., B.
ALBIN, s.-lieut., B.
TAVERINER, lieut., B.
DUVERNAY, s.-lieut., B.
LOYON, s.-lieut., B.
SALHA, s.-lieut., B.
GUÉDAN, s.-lieut., B.
PRESSAT, s.-lieut., B.
NAHON, s.-lieut., B.
TESSIER, s.-lieut., B.
GUÉRIN, s.-lieut., B.
LIMONET, s.-lieut., B.

26 déc. 1806, combat de Golymin.
BOURDIN, lieut., B. (mʳᵗ le 4 janv. 1807).

GHENESER, capit., B.
KICK, capit., B.
RONFORT, capit., B.
RUBELLIN, capit., B.
GUEDER, s.-lieut., B.
GUÉRIN, lieut., B.
GEORG, lieut., B.

8 févr. 1807, bataille d'Eylau.
D'HARRICAU, chef de bat., T.
LABOREY, chef de bat., T.
LEVAIN, capit., T.
PORTAL, capit., T.
RAPHIN, capit., T.
ROUSSET, capit., T.
TOUREL, capit., T.
CARLEVANT, lieut., T.
DUTHUGE, lieut., T.
JANCLER, lieut., T.
LABBÉ, lieut., T.
BIVORT, s.-lieut., T.
CLARIN, s.-lieut., T.
DEGAT, s.-lieut., T.
GUEYDAN, s.-lieut., T.
SALHA, s.-lieut., T.
TISSOT, s.-lieut., T.
LETELLIER, s.-lieut., B. (mort le 12).
CASTERA, capit., B.
FRÉMONT, capit., B.
GRIMAËDY, capit., B.
HACCARD, capit., B.
KISTER, capit., B.
FAGET, capit., B.
LEGRAS, capit., B.
MACCARD, capit., B.

Puau, capit., B.
Vincent, capit., B.
Albin, lieut., B.
Lovon, lieut., B.
Cuny, lieut., B.
Libourel, lieut., B.
Duvernay, lieut., B.
Huré, lieut., B.
David, s.-lieut., B.
Forgeot, s.-lieut., B.
Gueder, s.-lieut., B.
Schwingruberg, s.-lieut., B.
Garralon, s.-lieut., B.

Schwingruberg, s.-lieut., B. 8 juin 1807, combat sur la Passarge.
Detouches, s.-lieut., B. 14 juin 1807, bataille de Friedland.
Lucie, lieut., assassiné, le 27 avril 1808, à Madrid (dans une émeute).

28 juin 1808, *attaque de Valence.*
Derrière, s.-lieut., T.
Deserme, s.-lieut., B.

Beuchez, s.-lieut., B. 16 août 1808, siège de Girone.

---

11 nov. 1808, *bataille d'Espinosa.*
Harispe, capit., B. (mort le 15).
Limonet, capit., B. (mort le 19).
Duvernay, capit., B.
Kick, capit., B.
Legras, capit., B.
Gilibert, lieut., B.
Humbert, lieut., B.
Jaubert, s.-lieut., B.

Dellard, col., B. 16 nov. 1808, combat d'Epina-de-los-Monteros.

---

3 déc. 1808, *prise de Madrid.*
Witz, capit., T.
Dellard, col., B.
Gheneser, chef de bat., B.
Veffond, lieut. A.-M., B.

---

22 mai 1809, *bataille d'Essling.*
Gachet, capit., T.
Beuchez, lieut., B. (mort le 5 juin).
Leboeuf, s.-lieut., B.

Vidal, lieut., B. 23 mai 1809, combat de Saint-Jacques (Espagne).

5 et 6 juill. 1809, *bataille de Wagram.*
Calamel, lieut., B. 5 (mort le 18).
Neufville, capit., A.-M., B. 5.
Drumel, capit., B. 6.
Renard, capit., B. 5.
Renaud, lieut., B. 6.
Beaudoin, s.-lieut., B. 5.

28 juill. 1809, *bataille de Talavera-de-la-Reyna.*
Cursillat, capit., T.
Petit-Jean, capit., T.
Debrier, lieut., T.
Lancelot, lieut., T.
Philippe, lieut., T.
Sinn, lieut., T.
Crabère, s.-lieut., B. (mort le 29).
Flauzac, s.-lieut., T.
Barbier, lieut., B. (mort le 20 août).
Girot, lieut., B. (mort le 23 sept.).
Gheneser, chef de bat., B.
Mathieu, capit., B.
Raclot, capit., B.
Plisson, lieut. A.-M., B.
Lasalle, lieut., B.
Collet, s.-lieut., B.
Leclerc, s.-lieut., B.

Delaporte, s.-lieut., B. 17 sept. 1809, siège de Girone (mort le 3 févr. 1810).
Magnier, lieut., B. 4 mars 1810, à Lombières (Espagne).

---

30 sept. 1810, *combat d'Ubrique (Espagne).*
Manuel, chirurg.-M., B.
Curione, capit., B.
Lepage, capit., B.

Plisson, lieut. A.-M., assassiné le 21 janv. 1811 par les insurgés espagnols.
Gouget, capit., B. 21 janv. 1811, siège de Cadix.
Goulette, lieut., B. 3 févr. 1811, combat de Séguenza.
Cursillat, capit., B. 10 févr. 1811, affaire de Leria (Portugal).

5 mars 1811, combat de Chiclana.
PUAU, capit., B.
DUBUISSON, s.-lieut., B. (mort le 30).

COLLET, lieut., B. 30 mars 1811, à Muguer (Espagne).
RIBIÈRE, capit. A.-M., B. 30 mars 1811, dans une reconnaissance à la Palma (Espagne).

---

5 mai 1811, bataille de Fuentès-d'Onòro.
RINGUELET, chef de bat., T.
DARENTIÈRE DE TRACY, s.-lieut., T.
SALZARD, s.-lieut., T.
BAUDOUIN, lieut., B.
DESBETS, s.-lieut., B.

---

16 mai 1811, bataille de La Albuhera.
COUPLET, s.-lieut., T.
CHAMPEL, s.-lieut., B. (mort le 19).
GHENESER, chef de bat., B.
LIBOUREL, capit., B.
MILLARD, capit., B.
DEGAST, capit., B.
SASMAYOUS, capit., B.
DELTOUR, lieut., B.
LAVALETTE, lieut., B.
BEAUJOIN, s.-lieut., B.
FRANÇOIS, s.-lieut., B.
GOULETTE, s.-lieut., B.

REBOURGET, s.-lieut., B. dans une embuscade, par des partisans espagnols (mort le 3 août).

---

5 nov. 1811, combat de Bornos.
BÉCU, capit., B.
CHAMPEAUX, lieut., B.
BEAUJOIN, s.-lieut., B.

1811, siège de Tarifa.
LAVALETTE, lieut., T. 20 déc.
MANGEOT, s.-lieut., T. 26 déc.
BEAUDOUIN, capit., B. 22 déc.
COLLET, capit., B. 22 déc.
FORGEOT, capit., B. 31 déc.
DEGAST, capit., B. 31 déc.

PUAU, capit., T. 12 janv. 1812, siège de Tarifa.
DUBUISSON, s.-lieut., B. 30 mars 1812, aux avant-postes devant Cadix.

QUEILLÉ, s.-lieut., B. 5 avril 1812, aux avant-postes devant Cadix.
AUBRY, capit., B. 12 janv. 1813, étant en reconnaissance en Espagne.

---

2 mai 1813, bataille de Lutzen.
DECHEUX, capit., T.
BROC, capit., B.
COLLET, capit., B.

---

21 mai 1813, bataille de Würschen.
BENARD, capit., B.
MARTIN, capit., B.
BALMA, lieut., B.

RAMBOURG, lieut., B. 9 juin 1813, défense de Dantzig.
CHASSAIGNE, capit., B. 21 juin 1813, bataille de Vittoria.

---

25 juill. 1813, combat du col de Maya.
FORGEOT, chef de bat., B.
GENTI, lieut., B.
ALLARD, lieut., B.

MILLARD, s.-lieut., B. 30 juill. 1813, combat devant Pampelune.

---

27 août 1813, bataille de Dresde.
CARCASSONNE, lieut., T.
BÉCU, capit., B.
BEIN, capit., B.
LABIE, s.-lieut., B.
MENOT, s.-lieut., B.

AUBRY, capit., B. 29 août 1813, défense de Dantzig.

---

31 août 1813, passage de la Bidassoa.
GENTI, capit., B.
HÉROT, capit., B.
HUFTY, capit., B.

---

7 et 8 oct. 1813, combat d'Ascain.
FORGEOT, chef de bat., T. 7 oct.
LACOSTE, capit., T. 7 oct.
GÉLIBERT, capit., B. 8 oct.

BEAUDOIN, capit., B. 12 oct. 1813, aux avant-postes (mort le 19).

---

18 oct. 1813, bataille de Leipzig.
RUFFAT, chef de bat., B. 18.

MARÉCHAL, capit., B. 19.
LEVET, capit., B. 18.
BAILLY, capit., B. 18.
RÉVE, capit., B. 18.
KULIKOWSKI, lieut., B. 18.
ANDRÉ, s.-lieut., B. 18.
HUART, lieut., B. 18.
LABOUILLE, s.-lieut., B. 18.
RHEDOZ, lieut., B. 18.
MENOT, s.-lieut., B. 18.

QUEILLÉ, lieut. A.-M., B. 10 nov. 1813, combat de Sarre.

13 déc. 1813, combat sur la Nive.
CHASSAIGNE, capit., B.
QUEILLÉ, capit., B.

8 et 10 janv. 1814, défense du pont de Sarrebruck.
DELTOUR, capit., B. 8.
BRUNET, capit., B. 8.
ANDRÉ, s.-lieut., B. 10.

LEBLANC, lieut., B. 1er févr. 1814, combat de Dieuville.

11 févr. 1814, bataille de Montmirail.
BOUVIER, chef de bat., B.

PIERROT, lieut., B.
ANDRÉ s.-lieut., B.
GAMIABLE, s.-lieut., B.
LEFÈVRE, s.-lieut., B.
MENOT, s.-lieut. B.

14 févr. 1814, bataille de Vauchamps.
VAUCHÉ, capit., B.
BÉCU, capit., B.

RUFFAT, chef de bat., B. 18 févr. 1814, bataille de Montereau.
LALLEMENT, s.-lieut., B. 21 févr. 1814, aux avant-postes (mort le 13 mars).

27 févr. 1814, combat de Bar-sur-Aube.
VIDAL DE LAUZUN, chef de bat., B.
GENTI, capit., B.
HUFTY, capit., B.

21 mars 1814, combat d'Arcis-sur-Aube.
HÉROT, capit., B.
BERTY, lieut., B.
COUSIN, lieut. A.-M., B.

30 mars 1814, bataille de Paris.
FAURE, lieut., B.
BRUNET, capit., B.

17e Régiment.

15 oct. 1805, combat devant Ulm.
GOSSELIN, capit., T.
GRENET, capit., T.
DESHAYES, capit., B.
SALICETY, capit., B.
BATHIER, lieut., B.
AYMARD, s.-lieut., B.
FORET, s.-lieut., B.
GIRÉ, s.-lieut., B.

CABANES DE PUYMISSON, col., B. 17 oct. 1805, combat de Hollabrunn.

10 oct. 1806, combat de Saalfeld.
BEAUSOLEIL, capit., T.
LATAPIE, s.-lieut., B.

14 oct. 1806, bataille d'Iéna.
PÉLICOT, lieut., B. (mort le 20 févr. 1807).

POMME, lieut., B. (mort le 17 févr. 1807).
DE DOUAL, capit. A.-M., B.
BATHIER, capit., B.
CARDEILLAC (J.-B.), capit., B.
GOUDAUX, capit., B.
HARISMENDY, capit., B.
HUG, capit., B.
SUILLOT, capit., B.
VEDEL, capit., B.
ARNAUD, lieut., B.
BENOIT, lieut., B. 12.
BOYER, lieut., B.
MERLIN, s.-lieut., B.
RONOT, s.-lieut., B.

26 déc. 1806, combat de Pultusk.
GAVOILLE, lieut., T.
LUQUEL, lieut., T.
SARRAIRE, capit., B.

SUILLOT, capit., B.
DUVERGÉ, s.-lieut., B.
RONOT, lieut., B.

DUFAUR, s.-lieut., B. 8 févr. 1807, bataille d'Eylau.
CANTON, s.-lieut., B. 16 févr. 1807, combat d'Ostrolenka.

14 *juin* 1807, *bataille de Friedland.*
PONÇON, capit., B.
BON, lieut., B.
BROUSSOUZE, lieut., B.

CARDEILHAC (A.), capit., B. 16 mars 1809, combat de Vigo.

18 *et* 19 *mars* 1809, *combats de Braga.*
MUIROGÈS, lieut., T. 19.
BONAIRE, lieut., B. 18.
BRAQUEMONT, s.-lieut., B. 18.

ROGER (1), chef de bat., assassiné le 28 mars 1809, dans la ville d'Oporto, par la populace.

29 *mars* 1809, *prise d'Oporto.*
CAHUZAC, capit., T.
L'HOMME, lieut., T.
CABANES DE PUYMISSON, col., B.
SCHROFFER, chef de bat., B.
WALLERANT, lieut., B. 28.

MARCOUIRE, s.-lieut., B. 5 avril 1809, combat près Chavès.

Avril 1809,
défense d'Amarante (Portugal).
JOUANNE, s.-lieut., T. 20 avril.
ITURALDE, capit., B. 18 avril (mort le 20).
SCHROFFER, chef de bat., B. 20 avril.
BARELIER, capit., B. 18 avril.
DARRACQ, lieut, B. 18 avril.
JACQUIER, lieut., B. 14 avril.
LACOMBLÉE, lieut., B. 18 avril.
MEUNIER, s.-lieut., B. 18 avril.

WALLERANT, capit., B. 28 avril 1809, étant en tirailleurs devant Oporto.

(1) Était près du général Foy.

12 *mai* 1809, *retraite d'Oporto.*
DUVERGÉ, lieut., T.
LEJOSNE, capit., B.
MERLIN, capit., B.
TROUFLEAU, lieut., B.

PRIN, s.-lieut., B. 19 avril 1809, combat de Thann.

22 *mai* 1809, *bataille d'Essling.*
BOULON, chef de bat., B.
LECLER, capit., B.

FOURNY, capit., T. 2 juin 1809, dans l'île de Lobau.
SACCO, chirurg. A.-M., B. 5 juill. 1809, bataille de Wagram (mort le 28).

6 *juill.* 1809, *bataille de Wagram.*
NAAS, lieut., T. 6.
LECLER, capit., B. 6.
DE LA ROCHETTE, capit., B. 6.

DURAND, lieut. A.-M., T. 11 juill. 1809, bataille de Znaïm.
BARNIER, s.-lieut., B. 18 avril 1810, près d'Amarante.
CHEVALLERIE, s.-lieut., T. 22 avril 1810, combat de Biscarette (Navarre).

27 *sept.* 1810, *bataille de Busaco.*
SCHROFFER, chef de bat., T.
BUREAU, capit., T.
GUINAUD, lieut., T.
BELLANGER, s.-lieut., T.
MATHIEU, lieut., B. (mort le 15 oct.).
PELLEGRIN, lieut., B. (mort le 29).
DARRACQ, capit., B.
LASSÈRE, capit., B.
LEGENDRE, capit., B.
MOURIER, capit., B.
RICHARD, capit., B.
RONOT, capit., B.
VEDEL, capit., B.
VINCENT, capit., B.
BONAIRE, lieut., B.
CHAUVEAU, lieut., B.
DEGRÉGOIRE, lieut., B.
DUBROCA, lieut., B.
LATAPIE, lieut., B.
LESTAING, lieut., B.
MEUNIER, lieut., B.
RENAUD, lieut., B.

DARQUIER, s.-lieut., B.
DELATUDE, s.-lieut., B.
DELAU, s.-lieut., B.
LORIN, s.-lieut., B.
PELEGRY, s.-lieut., B.

3 *avril* 1811, *combat de Sabugal.*
MOURIER, capit., T.
CERF DU HERTZ, lieut., T.
LESTAING, lieut., T.
RENAUD, capit., B. (mort le 14).
LACOMBE, lieut., B. (mort le 5 janv. 1812).
BEURET, col., B.
JACQUIER, capit., B.
DE LOULAY, capit., B.
PIOCH, capit., B.
DARQUIER, lieut., B.
DUFAU SAINT-FANTIN, lieut., B.
ILLARDEGUY, lieut., B.
LA CROIX, lieut., B.
MARCOUIRE, lieut., B.
GIRÉ, s.-lieut., B.
ROUSSIL, s.-lieut., B.
ZACHARIAS, s.-lieut., T.

BOURDON, lieut., B. 7 avril 1811, devant Almeïda.
VEDEL, chef de bat., B. 26 sept. 1811, affaire à Alcobao (Portugal).
GIRARDET, lieut., B. 21 juill. 1812, défense des forts de Salamanque.
BARNIER, s.-lieut., B. 18 avril 1811, route d'Amarante (Portugal).

18 *et* 22 *juill.* 1812, *bataille des Arapiles.*
BOULON, chef de bat., T. 22.
MAYER, s.-lieut., T. 18.
BIZENZO, lieut. A.-M., B. 18 (mort le 25 déc.).
FORT, capit., T. 18.
DE LOULAY, capit., B.
BONNAIRE, capit., B. 18.
GUY, capit., B. 22.
STAMM, capit., B. 18.
GRAY, lieut., B. 18.
NICOLET, lieut., B. 18.
LESTRELIN, s.-lieut., B. 18.

FOURTET, chef de bat., B. 9 juin 1813, défense de Dantzig.
SIMMLER, capit., B. 8 avril 1813, affaire devant Haro (Espagne).

BARNIER, lieut., B. 15 juin 1813, affaire de Frias.
GENÈVE, lieut., B. 24 juin 1813, combat de Villafranca (Espagne).
CHAUVEAU, capit., 9 juin 1813, défense de Dantzig.

28 *et* 30 *juill.* 1813, *retraite de Pampelune.*
SÉLENICHER, s.-lieut., T. 30.
CARDEILHAC (A.), capit., B. (mort le 13 août).
PONSINET, lieut., B. 30 (m^t le 17 août).
CARDEILHAC, chef de bat., B. 28.
VARIN, capit., B. 30.
REY, s.-lieut., B. 30.

31 *août* 1813, *passage de la Bidassoa.*
MIGNOT, s.-lieut., B.
LATOUR, lieut., B.

7 *oct.* 1813, *combats sur les Pyrénées.*
GOESMANN, capit., T.
LESTRELIN, capit., B. (mort le 5 nov.).
ANGENOST, s.-lieut., B.

MARTIN, s.-lieut., B. 16 oct. 1813, bataille de Leipzig.

18 *oct.* 1813, *bataille de Leipzig.*
TERLOZIO, s.-lieut., B. (mort).
BONNAIRE, capit., B.
BARNIER, capit., B.
CRÉTIN, lieut. A.-M., B.

ROTH, capit., B. 19 oct. 1813, défense de Dantzig.
SAUX, lieut., B. 28 oct. 1813, défense de Dantzig.

30 *oct.* 1813, *bataille de Hanau.*
FARBASIAT, lieut., B. (mort le 5 nov.).
PAYMAL, capit., B.

9 *et* 10 *déc.* 1813, *combats devant Bayonne.*
POURPRE, lieut., T. 10.
LEJOSNE, chef de bat., B. 10.
FURET, capit., B. 9.
LANGLOIS, capit., B. 9.
LATOUR, capit., B. 10.

28

27 *févr.* 1814, *combat de Bar-sur-Aube.*
CORNU, lieut., B.
MIGNOT, s.-lieut., B.

21 *mars* 1814, *combat d'Arcis-sur-Aube.*
LANGLOIS, capit., T.
SAULNIER, capit., B. (mort le 22).
COURAUD, capit., B.

8 *avril* 1814, *défense de Strasbourg.*
FAURE, major, B.
LEDUC, lieut., B. (blessé une première fois le 24 janv.).
ISRAEL, s.-lieut., B.
KROMBERG, s.-lieut., B.

18ᵉ Régiment.

BALLEYDIER, col., T. 10 nov. 1805, aux avant-postes près de Vérone.

1ᵉʳ *et* 2 *oct.* 1806, *affaire de Castelnovo (Dalmatie).*
FANNET, capit., B. 1ᵉʳ.
BONNEVILLE, capit., B. 1ᵉʳ.
FRAISSE, capit., B. 2.

16 *avril* 1809, *bataille de Sacile.*
SUDOR, capit., T.
CAUSSE, capit., T.

26 *avril* 1809, *combat d'Ervenich (Croatie).*
CAZEAUX, col., B.
MOURÈZE, capit., B.
ALLIEZ, lieut., B.
ALLEMAND, lieut., B.
LACROIX, s.-lieut., B.

DAULLÉ, s.-lieut., B. 29 avril 1809, combat en Croatie.

8 *mai* 1809, *bataille de la Piave.*
LUCHAIRE, major, B.
POUSGET, s.-lieut., B.
CASSE, s.-lieut., B.

DETALANT, capit., B. 11 mai 1809, combat de Saint-Daniel (Italie).

21 *mai* 1809, *combat de Gospich (Croatie).*
BELLAIR, chef de bat., B.
RÉGIS, capit., B.
GRABEUIL, capit., B.
VIVARAIS, capit., B. 22.
ROSE, lieut., B.
BILLARD, lieut., B.
COLLET, s.-lieut., B.

PINEL, s.-lieut., B. 25 mai 1809, combat d'Ottochacz (Croatie).

5 *et* 6 *juill.* 1809, *bataille de Wagram.*
COTTIN, capit., T. 6.
SARETTE, capit., T. 6.
DOMERGUE, capit., B. 6 (mort le 17 nov.).
DYVERNOIS, lieut., B. 5 (mort le 11).
VOLPIHAC, s.-lieut., T. 6.
JOB, s.-lieut., B. 6 (mort le 20).
BUREAU, chef de bat., B. 6.
BOIS, chef de bat., B. 6.
NEPERCHEMITTE, lieut., B. 5.
ROUQUETTE, lieut. A.-M., B. 6.
WALSH, lieut., B. 6.
SIMONOT, lieut., B. 6.
JACQUINOT, s.-lieut., B. 6.
RUSTAN, s.-lieut., B. 6.
CORD'HOMME, s.-lieut., B. 5.

DELPECH, lieut., B. 11 juill. 1809, bataille de Znaïm.

13 *nov.* 1811, *combat de Mattaro.*
FOURNIER, chef de bat., B.
BLAIZE, chef de bat., B.

ROI, lieut., B. 3 déc. 1811, combat en Catalogne (mort le 15).
ALLIEZ, capit., B. 23 avril 1812, combat en Catalogne.
LAVALLÉE, lieut., B. 27 juill. 1812, combat de Witepsk.

31 *juill.* 1812, *attaque du Monserrat (Catalogne).*
LAURENT, capit., T.
DETALANT, capit., B.

ARNOUX, lieut., B. 1ᵉʳ août 1812, étant en reconnaissance en Catalogne (mort le 19).

7 sept. 1812, bataille de la Moskowa.
COLLET, capit., B.
RICHARD, lieut., B.

NOGARET, s.-lieut., T. 16 sept. 1812, combat près de Moscou.
GOURET, lieut., B. 11 sept. 1812, combat en avant de Mojaïsk.
PIART, lieut., T. 17 sept. 1812, étant en reconnaissance près de Moscou.
BLANC, capit., B. 29 sept. 1812, aux avant-postes devant Moscou.

24 oct. 1812, bataille de Malojaroslawetz.
BRANDY, capit., B. (mort le 15 nov.).
SEMIN, lieut., B. (mort le 14 nov.).
CAMPREDON, lieut., T.
GAUSSART, col., B.
VANDAELE, chef de bat., B.
GLATH, lieut., B.
THIÉRY, s.-lieut., B.
BUREAU, lieut., B.
CORD'HOMME, capit., B.
PERRIER, s.-lieut., B.

MAILLARD, s.-lieut., B. 3 nov. 1812, combat de Wiasma.
MOYTIÉ, capit., B. 4 nov. 1812, étant à l'arrière-garde du 4ᵉ corps.

13 nov. 1812, combat devant Smolensk.
WIMBERT, s.-lieut., T.
CORNED, s.-lieut., T.
DURANDIN, s.-lieut., B.

16 nov. 1812, bataille de Krasnoë.
GAUSSART, col., B.
VANDAELE, chef de bat., B.
DUCRAY, s.-lieut., B.
RÉGIS, capit., B.

DÉVEAUJOLIS, s.-lieut., T. 10 déc. 1812, combat devant Wilna.
FAIVRE, s.-lieut., B. 24 déc. 1812, étant en reconnaissance route de Dantzig.
DELSEY, s.-lieut., B. 21 mai 1813, bataille de Würschen.

GUYOT, s.-lieut., B. 25 mai 1813, défense de Tarragone.

26 août 1813, bataille de Dresde.
COLLET, capit., B (mort).
POPULUS, s.-lieut., T.
LARIVIÈRE, lieut., B.

28 août 1813, combat en avant de Dresde.
RICHARD, capit., B.
COURLET, lieut. A.-M., B.
MONNET, lieut., B.
FESQUET, s.-lieut., B.

6 sept. 1813, bataille de Juterbock.
BAUZON, capit., B. (mort).
CHAFFOTTE, lieut., B. (mort le 8).
BERTRAND, col., B.
AMBLARD, capit., B.
CORD'HOMME, capit., B.
DENOYER, capit., B.
FRIBAULT, lieut., B. 5.
GLATH, capit., B.
VIGNASSE, s.-lieut., B.
FOURNIER, lieut., B.
LORIN, lieut., B.
SAUVOYE, s.-lieut., B.
L'HOMME, s.-lieut., B.
DELSEY, s.-lieut., B.

8 sept. 1813, combat de Pirna (Saxe).
GAILLARD, capit., B.
VIGER, s.-lieut., B.

16 sept. 1813, combat en Catalogne (Saint-Saturnin).
BALLET, capit., B.
BOUCHERIT, s.-lieut., B.

DANLION, col., B. 26 sept. 1813, combat de Worlitz (Saxe).

29 sept. 1813, combat près de Dessau.
BOITEUX, chef de bat., B.
CORD'HOMME, capit., B.
GUEPEL, capit., B.
RIGAUD, s.-lieut., B.

MONTMÉJA, capit., B. 5 oct. 1813, affaire près de Dessau.
BRUN, capit., B. oct. 1813, combat devant Marbourg.

16 et 18 oct. 1814, (bataille de Leipzig).
GUEPET, capit., B. 18.
PINEL, capit., B. 18.
SORDET, capit., B. 18.
DUCRAY, s.-lieut., B. 16.

MONTMÉJA, capit., B. 19 oct. 1813, par des débris du pont de Leipzig.

MEDER, col. B. 16 févr. 1814, combat près de Barcelone (mort le 23).
JUDEY, capit., T. 15 févr. 1814, combat des Echelles (ou des Grottes) (Savoie).
JEHAN, capit., B. 28 févr. 1814, affaire près de Saria (Catalogne).
BONN, capit., B. 2 avril 1814, combat de Voreppe.

19ᵉ Régiment (1).

MAINGARNAUD, major, B. 9 févr. 1814, combat de la Ferté-sous-Jouarre.

MAINGARNAUD, major, B. 1ᵉʳ mars 1814, combat de Lizy près de Meaux.

(1) Formé en 1814.

21ᵉ Régiment.

14 oct. 1806, bataille d'Iéna.
TAVARD, lieut., T.
BATTISTELLY, capit., B. (mort le 30).
RENAUD, capit., B.
MAILLOT, lieut., B.
BONNEFOND, s.-lieut., B.
DELORME, s.-lieut., B.
FAYOLLET, s.-lieut., B.
VACHEZ, s.-lieut., B.
BATINY, lieut., B.

26 déc. 1806, combat de Pultusk.
SAMBON, capit., T.
VINCENT, s.-lieut., T.
MARCELLOT, capit., B.
MARION, capit., B.
SCHMITT, capit., B.
BAUREZ, s.-lieut., B.
BOBY, s.-lieut., B.

16 févr. 1807, combat d'Ostrolenka.
BAILLY, capit., T.
FARRON, s.-lieut., T.
DUHAMEL, col., B. (mort le 1ᵉʳ mars).
BOBARD, capit., B. (mort le 4 mars).
BIANCONY, capit., B. (mort le 12 mars).
DUMONT, capit., B.
HENRY, capit., B.
JOUDIOUX, capit., B.
DESSARTEAUX, lieut., B.
GIRARD, lieut., B.
LÉGER, lieut., B.
ROUGETEOT, lieut., B.

VINCENT, lieut., B.
DIDIER, s.-lieut., B.
GRELLET, s.-lieut., B.
LAROCHE, s.-lieut., B.
LABUSQUETTE, s.-lieut., B.
LUMIÈRE, s.-lieut., B.

FABRE, s.-lieut., B. 14 juin 1807, bataille de Friedland.
SCHMITT (1), capit., assassiné le 28 juill. 1808, à Vilaharta (Manche), par des insurgés.
STERNY (1), lieut., B. 16 juill. 1808, combat d'Andujar (mort en nov.).
JACQUET, capit., B. 30 juill. 1808, 1ᵉʳ siège de Saragosse.
PARAVAGNA (1), lieut., B. 16 juill. 1808, combat d'Andujar (mort en déc.).

21 déc. 1808, attaque de Saragosse.
BOISSARD, chef de bat., T.
BALLAND, capit., T.
BLANC, capit., T.
CHABENAT, capit., T.
DESPINEY, capit., T.
ROUGETOT, lieut., T.
DE CHOZAL, s.-lieut., T.
TALOTTE, chef de bat., B. (mort le 13 avril 1809).
MARCELLOT, capit., B.
TEYSSON, capit., B.

(1) 8ᵉ régiment provisoire.

Maréchal, lieut., B.
Progin, lieut., B.
Rebsomen, lieut., B.
Roux, s.-lieut., B.

3 mai 1809, *combat d'Ebersberg.*
Cabaret, chef de bat., T.
Dessarteaux, lieut., B.
Nicolle, s.-lieut., B.
Laroche, lieut., B.

22 mai 1809, *bataille d'Essling.*
Logerot, s.-lieut., T.
Segondy, s.-lieut., B.
Hugand, s.-lieut., B.

Delavilléon, s.-lieut., B. 13 juill. 1810, près Ronda, par des brigands.
Delacroix, s.-lieut., assassiné, août 1810, à Valladolid.
Duchez, capit., B. 27 août 1810, étant à la poursuite des brigands (Espagne).
Laroche, capit., T. 11 janv. 1811, sur la route, en Portugal.
Jouglard, lieut., B. 23 janv. 1811, défense d'Almeïda (mort le 17 févr.).
Pertuisot, capit., B. 3 févr. 1811, au siège de Badajoz.

5 mai 1811, *bataille de Fuentès d'Onoro.*
Brisson, capit. A.-M., B.
Keiner, lieut., B.
Roussel, lieut., B.
Segondy, s.-lieut., B.

16 mai 1811, *bataille de La Albuhera.*
Bigot, chef de bat., T.
Lambert, capit. A.-M., T.
Bertrand, lieut., T.
Chambeau, lieut., T.
Lagorse, lieut., T.
Baurez, capit., B.
Pertuisot, capit., B.
Clamont, capit., B.
Maréchal, capit., B.
Stéfanopoli, capit., B.
Boby, s.-lieut., B.
Perrin, s.-lieut., B.
Bretton, s.-lieut., B.

Dufaur, capit., B. 16 août 1811, en escortant les munitions à Séville (Andalousie, Espagne).

Trichard, lieut., B. 22 nov. 1812, étant en colonne mobile en Espagne. (mort le 14 déc.).

17 nov. 1812, *combat devant le fort de Caravaca.*
Pélicot, capit., B.
Boulanger, s.-lieut., B.

17 nov. 1812, *combat de Samunos.*
Méric, s.-lieut., T.
Lumière, lieut., B.
Trichard, lieut., B.
Godinot, s.-lieut., B.

Devert, capit., B. 2 mars 1813, affaire près de Vittoria (mort le 16).
Segondy, s.-lieut., B. 3 mai 1813, en colonne mobile en Espagne.
Audoul, capit., B. 2 mai 1813, bataille de Lutzen.

21 juin 1813, *bataille de Vittoria.*
Schaal, capit., B. (mort en juill.).
Delavilléon, lieut., B.
Mansuy, lieut., B.
Perrin, lieut., B.
Auger, s.-lieut., B.
Fournier, s.-lieut., B.

25 juill. 1813, *combat du col de Maya.*
Guinel, capit., T.
Lapose, capit., T.
Geay, capit., B. (mort le 1er août).
Coger, chef de bat., B.
Dufaud, capit., B.
Godinot, capit., B.
Bretton, lieut., B.
Rolland, lieut., B.

22 août 1813, *combat de Pirna.*
Giacobi, s.-lieut., T.
Mastotte, s.-lieut., T.
Bauner, capit., B.
Savelli, capit., B.
Lallet, s.-lieut., B.

Mansuy, lieut., B. 31 août 1813, combat sur la Bidassoa.
Stephanopoli, capit., B. 15 sept. 1813, Dresde.

Oct. 1813, *défense de Dresde.*
PARISOT, chirurg. A.-M., T. 13.
LAURET, lieut., T. 13.
MANGIN, chef de bat., B. 13.
AVY, capit., B. 13.
BOULANGER, capit., B. 13.
LACOURT, capit., B. 13.
LAURENT, capit., B. 13.

10 *oct.* 1813, *combat devant Naumbourg.*
BARATIER, lieut., T. 10.
MONTBARLET, capit., B.
SIRUGUE, capit., B.
DESPEUJOLZ, lieut., B.
GAYET, s.-lieut., B.

16 *et* 18 *oct.* 1813, *bataille de Leipzig.*
PERRISSENT, lieut., T. 16.
ALLÈGRE, s.-lieut., T. 16.
BAUREZ, capit., B. (mort le 14 nov.).
FARIAU, s.-lieut., B. 16 (mort le 2 déc.).
DUBOST, chef de bat., B. 18.
BOREL, capit., B. 16.
BRUEL, capit., B. 16.
GAULIN, capit., B. 16.
PELLICOT, capit., B. 18.
PROGIN, capit., B. 18.
SIRUGUE, capit., B. 16.
BECK, lieut., B. 16.
BONHOMME, lieut., B. 16.
MÉRIC, lieut., B. 18.
SEGONDY, lieut., B. 16.
ANGREHARD, s.-lieut., B. 16.
FOURNIER, s.-lieut., B. 16.
GUIDON, s.-lieut., B. 18.
LENORMAND, s.-lieut., B. 16.

BRÉA, capit., B. 19 oct. 1813, bataille de Leipzig.

1813, *défense de Dantzig.*
BROUSSOUZE, capit., T. 22 oct.

VION, lieut., T. 6 nov.
DIALEZ, s.-lieut., T. 24 sept.
ALIX, lieut., B. 5 mars (mort le 17).
ALQUIER, capit., B. 5 mars.
BASSET, lieut., B. 9 juin.
REDEAUX, s.-lieut., B. 5 mars.
MONIN, s.-lieut., B. 22 oct.
CELIN, s.-lieut., B. 5 mars.
BOBY, lieut., B. 5 nov.

THOMAS, capit., T. 10 nov. 1813, combat d'Asiain (Pyrénées).

10, 11 *et* 13 *déc.* 1813, *combats devant Bayonne.*
ROLLAND, capit., T. 11.
FAURE, s.-lieut., T. 13.
FLEURE, s.-lieut., T. 13.
GACHOT, s.-lieut., B. 13 (mort le 6 mars 1814).
COGET, chef de bat., B. 11.
BILLECARD, lieut. A.-M., B. 11.
LUCAS, lieut., B. 13.
MANSUY, lieut., B. 13.
RAGEOT, lieut., B. 13.
DUCHAND, s.-lieut., B. 13.
GAUTHIER, lieut., B. 10.
DESPUJOLZ, lieut., B. 10.

27 *févr.* 1814, *bataille d'Orthez.*
MONNOT, col., B.
FLEURY DE VILLIERS, capit., B.

GAUTHIER, s.-lieut., T. 19 février 1814, combat de Sauveterre.
ALY, lieut., B. 2 mars 1814, combat d'Aire.

10 *avril* 1814, *bataille de Toulouse.*
MONNOT, col. B.
GUENIN, s.-lieut., B.

22ᵉ Régiment.

18 *oct.* 1805, *passage de l'Adige.*
CAMMAS, capit., B. (mort le 27 oct.).
GUYON, s.-lieut., B. (mort le 3 nov.).
GUILLEMARD, chef de bat., B.
TURIN, capit., B.
LUNEL, capit., B.

SAVOYE, capit., B.
FRISLET, s.-lieut., B.
GUILLEMANT, s.-lieut., B.

30 *oct.* 1805, *combat de Caldiero.*
BERNEL, s.-lieut., B. (mort le 2 nov.).

Carrier, capit., B.
Orsatony, lieut., B.
Pins, lieut., B.
Guérin, s.-lieut., B.

2 nov. 1805, combat de Vérone.
Laroque, lieut., B. (mort le 5).
Clermont, capit., B.
Fertoret, capit., B.
Pastour, capit., B.
Edmond, lieut., B.
Tournier, s.-lieut., B.

Vettard, lieut., B. 6 nov. 1805, aux avant-postes, Italie.

8 août 1806, combat de Lauria (Naples).
Ligard, capit., B.
Guigard, capit., B.

Godet, s.-lieut., T. 13 sept. 1806, étant à la poursuite des brigands en Calabre.
Reynaud, lieut., T. 22 oct. 1806, combat en Calabre, près de Cicala.
Pochet, chef de bat., B. 27 nov. 1806, en attaquant les insurgés calabrais.

5 et 6 févr. 1807, siège d'Amantea.
Boyard, capit., B. 6.
Ménessier, lieut., B. 5.

Guigard, chef de bat., B. 14 sept. 1807, étant en colonne mobile en Calabre.
Trouillet, s.-lieut., B. 21 sept. 1807, escortant un convoi, en Calabre.
Audigane, s.-lieut., B. 1er févr. 1808, combat devant Reggio.
Grimaldy, lieut., B. 29 mai 1808, dans les Calabres (mort).

8 mai 1809, bataille de la Piave.
Genet, s.-lieut., B. (mort le 2 juin).
Meyssin, lieut., B.

Guigard, chef de bat., B. 22 mai 1809, aux avant-postes de l'armée d'Italie.
Balme, lieut., B. 27 juin 1809, défense du fort de Scylla.
Bigais, capit., B. 29 juin 1809, combat sur le canal de Messine.
Martel, chef de bat., B. 15 août 1809, combat de Wolbach (Tyrol).

Andrieux, s.-lieut., B. 21 oct. 1809, combat de Pirano (Istrie).
Ferrand, s.-lieut., B. 4 nov. 1809, combat de Bolzano (Tyrol).
Gauche-Mathieu, s.-lieut., T. 26 janv. 1810, combat en Calabre.
Cisternes, lieut., B. 29 juin 1811, combat en Calabre.
Pater, s.-lieut., B. 23 déc. 1810, combat contre des insurgés, à Barletta.

5 mars 1813, combat d'Ohra (Dantzig).
Billard, s.-lieut., B. (mort le 26).
Magnan, chef de bat., B.
Benoit, s.-lieut., B. (mort le 8 juin).

2 mai 1813, bataille de Lutzen.
Ragot, capit., B. (mort le 17).
Desbois, lieut., T.
Martin, lieut., B. (mort le 12).
Dumont, s.-lieut., B. (mort le 4).
Joud, chef de bat., B.
de Smidt, capit., B.
Nagot, capit., B.
Linsen, capit., B.
Fritch, capit., B.
Bigais, capit., B.
Chardonnet, capit., B.
Antoine, lieut., B.
Simien, capit., B.
Kacks, lieut., B.
Guillemot, lieut., B.
Corset, s.-lieut., B.
Bourelli, lieut., B.

Viennet, capit., B. 25 mai 1813, combat en Saxe.
Theliol, s.-lieut., T. 27 mai 1813, aux avant-postes près Goldberg.
Saillard, capit. A.-M., B. 20 mai 1813, bataille de Bautzen.
Blache, capit., B. 25 mai 1813, combat en Saxe.
Lambert, lieut., T. 16 août 1813, étant en reconnaissance en Silésie.

23 août 1813, combat de Goldberg.
Battaglia, lieut., B. (mort le 19 sept.).
Audigane, capit., B.
Trille, s.-lieut., B.
Blache, capit., B.

BURGUET, s.-lieut., B. 25 août 1813, aux avant-postes, Saxe.

26 août 1813, affaire de la Katzbach.
LAGUILLERMIE, chef de bat., T.
DOUMENCQ, lieut., B.
BELAID, lieut., B.

BILLION, capit., T. 5 oct. 1813, aux avant-postes près Dresde.

16, 18 et 19 oct. 1813, bataille de Leipzig.
ANGELIERY, capit., T, 16.
FLEURY, capit., B. 16 (mort le 18).
CHAVAT, chef de bat., B. 18.
CHARDONNET, capit., B. 19.
JOND, capit., B. 19.
GUILLEMAND, capit., B. 19.
BESSON, capit., B. 16.
MORICOURT, capit., B. 18.
BURTIN, capit., B. 18.
BRÉA, capit., B. 19.
GAUCHÉ, capit., B. 18.
VILLE, capit., B. 18.
VIENNET, capit., B. 18.

CHALIMBAUD, lieut., B. 19.
BILLIEMAZ, lieut., B. 16.
RAYMOND, s.-lieut., B. 18.
CHAPUY, lieut., B. 19.
COURBOULÉ, s.-lieut., B. 18.

30 oct. 1813, bataille de Hanau.
FERRARI, col., T.
GORRE, capit., T.
DE SMIDT, capit., B.
VIENNET, capit., B.
BESSON, capit., B.

29 nov. 1813, combat d'Arnheim.
DE BEURNONVILE, col., B.
COURBOULÉ, lieut., B.
GUINAUDEAU, capit., B.

LOBINHES, lieut., T. 30 nov. 1813, aux avant-postes devant Arnheim.
BILLIEMAZ, lieut., B. 16 déc. 1813, combat de Wahmet.
PITOUX, lieut., B. 9 févr. 1814, combat de La Ferté.

23ᵉ Régiment.

30 oct. 1805, combat de Caldiéro.
BATARDON, s.-lieut., B. (mort le 17 nov.).
BRUCHON dit NICOD, lieut., B.
CHOPARD-LALLIER, s.-lieut., B.
COLOMÈS, s.-lieut., B.

FERTORET, capit., B. 2 nov. 1805, dans une reconnaissance (Italie).
JOUVET, lieut., B. 20 mai 1806, combat de Civitella-del-Tronto.

4 juill. 1806, combat de Ste-Euphémie.
BAYEUX, s.-lieut., T.
GAYE, chirurg.-M., B. (mort le 28 août).
REY, chef de bat., B.
VERNET, capit., B.
LACROIX, capit., B.
BRUCHON dit NICOD, lieut., B.
BALME, lieut., B.
PAULUS, s.-lieut., B.
THIMONT, s.-lieut., B.

23 juill. 1806, siège de Scylla.
LARFEUIL, lieut., T.

BONNEHÉ, s.-lieut., T.

JOUVET, lieut., B. 3 déc. 1806, prise du fort d'Amantea.

28 mai 1807, combat de Miletto.
LANGERON, chef de bat., B.
DELSESEAUX, lieut. A.-M., B. (mort le 7 juin).
AUDIGÉ, capit. A.-M., B.
VILLOT, lieut., B.
GUALLETIER, s.-lieut., B.

JALABERT, s.-lieut., B. 16 juill. 1807, à la poursuite des brigands, en Calabre.
BOERIO, s.-lieut., B. 9 févr. 1808, affaire près Scylla (Calabre).
THIMONT, s.-lieut., B. 15 juin 1808, en colonne mobile, en Calabre.
ROUSSELET, lieut., B. 1ᵉʳ janv. 1808, siège de Scylla (Calabre).

8 mai 1809, bataille de la Piave.
SALIS, capit., T.
GUÉRET, lieut., T.
CHAUMAT, s.-lieut., B. (mort le 12).
MOUTET, s.-lieut., B. (mort le 23).
WILHERME, capit., B.
POUCET, s.-lieut., B.

DUCHAIZEAU, s.-lieut., T. 11 mai 1809 à Saint-Daniel (Tyrol).

14 juin 1809, bataille de Raab.
THIERRY, col., T.
HARDECKER, chef de bat., B. (mort le 17 juin).
PAGNY, s.-lieut., B. (mort le 28).
MANESSIER, chef de bat., B.
LANGERON, chef de bat., B.
BUARD, capit., B.
BOUGON, capit., B.
JOUBERT, capit., B.
JOUVET, capit., B.
JALABERT, capit., B.
BONNAVE, lieut., B.
BORGARELLI, lieut., B.
FOUCART, s.-lieut., B.
PRÉMONT, s.-lieut., B.
GASQUET, s.-lieut., B.
GAUVIN, s.-lieut., B.

5 et 6 juill. 1809, bataille de Wagram.
HORIOT, col., T. 6.
DÉSONIAUX, lieut., T. 5.
MANESSIER, chef de bat., B. 5.
JALABERT, capit., B. 5.
PAULUS, capit., B. 5.
LOTHERIE, s.-lieut., B. 5.
MARTEL, s.-lieut., B. 5.
FAUCONNET, s.-lieut., B. 5.

ALLARD, lieut., B. 10 mai 1810, combat de Palencia.
DEHEUNAULT, capit., B. 27 janv. 1811, combat de Saint-Félice (Catalogne).

3 mai 1811, combat devant Figuières.
AMPHOUX, capit., B. (mort le 5).
GAUVIN, lieut., B. (mort le 6 juin).
BECHET, lieut., B.
MESNARD, capit., B.

THIMONT, lieut. A.-M., T. 17 août 1811, combat en Catalogne.

THIÉRY, chirurg. S.-A.-M., T. 27 août 1811, combat en Catalogne.
MANESSIER, chef de bat., B. 31 janv. 1812, défense de Mataro (Catalogne).
FRÉMONT, lieut., B. févr. 1812, Catalogne (mort le 15.)
BÈCHET, lieut., B. 24 juin 1812, défense d'une maison crénelée en Catalogne.
LESTERNE, lieut., T. 26 juin 1812, en protégeant un convoi de vivres, en Catalogne.
MOUNIER, chirurg.-M., B. 28 juill. 1812, au fort du Montserrat.

1812, défense d'Astorga.
LEJEAL, capit., T. 5 août.
LABORIANNE, capit., B. 18 août (mort le 21).
GRAFFIGNY, lieut., B. 28 juill. (mort le 21).
BORCARELLI, capit., B. 6 juill.
BAUN-D'ISAN, capit., B. 8 août.
SIMONIN, capit., B. 27 juin.
FOUCART, lieut., B. 11 juill.

DE HENNAULT DE BERTAUCOURT, capit., B. 6 août 1812, combat de Villafranca (Catalogne).
ALLARD, capit., B. 19 sept. 1812, combat de Mattaro (Catalogne).
FOURNIER, s.-lieut., T. 2 nov. 1812, étant en reconnaissance en Catalogne.
LAMARGOT, s.-lieut., B. 4 nov. 1812, étant en reconnaissance en Catalogne.

2 mai 1813, bataille de Lutzen.
PINGAUD, capit., B.
NUSSI, s.-lieut., B.

20 mai 1813, bataille de Bautzen.
POURCELOT, lieut., T.
DERONFILS, capit., B.
LAFON, lieut., B.
LEBLANC, s.-lieut., B.
THIVARD, s.-lieut., B.
SAINT-AMAND DE ROCARET, s.-lieut., T. 27 mai 1813, combat en Saxe.
LEGRAY, lieut., B. 9 juill. 1813, affaire de la Nadona (Espagne).
FAUCONNET, capit., B. 9 juill. 1813, affaire de la Salud (Catalogne).

16, 18 et 19 oct. 1813, *bataille de Leipzig.*
CHERON, capit., T. 18.
CHATELAIN, s.-lieut., T. 16.
CHERON, s.-lieut., T. 18.
D'ADHEMAR DE LANTAGNAC, capit., B. 18.
FREDONNET, capit., B. 18.
GUILLIER DE CHALVRON, capit., B. 18.
PROST, lieut., B. 19.
COMBÉ, lieut., B. 19.
LEBLANC, s.-lieut., B. 19.

BELIN, lieut., B. 31 janv. 1814, affaire de Mantaro (Catalogne).

19 févr. 1814, combat d'Etoges.
PATERNE, s.-lieut., B.
TARIAUX, s.-lieut., B.

COURSY, s.-lieut., B. 14 févr. 1814, combat d'Auxerre.
FRAISSINET, s.-lieut., B. 19 févr. 1814, combat devant Orléans.

BASSOLASCO, lieut., B. 18 mars 1814, combat près de Mâcon.
MEYNARD, lieut., B. 19 mars 1814, combat près de Lyon.

20 mars 1814, combat devant Lyon.
JOURNOT, capit. A.-M., B. (mort le 25.)
LOTHERIE, capit., B.
BONNERIQUE, s.-lieut., B.

BONNAVE, capit., B. 30 mars 1814, bataille de Paris.

2 avril 1814, combat de Romans.
Peyris, col., B.
DEHENNAULT (1), chef de bat., B.
LEGRAS, s.-lieut., B.
LARROQUE, chirurg. A.-M., B.

SEGUELLA, s.-lieut., B. 9 mai 1814, combat en Catalogne.

(1) De Hennault de Bertaucourt.

24° Régiment.

2 déc. 1805, bataille d'Austerlitz.
JUMEL, lieut., T.
JACQUEMIN, s.-lieut., T.
VERNIER, s.-lieut., T.
BLIGNY, capit., B. (mort le 8 janv. 1806).
LOUBENS, capit., B. (mort le 1er janv. 1806).
VOLAGE, capit., B. (mort le 7.)
BAZIN, s.-lieut., B. (mort le 11).
KUHN, chef de bat., B.
CADRÈS, capit., B.
DELANGLE, capit., B.
DESTIBAIRE, capit., B.
NOIROT, capit., B.
MICHAUDET, capit., B.
PARIS, capit., B.
PONDICQ, capit., B.
VILLENEUVE, capit., B.
ANNUEZ, lieut., B.
BETBÈZE, lieut., B.
CHAPLET, lieut., B.
COUTURIER, lieut., B.
MAGNY, lieut., B.
MINVIELLE, lieut., B.
MOISSET, lieut., B.

ARNAUD, s.-lieut., B.
LAMORLETTE, s.-lieut., B.
LISSEPT, s.-lieut., B.
PELÉE, s.-lieut., B.
PIERRON, s.-lieut., B.
PONS, s.-lieut., B.

3 févr. 1807, combat du pont de Bergfried.
CHOLLET, chef de bat., T.
FITTE, capit., T.
VILLENEUVE, capit., T.
MAGNÉ, lieut., T.
LÉTENDU, lieut., B.
PIERROT, s.-lieut., B. (mort le 14).
COUSINARD, lieut., B.
VARIN, s.-lieut., B.
LEGUAY, lieut., B.

7 févr. 1807, combat devant Eylau.
LÉTENDU, lieut., T.
POURAILLY, col., B.
CARDINAL, capit., B.
FORTEL, s.-lieut., B.
LIÉGEARD, lieut., B.

5 *juin* 1807, *combat de Lomitten.*
MANGIN, lieut., B. (mort le 6).
GARRÉ, s.-lieut., B. (mort le 6).
ABADIE, capit., B.
CARDINAL, capit., B.
MERCHIÉ, capit., B.

10 *juin* 1807, *bataille d'Heilsberg.*
ROBERT, capit., T.
LAURAIN, chef de bat., B.
GRINAN, chirurg.-M., B.
LACHÈSE, capit., B.
BETBÈZE, capit., B.
MITTOU, capit., B.
MOISSET, capit., B.
GRAVIER, s.-lieut., B.

14 *juin* 1807, *bataille de Friedland.*
GARRÉ, lieut., T.
MANGIN (C.-F.), lieut., T.
VARIN, lieut., B.

MAILHE, capit., B. 16 juill. 1808, combat d'Andujar (Espagne).
DUBOST, chirurg. S.-A.-M., B. 29 mars 1809, en Bavière, par des partisans autrichiens.

2 *mai* 1809, *combat d'Efferding.*
BESSET, s.-lieut., B.
MILLA, s.-lieut. B.

ROBERT DU CHATELET, s.-lieut., B. 14 mai 1809, combat devant Vienne (mort le 25).
RICHETTA, chef de bat., B. 22 mai 1809, bataille d'Essling.

21 *et* 22 *mai* 1809, *bataille d'Essling.*
LALANNE, capit., T.
BARJEOT, s.-lieut., T.
MINVIELLE, s.-lieut., T.
MOREAU, s.-lieut., T.
ARMANET, chef de bat., B. (mort le 10 juin).
GRAVIER, lieut., B. (mort le 8 juin).
MARTIN, s.-lieut., B. (mort le 2 juill.).
LAURAIN, chef de bat., B.
BRODIER, capit., B.
GENTIL, capit., B.
PEPIN, lieut., B.
TARDIF, lieut., B.
VARIN, lieut., B.

BESSET, s.-lieut., B.
CHARVÉ, s.-lieut., B.
CURTILLET, s.-lieut., B.
LUBET, lieut., B.
DOUHAT, s.-lieut., B. 22.
ESTRAMPES, s.-lieut., B.
FOURNIER, s.-lieut., B.
PERVIEU, s.-lieut., B.
SOULÉ, s.-lieut., B.

5 *et* 6 *juill.* 1809, *bataille de Wagram.*
BRODIER, capit., T.
COLLET, capit., T.
PINTARD, capit., T.
THÉVENIN, capit., T. 5.
GUTIN, lieut., T. 6.
VEIGOLTE, s.-lieut., T.
CHENEL, chef de bat., B. (mort le 15 août).
CHAPLET, capit., B. (mort le 19).
LACHAISE-LANOUAILLE, chef de bat., B.
MOISSET, capit., B.
BOUTON, capit., B.
CARDINAL, capit., B.
COTTERET, capit., B.
RIVIÈRE, capit., B.
ROUSSET, capit., B.
PERVIEU, lieut., B.
TOURNIER, lieut., B.
NOAILLES, s.-lieut., B.
PIETTE, s.-lieut., B.
DOUAT, s.-lieut., B.

11 *juillet* 1809, *bataille de Znaïm.*
LÉGER, capit., B. (mort le 5 août).
CHAMERLAT, lieut., B.
DUCLOS, s.-lieut., B.
SAINT-BÉLIN, capit., noyé le 16 juill. 1812, en Russie.

8 *août* 1812, *combat de Rudnia.*
VIELLE, lieut., T.
NIOCHE, capit., B.

14 *août* 1812, *combat de Krasnoë.*
CAIROU, capit., T.
DUBOURG, lieut., T.
ROCHE, s.-lieut., T.
VERDUN, chef de bat., B.
POURAILLY, capit., B.

16 *et* 17 *août* 1812, *bataille de Smolensk.*
RICHARD, capit., B.

IGNON, capit., B. 17.
LAMORLETTE, capit., B. 17.
MÉTIVIER, capit., B. 16.
PERVIEU, capit., B. 16.
COVELET, lieut., B. 16.
FOREST, lieut., B. 17.
ARRIX, s.-lieut., B. 17.
CABAUD, lieut., B. 17.
CHATEAU, s.-lieut., B. 17.
CLUZERET, s.-lieut., B. 17.
JALLIER, s.-lieut., B. 16.
LÉCOLIER, s.-lieut., B. 16.
PUYO, s.-lieut., B. 16.

19 août 1812, combat de Valoutina-Gora.
CROS, capit., T.
CHARVET, lieut., T.
DROUAS, lieut., T.
LABORDE, lieut., T.
MAYER, lieut., T.
TRIPIER, lieut., T.
LABAT, lieut., B. (mort le 29).
ALLARD, chef de bat., B.
ESTRAMPES, capit., B.
COLIN, capit., B.
PERVIEU, capit., B.
GRESSIN, lieut., B.
LUBET, lieut., B.

7 sept. 1812, bataille de la Moskowa.
DELANGLE, chef de bat., T.
MESMIN, lieut., T.
VALENTIN, lieut., T.
BOSC, s.-lieut., T.
GOURT, s.-lieut., T.
LAFOND, s.-lieut., T.
MANCHION, s.-lieut., T.
PIETTE, lieut., B. (mort le 15).
SOULÉ, capit., B.
LUBET, lieut., B.
MATHIEU, lieut., B.
MÉTIVIER, capit., B.
SOLHAUME, s.-lieut., B.
COUSINIÉ, lieut., B.
LEBRETON DE BEAUCHESNE, s.-lieut., B.

7 oct. 1812, combat près Moscou.
COUZIGNER, capit., B.
BERTHÉ, capit., B.
CLUZERET, s.-lieut., B.

CABAUD, capit., B. 3 nov. 1812, combat de Wiasma.

12 nov. 1812, combat près Smolensk.
LOSTAL, lieut., B.
BONIFACE, s.-lieut., B.
QUINTABURE, capit., B.

18 nov. 1812, bataille de Krasnoë.
GASQUET, capit., T.
LOSTAL, lieut., T.
DE BELAIR, col., B.
CACHAL, s.-lieut., B.
GÉNICAULT, s.-lieut., B. 19 nov. 1812, route de Krasnoë.

28 nov. 1812, aux ponts de la Bérésina.
GRÉSIN, capit. A.-M., B. (mort).
CADILLAN, capit., B. (mort le 21 janv. 1814).
DUCLOS, capit., B. (mort).
JALLIER, lieut., B. (mort).
FOSSIN, lieut., B. (mort).
CHATEAU, s.-lieut., B. (mort).
LEBRETON DE BEAUCHESNE, s.-lieut., B.
CHAUVIN, s.-lieut., T.
BONNEAU, lieut., B.
SÉNOT, s.-lieut., B. 9 déc. 1812, route de Wilna.
DACOSTA, s.-lieut., B. 9 déc. 1812, route de Wilna (présumé mort).

9 mai 1813, combat de Willembourg (devant Hambourg).
GIRARD, capit., T.
BARTHELET, s.-lieut., B.
DUMAS, s.-lieut., B.

THIVARD, s.-lieut., B. 20 mai 1813, bataille de Bautzen.
ALLARD, chef de bat., B. 17 juin 1813, combat près Magdebourg.
FOUCHS, s.-lieut., B. 22 août 1813, combat de Pirna.

(1) *27 août 1813, bataille de Dresde.*
PAULUS, lieut., T.
JONVAL, s.-lieut., T.
CLAISSE, capit., B.
LAMORLETTE, capit., B.
VALLÉE, capit., B.
LEFEBVRE, lieut., B.
COUILLARD, s.-lieut., B.

---

(1) Le 3ᵉ bataillon prit part le même jour au combat de Lubnitz.

Miquel, lieut., B.
Delsol, s.-lieut., B.
Lambertin, s.-lieut., B.
Malherbe, s.-lieut., B.
Puyo, lieut., B.

Charasse, capit., B. 28 août 1813, combat près de Magdebourg.
Lebreton de Beauchesne, lieut., B. 29 août 1813, combat près de Dresde.
Grisard, lieut., T. 31 août 1813, devant Magdebourg.
Bracquemar, lieut. B. août 1813, défense de Spandau.

16 et 18 oct. 1813, *bataille de Leipzig*.
Delalande, lieut., T. 19.
Garoste, lieut., T.
Gasnier, s.-lieut., T. 18.
Herbain, s.-lieut., T. 19.
Pellerin, s.-lieut., T. 18.
Pondicq, capit., B. 16 (mort le 19).
Cazaux, lieut., B. (mort le 27).
Tachou, chef de bat., B.
Estrampes, capit., B.
Lubet, capit., B.
Fremin, capit., B.
Lamorlette, capit., B.
Cabaud, capit., B. 16.
Mérand, capit., B.
Lebreton de Beauchesne, lieut., B. 18.
Guilhem, s.-lieut., B. 16.
Moinot, lieut. A.-M., B. 16.
Lambertin, s.-lieut., B. 16.
Lefebvre, lieut., B. 18.
Rossi, s.-lieut., B. 16.
Jérosme, s.-lieut., B. 16.
Dufau, s.-lieut., B. 16.

Delsol, lieut., B. 8 nov. 1813, aux avant-postes près de Mayence.
Vatripon, capit., B. 5 janv. 1814, défense de Magdebourg.

1814, *combats de Commercy*.
Durupt, s.-lieut., T. 17 janv.
Rossi, s.-lieut., B. 22 janv.

29 janv. 1814, *bataille de Brienne*.
Thouron, lieut., B.
Moutoz, capit., B.
Lefebvre, lieut., B.

1er *février* 1814, *bataille de la Rothière*.
Deshayes, capit., T.
Clerc, s.-lieut., T.
Izambert, s.-lieut., T.
Bouzenot, capit., B.
Frémin, capit., B.
Fusier, s.-lieut., B.
Klein, s.-lieut., B.
Lambertin, s.-lieut., B.

Alleyrat, s.-lieut., B. 17 février 1814, aux avant-postes, près de Montereau.

18 *févr.* 1814, *bataille de Montereau*.
Fusier, s.-lieut., B. (mort le 9 mai).
Claisse, capit., B.
Cazaban, lieut., B.

Plazanet, col., B. 27 févr. 1814, combat de Bar-sur-Aube.
Lebas, lieut., B. 20 mars 1814, combat d'Arcis-sur-Aube.

25° Régiment.

9 oct. 1805, *combat de Guntzbourg*.
Vibrail, lieut., T.
Wallet, s.-lieut., T.
Anthoine, lieut., B. (mort le 17 déc.).
Arné, chef de bat., B.
Frapart, chef de bat., B.
Borie, capit., B.
Duvergier, capit., B.
Laborie, capit., B.
Margenary, capit., B.
Chastel, capit., B.
Vieillard, capit., B.
Courtin, lieut., B.
Harvus, lieut., B.
Moussard, lieut., B.
Vidal de Lery, s.-lieut., B.
Poulain, lieut., B.
Antoine, s.-lieut., B.
Chaillou, s.-lieut., B.
Lereau, s.-lieut., B.
Turquand, s.-lieut., B.

GRIOLET, chef de bat., B. 13 oct. 1805, combat devant Ulm.

4 nov. 1805, *prise du fort de Scharnitz*.
BOUVRAY, s.-lieut., T.
REBION, s.-lieut., T.
SIMON, lieut., B. (mort le 2 déc.).
MOREL, col., B.
FREINTZ, capit., B.
DESCHAMPS, capit., B.
NICAISE, capit., B.
BURTEY, lieut., B.

18 nov. 1805, *combat de Botzen (Tyrol)*.
AMIEL, s.-lieut., T.
DUMESNIL, capit., B.

14 *octobre* 1806, *bataille d'Iéna*.
DESCHAMPS, capit., B.
JACQUINOT, capit., B.
GÉRARD, capit., B.
LAJOIE, lieut., B.
RENARD, lieut., B.
LEVERS, s.-lieut., B.

DESCHAMS, lieut., B. 8 oct. 1806, aux avant-postes (Prusse).

4 *fév.* 1807, *combat d'Allenstein*.
BARAZEURE, lieut., B. (mort le 10).
CRAMIER, s.-lieut., T.
LEFEBVRE (1), capit., B.
DESCHAMS, lieut., B.

PÉRATHON, capit., B. 5 févr. 1807, aux avant-postes, près de Hoff.
JAUME, lieut. A.-M., B. 8 févr. 1807, bataille d'Eylau.
MOREL, col., B. 23 févr. 1807, étant en reconnaissance en Pologne.

3 *et* 4 *mars* 1807, *combats près de Guttstadt*.
BARAUD, capit., B. 3.
FREINTZ, capit., B. 4.
LAJOIE, capit., B. 4.
JAUME, lieut., B. 3.

BLANC, lieut., T. 25 mai 1807, par des partisans (Prusse).

---

(1) Frère du maréchal.

---

5 *juin* 1807, *combat de Guttstadt*.
GRIOLET, chef de bat., B.
LAJOIE, capit., B.
NICAISE, capit., B.
VILAIN, capit., B.
DESCOUBAS, s.-lieut., B.
MAZAN, s.-lieut., B.

DUVERGIER, capit., B. 5 juin 1807, combat de Deppen.
L'HUIRE dit MEDOT, s.-lieut., B. 6 juin 1807, combat de Deppen.

14 *juin* 1807, *bataille de Friedland*.
SAUVION, lieut., T.
RÉMOND, chef de bat., B. (mort le 24).
RENARD, capit., B. (mort le 30 août).
BARRAUD, capit., B.
PIERSON, capit., B.
BARBIER, capit., B.
MARTIN, lieut., B.
ANDRIEN, s.-lieut., B.
BUFFETEAU, s.-lieut., B.
JOURDAN, s.-lieut., B.
GUILLEBON, s.-lieut., B.
MARCONNAY, s.-lieut., B.
JAUME, s.-lieut., B.

GALLAIS, s.-lieut., B. 26 juin 1808, combat devant Saragosse.
GAUTHERET, capit., B. 5 sept. 1808, dans une reconnaissance, en Espagne.

23 *nov.* 1808, *combat de Cascantès*.
LANGLOIS, capit., T.
ROUX, lieut., B.
TURQUAND, lieut., B.
DE PRÉAUX, lieut., B.

BONCENNES, s.-lieut., B. 21 mars 1809, combat aux Montagnes-Noires (Asturies).
LAJOIE, capit., B. 18 mai 1809, combat de Penas-Florès (Espagne).

22 *mai* 1809, *bataille d'Essling*.
THOMAS, capit., T.
TROCMÉ, capit., T.
SEGOND, capit., T. (mort le 16 juin).
GAUTHERET, capit., B.
BARBIER, capit., B.
CLUMP, lieut. A.-M., B.

Huchot, lieut., B.
Gaullier, s.-lieut., B.
Hovyn, s.-lieut., B.
Harvus, capit., B.

Breuilh, capit., T. 8 juin 1809, combat de Pontaveda (Espagne).
Roger, capit., B. 5 juill. 1809, en Catalogne (étant détaché).

6 *juill.* 1809, *bataille de Wagram.*
Harvus, capit., B.
Barbier, capit., B.
Dourlet, lieut., B.

18 oct. 1809, *combat de Tamamès.*
Courtin, capit., T.
Denis, capit., T.
Cacheur, lieut., T.
Anselme, col., B. (mort le 18 août 1810).
Sainjean, chef de bat., B.
Lajoie, capit., B.
Meynier, capit., B.
Rooy, lieut., B.
Dolfutz, s.-lieut., B.
Hétrelle, s.-lieut., B.
Marconnay, s.-lieut., B.

1810, *siège de Ciudad-Rodrigo.*
Lesueur, lieut., T. 25 juin.
Chauvenet, s.-lieut., B. 24 juin (mort le 3 juillet).
Auguste, capit., B. 24 juin.
Nicolas, capit., B. 25 juin.
Rooy, s.-lieut., B. 24 juin.
Schlim, s.-lieut., B. 24 juin.

Levers, lieut., B. 28 sept. 1810, combat à Alcoba (Portugal).
Maréchal, lieut., T. 8 février 1811, affaire de Piedrahita.
Lamontagne, capit., B. 14 mars 1811, combat de Miranda-del-Corvo.

12 *mars* 1811, *combat de Redenha.*
Croutelle, capit., B.
Roux, capit., B.

Duprat, chef de bat., B. 15 mars 1811, combat de Foz-do-Aronce (Portugal).
Levers, lieut., B. 14 mars 1811, combat de Miranda-del-Corvo.

Bonnescuelle, chef de bat., B. 22 juin 1812, combat en Espagne.
Foucault, s.-lieut., T. 2 juillet 1812, étant en colonne mobile, en Espagne.
Pons, lieut., B. 28 février 1812, affaire de Paya.

18 *juillet* 1812, *combat de Salamanque.*
Jouard, s.-lieut., T.
Huchot, capit., B.
Poulain, capit., B.
Descoubas, lieut., B.
Plassart, lieut., E.
Schlim, s.-lieut., B.

22 *juillet* 1812, *bataille des Arapiles.*
Desvasquet, lieut., T.
Gualy de Millau, lieut., T.
Robethon, lieut., T.
Archias, s.-lieut., B. (mort le 25).
Bonnescuelle, chef de bat., B.
Auzeral, capit., B.
Barbier, capit., B.
Collache, capit., B.
Devassy, capit., B.
Baraud, capit., B.
Dardennes, lieut., B.
Auger, s.-lieut., B.
Lamore, s.-lieut., B. (mort le 26 août).

31 *mars* 1813, *combat de Lérin (Navarre).*
Lepetit, capit., T.
Poulain, capit., T.
Collache, capit., T.
Féréol, capit. A.-M., B. (mort le 2 mai).
Mortier, lieut., T.
Luquin, lieut., B. (mort le 2 juin).
Rigollot, s.-lieut., T.
Godin, chirurg. S.-A.-M., B. (mort le soir).
Duprat, chef de bat., B.
Hacq, capit., B.
Costille, capit., B.
Morel, lieut., B.
Schlim, lieut., B.
Gaumont, lieut., B.
Roche, s.-lieut., B.

Cresté, col., B. 22 avril 1813, affaire de Muz (Navarre).

2 mai 1813, bataille de Lutzen.
CRÉPY, major, T.
BOULARD, chef de bat., B.

DELARUE, lieut., B. 13 mai 1813, combat de Roncal (Navarre).
AUGÉ, capit., T. 21 mai 1813, bataille de Würschen.
LESOS, capit., B. 9 juin 1813, défense de Dantzig (mort le 13).

25, 28 et 29 juill. 1813, retraite de Pampelune.
MOUSSARD, chef de bat., B. 28.
LAMONTAGNE, capit., B. 28.
LEVERS, capit., B. 28.
BARON, lieut., B. 25.
DELARUE, lieut., B. 25.
DUPUTS, s.-lieut., B. 29.
NADEAU, s.-lieut., B. 25.

AVERÈDE, s.-lieut., T. 3 août 1813, combat sur les Pyrénées.

30 août 1813, combat de Buntzlau.
GUENET, lieut., B.
NICOLAS, lieut., B.

BOULARD, chef de bat., B. 23 sept. 1813, combat en Saxe.
BONNESCUELLE, chef de bat., B. 29 sept. 1813, combat devant Dresde.
DUPLESSIS, chef de bat., T. 17 oct. 1813, au camp de Dolitz (assassiné par un officier du 140ᵉ de ligne).

16 et 18 oct. 1813, bataille de Leipzig.
DE LUSTRAC, chef de bat., T. 16.

BEDOCH, lieut., T. 18.
ZURICH, capit. A.-M., B. 18.
GEOFFROY, capit., B.
LAFOSSE, capit., B. 18. (mort le 26 janv. 1814.
ROUSSIN, capit., B. 18.
CHAZOTTE, lieut., B. 18.
GÉNISSON, lieut., B. 18.
DURÈGE, s.-lieut., B. 18.
CURIEN, s.-lieut., B. 18.

1ᵉʳ nov. 1813, défense de Dantsig.
MANGIN, capit., T.
BUFFETEAU, capit., B. (mort le 20 déc.).

MORICEAU, lieut., B. 2 nov. 1813, défense de Danzig.
LEUGER, s.-lieut., B. 25 déc. 1813, combat de Saint-Jean-Pied-de-Port.
BADIÈRE, s.-lieut., B. 14 févr. 1814, combat d'Hellette.

15 févr. 1814,
DESGRAVIERS, chef de bat., T.
HOURCADE, s.-lieut., B. (mort).
DEBENSENS, s.-lieut., B. 5 mars 1814, dans une reconnaissance près de Bayonne (mort le 29 mars).

10 avril 1814, bataille de Toulouse.
DÉLORIÈS, capit., T.
BERNARD, lieut., B. (mort).
NOT-CONTOIS, capit., B.
LEVERS, capit., B.
VANDERMOOT, capit., B.
CRESTÉ, capit., B.
BADIÈRE, s.-lieut., B.
POUTON, s.-lieut., B.

26 Régiment.

2 déc. 1805, bataille d'Austerlitz.
CAZABONNE, capit., T.
WÉBER, lieut., T.
BILLIET, lieut., T.
HAAS, lieut., B. (mort le 6 janv. 1806).
GEIGER, capit., B.
LÉGLISE, capit., B.
FISSON, capit., B.
ROBY, lieut., B.
BOURGNON, lieut., B.
ARNAUD, s.-lieut., B.

BRICAUT, s.-lieut., B.
CRÉANCIER, s.-lieut., B.

6 févr. 1807, combat de Hoff.
DELARUE, capit., T.
JAIGULIEU, s.-lieut., B. (mᵗ le 7 mars).
BESSON, s.-lieut., B. (mort).
BRICAUT, s.-lieut., B. (mort).
BAUDINOT, chef de bat., B.
BRILLAT, chef de bat., B.
CHENEL, capit., B.

DUMAS, capit., B.
GIMONT, capit., B.
MONNET, capit., B.
BARRIT, capit., B.
QUINTABURE, lieut., B.
BOURGNON, lieut., B.
MEUNIER, lieut., B.
MOREL, s.-lieut., B.
BOISZE, s.-lieut., B.
HUILLIER, s.-lieut., B.
POUSSY, s.-lieut., B.
POUGET, s.-lieut., B.

8 févr. 1807, bataille d'Eylau.
RINDT, lieut., T.
DAVENIÈRE, capit., B.
ROBY, capit., B.
MARICHAL, capit., B.
MURPHY, lieut., B.
DAVID, lieut., B.
GENEVOIS, lieut., B.
PLANQUES, s.-lieut., B.
BERGUES, s.-lieut., B.

10 juin 1807, bataille d'Heilsberg.
POUGET, col., B.
BAUDINOT, chef de bat., B.
MARICHAL, capit., B.
FISSON, capit., B.
ROUQUETTE, lieut., B.
THOUAND, lieut., B.
DE RIGNY, s.-lieut., B.
PAON, lieut., B.
NOURISSAT, lieut., B.

14 juin 1807, combat devant Kœnigsberg.
FRANÇOIS, lieut., B.
BOURDON, s.-lieut., B.
ROUCY, s.-lieut., B.
LEMERCIER, s.-lieut., B.

COHON, lieut., T. 2 juill. 1808, combat devant Saragosse.
DEVIGNEUX, s.-lieut., B. 16 juill. 1808, combat d'Andujar (mort le 19 janv. 1809).
CRÉANCIER, capit., B. 19 juill. 1808, bataille de Baylen.
BAUDINOT, chef de bat., B. 22 avril 1809, bataille d'Eckmühl.

3 mai 1809, combat d'Ebersberg.
ROUQUETTE, capit., T.

MOREL, capit., T.
BUGNIAUX, capit., T.
PERRIN, capit., T.
BOIS, capit., B. (mort le 23).
ROBY, capit., B.
GENEVOIS, capit., B.
GIMONT, capit., B.
BARRIT, capit., B.
LEMERCIER, lieut., B.
WAM, lieut., B.
DE LAVENNE DE SICHAMPS, lieut, B.
POUYANNE, lieut., B.
CYALIS, lieut., B.
BOISZE, s.-lieut., B.

21-22 mai 1809, bataille d'Essling.
OLIVIER, capit., T. 21.
GAGNOT, capit., T. 21.
GUYOT, lieut., T. 21.
MAGINOT, lieut., T. 21.
GODEAU, s.-lieut., T. 21.
TOUROT, s.-lieut., T. 21.
BOUILLY, s.-lieut., T. 21.
VISSEC, s.-lieut., T. 21.
POUGET, col., B. 21.
BOURGNON, lieut. A.-M., B. 21.
BLAZY, lieut. A.-M., B. 21.
GIRARD, lieut. A.-M., B. 21.
NOURISSAT, capit., B. 21.
BAUCHARD, capit., B. 22.
BASTIEN, capit., B. 21.
GIMONT, capit., B. 22.
LÉGLISE, capit., B. 21.
PAON, capit., B. 22.
DORNIER, capit., B. 21.
LHUILLIER, lieut., B. 22.
MEUNIER, lieut., B. 21.
DE ROUCY, lieut., B. 22.
DE LAVENNE, lieut., B. 22.
DE RIGNY, s.-lieut., B. 22.
LERIS, s.-lieut., B. 21.

5 et 6 juill. 1809, bataille de Wagram.
HARRIET, chef de bat., T. 6.
LYON, capit., T. 6.
POUGET, capit., B. 5 (mort le même jour).
VIETZMARSON, lieut., T. 6.
MARICHAL, chef de bat., B. 6.
VISSERAT, capit., B. 6.
BASTIEN, capit., B. 6.
GÉRARD, lieut., B. 6.
POUYANNE, lieut., B. 6.

Floucaud, s.-lieut., B. 6.
Robert, s.-lieut., B. 6.
Drouard, s.-lieut., B. 6.
Magnant, s.-lieut., B. 6.
Henry, s.-lieut., B. 6.
Mottelet, s.-lieut., B. 6.
Jobard, s.-lieut., B. 6.

9 *juill.* 1809, *combat de Hollabrünn.*
Ferry, s.-lieut., B.
Amat, s.-lieut., B.

11 *juill.* 1809, *bataille de Znaïm.*
Raymond, chef. de bat., T.
Chauvency, s.-lieut., T.
Campy, col., B.
Lhuillier, s.-lieut., B.
Courbon, s.-lieut., B.
De Rigny, s.-lieut., B.
Magnant, s.-lieut., B.
Cyalis, s.-lieut., B.

Godeau, lieut., B. 8 mars 1812, étant à la poursuite de brigands à Ferden.
Magnant, lieut., B. 13 juill. 1812, aux avant-postes.
Métral, s.-lieut., B., 13 juill. 1812, aux avant-postes en Russie (mort le 19).
Godeau, lieut., B. 24 juill. 1812, combat de Dunabourg.

30 *et* 31 *juill.* 1812, *combat près d'Oboïardszino.*
Dufieljouan, capit., T. 30.
Pellegrin, capit., T. 30.
Delahaye, s.-lieut., T. 31.
Garnier, s.-lieut., B. 30 (mort le 14 août).
Pouyanne, capit., B. 31.
Lhuillier, capit., B.
Miette, capit., B.
Nourissat, capit., B.
Dayraud, lieut., B. 31.
Raquin, lieut., B.
Legoullon, lieut., B.
Humblot, s.-lieut., B. 31.
Leck, lieut., B. 31.

1ᵉʳ *août* 1812, *combat d'Oboïardszino (sur la Drissa).*
Barrit, major en second, B. (mort le 24).
Herwyn, capit., T.
Tardy, capit. A.-M., T.

Blazi, capit. A.-M., B.
Planquès, capit., B.

Plankaert, lieut., B. 11 août 1812, aux avant-postes devant Polotsk.

11 *août* 1812, *combat devant Polotsk.*
Pouyanne, capit., B.
Miette, capit., B.
Perrot, lieut., B.

Dupont, capit., B. 15 août 1812, combat devant Polotsk (mort le 21 sept.).

16, 17 *et* 18 *août* 1812, *bataille de Polotsk.*
Laurent, capit., B. 16 (mort).
Pernot, capit., B. 16 (mort le soir).
Poussy, capit., B. 18 (mort 8 sept.).
Olivier, capit., B. 16 (mort le 30 sept.).
Bréard, lieut., T. 17 août.
Nolsaphel, lieut., T. 18.
Guené, s.-lieut., T. 18.
Millard, s.-lieut., T. 18.
Génevois, chef de bat., B.18.
Martin, capit., B. 18.
Godeau, capit., B. 18.
Burnot, capit., B. 16.
Nourissat, capit., B. 18.
Varin, capit., B. 16.
Nicolet, capit., B. 18.
Jugrand, capit., B., 17.
Coqueret, lieut., B. 16.
Jobard, lieut., B. 17.
Magnant, lieut., B. 18.
Floucaud, lieut., B. 18.
Vaucher, lieut., B. 18.
Ducret, lieut., B. 18.
Decerise, s.-lieut., B. 18.
Cousin, s.-lieut., B. 18.
Davier, s.-lieut., B. 18.
Constant, s.-lieut., B., 18.

18 *oct.* 1812, *bataille de Polotsk.*
Boize, capit., B.
Miette, capit., B.
Nicollet, capit., B.
Lhuillier, capit., B.
Jobard, lieut., B. 17.
Gaultier, lieut., B.
Legoullon, lieut., B. 19.
Vaucher, lieut., B. 17.
Plankaert, lieut., B. 18.
Decerise, s.-lieut., B.

BAZILE, s.-lieut., B. 18.
BIGÉ, s.-lieut., B. 18.
BARMANT, s.-lieut., B.

GUEHENEUC, col., B. 20 oct. 1812, combat devant Polotsk.
FRANÇOIS, capit., B. 22 nov. 1812, combat de Torezacew.
CAILLOUET, lieut., T. 23 nov. 1812, combat de Borisow.

28 *nov.* 1812, *bataille de la Bérésina.*
GIMONT, major, B. 28 (mort le 24 févr. 1813).
BAUCHARD, chef de bat., T. 26.
MOUGENOT, chef de bat., T. 28.
GIRAUDON, capit., T. 28.
FLOUCAUD, capit., B. 28.
DECERISE, s.-lieut., B. 28.

TURPIN, s.-lieut., B. 16 févr. 1813, affaire devant Hambourg.
GRIMAULT, s.-lieut., B. 23 août 1813, aux avant-postes devant Dresde (mort le 30).

---

27 *août* 1813, *bataille de Dresde* (1).
MOREUIL (1), lieut., T.
GRISARD, s.-lieut., T.
JOACHIM (1), s.-lieut., T.
LEFÈVRE, lieut., B. (mort le 18 sept.).
CARTANAS, capit., B.
ISSING (1), capit., B.
AMIAUX (1), lieut., B.
TURPIN, lieut. A.-M., B.
BESSON, lieut., B.
MIRCHER (1), lieut., B.
CAPITAINE, lieut., B.
DUBREUIL (1), lieut., B.
DEMANGE, s.-lieut., B.

LOUBET, capit., B. 29 août 1813, combat devant Dresde.

---

2 *sept.* 1813, *combat en avant de Dresde.*
DUÉVAS, s.-lieut., B.
DUCROS, s.-lieut., B.

RAQUIN, capit., B. 3 oct. 1813, aux avant-postes devant Dresde.

(1) Le 3ᵉ bataillon prit part au combat de Lubnitz le 27 août 1813.

16 *et* 18 *oct.* 1813, *bataille de Leipzig.*
DARENTCHILD, capit., T. 18.
ROCCARD, capit., T. 16.
FERRÉ, capit., B. 18 (mort le 29 janv. 1814).
GODARD, lieut., T. 18.
FILLET, lieut., T. 18.
LAMARRE, lieut., T. 16.
ROGER, lieut., B. et D. 16.
DELFOSSE, lieut., B. 18 (mort le 6 nov.).
DORNIER, col., B. 16.
BECKER, capit., B. 16.
LECK, capit., B. 16.
RAQUIN, capit., B. 16.
TURPIN, capit. A.-M., B. 16.
VIGREUX, capit., B. 16.
CAPITAINE, capit., B. 16.
PERROT, capit., B. 16.
LEGOULLON, capit., B. 16.
PEUX, capit., B. 16.
MARÉCHAL, capit., B. 19.
FRANÇOIS, lieut., B. 16.
AMENTON, lieut., B. 16.
SAGET, lieut., B. 16.
PERROT, lieut. A.-M., B. 18.
PESCHERAND, lieut., B. 16.
VIAL, s.-lieut., B. 16.
DUNAND, s.-lieut., B. 16.
FICATIER, s.-lieut., B. 15.
VIDAL, s.-lieut., B. 16.
GUILLIER, s.-lieut., B. 16.
FLORIN, s.-lieut., B. 16.
GRUBE, s.-lieut., B. 16.
DUFOURNÉ, s.-lieut., B. 16.
DEPIGNY, s.-lieut., B. 16.
MARCHAIS, s.-lieut., B. 16.

---

20 *oct.* 1813, *combat près Freibourg.*
VIRET, lieut., B.
GUILLIER, s.-lieut., B.

---

29 *oct.* 1813, *combat devant Hanau.*
FLOUCAUD, capit., B.
LECK, capit., B.
PLANKAERT, lieut. A.-M., B.
GUERTENER, lieut., B.
CONSTANT, lieut., B. (mort le 15 nov.).
LABORDE, lieut., B.

BARBEZIER, lieut., B. 23 janv. 1814, combat de Ligny.

29 *janv.* 1814, *bataille de Brienne.*
COQUERET, capit., T.
SAGET, lieut., B.
DORNIER, chef de bat., B.
PERROT, capit., B.
LABORDE, lieut., B.
ROGET, lieut., B.
GRUBE, lieut., B.
MINORET, s.-lieut., B.
FRAUMANCOURT, s.-lieut., B.
BALLAT, s.-lieut., B.
JOUBERT DE L'HYBERDERIE, s.-lieut., B.

DEPIGNY, lieut., B. 7 févr. 1814, sortie de la garnison de Metz.
ROUBY, lieut., B. 18 févr. 1814, bataille de Montereau.
BURNOT, capit., B. 19 févr. 1814, en escortant des prisonniers (mort le 20 mars).
GUIGONNET, lieut., B. 20 févr. 1814, dans une reconnaissance près de Soissons (mort le 1er mars).
SÉARD dit SILLAIRE, lieut., B. 26 mars 1814, au blocus de Metz.

27e Régiment.

ARNOUX, s.-lieut., B. 1er nov. 1805, combat de Halm.

2 *déc.* 1805, *bataille d'Austerlitz.*
VITTET, s.-lieut., T.
MORENO-PETIT, lieut., B.
PACCARD, s.-lieut., B.

CAMPOCASSO, capit., T. 9 oct. 1806, combat de Schletz.
THERME, capit., T. 18 oct. 1806, combat de Halle.

6 *nov.* 1806, *Prise de Lubeck.*
MARION, capit., T.
MICHEL, lieut., T.
BOURILLON, s.-lieut., T.
D'HERBEZ-LATOUR, chef de bat., B.
PAUTRIER, capit., B.
GARCIN, capit., B.
MAURIN, capit., B.
LAPIQUE, capit., B.
DURAND, capit., B.
ABRAHAM, s.-lieut., B.
GODEFROY, lieut., B.
DENNEVILLE, lieut., B.
MULLON, s.-lieut., B.
RONDE, s.-lieut., B.

25 *janv.* 1807, *combat de Mohrungen.*
BARTH, s.-lieut., B.
MARTIN, s.-lieut., B.
PACCARD, s.-lieut., B.

MOULET, capit., B. 5 juin 1807, affaire sur la Passarge.

14 *juin* 1807, *bataille de Friedland.*
DOLLÉ, s.-lieut., T.
GASTINEL, capit., B.
SANTON, lieut., B.
BOISSIER, s.-lieut., B.
VILLABRUN, s.-lieut., B.

MARCOU, lieut. A.-M., B. 2 mai 1808, insurrection de Madrid.

31 *oct.* 1808, *combat de Durango.*
DEBIRA, lieut., B. (mort le 22 nov.).
SAVOYE, capit. A.-M., B.
BAUQUIS, s.-lieut., B.
BERNARD, s.-lieut., B.
RENARD, s.-lieut., B.
ROUSTAN, s.-lieut., B.

MARTIN, lieut., B. 5 nov. 1808, combat de Valmaseda.
VIVIEN, s.-lieut., B. 6 nov. 1808, à Valmaseda.
DESJARDINS, lieut. A.-M., B. 7 nov. 1808, affaire de Sandupe.

10 *nov.* 1808, *bataille d'Espinosa.*
VIVIEN, chef de bat., B.
POTTIER, s.-lieut., B.
VERDILLAC, s.-lieut., B.

3 *déc.* 1808, *prise de Madrid.*
ARNOUX, lieut., B.
COCHET, lieut., B.
LAMBINET, s.-lieut., B.
TERRIEN, s.-lieut., B.

DOLLÉ, lieut. A.-M., B. 22 mai 1809, bataille d'Essling.
CHEVALLIER, capit., B. 13 janv. 1809, combat devant Uclès.
LÉRY, capit., B. 22 mai 1809, bataille d'Essling.

6 juill. 1809, bataille de Wagram.
ROUANET, lieut., B. (mort le 12 août).
LEROY, lieut., T.
LEGROS, chef de bat., B.
GASTINEL, capit., B.
LÉRY, capit., B.
ROCCASERA, capit., B.
SOYHIER, lieut. A.-M., B.
BLANZET, lieut., B.
DOLLÉ, lieut., B.
SCHITZ, lieut., B.
DÉNAT, s.-lieut., B.
FARÉ, s.-lieut., B.
MAURICE, s.-lieut., B.
PROST, s.-lieut., B.
TRAYNIER, s.-lieut., B.
POPON, lieut., B.

28 juill. 1809, bataille de Talavera-de-la-Reyna.
LECOCQ, s.-lieut., T.
CHEVALLIER, capit., B.
MOULET, capit., B.
MOURET, capit., B.
BARTH, s.-lieut., B. (porte-aigle).
CAMPION, s.-lieut., B.
JANDRY, s.-lieut., B.
LEVÊQUE, s.-lieut., B.

29 janv. 1810, combat de Médina-Sidonia.
FORGERON, s.-lieut., T.
MOULET, capit., B.

LLOBET, lieut., B. 9 juill. 1810, par des brigands, à Ximenès.
SOYHIER, lieut., B. 1ᵉʳ déc. 1810, combat de Celerico.

5 mars 1811, combat de Chiclana.
GELOT, lieut., T.
MENARD, s.-lieut., T.
PARIS, chef de bat., B. (mort le 13).
MONTAGNAC, lieut. A.-M., B.
VINCENT, capit., B.
LEAUTIER, lieut., B.

ROUSTAN, lieut., B.
TAURINES, lieut., B.
BRALOT, lieut., B.

5 mai 1811, bataille de Fuentes-d'Onôro.
ROCCASERA, capit., B.
PERRET, lieut., B.
PROST, s.-lieut., T.

TOURASSE, s.-lieut., B. 4 août 1811, en colonne mobile, en Espagne.
ROUSTAN, lieut., B. 17 mai 1812, dans une reconnaissance en Espagne.
FARÉ, lieut., B. 14 août 1812, évacuation de Madrid.
TERRIEN, capit., B. 5 avril 1813, à Gommeria (Espagne).

2 mai 1813, bataille de Lutzen.
VIENET, lieut., B. (mort le même jour).
TRAGNIÉ, capit., B.

LAHONTE, lieut., B. 7 mai 1813, en escortant un convoi à Naussen (Saxe).

21 mai 1813, bataille de Würschen.
DUFRESNOY, s.-lieut., T.
CHARLES, capit., B.
BERNARD, lieut., B.
THIRID, lieut., B.
DELASEIGLIÈRE, s.-lieut., B.
ERNAULT, s.-lieut., B.
LAOUTE, lieut., B.

CÉCIRE, capit., B. 25 juill. 1813, combat du col de Maya.
GUICHARDOT, s.-lieut., T. 28 juillet 1813, retraite de Pampelune (Espagne).
HÉNON, lieut., B. (mort le 29 sept., retraite de Pampelune (Espagne).

22 août 1813, combat de Gieshübel (Saxe).
BOUCHER, capit., T.
JANDRY, capit., B.
LEAUTIER, capit., B.
MONTAGNAC, lieut. A.-M., B.
DOMERGUE, lieut., B.
GUILHAUMON, lieut., B.
ARMAND, s.-lieut., B.
TEN dit MONS, s.-lieut., B.

JULLIAN, chef de bat., T. 22 août 1813, en colonne mobile en Espagne.

26 *août* 1813, *bataille de Dresde*.
PATY, major, B.
GUIGNARD, s.-lieut., B.

CASSARD, s.-lieut., B. 31 août 1813, passage de la Bidassoa.

31 *août* 1813, *affaire de Grieffenberg (Saxe)*.
AUSSET, lieut., B.
MORTIER, s.-lieut., B.

5 *sept.* 1813, *combat d'Elsen (Saxe)*.
LLOBET, capit., B.
THÉVENIN, capit., B.
LACARRIÈRE, lieut., B.

8 *sept.* 1813, *combat de Dohna (Saxe)*.
TEN dit MONS, s.-lieut., B.
DOMERGUE, lieut., B. (mort le 26).
BOURSIER, s.-lieut., B.

VIVIEN, capit., T. 24 sept. 1813, combat près de Bautzen.
SIMONIN, lieut., B. 9 oct. 1813, combat de Sarre (Pyrénées).
REY, lieut., B. 17 oct. 1813, défense de Dresde.
VESTU DE NEREY, capit., B. 1er nov. 1813, défense de Dantzig.

4 *nov.* 1813, *défense de Dresde*.
CAUSSIN, capit., B.

HEUCHING, capit., B.
CLERC, lieut., B.

TERRIEN, capit., B. 9 nov. 1813, défense de Dresde (mort le 10 déc.).

10 *nov.* 1813, *combat de Spelleto (Espagne)*.
LHUILLET, s.-lieut., T.
MOUILLE, s.-lieut., T.
DESCHAMPS, col., B.
LEVESQUE, capit., B.

DESMARETS, lieut., B. 12 déc. 1813, aux avant-postes devant Bayonne (mort le 16).

13 *déc.* 1813, *combats devant Bayonne*.
DUBOIS, lieut., T.
MOULLET, chef de bat., B.
AVY, capit., B.
LEVESQUE, capit., B.
MARTY, lieut., B.

LAUBMEISTER, s.-lieut., B. 23 févr. 1814, combat devant Bayonne.
CÉCIRE, capit., B. 7 mars 1814, combat près de Courtrai.
LACARRIÈRE, lieut. A.-M., B. 23 mars 1814, affaire près de Lille.

31 *mars* 1814, *combat de Courtrai*.
MANANTE, s.-lieut., B.
SIMONET, s.-lieut., B.

28e Régiment.

BOYER, lieut., B. 8 oct. 1805, combat de Wertingen (mort le 9).
CABANES DE PUYMISSON, major B. 16 nov. 1805, combat d'Ollabrünn.
AMBLARD, lieut., B. 16 oct. 1806, affaire de Werting.
VOUTIER, s.-lieut., B. 3 févr. 1807, aux avant-postes devant Ostrof.

16 *févr.* 1807, *combat d'Ostrolenka*.
BRUNEL, capit., B.
HAUMONT, lieut., B.
LEPU, lieut., B.

COURTOIS, s.-lieut., B.

14 *juin* 1807, *bataille de Friedland*.
LANDREAU, capit., B.
FILLIEUX, lieut., B.
PEYRIS, lieut. A.-M., B.
MORLET, s.-lieut., B.

ROCOT (1), capit., B. 24 juill. 1808, à Addujar (Andalousie), étant prisonnier.

(1) Etait détaché au 7e régiment provisoire.

Décembre 1808, *attaque de Saragosse.*
Dédoual, chef de bat., B. 21.
Chabert, capit., B. 22.
Juglard, capit., B. 22.
Laroque, lieut., B. 21.
Siméon, s.-lieut., B. 21.

1809, *siège de Saragosse.*
Gadrac, s.-lieut., T. 8 févr.
Dubarry, lieut. A.-M., B. 18 févr.
Béthenac, lieut., B. 8 et 18 févr.
Durand, lieut., B. 18 févr.
Boulangez, s.-lieut., B. 2 janv.
Quêtier, s.-lieut., B. 2 janv.
Ferret, s.-lieut., B. 2 févr.

Voutier, lieut., B. 1er avril 1809, combat devant Mequinenza.

3 *mai* 1809, *combat d'Ebersberg.*
Perny, s.-lieut., T.
Laflaquière-Comballet, lieut., B.
Jouault, s.-lieut., B.
Arnault-Lavigne, capit., B.

22 *mai* 1809, *bataille d'Essling.*
David, lieut., B. (mort le 14 juin).
Fillieux, capit., B.
Seguineau, capit., B.
Abraham, capit., B.
Conrad, s.-lieut., B.
Piolaine, s.-lieut., B.

5 *juill.* 1809, *bataille de Wagram.*
Préseau, chef de bat., T.
Morlet, lieut. A.-M., B. (mort le 7).
Rispaud d'Aiguebelle, s.-lieut., B. (mort le 30).
Fétré, lieut., B.
Berthold, s.-lieut., B.

Devise, lieut., B. 1er janv. 1810, combat de Manzanarès (mort le 29 mars).
Chatelot, lieut., B. 20 janv. 1810, passage de la Sierra-Morena.

26 *mai* 1810, *combat d'Aracena.*
Castellan, lieut., T.
Praefke, col., B.
Camus, chef de bat., B.
Dedoual, chef de bat., B.
Perroy, capit., B.

Joasse, s.-lieut., B.

Berthold, s.-lieut., B. 29 oct. 1810, affaire contre des brigands.
Lefebvre, s.-lieut., B. 25 janv. 1811, à Castiegas (mort le 28).
Grouet, capit., B. 25 févr. 1811, au siège de Badajoz.

5 *mai* 1811, *bataille de Fuentès-d'Onoro.*
Guépard, lieut., T.
Grainville-Lespine, s.-lieut., T.
Nettancourt, lieut., B.
Berthold, s.-lieut., B.
Conrad, s.-lieut., B.

16 *mai* 1811, *bataille de la Albuhera.*
Camus, chef de bat., T.
Buthod, capit., T.
Dorliac, capit., T.
Gruau, capit., T.
Planet, capit., T.
Praefke, col., B. (mort le 17).
Gerrain, chef de bat., B. (mort le 18).
Levavasseur, capit., B. (mort le 26).
Hontang, s.-lieut., B. (mort le 12 juin).
Bouvier, capit., B.
Desbarats, capit., B.
Franjon, capit., B.
Jacques-Jean, capit., B.
Lamotte, capit., B.
Lelarge, capit., B.
Chatelot, lieut., B.
Durand, lieut., B.
Foucault, lieut., B.
Querqui, lieut., B.
Rost-van-Tomingen, lieut., B.
Salomon, lieut., B.
Siméon, lieut., B.
Vanloo, lieut., B.
Duchêne, s.-lieut., B.
Philippe, s.-lieut., B.
Gillard, s.-lieut., B.
Raimond, s.-lieut., B.
Samson, s.-lieut., B.
Sieyès-Shée, s.-lieut., B. (mort le 17).

1812, *défense de Badajoz.*
Perrey, chef de bat., T. 23 mars.
Boulbène, lieut., T. 6 avril.
Lefèvre, capit., B. 7 avril.
Becquart, chirurg. S.-A.-M., B. 6 avril.

Montagné, chirurg. S.-A.-M., B. 7 avril.
Fillieux, capit., B. 6 avril.
Broquière, lieut., B. 19 mars.
Quêtier, lieut., B. 6 avril.
Gillard, s.-lieut., B. 19 mars.
Louit, s.-lieut., B. 6 avril.
Piolaine, s.-lieut., B. 7 avril.

Vanloo, lieut., B. 28 juin 1812, combat de Los-Santos.

Juill. 1812, combat de Salamanque.
Chatelot, capit., B. 18.
Fétré, capit. A.-M., B. 19.

Nettancourt, capit., B. 4 août 1812, aux avant-postes (Espagne).

5 mars 1813, défense de Dantzig.
Foucault, capit., B.
Lalug, lieut., B.

Buthiau, chirug. M., B. 19 mars 1813, combat près d'Arena (Espagne).
Muguet, capit., B. 29 avril, 1813, combat de Weissenfels.
Delécole, s.-lieut., B. 2 mai 1813, bataille de Lutzen.

21 mai 1813, bataille de Würschen.
Chenou, chef de bat., B.
Charles, capit., B.
Blais, capit., B.
Nettancourt, capit., B.
Sol, capit., B.
Laurent, lieut. A.-M., B.
Dumenisdot, lieut., B.
Laplace, lieut., B.
Colle, s.-lieut., B. 20.

21 juin 1813, bataille de Vittoria.
Foulon, col., B. (mort), présumé mort le même jour.
Ferret, lieut., B.

25 juill. 1813, combat du Col de Maya.
Lelarge, capit., T.
Courty, s.-lieut., T.
Philippe, s.-lieut., T.
Pelletier, s.-lieut., B. (mort le 14 août).
Lesage, capit., B.

Parnajon, s.-lieut., B. 28 juill. 1813, retraite de Pampelune (Espagne) (mort le 17 août).
Racine, s.-lieut., B. 13 août 1813, sur les Pyrénées (mort).
Colle, s.-lieut., B. 21 août 1813, Saxe.
Dens, lieut., T. 27 août 1813, bataille de Dresde.
Boudraud, s.-lieut., B. 27 août 1813, bataille de Dresde.

28 août 1813, combat de Buntzlau.
De Noizet, lieut., B.
Samson, capit., B.

29 et 30 août 1813, affaire de Culm.
Senéaux, chef de bat., T. 29.
Rivot, s.-lieut., B. 30 (brûlé vif dans le village).
Bataillon, capit., B. 29.
Samson, capit., B. 29.
Muguet, capit., B. 30.
Protin, s.-lieut., B. 29.
Conrad, lieut., B. 30.

Bouchet, s.-lieut., B. 30 août 1813, aux avant-postes de Culm.
Sabathié, s.-lieut., B. 28 août 1813, défense de Dantzig.

15 et 16 sept. 1813, combat de Peterswald.
Bauget, lieut., T. 15.
Camus, lieut., T. 16.
Destaintot, lieut., T. 16.
Rossé, chef de bat., B. 15.
Conrad, capit. A.-M., B. 16.
Duris, capit., B. 15.
Bonifaus, s.-lieut., B. 15.
Dainel, s.-lieut., B. 15.

18 oct. 1813, bataille de Leipzig.
Basquet, capit., T.
Denis, capit., T. 18.
Laplace, capit., B.
Boulay, lieut. A.-M., B.
Lecointe, lieut., B.

2 nov. 1813, défense de Dantzig.
Latour (1), lieut., B. (mort le 3).

---

(1) Isly de Latour.

Boulanger, capit. A.-M., B. 2.
Foucault, capit., B.

13 déc. 1813, *combat devant Bayonne.*
Meynardie, capit., B.
Génin, col. B.

Boubilla, lieut., B. 13 févr. 1814, combat de Sauveterre.

10 *avril* 1814, *bataille de Toulouse.*
Génin, col., B.
Saint-Denis, chef de bat., B.
Ernoux, lieut., B.
Robert de Labarthe, s.-lieut., B.

29ᵉ Régiment (1).

Roux, lieut., T. 10 nov. 1812, aux avant-postes près de Lukolm.
Le Malle, s.-lieut., B. 12 oct. 1812, par des cosaques en avant de Smolensk.

13 *et* 14 *nov.* 1812, *combat de Smoliany.*
Souviat, capit., B. 13 (mort).
Lauer, capit., B. 13 (mort le soir).
Mansuy, capit., T. 14.
Graincourt, capit., B. 13 et D.
Picault, lieut., B. 13 (mort le 30).
Philippe, lieut., T. 14.
Jourdheuil, capit., B. 13.
Bellot, capit., B. 14.
Guerre, capit., B. 13.
Etienne, lieut., B. 13.
Piquot, lieut., B. 13.
Babau, lieut., B. 13.
Camard, chirurg. S.-A.-M., B. 14.

27 *nov.* 1812, *combat de Borisow.*
Pichot, major, B. (mort le 25 janv. 1813).
Desmazery, chef de bat., B. (mort le 15 déc.).
Anquetil, chef de bat., B. (mort le 25 janv. 1813).
Lautrec, chef de bat., B. (mort le 26 janv. 1813).
Roger, chef de bat., B. (mort).
Magnac, capit., T.
Margeret, capit., T.
Bernard, capit., T.
Guerre, capit., B. (mort le 3 janv. 1813).
Olivier, capit., B. et D.
Duhoulbec, capit., B. et D.
Micholet, capit., B. et D.
Catoire, capit., B. et D.

Pinot, capit., B. (mort le 10 avril 1813).
Miollan, capit., B. et D.
Combe, lieut. A.-M., B. (mort le 14 janv. 1813).
Dalvimare, lieut. A.-M., B. (mort le 11 mars 1813).
Dortel de Tessan, s.-lieut., B. et D.
Sauveur, chirurg.-M., D.
Viallard, chirurg. A.-M., B. et D.
Hinzen, chirurg. A.-M., B. et D.
Valh, chirurg. A.-M., B. et D.
Castex, chirurg. S.-A.-M., B. (mort le 2 janv. 1813).
Dubois, chirurg. S.-A.-M., B. (mort en déc.).
Mativon, chirurg. S.-A.-M., B. (mort le 19 janv. 1813).
Surville, lieut., B. et D.
Pabau, lieut., B. et D.
Notaise, lieut., B. (mᵗ le 11 janv. 1813).
Puyau, lieut., B. (mort le 20 mars 1813).
Bauer, lieut., B. et D.
Fanet, lieut. A.-M., B. (mort le 20 janv. 1813).
Piquot, lieut., T.
Cotterets, s.-lieut., T.
Lesueur, lieut., B. (mort le 21 janv. 1813).
Drouel, s.-lieut., T.
Malavois, s.-lieut., T.
Boulanger, s.-lieut., B. (mort le 30).
Mervé, s.-lieut., B. (mort le 24 déc.).
Lemale, s.-lieut., B. et D.
Languillat, s.-lieut., B. (mort le 22 févr. 1813).
Declerck, s.-lieut., B. (mort le 4 janv. 1813).
Najac, s.-lieut., B. (mort le 31 janv. 1813).
Ducros, s.-lieut., B. (mort le 2 janv. 1813).

(1) Formé en 1811.

PIERRON, s.-lieut., B. et D.
DELAUNAY, chef de bat., B.
PITANCE, capit., B.
LAMY, lieut., B.
NICOLOS, lieut., B.
DU RHÔNE, s.-lieut., B.
DECROIX, lieut., B.
BART, s.-lieut., B.
DESCLAUD, s.-lieut., B.
COISEL, s.-lieut., B.

LIONNET, s.-lieut., B. 28 nov. 1812, devant Borisow (mort le 6 janv. 1813).
DE LISLEFERME, s.-lieut., B. 2 mai 1813, bataille de Lutzen.

21 mai 1813, *bataille de Würschen*.
JACOB, chef de bat., T.
ROCHAIX, capit., B.
GENIN, capit., B.
PÉREDON, capit., B.
GUILLOT, lieut., B.
COTTE, lieut., B.
ARBANÈRE, lieut., B.
CAILLETEAU, lieut., B.
DESMETTRE, s.-lieut., B.
MARTINI, s.-lieut., B.
DE LISLEFERME, s.-lieut., B.
JAMEG, s.-lieut., B.
PETROT, s.-lieut., B.

VALTEAU, s.-lieut., B. 21 août 1813, aux avant-postes en Saxe.
PETROT, s.-lieut., B. 21 août 1813, combat de Buntzlau.

22 *août* 1813, *combat de Pirna*.
DELEAU, major, B.
LEVERT, capit., B.
BERTIN, capit., B.

26 *et* 27 *août* 1813, *bataille de Dresde*.
CAUDAS, lieut., B. 27 (mort le 5 sept.).
COTTE, capit., B. 26.
LEVÊQUE, capit., B. 26.
COISEL, lieut. A.-M., B. 26.
DUCOCUEUX (A.), lieut., B. 27.
DUCOCUEUX (C.), s.-lieut., B. 27.
AUSSADE, s.-lieut., B. 27.

BRÈS, s.-lieut., B.

10 *sept.* 1813, *combat de Tœplitz*.
DELEAU, major, B.
DEVASSY, chef de bat., B.
CANDA, lieut., B.
CHEVASSU, s.-lieut., B.

GOIFFON, capit., B. 16 oct. 1813, bataille de Leipzig.

18 *et* 19 *oct.* 1813, *bataille de Leipzig*.
MAGAUD, col., B. 19 (mort le 15 nov.).
DIGUERNON, s.-lieut., T. 18.
LEFÈVRE, s.-lieut., B. 18 (mort le 29).
ROBERGE, chef de bat., B. 18.
GOULETTE, capit., B. 18.
CAROI, capit., B. 18.
ROUSSEAU, lieut., B. 18.
PAPELEU, lieut., B. 18.
GIRARD, s.-lieut., B. 18.
BAIVEL, s.-lieut., B. 18.
LIEM, s.-lieut., B. 18.
MARCHEREZ, s.-lieut., B. 18.

DE COURTIVRON, capit. A.-M., B. 1er févr. 1814, bataille de la Rothière.

10 *févr.* 1814, *combat de Nogent*.
COCHARD, capit., B.
PERRET, capit., B.
BONNETIN, lieut., B.

VESCO, chef de bat., B. 12 févr. 1814, combat du pont de Nogent.
SÉBASTIANI, col., B. 14 févr. 1814, bataille de Vauchamps.

18 *févr.* 1814, *bataille de Montereau*.
CANNON, lieut., B. (mort le 18 avril).
AUSSUDE, lieut., T.
DEVÈZE, lieut., B.
GARAT, capit., B.
GIRARD, lieut., B.

PERRIDON, capit., T. 28 févr. 1814, combat du Gué à Trème.
BOUTET, s.-lieut., B. 3 mars 1814, combat devant Troyes.

31ᵉ Régiment.

BERNEZ, lieut., B. 9 mai 1807, dans une reconnaissance (mort le 16 mai).

8 juin 1807, combat de Deppen.
FANTIN DES ODOARDS, capit., B.
BOURJALLIAT, capit., B.
GALABERT, s.-lieut., B.
JANNON, capit., B.

14 juin 1807, bataille de Friedland.
BORDA, capit. A.-M., T.
GORETTA, capit., T.
ROCCIS, s.-lieut., T.
VIDALIS, capit., B. (mort le 23).
AUGÉE, lieut., B. (mort le 18 juill.).
LAURENT, lieut., B. (mort le 14 sept.).
TISSOT, s.-lieut., B. (mort le 15 juill.).
MEJEAN, col., B.
AUBERT, chef de bat., B.
ALLIOT, capit., B.
BELLON, lieut., B.
DOTTA, s.-lieut., B.
GRANDIDIER, lieut., B.
SERAS, capit., B.
DELPRAT, s.-lieut., B.
CAMPERI, lieut., B.

GAY, capit., B. 17 août 1808, dans une reconnaissance à Sos-Aragon.
LABELOUGUE, capit., B. 26 août 1808, par des paysans, près de Valladolid.

16 janv. 1809, bataille de la Corogne.
OFFAN, capit., T.
STURA, s.-lieut., T.
BEUF, chef de bat., B. (mort le 31 mars).
BIANQUI, capit., B.
GALVAGNY, capit., B.
CADOU, capit., B.
DELPRAT, lieut., B.
BUFFA, capit., B.
GRANDIDIER, lieut., B.
MARÇAIS, lieut., B.
PRATO, lieut., B.
MORARD DE GALLE, s.-lieut., B.

PÉCOUL, s.-lieut., B. 22 janv. 1809, prise du Ferrol.

28 et 29 mars 1809, bataille d'Oporto.
DARDÉ, lieut., T. 29.
MENEGUIN, capit., B. 29.
GAY, s.-lieut., B. 29.
MARMY, s.-lieut., B. 28.
CHASTAIN, s.-lieut., B. 29.

Affaire de Braga (Portugal).
RONDEAU, lieut., B. 30 mars 1809.
SAVINA, capit., P. 31 mars 1809.

1ᵉʳ mai 1809, combat devant Oporto.
RONDEAU, lieut., B.
CAMPERY, lieut. A.-M., B.

11 mai 1809, évacuation d'Oporto.
BOURSETTI, capit., B.
KAPP, lieut., B.

DULONG DE ROSNAY, major, B. 16 mai 1809, défense du pont de Misarella (Portugal).
FARA, s.-lieut., T. 24 mai 1809, par les insurgés portugais.
DOTTA, lieut., B. 12 mai 1810, étant en reconnaissance près de Badajoz.
MARÇAIS, lieut., B. 5 juill. 1810, affaire de Medina-del-Campo (Espagne).

27 sept. 1810, bataille de Busaco (Portugal).
MEUNIER, col., T.
BONJEAN, capit., T.
GARINI, capit., T.
KAPP, capit., T.
FARDITI, lieut., T.
BALBIANO, s.-lieut., T.
IVERDAT, s.-lieut., T.
STURA, chef de bat., B. (mort le 29).
RONDEAU, lieut., B. (mort le 3 oct.).
DEFILIPPI, capit., B.
RÉGIS, capit., B.
DELORT, lieut., B.
FULJOD, lieut., B.
MARÇAIS, lieut., B.
LORON, s.-lieut., B.
ZAIGULLIUS, s.-lieut., B.

SUMIAN, s.-lieut., B. 11 sept. 1810, combat d'Enduel (mort le 13 sept.).

5 mai 1811, *bataille de Fuentès-d'Onoro.*
MANDRIL, lieut., B.
BERTRAND, s.-lieut., B.
MUSSIN, s.-lieut., B.
VACQUIN, s.-lieut., B.

DABBADIE, s.-lieut., B. 11 juin 1811, combat en Espagne.
FABRE, lieut., B. 13 mai 1812, affaire de Canilla (Espagne).

22 juill. 1812, *bataille des Arapiles.*
PIOVANI, chef de bat., B.
DEFILIPPI, capit., B.
DEFFERT, capit., B.
VACQUIN, lieut., B.
CASALEGNO, s.-lieut., B.

APPIANI, capit., B. 30 juill. 1812, dans une reconnaissance, en Espagne.
SIGNY, lieut., B. 8 août 1812, en colonne mobile, en Espagne (à la Puebla).
CRESTÉ, capit., B. 17 oct. 1812, en colonne mobile, en Espagne.

22 avril 1813, *affaire de Moës (Espagne).*
JANICOT, lieut., B.
FISCHER, s.-lieut., B.

BOURSETTI, capit., B. 6 mai 1813, en escortant des prisonniers, près Burgos.

28 juill. 1813, *retraite de Pampelune.*
BOLLAN, capit., B.
COUSSE, s.-lieut., B.
PATRON, capit., B.

7-8 oct. 1813, *combat du pont de Berra.*
CAMBRIELS, col., B. 7.
FOULCHIER, capit., B. 8.
GAVIGIOLO, lieut., B. 7.
POQUEL, lieut., B. 7.
DUNIC, s.-lieut., B. 19 (mort le 21).

10 nov. 1813, *combat de Sarre.*
MARENGO, s.-lieut., T.
LEGRAND, capit., B.
MORARD DE GALLE, capit., B.
JANICOT, lieut. A.-M., B.
MEYER, s.-lieut., B.

PHILIPPON, capit., B. 9 déc. 1813, au passage de la Nive.

13 déc. 1813, *combat devant Bayonne.*
AUDEC, s.-lieut., T.
ROY, s.-lieut., B. (mort le 14 janv. 1814).
LEFEBVRE, chef de bat., B.
GINOCHIO, lieut., B.

27 févr. 1814, *bataille d'Orthez.*
RÉGIS, chef de bat., B.
LALOUETTE, lieut., B.
BERTOLA, s.-lieut., B.
CAPEL, s.-lieut., B.
COUSSE, s.-lieut., B.

BOURLY, s.-lieut., B. 16 mars 1814, combat de Vic-de-Bigorre.

17 mars 1814, *défense de Saint-Jean-Pied-de-Port.*
BAGNOLO, lieut., B.
CAPIZAN, s.-lieut., B.

MORET, s.-lieut., B. 27 mars 1814, devant Toulouse.

10 avril 1814, *bataille de Toulouse.*
THIESSERY, lieut., B. (mort le 18 mai).
CHIAZARI, lieut., B. (mort).
LEGRAND, capit., B.
VACQUIN, lieut. A.-M., B.
GARNERIS, capit., T.
DULAC, s.-lieut., B.
THOMAS, s.-lieut., B.

FISCHER, capit., B. 18 mai 1814, défense de Bayonne.

32ᵉ Régiment (1).

13 févr. 1805, par des brigands (Ligurie).
TRAVERSO, capit., B.
SIALELLI, s.-lieut., B.

SANGUINETTI, capit., B. 27 juin 1808, prise de Sinès (Portugal).
ERMINGO, lieut., B. 21 juill. 1808, combat de la Jonquerra (Catalogne).
CAVALLONI, capit., B. 4 août 1808, attaque de Saragosse.

2 janv. 1809, combat de Castillione (Catalogne).
DUCCI, lieut., B. (mort le 19).
CROSETTI, capit., B.
GALLINO, capit., B.
LAVAGNA, capit., B.

CHIPPONI, s.-lieut., B. 27 janv. 1809, affaire de Castillon (Espagne).
SIALELLI, lieut., T. 13 mars 1809 dans une maison en Portugal (par des paysans).

12 mai 1809, retraite de Portugal.
CHABAS, s.-lieut., T.
LOTTIN, s.-lieut., B. (mort le 29).

RAFFALI, s.-lieut., B. 29 mars 1809, bataille d'Oporto (Portugal) (mort le 4 avril).

5 août 1809, combat de Bouscaros (Catalogne).
GALLINO, capit., B.
SCALABRINO,
POESIO, s.-lieut., B.

6 sept. 1809, combat de Sainte-Colombe (Catalogne).
SANDFORT, capit., B.
POESIO, s.-lieut., B.

1809, siège de Girone.
PICCARDO, capit., T. 19 sept.
CROVA, lieut., T. 6 sept.

(1) Formé en 1806.

DUCE, lieut., B. 7 sept. (mort).
FEDERICI, lieut., B. 7 sept. (mort).
RUFFINI, col., B. 19 sept.
RUFFINI, capit. A.-M., B. 8 juill.
SPINOLA, capit., B. 19 sept.
FORCI, lieut., B. 19 juin.
OLDOINI, lieut., B. 8 juill.
CORVETTO, s.-lieut., B. 14 juill.
DIZAC, chirurg.-M., B. 19 sept.
GIRALDI, s.-lieut., B. 19 sept.
MAGNANI, s.-lieut., B. 8 juill.
MARCHESI, s.-lieut., B. 8 juin.
MARRY, s.-lieut., B. 19 sept.

GIRALDI, lieut., B. 11 janv. 1810, combat d'Olot (Catalogne).
CHIPPONI, lieut., B. 2 févr. 1810, en escortant le Trésor à Barcelone.
PÉRIÉ, s.-lieut., T. 19 mars 1810, défense du pont Saint-Félix.
AVIO, capit., B. 25 juin 1810, devant Ciudad-Rodrigo.
MARTINEL, chef de bat., B. 24 juill. 1810, devant Almeida.

BUDO, capit., B. 17 sept. 1810, combat en Portugal.
AVIO, capit., B. 27 sept. 1810, en visitant les avant-postes devant Busaco.

27 sept. 1810, bataille de Busaco.
L'AMI, lieut., T.
RATTO, s.-lieut., B. (mort).
DEMOUTIERS, capit., B.
ANDONAEGUI, s.-lieut., B.
RICCARDI, s.-lieut., B.

CROUTELLE, capit., B. 12 mars 1811, affaire de Redina (Portugal).
SOURDEVAL, capit., T. 4 avril 1811, combat d'Ubeda.
LAGORIO, lieut., T. 3 mai 1811, défense d'Almeida.
VACCAREZZA, s.-lieut., B. 29 juin 1811, siège de Figuières.

2 mai 1813, bataille de Lutzen.
MARTINEL, major, T.
SCALABRINO, chef de bat., B.

Rossi, s.-lieut., B.

Laprie, chef de bat., B. 20 mai 1813, bataille de Bautzen.

21 mai 1813, bataille de Würschen.
Crosetti, capit., T.
Gastaldi, capit., T.
Pierrucci (L.), capit., T.
Colonna, lieut., T.
Pierrucci (J.), lieut., T.
Federici, lieut., T.
Grill, capit., B.
Salicetti, capit., B.
Scazoli, capit., B. 20.
Demoutiers, capit., B.
Franceschi, s.-lieut., B.
Lena, lieut., B.

21 août 1813, combat devant Dresde.
Scalabrino, chef de bat., B.
Gibassier, capit., B.
Andonaegui, capit., B.

Août 1813, combats devant Dresde.
Defilippi, lieut. A.-M., T. 28.
Montagné, capit., B. 29 (mort le 18 sept.).
Gheneser, major, B. 27, 28 et 30.
Bexio, capit., B. 28.
Burlando, s.-lieut., B. 28.
Brusick, s.-lieut., B. 28.
Milani, s.-lieut., B. 30.

Fauré, s.-lieut., B. 30.

16 et 18 oct. 1813, bataille de Leipzig.
Budo, capit., T. 19.
Guiso, s.-lieut., B. 18 (mort).
Scalabrino, chef de bat., B. 18.
Bachelot, chirurg. A.-M., B. 16.
Daussant, capit., B. 16.
Andonaegui, capit., B. 18.
Sordet, capit., B. 16.
Boyer, capit., B. 14 et 16.
Berardi, s.-lieut., B. 16.
Katt, capit., B. 16 et 18.
Fazio, lieut., B. 16.
Salicetti, capit., B. 18.
Barbault, s.-lieut., B. 18.
Sanguinetti, capit., B. 16.
Lena, lieut., B. 16.
Lauthier d'Aubenas, lieut., B. 16.
Padrone, lieut., B. 16.
Mattei, lieut., B. 16.
Cogorno, lieut., B. 16.
Mesnigue, s.-lieut., B. 16.

Avio, capit., B. 19 oct. 1813 en traversant le pont de l'Elster.
Césari, major en 2º, B. 11 mars 1814, combat de Mâcon.

20 mars 1814, combat devant Lyon.
Vidal, s.-lieut., B.
Maggiora, lieut., B.

33º Régiment (1).

Laroche, capit., B. 23 août 1812, affaire de Slusk (Lithuanie).

17 nov. 1812, bataille de Krasnoë.
Everts, major en 2º, B. (mort).
Serré, chef de bat., T.
Flandryn, capit., T.
Bemondt, capit., T.
Turnbult, capit., T.
Berg, capit., T.
Montanus, capit., T.
Terrasson, capit., T.
Woogt, lieut. off. payeur, T.
Joly, chirurg. A.-M., B. et D.

Bonniol, chirurg. S.-A.-M., T.
Eckteyn, lieut. A.-M., T.
Scheepel, lieut., T.
Luwema, lieut., T.
Roost, lieut., T.
Kealkens, lieut., T.
Bouwensch, lieut., T.
Capdeville, lieut., T.
Croutelle, s.-lieut., T.
Bataille, s.-lieut., T.
Marguerye, col., B.
De Jongh, chef de bat., B.
Schuurman, chef de bat., B.
Mas, chirurg.-M., B.
Henop, chirurg. A.-M., B.
De La Rach, capit., B.

(1) Formé en 1810.

VAN WINSHEIM, capit., B.
RIETRELD, capit., B.
ADELAAR, capit., B.
VAN INGEN, capit., B.
BRÉARD, capit., B.
LADAME, capit., B.
DE LA ROCHE, capit., B.
PACHON, capit., B.
SALES, lieut., B.
KAHLE, lieut., B.
HELLEWICK, lieut., B.
BARTELS, lieut., B.
AGTERBERG, lieut., B.
LORRIN, lieut., B.
BARRÉ, lieut., B.
DOINANT, lieut., B.

VAN DER BEUKEN, s.-lieut., B.
STOK, s.-lieut., B.
VAN ELSBROCK, s.-lieut., B.
VAN TOLL, s.-lieut., B.
BERGERS, s.-lieut., B.
RUBY, s.-lieut., B.
FLOUCAUD, s.-lieut., B.
WILKENS, s.-lieut., B.
GEORGE, s.-lieut., B.
GLISON, s.-lieut., B.

DEYMIÉ, chef de bat., B. 23 nov. 1812, par des Cosaques pendant la retraite.
VAN BAERLE, lieut., B. 4 déc. 1813, défense de Hambourg.

34e Régiment (1).

LATOUR, s.-lieut., B. 17 juin 1811, combat en Espagne.
TISSOT, capit., B. 11 août 1811, affaire de Tordesilla.
CHARGELET, s.-lieut., B. 27 août 1811, combat de Molina (Léon).
LEFEBVRE, lieut. A.-M., B. 27 août 1811, combat de Villafranca.
BERTET, col., B. 27 août 1811, combat de Reigo-de-Ambroso (mort le 18 sept.).

*27 août 1811,
combat près de Ponferrade.*
LAPOMARÈDE, s.-lieut., B.
LABOUROT, s.-lieut., B.
BOUCHEMANN, s.-lieut., B.

*27 sept. 1811,
combat de Ponte-del-Ponte (Portugal).*
VERRIER, lieut., T.
FOSSARD, lieut., B.

DAUPHIN, lieut., B. 5 juill. 1811, dans une reconnaissance en Espagne (mort le 9).
DUPONT, lieut., B. 20 oct. 1811, défense de Ciudad-Rodrigo.
DE LA MOTTE-ANGO, s.-lieut., B. 15 janv. 1812, défense de Ciudad-Rodrigo.

*19 janv. 1812,
défense de Ciudad-Rodrigo.*
ERRARD, capit., T.
VILLEFRANCHE, capit., T.
FOURTINES, chef de bat., B. (mort le 19 févr.).
BONFILH, capit., B.
CHANOINE, capit., B.
LAROQUE, capit., B.
DORNIER, lieut., B.
FOSSARD, lieut., B.
GATBLED, lieut., B.
GUILLEBON, lieut., B.
JUBÉ, lieut., B.

FRANÇOIS, chirurg. S.-A.-M., T. 29 févr. 1812, combat près de Talavera.
PORET DE MORVAN, col., B. 3 mai 1812. combat de Sauria.

27 août 1812, combat de Sauria.
PORET DE MORVAN, col., B.
DONNEC, s.-lieut., B.

29 nov. 1812, combat de Sedano, contre les brigands.
BREMOND, chef de bat., T.
FERRERY, lieut., T.
ROSSY, lieut., T.
VERGNIES, lieut., T.
GUÉRIN, s.-lieut., T.
DONNEC, s.-lieut., B.

(1) Formé en 1811.

BILDÈS, lieut., B. 14 juill. 1813, en colonne mobile, en Espagne.
BILDÈS, lieut., B. 17 juill. 1813, combat devant Saint-Jean-Pied-de-Port.

*28 et 30 juill. 1813,
retraite de Pampelune.*

BESNARD, capit., T. 30.
MIRAULT, capit., T. 30.
REGNAULT-DESFONTAINES, capit., T.
LANTEUILLE, lieut., T.
LEPETIT, lieut., T.
BALU, s.-lieut., T.
FRENAY, s.-lieut., T.
MAIGRET, s.-lieut., T.
NAVARRE, s.-lieut., T.
BARET, capit., B. (mort).
DARCET, capit., B. 30 (mort le 13 août).
FAURÉ, s.-lieut., B. (mort).
TURPIN, s.-lieut., B. (mort le 28 août).
D'HAUW, col., B. 30.
ZAVELUI, chef de bat., B.
BROUARD, lieut., B.
DUPONT, lieut., B.
FAURE-LACAUSSADE, lieut., B.
GRANOUX, lieut., B. 30.
BEHM, s.-lieut., B.
MAIGRE, s.-lieut., B.
BOUCLON, s.-lieut., B.
MICHON, s.-lieut., B.
POMMÉ, lieut., B.

LEGRAND, s.-lieut., B. 27 août 1813, combat de Molinos (Galicie).

10 nov. 1813, combat du pont d'Asquin.
HUMBLOT, lieut. A.-M., T.
RATEAU, chef de bat., B.

DUPONT, capit., B. 10 déc. 1813, combat devant Bayonne.

1814, combat de St-Etienne-de-Beygory.
FAUCILLON, s.-lieut., T. 12 janv.
GIRARD, capit., B. 13 janv.
JOYEUX, s.-lieut., B. 12 janv.

1814, combat d'Ellette.
DAMVILLE, lieut., B. 7 févr.
CHARBONNEL, s.-lieut., B. 13 févr.

27 févr. 1814, bataille d'Orthez.
PACCARD, chef de bat., B.
BONVOUTS, lieut., B.

10 avril 1814, bataille de Toulouse.
LASSÈRE, capit., T.
MONTAUBRIE, capit., T.
DEBLOUX, s.-lieut., T.
CACHERANO, col., B.
BARTHE, lieut., B.
JOUAMOT, lieut., B.
LEROY, lieut., B.
SAPELLI, lieut., B.
BENOIT, s.-lieut., B.
GRAND, s.-lieut., B.
SEVESTRE, s.-lieut., B.

35ᵉ Régiment (1).

DUBOSC, capit., B. 13 févr. 1813, combat de Kalisch.

15 févr. 1813, combat près de Rawicz.
ISAAC, lieut., D.
GRIMALDI, s.-lieut., B. (mort).

SANTINI, s.-lieut., B. 21 avril 1813, dans une révolte, à Longone (Ile d'Elbe).
GUILLAUD, capit., B. 16 mai 1813, aux avant-postes en Saxe (mort le 16 juin).

DELSEY, s.-lieut., B. 21 mai 1813, bataille de Würschen.
MONTGAILLARD, lieut., T. 21 août 1813, aux avant-postes de Villach (Illyrie).

22 août 1813, combat de Wolditz.
FRANCK, chef de bat., B. (mort le 17 sept.).
DUBOURLON, capit. A.-M., B.
VIARIS, capit., B.

23 août 1813, affaire de Gross-Beeren.
MALHERBE, capit., T.
VAILLANT, s.-lieut., T.
ARBOUD, chef de bat., B.

---

(1) Formé en 1812, ex-1ᵉʳ régiment de la Méditerranée.

DANNEVILLE, capit., B.
BOURLON D'ORIANCOURT, capit., B.

24 août 1813, combat devant Villach
(Illyrie).
GANNES, capit., T.
CHEVALIER, s.-lieut., B.

VILLEMEJANE, lieut., B. 28 août 1813, escarmouche en avant de Villach.
LEYRET, lieut., B. 28 août 1813, petit combat devant Villach.

6 sept. 1813, bataille de Juterbock.
FLAUGERGUES, capit., B.
MOUTON, lieut., B.
DELSEY, s.-lieut., B.

18 sept. 1813,
combat de Santa-Hermajor.
LÉPINE, capit., B.
CAMOU, lieut., B.
CHEVALIER, s.-lieut., B.
ROATTY, chirurg. S.-A.-M., B.

DECORBEHEM, capit., T. 25 sept. 1813, combat près de Zethz (Saxe).

28 sept. 1813, combat sur la Mulda.
SEGUR-MONTAZEAU, capit., B.
PIENNE, capit., B.
BIÉ, capit., B.
VERDALLE, lieut., B.
CASTERAS, s.-lieut., B.
FINELLA, s.-lieut., B.

SUGIER, s.-lieut., B.

18 oct. 1813, bataille de Leipzig.
FLAUGERGUES, capit., B.
DRASSARD, s.-lieut., B.

BÉRAUD, capit., T. 19 oct. 1813, au pont de Leipzig.
LAFFANOUR, s.-lieut., B. 20 oct. 1813, dans une reconnaissance près de Freybourg.
HENDSCH, chef de bat., B. 21 oct. 1813, combat de Freybourg.
BELLENCOURT, lieut., B. 30 oct. 1813, bataille de Hanau.
LEYRET, lieut., B. 5 févr. 1814, affaire de Gardonne (Italie).
DUBOSC, capit., B. 15 févr. 1814, défense de Palmanova.

15 févr. 1814, combat près de Volta
(Italie).
DUBOURGAIS, capit., T.
CIAVALDINI, capit., B.
NICOLAI, lieut., B. 28 févr. 1814, affaire du pont d'Ideva (Italie).

9 avril 1814, combat d'Aiguebelle
(Savoie).
FRANCESCHETTI, capit., B.
OLIVIER, capit., B.
RISTORI, lieut., B.
PAYANT, lieut., B.
FONVIELLE, s.-lieut., B.

36⁰ Régiment (1).

MOUTTET, major, B. 23 sept. 1812, par des Cosaques en Lithuanie.

15 nov. 1812, combat de Wolkowisk
(Lithuanie).
WARIN, capit., T.
CARTAUX, lieut., T.
AUBÉ, capit. A.-M., B.
BREZET, capit., B.
RAYEZ, capit., B.
COUCHOT, lieut. A.-M., B.
COURTIOLLES, s.-lieut., B.

MUZARD, s.-lieut., B.
BRAMEL, s.-lieut., B.

BAUME, col., B. 13 févr. 1813, combat de Kalisch (Pologne).
CLERGAT, lieut., B. 22 mai 1813, affaire devant Gorlitz.
BAUME, col., B. 23 avril 1813, aux avant-postes.
MARQUET, capit., B. 23 août 1813, affaire de Gross-Beeren.
GOSSELIN, s.-lieut., B. 24 août 1813, aux avant-postes devant Villach.

(1) Formé en 1812. Ex-régiment de Belle-Isle.

28 *août 1813, prise de la tête du pont de Villach.*
AUDIGIER, lieut., B.
BRAMEL, s.-lieut., B.

MALLET, s.-lieut., B. 29 août 1813, combat en avant de Villach.

6 *sept. 1813, bataille de Juterbock.*
PASCAULT, lieut., T.
ARNAL, lieut., B.
CHERGÉ, s.-lieut., B.

26 *sept. 1813, combat du pont de Dessau.*
MARQUET, capit., B.
LASALLE, capit., B.

COFFIN, capit., B. 29 sept. 1813, affaire de Roslow.

16, 18 *et* 19 *oct.* 1813, *bataille de Leipzig.*
LEVASTRE, s.-lieut., T. 18.

LACOMBE, lieut., B. 16.
CLERGAT, lieut., B. 16.
ARNAL, lieut., B. 19.
DUTEUIL, lieut., B. 19.

21 *oct. 1813, passage du pont de Freybourg.*
SÉRAFINO, chef de bat., B.
MULOTIN, s.-lieut., B.

BOSQUET, capit., B. 30 oct. 1813, bataille de Hanau.
REGULON, lieut., B. 20 nov. 1813, combat près de Legnago (Italie).
MOREL, lieut., B. 24 déc. 1813, affaire de Castagna (Italie).
MARQUET, capit., B. 1ᵉʳ janv. 1814, surprise de Coblentz.
GAUTIER, lieut., B. 2 mars 1814, combat de Parme.

37ᵉ Régiment (1).

2 *mai* 1813, *bataille de Lutzen.*
BARZUN, lieut., B. (mort le 4 juin).
RICHARD, chef de bat., B.
SMEETERS, capit., B.
MADIER, capit., B.
SAIJOUS, lieut., B.
SEBIRE, s.-lieut., B.

20 *mai* 1813, *bataille de Bautzen.*
CHAPEL, capit., B. (mort le 15 juin).
VAREYN, lieut., B. (mort le 28).
FERRY, s.-lieut., B. (mort le 12 juin).
DELVAL, s.-lieut., T.
VINCENT, capit., B.
SALICETI, capit., B.
LACROIX, capit., B.
MARSAIL, capit., B.
POUTOT, capit., B.
MEMBRAT, lieut., B.
HUBERT, lieut., B.
FLEURY, lieut., B.
LEND, lieut., B.
SANEJOUANT, s.-lieut., B.
DUFOUR, s.-lieut., B.
MOREL, s.-lieut., B.
NOEL, s.-lieut., B.

FARSSAC, lieut., B.

27 *août 1813, bataille de Dresde.*
DUVINOUX, lieut., B.
MESTRE, s.-lieut., B.

28 *août 1813, combat de Wendisch-Carsdorff.*
MELLIER, chef de bat., B.
DELISLE, chef de bat., B.
SAIJOUS, lieut., B.
PICARD, s.-lieut., B.
BRUSICK, s.-lieut., B.

29 *août 1813, combat de Falkenkayn (Saxe).*
MONGEL, capit., T.
SABATIER, capit., T.
RENS, capit., T.
VATHIER, capit., B.
HUBART, capit., B.
CLARAC, capit., B.
LOURDEL-HÉNAUT, capit., B.
LAMBERTREAUX, lieut., B.
DARTIGUELONGUE, lieut., B.
LETARDIF, s.-lieut., B.
LECOMPTE, s.-lieut., B.

(1) Formé en 1813.

RÉGIMENTS D'INFANTERIE LÉGÈRE

Delacroix, capit., T. 30 août 1813, à l'avant-garde route de Zinnwald.
Farssac, lieut., B. 29 sept. 1813, aux avant-postes.

---

16 et 18 oct. 1813, *bataille de Leipzig*.
Wilmaert, capit., B. 16 (mort le 22 nov.).
Marquis, lieut. A.-M., T. 16.
Chappuis, s.-lieut., T. 16.
Quiquemelle, s.-lieut., T. 16.
Jacquet, col., B. 16.
Taunay, lieut. A.-M., B. 16.
Martin, capit., B. 18.
Larcade, capit., B. 16.
Destouches, capit., B. 16.
Clarac, capit., B. 18.
Saliceti, capit., B. 16.
Eymard, lieut., B. 16.
Lambertreaux, lieut., B. 18.
Doreille, lieut., B. 16.
Renvoyez, lieut., B. 16 et 18.
Lend, lieut., B. 18.
Chameaux, lieut., B. 15.
Sanejouant, s.-lieut., B. 16.
Sebire, s.-lieut., B. 18.
Tillois, s.-lieut., B. 16.
Louis, s.-lieut., B. 16.
Maréchal, s.-lieut., B. 16.
Isidor, s.-lieut., B. 16.
Guignard, s.-lieut., B. 19.
Barjaud, s.-lieut., B. 16.
Engel, s.-lieut., B. 16.

---

30 oct. 1813, *bataille de Hanau*.
Pourfour, s.-lieut., T.
Vautortre, s.-lieut., B.
Dulon, capit., B. 11 janv. 1814, affaire de Saint-Avold (Moselle).
Foussier, capit., B. 25 janv. 1814, aux avant-postes, à Vassy.

---

30 janv. 1814, *combat de Vassy (Haute-Marne)*.
Olivier, lieut., B.
Jardin, lieut., B.
Rey, s.-lieut., B.

1er févr. 1814, *bataille de la Rothière*.
Paulucci, capit., T.
Surdet, s.-lieut., B.
Perry, s.-lieut., B.

Madier, capit., B. 2 févr. 1814, aux avant-postes près Brienne.

---

10 févr. 1814, *combat de Champaubert*.
Caput, capit., T.
Muraour, capit., T.
Hubart, capit., B.
Jossier, capit., B.
Picard, lieut., B.
Larrieu, s.-lieut., B.
Pierucci, lieut., B.

---

14 févr. 1814, *bataille de Vauchamps*.
Manfredi, lieut., B. (mort le 16).
Lavagna, chef de bat., B.
Martin, capit., B.
Foussier, capit., B.
Delamotte, capit., B.
Eymard, lieut., B.
Saijous, lieut., B.
Duvinoux, lieut., B.
Pierucci, lieut., B.
Sanejouant, s.-lieut., B.
Cassolino, s.-lieut., B.
Morette, s.-lieut., B.

Salles, s.-lieut., B. 17 févr. 1814, combat de Mormans.

---

27 févr. 1814, *combat de Meaux*.
Héraud, s.-lieut., B.
Surdet, s.-lieut., B.

Alfonso, s.-lieut., B. 14 mars 1814, affaire près de Reims.

---

30 mars 1814, *bataille de Paris*.
Albert, s.-lieut., T.
Pierucci, lieut., B.
Alfonso, lieut., B. 31.
Zanardi, s.-lieut., B.
Lacroix, s.-lieut., B.
Bouillier, capit., B.

III

TROUPES HORS LIGNE

BATAILLONS DE FUSILIERS VÉTÉRANS

Ruste, lieut., B. 10 juin 1809, en escortant des prisonniers à Civita-Vecchia.
Momal, lieut., B. 13 août 1809, défense de Flessingue.
Natali, lieut., B. 16 avril 1810, route de Rome à Civita-Vecchia.
Manuel, lieut., B. 18 mai 1811, par des brigands dans la campagne de Rome.
Natali, lieut., B. 15 août 1811, étant de service à la Tour de Corneto (Rome).
Labrone, lieut., B. 23 sept. 1812, affaire près de Civita-Castellana.

Descarrière, lieut., B. 26 janv. 1813 combat devant Toulon (mort le 27).
Jaminet, lieut., T. 25 avril 1813, dans une batterie du Goulet de Brest.
Roux, lieut., B. 10 déc. 1813, défense de Hambourg.
Chevalier, lieut., B. 1er janv. 1814, défense de Hambourg.
Hamers, lieut., B. 4 févr. 1813, affaire de Saint-Bernard.
Blin, capit., B. 30 mars 1814, bataille de Paris.

GARDE MUNICIPALE DE PARIS (1)

1er Régiment.

Mai 1807, siège de Dantzig.
Recoulès, lieut. A.-M., B. 15.
Thomas, lieut., B. 7.
Rossignol, lieut., B. 15.
Borie, lieut., B. 15.
Lemine, s.-lieut., B. 14.

14 juin 1807, bataille de Friedland.
Staimback, s.-lieut., B. (mort le 12 sept.).
Moreau, capit., B.
Méjanel, lieut., B.
Puech, s.-lieut., B.
Félix, s.-lieut., B.
Recoulès, lieut., B.

7 juin 1808, combat du pont d'Alcolea (Andalousie).
Moreau, capit., B.

Ducoing, capit., B.
Méjanel, lieut., B.
Chapsal, lieut., B.
Bidermann, s.-lieut., B.

Chadelas, lieut., T. 8 juin 1808, dans une rue d'Alcolea.

19 juill. 1808, bataille de Baylen (Andalousie).
Bernelle, s.-lieut., T.
Peillon, capit., B.
Borie, lieut., B.
Trebois, lieut., B.
Bidermann, s.-lieut., B.
Chapsal, lieut., B.

Davanture, capit., B. 24 oct. 1808, combat près d'Espinosa.
Félix, lieut., B. 9 août 1809, au passage du Tage.

(1) Licencié en 1812.

Peillon, capit., B. 16 mai 1810, à bord du ponton *la Vieille-Castille* dans la rade de Cadix.

Bardon, lieut., T. 8 févr. 1812, en escortant des prisonniers espagnols (Navarre).

2ᵉ Régiment.

Mai 1807, siège de Dantzig.
Mignot, s.-lieut., T. 15.
Lavarde, lieut., B. 15.
Blancheron, lieut., B. 15.

14 juin 1807, bataille de Friedland.
Tissot, lieut., T.
Chanoine, s.-lieut., B.
Robert, s.-lieut., B.

7 juin 1808, combat du pont d'Alcolea (Andalousie).
Rathelot, lieut., T.
Saint-Aubin, capit., B.
Thomas, capit., B.
Robert, lieut., B.
Moisy, lieut., B.
Charpentier, s.-lieut., B.
Bleigeat, s.-lieut., B.
Chanoine, lieut., B.

Bleigeat, s.-lieut., B. 15 juin 1808, combat d'Andujar.

19 juill. 1808, bataille de Baylen (Andalousie).
Pansis, chef de bat., B.
Mousse, capit., B. (mort le 4 janv. 1809).
Vental, s.-lieut., B.
Demay, s.-lieut., B.

Caillon, s.-lieut., B. 8 août 1808, affaire d'Elebria (Espagne).
Deshallas, lieut., T. 12 mars 1809, combat de Cervera (Espagne).
Melay, capit., T. 1ᵉʳ avril 1810, à Herrera, route de Palencia.
Remoussé, s.-lieut., T. 30 mars 1812, combat de Reynosa (Espagne).

RÉGIMENT DE LA GARDE MUNICIPALE DE PARIS (1)

Robin, s.-lieut., B. 13 mai 1812, combat d'Alguilard-del-Campo.
Hubin, lieut., T. 19 mai 1812, en escortant des prisonniers espagnols à Bayonne.
Noberasco, chirurg. A.-M., B. 30 mai 1812 par des brigands espagnols (mort le 8 sept.).
Lacroix, s.-lieut., B. 4 août 1812, combat près de Villadiego.

Philippe, capit., B. 6 août 1812, combat près de Burgos (mort le 7).
Félix, capit., B. 9 août 1812, dans les rues de Villadiego.
Carci, s.-lieut., B. 11 août 1812, combat en Espagne.
Robin, lieut., T. 21 nov. 1812, par des brigands espagnols.
Saint-Paul, lieut., B. déc. 1812, étant en reconnaissance en Espagne (mort le 26 janv. 1813).

(1) Formé en 1812. 134ᵉ régiment d'infanterie de ligne en 1813.

BATAILLON DE TIRAILLEURS CORSES (1)

Ramolino, lieut., B. 16 nov. 1805, combat d'Hollabrünn.

2 déc. 1805, bataille d'Austerlitz.
Morandini, capit., B.

Albertini, s.-lieut., B.
Buttafoco, lieut., B.

Ambrosini, capit., B. 6 nov. 1806, combat et prise de Lubeck.

(1) 11ᵉ régiment d'infanterie légère en 1811.

8 févr. 1807, *bataille d'Eylau.*
FONTANA, capit., B. (mort le 12).
GIOVANNINO, capit., B. (mort le 19 mars).
LECCIA, lieut., T.
MUCCHIELLI, lieut., B. (mort le 14).
PÉRALDI, s.-lieut., T.
ARRIGHI, s.-lieut., T.
MORANDINI, chef de bat., B.
BATTINI, capit., B.
RIOLACCI, capit., B.
AMBROGGI, lieut., B.
MATTEÏ, lieut., B.
OLLAGNIER, s.-lieut., B.
ORTOLI, s.-lieut., B.
SPOTURNO, s.-lieut., B.
VENTURINI, lieut., B.

10 juin 1807, *bataille d'Heilsberg.*
MAJORCHINI, capit., B. (mort le 18).
MORANDINI, chef de bat., B.
AMBROGGI, capit., B.
AMBROSI, capit., B.
MAZZA, capit., B.

ASTIMA, lieut., T. 14 juin 1807, combat devant Kœnigsberg.

3 mai 1809, *combat d'Ebersberg.*
MORANDINI, chef de bat., B.

EPOIGNY, s.-lieut., B. (mort le 6).
SÉBASTIANI, s.-lieut., T.
CIAVALDINI, capit., B.
MATTEÏ, capit., B.
MORELLI, lieut. A.-M., B.
PERETTI, lieut., B.
ROCCA-SERRA, lieut., B.
FRANCESCHI, s.-lieut., B.
HERSKENROTH, s.-lieut., B.

9 mai 1809, *combat près de Vienne.*
ORTOLI, capit., B.
ORNANO, chirurg. S.-A.-M., B.
MORONI, s.-lieut., B.

22 mai 1809, *bataille d'Essling.*
PONTE, capit., T.
POLI, lieut., B.
ROCCA-SERRA, lieut., B.
RISTORI, s.-lieut., B.
GIOCANTI, s.-lieut., B.
HERSKENROTH, s.-lieut., B.

5 et 6 juill. 1809, *bataille de Wagram.*
BARBIERI, s.-lieut., T. 5.
MORELLI, capit. A.-M., B. 6.
CASALTA, s.-lieut., B. 5.
RISTORI, s.-lieut., B. 6.
GIOCANTI, s.-lieut., B. 6.

CHASSEURS CORSES (1)

Bataillon du Liamone.

GALLONI, capit. A.-M., B. 25 juin 1805, affaire contre des brigands corses.
MANNARINI, lieut., B. 4 oct. 1808, affaire près de Corzano (Corse).
CÉSARI, s.-lieut., B., 22 oct. 1808, affaire de Frassetto (Corse).

ISTRIA, capit., B. 2 mars 1809, affaire d'Olmetto (Corse).
BATTESTI, capit., B. 27 juin 1809, défense de la batterie des Sanguinaires (Corse).
CRISTINACCE, capit., B. 11 août 1809, affaire contre des brigands corses.

(1) Formés en 1805. Licenciés en 1810.

1er Bataillon du Golo.

EDELINE, capit. A.-M., B. 16 août 1807, affaire contre des déserteurs napolitains en Corse.
MARTINETTI, lieut., B. 1er févr. 1809, combat contre des brigands corses.

VENTURA, capit., B. 27 juin 1810, combat de la goélette *le Jean-Bart*, près de Bastia.

2ᵉ Bataillon du Golo.

Boldrini, capit., B. 1ᵉʳ févr. 1809, étant en colonne mobile en Corse.
Boldrini, capit., B. 1ᵉʳ juin 1809, défense de l'île de Caprara (Corse).

Ristori, lieut., B. 3 mai 1810, affaire contre des brigands près de Bastia.
Rénucci, s.-lieut., B. 21 juin 1810, affaire de la batterie du Macinage (Cˢᵉ).

INFANTERIE LÉGÈRE CORSE (1)

4ᵉ Bataillon.

Durazzo, capit., B. 26 août 1809, affaire contre des brigands en Toscane.

Vincenti, s.-lieut., B. 17 nov. 1809, étant en colonne mobile près de Florence.

(1) Créée le 21 juin 1809. — Passée au service de Naples le 21 avril 1810.

LÉGION CORSE (1)

1806, siège de Gaëte.
Morizot, capit., T. 15 mai.
Santolini, capit., T. 18 mai.
Sébastiani, lieut., T. 18 mai.
Degiovanni, col., B. (mort).
Gentili, chef de bat., B. 25 avril.
Galvani, capit., B. 12 mai.
Suzzoni, capit., B. 18 mai.
Moltedo, lieut., B. 18 mai.
Antonetti, s.-lieut., B. 12 mai.
Bagnaninchi, s.-lieut., B. 12 mai.

Ponte, lieut., B. 3 août 1806, combat du fort de Rocca-Gloriosa.

(1) Devenue Régiment-Royal Corse au service de Naples, en 1806.

Moltedo, lieut., T. 2 sept. 1806, attaque de San-Bazile (Calabre).
Galvani, capit., B. 26 sept. 1806, affaire du village de Lauria-Sautana.
Riolacci, capit., B. 28 oct. 1806, combat contre des brigands à Langobucco (Corse).
Mariani, s.-lieut., B. 14 nov. 1806, étant à la poursuite des brigands près de Fiume.
Suzzoni, capit., B. 22 nov. 1806, par des brigands calabrais au fort de Saint-Lucido.
Bagnaninchi, s.-lieut., B. 22 nov. 1806, affaire de Bisagnano (Calabre).

RÉSERVE DE L'INTÉRIEUR (1)

1ʳᵉ Légion.

1ᵉʳ, 2 et 3 juill. 1808, *combats de Jaen.*
Lemaitre, capit., T. 3.
Boulloguye, s.-lieut., T. 3.
Bachelet, s.-lieut., B. 3 (mort en juill.).
Desvignes, s.-lieut., B. 3 (mort en févr. 1809).
Michel, capit., B. 1ᵉʳ.

Herlobig, capit., B. 3.
Veingartner, capit., B. 3.
Brouet, capit., B. 3.
Schiesser, capit., B. 2.
Chabran, capit., B. 2.
Farette, capit., B. 3.
Willemot, lieut. A.-M., B. 2.
Langevin, lieut., B. 3.
Durot, lieut., B. 3.
Reneault, s.-lieut., B. 3.

(1) Formée en 1807.

Jacques, capit., B. 1ᵉʳ.
De Bonnafos, s.-lieut., B. 3.

Crosset, capit., B. 15 juill. 1808, combat près d'Andujar.

16 *juill.* 1808, *massacre des blessés par la populace à Jaen* (1).
Brouet, capit., assassiné.
Herlobig, capit., assassiné.

(1) Massacre d'un convoi de blessés.

Schiesser, capit., assassiné.
Chabran, capit., assassiné.

Nicoleaud, lieut., B. 19 juill. 1808, attaque de Baylen.
Motte, capit., assassiné le 20 juill. 1808, près de Madrid, par des paysans.
Lostende, lieut., B. 23 juill. 1808, dans un village d'Andalousie.
Vimont, s.-lieut., B. 18 oct. 1808, combat contre des brigands espagnols.

2ᵉ Légion.

Morin, major, B. 29 juill. 1808, dans une rencontre avec des brigands espagnols à Ossera.

4 *août* 1808, *attaque de Saragosse.*
Bonenfant, capit., B.
Dubois, capit., B.
Muret, capit., B.
Dubarry, capit., B.
Blonde, lieut. A.-M., B.
Vanderhelle, s.-lieut., B.
Girels, s.-lieut., B.

Chardon, s.-lieut., B.
Hacque, s.-lieut., B.
Brassac, s.-lieut., B.
Lelud, s.-lieut., B.
Garnier, s.-lieut., B.

10 *août* 1808, *siège de Saragosse.*
Thévenon, chef de bat., B.
Hérocaux, s.-lieut., B.

Collin, capit., T. 15 oct. 1808, combat près de Vittoria.

3ᵉ Légion.

Devertu, capit., T. 7 juin 1808, combat près d'Andujar.
Pointis, chirurg. A.-M., B. 15 juin 1808, combat d'Argouilla.
Meyer, chef de bat., assassiné le 20 juin 1808 près de Madrid en portant des dépêches.

16 *juill.* 1808, *combat devant Baylen.*
De Tauber, capit., B.
Julien, capit., B.

19 *juill.* 1808, *bataille de Baylen.*
Davicini, capit., B. (mort le 3 août).
Mercier, lieut., B. (mᵗ le 8 mars 1810).
Jouveneau, s.-lieut., B. (mᵗ le 2 août).
Cacheré-Beaurepaire, s.-lieut., B. (mort le 3 juin 1809).
Joré, chef de bat., B.
Ruelle, capit., B.
Gaude, capit., B.
Mauchand, capit., B.
Delatour, capit., B.

Perrot, capit., B.
Allaire, capit., B.
Mainville, capit., B.
Conte, capit., B.
Bonnamy, lieut. A.-M., B.
Bayen, lieut., B.
Noel, lieut., B.
Bellon, lieut., B.
Massonnot, lieut., B.
Créancier, lieut., B.
Thélinge, lieut., B.
Frely, s.-lieut., B.
Besancèle, s.-lieut., B.
Leforestier, s.-lieut., B.
De Bloue, s.-lieut., B.

Chartier, lieut., B. 8 avril 1809, affaire d'Alugon (Espagne) (mort le 9).

12 *mars* 1810, *à Palma (par la populace).*
De Lostanges, s.-lieut., B.
Brard, s.-lieut., B.

4ᵉ Légion.

7 *juin* 1808, *combat du pont d'Alcoléa.*
Duc, lieut., B.
Lavalle, lieut., B.

15 *juill.* 1808, *passage du Guadalquivir (combat de Villanueva).*
Desmazis, s.-lieut., T.
Rey, capit., B.
Lefebvre, capit., B.
Pescheteau, capit., B.

Leclerc, lieut., B. 15 juill. 1808, aux avant-postes d'Andujar (mort le 11 sept.).
Spiegel, lieut., B. 15 juill. 1808, combat près d'Andujar.
Cambolives, lieut., massacré le 16 juill. 1808 par des brigands espagnols à Manzanarès.

19 *juill.* 1808, *bataille de Baylen.*
Duras, chef de bat., T.
Chauvaux, capit., T.
Rivals, capit., T.
Simonnet, capit., T.
Zimmer, capit., T.
Perrot, s.-lieut., B. (mort le 29).
Mallet, s.-lieut., B. (mort le 29 août).
Guillet, s.-lieut., T.
Teulet, major, B.
Balland, chef de bat., B.
Balmossière, capit., B.
Chauvin, capit., B.
Philippe, capit., B.
Delaune, capit., B.
Arnaud, capit., B.

Mouroux, capit., B.
Lebannier, capit., B.
Buhl, capit., B.
Glinard, capit., B.
Gondon, capit., B.
Pescheteau, capit., B.
Simonin, capit., B.
Duc, lieut., B.
Filleul, lieut. A.-M., B.
Grange, lieut., B.
Gondin, lieut., B.
Tarnier, lieut., B.
Dieu, lieut., B.
Boudet, lieut., B.
Guyot, lieut., B.
Vezu, lieut., B. (mort).
Grangé, lieut., B.
Tilloy, s.-lieut., B. (mort).
Dumesnil, s.-lieut., B.
Guitaut (1), s.-lieut., B.
Isle, s.-lieut., B.
Cauvet, s.-lieut., B.
Belleval, s.-lieut., B.
Décamps, s.-lieut., B.
Calmès, s.-lieut., B.
De Maussac, s.-lieut., B.
Raguenet, chirurg. S.-A.-M., B.

Viollet-Sablonière, s.-lieut., B. 8 déc. 1808 en Espagne (mᵗ le même mois).
Bonnafos, lieut., assassiné le 7 avril 1810 sur un ponton dans la rade de Cadix.

(1) Picheproux-Comminges de Guitaut.

5ᵉ Légion.

26 *juin* 1808, *passage de la Sierra-Morena.*
Progin, capit., B.
Bonnel, capit., B.
Meyer, capit., B.
Klam, lieut., B.
Désoindre, lieut., B.
Buor, s.-lieut., B.
Bazun, s.-lieut., B.

Faucaucourt, capit., B. 30 juin 1808, affaire près de Girone.
Béguinot, s.-lieut., B. 15 juill. 1808, passage du Guadalquivir.
Galerne, sous-lieut., B. 15 juill. 1808, au pont d'Andujar.

16 *juill.* 1808, *combat de Menjibar (Andalousie).*
Hardy, capit., B.

Ménéguin, capit., B.
Gauchet, lieut., B.
Cambefort, lieut., B.
Bentzman, s.-lieut., B.

19 juill. 1808, bataille de Baylen.
Guyot, chef de bat., T.
Collin, capit., B. (mort le 25 mars 1809).
Artus, capit., B.
Boudet, lieut., B.
Leguerney, lieut., B.
Cellon, lieut., B.
François, lieut., B.
Loriot, s.-lieut., B.

Conté, s.-lieut., B.

David, capit., B. 19 juill. 1808, petite affaire près d'Andujar.
Fabrias, s.-lieut., B. 19 août 1808, devant Girone.
Poupier, capit., B. 7 nov. 1808, au siège de Roses (Catalogne).
Decrécy, s.-lieut., B. et noyé le 21 janv. 1809 dans la rade de Cadix.

16 mai 1810, à bord du ponton la Vieille-Castille (*rade de Cadix*).
Blang, lieut., B.
Meyer, s.-lieut., B.

COMPAGNIES DE RÉSERVE DÉPARTEMENTALE

5 juill. 1808, au blocus de Figuières (Catalogne).
Beneteau, capit., B.
Piecourt, lieut., B.
Point, lieut., B.
Lalène-Laprade, lieut., B.

Lagarde, s.-lieut., B. 1ᵉʳ janv. 1809, combat en Catalogne.
Soulier, chef de bat., B. 16 janv. 1809, à l'attaque du Mont-Serrat.
Palegry, s.-lieut., B. 15 mars 1809, combat du Moulin-du-Roy (Catalogne).
Vanderpoel, lieut., B. 21 avril 1813, insurrection de la Haye (mort le 28).

Laurent, capit., B. 11 févr. 1814, défense d'Auxerre.
Reingueberg, s.-lieut., B. 14 févr. 1814, combat de Vauchamps.

27 févr. 1814, combat près de Melun.
Fleuriel, capit., B. (mort le 5 avril).
Biet, s.-lieut., B.

Allard, capit., B. 10 mars 1814, à Laon (mort le 30).

30 mars 1814, bataille de Paris.
Lestienne, capit., B.
Lebrun, lieut., B.
Lebas, s.-lieut., B.
Hamel, s.-lieut., B.

RÉGIMENT DE PIONNIERS BLANCS (1)

19 juill. 1808, bataille de Baylen.
Bonichon, capit., B.
Marquis, lieut., B.

(1) Formé en 1806, licencié en 1810.

Laurent, s.-lieut., B.

1809, siège de Girone.
Vedrenne, capit., B. 19 juin.
Beauchert, lieut., B. 19 sept.

COMPAGNIES DE MIQUELETS (1)

Peyrega, capit., B. 13 juill. 1808, étant à la poursuite des contrebandiers sur les Pyrénées.

(1) Formées en 1808, licenciées en 1809.

Boubilla, s.-lieut., B. 15 nov. 1808, affaire contre les brigands près de Saint-Girons.

BATAILLONS AUXILIAIRES D'INFANTERIE

1ᵉʳ Bataillon (1).

TROUILLOUD, s.-lieut., B. 1ᵉʳ oct. 1810, route de Santander.

(1) Formé en 1810. 130ᵉ régiment de ligne en 1811.

MICHEL, s.-lieut., B. 26 déc. 1810, affaire près de Bilbao.
DOBENTON, capit., B. 26 janv. 1811, combat près de Santander.

2ᵉ Bataillon (1).

ROSSI, s.-lieut., B. 22 oct. 1810, combat de la Robla (Léon).

(1) 34ᵉ régiment d'infanterie légère en 1811.

RIGOLAINE, chirurg. S.-A.-M., B. 10 nov. 1810, défense de la Robla.
LAPARRA, capit., B. 22 déc. 1810, combat de Santa-Catalina (Astorga).

3ᵉ Bataillon (1).

PELLERAULT, capit., B. 2 mai 1810, affaire près de Santander.
MAISONNAIS, s.-lieut., B. 7 mai 1810, combat près de Vittoria.

7 *juill.* 1810, *défense de Santona.*
HUGO, chef de bat., B.
MAYAUD, capit. A.-M., B.

(1) 130ᵉ régiment d'infanterie de ligne en 1811.

DESBUTTES, s.-lieut., B.

ROSSIGNOL, lieut., B. 28 oct. 1810, Bissevillas, combat d'avant-garde.
MAISONNAIS, s.-lieut., B. 29 nov. 1810, dans la vallée de Soba (Espagne).
HUGO, chef de bat., B. 17 mars 1811, combat de Cabeson (près de Santander) (mort le 22).

4ᵉ Bataillon (1).

VIROT, lieut. A.-M., B. 10 févr. 1811, route de Benavente.
ROBERT, capit., B. 13 févr. 1811, affaire près de Benavente.

14 *mars* 1811, *près de l'Escurial.*
CHANOINE, capit., B.

(1) 34ᵉ régiment d'infanterie légère en 1811.

MARCELLAY, s.-lieut., B.

VEYRIER, s.-lieut., B. 15 mars 1811, dans une reconnaissance près de l'Escurial.
DELIPIÈRE, capit., B. 16 mars 1811, près de Madrid, par des brigands.
REYNAERT, s.-lieut., B. 28 mars 1811, en escortant des prisonniers à Madrid.

5ᵉ Bataillon (1).

ERRARD, capit., B. 10 janv. 1811, dans une reconnaissance en Espagne.

(1) 34ᵉ régiment d'infanterie légère en 1811.

VUILLET, s.-lieut., B. 10 mars 1811, affaire près de Badajoz.

6ᵉ Bataillon (1)

Mocqueris, capit., T. 29 avril 1810, combat de Coborbillas près Burgos.
Page, capit., B. 17 mai 1810, dans une reconnaissance en Espagne.
Pophillat, capit., B. 19 juin 1810, route de Santander.

23 août 1810, *affaire près de Santander.*
Ventre, lieut., B.
Champion, s.-lieut., B.

Dolmais, lieut., B. 12 sept. 1810, en défendant un courrier près de Santander.

(1) 130ᵉ régiment d'infanterie de ligne en 1811.

7ᵉ Bataillon (1)

Laurent, s.-lieut., assassiné le 29 mai 1810 près de Palençia.

Tissot, capit., B. 11 août 1810, affaire de Villagarcia.
Rivaud, s.-lieut., B. 19 févr. 1811, siège de Badajoz.

(1) 34ᵉ régiment d'infanterie légère en 1811.

COMPAGNIES DE PIONNIERS VOLONTAIRES ÉTRANGERS (1)

Hodeige, capit., B. 8 mai 1811, au blocus de Figuières.
Boyer, lieut., B. 5 sept. 1811, dans une affaire route de Valence (Espagne).
Loriné, s.-lieut., B. 9 avril 1812, affaire de Salinas.

Breugnot, lieut., B. 24 sept. 1812, défense du fort de Burgos.

1813, *défense de Saint-Sébastien.*
Dardas, lieut., T. 17 juill.
Wertvein, lieut., T. 31 août.
Breugnot, capit., B. 31 août.

(1) Formées en 1810.

BATAILLON DE CHASSEURS FRANÇAIS RENTRÉS (1)

Du 1ᵉʳ au 13 août 1809, défense de Flessingue (île de Walcheren).
Cabillaux, capit., B. 7 (mᵗ le 11 sept.).
Muiron, capit., B. 7.
Balossier, capit., B. 1ᵉʳ.
Monnier, capit., B. 1ᵉʳ.
Soubrette, lieut., B. 1ᵉʳ.
Dégand, lieut., B. 7.

Ferrasin, lieut., B. 13.
Bailleul, s.-lieut., B. 7.
Sergent, s.-lieut., B. 13.

23 nov. 1813, *combat de Woerden (Hollande).*
Laroche, capit. A.-M., B. (mort).
Hodeige, capit., B.
De Marchand, s.-lieut., B. mars 1814, défense d'Anvers.

(1) Le bataillon prisonnier de guerre le 14 août 1809 à Flessingue. Réorganisé à Lille en 1810.

BATAILLON DES CHASSEURS D'ORIENT

21 oct. 1805, *bataille de Trafalgar.*
Chemidi, capit., B. (mort le 4 déc.).
Palma, capit., B.

Clairet, chirurg. S.-A.-M., B. 6 mars 1808, affaire de Braïchi (Cattaro).

22 avril 1809,
combat contre des Albanais (Dalmatie).
Gelinotte, lieut., B.
Bellecourt, s.-lieut., B.

Georgi-Chissimelly, capit., B. 10 mai 1809, défense de Corfou.
Nazos, capit., B. 12 juin 1809 dans une batterie de côtes à Corfou.
Bellecourt, s.-lieut., B. 5 août 1810, défense de Corfou (mort le 6).

24 avril 1813, combat de Saint-Cataldo (Dalmatie).
Nicole Kiriaka, capit., B.
Mathieu, lieut., B.

Samatrachi, lieut., B. 12 juin 1813, combat contre des péniches anglaises (Corfou).

CHASSEURS DES MONTAGNES (1)

1ᵉʳ Bataillon (2).

13 juill. 1808, dans une reconnaissance en Catalogne.
Girard, chef de bat., B.
Peyrega, capit., B.

3 déc. 1808, étant en colonne mobile, en Espagne.
Cazes, lieut., D.
Bernis-Onuffre, lieut., B.

Bosquet, capit., B. 20 janv. 1809, combat du pont du Roi (Espagne).
Pallarès, s.-lieut., B. 27 janv. 1809, dans une découverte en Espagne.
Tronchin, s.-lieut., B. 9 févr. 1809, combat de Panadès (Catalogne).
Torcatti, s.-lieut., B. 16 févr. 1809, combat de Monistrol (mort le 5 mars).
Embille, lieut., B. mars 1809, en escortant des prisonniers espagnols.
Bosquet, capit., B. 9 juill. 1809, près de Badalonne (Espagne).

Désarnaud, lieut., B. 13 sept. 1809, étant en colonne mobile en Catalogne.
Bosquet, capit., B. 19 sept. 1809, combat de Montenegro (Espagne).
Désarnaud, lieut., B. 2 janv. 1810, dans une rencontre avec les bandes de Mina.
Désarnaud, lieut., B. 28 janv. 1811, en escortant un convoi près de Figuières.
Balmary, s.-lieut., B. 22 mai 1811, combat devant Figuières.
Grandis, s.-lieut., B. 3 juill. 1811, blocus de Figuières.
Huguet, s.-lieut., B. 6 août 1811, dans une reconnaissance en Espagne.
Dutou, capit., B. 11 oct. 1811, combat sur les Pyrénées.
Darassus, capit., B. 9 mars 1813, affaire de Viella.
Castillon, s.-lieut., B. 14 mai 1813, au pont de Villeneuve (Aragon).
Leuger, s.-lieut., B. 24 déc. 1813, combat de Saint-Jean-Pied-de-Port.

(1) Formés en 1808. Ex-bataillons des Hautes-Pyrénées, Pyrénées-Orientales et Haute-Garonne.
(2) 1ᵉʳ bataillon en 1811. Incorporé au 116ᵉ de ligne en février 1814.

2ᵉ Bataillon (1).

Grand, lieut., B. mars 1809, étant en colonne mobile près de Jacca.
Darnaud, lieut., B. 28 août 1809, combat d'Etchau (Aragon).
Dufaur de Soubiag, lieut., B. 28 janv. 1810, affaire de Cassedo (Espagne).

Grandjean, s.-lieut., B. 6 juin 1811, combat de Belve (Cerdagne).
Servat, s.-lieut., B. 23 oct. 1811, combat devant Puycerda.
Chaubart, lieut., B. 28 févr. 1813, affaire près de Venasque.

(1) Ex-bataillons de l'Ariège; 2ᵉ bataillon en 1811. Incorporé dans le 4ᵉ léger, le 9 juin 1814.

3ᵉ Bataillon (1).

Sol, s.-lieut., B. 10 déc. 1808, combat en Navarre (Espagne).

10 juin 1809, combat près de Jacca.
Pées, lieut., T.
Regard, capit., B.

Guy, s.-lieut., B. 14 juill. 1809, près de Jacca (mort le 24 janv. 1810).
Baubassin, capit., B. 8 oct. 1809, à Mirabeille (mort le 12).
Favard, s.-lieut., B. 9 janv. 1812, à Sanguessa (Espagne).
Not-Contois, lieut., B. 22 janv. 1812, combat en Aragon.

(1) Ex-bataillons des Basses-Pyrénées et complémentaire ; 3ᵉ bataillon en 1811. Incorporé dans le 25ᵉ léger le 16 janvier 1814.

Not-Contois, lieut., B. 25 oct. 1812, dans une patrouille près de Jacca.

1813, défense de Saint-Sébastien.
Duzech, capit., B. 25 juill. 1813.
De Lupé, chef de bat., B. (mort le 10 sept.).
Tessier, lieut., T. 31 août.
Lecorps, lieut., T. 31 août.
Daracq, lieut., T. 31 août.
Coupil, capit., B. 31 août.
De Lupé (A.), lieut., B. 31 août.
Rousset, lieut., B. 31 août.
Saint-Clair, lieut., B. 31 août.
Ducasse, lieut., B. 26 juill.
Duputz, s.-lieut., B. 27 et 29 juill.
Guillemard, chirurg. A.-M., B. 8 sept.

IV

TROUPES COLONIALES

LÉGION DU CAP (1805-1809).

27 mars 1805, défense de Santo-Domingo.
Baron, col., T.
Wiet, chef de bat., T.
Lenoir, s.-lieut., T.
Loiseau, s.-lieut., B.

Bastien, lieut., B. 11 nov. 1807, défense de Santo-Domingo.
Secq, s.-lieut., T. 23 oct. 1808, combat d'Azna (Santo-Domingo).

10 nov. 1808, combat de Seybo (Santo-Domingo).
Noirel, capit., T.
Cazeaux, capit., T.
Loiseau, lieut., T.
Levicot, lieut., T.
Alliez, chef de bat., B.

Miquel, capit., B.
Revelli, s.-lieut., B.
Cotte, s.-lieut., B.
Orillat, s.-lieut., B.

24 janv. 1809, défense de Santo-Domingo.
Siaud, s.-lieut., B. (mort le 6 avril).
Revelli, s.-lieut., T.
Cotte, s.-lieut., T.
Marchal, s.-lieut., T.
Orillat, s.-lieut., B.
Radomski, lieut., B.
Miquel, capit., B.

Laplaine, lieut., B. 20 févr. 1809, défense de Santo-Domingo.
Miquel, capit., B. 22 févr. 1809, défense de Santo-Domingo.

RÉGIMENT DE L'ILE DE FRANCE (1805-1811) (1).

30 *juill.* 1805, *défense de l'Ile-de-France.*
LAUTREC, capit., B.
BERNARD, s.-lieut., B.

6 *janv.* 1806, *défense du Cap-de-Bonne-Espérance.*
ANQUETIL, capit., B.
MAGNAC, lieut., B.
MARTINET, lieut., B.
DUHOULBEC, lieut., B.

21 *avril* 1806, *combat de la frégate* la Canonnière.
BERTIN, lieut., B.
LAUER, s.-lieut., B.

13 *sept.* 1809, *combat de la frégate* l'Astrée.
MARGERET, capit., B.
BELLOT, s.-lieut., B.

DESCLAUD, s.-lieut., B. 21 sept. 1809, combat de Saint-Paul (Ile-de-France).
BERNARD, lieut., B. 22 juin 1810, dans une expédition à l'île Bonaparte.

(1) Forme, le 9 nov. 1804, des 3ᵉˢ bataillons des 109ᵉ de ligne et 18ᵉ léger. — 29ᵉ régiment d'infanterie légère en 1811.

8 *juill.* 1810, *défense de Saint-Denis* (*île Bonaparte*).
ANQUETIL, chef de bat., B.
DORE, capit., B.
ROBIN, capit., B.
LAUTREC, capit., B.
LAUER, lieut., B.
DESCLAUD, s.-lieut., B.

1ᵉʳ *décembre* 1810, *combat de la baie des Tombeaux* (*défense de l'Ile-de-France*).
SEBILLE, capit., T.
LERCH, major, B.
MAGNAC, capit., B.
DESHOGUES, capit. A.-M., B.
JOURDHEUIL, capit., B.
GRAINCOURT, capit., B.
SAILLANT, lieut., B.
SAVY, lieut., B.
MORANVILLÉ, lieut., B.
MARDLÉ, s.-lieut., B.
DESCLAUD, s.-lieut., B.
ETIENNE, s.-lieut., B.
COTTRETS, s.-lieut., B.

BATAILLONS DE CHASSEURS COLONIAUX (1805-1810).

27 *janvier* 1809, *défense de Santo-Domingo.*
GILBERT, lieut., T.
LAMBERT, s.-lieut., T.
RÉPUSSARD, chef de bat., B.

THÉARD, chef de bat., B.
LAMY-SAVARY, capit., B.

ALLEYRE DE BILLON, capit., B. 3 févr. 1810, défense de la Guadeloupe.

TROUPES DE JAVA (1810-1811).

BISCHOFF, chef d'escad., B. 14 août 1810, défense de Java.
KROOM, s.-lieut., T. avril 1811, défense de Java.

11 *juill.* 1811, *défense de Java.*
BLANC, lieut., B.
BEYERMANN, lieut., B.

Août 1811, *défense de Java.*
DE MOOR, lieut.-col., T. 10.
HARINGMANN, lieut.-col., T. 22.

LIÉDERMOOY, capit., T. 24.
NOSTITZ, lieut., T. 24.
BOEG, lieut., T. 5.
ARNOULD, lieut., B. 22 (mort).
IMMINCK, s.-lieut., T. 24.
SANKE, s.-lieut., T. 24.
MANNETJE, s.-lieut., T. 24.
VAN MOTMAN, col., B. 24.
REINKING, lieut.-col., B. 24.
VAN DER VOORN, lieut.-col., B. 10.
SCHWAAB, lieut., B. 11.
DESARBRES, lieut., B. 10.

NAGEL, s.-lieut., B. 10.
SCHUBERT, s.-lieut., B. 10.
LUGT, s.-lieut., B. 24.

---

26 août 1811, assaut de Meester-Cornelis (Java).

CHEVREUX-LÉGREVISSE, col., T.
VAN MOTMAN, col., B. (mort).
MULLER (F.-X.), major, T.
STUART, capit., T.
WISKOFSKY, capit., B. (mort).
VAN AMMERS, capit., T.
WEERMAN, capit., T.
HAFSÉ, capit., T.
HOSMAN, capit., T.
KORTSIUS, lieut., T.
VAN DER POLL (W.)., lieut., T.
MITTELSDORFFER, lieut., T.
BRANDELIUS, lieut., T.
SNEYDERS, lieut., B. (mort).
NICLAUX, lieut., T.
KALDEWEY, s.-lieut., T.
CLÉMENT, s.-lieut., T.
ROSELYN, s.-lieut., T.
WARDENAAR, s.-lieut., T.
BAUMGARTEN, s.-lieut., T.
DENSCHER, s.-lieut., T.
BRAUNS, s.-lieut., T.
PIERRE, s.-lieut., T.
FERNÉE, s.-lieut., T.
RASSABALGA, s.-lieut., T.
JONKERT, s.-lieut., T.
STRYKENBERG, s.-lieut., T.
BRUINS, s.-lieut., T.
ROODE, s.-lieut., T.
DOESBURG, lieut., T.
DE HAMER, lieut., T.
SCHMIDT, s.-lieut., B. (mort).
VANDENBERGH., s.-lieut., T.
LAASMAN, s.-lieut., T.
VANDEPOEL, s.-lieut., T.
ALBERT, s.-lieut., T.
VENTRILLON, capit., T.
VAN MEURS, capit., T.
HUBERDAUX, lieut., B. (mort).
VAN DIERMEN, col., B.
DUFOUR, col., B.
BURGEMEESTRE, lieut.-col., B.
LANDRY, lieut.-col., B.
BURER, lieut-col., B.
PAPET, lieut.-col., B.
VAILLANT, lieut.-col., B.
NICOLITZ, capit., B.
LAMOTTE, capit., B.
DE LANGE, capit., B.
SERGENT, capit., B.
DE MOOR (R.-B.), capit., B.
CHOMAS, capit., B.
MOSER, capit., B.
FAUPELLE, capit., B.
CANELLE, capit., B.
BRUNO, capit., B.
CHAPIER, capit., B.
MULLER (R.), capit., B.
SCHMTER, capit., B.
SMITH, capit., B.
SCHEURING, capit., B.
VAN CASTEL, capit., B.
BERGHUYS, lieut., B.
SCHULZ, lieut., B.
EKEBOOM, lieut., B.
SOUQUET, lieut., B.
AXEN, lieut., B.
VON RANTZOW, lieut., B.
MERLIN, lieut., B.
TASSIN, lieut., B.
JANTZ, lieut., B.
VAN DER STOEL, lieut., B.
HORST, lieut., B.
WEBER, lieut., B.
HENDRIKS (P.), lieut., B.
BEKKER, lieut., B.
CHALMIN, lieut., B.
STUBBE, s.-lieut., B.
STUART (O.-H.-C.), s.-lieut., B.
JOSEPH (D.), s.-lieut., B.
KOCH, s.-lieut., B.
OTMAN, s.-lieut., B.
TAGARD, s.-lieut., B.
PETIT-JEAN, s.-lieut., B.
VAN HEMERT, s.-lieut., B.
GREEVE, s.-lieut., B.
VAN DOMBURG, s.-lieut., B.
KRAYENHORST, s.-lieut., B.
MEYER (H.), s.-lieut., B.
COUREAU, s.-lieut., B.
VERPLOEGH, lieut., B.
DE JONGH, lieut., B.
L'ESPERT, s.-lieut., B.
JOLÉOT, s.-lieut., B.
KUHN, s.-lieut., B.
SCHOUTEN, s.-lieut., B.
DIRK DEN OUDEN, s.-lieut., B.
LAIGLE, s.-lieut., B.
SCHMIDT (C.), s.-lieut., B.

16 *sept.* 1811,
massacrés par les soldats indigènes.
BARTHLO, lieut.-col.
MEYER, s.-lieut.
TROLING, s.-lieut.
HALLER, s.-lieut.

JACOB, s.-lieut.

HENDRIKS (J.-A.), lieut., assassiné, en sept. 1811, à Palembang.
DELANGLE, capit., B. sept. 1811, près de Batavia, par ses soldats.

BATAILLON DU SÉNÉGAL (1808).

PLÉE, capit., B. 10 mai 1808, dans une affaire près de Saint-Louis.

Juin 1808, *combat près de Saint-Louis (Sénégal).*
LEVASSEUR, capit., B.
BENOIST, lieut., B.

JARDIN, lieut., B.

GOUFFÉ, s.-lieut., B. 26 août 1808, dans une expédition contre des indigènes.
BENOIST, lieut., B. 18 nov. 1808, combat près de Saint-Louis.

BATAILLON DE LA GUYANE (1805-1809).

MOULIN, s.-lieut., B. 28 déc. 1807, combat contre des indigènes, près de Cayenne.
SIRDEY, lieut., B. 15 déc. 1808, combat contre les Portugais.

7 janv. 1809, *attaque du Diamant devant Cayenne.*
N..... (1), T.

LESECK, capit., B.
GIRARD, capit., B.
PELÉE, lieut., B.
GOUNEAU, lieut., B.
RICHARD, lieut., B.

(1) Officier tué le 7 janvier 1809, à l'attaque du Diamant.

1er BATAILLON EXPÉDITIONNAIRE (1810-1811).

20 *mai* 1811, *combat naval de Tamatave (Madagascar).*
BARROIS, major, B.
BOGNY, capit., B.
GAILLAC, capit., B.

JAMONET, capit., B.
KLEBER, lieut., B.
GALANTINE, lieut., B.
BAUME, s.-lieut., B.
ROUX, s.-lieut., B.

PIONNIERS COLONIAUX

1er Bataillon.

Août 1809, *défense de Flessingue.*
BOUIS, chef de bat., B. 9.
SAUVIN, capit., B. 7.
PAGNON, capit., B. 7.
DOMERGUE, lieut., B. 7.
SÉBILLE, lieut., B. 9.
CELLIER, s.-lieut., B. 9.

HORTY, s.-lieut., B. 9.
GANIN, s.-lieut., B. 9.

MATHIEU, capit. A.-M., B. 16 juill. 1813, affaire contre des péniches anglaises (Ile Bommel).

Déc. 1813, *défense de l'île Bommel (Hollande).*
GRUNDLER, capit., B.
LELOUP, capit., B.
CURIAT, lieut., B.

MAAS, s.-lieut., B.
LEFÈVRE, lieut., B.

PERROTIN, s.-lieut., B. 10 janv. 1814, affaire sur les côtes de Walcheren.

2ᵉ Bataillon.

SERRA, capit., B. 10 juill. 1811, étant en expédition près de Corte (Corse).
DUBREUIL, lieut., B. 16 août 1812, dans une batterie de côte en Corse.

ELU, lieut., B. 14 mars 1813, affaire contre des déserteurs en Corse.

3ᵉ Bataillon.

FRAIGNE, capit., B. 17 sept. 1810, défense de l'île d'Oleron.
SIZÈS, s.-lieut., B. 2 oct. 1810, défense de l'île d'Aix.

LINTON, lieut., B. 17 août 1813, dans une batterie (île d'Oleron).

4ᵉ Bataillon.

VA, s.-lieut., B., 6. sept. 1806, défense de Belle-Ile (mort le 8).
BOUILLIER, s.-lieut., B. 9 janv. 1808, défense de Belle-Ile.

10 *nov.* 1808, *combat de la frégate la Thétis.*
LAGASSE, capit., B.
DUPATY, lieut., B.

D'AUBROCHES, s.-lieut., B. 17 juill. 1809, défense de Belle-Ile.

6ᵉ Dépôt colonial.

21 *oct.* 1805, *bataille navale de Trafalgar.*
CHARLES-HENRY, lieut., T.

AMOCHE, capit., B.

V

GARDE NATIONALE. CORPS FRANCS ET DOUANIERS

ARRONDISSEMENTS MARITIMES

1ᵉʳ Régiment de Brest (1813-1814).

Manceau, s.-lieut., B. 15 févr. 1814, aux avant-postes.
Descognets, lieut., B. 16 févr. 1814, affaire de Guignes.
Lemaignen, lieut., B., 28 fév. 1814, combat de Meaux.
Raison, s.-lieut., B. 12 mars 1814, combat près de Saint-Sauveur.

17 *mars* 1814, *combat de Saint-Sauveur.*
Lazon, capit., B.
Freund, lieut., B.

30 *mars* 1814, *bataille de Paris.*
Lotton, capit. A.-M., B.
Poissenot, capit., B.
Fauconnier, s.-lieut., B.

2ᵉ Régiment de Brest (1813-1814).

29 *mars* 1814, *combat près de Fontainebleau.*
Boullet, chef de bat., B.

Kergomard, capit., B.
Bedor, chirurg.-M., B.
Gaignard, s.-lieut., B.

1ᵉʳ Régiment de Cherbourg (1813-1814).

26 *déc.* 1813, *route d'Ostende à Lille (en escortant des prisonniers).*
Bucaillet, chef de bat., B.
Hamelin, lieut., B.

Cosse, s.-lieut., B.
Voisin, s.-lieut., B. 12 janv. 1814, défense d'Ostende.

2ᵉ Régiment de Cherbourg (1813-1814).

25 *mars* 1814, *combat de Fère-Champenoise.*
Langlet, capit. A.-M., B.
Houdard, capit., B.

Lecoq, lieut., B.
Tournache, lieut., B.
Morel, s.-lieut., B.

1ᵉʳ Régiment d'Anvers (1813-1814).

Delespaul, chef de bat., B. 21 déc. 1813, défense de Gorcum.

1814, *défense de Gorcum.*
Decourchelle, chef de bat., B.

Vandeurne, lieut., B.
Dewilge, s.-lieut., B.
Bousson, s.-lieut., B.

2ᵉ Régiment d'Anvers (1813-1814).

21 déc. 1813, *défense de Gorcum.*
Rousseau, capit. A.-M., B.
Lenglé, capit., B.
Croissier, lieut., B.

Lenglet, lieut., B.

Griset, lieut., B. janv. 1814, défense de Gorcum.

Régiment du Texel (1813-1814).

1814, *défense de Naarden.*
Viruly, chef de bat., B.
Calive, capit., B.
Besanger, capit., B.

Viervant, lieut., B.
Rombout, lieut., B.
Buser, s.-lieut., B.

1ᵉʳ Régiment de Toulon (1813-1814).

9 *avril* 1814, *combat devant Gênes.*
Roux, chef de bat., B.
Affairoux, capit., B.
Duvillard, capit., B.
Reclus, s.lieut., B.
Mathieu, s.-lieut., B.

16 *avril* 1814, *défense de Gênes.*
De Villeneuve-Vence, chef de bat., B.
Raffin, capit. A.-M., B.
Langlet, capit., B.
Chaix, lieut., B.
Pélissier, s.-lieut., B.

2ᵉ Régiment de Toulon (1813-1814).

11 *mars* 1814, *combat de la Maison-Blanche (entre Villefranche et Mâcon).*
Renaud-Falicon, col., B.
Roux, s.-lieut., B. (mort le 28).
Fournery, chef de bat., B.
Pascal, lieut. A.-M., B.
Gleize, capit., B.
Michel, capit., B.
Boissière, capit., B.
Martin, capit., B.

Jordany, lieut., B.
Villars, lieut., B.
Todon, lieut., B.
Provençal, s.-lieut., B.
Serra, s.-lieut., B.
Souriguerre, s.-lieut., B.
Brigaut de Montpezat, s.-lieut., B.

Goessin, s.-lieut., B. 19 mars 1814, combat devant Lyon.

Régiment de Rochefort (1813-1814).

Laborde, lieut. A.-M., B. 12 févr. 1814, combat de Nogent.
Gérard, lieut. B. 13 févr. 1814, aux avant-postes près Nogent.
Delteuil, lieut., A.-M., B. 21 mars 1814, combat d'Arcis-sur-Aube.

23 *mars* 1814, *affaire de Vitry.*
Roche, capit., B.
Chambon, lieut., B.
Cuny, lieut., B.

Guillet, s.-lieut., B.

25 *mars* 1814, *combat de Fère-Champenoise.*
Gérard, lieut., T.
Brière, chef de bat., B.
Samazeuil, lieut. A.-M., B.
Sévelit, capit., B.
Micheau, capit., B.
Duparc, lieut., B.
Bouteiller, lieut., B.

Perrier, s.-lieut., B.
Béchu, s.-lieut., B.
Bourcy, s.-lieut., B.
Quinson, s.-lieut., B.

5 avril 1814, défense du pont de Melun.
Thomas, capit., B.
Jasseret, capit., B.
Demahon, capit., B.

ARDENNES. — 5ᵉ Bataillon d'élite (1815).

Beaupin, s.-lieut., B. 8 juill. 1815, défense de Mézières.

CORSE. — Bataillon de chasseurs (1805-1815).

Poli, chef de bat., B. 18 janv. 1808, affaire de Falcone.
Mattei, s.-lieut., B. 25 janv. 1808, dans une batterie de Falcone.

Istria, capit., B. 2 mars 1809, combat contre les Anglais en Corse.
Mariotti, capit., B. 15 avril 1815, combat contre des brigands corses.

EURE. — Régiment d'élite (1813-1814).

13 et 14 févr. 1814, défense de Soissons.
Charpentier, lieut., B. 14 (mort le 13 mars).

De Laporte, chef de bat., B. 13.

EURE-ET-LOIR. — Bataillon d'élite (1814).

Michel, capit., B. 25 mars 1814, combat de Fère-Champenoise.

HAUTE-GARONNE. — Bataillon d'élite (1808-1814).

Embille, s.-lieut., B. 22 mai 1809, combat dans la vallée de Roncal.
Cazeaux, s.-lieut., B. 16 avril 1811, au blocus de Figuières.

Duilhé, capit., B. 16 avril 1814, affaire du pont de Venasques.

INDRE-ET-LOIRE. — Bataillon d'élite (1814).

Anger, chef de bat., B. 25 mars 1814, combat de Fère-Champenoise.

JURA. — 2ᵉ Bataillon d'élite (1815).

Vallette, capit., B. 4 juill. 1815, défense de Belfort.

LOIRET. — 1ᵉʳ Bataillon d'élite (1814).

25 mars 1814, combat de Fère-Champenoise.
Piot, capit., B.

Nicod, capit. B.

HAUTE-MARNE. — Bataillon d'élite (1814).

Janv. et févr. 1814, défense de Neuf-Brisach.
Hézard, capit., B. 10 janv.

Guérinot, capit., B. 16 févr.
Hézard, capit., B. 27 févr.

MEURTHE. — 11ᵉ Bataillon d'élite (1815).

GERMAIN, lieut., T. 10 sept. 1815, défense de Longwy.

MEUSE. — 5ᵉ Bataillon d'élite (1815).

RENOUARD DE LANEUVAIS, lieut., B. 1815, défense de Mézières.

MORBIHAN. — 1ᵉʳ bataillon d'élite (1815).

RIGON, lieut. A.-M., B. 30 mai 1815, combat de Ploermel.

MOSELLE. — Régiment d'élite (1814).

26 mars 1814, défense de Landau. | MASSON, capit., B.
GEORGIN, capit., B.

MOSELLE. — 1ᵉʳ Bataillon d'élite (1815).

GOUX, s.-lieut., B. juin 1815, défense de Bitche.

MOSELLE. — 9ᵉ Bataillon d'élite (1815).

1815, défense de Longwy. | COURTOIS, capit., B. 10 sept.
HIEULE, lieut., B. 12 juill. (mort le 15).

MOSELLE. — 10ᵉ Bataillon d'élite (1815).

MARTEAU, capit., B. 12 juill. 1815, défense de Longwy (mort le 23 août).

NORD. — 11ᵉ Bataillon d'élite (1815).

DUBOST, chef de bat., T. 21 juin 1815, défense d'Avesnes.

OISE. — Bataillon d'élite (1814).

BÉRENGER, capit., T. nuit du 14 au 15 févr. 1814, près de Soissons.
LACOUR, capit. B. 14 févr. 1814, défense de Soissons.

DELAVAQUERIE, chef de bat., B. 30 mars 1814, bataille de Paris.

BASSES-PYRÉNÉES. — Bataillon d'élite (1808-1814).

MARTIAL DE LARREY, capit., B. 4 nov. 1809, combat de Songuessa.
LAUBIOU, lieut., B. 20 juin 1811, dans une reconnaissance en Espagne.
TILLET, lieut., B. 22 juill. 1813, affaire de Pampelune.
De NARP, s.-lieut., B. 25 juill. 1813, combat d'Orbaysetta.

DUTOU, capit., B. 11 oct. 1813, en conduisant des prisonniers à la frontière.
HAGUET, chef de bat., B. 27 févr. 1814, défense de Saint-Jean-Pied-de-Port.
SALLABERRY, capit., B. 27 févr. 1814, bataille d'Orthez.

PUY-DE-DOME. — 1⁰ʳ Bataillon d'élite (1815).

Hugues, lieut., B. 1815, combat près de Gex.

BAS-RHIN. — 1ᵉʳ Régiment d'élite (1814).

1814, *défense de Huningue.*
Kehm, capit., B. 9 févr. (mort le 13).
Vanalme, capit., B. 6 avril (mᵗ le 14).

Fuchs, s.-lieut., B. 24 févr. (mort le 2 avril).
Poil, lieut., B., 24 fév.

BAS-RHIN. — Bataillon de Landau (1814).

Bellevue, capit., B. 9 avril 1814, défense de Landau.

4ᵉ Bataillon d'élite (1815).

Favereau, lieut., B. 26 juin 1815, combat devant Strasbourg.

5ᵉ Bataillon d'élite (1815).

Christmann, s.-lieut., B. 11 juill. 1815, affaire de Chatenois près de Schelestadt.

HAUT-RHIN. — 10ᵉ Bataillon d'élite (1815).

Jude, s.-lieut., B. juill. 1815, défense de Huningue (mort le 5 sept.).

Roata, capit., B. 6 juill. 1815, défense de Neuf-Brisach.

RHONE. — Régiment d'élite (1814).

Maréchal, lieut., B. 20 mars 1814, défense de Lyon.

HAUTE-SAONE. — 1ᵉʳ Régiment d'élite (1814).

Défense de Huningue.
Sobart, capit., B. 22 déc. 1813.

Saint-Thomas, lieut., B. 29 déc. 1813.
Denoix, capit. A.-M., B. 22 janv. 1814.

HAUTE-SAONE. — 3ᵉ, 4ᵉ et 5ᵉ Bataillons d'élite (1815).

Bardez, s.-lieut., B. 29 juin 1815, défense de Belfort.
———
1ᵉʳ *juill. 1815, combat devant Belfort.*
Moureau, capit., B. (mort le 2).
Jeanmougin, s.-lieut., B. (mort le 22).
Voisin, capit., B.
Paris, capit., B.
Bertrand, lieut., B.
Parmentier, s.-lieut., B.

Doillon, s.-lieut., B.
———
4 *juill. 1815, combat devant Belfort.*
Thivaudey, capit., T.
André, capit., T.
Feisthamel, chef de bat., B.
Bourquin, capit., B.
Pizard, lieut., B.
Ponçot, lieut., B.

SAONE-ET-LOIRE. — 3ᵉ et 5ᵉ Bataillons d'élite (1815).

Boissy, chef de bat., B. 27 juin 1815, défense de Belfort.
Ducreux, lieut., B. 4 juill. 1815, défense de Belfort (mort le 17).

Barbal, lieut., B. 4 juill. 1815, défense de Belfort.

SEINE. — 1ᵉʳ **Bataillon d'élite** (1814).

Vallier, s.-lieut., B. 25 mars 1814, combat de Fère-Champenoise.

1ᵉʳ **Bataillon mobile** (1814).

Benard, capit., T. 30 mars 1814, bataille de Paris.

SEINE-INFÉRIEURE. — **Régiment d'élite** (1814).

14 *févr.* 1814, *combat devant Soissons.*
Marguerin, capit., B. (mort le 22 mars).
Rique, s.-lieut., B.

Le Mire, lieut., B. 31 mars 1814, combat devant Paris.

SEINE-ET-MARNE. — **Régiment d'élite** (1814).

25 *mars* 1814, *combat de Fère-Champenoise.*
Drémaux, lieut., B.

Gibert, lieut., B.

SEINE-ET-OISE. — **Bataillon d'élite** (1814-1815).

Baillot-Mallepierre, lieut., B. 1814, combat devant Soissons.
Dubois, lieut., B. 30 mars 1814, dans une sortie du château de Vincennes.

Duchêne, lieut., B. 22 juin 1815, défense d'Avesnes (mort le 24).

SOMME. — **Bataillon d'élite** (1814).

De Villers, lieut., B. 25 mars 1814, affaire de Montdidier.

VOSGES. — **Bataillon d'élite** (1814-1815).

Apté, s.-lieut., B. 21 déc. 1813, combat près de Neufbrisach.
Giroud, s.-lieut., B. 24 mars 1814, défense de Neufbrisach (mort le 28).

Brossard, s.-lieut., T. 5 juill. 1815, défense de Longwy.

ILE BONAPARTE. — **Compagnie mobile** (1810).

8 *juill.* 1810, *défense de Saint-Denis (Ile Bonaparte.)*
Pattu, lieut., T.

Gillet, lieut., T.

MARTINIQUE. — **Bataillons** (1808-1809).

Girardin de Montgérald, capit., T. 27 mars 1808, combat contre les Anglais.

1ᵉʳ *févr.* 1809, *défense de la Martinique.*
Brandault, capit., B.
Jannot, capit., B.

MARTINIQUE. — **Compagnie de dragons** (1809).

Sinson de Préclerc, s.-lieut., B. 29 janv. 1809, défense de la Martinique.

SAINT-DOMINGUE. — **Milice de Santo-Domingo** (1808).

IVENDORFF, lieut., B. 10 nov. 1808, combat de Seybo.

Légion d'élite des 10ᵉ et 11ᵉ divisions militaires (1808-1809).

MACOU, capit., B. 15 juill. 1808, affaire du chemin du Désert, route de Pampelune à Saragosse.
MARQUIÉ-CUSSOL, capit., B. 2 févr. 1809, dans une reconnaissance en Espagne.

ALBERTIN, lieut., T.
ROUGÉ, lieut., T.
FRAYSSE, s.-lieut., T.
PUISALIS, chef de bat., B.

23 mai 1809, combat de la Vallée de Roncal (Navarre).
CUSSOL, capit., T.

BELLOC DE STIBAL, capit., B. 8 oct. 1809, combat de Sanguessa.

1ᵉʳ Régiment de chasseurs volontaires (1815).

BARTHÉLEMY, s.-lieut., B. 12 juill. 1815, défense de Longwy (mort le 14 août).

MILITAIRES RETRAITÉS. — **1ᵉʳ Bataillon de la Moselle** (1815).

1815, défense de Longwy.
BROSSARD, s.-lieut., B. 4 juill. (mort le 5).

HAUSTÈTE, s.-lieut., B. 12 sept. (mort le 19).
LACROIX, chef de bat., B. 3 juill.

Légion nationale de l'Ile de France (1810).

1ᵉʳ déc. 1810, combat des Tombeaux (Ile de France).
PIGEOT DE CAREY, lieut., B.

DEJARDIN, lieut., B.

Bataillon franc de l'île d'Elbe (1).

VALLET, lieut., B. 20 août 1809, dans une batterie à Porto-Longone (mort le 23).
MANTE, lieut., B. 26 sept. 1809, par des péniches anglaises.
DÉROSIER, capit., B. 3 janv. 1810, défense de l'Ile d'Elbe.

12 août 1810, par des corsaires siciliens.
RUTIGNY, capit., B.
BICAIS, s.-lieut., B.

2 mai 1813, affaire de Campo. (Débarquement des Anglais.)
PISANI, lieut., B.
PEZZELLA, lieut., B.

(1) Formé en 1805. — Garde nationale mobile.

Garde nationale des provinces Illyriennes (1810-1813).

RADULOVICH, lieut., B. 18 août 1811, dans une affaire près de Starigrad.
MIRCOVICH, capit., B. 10 sept. 1811, affaire contre les brigands (Illyrie).

PELLEZARICH, capit., B. 16 déc. 1812, affaire du port de Zarawecchia (Dalmatie).

Régiment de Pandours dalmates (1810-1813).

BUBICH, chef de bat., B. 15 févr. 1812, insurrection de Pastrovich (près de Raguse).
BASSICH, capit., B. 31 oct. 1813, affaire près de Clissa.

DAMAREY, capit., B. 31 oct. 1813, prise de Knin.

1ᵉʳ Corps franc de la Seine (1814).

DESJARDINS, lieut., B. 7 mars 1814, affaire de Maisoncelles.
VASSAL, capit., B. mars 1814, affaire de la Ferté-Gaucher.

30 mars 1814, bataille de Paris (plaine des Vertus).
SIMON, col., B.
DUFAURE, capit. A.-M., B.

DARNOUVILLE, capit., B.
VASSAL, capit., B.
WARMÉ, lieut., B.
GALBOIS, capit., B.
SCHOEN, lieut., B.
VALLÉE, lieut., B.
LANGLIÉ, s.-lieut., B.
SAVARY, s.-lieut., B.

Corps des Douaniers.

DROUARD, capit., B. 18 juin 1809, dans une émeute à Neuhaust.
COQUERELLE, s.-lieut., B. 18 juin 1809, dans une émeute à Blum (près de Hanovre).
SCOTTE DE MARTINVILLE, chef de bat., B. 3 sept. 1809, combat contre des contrebandiers près de Marseille.
BASOS, lieut., B. 6 mai 1812, combat devant Pampelune.
LACOUDRÉE, chef d'escad., B. 14 avril 1813, affaire d'Osterberg (près de Brême).
SCOTTE DE MARTINVILLE, chef. de bat., B. 10 nov. 1813, défense de Lésina (Illyrie).
THAUREAU, capit., T. 8 déc. 1813, défense de Raguse.

DESMARET, lieut., T. 9 janv. 1814, défense de Girone.

27 juin 1815, combat devant Belfort.
DIDIER, chef de bat., B.
BUQUET, lieut., B.
CORBEAU, lieut., B.
LABRÊMME, lieut., B.

De juill. à sept. 1815, défense de Longwy.
BAUER, lieut., B. 2 juill. (mort le 7 août).
LEROY, lieut., B. 9 sept. (mort le 15).
GORSAS, capit., B. 12 juill.

DIEUFILS, s.-lieut., B. 3 sept. 1815, défense de Givet (mort le 8).

VI

TROUPES AUXILIAIRES

INFANTERIE SUISSE

1ᵉʳ Régiment.

FIGY, s.-lieut., B. 21 oct. 1805, bataille de Trafalgar.

---

24 nov. 1805, combat de Castel-Franco (devant Venise).
FREUDENBERGER, lieut., B.
VONGONTEN, lieut., B.
SCHNÉEBELY, lieut., B.

BOISSOT, lieut., B. 29 mai 1806, étant en reconnaissance à Gioja.

4 juill. 1806, combat de Sainte-Euphémie (Calabre).
CLAVEL DE BRENLES, chef de bat., B. (mort le 23).
GESSNER, lieut., T.
FREUDENBERGER, lieut., B. (mort le 30).
SNELL, capit., B.
ZGRAGGEN, s.-lieut., B.
ULLMANN, s.-lieut., B.

BESSE, capit., B. 16 juill. 1806, étant en colonne mobile à Coutro (Calabre).
GUILLAUMET, s.-lieut., B. 10 oct. 1806, étant à la poursuite des brigands dans les Etats Romains.
DUPEYRE, s.-lieut., B. 30 déc. 1806, combat de Rogliano (Calabre).
HUBER, capit., T. 19 janv. 1807, passage de la Rolonda (Calabre).
SCHAUBLI, lieut., B. 20 juin 1807, affaire près de Sainte-Euphémie.
LAMBERT, capit., B. 28 janv. 1808, affaire de Saint-Ambrosio (Calabre).
SCHAUBLI, lieut., B. 23 juin 1808, par des brigands en Calabre.

24 juin 1809, défense de Capri (Naples).
GILLY, capit., B.
PINGOUD, lieut., B.

SLADTMANN, s.-lieut., B. 27 oct. 1809, attaque de Capri (mort le 1ᵉʳ sept.).
KOBELT, capit., T. 27 oct. 1809, combat contre des péniches anglaises, côtes de Calabre.
BENZIGER, s.-lieut., T. 3 déc. 1810, par des brigands en Calabre.
MULLER, s.-lieut., B. 22 déc. 1810, poursuite des brigands en Calabre.
BESSE, capit., noyé le 27 juin 1812, au passage de la Willia.
DRUEY, capit., B. 17 oct. 1812, défense de Polotsk (mort).
GILLY, capit., T. 18 oct. 1812, au poste de la Chapelle, près de Polotsk.
PFANDER, lieut., B. 18 oct. 1812, étant en reconnaissance en avant de Polotsk.

---

18 oct. 1812, combat de Polotsk.
DULLIKER, chef de bat., T.
BENZENCENET, capit., B. (mort le 24).
BOISSOT, lieut., T.
LOMBARDET, lieut., T.
KOBELT, lieut., T.
CASTELBERG, lieut., B. (mort le 14 déc.).
ZELLWEGER, lieut., B. (mort).
GANTY, lieut., B. (mort le 23 nov.).
TSCHIENTSCHY, lieut., B. (mort).
JOST, lieut., B. (mort).
DITTLINGER, s-lieut., B. (mort).
GEIGER, s.-lieut., B.
FINSLER, s.-lieut., B. (mort).
ZINGG, capit., B.

DE CAMARÈS, capit., B.
MAGATY, capit., B.
ROSSELET, capit., B.
GRIVAT, capit., B.
PINGOUD, capit., B.
MELUNE, lieut. A.-M., B.
BERNARD, lieut. A.-M., B.
PENASSE, lieut., B.
PROBST, lieut., B.
SCHWIGER, lieut., B.
FURST, lieut., B.
UFFLÉGER, s.-lieut., B.
ULLMANN, s.-lieut., B.
RAGUETLY, s.-lieut., B.
HUNZIBER, lieut., B.

28 nov. 1812, bataille de la Bérésina.
BLATTMANN, chef de bat., T.
ZINGG, chef de bat., B. (mort le 8 déc.).
BURNAND, capit., B. (mort le 10 déc.).
VANIER, s.-lieut., B. (mort).

RUGGIA, s.-lieut., B. (mort).
REY, capit., B.
GUERBER, capit., B.
GRIVAT, capit., B.
ROY, s.-lieut., B.
MUHLEMANN, s.-lieut., B.
TSCHUDY, s.-lieut, B.
RAGUETTLY, s.-lieut., B.
SCHNEIDER, s.-lieut., B.
BERNARD, capit. A.-M., B.

RAGUETTLY, col., T. 10 déc. 1812, combat de Wilna.

13 oct. 1813, combat de Brême.
SÉGUESSER, capit., T.
SCHWITZER, lieut., T.
DUFRESNE, major, B.
DANIELIS, capit., B.
WEYERMANN, capit., B.
BERNARD, capit. A.-M., B.

2ᵉ Régiment.

FRIESS, lieut., B. 6 juill. 1808, affaire de La Grenouillière (Espagne).
MAFFIOLI, s.-lieut., T. 6 juill. 1808, combat devant Figuières.

11 juill. 1808, combat devant Roses (Catalogne).
BLASER, lieut., B.
ELMINGER, lieut., B.

LENTELLUS, capit., B. 11 juill. 1808, combat devant Roses et Castillon.
BLASER, lieut., T. 12 juill. 1808, devant Figuières.
WADENSCHWYLER, lieut., B. 18 juill. 1808, combat près de Roses.

26 juill. 1808, assaut d'Evora (Portugal).
SCHNYDER DE WARTENSÉE, lieut., B.
DE SPRECHER, lieut., B.

D'ARMHYN, lieut., B. 16 janv. 1809, prise de la Corogne.

27 janv. 1809, prise du Ferrol.
BORRER, lieut., B.
TOGNETTY, lieut., B.

FUSLIN, capit., B. 28 avril 1809, combat devant Oporto (Portugal).
ARDRIGHETTY, s.-lieut., B. 14 août 1809, siège de Girone.
THIÉVANT, capit. A.-M., B. 27 sept. 1809, affaire dans les montagnes de Burgos.
THIÉVANT, capit., B. janv. 1810, sur la route de Burgos.
GERBEX, s.-lieut., B. 2 févr. 1810, combat de Corales (Espagne).
DE RIAZ, capit., B. 23 nov. 1810, défense de Toro (Espagne).
BLEULER, lieut., B. 23 nov. 1810, combat de Ribas (Catalogne).
FRIESS, lieut., B. 10 déc. 1810, étant en colonne mobile en Espagne.
ROCHAT, lieut., B. 21 juill. 1811, combat en Espagne.
LEUBAZ, lieut., B. 23 oct. 1811, combat en Catalogne.
LEUBAZ, lieut., B. 3 juin 1812, affaire de Belver (Catalogne).
DE MOHR, capit., B. 1ᵉʳ août 1812, combat près de Polotsk (mort le 13).
SAINTE-FOY, s.-lieut., B. 17 août 1812, combat de Polotsk.

18 *août* 1812, *bataille de Polotsk.*
DE GOTTREAU, capit., B. (mort le 3 oct.).
VEILLON, lieut., B. (mort le 8 sept.).
SCHNYDER DE WARTENSÉE, s.-lieut., B. (mort le 15 sept.).

18 *oct.* 1812, *combat de Polotsk.*
FUSLIN, chef de bat., B. (mort le 27 nov.).
DE CASTELLA DE BERLENS, col., B.
ULMANN, lieut. A.-M., T.
BLASER, lieut. A.-M., T.
MULLER, capit., T.
DE MULLER, capit., T.
HOPF, capit., B. (mort le 28 nov.).
PEYER, lieut., T.
BAUCHERT, lieut., T.
FRIESS, lieut., B. (mort).
CHRIST, lieut., B. (mort).
D'ARPAGAUS, lieut., T.
GOUGGER, s.-lieut., T.
HEMMELER, s.-lieut., T.
DE TSCHUDY, capit. A.-M., B.
ITSCHNER, lieut. A.-M., B.
DE RIAZ, capit., B.
RUSCA, capit., B.
BELMONT, capit., B.
DE SALIS-SAMADE, capit., B. (mort).
BORRER, capit., B.
ULMANN, lieut., B.
BUNDY, lieut., B.
SCHNYDER DE WARTENSÉE, lieut., B.
HESSY, lieut., B.
CRAMER, lieut., B.
ANDRIGHETTY, lieut., B.
FER, s.-lieut., B.
OLIVIER, s.-lieut., B.

CHOLLET, s.-lieut., B.
ALBIER, s.-lieut., B.
L'ABSOLUT, s.-lieut., B.
SAINTE-FOY, s.-lieut., B.
CHOLLET, capit., B.
MULLENER, capit., B.
GIRARD, capit., B.
GUGGER, capit., B.
ANICHERT, lieut., B.
DUFOUR (A.), lieut., B.
ECHER, lieut., B.
BLASER, lieut., B.
GERBER, lieut., B.

28 *nov.* 1812, *bataille de la Bérésina.*
VONDERWEIDT DE SEEDORF, chef de bat., B. (mort le 4 déc.).
DE TSCHUDY, capit. A.-M., B. (mort).
MEYER, capit., B. (mort).
DE SCHALLE, capit., T.
THORIN, chirurg. A.-M., B. (mort).
GMUR, lieut., B. (mort).
HAUSKNECHT, lieut., B. (mort).
BERISWYL, lieut., B. (mort).
CASAULTA, s.-lieut., T.
GLOUTZ, s.-lieut., B. (mort).
FROSSARD, s.-lieut., B. (mort).
SAINTE-FOY, s.-lieut., B. (mort le soir).
BEGOS, capit. A.-M., B.
DE SPRECHER, lieut., B.
GERBER, lieut., B.
FER, lieut., B.
BUNDY, lieut., B.
DUMELIN, s.-lieut., B.

KRAMER, lieut., B. 1814, défense de Schlestadt.

3ᵉ Régiment.

D'ERNEST, lieut., B. 6 juill. 1808, combat devant Jaen (Espagne).

19 *juill.* 1808, *bataille de Baylen.*
DE SEYSSEL, capit., T.
GWERDER, capit., T.
BRYNER, lieut., T.
FORRER, lieut., T.
FORNARO (A.), lieut., T.
FORNARO (C.), lieut., T.
BIANCHI, capit., B.
SCHWICH, capit., B.

DITTLINGER, lieut., B.
BLATTER, lieut., B.
PFISTER, lieut., B.
LANDERSETH, lieut., B.
MORELL, lieut., B.
WAGNAIR, lieut., B.

SCHURMANN, lieut., B. 16 déc. 1808, affaire de Cara-de-Deu (Espagne).

Janvier 1809, *par des brigands, route de la Corogne.*
TSCHARNER, capit., assassiné.

Kunckler, lieut., assassiné.
Carrard, s.-lieut., assassiné.

Hermann, lieut., B. 13 et 28 mars 1809, défense de Tuy (Portugal).

11 mai 1809, évacuation d'Oporto.
Grangier, capit., T.
Hartmann de Planta, lieut., T.
Sitzmann, lieut., T.
Escher, lieut., D.
Lapori, lieut., D.

Mooser, lieut., B. 23 mai 1809, défense de Tuy.
Gatschet, lieut., assassiné le 19 déc. 1809, par des brigands espagnols.
Barthès, capit., noyé le 16 mai 1810, dans la rade de Cadix.

7 juin 1810, à la surprise de Léon.
Hundbiss, capit., T.
Varena, capit., B.

Freudenrich, lieut., T. 6 août 1810, combat de la Puebla (Espagne).
Frey, lieut., B. 7 août 1810, à la Sanabria (Espagne).
Kunkler, lieut., B. 23 juill. 1812, combat près de Drissa.

18 et 19 oct. 1812, combat de Polotsk.
Ziebach, lieut., T.
Finsler (L.), lieut., B (mort).
Thomas, s.-lieut., B. (mort le 20).
Fassler, lieut., B. (mort le 24).
Wydler, lieut., B. 18.
Manz, lieut., B. 19.
Guerry, lieut., B. 19.

24 nov. 1812, affaire de Lepel.
Mey, lieut., D.
Tschantz, s.-lieut., B. et D.
Guysi, s.-lieut., B. et D.

28 nov. 1812, bataille de La Bérésina.
Weltner, chef de bat., B. (mort le 29).

Hottinguer, capit., B. (mort.)
Clottu, capit., B. (mort.)
Hermann, lieut., B. (mort).
Grangier, s.-lieut., B. (mort).
Perret, s.-lieut., B. (mort).
Weber (cadet), s.-lieut., T.
De Graffenried, chef de bat., B.
Hartmann, lieut. A.-M., B.
Varena, capit., B.
Forner, capit., B.
Weber (aîné), lieut., B.
De Ville, lieut., B.
Ehrismann, s.-lieut., B.
De Sonnaz, lieut., B. (mort le 16).

6 déc. 1812, affaire près de Wilna.
Suter, lieut. A.-M., B.
Hensler, lieut. A.-M., B.
Meyer, capit., B.
Germann, lieut., B.

7 déc. 1812, affaire devant Wilna.
Schlégel, capit., B. et D.
Bamert, capit., B. et D.
Ofluger, capit., B. et D.

8 déc. 1812, route de Wilna.
Mittelholzer, capit., B. et D.
Ziebach, lieut., B.

Lutz, lieut., B. 9 déc. 1812, en avant de Wilna (mort).

9 et 10 déc. 1812, combats de Wilna.
Greber, capit., B. 9.
Frey, capit., B. 9.
Hartmann, lieut. A.-M., B. 9.
De Ville, lieut., B. 10.
Birchler, lieut., B. 9.
Wuetrich, s.-lieut., B. et D.

Matthey, lieut., B. 16 déc. 1812, pendant la retraite près du Niemen.
Della Rottaz, lieut., B. 6 mars 1814, défense de Besançon.

4ᵉ Régiment.

BOURKARD, lieut., B. 10 juin 1807, bataille d'Heilsberg.
BOURKARD, lieut., B. 14 juin 1807, bataille de Friedland.
LUTHY, s.-lieut., B. 19 févr. 1808, affaire près de Lisbonne.
BELL, capit., T. 7 juin 1808, combat du pont d'Alcolea.
REICH, lieut., B. 7 juin 1808, combat du pont d'Alcolea.
MEISS, capit., B. 15 août 1808, combat d'Obidos (Portugal).

17 août 1808, combat de Roriça.
CHICHERIO, lieut., T.
MEUSCHLER, capit., B.
RUPLY, lieut., B.

21 août 1808, bataille de Vimeiro.
DE MEISS, lieut., B.
SARTORI, lieut., B.

THOMAS, capit., B. 11 mars 1809, combat de Chavès.

16 mars 1809, siège de Tuy (Galice).
BRAMY, lieut., B.
RUPLIN, lieut., B.

BLEULER, capit., B. 29 mars 1809, bataille d'Oporto.
D'ERNEST, chef de bat., B. 26 mai 1810, dans une reconnaissance près de Valladolid (mort le 6 août).
LAUTER, capit., B. 26 mai 1810, dans une reconnaissance en Espagne, près de Valladolid.
DEMIERRE, s.-lieut., B. 16 juin 1811, par des guérilleros, en Espagne (mᵗ le 20).
RENAUD, lieut., B. 18 juin 1811, dans une reconnaissance en Espagne.
ZOLLUOFFER, capit., B. 24 nov. 1811, combat près de Magaz (Espagne).

6 mars 1812, combat de Zoa (Espagne).
GUDLIN, chef de bat., B.
DE FREULLER, capit., B.

ZOLLUOFFER, capit., B. 29 avril 1812, affaire près de Llanguez.

DUC, s.-lieut., assassiné en juin 1812, dans une affaire contre des brigands en Espagne.
RENAUD, lieut., B. 13 août 1812, affaire en avant de Polotsk.

19 oct. 1812, défense de Polotsk.
MARCA (A.), capit., T.
KRATZER, lieut., T.
SONNEMBERG, lieut. A.-M., B. et D.
HAGMANN, lieut. A.-M., B. et D.
LANDER, capit., B. et D.
GLUTZ, lieut. porte-drapeau, B. et D.
NUSCHELER, capit., B. et D.
STERKI, capit., B. et D.
SCHAER, capit., B. et D.
PFISTER, capit., B. et D.
BLEULER, chef de bat., B.
IMTHOURN, chef de bat., B.
FEUSSLI, capit., B.
CHOLLET, capit., B.
LANDOLT, capit., B.
KUNKLER, capit., B.
SCHALLER, capit., B.
MEISS, capit., B.
SCHMID, capit., B.
SCHIL, capit., B.
EGLY, capit., B.
LEBERT, capit., B.
DUC, lieut., B.
MULLER (N.), lieut., B.
DEMIERRE, lieut., B.
GERBEX, lieut., B.
BULLET, lieut., B.
GAMPER, lieut., B.
HEIZ, lieut., B.
ZIÉGLER, lieut., B.
ENGELHARD, lieut., B.
GRIMM, s.-lieut., B.
BERTHOLET, s.-lieut., B.
MULLER-FRIEDBERG, lieut., B.
EGLY, s.-lieut., B.
MANDROZ, s.-lieut., B.
LAUPER, s.-lieut., B.

28 nov. 1812, bataille de la Bérésina.
LERBER, capit., B. et D.
BLEULER (H.), capit., B. et D.
MEYER, lieut., B. (mort).

Duc, lieut., B. et D.
Zollicoffer, lieut., B. et D.
Sonnemberg (J.), lieut., B. et D.
Reich, lieut., D.
Bintzegger, lieut., D.
Zwiki, lieut., B. et D.
Weiland-Menzeld, lieut., D.
Sulzer-d'Arinos, lieut., D.
Coatz, lieut., D.
Schindler, lieut., B. et D.
Guisy, lieut., B. (mort).
Hertach, lieut., B. et D.
Scheurmann, lieut., D.
Buchlen, s.-lieut., D.
Bellig, s.-lieut., D.
Hertenstein, s.-lieut., D.
Zelger (J.), s.-lieut., D.
Leuthy, s.-lieut., B. et D.
Peyer, s.-lieut., B. et D.
Imthourn, chef de bat., B.
Schaller, capit., B.
Landolt, capit., B.
Kunkler (H.), capit., B.
De Balthasar, lieut., B.
Byrde, capit., B.
Glutz, capit., B.
Grob, lieut., B.
Bumann, lieut., B.
Bullet, lieut., B.
Brasey, lieut., B.
Oery, s.-lieut., B.
Frick, s.-lieut., B.
Orelly, s.-lieut., B.

Wetzel, lieut., B. et D. le 29 nov. 1812, près de Borisow.

29 déc. 1812, combat de Cedano (Espagne).
Mandrot, s.-lieut., B. (mort le 20 déc.).
Demière, capit., B.
Bazin, s.-lieut., B.

9 et 10 déc. 1812, combat devant Wilna.
Renaud, lieut., B. et D.
Dull, lieut., B. et D.
Dompierre, lieut., B. et D.
Terpin, lieut., D.
Oery, s.-lieut., D.
Frick, s.-lieut., B. et D.
Wassali, s.-lieut., B. et D.
Gantin, capit., B.
Chapel, lieut., B.
Zey, lieut., B.

Keller, lieut., B. et D. le 14 déc. 1812, route de Kowno.

15 déc. 1812, combat de Kowno.
Konig, lieut., B. et D.
Monod, s.-lieut., D.
Demière, s.-lieut., B. et D.

Bleuler, chef de bat., B. 4 déc. 1813, combat de Delfzyl.

Mars 1814, défense de Besançon.
Gerbex, lieut., B.
Luchem, lieut., B.

Bataillon de Neufchâtel.

6 juill. 1809, bataille de Wagram.
Heinzely, lieut., T.
Preud'homme, capit., B.

17 nov. 1811, en escortant des blessés à Madrid, près de St-Evagni-del-Alto.
De Bosset, chef de bat., B.
De Perrot, capit., B.
Preud'homme, capit., B.

Preud'homme, capit., B. 20 mars 1811, étant en colonne mobile, en Espagne (à Santivanès, Estramadure).

27 sept. 1811, affaire d'Alcoa-Fuente.
Preud'homme, capit., B.
De Perrot, capit., B.
Maréchal, chirurg.-M., B.

Jeanrenaud, capit., B. 7 sept. 1812, bataille de la Moskowa.
De Gorgier, chef de bat., B. 15 nov. 1812, combat près de Krasnoë.
Borel, s.-lieut., B. 17 nov. 1812, bataille de Krasnoë.

18 oct. 1813, bataille de Leipzig.
Perroud, lieut., T.

BOURQUIN, s.-lieut., T.
JEANRENAUD, capit., B.
DE PREUX, capit. A.-M., B.
WARNERY, capit., B.
SANDOZ-ROLLIN, s.-lieut., B.

RENAUD, lieut., B. 30 oct. 1813, bataille de Hanau (mort en nov.).
LEUBA, capit., B. 31 mars 1814, combat devant Paris.

Bataillon Valaisan (1806-1811).

16 *août* 1808, *combat devant Girone.*
DE BONS, chef de bat., B.
BLANC, capit. A.-M., B.
DE RIEDMATTEN, s.-lieut., B.

BLANC, capit. A.-M., B. 11 avril 1809, combat de Bascara (Catalogne).
TABIN, lieut., B. 10 avril 1810, affaire contre des brigands en Catalogne (mort le 11 mai).
DUFOUR, lieut., B. 10 oct. 1810, combat en Catalogne.

18 *oct.* 1810, *affaire de la Jonquière.*
BOUDET, capit., B.
CLÉMENZO, s.-lieut., B.

RÉGIMENTS D'INFANTERIE ÉTRANGERS

1ᵉʳ Régiment (1).

BERGERET, capit., B. 10 juin 1807, dans une reconnaissance en Calabre.
DE CHAMPENOY, capit., B. 12 août 1808, étant en colonne mobile en Calabre.

3 *mai* 1809, *affaire contre des brigands espagnols.*
MORLET, capit., B.
D'EPENOUX, lieut., B.

4 *juin* 1809, *combat de Pan-Marco-de-la-Catola (Calabre).*
DUCOLOMBIER, capit., B.
DE CHEVERRY, s.-lieut., B.

DELLAMARA, capit., B. 2 août 1809, combat contre des brigands calabrais.

22 *sept.* 1811, *affaire près de Scylla (Calabre).*
SCHMELZER, capit., B.
EYRICH, lieut., B.
LAUGIER, s.-lieut., B.

D'ESCLIGNAC, lieut., B. 27 sept. 1811, étant à la poursuite de brigands en Calabre.

D'ASPECT, capit., B. 17 août 1813, affaire de Brunck (Tyrol) (mort le 31 oct.).

3 *oct.* 1813, *combat près de Brixau (Tyrol).*
TASCHÉ, lieut., B.
RUNGS, s.-lieut., B.
MAIRE, s.-lieut., B.

NOSTROWITZKI, s.-lieut., B. 26 oct. 1813, combat devant Ferrare.
BONHÔTE, capit. A.-M., B. 28 oct. 1813, combat de Saint-Marco (Tyrol).
ANGE, s.-lieut., B. 28 oct. 1813, aux avant-postes de Saint-Marco (Tyrol).

10 *nov.* 1813, *combat d'Alba (Tyrol).*
DE PIERREVILLE, chef de bat., B.
COTTIN, capit. A.-M., B.
LA BLAIRIE (Ollivier de), capit., B.
PIEDOYE, lieut., B.
HERMAND, s.-lieut., B.
FORNIER, s.-lieut., B.
LUDIÈRE, s.-lieut., B.
ERNEST BANYULS, s.-lieut., B.
MAIRE, s.-lieut., B.
PARMANNS, s.-lieut., B.
ROSANO, chirurg.-M., B.

(1) Ex-régiment de La Tour d'Auvergne.

BONIN, capit., B. 19 nov. 1813, combat de Saint-Michel (Italie).

25 nov. 1813, combat de Ferrare.
HAUTZ, chef de bat., B. (mort le 26).
ZORNHOLTZ, capit., T.

8 févr. 1814, bataille du Mincio.
LA BRUSS DE ENDER, lieut., B. (mᵗ le 18).
HUNAULT DE LA CHEVALLERIE, capit., B.
PIETREQUIN, lieut., B.
CASENEUVE, lieut., B.
DE BLOIS, s.-lieut., B.

2ᵉ Régiment (1).

FÉLIX, s.-lieut., B. oct. 1807, dans une expédition en Calabre.

4 ort. 1808, prise de Capri (Naples).
SAINT-VINCENT, s.-lieut., T.
LECAUX, s.-lieut., T.
ZAHN, lieut., B.

ANGOT, capit., T. 13 oct. 1808, défense de Capri.
DE MOLLEMBEC, capit., B. 23 oct. 1809, affaire de Mitoya (Naples).
PAGLY, lieut., B. 10 nov. 1809, affaire contre des brigands napolitains.
METZ, lieut., B. 30 mai 1810, affaire devant Otrante.
POLY, s.-lieut., B. 16 juin 1810, combat contre des brigands en Calabre.
TORELLI, s.-lieut., T. 16 juin 1810, combat de Carascal (Espagne).
PFNOR, lieut., B. 1ᵉʳ juill. 1810, étant en colonne mobile en Calabre.

27 juill. 1810, combat près de Carascal.
DEBONS, chef de bat., B. (mort le 28 août).
DELONLAY, lieut., T.
CROVA, lieut. A.-M., B.
RIVAROL, lieut., B.

CROVA, lieut. A.-M., B. 11 août 1810, affaire devant Lérida.
METZ, lieut., B. 17 août 1810, combat en Calabre.

BAUDINOT, s.-lieut., B. 25 août 1810, étant en colonne mobile en Calabre.
BOELLMANN, s.-lieut., T. 25 oct. 1810, combat en Calabre.
WITZECK, capit., B. 26 oct. 1810, dans une rencontre avec des brigands calabrais.
DE FRÉMERY, capit., assassiné le 15 nov. 1810 par des brigands, près de Viterbe.

24 déc. 1810, dans les défilés de Salinas.
LIEBEN, lieut., B. et assassiné.
NEUFORGES, s.-lieut., B. et assassiné.

HILLAGA, s.-lieut., B. 6 janv. 1811, par le feu d'une péniche anglaise (Calabre).
DE BROW, capit., B. 17 juin 1811, combat en Calabre.
MASSIA, lieut., T. 21 oct. 1811, par des brigands route de Naples à Castellamare.
BUCHWALD, lieut. A.-M., B. 21 juill. 1812, étant en colonne mobile près de Gaëte.
KŒNIG, lieut., B. 4 oct. 1813, combat de Marinella (Italie).

7 oct. 1813, combat de Muhlbach (Tyrol).
TOWNE, capit., B.
KIENLIN, capit., B.
DELAHOGUE, lieut., B.
ROGER, s.-lieut., B.

(1) Ex-régiment d'Issembourg.

2ᵉ Régiment (Suisse) (1815).

18 juin 1815, combat de Wavre.
HUBER, capit., B.
TAGLIORETTI, capit., B.
D'ERNEST, capit., B.
MAGETTI, lieut., B.

THOMANN, lieut., B.
SCHWICH, lieut., B.
ROY, s.-lieut., B.
MEISSONNIER, s.-lieut., B.
DE MARTINES, s.-lieut., B.

3ᵉ Régiment (1).

12 et 13 août 1809, défense de Flessingue (île de Walcheren).
MACCAN, capit., B. 12 (mort).
DOWDALL, capit., B. 12 (mort).
LAWLESS, chef de bat., B. 13.
MARTIN, lieut., B. 12.
ZELINSKI, s.-lieut., B. 12.

21 avril 1810, siège d'Astorga.
PERRY, lieut. A.-M., B.
DELANY, lieut., B.

KELLER, s.-lieut., B. 18 mars 1811, par des guérilleros, Espagne.
ALLEN, capit., B. 27 mars 1811, étant de garde aux prisonniers espagnols (à Saint-Martin-del-Rio).

19 août 1813, combat de Lowenberg.
TENNENT, chef de bat., T.
EVANS, capit., T.
WARE, chef de bat., B.
ECKARDT, capit., B.
SOUILLARD, lieut. A.-M., B.
PARROTT, lieut., B.
BROWN, s.-lieut., B.
STÉPHENS, s.-lieut., B.
PEETERS, s.-lieut., B.
NOEL, s.-lieut., B.

23 août 1813, combat de Goldberg.
LAWLESS, col., B.

(1) Ex-régiment irlandais.

WARE, chef de bat., B.
PARROTT, capit. A.-M, B.
JACKSON, capit., B.
SOLOMEZ, lieut., B.

29 août 1813, affaire du Bober.
O'REILLY, chef de bat., D.
BRELIVET, lieut., D.
DEMON, chirurg.-M., D.
MAC-GANLAY, s.-lieut., B. (mort le 15 sept.).
FINNEY, s.-lieut., B. et D.
MALISIEUX, s.-lieut., B. et D.
HUGHES, s.-lieut., B. et D.
KELLER, capit. A.-M., B.
MULLANY, capit. B.
RIJAN, lieut., B.
WARE, chef de bat., B.
LINCH, lieut., B.
O'BRIEN, lieut., B.
RAMM, s.-lieut., B.
SWANTON, s.-lieut., B.
DWIER, s.-lieut., B.
DEWALL, s.-lieut., B.
CANILLOT, s.-lieut., B.
MARÉCHAL, s.-lieut., B.
NOEL, s.-lieut., B.

JACSON, capit., T. 16 sept. 1813, combat en Saxe.
RIJAN, capit., B. 13 janv. 1814, combat devant Anvers.
SOUILLARD, lieut. A.-M., B. 21 janv. 1814, combat devant Anvers.

4ᵉ Régiment (1806-1814) (1).

MARCONNAY, capit., B. 2 mai 1808, insurrection de Madrid.
SCHUSTER, s.-lieut., B. 3 mai 1808, dans une rue de Madrid.
WOLFF, lieut., B. 12 sept. 1808, en escortant des prisonniers à Pampelune.
SCHUSTER, s -lieut., B. 10 janv. 1809, dans une reconnaissance en Espagne (mort le 20).

(1) Ex-régiment de Prusse.

Août 1809, défense de Flessingue.
DÉSIMARD, capit., B. 1ᵉʳ.
LINKEISDORFF, capit., B. 13.
BRANDENSTEIN, capit., B. 13.
SIEBICH, lieut. A.-M., B. 1ᵉʳ.
MULLER, lieut., B. 13.
SCHRING, lieut., B. 13.
MUNDT, lieut., B. 1ᵉʳ.
FERBER, s.-lieut., B. 13.
JUNOT, s.-lieut., B. 13.
SCHEUBE, s.-lieut., B. 1ᵉʳ.

21 avril 1810, siège d'Astorga.
SCHŒFFER, lieut., T.
GZARNOTA DE VICLINSKY, capit., B.
BOSISIO, lieut., B.

DELAHAYE, s.-lieut., B. 2 juin 1810, combat près de Pampelune.
WAGNER, s.-lieut., B. 11 juin 1810, affaire route de Salamanque.
DE LA HÈESE, s.-lieut., B. 20 juin 1810, dans une embuscade en Espagne.
RAYNARDI DE SAINTE-MARGUERITTE, lieut., B. 13 juill. 1810, affaire de Pezatta (Espagne).
SCHIRCH, capit., B. 2 août 1810, défense du fort de Nol (Espagne).
DE LA HÈESE, s.-lieut., B. 1er sept. 1810, affaire près de Tudela.

18 juin 1811,
combat près de Ciudad-Rodrigo.
SUHM, capit., B. (mort le 13 juillet).

SCHŒFFER, lieut., T.
BOSISIO, lieut., B.
TABOR, lieut., B.
WAGNER, s.-lieut., B.

RAIMBAULT, lieut., T. 27 oct. 1811, combat de Noval-Moral (Espagne).

19 mai 1812, combat de Lugar-Nuevo.
D'ÓWIDZKI, capit., B.
RAYNARDI DE SAINTE-MARGUERITTE, lieut., B.
TABOR, lieut., B.

KIRCHBERG, capit., B. 26 mai 1813, dans une émeute près Woerden.

24 nov. 1813, assaut de Woerden (Hollande).
WEICHENHEIM, capit. A.-M., B.
WAGNER, lieut., B.

Régiment d'Illyrie (Infanterie légère) (1811-1813).

MARRAGON, lieut., B. 25 juill. 1812, combat d'Ostrowno.

16 oct. 1812, combat devant Moscou.
GOETHAL, chef de bat., B.
SÉMONICH, capit., B.

18 nov. 1812, bataille de Krasnoë.
POLIACK, capit., T.
TAMPONNET, capit., T.
MAYEUX, capit., T.
JELLEN, capit., B. (mort).
JACOT, capit., B. (mort le 19).
GASPARINI, capit., B. (mort le 19).
LOISELIER, capit., T.
DRAKULICH, lieut., T.
FONTANA, lieut., B. (mort le 20).
NIQUE, lieut., B. (mort le 19).
JURKOVICH, s.-lieut., T.
DESHAIES, s.-lieut., T.
PAUL, s.-lieut., T.
SEKULICH, s.-lieut., T.
BRUNNING, s.-lieut., B. (D. le 27).
PATY, s.-lieut., B. (D. le 23).
MÉLIUS, s.-lieut., B. (D. le 23).
ZACHER, s.-lieut., B. (D. le 30).
SCHMITZ, col., B.

COMOLLI, chef de bat., B.
AUBERT, chef de bat., B.
BEAUPRÉ, chirurg.-M., B.
MANIÈRE, chirurg. S.-A.-M., B.
FABER, capit., B.
LA CHAISER, capit., B.
LOISELLIER, capit., B.
GAUTHIER, lieut., B.
HAGER, s.-lieut., B.
WITT, s.-lieut., B.
PEYS, s.-lieut., B.
MONTIGNY, s.-lieut., B.
DUCRAY, s.-lieut., B.

HAGER, s.-lieut., B. et D. le 20 nov. 1812, combat contre des cosaques.
NÉLINS, s.-lieut., B. et D. le 22 nov. 1812, combat contre des cosaques.
PATH, s.-lieut., B. et D. le 22 nov. 1812, route de Borisow.
DUVIVIER, capit., B. 28 nov. 1812, aux ponts de la Bérésina.
BARON, lieut. A.-M., B. 29 nov. 1812, route de Wilna (mort le 4 mars 1813).
KELLER, lieut., B. 3 déc. 1812, en avant de Smorgony.

5, 6 et 7 déc. 1812, combats sur la route de Smorgony à Wilna.

MESSESNEU, lieut. A.-M., B. et D. le 5.
MAHEU, lieut., B. 5.
MANGARINI, capit., B. et D. le 6.
COTTE, lieut. A.-M., B. et D. le 7.
LUSSAN, chirurg. S.-A.-M., D. le 7.
DECLÈRE, chirurg. S.-A.-M., D. le 7.
BRUN, lieut., B. 7.
JELLUSSIG, lieut., B. 6.
KONSTER, lieut., B. 7.
VANDENBOSCH, s.-lieut., B. 7.

ANASTASIO, capit., B. 8 déc. 1812, par des cosaques, étant à la garde du drapeau.

9, 10 et 11 déc. 1812, combats devant Wilna.

GRUBISSICH, capit., B. et D. le 9.
JAMEY, capit., B. 10 (mort le 25 janv. 1813).
DE COLONGE, capit., B. (mort le 11).
BLONDEL, capit., B. 10 (mort le 18).
COURTILLIER, s.-lieut., B. 10 et D.
FIELDMANN, s.-lieut., B. 10 et D.
BURTON, s.-lieut., B. 10 et D.
WIESER, s.-lieut., B. 9 et D.
GRANAL, capit., B. 11.
MISTRUZZI, lieut., B. 9.

THUBERT, lieut., B. 9.

CHAVANET, s.-lieut., D. le 12 déc. 1812, pendant la retraite de Wilna à Kowno.

13 déc. 1812, à la montée de Kowno.

SALMON, lieut., B.
HAURA, lieut., B.

6 sept. 1813, bataille de Juterbock.

MATTUTINOVICH, major, B.
SIRKOVICH, capit., B.
PIERSON, capit., B.
BORELLI, lieut., B. (mort le 24 mars 1814).
VIDDOVICH, s.-lieut., B.
WITT, s.-lieut., B.
HINAUT, lieut. A.-M., B.
HÉBERT, lieut., B.

18 oct. 1813, bataille de Leipzig.

AUBERT, chef de bat., B.
DE BROUE, capit., B.
NOGIER, lieut., B.
TOTTO, s.-lieut., B.
DUGRAY, s.-lieut., B.

PAULY, chef de bat., B. 31 oct. 1813, combat en avant de Hanau.

Bataillon de tirailleurs du Pô (1803-1811) (1).

ARGENTA, lieut., B. 16 nov. 1805, combat d'Hollabrünn.

2 déc. 1805, bataille d'Austerlitz.

JEANRENAUD, lieut., B. (mort le 16 avril 1806).
RATTAZZI, s.-lieut., T.
HULOT, chef de bat., B.
FALGUIÈRES, capit. A.-M., B.
DELPONTE, capit., B.
PEZZA, capit., B.
BARIO, capit., B.
BIANCONNI, capit., B.
PAVESIO, s.-lieut., B.
BIGLIONE, lieut., B.

8 févr. 1807, bataille d'Eylau.

RICHETTA, capit., B.

MANO, lieut., B.
BARBERIS, lieut., B.
JUSTET, s.-lieut., B.
ORTOLI, s.-lieut., B.
BRISSON, s.-lieut., B.

10 juin 1807, bataille d'Heilsberg.

PERRA, capit., T.
GARNERI, capit., B. (mort).
PORRERA, lieut., B. (mort).
CHENAUD, chef de bat., B.
DELPONTE, capit., B.

29 avril 1809, combat d'Ertingen.

CARENA, s.-lieut., B.
DELCARETO, s.-lieut., B.

PAGLIANI, capit., T. 1er mai 1809, combat de Ried.

(1) 11e régiment d'infanterie légère en 1811.

3 mai 1809, combat d'Ebersberg.
DELLAVALLE, capit., B. (mort le 12).
MAIHLES, s.-lieut., T.
DUFFNUIT, s.-lieut., T.
Mò, s.-lieut., T.
MANO, lieut., B.
BIGLIONE, lieut., B.
CORSO, lieut., B.
DELPONTE, s.-lieut., B.

22 mai 1809, bataille d'Essling.
VIOTTI, lieut., T.

RATTAZZI, capit., B.
BRISSON, lieut., B.
LACRETELLE, s.-lieut., B.

5 et 6 juill. 1809, bataille de Wagram.
GASSA, chef de bat., T. 5.
FALGUIÈRES, chef de bat., B. 6 (mort le 26).
SANTENA, lieut., B. 6 (mort le 26).
BUSCAGLIONE, capit., B. 6.
SANTENA, s.-lieut., B. 5.

Légion du Midi (Infanterie) (1805-1811) (1).

CAPELLIS, capit., noyé le 20 juin 1808, au passage du Tage.

26 juin 1808, combat de Beja (Portugal).
BERTHIER-CRAMPIGNY, chef de bat., T.
DUBOIS, capit., B. (mort le 29).
VENKE, capit., B.
LACOUTURE, s.-lieut., B.

BUFFA, capit., B. 16 janv. 1809, prise de la Corogne.

27 sept. 1810, bataille de Busaco.
SPRING, chef de bat., B.
PAVÈSE, s.-lieut., T.
BOARIN, capit., B.
VACQUIN, s.-lieut., B.
ARGUSI, s.-lieut., B.
HEURTEUR, s.-lieut., B.

MUSSIN, s.-lieut., B. 5 mai 1811, bataille de Fuentès-d'Onóro.

(1) Licenciée en 1811.

Compagnies de police du grand-duché de Toscane (1809-1812).

19 juill. 1810, combat contre des brigands.
PAGNINI, capit., B.
VINCI, lieut., B.

MARTINOZZI, lieut., B. 16 août 1810, en escortant des galériens à Livourne.
GUIDI, s.-lieut., B. 12 mai 1811, affaire contre des brigands près de Florence.

Légion hanovrienne (Infanterie) (1805-1811) (1).

LIEBHABER, s.-lieut., B. 12 janv. 1809, combat de Benavente.

20 mars 1809, prise de Braga (Portugal).
WEYHAUPT, capit., T.
BLUM, chef de bat., B.
HERMANN, capit., B.
STAMM, capit., B.
LIEBHABER, s.-lieut., B.
SAUER, s.-lieut., B.

LIEBHABER, s.-lieut., B. 29 mars 1809, attaque du pont d'Oporto.
WENIGER, lieut., B. 1er oct. 1809, défense de Zamora.

1810, siège de Ciudad-Rodrigo.
SPANGE, s.-lieut., T. 25 juin.
SAALMULLER, lieut., B. 25 juin.
GOESMANN, s.-lieut., B. 1er juill.

27 sept. 1810, bataille de Busaco.
BOURGOING, capit., T.
GARGAM, capit., T.
KOERDEL, capit., T.

(1) Licenciée en 1811.

BOECKLIN, capit., T.
DEROTH, capit., B.
MANG, capit., B.
ZWENGER, capit., B.
STAMM, capit., B.
SCHELVER, lieut., B.

5 *mai* 1811, *bataille de Fuentès-d'Oñoro.*
SELIGMANN, capit., B.
ZWENGER, capit., B.
IMMOFF, capit., B.
STAMM, capit., B.
SIMMLER, lieut., B.
SCHMIDT, lieut., B.

Légion hanovrienne (Cavalerie) (1805-1811) (1).

16 *avril* 1806, *combat de Civitella-del-Tronto (royaume de Naples).*
SCHMIT, lieut., T.
DOLDENEL, capit., B.
SPIELBERG, lieut., B.

DECKER, s.-lieut., B. 6 sept. 1806, affaire devant Itri.
FRÉPINI, s.-lieut., B. 4 mars 1808, par des brigands portugais.
SOMMEILLER, s.-lieut., B. 25 déc. 1808, combat de Turianson (Espagne).
GOUVELLO, s.-lieut., B. 16 janv. 1809, combat de la Corogne.

2 *janv.* 1809, *combat près d'Astorga.*
EBERHARD (L.), s.-lieut., B. (mort le 17).
SOMMEILLER, s.-lieut., B.

20 *mars* 1809, *prise de Braga.*
LACOURTE, lieut., B.
EBERHARD (A.), capit. A.-M., T.
BURGEL, capit., B.

FRÉPINI, s.-lieut., B. 3 avril 1809, combat de Sabugal.

DECETTO, lieut., B. 4 mai 1809, dans une émeute, en Espagne.

10 *mai* 1809, *combat de Coïmbre.*
DOLDENEL, capit., B.
BURGEL, capit., B.

BAGGER, capit., B. 20 juill. 1809, combat en Espagne.
LUX dit SCHNEIDER, lieut., B. 27 juill. 1809, en escortant des prisonniers espagnols.
FLEDDERMANN, s.-lieut., B. mars 1810, combat de la Rocca (Espagne).
GOUVELLO, lieut., B. 9 juin 1810, combat devant Badajoz.
LUX dit SCHNEIDER, lieut., B. juill. 1810, devant Ciudad-Rodrigo.
SCHARLOOCK, capit., T. 22 août 1810, étant en colonne mobile, en Espagne.
KRETSCHMANN, s.-lieut., B. 23 août 1810, combat contre des brigands espagnols.
DECETTO, lieut., B. 6 mai 1811, combat près de Villadrigo.

(1) Licenciée en 1811.

Régiment d'infanterie albanaise (1809-1813).

GIUSTI, capit., B. 30 juill. 1809, affaire de Coron (Albanie).

15 *juin* 1810, *défense de Corfou.*
DUCCA, chef de bat., B.
PANO, capit., B.
DIMOLIZZA, capit., B.
ZAVELLA, lieut., B.

AMRUZZI, chef de bat., assassiné le 10 oct. 1811, à Scutari, par ordre du pacha de Janina, étant prisonnier.

Défense de Corfou.
LEVENDACHI, capit., B. 12 avril 1812.
CARCALEZZIS, lieut., B. 18 juill. 1812.
PALASCA, lieut., B. 2 juin 1813.

Bataillon septinsulaire (1808-1812).

CAMOSFACHIDI, capit., B. 29 juill. 1809, défense de Corfou.
SUMACHI, capit., B. 10 janv. 1810, défense de Corfou.

20 *mars 1810, défense de Sainte-Maure (îles Ioniennes).*
CAMOSFACHIDI, capit., B.
MARINO, lieut., B.

RODIDI, s.-lieut., B.

ZINDA, s.-lieut., B. 23 juill. 1811, défense de Corfou.
RODITI, s.-lieut., B. et noyé, le 8 juill. 1812, dans la traversée d'Otrante à Corfou.
LISCO, capit., B. 3 mai 1813, défense de Corfou.

Bataillon de pionniers noirs (1805-1806) (1).

9 *déc. 1805, attaque de Fiume.*
MIRLIN, capit., T.
DELARUELLE, capit., B. (mort le 19).
HERCULE, chef de bat., B.
LOQUET, capit., B.
DECAMPS, capit., B.
LANGELET, lieut., B.

15 *mai et juin 1806, siège de Gaëte.*
GRILLARD, capit., B. (mort le 16).

DE COURTY, capit. A.-M., B.
LAPOMMERAYE, capit., B.
LECOUTOUR, s.-lieut., B.
HYPOLITE, capit., B. 10 juin.
TIFFENTAL, lieut., B. 17 juin.

ROUCY, lieut., B. 10 août 1806, route de Gaëte à Naples, par des brigands.

(1) Passé au service de Naples en 1806.

Compagnie de sapeurs ioniens (1812-1814) (1).

LINTOT, lieut., B. 11 févr. 1811, dans la traversée d'Otrante à Corfou.

(1) Ex-9ᵉ compagnie de pionniers.

1ʳᵉ Légion du Nord (1806-1807) (1).

MOUGENOT, lieut. A.-M., B. 23 févr. 1807, combat de Dischau.

28 *févr. 1807, affaire de Stargard.*
VERNIER, capit., T.
DUBOISHAUMON, capit., B. (mort le 15 mars).

GUÉRIN, lieut., B. 2 mars 1807, combat de Stargard.
GAST, s.-lieut., B. 12 avril 1807, siège de Thorn.

1807, *siège de Dantzig.*
HENRY, capit., T. 1ᵉʳ avril.
DOUMENG, lieut., T. 1ᵉʳ mai.
NOWISKI, lieut., T. 8 mai.
MAYER, s.-lieut., B. 1ᵉʳ mai (mort le 2).

GOUTCHAUX, s.-lieut., T. 8 mai.
VAN-ROSSEM, chef de bat., B. 15 mai.
SPRUNGLIN, capit., B. 1ᵉʳ avril.
FRÉDÉRIC, capit., B. 7 mai.
TARDIVEL, capit., B. 15 mai.
POUPART, capit., B. 1ᵉʳ avril.
SPRUNGLIN, capit., B. 6 mai.
MAYERN, capit., B. 6 mai.
MICHEL, lieut., B. 1ᵉʳ avril.
BOHY, lieut., B. 1ᵉʳ avril.
PALY-RASCH, lieut., B. 13 mai.
RUFFAT, s.-lieut., B. 3 avril.
DE BEAUMONT, lieut., B. 3 avril.
AVISSE, lieut., B. 12 mai.
BRUN, lieut., B. 7 mai.
THIÉBAUT, lieut., B. 3 avril.
ZAIGUELIUS, s.-lieut., B. 3 avril.

COLLARD, chirurg. A.-M., B. 10 juin 1807, bataille d'Heilsberg.

(1) Licenciée en 1807.

LÉGION DE LA VISTULE (1)

1er Régiment d'Infanterie (1808-1813).

Neucha, chef de bat., B. 4 juill. 1806, combat de Ste-Euphémie (Calabre).
Kazinowski, capit., B. 8 juill. 1806, affaire de Mangona (Calabre).
Kuniowski, capit., B. 30 juill. 1806, combat de Godron (Calabre).
Schultz, capit., B. 15 mai 1807, combat de Salzbrunn (Silésie).
Wagrowski, lieut., B. 1er juill. 1808, combat devant Saragosse.

---

4 et 5 août 1808, attaque de Saragosse.
Zawadski, s.-lieut., T. 1er.
Chlopicki, col., B. 4.
Godlewski, capit., B. 4.
Wysocki, capit., B. 4.
Burakouski, capit., B. 4.
Kiliz, chirurg.-M., B. 4.
Borakowski, s.-lieut., B. 4.
Koçurko, s.-lieut., B. 5.
Karnowski, capit., B. 5.
Borowski, lieut. A.-M., B. 5.

Kosinowski, col., B. 23 nov. 1808, bataille de Tudela.
Wronski, lieut., T. 15 déc. 1808, combat de Tavença près de Saragosse.

Janv. et févr. 1809, siège de Saragosse.
Nagrodski, capit., T. 27 janv.
Kielczewski, capit., B. 2 févr. (mort le 30 juin).
Karwozewski, capit., B. 27 janv. (mort le 1er févr.).
Slawoszewski, lieut., B. 27 janv. (mort le 1er févr.).
Szkaradowski, lieut., T. 3 janv.
Dabkowski, s.-lieut., B. 2 févr. (mort le 30 juin).
Slomczynski, s.-lieut., B. 2 févr. (mort le 1er juin).
Murzinowski, lieut., B. 27 janv.

Egersdorf, capit., B. 23 févr. 1809, aux avant-postes de Saragosse (mort le 25).

Wezyk, capit., B. 17 mai 1809, combat devant Alcanitz.

---

23 mai 1809, combat d'Alcanitz.
Fondzielski, chef de bat., B.
Czarneck, s.-lieut., B.

Koçurko, s.-lieut., B. 15 juin 1809, affaire de Maria.
Smargewski, lieut., B. 18 juin 1809, combat de Belchite.
Stutmann, s.-lieut., T. 30 juin 1809, étant en reconnaissance en Aragon.
Winski, s.-lieut., T. 1er juill. 1809, sur la route de Pampelune.
Cieslicki, lieut., B. 21 déc. 1809, à Stella (Navarre).

Janv. 1810, combat de Villet-Checa.
Zarski, s.-lieut., B. (mort le 1er févr.).
Plater, lieut., B.
Ustricki, s.-lieut., B.

Bialobzycki, capit., B. 10 mars 1810, combat d'Alventosa.
Weys, s.-lieut., B. 30 mars 1810, affaire près d'Alcanitz.

---

18 mai 1811, affaire de Gratalope.
Suchodolski, s.-lieut., B.
Leclerc, s.-lieut., B.

Suchodolski, s.-lieut., B. 20 mai 1811, combat de Falret.
Dombrowski, capit., B. 16 juin 1811, au siège de Tarragone.

---

25 oct. 1811, bataille de Sagonte.
Mieroslawski, chef de bat., B.
Loski, lieut. A.-M., B.
Orda, s.-lieut., B.

Dombrowski, capit., B. 4 janv. 1812, combat devant Valence.

---

7 janv. 1812, siège de Valence.
Isajewicz, s.-lieut., T.
Dabrowski, lieut., B.

---

(1) Ex-légion polacco-italienne.

ZIMMER, capit., B. 10 sept. 1812, combat près de Mojaïsk.
ZEILINGER, chirurg. S.-A.-M., T. 2 oct. 1812, affaire de Voronow, près de Moscou.

4 oct. 1812, combat devant Moscou.
KOZLOWSKI, capit., B.
KRAIEWSKI, lieut., T.

MURZINOWSKI, capit., T. 4 oct. 1812, aux avant-postes devant Moscou.

28 nov. 1812, bataille de la Bérésina.
LOSKI, capit. A.-M., T.
KUNIECKI, lieut., T.
KOSINOWSKI, col., B.
MIEROSLAWSKI, chef de bat., B.
ZOLDERS, chirurg. S.-A.-M., B.
CZARNECKI, capit., B.
PLATER, capit., B.
ZYMER, capit., B.
VARINOT, capit., B.

KOZLOWSKI, capit., B.
BARDZINSKI, capit., B.
ZMIERSKI, capit., B.
BORAKOWSKI, lieut., B.
ETCHANDY, lieut., B.
CZARNEK, lieut., B.
KOCZUREK, lieut. porte-aigle, B.
ZIEMECKI, lieut., B.
KOPYCZINSKI, lieut., B.
KLUCZEWSKI, lieut., B.
PIONTKOWSKI, lieut., B.
DERENGOWSKI, lieut., B.
NIECHCIELSKI, lieut., B.
SLIWINSKI, s.-lieut., B.
RAKOSKI, s.-lieut., B.
GOURMETZ, s.-lieut., B.
MERLE, s.-lieut., B.

FONDROUGE, s.-lieut., B. 10 déc. 1812, combat devant Wilna.
VOZNICKI, lieut., B. 11 nov. 1812, dans les rues de Wilna.

2ᵉ Régiment d'infanterie (1808-1813).

4 août 1808, attaque de Saragosse.
BIÉLENSKI, chef de bat., B.
ZAWITOWSKI, capit., B.
SURMACKI, lieut., B.
LEWIECKI, s.-lieut., B. 5.
BOBIESKI, s.-lieut., B.
GARSIKI, capit., B. 5.
DLUSKI, lieut. A.-M., B. 5.

GALICKI, capit., T. 2 sept. 1808, siège de Saragosse.

23 nov. 1808, bataille de Tudela.
MAZDRZYKOWSKI, capit., B.
PACIORKOWSKI, s.-lieut., B.

Janv. et févr. 1809, siège de Saragosse.
MATKOWSKI, capit., B. 20 févr. (mort le 1ᵉʳ avril).
BAYER, chef de bat., B. 27 janv.
KILIZ, chirurg.-M., B. 27 janv.
BOBIESKI, s.-lieut., B. 27 janv.
MALINOWSKI, s.-lieut., B. 27 janv.

LASZEWSKI, capit., B. 21 mai 1809, au passage de la Cinca.

KRAKOWSKI, s.-lieut., B. 27 juill. 1809, en escortant des prisonniers à Pampelune.
ZAWITOWSKI, capit., B. 2 déc. 1809, affaire de Stella (Espagne).
BRANDT, s.-lieut., B. 14 févr. 1810, étant en colonne mobile en Aragon.
GORGON, s.-lieut., B. 8 mars 1810, siège de Tortose.
BRANDT, s.-lieut., B. 5 juin 1810, combat devant Tortose.

1810, siège de Tortose.
BALL, capit., T. 18 juill.
SOLNICKI, capit., T. 4 août.
FALKOUSKI, s.-lieut., T. 13 juill.
RZEMPULOWSKI, s.-lieut., B. 4 août (mort le 30 déc.).
MAZDRZYKOWSKI, capit., B. 3 août.
DOBEZISKI, s.-lieut., B. 28 déc.

KOLECKI, s.-lieut., B. 26 sept. 1810, affaire d'Orpisa (Espagne).
ZARSKI, lieut., T. 12 nov. 1810, combat de Fuente-Santa.

MILEWSKI, s.-lieut., B. 11 févr. 1811, combat d'Azuara.
ZIENKOWICZ, lieut., B. 2 janv. 1812, siège de Valence.
SKORYSKI, s.-lieut., T. 14 sept. 1812, aux portes de Moscou.
KOZLOWSKI, capit., B. 4 oct. 1812, combat de Woronowo (Moscou).
LÉVÊQUE, s.-lieut., B. 8 oct. 1812, combat devant Moscou.

18 oct. 1812, combat devant Moscou.
DEGOURDIN, s.-lieut., T.
JABLONSKI, s.-lieut., T.

28 nov. 1812, bataille de la Bérésina.
RAZOWSKI, chef de bat., T.
ZICKNOWSKI, capit., T.
RÉGULSKI, chef de bat., B.
KOZLOWSKI, capit. A.-M., B.
RECHOWICZ, capit., B.

SZELINSKI, capit., B.
DOBRZYNSKI, capit., B.
ZORAWSKI, lieut., B.
WIECKOWSKI, lieut., B.
POMARNACKI, lieut., B.
MARZEWSKI, s.-lieut., B.
BIERRYNSKI, s.-lieut., B.
RADZISZEWSKI, s.-lieut., B.
MAC-AULIFE, s.-lieut., B.
ROBERT, s.-lieut., B.
MADALINSKI, lieut., B.
KARPIZ, s.-lieut., B.

POMARNACKI, lieut., B. 10 déc. 1812, combat devant Wilna.
SLAROWSLSKI, capit., B. 12 déc. 1812, route de Kowno (mort le 7 janv. 1813).
RADOMSKI, chef de bat., B. 17 avril 1813, défense du pont de Wittenberg.

3ᵉ Régiment d'infanterie (1808-1813).

SZOTT, major, T. 2 juill. 1808, combat devant Saragosse.

1ᵉʳ, 4 et 5 août 1808, attaque de Saragosse.
OSIECKI, capit., B. 5.
CIESLISKI, lieut., B. 4.
GEITER, lieut., T. 1ᵉʳ.
PONGOWSKI, lieut., B. 5.
ZUBRICKI, s.-lieut., B. 5.
LIPINSKI, lieut., B. 5.

LASKARIS, capit., T. 2 sept. 1808, siège de Saragosse.
BERGER, s.-lieut., T. 18 nov. 1808, par des brigands espagnols.

Janv. et févr. 1809, siège de Saragosse.
BIELENSKI, chef de bat., T. 6 févr.
WISZNIEWSKI, s.-lieut., B. 20 févr. (mort le 28).
CIWINSKI, lieut., B. 20 févr.
KRAJEWSKI, s.-lieut., B. 20 févr.
KARWOSKI, s.-lieut., B. 21 janv.
GLINSKI, s.-lieut., B. 21 janv.
ZINKIEWICZ, s.-lieut., B. 10 janv.

NOWICKI, s.-lieut., B. 30 avril 1809, étant aux avant-postes, Aragon.

23 mai 1809, combat d'Alcanitz.
WEZYK, capit., B.
KARWOSKI, s.-lieut., B.
ZUBRICKI, s.-lieut., B.

GLINSKI, s.-lieut., B. 30 juin 1809, combat près de Saragosse.
CIESLISKI, lieut., B. 21 déc. 1809, combat d'Estella (Navarre).
WALOWICZ, s.-lieut., B. 20 janv. 1810, combat près d'Alminia.
KOMOREK, lieut., B. 17 janv. 1810, étant en reconnaissance en Aragon.
LIPINSKI, lieut., B. 5 mai 1810, défense de Tarançon (Espagne).
RZEWUSKI, lieut., T. 15 mai 1810, à l'affaire d'Aiguillon.
WALOWICZ, s.-lieut., B. 3 juin 1810, combat d'Epila.
SOBIECKI, s.-lieut., T. 9 juill. 1810, devant Tortose.
MAZEWSKI, capit., T. 8 août 1810, au siège de Lerida.
SIERAKOWSKI, lieut., T. 8 nov. 1810, au siège de Tortose.
REZENSKI, lieut., T. 5 mai 1811, combat devant Tarragone.

ORANOWSKI, s.-lieut., T. 6 nov. 1811, étant en colonne mobile près de Valence.
KARWOSKI, s.-lieut., B. 7 janv. 1812, siège de Valence (mort le 10).
WARZEWSKI, lieut., T. 15 mai 1812, combat près de Pampelune.
GEIGER, chirurg. A.-M., B. 17 nov. 1812, devant Krasnoë.

18 *nov.* 1812, *bataille de Krasnoë.*
LEBRUN, capit. A.-M., B. et D.
KRAJEWSKI, lieut., B. et D.
SKORAPSKI, lieut., B. et D.
FONDZIELSKI, col., B. (mort le 5 févr. 1813).
LUCZYCKI, capit., B.
WEZYK, capit., B.
PAGOROSKI, capit., B.
LESZEYENSKI, capit., B.

RUTKOWSKI, lieut., B.
WALOWICZ, lieut., B.
SEROCZYNSKI, lieut., B.
DOMBROWSKI, lieut., B.
WITKOWSKI, lieut., B.
CISZEWSKI, lieut., B.
TYSIEWICZ, s.-lieut., B.
KUEZEWSKI, lieut., B. (mort le 7 janv. 1813).

KITZ, chirurg. A.-M., D. le 28 nov. 1812, aux ponts de la Bérésina.
STRZALKOWSKI, lieut. A.-M., B. 3 déc. 1812, près de Smorgony.

9 *déc.* 1812, *combat devant Wilna.*
SEROCZEWSKI, lieut., B.
GLASZER, s.-lieut., B.
KULEZYCKI, lieut., B.
RADZIBOR, s.-lieut., B.

4ᵉ Régiment d'infanterie (1810-1813).

TURAJIÉWICZ, s.-lieut., T. 27 sept. 1810, en escortant un convoi en Espagne.
HUZARSYWSKI, lieut., B. 23 oct. 1810, affaire de Santa-Martha.
KRASICKI, capit., B. 11 juin 1811, combat de la Puebla (Espagne).
SZULZ, lieut., B. 27 sept. 1811, combat d'Aldea-del-Ponte (Portugal).
BIANKO, lieut., B. 24 oct. 1811, affaire de Tabara (Espagne).
KITZ, chirurg.-M., B. 29 janv. 1812, combat près de Tudela.
RYKACZEWSKI, capit., B. 12 avril 1812, affaire d'Ontario.

16 *avril* 1812, *combat de Peynaranda (Espagne).*
GOLASZEWSKI, chef de bat., B.

PIETRUSINSKI, capit. A.-M., B.
CZAKI, capit., B.
KOBILINSKI, capit., B.
RYKACZEWSKI, capit., B.
MIERZEIEWSKI, lieut., B.
ROKOSOWSKI, lieut., B.
LUBA, s.-lieut., B.
BIANKO, lieut., B.
IWANOWSKI, s.-lieut., B.

MARKOWSKI, capit., B. 10 sept. 1812, étant en colonne mobile en Espagne.

13 *févr.* 1813, *affaire de Parkowo (Pologne).*
N..., capit., B.
N..., lieut., B.
N..., lieut., B.

Régiment d'infanterie de la Vistule (1813-1814).

N..., lieut., B. 26 août 1813, affaire de Kratschau.

18 *sept.* 1813, *combat de Freyberg.*
PAPROCKI, capit., T.
RYBINSKI, chef de bat., B.
BRAUN, s.-lieut., B.

18 *et* 19 *oct.* 1813, *bataille de Leipzig.*
MALEZEWSKI, col., T. 19.
REGULSKI, chef de bat., B. 18.
KRASICKI, chef de bat., B. 18.
BRANT, capit. A.-M., B. 18.
KANANOWSKI, lieut. A.-M., B. 18.
PALINSKI, capit., B. 18.

POGAISKI, capit., B. 19.
KIMIOWSKI, capit., B. 19.
SWOBODA, capit., B. 18.
ROGOLA, lieut., B. 18.
NIÉWODOWSKI, lieut., B. 18.
KARWOSKI, lieut., B. 18.
WEWIOROWSKI, lieut., B. 18.
KONDRACKI, s.-lieut., B. 18.
VALLESBRUN, s.-lieut., B. 18.
CELNER, s.-lieut., B. 18.
MOZECKO, s.-lieut., B. 19.

ROBERT, lieut., B. 28 oct. 1813, défense de Torgau.

2 mars 1814, reprise du faubourg Saint-Cyprien, à Soissons.
N..., capit., T.
KOSINSKI, col., B.
WAWROWSKI, capit., B.
N..., lieut., B.
N..., lieut., B.

20 mars 1814, combat d'Arcis-sur-Aube.
SWIERCZAKIEWICZ, s.-lieut., B. (mort le 19 avril).
KOSLOWSKI, capit., B.

ZELITZ, lieut., B. 24 mars 1814, aux avant-postes (mort le 16 avril).

1er Régiment de lanciers (1808-1811) (1).

LENKIEWICZ, capit., B. 17 juin 1806, en escortant un convoi à Naples.
TANSKI, capit., B. 14 juill. 1806, dans une reconnaissance près de Gaëte.

15 mai 1807, combat devant Dantzig.
SWIDERSKI, chef d'escad., B.
SKARZYNSKI, capit., B.

FIALKOWSKI, capit., B. 15 juill. 1807, affaire de Saltzbrunn (Silésie).
SUARSKI, s.-lieut., T. 15 juin 1808, combat devant Saragosse.

4 août 1808, attaque de Saragosse.
KONOPKA, col., B.
TANSKI, capit., B.
BLONSKI, s.-lieut., B.
LEDUCHOWSKI, s.-lieut., B.
DAROWSKI, s.-lieut., B.

STADNICKI, s.-lieut., B. 15 oct. 1808, en escortant des prisonniers espagnols.
SKARZYNSKI, capit., B. 23 nov. 1808, combat de Tudela.
SAWICKI, s.-lieut., B. 23 mars 1809, combat de Guadalaxara.

24 mars 1809, combat de Juvenez (contre des brigands).
CZARNECKI, lieut., B. (mort).

(1) Ex-régiment de cavalerie de la légion polacco-italienne.

MOLZINSKI, s.-lieut., T.
GRILL, chirurg.-M., B.
STOKOWSKI, capit., B.

TRÉBUCHOWSKI, s.-lieut., B. 28 mars 1809, combat de Ciudad-Réal.

28 juill. 1809, bataille de Talavera-de-la-Reyna.
BIANKO, lieut., B.
IRZEBUCHOWSKI, s.-lieut., B.

DAROWSKI, s.-lieut., B. 11 août 1809, bataille d'Almonacid.
KONOPKA (V.), capit., B. 13 août 1809, combat de Santa-Maria-de-Nieva.
SALOSKI, lieut., B. 13 août 1809, combat de Santa-Maria (mort le 22).
DZINKIEWICZ, lieut., B. 15 janv. 1810, combat de la Sierra-Morena.

2 nov. 1810, combat de Baza.
HUPET, chef d'escad., B.
ROGUYSKI, s.-lieut., B.

16 mai 1811, bataille de La Albuhera.
LESZCZYNSKI, capit., B. (mort le 22).
MIKALOWSKI, s.-lieut., B. (mort le 19).
RODBICKI, s.-lieut., T.
HUPET, chef d'escad., B.
KONOPKA (V.), capit., B.
ZAWADZCKI, lieut., B.
RUNOWSKI, lieut., B.
DZINZKIEWICZ, lieut., B.

Blonski, s.-lieut., B.
Faron, s.-lieut., B.
Woyciéchowski, s.-lieut., B.

Radlowski, s.-lieut., B.
Mayewski, s.-lieut., B.
Kadlubicki, s.-lieut., B.

RÉGIMENT ESPAGNOL (Joseph-Napoléon) (1809-1813)

Alcedo, lieut., T. 25 juill. 1812, combat de Mohilew.

7 sept. 1812, bataille de la Moskowa.
Caamano, capit. A.-M., B. (m^t en déc.).
Ruano, s.-lieut., T.
Lavega, lieut., B.
Ortez, lieut., B.
Moulnet, s.-lieut., B.

10 sept. 1812, combat de Mojaïsk.
Duger, chef de bat., T.
Carelli, lieut., T.
De Tschudy, col., B.
Llanza, chef de bat., B.
Roberty, capit., B.
Retamar, capit., B.
Gutierrez, capit., B.
Ordonez, capit., B.
Torregrosa, capit., B.
Vasquez, capit., B.
Cardena, lieut., B.
Corbalan, lieut., B.
Biedma, lieut., B.
Chansarel, s.-lieut., B.

4 oct. 1812, combat devant Moscou.
Vasquez, lieut., T.
Cuesta, s.-lieut., B.

18 nov. 1812, bataille de Krasnoë.
Doreille, major en 2e, T.
Herrera, chef de bat., T.
Labaig, lieut., T.
Oliber, lieut., T.
Canut, lieut., T.
Montojo, lieut., B. (mort).
Ortiz, lieut., B. (mort).
Cuesta, s.-lieut., B. (mort le 11 déc.).
De Tschudy, col., B.
Llanza, chef de bat., B.

Sales, chirurg.-M., B.
Abrest, chirurg. A.-M., B.
Hernandez, capit., B.
Martinez, capit., B.
Gonzalès, capit., B.
Jordanis, lieut., B.
Roberty, capit., B.
Corbalan, lieut., B.
Zambrana, lieut., B.
Cardena, lieut., B.
Chansarel, s.-lieut., B.
Sanchez, s.-lieut., B.
Serez, s.-lieut., B.

Bonot, s.-lieut., B. 29 nov. 1812, aux ponts de la Bérésina.
Espinancha, lieut., B. 10 déc. 1812, combat de Wilna (m^t le 12 janv. 1813).
Romero, s.-lieut., B. 5 avril 1813, défense de Stettin.
Lopez, lieut., B. 2 mai 1813, bataille de Lutzen.

20 mai 1813, bataille de Bautzen.
Gallardo, capit., B.
Buergo, capit., B.
Verdalle, s.-lieut., B.

16 et 18 oct. 1813, bataille de Leipzig.
Lopez, capit. A.-M., B. 18.
Rivas, capit., B. 18.
Gallardo, capit., B. 16.
Reynaud, lieut., B. 18.
Laborda, s.-lieut., B. 18.

Lopez, capit. A.-M., B. 30 oct. 1813, bataille de Hanau.

10 nov. 1813, défense de Glogau.
Perrez, lieut., B.
Pueyo, s.-lieut., B.

1ᵉʳ Bataillon de pionniers espagnols (1812-1813) (1).

29 *mars* 1813, *défense de Dantzig*.
LE ROY, capit. A.-M., B.
LESTANG, capit., B.
CAMET, s.-lieut., B.

LAIR, lieut., B. 3 juin 1813, défense de Dantzig.

BURNAND, capit., B. 29 août 1813, dans une sortie de la garnison de Dantzig.
CHARLES, s.-lieut., B. 16 oct. 1813, défense de Dantzig.
CAMET, lieut., B. 19 oct. 1813, dans une reconnaissance autour de la place de Dantzig.

(1) Le bataillon prisonnier de guerre à Dantzig, le 2 janvier 1814.

LÉGION PORTUGAISE (1)

1ᵉʳ Régiment d'infanterie (dit d'élite) (1811-1813).

VICENTE, s.-lieut., T. 16 août 1812, combat devant Smolensk.

17 *et* 18 *août* 1812, *bataille de Smolensk*.
PIMENTEL (A.), capit., B. 18.
PIMENTEL (F.), capit., B. 18.
BANETTO, capit., B. 18.
LIETAR, lieut., B. 17.
ESCORSE, lieut., B. 18.
VASCONCELLOS, lieut., B 18.
DE SA FRANCISCO, s.-lieut., B. 18.

19 *août* 1812, *combat de Valoutina-Gora*.
DA VEIGA, lieut., B. (mort le 6 sept.).
DE MATTOS, lieut., T.
MOREIRA, lieut., B. (mort le 15 sept.).
PIMENTEL (B.), capit. A.-M., B.
HENRIQUE, capit., B.
PINTO, capit., B.
BRITTO, capit., B.
COELHO, capit., B.
CORREIA DE LACERTA, lieut., B.
MANOEL, lieut., B.

(1) Ex-13ᵉ demi-brigade d'élite.

FELIPE, s.-lieut., B.

7 *sept*. 1812, *bataille de la Moskowa*.
CALDEIRA, chef de bat., B. (mort le 21).
PEGO, chef de bat., T.
FREIRE, s.-lieut., T.
IMIDIO, s.-lieut., B. (mort le 8).
DA COSTA-MARCOS, s.-lieut., B. (mort le 21).
PIMENTEL (B.), capit. A.-M., B.
DA SILVA, capit., B.
DE SOUZA, capit., B.
ZAGALLO, lieut., B.
ALMEIDA, lieut., B.
LOBO, lieut., B.
SEMBLANO, lieut., B.
GARCEZ, s.-lieut., B.
DE PINA, s.-lieut., B.

PALHARÈS, s.-lieut., B. 18 oct. 1812, combat devant Moscou.
MARCALLO, s.-lieut., B. 13 nov. 1812, combat près de Smolensk.
PIMENTEL (F.), capit., B. 19 nov. 1812, combat de Krasnoë.

2ᵉ Régiment d'infanterie (1811-1813).

18 *août* 1812, *bataille de Smolensk*.
BRASCO, lieut., T.
DA SILVA, capit. A.-M., B.
RÉAL, capit., B.
MONIZ DE SOUZA (J.), capit., B.

19 *août* 1812, *combat de Valoutina*.
CORRÉA, capit., T.

VILLAR, capit., T.
PIESSANA, lieut., T.
TEIXEIRA, s.-lieut., T.
NOGUIERA, lieut., B.
FONCERA, lieut., B.
FORRES, s.-lieut., B.

XAVIER, major, B. 5 sept. 1812, redoute de Borodino.

7 *sept. 1812, bataille de la Moskowa.*
MONIZ DE SOUZA (B.), chef de bat., T.
LEMOS, capit., T.
ABREU, capit., T.
CUNHA, capit., B. (mort).
PEIXOTO, lieut., B. (mort).
FIGUIERSA, lieut., T.
BUKIRING, s.-lieut., T.
CALADO, s.-lieut., B. (mort).
DA SILVA, capit., B.
MÉRANDA, capit., B.
BONICHO, capit., B.
MIRANDA, capit., B.
NERY, lieut. A.-M., B.
FONCECA, lieut., B. (m¹ le 3 févr. 1813).

TEIXEIRA, lieut., B.
ALMEÏDA, s.-lieut., B.
VEIGA, s.-lieut., B.
OZORIO, s.-lieut., B.
JÉRONIMO, s.-lieut., B.
MACENO (C.), s.-lieut., 'B.
MACENO (J.), s.-lieut., B.

18 nov. 1812, bataille de Krasnoë.
VASCONCELLOS, lieut., T.
COELHO (P.), lieut., B. (mort).
GUERREIRO, s.-lieut., T.
RODRIGUES, lieut., B.

20 nov. 1812, pendant la retraite.
SOEIROS, chirurg. A.-M., B. (mort).
CARVALHO, chirurg. A.-M., B.

3ᵉ Régiment d'infanterie (1811-1813).

28 nov. 1812, bataille de la Bérésina.
BLAND, chef de bat., D.
MARIA, capit. A.-M., B. et D.
SILVA, chirurg. A.-M., B. et D.
ALBREU, capit., D.
XAVIER, capit., D.
VEIRA, capit., D.
MACHADO, capit., D.
BENIGER, capit., B. et D.
PIMENTA, capit., B. et D.
MACEDO, capit., B. et D.
DE SOUZA, lieut., D.
MELLO, lieut., D.
CARVALHO, lieut., B. et D.
BRAVO, lieut., B. et D.
DA COSTA, lieut., D.
MAGIN, lieut., D.
SALGADO, lieut., D.
VASCONCELLOS, lieut., D.

PADRAO, lieut., D.
MARÉ, lieut., B. et D.
SENNA, lieut., D.
MADURERA, s.-lieut., D.
PIMENTEL, s.-lieut., B. et D.
REY, s.-lieut., D.
MORERA, s.-lieut., D.
SEMBLANO, s.-lieut., D.
SARDINHA, s.-lieut., B. et D.
PELEGA, s.-lieut., B. et D.
CARDOZO (J.-L.), s.-lieut., D.
CARDOZO (M), s.-lieut., D.
MANOEL, s.-lieut., D.
XAVIER (J.), s.-lieut., D.
CAMPOS, s.-lieut., D.
CAMPOS-ANTONIO, s.-lieut., B. et D.
GENVEA, s.-lieut., D.
CHARA, s.-lieut., D.

13ᵉ demi-brigade d'élite (1809-1811) (1).

6 juill., bataille de Wagram.
JOAO STUART, chef de bat., T.
GUILHERME, s.-lieut., T.
ALMEIDA, s.-lieut., T.

XAVIER, chef de bat., B.
SILVA, capit., B.
GOMEZ (M.), capit., B.
COELHO, lieut., B.
GOMEZ, lieut., B.

---

(1) 1ᵉʳ régiment d'infanterie (dit d'élite) de la légion portugaise en 1811.

Régiment de chasseurs à cheval (1808-1813).

OLLIVIER, lieut., B. 26 juin 1808, combat de Beja (Portugal).

29 *juill.* 1808, *combat d'Evora (Portugal).*
MONTJARDIN, capit., B.
DE LA FITTE, capit., B.

MAGELLAN, s.-lieut., B. 20 août 1808' combat près de Lisbonne.
FORJAZ, capit., B. 6 juill. 1809, bataille de Wagram.
HETZER, chirurg. S.-A.-M., B. 6 nov. 1812, pendant la retraite (mort le soir).
GAMA, s.-lieut., B. 9 nov. 1812, affaire près de Smolensk (mort le même jour).

---

18 *nov.* 1812, *combat devant Krasnoë.*
FRANCO, lieut., B. (mort le 21 déc.).
PINTO (J.), lieut., B. (mort le 3 déc.).
PINTO (L.), s.-lieut., B. (mort le 4 déc.).
ELVAS, capit., B.
MULLER, capit., B.
DASSA, lieut., B.

---

28 *nov.* 1812, *bataille de la Bérésina.*
COSTA, s.-lieut., B. (mort le 5 déc.).
CANEVA, s.-lieut., B. (mort le 4 déc.).
DE CASTRO, chef d'escad., B.
ARANHA, lieut. A.-M., B.

BORGES, s.-lieut., B. (mort le 4 déc.).

5 *déc.* 1812, *combat devant Smorgony.*
FERREIRA, s.-lieut., T.
DE MELLO, chef d'escad., B.
SALDANHA, lieut. A.-M., B.
BRAGANCE, aumônier, B.
LIMA, lieut., B.
MESQUITA, lieut., B.
GALVAO, s.-lieut., B.

8 *et* 10 *déc.* 1812, *combat devant Wilna.*
FALLÉ, lieut., B. 10.
DA CUNTRA, s.-lieut., B. 8.
PEREIRA, s.-lieut., B. 8.
FALLÉ, s.-lieut., B. 8.

21 *déc.* 1812, *pendant la retraite.*
PINTO (D.), capit., B.
LOBO, lieut., B.

SILVEIRA, capit., B, 25 déc. 1812, affaire contre des cosaques.
JANEIRO, s.-lieut., B. 29 déc. 1812, aux avant-postes.
FARIA, lieut., B. 9 janv. 1813, par des cosaques, en escortant des prisonniers.
VINHAS, s.-lieut., B. et D., le 15 janv. 1813.
CAMENA, lieut., B. 28 sept. 1813, combat d'Halberstadt.

RÉGIMENTS PROVISOIRES D'INFANTERIE CROATE (1812-1813)

1ᵉʳ Régiment (1).

26 *juill.* 1812, *combat d'Ostrowno.*
STRATICO, capit., T.
SLIVARICH, col., B.
COSTE, chef de bat., B.
SUPPAN, capit. A.-M., B.
MARRAGON, capit., B.
IVANKOVICH, capit., B.
PFEIFFERSBERG, capit., B.
ORESKOVICH, lieut., B.

SLIVARICH, lieut., B.
GRUBISSICH, s.-lieut., B.

LEYDER, major en 2ᵉ, B. 23 oct. 1812, aux avant-postes de Kalouga.

24 *oct.* 1812, *bataille de Malojaroslawetz.*
KLISKA, chef de bat., T.
RUKAVINA, capit., B. (mort).
BRUNO, capit., B. et D.
KOTTASZ, capit., B. et D.

---

(1) Forme des 5ᵉ et 6ᵉ régiments croates.

HERGLIANOVICH, lieut., B. et D.
MURGICH, capit., B.
LEPRINCE, s.-lieut., B.
DECENCIÈRE, s.-lieut., B.
NEKICH, lieut., B.
VIVEL, lieut., B.
TERBUOVICH, s.-lieut., B.
HERKALOVICH, s.-lieut., B.
CURTIL, s.-lieut., B.

3 nov. 1812, combat d'Orcha.
MARRAGON, capit., B. et D.
ANTOINE, chirurg. S.-A.-M., B. (mort).
STRELIANOVICH, capit., B.
TOMLIENOVICH, capit., B.
XUPPAN, lieut., B.
SLIVARICH, lieut., B.

LEYDER, major en 2°, B. 17 nov. 1812, devant Krasnoë.

19 nov. 1812, combat près de Krasnoë.
RASLICH, capit., T.

BAES, lieut. A.-M., T.
KURELLACZ, capit., B.

28 nov. 1812, aux ponts de la Bérésina.
POPPOVICH, capit., B.
ORESKOVICH, lieut., B.
GRINDRICH, lieut., B.
KRESNEG, lieut., B.
XUPPAN, lieut., B.
MATZUTH, s.-lieut., B.
RIVEREAU, s.-lieut., B.

ALSTERN, capit., B. et D., le 29 nov. 1812, à la Bérésina.
BODICHE, s.-lieut., B. 1ᵉʳ janv. 1813, pendant la retraite (mort le 13).
RIVEREAU, s.-lieut., B. 1ᵉʳ avril 1813, défense de Glogau.
JOLY, col., B. 27 août 1813, combat de Lubnitz (Saxe).

2ᵉ Régiment (1813) (1).

13 mai 1813, dans une reconnaissance sur Radebourg (Saxe).
RASSICH, capit., B.
ROSMAN, lieut., B.
STOISAVLIEVICH, lieut., B.
RATISTICH, s.-lieut., B.
CZINDRICH, s.-lieut., B.
JAEH, s.-lieut., B.

21 mai 1813, bataille de Wurschen.
MIHALLICH, lieut., T.
SERTICH, s.-lieut., T.
MAMULLA, col., B.
LANG, chef de bat., B.
GORNEAU, capit., B.
VISCHNICH, capit., B.
LANGERMANN, lieut., B.
SAJATOVICH, lieut., B.
CHILLOT, s.-lieut., B.
DRAGOVICH, s.-lieut., B.
BEKEN, s.-lieut., B.

(1) Formé des 3ᵉ et 4ᵉ régiments croates.

3ᵉ Régiment (1812) (1).

27 juill. 1812, combat d'avant-postes, Russie.
LEROY, lieut., B.
VIOT, lieut., B.

18 août 1812, bataille de Polotsk.
OBRADOVICH, s.-lieut., B. (mort le 30).
REBRACHA, capit., B.

(1) Formé des 1ᵉʳ et 2ᵉ régiments croates.

VIOT, lieut., B.
MARC, lieut., B.

18 oct. 1812, combat de Polotsk.
MATHIEVICH, capit., T.
JOLY, col., B.
POMPONNE, capit., B.
ROZEVILLE, capit., B.
MURICH, capit., B.
REBRACHA, capit., B.

Mirkovich, capit., B. (mort).
Magyerchich, lieut., B.
Boroevich, s.-lieut., B.
Czernkowich, s.-lieut., B.

31 oct. 1812, *pendant la retraite*.
Michel, s.-lieut., B.
Karaicza, s.-lieut., B.

28 nov. 1812, *bataille de la Bérésina*.
Larroux, capit., B. (mort le 23 déc.).
Milakara, lieut., B. (mort le 31 déc.).
Joly, col., B.
Cottenet, chef de bat., B.

Vacanovich, chef de bat., B.
Janianin, capit., B.
Thodorovich, capit., B.
Rozeville, capit., B.
Dragich, lieut., B.
Werther, lieut., B.
Zenkovich, lieut., B.
Boroevich, s.-lieut., B.
Petot, lieut., B.
Czernoevich, s.-lieut., B.
Berlikovich, s.-lieut., B.
Paspaly, s.-lieut., B.
Budich, s.-lieut., B.
Gyurich, s.-lieut., B.

RÉGIMENTS PROVINCIAUX CROATES (1809-1814)

1" Régiment d'infanterie (Licca).

Havlikovich, s.-lieut., B. 7 avril 1811, dans une affaire à Gorice.

2e Régiment d'infanterie (Ottochatz).

Oreskovich, s.-lieut., B. 10 mai 1813, dans une émeute en Illyrie.

Tonkovich, capit., B. 12 sept. 1813, en escortant un convoi à Zara.

3e Régiment d'infanterie (Ogulin).

16 mars 1810, *combat contre des brigands à Zerzatz*.
Serrant, col., B.
Lang, capit., B.
Kerpan, lieut., B.

Roux, chirurg. S.-A.-M., B. juin 1811, dans une rue de Reau (Illyrie).

N., s.-lieut., T. 14 févr. 1812, affaire de Rastel-Proscheni-Kamen.
N., capit., assassiné le 13 sept. 1813, dans une émeute à Budua.
Français, chirurg.-A.-M., B. 15 oct. 1813, défense du fort de Castelnuovo (Albanie).

4e Régiment d'infanterie (Szluin).

9 janv. 1814, *défense de Raguse*.
Delarue, lieut., A.-M., B.

Mihalich, lieut., B.

5e Régiment d'infanterie (1er bannat).

Cazin, lieut., B. 9 janv. 1814, défense de Raguse.

6e Régiment d'infanterie (2e bannat).

Kowachich, lieut., B. octobre 1813, défense de Sebenico.

1ᵉʳ Régiment de hussards croates (1).

BEUNAT, s.-lieut., B. 15 août 1813, affaire près de Brunck (Tyrol).

DE CHAMBY, s.-lieut., B. 10 nov. 1813, combat d'Alba (Tyrol).

(1) Régiment formé en 1813.

BATAILLONS ÉTRANGERS

1ᵉʳ Bataillon (1805-1813).

BRACK, s.-lieut., B. 16 avril 1812, dans une batterie du Helder.
MULLER, capit. A.-M., B. 12 janv. 1813, combat contre des contrebandiers près du Helder.

BLUSSARD, lieut., B. 18 mai 1813, dans une affaire contre des péniches anglaises au Helder.

2ᵉ Bataillon (1805-1813).

DELU, capit., T. 25 mai 1809, défense de l'île de la Pianosa (île d'Elbe).
TASSY, s.-lieut., B. 27 oct. 1812, en défendant la tour de Fiumicino, près de Rome, contre les Anglais.
FIORIO, capit., B. 12 juin 1813, étant en colonne mobile près Civita-Vecchia.

JACOBOSKY, lieut., B. 16 août 1813, affaire près de Porto-d'Anzo (Italie).
KOËNIG, lieut., B. 4 oct. 1813, affaire de Sainte-Marinella (Corse).

3ᵉ Bataillon (1809-1813).

DE MÉRITENS, s.-lieut., B. 13 juill. 1812, par des brigands portugais.
FRANCESCHETTI, lieut., B. 20 mai 1813, défense de l'île d'Elbe.
DE MÉRITENS, lieut., B. 8 déc. 1813, défense de Livourne.

14 déc. 1813, attaque du faubourg (défense de Livourne).
SALLES, chef de bat., T.
DE MARTANGE, capit., B.
LOBBO, capit., B.

RÉGIMENT DE WESTPHALIE (1807-1809) (1)

28 juin 1808, attaque de Valence (Espagne).
WEYGOLD, lieut., B. (mort en nov.).
HOLTGREVEN, s.-lieut., B. (mᵗ le 6 août).
WENIGER, s.-lieut., T.

SANDFORT, s.-lieut., B. (mort le 26 mars 1809).
SCHENCK, chef de bat., B.
KORDELL, capit., B.
JUNGBLUTT, capit., B.

(1) Devenu, le 3 janvier 1809, bataillon d'infanterie légère de Westphalie.

LINDENKAMPF, s.-lieut., B. 6 mars 1809, dans une reconnaissance, Espagne.

VI

TROUPES A CHEVAL

I

COMPAGNIE D'ÉLITE DU GRAND QUARTIER GÉNÉRAL (1)

TRÉMAULT, s.-lieut., B. oct. 1808, combat de San-Pedro (Espagne).
LAURENT, s.-lieut., 4 nov. 1812, affaire route d'Orcha.

(1) Ex-compagnie des guides-interprètes.

FAGET, capit., T. 16 nov. 1812, bataille de Krasnoë.

25 mars 1814, combat de Fère-Champenoise.
TRÉMAULT, capit., B.
GUERRE, lieut., B.

CARABINIERS

1ᵉʳ Régiment.

20 oct. 1805, combat de Nuremberg.
COCHOIS, col., B.
LABEILLE, lieut., B.
SCARAMPI, lieut., B.

2 déc. 1805, bataille d'Austerlitz.
CHOUARD, chef d'escad., B.
GERSON, capit., B.
ALBERT, lieut., B.
CHEVILLET, lieut., B.
COIFFIER, s.-lieut., B.
BRÉJAT, s.-lieut., B.

MALLAT, lieut., B. 16 févr. 1807, combat d'Ostrolenka.
TACQUET, s.-lieut., B. 10 mars 1807, au pont de Emulew, près de Willemberg (mort le même jour).

14 juin 1807, bataille de Friedland.
POINTE, chef d'escad., T.

BIENDINÉ, capit., T.
CLÉMENT DE RIS, s.-lieut., T.
PÉRIGNON, s.-lieut., T.
CHAMBROTTE, s.-lieut., T.
CHEVILLET, lieut., B.
BRÉJAT, s.-lieut., B.
CHANTEL, s.-lieut., B.
CRUQUEMBOURG, s.-lieut., B.
MACRÉAUX, s.-lieut., B.
VINCENOT, s.-lieut., B.
LEROY, s.-lieut., B.

ALBERT, capit., B. 21 avril 1809, combat de Landshut.

23 avril 1809, combat de Ratisbonne.
CHRISTOPHE-NOGRAT, s.-lieut., T.
LAROCHE, col., B.
ARTUS, capit., B.
BAILLY, capit., B.
CHEVILLET, lieut., B.

BÉGRAND, lieut., B.
ALGAY, lieut., B.
MACRÉAUX, s.-lieut., B.

6 juill. 1809, bataille de Wagram.
THÉVENIN, capit., T.
CRÉMÉRIUS, lieut., T.
MATHIEU, s.-lieut., T.
FAUCONNET, chef d'escad., B.
GERSON, capit., B.
LABEILLE, capit., B.
ALBERT, capit., B.
LEROY, lieut., B.
BRÉJAT, lieut., B.
ETIENNE, lieut., B.
GALL, s.-lieut., B.
PAILLOT, s.-lieut., B.
JUVING, s.-lieut., B.
AUBRICOURT, s.-lieut., B.

MORETON DE CHABRILLAN, s.-lieut., T. 27 août 1812, affaire près de Mohilew.

7 sept. 1812, bataille de la Moskowa.
BAILLY, capit., T.
LARIBOISSIÈRE, lieut., B. (mort).
AUBRICOURT, s.-lieut., T.
BAILLIENCOURT, chef d'escad., B.
ALGAY, capit., B.
GOËTZ, lieut., B.
VINCENOT, lieut., B.
MATHIEU, lieut., B.
LA ROCHEJAQUELIN, s.-lieut., B.
MILLET, s.-lieut., B.
PYRR, s.-lieut., B.

TOULONGEON, capit., B. 8 sept. 1812, combat route de Mojaïsk.

18 oct. 1812, combat de Winkowo.
BAILLET, lieut., B.
PYRR, s.-lieut., B.
DE BEAUVAU-CRAON, s.-lieut., B.

LE BON, s.-lieut., B. 24 mai 1813, affaire de Könnern, près de Halle.

27 août 1813, combat de Lübnitz.
GUILLAUME, capit., B.
PAILLOT, lieut., B.
DENIS, s.-lieut., B.
GUÉRIN, s.-lieut., B.

27 août 1813, bataille de Dresde.
JOANNÈS, chef d'escad., B.
GUÉRIN, s.-lieut., B.

14 oct. 1813, combat de Mersdorff.
VHITILY, capit., B.
JOUGLET, s.-lieut., B.

16 et 18 oct. 1813, bataille de Leipzig.
VARLIER, lieut., T. 18.
CHERSON, lieut., B. 18 (mort le 6 déc.).
CÉSILLON, lieut., B. 18 (mort le 2 déc.).
AUZEMBERGER, lieut., B. 18 (mort le 21).
JOANNÈS, chef d'escad., B. 18.
CHANTEL, capit., B. 18.
ETIENNE, capit., B. 16.
BAILLET, lieut., B. 18.

30 oct. 1813, bataille de Hanau.
GALL, chef d'escad., T. 29.
LARI, s.-lieut., B.
SENOCQ, s.-lieut., B.
PARIS, s.-lieut., B.

DESPÉRAIS DE NEUILLY, s.-lieut., B. 14 oct. 1813, comb^t devant Magdebourg.
BAILLIENCOURT, col., B. 3 fév. 1814, combat de la Chaussée près de Châlons.
PHILIPPE, capit., B. 30 mars 1814, bataille de Paris.

18 juin 1815, bataille de Waterloo.
BEL, major, T.
JOANNÈS, chef d'escad., T.
VINCENOT, capit., B. et D.
CRÉSEL, lieut., T.
PAILLOT, lieut., T.
MATHIEU, s.-lieut., T.
VERRIQUET, s.-lieut., T.
LE BON, s.-lieut., T.
ROGÉ, col., B.
COIFFIER, chef d'escad., B.
MENGIN, capit., B.
MACDERMOTT, capit. A.-M., B.
MANNECHALLE, capit., B.
ETIENNE, capit., B.
MACRÉAUX, capit., B.
MILLET, lieut., B.
PARIS, lieut., B.
JOUGLET, s.-lieut., B.
BÉNARD, s.-lieut., B.
JULIEN, s.-lieut., B.
CHAUDRON, s.-lieut., B.

2ᵉ Régiment.

2 déc. 1805, *bataille d'Austerlitz.*
VANROYE, lieut., B. (mort le 14).
GRIMBLOT, chef d'escad., B.
PLANÇON, lieut., B.
LEGENDRE, s.-lieut., B.

CARDON, chef d'escad., T. 10 juin 1807, bataille d'Heilsberg.

14 *juin* 1807, *bataille de Friedland.*
LIBERA, s.-lieut., B.
MICHEL, lieut., B.
DE L'ESPINAY, s.-lieut., B.
NORMAND, lieut., B.

SALVAING, s.-lieut., B. 23 nov. 1806, bataille de Tudela.

23 *avril* 1809, *combat de Ratisbonne.*
TORQUE, capit., T.
PHILIPPE, s.-lieut., T.
MATHIEU, capit., B.
MATHIEU (R.), capit., B.
SAUTEREAU-DUPART, s.-lieut., B.
BOUDARD, s.-lieut., B.

22 *mai* 1809, *bataille d'Essling.*
BERCKHEIM, lieut. A.-M., B.
MAZZUCHI, s.-lieut., B.
CREVEAUX, s.-lieut., B.

6 *juill.* 1809, *bataille de Wagram.*
DELAMARRE, capit., T.
JACQUEMIN (J.-N.), lieut., B. (mort le 11).
MATHIEU, capit., B.
MATHIEU (R.), capit., B.
MIDY, capit., B.
DUBARAIL, lieut., B.
LE GENDRE, capit., B.
SAUTEREAU-DUPART, lieut., B.
CORVISART, s.-lieut., B.
DE LESPINAY, s.-lieut., B.
HÉDOUVILLE, s.-lieut., B.
BASSIGNY, s.-lieut., B.
PRUDHOMME, s.-lieut., B.
MAZZUCHI, s.-lieut., B.

7 *sept.* 1812, *bataille de la Moskowa.*
BERCKHEIM, chef d'escad., T.
DEJOSÉ, lieut., T.

BLANCARD, col., B.
VIEL, chef d'escad., B.
BENOIT, capit., B.
D'ARBALESTRIER, s.-lieut., B.
PRÉVÔT-SANSAC DE FOUCHIMBERT, lᵗ, B.
AUBLIN, s.-lieut., B.
LANGLOIS, s.-lieut., B.

18 *oct.* 1812, *combat de Winkowo.*
BLANCARD, col., B.
DE PRÉAUX, capit., B.
MATHIEU, capit., B.
SAUTEREAU-DUPART, lieut. A.-M., B.
CRÉVAUX, lieut., B.
PRUDHOMME, lieut., B.
DE MAILLY, s.-lieut., B.
MAZZUCHI, s.-lieut., B.
PAYS, s.-lieut., B.
DAVIGO, s.-lieut., B.

ANGOT, s.-lieut., T. 6 déc. 1812, pendant la retraite près de Smorgony.

16 *et* 18 *oct.* 1813, *bataille de Leipzig.*
MIDY, chef d'escad., T. 18.
MARESCHAL (1), chef d'escad., T. 18.
BEAUDELET, lieut., T. 18.
SAUTEREAU-DUPART, capit., B. 18.
DE PRÉAUX, capit., B. 18.
DUBARAIL, capit., B. 18.
DÉSAUX, s.-lieut., B. 18.
LAMOTTE, s.-lieut., B. 16.

DAVOUST, capit., B. 23 oct. 1813, affaire devant Buttelstedt.

Oct. 1813, *bataille de Hanau.*
PILLARD, s.-lieut., B. 29.
PAYS, s.-lieut., B. 30.
GILLIER, s.-lieut., B. 30.

3 *mars* 1814, *combat du pont de la Guillotière.*
D'ARGENT, capit., B.
LANGLOIS, s.-lieut., B.
DE LAUNAY, lieut., B.

D'OUTREMONT, s.-lieut., T. 23 mars 1814, affaire de Vitry.

(1) Mareschal de Sauvagney.

18 *juin* 1815, *bataille de Waterloo.*
Aronio, capit., B. (mort le 1ᵉʳ févr. 1816).
Gryon, lieut., B. (mort le 1ᵉʳ juill.).
Lemaitre, s.-lieut., T.
Benoit, chef d'escad., B.
D'Argent, capit., B.
Forey, capit., B.

De Hédouville, lieut., B.
Chopard, lieut., B.
Thiriet, s.-lieut., B.
Gillier, s.-lieut., B.
Langlois, s.-lieut., B.
Decomble, s.-lieut., B.

CUIRASSIERS

1ᵉʳ Régiment.

Faure, lieut., B. 17 oct. 1805, combat de Nordlingen.

2 *déc.* 1805, *bataille d'Austerlitz.*
Thuon, lieut., B. (mort le 9).
Céglas, s.-lieut., T.
Demougin, chef d'escad., B.
Monteil, capit., B.
Dessaignes, s.-lieut., B.

14 *oct.* 1806, *bataille d'Iéna.*
Roize, chef d'escad., B.
Monteil, capit., B.

6 *févr.* 1807, *combat de Hoff.*
Roize, chef d'escad., B.
Fribis, capit., B.
Marais, s.-lieut., B.
Dauphin, s.-lieut., B.
Cade (1), s.-lieut., B.

8 *févr.* 1807, *bataille d'Eylau.*
Schlesser, lieut. A.-M., T.
Jarsaillon, lieut., T.
Odiot, lieut., T.
Dennefert, capit., B.
Fribis, capit., B.
Rodey, capit., B.
Gérard, s.-lieut., B.
Maublanc, s.-lieut., B.
Grosselin, s.-lieut., B.
Vidame, s.-lieut., B.

Reder, s.-lieut., B. 15 juin 1807, combat devant Kœnigsberg.

22 *avril* 1809, *bataille d'Eckmühl.*
Monteil, chef d'escad., B.

(1) A pris un drapeau russe.

Dauphin, lieut., B.

21 et 22 *mai* 1809, *bataille d'Essling.*
Fontaine, capitaine, B. (mort le 10 août).
Debraine, s.-lieut., T. 21.
Varroquaux, s.-lieut., T.
Delpeche, s.-lieut., T.
Dussère, s.-lieut., T.
Maubert, chef d'escad., B.
Dennefert, chef d'escad., B.
Pierredon, capit., B.
Petit, capit., B.
Dauphin, capit., B.
Desfossés, capit., B.
De Berckheim, lieut., B.
Thourette, lieut., B.
Bourlon de Chevigny, s.-lieut., B.
Humbert (L.), s.-lieut., B.
Guerrin, s.-lieut., B.
Dietrich, s.-lieut., B.
Henry, s.-lieut., B.
Jarleau, s.-lieut., B.

Maubert, chef d'escad., B. 6 juill. 1809, bataille de Wagram.

9 *juill.* 1809, *combat d'Hollabrünn.*
Fribis, capit., T.
Maublanc, lieut., B.

Gérard, capit., B. 9 juill. 1809, aux avant-postes (mort le 3 sept.).
Béaslay, lieut., B. 11 juill. 1809, bataille de Znaïm.
Cade, capit., B. 12 août 1812, combat de Krasnoë.

7 *sept.* 1812, *bataille de la Moskowa.*
Dessaignes, chef d'escad., B.

CUIRASSIERS 521

PETIT, capit., B.
BEASLAY, lieut., B.

18 oct. 1812, combat de Winkowo.
GROSSELIN, capit., B.
ORIOT, capit., B.
THOURETTE, capit., B.
DAUPHIN, capit., B.
PETIT, capit., B.
BERNARD, lieut., B.
GUERRIN, lieut., B.
BOURZAC, s.-lieut., B.

MOUGEOT, s.-lieut., B. 15 nov. 1812, combat de Koyldanowo.

18 nov. 1812, bataille de Krasnoë.
CADE, capit., B.
GUERRIN, lieut., B.

THOURETTE, capit., B. 12 déc. 1812, combat devant Kowno.
BERNARD, lieut., B. 26 mai 1813, combat en Silésie.
DEHEZ, lieut., B. 26 août 1813, combat de Jauer.
CLÉMENT, s.-lieut., T. 10 oct. 1813, combat devant Leipzig.

16 et 18 oct. 1813, bataille de Leipzig.
PIERREDON, capit., B. 18.
PARÈS, s.-lieut., B. 18.
HUMBERT (Ch.), s.-lieut., B. 18.
BOURZAC, s.-lieut., B. 16.
DE LABROSSE, s.-lieut., B. 16.

30 oct. 1813, bataille de Hanau.
FAURE, capit., T.
CLERC, col., B.

MAUBERT, chef d'escad., B.
THOURETTE, capit., B.
DAUPHIN, capit., B.
DEHEZ, capit., B.
LIMOZIN, s.-lieut., B.
DE PERTHUIS, s.-lieut., B.
DE LABROSSE, s.-lieut., B.

DAUPHIN, capit., B. 3 févr. 1814, combat de la Chaussée, près de Châlons.
LIMOZIN, s.-lieut., B. 25 mars 1814, affaire près de Sézanne.
LEROUX, s.-lieut., B. 27 mars 1814, combat sur la route de Thionville.

30 mars 1814, bataille de Paris.
NADAL, lieut., B. (mort le 4 mai).
CLERC, col., B.
BOURLON DE CHEVIGNY, capit. A.-M., B.

18 juin 1815, bataille de Waterloo.
POINSOT, capit. A.-M., T.
BERVILLES, capit., T.
BEASLAY, lieut., T.
EHRET, lieut., T.
ORDENER, col., B.
DE RENNEBERG, chef d'escad., B.
PATZIUS, chef d'escad., B.
BLANCHET, capit., B.
HUSS, capit., B.
MAUGER, capit., B.
BERVILLER, lieut., B.
BERNARD, lieut., B.
BON, s.-lieut., B.
THORRÉ, s.-lieut., B.
BACHELEY, s.-lieut., B.
NÉNOT, s.-lieut., B.
ROCHE, s.-lieut., B.

2ᵉ Régiment.

2 déc. 1805, bataille d'Austerlitz.
YVENDORFF, col., B.
BOUDAILLE, lieut., B.

14 juin 1807, bataille de Friedland.
BELLART, lieut., T.
PHILIPPE, capit., B.
DUPERROIR, capit., B.
SAINT-GEORGES, s.-lieut., B.

BIARDÉ, s.-lieut., B.

QUINTO, chef d'escad., B. 23 avril 1809, combat de Ratisbonne.

22 mai 1809, bataille d'Essling.
BENOIT-CHRISTOPHE, capit., B.
VILLEMAIN, capit., B.
PICARD, lieut., B.

KALTEMBACHER, s.-lieut., B.
DESPORTES, s.-lieut., B.

6 juill. 1809, bataille de Wagram.
SAINT-GEORGES, lieut., T.
GASNE, lieut., T.
PICARD, lieut., B. (mort le 24).
LEMAIRE, s.lieut., T.
DESPORTES, s.-lieut., T.
QUINTO, chef de d'escad., B.
VILLEMAIN, capit., B.
CHATILLON, capit., B.
GAILLET, capit., B.
NEVEU, lieut., B.
GUILLEMINOT, lieut., B.
CHAMBELLAND, s.-lieut., B.
QUINTIN, s.-lieut., B.
LACROIX, s.-lieut., B.
TOURNEBU, s.-lieut., B.

7 sept. 1812, bataille de la Moskowa.
VION, s.-lieut., B. (mort en oct.).
DUBOIS, chef d'escad., B.
PHILIPPE, capit., B.
MILLOT, capit., B.
BOISPINEL, capit., B.
DUPERROIR, capit., B.
KALTEMBACHER, capit., B.
POINSOT, s.-lieut., B.
DE SALLMARD, s.-lieut., B.

LARIBIÈRE, capit., B. 18 oct. 1812, combat de Winkowo.
GERBU, s.-lieut., B. 13 nov. 1812, combat devant Smolensk.
KALTEMBACHER, capit., B. 21 nov. 1812, combat pendant la retraite.
DE CACQUERAY, s.-lieut., B. 12 déc. 1812, par des cosaques, près de Kowno.
DE LA LOYÈRE, chef d'escad., B. 2 mai 1813, bataille de Lutzen.

27 août 1813, bataille de Dresde.
ANOUL, s.-lieut., T.
DUPERROIR, chef d'escad., B.
PHILIPPE, chef d'escad., B.
GERBU, s.-lieut., B.
DE BASTARD, s.-lieut., B.

16 et 18 oct. 1813, bataille de Leipzig.
BARLIER, s.-lieut., T. 16.
ROMAND, s.-lieut., T. 18.
ROLLAND, col., B. 16.
LARIBIÈRE, capit., B. 16.
DAVID, capit., B. 16.
CHAMBELLANT, capit., B. 18.
DE BASTARD, s.-lieut., B. 16.
SAINT-MAURICE (1), s.-lieut., B. 16.

1ᵉʳ févr. 1814, bataille de la Rothière.
POINSOT, capit., B.
BASCOP, s.-lieut., B.

PAQUELIN, lieut., B. 9 févr. 1814, étant en reconnaissance.
MORIN, col., B. 14 févr. 1814, combat de Vauchamps (mort le 20).
GERBU, s.-lieut., B. 25 févr. 1814, affaire près de Troyes.

9 mars 1814, combat d'Athies.
DUPERROIR, chef d'escad., B.
DROZ, s.-lieut., B.
AUGER, s.-lieut., B.

18 juin 1815, bataille de Waterloo.
PETITOT, chef d'escad., B. (mort le 29 août).
ECARTS, lieut. A.-M., B. et D.
GRANDJEAN, col., B.
SPENNEL, major, B.
NICOD, capit., B.
GUÉPRATTE, capit., B.
CUNY, capit., B.
QUINTIN, lieut., B.
LAVAL, lieut., B.
DE BERCKHEIM, lieut., B.
SANTON, s.-lieut., B.
DROZ, s.-lieut., B.
LUCOTTE, s.-lieut., B.
CHAILLOT, s.-lieut., B.
LERASSE, s.-lieut., B.
BUIRET, s.-lieut., B.

---

(1) Barboyrac de

3ᵉ Régiment.

2 déc. 1805, bataille d'Austerlitz.
CHAUVIN, capit., T.
DENIS, capit., T.
ROMAGNY, capit., T.
LEDROIT, lieut., T.
LANG, capit. A.-M., B.
COMBES, capit., B.
VETTER, lieut., B.
VAQUIÉ, s.-lieut., B.

14 juin 1807, bataille de Friedland.
GIRARDIN, s.-lieut., T.
DARNAL, s.-lieut., T.
JACQUET, chef d'escad., B.
AVOINE, capit., B.
MARCHANT, lieut., B.
GAIGNEMALLE, lieut., B.
DE BANAN, lieut., B.

22 avril 1809, bataille d'Eckmühl.
COMTE, s.-lieut., B. (mort le 25 mai).
GAVORY, capit., B.

21 et 22 mai 1809, bataille d'Essling.
BLANCHARD, chef d'escad., T. 21.
VETTER, chef d'escad., T. 22.
DUTREUX, capit., T. 21.
DEMAY, s.-lieut., T. 21.
BELLEGARDE, s.-lieut., T. 22.
BOSSU, s.-lieut., T. 22.
RICHTER, col., B. 22.
BOUDIN, capit., B. 22.
BRESSE, capit., B. 22.
BAGUET, lieut., B. 21.
LAMARTRE, s.-lieut., B. 22.
MOREL, s.-lieut., B. 21.
BOULANGER, s.-lieut., B. 22.
GRIMAULT, s.-lieut., B. 22.
CRÉVAUX, s.-lieut., B. 22.
PORTIER, s.-lieut., B. 22.
BENOIT, s.-lieut., B. 22.
HARDY, s.-lieut., B. 22.

6 juill. 1809, bataille de Wagram.
LEGROS, lieut., T.
BOUDIN, capit , B.
DE BANAN, lieut. A.-M., B.
LAMARTRE, s.-lieut., B.

7 sept. 1812, bataille de la Moskowa.
CELLARD, s.-lieut., T.
BARON-PIERRE, capit., B.
GUÉRIN, lieut., B.
ARBORY DE MAMONY, lieut., B.
DAVID, s.-lieut., B.
DE BOULLIERS, s.-lieut., B.
HAMAÏDE, s.-lieut., B.
RICHTER, s.-lieut., B.

4 oct. 1812, combat devant Moscou.
BLONDELLE, s.-lieut., B.
HAMAÏDE, s.-lieut., B.

REMOND, capit., B. 18 oct. 1812, combat de Winkowo.
CASTELLANI DE MERLANI, s.-lieut., D. le 28 nov. 1812, à la Bérésina.
DE RILLIET, s.-lieut., B. 28 nov. 1812, passage de la Bérésina.
DE LARUELLE, s.-lieut., B. et D. le 6 déc. 1812, route de Wilna.
PINEAU, lieut., B. 21 mai 1813, bataille de Wurschen.
BAILLY, chef d'escad., B. 27 août 1813, bataille de Dresde.
LAVAL, lieut., B. 16 sept. 1813, combat devant Dantzig.

16 et 18 oct. 1813, bataille de Leipzig.
LACROIX, col., B. 18.
BAILLY, chef d'escad., B. 18.
DÉPRÉCOURT, chef d'escad., B. 16.
BAUZIL, chef d'escad., B. 16.
MONTAULIEU, capit., B. 16.
PORTIER, capit., B. 16.
BRESSE, capit., B. 16.
DE BANAN, capit., B. 18.
GÉRARD, lieut., B. 16.
CHANZY, s.-lieut., B. les 16 et 18.
ADMENT, s.-lieut., B. 16.
PETIT, s.-lieut., B. 18.
LEROY, s.-lieut., B. 16.
CALERY, s.-lieut., B. 18.

BAUZIL, chef d'escad., B. 1ᵉʳ févr. 1814, bataille de la Rothière.

10 févr. 1814, bataille de Champaubert.
MONTAULIEU, capit., B.

BOULANGER, lieut., B.

LE ROY, s.-lieut., B. 4 mars 1814, dans une reconnaissance (mort le 22).

25 mars 1814,
combat de Fère-Champenoise.
DE RILLIET, s.-lieut., B.
CHANZY, s.-lieut., B.
ROUBIN, s.-lieut., B.
ROGER, s.-lieut., B.

18 juin 1815, bataille de Waterloo.
LACROIX, col., B. (mort le 30).

RICHTER, capit., T.
MAMOUY, capit., B.
PORTIER, capit., B.
MORAINE dit MOREL, capit., B.
CAREL, capit., B.
CHANDRU, lieut., B.
JOUDIOUX, lieut., B.
ROYER, s.-lieut., B.
MOULIN, s.-lieut., B.
VINCQ, s.-lieut., B.
DE BOULLIERS, lieut., B.
BERTRAND, s.-lieut., B.

4ᵉ Régiment.

11 et 12 févr. 1807,
combats de Marienwerder.
CHIPAULT, chef d'escad., B. 12.
GILLE, s.-lieut., B. 11.

10 juin 1807, bataille d'Heilsberg.
ROCHE, capit., T.
PETITPAS, lieut. A.-M., T.
TÉLINGE, lieut., T.
HERBAULT, col., B.
CHIFAULT, chef d'escad., B.
HERBET, lieut., B.
PLANÇON, capit., B.
LAMOTHE, capit., B.
COFFIN, lieut., B.
HERBAULT, s.-lieut., B.
PETITJEAN, s.-lieut., B.

CHIPAULT, chef d'escad., B. 14 juin 1807, bataille de Friedland.

21 et 22 mai 1809, bataille d'Essling.
HERBAULT, lieut., B. 21 (mort le 5 juin).
DEVAUSSAY, lieut., T.
LIÉTARD, lieut., T.
MALLET, s.-lieut., T.
MURAT-SISTRIÈRES, chef d'escad., B. 22.
MAUGER, capit. A.-M., B.
PLANÇON, capit., B.
HARDY, capit., B.
LECHEVALLIER, capit., B.
MAILLOT, capit., B.
ERMOUGEON, capit., B.
GILLE, lieut., B.
BIOT, lieut., B.

DEMÉLÉ, s.-lieut., B.
MAUGER (C.), s.-lieut., B.
DELAVIGNE, chirurg. A.-M., B.
CONTADES, s.-lieut., B.

6 juill. 1809, bataille de Wagram.
Prince BORGHÈSE, col., B.
MURAT-SISTRIÈRES, chef d'escad., B.
PLANÇON, capit., B.
LECHEVALLIER, capit., B.
DE MORELL, lieut. A.-M., B.
GOUPIL DE PREFELN, lieut., B.
ORMANCEY, lieut., B.
RAYNAL, s.-lieut., B.
HAMEL, s.-lieut., B.

DE SAINT-MAUR DE PRUD'HOMME, s.-lieut., T. 21 janv. 1810, combat de Mollet (Catalogne).

11 août 1812, combat devant Polotsk.
BARATTE, lieut., B. (mort).
MAUGER, capit. A.-M., B.
GOUPIL DE PREFELN, capit., B.
HOURS, s.-lieut., B.
RAYNAL, s.-lieut., B.

24 oct. 1812, combat devant Polotsk.
GILLE, capit., B.
VERSIGNY, capit, B.
SIMON, lieut. A.-M., B.
GILET, s.-lieut., B.
ROVERETTO, s.-lieut., B.

MANGEOT, s.-lieut., B. 31 oct. 1812, combat de Schasniki.

28 nov. 1812, bataille de la Bérésina.
DÉMÉLÉ, lieut., T.
LABARTHE, lieut., T.
JUBERT, chef d'escad., B. (mort le 11 janv. 1813).
DE MORELL, capit., B.
GOUPIL DE PREFELN, capit., B.
PELLECHET, capit., B.
VERSIGNY, capit., B.
FERTÉ, lieut., B.
DELBEZ, lieut., B.
RAYNAL, lieut., B.
MANGEOT, lieut., B.
ROVERETTO, s.-lieut., B.
VALLET, s.-lieut., B.
BRISSOTAUX, s.-lieut., B.

FERTÉ, lieut., B. 1er déc. 1812, route de Wilna, par des cosaques.
DOLIVERA, chirurg.-S.-A.-M., B. 15 déc. 1812, près du pont de Tilsit.
VALTER, chef d'escad., B. 24 mai 1813, aux avant-postes (Saxe).
MAUPRIVEZ, lieut., B. 27 août 1813, bataille de Dresde.

16, 18 et 19 oct. 1813, bataille de Leipzig.
GILET, lieut., T. 19.
DE LOUVENCOURT, chef d'escad., B. 16.
SIMON, capit A.-M., B. 16.
BAILLY, capit., B. 18.

ANGELLOZ, lieut., B. 3 déc. 1813, combat de Neuss.

1er janv. 1814, combat d'Hoggersheim.
DE LOUVENCOURT, chef d'escad., B.
ROUX, s.-lieut., B.

11 janv. 1814, combat d'Epinal.
GOUPIL DE PREFELN, capit., B.
RÉBILLOT, s.-lieut., B.
ROBIDET, s.-lieut., B.
AREXY, lieut., B.

BAILLY, capit., B. 1er févr. 1814, bataille de la Rothière.
DE MORELL, chef d'escad., B. 14 févr. 1814, bataille de Vauchamps.
NICOLAÏ, s.-lieut., B. 20 mars 1814, aux avant-postes (Hambourg).
MONTFORT, s.-lieut., B. 25 mars 1814, combat de Fère-Champenoise.
PELLECHET, capit., T. 1er avril 1814, à la 2e attaque de Compiègne.

18 juin 1815, bataille de Waterloo.
MARCHAND, capit. A.-M., T.
GOUPIL DE PREFELN, capit., T.
MARCREZ, lieut., B. (mort le 23).
DÉSEREINNES, s.-lieut., T.
DE MORELL, chef d'escad., B.
VERSIGNY, capit., B.
BAILLY, capit., B.
VIARD, lieut., B.
HERBULOT, s.-lieut., B.
ROBIDET, s.-lieut., B.
ROUX, s.-lieut., B.
ZAPPENFELD, s.-lieut., B.
AURAUX, s. lieut., B.
ANGELLOZ, s.-lieut., B.

5e Régiment.

2 déc. 1805, bataille d'Austerlitz.
BOULLAND, lieut., T.
RICHÉ, lieut., T.
PETIT, s.-lieut., T.
ROUSTANT, chef d'escad., B.
VEYSSET, lieut., B.
SAINT-GEORGES, s.-lieut., B.
DE LAMPINET, s.-lieut., B.

6 févr. 1807, combat de Hoff.
CASTAGNON, s.-lieut., T.
BONVALET, lieut., B.

8 févr. 1807, bataille d'Eylau.
JACQUEMIN, chef d'escad., T.
VAUTRIN, s.-lieut., T.
BERTHENOT, s.-lieut., T.
LAFERRIÈRE, s.-lieut., T.
DENONCIN, s.-lieut., T.
SAINT-ALBIN, capit., B.
HÉRISSANT, capit., B.
VEYSSET, capit., B.
DE LAMPINET, s.-lieut., B.

MOUGEOT, lieut., B. 2 mai 1808, insurrection de Madrid.

19 *juill.* 1808, *bataille de Baylen.*
VERNEREY, capit., B.
VERGNAUD, lieut., B.

22 *avril* 1809, *bataille d'Eckmühl.*
LEVILLAIN, lieut., T.
MAUROY, s.-lieut., B.

22 *mai* 1809, *bataille d'Essling,*
PERRIN, capit., T.
GUYOT, capit., T.
DIQUELON, s.-lieut., B. (mort le 12 juin).
CHAMPAGNAC, chef d'escad.
RONDOT, capit., B.
OURIET, lieut., B.
DE JOUVANCOURT, lieut., B.
DEMULDER, s.-lieut., B.
DEMOGES, s.-lieut., B.
DE MERCEY, s.-lieut., B.
SAINT-GEORGES, s.-lieut., B.
SOUBDÈS, s.-lieut., B.
ARMAND, s.-lieut., B. 21.
DE MIRAMONT, s.-lieut., B.
DE MONTAGU-LOMAGNE, lieut., B.

6 *juill.* 1809, *bataille de Wagram.*
GRILLOT, s.-lieut., B. (mort le 20 avril 1810).
DE LAMPINET, capit., B.

7 *sept.* 1812, *bataille de la Moskowa.*
JOHAM, s.-lieut., T.
VENERY, capit., B.
DE LAMPINET, capit., B.
FORQUIGNON, capit., B.
AUDRY, lieut., B.
LAMOTTE, lieut., B.
DUPRÉ, s.-lieut., B.
PETIT, s.-lieut., B.
POIGNANT, s.-lieut., B.
GUINECAGNE, s.-lieut., B.

JEANNOT, chef d'escad., B. (mort le 4 oct. 1812, combat de Kalouga).

18 *oct.* 1812, *combat de Winkowo.*
RONDOT, chef d'escad., B.
DE LAMPINET, capit., B.

9 *nov.* 1812, *combat de Smolensk.*
FRANQUEFORT, s.-lieut., T.
LE BAS, s.-lieut., B.

CARLIER, lieut., B. 18 oct. 1813, bataille de Leipzig.

30 *oct.* 1813, *bataille de Hanau.*
DE BROUVILLE, capit., B.
DEMULDER, lieut., B.
KANGE, s.-lieut., B.
COMMAUX, s.-lieut., B.
AUDRY, lieut., B. et D.

COURTEFOY, capit., B. 14 févr. 1814, bataille de Champaubert.

4 *mars* 1814, *combat près de Troyes.*
RONDOT, major, B.
COURTEFOY, capit., B.

14 *mars* 1814,
combat de Château-Thierry.
BILLAUDEL, chef d'escad., T.
LE BAS, lieut., B.

DE MONTAGU-LOMAGNE, capit., B. 25 mars 1814, combat de Fère-Champenoise.
LUCHAPT, lieut. A.-M., B. 16 juin 1815, bataille de Ligny (mort le 24).

18 *juin* 1815, *bataille de Waterloo.*
DELAROCHE, chef d'escad. T.
DEMULDER, lieut., T.
GOBERT. col., B.
LAMOTTE. capit., B.
BROUVILLE, capit., B.
DUBOIS, capit., B.
FORQUIGNON, capit., B.
MERCIER, lieut., B.
VANHEULLE, lieut., B.
NOIROT, s.-lieut., B.
POULAIN, s.-lieut., B.
DUCHAMBON, s.-lieut., B.
LEBAULT, s.-lieut., B.
BOUDIER, s.-lieut., B.

6ᵉ Régiment.

DE GONNEVILLE, s.-lieut., B. 3 févr. 1807, étant en reconnaissance.

10 juin 1807, bataille d'Heilsberg.
GAUTHIER, lieut., T.
DE LA BERTINIÈRE, lieut., B. (mort le 12).
BLANDIN, s.-lieut., T.
RIOULT-DAVENAY, col., B.
BOREL, chef d'escad., B.
BOUTELET, capit., B.
BEAUDICHON, capit., B.
LABUSSIÈRE, capit., B.
HABERT, lieut. A.-M., B.
BERBAIN, lieut., B.
LEDAIN, lieut., B.
MARULAZ, s.-lieut., B.
DE TILLY, s.-lieut., B.

21 et 22 mai 1809, bataille d'Essling.
LABUSSIÈRE, capit., T. 22.
CHERBONNIER, capit., T. 22.
MAZÉAT, capit., B. 22 (mort le 31).
LACOTTE, lieut., B. 22 (mort le 11 juill.).
DALLE, s.-lieut., T. 22.
PRUDHOMME, s.-lieut., T. 22.
D'AVRANGE D'HAUGERANVILLE, col., B. 22.
MALTON, chef d'escad., B. 21.
CARLIER, capit. A.-M., B. 22 (mort le 24 juin).
HABERT, capit., B. 22.
COLLAS, lieut. A.-M., B. 22.
METZ, lieut., B. 21.
DE BRYAS, lieut., B. 21.
CACATTE, lieut., B. 21.
DE POUILLY, lieut., B. 21.
DE LESPINASSE, s.-lieut., B. 22.

6 juill. 1809, bataille de Wagram.
PERRON, s.-lieut., B. (mort le 11).
D'AVRANGE D'HAUGERANVILLE, col., B.
DENOUÉ, capit., B.
DE TILLY, capit., B.
GUINAND, lieut., B.
BARNIQUE, s.-lieut., B.
PERRON, s.-lieut., B.
BEAUREPAIRE, s.-lieut., B.

7 sept. 1812, bataille de la Moskowa.
DE BRYAS, capit., B.
VERNET, capit., B.
BAILLY, lieut., B.
MARCOUX, s.-lieut., B.
BEAUREPAIRE, s.-lieut., B.

KAUFFER, capit., B. 18 oct. 1812, étant en reconnaissance près de Winkowo.

18 oct. 1812, combat de Winkowo.
VILQUIN, lieut., T.
DE TILLY, capit., B.
LAMOUREUX, capit., B.
GAULTIER, lieut., B.
LEBLOND, s.-lieut., B.

BAILLY, lieut., B. 4 nov. 1812, combat près de Wiasma.

21 nov. 1812, combat de Woronowo.
DE CAUX, s.-lieut., T.
CARLIER, capit., B.

DE CAUVIGNY, s.-lieut., B. nov. 1812, pendant la retraite (mort).
CHOUARD DE MAGNY, s.-lieut., T. 9 sept. 1813, combat de Weissenfeld.

16 et 18 oct. 1813, bataille de Leipzig.
COLLAS, chef d'escad., T. 18.
MÉNISSIER, lieut., T. 18.
JEANSON, s.-lieut., T. 18.
DE TILLY, capit. A.-M., B. 16.
DE BRYAS, capit., B. 16.
DUPORT DE SAINT-VICTOR, capit., B. 16.
JARRE, capit., B. 16.
LAMOUREUX, capit., B. 16.
RICHELET, lieut., B. 16.
HIBERT, lieut., B. 16.
SAILLARD, lieut., B. 18.
PAYARD, lieut., B. 18.
DE GRADY, s.-lieut., B. 16.
LAJARTHE, s.-lieut., B. 18.

RICHELET, lieut., B. 10 févr. 1814, bataille de Champaubert.
DE BRYAS, chef d'escad., B. 30 mars 1814, bataille de Paris.

16 juin 1815, bataille de Ligny.
PAYARD, lieut. A.-M., B.
HUMBERT, lieut., B.

18 juin 1815, bataille de Waterloo.
MARTIN, col., B.
DE TILLY, chef d'escad., B.
KEHL, chef d'escad., B.
MARULAZ, capit., B.
ARBEY, capit., B.
CARLIER, capit., B.
YUNG, capit., B.
VERNET, lieut., B.

HIBERT, lieut., B.
FRANQUARD, s.-lieut., B.
BIGNAULT, s.-lieut., B.
MARTIN, s.-lieut., B.
CARRÉ, s.-lieut., B.
DELAMOTTE, s.-lieut., B.
FORGEOT, s.-lieut., B.
MEUNIER, s.-lieut., B.

7· Régiment.

10 juin 1807, bataille d'Heilsberg.
LAFONTAINE, chef d'escad., T.
OFFENSTEIN, col., B.
SAVIOT, chef d'escad., B.
D'ABOS DE BINANVILLE, lieut., B. 23 juill. 1808, combat devant Saragosse (mort le 18 sept.).
TRÉCA, s.-lieut., B. 24 juill. 1808, affaire près de Barcelone.

21 et 22 mai 1809, bataille d'Essling.
HATRY, chef d'escad., B. 21.
LABORIER, capit., B. 21.
ROUSSEAU, capit., B. 21.
RICHOUX, capit. A.-M., B. 21.
LEMARCHANT, lieut. A.-M., B. 21.
FOULON, lieut., B. 21.
LAVILLLASSE, lieut., B. 21.
LECOINTE, lieut., B. 22.
VITRY, s.-lieut., B. 21.

6 juill. 1809, bataille de Wagram.
DUBOIS, col., B.
BOISSEAU, capit., B.
LAVILLASSE, capit., B.
MARTIGNON, lieut., B.
LEMARCHANT, capit., B.

WILHELM, s.-lieut., B. 18 août 1812, bataille de Polotsk.

18 oct. 1812, combat de Polotsk.
GUILLEMY, capit., B. (mort).
HUOT, lieut., B. (mort).
ROBERT., s.-lieut., T.
ORDENER, chef d'escad., B.
BRANDICOURT-MONTMOLIN, lieut., B.

MEYER, capit., B. 26 oct. 1812., combat de Polotsk.

30 oct. 1812, affaire de Yacht.
LOUP, chef d'escad., B.
HERBILLON, s.-lieut., B.

28 nov. 1812, bataille de la Bérésina.
CODÈRE, chef d'escad., B. (mort le 8 févr. 1813).
AUGIER, capit., B. et D.
REMY, s.-lieut., D.
SEVIN, s.-lieut., D.
LECLERC, s.-lieut., D.
ORDENER, chef d'escad., B.
LAMBERTY, chef d'escad., B.
LAVILLASSE, capit., B.
DE LAMOUSSAYE, capit., B.
MEYER, capit., B.
DUGUEN, lieut., B.
TRÉCA, lieut., B.
PATUREL, s.-lieut., B.
MORANDO, s.-lieut., B.
FORGEVILLE, s.-lieut., B.
HERBILLON, s.-lieut., B.
FLOQUET, s.-lieut., B.
BAUDOUX, s.-lieut., B.

24 mai 1813, combat près de Könnern.
LAVILLASSE, chef d'escad., B.
LECOINTE, capit., B.

DUGUEN, capit., B. 27 mai 1813, combat près de Goldberg.
BAZILE, s.-lieut., B. 26 août 1813, bataille de Dresde.

16 et 18 oct. 1813, bataille de Leipzig.
PAGÈS, lieut., T. 16.
DUGUEN, capit., B. 18.
BRANDICOURT-MONTMOLIN, lieut., B. 18.
HAZOTTE dit MASSON, lieut., B. 18.

CUIRASSIERS

1ᵉʳ janv. 1814, combat de Neustadt.
GOBERT, lieut. A.-M., D.
LAMAZELIÈRE, lieut., B.
DUGUEN, capit., B.
RANG, s.-lieut., B.

29 janv. 1814, bataille de Brienne.
DE LAMOUSSAYE, chef d'escad., T.
DÉMICHY, capit., T.

HEIN, lieut., B. 1ᵉʳ févr. 1814, bataille de la Rothière (mort le même jour).
BRANDICOURT-MONTMOLIN, capit., B. 8 mars 1814, affaire près de Craonne.
LONCLAS, lieut., D. le 25 mars 1814, combat de Fère-Champenoise.

18 juin 1815, bataille de Waterloo.
FORCEVILLE, lieut., T.
THERVAIS, s.-lieut., T.
ORDENER, lieut., B. (mort le 10 juill.).
LOUP, chef d'escad., B.
TRÉCA, capit., B.
PROVOST, capit., B.
DUBOIS, lieut., B.
MASSON, lieut., B.
DELBARRE, lieut., B.
DUTAUZIN, s.-lieut., B.
HANIN, s.-lieut., B.
BAUDOUX, s.-lieut., B.
RANG, s.-lieut., B.
DABADIE, s.-lieut., B.

8ᵉ Régiment.

GUÉRY, lieut., B. 29 janv. 1807, dans une affaire en Pologne (mort le 20 févr.).

10 juin 1807, bataille d'Heilsberg.
DE BAILLIENCOURT (Ch.), chef d'escad., B.
LALIRE, chef d'escad., B.
ROCHON, capit., B.
FAUCONNET, lieut., B.
D'HUBERT, lieut., B.
DAVID, s.-lieut., B.
MORIN, s.-lieut., B.
LECLERCQ, lieut. A.-M., B.
HENRIONNET, s.-lieut., B.

DEPOUILLY, s.-lieut., B. 8 nov. 1808, combat de Saint-André, près de Barcelone.

21 et 22 mai 1809, bataille d'Essling.
ROCHON, capit., B. (mort le 5 juill.).
JOUANET, capit., B. (mort le 8 juin).
COUCHAUD, lieut., T. 21.
LACHÈRE, s.-lieut., B. (mort le 26).
CHAZOURNÈS, s.-lieut., T. 22.
COLLOT, s.-lieut., B. (mort le 31).
MERLIN, col., B. 21.
LALIRE, chef d'escad., B.
DE BAILLIENCOURT, chef d'escad., B.
LECLERCQ, capit. A.-M., B. 21.
BOYER, capit., B. 21.
MUNIER, lieut., B.
BERTAUX, lieut., B. 21.

BISSON, lieut., B. 22.
D'HUBERT, lieut., B.
BRUNEAU, s.-lieut., B. 22.
COLLOT, s.-lieut., B. 21.
JUNEMANN, s.-lieut., B.
CEYRAT, s.-lieut., B.

LEBIS, lieut. B. juill. 1809, affaire de la Borghetta (Italie).

5 et 6 juill. 1809, bataille de Wagram.
LEBEL, lieut., T. 5.
DESÈQUE, s.-lieut., T. 5.
LALIRE, chef d'escad., B. 6.
HENRIONNET, s.-lieut., B. 6.
DAVID, lieut., B. 6.
BUOB, s.-lieut., B. 6.

7 sept. 1812, bataille de la Moskowa.
MARILLAC, capit., T.
DUBOULOZ, lieut., T.
DAVID, lieut., B. (mort).
VAUCONSENT, lieut., B. (mort).
GRANDJEAN, col., B.
DE BAILLIENCOURT (Ch.), chef d'esc., B.
FEUILLADE, chef d'escad., B.
DE BAILLIENCOURT (L.), capit., B.
MORIN, capit., B.
CEYRAT, capit., B.
MATHIS, lieut., B.
ATHIAUX, lieut., B.
D'AUBUISSON, s.-lieut., B.
GOBIN, s.-lieut., B.

DESFRANCS, s.-lieut., B.
BLANC, s.-lieut., B.

4 oct. 1812, *combat en avant de Moscou.*

CEYRAT, capit. A.-M., B.
LAFARGUE, capit., B.
BUOB, lieut., B.
OSSONCE, lieut., B.
LANCESSEUR, s.-lieut., B.
D'AUBUISSON, s.-lieut., B.
PETITFILS, s.-lieut., B.

18 oct. 1812, *combat de Winkowo.*

FAUCONNET, capit., B.
BISSON, capit., B.
HÉARD, s.-lieut., B.

RISTELHUBERT, capit., B. 3 nov. 1812, devant Wiasma (m^t le 18 févr. 1813).
MUNIER, capit., B. 16 nov. 1812, bataille de Krasnoë.
MARTIN, s.-lieut., B. 28 nov. 1812, aux ponts de la Bérésina (mort le 24 déc.).
MARQUIS, lieut., T., 29 août 1813, dans une sortie de la garnison de Dantzig.
BOUTROUX, s.-lieut., B. et D. le 16 oct. 1813, bataille de Leipzig.
PATZIUS, capit., B. 18 oct. 1813, bataille de Leipzig.

30 oct. 1813, *bataille de Hanau.*

LE BOURACHER, s.-lieut., B. (mort le 12 nov.).
LEFAIVRE, col., B.
DE BAILLIENCOURT (L.), chef d'escad., B. (mort le 8 déc.).
PARENT, lieut. A.-M., B.
GADRAD, lieut., B.
LANCESSEUR, s.-lieut., B.

FAUCONNET, capit., T. 3 févr. 1814, combat près de Châlons.
BALLAZARD, capit., B. 12 févr. 1814, combat de Château-Thierry.

14 févr. 1814, *bataille de Vauchamps.*

BERTAUX, capit., B.
FOUX, capit., B.

GARDET, s.-lieut., B. 15 févr. 1814, étant d'escorte près du général en chef.
PAGE, s.-lieut., B. 14 mars 1814, défense de Hambourg.
LALLEMAND, s.-lieut., B. 26 mars 1814, combat près de Sézanne (mort le 11 avril).
REYNAUD, chef d'escad., B. 30 mars 1814, bataille de Paris.
PARENT, lieut. A.-M., B. 31 mars 1814, combat devant Paris.

16 juin 1815, *bataille de Ligny.*

GARAVAQUE, col., B.
GUILLAUME, chef d'escad., B.
PARENT, capit. A.-M., B.
GADRAD, capit. A.-M., B.
BERTAUX, capit., B.
BISSON, capit., B.
GUÉRARD, lieut., B.
CHARTIN, lieut., B.
MESLÉ, lieut., B.
PETITFILS, s.-lieut., B.
BRISSET, s.-lieut., B.
PAGE, s.-lieut., B.
MAJORELLE, s.-lieut., B.

18 juin 1815, *bataille de Waterloo.*

CEYRA, capit., B.
ROBAS, lieut., B.
ESPAGNE, s.-lieut., B.
BLANC, s.-lieut., B.

9e Régiment.

2 déc. 1805, *bataille d'Austerlitz.*

LEBLANC, chef d'escad., B.
LECORDIER, s.-lieut., B.
CHOBRIAT, s.-lieut., B.
GUILLEMEAUX, lieut., B.

FREINÉAUX, s.-lieut., B. 23 avril 1807, combat en Pologne.

14 juin 1807, *bataille de Friedland.*

RIVAT, capit., T.
PAULTRE DE LAMOTTE, col., B.

CARRÉ, capit., B.

LEGRAND, s.-lieut., T. 2 mai 1808, insurrection de Madrid.

16 juill. 1808, *combat devant Baylen.*
LEFEBVRE, s.-lieut., B. (assassiné le même jour).
MONTLUZIN, s.-lieut., T.
PETITJEAN, s.-lieut., B. (mort le 3 nov.).

QUINTO, chef d'escad., B. 21 avril 1809, affaire près d'Eckmühl.

23 avril 1809, combat de Ratisbonne.
ROULIER, capit., B.
MILLOT, lieut., B.

LEBLANC, capit., B. 12 mai 1809, combat près de Vienne (devant le château de Schœnbrunn).

6 juill. 1809, *bataille de Wagram.*
PAULTRE DE LAMOTTE, col., B.
LAFLEUR, capit., B.
VIEL, capit., B.
MILLOT, lieut., B.
REVERCHON, lieut., B.
BECKING, s.-lieut., B.
GRANDIDIER, s.-lieut., B.

MORELLE, lieut., B. 25 juill. 1812, combat d'Ostrowno.

7 sept. 1812, *bataille de la Moskowa.*
MINÉ, lieut., T.
SIGRÉ, s.-lieut., T.
GRAMMONT, s.-lieut., T.
MURAT-SISTRIÈRES, col., B.
FERROUSSAT, chef d'escad., B.
DEBATZ dit CAZENEUVE, capit. A.-M., B.
CARRÉ, capit., B.
SECRÉTANT, lieut., B.
BECKING, lieut., B.
MAHIEU, lieut., B.
GIRAUD, s.-lieut., B.
DEROUSSE, s.-lieut., B.

CHARDARD, s.-lieut., B. 22 sept. 1812, combat près de Moscou.
GACHET, s.-lieut., B. 22 sept. 1812, combat près de Moscou (mort le 6 déc. à Wilna).

GRANDIDIER, lieut., T. 29 sept. 1812, dans une reconnaissance en avant de Moscou.

18 oct. 1812, *combat de Winkowo.*
ORIOT, capit., B.
LEPEIGNEUX, s.-lieut., B.

POINSIGNON, s.-lieut., T. 10 nov. 1812, combat près de Smolensk.
CARRIAGE, chirurg. A.-M., B. 27 nov. 1812, aux ponts de la Bérésina.
GRANDCOURT dit PIERRE, capit., B. 23 nov. 1812, combat près de Borisow.
NAU, lieut., B. 28 nov. 1812, aux ponts de la Bérésina (mort le 4 févr. 1813).
GIRAUD, s.-lieut., B. 24 mai 1813, combat en Saxe.

26 et 27 août 1813, bataille de Dresde.
MURAT-SISTRIÈRES, col., B. 27.
BARON, s.-lieut., B. 26 (mort le 30).

16 et 18 oct. 1813, bataille de Leipzig.
CONRAD, capit., T. 16.
HABERT, col., B. 16.
VILLIEZ, chef d'escad., B. 16.
LECHERPY, chef d'escad., B. 16.
RACLOT, capit., B. 18.
VIEL, capit., B. 18.
PATRIUS, capit., B. 18.
CHALENDARD, s.-lieut., B. 16.
ROUDIER, lieut., B. 18.
KUPPER, s.-lieut., B. 16.
THIRION, s.-lieut., B. 16.
LAVERNY, s.-lieut., B. 16.
JANSELME, s.-lieut., B. 16.
BONNAIRE, s.-lieut., B. 16.
DEJACE, s.-lieut., B. 16.

MORELLE, lieut. A.-M., B. 2 févr. 1814, combat près de Brienne.

16 juin 1815, bataille de Ligny.
CHAUVIN-DESROSIÈRES, capit., B.
DESCOUS, lieut., B.

18 juin 1815, bataille de Waterloo.
DEBATZ, chef d'escad., B. (mort le 30 juill.).
SALVAING, capit., T.
BIGARNE, col., B.
FOUQUIER, chef d'escad., B.

Bourdon, capit., B.
Chauvin-Desrosières, capit., B.
Descous, lieut., B.
Charmi, lieut., B.
Julia, lieut., B.

Destombes, s.-lieut., B.
Sornin, s.-lieut., B.
Honné, s.-lieut., B.
Giraud, s.-lieut., B.

10ᵉ Régiment.

Richard, s.-lieut., B. 2 déc. 1805, bataille d'Austerlitz (mort le 6).
Renard, s.-lieut., B. 14 oct. 1806, bataille d'Iéna.

6 févr. 1807, combat de Hoff.
Camp, lieut., B. (mort le 21 avril).
Lechat, capit., B. (mort le 4 juin).
Pierrot dit Sarrebourg, chef d'escad., B.
Bonnot, capit., B.
Mercier, capit., B.
Roulx, lieut., B.
Béthune, lieut., B.
Pellapra, s.-lieut., B.
Rochat, s.-lieut., B.
Bague, s.-lieut., B.

Baudot, capit., B. 30 janv. 1807, près de Longoreck.

8 févr. 1807, bataille d'Eylau.
L'Héritier, col., B.
Schlincker, lieut., B.

De Keguelin de Rosières, s.-lieut., B. 19 juill. 1808, bataille de Baylen.

22 avril 1809, bataille d'Eckmühl.
Baudot, capit., B.
Dequevauviller, lieut., B.
Houdré, s.-lieut., B.

21 et 22 mai 1809, bataille d'Essling.
Boyer, chef d'escad., T. 21.
Magler, capit., B. 21. (mort le 24).
Bague, capit., T. 22.
Brouilhac, s.-lieut., T. 21.
Dombal, s.-lieut., T. 22.
L'Héritier, col., B. 22.
De Donnet de Syblas, capit., B. 22.
Schlincker, capit., B. 22.
Baudot (C.), capit., B. 22.
Pellapra, lieut., B. 21.

Fleury (N.), lieut., B. 21.
Duclos, lieut., B. 21.
Moreton-Chabrillan, lieut., B. 22.
Houdré, s.-lieut., B. 22.
Richard, s.-lieut., B. 22.
Frisson, s.-lieut., B. 22.
Roulloy, s.-lieut., B. 22.
Robert, s.-lieut., B. 22.

Viel, capit., B. 6 juill. 1809, bataille de Wagram.

11 juill. 1809, bataille de Znaïm.
L'Héritier, col., B.
Cailleux, s.-lieut., B.

Beauchamp, s.-lieut., massacré le 14 mai 1810, à Port-Mahon, par la populace.

7 sept. 1812, bataille de la Moskowa.
Schlincker, capit., B.
Beauchart, s.-lieut., B. (mort le 3 oct.).
Duclos, capit., B.
Houdré, lieut., B.
Chandebois, s.-lieut., B.

4 oct. 1812, combat en avant de Moscou.
Moreton-Chabrillan, lieut., T.
Baudot, chef d'escad., B.
Béthune, chef d'escad., B.
Fleury (C.), capit., B.

Fleurent, s.-lieut., B. et D. le 25 nov. 1812, en arrière de Borizow.

18 oct. 1812, combat de Winkowo.
Fournier, s.-lieut., T.
Lacour, s.-lieut., T.
Dumaignaux, s.-lieut., B.
Collin, s.-lieut., B.

Viel, capit., B. 16 oct. 1813, bataille de Leipzig.

LALLEMANT, s.-lieut., B. 18 oct. 1813, bataille de Leipzig.

29 et 30 oct. 1813, bataille de Hanau.
BARTHÉLÉMY, chef d'escad., T. 29.
HAINGUERLOT, lieut., T. 29.
BAUDOT, chef d'escad., B. 39.
GRENU, s.-lieut., B. 29.
VAUDORÉ, s.-lieut., B. 29.

MARCHAND, s.-lieut., B. 30 mars 1814, bataille de Paris.

16 juin 1815, bataille de Ligny.
RIVIÈRE, s.-lieut., T.
ROBERT, capit., B.
HOUDRÉ, capit., B.
LEDANIER, s.-lieut., B.

DE KEGUELIN DE ROSIÈRES, s.-lieut., B.

18 juin 1815, bataille de Waterloo.
DIJON, chef d'escad., B. (m^t le 29 sept.).
COLLIN, lieut. A.-M., D.
GUINET, capit., B.
FRÈRE, capit., B.
DE WALDNER DE FREUNDSTEIN, capit., B.
MAGNIER, capit., B.
SCHERB, lieut., B.
CHANDEBOIS, lieut., B.
AUBERT, lieut., B.
SÉGUIN, s.-lieut., B.
ADNET, s.-lieut., B.
COLLAS, s.-lieut., B.
ROUSSEAU, s.-lieut., B.

11° Régiment.

2 déc. 1805, bataille d'Austerlitz.
BABUT, capit., B.
GRENIER, capit., B.
VOILLEMIER, lieut., B.
PIEFFORT, s.-lieut., B.

8 févr. 1807, bataille d'Eylau.
DAUCHE, s.-lieut., T.
BLANCARD, chef d'escad., B.
SCHERB, chef d'escad., B.
LOILIER, lieut., B.
PIEFFORT, lieut., B.
GUERRARD, capit., B.
DEPRÉCOURT, s.-lieut., B.
HAUTELIN, s.-lieut., B.
ARONIO, s.-lieut., B.

VALLET, capit., B. 8 févr. 1807, bataille d'Eylau.
GUSLER, lieut., B. 8 juin 1807, étant en reconnaissance sur la Passarge.
CARRÉ, capit., B. 14 juin 1807, bataille de Friedland.
CHUSTAIT (1), s.-lieut., B. 19 juill. 1808, bataille de Baylen.

23 avril 1809, combat de Ratisbonne.
COURDEL, s.-lieut., T.

MORAND, capit. A.-M., B.
BRUGNON, lieut., B.

21 et 22 mai 1809, bataille d'Essling.
DE BRANCAS, col., T. 21.
GOTTE DE MONTHIÈRE, lieut., T. 21.
GAUTRON, lieut., T. 21.
BARTHEZ, capit., T. 21.
BONNET, lieut., B. 21 (mort le 31).
BLANCARD, chef d'escad., B. 21.
GUSLER, capit. A.-M., B. 22.
GILSON, capit., B. 22.
MEURET, s.-lieut., B. 22.
REMY, lieut., B. 22.
DE BORDES DU CHATELET, s.-lieut., B. 21.
MOIGNET, s.-lieut., B. 22.

PRÉVOT DE SAINT-HILAIRE, s.-lieut., B. 11 juill. 1809, bataille de Znaïm.
NICOLON, s.-lieut., assassiné le 29 nov. 1809, sur les côtes du Maroc (s'était évadé à la nage des pontons de Cadix, le 28).

7 sept. 1812, bataille de la Moskowa.
FOURRIER, s.-lieut., B. (mort le 15 nov.).
VALLOT, capit., B.
DUCLAUX, s.-lieut., B.
BOURGOIN, s.-lieut., B.

(1) A enlevé un drapeau à l'ennemi dans une charge à Baylen.

18 oct. 1812, *combat de Winkowo.*
DESMOULINS, s.-lieut., B.
BERNARD, s.-lieut., B.

BESNARD, capit., B. 24 oct. 1812, route de Kalouga (mort le 10 déc.).
MORAND, capit., T. 4 nov. 1812, combat devant Wiasma.
BRULÉ, s.-lieut., B. 9 nov. 1812, combat près de Smolensk.

21 *nov.* 1812, *combat de Tholoschinn.*
LEFEBVRE, capit., B. (mort le 17 déc.).
REMY, capit., B.
LEBRASSEUR, lieut., B.
MARTIN, lieut., B.
TABUR, lieut., B.
GUILLET, s.-lieut., B.

31 déc. 1812, *combat en arrière du Niémen.*
PERTUS, capit., D.
VALLOT, capit., D.
MARTHE, lieut., D.
DE FAILLY, s.-lieut., D.

BERNARD, s.-lieut., B. 3 mai 1813, affaire en avant de Lutzen.

27 août 1813, *bataille de Dresde.*
THIBAUT, lieut., B. (mort le 7 sept.).
PIERROT, lieut., B.

16 et 18 oct. 1813, *bataille de Leipzig.*
DE GILSON, chef d'escad., B. 18 (mort le 4 janv. 1814).
DUBIEN, capit., B. 16 (mort le 26).
GUILLON, capit., B. 16 (mort).
GUSLER, major, B. 18.

GRANDEAU, chef d'escad., B. 18.
DEPRÉCOURT, chef d'escad., B. 16.
MÉNARD, capit., B. 18.
VENDÔME, s.-lieut., B. 16.
LOUVEL, s.-lieut., B. 16.
BRANCOURT, s.-lieut., B. 16.
LIGNET, s.-lieut., B. 18.
DESMOULINS, s.-lieut., B. 16.

BERNARD, s.-lieut., B. 1er janv. 1814, dans une reconnaissance sur le Rhin.
CHARLES, s.-lieut., B. 9 mars 1814, bataille de Laon.

16 *juin* 1815, *bataille de Ligny.*
ROSSIGNOL, s.-lieut., T.
LENGLET, lieut., B.
POTTIER, s.-lieut., B.
GIRARDIN, s.-lieut., B.

18 *juin* 1815, *bataille de Waterloo.*
GRANDEAU, chef d'escad., B. (D.).
SCHERB, lieut., T.
COURTIER, col., B.
DEVILLE, chef d'escad., B.
LIGNOT, capit., B.
BONTEMPS, capit., B.
QUETEL, capit., B.
CRETIN, lieut., B.
BONNAIRE, lieut., B.
LALLEMAND, lieut., B.
MOTTET, s.-lieut., B.
TOUSSAINT, s.-lieut., B.
BROCHAND, s.-lieut., B.
PARISET, s.-lieut., B.
FAYNOT, s.-lieut., B.
LOUVEL, s.-lieut., B.
MULLER, s.-lieut., B.

12e Régiment.

VEZIN, lieut., B. 2 déc. 1805, bataille d'Austerlitz (mort le 12).

14 *juin* 1807, *bataille de Friedland.*
SELLIER, chef d'escad., B. (mort le 6 août).
RACTMADOUX, capit., T.
LEFETZ, capit. A.-M., T.
BERTIN, capit., T.
MESTRE, lieut., T.

HUCHET, s.-lieut., T.
COURTOT, s.-lieut., T.
DELORT, capit., B.
PFISTER, lieut., B.
LECŒUR, lieut., B.
PRÉVOST, s.-lieut., B.

22 *avril* 1809, *bataille d'Eckmühl.*
VILATTE, capit., B.
DUCHEYLARD, capit., B.

GÉRARD, lieut., B.
LEFELZ, s.-lieut., B.

22 mai 1809, bataille d'Essling.
MAMELET, s.-lieut., T.
VINDROIS, s.-lieut., T.
VIALLET, s.-lieut., B. (mort le 3 juin).
GOLDEMBERG, s.-lieut., B. (mort le 24).
LEGUAY, chef d'escad., B.
LACROIX-JALLAND, capit., B.
SELLIER, capit., B.
LECŒUR, capit., B.
SOULET, lieut., B.
BOTTU, lieut., B.
CRAVE, s.-lieut., B.
DUBUSSE, s.-lieut., B.
DADIER, s.-lieut., B.
ROUOT, s.-lieut., B.
DUPIN, s.-lieut., B.

6 juill. 1809, bataille de Wagram.
CRAVE, s.-lieut., T.
FROIDEFOND, s.-lieut., T.
PERROTET, s.-lieut., B.
LONGUET, s.-lieut., B.
LEFELZ, s.-lieut., B.

VIEUX (1), s.-lieut., assassiné le 29 nov. 1809, sur les côtes du Maroc.
DE MONTCHOISY, s.-lieut., B. 26 mai 1810, dans la rade de Cadix.

7 sept. 1812, bataille de la Moskowa.
SELLIER, capit., B.
DAMBRUN, lieut., B.
DE ROUOT, lieut., B.
LONGUET, lieut., B.
LAMIRAL, lieut., B.
FOURNIER (P.), s.-lieut., B.
FORCEVILLE, s.-lieut., B.

DE ROUOT, lieut., B. 18 nov. 1812, bataille de Krasnoë.

21 nov. 1812, combat d'Orcha.
DE CURNIEU, col., B. (mort le 2 févr. 1813).
DEROST, capit., T.
MALHERBE, s.-lieut., T.
SELLIER, capit., T.

(1) S'était évadé à la nage des pontons de Cadix, le 28 novembre 1809.

LAGAY, capit. A.-M., B.
DE ROUOT, lieut., B.
DIJOLS, lieut. A.-M., B.
PERROTET, s.-lieut., B.
ROBINET, s.-lieut., B.

23 nov. 1812, pendant la retraite.
LENORMAND DE FLAJAC, s.-lieut., T.
COLINET, s.-lieut., T.

ROBINET, s.-lieut., B. 7 déc. 1812, en avant de Wilna, par des cosaques (mort le 5 févr. 1813).
GHILINI, s.-lieut., T. 8 déc. 1812, devant Wilna.
CHARDIN, s.-lieut., T. 8 déc. 1812, en avant de Wilna.
DAMBRUN, chef d'escad., T. 10 déc. 1812, combat devant Wilna.

24 mai 1813, affaire de Könnern. (Westphalie).
LEFELZ, lieut., B.
GUASCO, s.-lieut., B.
DUTERRAGE, s.-lieut., B.

DUCHEYLARD, capit., B. 26 mai 1813, combat près de Görlitz.

28 mai 1813, combat de Jauer.
MATHIS, chef d'escad., B.
DOUBLET, s.-lieut., B.

27 août 1813, bataille de Dresde.
MATHIS, chef d'escad., B.
DUBUSSE, lieut., B.
DOUBLET, s.-lieut., B.

16 et 18 oct. 1813, bataille de Leipzig.
CARLIER, chef d'escad., B. 16 et 18 (mort le 19).
GUILLON, lieut., B. 18 (mort le 9 déc.).
GILLON, lieut., B. 18 (mort le 8 déc.).
FOURNIER (J.), s.-lieut., T. 18.
DIJOLS, capit., B. 18.
GÉRARD, lieut., B. 16.
CHAMBON, lieut., B. 18.
EQUETER, s.-lieut., B. 18.
SIMÉON, s.-lieut., B. 16.

JEAN, s.-lieut., B. 20 oct. 1813, combat près de Francfort.

GRÈZES-SAINT-LOUIS, chef d'escad., T. 2 févr. 1814, près de Briennes.
DOUBLET, s.-lieut., B. 25 mars 1814, combat de Sézanne.

18 juin 1815, bataille de Waterloo.
MÉNERET, capit., T.
MONSCH, capit., B. et D.
MARÉCHAUX, s.-lieut., T.
DELOBEL, s.-lieut., D.
VERNEREY, chef d'escad., B.

PFISTER, capit., B.
LAGAY, capit. A.-M., B.
SOULET, capit., B.
GÉRARD, lieut., B.
WENDLING, lieut., B.
MORIN, lieut., B.
REGNONVAL, s.-lieut., B.
LETAVERNIER, s.-lieut., B.
DE SAINT-GILLES, s.-lieut., B.
LUCOT, s.-lieut., B.
DESAVOYE, s.-lieut., B.

13ᵉ Régiment (1).

ROUX, lieut., B. 9 juin 1808, affaire d'Arbas (Catalogne).
BRUCKER, s.-lieut., B. 6 oct. 1808, en escortant un convoi sur Barcelone (Catalogne).
COURTILLOLES, s.-lieut., B. 12 juin 1808, combat devant Barcelone.
BONNAIR, s.-lieut., T. 1ᵉʳ sept. 1808, combat de Logroño.

23 nov. 1808, bataille de Tudela.
DELESPINE, capit., B. (mort le 22 avril 1809).
SALVAING, s.-lieut., B.
VIARD, s.-lieut., B.

15 juin 1809, combat de Maria.
LAMARCQ, capit., B.
VICHARD, s.-lieut., B.

TRÉCA, s.-lieut., B. 12 juillet 1809, combat près de Barcelone.
HELFERT, s.-lieut., B. 21 janv. 1810, dans une reconnaissance en Catalogne.
D'HOUDETOT, s.-lieut., T. 23 avril 1810, combat de Lerida.
GUÉRARD, s.-lieut., B. 15 juill. 1810, combat en avant de Barcelone.

12 avril 1811, combat d'Oldeconna.
ROBICHON, chef d'escad., B.
D'EGREMONT, lieut., B.

DUMOULIN, lieut., B. 19 juin 1811, affaire de Mora.

25 oct. 1811, bataille de Sagonte.
LAMARCQ, capit. A.-M., B.
DELACROIX, capit., B.
VIARD, s.-lieut., B.

JULIA, s.-lieut., B. 19 sept. 1812, combat en Espagne, étant en découverte.
FOUR, lieut., B. 20 avril 1813, étant en colonne mobile en Espagne (mort le 23 avril).
DE BERVAL, s.-lieut., B. 13 sept. 1813, Combat du Col d'Ordal.
VERRIER, capit. A.-M., B. 28 sept. 1813, combat d'Altembourg.
DELAVERGNE, lieut., B. 18 oct. 1813, bataille de Leipzig.

3 déc. 1813, combat devant Neuss.
VIARD, lieut., B.
LEGRET, s.-lieut., B.

SCARAMPI, chef d'escad., T. 19 févr. 1814, combat devant Mâcon.

18 mars 1814, combat de Villefranche (Rhône).
CHARMI, lieut., B.
JULIA, lieut., B.

20 mars 1814, combat devant Lyon.
EBERLIN, chef d'escad., B.
TOUSSAINT, s.-lieut., B.

ROICOMTE, lieut., B. 25 mars 1814, combat de Sézanne.

---

(1) Ex-3ᵉ régiment provisoire de grosse cavalerie, formé en 1808.

14e Régiment (1).

18 oct. 1812, combat de Polotsk.
JANSON, capit., B.
SANDIFORT, lieut., B.
MASCHECK, lieut., B.
SAVELKOUL, s.-lieut., B.

FRÈRE, lieut., B. 24 oct. 1812, étant en reconnaissance devant Lepel.

28 nov. 1812, bataille de la Bérésina.
BICKER, chef d'escad., T.
GIGNOUX, capit., T.
RENNEBERG, capit., T.
FREUND, capit., B. (mort le 12 déc.).
GRIMM, capit., D.
JOUCKHEER, s.-lieut., T.
SALOMON, s.-lieut., T.
TRIP, col., B.
DE L'ESPINAY, chef d'escad., B.
RENNO, capit., B.
BRINCK, capit., B.
LENDEERS, lieut., B.

(1) Ex-régiment de cuirassiers hollandais ; passé au service de France en 1810.

CHOMEL, s.-lieut., B.
VERHOEFF, s.-lieut., B.
THUEUX, s.-lieut., B.
GESELSCHAP, s.-lieut., B.
LOTZ, s.-lieut., B.
VANDER HEYDEN, s.-lieut., B.

11 déc. 1812, combat en arrière de Wilna.
QUAITA, capit., B.
LEFEBVRE, chirurg.-M., B.

SAVELKOUL, s.-lieut., B. 15 déc. 1812, à la montée de Kowno.
VANDWELD, lieut., B. 16 déc. 1812, près de Tilsit (mort le 14 mars 1813).

18 oct. 1813, bataille de Leipzig.
VAN LIMBURG-STIRUM, lieut., T.
SCHMID, s.-lieut., T.
DE RHEEDE, capit., B.
VAN HANSWYK, lieut., B.

GLACIER, lieut., B. 25 févr. 1814, dans une reconnaissance.

II

DRAGONS

1er Régiment (1).

8 oct. 1805, combat de Wertingen.
ARRIGHI, col., B.
FICHE, capit., B.
BEAU, lieut., B.
PORTEMER, s.-lieut., B.
GUNS, s.-lieut., B.
NICOLAS, s.-lieut., B.
LARZILLIÈRE, s.-lieut., B.

WATRIN, capit., T. 17 oct. 1805, combat de Nordlingen.

(1) 1er régiment de chevau-légers en 1811.

2 déc. 1805, bataille d'Austerlitz.
VINCENT, chef d'escad., B.
BAISSIEUX, lieut., B.
BERNEL, s.-lieut., B.
LE MERCIER, s.-lieut., B.
LA NOUÉ, s.-lieut., B.
WAAS-GUNS, s.-lieut., B.

14 oct. 1806, bataille d'Iéna.
D'OULLEMBOURG, col., B.
DAVOUT, lieut., B.
GONTARD, s.-lieut., B.
CIVALART DE PADOUE, s.-lieut., B.

WAVRIN, s.-lieut., T. 26 déc. 1806, combat de Golymin.

5 et 6 févr. 1807, combats de Hoff.
BAGET, capit., T. 6.
PHILIPPONNAT, capit., B. 6.
PORTEMAIRE, lieut., B. 5.
MONTHOUX, lieut., B. 5.
FERRON, s.-lieut., B. 6.
WAAS-GUNS, s.-lieut., B. 6.

CIVALART DE PADOUE, s.-lieut., B. 7 fév. 1807, aux avant-postes devant Eylau.

8 févr. 1807, bataille d'Eylau.
LALAU, lieut., B. (mort le 15 mars).
SACHON, capit.. B.
GUILLON, s.-lieut., B.

10 juin 1807, bataille d'Heilsberg.
BEAU, lieut., B.
LA NOUÉ, lieut., B.
DE MORTEMART, s.-lieut., B.
LECLERCQ, s.-lieut., B.

ARRIGHI, s.-lieut., T. 21 août 1808, bataille de Vimeiro (Portugal).

25 déc. 1808, combat de Tarançon.
RENAUX, lieut., T.
TOUTAIN, lieut., B.

DE BONNAIRE, s.-lieut., B. 31 janv.1809, combat de Villarta (Espagne).
LAVILLEROUX, s.-lieut., B. 10 avril 1809, combat en Espagne (mort).

SÉBASTIANI (T.), s.-lieut., B. 28 mars 1809, combat de Santa-Cruz.
GORVEL, s.-lieut., B. 3 juin 1809, combat de Bayreuth.

28 juill. 1809, bataille de Talavera de la Reyna.
CAVENNE, s.-lieut., B. (mort le 9 août).
DERMONCOURT, col., B.
DEGUERRE, lieut., B.
LECLERCQ, lieut., B.

8 août 1809, combat de l'Arzobispo.
GILLET, capit., B.
TAVERNIER, s.-lieut., B.

DERMONCOURT, col., B. 29 déc. 1809, dans une embuscade, aux défilés de la Sierra-Morena.
COUTREZ, s.-lieut., B. 4 juin 1810, affaire de Galiégos, près Rodrigo.
FICHE, chef d'escad., B. 5 juin 1810, étant en reconnaissance en Espagne (à la Puebla).
BONBRAIN, s.-lieut, B. 11 juill. 1810, au siège de Ciudad-Rodrigo.

5 mars 1811, combat de Chiclana devant Cadix.
MONTHOUX, capit., B.
VAUDEVILLE, lieut. A.-M., B.
MARMION, s.-lieut., B.
PRIANT, s.-lieut., B.
DESNOT, s.-lieut., B.

2ᵉ Régiment.

11 oct. 1805, combat d'Albeck.
HÉTRU, capit., B.
CAUMONT, s.-lieut., B.
DUPONT, s.-lieut., B.
DUPUY, s.-lieut., B.

14 oct. 1806, bataille d'Iéna.
KOSMANN, capit., B.
LONGUETY, lieut., B.
REDON, lieut., B.
RAMPON, lieut., B.
MORAND, lieut., B.
GARRAU, s.-lieut., B.

DOUDEINE, capit., B. 6 févr. 1807, combat de Hoff.

8 févr. 1807, bataille d'Eylau.
FAGES, capit., B. (mort le 28).
PRIVÉ, col., B.
LARRAY, lieut., B.
CHAMPREUX, s.-lieut., B.
DE VERDIÈRE-D'HEM, s.-lieut., B.

10 juin 1807, bataille d'Heilsberg.
GARDANNE, capit., B. (mort le 12).
PÉRIDIEZ, chef d'escad., B.
KOSMANN, capit., B.

LARRAY, capit., B.
GUILLOT, s.-lieut., B.
JACQUELIN, s.-lieut., B.

HÉTRU, capit., B. 14 juin 1807, bataille de Friedland (mort le 10 août).
LECLÈDE, major, T. 5 août 1808, combat devant Saragosse.
VERNIER, s.-lieut., B. 23 nov. 1808, bataille de Tudela.

25 déc. 1808, combat de Tarançon (Espagne).

LACHANCE, lieut., B.
VALLIER, lieut., B.

ISMERT, col., B. 13 janv. 1809, bataille d'Uclez (Espagne).
LIBAULT, s.-lieut., B. 29 juin 1809, combat près de Wurtzbourg.
VERNIER, s.-lieut., B. 24 juill. 1809, affaire d'Escabon (Espagne).
ISMERT, col., B. 28 juill. 1809, bataille de Talavera.

4 juill. 1810, combat de la Conception, près Ciudad-Rodrigo.

MIMIN (J.), s.-lieut., B. (mort le 15).
LIBAULT, s.-lieut., B.
COUTREZ, s.-lieut., B.

BERTHET, capit., B. 8 oct. 1810, combat en Espagne.
LUCAS, s.-lieut., B. 5 mars 1811, combat de Chiclana (devant Cadix).
GAUDELET, lieut., B. 16 mai 1811, dans une reconnaissance en Espagne (mort dans la nuit du 16).
LIBAULT, s.-lieut., B. 24 mai 1811, affaire près de Madrid,
LIBAULT, s.-lieut., B. 20 oct. 1811, combat d'Alcala.
PIERRE, s.-lieut., assassiné le 24 nov. 1811, entre Xérès et San-Lucar.
HEURTAUT, lieut., B. 26 nov. 1812, affaire de Villa-Martine (Espagne).

5 janv. 1813, combat près de Kœnisberg.

FOLLIOT, s.-lieut., B.
LAUTAR, s.-lieut., B.

REDON, chef d'escad., B. 27 avril 1813, combat devant Dantzig.

VERNIER, capit., B. 2 juin 1813, combat de Castromonos (Espagne).
LAUTAR, s.-lieut., B. 8 oct. 1813, combat d'Augusbourg (Saxe).

14 et 16 oct. 1813, bataille de Leipzig.

ISMERT, capit., T. 16.
DELAISTRE, lieut., T. 16.
O'CONNEL, s.-lieut., T. 16.
JAMIN, chef d'escad., B. 14.
LUCAS, lieut., B. 14.
LIBAULT, lieut., B. 14.
WEYER, lieut., B. 14.
LAUTAR, s.-lieut., B. 14.
BROSSETTE, s.-lieut., B. 14.
BALAY, s.-lieut., B. 14.
BOTTÉE, s.-lieut., B. 14.

24 déc. 1813, combat de Sainte-Croix, près Colmar.

LAMY, capit., B.
SUCHEL, capit., B.

27 janv. 1814, combat de Saint-Dizier.

BULOT, s.-lieut., T.
LAMY, capit. A.-M., B.
VERNIER, capit., B.
SUCHEL, capit., B.
COLINET, s.-lieut., B.

FAUCONNET, major, B. 7 févr. 1814, défense de Maëstricht.
MAIRE, lieut., B. 25 mars 1814, étant en reconnaissance.

18 juin 1815, bataille de Waterloo.

RAOULT, lieut., B. (mort).
HENRY, lieut., B.
DINEUR, lieut., T.
JEAN, s.-lieut., T.
LETAUDY, s.-lieut., T.
GRAFFIN, s.-lieut., T.
DUBOIS, capit., B.
RIVAUD, capit., B.
LAMY, capit., B.
MOTTIÉE, lieut., B.
LIBAULT, lieut., B.
WEYER, lieut., B.
FOURNIER, s.-lieut., B.
BARONNET, s.-lieut., B.
MAYER, s.-lieut., B.
COLINET, s.-lieut., B.
HENROT, s.-lieut., B.

3ᵉ Régiment (1).

20 nov. 1805, *combat de Rausnitz, près Brünn.*
MILLER, capit., B.
GALLAND, s.-lieut., B.

2 déc. 1805, *bataille d'Austerlitz.*
CANUET, s.-lieut., B.
BAZIR, s.-lieut., B.
LASCOURS DE RENAUD DE BOULOGNE, s.-lieut., B.

8 févr. 1807, *bataille d'Eylau.*
BARBUT, capit., B.
BOUQUEROT, capit., B.
CANUET, lieut., B.
BAZIR, s.-lieut., B.
MARIE, lieut., B.
LANCESTRE, s.-lieut., B.

14 juin 1807, *bataille de Friedland.*
MERLIN DE BADONVILLE, s.-lieut., T.
GUYON, capit., B.
AGUY, capit., B.
CANUET, capit., B.
DAVID, s.-lieut., B.
DURET, capit., B.

(1) 2ᵉ régiment de chevau-légers en 1811.

BOUCHET, s.-lieut., B. 19 juill. 1808, bataille de Baylen.
PÉRILLEUX, s.-lieut., B. 17 août 1808, combat de Roriça (Portugal).
LEMOYNE, s.-lieut., B. 21 août 1808, bataille de Vimeiro.
DROUARD, s.-lieut., T. 6 mai 1809, dans une reconnaissance, en Espagne.

29 juin 1809, *combat près de Wurtzbourg.*
ROUX, capit., B.
MOURET, s.-lieut., B.

SURRY, s.-lieut., B. 7 juill. 1809, affaire près Bayreuth.

23 nov. 1809, *combat de Carpio.*
DELESALLE, chef d'escad., B.
DALINEY-DELVA, s.-lieut., B.

28 nov. 1809, *combat d'Alba-de-Tormès.*
DECOQUEREL, s.-lieut., T.
CARRIÉ, s.-lieut., B.

MIMIN, s.-lieut., B. 7 juill. 1810, affaire devant Ciudad-Rodrigo (mort le 15).
GUILLOMONT, s.-lieut., B. 7 juill. 1811, route de Naval-Mujado (Espagne).

4ᵉ Régiment.

MONNERET, capit., B. 7 oct. 1805, passage du Lech.
SERON, chef d'escad., B. 14 oct. 1805, combat devant Ulm.
MULLER, s.-lieut., B. 6 nov. 1805, dans une reconnaissance.

11 nov. 1805, *combat de Diernstein.*
CONTANT, chef d'escad., B.
CALAME, capit., B.
VARGNIER, s.-lieut., B.

5 févr. 1807, *combat de Deppen.*
PIERRE, lieut., T.
GALABERT, s.-lieut., T.
DE LA MOTTE, col., B.

26 déc. 1806, *combat de Golynim.*
LE BRASSEUR, capit., T.
GERVILLE, lieut., B.

6 févr. 1807, *combat de Hoff.*
CONTANT, chef d'escad., B.
CAILLE, capit., B.
MOREAUX, s.-lieut., B.
FLY DE MILLORDIN, s.-lieut., B.
MICHELÉ, s.-lieut., B.

8 févr. 1807, *bataille d'Eylau.*
OYON, capit., B.
BEAUSSE, s.-lieut., B.
LE BOURGOING, s.-lieut., B.

10 *juin* 1807, *bataille d'Heilsberg.*
DE LA MOTTE, col., B.
PERQUIT, chef d'escad., B.
CAILLE, chef d'escad., B.
LECLERC, lieut., B.
PELLÉE, lieut., B.
CAUSSADE, s.-lieut., B.
DECUMONT, s.-lieut., B.
VARGNIER, lieut., B.
FORÉ, lieut. A.-M., B.

14 *juin* 1807, *bataille de Friedland.*
DE LA MOTTE, col., B.
CAILLE, chef d'escad., B.
DUBREUIL, capit., B.
LELEU, s.-lieut., B.

THÉROND, major, B. 21 août 1808, bataille de Vimeiro (Portugal).
SERON, chef d'escad., B. 29 avril 1809, combat devant Praga (Portugal).

28 *juill.* 1809, *bataille de Talavera.*
GERVILLE, capit., B.
PICAURON, s.-lieut., B.

LELEU, s.-lieut., B. 12 mai 1810, affaire devant Astorga.
PICAURON, s.-lieut., B. 18 mai 1810, dans un combat en Espagne.
LELEU, s.-lieut., B. 4 juill. 1810, en avant de Ciudad-Rodrigo.
HENRY, lieut., B. 31 déc. 1810, combat près d'Usagre (Espagne).

16 *mai* 1811, *bataille d'Albuhéra.*
BEAU, capit., T.
BEAUSSE (J.), s.-lieut., T.
BAILLOT, chef d'escad., B.
PORTERAT, capit., B.
DUBREUIL dit GERVILLE, capit., B.
DUPRÉ, lieut. A.-M., B.
MOREAU, lieut., B.
L'HOMME, s.-lieut., B.
MAIRE, s.-lieut., B.
DUBOIS, s.-lieut., B.
GUILLAUMOT, s.-lieut., B.

25 *mai* 1811, *combat d'Usagre (Espagne).*
FARINE, col., B.
NOEL, s.-lieut., T.

MOREAU, lieut., B.

LELEU, lieut., B. 26 mai 1811, sur la route d'Astorga (Espagne).
DUBREUIL dit GERVILLE, capit., B. 6 nov. 1811, affaire de Niebla.
BEILLE, lieut., B. 8 févr. 1812, en escortant le général commandant la division, Espagne.
FARINE, col., B. 5 mars 1813, défense de Dantzig.

16 *oct.* 1813, *bataille de Leipzig.*
BOUVIER D'YVOIRE, capit., T.
BAILLOT, chef d'escad., B.

DECUMONT, capit., B. 17 févr. 1814, combat de Mormans.

27 *févr.* 1814, *combat de Bar-sur-Aube.*
DELAGRANGE, capit., B.
GÉNÉVAUX, lieut., B.
GUILLAUMOT, lieut., B.

STHÈME, capit., T. 10 mars 1814, bataille de Laon.

14 *mars* 1814, *combat de Sezanne.*
L'HOMME, capit., B.
GENSSE, lieut., B.

FAVIER, s.-lieut., T. 21 mars 1814, combat d'Arcis-sur-Aube.

25 *mars* 1814, *combat de Fère-Champenoise.*
COCQUEGNOT, s.-lieut., T.
TRÉMAULT, capit., B.
DAUTROPE, lieut., B.

PARENT, s.-lieut., B. 26 mars 1814, combat de Saint-Dizier.
DESHAYES, s.-lieut., B. 1er avril 1814, affaire de Compiègne.

16 *juin* 1815, *bataille de Ligny.*
BOUQUEROT DES ESSARTS, col., B.
THÉQUI, chef d'escad., B.
PHILIBERT, capit. A.-M., B.
CHANOINE, capit., B.
DUPRÉ, capit., B.
GENEVAUX, lieut., B.
DÉCHANET, lieut., B.

MASQUART, s.-lieut., B.
LECOMTE, s.-lieut., B.
BOUCHOL, s.-lieut., B.

PROUX, s.-lieut., B.
JACQUOT, s.-lieut., B.

5· Régiment.

8 oct. 1805, *combat de Wertingen.*
WOLFF-SAINT-ALBE, s.-lieut., B.
MANISSIER, s.-lieut., B.

2 déc. 1805, *bataille d'Austerlitz.*
LACOUR, col., B.
PLICHON, capit., B.
PÉRIDIEZ, capit., B.
PASSE, lieut., B.
PREVOST, lieut., B.
DECOUX, s.-lieut., B.
DUTORDOIZ, s.-lieut., B.

PLICHON, chef d'escad., B. 15 oct. 1806, affaire près d'Erfurt (mort le 7 févr. 1807).

24 déc. 1806, *affaire de Nazielk.*
GROUSELLE, lieut. A.-M., B.
DALICHOUX DE SÉNÉGRA, s.-lieut., B.

BRUYÈRE, s.-lieut., B. 7 févr. 1807, combat devant Eylau.

14 *févr.* 1807, *combat devant Kœnigsberg.*
PICARD, capit., B. (mort le 10 mars).
PREVOST, lieut., B.
CLÉMENT, lieut., B.

GROUSELLE, s.-lieut., T. 13 juin 1807, combat devant Kœnigsberg.
PIOCHE, lieut., B. 14 juin 1807, combat devant Kœnigsberg.
BEUGNAT, chef d'escad., B. 28 mars 1809, bataille de Medellin.
WOLFF-SAINT-ALBE, s.-lieut., B. 9 avril 1809, en traversant le Tyrol (entre Inspruck et Trente).
BOURBIER, s.-lieut., T. 31 mai 1809, combat route de Madrid à Valladolid (Espagne).
DECOUX, capit., B. 3 nov. 1809, combat de la Guardia (Espagne).

19 nov. 1809, *bataille d'Ocana.*
ROCOURT, capit., B.

QUATRESOUX, s.-lieut., B.

DALICHOUX DE SÉNÉGRA, s.-lieut., B. 28 janv. 1810, combat d'Alcala-Réal.
JEANNESSON, s.-lieut., B. 16 août 1810, combat contre des bandits espagnols (mort le 25 août).
FAYET, lieut., B. 31 août 1810, combat en avant de Murcie.

3 nov. 1810, *combat devant Baza.*
DAVID, s.-lieut., B.
CÉZIÈRES, capit., B.

SANSON, capit., B. 8 juin 1811, affaire de Bel-Alcazar.
WERQUIN, s.-lieut., B. 4 août 1811, près de Las Aquilas (Espagne).
POULAIN dit SOISSONS, s.-lieut., T. 26 janv. 1812, étant en service d'escorte (Espagne).
RONDEAU, lieut., B. 26 févr. 1813, combat près de Vittoria.
BRUYÈRE, lieut., B. 5 juin 1813, combat devant Dantzig.
MOUGARD, s.-lieut., B. juin 1813, combat devant Dessau.

21 juin 1813, *bataille de Vittoria.*
BAZAN, s.-lieut., B. (mort le 20 juill.).
MORIN, col., B.
TONDEUR, lieut., B.
DE SÉNÉGRA, lieut., B.
MÉNARD, s.-lieut., B.
DURAND, s.-lieut., B.

HENNEQUIN, s.-lieut., B. 16 et 18 oct. 1813, bataille de Leipzig.
BOUCHER, s.-lieut., B. 16 oct. 1813, bataille de Leipzig.
DE SERIONNE, s.-lieut., B. 30 oct. 1813, bataille de Hanau.
MORIN, col., B. 13 déc. 1813, combat devant Bayonne.
LAMY, s.-lieut., B. 14 févr. 1814, bataille de Vauchamps.

4 mars 1814, combat de Braisnes.
DECOURBE, s.-lieut., B.
AUBÉ, s.-lieut., B.
MORIN, s.-lieut., B.

MOUGARD, s.-lieut., B. 5 mars 1814, combat près de Châlons.

7 mars 1814, bataille de Craonne.
DEMONTAIGLE, s.-lieut., B.
DECHABOT, s.-lieut., B.

9 mars 1814, bataille de Laon.
MÉNARD, lieut. A.-M., B.
AUBÉ, s.-lieut., B.

LAMY, s.-lieut., B. 13 mars 1814, reprise de Reims.
MORIN, s.-lieut., B. 14 mars 1814, devant Reims.
PERRON, capit., T. 28 mars 1814, combat de Fère-Champenoise.

30 mars 1814, bataille de Paris.
CÉZIÈRES, chef d'escad., T.
TONDEUR, lieut., B. (mort le 13 avril).
GUILMIN, lieut., B.

16 juin 1815, bataille de Ligny.
LETELLIER, chef d'escad., B.
GUÉRIN, capit. A.-M., B.
COTTERAY, capit., B.
COLLINOT, lieut., B.
LORIN, s.-lieut., B.
DE MAGNIENVILLE, s.-lieut., B.
POUPART, s.-lieut., B.

18 juin 1815, combat de Wavre.
DURINGER, s.-lieut., T.
LANSON, capit., B.
BOUCHER, s.-lieut., B.

1er juill. 1815, combat de Versailles.
GUÉRIN, capit. A.-M., B.
LAROUX, s.-lieut., B.

6e Régiment.

DEVILLIERS, s.-lieut., B. 25 nov. 1805, combat de Wischau.
JOBERT, lieut., B. 2 déc. 1805, bataille d'Austerlitz.
JOBERT, lieut., B. 28 oct. 1806, combat de Prentzlow.

23 déc. 1806, combat de Karnidjen (ou de Biezun).
DE LAUNAY, capit., T.
LAROSE, lieut., B.
CANUET, lieut., B.

DERIVAUX, capit., B. 24 janv. 1807, affaire aux avant-postes.
CACHELOT, capit., B. 1er févr. 1807, combat de Sukdorf.
JOBERT, capit., B. 3 févr. 1807, combat de Bergfried.

6 févr. 1807, combat de Hoff.
LEBARON, col., T.
MERCIER, capit. A.-M., B.
GARAVAQUE, capit., B.
PORCHER-RICHEBOURG, s.-lieut., B.

8 févr. 1807, bataille d'Eylau.
VALENTIN, s.-lieut., T.
HENRIET, chef d'escad., B.
REMY, chef d'escad., B.
MERCIER, capit. A.-M., B.
LOUP, capit., B.
JOBERT, capit., B.
LORIN, lieut. A.-M., B.
HARANG, lieut., B.
LEBARON, s.-lieut., B.
DUFLOT, s.-lieut., B.
MAROTAUX, s.-lieut., B.

14 juin 1807, bataille de Friedland.
JOBERT, capit., B.
LEMAIRE, s.-lieut., B.

DUFLOT, s.-lieut., B. 16 juin 1807, combat près de Tilsit.
PINET, s.-lieut., B. 14 juill. 1808, bataille de Medina-del-Rio-Secco.
NIAY, s.-lieut., B. 8 janv. 1809, combat de Siremlos-del-Riva (Espagne).
LAROSE, capit., B. 20 janv. 1809, au siège de Saragosse.

LEMAIRE, s.-lieut., B. 1er oct. 1809, affaire de Vieca (Espagne).
JOBERT, capit., B. 12 nov. 1809, combat de Sevico (Espagne).
REMY, chef d'escad., T. 23 nov. 1809, combat de Carpio.
PICQUET, s.-lieut., B. 8 juill. 1810, combat devant Ciudad-Rodrigo.
LEMAIRE, s.-lieut., B. 16 juill. 1810, affaire de Florès-d'Avilla.

10 *mars* 1811, *combat à Apesta (Espagne)*.
BOUVIER D'YVOIRE, lieut., B.
BIGOT, s.-lieut., B.

BOITEL, s.-lieut., B. 15 avril 1811, combat route de Salamanque.

5 *mai* 1811,
bataille de Fuentès-d'Onoro.
DAUNANT, s.-lieut., B. (mort le 30).
CACHELOT, capit., B.

MONTAUNET, capit., B. 6 juin 1811, combat en Espagne.

25 *août* 1811,
combat près Ciudad-Rodrigo
(*au village d'Elbodone*).
LEJEUNE dit POLLET, s.-lieut., T.
DRAPIER, s.-lieut., B.

22 *juill.* 1812, *bataille des Arapiles*.
CHOCHEPRAT, lieut., B. (mort le 1er sept.)
PICQUET, col., B.
DAVOUT, chef d'escad., B.
LECOMTE, chef d'escad., B.
JOBERT, capit., B.
CACHELOT, capit., B.
DESROUSSEAUX, capit., B.
CAULLE, capit., B.
QUESNET dit MAILLARD, s.-lieut., B.

CORBON, s.-lieut., B. 23 oct. 1812, combat de Villadrigo.
DESROUSSEAUX, capit., B. 25 avril 1813, combat en Espagne.
LEBARON, s.-lieut., B. 3 mai 1813, affaire près de Merida.
LAFITTE, lieut., B. 21 juin 1813, bataille de Vittoria.

DUPASQUIER, capit., B. 23 août 1813, combat de Gross-Beeren (mort le 12 oct.).
LECERF, s.-lieut., B. 17 sept. 1813, affaire près de Culm.
DECOUEN, s.-lieut., B. 28 sept. 1813, combat d'Altembourg.
JOBERT, capit., B. 9 oct. 1813, combat de Naumbourg.

14, 16 *et* 18 *oct.* 1813, *bataille de Leipzig*.
GILLET, chef d'escad., B. 14.
DERECQ, capit. A.-M., B. 16.
MAROTAUX, capit., B. 14.
CUFFAUX, lieut., B. 14.
SCHOULER, lieut., B. 14.
POCHETTINO, lieut., B. 16.
ESPINASSE, lieut., B. 18.
LARGUIER, s.-lieut., B. 14.
BIGOT, s.-lieut., B. 14.
VÉDY, s.-lieut., B. 14.
DEVILLERS, s.-lieut., B. 14.

DECOUEN, s.-lieut., B. 23 oct. 1813, combat près d'Orschedt.

24 *déc.* 1813, *combat de Sainte-Croix, près Colmar*.
RICHARD, s.-lieut., B.
DELAFOSSE, s.-lieut., B.
DECOUEN, s.-lieut., B.

FABRE, s.-lieut., B. 3 janv. 1814, étant en reconnaissance dans les Vosges.
MARTINEAU, s.-lieut., B. 9 janv. 1814, combat de Rambervillers.
CAULLE, capit., T. 1er févr. 1814, dans une reconnaissance.
ESPINASSE, capit. A.-M., B. 4 févr. 1814, combat de Cléry-sur-Seine.
DESROUSSEAUX, capit., B. 12 févr. 1814, combat de Château-Thierry.
GERVAIS, s.-lieut., B. 19 févr. 1814, affaire de Nangis (mort le 9 mars).
VINIÈS, lieut., B. 7 mars 1814, bataille de Craonne.
LEBARON, lieut., B. 25 mars 1814, combat de Fère-Champenoise.
CUVILLERS, chef d'escad., B. 29 mars 1814, combat devant Paris (mort le 10 avril).
NIAY, s.-lieut., B. 30 mars 1814, bataille de Paris.

NIAY, s.-lieut., B. 15 juin 1815, combat de Charleroi.

16 juin 1815, bataille de Ligny.
DESROUSSEAUX, capit., T.
TAILLARD, s.-lieut., T.
MOLLIE, capit., B.

JOBERT, capit., B.
FIVÉ, lieut., B.
LEROUX, s.-lieut., B.
GUILLAUME, s.-lieut., B.
RICHARD, s.-lieut., B.
DUPONT, s.-lieut., B.

7ᵉ Régiment.

GILLET, s.-lieut., B. 3 sept. 1806, combat en Calabre.
LESSELINNE, lieut., T. 14 sept. 1806, dans une reconnaissance en Calabre.
DUHATTOY, lieut., B. 26 août 1807, combat en Calabre (poursuite des brigands).

8 mai 1809, bataille de La Piave.
GUILLE, lieut., B.
GUINLE, lieut., B.
HOLDRINET, s.-lieut., B.
LE GOUPIL, s.-lieut., B.

DE LUCCHESINI, s.-lieut., B. 14 juin 1809, bataille de Raab (faisant fonctions d'aide de camp près du général Baraguey d'Hilliers).

5 et 6 juill. 1809, bataille de Wagram.
FLAMEN, lieut., B. 5 (mort le 17 sept.).
GALLOIS, capit., B. 5 (mort le 16 août).
PAQUET, s.-lieut., T. 5.
SERON, col., B. 5.
LAISNÉ, capit., B. 5.
FEYDI, lieut. A.-M., B. 6.
MEUNIER, s.-lieut., B. 5.
LERMINIER, s.-lieut., B. 5.

LAJONIE, s.-lieut., B. 11 juill. 1809, bataille de Znaïm.

7 sept. 1812, bataille de la Moskowa (devant la Grande Redoute).
LAVENAS, lieut., T.
SOPRANSI, col., B.
VIGNIER, chef d'escad., B.
LAISNÉ, chef d'escad., B.
GUILLE, capit., B.
GUINLE, capit., B.
FEYDI, capit., B.

DUVERGER, lieut., B.
DANNEQUIN, lieut., B.
GERMAIN, s.-lieut., B.
COLIN, s.-lieut., B.
JOUSSELIN, s.-lieut., B.
LEFRANC, s.-lieut., B.
LERMINIER, capit., B.

LEGOUPIL, capit., D. le 11 oct. 1812, dans un fourrage devant Moscou.
DE COURTAIS, s.-lieut., B. 18 oct. 1812, aux avant-postes de Winkowo.
DANNEQUIN (1), lieut., B. 18 oct. 1812, combat de Winkowo.
JOUSSELIN, lieut., B. 3 nov. 1812, combat de Wiasma.
MOLARD, capit., B. 14 nov. 1812, route de Krasnoë.
DUVERGIER, s.-lieut., B. 15 nov. 1812, combat devant Krasnoë.
COSTARD DE SAINT-LÉGER, s.-lieut., B. 9 nov. 1812, affaire contre des cosaques près de Smolensk.
RAMIER DE FRANCHAUVET, chirurg. S.-A.-M., B. 26 déc. 1812, pendant la retraite.
COURTIADE, s.-lieut., B. 28 déc. 1812, pendant la retraite (mort le même jour).
GILLET, capit., T. 30 déc. 1812, pendant la retraite de Russie.
LEBEAU, s.-lieut., D. le 31 déc. 1812, près de Tilsitt.

26 et 27 août 1813, bataille de Dresde.
RABASSE, lieut., B. 27 (mort le 2 oct.).
ROSSELANGE, capit., B. 26.
HOLDRINET, capit., B. 27.
LUMER, s.-lieut., B. 27.

---
(1) Etant de service près du roi de Naples.

16 *et* 18 *oct.* 1813, *bataille de Leipzig.*
LIGNIVILLE, chef d'escad., T. 16.
DUTEIL, lieut., B. 16 (mort le 3 nov.).
DEGAY-DELAGE DU PALLAND, lieut., T. 18.
LEBALLEUR, s.-lieut., T. 18.
LERMINIER, capit., B. 16.
LÉTAC, capit., B. 16.
HENNEQUIN, s.-lieut., B. 18.
BELLEHURE, s.-lieut., B. 16.
DE COURTAIS, lieut., B. 18.

1*er janv.* 1814, *combat de Neustadt.*
AUBLET, chirurg.-M., B. (mort le 2 févr.).
DOMONT, capit., B.
DEGOEST, lieut., B.
LALLIER, s.-lieut., B.

GUILLAUME, chef d'escad., B. 1*er* févr. 1814, bataille de la Rothière.
HURAUX, s.-lieut., B. 10 févr. 1814, défense de Magdebourg.
LAMY, s.-lieut., B. 14 févr. 1814, combat de Vauchamps.
LERMINIER, chef d'escad., B. 4 mars 1814, combat devant Troyes.

LAMY, s.-lieut., B. 13 mars 1814, reprise de Reims.

25 *mars* 1814,
combat de Fère-Champenoise.
LÉOPOLD, col., B.
HOURY, s.-lieut., B.

DOMONT, capit., B. 30 mars 1814, bataille de Paris.

18 *juin* 1815, *bataille de Waterloo.*
HOURY, lieut., B. (mort le 10 août).
LÉOPOLD, col., B.
LERMINIER, chef d'escad., B.
SARCUS, capit., B.
GUINLE, capit., B.
MUSSAULT, capit., B.
JOUVELET, lieut., B.
DUVERGIER, lieut., B.
HENNEQUIN, lieut., B.
BOUCHARD, s.-lieut., B.
CELLIER, s.-lieut., B.
COSTARD DE SAINT-LÉGER, s.-lieut., B.
PERLET, s.-lieut., B.
MARGUERON, s.-lieut., B.

8º Régiment (1).

8 *oct.* 1805, *combat de Wertingne.*
LACHAUSSÉE, capit., B.
BRETON, s.-lieut., B.
MORIN, s.-lieut., B.

MORIN, s.-lieut., B. 1805, combat près de Brixen (Tyrol).

30 *oct.* 1805, *combat de Ried.*
ROSEY, capit., B.
HUBERLAND, lieut., B.

2 *déc.* 1805, *bataille d'Austerlitz.*
COLLONNIER, lieut., T.
HUBERLAND, capit., B.
DUDOUIT, capit., B.
DEVAUX, capit., B.
TÉTART, lieut., B.
RENARD, s.-lieut., B.

24 *déc.* 1806, *combat de Nazielsk.*
BECKLER, col., T.
DEMOULIN, lieut., B.

LUDOT, major, B. 31 janv. 1807, combat de Passenheim.
COULMIER, chef d'escad., B. 3 févr. 1807, dans une charge en Pologne.
MICHAULT, s.-lieut., B. 4 févr. 1807, combat en Pologne.

5 *févr.* 1807, *dans une reconnaissance en Pologne.*
BEUFVE, capit., B.
MIREBEAU, s.-lieut., B.

8 *févr.* 1807, *bataille d'Eylau.*
CADET-DEVAUX, capit., B.
DE CUSTINE DE MARCILLY, capit., B.

14 *févr.* 1807, *dans une reconnaissance en Pologne.*
LARRAY, lieut., B.

---
(1) 3ᵉ régiment de chevau-légers en 1811.

LEGUAY, lieut., B.
MAUVILLAN, s.-lieut., B.
BRUN, s.-lieut., B.

LARRAY, capit., B. 10 juin 1807, bataille d'Heilsberg.
GIRARDIN, col., B. 14 juin 1807, bataille de Friedland.

21 déc. 1808, combat de Sahagune (Espagne).

DE CUSTINE DE MARCILLY, capit., B.
SIMON, s.-lieut., B.

CHASSERIAUX, capit., B.   janv. 1809, combat de Belris (Espagne).
QUATRESOUX, s.-lieut., B. 19 nov. 1809, bataille d'Ocaña.
SIMON, s.-lieut., B. 12 mai 1810, étant en reconnaissance en Espagne.
HOUSSELOT, lieut., B. 27 sept. 1810, bataille de Busaco.
DE CUSTINE DE MARCILLY, capit., B. 21 nov. 1810, combat près de Valladolid.
LABOURIER-PÉTOMBÉ, lieut., T. 24 sept. 1811, combat en Espagne.

9ᵉ Régiment (1).

8 oct. 1805, combat de Wertingen.
CHEVALIER, lieut., T.
MAUPETIT, col., B.

2 déc. 1805, bataille d'Austerlitz.
DELORT, major., B.
DIDELON, chef d'escad., B.
STROLZ, capit. A.-M., B.
EPARCHE, s.-lieut., B.
JOBELET, s.-lieut., B.
LABOURRÉE, s.-lieut., B.
PHILIBERT, s.-lieut., B.
FAGET, s.-lieut., B.

MILET, s.-lieut., B. 14 oct. 1806, bataille d'Iéna.
JURY, lieut., B. 20 nov. 1806, combat sur la route d'Ilow (mort le même jour).

18 déc. 1806, combat de Blonie.
FAGET, lieut., B.
EPARCHE, lieut., B.

DELOSME, lieut., B. 4 févr. 1807, combat devant Waterdorff (mort le même jour).

5 févr. 1807, combat de Waterdorff.
MONTAGNIER, capit., B.
JOBELET, lieut., B.
CROISET, s.-lieut., B.

8 févr. 1807, bataille d'Eylau.
PHILIBERT, lieut., B. (mort le 8 avril).
DAGOUT, s.-lieut., B. (mort le 9 mars).
LEFEBVRE, chef d'escad., B.
HENRYS, capit., B.
FAGET, lieut., B.
LECLERC, s.-lieut., B.
DELOTZ, s.-lieut., B.

MONTIGNY, s.-lieut., B. 10 juin 1807, bataille d'Heilsberg.
BERTHELON, lieut., B. 14 juin 1807, combat devant Kœnigsberg.

14 juin 1807, bataille de Friedland.
LEFEBVRE, chef d'escad., B.
CARRÉ, lieut., B.
REBUT, lieut., B.

MICHEL (1), s.-lieut., T. 1ᵉʳ janv. 1809, combat route de Burgos à Villafuenta (Espagne).
VÉLIAT, lieut., B. 2 mai 1809, étant en reconnaissance en Espagne.
MISTRAL, capit., B. 28 juill. 1809, bataille de Talavera-de-la-Reyna (mort le 4 août).

28 févr. 1810, combat en Espagne.
LECLERC, lieut., T.
MICHEL, lieut., T.

(1 4ᵉ régiment de chevau-légers en 1811.

(1) Assassiné après avoir été blessé et fait prisonnier.

3 *mars* 1810, *combat de Villalba (Andalousie).*
Labourrée, chef d'escad., B.
Combette, s.-lieut., B.

Jacquet, lieut., B. 4 mai 1811, combat d'Alba (Espagne).
Drevet, s.-lieut., B. 26 juin 1811, combat près de Serro (Andalousie).
Croiset, s.-lieut., B. 19 juill. 1811, combat d'Elero (Algarves).

10ᵉ Régiment (1).

Auzoux, capit., B. 2 déc. 1805, bataille d'Austerlitz (mort le 31).
De Laas, capit., B. 27 oct. 1806, affaire de Boitzembourg.
Cassino, capit., B. 28 oct. 1806, affaire de Prentzlow.
Bouvier, s.-lieut., B. 2 nov. 1806, affaire de Prentzlow.
Lenglet, lieut., B. 6 nov. 1806, prise de Lubeck.

8 *févr.* 1807, *bataille d'Eylau.*
Pillay, chef d'escad., B.
Lombard-Quincieux, capit., B.
De Grouchy (A.), s.-lieut., B.
Lenglet, lieut., B.
Gonard, s.-lieut., B.

14 *juin* 1807, *bataille de Friedland.*
Garan-Coulon, lieut., T.
Lateulade, lieut., T.
Dommanget, col., B.
Faurax, chef d'escad., B.
Guérin, capit., B.
Pillay, s.-lieut., B.

(1) 5ᵉ régiment de chevau-légers en 1811.

Dutartre de Bellisle, s.-lieut., B.

Capdeville, lieut., B. 20 sept. 1808, dans une reconnaissance près de Pampelune, Espagne (mort le soir).

23 *nov.* 1809,
Combat de Carpio (Espagne).
Moucheron, capit., T.
Guérin (R.), capit., B. (mort le 10 févr. 1810).

Guérin (L.-T.), capit., B. 28 nov. 1810, combat d'Alba-de-Tormès.
Lusson, capit., B. 10 déc. 1810, affaire de Carpio (Espagne).

5 *mai* 1811, *bataille de Fuentès-d'Oñoro.*
Vésuty, lieut. A.-M., B.
Debrévedent., s.-lieut., B.
Fontenu, s.-lieut., B.
Narrey, s.-lieut., B.

Fontenu, s.-lieut., B. 25 mai 1811, devant Alméïda.
Fleury, capit., B. 25 sept. 1811, affaire de Guinaldo (Espagne).

11ᵉ Régiment.

Dornier, lieut. A.-M., B. 25 oct. 1805, combat de Vischau.

16 *nov.* 1805, *combat d'Hollabrünn.*
Wattebled, s.-lieut., B.
Lallemant, s.-lieut., B.

20 *nov.* 1805, *combat de Rausnitz (Moravie).*
Bourdon, col., B. (mort le 12 déc.).
Gatineau, capit., B.
Charpillet, capit., B.

Giraalt, s.-lieut., B.

2 *déc.* 1805, *bataille d'Austerlitz.*
Lefèvre, maj., T.
Giraud, chef d'escad., T.
Garret, lieut., B.
Droulliot, s.-lieut., B.
Joetz, lieut., B.

8 *févr.* 1807, *bataille d'Eylau.*
Bourbier, col., B. (mort le 9).
Picot-Moras, lieut., T.

BERNIER, s.-lieut., T.
DORNIER, chef d'escad., B.
BOMMERBACH, capit., B.
COMBE, capit., B.
HARDY, capit., B.
DANGLAS, lieut., B.
WATTEBLED, lieut., B.
FRANÇOIS, capit., B.
LALLEMANT, lieut. A.-M., B.

14 juin 1807, bataille de Friedland.
DENAYER, lieut., B. (mort le 27).
BLESME, s.-lieut., T.
DORNIER, chef d'escad., B.
BRIDEAU, capit., B.
LALLEMANT, lieut. A.-M., B.
WATTEBLED, lieut., B.
BERNARD, s.-lieut., B.
HURÉ, s.-lieut., B.

DELOTZ, lieut., B. *19 juill. 1808, bataille de Baylen.*
ANCELIN, lieut., assassiné le 7 déc. 1808, à Ledrija (Andalousie).

En 1809, à Cabrera (étant prisonniers).
CLÉMENT, s.-lieut., assassiné.
BENOIST, s.-lieut., assassiné.

LAGRAVE, lieut., B. 4 mai 1809, combat en Espagne.
LALLEMANT, lieut. A.-M., B. 31 juill. 1809, combat près de Leon (Espagne).
BONNIOL, capit., B. 2 sept. 1809, combat devant Astorga.
LAGRAVE, lieut., B. 19 janv. 1810, combat en Espagne.
PAINVIN, s.-lieut., T. 13 juin 1810, combat devant Ciudad-Rodrigo.
WATTEBLED, capit., B. 31 juill. 1810, combat près de Leon (Espagne).
DE BONAFOS DE LA TOUR, lieut., B. 22 nov. 1810, combat en Portugal.

5 mai 1811, bataille de Fuentès-d'Oñoro.
GODFRIN, s.-lieut., T.
SAINT-MARS, capit., B.
JOETZ, capit., B.
RENAUD, s.-lieut., B.

SAINT-MARS, capit., B. 8 mai 1811, combat près d'Almeïda.

LAROCHE, capit., B. 1er avril 1812, combat devant Ciudad-Rodrigo.
BOUQUILLON, lieut., B. 21 juill. 1812, près des Arapiles.

22 juill. 1812, bataille des Arapiles.
ROBINEAU, chef d'escad., B.
BOURGEOIS DU CATELET, capit., B.

23 juill. 1812, combat d'Alba-de-Tormès.
COSNAC, s.-lieut., B.
GOSSIONE, s.-lieut., B.

THÉVENEZ D'AOUST, col., B. 23 oct. 1812, combat de Villadrigo.

16 févr. 1813, affaire de Carvacalès (Espagne).
LE BLOND, chef d'escad., T.
RONDEAU, capit., B.

THÉVENEZ D'AOUST, col., B. 21 juin 1813, bataille de Vittoria.
AIRAUD, capit., B. 22 août 1813, aux avant-postes, Gross-Beeren.
MASSON, s.-lieut., B. 22 août 1813, combat près de Gross-Beeren (mort le 18 sept.).
BUREAU DE PUSY, chef d'escad., B. 10 oct. 1813, combat de Naumbourg.
RENAUD, lieut., B. 10 oct. 1813, combat de Naumbourg.
GILLOT, s.-lieut., B. 14 oct. 1814, bataille de Wachau.
BOURQUIN, s.-lieut., B. 18 oct. 1813, bataille de Leipzig (mort le 27 nov.).

22 janv. 1814, combat de Saint-Dizier.
CLÉMENT, s.-lieut., T.
ABRIOT, s.-lieut., B. (mort le 25).

GILLOT, s.-lieut., B. 20 janv. 1814, dans une reconnaissance, par des cosaques.
BUREAU DE PUSY, chef d'escad., B. 26 janv. 1814, combat de Saint-Dizier.
MONNIOT, capit., T. 26 févr. 1814, combat du pont de Dollancourt.
OLIER, lieut., B. 14 juin 1815, combat devant Strasbourg.
BERTOLUS, s.-lieut., B. 9 juill. 1815, combat devant Strasbourg.
BARDET, s.-lieut., B. 28 juin 1815, combat sur la Suffel.

12ᵉ Régiment.

8 oct. 1805, *combat de Wertingen.*
BERTRAND, capit., B.
VOIRIN, lieut., B.
DE POMMEREUIL, lieut., B.

DUCHASTEL, chef d'escad., B. 1805, combat de Gûntzbourg.

2 déc. 1805, *bataille d'Austerlitz.*
TELLIER, licut., T.
FIDEL, capit., B.
COLIGNON, capit., B.
HENRY, s.-lieut., B.

24 déc. 1806, *combat de Nasielsk.*
SAULNIER, capit., T.
BLUSSEAUD, lieut., T.
HENRY, s.-lieut., T.
RÉAL, s.-lieut., T.
LEGOUSSAT, s.-lieut., T.
PERRUSSEL, capit., B.
BOURGEOIS, s.-lieut., B.
CARUEL, s.-lieut., B.
VOIRIN, lieut., B.
GOUGEROT, s.-lieut., B.

BERTRAND, chef d'escad., B. 3 févr. 1807, dans une reconnaissance.
TASSILLY, capit., B. 4 févr. 1807, combat d'Allenstein.

5 févr. 1807, *combat de Deppen.*
LECOMTE, capit., B.
RIBET, s.-lieut., B.
DESVAUX, s.-lieut., B.

FRÉMONT, s.-lieut., B. 6 févr. 1807, combat de Hoff.

8 févr. 1807, *bataille d'Eylau.*
GIRAULT DE MARTIGNY, col., B.
SAINT-MARC, capit. A.-M., B.
ROLLET, capit., B.
LECOMTE, capit., B.
NUBLET, capit., B.
LECANTÉE, capit., B.
DESVAUX, s.-lieut., B.
RIBET, s.-lieut., B.

DE POMMEREUIL, lieut. A.-M., B. 14 févr. 1807, affaire de Borkersdorf.
GORIUS, lieut., B. 15 févr. 1807, combat de Mansfeld.

14 juin 1807, *combat devant Kœnigsberg.*
PETIT, s.-lieut., T.
GOUGEROT, s.-lieut., T.
FLEURY, chef d'escad., B.

DEBAVRE, s.-lieut., B. 28 mars 1809, combat de Ciudad-Réal.
GIRAULT DE MARTIGNY, col., B. 26 mars 1809, dans les défilés de la Sierra-Morena (Espagne), (mort le 30).
GORIUS, capit., B. 16 mai 1809, combat dans la retraite du Portugal.
RIBERT, lieut. A.-M., B. 8 août 1809, au passage du Tage (devant Anover-del-Tago).
SUBY, s.-lieut., T. 11 août 1809, bataille d'Almonacid.
DESELVE, s.-lieut., B. 20 août 1809, en escortant un convoi, près de Madrid.

19 nov. 1809, *bataille d'Ocaña.*
ALLAIN, capit., B.
FIDEL, s.-lieut., B.
CORNU, lieut., B. (mort le 23 janv. 1810).

DELAUNAI, chirurg.-M., B. 20 août 1811, affaire de Motril (Grenade).
DE LACHANGE, lieut., B. 17 déc. 1811, étant en reconnaissance à Torella (Espagne).
LIVET, s.-lieut., B. 6 mai 1812, dans une affaire entre Ax et Sarda (Espagne).
COLIGNON, s.-lieut., T. 18 mai 1812, défense du fort de Sadul (Grenade).
LAVAL (1), s.-lieut., B. 6 janv. 1813, en avant d'Elbing.
RICHARD, capit., B. 24 janv. 1813, combat en Espagne.
BERNARD, s.-lieut., T. 5 févr. 1813, par les insurgés en Espagne.
LAVAL, s.-lieut., B. 24 mars 1813, défense de Dantzig.

---

(1) Laval de Clary.

CARPENTIN, capit., B. 21 juin 1813, bataille de Vittoria.
DE LACHANCE, chef d'escad., B. 6 sept. 1813, bataille de Juterbock.

Sept. 1813, défense de Dantzig.
FRÉMONT, capit., B. 2.
LAVAL, s.-lieut., B. 16.
DALBIS, lieut., B. 16.

CARUEL, capit., B. 13 déc. 1813, combat devant Bayonne.
DE LACHANCE, chef d'escad., B. 7 mars 1814, bataille de Craonne.

9 et 10 mars 1814, bataille de Laon.
CLÉMENT, capit., B. 9 (mort le 23).
MOLINIER, s.-lieut., B. 9.
HÉROST, s.-lieut., B. 10.

PETIT, s.-lieut., B. 26 mars 1814, affaire de Sézanne.

30 mars 1814, bataille de Paris.
BESSARD-GRAUGNIARD, col., B.
HUSSON, s.-lieut., B. (mort le 28 avril).

16 juin 1815, bataille de Ligny.
GORIUS, chef d'escad., B. (mort le 7 juill.).
RIBET, capit., B.
MAILLARD, capit., B.
FREMONT, capit., B.
BOURDELOUP, lieut., B.
DENIZOT, lieut., B.
ROSTAING, s.-lieut., B.
HÉROST, s.-lieut., B.
FRESSINET, s.-lieut., B.

13' Régiment.

SÉNESCHAL, s.-lieut., B. 16 oct. 1805, combat devant Ulm.

3 nov. 1805, combat du pont d'Obersbeck.
HAUVEL, capit., B.
LERICHE, s.-lieut., B.

2 déc. 1805, bataille d'Austerlitz.
DEBROC, col., B.
LACLÈDE, chef d'escad., B.
CADAT, capit., B.
HAUVEL, capit., B.

28 oct. 1806, affaire de Prentzlow.
HAUVEL, capit., B.
CIRODE, capit., B.
TOUTAIN, s.-lieut., B.

26 déc. 1806, combat de Pultusk.
ROGET, capit., T. 25.
DUBUTTE, lieut., T.
LOMBARD, s.-lieut., T.
DESJARDINS, lieut., B.
BRUNON, lieut., B.

ARGY DE CHATILLON, s.-lieut., B. 11 juin 1808, dans une reconnaissance sur Tudela.

SALAZARD, s.-lieut., B. 19 juill. 1808, bataille de Baylen (Andalousie).
ARGY DE CHATILLON, s.-lieut., B. 20 août 1808, affaire près de Saragosse.

7 déc. 1808, à Ledrija (Andalousie).
SOUILLAGNON, s.-lieut., assassiné.
SALAZARD, s.-lieut., assassiné.

TOUTAIN, lieut., B. 29 mars 1809, combat devant Oporto.
LANDRIN, lieut., B. 25 mai 1809, dans une reconnaissance en Espagne.
CAZENEUVE, chef d'escad., B. mai 1809, combat de Braga (Portugal).
MÉAN, lieut., B. 8 août 1809, attaque du pont de l'Arzobispo.
BRUNON, capit., B. 24 sept. 1809, affaire de Panpliga (Espagne).
BRUNON, capit., B. 17 nov. 1809, affaire de Villalon (Espagne).

19 févr. 1810, combat de Valverde (Espagne).
LEFLO-DEKERLEAU, capit., B.
DENTZEL, lieut., B.

LERICHÉ, lieut., B. février 1810, dans une reconnaissance en Espagne.

Reiset, col., B. mars 1810, combat d'Astorga.
Roux, chef d'escad., B. 16 mai 1810, affaire en Espagne.
Lavaud, chirurg. A.-M., B. 1811 combat en Espagne.

29 mars 1812, combat de Villafranca.
Berthet, capit., B.
Mahieux, lieut., B.
Pichotte, lieut., B.
Cazeneuve, lieut., B.

11 août 1812, combat de Las-Rosas. (Espagne).
Maurouard, chef d'escad., T.
Reiset, col., B.
Dupont, chirurg.-M., B.
Cochois, lieut. A.-M., B.
Larode, lieut., B.
Chancy, lieut., B.
Brixte, lieut., B.

Reiset, col., B. 15 août 1812, à Maja-la-Hauda (Espagne).
Cazeneuve, s.-lieut., B. 13 févr. 1813, en s'évadant de Cabrera.
Leflo-Dekerleau, capit., B. 21 juin 1813, bataille de Vittoria.
Monginot, col., B. 22 août 1813, combat près Gross-Beeren (mort le 8 sept.).
Trouillot, s.-lieut., B. 10 oct. 1813, combat en Saxe.

18 oct. 1813, bataille de Leipzig.
Carlos, s.-lieut., B.
Bartoli, s.-lieut., B.
Raymond, s.-lieut., B.

Delmas, capit., B. 1er janv. 1814, combat de Neustadt.
Fischer, lieut., B. 2 janv. 1814, à Harrebourg, près Hambourg.

22 janv. 1814, combat de Saint-Dizier.
Leflo-Dekerleau, capit., B.
Cazeneuve, lieut., B.

Trouillot, lieut., B. 4 févr. 1814, aux avant-postes.
Genin, s.-lieut., T. 10 févr. 1814, combat de Nogent-sur-Seine.
Raymond, lieut., B. 2 mars 1814, combat près de Troyes.
Caillemer, lieut. A.-M., B. 9 mars 1814, combat près de Troyes.
Delapille, lieut., B. 26 mars 1814, combat de Saint-Dizier.

18 juin 1815, combat devant Wavre.
Quintin, capit., B.
Cazeneuve, lieut., B.
Bartoli, lieut., B.
Rasquin, s.-lieut., B.

14e Régiment.

Ganderax, chirurg. A.-M., B. 16 oct. 1805, combat devant Ulm (mort).

14 oct. 1806, bataille d'Iéna.
Deaubonne-Devouges, capit., B. (mort en nov.).
Marcot, s.-lieut., T.
Pariset, capit., B.
Bigarne, capit. A.-M., B.
Lagneau, lieut., B.
Le Page, lieut., B.
Dumesnil, lieut., B.
Verne, s.-lieut., B.
Clément, s.-lieut., B.

Brugière de Barente, s.-lieut., B. 5 févr. 1807, affaire de Walsterdorff.

6 févr. 1807, combat de Hoff.
Gaillard, s.-lieut., B. (mt le 19 mars).
Moyen, lieut., B.
Dulac, s.-lieut., B.
Eichmann, s.-lieut., B.

8 févr. 1807, bataille d'Eylau.
Legrand, major, B. (mort le 12 mars).
Bouvier des Eclatz, col., B.

10 juin 1807, bataille d'Heilsberg.
Vaucocourt, capit., B. (mort le 20).

ROULLIN, s.-lieut., T.
BOUVIER DES ECLATZ, col., B.
DENNI, lieut., B.
GUILLAUME, s.-lieut., B.

14 juin 1807, bataille de Friedland.
WALTER, chef d'escad., B.
TOUCH, capit., B.
SALMON, capit., B.
BIGARNE, capit., B.
MASSÉ, lieut., B.
VERNE, s.-lieut., B.
CÉSIRE, s.-lieut., B.

NADAILLAC, lieut., B. 2 mai 1808, insurrection de Madrid.

7 déc. 1808, à Ledrija (Andalousie).
ANCELIN, lieut. (assassiné).
POISSONNIER, s.-lieut. (assassiné).

28 mars 1809, bataille de Medellin.
BARTHE, capit., T.
DESACY, s.-lieut., T.
DEFAMECHON, s.-lieut., T.
SALMON, capit., B.
CÉSIRE, lieut., B.
GUILLAUME, lieut., B.
GANDERAX, s.-lieut., B.

DE LA PÉRAUDIÈRE, s.-lieut., T. 16 mai 1809, étant de service d'escorte en Espagne.

28 juill. 1809, bataille de Talavera-de-la-Reyna.
DULAC, chef d'escad., B.
GANDERAX, s.-lieut., B.

BOUDET, s.-lieut., B. 22 mai 1810, combat en Espagne (dans une reconnaissance sur Lerra).
JUVING, s.-lieut., B. 7 juin 1810, combat d'Alcanisar (Espagne).
MOYEN, capit., B. 14 nov. 1810, étant en colonne mobile en Espagne.
LE PAGE, chef d'escad., B. 19 févr. 1811, bataille de la Gebora.
SALMON, chef d'escad., B. 9 mars 1811, affaire de Modelia (Espagne).

GANDERAX, lieut., B. 16 mai 1811, bataille de l'Albuhera.
PERRIN, s.-lieut., T. 14 oct. 1811, dans une affaire contre les guérillas.
DAVANNE, s.-lieut., T. 20 mars 1812, affaire près de Vittoria.
VERDALLE, lieut. A.-M., B. 14 sept. 1812, près de Salamanque.
VERNE, capit., B. 21 avril 1813, combat de Piedraïta (Espagne).
MONTANIER, capit., B. 7 juin 1813, combat de Leipzig.

14 févr. 1814, combat de la Chapelle (près de Fontainebleau).
BOUCHER, s.-lieut., B.
TROISIER, s.-lieut., B.

SCHNEIDER, lieut., B. 17 févr. 1814, combat de Nangis.
REVELIÈRE, capit. A.-M., B. 23 févr. 1814, combat près de Troyes (aux Maisons-Blanches).

27 févr. 1814, combat devant Bar-sur-Aube.
GANDERAX, capit., B.
LAIR, s.-lieut., B.
SPICHER, s.-lieut., B.
RABIN, s.-lieut., B.

16 mars 1814, combat de Provins.
D'ARCELIN DE NEUBOURG, capit., B.
PAOUR, s.-lieut., B.

DE SÉGUIER, col., B. 21 mars 1814, combat d'Arcis-sur-Aube.
MAISONNEUVE, s.-lieut., B. 30 mars 1814, bataille de Paris.

16 juin 1815, bataille de Liguy.
DENNI, capit., B. (mort le 24).
DE FLEYRES, lieut., B. (mort le même mois).
DUFOUR, capit., B.
RABIN, s.-lieut., B.
COUILLIEZ, s.-lieut., B.

15ᵉ Régiment.

11 oct. 1805, combat d'Albeck.
VIARD, capit., B.
CARLES, capit., B.
CHAPPUY, capit., B.
BESSON, chirurg. A.-M., B. (m¹ le soir).
HUGUENIN, s.-lieut., B.
BÉGUÉ, s.-lieut., B.
DUFOUR, s.-lieut., B.

FUZEAU, s.-lieut., B. 2 déc. 1805, bataille d'Austerlitz.
PESCHELOCHE, major, B. 3 déc. 1805, route d'Austerlitz (mort le 4).

26 déc. 1806, combat de Pultusk.
BARTHÉLEMY, col., B.
BESSON, chirurg. A.-M., B.

GASC (A.), s.-lieut., B. 2 févr. 1807, affaire de Schemiopoli (Pologne).

16 févr. 1807, combat d'Ostrolenka.
TIERSOT, lieut., T.
GASC (A.), s.-lieut., B.
DAVOUST, s.-lieut., B.

CAUS, s.-lieut., B., février 1807, affaire d'Austebourg (Pologne).
GASC (B.), s.-lieut., B. 19 août 1809, combat de Mafra (Portugal).
BOURLIER, s.-lieut., B. 22 janv. 1809, affaire près de la Corogne.
D'HANMER KLAIBROOCK, s.-lieut., B. 9 fév. 1809, affaire de Vivero (Espagne).

19 mai 1809, combat de Lugo.
LAVIE, chef d'escad., T.
MERELLE, s.-lieut., B.

8 juin 1809, au pont du défilé de Doucos (Galice).
DUROZEL, lieut., B.
GAUBIL, lieut., B.
VIARD, chirurg.-M., B.

LAGARDE, s.-lieut., B. 14 juill. 1809, route de Trente à Inspruck (Tyrol).

18 oct. 1809, combat de Tamamès.
GAUBIL, lieut., B.

ANDRIEU, s.-lieut., B.

28 nov. 1809, combat d'Alba-de-Tormès.
FUSEAU, capit., B. (mort le 8 avril 1810).
BÉGUÉ, lieut., B.
LEMOYNE, s.-lieut., B.

RICHEMONT, lieut., T. 6 mars 1810, combat en Espagne.
DUFLOS, lieut., B. 30 mai 1810, combat près Ciudad-Rodrigo (mort le 28 juin).
CARLES, chef d'escad., B. 19 nov. 1810, près de Leria (Portugal).
FOSSARD DU THIL, lieut., assassiné le 26 avril 1811, par les brigands en Espagne.
LAGARDE, s.-lieut., B. 11 sept. 1811, combat en Espagne.

25 sept. 1811, combat d'Elbodon (Portugal).
LÉGER, chef d'escad., T.
MÉRELLE, lieut., B.

LAGARDE, lieut. A.-M., B. 20 janv. 1812, combat devant Alicante.

18 juill. 1812, combat de Castrillo.
EMMERY, lieut. A.-M., T.
VENANT, lieut., B.

VERDIER, s.-lieut., B. 22 juill. 1812, bataille des Arapiles.
FLAGEOLLET, s.-lieut., B. 25 janv. 1813, route de Tilsit (par des cosaques).
LABALETTE, lieut., B. 25 avril 1813, défense de Dantzig.

21 juin 1813, bataille de Vittoria.
TOVY, s.-lieut., T.
DUROCHAT, capit., B.
FOUCAULT, lieut. A.-M., B.
VENANT, lieut., B.
GASC (B.), lieut., B.

22 août 1813, combat de Pirna.
DIAU, s.-lieut., B.
PIOT, s.-lieut., B.

DRAGONS

14, 16 *et* 18 *oct.* 1813, *bataille de Leipzig.*
DE BOUTIN, s.-lieut., T. 18.
BOUDINHON, col., B. 14.
LAFARGUE, capit., B. 14.
GEGOUIL, capit., B. 16.
LAGARDE, lieut. A.-M., B. 16.
MORLET, lieut., B. 14.
DELIVRY, s.-lieut., B. 14.
DELARUE, s.-lieut., B. 14.
CARABEUFS, s.-lieut., B. 14.
GROS, s.-lieut., B. 14.
VAISSIÉ, s.-lieut., B. 14.
ROPPER, s.-lieut., B. 14.

23 *oct.* 1813, *combat de Buttelstedt.*
DAVOUST, capit., B.
ANDRIEU, lieut., B.

GEGOUIL, capit., B. 1ᵉʳ janv. 1814, affaire de Monterlade.
BOUDINHON, col., B. 29 janv. 1814, bataille de Brienne.

DE LAFRESSANGE, lieut., B. 1ᵉʳ févr. 1814, bataille de La Rothière.

2 *févr.* 1814, *combat près de Brienne.*
BILOER, s.-lieut., B.
RAGON, s.-lieut., B.
DUVERGÉ, s.-lieut., B.

BOLANGIER DE FOUGEROLLES, lieut., B. 3 févr. 1814, combat de La Chaussée.
ESTIENNE DE SOUSPIRON, s.-lieut., B. 26 mars 1814, combat de Saint-Dizier.

15 *juin* 1815, *combat devant Fleurus.*
DELIGNY, capit., B.
MONY, s.-lieut., B.
BORDÉ, s.-lieut., B.

1ᵉʳ *juill.* 1815, *combat de Versailles.*
DELARUE, s.-lieut., B.
BAZIRET, s.-lieut., B.

16ᵉ Régiment.

2 *déc.* 1805, *bataille d'Austerlitz.*
GILLET, capit., B.
LATACHE, lieut., B.
DAUBESART, s.-lieut., B.
LEGRAS, s.-lieut., B.
MICHAUX, s.-lieut., B.

SAVORAT, capit., B. 28 oct. 1806, affaire de Prentzlow.

4 *févr.* 1807, *combat de Bergfried.*
DUKERMONT, capit., B.
DESCHAMPS, capit., B.
GUÉRIN, s.-lieut., B.
JACQUEMINOT, s.-lieut., B.
CARON, s.-lieut., B.
AIMÉ, s.-lieut., B.
CLÉMENT DE RIS, lieut., B.

8 *févr.* 1807, *bataille d'Eylau.*
BÉTHISY, chef d'escad., B.
SAPPEY, s.-lieut., B.

CARON, capit., T. 13 mars 1807, combat de Gross-Gronau.
DUKERMONT, capit., B. 14 juin 1807, combat devant Kœnigsberg.

SAVARY, lieut., T. 8 août 1809, combat de l'Arzobispo.

19 *nov.* 1809, *bataille d'Ocana.*
VIAL, col., T.
SAPPEY, lieut., B.

LESPINASSE, s.-lieut., B. 16 juin 1810, affaire près Benavente.
QUESSART, lieut., T. 2 juill. 1811, combat en Espagne.
DUSSEL, lieut., T. 21 juill. 1811, combat d'Armas-d'Albama.
GUIZOL, lieut., B. 3 oct. 1811, combat près de Xérès (Espagne).
GALLAND, capit., B. 5 mai 1812, combat en Espagne (à la Venta), près de Grenade.
ESMEZ, s.-lieut., B. 2 juin 1813, affaire de Moralès (Espagne).
PERRIER, chirurg. A.-M., B. 21 juin 1813, bataille de Vittoria.

16 *oct.* 1813, *bataille de Leipzig.*
QUERSY, s.-lieut., B.
NEBEL, s.-lieut., B.
LAPLAIGE, s.-lieut., B.

FORTIN, chef d'escad., B. 19 janv. 1814, combat près de Liège.
MASSÉ, s.-lieut., B. 16 mars 1814, combat de Nogent.

---

21 *mars* 1814, *combat d'Arcis-sur-Aube.*
LÉGER, capit., T.
JOSSE, lieut., B.

FOURNIER, s.-lieut., B. 26 mars 1814, combat de Saint-Dizier.

16 *juin* 1815, *bataille de Ligny.*
GAUCHER, capit., B.
ACHER, lieut., B.
LECAVELIER, s.-lieut., B.
SABATAULT, s.-lieut., B.

17° Régiment.

11 oct. 1805, *combat d'Albeck.*
SAINT-DIZIER, col., T.
ABEL, lieut., T.
DAUTRECOURT, chef d'escad., B.
BARABINO, capit. A.-M., B.
LAMBERT, chirurg.-M., B.
LÉOPOLD, capit., B.
KNIDEL, capit., B.
STOLTZ, s.-lieut., B.
JOHANN, s.-lieut., B.
MOLL, s.-lieut., B.
CARRET, s.-lieut., B.

2 déc. 1805, *bataille d'Austerlitz.*
FOURNIE, lieut., B.
MANN, lieut., B.
PAULUS, s.-lieut., B.

24 *janv.* 1807, *combat de Liebstadt.*
FAVRE, chef d'escad., B.
PAULUS, lieut., B.

15 *févr.* 1807, *combat de Mansfeld.*
STOLTZ, s.-lieut., T.
BRINDEL, s.-lieut., B. (mort le 22).
PRILLY, capit., B.
MONESTIER, capit., B.
CARRET, s.-lieut., B.
LÉONARD, s.-lieut., B.

DE FELDEGH DE SALOMON, capit., B. 26 mars 1807, siège de Dantzig.

14 *juin* 1807, *bataille de Friedland.*
ALBERT, capit., B. (mort le 25 août).
DU VAL DE DAMPIERRE, s.-lieut., B.

2 déc. 1808, *combat devant Madrid.*
FAVRE, chef d'escad., B.
CRU, s.-lieut., B.

BRENIAUX, s.-lieut., B.

BEURMANN, col., B. 15 janv. 1809, combat devant la Corogne.

26 *mars* 1809, *combat de Braga (Portugal).*
BOYTIÈRES, capit., B.
MOUCHET, lieut., B.

DUBOIS-DUBAIS, lieut., B. 28 mars 1809, affaire devant Oporto.

7 *avril* 1809, *combat devant Braga.*
LÉOPOLD, chef d'escad., B.
BARTHEL, capit., B.

BEURMANN, col., B. 12 mai 1809, attaque du pont d'Amarante.

8 *août* 1809, *combat du pont de l'Arzobispo.*
BARTHEL, capit., B.
BRAGELONGNE, s.-lieut., B.

SORDET, lieut., B. 20 mars 1810, combat en Portugal.
MOUREAU, lieut., D. le 11 avril 1811, étant en colonne mobile (Espagne).
MORDAS, s.-lieut., B. 28 avril 1811, affaire de Villaguecido.

16 *mai* 1811, *bataille d'Albuhera.*
PETIT, lieut., B. (mort le 25 juill.).
BEREKEM, capit., B.
SAINT-MARTIN, capit., B.
BRAGELONGNE, lieut., B.
SORDET, lieut., B.
MORDAS, s.-lieut., B.

DACHEUX, s.-lieut., B. 5 avril 1812, combat en Espagne.
MOUCHET, lieut., B. 12 avril 1812, combat de Villagarcia.

11 *juin* 1812, *combat de Maguilla.*
CRU, lieut., B.
ROLLIN, lieut., B.

DACHEUX, s.-lieut., B. 31 mars 1813, combat en Espagne.
CLÉMENDOT, capit., T. 16 oct. 1813, bataille de Leipzig.
TRIPOTET, s.-lieut., B. 3 janv. 1814, défense de Magdebourg.
POLLET, s.-lieut., B. 21 févr. 1814, combat de Villeneuve-le-Roy.

24 *févr.* 1814, *combat de Saint-Parre, près Troyes.*
THIÉBAULT, s.-lieut., T.
CARRET, capit., B.
CRU, capit., B.

4 *mars* 1814, *combat devant Troyes.*
CARRET, capit., B.

LAURENT, lieut., B.

TOURREAU, lieut., B. 9 mars 1814, dans une reconnaissance près Provins.
MARCQ, s.-lieut., B. 10 mars 1814, reprise de Laon.
CRU, capit., B. 14 mars 1814, combat de Léchelle près de Provins.

21 *mars* 1814, *combat d'Arcis-sur-Aube.*
LABRUNNE, s.-lieut., T.
COINTOUX, s.-lieut., B.
KUMMERER, s.-lieut., B.

16 *juin* 1815, *bataille de Ligny.*
MIDOUCET, lieut., T.
CARRET, capit., B.
POLIER, capit., B.
LAURENT, lieut., B.
TOURREAU, lieut., B.
CAMUS, s.-lieut., B.
GELLIOT, s.-lieut., B.
POLLET, s.-lieut., B.

18ᵉ Régiment.

14 oct. 1805, *combat d'Elchingen.*
PISTRE, chef d'escad., B.
PUCHEU, capit. A.-M., B.
LEBLANC, s.-lieut., B.
SEGUIER, s.-lieut., B.
GUIRAUD, s.-lieut., B.
DUPUY, s.-lieut., B.

2 *déc.* 1805, *bataille d'Austerlitz.*
PISTRE, chef d'escad., B.
LECLERC, chef d'escad., B.
GUIARD, capit., B.
JAVARRY, lieut., B.
DUMAS, s.-lieut., B.

BARRÈRE, capit., B. 16 janv. 1807, au siège de Graudentz.
SAINT-MARCQ, s.-lieut., B. 25 janv. 1807, combat de Mohrüngen (mort le 4 févr.).
MARIGNOLS, lieut., B. 30 janv. 1807, affaire de Freystadt.

14 *juin* 1807, *bataille de Friedland.*
PISTRE, chef d'escad., B.
BODSON-NOIRFONTAINE, lieut. A.-M., B.
HOUCHARD, lieut., B.
BELLY, lieut., B.
MOLARD, lieut., B.
BOIREAU, lieut., B.
DUPUY, s.-lieut., B.

GUIRAUD, s.-lieut., B. 16 juin 1807, affaire devant Tilsit.

7 *déc.* 1808, *par la populace à Ledrija (Andalousie).*
BARON, major, assassiné.
MARTIN, capit., assassiné.
MARIGNOLS, lieut., assassiné.

BODSON-NOIRFONTAINE, lieut. A.-M., B. 12 mars 1809, affaire de Chavès.
BOUVATIER, chef d'escad., T. 30 mars 1809, combat de Canavalès (Espagne) (près d'Oporto).

1ᵉʳ *avril* 1809, *combat devant Cavanalès.*
BOIREAU, lieut., B.
BAILLEUL, lieut., B.

GILLET, capit., B. 8 juill. 1809, au passage du Tage.

7 *et* 8 *août* 1809, *au pont de l'Arzobispo.*
LARIVIÈRE, capit., B. 8.
PHILIPPE (1), s.-lieut., B. 7.
ANGO, s.-lieut., B. 8.
ANGO, s.-lieut., B. 23 août 1810, combat d'Adjudo (Espagne).
GUIRAUD, lieut., B. 2 mai 1811, combat près de Ségovie.
LAFITTE, col., B. 25 mai 1811, dans le défilé de Salinas, en rentrant en France.
MARTINET, s.-lieut., B. 3 août 1811, affaire de Santa-Ollala (Espagne),

11 *août* 1812, *combat de Las-Rosas, près de Madrid.*
LARODDE DE SAINT-HAON, lieut., B.
GUIRAUD, lieut., B.
LEBRETON, lieut., B.
PHILIPPE, s.-lieut., B.

CARBON, lieut., B. 13 sept. 1812, dans une reconnaissance près de Requinha.

---

(1) Philippe de Cantilly.

22 *août* 1813, *combat de Pirna* (Saxe).
BERTOT, lieut., T.
GUIARD, capit., B.
BALADE, lieut., B.
BÉFORT, lieut., B.

14 *oct.* 1813, *combat de Wachau.*
BOZON, lieut., B. (mort le 30 janv. 1814).
SÉGUIER, capit., B.
MARCHEBOUT, lieut., B.

BARRÈRE, capit., B. 23 oct. 1813, affaire de Bouttechel.
GUÉRIN, lieut. A.-M., B. 2 janv. 1814, combat d'Haguenau (mort le 4).
ANGO, capit., B. 22 janv. 1814, dans une reconnaissance sur Ligny.

29 *janv.* 1814, *bataille de Brienne.*
HOUCHARD, chef d'escad., B.
PETIT, s.-lieut., B.

DANGER, major en 2ᵉ, B. 18 févr. 1814, bataille de Montereau.
DEBRACQUE, lieut., B. 19 févr. 1814, près Montereau.

25 *mars* 1814, *combat de Saint-Dizier.*
VIORA, capit., B.
ARDOUIN, s.-lieut., B.

FRANCISQUE-CAMILLE, lieut., B. 30 mars 1814, bataille de Paris (mᵗ le 20 avril).

19ᵉ Régiment.

2 *déc.* 1805, *bataille d'Austerlitz.*
COLLASSE, lieut., B.
BERTIN, lieut., B.
MAHYER s.-lieut., B.

25 *janv.* 1807, *combat de Mohrüngen.*
ROULIN, lieut., T.
ROCHEDRAGON, capit., B.
ROCOURT, s.-lieut., B.

7 *févr.* 1807, *combat de Radzon (ou de Ziegelhoff).*
DUBOIS, capit., B.
CHAM, lieut., B.

14 *juin* 1807, *bataille de Friedland.*
GRIVEL, s.-lieut., T.
DUTERTRE, s.-lieut., T.
CAHOUET, capit., B.
PUISSANT DE SUZENNECOURT, lieut., B.

7 *déc.* 1808, *par la populace à Ledrija (Andalousie).*
DUBOIS, capit., assassiné.
COLLASSE (J.-H.), s.-lieut., assassiné.
ROCOURT, s.-lieut., B.

MONTARON, lieut., B. 9 mars 1809, combat devant Chavès (Portugal).
DE SAINT-GENIÈS, s.-lieut., B. 20 mars 1809, combat de Braga.

Géruelle, capit., B. 25 mars 1809, combat de Chavès.
Mahieu, chef d'escad., B. 26 mars 1809, au bord de l'Avé (Portugal).

1er avril 1809, combat de Canavès (Portugal).
Bertin, capit., B.
Mahyer, lieut., B.

Soulange de l'Hopital, lieut., B. 22 mai 1809, affaire de Lugo.

8 août 1809, passage du pont de l'Arzobispo.
Decrauzat, lieut. A.-M., T.
Des Essarts, lieut., B. (mort le 13).
Cosnard, capit., B.
Fillon, capit., B.
De Boubers, s.-lieut., B.
Morel, s.-lieut., B.

Tougard, s.-lieut., B. 13 sept. 1810, combat dans les Asturies.
Soulange de l'Hopital, lieut., B. 20 févr. 1811, affaire de la Puebla.
Franquelin, s.-lieut., T. 3 juin 1811, étant en colonne mobile en Espagne.
Pitard, capit., B. 11 août 1811, combat de Garcoña (Espagne).

11 août 1812, combat de Las-Rosas.
Pitard, capit., B.
Dumont, lieut., B.
De Tarragon, s.-lieut., B.

7 juin 1813, combat de Leipzig.
De Buffon, capit., B.
Billet, s.-lieut., B.

22 août 1813, combat de Pirna (Saxe).
Pitard, chef d'escad., T.
Lecarlier, lieut., T.

26 août 1813, bataille de Dresde.
Ponsonnet, capit., B.
Masset de Tyronne, s.-lieut., B.

Branchu, capit., B. 28 sept. 1813, combat d'Altenbourg.
Soumain, s.-lieut., B. 10 oct. 1813, combat de Naumbourg.
De Buffon, capit., B. 14 oct. 1813, combat de Wachau.
Gauguier, s.-lieut., B. 30 oct. 1813, bataille de Hanau.
Migneret, s.-lieut., B. 22 janv. 1814, combat de Saint-Dizier.

29 janv. 1814, bataille de Brienne.
Branchu, capit., B.
Dubarle, s.-lieut., B.

26 mars 1814, combat de Saint-Dizier.
Cosnard, chef d'escad., B.
Paradis, s.-lieut., B.
Gauguier, s.-lieut., B.

Le Mire, s.-lieut., B. 5 juill. 1815, combat devant Strasbourg.

20e Régiment.

14 oct. 1806, bataille d'Iéna.
Lirot, capit., B.
Fourdrinois, s.-lieut., B. (m^t le 31 déc.).
Legris, lieut., B.
Vallier, s.-lieut., B.

5 févr. 1807, combat de Waterdorff.
Feutry, lieut., B.
Guibal, s.-lieut., B.
Martin, s.-lieut., B.

Degrave, capit., T. 14 mars 1807, devant Stettin.

10 juin 1807, bataille d'Heilsberg.
Léret, s.-lieut., T.
Cottray, capit., B.
Longuet, s.-lieut., B.
Crispiels, s.-lieut., B.

Lempereur, s.-lieut., B. 7 juin 1808, combat du pont d'Alcolea.

19 juill. 1808, bataille de Baylen.
Lebrun, capit., B.
Legris, lieut., B.
Chol, s.-lieut., B.

DOUTRELEAU, s.-lieut., assassiné le 25 déc. 1808, à Ledrija (Andalousie).
BOUZAT, capit., assassiné le 15 janv. 1809, près de Guadarama (Espagne).
MERLIN, s.-lieut., assassiné le 17 janv. 1809, dans un village près de Madrid.
IBRY, lieut., B. 25 janv. 1809, combat près de Bénavente.
DOUBLET, s.-lieut., B. 14 avril 1809, combat en Espagne.

16 mai 1811, bataille d'Albuhera.

DESCRÉTOUS, capit., T.
MICHELET, s.-lieut., T.
DUDOIGNON, s.-lieut., T.
MASSIS, s.-lieut., B. (mort le 5 sept.).
DOLDENEL, chef d'escad., B.
DERÈME, capit., B.
TAFFIN, capit., B.
DEREUME, lieut., B.
VIENNOT dit VAUBLANC, s.-lieut., B.
GOUABIN, s.-lieut., B.
MONNIER, s.-lieut., B.
GIFFART, s.-lieut., B.

WILLIERS, chirurg. A.-M., B. 18 mai 1811, combat près d'Albuhera.

25 mai 1811, combat d'Usagre (Espagne).

DEJEAN, major, B.
LEFRANC, capit., B.

POULIN, s.-lieut., B. 28 oct. 1811, combat de Rio-Molino.
DUPERRON, s.-lieut., B. 16 févr. 1812, étant en reconnaissance en Espagne (mort le 24).

21 août 1812, combat près de Vittoria.

DUFLOS, s.-lieut., T.
VAULTRIN, s.-lieut., B.

DE GISANCOURT, s.-lieut., B. 10 sept. 1812, aux avant-postes en Espagne.
CLÉMENDOT, s.-lieut., B. 16 nov. 1812, combat en Espagne.

DE GISANCOURT, s.-lieut., B. 15 déc. 1812, affaire près de Pampelune.
CANAPLE, capit., B. 28 févr. 1813, combat près de Pampelune.

1813, défense de Dantzig.

FLAGEOLET, s.-lieut., B. 5 févr.
CABALETTE, lieut., B. 25 avril.

POTHÉE, s.-lieut., B. 7 juin 1813, combat de Leipzig.

14 et 18 oct. 1813, bataille de Leipzig.

ALGAY, chef d'escad., B. 14.
DOUBLET, capit., B. 18.

SENECTAIRE, s.-lieut., B. 30 oct. 1813, bataille de Hanau.
SENECTAIRE, s.-lieut., B. 31 déc. 1813, combat de Colmar.
NIBART, s.-lieut., B. 24 janv. 1814, défense de Hambourg.
LALLEMAND, lieut., B. 29 janv. 1814, bataille de Brienne.

26 mars 1814, combat de Saint-Dizier.

ALGAY, chef d'escad., B.
DE GISANCOURT, lieut., B.
LALLEMAND, lieut., B.

20 juin 1815, combat de Namur.

GOBERT, s.-lieut., T.
HEULZ, capit., B.
LEBRUN, capit., B.
CRISPIELS, capit., B.
ROYAL, s.-lieut., B.
HULOT, s.-lieut., B.
FERRARIS, s.-lieut., B.

1er juill. 1815, combat de Versailles.

BRIQUEVILLE, col., B.
DEREUME, capit., B.
SCHAAFF, lieut., B.
NIBART, s.-lieut., B.
DEROBERT, s.-lieut., B.
LEMPEREUR, s.-lieut., B.

21e Régiment.

BOURGEOIS-DUCATELET, s.-lieut., B. 16 nov. 1805, combat près d'Ulm.
GAY, capit., B. 2 déc. 1805, bataille d'Austerlitz.

28 oct. 1806, combat de Prentzlow.
MAS DE POLART, col., B.
RICATTI, capit., B.
DARZON, capit., B.
GAY, s.-lieut., B.

FAROPPA, capit., B. 5 févr. 1807, affaire près de Hoff.

8 févr. 1807, bataille d'Eylau.
MAS DE POLART, col., B.
RICATTI, capit., B.
GAY, capit., B.
DU MAS, lieut., B.

DARZON, capit., B. 3 févr. 1807, affaire d'Allenstein.
DEJEAN, lieut. A.-M., B. 3 févr. 1807, affaire d'Allenstein.
SERRA, s.-lieut., B. 15 févr. 1807, étant d'escorte près du général de division, affaire de Mensfeld.
MAFFEY, s.-lieut., B. 14 févr. 1807, étant en reconnaissance en Pologne.
BOURGEOIS-DUCATELET, s.-lieut., B. 14 juin 1807, combat devant Kœnigsberg.

15 juin 1807, combat devant Kœnigsberg.
AUDIBERT, chirurg.-M., B.
PALMA, s.-lieut., B.

19 juill. 1808, bataille de Baylen.
BESSARD-GRAUGNIARD, major, B.
DU MAS, capit., B.

CONARD, s.-lieut., B. 12 nov. 1808, combat près de Burgos.
VINIES, s.-lieut., B. 28 déc. 1808, passage du Tietar (Espagne).
NIAY, s.-lieut., B. 8 janv. 1809, étant en colonne mobile à Sifnelos-d'Ariva (Espagne).
FLOBERT, s.-lieut., B. 19 juin 1809, combat du pont de l'Arenas (Espagne).

DE SALIS-TAGSTEIN, lieut., T. 11 août 1809, bataille d'Almonacid.

24 déc. 1809, combat de Huete (Espagne).
CHAILLOT, lieut., B.
CALLET, s.-lieut., B.

PÉTHION, lieut., B. 14 févr. 1810, combat près de Grazalema (Espagne).
CHAILLOT, chef d'escad., B. 21 avril 1811, combat d'Afernati (Espagne).
CONDÉ, capit., B. 15 mai 1811, combat d'Ubeda (Espagne).
FRAYSSÉ, s.-lieut., B. 1er août 1811, affaire d'Arrevalo (Espagne).
BOGLIONE, lieut., B. 28 sept. 1811, combat de Velez-Malaga (Espagne).
CALLET, s.-lieut., T. 16 avril 1812, étant en colonne mobile près de Malaga (Espagne).
BENZI, lieut., B. 23 juill. 1812, affaire près d'Alba-de-Tormès.
SERRA, capit., B. 5 janv. 1813, combat de Cabanas (Espagne).
SIGNORETTI, capit., B. 24 avril 1813, combat entre Miranda et Vittoria.
DE BRIEDERBACH, s.-lieut., B. 2 mai 1813, combat de Miranda.

21 juin 1813, bataille de Vittoria.
AUTIÉ, capit., B.
FLOBERT, lieut., B.

SAVIOT, col., B. 6 sept. 1813, bataille de Juterbock.
TARRINI, lieut., B. 16 oct. 1813, bataille de Leipzig.
PERRIN DU MONT, s.-lieut., B. 13 déc. 1813, combat devant Bayonne.
PERRIN DU MONT, s.-lieut., B. 21 févr. 1814, combat devant Troyes.

23 févr. 1814, combat de Fontvannes (Aube).
BRUNET, lieut., B.
TARRINI, lieut., B.
FLEYRES, s.-lieut., B.

DORVILLE, lieut. A.-M., B. 24 févr. 1814, combat devant Troyes.

BOGLIONE, capit., B. 3 mars 1814, combat de Troyes.

7 mars 1814, bataille de Craonne.
PÉTRA, lieut., T.
PONCIOME, lieut., T.
CORDÈS, capit., B.
PELLOTIER, capit., B.
FLEYRES, s.-lieut., B.

MARCON, s.-lieut., B. 8 mars 1814, combat près de Laon.
CANEL, s.-lieut., B. 23 mars 1814, dans une reconnaissance (m^t le 28 mai).
MAFFEY, capit., B. 25 mars 1814, combat près de Vitry.
DE BRIEDERBACH, s.-lieut., B. 25 mars 1814, combat de Fère-Champenoise.
NIAY, lieut., B. 29 mars 1814, dans une reconnaissance près de Paris.

22º Régiment.

LAURENT, lieut., B. 19 oct. 1805, combat près d'Ulm.

2 déc. 1805, bataille d'Austerlitz.
REBOURS, s.-lieut., T.
PERREY, capit., B.
CASTEL, s.-lieut., B.

3 févr. 1807, combat de Bergfried.
HARTEMANN, capit., B. (m^t le 19 mars).
JOURNÉ, s.-lieut., B. (mort le 25 févr.).
LACOMBE, capit., B.

16 févr. 1807, combat d'Ostrolenka.
FÉRINO, s.-lieut., B. (mort le 14 sept.).
LAURENT, capit., B.
DE SPADA, s.-lieut., B.

7 déc. 1808, par la populace, à Ledrija (Andalousie).
ESCARFAIL, lieut., assassiné.
FONTENOY, s.-lieut., assassiné.

BANCHET, s.-lieut., B. 26 mars 1809, combat route d'Oporto (Portugal).
DE LAFERRIÈRE, s.-lieut., B. 4 avril 1809, combat en avant d'Oporto.
POSTEL, s.-lieut., B. 19 avril 1809, en escortant des prisonniers espagnols.
DE VOISINS, lieut., B. 27 avril 1809, combat de Sanabria (mort le 28).
LECLERC, chirurg. S.-A.-M., B. 14 mai 1809, pendant la retraite d'Oporto.
LACOMBE, capit., B. 28 mai 1809, combat devant Lugo (Galice).
LÉCUYER, s.-lieut., T. 6 août 1809, combat contre des guérillas, en escortant des blessés en Espagne.

DELAHUBAUDIÈRE, capit., B. 8 août 1809, combat de l'Arzobispo.
DE MONTENOL, lieut., B. 19 févr. 1810, combat de Valverde (Espagne).
DESENANTE, lieut. A.-M., B. 20 févr. 1810, combat près de Badajoz.
BLANCHEVILLE, col., assassiné le 2 mai 1810, à El-Ronquillo-et-Santa.
GRANDIN DE MANSIGNY, s.-lieut., B. 21 août 1810, affaire près de Xérès.
DE MONTENOL, capit., B. 11 janv. 1811, dans une reconnaissance en Espagne.
DEHAMEL, s.-lieut., B. 5 avril 1811, commandait le peloton de dragons qui escortait le colonel Lejeune à Iliesca (Murcie).
DELAFERRIÈRE, lieut., B. 18 oct. 1811, affaire près d'Ajofrin (Espagne).
NIHON, lieut., B. 17 janv. 1812, combat d'Illa (Espagne) (mort le 29 févr.).
DELAFERRIÈRE, lieut., B. 26 févr. 1812, combat étant en colonne mobile en Espagne.
VILLAIN, s.-lieut., B. 28 févr. 1812, combat en escortant un courrier en Espagne.
DE MONTENOL, capit., B. 11 août 1812, combat de Las-Rosas.
DUVERGIER, s.-lieut., D. 5 avril 1813, combat devant Irun.

14 oct. 1813, combat de Wachau.
TROUILLET, s.-lieut., T.
DELAHAYE, s.-lieut., B.
MARCHEBOUT, lieut., B.

24 oct. 1813, combat de Francfort.
MASSIN, s.-lieut., B.

PANNELLE, s.-lieut., B.

12 *janv.* 1814, *combat d'Epinal.*
MATHIEU, capit., B.
KIESO, s.-lieut., B.
DHANNEVILLE, s.-lieut., B.

MASSIN, s.-lieut., B.
DE SALLMARD, lieut., B.

VILLAIN, lieut. A.-M., B. 29 janv. 1814, bataille de Brienne.

23e Régiment.

TALOUR, chef d'escad., B. 11 nov. 1805, passage du Tagliamento (Italie).
TALOUR, chef d'escad., B. 27 sept. 1806, en Calabre.
JAUJON, s.-lieut., B. 8 mai 1809, bataille de la Piave.

11 *mai* 1809, *combat de Saint-Daniel.*
TALOUR, chef d'escad., B.
JOUVENEAU, lieut., B.
GIRARD, s.-lieut., B.

CONSTANTIN, s.-lieut., B. 8 juin 1809, combat près de Gratz.
ARTUS, capit., B. 14 juin 1809, bataille de Raab (mort le 20).
GIRARD, s.-lieut., B. 5 juill. 1809 (étant en reconnaissance sur la route de Presbourg à Vienne).

5 *et* 6 *juill.* 1809, *bataille de Wagram.*
DHÉRÉ, s.-lieut., B. 5.
VINCENT, s.-lieut., B. 5.
REVEST, s.-lieut., B. 6.

TALOUR, chef d'escad., B. 9 juill. 1809, affaire près de Presbourg.

7 *sept.* 1812, *bataille de la Moskowa.*
BAILHACHE, capit., T.
JOUVENEAU, capit., B. (mort).
VERSAULT, capit., B.
HIESTAND, capit., B.
PIQUET, s.-lieut., B.
AUVRAY, s.-lieut., B.
RAYMOND, s.-lieut., B.

DEBAY, s.-lieut., T. 26 sept. 1812, combat en avant de Moscou.

18 *oct.* 1812, *combat de Winkowo.*
GÉGOUT, capit., B.

JAUJON, s.-lieut., B.

SORREL, lieut., B. 24 oct. 1812, bataille de Malojaroslawetz.
FERRERI, s.-lieut., T. 25 oct. 1812, étant en reconnaissance sur la route de Kalouga.

17 *nov.* 1812, *bataille de Krasnoë.*
HORTAL, s.-lieut., B. (mort).
BAUSSET, s.-lieut., B. (mort).
LOUP, chef d'escad., B.

BRIDAULT, s.-lieut., B. 28 nov. 1812, aux ponts de la Bérésina (mort le 1er janv. 1813).

14 *déc.* 1812, *combat de Kowno (Lithuanie).*
BRIANT, col., B. (mort le même jour).
JOLLY, lieut. A.-M., B. (mort en déc.).
BAUSSAY, chirurg.-M., B. (mort).

LEVIEUX DE COURCELLE, s.-lieut., B. et D. le 26 déc. 1812, près de Tilsitt.
THOMAS, s.-lieut., T. 27 mai 1813, combat devant Goldberg.

27 *août* 1813, *bataille de Dresde.*
CHALMET, s.-lieut., B. (mort le 8 nov.).
CARRÉE, s.-lieut., B.

CLÉVENOT, major, B. 16 oct. 1813, prise des gorges de Stromberg (Leipzig).

18 *oct.* 1813, *bataille de Leipzig.*
RAVAILLE, s.-lieut., T.
DEGASCQ, lieut., B.
CARLOZ, s.-lieut., B.
BALOTTE, s.-lieut., B.
PONTUS, s.-lieut., B.

LOILIER, chef d'escad., B. 19 oct. 1813, au pont de Leipzig.
BOISSONNIER, lieut., B. 25 oct. 1813, comb‡ près de Francfort (m‡ le 6 déc.).

30 oct. 1813, bataille de Hanau.
MARTIGUE, col., B.
GÉGOUT, capit., B.

1ᵉʳ janv. 1814, combat de Neustadt.
SANSON, s.-lieut., T.
MARTIGUE, col., B.
DELMAS, capit., B.
COMELERAT, s.-lieut., B.
VAISSIÈRE, lieut., B.

1ᵉʳ janv. 1814, affaire de Muterstadt (Palatinat).
GÉGOUT, capit., B.

NOGERIE, lieut., B.

2 janv. 1814, combat de Dürkheim (Palatinat).
CARLOZ, lieut., B.
JAUJON, lieut., B.
BARATTE, s.-lieut., B.

AUVRAY, lieut., B. 1ᵉʳ mars 1814, combat de Lizy, près de Meaux.
GIRARD, capit., T. 13 mars 1814, bataille de Reims.

30 mars 1814, bataille de Paris.
FRANCESCHI, s.-lieut., B. (mort le 20 avril).
PIQUET, lieut., B.

24ᵉ Régiment.

GRÉGOIRE, s.-lieut., B. 16 déc. 1808, combat de Cardedene (Catalogne).

25 févr. 1809, combat de Vals (Catalogne).
BERTINOT, s.-lieut., T.
DELORT, col., B.
DEJEAN, chef d'escad., B.
VALENTIN, lieut., B.
COLLINOT, s.-lieut., B.

GALLET DE MONDRAGON, s.-lieut., B. 14 juin 1809, bataille de Raab.
DAUZAS, capit., B. 18 juin 1809, combat dans les défilés de Vich (Catalogne).

10 févr. 1810, combat de Vich (Catalogne).
VALENTIN, capit., T.
DELORT, col., B.
LOUYOT, capit., B.
COLLINOT, s.-lieut., B.
FRENNELET, s.-lieut., B.

RIGNON, s.-lieut., B. 8 avril 1810, combat de Villafranca (Catalogne).

15 janv. 1811, combat près de Vals.
DELORT, col., B.
DEYDIER, s.-lieut., B.

GROSJEAN, capit., B. 27 janv. 1811, étant en colonne mobile près Girone.

3 mai 1811, combat devant Figuières.
GROSJEAN, capit., B.
DE BILLARD DE LORIÈRE, s.-lieut., B.

DEJEAN, chef d'escad., B. 25 mai 1811, affaire d'Usagre.
LABURTHE, capit., B. 25 oct. 1811, bataille de Sagonte.
SAILLARD, lieut., B. 20 nov. 1812, affaire près de Jumilla.

21 juill. 1812, combat de Castalla (près Alicante).
RIGNON, lieut., T.
BRION, capit., B.

DUPREY, s.-lieut., B. 6 sept. 1813, bataille de Juterbock.

13 sept. 1813, combat de Villafranca (Catalogne).
GARET, s.-lieut., T.
BRION, capit., B.
GUÉRIN, capit., B.
DUBROUILLET, s.-lieut., B.

25e Régiment.

15 oct. 1805, *combat devant Ulm.*
Accoulon, lieut., B.
Miquet, s.-lieut., B.
Mazoua, s.-lieut., B.
Lejeune, s.-lieut., B.

26 oct. 1806, *passage de l'Elbe à Sandoss.*
Caussil, capit., B.
Lejeune, s.-lieut., B.

Moussin de Villers, s.-lieut., B. 16 févr. 1807, combat d'Ostrolenka.

21 mars 1807, *combat près de Willenberg.*
Le Mouton de Boisdeffre, lieut., T.
D'Hanmer-Klaibroock, s.-lieut., B. (mort le 25).
Terver, s.-lieut., B. (mort).
Névrezé, s.-lieut., B. (mort).
Gallois, capit., B.
Adam, s.-lieut., B.
Mocquet, s.-lieut., B.
De Beaumont, s.-lieut., B.

Lempereur, s.-lieut., B. 7 juin 1808, étant d'escorte près du général Dupont au pont d'Alcoléa (Andalousie).
Lothe, chef d'escad., B. 18 mai 1809, siège de Lugo (Portugal).
Molard, s.-lieut., B. 8 août 1809, au pont de l'Arzobispo.
Girard dit Vieux, lieut. A.-M., B. 28 oct. 1809, combat en Espagne.
Beille, s.-lieut., B. 29 oct. 1809, étant en reconnaissance, Espagne.
Ornano, s.-lieut., T. 28 nov. 1809, combat d'Alba-de-Tormès.
Ricalti, capit., T. 1er mai 1810, combat devant Ciudad-Rodrigo.
Danicourt, s.-lieut., B. 6 déc. 1810, combat de Leria (Espagne).
Dumolard, major, B. 5 mai 1811, bataille de Fuentès-d'Oñoro.

25 sept. 1811, *combat près Ciudad-Rodrigo (passage de la Guida).*
Molard, capit., T.
Degeorges, lieut., T.
Crosmarias, chirurg.-M., B.

Lavaud, chirurg. A.-M., B. 7 oct. 1811, en escortant des blessés à Madrid.
Girard dit Vieux, capit., B. 8 oct. 1811, dans une reconnaissance en Espagne.
Maire, s.-lieut., T. 8 févr. 1812, dans un combat en Espagne, étant de service près du général de division.
Riols, s.-lieut., B. 15 juin 1812, combat de Saint-Cristoval (Espagne).

18 juill. 1812, *combat de Salamanque.*
Blanchet, capit. A.-M., B.
Molard, capit., B.
Ganné, lieut., B.
Mocquet, lieut., B.

22 juill. 1812, *bataille des Arapiles.*
Leclerc, col., B.
Adam, capit., B.
Clavel, capit., B.
Mocquet, lieut., B.
Capperon, s.-lieut., B.
Lasne, s.-lieut., B.

23 oct. 1812, *combat de Villadrigo (Espagne).*
Dumolard, major, B.
Hatton, lieut., B.
Lecouvreur, s.-lieut., B.

Demange, s.-lieut., B. 21 juin 1813, bataille de Vittoria.
Rigau, capit., B. 26 août 1813, bataille de Dresde.

14 oct. 1813, *combat de Wachau.*
Montigny, col., T.
Ducurtyl, lieut., B.
De Noailles (J.-B.), s.-lieut., B.

Lasne, capit., B. 18 oct. 1813, bataille de Leipzig.
Dumolard, major, B. 23 oct. 1813, combat sur les Pyrénées.
Rigau, chef d'escad., B. 4 nov. 1813, défense de Dresde.
Defromentin, capit. A.-M., B. 14 janv. 1814, affaire près de Nancy.
Demange, s.-lieut., B. 17 févr. 1814, combat de Nangis.

LASNE, capit., B. 18 févr. 1814, bataille de Montereau.

25 mars 1814, combat de Fère-Champenoise.
BENAZET, s.-lieut., B. (mort le 15 avril).
PONTALIÉ, s.-lieut., B. (mort le 27 avril).

HATTON, capit., B.

26 mars 1814, 2ᵉ combat de Saint-Dizier.
MOLARD, capit., B.
DINGLEMARRE, lieut., B.
RICOLFO, s.-lieut., B.

26ᵉ Régiment.

VUILLEMEY, lieut., B. 8 oct. 1805, combat de Wertingen.

17 oct. 1805, combat de Nordlingen.
BESSODES, capit., B.
MESCLOP, s.-lieut., B.

14 oct. 1806, bataille d'Iéna.
DENQUIN, lieut., B.
VIMONT, s.-lieut., B.
CHALUS, s.-lieut., B.
MAYAUD-MAISON-NEUVE, s.-lieut., B.
DESPONTIS, s.-lieut., B.

JEANSON, lieut., B. 23 déc. 1806, combat de Karnidjea, en Pologne.

5 févr. 1807, combat devant Hoff.
PARRIN, capit., B.
BESSODES, capit., B.
CHALUS, capit., B.
DENQUIN, lieut., B.
VIMONT, s.-lieut., B.
SERVIN, s.-lieut., B.
LECOMTE, s.-lieut., B.
VIAL, s.-lieut., B.

KAISSER, s.-lieut., T. 28 mai 1807, combat en Silésie.

10 juin 1807, bataille d'Heilsberg.
MONÉGIER, lieut., T.
CHAMORIN, col., B.
COLLENNE, chef d'escad., B.
POIROT, capit., B.
GÉLIBERT, s.-lieut., B.

14 juin 1807, bataille de Friedland.
COLLENNE, chef d'escad., B.
DROUET, s.-lieut., B.

23 nov. 1808, bataille de Tudela.
SERVIN, lieut. A.-M., T.
DURUE, s.-lieut., T.
NADAL, s.-lieut., B.

28 mars 1809, bataille de Medellin.
CARRÉ, s.-lieut., T.
PARRIN, capit., B.
ROUGETET, capit., B.
DROUET, lieut., B.
FOURCART, s.-lieut., B.
BRETON, s.-lieut., B.
JAMMES DE SEGEZÉ, s.-lieut., B.
DELAVIGNE, s.-lieut., B.

ROUGETET, lieut., B. 29 juin 1809, combat de Wurtzbourg.
BESSODES, chef d'escad., B. 28 juill. 1809, bataille de Talavera-de-la-Reyna.

19 nov. 1809, bataille d'Ocaña.
NADAL, s.-lieut., B.
VIET, s.-lieut., B.

NADAL, s.-lieut., B. 28 juill. 1810, combat de Velez (Espagne).
DEGLANDS, capit., B. 7 oct. 1810, combat en Espagne (mort).
MAILLARD, s.-lieut., B. 15 nov. 1810, combat de Preros (Espagne).
CALANNE, capit., B. 16 déc. 1810, combat près d'Astorga.
HENRY (L.), lieut., B. 31 déc. 1810, combat de Lasnégra (Espagne).
LAFITTÉ, chef d'escad., B. 19 janv. 1811, combat devant Badajoz.

19 févr. 1811, bataille de la Gebora.
ROUGETET, capit., B. (mort le 21).
DROUET, lieut., T.

25 mars 1811, combat de Campo-Mayor.
PARRIN, chef d'escad., B.
COLLIGNEAUX, capit., B.
DESPONTY, lieut. A.-M., B.
GAUCHET, lieut., B.
TROUSSEL, s.-lieut., B.

16 mai 1811, bataille d'Albuhera.
NAMUR D'ELZÉE, s.-lieut., T.
GOMMERET, s.-lieut., B.

BRETON, s.-lieut., B. 16 juin 1811, combat en Espagne.
JOLIOT, s.-lieut., B. 3 janv. 1812, étant en reconnaissance en Espagne.
DELAVIGNE, s.-lieut., B. 7 avril 1812, défense de Badajoz.

12 juin 1812, combat d'Ubeda (Andalousie).
COULOMB, chef d'escad., B.
DEWERDTS, s.-lieut., B.

WIETTE, s.-lieut., B. 25 oct. 1812, affaire d'Ocaña.
BRETON, s.-lieut., B. 24 févr. 1813, combat de Tolède.
TALOUR, major en 2º, B. 6 sept. 1813, bataille de Juterbock.
TALOUR, major en 2º, B. 19 oct. 1813, bataille de Leipzig.

21 févr. 1814, combat de Rozoy (route de Sens à Villeneuve-le-Roi).
HENRY (J.-B.), s.-lieut., B. (mort le 14 mars).
CALANNE, capit., B.
BRETON, s.-lieut., B.
POLLET, s.-lieut., B.

7 mars 1814, bataille de Craonne.
DELPOUL, s.-lieut., T.
CALANNE, capit., B.
PARENT, capit., B.

9 et 10 mars 1814, bataille de Laon.
GAY, capit., B. 9.
TAILLEFER, capit., B. 10.
MARCQ, s.-lieut., B. 9.
FOURCART, s.-lieut., B. 9.
POLLET, s.-lieut., B. 10.

25 mars 1814, combat de Fère-Champenoise.
CUVILLIER, chef d'escad., B. (mort le 10 avril).
GOMMERET, capit., B.
GÉLIOT, s.-lieut., B.

30 mars 1814, bataille de Paris.
CALANNE, capit., B.
GAY, capit., B.
CAMPANA, capit., B.
WIET, lieut., B.

27º Régiment.

JEANSON, lieut., B. 23 déc. 1806, combat de Biezun (Pologne).
ADAM, s.-lieut., B. 21 mars 1807, combat d'Ortelsbourg.

14 juin 1807, bataille de Friedland.
LIÉNARD, lieut., B.
GUERLOT, s.-lieut., B.
MATEILLET, s.-lieut., B. 12 févr. 1809, combat en Portugal.

26 mars 1809, combat de Pont-d'Avé (Portugal).
FAGET, lieut., B.
LIÉNARD, lieut., T.

JACOB, chef d'escad., B. nuit du 26 au 27 mars 1809, devant Oporto.
LALLEMAND, col., B. 8 mai 1809, combat de Mezanfrio (Portugal).
DOPPLER, capit., T. 6 août 1809, étant de service d'escorte près du général en chef, en Espagne.
RIDEY, s.-lieut., B. 17 oct. 1810, dans une reconnaissance en Espagne.
DE BOUGAINVILLE, lieut., B. 15 mai 1811, combat près de Baëza.

16 mai 1811, bataille d'Albuhera.
MAGOUET, lieut., B.
SAGUEZ, lieut., B.
MATEILLET, s.-lieut., B.

HALLEY, s.-lieut., B.

GUERLOT, s.-lieut., B. 22 juin 1811, combat devant Badajoz (mort le 2 juill.).
LALLEMAND, col., B. 22 juin 1811, combat devant Elvas.
HALLEY, s.-lieut., B. 25 août 1811, combat d'Esteven (Espagne).
D'HANACHE, lieut., B. 11 avril 1812, combat de Villagarcia (Espagne).

11 juin 1812, combat de Valencia-de-Las-Torres.
BLONDEL, s.-lieut., T.
RIVAUD, capit. A.-M., B.
LANGE, capit., B.

LAFOSSE, s.-lieut., B. 12 juin 1812, combat de Marguella (Estramadure).
ADAM, capit., B. 22 juill. 1812, bataille des Arapiles.
D'HÉBRARD, s.-lieut., B. 24 juill. 1812, combat de Ribera (Espagne).

ACHER, s.-lieut., B. 1ᵉʳ sept. 1813, défense de Wittenberg.
PELLETIER, chef d'escad., B. 2 déc. 1813, affaire devant Neuss.
VIARD, capit., T. 3 déc. 1813, combat de Neuss.
LAMADELEINE, s.-lieut., B. 15 déc. 1813, combat devant Magdebourg.

24 févr. 1814, combat de Virey-sur-Barre.
CAUSSE, s.-lieut., T.
ESMOINGT, s.-lieut., B.

BOUVIER, s.-lieut., B. 2 mars 1814, combat de Bar-sur-Seine.
JOSSE, s.-lieut., B. 8 mars 1814, combat près de Provins (mort le 10).
PAIN, lieut., B. 11 mars 1814, aux avant-postes.

21 mars 1814, combat d'Arcis-sur-Aube.
SAYON, chef d'escad., B.
LANGE, chef d'escad., B.

28ᵉ Régiment.

RENCORELLE, lieut., B. 17 juill. 1807, au pont de Candelava (Pouille).
DISLER, lieut., B. 14 juill. 1808, bataille de Medina-del-Rio-Secco (Esp.).

8 mai 1809, bataille de la Piave.
AYMONIN, chef d'escad., B. (mort le 24).
DUBOIS, capit., T.
PELLETIER DE MONTMARIE, col., B.
REMY, capit., B.
JULIEN, lieut., B.
LAVISSE, s.-lieut., B.

7 sept. 1812, bataille de la Moskowa.
LEROY, s.-lieut., T.
BARANTON, s.-lieut., B. (mort le 15 déc.).
PELLETIER DE MONTMARIE, col., B.
LEJEANS, chef d'escad., B.
MARLINGE, capit., B.
ABADIE, chirurg.-M., B.
PICARD, lieut., B.
AMAT, s.-lieut., B.
DALCHER, s.-lieut., B.
FOURÉ, s.-lieut., B.

CATUFFE, s.-lieut., B.

MARQUERON, s.-lieut., B. 4 oct. 1812, aux avant-postes près de Moscou.

9 oct. 1812, combat en avant de Moscou.
REMY, chef d'escad., B.
JULIEN, capit., B.

AMAT, s.-lieut., B. 18 oct. 1812, combat de Winkowo.
POTTEMAIN, s.-lieut., B. 9 nov. 1812, combat au passage du Vop.

15 nov. 1812, combat en avant de Smolensk.
JEAN D'HAUTERRE, lieut., D.
DUPUIS, s.-lieut., T.
BOUCHER (J.), s.-lieut., T.
DUBOIS, s.-lieut., B. (mᵗ le 11 févr. 1813).

DENINA, chirurg. S.-A.-M., D. le 25 nov. 1812, près de Borisow.

27 et 28 nov. 1812,
bataille de la Bérésina.
LAVISSE, lieut., D. 28.
GONOT, s.-lieut., D. 27. (mort le 12 janv. 1813).
BOUCHER (L.), s.-lieut., T. 28.

DARTHENAY, s.-lieut., D. 12 déc. 1812, affaire route de Kowno.
DUQUESNOY, lieut., D. 13 déc. 1812, combat route de Kowno.

16 déc. 1812, à la montée de Kowno.
GENEAU, capit. A.-M., D.
DALLAIRE, capit., D.
MARGUERON, s.-lieut., B.

RIVIÈRE, s.-lieut., B. et D. le 25 déc. 1812, route de Kœnigsberg.
SCHNEIDER, s.-lieut., B. 27 avril 1813, défense de Dantzig.

27 août 1813, bataille de Dresde.
MARLINGE, chef d'escad., B.
NAYLIES DE SAINT-ORENS, lieut. A.-M., B.
BOURDON, s.-lieut., B.

1ᵉʳ sept. 1813, combat en Saxe.
SADOT, capit., B. (mort le 26).
DOUCET, capit., B. (mort le 26).

8 oct. 1813, affaire devant Torgau.
CAROGER, chef d'escad., B.
ABADIE, chirurg.-M., B.

18 oct. 1813, bataille de Leipzig.
NAYLIES DE SAINT-ORENS, lieut. A.-M., B.

SAUNIER, lieut. A.-M., B.
PONTEVÈS (1), s.-lieut., B.
BOURDON, s.-lieut., B.

SPRONI, s.-lieut., B. 1ᵉʳ janv. 1814, combat de Neustadt.
HOLDRINET, col., B. 2 janv. 1814, combat de Dürkheim.

14 févr. 1814, bataille de Vauchamps.
RUTTEAU, lieut., B. (mort le 5 mars).
REMY, chef d'escad., B.
JULIEN, capit., B.

MUSSAULT, capit., B. 25 févr. 1814, étant en reconnaissance.

9 mars 1814, bataille de Laon.
MARLINGE, chef d'escad., B.
MARTINON, s.-lieut., B.

25 mars 1814,
combat de Fère-Champenoise.
JOANNET, s.-lieut., B.
BARDET, s.-lieut., B.

30 mars 1814, bataille de Paris.
MUSSAULT, capit., B.
SAUNIER, lieut. A.-M., B.

BARBELET, s.-lieut., B. 25 avril 1814, défense d'Auxonne.

(1) Barrel de Pontevès.

29ᵉ Régiment (1).

CAMON, s.-lieut., B. 29 oct. 1805, combat de Veronette (Italie).

30 oct. 1805, combat de Caldiero.
DE FORCEVILLE, capit., T.
BADOUILLIER, s.-lieut., B. (mort le 31).
ARMAND, lieut., B.
CHASTAIGNAC, lieut., B.
ROSSY, s.-lieut., B.
GUILLAUME, s.-lieut., B.

COLIN, s.-lieut., D. le 9 août 1807, étant en colonne mobile dans les environs de Naples.

8 mai 1809, bataille de la Piave.
GRANDMOUGIN, s.-lieut., B. (mort le 9).
NOËL, capit., B.
OUVRARD, capit., B.
DE GRANDMAISON, s.-lieut., B.

6 juill. 1809, bataille de Wagram.
DUBOIS, capit., T.
CAPDEVILLE, s.-lieut., B.

(1) 6ᵉ régiment de chevau-légers en 1811.

30ᵉ Régiment.

12 nov. 1805, *passage du Tagliamento.*
TARBOURIECH, chef d'escad., B.
THÉROND, capit., B.
MAURY, capit., B.

DELEUZE, capit., B. 22 juin 1806, étant à la poursuite de brigands napolitains.
DÉBATZ, lieut. A.-M., B. 29 avril 1809, affaire à San-Bonifacio (Italie).
SOUILHÉ, lieut., T. 5 mai 1809, combat de Castelfranco (Italie).

---

5 et 6 juill. 1809, *bataille de Wagram.*
BARRAIS, lieut., B. 6 (mort).
ROUSSEAU, lieut., B. 5 (mort le 6 août).

DIOLO (1), s.-lieut., B. 5 juill. 1812, route de Vittoria (mort le 10).

---

7 sept. 1812, *bataille de la Moskowa.*
FILHOL, chef d'escad., B. (m¹ le 29 oct.).
PINTEVILLE, col., B.
THÉROND, capit. A.-M., B.
REMONDON, chirurg.-S.-A.-M., B.
CHANOINE, capit., B.
RIBOTON, lieut., B.
GRAMONT, lieut., B.
COURTOT, s.-lieut., B.
LANGLET, s.-lieut., B.
MÉZILLE, s.-lieut., B.

SIDO, lieut., B. 3 nov. 1812, route de Wiasma, par des Cosaques.
THÉVENARD, s.-lieut., B. 4 nov. 1812, combat en arrière de Kalouga.
MOYSEN, chef d'escad., D. 15 nov. 1812, près de Krasnoë.
ROJAT, s.-lieut., B. 27 nov. 1812, aux ponts de la Bérésina (mort le 5 janv. 1813).

---

(1) Était détaché du dépôt pour conduire un détachement en Espagne.

ORDENER, col., B. 28 nov. 1812, bataille de la Bérésina.
LAFOSSE, s.-lieut., B. 7 déc. 1812, route de Wilna (présumé mort).
HOUET, lieut., D. le 10 déc. 1812, devant Wilna.
COURTOT, s.-lieut., B. 10 déc. 1812, combat devant Wilna.
MASQUARD, s.-lieut., B. 13 déc. 1812, à la montée de Kowno.
GOUNOD, lieut., B. 1ᵉʳ janv. 1813, dans les rues de Tilsitt (mort le 12).
REVÉRONY, s.-lieut., B. 2 mai 1813, bataille de Lutzen.
REVÉRONY, s.-lieut., B. 20 mai 1813, bataille de Bautzen.
BOUILLON, s.-lieut., B. 26 août 1813, bataille de Dresde.
GRENIER dit WILZ, capit., B. 30 sept. 1813, affaire de Bernebourg.
PROUX, s.-lieut., B. 8 oct. 1813, aux avant-postes en Saxe.

---

18 oct. 1813, *bataille de Leipzig.*
CHEVALIER, capit., T.
ROBINEAU, lieut. A.-M., B. (mort le 11 nov.).
TÉQUY, chef d'escad., B.
BAYLE, s.-lieut., B.
SIDO, s.-lieut., B.
ORDENER, s.-lieut., B.
MÉRIENNE, s.-lieut., B.

---

2 janv. 1814, *combat devant Neustadt.*
BOUILLON, lieut., B.
CARLE, s.-lieut., B.

DELIGNY, capit., B. 2 mars 1814, combat près de Soissons.
BOUILLON, lieut., B. 26 mars 1814, 2ᵉ combat de Saint-Dizier.
ORDENER, col., B. 30 mars 1814, bataille de Paris.

CHEVAU-LÉGERS

1ᵉʳ Régiment (1811-1815) (1).

DUMANOIR, capit., B. 5 juill. 1812, passage de la Drissa (Russie).
CAILLON, s.-lieut., B. 25 juill. 1812, combat d'Ostrowno.
LEMERCIER, capit., T. 17 août 1812, bataille de Smolensk.

7 sept. 1812, bataille de la Moskowa.
CAPDEVILLE, capit., B.
MARMION, lieut. A.-M., B.
MALLET DE COUPIGNY, s.-lieut., B.

10 oct. 1812, combat en avant de Moscou.
PANON-DUHAZIER, s.-lieut., B.
TAVERNIER, s.-lieut., B.

GILART DE LARCHANTEL, chef d'escad., B. 25 sept. 1812, combat en avant de Moscou.
DUMANOIR, chef d'escad., B. 18 oct. 1812, combat de Winkowo.

3 nov. 1812, combat de Wiasma.
CAILLON, lieut., B.
TAVERNIER, s.-lieut., B.

DOLEMANS, lieut., B. 5 nov. 1812, pendant la retraite de Russie.
ROSSIGNOL, lieut. A.-M., B. 28 nov. 1812, bataille de la Bérésina.
HAXO, lieut., B. 29 avril 1813, combat de Marienbourg.
DEBONNAIRE, lieut., B. 2 mai 1813, bataille de Lutzen.

26 août 1813, bataille de Dresde.
GUNS, capit., T.
CHALERAT, lieut., T.

LEJEUNE, capit., T. 29 août 1813, combat de Kœnigstein.

30 août 1813, affaire de Culm.
DUMANOIR, chef d'escad., B.
COUTREZ, capit., B.

(1) Ex-1ᵉʳ dragons.

SÉJOURNÉ, s.-lieut., B.
LAMOUREUX, s.-lieut., B.

14, 16 et 18 oct. 1813, bataille de Leipzig.
PLISSON, lieut., B. 18 (mort le 2 mars 1814).
PICARD, s.-lieut., B. 16 (mort le 30).
SEMINGRE, s.-lieut., T. 16.
LAURENÇIN, s.-lieut., T. 14.
DUMANOIR, chef d'escad., B. 16.
VAUDEVILLE, chef d'escad., B. 16.
PRIANT, capit., B. 16.
BONBRAIN, capit., B. 16.
KLEIN, capit., B. 16.
ROSSIGNOL, capit., B. 16.
LECLERCQ, capit., B. 14.
SCHNEIDER, lieut. A.-M., B. 16.
PANON-DUHAZIER, lieut., B. 18.
ROYER, lieut., B. 16.
MONTHOUS, s.-lieut., B. 18.

30 oct. 1813, bataille de Hanau.
PRIANT, capit., B.
BONBRAIN, capit., B.
BRY, lieut., B.

LAMOUREUX, s.-lieut., B. janv. 1814, combat de Noisseville.

10 févr. 1814, combat de Champaubert.
MALLET, capit., T.
DEBONNAIRE, chef d'escad., B.

MARMION, lieut., B. 5 mars 1814, combat près de Laon.
CAILLON, capit., B. 9 mars 1814, bataille de Laon.

12 mars 1814, combat près de Reims.
BONBRAIN, capit., B.
DE BOURGOING, s.-lieut., B.

ERRARD, s.-lieut., B. 25 mars 1814, combat de Fère-Champenoise.
LEBLAN, lieut., B. 30 mars 1814, bataille de Paris.

DE BOURGOING, s.-lieut., B. 16 juin 1815, bataille de Ligny.
JEULIN, s.-lieut., B. 17 juin 1815, combat de Genappes.

18 juin 1815, bataille de Waterloo.
DUMANOIR, chef d'escad., T.
TOUTAIN, capit., B.
MARMION, capit. A.-M., B.
WATRIN, capit. A.-M., B.
GUEDELIN, lieut. porte-aigle, B.

MONTOUX, capit., B.
COUTRET, capit., B.
BERTRAND, capit., B.
DESBORDES, lieut., B.
PICOLET, lieut., B.
JANSONS, s.-lieut., B.
MICHEL, s.-lieut., B.
DERMONCOURT, s.-lieut., B.
COUTURIER, s.-lieut., B.

2ᵉ Régiment (1811-1815) (1).

27 août 1812, passage de Losma (Russie).
VANDEMAL, lieut., T.
SAINT-SAUVEUR, s.-lieut., B.

7 sept. 1812, bataille de la Moskowa.
DURET, capit., B. (mort le 14).
BARBUT, chef d'escad., B.
CANUET, capit., B.
SURRY, lieut., B.

SARDOU, s.-lieut., B. 4 oct. 1812, combat près de Moscou.

18 oct. 1812, combat de Winkowo.
CARRIÉ, capit. A.-M., T.
BERRUYER, col., B.
CANUET, capit., B.
SAIN-COSTARD, lieut. A.-M., B.

28 nov. 1812, aux ponts de la Bérésina.
DUHOMME, s.-lieut., B. (mort le 30 déc.).
VAN-KRESTCHMAR, s.-lieut., B. (mort le 12 févr. 1813).

RULLIER, capit., B. le 10 déc. 1812, devant Wilna.

10 déc. 1812, combat devant Wilna.
RÉVEILLÉ, s.-lieut., B.
LEFEBVRE, s.-lieut., B.

SAINT-GLAND, capit., B. 11 déc. 1812, route de Kowno (mort le 31 déc.).

21 août 1813, combat de Buntzlau.
VIEL, s.-lieut., T.

MILTGEN, lieut. A.-M., B.
LEFEBVRE, lieut., B.

26 août 1813, combat de la Katzbach.
BARONNIE, s.-lieut., T.
MIGNOT, s.-lieut., T.
HACQUIN, chef d'escad., B.
DAVID, capit., B.
LEFEBVRE, lieut., B.

22 sept. 1813, combat de Bischoffswerda.
PILLAY, major en 2ᵉ, B.
LEFEBVRE, lieut., B.
LEBUGLE, s.-lieut., B. 16 oct. 1813, bataille de Leipzig.
BAUZIL, capit., B. 18 oct. 1813, bataille de Leipzig.

22 oct. 1813, combat de Weimar.
BARBUT, chef d'escad., B.
CAVALERY, capit., B.

LE BUGLE, s.-lieut., B. 26 oct. 1813, combat près de Francfort.
SUTTON DE CLONARD, s.-lieut., B. 30 oct. 1813, bataille de Hanau.
LE BUGLE, s.-lieut., B. 20 nov. 1813, combat près de Mayence.
LAGRANGE DE LATUILLERIE, lieut., B. 1ᵉʳ févr. 1814, bataille de la Rothière.
PAILLARD, s.-lieut., B. 5 févr. 1814, étant en reconnaissance.
SUTTON DE CLONARD, s.-lieut., B. 11 févr. 1814, bataille de Montmirail.
MILTGEN (P.-N.), s.-lieut., B. 14 févr. 1814, bataille de Vauchamps.
FAIVRE, s.-lieut., B. 25 févr. 1814, combat de Bar-sur-Aube.

(1) Ex-3ᵉ dragons.

PLAISANT, s.-lieut., B. 2 mars 1814, combat devant Troyes.
MILTGEN (P.-N.), s.-lieut., B. 4 mars 1814, combat de Troyes.
DE FONTENAY, capit., B. 7 mars 1814, bataille de Craonne.
PLAISANT, s.-lieut., B. 12 mars 1814, combat de Villenauxe.
BUTEAU, s.-lieut., B. 14 mars 1814, dans une reconnaissance (mort le 17 juill.).
GALLAIS, lieut., B. 15 mars 1814, combat près de Troyes.
BERNARD, lieut., T. 25 mars 1814, combat de Fère-Champenoise.

17 *juin* 1815, *combat de Genappes.*
SOURD, col., B.
BARBUT, chef d'escad., B.

DELAPRADE, lieut. A.-M., B.
MAHIEU, s.-lieut. porte-étendard, B.
CAVALERY, capit., B.
PREVOST, capit., B.
SÉNEPART, capit., B.
MILLIARD, lieut., B.
URBAIN, lieut., B.
DESROQUES, lieut., B.
BOUCHET, s.-lieut., B.
PLAISANT, s.-lieut., B.
CHAPELLE, s.-lieut., B.
HERMANS, s.-lieut., B.

18 *juin* 1815, *bataille de Waterloo.*
PERSAT-MAURICE, lieut., B.
LEBUGLE, s.-lieut., B.
GASSNER, s.-lieut., B.

3ᵉ Régiment (1811-1815) (1).

1812, *combats devant Polotsk.*
LEBRUN, col., T. 26 oct.
CADET-DEVAUX, chef d'escad., B. 31 oct.
SEITIVAUX, capit., B. 21 sept.
HINZELIN, lieut., B. 21 sept.
CRÉQUILLION, lieut., B. 11 sept.
FAUCONET, s.-lieut., B. 26 oct.

BAUDRY D'ASSON, s.-lieut., T. 18 nov. 1812, combat devant Krasnoë.

26 *et* 28 *nov.* 1812, *bataille de la Bérésina.*
HOUZELOT, lieut., B. et D.
MAUVILLAN, capit., B. 28..
BAROUX, lieut., B. 28.
D'ARGY, s.-lieut., B. 26.
BRAZEY, s.-lieut., B. 28.

VICTORION, s.-lieut., B. 4 déc. 1812, affaire d'Osmiana (Russie).
LEGENTIL, chef d'escad., T. 10 déc. 1812, combat devant Wilna.
LANGLOIS, s.-lieut., B. 21 déc. 1812, combat contre des Cosaques.
CHASSERIAUX, capit., B. 5 avril 1813, combat de Mockern.
DESCHAMPS, capit., B. 16 août 1813, dans une reconnaissance en Saxe.

VIGNERON, s.-lieut., B. 26 août 1813, combat de Pirna.

30 *août* 1813, *affaire de Culm.*
FRICOTTEAUX, capit., T.
PENNE, s.-lieut., T.
ROTH, s.-lieut., T.
BRUN DE CUSSAN, capit., B.
FAUCONET, lieut., B.

14 *et* 18 *oct.* 1813, *bataille de Leipzig.*
JACQUESON, lieut., T. 18.
HATRY, col., B. 14. et D.
GARD, chef d'escad., B. 14.
DESCHAMPS, capit., B. 14.
FAUCONET, lieut., B. 14.
BUTTIN, s.-lieut., B. 18.
GAILLOT, s.-lieut., B. 18.

30 *oct.* 1813, *bataille de Hanau.*
RAYNARD, chef d'escad., B.
ALIZÉ, lieut., B.
MARROY, s.-lieut., B.

AUBERT, lieut., B. 28 janv. 1814, combat de Bar-sur-Ornain.
SEMELLÉ, s.-lieut., B. 10 févr. 1814, combat de Champaubert.
LANGLOIS, capit., B. 14 févr. 1814, combat de Sézannes.

1. Ex-8ᵉ régiment de dragons.

Deschamps, capit., B. 4 mars 1814, combat de Troyes.

18 *juin* 1815, *bataille de Waterloo.*
Dudouit, chef d'escad., T.
Gros, capit., B.

Morin, capit., B.
Fleury, lieut. A.-M., B.
Aubert, lieut., B.
Lepage, capit., B.
Cazaux, s.-lieut., B.
Gravouil, s.-lieut., B. et D.

4ᵉ Régiment (1811-1815) (1).

Henrys, capit., T. 27 août 1812, passage de Losma (Russie).

7 *sept.* 1812, *bataille de la Moskowa.*
Massard, s.-lieut., T.
Strolz, capit., B.
Guesdes, s.-lieut., B.
Dalmasse, lieut., B.

18 *oct.* 1812, *combat de Winkowo.*
Croiset, lieut., B.
Quenot, s.-lieut., B.

Jobelet, lieut. A.-M., B. 20 oct. 1812, aux avant-postes, route de Kalouga.
Montagnier, chef d'escad., B. 23 oct. 1812, combat route de Kalouga.
Jury, capit., B. 20 nov. 1812, sur la route de Borisow.
Legendre, chirurg.-major, B. 18 nov. 1812, bataille de Krasnoë.
Combette, s.-lieut., B. 28 nov. 1812, aux ponts de la Bérésina (mort le 16 janv. 1813).
Gauvillers, s.-lieut., D. le 28 nov. 1812, à la Bérésina.
Nitot, s.-lieut., B. 8 déc. 1812, route de Wilna (disparu le même jour).
Croiset, lieut., B. 31 mars 1813, combat sur l'Elbe.

26 *août* 1813, *combat de la Katzbach.*
Latour, s.-lieut., T.
Milhaud, capit., B.
Sébile, s.-lieut., B.

Faget, capit., B. 23 sept. 1813, étant en reconnaissance en Saxe.
Antonin, capit., B. 13 oct. 1813, combat devant Wittenberg.

18 *oct.* 1813, *bataille de Leipzig.*
Voirin, capit., B. (mort le 4 nov.).
Becquet, s.-lieut., T.
Godron, s.-lieut., B.
Sébile, s.-lieut., B.

Gontier, lieut. A.-M., B. 10 févr. 1814, combat de Champaubert.
Croiset, capit., B. 14 févr. 1814, bataille de Vauchamps.
Persat, lieut., B. 4 mars 1814, combat devant Troyes.

18 *juin* 1815, *bataille de Waterloo.*
Denys, capit., B. (mort le 24).
Cudorge, s.-lieut., B. (mort le 25).
Briot, s.-lieut., T.
Bro, col., B.
Gourdin, s.-lieut., B.
Tigeot, s.-lieut., B.
Vidé, s.-lieut., B.
Gontier, lieut. A.-M., B.
Drevet, lieut., B.

(1) Ex-9ᵉ dragons.

5ᵉ Régiment (1811-1815) (1).

Fleury, capit., B. 25 sept. 1811, combat de Fuentès-Guinaldo (Espagne).

7 *sept.* 1812, *bataille de la Moskowa.*
Voisin, chef d'escad., B.
Massé, capit., B.
Baudras, lieut., B.

(1) Ex-10ᵉ régiment de dragons.

MORARD, s.-lieut., B. 18 oct. 1812, combat de Winkowo.
DROUET (1), s.-lieut., B. 13 nov. 1812, en avant de Smolensk.

21 nov. 1812, combat devant Orcha.
DECREUX, capit., B.
COMBE, capit., B.

28 nov. 1812, aux ponts de la Bérésina.
PAIX, capit., D.
LARMOYER, s.-lieut., D.

DEBREVEDENT, lieut., B. 5 avril 1813, combat de Mockern.
VILLEMINOT, lieut., B. 24 mai 1813, combat contre des partisans allemands (affaire de Konnern).

30 août 1813, affaire de Culm.
DUMAS, major, B.
NARREY, lieut., B.
DESMOUTIERS, lieut., B.

21 et 22 sept. 1813, combat de Fraunstein (Silésie).
DUMAS, major, B. 22.
CORNILLON, capit. A.-M., B. 21.
VÉSUTY, capit., B. 22.
BOUTRAIS, lieut., B. 22.

14 oct. 1813, combat de Wachau.
DUTARTRE DE BELLISLE, capit., B.
YOUFF, s.-lieut., B.

(1) Fils du général Drouet d'Erlon.

MICHELET, s.-lieut., B.

30 et 31 oct. 1813, bataille de Hanau.
LABOURRÉE, chef d'escad., B. 30.
DEPINGON, lieut., B. 30.
GOBERT, lieut., B. 31.

BUYS, lieut., B. 27 janv. 1814, 1er combat de Saint-Dizier.

11 févr. 1814, bataille de Montmirail.
THÉVENEAU, chef d'escad., T.
DUTARTRE DE BELLISLE, capit., B.

REYNAUD, chirurg. A.-M., B. 9 mars 1814, bataille de Laon.

16 juin 1815, bataille de Ligny.
PENIN, s.-lieut., T.
CRAPARD, chef d'escad., B.
MASSÉ, capit., B.
DASSE, capit., B.
VILLEMINOT, capit., B.
COLLIGNON, lieut., B.
BOUTRAIS, lieut., B.
BORDEAUX, s.-lieut., B.
CARDON, s.-lieut., B.
FERROUGE, s.-lieut., B.

18 juin 1815, bataille de Waterloo.
DESMOUTIERS, capit. A.-M., B.
MINVILLE, s.-lieut., B.
TIBY, s.-lieut., B.

BENOIT, s.-lieut., B. 28 juin 1815, combat de Nanteuil-le-Haudoin.

6e Régiment (1811-1815) (1).

14 août 1812, combat de Krasnoë.
DE MARBOEUF, col., B. (mort le 25 nov.).
PELLETIER, s.-lieut., B. (mort le 7 sept.).
HAYAUX, lieut., B.
GÉRARD, s.-lieut., B.
LAVALLÉE, s.-lieut., B.

7 sept. 1812, bataille de la Moskowa.
STHÈME, lieut., T.

(1) Ex-29e dragons.

DE CHASTENET, lieut., B. (mort le 24).
DELABARRE, s.-lieut., B. (mort le 18 oct.).
MATHONNET, capit., B.
ROGER, lieut., B.
PRAX, lieut., B.
HAYAUX, lieut., B.
BERNET, s.-lieut., B.
FARCOT, s.-lieut., B.
GÉRARD, s.-lieut., B.
CAPDEVILLE, s.-lieut., B.

18 oct. 1812, *combat de Winkowo*.
HAYAUX, lieut., B.
TAURET, s.-lieut., B.

CAGLIANO, s.-lieut., B. 3 nov. 1812, combat de Wiasma.

4 *déc.* 1812, *près Osmiana*.
VITRY, s.-lieut., B. (mort le 9).
JACQUIN, lieut., B.

MACARY, s.-lieut., B. et D. le 7 déc. 1812, route de Wilna.
VÉRASIS DE CASTIGLIONE, lieut., B. 11 déc. 1812, dans les faubourgs de Wilna.
ELMERICH, lieut., B. 24 mai 1813, combat de Rothenbourg.
CHANET, chef d'escad., B. 18 août 1813, combat près de Dresde.
BOUTAULLE, lieut., B. 23 août 1813, combat de Goldberg.

26 *août* 1813, *combat de la Katzbach*.
BOSCHATEL, s.-lieut., T.
RAPIN, s.-lieut., B.
PRUDENT, s.-lieut., B.

FAVREAU, lieut., B. 12 sept. 1813, combat en Saxe.
GÉRARD, lieut., B. 8 oct. 1813, dans une reconnaissance, route de Leipzig.

16 *et* 18 *oct.* 1813, *bataille de Leipzig*.
GONTARD, chef d'escad., B. 16.
BAILLY, capit., B. 18.
PIGEAU DE LA BELLIÈRE, lieut. A.-M., B. 18.
AUDRIOT, capit., B. 16.
MARTIN, s.-lieut., B. 16.
FALÈGRE, s.-lieut., B. 16.

MELLET, s.-lieut., B. 16.
CARRET, s.-lieut., B. 16.
MICHELET, s.-lieut., B. 16.
LIMOZIN, s.-lieut., B. 16.
ELMERICH, lieut., B. 16.

30 *oct.* 1813, *bataille de Hanau*.
DANICOURT, lieut., B.
MOREL, s.-lieut., B.
FALÈGRE, s.-lieut., B.

PRAX, lieut., B. 5 janv. 1814, combat devant Magdebourg.
FAVREAU, lieut., B. 11 févr. 1814, bataille de Montmirail.
TAURET, s.-lieut., B. 22 févr. 1814, combat de Méry-sur-Seine.

16 *juin* 1815, *bataille de Ligny*.
BRARD, chef d'escad., T.
CHASSEIGNE, lieut., T.
MOREL, s.-lieut., T.
DE GALBOIS, col., B.
PIGEAU DE LA BELLIÈRE, capit., B.
GUILLAUME, capit., B.
MALOT, capit., B.
D'ESPIENNES, lieut., B.
LAVALLÉE, s.-lieut., B.
CARRET, s.-lieut., B.
TAURET, s.-lieut., B.

18 *juin* 1815, *bataille de Waterloo*.
GUIAUCHAIN, capit., B.
ANDRIOT, capit., B.
BOULARD, lieut., B.
COUPÉ, lieut., B.
ROGER, lieut., B.
CHASSEIGNE, s.-lieut., B.
MOREL, s.-lieut., B.
LAVALLÉE, s.-lieut., B.
CAGLIANO, s.-lieut., B.

7ᵉ Régiment (1811-1815) (1).

FARON, s.-lieut., B. 6 déc. 1811, affaire dans les montagnes de Ronda (Espagne).
KONOPKA, lieut., B. 16 juin 1812, en escortant un courrier, route de Séville.

SKARZINSKI, s.-lieut., B. 22 juin 1812, dans une reconnaissance en Espagne.
KONOPKA, lieut., B. 10 déc. 1812, combat près de Wilna (Lithuanie).

5 *avril* 1813, *combat près de Magdebourg*.
WALEWSKI, capit., B.
LUSIGNAN DE CERZÉ, s.-lieut., B.

(1) Ex-1ᵉʳ lanciers de la Vistule.

De Moriès, chef d'escad., B., 24 mai 1813, affaire de Könnern.

9 *juin* 1813, *affaire près de Dresde.*
Bogulawski, lieut., T.
Koritkowski, s.-lieut., T.
Stokowski, col., B.
Konopka, capit., B.
Walewski, capit., B.
Przyszychowski, lieut., B.
Sawicki, s.-lieut., B.

25 *août* 1813, *combat devant Dresde.*
Dolinski, capit. A.-M., T.
Porzecki, capit., B.
Gaschnitz, s.-lieut., B.
Ducci, s.-lieut., B.

26 et 27 *août* 1813, *bataille de Dresde.*
Tanski, col., B.
Pruszak, chef d'escad., B.
Rybaltowski, capit., B.
Szumbanski, s.-lieut., B.
Kozitkowski, s.-lieut., B.
Majewski, s.-lieut., B.

Broschki, s.-lieut., B.
Belmont, s.-lieut., B.

19 *sept.* 1813, *combat près de Naumbourg.*
Oszinski, s.-lieut., T.
Ducci, s.-lieut., T.
Bloncki, s.-lieut., B.

Marchowski, capit., B. 6 nov. 1813, affaire devant Dresde (mort le 7).
Morelli, s.-lieut., B. 30 oct. 1813, bataille de Hanau.
Wlotowski, s.-lieut., B. 17 févr. 1814, dans une reconnaissance.
Bloncki, lieut., B. 18 févr. 1814, bataille de Montereau.
Caseneuve, capit., B. 3 mars 1814, combat de Neuilly-Saint-Front.
Leduchowski, lieut., B. 9 mars 1814, combat près de Châlons.
Caron, s.-lieut., B. 20 mars 1814, affaire route de Chartres.
Belmont, s.-lieut., B. 6 avril 1814, combat de Chartres.

8° Régiment (1811-1814) (1).

28 *juill.* 1812, *affaire sur la Dwina.*
Roman, capit., B.
Stempnowski, s.-lieut., B.

30 *juill.* 1812, *combat de Jakubowo.*
Kowalski, s.-lieut., T.
De Merex, capit., B.
Prendowski, capit., B.
Grothus, lieut., B.

Méjan, lieut., B. 16 août 1812, bataille de Polotsk.
Drugeon de Beaulieu, s.-lieut., B. 18 oct. 1812, combat de Polotsk.
Méjan, lieut., T. 20 nov. 1812, affaire route de Borisow.

23 *nov.* 1812, *combat en avant de Borisow.*
Grothus, capit., B.
Mesnard, s.-lieut., B.

28 *nov.* 1812, *bataille de la Bérésina.*
Travinski, lieut., B.
Wlosczewski, s.-lieut., B.

Herboch, capit., B. 10 déc. 1812, près de Wilna, par un parti de Cosaques.

2 *mai* 1813, *bataille de Lutzen.*
Jaraczewski, chef d'escad., B.
Strazewski, capit., B.
Bulach, capit., B.

Nowicki, lieut., B. 21 mai 1813, bataille de Würschen.

26 et 27 *août* 1813, *bataille de Dresde.*
Jaraczewski, chef d'escad., B. 26.
Trawinski, capit., B. 27.
Sirjacques, lieut., B. 27.
Konarski, s.-lieut., B. 27.
Lieutaud, s.-lieut., B. 27.
Kanucinski, s.-lieut., B. 26.

---
(1) Devenu 7° régiment en 1814.

28 *sept.* 1813, *affaire d'Altenbourg.*
FIALKOWSKI, chef d'escad., B.
PYCKE, s.-lieut., B.

16 *et* 18 *oct.* 1813, *bataille de Leipzig.*
ROGNON DE BOISMORIN, s.-lieut., B. 18 (mort le 4 déc.).
PRENDOWSKI, capit. A.-M., B. 18.

JASINSKI, capit., B. 18.
GAUTHIER, chirurg. S.-A.-M., B. 18.
HERBOCH, capit., B. 16.
DZYMINSKI, lieut., B. 18.
THOREL, s.-lieut., B. 16.
WISNIEWSKI, s.-lieut., B. 18.
SCHULTZ, s.-lieut., B. 16.
WLOCZEWSKI, s.-lieut., B. 19.

9ᵉ Régiment (1811-1814) (1).

28 *juin* 1812, *combat devant Witepsk.*
WIMPFFEN, chef d'escad., B.
ALBERT, s.-lieut., B.
SAMONDÈS, s.-lieut., B.

25 *juill.* 1812, *combat d'Ostrowno.*
DE PAEPO, s.-lieut., T.
LAFARELLE, s.-lieut., T.
CORBEZIER, s.-lieut., T.
DE VITTRÉ, chef d'escad., B.
DE WAHA, capit. A.-M., B.
FLOR, lieut., B.
HAINEL, lieut., B.

MAILHETARD, s.-lieut., B. 16 août 1812, combat devant Smolensk.
DÉSSEOFFY DE CSERNECK, chef d'escad., B. 19 août 1812, combat de Valoutina.

7 *sept.* 1812, *bataille de la Moskowa.*
FLOR, lieut., B. et D.
SAUR, s.-lieut., B. et D.
SCHENK, chef d'escad., B.
DE LA FITTE, capit., B.
STROLZ, capit., B.
TRENTINIAN, capit., B.
VALMALETTE, capit., B.
ELLIOT, lieut. A.-M., B.
DOUHAINT, chirurg.-M., B. et D.
DE TRÉPIGNY, lieut., B.
LEMAIGNEN, s.-lieut., B.
DE MONTALEMBERT D'ESSÉ, s.-lieut., B.
DE WARCY, s.-lieut., B.
DEWEDEL, s.-lieut., B.

PFISTER, capit., B. 25 sept. 1812, combat devant Moscou.

MINGHEIR, lieut., B. 12 oct. 1812, en avant de Moscou.

18 *oct.* 1812, *combat de Winkowo.*
ELLIOT, lieut. A.-M., B. et D.
DE WAHA, capit. A.-M., B.
ALBERGOTI, lieut., B.
D'ESCRAGNOLLE, lieut., B.

28 *nov.* 1812, *aux ponts de la Bérésina.*
BOIS, chirurg. S.-A.-M., B. et D.
SPINOLA, capit., B. et D.
WEIGOLD, s.-lieut., B. et D.
VESSELNECK, s.-lieut., B. et D.
WESSLING, s.-lieut., B.
DAUZIE DE PIESSAC, s.-lieut., B.

LACOSTE, lieut., B. et D. le 10 déc. 1812, combat devant Wilna.

13 *déc.* 1812, *à la montée de Kowno.*
PFISTER, capit., B. et D.
CORTYL, s.-lieut., B.
POTERY, s.-lieut., B. (mort le 29).

5 *avril* 1813, *combat de Mockern.*
WIMPFFEN, chef d'escad., B.
DE CAUSANO, capit., B.
DE CUNCHY, lieut., B.
REMY, lieut., B.

DEGLENEST, s.-lieut., B. 4 mai 1813, combat de Borna (Saxe).
SERVIÈRE, s.-lieut., B. 18 mai 1813, aux avant-postes près de Würschen.
CORBRYON, lieut., B. 23 août 1813, affaire près de Bohmisch-Leypa.
ROGUIER, s.-lieut., B. 29 août 1813, défense de Dantzig.

(1) Ex-30ᵉ chasseurs.

30 *août* 1813, *affaire de Culm.*
FRICOTTEAUX, capit., T.
FREDRO, col., B.
TRENTINIAN, chef d'escad., B.
BAGGER, chef d'escad., B.
DURAND, capit., B.
KRETSCHMANN, capit., B.
DU COUËDIC, capit., B.
COURTOT, lieut. A.-M., B.
ROUXEL, chirurg. A.-M., B.
DEVILLIERS, lieut., B.
PETIT, s.-lieut., B.
DE MANDELL, s.-lieut., B.
STOY, s.-lieut., B.
KROPP, s.-lieut., B.
CORBRYON, s.-lieut., B.
PAILLET DE WARCY, s.-lieut., B.

DURAND, capit., B. 14 sept. 1813, combat de Peterswald.
BELLIGARDE, s.-lieut., T. 20 sept. 1813, combat d'avant-postes, en Saxe.
DU COUËDIC DE KERGOUALER, capit., B. 17 oct. 1813, combat devant Mœsskirch.

14 *févr.* 1814, *bataille de Vauchamps.*
CIRELLI, capit., B.
SAMONDÉS, s.-lieut., B.

STIPETISCH, s.-lieut., B. 25 mars 1814, combat de Fère-Champenoise (mort le 27).

III

CHASSEURS

1ᵉʳ Régiment.

HUBERT, s.-lieut., B. 1ᵉʳ nov. 1805, étant en reconnaissance près de Haag (Autriche).
CABOT, lieut., B. 19 nov. 1805, combat de Wogkowitz.

21 *nov.* 1805, *dans une affaire de cavalerie.*
BERTHE, lieut., B.
RIQUET, s.-lieut., B.

14 *oct.* 1806, *bataille d'Auerstaedt.*
JACQUOT, lieut., T.
CLERC dit LECLERC, lieut., B.
RIQUET, s.-lieut., B.
BOUR, s.-lieut., B.
SIMONNEAU, s.-lieut., B.

BERTRAND, s.-lieut., B. 23 oct. 1806, passage du Bug.

23 *déc.* 1806, *combat de Lowicz.*
COQUERELLE (J.-C.), lieut., B.

HUBER, lieut., B.
SIMONNEAU, s.-lieut., B.

24 *déc.* 1806, *combat de Nasielsk.*
DESCHAMPS, chef d'escad., B.
TAVERNIER, capit., B.
RATELLE, s.-lieut., B.

RAMBOURGT, s.-lieut., B. 8 févr. 1807, bataille d'Eylau.

7 *mars* 1807, *combat de Neidemburg.*
DESCHAMPS, chef d'escad., B.
GUENON, major, B.

GIRARD, lieut., B. 5 juill. 1808, étant en colonne mobile en Espagne.
BERTAUX, lieut., B. 11 avril 1809, combat d'Amberg.

19 *juill.* 1808, *bataille de Baylen.*
DESTREZ, lieut., B.
LESPINASSE, lieut., B.

13 avril 1809, combat près d'Amberg.
RATELLE, lieut. A.-M., B.
HATRY, s.-lieut., B.

24 avril 1809, combat sur la rive gauche du Danube (Neumarck).
GAILHAC, capit., T.
GRÉMILLET, s.-lieut., T.
MARTIN, s.-lieut., B.

AYET, chef d'escad., B. 12 juin 1809, combat de Papa (mort le 14 juill.).
SIMON, capit., B. 13 juin 1809, affaire d'avant-postes devant Raab.
RATELLE, lieut. A.-M., B. 13 juin 1809, étant en reconnaissance devant Raab.
JOLY, s.-lieut., B. 14 juin 1809, bataille de Raab.

6 juill. 1809, bataille de Wagram.
COQUERELLE (J.-C.), capit., T.
COQUERELLE (L.), capit., T.
LANTHONNET, s.-lieut., B.
BERTE, s.-lieut., B.

BARADEZ, s.-lieut., B. 9 juill. 1809, combat d'Hollabrünn.
MARGUERON, chef d'escad., B. 11 juill. 1809, bataille de Znaïm.

7 sept. 1812, bataille de la Moskowa.
MÉDA, col., B. (mort le 8).
CHEVILLARD, lieut., B. (mort le 1ᵉʳ janv. 1813).
HARTUNG, capit. A.-M., B.
DE GROUCHY (A.), capit., B.
RIQUET, capit., B.
LECOMTE, capit., B.
CHAUNEZ, capit., B.
LEFIÈVRE, lieut., B.
BRILLE, s.-lieut., B.
ODOBÉ, s.-lieut., B.

DEBUT, s.-lieut., B. 4 oct. 1812, combat en avant de Moscou.
CRÉTU, lieut. A.-M., B. et prisonnier en oct. 1812, entre Smolensk et Moscou.

3 nov. 1812, combat de Wiasma.
DE GROUCHY (A.), capit., B.
MASSON DE MORFONTAINE, lieut., B.

RÉBILLARD, s.-lieut., T. 10 déc. 1812, dans les faubourgs de Wilna.
LEFAUCHEUX, s.-lieut., T. 10 déc. 1812, combat devant Wilna.
DE LUKER, capit., B. 2 mai 1813, à Lutzen, étant d'escorte près du général commandant le 1ᵉʳ corps de cavalerie.
RATELLE, capit., B. 20 mai 1813, bataille de Bautzen.
CHAUVIN, s.-lieut., B. 21 mai 1813, bataille de Würschen.
LESEINE, s.-lieut., B. 23 août 1813, combat de Goldberg.
HIX, s.-lieut., B. 26 août 1813, combat devant Gorlitz.
SOURDIAUX, major, B. 29 et 30 août 1813, affaire de Culm.

19 sept. 1813, combat de Freybourg.
DUBOURG, chef d'escad., B.
BERTRAND, capit., B.
KRONN, lieut. A.-M., B.
BERTHE, lieut., B.
ROCHATTE, lieut., B.
FARGETTE, s.-lieut., B.
BOUCHET DE GRANDMAY, s.-lieut., B.
DIDIAT, s.-lieut., B.
GODFROY, s.-lieut., B.

GÉRARD, chef d'escad., B. 1ᵉʳ oct. 1813, combat en Saxe (mort le 14).

18 oct. 1813, bataille de Leipzig.
BARADEZ, lieut., B. (mort).
CHONEZ, chef d'escad., B.
LECOMTE, capit., B.
FRANÇOIS, s.-lieut., B.
VIESS, s.-lieut., B.

DE LUKER, capit., B. 30 oct. 1813, bataille de Hanau.
VIESS, s.-lieut., B. 1ᵉʳ déc. 1813, combat près du Rhin (mort le 16 févr. 1814).
COMPÈRE, lieut., T. 12 mars 1814, défense de Maubeuge.

25 mars 1814, combat de Fère-Champenoise.
FARGETTE, s.-lieut., T.
LECOMTE, capit., B.

SÉNARMONT (1), lieut., B. 15 juin 1815, combat devant Charleroi.

16 *juin* 1815, *bataille de Ligny*.
DEBUT, lieut., B.
BRILLE, s.-lieut., B.

18 *juin* 1815, *bataille de Waterloo*.
SIMONNEAU, col., B.
DUBOURG, chef d'escad., B.
HARTUNG, capit., B.

(1) Était détaché comme officier d'ordonnance du général Exelmans.

SCHMALTZ, s.-lieut. porte-étendard, B.
RIQUET, capit., B.
GIRARD, capit., B.
PERSY, capit., B.
CAMBIS, capit., B.
LEBACHELLÉ, lieut., B.
BERTE, lieut., B.
RAULET, s.-lieut., B.
JUILLET, s.-lieut., B.
NICLASSE, s.-lieut., B.
LECAY, s.-lieut., B.

RAMBOURGT, chef d'escad., T. 1er juill. 1815; combat de Roquencourt.

2e Régiment.

VIGÉ, chef d'escad., T. 2 déc. 1805, bataille d'Austerlitz.

14 *oct.* 1806, *bataille d'Auerstaedt*.
BOUSSON, col., B.
THUILLIER, chef d'escad., B.
SAUTARD, lieut., B.
LAPOTERIE, lieut., B.
DUBOURG, lieut., B.
VENDOIS, s.-lieut., B.

PARIS, s.-lieut., B. 24 déc. 1806, au passage du Bug (mort le soir).
BOUVIER, lieut., T. 20 janv. 1807, étant en reconnaissance près Sniadowo.

21 *janv.* 1807, *combat de Sniadowo*.
COMBE, s.-lieut., T.
GARCHERY, s.-lieut., B.

HULLIN, s.-lieut., B. 6 juin 1808, combat de Val-de-Penas (Espagne).
BEAUPRÉ, s.-lieut., B. 7 juin 1808, affaire devant Cordoue.
BEAUPRÉ, s.-lieut., B. 19 juill. 1808, bataille de Baylen.

20 *avril* 1809, *combat d'Abensberg*.
DELACROIX, capit. A.-M., B.
LOCHARD, capit., B.
SIBILLE, s.-lieut., B.
ADOR, s.-lieut., B.

25 *avril* 1809, *combat de Neumarck*.
MERLE, s.-lieut., T.

DUBOURG, capit., B.
VENDOIS, lieut., B.
DELAIDDE, s.-lieut., B.
PAIN, s.-lieut., B.

LEVENEUR, s.-lieut., B. 3 mai 1809, combat d'Ebersberg.

13 *juin* 1809, *combat devant Raab*.
DECOUZ, capit., T.
DUKERMONT, chef d'escad., B.
HUCHOTTE, s.-lieut., B.
BOUQUET, s.-lieut., B.
SEMELIN, s.-lieut., B.
IMBERT DE SAINT-AMAND, s.-lieut., B.

6 *juill.* 1809, *bataille de Wagram*.
DELACROIX, chef d'escad., B.
STOEKLIN, s.-lieut., B.
IMBERT DE SAINT-AMAND, s.-lieut., B.

OGNATEN, major, T. 25 sept. 1811, dans un combat près Ciudad-Rodrigo.
DALOIGNIER, lieut., B. 30 juin 1812, affaire d'Osmiana (Lithuanie).

28 *juill.* 1812,
combat d'avant-garde à Zelow.
NAUCAZE, capit., B.
DUCHASTEL, lieut. A.-M., B.

DUKERMONT, chef d'escad., B. 14 août 1812, combat de Krasnoë.

16, 17 et 18 août 1812, combats devant Smolensk.
DUKERMONT, chef d'escad., B. 16.
DELACROIX, major, B. 18.
DE JONGHE, s.-lieut., B. 17.
LACOUSTER, s.-lieut., B. 17.
HUMBERT, s.-lieut., B. 16.

7 sept. 1812, bataille de la Moskowa.
CANOUVILLE, chef d'escad., T.
MATHIS, capit., T.
VENIÈRE, capit., B.
MAUCHAMP, lieut., B.
DELENDONCQ, s.-lieut., B.

VILLAIRE, lieut., B. 18 sept. 1812, combat près de Moscou.
BOYER, s.-lieut., B. 4 oct. 1812, combat en avant de Moscou.
PION, capit., B. 24 oct. 1812, en conduisant un détachement de Wiasma à Moscou.
IMBERT DE SAINT-AMAND, lieut., B. 17 nov. 1812, bataille de Krasnoë.
BARAGUEY D'HILLIERS, s.-lieut., B. 6 janv. 1813, pendant la retraite.
MAUCHAMP, capit., B. les 19 et 21 août 1813, combats sur le Bober (Saxe).
ALLARD, s.-lieut., B. 21 août 1813, combat de Lowenberg.

26 août 1813, combat de Pirna (Saxe).
MAUCHAMP, capit., B.
DUCHASTEL, lieut. A.-M., B.
BONNARD, s.-lieut., B.

16 et 18 oct. 1813, bataille de Leipzig.
PAIN, capit., B. 18.
DELEPLANQUE, lieut. A.-M., B. 16.
DE JONGHE, lieut., B. 18.
SEMELIN, lieut., B. 18.
VERGAND, lieut., B. 18.
CHANÉ, s.-lieut., B. 18.
COURTOIS, s.-lieut., B. 18.

BONNARD, s.-lieut., B. 31 oct. 1813, combat devant Hanau.
VENIÈRE, chef d'escad., B. 7 mars 1814, combat devant Willemsbourg, près Hambourg.
MAUCHAMP, capit., B. 29 mars 1814, combat de Claye.
BEAUDAUX, capit., B. 30 mars 1814, bataille de Paris.
DANIEL, s.-lieut., B. 1er avril 1814, défense de Magdebourg.
BOUQUET, capit., T. 27 juin 1815, combat sur la Suffel, près Strasbourg.
DILTHEY, lieut., B. 28 juin 1815, combat devant Strasbourg.

3ᵉ Régiment.

30 oct. 1805, combat de Caldiero.
RAITIG, s.-lieut., B. (mort).
POGNON, lieut., B.

BARRELIER, chef d'escad., B. 6 nov. 1805, combat de Trewitz.
RISPE, capit., T. 16 mai 1807, combat de Frisch-Hoff, près Dantzig.

10 juin 1807, bataille d'Heilsberg.
DUVERGÉ, s.-lieut., T.
BARRELIER, chef d'escad., B.
CHARPENTIER, lieut., B.
CHARLOT, s.-lieut., B.
BOISSELIN, s.-lieut., B.

15 juin 1807, combat devant Kœnisberg.
SCHNEIDER, s.-lieut., B. (mᵗ le 11 juill.).

PICOT DE DAMPIERRE, capit., B.

BOISSELIN, s.-lieut., B. 18 juin 1807, étant en reconnaissance sur la route de Tilsitt.
LALLOUETTE, lieut., B. 8 nov. 1808, combat près de Barcelone (mort le 9).
JUBAINVILLE, lieut., B. 8 nov. 1808 combat près de Saint-André.

23 avril 1889, combat de Neu-Otting (près Braunau).
ROUDIER, s.-lieut., T.
CHARPENTIER, col., B.
D'ESPINCHAL, lieut., B.
SIMON, s.-lieut., B.
GRUSSE, s.-lieut., B.

De Sainte-Croix-Trocmé, s.-lieut., B.
Poursin, s.-lieut., B.
Du Pouget-Nadaillac, lieut., B.

De Moncey, s.-lieut., B. 16 mai 1809, combat en Croatie.

21 et 22 mai 1809, bataille d'Essling.
Dupoux, lieut., T. 21.
Jeandin, s.-lieut., T. 22.
Charpentier, col., B. 22.
Thiriet, capit., B. 21 (mort le 25).
Devoisins, s.-lieut., B. 21.
Delamalle, lieut., B.
De Sainte-Croix-Trocmé, s.-lieut., B.21.
Du Pouget-Nadaillac, lieut., B. 21.

Fabre, lieut., B. 22 mai 1809, combat de Gospich (Croatie).
Dumas, chef d'escad., B. 5 juill. 1809, bataille de Wagram.

6 juill. 1809, bataille de Wagram.
Crassier, s.-lieut., T.
Roger, s.-lieut., T.
Charlot, capit., B.
D'Espinchal, lieut., B.
Delamalle, lieut., B.
Charpentier, lieut., B.
Hécart, s.-lieut., B.
Bonvalot, s.-lieut., B.
Reignier (Louis), s.-lieut., B.
Reignier (Laurent), s.-lieut., B.

Du Pouget-Nadaillac, lieut., B. 9 juill. 1809, combat d'Hollabrünn.
Hégy, s.-lieut., B. 9 avril 1810, à Alte-Nuéra (Espagne).
Virion, s.-lieut., T. 11 mai 1811, combat près de Figuières (Espagne).
Martineau, s.-lieut., B. 21 juill. 1812, affaire près de Mohilew.

23 juill. 1812, combat de Mohilew.
Gauthier, lieut., T.
De Saint-Mars, col., B.
Dejean, chef d'escad., B.
Lamy, capit., B.
Simon, capit., B.
Marigny, lieut., B.
Gardel, s.-lieut., B.
Mercier, s.-lieut., B.
Lafaye, s.-lieut., B.

Grusse, s.-lieut., B.

14 août 1812, combat de Krasnoë.
Saint-Denis, s.-lieut., B.
Bouchier de Vigneras, lieut., B.

Dejean, chef d'escad., B. 5 sept. 1812, route de Toula (affaire d'avant-garde).

7 sept. 1812, bataille de la Moskowa.
Viriot, lieut., T.
Belon, lieut., T.
Charpentier, capit., B.
Delamalle, capit., B.
Gérard, capit., B.
Haon, capit., B.
De Vigneras, s.-lieut., B.

Velaine, chef d'escad., B. 18 sept. 1812, combat en avant de Moscou.
Mennehaud, s.-lieut., B. 28 sept. 1812, combat près de Moscou.
Pruvost (1), lieut. A.-M., B. 9 nov. 1812, combat devant Smolensk.

28 nov. 1812, au passage de la Bérésina.
Blot, chirurg. S.-A.-M., D.
Granger, s.-lieut., B. et prisonnier (présumé mort).
Mavet, s.-lieut., B.

Béthisy, s.-lieut., B. 22 avril 1813, combat près de Golka.

17 et 19 août 1813, combats près Goldberg.
Cartier, lieut., B. 17.
Parisot, lieut., B. 17.
Bethisy, lieut., B. 19.
Caillas, s.-lieut., B. 19.

De Girardin, lieut., B. 21 août 1813, combat de Lowenberg.
Charpentier, capit., T. 27 août 1813, bataille de Dresde.
Martin (Joseph), capit., B. 29 août 1813, combat sur le Bober.

---

(1) Commandait un escadron de marche à la division du général Baraguey d'Hilliers.

DE GIRARDIN, lieut., B. 14 oct. 1813, affaire de Chemnitz.

16 et 18 oct. 1813, bataille de Leipzig.
ROYER, col., T. 18.
GILLON, lieut. A.-M., B. 16.
VIARD, lieut., B. 16.
DE GIRARDIN, lieut., B. 16.
NICOLLE, s.-lieut., B. 16.
GRILLIÈRE, s.-lieut., B. 18.

PRÉVÔT, chef d'escad., B. 30 oct. 1813, bataille de Hanau.
BEUZARD, lieut., B. 8 janv. 1814, étant en reconnaissance.
MOUSSIER, s.-lieut., T. 26 janv. 1814, combat de Heils-Luthier.
PRÉVÔT, chef d'escad., B. 15 févr. 1814, combat de Nangis.

17 févr. 1814, combat de Mormans.
PRÉVÔT, chef d'escad., B.

VAUTRIN, lieut., B.

25 mars 1814, combat de Fère-Champenoise.
HUGUIN-GILLET, s.-lieut., T.
FLEURAT, lieut., B.
MALOT, lieut., B.

18 juin 1815, bataille de Waterloo.
DUMONT, lieut., T.
POZAC, chef d'escad., B.
GILMAIRE, capit., B.
BERGER, capit. A.-M., B.
TOUSSAINT, capit., B.
VIARD, lieut., B.
CARTIER, lieut., B.
MAVET, s.-lieut., B.
ROSSY, s.-lieut., B.
NICOLLE, s.-lieut., B.
CHALEY, s.-lieut., B.

4ᵉ Régiment.

JAQUOT, lieut., B. 1ᵉʳ nov. 1805, au passage de l'Adige (Italie).
POGNON, s.-lieut., B. 5 nov. 1805, combat devant Padoue (mort le 8).
DE PÉTRICONI, s.-lieut., B. 10 juin 1806, affaire devant Gaëte.
BRUGUIÈRES, col., assassiné le 28 oct. 1806, par des brigands, route de Gaëte.
GRASSOU, chef d'escad., B. 18 juin 1809, combat de Palmi (Naples).
VAUGIEN, s.-lieut., B. 19 juin 1809, affaire près de Palmi.
PAS DE BEAULIEU, s.-lieut., T. 20 juin 1809, étant à la poursuite des brigands en Basilicate.
DUBOIS-DOUIN, s.-lieut., T. 25 juin 1809, en Pouille, par des brigands.
LACROIX, s.-lieut., T. 8 déc. 1809, en escortant un courrier en Pouille, par des brigands.
PAROCCHIA, chirurg. S.-A.-M., B. 20 juin 1811, en allant au Pizzo (Calabre).
GOURSAC, s.-lieut., B. 26 juill. 1812, combat près de Witepsk.
CAILLON, s.-lieut., B. 4 août 1812, affaire route de Smolensk.

QUATREFAGES DE LA ROQUETTE, s.-lieut. T. 8 août 1812, combat près de Krasnoë.

14 août 1812, combat de Krasnoë.
HUGUENIN, lieut., T.
ETIENNE, lieut., T.
BOULNOIS, col., B.
DE JARNAC, lieut. A.-M., B.
LAMY, s.-lieut., B.

19 août 1812, combat de Valoutina-Gora.
MAGUILLON, lieut., T.
BOULNOIS, col., B.
VAUGIEN, lieut., B.
PAILLOT, s.-lieut., B.

7 sept. 1812, bataille de la Moskowa.
BARDOT, capit., T.
DAVID, s.-lieut., T.
PERNET, chef d'escad., B.
CARNET, capit., B.
COMBEROUSSE, s.-lieut., B.
SUREMAIN, s.-lieut., B.
SOISSONS, s.-lieut., B.

4 *oct.* 1812, *combat en avant de Moscou.*
BERLAYMONT, capit., T.
CHAMAGNE, lieut., T.
JACQUEMIN, lieut., T.
GUÉRIN, chef d'escad., B.

BARTHÉLEMY, s.-lieut., T. 27 nov. 1812, route de Borisow, par des cosaques.
POULLETIER, capit., B. 28 nov. 1812, aux ponts de la Bérésina (mort).
DUCRET, s.-lieut., T. 10 déc. 1812, dans une rue de Wilna.
DE VENCE, col., B. 22 mai 1813, combat de Reichenbach (Saxe).

26 *août* 1813, *combat de la Katzbach.*
DUVIVIER, major, B.
MAYER, capit., B.

16 *et* 18 *oct.,* 1813, *bataille de Leipzig.*
BELLON, s.-lieut., T. 16.
SIMON, s.-lieut., T. 16.
ANQUETIL, s.-lieut., T. 18.
JACQUES, s.-lieut., T. 16.
DE VENCE, col., B. 18.
AIMÉ, chef d'escad., B. 16.
ROBERT, capit., B. 16.
BRUNET DE PRIVEZAC, capit., B. 18.
CARNET, capit., B. 16.
QUESNEL, capit., B. 16.
GABORIT, lieut., B 16.

KISLIN, lieut., B. 16.
BAZIN, s.-lieut., B. 16.
DE PONCHALON, s.-lieut., B. 18.
JUNG, s.-lieut., B. 18.
GARROT, s.-lieut., B. 18.
THÉVENOT, s.-lieut., B. 16.

DE VENCE, col., B. 29 oct. 1813, combat devant Hanau.
BLONDELU, s.-lieut., B. 7 janv. 1814, au village de Tournotte.

15 *juin* 1815, *affaire en avant de Charleroi.*
RINK, s.-lieut., T.
SASSEMAYOUS, chef d'escad., B.
GRASMOUCK, s.-lieut., B.

18 *juin* 1815, *bataille de Waterloo.*
DESMICHIELIS, capit., B.
GOVON, capit., B.
CLAVIÈRE, lieut., B.
MOUTARD, s.-lieut., B.
MURALDY, s.-lieut., B.
ROBINOT, s.-lieut., B.
FABART, s.-lieut., B.

HOLLING, s-.lieut., B.
MONNOT, s.-lieut., B.

5ᵉ Régiment.

2 *déc.* 1805, *bataille d'Austerlitz.*
LAUVRAY, capit., T.
CORBINEAU, col., B.
BOUVERIE, capit., B.
AMYOT, capit., B.
VÉRON, capit., B.
BEUGNIAT, lieut., B.
LOMBARD, lieut., B.
SCHAUENBURG, lieut., B.
SOLAGNIER, s.-lieut., B.
DALLEUX, s.-lieut., B.
LEBERT, lieut., B.
BUREAU, s.-lieut., B.
JACOTIER, s.-lieut., B.

FAULLAIN, s.-lieut., B. 9 oct. 1806, combat de Schleitz (Saxe).
ROUX, s.-lieut., B. 14 oct. 1806, bataille d'Iéna.

3 *nov.* 1806, *combat de Crewitz.*
BONNEMAINS, col., B.
FRANÇOIS, lieut., B.
SIBRE, lieut., B.

CUVILLIER, s.-lieut., B. 26 déc. 1806, combat du Pultusk.
FAULLAIN, s.-lieut., B. 18 janv. 1807, combat de Mohrungen.
CUVILLIER, s.-lieut., B. 8 févr. 1807, bataille d'Eylau.
BUREAU, s.-lieut., B. 24 janv. 1807, combat près de Mohrungen.
LEROY DE RECK, s.-lieut., B. 24 avril 1807, combat près de Frischall.

19 *juill.* 1808, *bataille de Baylen.*
THIÉRY, s.-lieut., T.
DE MONTGARDÉ, capit., B.

CUVILLIER, s.-lieut., B. 20 févr. 1809, combat de Truxillo.

28 mars 1809, bataille de Medellin.
BOUCHARD, lieut., B. (mort).
SCHAUENBURG, capit., B.

DRANGLAUD, s.-lieut., B. 26 juill. 1809, combat de Torrijos (Espagne).

28 juill. 1809, bataille de Talavera-de-la-Reyna.
HUPAIS, s.-lieut., B.
LOTTIN, s.-lieut., B.
AMIEL, s.-lieut., B.
RYNGAERT, s.-lieut., B.

LEGUAY, capit., B. 30 déc. 1809, combat de Villamerique (Manche) (Espagne).

22 avril 1810, combat de Montellano (Espagne).
COUTEUVRE, lieut., B. (mort le 4 nov.).
TILLY, lieut. A.-M., B.

HUPAIS, s.-lieut., B. 10 juin 1810, combat de Prado-del-Rey.
MARCHE, s.-lieut., B. 11 juill. 1810, en escortant le trésor (Andalousie).
BUREAU, lieut., B. 17 déc. 1810, combat de Medina-Sidoccio (Espagne).
DE SÉRÉVILLE, s.-lieut., B. 26 févr. 1811, étant de service d'escorte en Espagne.
LAJOUSSE, méd.-maj., B. 18 juin 1811, combat devant Tarifa.

1er juin 1812, combat de Bornos (Andalousie).
PEUTAT, s.-lieut., T.
DEBILLY, s.-lieut., T.
MERVILLE (DE CAIRON DE), lieut., B.
VÉRON, lieut., B.
BOUGAREL, chirurg.-M., B.

WARNIER, s.-lieut., B. 6 nov. 1812, affaire contre des guérillas à Villacastin (Espagne).
VIGNE, lieut., B. 26 déc. 1812, combat de Torremaja (Espagne).
VIGNE, lieut., B. 18 janv. 1813, combat d'El-Coral (Espagne).
FALGUIÈRES, chef d'escad., T. 20 janv. 1813, combat de Ciudad-Réal.

LECLERC, capit., B. 26 mars 1813, affaire du pont de Saint-André, près de Tolède.
WARNIER, s.-lieut., B. 9 mai 1813, attaque d'un convoi à Illiescas, près de Madrid.

21 juin 1813, bataille de Vittoria.
LEGENDRE, s.-lieut., B.
MIVIÉRÉ, s.-lieut., B.

DAUTHUILLE, s.-lieut., T. 1er juill. 1813, combat sur la frontière d'Espagne.

6 sept. 1813, bataille de Juterbock.
DUMONCEAU, chef d'escad., B.
QUEQUET, s.-lieut., B.
LECOQ, s.-lieut., B.
POTTIER, s.-lieut., B.
ANFRAY, s.-lieut., B.

PERCY, capit., B. 24 sept. 1813, combat près d'Altenbourg.
ESTIENNE, lieut., B. 14 oct. 1813, combat près de Wachau.

18 et 19 oct. 1813, bataille de Leipzig.
MORIN, lieut., B. 18.
LÉGER, s.-lieut., B. 19.

BARBIER, s.-lieut., B. 2 janv. 1814, combat de Remagen, près Bonn.
BURGOS, s.-lieut., B. 13 févr. 1814, combat devant Clarac.
MARCHE, s.-lieut., B. 24 févr. 1814, combat de Navarreins.

27 févr. 1814, combat de Bar-sur-Aube.
MERCIER, lieut., T.
MERVILLE, capit., B.
PERRIER, s.-lieut., B.
RAOULT, s.-lieut., B.

MONTHELIER, s.-lieut., B. 27 févr. 1814, bataille d'Orthez.

14 mars 1814, combat de Clarac.
GALAND, lieut., B. (mort le 2 avril).
CARREZ, s.-lieut., B.

20 mars 1814, combat d'Arcis-sur-Aube.
DIEU, s.-lieut., B. (mort).
VÉRON, capit., B.

DUCHEVREUIL, s.-lieut., B. 25 mars 1814, combat près de Saint-Dizier.

MIVIÈRE, lieut., B. 10 avril 1814, bataille de Toulouse.

6ᵉ Régiment.

DUPONT, s.-lieut., B. 16 août 1807, combat de Sulmona (Abruzzes).

16 avril 1809, combat de Fontana-Fréda.
DEROST, lieut., T.
GUICHARD, s.-lieut., T.
LESCRINIER, s.-lieut., T.
DHERBEMONT, s.-lieut., T.
EULNER, chef d'escad., B.
SERGENT, lieut., B.
GANDON, s.-lieut., B.

8 mai 1809, bataille de la Piave.
DE BONNEVAL, s.-lieut., B. (mort le 21).
GROS, capit., B.
GILLIARD, lieut., B.
AUBERGÉ, s.-lieut., B.
DE CONQUANS, s.-lieut., B.

6 juill. 1809, bataille de Wagram.
BELLON, s.-lieut., T.
EULNER, col., B.
GROS, capit., B.
GELIN, capit., B.
COTHENET, capit., B.
MARON, lieut., B.
COFFIN, lieut., B.
BOUVRAIN, lieut., B.
GANDON, s.-lieut., B.
CHALLE, s.-lieut., B.
BORTOLI, s.-lieut., B.
POURCIN, s.-lieut., B.

QUENTIN, capit., B. 25 juill. 1812, près d'Esclewo (Russie).

7 sept. 1812, bataille de la Moskowa.
LEDARD, col., B. (mort le 8).
DE TALHOUET, chef d'escad., B.
FEUILLEBOIS, chef d'escad., B.
QUENTIN, capit., B.
PINTA, capit., B.
JACOBI, capit., B.
CHALLE, lieut., B.
DE CONQUANS, lieut., B.
DUCROQ, lieut., B.

CORNAILLE, s.-lieut., B.
BERGER, s.-lieut., B.
POURCIN, s.-lieut., B.

NAY, lieut., B. 10 sept. 1812, étant en reconnaissance près de Mojaïsk.

4 oct. 1812, combat devant Moscou.
TREILLARD, lieut., T.
CORNAILLE, s.-lieut., B.

CORBIÈRE, chirurg.-M., D. le 8 déc. 1812, près de Wilna.

1ᵉʳ janv. 1813, près d'Elbing.
DUPONT, capit., D.
BRULTEZ, lieut., D.

TRESCAZE, s.-lieut., B. 21 août 1813, combat devant Lowenberg.
JACOBI, chef d'escad., B. 27 août 1813, bataille de Dresde.
FLEURY (1), s.-lieut., B. 29 août 1813, affaire sur le Bober.

16 et 18 oct. 1813, bataille de Leipzig.
TOUCHEBŒUF, lieut., T. 16.
DUCROQ, lieut., T. 18.
CORNAILLE, s.-lieut., B. 18.

DE CONQUANS, chef d'escad., B. 26 mars 1814, combat entre Sézanne et Villenoxe.
DUHOT, s.-lieut., B. 16 juin 1815, bataille de Ligny.

18 juin 1816, bataille de Waterloo.
ESTÈVE, capit., B. (mort).
BERGER, capit., B. (mort le 6 août).
GANDON, capit., B.
BORTOLY-LANTY, capit., B.
VIEL, capit., B.
BEZARD, lieut., B.
CARION, s.-lieut., B.

---

(1) Était détaché comme officier d'ordonnance du général Puthod.

MAUPOINT, s.-lieut., B.
BEZON, s.-lieut., B.
PETITOT, s.-lieut., B.

CORNAILLE, s.-lieut., B.
DE BOURGOING, s.-lieut., B.
GALIPEAU, s.-lieut., B.

7e Régiment.

14 oct. 1806, bataille d'Iéna.
FRAMERY, s.-lieut., T.
MAUGERY, capit. A.-M., B.
VALTER, capit., B.
ROYER, capit., B.
ORDENAIRE, lieut., B.
GENORAY, lieut., B.
NOYRIT, lieut., B.
ANGER, s.-lieut., B.
PISON, s.-lieut., B.
SOURD, s.-lieut., B.
GRÉGOURT, s.-lieut., B.
BOURDAIN, s.-lieut., B.
GALLET, s.-lieut., B.
PARAVEY, s.-lieut., B.
GOUOT, chirurg.-M., B. 8 févr. 1807, bataille d'Eylau.

15 févr. 1807, combat de Wormsdorff.
ROYER, chef d'escad., B.
SOURD, lieut., B.

LECLERC, s.-lieut., B. 16 févr. 1807, combat d'Ostrolenka.

10 juin 1807, bataille d'Heilsberg.
LAGRANGE, col., B.
ORDINAIRE, capit., B.
DE GUILLEBON, s.-lieut., B.
DE CARNÉ DE CARNAVALET, s.-lieut., B.

16 juin 1807, passage de la Pregel (pont de Tapluken).
PERROT, capit., B.
ANGER, lieut., B.

DUBOIS, capit., T. 10 juin 1808, combat de Maçanarès (Espagne).
SAINT-AMANS, lieut., B. 14 avril 1809, combat sous Ratisbonne (Bavière).
HERMANT, chirurg. A.-M., B. 19 avril 1809, combat de Pfaffenhoffen.
MAUGERY, capit., B. 1er mai 1809, combat de Ried.
HULOT D'OSERY, chef d'escad., B. 22 mai 1809, bataille d'Essling.

THOMANN, s.-lieut., B. 10 juin 1809, combat en avant de Raab.

14 juin 1809, bataille de Raab.
BOHN, col., T.
ANTOINE, s.-lieut., T.
ANGER, capit., B.
BOUVANT, s.-lieut., B.
PROMA, s.-lieut., B.
DE CARNÉ DE CARNAVALET, s.-lieut., B.

6 juill. 1809, bataille de Wagram.
NOYRIT, capit., B.
BOURDAIN, lieut., B.
RIVIÈRE, s.-lieut., B.

LAFOSSE, lieut., B. 9 juill. 1809, combat d'Hollabrünn (mort le soir).

5 mai 1811, bataille de Fuentès-d'Oñoro.
MULLER, s.-lieut., B. (mort le 10).
MONTBRUN, col., B.
POIRÉ, major, B.
HÉGU, s.-lieut., B.
BERTELEMY, s.-lieut., B.

DE CRILLON, lieut., B. 12 août 1812, combat de Polotsk.
D'AUBUSSON DE LA FEUILLADE, s.-lieut., T. 3 sept. 1812, combat devant Polotsk.

18 et 19 oct. 1812, combats de Polotsk.
CHAUMONT, lieut., T.
PIQUOT, s.-lieut., T.
SOURD, chef d'escad., B.

DE SAINT-CHAMANS, col., B. 24 oct. 1812, combat de Lepel.
COUDRIER, lieut., T. 26 nov. 1812, par des cosaques, route de Borisow.
HIELARD, s.-lieut., B. 26 nov. 1812, combat contre les Cosaques devant Borisow.

28 nov. 1812, *bataille de la Bérésina.*
MINOT, capit., B. (mort le 1ᵉʳ déc.).
BUCHET, lieut., B. (mort le 28 déc.).
GOTTWALTZ, capit. A.-M., B.
LARDERET, capit., B.
CHEVALIER, s.-lieut., B.

CAUDRILLIER, lieut., B. 3 déc. 1812, près d'Osmiana, par des cosaques.
CROTEL, capit., B. 5 mars 1813, défense de Dantzig.
MESPLIES, lieut., B. 12 mai 1813, combat près de Bautzen.

18 août 1813, *combat de Leignitz.*
MESPLIES, lieut., B.
VIELLAJEUS, s.-lieut., B.

CASTEL, capit., B. 27 août 1813, bataille de Dresde (mort le 23 sept.).
DEUTSCHMANN, s.-lieut., B. 27 août 1813, bataille de Dresde.
DE SAINT-CHAMANS, col., B. 5 sept. 1813, combat devant Reichenbach.
BASETTI, s.-lieut., B. 6 sept. 1813, bataille de Juterbock.

VENIÈRE, capit., B. 7 sept. 1813, combat près de Reichenbach.
VANDELMER, s.-lieut., B. 8 sept. 1813, combat près de Glogau.

16 et 18 oct. 1813, *bataille de Leipzig*
DUBOIS (H.), capit. A.-M., T.
GRANDIN, capit., T.
DUBOIS (M.), lieut., T.
DE SAINT-CHAMANS, lieut., T.
DE BONTIN, s.-lieut., T.
DE SAINT-CHAMANS, col., B. 16.
LARDERET, chef d'escad., B.
DE BALINCOURT, capit., B. 16.
VALETA, capit., B. 18.
VAN-GRASVELD, lieut., B. 18.
BOUSSY, s.-lieut., B.
BASETTI, s.-lieut., B.
VIELLAJEUS, s.-lieut., B.

DE GRANDCOURT, s. lieut., B. 30 oct. 1813, bataille de Hanau.
MILLET, s.-lieut., B. 28 juin 1815, combat sur la Suffel près Strasbourg.
PERRET, s.-lieut., B. 9 juill. 1815, combat devant Strasbourg.

8ᵉ Régiment.

FANNEAU-LAHORIE, capit. A.-M., B. 16 avril 1809, bataille de Sacile.

8 mai 1809, *bataille de la Piave.*
PLANZEAUX, lieut., T.
LAGRANGE, lieut., B. (mort le 25).
CABANES, major, B.
FILLION, capit., B.
GÉRIN, capit., B.
GRANJON, lieut., B.
CLÉMENT, s.-lieut., B.
FICHER, s.-lieut., B.
OUTTIER, s.-lieut., B.
ROGÉ, s.-lieut., B.

DOIN, s.-lieut., B. 11 juin 1809, combat près de Raab.

14 juin 1809, *bataille de Raab.*
MONNOT, capit., T.
DESMAZURES, lieut., T.
FANNEAU-LAHORIE, capit. A.-M., B.
CABANES, major, B.

FAUCONNET, lieut. A.-M., B.
CLÉMENT, lieut., B.
BAUDIN, lieut., B.
DOINT, s.-lieut., B.

---

5 et 6 juill. 1809, *bataille de Wagram.*
DIDELOT, chef d'escad., B. (mort le 20 juill.).
COLLIN, lieut., B. (mort le 27).
PERRONNEL, lieut., T.
D'HUMIÈRES, s.-lieut., T. 5.
HUG, chef d'escad., B.
FILLION, capit., B.
PERRIOLAT, capit., B.
GÉRIN, capit., B.
BOULMAGNE, capit., B.
BARROUX, capit., B.
GRANJON, capit., B.
CLÉMENT, lieut., B.
LAMBERT, lieut., B.
CHENAVARD, lieut., B.
MANDIER, s.-lieut., B.

10 *juill.* 1809, *combat de Market, près Znaïm.*
LAMBERT, lieut., B.
BLAIN, s.-lieut., B.

17 *août* 1812, *bataille de Smolensk.*
FANNEAU-LAHORIE, chef d'escad., B.
BAUDIN, capit., B.
BLAIN, lieut., B.

7 *sept.* 1812, *bataille de la Moskowa.*
PLANZEAUX, chef d'escad., B.
GUY, lieut., B.
FRANC, s.-lieut., B.
COMBES, s.-lieut., B.
LATOURETTE, s.-lieut., B.

8 *sept.* 1812, *combat route de Mojaïsk.*
FANNEAU-LAHORIE, chef d'escad., B.
NAUDET, lieut., B.
SILVESTRE, s.-lieut., B.

DARCY, s.-lieut., B. 8 oct. 1812, combat près de Moscou.
SAUR, lieut., B. 18 oct. 1812, combat près de Kalouga.
BLAIN, lieut., B. 1er nov. 1812, combat route de Smolensk.
TAILLEUR, lieut., B. 3 nov. 1812, combat de Wiasma.
LATOURETTE, s.-lieut., B. et D. le 7 déc. 1812, route de Wilna.
REVIN, capit., B. 23 août 1813, combat de Lowenberg.
COLLIGNON, s.-l., B. 19 sept. 1813, dans une reconnaissance sur Borach (Saxe)

FRANC, s.-lieut., B. 6 oct 1813, combat de Chemnitz.

30 *oct.* 1813, *bataille de Hanau.*
DE LESPINASSE, chef d'escad., T.
FRANC, lieut., B.
TONE, s.-lieut., B.

ROLLIER, s.-lieut., B. 25 févr. 1814, affaire près de Châlons.
PLANZEAUX, col., B. 6 mars 1814, combat de Béry-au-Bac.
FERNER, s.-lieut., B. 25 mars 1814, combat de Fère-Champenoise.
DOINT, capit., B. 30 mars 1814, bataille de Paris.
FRANC, capit., B. 6 avril 1814, affaire devant Toulouse.

18 *juin* 1815, *combat devant Wavre.*
LAMBERT, chef d'escad., B.
LOUBET, capit. A.-M., B.
BROUSSE, capit., B.
VERMOT, lieut., B.
ROLLIER, s.-lieut., B.
MANDERSCHEID, s.-lieut., B.

1er *juill.* 1815, *combat près de Versailles*
ROULLIER, capit., T.
CASSE, capit., B.
TAILLEUR, capit., B.
MEYNARD, lieut., B.
PINET, s.-lieut., B.

9e Régiment.

TESSIER, capit., T. 4 juill. 1806, combat de Sainte-Euphémie (Calabre).
COLLET, s.-lieut., T. 25 mai 1807, étant en reconnaissance près de Mélitto (Calabre).
LAFITTE, lieut., B. 6 déc. 1807, dans une reconnaissance en Calabre (mort le 7).

28 *mai* 1807, *combat de Mélitto (Calabre).*
DELABARRIÈRE, lieut., B.
GRANDJEAN, s.-lieut., B.

8 *mai* 1809, *bataille de la Piave.*
DELABARRIÈRE, capit., B. (mort le 5 juin).
BRUYÈRE DE BARENTE, s.-lieut., T.
GUIRLET, s.-lieut., B. (mort le 15 juin).
DELACROIX, col., B.
MILLON, chef d'escad., B.
LAVOCAT, capit., B.
PETIT, capit., B.
LAVILLE, capit., B.
BOURGEOIS, lieut., B.
CLAUSADE, s.-lieut., B.

AIMÉ, lieut. A.-M., B. 22 mai 1809, combat de Friesach.

5 et 6 juill. 1809, bataille de Wagram.
DESJARDINS, lieut., B. 6 (mort le 31).
PETIT, capit., B. 5.
BOURDAIN, lieut., B. 6.
GRANDJEAN, lieut., B. 5.

PERQUIT, major, B. 10 juill. 1809, combat d'Hollabrünn.

7 sept. 1812, bataille de la Moskowa.
LAVOCAT, chef d'escad., T.
PETIT, capit., B.
PEPIN, lieut., B.
HANAUT, lieut., B.
RENEAUD, s.-lieut., B.
DECARLOTTI, s.-lieut., B.
PETIT, s.-lieut., B.

CHERON, lieut., B. 13 sept. 1812, étant en reconnaissance sur la route de Moscou.

3 nov. 1812, combat de Wiasma.
DOUZIN, capit., B.
AIMÉ, capit., B.
CHEVRESSON, lieut., B.
DE CORDAY, s.-lieut., B.
GABRIEL, s.-lieut., B.

9 nov. 1812, combat près de Smolensk.
LAUREAU, lieut., T.
LAVILLE, capit., B.
GABORIAU, lieut., B.

LEFÈVRE, s.-lieut., B. 14 nov. 1812, affaire route de Krasnoë.
D'ALBA, s.-lieut., D. 4 déc. 1812, combat devant Osmiana (Lithuanie).
RIGAUD, s.-lieut., D. 8 déc. 1812, route de Wilna.

10 déc. 1812, combat devant Wilna.
SAINTE-MARIE, chef d'escad., D.
NOËL, s.-lieut., D.

RATTELLE, chef d'escad., B. 19 mai 1813, affaire près de Klixe (Saxe).
GABORIAU, capit., T. 20 août 1813, combat en Saxe.

23 août 1813, combat de Goldberg.
D'AVRANGES-DUKERMONT, col., B.
LHOSTE, s.-lieut., B.
DESALLES, s.-lieut., B.
NICOLAS, s.-lieut., B.

18 oct. 1813, bataille de Leipzig.
CHERON, lieut., B.
BERETTÉ, s.-lieut., B.
DESALLES, s.-lieut., B.

BERETTÉ, s.-lieut., B. 28 oct. 1813, combat devant Hanau.
THIÉBAULT, lieut., B. 17 févr. 1814, combat près de Montereau.
LALLÉ, lieut., B. 2 mars 1814, combat devant Troyes.

16 juin 1815, bataille de Ligny.
GASTON, s.-lieut., B.
SAINT-YON, s.-lieut., B.

18 juin 1815, bataille de Waterloo.
RATTELLE, chef d'escad., B.
DUJET, lieut. A.-M., B.
KLAM, s.-lieut., porte-étendard, B.
LAVILLE, capit., B.
RAGOT, capit., B.
CARLOTTI, lieut., B.
HUILLION, lieut., B.
CHARIL, lieut., B.
BERETTÉ, s.-lieut., B.
BOCCARD, s.-lieut., B.

10ᵉ Régiment.

14 oct. 1805, combat d'Elchingen.
CLERGET, capit., B.
THINUS, lieut., B.
MICHAULT, lieut., B.

14 oct. 1806, bataille d'Iéna.
DEMINE, s.-lieut., T.
LAPOINTE, chef d'escad., B.
CLERGET, capit., B.
THINUS, lieut. A.-M., B.

Noury, lieut., B.
Midavaine, lieut., B.
Barbier, s.-lieut., B.
Goujard, s.-lieut., B.
Savoisy, s.-lieut., B.

26 janv. 1807, combat près de Bock.
Grillon, lieut., B.
De Guercheville, s.-lieut., B.

6 févr. 1807, combat de Hoff.
Myard, s.-lieut., T.
Clerget, capit., B.
Midavaine, lieut., B.
Mallet, s.-lieut., B.

Falguière, capit., B. 8 févr. 1807, bataille d'Eylau.

5 juin 1807, combat de Guttstadt.
De Sainte-Marie, s.-lieut., B.
Toublant, s.-lieut., B.

Fay de Latour-Maubourg (R.), s.-lieut., B. 6 juin 1807, combat de Deppen.

14 juin 1807, bataille de Friedland.
Clerget, capit., B.
Barbier, lieut., B.
Baer, s.-lieut., B.

14 juill. 1808, bataille de Medina-del-Rio-Secco.
Clerget, capit., B.
Bailly, s.-lieut., B.
L'Etang, s.-lieut., B.
Zikel, s.-lieut., B.
Lambert, s.-lieut., B.

De Boubers, s.-lieut., B. 10 nov. 1808, combat de Burgos.

27 mars 1809, bataille de Medellin.
Bénique, capit., T.
Pichard, capit., T.

Subervic, s.-lieut., B. 10 juill. 1809, combat d'Hollabrünn.
L'Etang, s.-lieut., B. 28 juill. 1809, bataille de Talavera-de-la-Reyna.

19 nov. 1809, bataille d'Ocaña.
Michault, capit., B.

L'Etang, s.-lieut., B.
Le Guercheville, s.-lieut., B.

Frick, s.-lieut., T. 14 janv. 1810, passage de la Sierra-Morena.
Dietcken, lieut., T. 12 août 1810, étant en colonne mobile en Espagne.
Delabrousse, s.-lieut., B. 8 juin 1810, étant de service d'escorte près du général commandant le corps d'armée, en Espagne.
Gastier, s.-lieut., T. 3 sept. 1810, dans une reconnaissance en Espagne.
Michault, capit., B. 22 nov. 1810, combat près de Malaga.
Laurencin, s.-lieut., T. 6 févr. 1811, en escortant des prisonniers en Espagne.
Michault, capit., B. 15 mai 1811, combat de Baza (Espagne).
Goujard, lieut., B. 10 août 1811, combat de Guadix (Espagne).
Lejeune, chef d'escad., T. 13 mai 1812, dans une affaire en Espagne.
Dacheux, lieut., T. 10 juill. 1812, en escortant un convoi de prisonniers de Cadix à Séville.

1er août 1812, combat de Ribeira (Espagne).
Bailly, lieut., B.
Boudenne, s.-lieut., B.

Barbier, capit., B. 17 nov. 1812, combat de Saumuros (Espagne).
Couvat du Terrail, s.-lieut., B. 7 juin 1813, affaire de Tocka, près Leipzig.

16 oct. 1813, bataille de Leipzig.
Duhamel, chef d'escad., B.
Meynard, capit., B.

Mennetier, lieut. A.-M., T. 25 janv. 1814, affaire de Saint-Dizier.

23 févr. 1814, reprise de Troyes.
Boudenne, capit., B.
Pesse, s.-lieut., B.

Viale, s.-lieut., B. 27 févr. 1814, combat de Bar-sur-Aube.
Ferroussat, major, B. 29 févr. 1814, combat devant Provins.

GAILLET, capit., B. 7 mars 1814, bataille de Craonne.
GAILLOURDET, s.-lieut., B. 13 mars 1814, affaire de Viala.
DUMAS DE LA MARCHE, lieut., B. 30 mars 1814, bataille de Paris.

10 *avril* 1814, *bataille de Toulouse.*
BROT, lieut. A.-M., T.
VIGOUREUX, s.-lieut., T.

GAMICHON, capit., B.
HUILLARD, s.-lieut., B.

DE SCHAUENBOURG, s.-lieut., B. 12 mai 1814, défense de Magdebourg.
COUVAT DU TERRAIL, s.-lieut., T. 28 juin 1815, affaire de l'Hôpital-sur-Conflans (Savoie).
MOREL, lieut., B. juill. 1815, défense de Langres (mort le 24 sept.).

11e Régiment.

BEVIÈRE, chef d'escad., B. 7 oct. 1805, passage du Leck.
VIEILH, s.-lieut., B. 1805, à Landsberg, dans une reconnaissance.

2 *déc.* 1805, *bataille d'Austerlitz.*
BLANCQ, capit. A.-M., T.
BESSIÈRES, col., B.
VIEILH, s.-lieut., B.

SIBELET, capit., B. 12 oct. 1806, affaire d'Hausen.

14 *oct.* 1806, *bataille d'Iéna.*
BRISSY, capit., B. (mort le 5 janv. 1807).
JACQUINOT, col., B.
BELLAIR, capit., B.
JOSSELIN, lieut. A.-M., B.
CHAUMONT, s.-lieut., B.
DUPUY, s.-lieut., B.
PILLOT, s.-lieut., B.
MILLET, s.-lieut., B.

17 *oct.* 1806, *combat de Halle.*
BEVIÈRE, chef d'escad., B.
LALLEMANT, s.-lieut., B.

FRANZIER, s.-lieut., T. 23 oct. 1806, combat près de Magdebourg.
LHUILLIER, lieut., B. 1er nov. 1806, affaire près de la Narew.
KIEFFER, lieut., B. 6 nov. 1806, combat près de Lubeck.

4 *févr.* 1807, *combat d'Allenstein.*
LHUILLIER, capit., B.
MARGOT, s.-lieut., B.
LEJEUNE, s.-lieut., B.

HERVAS, s.-lieut., B. 28 févr. 1807, étant en reconnaissance près Guttstadt.
TROGNÉE, s.-lieut., B. 16 mai 1807, aux avant-postes.

10 *juin* 1807, *bataille d'Heilsberg.*
CAMBON, s.-lieut., T.
JACQUINOT, chef d'escad., B.
BELLAIR, capit., B.
POCCARD, capit., B.
LALLEMANT, lieut. A.-M., B.
LAMBERT, s.-lieut., B.
MORLANT, s.-lieut., B.
WALDNER DE FREUNDSTEIN, s.-lieut., B.

DUPRÉ, capit., B. 23 nov. 1808, bataille de Tudela.
KIEFFER, lieut., B. 19 avril 1809, combat de Pfaffenhoffen.

5 *et* 6 *juill.* 1809, *bataille de Wagram.*
BOSREDON, s.-lieut., T. 5.
EULNER, major, B.
MATHEY, capit., B.
MONTLUZIN, s.-lieut., B.

FOUGEROLLE, s.-lieut., T. 10 juill. 1809, combat d'Hollabrünn.
BONAFFOS, s.-lieut., B. 22 nov. 1810, étant en reconnaissance à l'armée de Portugal.
VILLEROY, lieut., B. 25 sept. 1811, en escortant un convoi de blessés à l'armée de Portugal.
MATHEY, capit., B. 15 juill. 1812, affaire près de Drissa.
VILLEROY, lieut., B. 22 juill. 1812, bataille des Arapiles.

HENRIOT, lieut., T. 27 juill. 1812, combat près de Witepsk.

8 août 1812, combat de Rudina.
MORLANT, capit., B.
DE PINEAU, capit., B.
CROCHEMORT, s.-lieut., B.

7 sept. 1812, bataille de la Moskowa.
DÉSIRAT, col., T.
MORLANT, capit., B.
CAMUS, capit., B.
JUILLET, lieut., B.
DESRUE, lieut., B.
AUBRY dit SANREY, s.-lieut., B.
BONNEVILLE, s.-lieut., B.
SCHERFF, s.-lieut., B.

BEAUVALET, lieut., T. 13 sept. 1812, combat devant Moscou.

4 oct. 1812, combat en avant de Moscou.
DE PINEAU, capit., B.
MONTLUZIN, lieut., B.
SOULENNE, lieut., B.

SÉBASTIANI, capit., B. 4 oct. 1812, combat près de Moscou.

18 oct. 1812, combat de Winkowo.
BEAUFOND, capit., T.
MORLANT, capit., B.
BEAUREPAIRE, lieut., B.
SOULENNE, lieut., B.
KUSS, s.-lieut., B.

DUMONT, s.-lieut., B. 28 déc. 1812, combat contre des cosaques route de Kœnigsberg.
MORLANT, capit., B. 26 août 1813, combat de la Katzbach.

DE PINEAU, capit., B. 13 oct. 1813, combat près de Zerbst (Westphalie).

16 et 18 oct. 1813, bataille de Leipzig.
LÉTONNÉ, lieut., T. 18.
BLAINVILLE, s.-lieut., T. 16.
NICOLAS, lieut., B. 18.
VOISIN, s.-lieut., B. 16.
DORCHEVILLE, s.-lieut., B. 18.
SIVERING, s.-lieut., B. 18.

22 oct. 1813, combat de Weimar.
MORLANT, capit., B.
SOULENNE, capit., B.

CHENET, s.-lieut., B. 29 oct. 1813, combat devant Hanau.
SIVERING, s.-lieut., B. 30 oct. 1813, bataille de Hanau.
LACOMBE, s.-lieut., B. 1er mars 1814, combat de Lizy, près de Meaux.
CHENET, lieut., B. 3 mars 1814, combat devant Troyes.

18 juin 1815, bataille de Waterloo.
MATHEY, capit., B. et D.
MENU, s.-lieut., B. et D.
BRUGELLES, chef d'escad., B.
GUICHERT, capit. A.-M., B.
ROSSELANGE, capit. A-M., B.
LAROCHE, capit., B.
ANHEISER, lieut., B.
MALVAL, s.-lieut., B.
GRENIER, s.-lieut., B.
LACOMBE, s.-lieut., B.
BILLORDEAUX, s.-lieut., B.
PÉRIOLA, s.-lieut., B.

Juill. 1815, défense de Mézières.
PAIN, capit., B. 26.
DESRUE, s.-lieut., B. 18.

12e Régiment.

MONTAGLAS, capit., B. 23 sept. 1806, combat d'avant-garde.

14 oct. 1806, bataille d'Auerstaedt.
DUCOUDRAY, capit., T.
MICHAUD, capit., B. (mort le 15).

DRET, s.-lieut., T.
DAVANNE, lieut., B.
GAULIER, s.-lieut., B.
DUREGARD, s.-lieut., B.
DE TASCHER, s.-lieut., B.
HENNEQUIN, s.-lieut., B.

BOUDON, lieut., B. nuit du 23 au 24 oct. 1806, dans une reconnaissance.
DESCHAMPS, chef d'escad., B. nuit du 17 au 18 nov. 1806, prise du fort de Czentochau (Pologne).

8 févr. 1807, bataille d'Eylau.
HENNEQUIN, s.-lieut., T.
BEAUCLAIRE, s.-lieut., B.

MAZOYER, s.-lieut., B. 6 mars 1807, aux avant-postes sur la Passarge.
BRUNET D'EVRY, s.-lieut., B. 14 juin 1807, bataille de Friedland.
MALAISE, s.-lieut., T. 19 juin 1807, combat en avant de Labiau.
DE TASCHER, lieut., B. 6 juill. 1808, combat du Val-de-Peñas (Espagne).

19 juill. 1808, bataille de Baylen.
BUREAU, major, T.
CAUPENNE, s.-lieut., T.

DUFORTMANOIR, s.-lieut., B. 21 nov. 1808, combat de Cornillas (Espagne).

20 avril 1809, bataille d'Abensberg.
GAULIER, lieut., B.
ESTIGNARD, s.-lieut., B.

LEVENEUR, s.-lieut., B. 3 mai 1809, combat d'Ebersberg.

6 juill. 1809, bataille de Wagram.
GROBERT, s.-lieut., T.
FRESNAIS, s.-lieut., T.
MENVILLE, capit., B.
FRACHOT, capit., B.
BROUX, capit., B.
GUÉRILLOT, s.-lieut., B.
DEMANCHE, s.-lieut., B.

BEAUFILS, chirurg.-M., B. 10 juill. 1809, combat d'Hollabrünn.
BESSON, capit., B. 16 mai 1810, à bord de la *Vieille-Castille*, rade de Cadix.
GUYON, chef d'escad., B. 16 avril 1810, combat en Espagne.

5 mai 1811, bataille de Fuentès-d'Oñoro.
FRACHOT, capit., B.
MENVILLE, capit., B.
BRUNET D'EVRY, lieut., B.

1er juill. 1812, passage de la Wilia.
DUREGARD, capit., B.
GUÉRILLOT DE SALON, lieut., B.
DUCQUE, s.-lieut., B.
BEFFROY, s.-lieut., B.

MARISIO, lieut., B. 22 juill. 1812, bataille des Arapiles.

8 août 1812, combat de Rudnia.
ROUVEAU, lieut., T.
GHIGNY, col., B.

7 sept. 1812, bataille de la Moskowa.
DEBEN, capit., T.
DEJEAN, capit., B. (mort le 24).
DE CHOMPRÉ, capit. A.-M., B. (mort).
DE ROSEN, lieut., T.
BILLON, s.-lieut., T.
DE SELVES, s.-lieut., B (mort).
DE LA BOURDONNAYE, chef d'escad., B.
AUBRY, capit., B.
GAULIER, capit., B.
DUREGARD, capit., B.
PLOCQ, lieut., B.
GUERILLOT DE SALON, lieut., B.
RENARD, s.-lieut., B.
MÉZILLE, s.-lieut., B.
BALLAT, s.-lieut., B.
JOUVENEAU, s.-lieut., B.
PRADOT, s.-lieut., B.

BELIN, lieut., B. 24 sept. 1812, combat près de Moscou.

18 oct. 1812, combat de Winkowo.
GHIGNY, col., B.
FERRARD, lieut., B.
HUGON DE BASSEVILLE, lieut., B.
CHEVREUX, lieut., B.
COSTE-CAUDE, lieut., B.
BEURET, s.-lieut., B.
BÉTRY, s.-lieut., B.
LAURENT, s.-lieut., B.

DUCQUE, s.-lieut., B. 19 oct. 1812, route de Toula (Russie).
CHEVREUX, lieut., B. 28 nov. 1812, passage de la Bérésina (mort le 2 déc.).

24 mai 1813 (affaire de Kònnern), combat près de Halle.
BOSREDON, chirurg. S.-A.-M., B.

JOMMEREUX, s.-lieut., B.
PELLETIER, s.-lieut., B.

26 août 1813, *affaire de la Katzbach.*
JOMMEREUX, s.-lieut., B.
PRADEAU, s.-lieut., B.
PELLETIER, s.-lieut., B.

23 sept. 1813, *aux avant-postes, en Saxe.*
NICOD, capit., B.
BÉJOT, s.-lieut., B.

CALLORY, major, B. 25 sept. 1813, affaire près Bautzen.

16 et 18 oct. 1813, *bataille de Leipzig.*
GRADEAU, s.-lieut., T. 16.
DAZY, capit., B. 16.
PLOCQ, capit., B. 18.
HUGON DE BASSEVILLE, capit., B. 16.
CAHOREAU, lieut., B. 17.
LEVASSEUR, s.-lieut., B. 16.

3 mars 1814, *combat de Bar-sur-Aube.*
GEORGES, s.-lieut., B.

MIROIR, s.-lieut., B.

PÉRARDEL, s.-lieut., B. 7 mars 1814, bataille de Craonne.
DUMONT, capit., B. 12 mars 1814, combat de Villenauxe.

16 *juin* 1815, *bataille de Ligny.*
MENZO, s.-lieut., T.
AUBRY, capit., B.
REMY, s.-lieut., B.

18 *juin* 1815, *bataille de Waterloo.*
RICHARD, lieut., T.
DE GROUCHY, col., B.
HUCK, capit., B.
DUMONT, capit., B.
RENARD, lieut., B.
DOLEMANS, lieut., B.
LUSIGNAN, s.-lieut., B.
PÉRARDEL, s.-lieut., B.
RENAUD, s.-lieut., B.
BÉJOT, s.-lieut., B.
BINDA, s.-lieut., B.

13° Régiment.

12 oct. 1805, *combat devant Ulm.*
ODOUL, lieut., B.
GÉRARD, lieut., B.

TOUSSAINT, capit., B. 2 déc. 1805, bataille d'Austerlitz.
GENORAY, lieut., B. 14 oct. 1806, bataille d'Iéna.
BINER, lieut., T. 30 oct. 1806, combat près de Passewalk.
COLOMBEL, capit., B. 12 déc. 1806, aux avant-postes, en Pologne.
DE SÉGUR, chef d'escad., B. 24 déc. 1806, combat de Nasielsk.
DEMENGEOT, col., B. 26 déc. 1806, combat de Golymin.

7 et 8 févr. 1807, *bataille d'Eylau.*
THOMASSIN DE LAFORTELLE, capit., T. 7.
DEMENGEOT, col., B. 7.
PAYEN, capit., B. 7.
FILLEY, capit., B. 8.
GÉRARD, lieut., B. 8.
OBRIOT, lieut., B. 7.

MOLLER, lieut., B. 8.
MONGINOT, s. lieut., B. 8.
GAILLARD, s.-lieut., B. 8.
ROUTIER, s.-lieut., B. 7.

12 févr. 1807, *affaire près d'Eylau.*
DUPUY, capit. A.-M., T.
NICOL, s.-lieut., B.

HOUSSIN DE SAINT-LAURENT, major, B. 14 juin 1807, bataille de Friedland.
PERROT, capit., B. 16 juin 1807, au pont de Tablaken.
BOUDON DE SAINT-AMANS, lieut., B. 14 avril 1809, combat de Phaffenhofen.

22 *mai* 1809, *bataille d'Essling.*
MOLLER, capit., T.
RÉAL, s.-lieut., T.
CANAVAS SAINT-AMANT, chef d'escad., B.
COLOMBEL, capit., B.
PAYEN, capit., B.
ODOUL, capit., B.
LAPAIX, capit., B.

CHASSEURS

DE MONARD, lieut., B.
LARDERET, s.-lieut., B.

6 juill. 1809, bataille de Wagram.
LACAZE, s.-lieut., B. (mort le 15 août).
DULIMBERT, lieut., B.
DULONG, lieut., B.
CAUDRILLER, s.-lieut., B.
DESCRAVAYAT-LA-BARRIÈRE, s.-lieut., B.

BOUDON DE SAINT-AMANS, capit., B. 14 mars 1811, combat d'Alba (Espagne).

5 mai 1811, bataille de Fuentès-d'Oñoro.
TOUSSAINT, capit., B.
DE LAROCHE DE FONTENILLES, lieut., B.
MONNOT, s.-lieut., B.
LE SAULNIER, s.-lieut., B.

22 juill. 1812, bataille des Arapiles.
BOUDON DE SAINT-AMANS, capit., B.
VASSART, capit., B.
JACQUIER, s.-lieut., B.
PHILIPPE, s.-lieut., B.
DE VEAUX, s.-lieut., B
PARQUIN, s.-lieut., B.

CAPMARTIN, lieut., B. 29 sept. 1812, entre Villafranca et Tolosa.
TOUSSAINT, chef d'escad., B. 23 oct. 1812, combat de Villadrigo.
NICOL, lieut., B. 25 oct. 1812, près de Palencia.
SÉNÉCHAL, lieut. A.-M., B. 29 oct. 1812, affaire de Tordesillas.
BOISSON, s.-lieut., B. mars 1813, dans une reconnaissance, en Espagne.

LE SAULNIER DE LA VILLE HÉLIO, lieut. A.-M., B. 28 juill. 1813, combat de Pampelune.

6 sept. 1813, bataille de Juterbock.
D'AVELAY, s.-lieut., T.
BOYER, lieut., B.

SÉNÉCHAL, lieut. A.-M., T. 15 déc. 1813, combat devant Bayonne.

23 févr. 1814, combat près de Troyes.
BOISSON, lieut., B.
LEIDY, s.-lieut., B.

27 févr. 1814, combat de Bar-sur-Aube.
PERROT, lieut., B. (mort le 1er mars).
GUILLEMIN, capit., B.
MICHALET, s.-lieut., B.
FOURNERAT. s.-lieut., B.

DE LAUSSAT, lieut., B. 3 mars 1814, combat de Lusigny.
THÉDENAT, s.-lieut., B. 7 mars 1814, combat près de Fontainebleau.
BOUDON DE SAINT-AMANS, capit., B. 16 mars 1814, affaire de Plaisance (Gers).
DEMARAIS, s.-lieut., B. 8 avril 1814, combat devant Toulouse.
MANGIN, s.-lieut., B. 10 avril 1814, bataille de Toulouse.
VENDOIS, capit., B. 1er mai 1814, affaire de Grenade.
DEFOURMANTELLE (1), lieut., T. 4 juill. 1815, combat devant Belfort.

---

(1) Etant près du général en chef Lecourbe.

14e Régiment.

LEROY, lieut., T. 2 nov. 1805, combat de Caldiero (Italie).
BALA, lieut., T. 2 nov. 1805, étant en reconnaissance sur les bords de l'Adige.

4 nov. 1805, combat de San-Pietro (devant Venise).
JACQUINOT, capit., B.
DEBAIGNEUX, s.-lieut., B.

MACÉ DE BAGNEUX, s.-lieut., B. 4 nov. 1805, étant en reconnaissance.
ARNAUDET, lieut., B. 4 nov. 1805, combat près de Vicence.
ROETTIERS, lieut., B. 6 nov. 1805, à l'affaire de Ponte sur la Piave.
GUERBE, capit. A.-M., B. 13 nov. 1805, passage du Tagliamento.
BIADELLI, capit., B. 13 nov. 1805, combat de Montebello.

DAGOUMER, s.-lieut., B. 6 mars 1806, étant en reconnaissance, près de Naples.
JACQUINOT, capit., B. 2 juill. 1806, étant à la poursuite des brigands, en Calabre.
LEMAIRE, lieut., B. 5 juin 1807, combat de Guttstadt.
JACQUINOT, capit., B. 10 juin 1807, bataille d'Heilsberg.
GRIVAUX, s.-lieut., B. 21 juill. 1808, combat du pont de Camaye (Espagne).
MARESCOT, s.-lieut., T. 12 mars 1809, combat en Espagne.

13 avril 1809,
combat dans les gorges du Tyrol.
GUERBE, lieut. A.-M., B.
BELLEBEAU, lieut. A.-M., B.

21 et 22 avril 1809, bataille d'Eckmühl.
SACHS, col., T. 21.
FOISSAC-LATOUR, chef d'escad., B. 21.
PARENT, capit., B. 22.
DUMAS, capit., B. 22.
SÉGUIER, capit., B. 22.
ARNAUDET, lieut., B. 22.
ROETTIERS, lieut., B. 22.

2 mai 1809, combat de Lintz.
BIAUNIÉ, capit., T.
BRUCELLE, capit., T.

3 mai 1809, combat d'Ebersberg.
SIMONOT, s.-lieut., B.
DUEZ, s.-lieut., B.

22 mai 1809, bataille d'Essling.
CUVEILLER, s.-lieut., B. (mort le 25).
LION, col., B.
ARNAUDET, capit., B.
ROETTIERS, capit., B.
MAUBOUSSIN, s.-lieut., B.
LARDEROLLE, s.-lieut., B.
EICHMANN, s.-lieut., B.
DEBAIGNEUX, s.-lieut., B.

5 et 6 juill. 1809, bataille de Wagram.
LARDEROLLE, s.-lieut., T. 6.
FOISSAC-LATOUR, chef d'escad., B. 6.
DORIVALLE, lieut. A.-M., B. 6.
LESTRAT, lieut., B. 6.

DUCHON, lieut., B. 5.
RADET, s.-lieut., B. 5.
WITZ, s.-lieut., B. 5.

BERNARD, capit., B. 8 juill. 1809, combat de Stokerau.
LAROCHE, s.-lieut., B. 9 juill. 1809, combat d'Hollabrünn.
ROBERT, lieut., B. 19 oct. 1811, affaire de Monasterio (Espagne).
LE GUAY, s.-lieut., B. 5 févr. 1812, combat de Sanguessa (Espagne).
MAUBOUSSIN, s.-lieut., B. 30 avril 1812, étant de service près du maréchal Marmont, armée de Portugal.
LESTRAT, capit., B. 21 juin 1812, étant en colonne mobile en Espagne.

18 juill. 1812, combat de la Nava-del-Rey.
ANDRÉ, lieut., B.
VIBERT, s.-lieut., B.
DE BEAUMONT (1), s.-lieut., B.

22 juill. 1812, bataille des Arapiles.
DUMAS, capit., B.
LEFEBVRE, lieut., B.
LASSALLE, s.-lieut., B.
VALENTIN, s.-lieut., B.
LA BONINIÈRE DE BEAUMONT, s.-lieut., B.

19 oct. 1812, combat de Monastério.
WITZ, s.-lieut., B. (mort le 25 avril 1813).
ROBERT, lieut., B.

23 oct. 1812, combat de Villadrigo.
CAILLÉ, lieut., B.
LEGUAY, s.-lieut., B.

DUBREUIL, capit., B. 5 avril 1813, affaire près de Nedlitz.

21 juin 1813, bataille de Vittoria.
BUDAN DE RUSSE, lieut. A.-M., B.
DÉGAUDET, s.-lieut., B.

23 août 1813, bataille de Gross-Beeren.
WECK, s.-lieut., B.
SOMMERMONT, s.-lieut., B.

(1) La Binonière de Beaumont.

28 sept. 1813, combat d'Altenbourg.
DUCHESNE, s.-lieut., B.
FLEURY, s.-lieut., B.

10 oct. 1813, combat près de Leipzig.
HURTREL, s.-lieut., T.
PRUDHOMME, lieut., B.

14 et 16 oct. 1813, bataille de Leipzig.
POMBAULT, chef d'escad., T. 14.
GOMBAULT, capit., T. 16.
SOISSONS, lieut., B. 14.

ARNAUDET, chef d'escad., B. 27 oct. 1813, combat de Grossheim.
BRISSARD, s.-lieut., B. 31 oct. 1813, combat devant Hanau.
ROY, s.-lieut., B. 26 déc. 1813, combat près de Belfort.

31 déc. 1813, combat de Sainte-Croix, près Colmar.
JEHENNOT, capit., B.
SOISSONS, lieut., B.

29 janv. 1814, bataille de Brienne.
GONOD, s.-lieut., T.
CUGULLÈRE, s.-lieut., B.
MAGENDIE, s.-lieut., B.
BELLY, s.-lieut., B.

13 févr. 1814, défense de Belfort.
ARNAUD, lieut. A.-M., B. (mort en janv. 1815).
ROBERT, lieut., B.
ETIENNE, s.-lieut., B.
DUCHESNE, s.-lieut., B. 27 févr. 1814, défense de Belfort.
BERNARD, lieut., T. 31 mars 1815, dans une émeute à Levans (Ardèche).

15ᵉ Régiment.

RUELLAN, lieut., B. 9 nov. 1805, passage de la Brenta.

13 nov. 1805, passage du Tagliamento.
MONTER, s.-lieut., B.
PASTRE-VERDIER, s.-lieut., B.
BEVIER, s.-lieut., B.

SAINT-SÉVERIN, s.-lieut., B. 8 févr. 1807, bataille d'Eylau.

5 juin 1807, combat de Lomitten.
BONIFAT, capit., T.
RUELLAN, lieut., T.
LEBLANC, lieut., B. (mort le 10).
MOURIER, col., B.
BRESSON DE VALMABELLE, chef d'esc., B.
CHEDEMAIL, capit., B.
MONTER, capit., B.
LAROQUE, lieut., B.
VIGNARD, lieut., B.
LEMAIRE, lieut., B.
BLONDEL, s.-lieut., B.
BITZBERGER, s.-lieut., B.
CLAUDE, s.-lieut., B.
SAINT-SÉVERIN, s.-lieut., B.
ROUX, s.-lieut., B.
BEVIER, s.-lieut., B.

SAINT-SÉVERIN, s.-lieut., B. 3 janv. 1809, à Villafranca (Espagne).
PATOUILLOT, s.-lieut., B. 22 mai 1809, bataille d'Essling.

21 mai 1809, combat de Saint-Jacques-de-Galice.
HOUCHARD, capit., B.
LARCHER, capit., B.

18 oct. 1809, combat de Tamamès (Espagne).
MARCHAND, s.-lieut., T.
GARNIER, capit., B.

GARNIER, capit., B. 19 nov. 1809, combat près d'Alba (Espagne).

28 nov. 1809, combat d'Alba-de-Tormès.
SOUCY, capit., T.
COUMEAU, s.-lieut., T.
MAIRET, s.-lieut., B.
PRÉVOST, s.-lieut., B.

LARCHER, capit., B. 6 janv. 1810, en escortant un convoi de blessés à Madrid.
MAIRET, s.-lieut., B. 26 juill. 1810, combat devant Almeïda.

GARNIER, capit., B. 3 oct. 1810, étant en colonne mobile, près de Coimbre.

5 oct. 1810, combat près de Pombal.
ROUX, s.-lieut., B.
TABARY, s.-lieut., B.

TABARY, s.-lieut., B. 12 déc. 1810, affaire de Cabaços (Portugal).

9 oct. 1810, combat d'Otta (Portugal).
LANCELOT-MEUNIER, s.-lieut., B.
PRÉVOST, s.-lieut., B.

5 févr. 1812, affaire de Sanguessa.
DESCUBES, s.-lieut., T.
BLONDEL, capit., B.

CHAUVET, s.-lieut., B. 3 juin 1812, dans une affaire près de Sanguessa.
ROUX, lieut., B. 14 oct. 1812, combat de Logrono.

23 oct. 1812, combat de Villodrigo, près de Burgos.
LAMY, s.-lieut., B. (m¹ le 16 janv. 1813).
FAVEROT, col., B.
BLONDEL, capit., B.
LANCELOT-MEUSNIER, s.-lieut., B.
NAUD, s.-lieut., B.
CHAUVET, s.-lieut., B.
SPINETTE, s.-lieut., B.

CHAMBREY, s.-lieut., B.

28 juill. 1813, combat devant Pampelune.
PERRON, capit., B.
SAULNIER, lieut., B.
BEAUVALLON, s.-lieut., B.

DE CHASSILLÉ, capit., B. 20 août 1813, dans une escarmouche en Saxe (mort le 6 sept.).
MAZAUBERT, s.-lieut., B. 10 sept. 1813, combat sur les Pyrénées (mort le 20 déc.).

16 oct. 1813, bataille de Leipzig.
BARBIER, chef d'escad., B. 16 et 18.
IMBERT, s.-lieut., B.

27 févr. 1814, bataille d'Orthez.
ROSTANI, s.-lieut., T.
CLERC, s.-lieut., B.

LEFÈVRE, s.-lieut., B. 16 mars 1814, affaire de Limbège (France).
COUTURE, s.-lieut., B. 8 mars 1814, combat près d'Arcis-sur-Aube.
CLAUDE, s.-lieut., B. 2 avril 1814, combat devant Sens.

10 avril 1814, bataille de Toulouse.
DUPRÉ, chef d'escad., B.
LEFÈVRE, s.-lieut., B.

16ᵉ Régiment.

BOSSELER, capit., B. 28 nov. 1805, étant en reconnaissance.

2 déc. 1805, bataille d'Austerlitz.
MARTINET, capit., T.
NIGOT, s.-lieut., T.
PROVOST, lieut., B.

14 oct. 1806, bataille d'Iéna.
CHARDRON, capit., B.
BERTÈCHE, capit., B.

AMEIL, chef d'escad., B. 17 oct. 1806, combat de Halle.
LAFONTAINE, lieut., T. 5 févr. 1807, combat devant Hoff.

DAMIENS, lieut., B. 7 févr. 1807, combat devant Eylau.
VADET, chef d'escad., B. 8 juin 1807, affaire sur la Passarge.

8 juin 1807 (1), étant en reconnaissance.
HAMELIN, lieut., A.-M., T.
BOSSELER, capit., B.

ROBERT, lieut., B. 8 juin 1807, étant en reconnaissance devant Heilsberg.
QUEUDEVILLE, capit., B. 14 juin 1807, bataille de Friedland.

---

(1) Le régiment a chargé dans la journée du 8 juin 1807.

Martin, s.-lieut., B. 4 mai 1808, affaire de Salmonda (Portugal).
Bussienne, s.-lieut., B. 5 juin 1808, combat contre les insurgés espagnols.
Pitet, s.-lieut., B. 19 juill. 1808, bataille de Baylen.

22 *mai* 1809, *bataille d'Essling*.
Gessard, capit., T.
Delaigle, lieut., T.
Decastille, lieut., T.
Vadet, chef d'escad., B.
Letourneur, capit., B.
De Crony, s.-lieut., B.

6 *juill.* 1809, *bataille de Wagram*.
Piedefer, capit., T.
Salesne, lieut., B. (mort le 16 août).
Lacour, s.-lieut., B.
Larmandie, s.-lieut., B.
De Chabannes-Lapalisse, s.-lieut., B.
Delacour, s.-lieut., B.
Moreau, s.-lieut., B.

Leclerc, s.-lieut., B. 11 juill. 1809, bataille de Znaïm.

25 *juillet* 1812, *combat de Witepsk*.
Couchout, lieut., T.
Gaudry, lieut., T.
Queudeville, chef d'escad., B.
De Marbot, chef d'escad., B.
Brégeot, s.-lieut., B. 25 et 27.
Laurent, s.-lieut., B.

Goyard, s.-lieut., T. 27 juill. 1812, combat d'Ostrowno.
Alouze, lieut., B. 28 juill. 1812, étant à la poursuite des Russes.
Gottschik, lieut. A.-M., B. 9 août 1812, affaire contre des cosaques.

7 *sept.* 1812, *bataille de la Moskowa*.
Champenois, s.-lieut., B. (mort).
Ricard, chef d'escad., B.
De Romanet de Beaune, capit., B.
Larmandie, lieut. A.-M., B.
Martin, lieut., B.
Pelletier, s.-lieut., B.
Calvet, s.-lieut., B.

Gottschik, lieut. A.-M., B. 5 oct. 1812, aux avant-postes devant Moscou.

18 *nov.* 1812, *bataille de Krasnoë*.
Larmandie, lieut. A.-M., B.
Martin, lieut., B.

Niel, s.-lieut., B. 5 déc. 1812 par des cosaques près de Smorgoni.
Moreau, lieut., B. 5 avril 1813, combat de Mockern.
Pierre, capit., B. 22 avril 1813, combat de Mersebourg.

21 *mai* 1813, *bataille de Wurschen*.
Provost, capit., B.
Bourdeiron, s.-lieut., B.

Mougin, s.-lieut., B. 28 août 1813, étant à l'avant-garde près de Culm.

29 *et* 30 *août* 1813, *affaire de Culm*.
Bussienne, capit., T. 30.
Queudeville, chef d'escad., B. 29.
Pierre, chef d'escad., B. 30.
Provost, capit., B. 30.
Boudet, lieut., B. 29.
Brisson, lieut., B. 30.
Derentry, lieut., B. 30.
Gillet, lieut., B. 30.
Saint-Sulpice, s.-lieut., B. 30.
Darboix, s.-lieut., B. 30.
Gérardin, s.-lieut., B. 30.

Menzo, s.-lieut., B. 10 sept. 1813, étant à l'avant-garde en Saxe.
Bauer, s.-lieut., B. 10 oct. 1813, aux avant-postes près de Dresde.

16 *et* 18 *oct.* 1813, *bataille de Leipzig*.
Clarin, lieut., T. 18.
Darboix, s.-lieut., B. 16 (mort).
Mauconduit, s.-lieut., B. 18 (mort).
Lœmans, s.-lieut., T. 18.
Saint-Sulpice, s.-lieut., T. 18.
Lemaitre, s.-lieut., T. 18.
Delacour, capit., B. 16.
Larmandie, capit., B. 18.
Lacour, capit., B. 16.
Provost, capit., B. 16.
Montonnier, s.-lieut., B. 18.

Vachier, capit., B. 30 oct. 1813, bataille de Hanau.
De Castelbajac, chef d'escad., B. 24 janv. 1814, combat près Brienne.

DE COULIBEUF DE BLOCQUEVILLE, chef d'escad., B. nuit du 2 au 3 mars 1814, à La Ferté-sous-Jouarre.
BOUDET, lieut., B. 25 févr. 1814, défense de Neuf-Brisach.

13 mars 1814, bataille de Reims.
DEVELYE, s.-lieut., T.

KŒFFER, s.-lieut., B.

DERENTY, lieut., B. 25 mars 1814, combat de Fère-Champenoise.
FABRITZIUS, lieut., B. 26 mars 1814, affaire entre Sézanne et Villenoxe.

19ᵉ Régiment.

PRUVOST, chirurg. A.-M., B. 3 nov. 1805, combat devant Vicence.

11 nov. 1805, combat sur le Tagliamento.
AMBAL, s.-lieut., B. (mort).
HACKSPILLE, capit., B.

DONEY, capit., B. 13 nov. 1805, combat devant Palmanova.

1807, siège de Dantzig.
LEBRUN, chef d'escad., B. 1ᵉʳ avril.
DUVAL, s.-lieut., B. 1ᵉʳ avril.
D'ENTRAIGUES, s.-lieut., B. 13 mai.

D'ENTRAIGUES, s.-lieut., B. 22 avril 1809, combat de Neumarck.

3 mai 1809, combat d'Ebersberg.
SASSARY, capit., B.
BRASSAC, s.-lieut., B.

21 et 22 mai 1809, bataille d'Essling.
CLOUZIER, s.-lieut., T. 22.
LEDUC, col., B. 22.
COLLINET, capit., B. 22.
MOREAU, capit., B. 21.
GODIN, lieut., B. 22.
GEMY, s.-lieut., B. 21.
ELIE, s.-lieut., B. 21.
BOULIÉS, s.-lieut., B. 22.
D'ENTRAIGUES, s.-lieut., B. 22.

5 et 6 juill. 1812, bataille de Wagram.
LEDUC, col., T. 5.
LOCQUARD, capit., T. 5.
STEINNAM dit HOPFER, capit., B. 6.
CHENAVARD, capit., B. 6.
RICHARD, s.-lieut., B. 6.
LEBONDESMOTTES, s.-lieut., B. 6.
ROUOT, s.-lieut., B. 6.

ELIE, s.-lieut., B. 6.
BOULIÉS, s.-lieut., B. 6.

BOIVIN, lieut., B. 10 juill. 1809, à Hollabrünn.

7 sept. 1812, bataille de la Moskowa.
DE DRÉE, capit., B.
GODIN, capit. A.-M., B.
ROYER, capit., B.
GERVOY, lieut., B.
SANGLIER, lieut., B.
DUVAL, s.-lieut., B.

CHÉRON, s.-lieut., B. 13 sept. 1812 aux portes de Moscou.

16 et 17 nov. 1812, bataille de Krasnoë.
HUBERT, chef d'escad., B. 17.
GERVOY, lieut., B. 16.

ROYER, capit., B. 28 nov. 1812, bataille de la Bérésina.
DU BOUEXIC DE GUICHEN, s.-lieut., B. 15 déc. 1812, combat devant Kœnigsberg.
TACCUSSEL, s.-lieut., B. 2 mars 1813 en avant de Berlin.
LEBONDESMOTTES, capit., B. 23 août 1813, combat de-Goldberg.

28 août 1813, combat devant Dresde.
GEMY, capit., B.
BOULIÉS, capit., B.

DUTILLET, lieut., T. 5 sept. 1813, affaire près de Gœrlitz.
LEBONDESMOTTES, capit., B. 17 sept. 1813, combat en Saxe.

18 et 19 sept. 1813, combats de Mühlberg.
VANRMORTÈRE, capit., B. 18.
BERTRAND, lieut., B. 19.

GILLOT, capit., B. 19 sept. 1813, combat près de Dresde.
GEMY, capit., B. 22 sept. 1813, combat de Frieberg.

18 oct. 1813, bataille de Leipzig.
VINCENT, col., B. 18.
DE PRÉSOLLE, chef d'escad., B. 18.
CHÉRON, lieut. A.-M., B. 18.
GOURD, lieut., B. 18.

BÉGUÉ, lieut., B. 18.
GOURG, s.-lieut., B. 18.
DELAVILLE, s.-lieut., B. 18.
POYET, s.-lieut., B. 18.
GODIN, s.-lieut., B. 18.

RICHAUD, capit., B. 1er nov. 1813, défense de Dantzig.
CHAUVIN, s.-lieut., B. 8 févr. 1814, bataille du Mincio.
D'OLDEN-BARNEVÈLE, lieut., B. 2 mars 1814, passage du Taro (Italie).
HUBERT, chef d'escad., B. 13 avril 1814, combat de San-Donino (Italie).

20ᵉ Régiment.

14 oct. 1806, bataille d'Iéna.
MARIGNY, col., T.
LAVIGNE, capit., T.

7 et 8 févr. 1807, bataille d'Eylau.
SAINT-AUBIN, lieut., T. 7.
BARBIER, lieut., B. 7 (mort le 10).
PRÉVOTAT, s.-lieut., T. 8.
BERTIN, capit., B. 7.
LION, capit., B. 8.

FLEURY, capit., B. 8 févr. 1807, bataille d'Eylau.
PION, chirurg.-M., B. 9 févr. 1807, affaire près de Mülhausen.
DUPONT, s.-lieut., B. 15 févr. 1807, à l'échauffourée de Trunkestein.

10 juin 1807, bataille d'Heilsberg.
WATRIN, chef d'escad., B.
DEJEUNE, lieut., B.
VINCENT, lieut., B.
MARÉCHAL, s.-lieut., B.
FILHARD, s.-lieut., B.

NICOT, s.-lieut., B. 9 juin 1807, combat de Guttstadt.

16 juin 1807, combat de Tauplaken.
BERTIN, capit., B.
DUSART, s.-lieut., B.

18 juin 1807, combat près de Tilsitt.
BERTIN, capit., B.

DEJEUNE, lieut., B.
MORIN, s.-lieut., B.
LETERMELLIER, s.-lieut., B.
FILHARD, s.-lieut., B.

DOUBLET, s.-lieut., B. 14 avril 1809, combat de Pfaffenhoffen.

6 mai 1809, combat d'Amstetten.
BERTIN, chef d'escad., T.
MARÉCHAL, lieut., T.
LACOUR, lieut., B.
MAILLE, s.-lieut., B.
PARQUIN, s.-lieut., B.

BRÈLE, capit., B. 10 mai 1809, affaire sur les glacis de Vienne.

13 et 14 juin 1809, combats devant Raab.
CAPITANT, capit., T. 13.
HENRY, s.-lieut., T. 13.
SIMON, s.-lieut., B. 14.

RAUX, lieut., T. 6 juill. 1809, bataille de Wagram.
PARQUIN, s.-lieut., B. 5 mai 1811, bataille de Fuentès-d'Oñoro.
DE LA CHASSE DE VÉRIGNY (1), chef d'escad., T. 3 mars 1812, à Valladolid.
IDOUX, chef d'escad., B. 4 août 1812, combat devant Polotsk.

(1) Accident.

VALMALETTE, capit., B. 18 août 1812, bataille de Polotsk.
REVEST, lieut., B. 23 oct. 1812, combat de Villadrigo (Espagne).

18 oct. 1812, combat devant Polotsk.
DELABORDE, capit., B. (mort).
VILLEMAIN, lieut., B. (mort).
CAUCHY, s.-lieut., B. (mort).
DE BALBE, s.-lieut., B.
PIERRE, s.-lieut., B.

28 nov. 1812, aux ponts de la Bérésina.
LONGHI, capit., D.
GRIGNON, lieut., B. (mort).
CILLARD DE VILLENEUVE, s.-lieut., B. (mort).
LAVERNETTE, s.-lieut., B.
COUSINEAU, s.-lieut., B.
BERNARD, s.-lieut., B.
MOLLE, s.-lieut., B.

FLEURANS, s.-lieut., B. 10 déc. 1812, combat devant Wilna.
CHAUDRON, lieut., B. 13 déc. 1812, à la montée de Kowno (mort).

GUILLAUME, lieut., B. 15 avril 1813, dans une reconnaissance sur l'Elbe.

26 août 1813, affaire de la Katzbach.
MORIN, capit., B.
HOWALD, s.-lieut., B.

16 et 18 oct. 1813, bataille de Leipzig.
SANDERSON, capit., T. 16.
CALVIMOND, s.-lieut., T. 16.
IDOUX, major, B. 16.
MORIN, capit., B. 16 et 18.
ROMEY, capit., B. 18.
DOUBLET, capit., B. 18.
NICLOUX, lieut., B. 18.
LAHOUSSAYE, lieut., B. 16.
HOWALD, lieut., B. 16.
GASNER, s.-lieut., B. 18.
GOURJU, s.-lieut., B. 16.

SIMON, lieut. A.-M., B. 19 oct. 1813, devant le pont de Leipzig.
LAHOUSSAYE, capit., B. 3 févr. 1814, au pont de la Guillotière, près de Troyes.
SOURD, col., B. 9 févr. 1814, combat de La Ferté-sous-Jouarre.

21ᵉ Régiment.

GAY, capit., B. 2 déc. 1805, bataille d'Austerlitz.

14 oct. 1806, bataille d'Iéna.
BEZIN, capit., T.
LAMOTHE, s.-lieut., T.
PRIEUR, capit., B.
MOLESNES, lieut., B.
LOCQUIN, s.-lieut., B.
ROUX, s.-lieut., B.

DU COËTLOSQUET, capit. A.-M., B. 26 déc. 1806, combat de Pultusk.

3 févr. 1807, combat d'Ostrowo.
BÉCHET, s.-lieut., B.
LAFRENAYE, s.-lieut., B.
BRULTÉ, s.-lieut., B.

GAY, capit., B. 14 juin 1807, bataille de Friedland.
L'ETANG, s.-lieut., B. 14 juill. 1808, bataille de Médina-del-Rio-Secco.

PECQUEUR, lieut., B. 10 juin 1809, combat devant Valladolid.
L'ETANG, s.-lieut., B. 28 juill. 1809, bataille de Talavera.
L'ETANG, s.-lieut., B. 19 nov. 1809, bataille d'Ocaña.
MASSON, s.-lieut., B. 19 févr. 1810, combat de Valverde.
STEINHAUDT, col., B. 6 août 1809, combat près du Tage.
VEDÉ, s.-lieut., T. 6 mars 1810, à Valverde-de-Léganez.
D'ECQUEVILLY, lieut., B. 9 mars 1810, affaire près de Valverde.
BEAULON, s.-lieut., T. 12 juill. 1810, affaire de Berlinga (Estramadure).

11 août 1810, combat de Bienvenida
ARNOULT, capit., T.
SOMMERVOGEL, capit., B.

LECLERC, capit., B. 26 déc. 1810, dans une reconnaissance en Espagne.

CHARASSIN, s.-lieut., B. 19 févr. 1811, aux avant-postes sur la Gébora.
LEFORT, s.-lieut., B. 19 févr. 1811, bataille de la Gébora (près Badajoz).

16 mai 1811, bataille d'Albuhera.
CHARASSIN, s.-lieut., B.
MASSÉ, capit., B.
GÉRARD, capit., B.
LOCQUIN, lieut., B.
DE BRÉMOND D'ARS, s.-lieut., B.

DE BRÉMOND D'ARS, s.-lieut., B. 4 févr. 1812, affaire d'Aracina (Espagne).

5 avril 1812, combat d'Espartina (Andalousie).
DUCHASTEL, col., B.
LOCQUIN, lieut., B.

LECLERC, capit., B. 26 mai 1813, affaire du pont de Saint-André (Espagne).

CREUZET, capit., B. 15 juin 1813, combat près de Vittoria.
REDON, lieut., B. 6 sept. 1813, bataille de Juterbock.
TAYAC, s.-lieut., B. 21 sept. 1813, affaire de Merseburg.
PECQUEUR, capit., B. 16 oct. 1813, bataille de Leipzig.
BOUDON, capit. A.-M., B. 13 févr. 1814, affaire de Courcelles, près de Brie-sur-Seine.
SMYERS, s.-lieut., B. 27 févr. 1814, bataille d'Orthez.
NOVALLET, s.-lieut., B. 28 févr. 1814, aux avant-postes de Saint-Sever.
DE COLOMBET DE LANDOS, s.-lieut., B. 10 mars 1814, combat de Maubourguet.

10 avril 1814, bataille de Toulouse.
BASTIDE, s.-lieut., B.
SAURIN, s.-lieut., B.

22° Régiment.

3 nov. 1805, affaire de Enns.
COLINET, capit., B.
FAURE, lieut. A.-M., B.

BOREL, s.-lieut., B. 20 nov. 1805, prise de Botzen.

26 et 28 nov. 1805, combats de Wischau (Moravie).
TESSIER, chef d'escad., B. 28.
ANDRÉ, capit., B. 28.
PRESSAC, s.-lieut., B. 28.
ROBIN, s.-lieut., B. 26.

LARGADE, capit., B. 8 déc. 1805, affaire en Moravie.

1ᵉʳ nov. 1806, combat de Waren.
TURROQUES, s.-lieut., B. (mort le 4).
PANNEVERT, s.-lieut., T.
BORDESOULLE (1), col., B.
SPITZER, capit., B.
FAURE, lieut., B.

CHAMBRÉ-NAU DE SAINT-SAUVEUR, s.-lieut., B.

DE MATHAREL, lieut., B. 6 nov. 1806, prise de Lubeck.
CHAMBRÉ-NAU DE SAINT-SAUVEUR, s.-lieut., B. 5 févr. 1807, combat près de Hoff.

6 févr. 1807, combat de Hoff.
SIGAUD, s.-lieut., B. (mort le 7).
VINOT, lieut., B.
FAURE, lieut., B.
SENTGES, lieut., B.
MAURVILLE, s.-lieut., B.

BRUNET DE PRIVESAC, s.-lieut., B. 14 févr. 1807, aux avant-postes.
BORDESOULLE (1), col., B. 9 juin 1807, combat de Guttstadt.

10 juin 1807, bataille d'Heilsberg.
VINOT, lieut., T.
WATRIN, chef d'escad., B.
TESSIER, chef d'escad., B.
ANDRÉ, capit., B.

---
(1) Tardif de Pommeroux-Bordesoulle.

GALABERT, lieut., B.
PRESSAC, lieut. A.-M., B.
QUENTIN DE CHAMPLOT, s.-lieut., B.
GRÈZES, s.-lieut., B.

14 juill. 1808, bataille de Medina-del-Rio-Secco.
PIETON-PRÉMALÉ, col., T.
COLINET, chef d'escad., T.
VINOT, chef d'escad., B.
SAMY, lieut., B.
DE SAINTE-TERRE, s.-lieut., B.

DE MAURVILLE, lieut. A.-M., T. 23 juill. 1808, affaire de Niou, devant Tarragone.

10 nov. 1808, prise de Burgos.
FAURE, capit., B.
COUTURIER DE FOURNOUÉ, s.-lieut., B.
DE MONTALEMBERT, s.-lieut., B.

FONTAN, lieut., B. 21 déc. 1808, étant en reconnaissance en Espagne.
SPITZER (J.), capit., B. 16 févr. 1809, combat de Hoya (Portugal) (mort le même jour).
MAURIN, s.-lieut., B. 20 févr. 1809, combat de Benavente.
FABRE, s.-lieut., B. 5 mars 1809, combat de Ponte-Vedra.
DE SAINTE-TERRE, lieut., B. 29 juin 1809, combat près de Salamanque.
SPITZER (J.-B.), capit., B. 23 févr. 1810, combat près d'Astorga.

3 avril 1811, combat de Sabugal.
FAURE, capit., T.
BOREL, capit., B.

25 sept. 1811, combat devant Ciudad-Rodrigo.
GALABERT, capit., T.
SPITZER (J.-B.), capit., B.
VILLEROY, lieut., B.
ROUSSELET, s.-lieut., B.

PÉLISSON, lieut., T. 28 sept. 1811, combat près Ciudad-Rodrigo.

22 juill. 1812, bataille des Arapiles.
DESFOSSÉS, col., B.

ANDRÉ, chef d'escad., B.
VILLEROY, lieut., B.
MARROUCH, s.-lieut., B.
MAURIN, s.-lieut., B.

LATRANCHADE, s.-lieut., B. 6 août 1812, combat de Pancorbo.
SAMY, capit., B. 10 août 1812, combat de Torquemada.
FLORIOT, capit., B. 12 sept. 1812, combat de Torquemada.
ROUSSENCQ, s.-lieut., T. 6 oct. 1812, étant en reconnaissance en Espagne.
FONTNOUVELLE, s.-lieut., B. 18 oct. 1812, affaire devant Burgos.
MARROUCH, s.-lieut., B. 21 juin 1813, bataille de Vittoria.
DE LA TOURRETTE D'AMBERT, chef d'escad., B. 23 août 1813, combat de Gross-Beeren.
FLORIOT, capit., B. 22 août 1813, combat de Luchenwald (Saxe).
DURAND, s.-lieut., B. 5 sept. 1813, affaire devant Wittenberg.

6 sept. 1813, bataille de Juterbock.
FLORIOT, capit., B.
LESTOCQUOY, capit., B.
SAINT-ROMAIN, s.-lieut., B.
BINAUT, s.-lieut., B.

CALLORY, major, B. 25 sept. 1813, combat près Bautzen.
LE PAGE, capit., B. 13 oct. 1813, combat de Monasterio (Espagne).

16 oct. 1813, bataille de Leipzig.
DE VIENNE, capit., B. (mort le 22).
LESTOCQUOY, capit., B.

CHARGUERAUD, s.-lieut., B. 18 févr. 1814, bataille de Montereau.
MARROUCH, capit., B. 27 févr. 1814, bataille d'Orthez.
LESTOCQUOY, capit., B. 26 mars 1814, combat de Saint-Dizier.
LAIR dit DESMAR, capit., B. 5 avril 1814, combat devant Joigny.
GRAVOUIL, s.-lieut., B. 10 avril 1814, bataille de Toulouse.

23° Régiment.

MARÉ, s.-lieut., B. 18 oct. 1805, combat devant Vérone.
LAMAR, lieut., B. 4 nov. 1805, passage de la Brenta.
BRUYÈRE, col., B. 13 nov. 1805, passage du Tagliamento.

21 et 22 mai 1809, bataille d'Essling.
PIOCHE, chef d'escad., T. 21.
BRUYÈRE, capit., T. 22.
FRIÈS, lieut., T. 22.
BENOIST, lieut., T. 22.
HALLET, s.-lieut., T. 21.
LAMBERT, col., B. 22.
MAULNOIR, chef d'escad., B. 21.
FONTAINE, capit., B. 21.
MESMER, capit., B. 21.
COLLI, lieut., B. 22.
FABRE-BARRAL, s.-lieut., B. 22.
BERTIN, s.-lieut., B. 21.
FORESTIER, s.-lieut., B. 21.
DEGOY, s.-lieut., B. 22.

6 juill. 1809, bataille de Wagram.
TONNELIER, lieut., B. (mort le 13 août).
DUMAS, chef d'escad., B.
CHOCARD, capit., B.
DURBACH, lieut., B.
DE SORDEVAL, lieut., B.
BASTIEN, s.-lieut., B.
LACOMPART, s.-lieut., B.
FORESTIER, s.-lieut., B.
POILPRÉ, s.-lieut., B.
VALDAN, s.-lieut., B.

PINGEON, capit., T. 10 juill. 1809, bataille de Znaïm.

31 juill. 1812, combat de Iakubowo.
DE MARBOT (M.), chef d'escad., B.
CHOCARD, capit., B.
VUARNIER, lieut., B.

1ᵉʳ août 1812, combat d'Oboiarszina.
COURTEAU, capit., T.
LALOUETTE, lieut., T.
BASTIEN, lieut., B.
LAURENT, s.-lieut., B.

LACOUR, chef d'escad., B. 11 août 1812, combat devant Polotsk.

18 août 1812, bataille de Polotsk.
FONTAINE, chef d'escad., B.
RENIQUE, capit., B.
RENAUD, s.-lieut., B.
ROSSY, s.-lieut., B.

MARÉCHAL, lieut., B. 19 oct. 1812, combat devant Iakubowo.

28 nov. 1812, bataille de la Bérésina.
MAVET, s.-lieut., B.
LEMAIRE DE MIRVILLE, s.-lieut., B.

DE MARBOT (M.), col., B. 4 déc. 1812, combat de Plechenitz-Chouc.
CALVET, s.-lieut., B. 12 déc. 1812, route de Kowno.
BOURQUIN, s.-lieut., B. 5 mars 1813, défense de Dantzig.
RENIQUE, capit., B. 18 août 1813, affaire d'avant-postes en Saxe.
GAMET, lieut., B. 21 août 1813, combat devant Buntzlau.
DE MARBOT (M.), col., B. 26 août 1813, affaire de la Katzbach.

2 sept. 1813, combat de Gœrlitz.
BACHELET, s.-lieut., T.
CHENUX, lieut., B.

DURAND, s.-lieut., B. 5 sept. 1813, affaire devant Wittenberg.
BOURQUIN, capit., B. 10 sept. 1813, combat de Geyersberg (Saxe).

16 et 18 oct. 1813, bataille de Leipzig.
BERTIN, capit., T. 18.
JOLY, lieut. A.-M., T. 18.
MESLÉ, s.-lieut., B. 16 (mort le 29 déc.)
DE MARBOT (M.), col., B. 18.
POZAC, chef d'escad., B. 16.
FORESTIER, capit., B. 18.
DESFOREST, lieut., B. 16.
FORTIN, s.-lieut., B. 16.

SIGALDI, chef d'escad., B. 3 févr. 1814, combat de la Chaussée.

DUPLESSIS, capit., T. 14 févr. 1814, combat de Vauchamps.
MAVET, s.-lieut., B. 27 févr. 1814, combat de Meaux.

3 mars 1814, combat devant Troyes.
BUHOT, lieut., B.

ROSSY, s.-lieut., B.
GILLET DE THOREY, s.-lieut., B.

GAMET, lieut., B. 25 mars 1814, combat de Fère-Champenoise.

24e Régiment.

30 oct. 1805, combat de Caldiero.
FITTE, lieut., B. (mort le 31).
PRUÈS, capit., B.
DUBOSC-TARET, capit., B.

LAMBERT, chef d'escad., B. 4 nov. 1805, passage de la Brenta.

12 nov. 1805, passage du Tagliamento.
MAIGNON, s.-lieut., T.
MOULY, capit. A.-M., B.
DUBOSC-TARET, capit., B.
MALARTIC, s.-lieut., B.

BRARD, s.-lieut., B. 8 févr. 1807, bataille d'Eylau.

9 juin 1807, combat de Gutstadt.
STERLIN, s.-lieut., B. (mort le 8 sept.).
CHAZEAUD, s.-lieut., T.
LACROIX, capit., B.
DAIGUIRANDE, capit., B.
JOANNET, lieut., B.
LARROUX, lieut., B.

PETIT-COLAS, lieut., B. 15 juin 1807, en escortant le général commandant la brigade.
CHANDELU, s.-lieut., B. 8 nov. 1808, combat sous Barcelone.

21 juill. 1808, combat devant Figuières.
ROLAND, capit., B.
DUMAS, lieut., B.

CREUZET, s.-lieut., B. 1er mars 1809, combat devant Porto (Portugal).
AMYOT, chef d'escad., B. 16 mai 1809, en Croatie, à l'avant-garde de l'armée de Dalmatie.

20 mai 1809, passage du Danube.
ROLAND, capit., T.
LACROIX, capit., B. (mort le 28 juin).
MOULY, capit., B.

21 et 22 mai 1809, bataille d'Essling.
THOULOUSE, s.-lieut., T. 21.
GRANDIDIER, s.-lieut., T. 21.
BRUNET, col., B. 22.
GUILLEMARD, chirurg. S.-A.-M., B. 22.
BRARD, capit., B. 22.
TOUZET, capit., B. 22.
MALARTIC, lieut. A.-M., B. 22.
JOANNET, lieut., B. 22.
BLANQUEFORT, s.-lieut., B. 22.
COULANGES, s.-lieut., B. 22.
DROUGNON, s.-lieut., B. 22.
MÉTIVIER, s.-lieut., B. 22 (mort le 13 juin).
COUGET, s.-lieut., B. 22.

DONJON, s.-lieut., B. 9 juin 1809, dans une reconnaissance.

5 et 6 juill. 1809, bataille de Wagram.
DEFEUX, s.-lieut., B. 5 (mort le soir).
SANDRAC, s.-lieut., T. 5.
TOUZET, chef d'escad., B. 6.
CAVAILLÉ, capit., B. 6.
LARROUX, capit., B. 6.
PUJO, capit., B. 6.
BLANQUEFORT, s.-lieut., B. 6

JOANNET, lieut., B. 5 mai 1811, bataille de Fuentès-d'Oñoro.
MONGINOT, chef d'escad., B. 30 juill. 1812, près d'Oboiarszina (Russie).
SARMEJANE, lieut. A.-M., B. 31 juill. 1812, étant en reconnaissance route de Polotsk.
LIAN, capit., B. 1er août 1812, combat d'Oboiarszina.

LAMY, s.-lieut., B. 14 août 1812, combat devant Polotsk.

---

17 et 18 août 1812, bataille de Polotsk.
BENLIBEIGNE, lieut., T. 17.
BORDENAVE, s.-lieut., B. 17 (mort le 3 sept.).
DELIBÈS, s.-lieut., B. 18 (mort le 3 sept.).
SARMEJANE, lieut. A.-M., B. 18.
CHARIL, s.-lieut., B. 18.
JAUBERT, capit., B. 17.

ROUX, s.-lieut., B. 15 oct. 1812, affaire d'avant-postes, devant Polotsk.

---

18 oct. 1812, combat de Polotsk.
BROUILLET, lieut., B.
ICARD, lieut., B.

LAGRANGE, lieut., T. 30 oct. 1812, affaire près de Polotsk.

---

23 nov. 1812, combat devant Borisow.
BRARD, s.-lieut., T.
LIAN, capit., B.
MAGARY, lieut., B.
L'HERMITTE, s.-lieut., B.

---

28 nov. 1812, bataille de la Bérésina.
BÉLISSON, capit., B.
SARMEJANE, capit., B.

JOANNET, chef d'escad., B. 8 févr. 1813, combat de Santo-Domingo.
DESSALLES, s.-lieut., B. 23 août 1813, combat de Goldberg.
SCHNEIDT, col., B. 26 août 1813, affaire de Katzbach.

DE MAISONNEUVE, capit., B. 29 août 1813, défense de Dantzig.
GIBERT, capit., B. 2 sept. 1813, défense de Dantzig.
AULET, chirurg. S.-A.-M., B. 20 sept. 1813, combat d'avant-postes.

---

16 et 18 oct. 1813, bataille de Leipzig.
SCHNEIDT, col., B. 18.
BÉLISSON, capit., B. 16.
BRANDIN, chirurg.-M., B. 16.
CHARIL, lieut., B. 18.
ROUX, lieut., B. 18.
CAVAILLÉ, lieut., B. 16.
L'HERMITTE, s.-lieut., B. 18.
FERRARY, s.-lieut., B. 18.
DESSALLES, s.-lieut., B. 18.
GUICHARD, s.-lieut., B. 18.

ROBIN, lieut., B. 30 oct. 1813, bataille de Hanau.
BRICE, lieut., T. 26 déc. 1813, étant en reconnaissance sur le Rhin.
GASTON, s.-lieut., B. 24 janv. 1814, combat de Saint-Tron.
LAGRANGE, lieut., B. 10 févr. 1814, combat de Champaubert.
L'HERMITTE, lieut., B. 23 févr. 1814, combat de Vendeuvre.
LAVECH, lieut., B. 24 févr. 1814, affaire de Lusigny.
DUVALLON, s.-lieut., B. 2 mars 1814, combat devant Troyes.
ROUARD, lieut., T. 5 mars 1814, prise de Braine, près Soissons.
L'HERMITTE, lieut., B. 17 mars 1814, combat de Saint-Dizier.

25ᵉ Régiment.

GODARD, lieut., B. 18 nov. 1805, affaire devant Gorizia.
DEMONTS, s.-lieut., B. 30 oct. 1805, combat de Caldiéro.
DE LABOURDONNAYE (A.), s.-lieut., B. 7 mai 1807, étant en reconnaissance en Calabre.
DE LABOURDONNAYE (A.), s.-lieut., B. 12 août 1807, combat près du Pizzo (Calabre).

16 avril 1809, bataille de Sacile.
GIRARD, capit., B. (mort le 14 mai).
FABRE, lieut., B. (mort le soir).
NAZAIRE-REYMORANDE, capit., B.
BOITIEUX, capit. A.-M., B.
GODARD, capit., B.

8 mai 1809, bataille de la Piave.
GAVOILLE, lieut., B.
DEMONTS, lieut., B.
OTHON, s.-lieut., B.

JOURDAIN, s.-lieut., B.
RESSIER, s.-lieut., B.
DE LA HAYE DE PLOÜER, s.-lieut., B.
CHARLOT, s.-lieut., B.

DOMENC, s.-lieut., B. 27 juill. 1812, combat de Iklow (Russie).
BURGER, capit., B. 14 août 1812, combat de Krasnoë.

16 et 17 août 1812, bataille de Smolensk.
LAINÉ, chef d'escad., B. 16.
DAVRANGE D'AUGERANVILLE, capit., B. 16.
ROUX, lieut., B. 17.

7 sept. 1812, bataille de la Moskowa.
CHRISTOPHE (F.), col., B.
DE POTIER, chef d'escad., B.
LAINÉ, chef d'escad., B.
TRICHARD, capit. A. M., B.
GODARD, capit., B.
ROULLIER, capit., B.
DE LA HAYE DE PLOÜER, lieut., B.
BROUSSE, lieut., B.
LEFÈVRE, lieut., B.
CHAUDY, lieut., B.
DAUXION, lieut., B.
PIGNEGUY, lieut., B.
DELOYS-ESPANET, lieut., B.
DOMENC, s.-lieut., B.
SICOLLE, s.-lieut., B.

TRICHARD, capit., B. 8 sept. 1812, combat près de Mojaïsk.
DEMONTS, capit., B. 27 nov. 1812, passage de la Bérésina.
GODARD, capit., B. 26 mai 1813, combat de Haynau.
GALLAY, s.-lieut., B. 17 août 1813, dans une reconnaissance en Saxe.

TEYNARD, chef d'escad., T. 18 août 1813, près de Goldberg.
SICOLLE, s.-lieut., B. 19 août 1813, combat en Saxe.
DE POTIER, major, B. 22 août 1813, affaire près de Gross-Beeren.

23 août 1813, combat de Goldberg.
BURGER, s.-lieut., T.
TRICHARD, capit. A.-M., B.
DE VANSMÈLE DU LIVET, lieut., B.
PIGNEGUY, lieut., B.

GANE, s.-lieut., B. 24 août 1813, combat près de Goldberg.
DE POTIER, major, B. 7 sept. 1813, affaire de Dahme (Prusse).

28 sept. 1813, 2e combat en avant de Freybourg (Saxe).
MINAUD, lieut., B.
GALLAY, s.-lieut., B.

Du 14 au 18 oct. 1813, bataille de Leipzig.
BRASSINES, chef d'escad., T. 18.
COTTE, capit., T. 18.
FAVRE, s.-lieut., T. 16.
PASTRE-VERDIER, chef d'escad., B. 14.
SANZEILLE, lieut., B. 18.
LANGERON, lieut., B. 17.
SAURY, s.-lieut., B. 18.

ROULLIER, capit., B. 25 oct. 1813, combat d'Erfurt.
DE FAUDOAS, col., B. 17 févr. 1814, défense de Besançon.
DOMENC, s.-lieut., B. 27 mars 1814, défense de Hambourg.
SAUVAT, s.-lieut., B. 12 mars 1814, au blocus de Magdebourg.

26e Régiment.

11 oct. 1805, combat d'Albeck.
WALIER, capit., B.
OLIVE, s.-lieut., B.

20 nov. 1805, combat devant Brünn.
BLOT, capit. A.-M., B.
ROSSETTI, capit., B.
BRUNA, s.-lieut., B.

2 déc. 1805, bataille d'Austerlitz.
DIGEON, col., B.
TRÉVILLE, chef d'escad., B.
WALIER, capit., B.
ROSSETTI, capit., B.
PIOLA, capit., B.

29 janv. 1807, *combat devant Stralsund.*
LAMETHERIE, s.-lieut., T.
DIGEON, col., B.
VESSELIER, s.-lieut., B.

8 *juin* 1807, *combat devant la Passarge.*
VALLET, capit., T.
PORTIS, lieut., T.
MAGNY, s.-lieut., T.
JOUBERT, s.-lieut., T.
NICOD, s.-lieut., B.
MYNGHEER, s.-lieut., B.

WEISS, major, B. 17 août 1808, combat de Roriça (Portugal).

21 *août* 1808, *bataille de Vimeiro.*
WEISS, major, B. (mort le 8 nov.).
BARZIZA, lieut., B.

MYNGHEER, s.-lieut., B. 17 mai 1809, combat de Lintz.

28 *mars* 1809, *bataille de Medellin (Espagne).*
ARTAUT, major, B.
FAVREAU, s.-lieut., B.

28 *juill.* 1809, *bataille de Talavera-de-la-Reyna.*
OLIVE, lieut., B.
VESSELIER, lieut., B.

OLIVE, lieut., B. 11 août 1809, bataille d'Almonacid.
CAILLEMER, chef d'escad., B. 14 oct. 1809, combat en Espagne.
JOURDAN, chef d'escad., B. 29 avril 1810, devant Ciudad-Rodrigo.
DE LA MARMORA, s.-lieut., B. 12 sept. 1810, combat près d'Escalonna.
ARNOULS, chirurg. S.-A.-M., assassiné le 26 mai 1811, par les brigands espagnols.
TUROT, lieut., T. 25 sept. 1811, combat en Espagne.

2 *juill.* 1812, *combat de La Renda (Espagne).*
GERMONIA, lieut., T.

FAVREAU, s.-lieut., B.
BARUCCO, s.-lieut., B.

22 *juill.* 1812, *bataille des Arapiles.*
BLOT, chef d'escad., B.
MARISIO, lieut., B.
VINARDI, s.-lieut., B.
ORIGHETTI, s.-lieut., B.

NICOD, lieut., B. 23 sept. 1812, combat en Espagne.
MONTIGNY, lieut., B. 10 mars 1813, affaire sur les bords du Duero.
BIANCO, lieut., B. 22 août 1813, combat près de Pirna
STUKA, capit., B. 25 août 1813, aux avant-postes (mort le 29).

27 *août* 1813, *bataille de Dresde.*
CORSO, chef d'escad., B.
CLÈRE, s.-lieut., B.

VINARDI, capit., B. 28 août 1813, aux avant-postes près de Pirna.

14 *oct.* 1813, *combat devant Wachau.*
PASTRE-VERDIER, chef d'escad., B.
MAKIOVESKI, lieut., T.

16 et 18 *oct.* 1813, *bataille de Leipzig.*
ZUCHINO, lieut., B. 16.
DABLÈNE, lieut., B. 18.

BIANCO, lieut., B. 26 oct. 1813, combat devant Einach.
RIBOTTA, lieut., B. 31 déc. 1813, combat de Sainte-Croix.
MILLER, col., T. 26 janv. 1814, combat de Saint-Dizier.
BONNAFOS, capit., B. 2 févr. 1814, combat près de Châlons.
ORIGHETTI, lieut., B. 3 févr. 1814, combat devant Châlons.
CLÈRE, s.-lieut., B. 19 févr. 1814, affaire entre Bionne et Orléans.
ROBINOT, s.-lieut., B. 27 févr. 1814, combat de Bar-sur-Aube.

27ᵉ Régiment (1).

DESCHAMPS, major, B. 7 mars 1807, combat de Neidenburg.
LEGRAS, s.-lieut., T. 4 août 1809, étant d'escorte près du général en chef, en Espagne.
DE SAINT-HIPOLITE (JEANDIN DE BIARGE), capit., T. 14 nov. 1809, combat de Guadalaxara.
FABRICIUS, lieut., B. 25 nov. 1809, étant en reconnaissance, en Espagne.
DE BURBURE, lieut., B. 16 mars 1810, combat de Moron (Andalousie).
GUILLOU, chirurg.-M., assassiné le 21 mars 1810, près du village de Megner.
DELWART, s.-lieut., T. 16 avril 1810, combat de Los-Corwalos (Espagne).
Prince D'AREMBERG, col., B. 4 juin 1810, combat de Gibralion (Espagne).
GARNIER, s.-lieut., T. 4 juin 1810, près du village de Los-Corwalos.
HENRY, s.-lieut., T. 3 juill. 1810 (combat en escortant un convoi, en Espagne).
LARCHIER, capit., B. 3 févr. 1811, combat devant Badajoz.
FABRICIUS, lieut., B. 16 févr. 1811, combat en Espagne.

16 mai 1811, bataille d'Albuhéra.
KNOLL, capit., B.
LEVAVASSEUR, s.-lieut., B.
LONGPREZ, s.-lieut., B.

BOURBON DE BUSSET, chef d'escad., B. 21 mai 1811, combat en Espagne.
DE BUISSERET, s.-lieut., B. 28 mai 1811, étant en reconnaissance en Andalousie.
FABRICIUS, lieut., B. 16 sept. 1811, combat près de Montijo (Espagne).
GÉRARD, lieut., B. 17 sept. 1811, combat de Montijo.

28 oct. 1811, combat d'Arroyo-del-Molino.
TAILLEUR, capit., T.

DEWEYLE DE ROMANS, s.-lieut., T.
Prince D'AREMBERG, col., B.
LARCHIER, capit., B.

DE BILHUET D'ARGENTON, s.-lieut., B. 12 mai 1812, combat en Espagne.
DE MOYSEN, chef d'escad., B. 7 juin 1813, affaire de Leipzig.
MONTAILLEUR, chef d'escad., B. 27 août 1813, bataille de Dresde.
ARMESTRANG, s.-lieut., B. 4 oct. 1813, combat de cavalerie en Saxe.
STRUB, col., B. 7 oct. 1813, combat de Dombourg (Saxe).

10 oct. 1813, combat de Nauenbourg.
LEGRAS DE GRANDCOURT, s.-lieut., B.
LEVAVASSEUR, s.-lieut., B.

14 et 16 oct. 1813, bataille de Leipzig.
GUITTONNEAU, s.-lieut., B. 16 (mort).
BATAILLON, capit., B. 16.
DELBAÈRE, lieut. A.-M., B. 14.
MAJOIE, s.-lieut., B. 16.

30 oct. 1813, bataille de Hanau.
BATAILLON, capit., B.
DE BUISSERET, capit., B.
DELBAÈRE, lieut. A.-M., B.
LEGRAS DE GRANDCOURT, s.-lieut., B.

DARMESIN, s.-lieut., T. 1ᵉʳ nov. 1813, combat route de Hanau.
SANTUARY, s.-lieut., B. 1ᵉʳ févr. 1814, bataille de La Rothière.

11 févr. 1814, combat de Nogent.
LEROY, chef d'escad., B. ✶
DELBAÈRE, lieut. A.-M., B.

REVEST, capit., B. 27 févr. 1814, combat de Bar-sur-Aube.
SASMAYOUS, capit., B. 14 mars 1814, combat de Sézanne.

19 mars 1814, combat de Saint-Dizier.
MILLET, s.-lieut., B.
FONVILLE, s.-lieut., B.

---

(1) Ex-régiment de chevau-légers belges; formé en 1806.

28ᵉ Régiment (1).

Lesueur, chirurg. S.-A.-M., B. 15 juill. 1810, aux ambulances près de Figuières, en accompagnant un convoi de blessés.
Ghérardi, capit., B. 5 mai 1811, bataille de Fuentès-d'Oñoro (mort le 31 juill.).

22 juill. 1812, bataille des Arapiles.
Vallière, chef d'escad., B.
Beugnet, s.-lieut., B.

Jallot s.-lieut., B. 16 août 1812, bataille de Smolensk.

7 sept. 1812, bataille de la Moskowa.
Ridolfini, capit., B. (mort le 26 janv. 1813).
Barlami, lieut., B. (mort le 16 oct.).
Meucci, s.-lieut., B. (mort le 19 déc.).
Quinto, major, B.
Nicolini, chef d'escad., B.
Bartolucci, s.-lieut., B.

Palaggi, lieut., B. 3 nov. 1812, combat de Wiasma (mort).
Darvillars, s.-lieut., B. 18 nov. 1812, devant Krasnoë.

28 nov. 1812, aux ponts de la Bérésina.
Berzetti, capit., B. (mort).

Lombardi, capit., B.

10 déc. 1812, combat devant Wilna.
Olivieri, lieut., B.
Marzicchi, s.-lieut., B.

Nicolini, chef d'escad., D. le 13 déc. 1812, à la montée de Kowno.
Quinto, major, D. le 5 janv. 1813, à Kœnigsberg.
Pieri, s.-lieut., B. 10 janv. 1813, sur la route d'Elbing.
Pastoris, s.-lieut., B. 12 janv. 1813, par des Cosaques, à Elbing.
Amadaray, lieut., T. 16 sept. 1813, combat de Goërde, près de Hambourg.

6 déc. 1813, défense de Hambourg.
Courtier, col., B.
Camps, lieut., B.

D'André, capit. A.-M., B. 9 févr. 1814, combat de Willemsbourg (Hambourg).
Beugnet, s.-lieut., B. 17 févr. 1814, combat de Willemsbourg (Hambourg).

(1) Ex-régiment de dragons toscans; formé en 1808.

29ᵉ Régiment (1).

20 févr. 1810. combat de Vich.
Maymat, chef d'escad., B.
Roques, s.-lieut., B.
Lozat, capit., B.

Chandelu, lieut., B. 2 mars 1810, affaire de Col-de-la-Suspino, près Vich.
Poinsot, s.-lieut., B. 4 juin 1810, affaire en avant de Barcelone.

3 janv. 1811, combat de Tarrega.
Famchon, capit., B.

(1) Ex-3ᵉ régiment provisoire de chasseurs; formé en 1810.

Busque, lieut., B.
Dupont, s.-lieut., B.

Lozat, capit., B. 30 mars 1811, affaire dans les défilés de Manresa.
Virion, s.-lieut., T. 3 mai 1811, au blocus de Figuières.
Rignier, capit., B. 23 oct. 1811, combat de Puycerda.
Bardon, chirurg. S.-A.-M., B. 20 nov. 1811, affaire près de Puycerda.

24 janv. 1812, combat d'Altafulla.
Hautcolas, capit., T.
Schweisguth, chef d'escad., B.

Malcotte, s.-lieut., B.

Duez, s.-lieut., B. 3 mai 1813, combat de Bisbal.

9 *juill.* 1813, *combat de Notre-Dame-de-la-Salud (Catalogne).*
Saint-Simon, chef d'escad., B.
Bardon, chirurg. S.-A.-M., B.
Thuret de Roquecave, s.-lieut., B.
Delacouture, s.-lieut., B.
Heuzard, s.-lieut., B.

Becker, major, B. 23 août 1813, affaire de Gross-Beeren.

Mas, s.-lieut., B. 29 août 1813, aux avant-postes, Saxe.
Fleuriot, lieut., B. 6 sept. 1813, bataille de Juterbock.
Bardon, chirurg. S.-A.-M., B. 4 oct. 1813, affaire de Saint-Privat (Pyrénées).

16 *et* 18 *oct.* 1813, *bataille de Leipzig.*
Mas, s.-lieut., B. 16.
Nicard, s.-lieut., B. 18.

Boulmagne, capit., B. 25 oct., 1813, affaire de Neukirchen.

31ᵉ Régiment (1).

Gondouin, s.-lieut., T. 1811, en escortant un convoi en Espagne.

5 *mai* 1811, *bataille de Fuentès-d'Oñoro.*
Paisant de la Motte, chef d'escad., B.
Desnoyers, s.-lieut., B.
Ferrand, s.-lieut., B.

Laurent, lieut., B. juin 1811, dans une reconnaissance en Portugal.
Le Bachelé, lieut., B. 10 juill. 1811, en escortant un convoi à Peneranda.
De Bourge, s.-lieut., B. 10 sept. 1811, étant à la poursuite de brigands, Espagne.
Cambon, s.-lieut., T. 30 oct. 1811, dans une charge près de Salamanque.
Jouannet, capit., B. 8 févr. 1812, affaire près de Santo-Domingo.

22 *juill.* 1812, *bataille des Arapiles.*
Trion, chirurg.-M., B.
Le Bachelé, lieut., B.

23 *oct.* 1812, *combat de Villodrigo.*
Simonin, s.-lieut., B.
Halbran, s.-lieut., B.

Girardin, s.-lieut., B. 21 mai 1813, bataille de Würschen.

23 *août* 1813, *affaire de Gross-Beeren.*
Frin de Cormeré, col., B. (mort le 31).
Girard dit Vieux, chef d'escad., B.

Gougeon de la Thibaudière, capit., B. 28 août 1813, combat d'avant-garde (Saxe).

16 *et* 18 *oct.* 1813, *bataille de Leipzig.*
Barat, lieut., B.
Dubourg, s.-lieut., B.
Macé de Bagneux, capit., B.

Chevalier, col. à la suite, T. 8 janv. 1814, combat près Goïto (Italie).
De Séréville, capit., B. 4 févr. 1814, étant en reconnaissance sur le Mincio.
Dias, s.-lieut., B. 6 févr. 1814, dans une reconnaissance sur le Mincio.

8 *févr.* 1814, *bataille du Mincio.*
Trogné, capit., B. (mort le 13 mars).
Boulanger, chirurg. S.-A.-M., T.
Laminette, capit., B.
Amat, lieut., B.
Sandras, s.-lieut., B.

Failly, s.-lieut., B. 12 mars 1814, combat de Monzambano (Italie).
Dubourg, s.-lieut., B. 1ᵉʳ avril 1814, défense de Magdebourg.

---

(1) Ex-1ᵉʳ et 2ᵉ régiments provisoires de cavalerie légère; formés en 1811.

HUSSARDS

1ᵉʳ Régiment.

Lerebours, s.-lieut., T. 6 oct. 1805, combat de Nordlingen.
Hubinet de Soubise, capit., B. 11 oct. 1805, combat d'Albeck.

14 oct. 1805, combat de Langeneau.
Haas, s.-lieut., B. (mort le 27).
Armant, lieut., B.

Rouvillois, col., B. 19 déc. 1806, affaire près de Pomikowo (Pologne).
Otto, capit., B. 25 déc. 1806, au passage de l'Urka (Pologne).
Boulard, s.-lieut., B. 26 déc. 1806, aux avant-postes en Pologne (mort le 31).

4 févr. 1807, combat d'Allenstein.
Sabatier, s.-lieut., B.
Stein, s.-lieut., B.

Begougnes de Juniac, col., B. 6 févr. 1807, combat de Hoff.

7 et 8 févr. 1807, bataille d'Eylau.
Nicolas, chef d'escad., B. 8.
Denis, capit., B. 8.
Elichenger, capit., B. 8.
Lefebvre, capit., B. 8.
Marter, lieut., B. 8.
Salvat, lieut., B. 7.
Vannaisse, lieut., B. 7.
Le Rouvillois, s.-lieut., B. 7.
Tixier, s.-lieut., B. 8.

Lebel, capit., B. 10 mars 1809, dans une reconnaissance près du Ferrol (Espagne).

20 mars 1809, combat de Braga (Portugal).
Cassini, s.-lieut., T.
Fargeot, s.-lieut., B.

Charmont, lieut., B. 7 avril 1809, aux avant-postes (Portugal).

10 mai 1809, combat de Santillo (Portugal).
Citron, lieut., B. (mort le 13).
Tixier, lieut., B.

Elichinger, capit., B. 11 mai 1809, retraite d'Oporto.

31 juill. 1809, affaire près de Ciudad-Rodrigo.
Stein, lieut., B.
Courduriès, s.-lieut., B.

Fisabre, lieut., T. 12 mai 1810, étant en reconnaissance en Espagne.
Boisquet de la Fleurière, s.-lieut., B. 27 sept. 1810, bataille de Busaco.

3 avril 1811, combat de Sabugal.
Cullié, lieut., B. (mort le même jour).
Turot, chef d'escad., B.
Colomb, lieut., B.
De Surmont, s.-lieut., B.

Gravier, capit., B. 14 oct. 1811, combat en Espagne.
Guérard, capit., B. 19 nov. 1811, étant en colonne mobile en Portugal.
Kehel, s.-lieut., B. 1812, combat d'Elena (Espagne).
Le Rouvillois, s.-lieut., B. 26 juill. 1812, affaire près de Sabugal.
Raud, s.-lieut., B. 29 juill. 1812, affaire de Simancas (Espagne).
Biard, lieut., B. 23 oct. 1812, combat de Villodrigo, près de Burgos.
Barton-Duclos, lieut., B. 16 mars 1813, affaire près de Vittoria.
Guériké, s.-lieut., B. 5 mai 1813, dans une reconnaissance en Catalogne.

6 sept. 1813, bataille de Juterbock.
Triolle, chef d'escad., B. (mort le 23).
Ermens, capit., B.

MILLET, s.-lieut., B. 8 oct. 1813, dans un combat en Saxe.

17 oct. 1813, *combat de Saint-Michel (Italie).*
DELATTRE, lieut., B. (mort le 27 nov.).
COLOMB, lieut., B.

18 oct. 1813, *bataille de Leipzig.*
ALIZAND, s.-lieut., T.
ERMENS, capit., B.

TOUSSAINT, s.-lieut., T. 19 nov. 1813, combat près de Caldiéro (Italie).
NEY (1), s.-lieut., B. 27 nov. 1813, combat devant Lagnago (Italie).

8 févr. 1814, *bataille du Mincio.*
LE ROUVILLOIS, capit., B.
GRAVIER, capit., B.

(1) Etant d'escorte près du prince Eugène.

FLEDDERMANN, lieut., B.
PERRIN, s.-lieut., B.
DUMONCEAUX, s.-lieut., B.

HOOCK, s.-lieut., B. 19 mars 1814, combat devant Lyon.

20 juin 1815, *combat de Namur.*
GUÉRARD, capit., B.
COLOMB, capit., B.
GOLJEAC, lieut., B.
VAUCHEZ, lieut., B.
PENNET, s.-lieut., B.
VENIGER, s.-lieut., B.
THORY, s.-lieut., B.

26 juin 1815, *combat de Villers-Cotterets.*
DUPLEIX, lieut., B.
PERRIN, s.-lieut., B.
BERGERAT, s.-lieut., B.

2ᵉ Régiment.

2 déc. 1805, *bataille d'Austerlitz.*
BARBIER, col., B.
DAVID, chef d'escad., B.
JAQUET, capit. A.-M., B.
BECKER, capit., B.
BRAÜN, s.-lieut., B.
CRESTÉ, s.-lieut., B.
POLERESKY, s.-lieut., B.
POITIERS, s.-lieut., B.

17 oct. 1806, *combat de Halle.*
JORDY, capit., B. (mort le 18).
DUVAL, s.-lieut., B. (mort le 18).
DEVANTE, lieut., B.
KLEIN, s.-lieut., B.

GÉRARD, col., B. 3 nov. 1806, combat de Crewitz.

25 janv. 1807, *combat de Mohrungen.*
TURKHEIM, lieut., B.
BRAÜN, lieut., B.

HUBINET DE SOUBISE, chef d'escad., B. 31 janv. 1807, combat de Neumark.
CUSSY, s.-lieut., B. 15 févr. 1807, combat de Cretzbourg.
BOYER (J.-B.), capit., B. 15 févr. 1807, combat de Mansfeld.

BRAÜN, lieut., B. 14 juin 1807, bataille de Friedland.
MELSHEIM, s.-lieut., B. 5 sept. 1808, combat près de Tudela.
DE LA POMMEREY, s.-lieut., B. 3 juill. 1808, route d'Almanza (Espagne).
VAN-ZUYLEN-VAN-NEYVELT, capit., B. 17 mars 1809, combat de Catanas.

28 mars 1809, *bataille de Medellin (Espagne).*
TURKHEIM, lieut., B.
VÉRON, s.-lieut., B.

BRAÜN, capit., B. 26 juill. 1809, combat d'Alcabon (Espagne).
CRESTÉ, lieut., B. 28 juill. 1809, bataille de Talavera-de-la-Reyna.
GEOFFROY, s.-lieut., B. 9 avril 1810, combat devant Ronda.

10 avril 1810, *combat de Ronda (Andalousie).*
GRAAS, s.-lieut., T.
DE ROCCA, lieut., B.
ZILOF D'OBIGNY, s.-lieut., B.

Sohier, s.-lieut., B. et noyé 17 mai 1810, affaire de Ronda (Andalousie).
Geoffroy, s.-lieut., B. 26 août 1810, affaire de la Palma.
Poitiers, capit., B. 26 nov. 1810, affaire de Ronda.
De la Pommerey, s.-lieut., B. 11 sept. 1810, dans les défilés de Mora (Andalousie).
Braun, capit., B. 14 déc. 1810, affaire de la Sierra-de-Cazala.
Geoffroy, s.-lieut., B. 5 févr. 1811, affaire du pont de la Gebora.
Gallis-Mesnilgrand, lieut., B. 10 févr. 1811, affaire devant Badajoz.
Covaruvias (L.), lieut., B. 19 févr. 1811, étant en reconnaissance devant Badajoz.

19 févr. 1811, bataille de la Gebora.
Dradzianski, capit., T.
Burel, capit., B.

De Poilloüe de Saint-Mars, lieut., B 3 mars 1811, étant en colonne mobile sur Lassagua.
Zilof d'Obigny, lieut., B. 25 mars 1811, combat de Campo-Mayor.

16 avril 1811, combat de Los-Santos.
Zilof d'Obigny, lieut., B.
De la Pommerey, s.-lieut., B.

Leclerc, lieut. A.-M., B. 22 juin 1811, dans une reconnaissance en Espagne.

16 mai 1811, bataille d'Albuhera.
Burel, capit., T.
Covaruvias (C.), lieut., B. (mort le 14 juin).
Cussy, capit., B.

Poitiers, capit., B.
Leix, s.-lieut., B.

Guerlinger, lieut., B. 25 juin 1812, combat de Cortès.
Gallis-Mesnilgrand, lieut., B. 15 sept. 1812, combat de Fuentès-Cantos.
Covaruvias, lieut., B. oct. 1812, affaire de Chinchilla.
Bry d'Arcy, s.-lieut., B. 16 nov. 1812, combat de Motilla (Espagne).
Braun, capit., B. 17 nov. 1812, combat de Somanis.
Jacquemart, s.-lieut., B. 21 juin 1813, bataille de Vittoria.
Oberkirch, s.-lieut., T. 26 sept. 1813, aux avant-postes en Saxe.

16, 18 et 19 oct. 1813, bataille de Leipzig.
Vidal de Lauzun, chef d'escad., T. 18.
Cussy, capit., T. 19.
Lehman, chef d'escad., B. 16.
Boyer, s.-lieut., B. 18.

18 févr. 1814, bataille de Montereau.
Polereczki, chef d'escad., B.
Leix, capit., B.
Ducis, lieut., B.
Schoën, s.-lieut., B.

Bry d'Arcy, capit., B. 1er mars 1814, combat de Vandœuvre.

13 mars 1814, reprise de Reims.
Cresté, capit., B. (mort le 11 juill.).
Parent, lieut., T.

1er juill. 1815, défense de Belfort.
Erden, lieut., B. (mort le 8 août).
Bammes, s.-lieut., B.
Klein, s.-lieut., B.

3e Régiment.

14 oct. 1805, combat d'Elchingen.
Hass, lieut., B. (mort le 27).
Domont, chef d'escad., B.
Geist, capit., B.
Richard, s.-lieut., B.
Nittschelm, s.-lieut., B.

Waltz, capit., B. 5 nov. 1805, affaire de Nelfs, près d'Inspruck (Tyrol).

14 oct. 1806, bataille d'Iéna.
Geisweiller, capit., B. (mort le 10 févr. 1807).
Laferrière-Lévêque, major, B.

DOMONT, chef d'escad., B.
HOLOSSY, capit., B.
BARTHÉLÉMY, lieut., B.
LEHMAN, lieut., B.
FRIEDRICH, lieut., B.
CONSEIL, s.-lieut., B.
BRUNEAU-BEAUMETZ, s.-lieut., B.

20 janv. 1807,
combat près de Langenheim.
BARTHÉLÉMY, capit., B.
DE CRÉCY, s.-lieut., B.

6 févr. 1807, combat de Hoff.
SCHOENY, chef d'escad., T.
CHEVALIER, capit., T.
JEANTIN, capit., T.
KLEIN DE KLEINENBERG, s.-lieut., B.

5 juin 1807, combat de Guttstadt.
COSTER, lieut., B.
LIMBOURG, s.-lieut., B.

KLEIN DE KLEINENBERG, s.-lieut., B. 14 juin 1807, bataille de Friedland.
BOSLER, capit., B. 26 juin 1808, devant Valence.

23 nov. 1808, bataille de Tudela.
D'ASTORG, capit., B.
BARTHÉLÉMY, capit., B.
BRUNEAU-BEAUMETZ, lieut., B.
DE CRÉCY, s.-lieut., B.

TOULONGEON, lieut., B. 2 janv. 1809, combat près d'Astorga.

20 févr. 1809, combat de Tanoris, près de Saragosse.
WALTZ, chef d'escad., T.
MENUE, lieut., B. (mort le 4 mars).
LA CHARLIÈRE, s.-lieut., T.
JEANROY, chirurg. A.-M., B.

12 août 1809, combat du col de Banos.
COLIN-QUIÉVERCHIN, s.-lieut., T.
LAFERRIÈRE-LÉVÊQUE, col., B.
GOUDEMETZ (F.), s.-lieut., B.
DE GELOÈS, s.-lieut., B.
ROUX, s.-lieut., B.
HÉGY, s.-lieut., B.
BARDEL, s.-lieut., B.

28 nov. 1809, combat d'Alba-de-Tormès.
LAFERRIÈRE-LÉVÊQUE, col., B.
COSTER, capit., B.

HÉGY, s.-lieut., B. 9 avril 1810, combat près de Banos.
DE GELOÈS, lieut., B. 5 juill. 1810, affaire près de Galligos (Espagne).

Juill. 1810, combat près d'Almeïda.
GOUDEMETZ (A.), lieut., T. 26.
VOGT, capit., T. 24.

5 oct. 1810, combat près de Leria.
HIVERT, s.-lieut., B.
PETRY, s.-lieut., B.
LESECQ, s.-lieut., B.

DE CRÉCY, s.-lieut., B. 9 oct. 1810, étant en reconnaissance près d'Alcoluto.

11 mars 1811, combat de Redinha.
ROUX, lieut., B.
FOULON, lieut., B.
SIEG, s.-lieut., B.
SCHMIDT, s.-lieut., B.

14 mars 1811, combat de Condexa.
LAFERRIÈRE-LÉVÊQUE, col., B.
DE GELOÈS, lieut., B.

BOURCIEZ, s.-lieut., B. 4 juill. 1811, étant en colonne mobile en Espagne.
ARMAND, s.-lieut., B. 9 oct. 1811, combat de Villafranca.
BOUTET DE MONVEL, s.-lieut., présumé assassiné le 31 janv. 1812 près de Valence (Espagne).
THÉROUENNE, s.-lieut., B. 11 avril 1812 en escortant des prisonniers à Madrid.
PICARD, lieut., T. 18 juillet 1812, combat de Salamanque.

22 juill. 1812, bataille des Arapiles.
ROUSSEAU, col., B.
BEAUFRÈRE, capit., B.

THÉROUENNE, s.-lieut., B. 22 oct. 1812, combat près de Burgos.

21 *juin* 1813, *bataille de Vittoria.*
MÉDARD, lieut., B.
BARDEL, lieut., B.
PERNOT, s.-lieut., B.

DE CRÉCY, capit., B. 26 juin 1813, pendant la retraite sur Pampelune.
JEANROY, lieut., B. 30 août 1813, affaire de Culm.
HUSSON, s.-lieut., T. 5 sept. 1813, combat près de Culm.

14 *au* 19 *oct.* 1813, *bataille de Leipzig.*
COMBRET, s.-lieut., T. 18.
CONSEIL, capit., B. 19.
WALKIERS, s.-lieut., B. 14.
DELPY DE LACIPIÈRE, s.-lieut., B. 16.
GUÉRY, lieut., B. 19.

SCHNEIDER, s.-lieut., T. 17 nov. 1813, combat de Neufburg.

DUPUY, lieut., B. 1er janv. 1814, combat de Sainte-Croix.
MICHELIN, s.-lieut., B. 29 janv. 1814, bataille de Brienne.
VAN-WESEL, s.-lieut., B. 18 févr. 1814, bataille de Montereau.
THÉROUENNE, lieut., B. 27 févr. 1814, combat près de la Ferté-sur-Aube.
DUPUY, lieut., B. 22 mars 1814, combat de Sézanne.

27 *juin* 1815, *combat devant Belfort (Dannemarie).*
MONCEY, col., B.
GENORAY, capit., B.
DOAT, lieut., B.
CRESPELLE, chirurg. A.-M., B.

PIGEON, lieut., B. 1er juill. 1815, combat devant Belfort.

4° Régiment.

2 *déc.* 1805, *bataille d'Austerlitz.*
SCHILD, capit., T.
BARATHIER, s.-lieut., T.
BOUDINHON, chef d'escad., B.
DEVALLANT, capit., B.
BARBE, capit., B.
FAURE, s.-lieut., B.

PHISTRE, lieut., T. 6 nov. 1806, combat de Lubeck.

9 *oct.* 1806, *combat de Schleitz.*
BOUDINHON, chef d'escad., B.
MAULNOIR, capit., B.
DESMARETS, lieut. A.-M., B.
BENNEROTTE, s.-lieut., B.

DEVALLANT, capit., B. 17 oct. 1806, combat de Halle.

24 *janv.* 1807, *combat de Leibstadt.*
EBELIN, lieut., T.
BARBE, capit., B.

25 *janv.* 1807, *combat de Mohrungen.*
BOUDINHON, chef d'escad., B.
BERNARD, s.-lieut., B.
DE CHATEAUBODEAU, s.-lieut., B.

MAURER, capit., B. 29 janv. 1807, dans une reconnaissance en Pologne.
SENZEILLE, s.-lieut., B. 28 juin 1808, combat devant Valence.
FERBER, s.-lieut., B. 28 mars 1809, bataille de Medellin.

15 *juin* 1809, *combat de Maria (Espagne).*
DEVALLANT, chef d'escad., B.
CHAPONNEL, lieut., B.
DE CHATEAUBODEAU, s.-lieut., B.

SERRA, s.-lieut., B. 21 juin 1809, combat près de Burgos.
CHARON, capit., T. 14 août 1810, affaire de Beni-Carlos (Espagne).
LAURENT, s.-lieut., B. 9 sept. 1810, dans une reconnaissance en Aragon.
GEIST, major, B. 4 févr. 1811, combat de Stella (Navarre).
MAURER, capit., B. 5 mars 1811, combat de Chiclana.
QUEQUET, lieut. A.-M., B. 8 mars 1811, combat de Molins-de-Aragon.
THÉAS-THORRANS, s.-lieut., B. 17 mars 1811, affaire de Covesa (Espagne).
CHATILLON, s.-lieut., B. 14 avril 1811, combat de Catiliska (Espagne).

SERRA, s.-lieut., B. 7 mai 1811, combat contre des guérillas en Aragon.
COLLESSON, capit., B. 24 juin 1811, combat devant Tarragone.
BONNECORSE, lieut., T. 26 juill. 1811, affaire de Castejon-de-Val-de-Jara.

25 oct. 1811, bataille de Sagonte.
OLRY, capit., B. (mort le 9 déc.).
BARBE, chef d'escad., B.

COLLESSON, chef d'escad., B. 15 nov. 1811, près de Daroca (Aragon).
DEFRANCIÈRES, s.-lieut., T. 15 nov. 1811, à la Jana, sur la route de Valence.
SCHMIDT, lieut., T. 30 nov. 1811, combat devant Valence.

11 et 13 avril 1813, affaire d'Yecla.
DE TARLÉ, lieut., B. 11.
COLLESSON, chef d'escad., B. 13 (mort en mai).

13 juin 1813, combat de Carcagente.
BENNEROTTE, capit., B.
THÉAS-THORRANS, s.-lieut., B.

ALEX, s.-lieut., B. 23 août 1813, affaire de Gross-Beeren.
HUSSON, s.-lieut., B. 12 sept. 1813, dans une reconnaissance en Espagne (mort le 26).

PAPIGNY, chef d'escad., B. 13 sept. 1813, combat du col d'Ordal.
DUBART, lieut., B. 13 sept. 1813, combat de Villafranca (Espagne).
ALEX, s.-lieut., B. 1er janv. 1814, défense de Magdebourg.
CARDOT, s.-lieut., B. 28 févr. 1814, combat près Lons-le-Saunier.

18 mars 1814, combat de Saint-Georges (près Lyon).
DUBART, lieut., B.
BEUNAT, s.-lieut., B.

BABILLE, s.-lieut., B. 19 mars 1814, combat devant Lyon.
BAZIN, s.-lieut., B. 20 mars 1814, combat devant Lyon.

16 juin 1815, bataille de Ligny.
DELANOY, capit., B.
GUISE, capit., B.
PRUDHOMME, lieut. A.-M., B.
MONTIGNY, lieut., B.
BOURG, lieut., B.
GUINEMER, s.-lieut., B.
GUILLERMAIN, s.-lieut., B.
ROELLY, s.-lieut., B.
LEBAS, s.-lieut., B.

5e Régiment.

FAIGNE, cap., B. 15 nov. 1805, combat de Winterfeld (affaire d'avant-postes).

2 déc. 1805, bataille d'Austerlitz.
DUFAY, lieut., T.
DUPLESSIS, lieut., T.
LOMBARD, lieut., B.
CHAPU, s.-lieut., B.
DAME, s.-lieut., B.

3 oct. 1806, combat de Crewitz.
EPINGER, lieut., B. (mort le 6 nov.).
VILLATTE, capit., B.

25 déc. 1806, affaire de Tykoczin.
QUARCK, capit., T.
KISTER, lieut., B.

26 déc. 1806, combat de Golymin.
GOUBAUD, lieut., B. (mort le 28).
DUGUÈS, chirurg.-M., B.
GALLOIS, s.-lieut., B.
PIERRE, s.-lieut., B.
ROCKEL, s.-lieut., B.
LABORDERIE (1), s.-lieut., B.
DAME, s.-lieut., B.

4 févr. 1807, combat de Watherdorff.
REMY, capit., B. (mort le 2 mars).
DERY, col., B.
THÉRON, chef d'escad., B.
ROBERT, s.-lieut., B.

(1) Genty de Laborderie.

GALLOIS, s.-lieut., B. 5 févr. 1807, affaire de Leibstadt.

8 févr. 1807, bataille d'Eylau.
KISTER, lieut., B.
LABORIE, s.-lieut., B.
FESQUET, s.-lieut., B.

RICHARDOT, s.-lieut., B. 24 févr. 1807, combat sur la Pregel.
BONY, lieut., B. 5 mars 1807, combat de Guttstadt (mort le 24 mai).
CHAPU, lieut., B. 8 juin 1807, combat de Deppen (mort le 24).

10 juin 1807, bataille d'Heilsberg.
DERY, col., B.
THÉROND, chef d'escad., B.
DROUARD, capit., B.
LABORDERIE, lieut., B.

LEMIRE, capit., B. juin 1807, affaire de Wittenberg.

13 juin 1807, combat devant Kœnigsberg.
LEMIRE, capit., B.
MEXNER, capit., B.
DAHM, s.-lieut., B.

DROUARD (J.), s.-lieut., B. 14 juin 1807, bataille de Friedland.
DUVAL, s.-lieut., B. 17 juin 1807, affaire de Labiau.
LABORIE, s.-lieut., B. 23 nov. 1808, bataille de Tudela.
CASTELBAJAC, s.-lieut., B. 22 févr. 1809, siège de Saragosse.
KISTER, lieut., B. 19 mars 1809, affaire en avant de Saragosse.

19 avril 1809, combat devant Peissing.
KISTER, capit., B.
RICHARDOT, s.-lieut., B.
EPINAT, s.-lieut., B.
GONDOIN, s.-lieut., B.

GALLOIS, s.-lieut., B. 20 avril 1809, combat près d'Eckmühl.
HIRN, chef d'escad., B. 3 mai 1809, combat d'Abensberg (mort le 11).
LABORDERIE, lieut., B. 12 mai 1809, combat devant Vienne.

6 juill. 1809, bataille de Wagram.
CHARDON, capit., B.
ROBERT, lieut., B.
PIERRE, lieut., B.
DUBROCA, s.-lieut., B.
CASTELBAJAC, s.-lieut., B.
TENIER, s.-lieut., B.
NICOLLE, s.-lieut., B.
DESNOYERS, s.-lieut., B.
DAHM, s.-lieut., B.

DROUARD (J.), s.-lieut., B. 9 juill. 1809, combat d'Hollabrünn.
OTTHENIN, capit. A.-M., B. 11 juill. 1809, bataille de Znaïm.
GONDOIN, s.-lieut., B. 5 mai 1811, bataille de Fuentès-d'Oñoro.
GONDOIN, s.-lieut., T. en juin 1811, étant en reconnaissance en Espagne.
NICOLLE, lieut., B. 8 août 1812, combat d'avant-garde à Rogna (Russie).
D'HANE, s.-lieut., B. 27 août 1812, étant d'ordonnance près du général Montbrun.

7 sept. 1812, bataille de la Moskowa.
DROUARD, chef d'escad., T.
PERREIN, s.-lieut., T.
MEUZIAU, col., B.
ROCKEL, capit., B.
LABORDERIE, capit., B.
GALLOIS, capit., B.
LABORIE, capit., B.
SEPTÉ dit ROSIS, capit., B.
PIERRE, capit., B.
HARTMANN, s.-lieut., B.
DURAND, s.-lieut., B.
BEAUMONT, s.-lieut., B.
DE PIERREPONT, s.-lieut., B.

CHARDON, capit., T. 9 sept 1812, combat de Mojaïsk.
DROUARD (J.), lieut., B. 22 sept. 1812, combat près de Moscou.

18 oct. 1812, combat de Winkowo.
RICHARDOT, capit., B. (mort).
MEUZIAU, col., B.
DE PIERREPONT, s.-lieut., B.

SCHEGLINSKI, capit., B. 28 nov. 1812, aux ponts de la Bérésina.

BARRÈRE, chirurg.-M., noyé le 28 nov. 1812, passage de la Bérésina.
LEBLANC, s.-lieut., B. 10 déc. 1812, combat devant Wilna.
KISTER, capit., B. 8 févr. 1813, affaire contre des cosaques.
LABORIE, lieut., B. 2 avril 1813, combat près de Wittenberg.
RUICK, s.-lieut., B. 21 mai 1813, bataille de Wurschen.
JACQUINOT, major, B. 24 mai 1813, combat près de Rottembourg.
FULB, lieut., B. 24 mai 1813, affaire de Könnern.
SEPTÉ dit ROSIS, capit., B. 21 août 1813, combat de Buntzlau.
QUEMAR, s.-lieut., B. 25 août 1813 aux avant-postes près de la Katzbach.
POYART, s.-lieut., B. 26 août 1813, affaire de la Katzbach.

16 oct. 1813, bataille de Leipzig.
BOURLIER, s.-lieut., T.
NADAILLAC, chef d'escad., B.
LEFRIS, s.-lieut., B.
PETIN, s.-lieut., B.

PICOT DE DAMPIERRE, major, B. 18 oct. 1813, bataille de Leipzig.

LABORIE, capit., B. 18 oct. 1813, affaire près de Weimar.

30 oct. 1813, bataille de Hanau.
DE MARCIEU, lieut., T.
NICOLLE, capit., B.
LECLERC DE SAINTE-CROIX, s.-lieut., B.

FATH, s.-lieut., B. 2 avril 1814, aux avant-postes.
RUICK, s.-lieut., B. 11 mars 1814, sortie de Hambourg.
KRAEMER, s.-lieut., B. 13 mars 1814, combat près de Châlons.

16 juin 1815, bataille de Ligny.
KAUFFER, capit. A.-M., B.
ROEKEL, capit., B.
BRUN, lieut., B.
GODET, s.-lieut., B.
FATH, s.-lieut., B.

BERNARD, chef d'escad., B. 17 juin 1815, affaire route de Namur.

1ᵉʳ juill. 1815, combat de Versailles.
BRUCCO DE SORDEVAL, chef d'escad., B.
ZUCCHINO, lieut., B.

6ᵉ Régiment.

ONAGTEN, capit., B. 9 nov. 1805, combat d'Altenmarkt.

12 nov. 1805, combat d'Indenbourg.
FRIN, capit., B.
COURRA, s.-lieut., B.

15 avril 1809, combat de Pordenone (Italie).
VALLIN, col., B.
GODARD, capit. A.-M., B.
JANIN, capit., B.
LETELLIER, capit., B.
LAGLASSE, capit., B.
SIAU, lieut., B.
MATHIS, lieut., B.
HUSSON, lieut., B.
FATON, s.-lieut., B.
DESBATZ, s.-lieut., B.
VILLIONNE, s.-lieut., B.

BROUILLON, s.-lieut., B.

8 mai 1809, bataille de la Piave.
VALLIN, col., B.
DÉON, capit., B.
FRIN, capit., B.
COURBE, lieut. A.-M., B.
DUSSARD, s.-lieut., B.

DE BEAUMONT, s.-lieut., B. 16 mai 1809, dans une reconnaissance en Italie.

7 sept. 1812, bataille de la Moskowa.
JANIN, capit., T.
BAVREL, s.-lieut., T.
DENTZEL, chef d'escad., B.
DÉON, chef d'escad., B.
GODARD, capit. A.-M., B.
LETELLIER, capit., B.
PUJOL, lieut. A.-M., B.

ROTHANN, s.-lieut., B.
MOREL, s.-lieut., B.

RAOUL, s.-lieut., B. 4 oct. 1812, combat près de Moscou.
BECQUET, s.-lieut., B. 5 oct. 1812, aux avant-postes devant Moscou.
DÉON, chef d'escad., B. 10 oct. 1812, dans une reconnaissance route de Moscou.
VILLATTE, chef d'escad., B. 17 oct. 1812, dans une affaire contre des cosaques.

18 oct. 1812, combat de Winkowo.
MATHIS, capit., B.
URVOY DE CLOSMADEUC, s.-lieut., B.
HUARD, s.-lieut., B.

LAGLASSE, capit., B. 6 déc. 1812, près de Smoliany (Russie).
MASSAC, capit., B. 10 déc. 1812, combat de Wilna (mort le 28).
NOLIN, chirurg. S.-A.-M., B. 4 janv. 1813, combat près de Kœnigsberg.
DUPONT, lieut., B. 5 avril 1813, combat devant Magdebourg.
HUSSON, chef d'escad., B. 27 août 1813, bataille de Dresde.

28 sept. 1813, combat d'Altenbourg.
RAOUL, lieut. A.-M., B.
BERNARD, lieut., B
FIZELIER, s.-lieut., B.
RACINET, s.-lieut., B.
MOULIN, lieut., B.

16 et 18 oct. 1813, bataille de Leipzig.
MOULIN, lieut., T. 16.
DENTZEL, chef d'escad., B. 16.
MONTBOUCHER, chef d'escad., B. 18.
DESILLES, capit., B. 18.
URVOY DE CLOSMADEUC, lieut., B. 18.
ROSTY, lieut., B. 18.
JOSEFF, s.-lieut., B. 18.
PRACHE, s.-lieut., B. 18.
PARIOT, s.-lieut., B. 18.

MONCEY, chef d'escad., B. 11 févr. 1814, bataille de Montmirail.
VAUVRECY, capit., B. 16 févr. 1814, défense de Schlestadt.
LANGLOIS, capit., B. 4 mars 1814 dans une reconnaissance près Troyes.
LIBERT, lieut., B. 18 juin 1815, combat de Wavre (présumé mort).
OTTHENIN, capit., B. 19 juin 1815, affaire route de Namur.
BRASSEUR, capit., B. 1er juill. 1815, combat de Versailles (mort le 24).

7e Régiment.

FOUREST, s.-lieut., B. 6 nov. 1806, combat devant Lubeck.

26 déc. 1806, combat de Golymin.
MAURICE, lieut. A.-M., B.
MEIGNEN, s.-lieut., B.
REINHARTZ, s.-lieut., B.
DOUET, s.-lieut., B.

D'IMÉCOURT (1), s.-lieut., T. 13 avril 1807, devant Dantzig.

8 juin 1807, combat devant Deppen.
CURELY, s.-lieut., B.
GUSLER., s.-lieut., B.

DUROSEY, capit. A.-M., B. 9 juin 1807, combat devant Guttstadt.

SULPICE-CHANOINE DE SAINT-THIBAULT, s.-lieut., B. 10 juin 1807, bataille d'Heilsberg.
COLBERT, col., B. 17 juin 1807, combat près de Tilsitt.
DEY, capit., B. 19 avril 1809, combat de Peissing.

13 et 14 juin 1809, bataille de Raab.
GALETTO, s.-lieut., T. 13.
DUROSEY, capit., B. 13.
ROCH, capit., B. 14.
BRACHET, lieut., B. 13.
KOUHN, s.-lieut., B. 13.

6 juill. 1809, bataille de Wagram.
PRÉVOST, s.-lieut., T.
SOURSAC, s.-lieut., B.
RENAUD, s.-lieut., B.

---

(1) Officier d'ordonnance du maréchal Lefebvre.

11 *juill.* 1809, *bataille de Znaïm.*
REMOND, lieut., B.
BERNARD, s.-lieut., B.

25 *juill.* 1812, *combat d'Ostrowno.*
LADMIRAL, capit., B. (mort le 26).
FERRERY, capit., B. (mort).
DELHAYE, lieut. A.-M., T.
GRANTHIL, lieut., B.
KOUHN, lieut., B.
KORN, s.-lieut., B.
GOUIN, s.-lieut., B.
EYKENBROCK, s.-lieut., B.

SCHIRMER, s.-lieut., B. 16 août 1812, combat devant Smolensk.

19 *août* 1812, *combat de Valoutina-Gora.*
BAUDE, s.-lieut., T.
ROCH, capit., B.
CALVET, chirurg.-M., B.

ERHARD, s.-lieut., B. 26 août 1812, étant à l'avant-garde route de Moscou.
PINET, capit., B. 28 août 1812 dans une charge, route de Wiasma.
CHRISTE, s.-lieut., B. 30 août 1812, combat devant Wiasma.

7 *sept.* 1812, *bataille de la Moskowa.*
BOISSELIER, major, T.
EULNER, col., B.
SOURSAC, lieut., B.
KOUHN, lieut., B.
DEMONGEOT, s.-lieut., B.
EIKENBROCK, s.-lieut., B.

10 *sept.* 1812, *combat de Mojaïsk.*
BRIQUET, chef d'escad., B.
FINET, capit., B.

4 *oct.* 1812, *combat de Voronovo.*
VAGNER, s.-lieut., T.
FINET, capit., B.

GOUIN, s.-lieut., B. 18 oct. 1812, combat de Winkowo.
GERBAULET, capit., B. 28 nov. 1812, aux ponts de la Bérésina.

KOUHN, lieut., B. 8 déc. 1812, route de Wilna.
SCHNEIDER, s.-lieut., B. 27 mars 1813, défense de Dantzig.
GOUIN, s.-lieut., B. 5 avril 1813, combat devant Magdebourg.
MUNIGHOEFFER, lieut., B. 14 avril 1813, combat en avant de Magdebourg.
VAUCHET, lieut., B. 4 mai 1813, combat de Borna (Saxe).
KORTE, s.-lieut., B. 22 mai 1813, combat de Reichenbach.
LIEDERKERKE, capit., B. sept. 1813, passage de l'Elbe.

28 *sept.* 1813, *combat d'Altenbourg.*
DUPUY, chef d'escad., B.
PANKOFFSKI, lieut., B.
VAUCHET, lieut., B.

16 *et* 18 *oct.* 1813, *bataille de Leipzig.*
BADANY, chef d'escad., B. 16.
REINHARTZ, capit., B. 16.
DUBOIS, lieut., B. 16.
STIEGEL, s.-lieut., B. 18.
JOUSSELIN-DELAHAYE, s.-lieut., B. 18.

HEISSER, lieut., B. 22 oct. 1813, combat près de Lekartzberg.
BAUMANN, lieut., B. 14 févr. 1814, combat de Vauchamps.
DEMONGEOT, lieut., B. 18 févr. 1814, bataille de Montereau.
DANDLAU, capit., B. 3 mars 1814, affaire de Neuilly-Saint-Front, près Soissons.
HOCQUE, s.-lieut., B. 9 mars 1814, bataille de Laon.

18 *juin* 1815, *bataille de Waterloo.*
DE MARBOT, col., B.
GRANTHIL, capit. A.-M., B.
HUARD, capit., B.
GARNIER, capit., B.
CHRISTE, lieut., B.
CRESSEL, lieut., B.
MILLET, s.-lieut., B.
BOURNEL, s.-lieut., B.
DELAHAYE, s.-lieut., B.

8ᵉ Régiment.

LARCHANTEL, lieut., B. 25 févr. 1805, combat devant Boulogne.

8 oct. 1805, combat de Memmingen.
SUBRA, lieut., B.
CHOULEUR, s.-lieut., B.

POTIER, lieut., B. 13 oct. 1805, dans une reconnaissance en Allemagne.

2 déc. 1805, bataille d'Austerlitz.
REBILLOT, chef d'escad., B.
CHOULEUR, s.-lieut., B.

14 oct. 1806, bataille d'Iéna.
CHARDON, capit., T.
LABORDE, col., B.
MARTIN, lieut., B.
SUBRA, lieut., B.
TASCHER, s.-lieut., B.
BERGERET, s.-lieut., B.
JUET, s.-lieut., B.
BAILLY, s.-lieut., B.
CHOULEUR, s.-lieut., B.

BAILLY, s.-lieut., B. 19 oct. 1806, dans une reconnaissance (Prusse).

1ᵉʳ nov. 1806, combat de Warren.
GRAFF, capit., B. (mort le 15).
JUET, s.-lieut., B.

VATAR-DESAUBIEZ, capit., B. 5 févr. 1807, affaire près de Lalstadt.

7 et 8 févr. 1807, bataille d'Eylau.
REBILLOT, chef d'escad., B. 7.
JUET, lieut., B. 7.
ZAMARON, lieut., B. 7.
FLORENCE, lieut., B. 8.
POTIER, lieut., B. 8.
RECEVEUR, lieut., B. 8.
BLIN, s.-lieut., B. 8.

CORBET, s.-lieut., B. 10 févr. 1807, combat en avant d'Eylau.

6 juin 1807, combat de Guttstadt.
DELACHAISE, lieut., B.
DE CALONNE, s.-lieut., B.

8 juin 1807, combat de Kleinenfeld.
PERCEVAL, major, T.
BARTHOLET, chef d'escad., B.
ZAMARON, capit., B.

ALMARIC, lieut. A.-M., T. 10 juin 1807, bataille d'Heilsberg.
DELAPORTE, s.-lieut., B. 18 juin 1807, étant d'escorte près du prince Murat.
DASSE, s.-lieut., B. 6 févr. 1809, combat devant Saragosse.
CORBET, lieut., B. 10 avril 1809, combat de Preissing.
RECEVEUR, capit., B. 24 avril 1809, combat de Neumark.
COLLINS, s.-lieut., B. 10 mai 1809, affaire de Clottembourg.

21 et 22 mai 1809, bataille d'Essling.
BERGERET, lieut., T. 22.
HETZEL, lieut., T. 22.
LAROCHE, s.-lieut., B. 22 (mort le 25 juin).
LEMERCIER, capit., B. 22.
DELAPORTE, lieut., B. 22.
MASSA, s.-lieut., B. 22.
PICARD, s.-lieut., B. 21.
HOFFMANN, s.-lieut., B. 22.

6 juill. 1809, bataille de Wagram.
LABORDE (1), col., T.
MARÉCHAL, chef d'escad., T.
PETIT, capit., T.
GAJA, s.-lieut., T.
BLIN, capit., B.
JUET, capit., B.
LEMERCIER, capit., B.
LAHOGUE, lieut., B.
CHOULEUR, lieut., B.
MARTIN, lieut., B.
DE CASTELBAJAC, lieut., B.
DEDEHAU, s.-lieut., B.
LETÉ, s.-lieut., B.
LELONG, s.-lieut., B.
HOFFMANN, s.-lieut., B.

DECUMONT, s.-lieut., B. 8 juill. 1809, affaire route de Znaïm.

---

(1) De Dehan-Laborde.

MARTIN, lieut., B. 10 juill. 1809, combat d'Hollabrünn.
DE SÉGUR, capit., B. 28 juin 1812, combat en avant de Wilna.

25 juill. 1812, combat sur la Wilia.
DELABORDE, s.-lieut., T.
MANN, s.-lieut., T.

26 juill. 1812, combat d'Ostrowno.
FERRERY, capit., B.
HOFFMANN, capit., B.

FOURNIER, lieut., T. 27 août 1812, combat de Ribki (Russie).

7 sept. 1812, bataille de la Moskowa.
VAN-WIEDEKELLER, lieut., T.
DU COETLOSQUET, col., B.

10 sept. 1812, combat de Mojaïsk.
QUISARD, lieut. A.-M., B.
CHAVET, s.-lieut., B.

ZIMMER, s.-lieut., B. 4 oct. 1812, combat route de Kalouga.
DE NÉLIS, lieut., T. 18 oct. 1812, combat de Winkowo.
GAILHARD, chirurg.-M., T. 28 nov. 1812, aux ponts de la Bérésina.

10 déc. 1812, combat de Wilna.
DE SÉGUR (O.), capit., B.
QUISARD, lieut. A.-M., B.

5 avril 1813, combat de Mockern.
SCHOENFELD, s.-lieut., T.
PETIET, lieut., B.

PINGEON, s.-lieut., B. 25 avril 1813, combat devant Magdebourg.
CLÉMENT, s.-lieut., B. 27 avril 1813, défense de Danzig.
CENTURIONNE, lieut., B. 28 août 1813, défense de Danzig (mort le 4 sept.).

DEHAU, lieut., B. 28 août 1813, combat devant Magdebourg.
DEBETZ, s.-lieut., B. 29 août 1813, affaire du Bober.
DE MORNAY, s.-lieut., B. 30 août 1813, combat de Culm.
PASSY, s.-lieut., B. 10 sept. 1813, dans une reconnaissance en Saxe.
LEBLANC, capit., T. 25 sept. 1813, combat près de Magdebourg.

28 sept. 1813, combat d'Altenbourg.
CORBET, capit., B.
MASSA, capit., B.
BOUGEAT, lieut., B.

16 et 18 oct. 1813, bataille de Leipzig.
DE CALONNE, capit., T. 16.
CORNET, s.-lieut., B. 16 (mort le 25 nov.)
D'ARGOUT, chef d'escad., B. 16.
DE QUERHOUENT, capit., B. 16.
DODIN-DUPARC, lieut. A.-M., B. 16.
BOUGEAT, lieut., B. 16.
DE LESPINASSE, s.-lieut., B. 16.
ROSSIGNOL, s.-lieut., B. 16.
CHAVET, s.-lieut., B. 18.
PASSY, s.-lieut., B. 18.

CHRIST, s.-lieut., T. 1er nov. 1813, combat près de Hanau.
ZIMMER, lieut., B. 25 nov. 1813, combat près de Magdebourg.
DEVIN DE FONTENAY, chef d'escad., B. 6 janv. 1814, défense de Strasbourg.

24 janv. 1814, combat de Schiltingen (Strasbourg).
REISET, chef d'escad., B.
PRÈVE, s.-lieut., B.
DE LESPINASSE, s.-lieut., B.

8 avril 1814, combat devant Kehl.
CHARVET, lieut. A.-M., B.
PERTUS, s.-lieut., B.

9° Régiment.

ABICOT, chef d'escad., B. 8 oct. 1805, combat de Wertingen (mort le 16).
PIOUT, s.-lieut., B. 10 oct. 1805, combat près d'Ulm.

5 nov. 1805, combat d'Amstetten.
MARC, capit., B.
BRASSINES, s.-lieut., B.

GROUSEILLE, s.-lieut., B. 28 nov. 1805, combat de Wischau.
LENOIR, lieut., B. 2 déc. 1805, bataille d'Austerlitz.

10 oct. 1806, combat de Saalfeld.
POINT, capit., B. (mort le 12).
SMEESTERS, capit., B.
WIMPFFEN, lieut., B.
DIDIER, s.-lieut., B.
FLEURIEL, s.-lieut., B.
PIOUT, s.-lieut., B.

14 oct. 1806, bataille d'Iéna.
BARBANÈGRE, col., T.
DORGEBRAY, s.-lieut., B.
GROUSEILLE, s.-lieut., B.
DESHAYES, s.-lieut., B.

DUMONCHAUX, lieut., T. 4 déc. 1806, affaire d'Ilow.

26 déc. 1806, combat de Pultusk.
HOCHON, capit., B.
BRASSINES, s.-lieut., B.
FLEURIEL, s.-lieut., B.

DUVAL DUPRÉMENIL (1), s.-lieut., B. 8 févr. 1807, bataille d'Eylau (mort le 9 mars).
HOCHON, capit., B. 16 févr. 1807, combat d'Ostrolenka.
FLEURIEL, lieut., B. 8 mai 1807, combat devant Dantzig.
REYNACH, s.-lieut., B. 10 juin 1807, bataille d'Heilsberg.
DUMASTIN, s.-lieut., T. 13 juin 1807, combat près de Friedland.

14 juin 1807, bataille de Friedland.
DESHAYES, s.-lieut., B. (mort le 10 juill.)
GAUTHERIN, col., B.
GUERRITOT, capit., B.
DUMONCHAUX, lieut., B.
LAROUSSE, s.-lieut., B.
VAUVRECY, s.-lieut., B.

LEMONNIER, s.-lieut., B. 3 mai 1809, combat d'Ebersberg.

(1) Duprémenil, officier de correspondance du major général.

DE GONDRECOURT, s.-lieut., B. 11 juin 1809, étant en découverte à Kunz.

11 juin 1809, affaire de Caraco.
SCHLAAG, s.-lieut., B.
KARR, s.-lieut., B.

14 juin 1809, bataille de Raab.
VAUVRECY, s.-lieut., B.
LAROUSSE, s.-lieut., B.
CHOISY, s.-lieut., B.

6 juill. 1809, bataille de Wagram.
BECKER, chef d'escad., B.
LEBORDAYS, chirurg. S.-A.-M., B.
SCHLAAG, s.-lieut., B.
LAMOTHE, s.-lieut., B.
CUINAT, s.-lieut., B.

CUINAT, s.-lieut., B. 16 oct. 1810, dans une reconnaissance en Espagne.
WATTEBAULT, lieut., B. 19 févr. 1811, combat de San-Grégorio (Espagne).
COMPÉRAT, chirurg. A.-M., B. 28 nov. 1811, à Rismolin (Espagne).
DAUBUSSON DE LA FEUILLADE, lieut., B. 29 juill. 1812, étant à l'avant-garde en avant de Witepsk (Rudnia) (Russie).

8 août 1812, surprise d'Inkowo.
DE ROUILLÉ, capit., B.
CUINAT, lieut., B.

7 sept. 1812, bataille de la Moskowa.
ROSILY, capit., T.
PETIT, lieut. A.-M., B. (mort le 20).
BRASSINES, capit., B.
FESQUET, capit., B.
PUJOL, lieut. A.-M., B.
PÉPIN, lieut., B.
GUIBET, s.-lieut., B.

DE COURCELLE, s.-lieut., B. 30 sept. 1812, combat près de Mojaïsk.

4 oct. 1812, combat de Kikrim (Russie).
VAN-SYPESTEYN, lieut., T.
REYNACH, capit., B.
DANEL, s.-lieut., B.

IMBERTY, s.-lieut., B. 14 oct. 1812, affaire devant Moscou.

CUYNAT, chirurg.-M., B. 18 oct. 1812, combat de Winkowo.
DE NAVAILLES, lieut., T. 9 nov. 1812, affaire devant Smolensk.
DE LAMOUSSAYE, s.-lieut., B. 8 avril 1813, étant en patrouille sur l'Elbe.
FESQUET, capit., T. 24 mai 1813, combat de Rottembourg.
BECKER, chef d'escad., B. 23 août 1813, affaire de Gross-Beeren.

26 août 1813, *affaire de la Katzbach (combat de Jauer).*
JOLLY, major, B.
TAILLANDIER, chef d'escad., B.
HUARD, s.-lieut., B.

CLÉRISSEAU, s.-lieut., T. 12 oct. 1813, combat près de Leipzig.
MONTAGNIER, col., B. 16 oct. 1813, bataille de Leipzig.

18 *et* 19 *oct.* 1813, *bataille de Leipzig.*
FRÉGOZE, s.-lieut., B. 19 (mort le 4 nov.).
CUYNAT, chirurg.-M., B. 18.

FRIOL, s.-lieut., B. 24 oct. 1813, combat de Weimar.

30 *oct.* 1813, *bataille de Hanau.*
WATTEBAULT, capit., B.
DE MAGRATH, lieut., B.

SIMONEAU, s.-lieut., B. 17 nov. 1813, combat devant Arnheim.
FLEURIEL, capit., B. 14 janv. 1814, défense de Schlestadt.
VAUVRECY, capit., B. 16 févr. 1814, défense de Schlestadt.

10ᵉ Régiment.

8 *oct.* 1805, *combat de Wertingen.*
LÉVÊQUE, capit., B.
DÉSIRY, s.-lieut., B.

COUTARD, s.-lieut., B. 14 oct. 1805, affaire devant Ulm.

5 *nov.* 1805, *combat d'Amstetten.*
DEBARRE, capit., B.
BRACHERET, s.-lieut., B.
TATTÉE, s.-lieut., B.

SOULÉRAC, s.-lieut., B. 9 nov. 1805, combat de Saint-Polten.
CRÉPIN, chef d'escad., B. 29 nov. 1805, affaire de Wichau.
LAPRUNARÈDE, s.-lieut., B. 2 déc. 1805, bataille d'Austerlitz.

12 *janv.* 1806, *par des brigands, route de Karlitz (Bohême).*
BONNEL, lieut., assassiné.
LEVERT, chirurg.-M., assassiné.

DESMARETS, lieut., B. 8 oct. 1806, dans une reconnaissance en Prusse.
PRADES, lieut., B. 10 oct. 1806, dans une affaire près de Saalfeld.

14 *oct.* 1806, *bataille d'Iéna.*
DEBARRE, capit., T.
BENOIST, lieut., T.
SOULÉRAC, lieut., B.
COUILLEAU, s.-lieut., B.
TATTÉE, s.-lieut., B.

DUMAS, chirurg.-M., B. 15 nov. 1806, affaire près de Bromberg.
VOISIN, lieut., T. 26 déc. 1806, combat de Pultusk.
BONNET dit DEVILLERS, chef d'escad., B. 26 juin 1807, affaire de Tykoczin.
GUINDEY, s.-lieut., B. 21 déc. 1808, combat devant Saragosse.
GUINDEY (1), s.-lieut., B. 6 juill. 1809, bataille de Wagram.
TESSIER, capit., B. 19 févr. 1810, combat de Valverde, près Badajoz.
GLÉNISSON, s.-lieut., B. 16 avril 1810, dans une reconnaissance (Espagne).

19 *févr.* 1811, *bataille de la Gebora.*
DUCLOS-MESNIL, s.-lieut., T.
FRONTGOUS, s.-lieut., B.

---
(1) Etant détaché.

Edange, s.-lieut., B. 8 avril 1811, dans une reconnaissance en Andalousie.

16 mai 1811, bataille d'Albuhera.
Sommariva, lieut., B. (mort le 18).
Lévêque, capit., B.
Davoust, capit., B.
Duforest, lieut., B.
De Nettancourt, lieut., B.
Hulme, s.-lieut., B.
Glénisson, s.-lieut., B.

Ognaten, major, T. 25 sept. 1811, combat près de Ciudad-Rodrigo.
De Nettancourt, lieut., B. 18 oct. 1811, affaire de Cazarès (Espagne).
Scribot, s.-lieut., B. 19 oct. 1811, affaire près de Valladolid (mort le 29).
Monnier, col., B. 9 avril 1812, affaire de Lerma.
Gros, capit., T. 9 mai 1812, étant en colonne mobile entre Celada et Burgos.
De Dion d'Aumont, s.-lieut., B. 12 avril 1813, affaire près de Weïmar.

2 mai 1813, bataille de Lützen.
Duforest, capit., T.
Ladureau, capit., T.
Rabet, lieut., T.
Gillet, lieut. A.-M., B. (mort le 6).
Revel, lieut. A.-M., B. (mort le 22).
Marquerie, s.-lieut., B. (mort le 6).
Monnier, col., B.
Dessoffy, chef d'escad., B.
Bosse, chef d'escad., B.
Roboli, capit., B.

Frontgous, lieut., B.
Musin, lieut., B.
Pillon, lieut., B.
Bourgeat, s.-lieut., B.
Lebis, s.-lieut., B.
Hulme, s.-lieut., B.
Corniquet, s.-lieut., B.

Lagrange, s.-lieut., B. 19 mai 1813, combat près de Bautzen.

18 août 1813, combat de Leignitz (Silésie).
Curély, col., B.
De Bruc de Montplaisir, s.-lieut., B.

Buchot, lieut., B. 26 août 1813, affaire de la Katzbach (mort le 3 sept.).
De Dion d'Aumont, s.-lieut., B. 12 oct. 1813, affaire devant Dessau.
Mestre-Lacoste, chef d'escad., B. 16 oct. 1813, bataille de Leipzig (m¹ le 17).
Bourgeat, lieut., B. 30 oct. 1813, bataille de Hanau.
Durand, chirurg. S.-A.-M., T. 6 nov. 1813, dans l'attaque d'un convoi près du Rhin.
De Dion d'Aumont, s.-lieut., B. 5 déc. 1813, défense de Torgau.
Locquin, s.-lieut., T. 5 févr. 1814, combat du pont de la Guillotière près de Troyes.

13 mars 1814, reprise de Reims.
Leclerc de Ruffey, lieut., B.
Oriot, s.-lieut., B.

11ᵉ Régiment (1).

Breugel, lieut., B. 19 août 1812, combat de Valoutina-Gora.

5 sept. 1812, combat de Borodino.
Breugel, lieut., T.
Rendorp, s.-lieut., T.
Huber, capit., B.
Hoynck-Papendrecht, capit., B.
Van Kretshmar, lieut., B.
Ravallet, lieut., B.
Verhellow, s.-lieut., B
Nobert, s.-lieut., B.

Basters-Van-Zuylen, s.-lieut., B.
De Heckeren, s.-lieut., B.
Van Zandhuisen, s.-lieut., B.

7 sept. 1812, bataille de la Moskowa.
Brandt, s.-lieut., B. (mort le 25 sept.).
Collaert, col., B.
Motté, chef d'escad., B.
Païsant de La Motte, chef d'escad., B.

(1) Ex-régiment de hussards hollandais; passé au service de France en 1810.

MARCHANT-LILLET, capit., B.
GEISWEIT VAN DER NETTEN, capit., B.
VAN NIJVENHEIM, lieut., B.
BASTERS-VAN-ZUYLEN, s.-lieut., B.
EDELINE, s.-lieut., B.

DE BOURGE, lieut., B. 10 sept. 1812, combat de Mojaïsk.

15 nov. 1812, combat de Krasnoë.
BOUWENS, lieut., B.
VERHELLOW, lieut., B.

BASTERS-VAN-ZUYLEN, s.-lieut., T. 10 nov. 1812, à l'hôpital de Smolensk (par une explosion).

28 nov. 1812, aux ponts de la Bérésina.
HUISMANS, capit. A.-M., B. (mort le 5 janv. 1813).
HUBER, capit., B. (mort le 6 déc.).
VAN NIJVENHEIM, capit., B. et D.
KRAMERS, lieut., B. (mort).
SILIAKUS, chirurg. A.-M., D.
WOLFF, lieut., B. et D.
MOTTÉ, chef d'escad., B.
GEISWEIT VAN DER NETTEN, capit., B.
VAN EYS, s.-lieut., B. et D.

DELPRAT, s.-lieut., B. et D. 9 déc. 1812, affaire contre des cosaques en avant de Wilna.

FORFERT, s.-lieut., B. 10 déc. 1812, combat devant Wilna.
LIÉGEARD, col., B. 21 août 1813, combat de Buntzlau.
LIÉGEARD, col., B. 26 août 1813, affaire de la Katzbach.
PAÏSANT DE LA MOTTE, chef d'escad., B. 3 sept. 1813, combat d'Hoskirchen.
BERNARD, chef d'escad., B. 1813, affaire de Mohrungen.

16 et 18 oct. 1813, bataille de Leipzig.
BOERS, capit., T. 18.
NOBERT, s.-lieut., B. et D. 18.
EDELINE, lieut., B. 18.
HARMANN, lieut., B. 16.
NOLET, lieut., B. 18.
STAATS-BOONEN, s.-lieut., B. 18.
FROST, s.-lieut., B. 16.
GROUSVELD-DIEPENBROCK, s.-lieut., B. 18.
CROOY, s.-lieut., B. 18.

ROODE, s.-lieut., B. 30 oct. 1813, bataille de Hanau (mort le soir).
BLANCHET, capit. A.-M., T. 7 janv. 1814, dans une reconnaissance.
DE RODENBERG, s.-lieut., B. 2 mars 1814, défense de Magdebourg.

12e Régiment (1).

D'ESCRIVIEUX, s.-lieut., B. 24 déc. 1810, dans une reconnaissance en Espagne.
LAMOTHE, s.-lieut., B. 21 mars 1811, combat de Losalcos (Espagne).
DE SOURDIS, s.-lieut., B. 2 mai 1811, combat de Carascal (Espagne).
D'ESCRIVIEUX, s.-lieut., B. 22 mai 1811 en escortant des prisonniers espagnols.
D'ESCRIVIEUX, s.-lieut., B. 24 juin 1811, combat devant Tarragone.
LEJEUNE, s.-lieut., B. 25 oct. 1811, bataille de Sagonte.
DIDIER, capit., B. 6 janv. 1812, combat devant Valence.

DE SOURDIS, s.-lieut., B. 23 avril 1812, dans une reconnaissance à Robrez (Aragon).

2 mai 1812,
combat contre Mina (Aragon).
THIEBAULT, s.-lieut., T.
ANDRÉ, s.-lieut., T.

MALOT, lieut., B. 3 mai 1812, étant en colonne mobile près de Huesca.

8 nov. 1812,
combat sur les rives de l'Ebre (à Errera).
DUSAILLANT, capit., T.
NAVAILLES, lieut., T.
COLBERT, capit., B.
RUFFIO, s.-lieut., B.

---

(1) Ex-9e régiment bis de hussards; formé en 1810.

COLBERT, capit., B. 1er mars 1813, combat de Sos (Aragon).
RAQUILLIER, capit., T. 23 août 1813, affaire de Gross-Beeren.
FALÈGRE, s.-lieut., B. 18 oct. 1813, bataille de Leipzig.
VILLETTE, capit., B. 16 déc. 1813, combat en Catalogne.
REBUT, s.-lieut., B. 4 févr. 1814, combat de Sens.

MALOT, capit., B. 9 mars 1814, combat route de Mâcon.

11 mars 1814, combat de Mâcon.
LAMOTHE, capit., B.
COUPÉ, lieut., B.
CONRAD, s.-lieut., B.

DE PLESSEN, chef d'escad., B. 11 mars 1814, affaire de Villefranche (Rhône).

13e Régiment (1).

DEMONGELAS, capit. A.-M., B. 22 août 1813, affaire de Magdebourg.

27 août 1813, affaire de Belzig (près de Potsdam).
GERNELLE, chef d'escad., B.
GONNET DE TASSIGNY, capit. A.-M., B.
DEMONGELAS, capit. A.-M., B.
DE VIDEAU, capit., B.
COLONNELLI, s.-lieut., B. 25 et 27.

18 oct 1813, bataille de Leipzig.
MOLINARI, lieut., T.
ELOY, capit., B.
SAUTEL, capit., B.
MAYER, lieut., B.
LAFARELLI, lieut., B.
CALDERAI, s.-lieut., B.
BALDI, s.-lieut., B.
BENTIVIGLIO, s.-lieut., B.
DEMATERS, s.-lieut., B.
PICOLIMINI, s.-lieut., B.

(1) Le dépôt et les debris du régiment ont été incorporés dans le 14e de l'arme, le 1er février 1814.

PETIT, lieut., B. 26 nov. 1813, dans une reconnaissance sur le Rhin.

14 déc. 1813, combat devant Livourne.
VOISIN, major, B.
DECKER, lieut., B.

2 et 3 févr. 1814, combat de la Chaussée.
CHATELAIN, s.-lieut., B. 2.
ORIGHETTI, lieut., B. 3.
DUMAS, s.-lieut., B. 2.

CHATELAIN, s.-lieut., B. 1er mars 1814, étant d'escorte près du maréchal Macdonald.

25 mars 1814, bataille de Fère-Champenoise.
REILLAC, s.-lieut., T.
MAURIN, capit., B.
DASSE, capit., B.
COLINET, lieut., B.
ROY, lieut., B.
FEYDAU, s.-lieut., B.
DE BARBANÇOIS, s.-lieut., B.

14e Régiment (1).

26 août 1813, bataille de Dresde.
VINARDI, capit., B.
BOULOGNE, capit., B.
GERBORE, lieut. A.-M., B.
JUSTINIANI, lieut., B.
VICINO, lieut., B.
BOURDON DE VATRY, s.-lieut., B.

(1) Le régiment prisonnier de guerre à Dresde, le 10 novembre 1813.

RIPA DE MÉANA, s.-lieut., B.
QUARTARA, s.-lieut., B.
MAGGI, s.-lieut., B.
GOZZANI, s.-lieut., B.

DE CHEVILLY, s.-lieut., B. 18 sept. 1813, devant Pirna.
BOULOGNE, capit., T. 25 sept. 1813, défense de Dresde.

DE CHEVILLY, s.-lieut., B. 19 oct. 1813, à Leipzig.

BLOT, major, B. 22 oct. 1813, défense de Dresde.

Régiment de hussards Jérôme-Napoléon, 1813 (1).

DUPLEIX, capit., B. 24 sept. 1813, combat de Cassel.

28 sept. 1813, combat de la tête du pont de la Fulde (devant Cassel).
LE BRETON, capit., T.

LELONG, capit., B.
SAINT-HILAIRE, s.-lieut.; B.
OTHENIN, lieut., B.
BENOIT, s.-lieut., B.

(1) Devenu 13e régiment de hussards, le 1er janvier 1814.

VII

ARTILLERIE, GÉNIE, TRAIN DES ÉQUIPAGES

I

ARTILLERIE

ÉTAT-MAJOR PARTICULIER

WASSERVAS, chef de bat., B. 2 déc. 1805, bataille d'Austerlitz.
PEYTES DE MONTCABRIÉ, col., B. 6 nov. 1806, prise de Lubeck (mort le 8).
DEGENNES, major, B. 10 juin 1807, bataille d'Heilsberg.
PELLETIER, col., B. 14 juin 1807, bataille de Friedland.

28 juin 1808, attaque de Valence.
CABRIÉ, chef d'escad., B.
LABLOSSIÈRE, capit., B.

Janv. et févr. 1809, siège de Saragosse.
LETOURNEUR, capit., B. 16 févr.
MARION, lieut., B. 28 janv.

VALLIER, capit., B. juin 1809, combat de Santiago (Espagne).

5 juill. 1809, passage du Danube.
BARBIER, lieut., noyé.
GARLAU, lieut., noyé.

6 juill. 1809, bataille de Wagram.
SCHUSTER, chef de bat., B.
MORET, lieut., B.

28 juill. 1809, bataille de Talavera-de-la-Reyna.
PIDANCET, capit., B.
ETCHEGOYEN, lieut., B.

FRANG, capit., T. 13 août 1809, défense de Flessingue.

1809, siège de Girone.
GAULDRÉ-BOILEAU, lieut., B. août.
ROQUEFORT, lieut., B.

BAILLOT, chef de bat., D. dans la nuit du 19 février 1810, en Espagne (près de Cadix).
ALBRESPIT, lieut., B. juin 1810, au siège de Ciudad-Rodrigo.
COULON, s.-lieut., B. et assassiné le 24 juin 1810, affaire près de Ciudad-Rodrigo.
ABBATE, lieut., B. 5 nov. 1810, sur la route de Pancorbo à Briviesca (mort le même jour).
CAPELLE, chef de bat., B. 29 déc. 1810, au siège de Tortose:
MORAZIN, col., T. 5 mars 1811, bataille de Chiclana.
FABRE, col., B. 2 avril 1811, combat devant Barcelone.

Juin 1811, siège de Tarragone.
HOMO, conducteur, T. 25 juin.
MARION, lieut., B. juin.

COUREAU, lieut., B. 10 août 1811, défense de Java.
D'ESCLAIBES, capit., B. 18 oct. 1811, au siège de Sagonte.

JOLY, conducteur, B. 20 juill. 1812, par des guérillas près de Salamanque.
MARTHEZ, chef de bat., B. 16 août 1812, bataille de Smolensk.
VERRIER, col., B. 17 août 1812, devant Smolensk.
GROSJEAN, capit., B. 18 août 1812, bataille de Polotsk.

7 sept. 1812, bataille de la Moskowa.
DEMAY, col., T.
SAINT-VINCENT, col., T.
BECKERS, chef de bat., B. (m¹ en déc.).
VERPEAU, col., B.
VERRIER, col., B.
CABRIÉ, chef d'escad., B.
KLIE, chef d'escad., B.
MARTHEZ, chef de bat., B.
DE BÉRAUVILLE, capit., B.
MORET, capit., B.
TROVEAU, capit., B.
LALOUX, capit., B.
FOURAIN, capit., B.
ZABERN, capit., B.
GAUDIER, capit., B.

24 oct. 1812, bataille de Malojaroslawetz.
LALOUX, capit., B. (mort).
FOURAIN, capit., B. (mort).
FOUX, capit., B. (mort).
LANGUÉRINAIS, capit., B.
MENGIN, capit., B.

THÉVENOT, chef de bat., B. 3 nov. 1812, combat de Wiasma.
KERKOWE, chef de bat., B. 16 nov. 1812, bataille de Krasnoë.
MABRU, chef de bat., B. 17 nov. 1812, combat devant Krasnoë.
NANCY, capit., B. 27 nov. 1812, combat de Borisow.
FAURIE, capit., B. nov. 1812, affaire près de Riga (mort en mars 1813).

27 et 28 nov. 1812, aux ponts de la Bérésina.
KOBOLD, capit., B. et D. 27.
JAJOT, capit., B. et D. 28.
BARBIER, capit., T. 28.

28 nov. 1812, bataille de la Bérésina.
ZABERN, capit., B. et D.

POURTHOY, capit., B. et D.
DE BÉRAUVILLE, capit., B.
BARILLON DE MORANGIS, capit., B.

POIREL, major, B. 10 déc. 1812, combat devant Wilna.

10 déc. 1812, combat de Wilna.
DEVANOISE, capit., B. (mort).
BÉLVA, capit., B. (mort le 19 déc.).
BARREAU, capit., B.

13 déc. 1812, à la montée de Kowno.
MABRU, chef de bat., B.
MILLET, capit., B.

LAMY, capit., B. 2 avril 1813, combat de Lunebourg.

2 mai 1813, bataille de Lutzen.
CARON, col., B.
PINGENOT, major, B.
DE BÉRAUVILLE, chef de bat., B.

21 mai 1813, bataille de Würschen.
PINGENOT, major, B.
PION, chef de bat., B.

CARTIER, capit., B. 26 mai 1813, combat de Haynau.
GILLIARD, col., T. 21 juin 1813, bataille de Vittoria.

1813, défense de Saint-Sébastien.
BRION, chef de bat., B. 31 août.
DAUGERAUD, capit., B. 22 juill.
PARY, capit., B. 31 août.
JANNOT, s.-lieut., conducteur, B. 31 août.

26 août 1813, bataille de Dresde.
PRON, chef de bat., T. à la Katzbach.
DE MOUCHY, chef de bat., T.
RICHARD, capit., T.

CHAUVEZ, lieut., B. 26 août 1813, affaire de la Katzbach.
DE GINIBRAL (1), capit., B. 30 août 1813, affaire de Culm.
ODEYER, capit., B. 4 sept. 1813, combat d'Hoschkirchen (Saxe).

---

(1) Lombard de Ginibral.

16 *et* 18 *oct.* 1813, *bataille de Leipzig.*
CHAUVEAU, col., T. 18.
GODEBERT, capit., T. 18.
MOUCHEL, major, B. 16.
DUCLOS DE SAINT-GERMAIN, capit., B. 18.
HEURARD, capit., B. 18.

KLIE, chef de bat., B. oct. 1813, défense de Stettin.
BLACHE, conduct., B. 31 oct. 1813, bataille de Hanau.
CULMANN, capit., B. 6 janv. 1814, défense de Wittenberg.
GORRAIS, capit., B. 6 janv. 1814, défense de Schlestadt.
LEGENDRE, chef de bat., B. 29 janv. 1814, bataille de Brienne.
DAUTY, chef de bat., T. 1ᵉʳ févr. 1814, bataille de La Rothière.
CABROL, capit., B. 9 févr. 1814, combat de Willembourg (Hambourg).

REGUIS, major, B. 21 mars 1814, combat d'Arcis-sur-Aube.
DÉOLE, capit., B. 25 mars 1814, combat de Fère-Champenoise.
COUP, capit., B. 28 mars 1814, défense de Soissons.

10 *avril* 1814, *bataille de Toulouse*
CADET-FONTENAY, col., B.
MORLAINCOURT, chef de bat., B.

16 *juin* 1815, *bataille de Ligny.*
CARBON, lieut., T.
ROBERT, capit., B. (mort le 17).
ROMESTIN, chef de bat., B.

MAGDELAINE, capit., B. 7 juill. 1815, défense du fort l'Écluse (enseveli sous les décombres du fort).

ARTILLERIE A PIED

1ᵉʳ Régiment.

HUOT, lieut., B. 9 oct. 1805, au passage du Danube près de Guntzbourg.

26 *déc.* 1806, *combat de Pultusk.*
DUSSAUSSOY, lieut., B.
SAINT JACQUES, lieut., B.

VILLENEUVE, chef de bat., B. 8 févr. 1807, bataille d'Eylau.

16 *févr.* 1807, *combat d'Ostrolenka.*
DUSSAUSSOY, lieut., B.
SAINT-JACQUES, lieut., B.

VION DE GAILLON, capit., T. 30 avril 1807, au siège de Dantzig.
PASTOUREAU, lieut., B. 14 juin 1807, bataille de Friedland.
NOBLET, lieut., B. 14 juill. 1808, bataille de Medina-del-Rio-Secco.
DRIESSENS, lieut., T. 3 déc. 1808, combat devant Madrid.
RAINDRE, capit., B. janv. 1809, siège de Saragosse.
DAGLIN, capit., B. 15 mars 1809, affaire près de Malaga (Espagne).

21 *et* 22 *mai* 1809, *bataille d'Essling.*
RAINDRE, capit., B. 22.
LINGRE, lieut., B. 21 et 22.

CONVENTZ, lieut., B. 8 juin 1809, à Pont-Vedra (Espagne) (mort le 10).

6 *juill.* 1809, *bataille de Wagram.*
GILLET, lieut., T.
GUIDONNET (A.), capit., B.
GUIDONNET (C.), capit., B.
RAINDRE, capit., B.
CAUSSADE, lieut., B.

DENIS, lieut., T. 28 juill. 1809, bataille de Talavera-de-la-Reyna.
LALLIEZ, capit., B. 13 août 1809, défense de Flessingue.
LAMORRE, lieut., T. 25 juin 1810, siège de Ciudad-Rodrigo.
CAMPS, capit., T. 20 oct. 1810, combat devant Tortose (Espagne).
DUMONT, lieut., B. 1ᵉʳ mars 1811, combat de Chinchilla (Espagne).
FLORENTIN, lieut., T. 6 mars 1811, siège de Cadix.

HÉNON, lieut., B. 9 mars 1811, affaire de Médina-Sidonia (Espagne).
DAVEZAC, lieut., B. 5 mai 1811, bataille de Fuentès-d'Oñoro.

1811, au siège de Badajoz.
ANDRÉ-SAINT-VICTOR, capit., B. 7 mars.
SOLOMIAC, capit., B. 26 mars.
EMY, lieut., B. 1er mars.

DACLIN, capit., T. 1er janv. 1812, en conduisant un convoi de munitions, en Espagne.
ANDRÉ-SAINT-VICTOR, capit., B. 19 janv. 1812, défense de Ciudad-Rodrigo.
COGER, capit., B. 19 janv. 1812, défense de Ciudad-Rodrigo.
CLAUDIN, capit., B. 25 mars 1812, défense de Badajoz.

7 avril 1812, défense de Badajoz.
ANDRÉ-SAINT-VICTOR, capit., T.
GUIRAUD, capit., T.
LOOS, lieut., B.

22 juill. 1812, bataille des Arapiles.
ZARTOR, lieut., B. (mort le 25 nov.).
ZERLAUT, capit., B.
PIRON, lieut., B.

CASTELLINO, lieut., B. 14 août 1812, défense du Retiro (Madrid).

18 août 1812, bataille de Polotsk.
BEAUVAIS, lieut., B. (mort).
SOUHAIT, lieut., B. (mort).
VIALAY, lieut., B. (mort).
LABLOSSIÈRE, capit., B.

18 août 1812, bataille de Smolensk.
GÉRARD, capit., B.
AUDOURY, lieut., B.
DADOLE, lieut., B.
MONNERET, lieut., B. (mort le 11 déc.).

7 sept. 1812, bataille de la Moskowa.
COMYNET, lieut., T.
ROQUEREAU, lieut., D.

CERFBERR, lieut., B. 31 oct. 1812, affaire de Schalzouk (Russie).
GUÉRARD, capit., B. 18 nov. 1812, bataille de Krasnoë.

DANIEL, capit., B. 26 nov. 1812, combat de Borisow (mort).
GÉNY, capit., T. 28 nov. 1812, bataille de la Bérésina.
BOGUREAU, lieut., B. 4 déc. 1812, dans une ferme sur la route de Wilna, par des cosaques (mort).
CERFBERR, s.-lieut., B. 8 déc. 1812, combat devant Wilna.

10 déc. 1812, combat devant Wilna.
DUFOURQ, lieut., B. (mort).
BERGEAUD, lieut., B.
D'HARNOIS, lieut., B.

LAVERNE, lieut., D. le 11 déc. 1812, route de Kowno.
WASSE-SAINTE-MARIE, capit., B. 10 déc. 1812, à Wilna (mort le 12 janv. 1813).
MAZOYER, capit., B. route de Kowno (mort le 11 déc. 1812).
DEGAIN, capit., B. 13 déc. 1812, route de Kowno (mort).
GERDY, col., B. 16 déc. 1812, combat de Kawicz (Pologne) (mort).
PETIT, capit., T. 13 févr. 1813, combat de Kalich (Pologne).

5 avril 1813,
combat près de Magdebourg.
LARMINAT, capit., T.
HUARD, lieut., T.

2 mai 1813, bataille de Lutzen.
DITSCH, capit., B. (mort).
CORRON, capit., B.
ELION, lieut., B.
LEFORESTIER DE VILLENEUVE, capit., B.

20 et 21 mai 1813, batailles de Bautzen et Würschen.
VAN ROMBOURG, lieut., T. 21.
DEMOUGEOT, lieut., B. 20.
ELION DE VILLAFANS, lieut., B. 21.
GRENIER, lieut., B. 21.
HERTZROOD, lieut., B. 21.
LINGRE, lieut., B. 21.

21 juin 1818, bataille de Vittoria.
LEMOYNE DE VILLARZY, capit., B.
PIRON, capit., B.
BRETTE, lieut., B.

DE MONTLIVAULT, lieut., B. nov. 1813, défense de Torgau.

26 août 1813, bataille de Dresde.
MAZERAT, capit., T.
COLSON, capit., B.
CHOQUART, lieut., B.

5 et 6 sept. 1813, bataille de Juterbock.
BLONDOT, capit., T. 5.
BONNEAU, capit., B. 6.

16, 18 et 19 oct. 1813, bataille de Leipzig.
NORGUET, major, B. 18 (mort le 10 nov.).
LEBORGNE DE KERMORVAN, capit., B. 16.
LINGRE, capit., B. 18.
LUC, capit., B. 18.
ADENOT, lieut., B. 18 (mort).
BORNE, lieut., B. 18.
BOMERT, lieut., B. 18 (mort le 7 nov.).

CHOQUART, lieut., B. 19.
GÉRÉMIS, lieut., B. 19.
PICHON, lieut., B. 16.

30 oct. 1813, bataille de Hanau.
SOULÉ, capit., B.
SABOURET, lieut., B.

LUC, capit., T. déc. 1813, défense de Belfort.
COSTE, capit., T. 1er févr. 1814, bataille de La Rothière.

30 mars 1814, bataille de Paris.
ZERLAUT, capit., B.
CLAUX, lieut., B.
DESPEIGNOLLES-LAFAGETTE, lieut., B.

LEMOYNE DE VILLARZY, capit., B. 10 avril 1814, bataille de Toulouse.
PERRIER, lieut., B. 30 juin 1815, défense de Neuf-Brisach.

2º Régiment.

DEMANELLE, col., T. 10 nov. 1805, combat de Caldiero (Italie).

1806, au siège de Gaëte.
THOMASSIN, lieut., B. 10 juill. (mort).
AUGÉ, capit., B. 10 juill.
BEUVELOT, capit., B.
MULLER, capit., B. 5 avril.
ADENOT, lieut., B.
DUMARAIS, lieut., B.
LAFONT, lieut., B. juill.
OUDRY, lieut., B. 12 juill.

NOURY, col., B. 16 févr. 1807, combat d'Ostrolenka.
BERNARD, chef de bat., B. 14 juin 1807, bataille de Friedland.
PRON, capit., B. 16 juin 1808, combat devant Messine.
DORVAL, capit., B. 2 janv. 1809, affaire de Castillon (Espagne).
RADOULT, lieut., T. 24 avril 1809, combat de Neumarck.

14 juin 1809, bataille de Raab.
BROSSARD, capit., B.
FOUX, lieut., B.

5 et 6 juill. 1809, bataille de Wagram.
BOURCERET, lieut., B. (mort le 7).
CLÈRE, capit., B. 5.

RENOUX, capit., B. 11 juill. 1809, bataille de Znaïm.

1809, au siège de Girone.
BERNARD, chef de bat.,
CHANDON, lieut., B. 27 juin.
CHANDON, lieut., B. 22 juill.

PRON, capit., B. 12 juin 1810, défense de l'île de Capri (Naples).
BOUQUERO, capit., B. 15 juill. 1811, en Espagne, dans une reconnaissance.
CONNY, capit., B. 14 mars 1812, entre Valladolid et Toro, en Espagne (mort le 15 avril).
SOLOMIAC, capit., B. 19 et 25 mars 1812, en conduisant un convoi, en Espagne.
BOUQUERO, capit., B. 5 mai 1812, combat contre des guérilleros en Espagne.
DOYER, capit., B. 17 juin 1812, par des contrebandiers, en Catalogne.

STÉPHANE, capit., B. 18 juin 1812, défense du fort de Salamanque.
THIOLLIER, capit., B. 26 juill. 1812, combat d'Ostrowno.
GYSENHART, lieut., T. 3 août 1812, défense de Corfou.

7 sept. 1812, bataille de la Moskowa.
DUMOTET, lieut., T.
MAILLARD, capit., B. (mort).
SALOMON, lieut., B. (mort).
VINCENT, lieut., B. (mort).
BABILLOTTE, lieut., B.
KYVERN, lieut., B.

24 oct. 1812, bataille de Malojaroslawetz.
DUBIER, capit., B.
DAVID, lieut., B.
FORESTIER, lieut., B. (mort).
LABAUME, lieut., B.
RIGAL, lieut., B.

YVES, capit., B. 3 nov. 1812, combat de Wiasma.
LEPINET, capit., B. 10 nov. 1812, combat en avant de Smolensk.
FILLEY, lieut., B. 18 nov. 1812, bataille de Krasnoë.

28 nov. 1812, aux ponts de la Bérésina.
BARLET, capit., B. (mort).
MOREL, lieut., B. (mort).
MARCOU, lieut., B. et D.

THIOLLIER, capit., B. 9 déc. 1812, route de Wilna (mort le 12).
FOUX, capit., B. 10 déc. 1812, combat devant Wilna (mort).
MILLIOUX, lieut., B. 10 déc. 1812, combat devant Wilna (mort).
FLOQUET, capit., B. 11 déc. 1812, par des cosaques, dans les rues de Wilna (mort).
JOLIVET DE RIENCOURT, lieut., B. 5 janv. 1813, à Kœnigsberg.

2 mai 1813, bataille de Lutzen.
CHANTRON, capit., B.
KÉRIZOUET, capit., B.

VALNET, capit., B.
BASTIDE, lieut., B.
BOUCHET, lieut., B.

20 et 21 mai 1813, batailles de Bautzen et Würschen.
BOUCHET, capit., T. 21.
BABILLOTTE, lieut., T.
RESTIGNAT, capit., B. 21 (mort le 8 juin).
CHANTRON, capit., B.
LÉCUYER, lieut., B.
RIVALTA, lieut., B. 20.

BROILLIARD, lieut., B. 30 mai 1813, affaire près d'Halberstad.
KÉRIZOUET, capit., B. 26 août 1813, bataille de Dresde.

6 sept. 1813, bataille de Juterbock.
LEMASSON, capit., T.
FILLEY, lieut., B.

16 et 18 oct. 1813, bataille de Leipzig.
HENOU, capit., T. 18.
PICHOIS, capit., T. 16.
MOREL, capit., B. 16.
BARON, lieut., B. 18.
YERNAUT, lieut., B. 18.

19 nov. 1813, combat de Caldiero.
BENOIT, capit., T.
RIBEREAU, lieut., B. (mort le 21).

MOUZIN, capit., T. 1ᵉʳ févr. 1814, bataille de La Rothière.
MAIRE, lieut., B. 27 févr. 1814, dans une surprise par des cosaques.
HEUDELET, lieut., T. 20 mai 1814, défense de Thionville.

16 juin 1815, bataille de Ligny.
MEUNIER, capit., T.
CARBON, lieut., T.

20 juin 1815, combat devant Namur.
LECORBEILLER, capit., B.
DUPONT, lieut., B.

3° Régiment.

BRITCHER, lieut. A.-M., B. 2 déc. 1805, bataille d'Austerlitz (mort le 25 sept. 1806).
VAQUIER, lieut., B. 8 févr. 1807, bataille d'Eylau (mort le 26 mars).
BENOIST, capit., B. 8 févr. 1807, bataille d'Eylau.
GAYET-LAROCHE, lieut., B. 19 juill. 1808, bataille de Baylen (mort le 3 sept.).

4 août 1808, attaque de Saragosse.
BRUEL, capit., T.
DEVILLERS, lieut., T.
MÉTHIAT, lieut. A.-M., B.

21 août 1808, bataille de Vimeiro (Portugal).
DEJORT, lieut., T.
FOLTZ, capit., B.

1809, siège de Saragosse.
VECTEN, lieut., T. 16 févr.
FRESNEL, lieut., B. 13 janv.
LERICHE, lieut., B. févr.

COTTIN, lieut., T. 29 avril 1809, combat près d'Amarante (Portugal).

6 juill. 1809, bataille de Wagram.
DARDENNES, chef de bat., T.
MARTIN, chef de bat., B. (mort le 14).

1809, au siège de Girone.
COLSON, lieut., T. 10 août.
JORY, lieut., T. 15 août.
GODARD, capit., B. 15 août (mort le 8 oct.).
COLLET, capit., B. 18 août.
LEFÉBURE, capit., B. 20 juin.
SANQUAN, capit., B. 20 juin.
LANDRIEUX, lieut., B. 21 juill.
MATHIEU, lieut., B. 8 juill.

FRESNEL, lieut., T. 19 nov. 1809, combat près de Jacca (Espagne).
GOURDIN, capit., B. 9 févr. 1810, combat dans les Asturies.
BRASDOR, capit., T. 13 mai 1810, au siège de Lérida.

HUSSON, chef de bat., B. 27 juin 1810, au siège de Ciudad-Rodrigo.
GIRAUD, lieut., T. 6 juill. 1810, au siège de Ciudad-Rodrigo.
BIGAULT DE FOUCHÈRES, lieut., B. 27 juill. 1810, combat devant Pampelune.
DAVEZAC, lieut., B. 20 août 1810, au siège d'Almeïda.

1810, au siège de Tortose.
GUYARDIN, lieut., T. 27 nov.
DUVAL, capit., B. 26 déc.

Mai et juin 1811, siège de Tarragone.
COLLET, capit., T. 19 juin.
DELAPORTE, capit., B. 23 juin.
DOYER, capit., B. juin.
LEMOINE, capit., B. 16 juin.
BESSE, lieut., B. 28 juin.
HACQUART, lieut., B. juin.
LACLOCHE, lieut., B. 27 juin.
MAYBAUME, lieut., B. juin.

MOUR, chirurg. A.-M., B. 30 avril 1812, en escortant des blessés à Tamara (Espagne).
DOYER, capit., B. nov. 1811, au siège de Méquinenza.
GIROULT, capit., D. le 6 avril 1812, à l'assaut de Badajoz par les Anglais.
GARIEL, capit., B. 22 juill. 1812, bataille des Arapiles.
MALET, lieut., B. oct. 1812, défense de Burgos.

3 oct. 1812, affaire dans les défilés de Salinas.
DYVINCOURT, capit., B.
GARIEL, capit., B.

DAVEZAC, lieut., B. 24 oct. 1812, au pont de Torquemada.
MALET, capit., B. 31 août 1813, défense de Saint-Sébastien.

30 août 1813, affaire de Culm.
LAMOURDEDIEU, capit., B. (mort le 18 sept.).
LEGRAND, capit., B.

De Sotomayor, lieut., B.

16 *et* 18 *oct.* 1813, *bataille de Leipzig.*
Roussel, lieut., T. 18.
Giraud, lieut., T. 19.
Semelet, capit., B. 16.
Bichet, lieut., B. 16.

Mauroumecq, lieut., B. 30 oct. 1813, bataille de Hanau.

Maybaume, capit., B. 5 nov. 1813, défense de Tortose.

30 *mars* 1814, *bataille de Paris.*
Larouré, capit., B.
Claux, lieut., B.
Edouard, lieut., B.

Lafite, lieut., B. 10 avril 1814, bataille de Toulouse.

4° Régiment.

Lambert, lieut., B. 14 avril 1806, siège de Gaëte.
Guérin, lieut., B. 3 déc. 1808, combat devant Roses (Catalogne).
Mangelle, capit., B. 16 avril 1809, bataille de Sacile.
Chancel, capit., B. 19 avril 1809, combat de Thann.
Chancel, capit., B. 22 mai 1809, bataille d'Essling.
Vendeling, capit., B. 14 juin 1809, bataille de Raab.

6 *juill.* 1809, *bataille de Wagram.*
Dérivaux, capit., B.
Dumas-Culture, lieut., B.

1809, *siège de Girone.*
Vendeling, capit., B.
Lacoste, capit., B.
Martin, lieut., B. 8 juill.
Millet, lieut., B.
Villemin, lieut., B. 19 sept.
Chandon, lieut., B. 27 juin et 22 juill.

Leclerc, capit., B. 14 sept. 1810, dans une reconnaissance en Espagne.
Civoct, lieut., B. 16 sept. 1810, affaire près de Palamos.
Degennes, col., T. 26 oct. 1810, au siège de Cadix.
Curnillon, lieut., B. 10 avril 1811, au blocus de Figuières.
Hermann, chef de bat., T. 7 sept. 1812, bataille de la Moskowa.
Duchemin, capit., B. 24 oct. 1812, bataille de Malojaroslawetz.

16 *nov.* 1812, *bataille de Krasnoë.*
Levie, lieut., B. et D.
Duchemin, capit., B.

28 *nov.* 1812, *aux ponts de la Bérésina.*
Spanzotti, capit., B.
Vongoess, lieut., B.

Hurard, lieut., B. 2 mai 1813, bataille de Lutzen.

21 *mai* 1812, *bataille de Würschen.*
Cabasset, capit., B.
Morlot, lieut., B. 20.
Devillers, lieut., B.
Magdelaine, lieut., B.

Magdelaine, lieut., B. 28 mai 1813, affaire d'Hoyerverda.
Cabasset, capit., B. 26 août 1813, bataille de Dresde.
Delaire, lieut., B. 5 sept. 1813, combat de Dennewitz.
Magdelaine, lieut., B. 6 sept. 1813, bataille de Juterbock.
Lamy, capit., T. 7 sept. 1813, combat près de Juterbock.

16 *et* 18 *oct.* 1813, *bataille de Leipzig.*
Fourcade, capit., T. 18.
Girondelle, capit., B. 19 (mort).
Court, capit., B. 18 (mort le 23 nov.).
Jaubert, capit., B. 16 (mort le 23).
Mars, capit., B. 18.
Ory, capit., B. 18.
Cotte, capit., B. 18.
Fessary, lieut., B. 18.

PAUSET, lieut., T. 19 oct. 1813, sur le pont de Leipzig.
BOURGEOIS, lieut., B. 30 oct. 1813, bataille de Hanau.

30 mars 1814, *bataille de Paris.*
REYNARD, lieut., B.

CAUVIN, lieut., B.

MARÉCHAL, lieut., B. 13 avril 1814, combat de la Sturla (Gênes).
CHANDON, major, T. 18 juin 1815, bataille de Waterloo.

5º Régiment.

2 *déc.* 1805, *bataille d'Austerlitz.*
DOUZON, lieut., T.
BROCARD, lieut., B.

8 *févr.* 1807, *bataille d'Eylau.*
DERRION, lieut., T.
BROCARD, lieut., B. (mort le 14).
WASSERVAS, major, B.
AUMONT, lieut., B.
CASSE, lieut., B.
OUDIN, lieut., B.

Mai 1807, *siège de Dantzig.*
SCHEFFER, capit., B.
DUPERCHE DE MESNILHATON, lieut., B.

ALBIAT, capit., T. 29 juin 1807, au siége de Graudentz.
GRUAU, capit., B. juill. 1807, au siège de Stralsund.

1809, *siège de Saragosse.*
TUGNOT DE LANOYE, lieut., B. 2 janv.
HAYE, capit., B. 17 févr.

22 *mai* 1809, *bataille d'Essling.*
GAGNIER, capit., T.
MANGEL, lieut., B.
SCHUSTER, capit., B.

6 *juill.* 1809, *bataille de Wagram.*
FRESSON, chef de bat., B. (mort le 9).
GROSJEAN, capit., B. (mort le 8).
BARREY, capit., B.
BRETON, lieut., B.
CHÉRIOT, lieut., B.
LOOS, lieut., B.
MASSIAS, lieut., B.
CHERRIER, lieut., B.

FRUCHARD, chef de bat., B. 19 nov. 1809, bataille d'Ocaña.

Juin 1810, *au siège de Ciudad-Rodrigo.*
LEGAGNEUR, lieut., B.
AUGÉ, capit., B.

BERNARD, capit., B. 30 déc. 1810, siège de Tortose.

1811, *siège de Badajoz.*
MUNIER, capit., T. 1ᵉʳ mars.
JACQUOT, capit., B. 6 mars (mort le 14).
LEVASSEUR, capit., B. 10 févr.
BRUTILLOT, lieut., B. 11 mars.
MONGNIARD, lieut., B. 7 févr.

HAYE, capit., B. 11 mai 1811, défense d'Almeïda.
CROUZET, capit., B. 21 juin 1811, siège de Tarragone (mort le 3 sept.).
REGNARD, lieut., B. janv. 1812, défense de Badajoz.
RIMEL, lieut., B. 26 mars 1812, défense de Badajoz.

18 *août* 1812, *bataille de Smolensk.*
DUBOY, lieut., B. (mort).
LALLEMANT, lieut., B. (mort).
REGNARD, lieut., B.

7 *sept.* 1812, *bataille de la Moskova.*
JONIOT, capit., B. (mort).
DUBOY, lieut., B. (mort le 29).
EDOUARD, lieut., B. (mort).
REGNARD, lieut., B. (mort).
ROBERT, capit., B.

KIFFERT, chef de bat., noyé le 15 nov. 1812, pendant la retraite.
LEMOINE, lieut., B. 18 nov. 1812, combat de Krasnoë.

27 nov. 1812, *combat de Borisow.*
LEVASSEUR, capit., B.
GROS, lieut., B.
MENOT, lieut., B.
MORISOT, lieut., B. et D.

Du 10 au 13 déc. 1812, pendant la retraite.
BERGERET, capit., T. 11.
DARIDAN, lieut., T. 10.
GRAS, lieut., D. 13.

GARDEUR-LEBRUN, lieut., B. 6 déc. 1812, à Osmiana (Pologne).
GRIFFET-LABAUME, lieut., B. et D. le 10 déc. 1812, à Wilna.

2 mai 1813, bataille de Lutzen.
LEGAY, chef de bat., T.
DESJARDINS, lieut., T.
BIDOT, capit., B.

VARNIER, capit., B. 30 mai 1813, combat d'Halberstadt.
BRIARD, lieut., B. 19 août 1813, combat de Lowenberg.
DESTOUCHES, capit., T. 23 août 1813, passage du Bober.
JACQUES, lieut., B. 26 août 1813, bataille de Dresde.
HEUZÉ, capit., B. et noyé, le 26 août 1813, en traversant le Bober.

26 août 1813, affaire de la Katzbach.
LEMAIRE, capit., B.
CHATEAURENAUD, lieut., B.

16, 18 et 19 oct. 1813, bataille de Leipzig.
LAURENT capit., T. 19.
MAROTTE, lieut., T. 18.
DUCROT DE SAINT-GERMAIN, capit., B. 16 (mort).
CATOIRE, capit., B. 18.
DE SAINTE-MARIE, capit., B. 18.
AUBERT-VINCELLES, lieut., B. 18.
DUCHERAND, lieut., B. 18.
DUHESME, lieut., B. 18.
EDME, lieut., B. 19 et D.
FERNEL, lieut., B. 18.
LACHASSE, lieut., B. 18.
MERCIER, lieut., B. 16.

MICHAUD, capit., B. 29 nov. 1813, combat de Remheim.
BÉRARD, lieut., B. 27 févr. 1814, combat de Bar-sur-Aube.
DESEYFF, capit., B. 20 mars 1814, combat d'Arcis-sur-Aube.
DELESVAUX, chef de bat., B. 30 mars 1814, bataille de Paris.
CHAPUIS, lieut., B. 16 juin 1815, bataille de Ligny.

6ᵉ Régiment.

GUERRIN, chef de bat., T. 1ᵉʳ mai 1807, au siège de Neiss.

21 août 1808, bataille de Vimeiro (Portugal).
SCHAFFER, capit., B.
BEAUFRÈRE, lieut., B.
LEDILAIR, lieut., B.

1809, au siège de Saragosse.
GARDECHAUX, capit., B.
HULOT, capit., B. 3 févr.

MALLET, capit., B. 2 févr. 1809, défense de la Martinique.
OSELLA, capit., T. 21 avril 1810, au fort de Matorgada (Cadix).

LEMOINE, lieut., B. avril 1810, siège d'Astorga.

1810, au siège de Ciudad-Rodrigo.
BEAUMÉNIL, capit., T. 1ᵉʳ juill.
GIRARD, capit., T. 6 juill.
FINANCE, lieut., T. 4 juin.

DE BIGAULT DE FOUCHERS DE GRANDRUT, lieut., B. 27 juill. 1810, combat près de Pampelune.
DAMENS, lieut., B. 14 août 1810, défense de l'Ile de France.
LEMOINE, lieut., B. 23 août 1810, au siège d'Almeïda.
BOURGEOIS (H.), capit., T. 3 mai 1811, devant Figuières.

1811, *au siège de Badajoz.*
GRANDJEAN, lieut., T. 19 févr.
LAMBERT, chef de bat., B.

CLOQUEMIN, lieut., B. 5 mai 1811, bataille de Fuentès-d'Oñoro.
ESPÉRONNIER, lieut., B. mai 1811, siège de Campo-Mayor.

16 *mai 1811, bataille de la Albuhera.*
QUIROT, capit., B.
HAMELIN, lieut., B.

1811, *au siège de Tarragone.*
CUVELIER, capit., B. 20 juin.
OCHER-BEAUPRÉ, capit., B. 2 juin.

1812, *défense de Ciudad-Rodrigo.*
JACOMET, capit., T.
ALEXANDRE, capit., B. 19 janv.
COLLIOT, lieut., B. 19 janv.
ROMAIN, lieut., B.

BAILLOT, lieut., T. 3 févr. 1812, défense de Péniscola (Espagne).

29 *mai 1812, devant Cadix.*
HUGON, capit., B.
CLOQUEMAIN, lieut., B.

BESAUCÈLE, capit., B. 31 juill. 1812, par un parti de cosaques, à Nitcha (Russie).

7 *sept. 1812, bataille de la Moskowa.*
AUDOUIN, capit., B. (mort).
AUVINET, lieut., B. (mort).
BLAUX, capit., B.

STEVAUX, lieut., B. 12 nov. 1812, devant Salamanque.
WÈBRE, capit., B. 16 nov. 1812, bataille de Krasnoë (mort).
LAIR, chef de bat., T. 2 mai 1813, bataille de Lutzen.

BOUCHER, lieut., T. 21 mai 1813, bataille de Würschen.
HUGON, capit., B. 23 juill. 1813, défense de Saint-Sébastien.
BOUQUET, capit., T. 2 août 1813, défense de Saragosse.

26 *et* 27 *août* 1813, *bataille de Dresde.*
RAIGE, lieut., T. 27.
LESBAUPIN, capit., B. 26.

GAFFIOT, lieut., B. 30 août 1813, affaire de Culm.
DE MONTBOIS, lieut., B. 18 oct. 1813, bataille de Leipzig.
JOLY, lieut., B. 26 févr. 1814, défense de Bayonne.
VALHAUSEN, lieut., B. 3 mars 1814, combat du pont de la Guillotière, près Troyes.
DARRIBAU, lieut., B. 8 mars 1814, défense de Berg-op-Zoom.
RESTOUT, capit., T. 9 mars 1814, combat de la Ferté-sous-Jouarre.

25 *mars* 1814,
combat de Fère-Champenoise.
RAPATEL, capit., B.
DESROCHES, lieut., B.

BIBER, lieut., B. 30 mars 1814, bataille de Paris.
MOURIN D'ARFEUILLE, lieut., B. 16 juin 1815, bataille de Ligny.

18 *juin* 1815, *bataille de Waterloo.*
RICHARD, capit., B.
DURAND, lieut., B. et D.
CORRARD, lieut., B.
BARRÉ, lieut., D.
LANGAUDIN, lieut., B.
PARRET, lieut., B.

7ᵉ Régiment.

CHEVANNE, capit., B. 2 déc. 1805, bataille d'Austerlitz.
MIQUEL, lieut., T. 14 oct. 1806, bataille d'Iéna.

ROMESTIN, lieut., B. mai 1807, au siège de Dantzig.

14 *juin* 1807, *bataille de Friedland.*
BICQUILLY, col., B.
LAFIZELIÈRE, lieut., B.

HOUOT, capit., T. 1ᵉʳ févr. 1808, siège de Reggio (Calabre).
SERVANTI, lieut., B. 14 juill. 1808, devant Figuières.
LIBY, lieut., B. 10 nov. 1808, bataille d'Espinosa.
BONNEAU, capit., B. 23 avril 1809, combat devant Ratisbonne.

22 *mai* 1809, *bataille d'Essling.*
SOUPLET, lieut., B. (mort le 28).
GERDY, major, B.
BONNEAU, capit., B.

NOEL, capit., T. 25 mai 1809, devant Stralsund, par les partisans de Schill.

6 *juill.* 1809, *bataille de Wagram.*
PERROT, capit., T.
GARDIEN, capit., B.
BONNEAU, capit., B.
MARULLIER, capit., B.
UNI, capit., B.
POULET, capit., B.
HENRY, lieut., B.
DE MAINVILLE, lieut., B.

1809, *au siège de Girone.*
RAGMEY, capit., B. 22 juill. (mort le 4 août).
CHARLET, capit., B. 24 août.
SERVANTI, lieut., B.

JAMET, capit., assassiné le 7 mai 1810, en rade de Cadix.
BESSER, lieut., B. 22 avril 1810, au siège d'Astorga.
BERRY, capit., B. 24 mai 1811, au siège de Tarragone.

26 *mai* 1811, *au siège de Tarragone.*
BAUDART, capit., B.
GÉLIBERT DES SÉGUINS, capit., B.

STEVAUX, lieut., B. 22 juill. 1812, bataille des Arapiles.
ROY, lieut., B. 23 juill. 1812, combat de Mohilew (Russie).

VAN-GISSEN, lieut., T. 17 août 1812, devant la porte de Smolensk.

7 *sept.* 1812, *bataille de la Moskowa.*
TARDU, lieut., T.
SAINT-BRESSON, capit., B (mort).
D'HARDIVILLIER (C.), capit., B. (mort).
FAVIER, lieut., B. (mort).
LAVALLÉE, lieut., B. (mort).
PROMET, lieut., B. (mort).
VATRIN, lieut., B. (mort le 20 sept.).
COURANT, lieut., B. (mort).
MALAVILLERS, capit., B.
GARDIEN, capit., B. et D.
DAUVET, lieut., B.

STERN, capit., B. 18 oct. 1812, combat devant Polotsk.
STEVAUX, lieut., B. 12 nov. 1812, combat devant Salamanque.
DE COSTER, capit., B. et D., 27 nov. 1812, combat devant Borisow.

28 *nov.* 1812, *bataille de la Bérésina.*
CENTRAL, lieut., T.
JANSEN, lieut., B. et D.
JARSON, lieut., B.

MEYER, lieut., B. et D. le 28 nov. 1812, aux ponts de la Bérésina.
D'HARDIVILLIER (E.), capit., B. et D. le 4 déc. 1812, près de Smorgoni.

10 *déc.* 1812, *combat devant Wilna.*
DARGILLY, capit., B. (mort).
DESMARAIS, lieut., B. (mort).
GRUCY, capit., B. et D.

ORANGE, capit., B. 12 déc. 1812, combat près de Kowno (mort).
MASSON, capit., B. et D. le 13 déc. 1812, par des cosaques, près de Kowo.n
GRESSET, capit., B. 1ᵉʳ janv. 1813, à Labiau (mort le 9 avril 1813).
LIBY, capit., B. 13 févr. 1813, combat de Kalisch (Pologne).

21 *mai* 1813, *bataille de Würschen.*
MARS, capit., B.
VATHAIRE, capit., B.
AURISCOTE-DELAFARQUE, lieut., B.

POINSOT, capit., B. et D. le 21 juin 1813, bataille de Vittoria.

27 *août* 1813, *bataille de Dresde.*
PHILIPPE, lieut., B. (mort le 18 sept.).
AURISCOTE-DELAFARQUE, capit., B.

CLAUDE, lieut., B. 30 août 1813, affaire de Culm.
GORSSE, capit., B. 31 août 1813, défense de Saint-Sébastien.
WATHAIRE, capit., B. 6 sept. 1813, bataille de Juterbock.
BRONGNIART, lieut., T. 14 oct. 1813, combat près de Leipzig.

18 *oct*. 1813, *bataille de Leipzig.*
VATHAIRE, capit., B.

DEGAIN, lieut., B.
DELAMONNERAYE, lieut., B.
DONAVAL, lieut., B.
TISSERAND, lieut., B.

MICHAUD, capit., B. 29 nov. 1813, défense de Nimègue.
LAPÈNE, capit., B. 13 déc. 1813, combat devant Bayonne.
HOUBRE, capit., B. 13 janv. 1814, défense de Wittenberg.
DAMOUREAU, lieut., T. 7 mars 1814, bataille de Craonne.

10 *avril* 1814, *bataille de Toulouse.*
LAPÈNE, capit., B.
RIPAILLE, lieut., B.

8ᵉ Régiment.

WATIGNY, capit., B. 23 mai 1808, défense de Santo-Domingo (Antilles).
CAMPION, capit., B. 20 févr. 1809, défense de Santo-Domingo (Antilles).
LALLIER, chef de bat., B. 26 janv. 1809, au siège de Saragosse.

22 *mai* 1809, *bataille d'Essling.*
AUBRY, col., B.
DESCHAMPS, chef de bat., B.

GARNIER, lieut., B. 29 mai 1809, affaire près de Talavéra-de-la-Reyna.
ANDRÉ, capit., T. 24 juin 1809, combat devant Presbourg.

6 *juill.* 1809, *bataille de Wagram.*
FERRY, capit., T.
BARRILLOT, lieut., T.

VUILLECARD, capit., B. 11 juill. 1809, bataille de Znaïm (mort le 15).
PIDANCET, capit., B. 11 août 1809, bataille d'Almonacid.
COQUÉ, capit. A.-M., T. 16 août 1809, dans la batterie Sainte-Marguerite, près Anvers.
GIBON, lieut., T. 16 août 1809, près de Terneuse (dans une batterie de côtes).

CARON, major, B. sept. 1809, affaire de Saint-Jacques, en Galice.
GIBON, lieut., assassiné le 17 oct. 1809, près d'Alcazar-de-Saint-Juan (Espagne).
GERMAIN, capit., B. 21 déc. 1809, au Sud-Beveland (dans une batterie de côtes).
DOLINIER, chef de bat., B. 30 juin 1810, siège de Ciudad Rodrigo.
PIÑONDELLE, capit., B. 26 oct. 1810, devant Cadix (mort le 27).
GENTIL, lieut., B. 5 mars 1811, bataille de Chiclana.
LETOURNEUR, capit., B. juin 1811, siège de Tarragone.
LETOURNEUR, capit., assassiné le 29 nov. 1811, près de Pampelune.

7 *sept.* 1812, *bataille de la Moskowa.*
FRADIEL, capit., T.
DUGUET, capit., B. (mort).
PIEDFER, capit., B. (mort).
GEOFFROY, lieut., B. (mort le 14 déc.).
LAVILLETTE, capit., B.
LOUTRE, lieut., B.

16 *nov*. 1812, *combat devant Krasnoë.*
MARTIN, capit., B. (mort).
LAVILLETTE, capit., B.

PARGOIRE, lieut., B. 17 nov. 1812, bataille de Krasnoë.
LEGUAY DE LA VIGNE, lieut., D. le 20 nov. 1812, pendant la retraite (Russie).
SIBILLE, chef de bat., B. 27 nov. 1812, combat de Borisow.
BURGALA, capit., B. 28 nov. 1812, bataille de la Bérésina (mort le 10 févr. 1813).

---

28 nov. 1812, *aux ponts de la Bérésina.*
CUNIER, capit., B. (mort).
LAFITTE, lieut., B. (mort).
BOUVARD, capit., B.
DEVIEFVILLE, lieut., B. et D.

PINFENTEL, lieut., B. 30 nov. 1812, aux ponts de la Bérésina (mort le 3 janv. 1813).
BERTRAND, chirurg.-S.-A.-M., B. 30 nov. 1812, pendant la retraite de Russie.
LOUTRE, lieut., B. et D. le 6 déc. 1812, près d'Osmiana.
DEGRAVIER, lieut., B. et D. le 10 déc. 1812, devant Wilna.
LAVILLETTE, capit., B. 16 déc. 1812, près de Kowno.
BOUVARD, capit., B. 2 févr. 1813, en combattant contre des cosaques, près de Thorn (mort le 4).

---

2 *avril* 1813, *combat de Lunebourg.*
PARISET, capit., B.
NICOLAÏ, lieut., B.
BOUGEREL, lieut., B.

COMPIAN, capit., B. 2 mai 1813, bataille de Lutzen.
CAYOT, capit., T. 11 mai 1813, siège de Castro-Urdiale (Espagne).
TRIPP, chef de bat., B. 21 mai 1813, bataille de Würschen.
CARDET, lieut., T. 23 août 1813, combat de Gross-Beeren.

26 *août* 1813, *bataille de Dresde.*
RENAUDOT, capit., T.
AMPT, capit., T.
GUIDON, capit., B.
LESAUVAGE, lieut., B.
PARGOIRE, lieut., B.

DELCAMBRE, lieut., B. 30 août 1813, affaire de Culm.
DUHAMEL, capit., B. 31 août 1813, défense de Saint-Sébastien.
EMMERY, lieut., B. 13 sept. 1813, combat devant Pampelune.
PINEL, lieut., B. 13 oct. 1813, combat de Sarre.

---

16 *et* 18 *oct.* 1813, *bataille de Leipzig.*
ROLLANDY, lieut., T. 16.
TRIPP, chef de bat., B. 16.
SIMÉON, lieut., B. 18.

GENTA, capit., B. 15 janv. 1814, à l'île de Willenbourg, près Hambourg.
MARDOCHÉ, lieut., B. 13 janv. 1814, défense d'Anvers.
ANDRÉ, capit., T.   1814, défense de Phalsbourg.
BLONDET, capit., B. 22 févr. 1814, combat de Méry (mort le 25).

---

9 *mars* 1814, *bataille de Laon.*
BOBILLOT, capit., B.
HUBERT, lieut., B.

TILLIARD, lieut., B. 30 mars 1814, bataille de Paris.

---

18 *juin* 1815, *bataille de Waterloo.*
FROMENTIN, lieut., B. (mort).
PARISET, capit., B.
MAZÉ, lieut., B.
DELCAMBRE, lieut., B.

---

21 *juin* 1815, *combat d'Auray.*
MORHAIN, capit., B.
NOIZET-SAINT-PAUL, lieut., B.

9ᵉ Régiment (1).

18 *août* 1812, *bataille de Smolensk.*
Mossel, capit., B.
Van Glansbeck, capit., B.
Bullot, lieut., B.

18 *août* 1812, *bataille de Polotsk.*
De Sitter, lieut., B. (mort).
Stegman, capit., B.
De Koock, capit., B.
Goupil, lieut., B.

7 *sept.* 1812, *bataille de la Moskowa.*
Godard, lieut., B. et D.
Baulu, lieut., B. (mort).
Bode, col., B.
Pariset, chef de bat., B.
Mossel, capit., B.
Steinmetz, capit., B.
Van Woestenberg, capit., B.
Muller, lieut., B.
Bernard de Crevechamp, lieut., B.
Abbrings, lieut., B.

12 et 13 *nov.* 1812, *affaires devant Smolensk.*
Van Winter, capit., D.
Rapp, lieut., B. (mort).
Renoir, lieut., B. (mort).
Paravicini, lieut., D.
Muyssard, lieut., D.
Hermans, capit., B.
Wynands, lieut., B.

16 *nov.* 1812, *combat devant Krasnoë.*
Delessart, lieut., B. (mort).
Van Glansbeck, capit., B.

28 *nov.* 1812, *aux ponts de la Bérésina.*
Steinmetz, capit., B. et D.
Stegman, capit., B. et D.
Blanchin, lieut., B. et D.
Wal, lieut., B. (mort).

(1) Ex-régiment d'artillerie à pied hollandais; passé au service de France en 1810.

Delagrye, lieut., B. (mort).
Bernard de Crevechamp, lieut., B. (mort).
Pariset, chef de bat., B.
Mossel, capit., B.
Guddenus, capit., B.
Lambert, capit., B.
Duroyer, lieut., B.
Delaval, lieut., B.
Ross, lieut., B.
Kraayenhoff, lieut., B.

Van Woestenberg, capit., B. 10 déc. 1812, devant Wilna (mort le 10 janv. 1813).
Pariset, chef de bat., B. 5 avril 1813, affaire près de Magdébourg.

2 *mai* 1813, *bataille de Lutzen.*
De Mainville, capit., B.
Watigny, capit., B.
Moreau, lieut., B.

30 *août* 1813, *affaire de Culm.*
Reyser, capit., B.
Leville, lieut., B.
Vériot, lieut., B.

16 et 18 *oct.* 1813, *bataille de Leipzig.*
Trip, chef de bat., B. 18.
De Mainville, capit., B. 16.
Fenouillot, capit., B. 18.
Neuville, lieut., B. 18 (présumé mort).
Thouvenin, lieut., B. 18.
Wynands, lieut., B. 18.

Raulin, capit., B. 29 oct. 1813, combat devant Hanau.
Barbier, capit., B. 30 oct. 1813, bataille de Hanau.
Mallet, lieut., T. 1ᵉʳ févr. 1814, bataille de la Rothière.
Renon, lieut., B. 17 févr. 1814, combat de Bar-sur-Aube.

ARTILLERIE A CHEVAL

1ᵉʳ Régiment.

Cullet, capit., B. 23 oct. 1806, combat en Calabre.

6 juill. 1809, bataille de Wagram.
Dumont, capit., T.
Gillet, lieut., T.
Mathieu, capit., B.

Duchand, chef d'escad., B. 1ᵉʳ déc. 1811, devant Valence.

7 sept. 1812, bataille de la Moskowa.
Hoogerwaard, capit., T.
Mazeran, lieut., T.
Richy, capit., B.
Paravacini de Capelli, lieut., B.
Poucheux, lieut., B.
Schmitt, lieut., B.
Mayol de Luppé, lieut., B.

Gaëti, chirurg. A.-M., T. 28 nov. 1812, aux ponts de la Bérésina.
Richy, capit., B. 10 déc. 1812, combat devant Wilna.
Thiry, lieut., B. 4 mai 1813, en Saxe (en avant de Lutzen).

26 août 1813, bataille de Dresde.
Duchemin, capit., B.

Saint-Laon, lieut., B.

Forgeot, chef d'escad., B. 30 août 1813, affaire de Culm.
Duchemin, capit., B. 1ᵉʳ sept. 1813, combat de Gorlitz.
Rivocet (1), lieut., B. 16 sept. 1813, à Goerde, près Hambourg (mort).
Vaudrey, capit., B. 27 sept. 1813, à Grossen-Hayen (Saxe).

16 et 18 oct. 1813, bataille de Leipzig.
Duchand, chef d'escad., B. 18.
Morel, capit., B. 16.
Vaudrey, capit., B. 18.
Ribeyrol, lieut., B. 18.

Tortel, capit., B. 21 oct. 1813, affaire des Salines de Kœser.
Tortel, capit., B. 1ᵉʳ févr. 1814, bataille de La Rothière.

30 mars 1814, bataille de Paris.
Gayraud, lieut., B.
Herpin, lieut., B.

(1) Godard de Rivocet.

2ᵉ Régiment.

Levavasseur, lieut., B. 2 déc. 1805, bataille d'Austerlitz.
Coger, lieut., B. 16 oct. 1806, combat en avant d'Iéna.

14 juin 1807, bataille de Friedland.
Forno, col., T.
Georges, lieut., B. (mort le 14 juill.).

Desjobert, lieut., B. mars 1809, affaire dans un défilé, en Espagne.
Saint-Vincent, capit., B. 18 févr. 1809, siège de Saragosse.
Saint-Vincent, capit., B. 7 mai 1809, combat sur la Piave (Italie).

22 mai 1809, bataille d'Essling.
Schweighauser, lieut., B. (mort).
Delpire, capit., B.

Brasseur, capit., B. 23 mars 1809, combat de Santiago (mort le 31).

20 févr. 1810, combat de Vich (Catalogne).
Simonin, capit., B.
Delamare, lieut., B.

Delpire, chef d'escad., B. 25 juin 1810, siège de Ciudad-Rodrigo.
Odeyer, lieut., B. 15 mars 1811, en Portugal, étant en reconnaissance.

LE GRIEL, capit., B. 27 août 1812, affaire de Doroghobouč.

7 *sept.* 1812, *bataille de la Moskowa.*
PELGRIN, col., B. (mort en déc.).
PONS, chef d'escad., B.
LEBOUL, lieut., B.

CLAVEY, lieut., B. 14 oct. 1812, combat devant Moscou.
PARMENTIER, capit., B. 18 oct. 1812, combat devant Winkowo.
BOISSET, lieut., B. 28 nov. 1812, aux ponts de la Bérésina.
DELAIDE, lieut., B. 4 déc. 1812, par des cosaques près d'Osmiana (Lithuanie).
GALLIER, lieut., B. 21 juin 1813, bataille de Vittoria.

27 *août* 1813, *bataille de Dresde.*
LEGENDRE, capit., B.

LE GRIEL, capit., B.

16 *et* 18 *oct.* 1813, *bataille de Leipzig.*
MASSON, capit., T. 16.
PARMENTIER, capit., B. 18.
JEANRENAUD, capit., B. 18.
LEGENDRE, capit., B. 18.
PROAL, lieut., B. 16.
OLRY, lieut., B. 16.

DEROCHE, lieut., B. 25 mars 1814, combat de Fère-Champenoise.

30 *mars* 1814, *bataille de Paris.*
DELAMARRE, capit., B.
MASQUELEZ, capit., B.

GAYRAUD, lieut., B. 31 mars 1814, défense de Paris.
DE MARCILLAC, capit., T. 18 juin 1815, bataille de Waterloo.

3ᵉ Régiment.

BRESCHTEL, lieut., B. 10 juin 1807, bataille d'Heilsberg.

14 *juin* 1807, *bataille de Friedland.*
DE MARCILLAC, lieut., B.
HOUDARD, lieut., B.

D'HERVILLY, lieut., B. 3 déc. 1808, combat devant Madrid.
DOGUEREAU (C.), col., B. 28 déc. 1808, passage du Tietar (Espagne).
LAUWEYRENS, lieut., B. 24 mars 1809, combat de Vigo (Espagne).

28 *mars* 1809, *bataille de Medellin.*
VERNIER, capit., B.
ROUSSEL, capit., B.
MASQUELEZ, lieut., B.

LEBEL, chef d'escad., B. 22 mai 1809, bataille d'Essling.

6 *juill.* 1809, *bataille de Wagram.*
BOURGEOIS, lieut., B.
DUQUESNOY, lieut., B. (mort le 4 août).
LEBEL, chef d'escad., B.

PATENAILLE, capit., assassiné le 4 oct. 1809, au pont de l'Arzobispo.
BRESCHTEL, capit., B. 19 nov. 1809, bataille d'Ocaña.
CAZOT, capit., T. 5 févr. 1811, au siège de Badajoz.
GUÉRIN, lieut., B. 5 mars 1811, combat de Chiclana (mort le 15 mai).

3 *avril* 1811, *combat de Sabugal.*
LAMORINIÈRE, lieut., T.
COQUET, capit., B.
MESMIN, lieut., B.

16 *mai* 1811, *bataille de la Albuehera.*
KERNIER, lieut., T.
FRÉMINET, lieut., B.

STEFFE, lieut., B. 22 juill. 1812, bataille des Arapiles (mort le 31).
TREILLARD, lieut., T. 31 juill. 1812, combat de Jacobovo (Polotsk).

1ᵉʳ *août* 1812, *combat d'Oboiarszina.*
BOUÇON, lieut., B. (mort le 10).
LEPOIGNEUR, lieut., B.

17 août 1812, *bataille de Smolensk.*
MATHIEU, chef d'escad., B.
RAINDRE, chef d'escad., B.
GAY-VERNON, lieut., B.

7 sept. 1812, *bataille de la Moskowa.*
CASTERAT, lieut., B. (mort).
DAVID, lieut., B. (mort).
FERRIN, capit., B.
CABOSSEL, lieut., B.
HENRY, lieut., B.

VANDERNISSEN, lieut., B. 18 oct. 1812, combat de Polotsk.
MARANDET, lieut., B. 3 nov. 1812, combat de Wiasma.
MATHIEU, major, B. 16 nov. 1812, bataille de Krasnoë.
MARION, col., B. 18 nov. 1812, en plaçant ses batteries de 12 sur les hauteurs de Krasnoë.
HOUDARD, capit., B. 18 nov. 1812, bataille de Krasnoë.
THÉRY, lieut., B. 2 mai 1813, bataille de Lutzen.

21 juin 1813, *bataille de Vittoria.*
VALLIER, capit., T.
QUALLIEZ, capit., B.

RAINDRE, chef d'escad., B. 28 août 1813, combat de Peterswald.
MESURE, lieut., B. 30 août 1813, affaire de Culm.
LYAUTEY, lieut., B. 12 oct. 1813, affaire de Lindenau (près de Leipzig).

16 oct. 1813, *bataille de Leipzig.*
MARILHAC, col., B. 16.
COQUET, capit., B. 16.

ETCHEGOYEN, capit., B. 30 oct. 1813, bataille de Hanau.

1" févr. 1814, *bataille de La Rothière.*
ROUSSOT DE LEYVA, capit. B.,
BILLAUDEL, lieut., B.
DESMAZIS, lieut., B.

ROY, lieut., T. 7 mars 1814, bataille de Craonne.
PETITON, lieut., B. 26 mars 1814, combat de Sézanne.
BRUNOT, lieut., B. 30 mars 1814, bataille de Paris.

28 juin 1815, *combat sur la Suffel.*
FAVIER, capit., B.
BARD, lieut., B.

4° Régiment.

GAUTHIER, lieut., T. 24 avril, 1809 combat de Neumarck.
FAURE DE GIERS, col., B. 8 mai 1809, bataille de la Piave.
BONNEAUD, lieut., B. 16 mai 1809, combat de Leoben.
LALLEMAND, lieut., B. 29 mai 1809, dans l'île Lobau.

6 juill. 1809, *bataille de Wagram.*
BAUDIN, capit., T.
MARTINOT, capit., B.
POINSOT, capit., B.

7 sept. 1812, *bataille de la Moskowa.*
ROMANGIN, chef d'escad., T.
HUGSENKT, capit., B. (mort).
LEBEAU, capit., B. (mort).
LENOBLE, capit., B. (mort).

MOUILLET, capit., B. (mort).
BOREL, lieut., B. (mort).
MALINAS, lieut., B. (mort).
LECHOUX, capit., B.
MARTINOT, capit., B.
DAMOISEAU, lieut., B.
SCHMITT, lieut., B.
TASCHER, lieut., B. (mort le 25 déc.).

LALLEMAND, capit., B. 18 oct. 1812, combat de Winkowo.

24 oct. 1812, *bataille de Malojaroslawetz.*
TRIDON, lieut., B. (mort).
BONNARDEL, capit., B.
LECHOUX, capit., B.
MARTINOT, capit. B.

De Bonnafos (1), chef d'escad., B. 28 nov. 1812, bataille de la Bérésina.

28 nov. 1812, aux ponts de la Bérésina.
Longperrier, lieut., B. (mort).
Mangin, lieut., B. (mort).
Verdoszen, lieut., B. (mort).
Vimal-Theyras, lieut., B. (mort).
Bernard, lieut., B. 14 déc. 1812, à la montée de Kowno.

20 et 21 mai 1813, batailles de Bautzen et Würschen.
De Coston, major, B. 20.
Lemonnier, lieut., B. 21.
Moynier, lieut., B. 20.

De Bonaffos, chef d'escad., B. 26 août 1813, bataille de Dresde.

26 août 1813, affaire de la Katzbach.
Byleveld, capit., T.
Lebeau, capit., T.
Rannier, lieut., T.

(1) Bonaffos de La Tour.

Ramaer, lieut., D.

30 août 1813, affaire de Culm.
Perreyre, lieut., B. (mort le 6 oct.).
Gartempe, lieut., B.

Lemasson, lieut., T. 6 sept. 1813, bataille de Juterbock.
Magy, lieut., B. 16 oct. 1813, bataille de Leipzig.
Jaurez, lieut., B. 19 oct. 1813, bataille de Leipzig (mort le 15 nov.).
Herbet, lieut., B. 7 nov. 1813, défense de Dresde.
Lerebours, lieut., T. 15 nov. 1813, combat de Caldiero.
Grisbach, lieut., B. 24 janv. 1814, défense de Strasbourg.
Faure, capit., B. 8 févr. 1814, bataille du Mincio.
Barré, lieut., B. 2 mars 1814, prise de Parme.

18 juin 1815, bataille de Waterloo.
Gronnier, capit., T.
Baltz, lieut., B.

5ᵉ Régiment.

14 oct. 1806, bataille d'Iéna.
Séruzier, capit., B.
Laporte, lieut., B.

Guerrier, lieut., B. 6 nov. 1806, combat devant Lubeck.
Chemin, capit., T. 8 févr. 1807, bataille d'Eylau.
Mabru, capit., B. 21 mai 1807, au siège de Neiss.

10 juin 1807, bataille d'Heilsberg.
Royer, lieut., T.
Marguier d'Aubonne, capit., B.
Chenin, lieut., B.

Laporte, lieut., B. 28 juin 1808, attaque de Valence.
Vallier, lieut., B. 7 juill. 1808, au pont de Sanpaga (Espagne).
Foy, col., B. 21 août 1808, bataille de Vimeiro (Portugal).

6 juill. 1809, bataille de Wagram.
Sigogne, lieut., B. (mort le 10).
Curel, lieut., T.
Romangin, chef d'escad., B.
Chenin, lieut., B.

Berge, col., B. 28 juill. 1809, bataille de Talavera-de-la-Reyna.

29 nov. 1809, combat de Belchite (Espagne).
Boissy, lieut., B. (mort le 19 déc.).
Monnot, capit., B.

Mundweiller, lieut., B. 21 janv. 1810, à Mollot, près de Séville.
Monnot, capit., T. 8 mai 1810, au siège de Lérida.
Berge, col., B. 16 mai 1811, bataille de la Albuera.
Leterme, lieut., B. 16 août 1812, bataille de Smolensk (mort).

7 *sept.* 1812, *bataille de la Moskova.*
MARGUS, capit., B. (mort).
BILLOIN, lieut., B. (mort).
DONAT, lieut., B. (mort).
OLRY, lieut., B. (mort).
PARÈS, lieut., B. (mort).
PAULINIER-FONTENILLE, capit., B. (mort le 14).
BEAUVISAGE, capit., B.

MARGUIER D'AUBONNE, capit., T. 14 oct. 1812, affaire près de Moscou.
GRAILLAT, capit., B. 24 oct. 1812, combat de Torquemada (Espagne).

10 *déc.* 1812, *combat de Wilna.*
BEAUVISAGE, capit., B. (mort).
BOISCHEVET, lieut., B. (mort).

FROUSARD, lieut., B. 13 déc. 1812, à la montée de Kowno (mort le 1ᵉʳ janv. 1813).
DEMANGE, capit., B. 20 mai 1813, bataille de Bautzen.
VELARD, lieut., B. 21 mai 1813, bataille de Würschen.

29 *mai* 1813, *affaire de Zwikau, défense d'un convoi*
METZINGER, capit., B.

BERRURIÈRE-SAINT-LAON, lieut., B.
PALLEVILLE, lieut., B.

CABROL, lieut., B. 17 août 1813, affaire près de Lowenberg.
DEMANGE, capit., B. 6 sept. 1813, bataille de Juterbock.
MUNIER, capit., T. 22 sept., 1813, combat de Deter.
CHENIN, capit., B. 4 oct. 1813, combat de Kremnitz.

16 *et* 18 *oct.* 1813, *bataille de Leipzig.*
DUHAL, lieut., T. 18.
CHENIN, capit., B. 16.

30 *et* 31 *oct.* 1813, *bataille de Hanau.*
HUFTY, capit., T. 30.
JOLLY, lieut., B. 31 (mort le 16 nov.).

DE MARCILLAC, capit., B. 9 fév. 1814, défense de Hambourg.
MAGNYTOT, lieut., T. 9 mars 1814, bataille de Laon.

25 *mars* 1814, *combat de Fère-Champenoise.*
RAYMOND (L.), capit., B.
CORNU, lieut., B.

6ᵉ Régiment.

GRONNIER, lieut., T. 14 oct. 1806, bataille d'Iéna.
AMONDRU, lieut., T. 24 déc. 1806, combat de WRKA (Pologne).

8 *févr.* 1807, *bataille d'Eylau.*
GOUJON, lieut., B.
BIDAULT, lieut., B.

MULLOT, lieut., T. 10 juin 1807, bataille d'Heilsberg.
CARON, chef d'escad., B. 14 juin 1807, bataille de Friedland.
KESSLER, capit., B. 22 déc. 1808, en escortant du matériel à Madrid, en Espagne.

23 *avril* 1809, *combat de Ratisbonne.*
PERRAULT, capit., B.

POIREL, capit., B.
JALY, chirurg. S.-A.-M., B.
ROY, lieut., B.

22 *mai* 1809, *bataille d'Essling.*
POIREL, capit., B.
SIMONET, capit., B.
BOLLEMONT, lieut., B.
KESSLER, lieut., B.

6 *juill.* 1809, *bataille de Wagram.*
SIMONET, capit., B.
BOLLEMONT, lieut., B.

MARILHAC, chef d'escad., B. 28 juill. 1809, bataille de Talavera-de-la-Reyna.
DAMENS (H.), capit., B. 14 août 1810, défense de l'île de la Passe (Ile de France).

ARTILLERIE

DABADIE, lieut., B. 1er nov. 1810, combat du Grand-Port (Ile de France).
FLORINIER, capit., T. 14 déc. 1810, combat de Puerto-Réal (devant Cadix).
PETIT-DIDIER, capit., B. 9 févr. 1811, siège de Badajoz.
CARON, lieut., B. 5 mai 1812, à Osmateguy (Espagne).
CONROUX, lieut., B. 16 août 1812, bataille de Smolensk.
GUIDONNET (A.), capit., B. 5 sept. 1812, à l'attaque de la redoute de Borodino (mort).

7 sept. 1812, bataille de la Moskowa.
AUVINET, lieut., B. (mort).
DURFORT-LÉOBARD, lieut., B. (mort).
LACROIX, lieut., B. (mort).
MAHY, lieut., B. (mort).
BUVÉE, capit., B.
SAINT-ALDEGONDE, capit., B.
DE FRANCHESSIN, lieut., B.

DABADIE, lieut., B. 18 oct. 1812, combat de Woronowo.
LASNON, capit., B. 29 oct. 1812, combat contre des cosaques en Russie.

13 nov. 1812, combat de Smolensk.
GROSJEAN, capit., T.
DE CRÈVECOEUR, lieut., B.

MARION, col., B. 18 nov. 1812, combat de Krasnoë.
RENAUD, lieut., B. 26 nov. 1812, combat de Borisow.

10 déc. 1812, en avant de Wilna.
DE LACOSTE DU VIVIER, lieut., B.
DUFORT, lieut., B.

DE CRÈVECOEUR, lieut., B. 13 déc. 1812, à la montée de Kowno.

RIGAL, lieut., T. 2 mai 1813, bataille de Lutzen.
LECOUROYER, lieut., B. 19 août 1813, combat en Saxe.

26 et 27 août 1813, batailles de Dresde.
GERMAIN, capit., T. 26.
SAINT-BLAISE, capit., T. 26.
FRANÇOIS, lieut., T. 27.
SAINT-JACQUES, capit., B. 26.

JACQUES dit RICHARD, capit., B. 1er sept. 1813, combat de Gorlitz.
PAËTZ, capit., T. 6 sept. 1813, bataille de Juterbock.

16 et 18 oct. 1813, bataille de Leipzig.
JAULT, capit., T. 16.
PRÉVERAND, capit., B. 16 (mort le 11 nov.).
ROY, capit., B. 18.
KLEIN, lieut., B. 18 (mort).
BRISAC, lieut., B. 16.
AUVINET, lieut, B. 18.
LABOURÉ, lieut., B. 18.
LAMBOLLEY, lieut., B. 16.

COQUARD, capit., B. 19 oct. 1813, bataille de Leipzig.

30 oct. 1813, bataille de Hanau.
BOUVET, capit., T.
LABOURÉ, lieut., B.

BOURGEOIS (D.), lieut., T. 23 mars 1814, combat près de Vitry-le-François.

25 mars 1814, combat de Fère-Champenoise.
GRONNIER, capit., T.
ROY, capit., B.
MORICOURT, lieut., B.

PONTONNIERS

1er Bataillon.

LEBEUF, lieut., T. 10 mai 1807, au siège de Dantzig.

Juin 1810, siège de Ciudad-Rodrigo.
PARISOT, capit., T. 28.
AUGÉ, capit., B. 25.

GILLET, capit., B. 5 juin 1811, combat devant Badajoz.
GEFFROY, capit., B. 7 sept. 1812, bataille de la Moskowa.
MICHEL, capit., T. 3 nov. 1812, combat de Wiasma.
PAYAN, capit., B. 26 nov. 1812, par les cosaques, près de Borisow.

26, 27 et 28 déc. 1812, aux ponts de la Bérésina.

PILLARD, capit., B. 26 (mort).
BACHELAY, lieut., B. 27 (mort).
CARTIER, lieut., B. 26 (mort).
GOUGET, lieut., B. 26 (mort).

DUESBERG, lieut., B. 27 (mort).
CROZET, lieut., B. et D. 28.
SCHENKEN, lieut., D. 28.
SOLIER, lieut., B. et D. 27.
VETTER, lieut., B. 27 (mort).
VAMPFLUG, chirurg. S.-A.-M., B. 28.

GRASSER, lieut., B. et D. le 10 déc. 1812, devant Wilna.
PAYAN, capit., B. 12 janv. 1813, par des cosaques, à Marienweder.
ELION, lieut., B. 26 août 1813, bataille de Dresde.
BARIEUX, lieut., B. 8 oct. 1813, défense de Torgau.

2ᵉ Bataillon.

THOMASSIN, lieut., B. 10 juill. 1806, au siège de Gaëte (mort).
BAILLY, capit., T. 18 juin 1807, au siège de Colberg.
MOUTONNET, capit., B. 13 août 1809, défense de Flessingue.
LAFONT DE CUJULA, lieut., B. 7 sept. 1812, bataille de la Moskowa.

26, 27 et 28 nov. 1812, aux ponts de la Bérésina.

PICHON, capit., B. 26 (mort).
FOUCHER, lieut., B. 28 (mort).
HERVAL, lieut., B. 28 (mort le 5 janv. 1813).

LAFONT DE CUJULA, lieut., B. 26, D.
CHAPUIS, chef de bat., B. 28.
WOLLFFHUGEL, capit., B. 26.
VAISSIÈRE, lieut., B. 28.
FISCHER, lieut., B. 26.
TRUNET, lieut., B. 27.

GILLON, capit., B. 10 déc. 1812, devant Wilna (mort le 8 févr. 1813).
JAQUELIN, lieut., B. 13 déc. 1812, à la montée de Kowno.
PETIT DE BELLEVILLE, lieut., T. 8 avril 1814, au pont de Borgo-Forte (Italie).

TRAIN

1ᵉʳ Bataillon principal (1).

LEVAILLANT, lieut., T. 6 juill. 1809, bataille de Wagram.

7 sept. 1812, bataille de la Moskowa.
LAROCHE, lieut., B.
ROBERT, lieut., B.

LAROCHE, lieut., B. 28 nov. 1812, aux ponts de la Bérésina (mort).

ROBERT, lieut., B. 13 déc. 1812, à la montée de Kowno (mort).

18 et 19 oct. 1813, bataille de Leipzig.
PÈPE, s.-lieut., B. 18.
DAROTTE, s.-lieut., B. 19.

GAYOT, lieut., B. 18 juin 1815, bataille de Waterloo.

---

(1) 1ᵉʳ escadron en 1814 et 1815.

1ᵉʳ Bataillon bis.

SIMONNOT, s.-lieut., B. 8 févr. 1807, bataille d'Eylau.
CHOCARDELLE, chirurg. S.-A.-M., B. 10 juin 1807, bataille d'Heilsberg.
TOURNAY, lieut., assassiné le 23 oct. 1808, à Potsdam.

7 sept. 1812, bataille de la Moskowa.
RICHARD, lieut., B.

BAUDOUIN, s.-lieut., B.

GALICHET, lieut., B. 30 août 1813, affaire de Culm.
DE BARJAC, lieut. A.-M., B. 6 sept. 1813, bataille de Juterbock.

2ᵉ Bataillon principal (1).

MARÉCHAL, s.-lieut., B. 28 mars 1809, bataille de Medellin.

(1) 2ᵉ escadron de 1814 à 1815.

KOESHAMMER, chirurg. A.-M., B. 20 déc. 1811, siège de Tarifa (Espagne).
LECLERC, lieut., T. 18 juin 1815, bataille de Waterloo.

2ᵉ Bataillon bis.

SÉNISSELER, lieut., B. 16 janv. 1810, affaire devant Alba-de-Tormès.
LECLERC, s.-lieut., assassiné en févr. 1810, en Espagne.

CHAUVIN, lieut., B. 29 déc. 1810, au siège de Tortose.
KLIUSKEUS, chirurg. S.-A.-M., T. en 1813, par les brigands espagnols.

3ᵉ Bataillon principal (1).

MONTALENT, s.-lieut., B. 10 juin 1807, bataille d'Heilsberg.
HAVARD, lieut., B. 2 mai 1813, bataille de Lutzen.
BUCHET, s.-lieut., noyé le 23 sept. 1813,

(1) 3ᵉ escadron en 1814 et 1815.

en traversant un torrent près de Barcelone.
EQUER, s.-lieut., T. 16 juin 1815, bataille de Ligny.
NEIGRE, capit., T. 28 juin 1815, combat de la Suffel, près de Strasbourg.

3ᵉ Bataillon bis.

POINSIGNON, s.-lieut., B. 7 sept. 1812, bataille de la Moskowa.
DUCHEMIN, lieut., B. 20 sept. 1812, combat près de Moscou.
HECQUET, s.-lieut., B. 18 oct. 1812, combat de Winkowo.

28 nov. 1812, aux ponts de la Bérésina.
POINSIGNON, s.-lieut., B. (mort).

DUCHEMIN, lieut., B.

HURLI, s.-lieut., T. 6 sept. 1813, bataille de Juterbock.
GUIDON, s.-lieut., B. 30 mars 1814, bataille de Paris.

4ᵉ Bataillon principal (1).

THORY, capit., B. 7 sept. 1812, bataille de la Moskowa.
TAUTAIN, lieut., B. 8 oct. 1812, combat route de Moscou.
VÉJUX, lieut., B. 3 nov. 1812, combat de Wiasma.
LABARRE, s.-lieut., T., 19 nov. 1812, combat près de Krasnoë.
FOUSSAT, lieut., B. 25 nov. 1812, par des cosaques, route de Borisow.

28 nov. 1812, aux ponts de la Bérésina.
THORY, capit., B. (mort le 29 janv. 1813).

MÉRAND, lieut., B.

CREBASSAN, lieut., B. 21 mai 1813, bataille de Wurchen.
CREBASSAN, lieut., B. 30 mai 1813, affaire d'Halberstadt.
BLIN, lieut., B. 19 oct. 1813, au pont de Leipzig.
CAZIN, lieut., B. 25 mars 1814, combat de Fère-Champenoise.
ALLEMAND, s.-lieut, assassiné le 17 juill. 1815, par la populace, à Nîmes.

(1) 4ᵉ escadron en 1814 et 1815.

4ᵉ Bataillon bis.

PALQUE, lieut., B. 19 oct. 1810, en conduisant un convoi de munitions (Espagne).

MAURIN, lieut., B. 20 mai 1813, bataille de Bautzen.

5ᵉ Bataillon principal (1).

CIETERS, capit., B. 13 oct. 1805, affaire d'Ulm.
GIRINON, s.-lieut., B. 21 déc. 1810, combat d'Alba-de-Tormès.

GIRINON, s.-lieut., B. 15 oct. 1812, combat de Munerio (Espagne).
BASTON, lieut., B. 13 févr. 1813, combat de Kalisch.

(1) 5ᵉ escadron en 1814 et 1815.

5ᵉ Bataillon bis.

BELLIN, s.-lieut., B. 7 mars 1813, route de Tolède à Madrid.

VESUR, chef d'escad., B. 16 sept. 1813, défense de Hambourg.

6ᵉ Bataillon principal (1).

GILBERT, s.-lieut., T. 11 févr. 1808, à Scylla (Naples).

28 nov. 1812, aux ponts de la Bérésina.
GERMAIN, chef d'escad., B. (mort).
SERRAT, lieut., B.

MATHIEU, s.-lieut., B. 10 déc. 1812, combat devant Wilna.
BEDOS, lieut., B. 19 oct. 1813, bataille de Leipzig.
DECONDÉ, capit., B. 18 juin 1815, à Waterloo.

(1) 6ᵉ escadron en 1814 et 1815.

6ᵉ Bataillon bis.

MELLON, s.-lieut., B. 13 oct. 1805, combat de Caldiero.
MOUNIER, lieut., B. 7 juill. 1806, au siège de Gaëte.
MOUNIER, lieut., B. sept. 1809, au siège de Girone.

DEROCHE, lieut., B. 25 mars 1814, combat de Fère-Champenoise.
GAUCHER, s.-lieut., B. 10 avril 1814, bataille de Toulouse (mort le 27).

7ᵉ Bataillon principal (1).

CARDOT, capit., B. 6 sept. 1806, combat d'Itrie (Naples).

7 sept. 1812, bataille de la Moskowa.
DURAND, lieut., B.
MAYTON, lieut., B.
PANOT, lieut., B.
MICHEL, s.-lieut., B.

PECTOR, s.-lieut., B. 24 oct. 1812, bataille de Malojaroslawetz.
MICHEL, s.-lieut., B. 3 nov. 1812, combat de Wiasma.
MAYTON, lieut., B. et D. le 28 nov. 1812, aux ponts de la Bérésina.

10 déc. 1812, combat devant Wilna.
DURAND, lieut., B.

(1) 7ᵉ escadron, 1814-1815.

PIGNIÈRE, lieut., B.

13 déc. 1812, à la montée de Kowno.
DURAND, lieut., B. et D.
PANOT, lieut., B. et D.

MIGUET, s.-lieut., B. 30 août 1813, affaire de Culm.

19 oct. 1813, bataille de Leipzig.
PECTOR, lieut., B.
GRONGNET, s.-lieut., B.

GODARD, s.-lieut., B. 29 oct. 1813, bataille de Hanau.
PIGNIÈRE, s.-lieut., T. 26 mars 1814, combat de Saint-Dizier.
GIRINON, lieut., B. 18 juin 1815, bataille de Waterloo.

7ᵉ Bataillon bis.

7 sept. 1812, bataille de la Moskowa.
CAPTIER, lieut., B.
LACOUR, s.-lieut., B.

24 oct. 1812, bataille de Malojaroslawetz.
CAPTIER, lieut., B. et D.
CANTAYRE, s.-lieut., B. (mort le 22 janv. 1813).

DIDIER, s.-lieut., B. 16 nov. 1812, bataille de Krasnoë.
MAYOT, s.-lieut., B. 20 nov. 1812, pendant la retraite, par des cosaques.
LEBAILLY, s.-lieut., B. 10 déc. 1812, combat devant Wilna (mort le 1ᵉʳ févr. 1813).

DAUDER, s.-lieut., B. 21 mai 1813, bataille de Würschen.
BERTHIER, lieut., B. 26 août 1813, bataille de Dresde.

3 oct. 1813, combat de Wartenbourg.
KESSLER, s.-lieut., B.
MARANDE, s.-lieut., B.

GUILLEMIN, s.-lieut., T. 18 oct. 1813, bataille de Leipzig.
DAUDER, s.-lieut., B. 11 févr. 1814, bataille de Montmirail.
CHALLAND, s.-lieut., B. 26 févr. 1814, combat de Bar-sur-Aube.

8ᵉ Bataillon principal (1).

OBLET, lieut., T. 5 juin 1807, combat de Deppen.
BERTHOZ, chirurg. A.-M., B. 10 avril 1811, blocus de Figuières.

7 sept. 1812, bataille de la Moskowa.
HAVARD, lieut. A.-M., B.
ROBERT, s.-lieut., B.
TROYAUX, lieut., B.

(1) 8ᵉ escadron, 1814-1815.

28 *nov.* 1812, *aux ponts de la Bérésina.*
LEROY, lieut., B.
POMPON, s.-lieut., B. (mort).

10 déc. 1812, combat devant Wilna.
TROYAUX, lieut., B. (mort).
HAVARD, lieut. A.-M., B. (mort).

ROBERT, lieut., B. 26 oct. 1813, route de Hanau.

8ᵉ Bataillon *bis*.

PUJOS, capit., B. 18 août 1812, bataille de Polotsk.

18 oct. 1812, combat de Polotsk.
LATAPIE, lieut. A.-M., B. (mort).
ADDENET, lieut., B. (mort).
MANOIR, s.-lieut., B.

28 nov. 1812, bataille de la Bérésina.
PUJOS, capit., B. (mort).
WOLFF, s.-lieut., B. (mort).
COCHARD, chirurg. A.-M., B.

GRAPP, s.-lieut., B.

CHAPPART, s.-lieut., B. 10 déc. 1812, route de Wilna.

19 oct. 1813, au pont de Leipzig.
CART, lieut., B. 19.
GRASAILLEUL, s.-lieut., B. 19.

CHAPPART, lieut., B. 3 mars 1814, combat devant Troyes.

9ᵉ Bataillon principal.

HENRY, lieut., B. 21 mai 1809, bataille d'Essling.

7 sept. 1812, bataille de la Moskowa.
HENRY, lieut., B.
DENIZARD, s.-lieut., B.

VAUTHIER, s.-lieut., B. 25 oct. 1812, route de Kalouga.

3 nov. 1812, combat de Wiasma.
GEORGES, capit., B.
DENIZARD, s.-lieut., B.

18 nov. 1812, combat devant Krasnoë.
HENRY, lieut., B.

VAUTHIER, s.-lieut., B.

28 nov. 1812, aux ponts de la Bérésina.
HENRY, lieut., B. (présumé mort).
FAGOT, lieut., B.
SAUTOIS, s.-lieut., B.

MILLERAND, lieut. A.-M., B. 30 août 1813, affaire de Culm.
CHEROT, lieut., B. 18 oct. 1813, bataille de Leipzig.

30 mars 1814, bataille de Paris.
ROUDIER, lieut., B.
VAUTHIER, s.-lieut., B.

9ᵉ Bataillon bis.

13 févr. 1813, *combat de Kalisch*.
GODDET, s.-lieut., B. (mort).
GIRARDIN, s.-lieut., B.

MOUNIER, capit., B. juin 1813, blocus de Barcelone.

10ᵉ Bataillon principal.

AÏESSE, capit., B. 27 juill. 1809, affaire près de Talavera.

BELLOUARD, s.-lieut., B. 8 févr. 1814, bataille du Mincio.

10ᵉ Bataillon bis.

SIMÉONIS, lieut., B. 5 mars 1811, bataille de Chiclana.
BOISSARD, capit., B. 11 août 1812, défense du Retiro (Madrid).

PERRIER, s.-lieut., B. 16 août 1812, dans la retraite de Séville.
PARAQUIN, s.-lieut., B. 16 oct. 1813, bataille de Leipzig.

11ᵉ Bataillon principal.

CALMETZ, lieut., B. 13 oct. 1809, combat près d'Almonacid.

FORGET, s.-lieut., B. 21 avril 1810, au siège de Cadix.

11ᵉ Bataillon bis.

7 *sept*. 1812, *bataille de la Moskowa*.
MILLERAND, lieut., B.
DELUSTRAC, lieut., B.

NASSOY, lieut., B. 18 oct. 1812, combat de Polotsk.
ADAM, s.-lieut., B. 24 oct. 1812, bataille de Malojaroslawetz.
DELUSTRAC, lieut., B. 28 nov. 1812, aux ponts de la Bérésina.
DELUSTRAC, lieut., massacré par des rôdeurs le 13 déc. 1812, route de Wilna à Kowno.
HUMANN, lieut., T. 26 août 1813, bataille de Dresde.
HERMANS, lieut., B. 1ᵉʳ sept. 1813, affaire devant Gorlitz.
DUTEMPLE, lieut., B. 9 mars 1814, bataille de Laon.
BAGNERIS, s.-lieut., B. 23 mars 1814, affaire de Sompuis.

12ᵉ Bataillon principal.

DES ECHEROLLES, lieut., B. 19 nov. 1809, bataille d'Ocaña.
CHERON, lieut., B. 22 juill. 1812, bataille des Arapiles.

26 *août* 1813, *bataille de Dresde*.
CHERON, lieut., B.

LEGRAND, s.-lieut., B.

NONON, s.-lieut., B. 29 oct. 1813, par des cosaques, route de Hanau.
MENTREL, lieut., B. 30 oct. 1813, bataille de Hanau (mort le 18 nov.).

12ᵉ Bataillon bis.

CRESPIN, lieut., B. 7 mai 1812, dans une affaire route de Madrid.
GENOUD, s.-lieut., B. 20 mai 1813, bataille de Bautzen.

DE ROQUEFEUIL, s.-lieut., B. 29 janv. 1814, bataille de Brienne.

13° Bataillon bis.

GAMAIN, s.-lieut., B. 9 avril 1811, blocus de Figuières (mort en juill.).

7 sept. 1812, bataille de la Moskowa.
SIMONNOT, lieut., B.
GUILLOT, s.-lieut., B.

SEROUX, s.-lieut., B. 16 nov. 1812, bataille de Krasnoë (mort).
MORIN, lieut., B. 20 mai 1813, bataille de Bautzen.
CARDER, lieut., T. 26 août 1813, bataille de Dresde.

14° Bataillon principal (1).

7 sept. 1812, bataille de la Moskowa.
DAMOTTE, chef d'escad., B.
GROOTJASPER, lieut., B.

28 nov. 1812, aux ponts de la Bérésina.
DAMOTTE, chef d'escad., B. (mort).
COUSINS, lieut., B. (mort le 31 déc.).
GROOTJASPER, lieut., B. (mort).
KAISER, s.-lieut., B. (mort).
KIKKERT, s.-lieut., B.

VANDEREF, lieut. A.-M., B. 27 août 1813, combat devant Hambourg.

19 oct. 1813, au pont de Leipzig.
GENIN, lieut., T.
BERTRAND, s.-lieut., B. (mort le 28 nov.).
CATEL, lieut. A.-M., B.
BLIN, lieut., B.
AUBRY, s.-lieut., B.
KIKKERT, s.-lieut., B.
BINET, s.-lieut., B. 18.

MILET, s.-lieut., B. 7 mars 1814, bataille de Craonne.

(1) Ex-bataillon du train d'artillerie hollandais; passé au service de France en 1810.

COMPAGNIES D'OUVRIERS

BECKER, capit. (11° Cie), B. 17 janv. 1809, au siège de Saragosse.
DE LARZÉ, capit. (7° Cie), B. 6 juill. 1809, bataille de Wagram (mort en 1810).
BOURDIN, capit. (1re Cie), B. juin 1810, au siège de Ciudad-Rodrigo.

26 et 28 nov. 1812, aux ponts de la Bérésina.
GISSENHART, capit. (17° Cie), B. (mort).
COURBON, capit. (7° Cie), B. (mort).
BAUDSON, lieut. (5° Cie), B. (mort le 3 déc.).
LEBRUN, lieut. (7° Cie), T.
DALENÇON, lieut. (7° Cie), B. (mort).

LENFANT, lieut. (10° Cie), B. 26.

COUCHOT, lieut. (11° Cie), B. 10 déc. 1812 devant Wilna (mort).
SAUPIN, lieut. (15° Cie), B. 11 déc. 1812 dans les rues de Wilna, par des cosaques.
GRAVELLE, lieut. (16° Cie), B. 11 déc. 1812 à Wilna (mort).
MARCOUX, lieut. (4° Cie), B. 21 juin 1813, bataille de Vittoria.
GILART-LARCHANTEL, lieut. (12° Cie), B. 28 juill. 1813, retraite de Pampelune.
DUREAU, lieut. (3° Cie), B. 27 août 1813, combat de Lubnitz.

COMPAGNIES D'ARMURIERS

QUEMIZET, capit., B. 28 nov. 1812, aux ponts de la Bérésina (mort le 15 juin 1813).

BRIÈRE DE MONTDÉTOUR, lieut., B. déc. 1812, dans une embuscade en Espagne.

COMPAGNIES DE CANONNIERS VÉTÉRANS

Hegre, capit., B. 16 mars 1805, dans une batterie de la rade de Toulon.
Curetti, lieut., B. 17 juin 1806, dans une batterie de Saint-Tropez.
Lihaut, capit., B. 16 août 1807, rade du Havre.
Leroux, lieut., B. 12 janv. 1808, défense d'une batterie de la rade de Brest.
Lambert, lieut., B. 16 mai 1809, dans une batterie près de Cherbourg.

14 juill. 1809, batteries de côte de Marseille.
Bonnet, capit., B.

Michau, lieut., B.

Pons, lieut., B. 1er août 1809, défense de Flessingue (mort le 16 sept.).
Senocq, capit., B. 13 août 1809, défense de Flessingue.
Baillot, lieut., B. 2 janv. 1810, batterie de l'île d'Yeu.
Duhousset, lieut., B. 18 mars 1811, défense d'une batterie de côte à Villefranche.
Adrez, capit., B. 10 juin 1811, dans une batterie de l'île d'Aix.

CANONNIERS GARDES-COTES

Calippe, lieut. (8e Cie), B. 9 févr. 1806, dans une batterie de côte près du Havre.
Aubey, lieut. (32e Cie), B. 12 oct. 1805, combat du fort de la Bouche-d'Erqui (près Saint-Malo).
Huguet, capit. (72e Cie), B. 23 avril 1810, dans une batterie près de La Rochelle.
Deglane, capit. (88e Cie), B. nuit du 17 au 18 août 1811, dans la batterie du cap Capon (par les Anglais).
Graviri, capit. (114e Cie), B. 1er janv. 1813, en Istrie (par des brigands).
Bonifiglio, lieut. (97e Cie bis), T. 19 juill. 1813, dans la batterie de Bordighera (près d'Antibes).

Sarion, lieut. (139e Cie), B. 25 nov. 1813, défense de la batterie de Blexen (Weser).

30 nov. 1813, attaque de Brême.
Carlier, capit. (138e Cie), B.
Maclère, lieut. (138e Cie), B.

Ravenet, capit. (11e Cie mobile), B. 2 mars 1814, combat près de Troyes.
Coup, capit. (29e Cie mobile), B. 27 mars 1814, défense de Soissons.
Barthe, capit. (état-major), B. 1814, blocus de Luxembourg.

II

GÉNIE

ÉTAT-MAJOR PARTICULIER

Desclos, capit., T. 14 oct. 1805, combat devant Ulm.

2 déc. 1805, bataille d'Austerlitz.
Abrissot, chef de bat., B.
Valazé, capit., B.

Morère, capit., B. 15 juin 1806, combat devant Raguse.

1806, siège de Gaëte.
Lesage, capit., B. 10 juill.
Maillard, capit., B. 28 mai.
Nempde, capit., B. 15 mai.
Augoyat, lieut., B. 20 juin.
Mittifiot, lieut., B. 11 juill.

Morio, col., B. 9 oct. 1806, combat de Schleitz.

14 oct. 1806, bataille d'Iéna.
Trémiolles, capit., B.
Prévost de Vernois, capit., B.

Goll, capit., B. 14 oct. 1806, bataille d'Auerstaëdt.
Lenternier, lieut., B. 26 nov. 1806, prise d'Hameln.
Laforcade, capit., T. 26 nov. 1806, à l'attaque du pont de Sochoczyn.
Cirez, capit., B. 26 déc. 1806, combat de Pultusk.
Garbé, col., B. 6 févr. 1807, combat de Hoff.

8 févr. 1807, bataille d'Eylau.
Fassardi, capit., T.
Foissard, capit., T.

Chaigneau, capit., B.
Cirez, capit., B.

1807, siège de Dantzig.
Paporet, capit., T. 13 mai.
Mignerot, capit., T. 17 mai.
Tholozé, lieut., T. 17 mai.
Beaulieu, capit., B. 7 mai.
Fauvi, capit., B. 6 mai.
Collet, capit., B. 10 mai.
Barthélemy, lieut., B. 7 mai.
Vernon, lieut., B. 8 mai.

1807, siège de Stralsund.
Dutour, chef de bat., T. 6 juin 1807.
Ferrojio, capit. (Italien), B. (mort le 9 août).
Magnien, lieut., B.
Vauvilliers, lieut., B. 15 mai.

10 juin 1807, bataille d'Heilsberg.
Dufour, chef de bat., T.
Garbé, col., B.
Tiremois, capit., B.

De Verdon, lieut., B. 1807, au siège de Graudentz.
De Beaufort d'Hautpoul, capit., B. 14 juill. 1807, au siège de Colberg.
Boutin, capit., B. 11 mai 1808, combat du brick le Requin.
Miquel, col., T. juill. 1808, devant Elvas (Portugal).
Laffaille, capit., B. 20 juin 1808, escalade de Girone.
Spinola, lieut., T. 29 juill. 1808, combat devant Evora (Portugal).
Leclerc, chef de bat., B. 4 août 1808, à l'attaque de Saragosse.

GERBET, chef de bat., T. 16 août 1808, devant Girone.
NEMPDE, capit., B. 4 oct. 1808, attaque de Capri (Naples).
LAFFAILLE, capit., B. 12 oct. 1808, dans une affaire en Catalogne.

30 nov. 1808, prise de Roses (Catalogne).
SABATIER, capit., T.
PICOLETTI, lieut., B.

IZOARD, chef de bat., B. 16 janv. 1809, attaque de la Corogne.

Janv. et févr. 1809, siège de Saragosse.
BARTHÉLEMY, capit., T. 28 janv.
VIRVAUX, capit., T. 10 févr.
JENCESSE, capit., T. 10 févr.
JOFFRENOT, capit., T. 8 févr.
LEPOT, capit., T. 17 févr.
GUŒRV, capit., B. 6 févr. (mort le 18).
ROGNIAT, col., B. 2 févr.
LALLIER, chef de bat., B.
PROST (A.), capit., B.
VALLANTIN, capit., B. 11 févr.
DAGUENEY, capit., B. 14 févr.
DE LA PALME, capit., B.
GOUSSARD, capit., B.
NEMPDE, capit., B. 6 févr.
FOURNIER, capit., B. 27 janv.
BRENNE, capit., B. 3 févr.
MORLET (H.), capit., B. 2 févr.
THOMASSIN, capit., B.
MONTAUBAN, lieut., B. 16 févr.
VIEILLARD, lieut., B. 30 janv.
OLRY, lieut., B.
DESALLES, lieut., B. 30 janv.

MAUBLANC, capit., B. mars 1809, route de Vigo, en conduisant un détachement.
BOULANGER, capit., B. 29 mars 1809, combat devant Braga.
TOURNADRE, chef de bat., B. 15 avril 1809, combat devant Girone.
SALLETON, capit., B. 16 avril 1809, combat près de Girone (mort le 20).
ANDRÉ, capit., T. 21 avril 1809, combat sur la Tamega (Espagne).
BLEIN, col., B. 21 avril 1809, combat de Landshut.
BLEIN, col., B. 23 avril 1809, à Ratisbonne, étant près de l'Empereur.

FÉREY, capit., B. 3 mai 1809, combat d'Ebersberg.
LAGUETTE, capit., T. 28 juin 1809, au pont d'Amarante.

5 et 6 juill. 1809, bataille de Wagram.
HEIMRATH, capit., T. 6.
PROVISIER, lieut., B. 6 (mort le 16).
LEGRAND-MOLLERAT, major, B. 6.
BOUTIN, chef de bat., B. 5.
BODSON DE NOIRFONTAINE, capit., B. 6.
BARBOLIN, lieut., B. 6.
SION, lieut., B., 6.

BARBOLIN, lieut., B. 11 juill. 1809, bataille de Znaïm (mort le 16).
MORET, capit., B. 28 juill. 1809, bataille de Talavera-de-la-Reina.

1809, siège de Girone.
BINARVILLE, capit., B. 24 juill., T. 14 sept.
BOISCHEVALLIER, capit., T. 4 déc.
ROHAULT DE FLEURY, chef de bat., B. 8 juill.
DEROUET, capit., B. 8 juill.
FERRAUDI, lieut., B. 19 juin.
FERRAUDI, capit., B. 5 juill.
PLAZANET, capit., B. 8 juill.
SOLEIROL, capit., B.
BOURGOIN, capit., B. 20 juill.
RENARD, capit., B. 25 juill.
LOCQUIN, lieut., B.

GIRARD, lieut., B. 19 nov. 1809, bataille d'Ocaña (mort le 19 janv. 1810).
MÉGUSSON, chef de bat., B. 1ᵉʳ déc. 1810, défense de l'Ile-de-France.

22 avril 1810, siège d'Astorga.
VALAZÉ, chef de bat., B.
JAUBERT, lieut., B.
BOMPAR, capit., B.

1810, siège de Lerida.
MONTAUBAN, capit., T. 13 mai.
POUSSIN, capit., B.
SÉA, capit., B.
LEMERCIER, lieut., B.
JACQUAND, lieut., B.
LEMAIRE, capit., B.

1810, siège de Méquinenza.
Sèbe, chef de bat., B. 3 juin.
Marry, lieut., B. 5 juin.

1810, siège de Ciudad-Rodrigo.
Maltzen, capit., B. 24 juin (mort).
Viard, lieut., B. 22 juin (mort).
Hanin, lieut., B. 30 juin (mort le 4 juill.).
Valazé, col., B.
Leblanc, capit., B. 1er juill.
Brauville, lieut., B.
Giraud, capit., T.
Barbier, lieut., B. 2 juill. (mort le 26).
Larmandie, lieut., T. 6 juill.

1810, siège d'Almeïda.
Beaufort d'Hautpoul, capit., B. 25 août.
Vauvilliers, capit., B. 25 août.
Brauville, lieut., B.

1810, siège de Tortose.
Séa, capit., T. 19 déc.
Poussin, capit., T. 27 déc.
Dombre, capit., T. 17 déc.
Jacquand, lieut., T. 27 déc.
Lemercier, lieut., B. 27 déc.

1811, siège de Badajoz.
Cazin, chef de bat., T. 31 janv.
Guérin, chef de bat., B. 12 févr.
Vainsot, capit., B. 31 janv.
Bagnac, capit., B. 15 févr.
Lemut, capit., B. 7 févr.

1811, blocus de Figuières.
Burel, chef de bat., B. 3 mai.
Baton, capit., B. 3 mai.
Honoré, capit., B. 3 mai.

Bompar, capit., B. 5 mars 1811, au blocus de Cadix.
Amillet, capit., B. mai 1811, siège de Campo-Mayor.
Andoueaud, capit., B. 16 mai 1811, bataille d'Albuhera.

1811, siège de Tarragone.
Papigny, capit., T. 29 mai.
Boyer, capit., B. 29 juin (mort).
Patris, capit., T. 23 juin.
Cartier, capit., B. 2 juin (mort le 22).
Chulliot, chef de bat., B.
Cartier, capit., B. 22 mai.
Ordinaire, capit., B. 7 juin.
Dupau, capit., B. 13 juin.
Morvan, capit., B. 13 juin.
Marion, capit., B. 20 juin.
Clerget-Saint-Léger, capit., B. 23 juin.
Morvan, capit., B. 29 juin.
Pinot, capit., B. 11 mai.
Raffard, lieut., B. 20 juin.

Tournadre, chef de bat., B. 26 juill. 1811, blocus de Figuières.

1811, siège de Sagonte.
Raffard, lieut., T.
Chulliot, major, B. 13 oct.
Lamezan, capit., B. 18 oct.
Maillard, capit., B. 18 oct.

Michaud, chef de bat., B. 25 oct. 1811, prise du fort d'Oropesa (Sagonte).

1811-1812, siège de Valence.
Henri, col., T. 2 janv. 1812.
Ordinaire, capit., T. 26 déc. 1811.
Leviston, capit., T. 6 janv. 1812.
Boucher de Morlaincourt (F.), capit., B. 3 janv. 1812.
Clerget-Saint-Léger, capit., B. 6 janv. 1812.
Courvoisier, lieut., B. 26 déc. 1811.

Janv. 1812, défense de Ciudad-Rodrigo.
Cathala, capit., T.
Vincenot, lieut., B. (mort).

Ménard, capit., B. févr. 1812, au siège de Peniscola.

1812, défense de Badajoz.
Truilhier, chef de bat., T. 31 mars.
Henneberg, lieut., B. 6 avril.

Leroy, capit., B. 6 mai 1812, défense de Mataro.
Furgole, lieut., T. 20 juin 1812, défense des forts de Salamanque.
Vincent, chef de bat., assassiné le 1er juill. 1812 à Valladolid (mort le 25 sept.).

22 juill. 1812, bataille des Arapiles.
Beaufort d'Hautpoul, chef de bat., B.

VAUVILLIERS, capit., B.
LEMERCIER, lieut., B.

REVOL, capit., T. 23 juill. 1812, combat de Mohilow.
BRULEY, col., B. 26 juill. 1812, combat de Kobryn.
LIÉDOT, col., T. 27 juill. 1812, combat devant Witepsk.
GUIRAUD, chef de bat., B. 7 sept. 1812, bataille de la Moskowa.
MICHEL, col., B. 18 oct., 1812, combat de Winkowo.
RÉPÉCAUD, chef de bat., B. 24 oct. 1812, bataille de Malojaroslawetz.

---

18 nov. 1812, bataille de Krasnoë.
BOUVIER, col., T.
LAPIPE, capit., B. (mort).
LUGOTTE, capit., B. (mort).
PONCELET, lieut., T.
BOUCHER DE MORLAINCOURT, chef de bat., B.
THOLOZÉ, capit., B.
BOUCHER DE GIRONCOURT, capit., B.
CORRÈZE, lieut., B.

SUHARD, capit., T. 28 nov. 1812, aux ponts de la Bérésina.
GŒURY, capit., B. 29 nov. 1812, au pont de Borisow.
BIZOT-CHARMOIS, col., B. 10 déc. 1812, devant Wilna (mort).
MARION, chef de bat., B. 3 mai 1813, en avant de Lutzen.

---

9 mai 1813, au passage de l'Elbe.
MAALDRINCK, capit., B.
MASSEUR, capit., B.

CASTAGNÉ, lieut., B. 13 mai 1813, affaire devant Dresde.
BOUDORS, capit., B. 19 mai 1813, combat d'Eichberg (Weissig).
NOIZET, lieut., B. 20 mai 1813, bataille de Bautzen.
TILON, lieut., T. 28 mai 1813, affaire de Neuda (Hoyersverda) (Saxe).

---

21 juin 1813, bataille de Vittoria.
MICHAUD, col., B.
MILLON, lieut., B.

BEAUFORT D'HAUTPOUL, chef de bat., B. 21 juin 1813, route de Vittoria.

---

26 août 1813, bataille de Dresde.
LEMERCIER, capit., B.
LAFITTE, capit., B.

VANDERWICK, chef de bat., B. 27 août 1813, retraite de la Katzbach.

1813, défense de Saint-Sébastien.
GILLET, chef de bat., T. 31 août.
PINOT, chef de bat., B. 17 juill.
VIEILLE, garde, B. 31 août.

SAINT-VINCENT, lieut., B. août 1813, combat devant Hambourg.
MILLION, capit., B. 31 août 1813, passage de la Bidassoa.
GAY, lieut., B. 31 août 1813, combat de Buntzlau.
MORVAN, capit., B. 16 sept. 1813, assaut du château de Denia (Espagne).
BUREL, chef de bat., B. 7 oct. 1813, combat de Sarre (Pyrénées).

---

16 et 18 oct. 1813, bataille de Leipzig.
DEFRANC, capit., T. 16.
PARIS, col., B. 18.
DELURET, capit., B. 19.
WILMAR, lieut., B. 18.

MASSILLON, capit., B. 8 nov. 1813, sortie de la garnison de Glogau.
RICHAUD, chef de bat., T. 15 nov. 1813, défense de Dantzig.
LIÉBAUD, lieut., T. 13 déc. 1813, combat devant Bayonne.
SAINT-JACQUES, garde, B. 16 déc. 1813, défense du fort de Monzon.
GILBERTON, lieut., B. janv. 1814, défense de Tortose.
VINACHE, chef de bat., B. 17 févr. 1814, affaire de l'île de Willembourg.
MARION, major, B. 12 févr. 1814, défense de Nogent.
SLUYS, capit., B. 27 févr. 1814, bataille d'Orthez.
BAGNAC, chef de bat., T. 2 mars 1814, affaire près de Bayonne.
GÉRARD, capit., T. 9 mars 1814, au pont de Nogent.

MORLET, capit., B. mars 1814, défense de Dewenter (Hollande).
BARTHÉLÉMY, lieut., B. mars 1814, défense de Soissons (mort le 27).
MORLET, capit., B. 16 juin 1815, bataille de Ligny.

———

18 juin 1815, bataille de Waterloo.
MARION, col., B.
AUDOI, chef de bat., B.
QUILLARD, chef de bat., B.

AIMON, capit., B.
VIEUX, capit., B.
DOUVILLE, capit., B.
JACQUIN-CASSIÈRES, capit., B.
CHOUMARA, capit., B.

———

MOLINA, capit., B. 30 juin 1815, près du village des Vertus (Paris).
BOUTIN, col., assassiné en août 1815, près du village d'Elblatta (Syrie), étant en mission.

MINEURS

1er Bataillon.

CLOUET, lieut., B. 18 déc. 1806, affaire de l'île de la Wkra.
MERLIS, lieut., B. mai 1807, au siège de Dantzig.
CANIOT, capit., T. 31 janv. 1809 (siège de Saragosse).
DUPUY, capit., B. 17 nov. 1812, bataille de Krasnoë.

CONTI, capit., B. et D. le 18 nov. 1812, à Krasnoë.
FONTAINE, lieut., B. 11 mars 1814, défense de Berg-op-Zoom.
CARRIER, lieut., B. 18 juin 1815, bataille de Waterloo.

2e Bataillon.

LEFEBVRE-D'HÉLINCOURT, lieut., T. 2 juill. 1807, siège de Colberg.

1809, siège de Saragosse.
REGGIO, capit., T. 28 janv.
LENOIR, capit., B. 28 janv.
SUHARD, lieut., B. 8 févr.

LENOIR, capit., B. 16 mai 1811, bataille de la Albuhera.
RENARD, capit., B. 17 mai 1811, au siège de Cadix.

1811, siège de Tarragone.
WAGRENIER, lieut., B. 22 mai.
GUILLEMAIN, capit., B. 17 juin.

———

7 avril 1812, défense de Badajoz.
MAILLET, capit., T.
LENOIR, capit., B. 1er avril.

———

JACOB, lieut., B. 17 nov. 1812, bataille de Krasnoë.

———

SAPEURS

1er Bataillon (1).

THOLOZÉ, capit., B. 8 févr. 1807, bataille d'Eylau.
GAMON DE MONVAL, capit., assassiné le 9 août 1807, à la Tour de Peschero près de Termoli (Naples) (par des brigands).

HENRY, capit., T. 21 déc. 1808, devant Saragosse.
BLAY, capit., B. 5 juill. 1809, bataille de Wagram.
CHARVE, capit., B. 11 juill. 1809, bataille de Znaïm.
HUDRY, capit., T. 1er janv. 1811, siège de Tortose.

---

(1) 1er régiment du génie en 1814.

FOLIOT, capit., B. 13 nov. 1812, combat devant Smolensk.
BLAY, chef de bat., B. 16 nov. 1812, bataille de Krasnoë.
BISSON, lieut., B. 10 déc. 1812, combat devant Wilna.
LALLEMAND, lieut., B. 29 déc. 1812, route de Kœnigsberg (mort le 3 janv. 1813).
PANNOR, capit., D. le 23 avril 1813, à Corfou.

1813, *défense de Saint-Sébastien*.
BIDON, capit., T. 25 juill.
MORÉAL, capit., T. 17 juill.

GÉRARD, capit., T.
GOBLET, lieut., B. 17 juill.

---

18 *juin* 1815, *bataille de Waterloo*.
MAIGNEN, capit., T.
WATRIN, capit., B. (mort le 1er juill.).
ROUSSEAU, chef de bat., B.
VANÉCHOUT, capit., B.
LABARRIÈRE, capit., B.
CLAUDEL, capit., B.
BUQUET, lieut., B.
GUILLE, lieut., B.
MARTOGLIO, lieut. A.-M., B.
GOMBAULT, lieut., B.

2e Bataillon (1).

BOISSY, capit., B. 31 oct. 1805, combat de Lambach.

14 *oct*. 1806, *bataille d'Iéna*.
PRADEAU, capit., B.
TRUILLIER, capit., B.

CLERGET, capit., B. 28 janv. 1807, au pont de Thorn.

20 *mai* 1807, *siège de Dantzig*.
PORCHER, capit., T.
MARCELLOT, lieut., B.
LENTERNIER, lieut., B.

MATHIEU, lieut., T. 31 mars 1807, siège de Kossel.
CHUDANT, lieut., B. 24 juin 1807, siège de Stralsund.
SALLETON, capit., B. nov. 1808, siège de Roses (Catalogne).
ROBERT, lieut., B. 21 déc. 1808, devant Saragosse.

1809, *siège de Saragosse*.
SEGOND, capit., T. 27 janv.
COSTES, lieut., B.

3 *mai* 1809, *combat d'Ebersberg*.
GARRACHE, lieut., T.
PARNAJON, capit., B.

FORTIN, lieut., B. 28 juill. 1809, bataille de Talavera-de-la-Reyna.
SARREBOURG, lieut., B. 19 sept. 1809, siège de Girone.
MERMET, lieut. A.-M., B. 18 avril 1810, siège d'Astorga.
SCHMIT, lieut., B. 7 juill. 1810, siège de Ciudad-Rodrigo.

1811, *siège de Badajoz*.
BRUCHON, lieut., T. 7 févr.
COSTES, capit., B. 11 févr.

BERLANDIER, lieut., T. 12 mai 1811, défense d'Almeida.
COSTES, capit., B. 8 juin 1811, défense de Badajoz.

1811, *siège de Tarragone*.
DEFRANC, capit., B. 13 juin.
GUENOT, lieut., B. 29 juin.

GUENOT, lieut., B. 10 oct. 1811, à la Tour-du-Roi, près d'Oropeza.
CHEFNEUX, lieut., B. 5 nov. 1811, affaire de Caradel-Puerto.
VERNON, capit., B. 1er janv. 1812, au siège de Tarifa.
GUENOT, lieut., B. 6 janv. 1812, siège de Valence.

6 *avril* 1812, *défense de Badajoz*.
MARTIN, capit., B.
COSTES, capit., B.

---

(1) 2e régiment du génie en 1814.

BORNIER, lieut., B. 24 juin 1812, à Santa-Colomba.
LIEUTAUD, capit., B. 18 nov. 1812, bataille de Krasnoë.
DEMAY, lieut., B. 12 mai 1813, devant Dresde.
LECOQ, capit., B. 18 mai 1813, près de Bautzen.

18 *oct.* 1813, *bataille de Leipzig.*
LENDY, lieut., T.
LECOQ, capit., B.

ROUSSELIN, lieut., B.

VALICON, capit., B. 30 oct. 1813, bataille de Hanau.
LACOMBE, capit., T. 7 janv. 1814, au pont de Sarrebrück.
DUBOIS, s.-lieut., B. 14 avril 1814, sortie de la garnison de Bayonne.
COTELLE, capit., T. 19 juin 1815, combat de Wavre.
CANIOT, capit., T. 8 juill. 1815, défense de Landau.

3ᵉ Bataillon (1).

DE BEAUFORT D'HAUTPOUL, capit., B. 8 mars 1805, dans une émeute à Tarente.
TEISSIER, capit., B. 30 oct. 1805, combat de Caldiero.
CHARTRON, lieut., B. 8 févr. 1807, bataille d'Eylau.
LECOQ, lieut., B. 18 mai 1807, siège de Dantzig.

1809, *siège de Saragosse.*
BOSSY, capit., T. 25 janv.
FOUCAULT, capit., B. 31 janv.

LEPELEY, capit., B. 11 juill. 1809, bataille de Znaïm.

1809, *siège de Girone.*
POULAIN, capit., B.
EUZENATE, lieut., B. 8 juill.

16 *nov.* 1812, *bataille de Krasnoë.*
MACON, lieut., B.
BIGOT, lieut., B.

BOERY, lieut., B. 28 nov. 1812, aux ponts de la Bérésina.
BOERY, lieut., B. 2 nov. 1813, défense de Dantzig.
JACQUEMIN, lieut., T. 18 juin 1815, bataille de Waterloo.

(1) 3ᵉ régiment du génie en 1811.

4ᵉ Bataillon (1).

BRULÉ, lieut., T. 20 mai 1807, siège de Dantzig.
PHILIPPON, capit., B. 2 mai 1809, au pont d'Amarante.
TRESTONDAN, lieut., T. 28 juin 1809, au pont d'Amarante.
PHILIPPON, capit., D. en juin 1809, pendant la retraite de Portugal.
MOREAU, lieut., B. 30 juin 1809, à Presbourg.
DUGUET, lieut., B. 4 juin 1810, au siège de Méquinenza.

1810, *siège de Ciudad-Rodrigo.*
TIREMOIS, capit., B. 28 juin (mort).

COFFINAL, capit., B. 9 juill.
DUSSARD, lieut., B.

COFFINAL, capit., B. 23 août 1810, au siège d'Almeïda.
QUÉRU, capit., B. 23 déc. 1810, au siège de Tortose.

1811, *siège de Tarragone.*
VALESSIE, capit., B. 29 juin.
LALLEMAND, lieut., B.

LALLEMAND, lieut., B. 3 nov. 1811, devant Valence (mort le 11).

19 *mai* 1812,
affaire de Lugar-Nuevo (Espagne).
BRAUN, lieut., T.

(1) 3ᵉ régiment du génie en 1811.

LEBEL, capit., B.

ROUZIÈRES, lieut., B. 10 déc. 1812, étant prisonnier en Espagne.
DEVRAINVILLE, capit., B. 22 août 1813, près de Dresde.
DAVID-SAINT-GEORGES, capit., T. 31 août 1813, défense de Saint-Sébastien.

SAUTE, lieut., B. 18 oct. 1813, bataille de Leipzig.
FOLIOT, capit., B.   1814,
SALLANGRES, lieut., B. 25 mars 1814, combat de Fère-Champenoise.
MARCELLOT, capit., B. 10 avril 1814, bataille de Toulouse.

5ᵉ Bataillon (1).

16 févr. 1807, combat d'Ostrolenka.
ANDRÉ, capit., B.
FONTAINE, lieut., B.

BOIZAUBERT, capit., T. 3 mai 1807, siège de Dantzig.
LEMAIRE, capit., B. 9 mai 1810, siège de Lerida.
DE FOUCAULT, capit., B. 27 déc. 1810, siège de Tortose.

1811, siège de Tarragone.
LECLERC, lieut., B. 31 mai (mort le 1ᵉʳ juin).
SALLES, lieut., B. 7 juin.
FOURTIER, lieut., B. 17 juin.

BOISTARD, lieut., B. 18 avril 1813, au bombardement de la citadelle de Spandau.

CARRIEU, capit., B. 9 mai 1813, passage de l'Elbe.

26 août 1813, bataille de Dresde.
LABOURALIÈRE, lieut., B. (mᵗ le 28 sept.).
BUCQUET, lieut., B.

BOURQUIN, lieut., B. 20 oct. 1813, en Saxe (au pont de Weissenfels).
BUCQUET, lieut., B. 30 oct. 1813, bataille de Hanau.

26 mars 1814, défense de Soissons.
LEBRUN, lieut., T.
MAUROY DU BLATON, lieut., B.

DE CLOUDT, lieut., B. 18 juin 1815, combat devant Wavre.

(1) 2ᵉ régiment du génie en 1814.

6ᵉ Bataillon (1).

26 mai 1813, combat de Haynau.
DÉNICHAU, capit., B.
CHAGROT, lieut., B.
CHALLAYE, lieut., B.

GAY, lieut., B. 29 août 1813, affaire du Bober.
MOLINA, lieut., B. 6 sept. 1813, bataille de Juterbock.
THÉPOT, capit., B. 3 mars 1814, affaire près de Troyes.
BERLANDIER, lieut., B. 25 mars 1814, combat près de Vitry.

(1) Ex-bataillon de sapeurs de Walcheren, formé en 1811.

7ᵉ Bataillon (1).

CALLUMEAU, capit., B. 2 mai 1813, bataille de Lutzen.
BONNEFOY, lieut., B. 26 août 1813, affaire de la Katzbach.

18 et 19 oct. 1813, bataille de Leipzig.
FOLIOT, capit., B. 18.

(1) Ex-bataillon de sapeurs de l'île d'Elbe, formé en 1811.

GALL, capit., B. 19.
BERLANDIER, lieut., B. 18.
GUERRE, lieut., B. 18.

PRIÉ, lieut., B. 30 oct. 1813, bataille de Hanau.

8ᵉ Bataillon (1).

2 mai 1813, *bataille de Lutzen.*
GRANDJEAN, chef de bat., B.
CHIANALE, capit., B.
BELOT, capit., B.
SENILLOZA, lieut., B.

DECAMPS, s.-lieut., B.
ARCHIAS, s.-lieut., B.

XIMENEZ, capit., B. 26 août 1813, affaire de la Katzbach.
DECAMPS, s.-lieut., B. 29 août 1813, aux avant-postes (Saxe).

(1) Ex-bataillon de sapeurs espagnols, formé en 1812.

BATAILLON DU TRAIN (1)

BOILEAU, s.-lieut., B. 27 nov. 1810, par des guérillas, route de Méquinenza.
BOUCHERON, s.-lieut., B. 15 nov. 1811, combat près d'Olmedo (Espagne).

18 *nov.* 1812, *bataille de Krasnoë.*
DOMMANGET, s.-lieut., B. (mort le 28).
HOTELARD, lieut., B.

(1) Formé en 1811 par la réunion des compagnies du train.

III

TRAIN DES ÉQUIPAGES

(1807-1815)

ÉTAT-MAJOR PARTICULIER

TOIRAC, capit., B. 28 nov. 1812, aux ponts de la Bérésina.
VALOIS, s.-lieut., B. 10 déc. 1812, combat devant Wilna (mort).

CLIQUOT, major, B. 13 déc. 1812, à la montée de Kowno.

1ᵉʳ Bataillon (1).

MONTILLOT, s.-lieut., B. 22 mars 1809, route de Madrid, par des insurgés.

SUCHET, s.-lieut., B. 9 juill. 1809, dans une rue de Madrid.
MARQUIS, s.-lieut., B. 4 oct. 1809, en escortant un convoi à Madrid.

(1) 1ᵉʳ escadron en 1814.

VUATELET, s.-lieut., B. 3 juin 1810, route d'Aranjuez à Madrid.

DIDION, s.-lieut., B. 3 févr. 1811, près de Séville, par des brigands.

2ᵉ Bataillon (1).

7 sept. 1812, bataille de la Moskowa.
COLMACHE, lieut., B.
BOUQUET, lieut., B.
VATIER, lieut., B.

MARTIN-OFFENGO, s.-lieut., B. 18 nov. 1812, combat route de Krasnoë (mort).

(2) 2ᵉ escadron en 1814.

ROUGET, chirurg. S.-A.-M., B. 28 nov. 1812, aux ponts de la Bérésina.
BOUQUET, lieut., B. 29 nov. 1812, par des cosaques, route de Wilna.
SAUVINET, s.-lieut., B. 10 déc. 1812, aux portes de Wilna.
COLMACHE, lieut., B. 11 déc. 1812, par des cosaques, route de Kowno.
MOYNIER, chirurg.-M., B. 16 juin 1815, bataille de Ligny.

3ᵉ Bataillon (1).

GALTIER, lieut., B. 2 juill. 1810, route de Valladolid, par des insurgés.
DELAMARRE, s.-lieut., assassiné le 4 mai 1811, dans une rue de Valladolid.

BOUTILLON, s.-lieut., T. 12 mars 1812, combat de Duenas.

(3) Il reçut, le 24 juillet 1813, une partie des 4ᵉ et 8ᵉ bataillons.

4ᵉ Bataillon.

LAMBLET, capit., B. 2 avril 1809, route de Valladolid, par des insurgés.
DUPONT, s.-lieut., B. 18 oct. 1809, combat de Tamamès.
DUFLOT, s.-lieut., B. 16 juin 1810, devant Ciudad-Rodrigo.

SALLÉ, s.-lieut., B., 27 sept. 1810, bataille de Busaco.
DUFLOT, s.-lieut., B. 5 mai 1811, bataille de Fuentés-d'Oñoro.

5ᵉ Bataillon.

GARGUEZ, lieut. A.-M., B. 21 mai 1809, bataille d'Essling.

6 juill. 1809, bataille de Wagram.
GOUBERT, capit., B.

ROGER, s.-lieut., B.

GOUBERT, capit., B. 9 avril 1811, dans la surprise de Figuières.

6ᵉ Bataillon (1).

28 nov. 1812, aux ponts de la Bérésina.
LELONG, capit., B. (mort).
ALLAIS, s.-lieut., B. (mort).
LEDOUX, s.-lieut., B. (mort).
BRUYET, s.-lieut., B. et D.
LE ROMANCER, s.-lieut., B.

15 oct. 1813, défense d'un convoi devant Leipzig.
PERRIER, capit., B.
MOISSONNIER, lieut., B.

(1) Ce bataillon est passé dans le train d'artillerie, sous la dénomination de 13ᵉ bataillon principal, le 20 janvier 1814.

MARTIN, lieut., B.
DIDION, lieut., B,
BERTON, s.-lieut., B.

SAINT-PAUL, s.-lieut., B.
BOURCIER, s.-lieut., B.

7ᵉ Bataillon.

BUSONI, s.-lieut., B. 18 nov. 1812, bataille de Krasnoë (mort le 20).

28 nov. 1812, aux ponts de la Bérésina.
EYSSAUTIER, lieut., B. (mort).
DEWITTE, lieut., B.

4 déc. 1812, combat devant Osmiana.
GUÉRIN, lieut., B. (mort).
DEWITTE, lieut., B. et D.

10 déc. 1812, combat devant Wilna.
GONTALIER, lieut., B. (mort).
LOGEROT, s.-lieut., B. (mort).

16 déc. 1812, devant Kowno.
MARCHAIX, lieut., B. (mort le 21).
CHAPELAIN, s.-lieut., B. (mort).

GOBIN, lieut., B. 18 oct. 1813, bataille de Leipzig.

8ᵉ Bataillon (1).

ANTOINE, s.-lieut., B. 2 mai 1808, insurrection de Madrid.
DUJAT, s.-lieut., B. 10 mai 1811, à Badajoz (mort le 15).
NAUDET, s.-lieut., B. 9 avril 1812, par des brigands espagnols.

QUERIÉ, s.-lieut., B. 21 juin 1813, bataille de Vittoria.

(1) Fusionné avec les 1ᵉʳ et 3ᵉ bataillons, le 24 juillet 1813.

9ᵉ Bataillon.

FAUCON, lieut., B. 8 nov. 1812, près de Smolensk.
GIGUET, lieut., T. 16 nov. 1812, bataille de Krasnoë.

28 nov. 1812, aux ponts de la Bérésina.
AILLON, capit., B. (mort).
CLAM, s.-lieut., B. (mort).
BUNEL, s.-lieut., B. (mort).

10ᵉ Bataillon.

CHEVALIER, s.-lieut., B. 12 avril 1811, affaire près de Salamanque.
DAGUET, s.-lieut., B. 14 oct. 1812, en fourrageant en avant de Moscou.
CHARRON, s.-lieut., T. 28 nov. 1812, aux ponts de la Bérésina.

SEONDA, chirurg. A.-M., B. 10 déc. 1812, en avant de Wilna.
MULLER, s.-lieut., B. 25 mars 1814, combat de Fère-Champenoise.

11ᵉ Bataillon.

LAIRLAMOTTE, s.-lieut., B. et mort le 10 févr. 1809, au siège de Saragosse.
ZENTZ, s.-lieut., B. 16 juin 1811, devant Tarragone.

WEYLER, s.-lieut., B. 2 sept. 1811, route de Tortose, par des insurgés.
GUIOT, s.-lieut., B. 2 janv. 1812, affaire devant Valence.

12ᵉ Bataillon.

De Guibert du Vallon, s.-lieut., B. 22 mai 1809, bataille d'Essling.
Ducellier, s.-lieut., B. 11 oct. 1811, affaire de Valmeda (Espagne).
Lemoussu, lieut., B. 23 juill. 1812, combat de Mohilew.
Muller, s.-lieut., B. 25 oct. 1812, attaque sur la route de Kalouga.

Thil-Chatel, s.-lieut., B. 16 nov. 1812, bataille de Krasnoë.
Roebel, lieut., B. 10 déc. 1812, combat de la montagne de Wilna.
Lemoussu, lieut., B. 1ᵉʳ janv. 1813, dans une escarmouche, en Courlande.

13ᵉ Bataillon (1).

Adenot, s.-lieut., B. et mort le 23 oct. 1810, à Santarem.
Fauvel, s.-lieut., B. 14 janv. 1811, route de Salamanque.
Dubois, s.-lieut., B. 5 mai 1811, bataille de Fuentès-d'Oñoro.

Demayer, chirurg. A.-M., B. 17 mai 1811, dans une embuscade en Portugal.

(1) Incorporé dans les 1ᵉʳ et 3ᵉ bataillons le 24 juillet 1813.

14ᵉ Bataillon.

Rodzewick, lieut., B. 9 nov. 1812, combat devant Smolensk.
Borowsky, lieut., B. 28 nov. 1812, aux ponts de la Bérésina (mort).

Delabrière de Bois-le-Roi, lieut., B. 30 août 1813, affaire de Culm.
Vignon, s.-lieut., B. 26 oct. 1813, combat près de Fulde.

15ᵉ Bataillon.

Coursanges, s.-lieut., B. 17 nov. 1812, bataille de Krasnoë.

28 nov. 1812, *aux ponts de la Bérésina.*
Caplet, capit., B. (mort).
Fournier, lieut., B. (mort).
Dutartre, s.-lieut., B.

10 *déc.* 1812, *combat devant Wilna.*
Spada, s.-lieut., B. (mort).
Lespinasse, s.-lieut., B. (mort).

Matrat, s.-lieut., B. mort le 17 déc. 1812, au pont du Niémen.

16ᵉ Bataillon (1).

Montagne, lieut., T. 3 nov. 1812, combat de Wiasma.

28 *nov.* 1812, *aux ponts de la Bérésina.*
L'Hosdierne, lieut., B. (mort).
Chippre, lieut., B. (mort).

Némojewski, lieut., B. (mort).
Bridoux, s.-lieut., B.
Martin, lieut., B.

(1) Fusionne avec le 14ᵉ bataillon le 25 janvier 1813.

17ᵉ Bataillon.

LEROUGE, lieut., B. 26 nov. 1812, en défendant son convoi devant Borisow.

28 nov. 1812,
aux ponts de la Bérésina.
COLINS-DESGENETTES, capit., T.
MAYER, s.-lieut., B. et D.
EXEVIN, s.-lieut., B. et D.
MINET, s.-lieut., B. et D.

DELORMEL, s.-lieut., B. et mort le 13 déc. 1812, entre Kowno et Tilsit.

1813, *à la défense d'un convoi à Eulembourg (Saxe).*
DUCHÉ, capit., B.
DEMONTFORT, lieut., B.
LAFAGETTE, lieut., B.
BOUROTTE, s.-lieut., B.
GAZEN, s.-lieut., B.
PROVENDIER, s.-lieut., B.

18ᵉ Bataillon (1).

28 nov. 1812, *aux ponts de la Bérésina.*
SOLDI, s.-lieut., B. et D.

CHARIN, s.-lieut., B. et D.

FAUX, lieut., B. 10 déc. 1812, au combat de la montagne de Wilna.

(1) Incorporé dans le 12ᵉ bataillon le 25 janvier 1813.

20ᵉ Bataillon (1).

LERMA, chirurg. A.-M., B. 19 nov., par des cosaques, près de Dombrowna.

28 nov. 1812, *aux ponts de la Bérésina.*
D'HERBIGNY, lieut., B. et D.
VERGUET, s.-lieut., B. (mort).

DE BALZAC, lieut., B. et D.
RAVEL, lieut., D.
LANGE, s.-lieut., B. et D.
REYBAUD, s.-lieut., B.

(1) Incorporé au 14ᵉ bataillon, le 9 mars 1813.

21ᵉ Bataillon (2).

28 nov. 1812, *aux ponts de la Bérésina.*
LEROY, s.-lieut., B. et D.

CHENOT, s.-lieut., B. et D.
SÉRIZIAT, s.-lieut., B. et D.

(2) Incorporé au 20ᵉ bataillon, le 25 janvier 1813.

22ᵉ Bataillon.

28 nov. 1812, *aux ponts de la Bérésina.*
BROUILLET, s.-lieut., B. et D.

GUÉRÉE, s.-lieut., B. et D.
HUMBERT, s.-lieut., B.

23ᵉ Bataillon (1).

28 nov. 1812, *aux ponts de la Bérésina.*
RAYNAUD, lieut., B. et D.

BONY, s.-lieut., B. et D.

(1) Incorporé au 22ᵉ bataillon, le 25 janvier 1813.

1er BATAILLON PROVISOIRE (1).

FAUVEL, s.-lieut., B. 2 juin 1810, route de Ciudad-Rodrigo.

BENOIT, capit., B. 3 août 1810, combat devant Salamanque.

(1) Devenu 13e bataillon en 1810.

BRIGADES DE MULETS DE BAT (1).

LESTAMY, s.-lieut., B. 17 juill. 1810, route de Madrid.

ESCANDE, s.-lieut., B. 19 août 1810, près de Saragosse.

POULLAIN, s.-lieut., B. 14 sept. 1810, affaire devant Cadix.

(1) 11 brigades de mulets de bât furent organisées en Espagne.

COMPAGNIES DE SOLDATS D'AMBULANCE (1).

LAVOCAT (2), centenier (5e Cie), B. 30 sept. 1810, en défendant un convoi de blessés à Mora (Espagne).

LAVOCAT, centenier, B. 15 déc. 1810, au siège de Tortose.

MESNAGER, centenier (6e Cie), B. 24 janv. 1811, affaire de Séville (mort le 25).

LARUE, sous-centenier (3) (2e Cie), B. 20 mars 1811, en Portugal (mort le 21).

AMAS, sous-centenier (8e Cie), assassiné le 6 avril 1811, sur une route, en Espagne.

LAVOCAT, centenier (5e Cie), B. 30 mai 1811, siège de Tarragone.

CONTREMOULIEN, centenier (2e Cie), B. 3 juill. 1811, à l'armée de Portugal (près de Badajoz).

18 août 1812, bataille de Polotsk.

FAUQUIGNON, sous-centenier (9e Cie), B.

CORROZZO, sous-centenier (10e Cie), B.

DE ROSTANG, centenier (3e Cie), B. 5 sept. 1812, devant Borodino.

DE MARTIMPREY, centenier (1re Cie), B. 10 déc. 1812, devant Wilna.

MORET-LEMOINE, sous-centenier (2e Cie), B. 21 juin 1813, bataille de Vittoria.

DE ROSTANG, centenier (3e Cie), B. 30 août 1813, affaire de Culm.

WITZ, sous-centenier (5e Cie), B. 13 déc. 1813, devant Bayonne (mort le 24 févr. 1814).

(1) Formées en 1809.
(2) Centenier : capitaine.
(3) Sous-centenier : lieutenant.

VIII

MARINE

I

ARTILLERIE DE LA MARINE.

1ᵉʳ Régiment.

Reverdy, capit., B. 21 oct. 1805, bataille navale de Trafalgar.
Tresse, lieut., T. 13 juill. 1806, combat de la frégate *la Guerrière*.
De Coisy, capit., B. 19 août 1812, bataille de Valoutina-Gora.
Bonnetar, lieut., B. et D. le 28 nov. 1812, aux ponts de la Bérésina.

2 mai 1813, bataille de Lutzen.
Baudesson, capit., B. (mort le 12).
Bailly, capit., B. (mort le 1ᵉʳ juill.).
N., capit., T.
Thomin, lieut., T.
Latache, lieut., T.
N..., s.-lieut., T.
N..., s.-lieut., T.
Emond d'Esclevin, col., B.
Tual, capit., B.
Malaisé, capit., B.
Dupont, capit., B.
Thouvenin, lieut., B.
Riouffe de Thoreng, lieut., B.
Destournelles, lieut., B.
Besançon, s.-lieut., B.
Varages, s.-lieut., B.
N..., s.-lieut., B.

21 mai 1813, bataille de Wurschen.
Tual, capit. (mort le 28).
Falba, col., B.
Quéru, capit., B.
N..., capit., B.
N..., lieut., B.

Goin, s.-lieut., B.
Buffeteau, s.-lieut., B.
N..., s.-lieut., B.
N..., s.-lieut., B.
N..., s.-lieut., B.

Falba, col., B. 28 mai 1813, en inspectant les avant-postes (Saxe).

26 août 1813, bataille de Dresde.
Dupont, capit., B. (mort le 6 sept.).
Bonhomme, lieut. A.-M., B. (mort le 11 sept.).
Dehayes, s.-lieut., B. (mort le 20 sept.).
Lutton, capit., B.
Giraud, capit., B.
Thouvenin, lieut., B.
Mayer, lieut., B.
Parrot, lieut., B.
Pécheur, s.-lieut., B.

29 août 1813, combat devant Pirna.
Chevalier, lieut., B.
Goin, s.-lieut., B.
Brassier, chirurg. S.-A.-M., B.

16 et 18 oct. 1813, bataille de Leipzig.
Marguin, capit., T. 16.
Giraud, capit., T. 18.
Anceau, capit., T. 16.
N..., capit., T. 16.
Herrel, lieut., T. 17.
N..., lieut., T. 16.
N..., lieut., T. 18.

N..., s.-lieut., T. 16.
DESTOURNELLES, lieut., B. 16 (mort le 1er nov.).
N..., s.-lieut., T. 16.
N..., s.-lieut., T. 18.
SILLÈGUE, chef de bat., B. 16.
FOURNIER, capit., B. 16.
BAUDOIN, capit., B. 16.
DUBREUIL, capit., B. 18.
RAMU, capit., B. 16.
N..., capit., B. 16.
LOUVET, lieut., B. 16.
THOUVENIN, lieut., B. 16.
BESANÇON, lieut., B. 16.
LEMOINE, lieut., B. 16.
MAYER, lieut., B. 16.
COQUELIN-CHAPATTE, lieut., B. 18.
FARDET, lieut., B. 16.
LELAISAN, lieut., B. 18.
ROLLAND DU ROSCOAT, lieut., B. 16.
LARROUY, lieut., B. 18.
DIDIER, lieut., B. 16.
INAUDY, lieut., B. 16.
RAOULT, lieut., B. 16.
CHAULEY, lieut., B. 16.
GUILLAUME, lieut., B. 16.
RIOUFFE DE THORENC, lieut., B. 16.
GUIBOUT, lieut., B. 16.
PÉCHEUR, s.-lieut., B. 16.

GERFAUX, s.-lieut., B. 16.
NAYMANOWSKI, s.-lieut., B. 16.

30 oct. 1813, *bataille de Hanau.*
DUBREUIL, capit., T.
N..., lieut., T.
GARNIER, s.-lieut., B. (mort le 11 nov.).
N..., s.-lieut., B.

MAURY, col., B. 29 janv. 1814, bataille de Brienne.

1er févr. 1814, *bataille de la Rothière.*
LANEN, lieut., B. (mort le 9).
HAURET, capit., B.
CAPITAINE, s.-lieut., B.

LEBRUN, lieut., B. 2 févr. 1814, combat de Rosnay.
FAURE DE BEAUREGARD, lieut., B. 14 févr. 1814, combat de Vauchamps.

30 mars 1814, *bataille de Paris.*
FERRARI, capit., B. 31 (mort le 22 avril).
MARÉCHAL, major, B.
FAUCHER, lieut., B.
LEMAISTRE, s.-lieut., B.

2e Régiment.

21 oct. 1805, *bataille navale de Trafalgar.*
FAVREAU, capit., T.
TRESSE, capit., T.
LANUSSOL, lieut., T.
HENRY, lieut., T.
MARTIN-GIRAUD, lieut., B.
LASSUS, lieut., B.

LASSUS, lieut., noyé le 24 oct. 1805, au naufrage du vaisseau *l'Indomptable.*
MIRGUET, capit., T. 6 févr. 1806, combat naval de Santo-Domingo.
QUINET, lieut., B. 9 juin 1808, combat dans la rade de Cadix.
MONTET, lieut., B. 4 sept. 1808, défense de Marie-Galante (Guadeloupe).
THÉVENARD, lieut., B. 10 nov. 1808, combat de la frégate *la Thétis.*
ANNE, lieut., B. 10 févr. 1809, combat de la frégate *la Junon.*

DE TOURNEMINE, lieut., B. 8 mai 1809, bataille de la Piave.
GÉRY, lieut., B. 1er juin 1810, dans une batterie de côtes à l'Ile Verte, près de Toulon (mort le 14).
HEUDES, lieut., T. 18 sept. 1810, combat de la frégate *la Vénus* (île de la Réunion).
KERGUIDAN, lieut., B. 13 mars 1811, combat naval de Lissa (Adriatique).
DE LACOMBES, capit., B. 20 mars 1811, étant prisonnier, par des soldats anglais.
VENDREF, lieut., T. 26 août 1811, défense de Java.
DUCLUZEAU, lieut., B. 22 févr. 1812, combat du vaisseau *le Rivoli* (Adriatique).
GUYOT, capit., B. 28 juill. 1812, combat à bord du vaisseau *l'Impérial.*

OTTONE, chef de bat., B. 28 nov. 1812, aux ponts de la Bérésina (mort le 9 déc.).

2 mai 1813, bataille de Lutzen.
EMERIAU, chef de bat., B. (mort le 24 juin).
GUYOT, capit., B. (mort le 2 juin).
DELVIGO, lieut., B. (mort le 19 juin).
BOERO, lieut., B. (mort le 24 juin).
ANTOINE, capit., B.
PLANCHON, capit., B.
DANIEL, capit., B.
LAVELAINE, lieut., B.
CERVETTO, s.-lieut., B.
DE MORGAN, s.-lieut., B.

20 mai 1813, bataille de Bautzen.
N..., capit., B.
N..., capit., B.
LEPELLETIER, s.-lieut., B.

29 août 1813, combat devant Pirna.
PLANCHON, capit., T.
PASSENAUD, s.-lieut., B.

16 et 18 oct. 1813, bataille de Leipzig.
DENOLIVAS, chef de bat., T. 18.
CONRIER, chef de bat., B. (mort le 28).
TRÉMOULET, chef de bat., B. (mort le 3 janv. 1814).
DANIEL, capit., B. (mort le 4 déc.).
MARC, capit., B. (mort le 4 déc.).
MEYER, lieut., B. (mort le 25 nov.).
LÉBRIER, lieut., T. 18.
L'HARDY, lieut., T. 16.
MOREAU, s.-lieut., T. 16.
JACQUERET, s.-lieut., T. 16.
N..., s.-lieut., T. 16.
N..., s.-lieut., T. 16.
DE SOLMINIHAC, chef de bat., B. 18.
VINCENT, chef de bat., B. 18.
REYNAUD, capit. A.-M., B. 18.
LAURE, capit., B. 16.
GUÉRIN, capit., B. 16.
GRANDJEAN, capit., B. 16.
HENRY, capit., B. 18.
JAUNEST, lieut., B. 16.
LAVELAINE, lieut., B. 16.

PUSSIN, lieut., B. 18.
CERVETTO, lieut., B. 16.
ULRICH, lieut., B. 18.
FAUCONNIER, lieut., B. 16.
GOBILLOT, lieut., B. 16.
DANAU, lieut., B. 18.
ROLIN, lieut., B. 16.
DE CARBONNEL, lieut., B. 18.
LEPELLETIER, s.-lieut., B. 16.
EVRARD, s.-lieut., B. 16.
GUILLON DE KERHOR, s.-lieut., B. 16.
VENDRE, s.-lieut., B. 16.
MARTENET, s.-lieut., B. 18.
N..., s.-lieut., B. 18.
N..., s.-lieut., B. 16.
N..., s.-lieut., B. 18.
N..., s.-lieut., B. 18.
N..., s.-lieut., B. 16.
N..., s.-lieut., B. 16.

DUCROCQ, capit., T. 30 oct. 1813, bataille de Hanau.

10 févr. 1814, combat de Champaubert.
FRABOULET DE VILLENEUVE, col., B.
BAILLY, lieut., B.
COURTAULT DE LA VERRIÈRE, lieut., B.
BAULNAY, lieut., B.
MAILLET, lieut., B.
PASSENAUD, lieut., B.

DE LAUTHONNYE, capit., B. 14 févr. 1814, combat de Vauchamps.

27 févr. 1814, combat de Meaux.
LAUGIER, lieut., T.
DE LA HAMAÏDE, lieut., B. (mort le 28 mars).

DESCHAMPS, col., T. 7 mars 1814.
SIGOULET, lieut., B. 11 mars 1814, combat devant Mâcon.
IMBAULT, capit., B. mars 1814, défense d'Erfurth.

30 mars 1814, bataille de Paris.
ALBERT, capit., B. (mort le 1er juill.).
KERSALLO, lieut., T.
DELSANTO, lieut., B. (mort le 11 avril).

3° Régiment.

SAVIGNY, lieut., B. 22 juill. 1805, à bord du vaisseau le *Mont-Blanc*.

21 oct. 1805, *bataille navale de Trafalgar*.
LEBLOND, capit., T.
BOUTARD, lieut., T.
JOUAN, chirurg. A.-M., B.

DE KERGUIDAN, lieut., B. 13 mars 1811, combat de Lissa (Adriatique).

2 *mai* 1813, *bataille de Lutzen*.
LECLERC, chef de bat., B. (mort).
JOSSE, capit., T.
BARDOUIL, lieut., B. (mort le 12 sept.).
LÉGER, lieut., B.
MERCIER, lieut., B.
DORNEAU, lieut., B.
VARCOLLIER, lieut., B.

21 *mai* 1813, *bataille de Wurschen*.
ACKERMAN, capit., B. (mort le 30).
CHAVIGNY, chef de bat., B.
CHAILLON, capit., B.
N..., lieut., B.
N..., lieut., B.

N..., lieut., T. 31 août 1813, aux avant-postes en Saxe.
N..., lieut., T. 12 sept. 1813, aux avant-postes.

16 *et* 18 *oct.* 1813, *bataille de Leipzig*.
OLIVIER, capit., T. 16.
TREMOULTET, capit., B. 16. (mort le 3 janv. 1814).
N..., capit., T. 16.
N..., capit., T. 16.
N..., lieut., T. 16.
N..., lieut., T. 18.
N..., lieut., T. 16.
N..., lieut., T. 16.
N..., s.-lieut., T. 16.
N..., s.-lieut., T. 16.
N..., s.-lieut., T. 18.
N..., s.-lieut., T. 16.

N..., s.-lieut., T. 16.
N..., s.-lieut., T. 16.
BASTIDE, lieut., B. 16 (mort le 12 janv. 1814).
BOCHATON, col., B. 16.
DUCHEMIN, capit., B. 16.
BRUNOX, capit., B. 18.
N..., capit., B. 16.
N..., capit., B. 16.
N..., capit., B. 16.
DORNEAU, lieut., B. 18.
SAUVAGE, lieut., B. 18.
RENOUARD, lieut., B. 16.
BASTIDE (N.-A.), lieut., B. 16.
GUIOT, lieut., B. 16.
N..., s.-lieut., B. 16.
BOURGUEMAYER, s.-lieut., B. 16.
N..., s.-lieut., B. 16.
N..., s.-lieut., B. 16.
N..., s.-lieut., B. 18.

CHENEAU, capit., B. 30 oct. 1813, bataille de Hanau (mort le 25 nov.).

29 *janv.* 1814, *bataille de Brienne*.
VINCENT, lieut., T.
BOCHATON, col., B.
FABERT, lieut., B.
LEBRUN, lieut., B.

2 *févr.* 1814, *combat de Rosnay*.
CHEVALIER, s.-lieut., B.
FAURE, lieut., B.

PERODEAU, capit., B. 10 févr. 1814, étant aux avant-postes (mort le 6 avril).
BOURGUEMAYER, lieut., B. 5 mars 1814, à Soissons.
BOCHATON, col., B. 26 mars 1814, dans la retraite de Sézannes.

30 *mars* 1814, *bataille de Paris*.
GOULARD, chef de bat., B. (mort le 26 avril).
DUCHEMIN, capit., B.

4ᵉ Régiment.

De Kérizouët, lieut., B. 26 févr. 1809, en rade des Sables-d'Olonne.
Harion, capit., T. 16 mai 1810, en rade de Cadix (à bord du ponton *la Vieille-Castille*).
Grunacher, lieut., B. 2 oct. 1810, combat devant Cadix.
Grunacher, lieut., B. 5 mars 1811, combat de Chiclana (devant Cadix).
Godard, lieut., B. 20 mai 1811, combat de la frégate *la Renommée*.

Baudoin, capit., D. le 28 nov. 1812, bataille de la Bérésina.

---

20 et 21 mai 1813, bataille de Bautzen et Wurschen.
De Kérizouët, capit., B. 21.
Chardin, capit., B. 20.
Thierry, lieut., B. 20.

Gallin, lieut., B. 17 août 1813, aux avant-postes près de Dresde.

26 août 1813, bataille de Dresde.
Cuypers, s.-lieut., B. (mort le 8 sept.).
Godard, capit., B.
Mauger, capit., B.
De Kérizouët, capit., B.
Courico, lieut., B.

---

29 août 1813, combat de Pirna (Saxe).
Courdavault, capit., T.
Mauger, capit. A.-M., B. (mort le 4 sept.).
Chardin, capit., B.
Conrier, lieut., B.

16 et 18 oct. 1813, bataille de Leipzig.
Chauveau, chef de bat., T. 16.
N..., capit., T. 18.
N..., capit., T. 18.
N..., lieut., T. 16.
N..., lieut., T. 16.
N..., s.-lieut., T. 18.
N..., s.-lieut., T. 18.
Giquelais, lieut., B. 16 (mort le 19).
Jonveaux, s.-lieut., B. 17 (mort le 2 nov.).
Blanc, chef de bat., B. 16.
Ponse, capit., B. 18.
Jacot, capit., B. 18.
Godard, capit., B. 18.
Perrin, capit., B. 18.
Soufflier, capit., B. 16.
Billiotte, capit., B. 16.
Michel, lieut., B. 16.
Colliard, lieut. A.-M., B. 18.
Desroches, lieut. A.-M., B. 16.
Versepuy, lieut., B. 16.
Billet, lieut., B. 18.
Diénot, lieut., B. 18.
Lebaron, lieut., B. 18.

Perrin, capit., B. 18 févr. 1814, aux avant-postes.

---

9 mars 1814, défense de Berg-op-Zoom.
Dumont, lieut., T.
Chrétien, lieut., B.

30 mars 1814, bataille de Paris.
Rouvroy, col., T.
Eichelberger, lieut., B.
Hurel, lieut., B.

II

ÉQUIPAGES DE LA FLOTTE

4 févr. 1805, *combat de la frégate* l'Hortense *(côtes d'Afrique).*
FONTARGET, aspirant, T.
DUMANOIR-LE-PELLEY, enseigne, B.
PARNAJON, aspirant, B.

---

14 févr. 1805, *combat de la frégate* la Psyché *(sur les côtes de Malabar).*
CROISET, capit. de frégate, T.
N..., lieut. de vaisseau, T.
N..., lieut. de vaisseau, B.

---

16 févr. 1805, *combat de la frégate* la Ville-de-Milan *(près des Bermudes).*
REYNAUD, capit. de vaisseau, T.
GUILLET, capit. de frégate, B.
MAILLET, aspirant, B.
LE TOURNEUR, aspirant., B.

D'AUBERT DE RÉSIE, aspirant, B. 22 févr. 1805, à la prise du Roseau (île de la Dominique).

---

24 avril 1805, *combat du cap Gris-Nez (près d'Etaples).*
JAMET, enseigne, T.
CLOSMADEUC, aspirant, B.
LÉRY, aspirant, B.

---

31 mai 1805, *prise du* Diamant *(Martinique).*
BELLANGER, aspirant, T.
ARÈNE, aspirant, T.
DAUDIGNON, lieut. de vaisseau, B.
PETIT, enseigne, B.
GALLOIS, aspirant, B.

---

10 juin 1805, *combat de la canonnière* 89 *(devant Fécamp).*
GIRETTE, enseigne, B. (mort le 16).
LEROY, aspirant, B.

---

22 juill. 1805, *combat naval du cap Finistère.*
DEPÉRONNE, capit. de vaisseau, T.
BASTELICA, enseigne, T.
ALARD, enseigne, T.
ROLLAND, capit. de vaisseau, B.
LAVILLESGRIS, capit de vaisseau, B.
GUICHARD, capit. de frégate, B.
FLEURY-JARVILLE, lieut. de vaisseau, B.
VENEL, lieut. de vaisseau, B.
FIGANIÈRE, lieut. de vaisseau, B.
SAUNIER, lieut. de vaisseau, B.
DUCHANIN, lieut. de vaisseau, B.
MAYOL, enseigne, B.
BOTTEMONT, aspirant, B.
ABRAHAM, aspirant, B.
BERNARD, aspirant, B.
BAUDIN (J.-P.-J.), aspirant, B.
MARTINENQ, aspirant, B.
CLERC, aspirant, B.
GAUDEMARD, aspirant, B.

GOIS, enseigne, T. 2 août 1805, combat de la frégate *la Sémillante* (près des Philippines).

---

10 août 1805, *combat de la frégate* la Didon.
TOURNEUX, lieut., de vaisseau, T.
PREVOST, enseigne, T.

JARRY DE BOUFFÉMON, enseigne, B. 28 sept. 1805, combat de la corvette *la Cyane.*

1er oct. 1805, *à Boulogne, par un brûlot.*
MAZURIER, enseigne, T.
CHIROT, aspirant, B.

---

5 oct. 1805, *combat des corvettes* la Cyane *et* la Naïade.
GAUTIER, lieut. de vaisseau, T.

MALINGRE, enseigne, B.

21 oct. 1805, bataille navale de Trafalgar.

MAGON, contre-amiral, T.
POULAIN, capit. de vaisseau, T.
BEAUDOIN, capit. de vaisseau, T.
DENIEUPORT, capit., de vaisseau, T.
FILLOL-CAMAS, capit. de vaisseau, T.
GOURRÈGES, capit. de vaisseau, B. (mort le 27).
HUBERT, capit. de vaisseau, B. et noyé.
GILLES, capit. de vaisseau, T.
MONTALEMBERT, capit. de frégate, T.
GUICHARD, capit. de frégate, T.
TEMPIÉ, capit. de frégate, T.
GAGNY, capit. de frégate, B. (mort).
ESMANGAR, capit. de frégate, T.
VERDRAU, lieut. de vaisseau, T.
PIGEON, lieut. de vaisseau, T.
REVERAND, lieut. de vaisseau, T.
FABRE, lieut. de vaisseau, T.
VISTORTE, lieut. de vaisseau, T.
BOUTET, lieut. de vaisseau, B. (mort le 16 nov.).
AIGUIER, lieut. de vaisseau, noyé.
ALIEZ, lieut. de vaisseau, T.
VIENNET, lieut. de vaisseau, T.
ROGERY, lieut. de vaisseau, T.
CANDON, lieut. de vaisseau, T.
TOURNOIS, enseigne, T.
POULOUIN, enseigne, T.
BRIAMONT, enseigne, T.
JANCE (A.), enseigne, T.
LACHENAY, enseigne, T.
PELLETIER, enseigne, T.
JUAN-KERNOTER, enseigne, T.
ARLET, enseigne, T.
POUPELAIN, enseigne, T.
KERBUSSO, enseigne, B. (mort le 24).
BEAUDOIN, enseigne, B. (mort le 30 nov.).
CAUCHARD, enseigne, T.
DUPONT, enseigne, noyé.
JANCE (V.), enseigne, T.
CHABRIER, enseigne, T.
SAINT-JAMES, enseigne, T.
BÉROYÉ, enseigne, T.
ROUX LA MAZELLIÈRE, enseigne, T.
ROSSEL, enseigne, T.
POHER, aspirant, T.
ABRAHAM, aspirant, T.
LAUNOY, aspirant, T.
DUBODAN, aspirant, T.

PERRIN, aspirant, T.
YON, aspirant, T.
LE PELLETIER, aspirant, T.
GAUTHIER, aspirant, T.
DAUBRÉE, aspirant, T.
PAUCHER, aspirant, T.
JEANNET DE LANOUE, aspirant, T.
CONAM, aspirant, T.
SERRAINCHAMP, aspirant, T.
MICHEL, aspirant, T.
RAVAISON, aspirant, B. (mort le 26 déc.).
SAINT-SIMON, aspirant, T.
CAT, aspirant, T.
DUPUIS, aspirant, T.
GUILLET, aspirant, T.
MARRIÉ, aspirant, noyé.
ROUX, aspirant, B. (noyé le 26).
MARILLET, aspirant, T.
LECOËNTE, aspirant, T.
GAULTIER DE LA FERRIÈRE, aspirant, T.
ROUSSEL, aspirant, T.
PONTEVÈS, aspirant, T.
BESSON, aspirant, T.
GAYET, aspirant, T.
GOI, aspirant, T.
DAVID, aspirant, D.
SALLIER, aspirant, D.
PAOLI, chirurg. A.-M., T.
CAROF, chirurg. auxiliaire, T.
SANZÈDE, chirurg.-M., T.
CUVASSE, pharmacien, T.
RAILLARD-GRANDVILLE, aspirant, T.
MARTIN, chirurg.-M., T.
FABRE, agent comptable, T.
BÉGUÉ, agent comptable, noyé.
LUCAS, capit. de vaisseau, B.
MAGENDIE, capit. de vaisseau, B.
LHUISSIER, capit. de frégate, B.
LETOURNEUR, capit. de frégate, B.
PRIGNY, capit. de frégate, B.
BAZIN, capit. de frégate, B.
DAUDIGNON, lieut. de vaisseau, B.
PLASSAN, lieut. de vaisseau, B.
FOURNIER, lieut. de vaisseau, B.
AUNE, lieut. de vaisseau, B.
MOREL (L.), lieut. de vaisseau, B.
PILLET, lieut. de vaisseau, B.
CHAPELLIER, lieut. de vaisseau, B.
DUVAL, lieut. de vaisseau, B.
LANGLADE, lieut. de vaisseau, B.
MOREAU, lieut. de vaisseau, B.
JOYE, lieut. de vaisseau, B.
GAUDRAN, lieut. de vaisseau, B.

ÉQUIPAGES DE LA FLOTTE   683

Daubigny, lieut. de vaisseau, B.
Dutoit, lieut. de vaisseau, B.
Peltier, lieut. de vaisseau, B.
Duchanin, lieut. de vaisseau, B.
Dupotet, lieut. de vaisseau, B.
Crespel, enseigne, B.
Sergent, enseigne, B.
Petit, enseigne, B.
Fouque, enseigne, B.
Feu, enseigne, B.
Mayol, enseigne, B.
Laity, enseigne, B.
Monfort, enseigne, B.
Tourneur, enseigne, B.
Barric, enseigne, B.
Canistrol, enseigne, B.
Fougue, enseigne, B.
Charbaud, aspirant, B.
Fruchier, aspirant, B.
Gordon, aspirant, B.
Espiau, aspirant, B.
Houdetot, aspirant, B.
Eurieult, aspirant, B.
Cerson, aspirant, B.
Bataudier, aspirant, B.
Olivier, aspirant, B.
Armand, aspirant, B.
Bazoches, aspirant, B.
Ferrec, aspirant, B.
Defourollé, aspirant, B.
Mongeat, aspirant, B.
Halligon, aspirant, B.
Cortez, aspirant, B.
Corlay, aspirant, B.
Crozé, aspirant, B.
Forquenot de Lafortelle, asp., B.
Hosteau, aspirant, B.
Rousselin, aspirant, B.
Benoist, élève ingénieur hydrographe, B.
Fournier, chirurg.-M., B.
Faure, secrétaire de la majorité, B.

4 nov. 1805, *combat du cap Ortegal.*
Touffet, capit. de vaisseau, T.
Bonafoux-Murat, aspirant, B. (mort).
Dumanoir-Lepelley, contre-amiral, B.
Donnadieu, capit. de vaisseau, B.
Bérenger, capit. de vaisseau, B.
Boisnard, capit. de frégate, B.
Frère, lieut. de vaisseau, B.
Lavenu, lieut. de vaisseau, B.
Guillet, lieut. de vaisseau, B.

Cossé, lieut. de vaisseau, B.
Toqueville, lieut. de vaisseau, B.
De Reinaud d'Alleins, aspirant, B.

Justrobe, enseigne, T. 27 nov. 1805, combat devant Boulogne.

24 déc. 1805, *combat de la frégate* la Libre (*près de la Tour des Baleines*).
Petit, lieut. de vaisseau, T.
Descorches, capit. de frégate, B.
Jourdan, aspirant, B.

10 janv. 1806, *défense du cap de Bonne-Espérance.*
De Belloy, enseigne, T.
Fleuriot, aspirant, B.
Bonjour, aspirant, B.
Durand, aspirant, B.
Guéret, aspirant, B.

Fougeray, chirurg.-M., B. 17 janv. 1806, combat devant Saint-Domingue.

30 janv. 1806, *combat près de Brest.*
Quintol, enseigne, B.
Fercoc, aspirant, B.

6 févr. 1806, *combat naval de Santo-Domingo.*
Gelez, capit. de frégate, T.
Dantignate, capit. de frégate, T.
N..., capit. de frégate, T.
Porte, lieut. de vaisseau, T.
Bergoing, enseigne, T.
Marquant, aspirant, T.
Maradan, aspirant, T.
Moreau, chirurg.-M., T.
Leissègues, contre-amiral, B.
Le Bigot, capit. de vaisseau, B.
Coudé, capit. de vaisseau, B.
Laignel, capit. de vaisseau, B.
Caboureau, capit. de frégate, B.
Gravereau, lieut. de vaisseau, B.
Biot, lieut. de vaisseau, B.
Barberon, lieut. de vaisseau, B.
Roi, lieut. de vaisseau, B.
Angot, lieut. de vaisseau, B.
Raoul, lieut. de vaisseau, B.
Corbé, lieut. de vaisseau, B.
Darbel, lieut. de vaisseau, B.
Olivier, enseigne, B.

BILLARD, enseigne, B.
MARGEOT, enseigne, B.
DUFFAULT, enseigne, B.
MARINIER, enseigne, B.
DUPONCHET, enseigne, B.
MOULEC, aspirant, B.
REIGNIER, aspirant, B.
MAUNIER, aspirant, B.
DESPRÉAUX, aspirant, B.
PIRON, aspirant, B.
FOURNIER, aspirant, B.
GASQUEREL, aspirant, B.
N..., chirurg.-M., B.
CORMIER DU MÉDIC, enseigne, B.

3 mars 1806, *combat du brick* l'Observateur (*près de Cadix*).
LEFRANC, enseigne, T.
LAFERRIÈRE, aspirant, B.

13 *mars* 1806, *combat du vaisseau* le Marengo.
LEMASSON, lieut. de vaisseau, T.
DEBRACHET, aspirant, T.
LINOIS, contre-amiral, B.
VRIGNAUD, capit. de vaisseau, B.
RAVIN, lieut. de vaisseau, B.
JULIEN, lieut. de vaisseau, B.
BOURAYNE, enseigne, B.
LINOIS (D.), enseigne, B.
DUBAUDIER, aspirant, B.
FRIZON, aspirant, B.
CHAMISSEAU, aspirant, B.
RAPHEL, aspirant, B.
ROBINOT, agent comptable, B.

DE LAPORTE, lieut. de vaisseau, B. 13 mars 1806, combat de la frégate *la Belle-Poule.*
BARELLIER, enseigne, B. 12 avril 1806, combat devant Naples (mort le 2 juill.)
AYCART, aspirant, B. 17 avril 1806, combat du brick *l'Abeille.*

17 *avril* 1806, *combat de la corvette* la Bergère, *devant Gaëte.*
COREIL, enseigne, T.
MAUGENDIE, enseigne, B.
KERENOR, enseigne, B.
KIENER, aspirant, B.

21 *avril* 1806, *combat de la frégate* la Canonnière, *près de la pointe Natale.*
BOURAYNE, capit. de vaisseau, B.
PRENAT, enseigne, B.
DUPLANTES, aspirant, B.

DE FREYCINET, lieut. de vaisseau, B. 26 mai 1806, combat du brick *le Phaéton* près de Curaçao.

26 *mai* 1806, *combat du brick* le Téazer, *près de Verdon.*
FOURRÉ, lieut. de vaisseau, T.
LE MARESQUIER, lieut. de vaisseau, B.

D'ESPÉRAMONT, aspirant B. 9 juill. 1806, combat de la frégate *la Guerrière.*
THIÉBAUT, lieut. auxiliaire, B. 30 août 1806, combat du corsaire *l'Églée.*

12 *oct.* 1806, *combat de la flûte* la Salamandre.
SALOMON, lieut. de vaisseau, T.
SIMON, aspirant, T.

21 *janv.* 1807, *combat du brick* le Lynx (*Martinique*).
PAIMPÉNY, enseigne, T.
LABORDE, aspirant, T.
FARJENEL, lieut. de vaisseau, B.
ARNEAUD, enseigne, B.

FERCOC, aspirant, B. 30 janv. 1807, combat du cutter *le Printemps.*
SÉGAUD, aspirant, T. 27 juin 1807, combat de la corvette *la Victorieuse.*
GALLET, aspirant, B. 9 nov. 1807, combat de la corvette *le Cygne.*

9 *mars* 1808, *combat de la frégate* la Piémontaise, *devant Ceylan.*
MOREAU dit MORON, lieut. de vaisseau, T.
BESNÉ, enseigne, T.
LE LANCHON, enseigne, T.
CLÉMENCIN, aspirant, T.

15 *mars* 1808, *combat de la frégate* la Sémillante, *près de Ceylan.*
HÉBRARD, aspirant, B. (mort le 16).
LE BEL, aspirant, B. (mort le 16).
MOTARD, capit. de vaisseau, B.

BAUDIN (Ch.), enseigne, B.

JANCE, capit. de frégate, B. 22 avril 1808, combat du brick *le Palinure*, près des Saintes.
GÉRIN-RICARD, aspirant, B. 12 mai 1808, combat devant Roses.

9 et 10 juin 1808, combats de la rade de Cadix.
ANNIBAL, enseigne, T.
BILLIET, capit. de vaisseau, B.
FOURNIER, chirurg. en chef, B.
PELABON, aspirant, B.
VERGER, aspirant, B.

D'AUBERT DE RÉSIE, aspirant, B. juill. 1808, par des brigands, à la Caroline.

3 juill. 1808, combat du brick le Milan.
SAINT-CRICQ, capit. de frégate, B.
DE FREYCINET, lieut. de vaisseau, B.

VATTIER, capit. de frégate, B. 19 juill. 1808, affaire de Baylen.

11 août 1808, combat du brick le Sylphe.
PÉROTIN, enseigne, T.
NIATEL, enseigne, B.
MASSEY, aspirant, B.
LA COUTURE, aspirant, B.

BOUCHERON, enseigne, T. 6 sept. 1808, combat de la corvette *la Diligente*.
BERNARD, enseigne, B. 12 sept. 1808, combat de la frégate *la Canonnière*, près de l'île de France (mort le 22).

3 oct. 1808, combat du brick le Palinure *(Martinique)*.
DEBERGE, enseigne, B.
LEPONTOIS, aspirant, B.

RIVIÈRE, lieut. de vaisseau, B. 17 oct. 1808, prise de Capri (golfe de Naples).
GRAND, commissaire de marine, T. 10 nov. 1808, combat de Saybo (Saint-Domingue).

10 nov. 1808, combat de la frégate la Thétis, *devant Lorient.*
PINSUM, capit. de vaisseau, T.

BOTHENTUY, enseigne, T.
MÉZAND, enseigne, B. (mort le 22).
OLIVIER, enseigne, B.
GARNIER, enseigne, B.
CHATEAUNEUF, aspirant, B.
MACÉ, aspirant, B.
BOURGOU, aspirant, B.

BONNET, aspirant, T. 25 nov. 1808, combat du brick *le Favori* (Antilles).

12 déc. 1808, combat de la corvette le Cygne.
VIOLETTE, enseigne, B.
MERTENS, enseigne, B.

LE PONTOIS, aspirant, B. 12 déc. 1808, combat du brick *le Palinure*.
BOYER, lieut. de vaisseau, B. 27 déc. 1808, combat près de Saint-Domingue.
DRUMEL, aspirant, B. 27 janv. 1809, combat devant Santo-Domingo.
HUET, commissaire de marine, B. 27 janv. 1809, défense de Santo-Domingo (mort).

10 févr. 1809, combat de la frégate la Junon, *près des Saintes.*
ROUSSEAU, capit. de frégate, B. (mort le 11).
DOULÉ, enseigne, B.
FAUCON, aspirant, B.

2 févr. 1809, défense de la Martinique.
HUGUET, enseigne, B.
MENOUVIER-DEFRESNE, aspirant, B.

14 févr. 1809, défense du fort Desaix (Martinique).
DENIS DE TROBRIANT, capit. de frégate, T.
MENOUVIER-DEFRESNE, aspirant, T.

GUÉNÉE, capit. de frégate, B. 23 févr. 1809, combat devant Les Sables-d'Olonne.
GAUDE, aspirant, B. 24 févr. 1809, combat de la frégate *l'Italienne*.
BARRY, enseigne, B. 9 mars 1809, au passage de la Tropha (Espagne).
SALAUN, aspirant, B. 6 avril 1809, combat de la frégate *le Niémen*.

12 et 13 avril 1809, combat de la rade de l'île d'Aix, (affaire des brûlots).
MAINGON, capit. de vaisseau, T. 12.
MOREAU DE VARMES, aspirant, T. 13.
CAGNIARD, lieut. de vaisseau, noyé le 13.
GOYETCHE, lieut. de vaisseau, B. 12.
PROR, chirurg.-M., B. 12.
JEHENNE, aspirant, B. 12.
CONSEIL, aspirant, B. 12.
LANNOLIER, aspirant, B. 12.
RÉHAULT DE VILLENEUVE, aspirant, B. 12.

9 avril 1809, combat du vaisseau le D'Hautpoul (près de la Guadeloupe).
OUDET, enseigne, T.
LEFÉE, capit. de frégate, B.
BAZOCHE, enseigne, B.

31 mai 1809, combat de la frégate la Caroline (mer des Indes).
VANDERCRUCE, enseigne, T.
FÉRETIER, lieut. de vaisseau, B.

GALLOIS, aspirant, B. 6 juin 1809.

28 juill. 1809, combat du brick l'Endymion.
FERRIN, lieut. de vaisseau, B. (mort le 31).
N..., enseigne, B.

LEFÉBURE, lieut. de vaisseau, B. 5 juill. 1809, au passage du Danube.

6 juill. 1809, combat de la frégate la Furieuse, devant les Açores.
LEMARANT-KERDANIEL, capit. de frégate, B.
LABOULAYE, aspirant, B.
COUCHAUX, enseigne, B.
GALLOIS, aspirant, B.

BARRY, enseigne, B. 21 juill. 1809, au pont de l'Arzobispo.
EUDES, enseigne, T. 28 juill. 1809, dans le port de Donin (Frioul).

Août 1809, combat de la frégate la Manche.
ALLÈGRE, lieut. de vaisseau, B. (mort le 28).

FOUGERAY, enseigne, B. (mort le 28).

1er nov. 1809, combat sur la rade de Roses (Catalogne).
POULET, enseigne, T.
LABRETÈCHE, lieut. de vaisseau, B.
ALLEMAND, enseigne, B.
BARBAN, aspirant, B.

MARGEOT, enseigne, B. 5 nov. 1809, combat du brick le Fanfaron.

11 nov. 1809, combat du brick le Basque.
MARTIN, enseigne, T.
N..., aspirant, B.

SORET, enseigne, B. 13 déc. 1809, combat de la frégate la Renommée.
FLEURY, enseigne, B. 8 janv. 1810, combat de la mouche n°26 (noyé le 12).
DESCORCHES DE SAINTE-CROIX, capit. de frégate, assassiné le 12 janv. 1810, à Corfou.
BUTTON, enseigne, B. 3 mai 1810, combat près de Aro (défense d'un convoi).

10 mai 1810, combat de la canonnière 176, près de Penerf.
RUINET, capit. de frégate, T.
DEMEREDIEU, aspirant, B. (mort en juin).
LA FOLLEY DE SORTEVAL, aspirant, B. (mort le 4 juin).

16 mai 1810, affaire du ponton la Vieille-Castille (rade de Cadix).
MOUREAU, lieut. de vaisseau, T.
DORIX, capit. de frégate, B.
FOUQUE, lieut. de vaisseau, B.
GIRARDIN, lieut. de vaisseau, B.
BOUSCAT, enseigne, B.
CHATEAUX, enseigne, B.

LONGUEVILLE, enseigne, B. 3 juill. 1810, combat de la frégate la Minerve.

22 juill. 1810, combat dans la mer des Indes.
MONTOZON, lieut. de vaisseau, T.
MEUNIER, lieut. de vaisseau, T.
KUZÉE, lieut. de vaisseau, T.
LANCHON, aspirant, T.
ARNAUD, aspirant, T.

Juill. 1810, *à Tanger (Maroc).*
GENET, aspirant, assassiné.
BARBERI, enseigne, assassiné.

---

23 *août* 1810, *combat des frégates* Minerve, Bellone, Ceylan *et corvette* Victor, *combat du Grand-Port (Ile de France).*
DUPERRÉ, capit. de vaisseau, B.
MOISSON, enseigne, B.
MOULAC, enseigne, B.
JARDIN, enseigne, B.
LEFEBVRE, enseigne, B.
DUHAUTCILLY, enseigne, B.
LONGUEVILLE, enseigne, B.
BRUN, aspirant, B.
CUNAT, aspirant, B.
MALAVOIE, aspirant, B.
DESCOMBES, aspirant, B.
GRAINVILLE, aspirant, B.
DAVID, aspirant, B.

FORET, enseigne, B. 13 sept. 1810, combat de la frégate *la Clorinde.*
JASSIER, enseigne, T. 24 sept. 1810, combat devant Boulogne.
DUFAURE DE VERCORS, aspirant, B. sept. 1810, combat devant Porto-Ferrajo.
DUBOURNE DE CHEF DE BOIS, lieut. de vaisseau, B. 27 déc. 1810, combat de la frégate *la Vénus.*

---

13 *mars* 1811, *combat de Lissa (Adriatique).*
DUBOURDIEU, capit. de vaisseau, T.
PÉRIDIER, capit. de vaisseau, B. (mort).
LAMEILLERIE, capit. de frégate, T.
PIJON, lieut. de vaisseau, T.
LE GALLE, lieut. de vaisseau, T.
LESTRILLE, lieut. de vaisseau, T.
CAMUS, enseigne, T.
ENDRICK, enseigne, T.
BOTTEMONT, enseigne, T.
ESCLAPON, enseigne, B. (mort le 1er avril).
VASSEUR, aspirant, T.
COTARD, aspirant, T.
VILLON, capit. de frégate, B.
FABRE, lieut. de vaisseau, B.
VILLENEUVE, lieut. de vaisseau, B.
GALLOY, enseigne, B.
SAULNIER, enseigne, B.
JOUBERT, enseigne, B.
DANIEL, enseigne, B.
VALOIS, enseigne, B.
MONTFORT, enseigne, B.
JOURDAN, enseigne, B.
GUILLIBERT, aspirant, B.
DARTIGUET, aspirant, B.
ADER, agent comptable, B.

SCHILOT, capit. de frégate, B. 8 mai 1811, combat de la canonnière 93, près de Perros.

---

20 *mai* 1811, *combat des frégates* la Renommée, la Clorinde *et* la Néréïde, *devant Tamatave.*
ROQUEBERT, capit. de vaisseau, T.
LEMARESQUIER, capit. de frégate, T.
DE LALANDE, aspirant, T.
MARIGNY, aspirant, T.
COQUET, enseigne, B. (mort le 27).
DEFREDOT-DUPLANTY, lieut. de vaisseau, B.
FICHOUX, enseigne, B.
DANICAU, aspirant, B.

BARRIÈRE, enseigne, B. 22 mai 1811, combat près de Trieste (mort le 28 juin).
N..., aspirant, T. 23 juin 1811, affaire contre une péniche anglaise, au cap Machichaco (Espagne).
BOURDIN, enseigne, B. 24 août 1811, combat du brick *le Pluvier.*
LANGLADE, capit. de frégate, B. 15 nov. 1811, combat près de Trieste.
CHARRAIRON, enseigne, B. 27 nov. 1811, dans un combat.

---

29 *nov.* 1811, *combat des frégates* Pomone *et* Pauline, *entre Lissa et Ancône.*
VOISIN, aspirant, T.
ROSAMEL, capit. de frégate, B.
CREST, enseigne, B.
BROS, enseigne, B.
LAGRANGE, enseigne, B.
BARAULT, aspirant, B.

Nuit du 7 au 8 déc. 1811. *par des brigands aux environs de Pampelune.*
DUBIGNON, aspirant, assassiné.
GODARÉ, aspirant, assassiné.

22 févr. 1812, *combat du vaisseau* le Rivoli *(Adriatique).*

DE LAPARRE, lieut. de vaisseau, T.
TALMA (1), enseigne, T.
MARTELLI, enseigne, T.
BARRÉ, capit. de vaisseau, B.
BARNETCH, capit. de frégate, B.
FABRE, lieut. de vaisseau, B.
MEISSONNIER, lieut. de vaisseau, B.
CHATEAUVILLE, lieut. de vaisseau, B.
GUEZENEC, enseigne, B.
DARRAS, enseigne, B.
NALLIS, aspirant, B.
MASAROVICH, aspirant, B.
VISCOVICH, aspirant, B.

SAURON, aspirant, B. 19 avril 1812, à bord de la frégate *la Victorieuse.*
DE BRUCHARD, aspirant, B. 18 mai 1812, combat d'une péniche.

22 *mai* 1812, *combat des frégates* Andromaque *et* Ariane *devant Lorient.*
LEGRAND, enseigne, T.
DOMÉON, chirurg. M., T.
LE CORRE, aspirant, T.
DE GALAUP, aspirant, T.
FERRETIER, capit. de frégate, B.
MOISSON, lieut. de vaisseau, B.

PICASSE, capit. de corsaire B. 22 mai 1812, combat devant Malaga (mort le 16 juin).

16 *juin* 1812, *combat du brick* le Renard, *près de Sainte-Marguerite.*
CHARTON, enseigne, B. (mort).
BAUDIN, lieut. de vaisseau, B.

ICARD, aspirant, noyé 10 nov. 1812, en conduisant le grand canot de la corvette *la Tactique.*
DECOURVILLE, aspirant, noyé 19 nov. 1812, naufrage de la péniche *l'Aigle.*

4 *déc.* 1812, *combat du brick* le Castor (*près de Bastia*).
CAUTELLIER, enseigne, B.
N..., aspirant, B.

(1) Fils du tragédien.

17 *févr.* 1813, *combat de la frégate* l'Aréthuse, (*côtes d'Afrique*).
CHAUVEAU, aspirant, T.
TURBÉ, aspirant, T.
MERCIER, lieut. de vaisseau, B.
DANYCAN, enseigne, B.
GAUTREAU, aspirant, B.
RUEL, aspirant, B.

MORIN, lieut. de vaisseau, B. 19 mai 1813, combat d'Eichberg (Saxe).
DRINOT, lieut. de vaisseau, T. 21 mai 1813, combat devant Hambourg.

22 *mai* 1813, *combat du brick* le Mercure (*Hambourg*).
DUDOUYT, enseigne, T.
CARON, enseigne, B.

PELHASTE, lieut. de vaisseau, T. 19 août 1813.

18 *août* 1813, *attaque du port de Cassis par les Anglais.*
DURBEC, enseigne, B.
ETIENNE, enseigne, B.

Nuit du 4 au 5 sept. 1813, *incendie et explosion de la frégate* la Danaé, *dans la rade de Trieste.*
VILLON, capit de vaisseau, T.
FAURE, lieut. de vaisseau, T.
ICARD, enseigne, T.
DANIEL, enseigne, T.
MARTINENQ, enseigne, T.
DARROS, enseigne T.
REYNAUD, aspirant, T.
GUILLIBERT, aspirant, T.
SALADIN, aspirant, T.
HENRY, chirurg.-M., T.
PIERRI, chirurg. S.-A.-M., T.
DAUPHIN, chirurg. S.-A.-M., T.
DEROSSI, chirurg. S.-A.-M., T.
WAYSEL, agent comptable, T.

9 *sept.* 1813, *naufrage d'une chaloupe du Génois.*
DRIVON, lieut. de vaisseau, noyé.
PABST, aspirant, noyé.

9 *sept.* 1813, *combat du cutter* le Renard (*dans la Manche*).
DEVOSE, lieut. de vaisseau, T.

Berthelot, enseigne, B.
Ramerie, enseigne, B.
Lavergne, enseigne, B.
Leroux, aspirant, B.

Pottier, aspirant, T. 21 oct. 1813, combat de la frégate *le Weser*.
Boniface, lieut. de vaisseau, B. 9 nov. 1813, défense de Dantzig (mort le 11).
Cadenet, aspirant, B. 19 nov. 1813, défense de Zara (Illyrie).
M..., enseigne, T. 9 déc. 1813, combat de la canonnière *l'Air*, près Saint-Tropez.

10 *déc.* 1813, *combat de l'aviso* l'Estafette.
Christy de La Pallière, lieut. de vaisseau, B.
Bernard, lieut. de vaisseau, B.

D'Heureux, enseigne, T. 12 déc. 1813, défense de Venise.
Bouffier, enseigne, B. 13 déc. 1813, défense de Livourne.
Ripaud de Montaude, lieut. de vaisseau, T. déc. 1813, défense de Bayonne.

4 *janv.* 1814, *défense de Flessingue*.
Cobert, enseigne, B.
Cunat, enseigne, B.
Alix Gand, aspirant, B.

16 *janv.* 1814, *combat de la frégate* l'Alcmène (*îles Canaries*).
Moulin, aspirant, T.
Poupel, aspirant, T.
Ducrest-Villeneuve, capit. de vaisseau, B.

23 *janv.* 1814, *combat des frégates* l'Etoile *et* Sultane, *à Saint-Yague*.
Trégosse, enseigne, T.
Fleury (B.), aspirant, T.
Fleury (T.), aspirant, T.
De la Mainière, aspirant, T.
Philibert, capit. de frégate, B.
Darod, lieut. de vaisseau, B.
Danycan, lieut. de vaisseau, B.
Despallière, aspirant, B.

Tanqueray, aspirant, T. 5 févr. 1814, défense d'Anvers.

13 *févr.* 1814, *combat du vaisseau* le Romulus, *devant Toulon*.
Poucel, lieut. de vaisseau, B. (mort le 14).
Tissot, enseigne, T.
Infernet, enseigne, B. (mort le 14).
Rolland, capit. de vaisseau, B.
Launay, enseigne, B.
Martin, enseigne, B.
Onfrey, enseigne, B.
Blard, aspirant, B.

25 *févr.* 1814, *combat de la frégate* la Clorinde, *à l'ouest de Pennemarck*.
Fichet, enseigne, T.
Monnet, aspirant, T.
Vanderlneuley, aspirant, T.
Denis-Lagarde, capit. de vaisseau, B.
Linois, aspirant, B. (mort).
Fournier de Bellevue, agent comptable, T.

Messonnier, lieut. de vaisseau, B. mars 1814, défense du fort de Malgherra.

8 *mars* 1814, *défense de Berg-op-Zoom*.
Codercq, lieut. de vaisseau, T.
Houssaye, aspirant, T.
Ducolombier, lieut. de vaisseau, B.
Boulay, enseigne, B.

Imbert, aspirant, B. mars 1814, défense de Bois-le-Duc (mort le 29 mai).

27 *mars* 1814, *combat de la frégate* l'Etoile.
Derville, lieut. de vaisseau, T.
Tanrade, enseigne de vaisseau, T.
Philibert, capit. de frégate, B.
Darod, lieut. de vaisseau, B.
Danycan, lieut. de vaisseau, B.
Mauduit, enseigne, B.
Quéquet, aspirant, B.
Du Petit-Thouars, aspirant, B.
Frion, aspirant, B.
Drezennes, aspirant, B.

DUCROS, enseigne, B. 30 mars 1814, bataille de Paris.
GAUDEL, aspirant, T. 25 mai 1814, combat du chebeck *l'Aigle*, devant Vido.

17 *juin* 1815, *combat de la corvette* l'Egérie, *près de l'île de Corse.*
TOUFFET (1), capit. de frégate, B.

(1) Tous les officiers tués ou blessés.

N..., lieut. de vaisseau, B.
N..., enseigne, B.
N..., aspirant, B.
N..., aspirant, B.

FOURNIER (J.), lieut. de vaisseau, B. 19 juill. 1815, combat du cutter *le Printemps*, près de Plouguerneau (mort le 24).

4ᵉ Équipage de flottille (1812).

GUERLAN, lieut., B. 18 nov. 1812, bataille de Krasnoë.

28 *nov.* 1812, *aux ponts de la Bérésina.*
MILVILLE, capit., B. (mort le 14 janv. 1813).

GUERLAN, lieut., B. (mort en janv. 1813).

17ᵉ Équipage de flottille (1812).

BERNARD, lieut., B. oct. 1812, au siège de Riga.

20 *déc.* 1812, *défense de Mittau.*
N..., capit., B.
N..., lieut., B.

N..., lieut., B. 27 déc. 1812, reprise de Tilsit.
N..., lieut., B. 29 mars 1813, défense de Dantzig.
DUREST, capit., B. 2 sept. 1813, défense de Dantzig.

43ᵉ Équipage de flottille (1810-1813).

GOURDAN, lieut., B. août 1810, combat contre des guérillas, route d'Andujar.

2 *oct.* 1810, *affaire de San-Lucar, près de Cadix.*
LÉTRANGE, lieut., B. (mort).

BARRE, capit., B.

MAUBRAS, capit., T. 31 déc. 1811, assaut de Tarifa (Espagne).

44ᵉ Équipage de flottille (1810-1813).

10 *juill.* 1810, *combat d'Almazan (Espagne).*
DESTRAIS, capit., B.
RIGOULT, capit., B.
BARRÈRE, capit., B.

DUMONT, lieut., B.
DUPLOUY, lieut., B.
WARNET, lieut., B.
FULGBERG, lieut., B.

OUVRIERS MILITAIRES DE LA MARINE

Bataillon du Danube (1812-1813).

7 sept. 1812, *bataille de la Moskowa.*
MOREAU, capit., B.
VERBROUCK, lieut., B.

DANIEL, capit., B. 28 nov. 1812, aux ponts de la Bérésina.
VERBROUCK, lieut., B. 10 déc. 1812, combat devant Wilna.

THIL, s.-lieut., B. 15 déc. 1812, par des cosaques, sur le Niémen.

29 *août 1813, défense de Dantzig.*
SAVARY, capit., A.-M., B.
DANIEL, capit., B.
CHAMBRAILLE, lieut., B.

1ᵉʳ Bataillon de l'Escaut (1812-1813).

13 *déc.* 1812, *combat route de Kowno.*
PLAGE, capit. A.-M., B.
POCHARD, s.-lieut., B.

BERTIN, s.-lieut., B.

ROY, s.-lieut., B. 29 août 1813, défense de Dantzig.

2ᵉ Bataillon de l'Escaut (1813-1814).

ZEDÉ, lieut., B. 14 oct. 1813, affaire route de Dresde à Leipzig.
FOISSY, capit., B. 16 oct. 1813, route de Lindenau (mort le 16 déc.).

29 *oct.* 1813, *combat devant Hanau.*
GUILLEMARD, capit., B.

MARCHAND, capit., B.
NEVEU, lieut., B.

DARRAS, lieut., B. 31 oct. 1813, route de Hanau, par des cavaliers prussiens.

Bataillon d'Espagne (1810-1813).

10 *juill.* 1810, *combat d'Almazan (Espagne).*
BUTRAUD, chef de bat., B.
GANDON, capit., B.

LABENETTE, capit., B.
MATHIEU, lieut., B.
BRUYS, lieut., B.
GODET, lieut., B.

8ᵉ Bataillon (1813-1814).

5 *nov.* 1813, *défense de Torgau.*
MASQUELEZ, chef de bat., B. (mort le 12).
DAVIEL, lieut., B.

ASULAS, lieut., B.

MAZAUDIER, capit., B. déc. 1813, défense de Wittenberg.

IX

TROUPES ALLIÉES [1]

I

TROUPES ITALIENNES

(1805-1814)

GARDE ROYALE

Compagnies de gardes d'honneur.

Morts ou disparus en 1812, pendant la retraite de Russie.

BATAGLIA, capit.
HERCOLANI, capit.
ARICI, capit.
MILZETTI, capit.
WIDMAN, capit.
BRISA, lieut.
OCCIONI, lieut.
MAGNAGHI, lieut.
BIANCHI, lieut.

BACCAGLINI, lieut.
COVELLI, lieut.
BORRA, lieut.
CONTANIRI, lieut.
LANCI, lieut.
BIANCOLI, lieut.
ELTI, lieut.
MASTINI, lieut. (mort).
BORDIGNI, lieut. A.-M. (mort).
GOSSARD, chirurg. A.-M.

Régiment de grenadiers à pied.

Morts ou disparus en 1812, pendant la retraite de Russie.

BUTTURA, capit.
BOLDRINI, lieut. A.-M.
CIMBA, chirurg.-M.
AGOSTI, chirurg. A.-M.
CATTANEO, lieut.
RONDEAU, lieut.
VISCONTI, lieut.
CAMURI, lieut.
CALDERONI, lieut.

ARNO, s.-lieut.
GUVI, s.-lieut.
LEONI, s.-lieut.
BERINELLI, s.-lieut.
PASTORI, s.-lieut.

16 févr. 1814, affaire de Salo (Italie).

CASALI, capit., B.
GUBERNATIS, capit., B.
SABATINI, lieut., B.
GIORDANI, s.-lieut., B.

---

[1] Un certain nombre d'entre les noms qui figurent sur les listes ci-dessous nous ont été obligeamment communiqués par MM. les archivistes des ministères de la guerre d'Autriche-Hongrie, de Danemark et des Pays-Bas, par l'archiviste du ministère de la marine d'Espagne, ainsi que par M. Mehlhorn, capitaine commandant au 12e régiment d'artillerie saxon.
Nous les prions d'agréer l'expression de notre vive gratitude.

Régiment de vélites à pied.

29 *sept. 1806, combat des Bouches du Cattaro (Illyrie).*
PORRO, capit. A.-M., B.
ROSSI, capit., B.

SAINT-GERMAIN, s.-lieut., B. 18 juin 1808, affaire de St-Paul (Catalogne).

2 *sept. 1808, combat de San-Boy (Catalogne).*
MILANESI, capit., T.
NOBILI, lieut., T.
DEPRETIS, lieut., T.
BRUYÈRE, lieut., T.

SAINT-GERMAIN, s.-lieut., B. 12 oct. 1808, affaire de St-Golgat (Catalogne).
SUBERVILLE, capit., B. 16 avril 1809, bataille de Sacile.

30 *avril 1809, combat d'Illasi (Italie).*
SCHEDONI, chef de bat., T.
PIACENTINI, lieut., B. (mort).
OLIVAZZI, capit., B.
GUILLEMET, capit., B.
SCHEDONI, capit., B.
LANIERI, lieut., B.
RAFFAGLIA, lieut., B.
MANGALDO, s.-lieut., B.
GARELLI, s.-lieut., B.
BURZIO, s.-lieut., B.

BLANC, lieut., B. 14 juin 1809, bataille de Raab.

8 *juill. 1809, assaut du Montjouy (Girone).*
BENCIOLINI (1), lieut., B. (mort).

(1) Tous les officiers du bataillon qui étaient devant Girone le 19 septembre furent blessés à l'assaut.

PEDRODI, lieut., B. (mort).
BIANCHI, chef de bat., B.
N..., capit., B.
N..., lieut., B.
N..., lieut., B.

24 *oct. 1812, bataille de Malojaroslawetz.*
NEGRISOLI, chef de bat., T.
MAFFEI, chef de bat., T.
CASOLARI, capit. A.-M., T.
DE FILIPPI, chirurg.-M., T.
CAVALCA, chirurg. A.-M., B. et D.
BASTIDE, chef de bat., B.
GUILLEMET, capit., B. et D.
PIERONI, lieut., B. (mort 28 janv. 1813).
BENDAI, lieut., B. (mort le 9 nov.).
LUCINI, s.-lieut., B. (mort le 9 nov.).
LAUBERS, capit., B. et D.
TÉSINI, capit., B.
GUIDOTTI, lieut., B.
TIRABOSCHI, lieut., B.
LANCIAI, lieut., B.
COMAZZI, lieut., B.
SCARSELLI, lieut., B.
PEDRAVALLI, s.-lieut., B.
ZANIBELLI, s.-lieut., B.
FOGLIA, s.-lieut., B.

28 *nov. 1812, aux ponts de la Bérésina.*
PAGANELLO, capit., T.
DE PIETRI, lieut., B.

12 *sept. 1813, combat de San-Marein (Italie).*
COMETTI, capit., T.
ZAMBELLI, lieut., B.
LAUGIER, lieut., B.

Régiment de chasseurs à pied (1811-1814) (1).

24 *oct. 1812, bataille de Malojaroslawetz.*
RADOANI (G.), s.-lieut., T.
RADOANI (J.), s.-lieut., T.
AGAZZINI, capit., B. et D.
BOTTIGNANI, lieut., B. et D.

(1) Ex-régiment de conscrits.

DRAGONI, lieut., B. et D.
UBALDINI, lieut., B. et D.
TAVOLA, s.-lieut., B. et D.
GIRALDI, s.-lieut., B. et D.
MARCHESI, s.-lieut., B. et D.
LURASCHI, s.-lieut., B. et D.
PÉRALDI, col., B.

MARGUERYE, major, B.
COLOMBANI, capit., B.
GUBERNATIS, capit., B.
DELLA-TELA, capit., B.
PIOMBINI, capit., B.
CROCI, lieut., B.
CONTI, lieut., B.
BENAGO, lieut., B.
CROTTA, lieut., B.
PRAMPOLINI, lieut., B.
CONTINI, lieut., B.
GASPARI, lieut., B.
GUERRA, lieut., B.
GRANDI, lieut., B.
ZAPPA, lieut., B.
GIANORINI, s.-lieut., B.
LURASCHI, s.-lieut., B.
CASANOVA, s.-lieut., B.
CENERI, s.-lieut., B.
ZANONI, s.-lieut., B.
SABAINI, s.-lieut., B.
MAGGI, s.-lieut., B.
JACOLI, s.-lieut., B.
DONATI, s.-lieut., B.

COLOMBANI, capit., B. 6 sept. 1813, combat près de Laybach (Illyrie).

12 sept. 1813, combat de San-Marein.
RAMBOSIO, lieut., T.
BANCHI, lieut., T.

VIAUD, capit., B. 16 sept. 1813, combat près de San-Marein.

25 sept. 1813, affaire du pont de Tchernutz.

GRELLA, capit., B.
GOBIS, capit., B.
STELLA, capit., B.
GASPARI, capit., B.
VALESSINI, lieut. A.-M., B.
SACCARINI, s.-lieut., B.
CHINSONE, s.-lieut., B.
REINA, s.-lieut., B.

16 févr. 1814, combat de Salo (Italie).

PRAMPOLINI, capit. A.-M., T.
GUERRA, capit., T.
LITTA, lieut., T.
COLOMBANI, chef de bat., B.
PAVESI, capit., B.
MIGLIAVACCA, lieut., B.
CADAVERI, lieut., B.
LAUGIER, lieut., B.

Régiment de dragons.

PAQUIN, capit., B. 14 juin 1809, bataille de Raab.

Tués, morts ou disparus en 1812, pendant la retraite de Russie.

DUMONT, capit.
PAVESI, capit.
VISCONTI, lieut.
GALLEAZZI, lieut.
PICCOLI, lieut.

CHIESI, s.-lieut.
CENTENARI, s.-lieut.
MANTOVANI, chirurg. A.-M.

BOCCANERA, lieut., B. 13 déc. 1812, affaire route de Kowno.
BRAMBILLA, lieut., B. 27 nov. 1813, affaire de Legnago.
COLOMBI, capit., T. 8 févr. 1814, bataille du Mincio.

Compagnies d'artillerie (1).

Tués, morts ou disparus en 1812, pendant la retraite de Russie.

CONTI, capit.
CALMANI, capit.
MERCASTEL, capit.
PETRONIO, lieut. A.-M.
RÉ, lieut.

CINTI, lieut.
ALBERGANTI, lieut.
CIRRI, lieut.
CHAMPIGNY, lieut.

(1) Une compagnie à pied, une compagnie à cheval et deux compagnies du train.

RÉGIMENTS D'INFANTERIE DE LIGNE

1ᵉʳ Régiment.

TRIOULLIER, lieut., B. 30 oct. 1807, combat de Caldiero.

17 févr. 1807, affaire de Newgarten.
TAVELLA, capit., B.
CROTTI, capit., B.
RAVERA, capit., B.
DUPRÉ, lieut., B.

1807, siège de Colberg.
AUDIFFRET, chef de bat., T. 18 mai.
ANGELO, capit., T. 18 mai.
ADALBERTO, s.-lieut., T. 18 mai.
PALLAVICINI, s.-lieut., T. 18 mai.
RIVIER, s.-lieut., T. 18 mai
VALERI, chef de bat., B. 18 mai.
COLOMBANI, capit., B. 19 mars.
NERI, capit., B. 19 mars.
CROTTI, capit., B. 19 mars.
PERRIN, capit., B. 26 juin.
COSTI, lieut., B. 17 mai.
POISE, capit., B. 18 mai.
ROSSI, capit., B. 26 juin.
BONELLI, lieut., B. 26 juin.
CÉSATI, lieut., B. 26 juin.
REGAZZONI, chirurg.-M., B. 17 mai.
CORONA, lieut., B. 26 juin.
GARELLI, lieut., B. 26 juin.
COLOMBANI, s.-lieut., B. 3 avril.

16 avril 1809, bataille de Sacile.
DUPLESSIS, capit., T.
RIVET, capit., T.
ZUCCHI, col., B.
BARBIERI, chef de bat., B.
FERRU, chef de bat., B.
TARDIEU, capit., B.
ZAMPA, capit. A.-M., B.
ROSSI, capit., B.
PANICO, capit., B.
VICTORIO, capit., B.
BERTOLIO, capit., B.
PAOLI, capit., B.
LAGRANGE, capit., B.
BONELLI, lieut., B.
BONSERVI, lieut., B.
ORLANDI, lieut., B.
RONZIER, capit., B.

30 avril 1809, combat de Castel-Cerino.
DUBOIS, chef de bat., B.
FERRU, chef de bat., B.
RONZIER, capit., B.
KABBU, s.-lieut., B.

13 juin 1809, aux avant-postes devant Raab.
FERRU, chef de bat., B.
N..., lieut., B.

14 juin 1809, bataille de Raab.
MORRO, capit., B.
BLANC, lieut., B.
ANTOMARCHI, s.-lieut., B.
POIRÉE, s.-lieut., B.

FERRU, chef de bat., B. 4 nov. 1809, combat de Nieder-Rasen (Tyrol).

25 oct. 1811, bataille de Sagonte.
D'OLDER, chef de bat., T.
RAYNAUD, capit., B.
MOREAU, capit., B.
BRUGNOLI, lieut., B.
FERRARI, lieut., B.
POLIDORI, lieut., B.
POSCH, lieut., B.
TROIS, s.-lieut., B.

BERTOLIO, capit., B. 7 oct. 1811, dans un combat en Espagne (mort le 15).

27 et 28 oct. 1811, siège de Sagonte.
PANICO, capit., T. 27.
SALA, chef de bat., T.
CASATI, capit., B.
POIRÉ, lieut., B.
MARCHIONI, s.-lieut., B.
MARTINELLI, s.-lieut., B.

7 nov. 1811, combat devant Valence.
BASTASINI, lieut., T.
BONALUMI, lieut., T.
ARÈSE, col., B.
NERI, capit., B.
ROSSI, capit., B.
TRENTINI, capit., B.
RAGAZZONI, chirurg. A.-M., B.

De Gerra, lieut., B.
Grandi, lieut., B.
Trois, lieut., B.

31 déc. 1811, siège de Valence.
Coujolle, lieut., B.
Rizzoli, s.-lieut., B.

Raffetti, capit., T. 7 janv. 1812, devant Valence.
Marcioni, lieut., B. 7 juin 1812, affaire près d'Huesca, en Espagne.

9 août 1812, en Espagne
Petrucci, capit., B.
Belentani, lieut., B.

Orsini, lieut., B. 15 nov. 1812, défense de Peniscola.

18 déc. 1812, combat en Espagne.
Camozzi, capit., B.
Francioli, lieut., B.

25 déc. 1812, en Espagne.
Trois, lieut., T.
Amelin, lieut., B.
Rizzoli, s.-lieut., B.

Casanova, capit., B. mars 1813, près de Saragosse (mort le 22).

19 mai 1813, combat de Kœnigswartha (Saxe).
N..., T.

Furci-Cappon, capit., B.
N..., B.
N..., B.
N..., B.
N..., B.

Vidiella, lieut., B. 4 juin 1813, défense de Tarragone.

6 sept. 1813, bataille de Juterbock.
Ferrirolli, chef de bat., B.
Jacopetti, chef de bat., B.
Ponti, chef de bat., B.
Furci-Cappon, capit., B.
Loviton, capit., B.
Journé, lieut., B.

Allard, capit., T. 6 mars 1814, affaire de la Maison (Italie).

7 mars 1814, combat de Reggio.
Porro, col., B.
Massari, capit., B.
Brugnelli, lieut., B.
Franzioli, s.-lieut., B.
Canelli, s.-lieut., B.
Vandelli, s.-lieut., B.

Sauvage, lieut., B. 11 mars 1814, affaire de Seste.

16 mars 1814, combat près de Plaisance.
Lombardini, s.-lieut., B.
Ferrari, lieut., B.

2ᵉ Régiment.

30 oct. 1805, combat de Caldiero.
Camurri, capit., B.
Camurri (L.), lieut., B.
Luigi, lieut., B.

Poize, capit., B. 1806, siège de Capoue.

11 juill. 1806, au siège de Gaëte.
Delané, capit., B.
Fornari, lieut., B.

Bottura, capit., B. 8 mai 1809, bataille de la Piave.
Gurlain, capit., T. oct. 1809, combat en Croatie

Avril 1810, défense de Sainte-Maure (îles Ioniennes).
Forti, s.-lieut., T. 9.
Bruges, capit., B. 15.

24 oct. 1812, bataille de Malojaroslawetz.
Zampa, chef de bat., B. (mort).
Colla, lieut., B. (mort le 18 mars 1813).
Brambilla, lieut., B. (mort le 17 mai 1813).
Galoine, s.-lieut., B. (mort le 15 déc.).
Rémond, lieut., B. (mort le 23 févr. 1813).
Dubois, col., B.

Omodeo, col. en 2ᵉ, B.
Boretti, chef de bat., B.
Bolognini, chef de bat., B.
Poize, chef de bat., B.
Faraboli, capit., B.
Forcioli, capit., B.
Airoldi, capit., B.
Pulliani, capit., B.
Mantegazza, lieut., B.
Montalégri, s.-lieut., B.
Benassi, s.-lieut., B.
Manzieri, s.-lieut., B.

Lécuyer, capit., B. 9 nov. 1813, combat près de Goriza (mort le 24).

14 sept. 1813, combat de Lippa.
Dubois, col., B.
Montalégri, lieut., B.

15 sept. 1813, combat de Fiume.
Ferretti, chef de bat., B.
Boudreau, capit., B.

3ᵉ Régiment.

8 mai 1809, bataille de la Piave.
Venturi, chef de bat., B.
Ré, capit., B.
Spaggiari, lieut., B.
N..., lieut., B.
N..., s.-lieut., B.

14 juin 1809, bataille de Raab.
Destré, chef de bat., T.
Medici dit Marignano, lieut., T.
Fontane, lieut., B. (mort le 11 juill.).
Toudel, lieut., B. (mort le 22 juill.).
Lonati, chef de bat., B.
Deroi, chef de bat., B.
N..., capit., B.
N..., capit., B.
N..., lieut., B.
N..., lieut., B.
N..., lieut., B.

Tracol, chef de bat., B. 25 août 1809, combat de Roveredo (Italie).

13 mars 1811, combat naval de Lissa (Adriatique).
Raggi, lieut., T.
Galimberti, capit., B.
Mollin de Montval, s.-lieut., B.

24 oct. 1812, bataille de Malojaroslawetz.
Négrisoli, chef de bat., T.
Molinari, chef de bat., T.
N..., capit., T.
N..., capit., T.
N..., capit., T.
Thiesse, capit., B. et D.
Zéis, capit., B. (mort le 10 févr. 1813).

Melzi, lieut., B. (mort janv. 1813).
N..., lieut., T.
N..., lieut., T.
Clément, s.-lieut., B. et D.
Scaviati, s.-lieut., B. (mᵗ 15 janv. 1813).
Casella, col., B.
Tracol, chef de bat., B.
Milosewitz, capit. A.-M., B.
Beaumevielle, capit., B.
Laffore-Gay, capit., B.
Veritti, capit., B.
Trouffy, lieut., B.
Bignami, lieut., B.
Sardou, lieut., B.
N..., lieut., B.
N..., lieut., B.
N..., s.-lieut., B.
N..., s.-lieut., B.
N..., s.-lieut., B.

Garcin, capit., B. 2 sept. 1813, dans la plaine d'Etoppo.
Ventura, s.-lieut., B. 14 sept. 1813, combat de Lippa.

25 sept. 1813, combat du pont de Tchernutz.
Rossi, capit., B.
Grella, capit., B.
Gobbis, capit., B.
Stella, capit., B.
Valesini, lieut., B.
Saccani, lieut., B.
Chinsoni, s.-lieut., B.
Reina, s.-lieut., B.
Basile, s.-lieut., B.
Luigetti, s.-lieut., B.

AGAZZINI, chef de bat., B. 27 sept. 1813, affaire de Lascitz (Italie).
MENANT, s.-lieut., B. 8 oct. 1813, aux avant-postes, en Italie.

10 nov. 1813, combat d'Alba (Tyrol).
FERRENT, capit., B.
GINNASI, s.-lieut., B.

4° Régiment.

26 juin 1807, siège de Colberg.
SALOMONI, capit., T.
DALSTEIN, lieut., B.
FIORAVENTI, lieut., B.
PIELLA, lieut., B.
MOREAU, s.-lieut., B.

TRESSINI, lieut., T. 20 août 1807, combat de Rugen (Poméranie).

1808, siège de Roses (Catalogne).
N..., T. 4 déc.
VETTER, chef de bat., B.
REGNIER, capit., B. 3 déc.
N..., B. 4 déc.
N..., B. 4 déc.
N..., B. 3 déc.
N..., B. 4 déc.

GOULET, capit., B. 21 déc. 1808, dans une reconnaissance au Molins-del-Rey.
BENEDETTINI, capit., T. 13 janv. 1809, affaire de San-Magi (Catalogne).
LAMOTTE, capit., T. 18 janv. 1809, combat de San-Magi.
FALCON, capit., B. 10 févr. 1809, affaire de Liagonès.

25 févr. 1809, combat de Vals.
CREBASSAUD, capit., B.
FALCON, capit., B.

26 avril 1809, combat de Callespina (Espagne).
GOULET, capit., B.
MARENESI, capit., B.
RONCEDI, capit., B.

30 avril 1809, combat de Montanola (Catalogne).
PONTI, capit., T.
BERNARD, lieut., T.
CARCANICO, lieut., B.

BARBIERI, lieut., B. 8 nov. 1809, affaire de Mulbach (Tyrol).

MOREAU, lieut., B. 26 sept. 1809, en Catalogne.
REGNIER, capit., B. 26 sept. 1809, devant Girone.
BONFANTI, capit., B. 3 mai 1810, devant Hostabrich.

21 oct. 1810, affaire en Catalogne.
BOYE, capit., B.
FERRARI, lieut., B.

RENARD, col., B. 25 oct. 1810, affaire de Cardanne (Catalogne).

16 janv. 1811, combat de Campo-Verde.
COLLAUD, capit., B.
MARANESSI, capit., B.
OLETTO, capit., B.
DIEDO, lieut., B.

25 mars 1811, combat sur le Llobregat.
COLLAUD, capit., B.
MASI, capit., B.
MARANESSI, capit., B.
OLETTA, capit., B.

DIEDO, lieut., T. 17 juin 1811, combat de Campo-Verde.
OLETTA, capit., T. 28 juin 1811, siège de Tarragone.

4 nov. 1811, assaut de Murviedo. (Espagne).
D'AUTANE, lieut., B.
D'ADHEMAR, lieut., B.

9 nov. 1811, devant Valence.
MARIANINI, capit., T.
SAINT-ANDRÉ, col., B.

SAINT-ANDRÉ, col., B. 26 déc. 1811, affaire devant Valence.

24 mars 1813, combat de Castro.
MAGISTRELLI, chef de bat., B.
BOCCALARI, chef de bat., B.
PAVESI, capit., B.

SANGIROLAMI, s.-lieut., B.
N..., s.-lieut., B.
N..., s.-lieut., B.

2 avril 1813, combat de Guernica (Espagne).
BONZI, capit., B.
CABRINI, capit., B.
LANA, lieut., B.
BETTINELLI, lieut., B.

19 mai 1813, combat de Kœnigswartha (Saxe).
BOZZOLINI, col., B.
BAGNARA, chef de bat., B.

BENROTTE, capit., B. mai 1813, défense de Tarragone.
D'AUTANE, capit., B. 23 août 1813, affaire de Gross-Beeren.

6 sept. 1813, bataille de Juterbock.
FERARI, s.-lieut., B. (mort le 10).
CECOPIERI, col. en 2°, B.
BAGNARA, chef de bat., B.
FALCON, chef de bat., B.
FOURNEAU, lieut., B.
D'ADHEMAR, capit., B.
TESTUT, capit. A.-M., B.

BAGNARA, chef de bat., B. 9 sept. 1813, combat en Saxe.
GAETANO, s.-lieut., B. 10 nov. 1813, combat d'Alba (Italie) (mort le 27).
VARÈSE, chef de bat., B. 8 févr. 1814, bataille du Mincio.
GARIBALDI, capit., B. 12 févr. 1814, défense d'Ancône.
TOSATI, capit. A.-M., B. 14 avril 1814, combat près de Plaisance.

5° Régiment.

FORESTI, col., B. 9 juill. 1806, combat devant Gaëte.
JOUFFRET, lieut., B. 2 sept. 1808, combat en Catalogne.
BONNEVILLE, capit., B. 3 févr. 1809, dans une reconnaissance en Catalogne.

3 mars 1809, affaire en Catalogne.
GUILLEMI, s.-lieut., B. (mort le 17).
GUILINI, lieut., B.

LEDUC, lieut., B. 4 mars 1809, aux avant-postes, en Catalogne.

10 mars 1809, affaire près du Moulin-du-Roi.
MASCHERONI, capit., T.
ADHÉMAR, capit., B.

SAUVAGE, chef de bat., B. 23 mars 1809, dans une reconnaissance en Catalogne.

1809, siège de Girone.
CONTI, capit., T. 30 août.
MOYSAN, capit., T. 7 oct.
TIRZONI, capit., T. 30 août.
ANELLI, lieut., T. 7 oct.
BATTAGLINI, lieut., T. 30 août.
MONTMOUTON, lieut., T. 30 août.
FORESTI, col., B. 30 août, 19 sept. (mort).

ROMANI, capit., B. 8 juin (mort).
CURTI, lieut., B. 7 oct. (mort 2 déc.).
LOTTI, lieut., B. 14 juin (mort 3 juill.).
BONFILI, capit., B. 8 juin.
DONDINI, capit., B. 8 juin.
GRASSI, capit., B. 8 juin.
MAGISTRELLI, capit., B. 8 juin.
D'OLDER, capit., B. 7 oct.
PICCIOLI, capit., B. 8 juin.
FLORIS, lieut., B. 27 mai.
FASSI, lieut., B. 8 juin.
TONELLI, lieut., B. 8 juin.
VITTONI, lieut., B. 8 juin.
SALVIGNI, lieut., B. 21 juin.

28 déc. 1809, dans une reconnaissance en Catalogne.
VOZAN, capit., T.
MORETTI, chirurg.-M., T.
FIORONI, capit., B.

BRESSA, lieut., B. 17 juill. 1810, combat en Catalogne.

26 juill. 1810, affaire en Catalogne.
NOGARINA, capit., B.
SIMOLINI, lieut., B.

LORNIA, capit., B. 9 avril 1811, combat sur le Llobregat.

Juin 1811, *siège de Tarragone.*
DUPONT, lieut., B. 12 juin (mort le 3 juill.).
SALIMBENI, capit., T. 17 juin.
BAY, capit., B. 12 juin.
GATTIRANA, capit., B. 12 juin.
FRANCIOSINI, lieut., B. 12 juin.
MONTEGAZZA, lieut., B. 12 juin.
PETRIGNANI, lieut., B. 12 juin.
FABRIS, lieut., B. 17 juin.
BARRACHINI, lieut., B. 7 juin.

ROMANI, capit., B. 10 sept. 1811, affaire du col de Cevera.
VGOLMODEHEM, lieut., B. 10 oct. 1811, combat près de Saragosse (mort le 6 déc.).

18 *oct.* 1811, *siège de Sagonte.*
COTANGEAU, lieut., T.
GIARDIN, lieut., T.
TURNO, lieut., T.
GATTINARA, capit., B.
LAMEZAN, capit., B.
ADHÉMAR, lieut., B.

9 *nov.* 1811, *combat devant Valence.*
GUSSONI, lieut., T.
PERI, col., B.
MATTEUCCI, capit., B.

TONELLI, lieut., B. 26 déc. 1811, au passage du Guadalaviar.

5 *mai* 1813, *affaire de Seffersdorf (Saxe), passage de la Mulda.*
PERI, col., B.
PISA, col. en 2ᵉ, B.
OLINI, chef de bat., B.
TONELLI, capit., B.
DESCHAMPS, capit., B.
GATTINARA, capit., B.
MARALLA, capit., B.
BRUGNANI, capit., B.
BRUNETTI, capit., B.
RAFFI, capit., B.

DUPASSI, capit., B.
DERICI, s.-lieut., B.

BRUNETTI, capit., T. 15 mai 1813, combat en Saxe.
PISA, col. en 2ᵉ, T. 14 août 1813, affaire du pont sur le Bober.

18 *août* 1813, *prise de Lahn, sur le Bober (Silésie).*
GEORGESI, capit., B. (mort).
DESSI, lieut., T.
SANSONI, lieut., T.
DERICI, s.-lieut., T.
DOMENICOTTI, lieut., B. (mort).
GALUZZI, lieut., B. (mort).
GUAGNINI, lieut., B. (mort).
PÉRI, col., B.
PAVONI, chef de bat., B.
CITONIO, capit. A.-M., B.
TONELLI, capit. A.-M., B.
SARTI, capit., B.
FORCIANI, lieut., B.
TARDICI, lieut., B.
TUDINI, lieut., B.

8 *sept.* 1813, *combat de Pirna.*
CILERIGO, lieut. A.-M., B. (mort le 16).
TAMBURINI, lieut., B.
SERIPOLDI, lieut., B.
BRIGANTIS, s.-lieut., B.

JOUFFRET, capit., B. 15 sept. 1813, affaire de Bischowerda (Saxe).

30 *oct.* 1813, *bataille de Hanau.*
PÉRI, col., B. (mort).
TONELLI, capit., B.
SARTI, capit., B.
FABRIS, capit., B.
N..., lieut., B.
N..., lieut., B.

ROSSI, capit., B. 1ᵉʳ mars 1814, affaire de Guastalla.

6ᵉ Régiment (1).

1808, *siège de Roses (Catalogne)*.
Sabatier, capit., T. 26 nov.
Imbert, lieut., T. 15 oct.
Bagati, s.-lieut., T. 3 déc.
Mainoni, lieut., B. 15 nov.
Giorgi, lieut., B. 15 nov.
Picolotti, lieut., B. 26 nov.
Baccarini, lieut., B. 30 nov.
De Brême, s.-lieut., B. 26 nov.
De Boissac, s.-lieut., B.

Abbati, capit., B. 3 déc. 1808, combat devant Girone.
San-Andréa, chef de bat., T. 4 janv. 1809, combat en Catalogne.
Longpré, lieut., B. 15 juin 1809, combat de San-Filieu.
Muston, capit., B. 27 juill. 1809, à Pédrijas.

13 *sept.* 1809, *combat en Catalogne*.
Berteli, lieut., B. (mort le 30).
Carbousini, lieut., B. (mort le 18).

7 *déc.* 1809, *combat devant Girone*.
Pisner, lieut., T.
Giorgi, capit., B.
Testa, capit., B.

Lorenzi, capit., B. janv. 1810, dans une reconnaissance près d'Hostalrich.
Geracchi, capit., B. 2 mai 1810, affaire près de Grions (Catalogne).
Lorenzi, capit., B. 3 mai 1810, affaire devant Hostalrich.
Marrari, lieut., B. 5 oct. 1810, combat de Baschiera (Espagne).

15 *janv.* 1811,
combat de Vals (Catalogne).
Crotti, chef de bat., B.
Maltoner, capit., B.
Roncaglia, capit., B.
Sormanni, capit., B.
Romei, lieut., B.

(1) Formé en 1808.

Tiberio, capit., T. 16 janv. 1811, affaire sur le Llobregat.

1811, *siège de Tarragone*.
Dionisio, lieut., T. 3 mai.
Ordioni, col., B. 12 juin.
Ceroni, capit., B. 12 juin.
Roncaglia, capit., B. 24 mai.
Montegazzo, lieut., B. 28 juin.

26 *sept.* 1811, *combat de Calatayud*.
Baroschi, lieut., B.
Roscio, lieut., B.
Sagreda, lieut., B.

Pezzana, lieut., B. 3 sept. 1811, combat de Cervera.
Genevay, s.-lieut., B. 29 sept. 1811, affaire de Calatayud.
Ordioni, col., B. 25 oct. 1811, bataille de Sagonte.
Martinelli, lieut., B. 2 nov. 1811, aux avant-postes (mort le 22).

9 *nov.* 1811, *combat devant Valence*.
Lorenzi, chef de bat., T.
Ordioni, col., B.
Sagrado, lieut., B. (mort le 10).

Longpré, capit., B. 20 nov. 1811, combat devant Valence.

6 *mai* 1812, *massacrés par les Espagnols, étant prisonniers*.
Favalelli, chef de bat.
Albricci (A.), capit.

Muston, capit., B. 18 juill. 1812, affaire de Nava-del-Rey.

9 *fév.* 1813, *combat de Roxas (Espagne)*.
Albricci, capit., T.
Mateucci, chef de bat., B.
Abati, capit., B.
Del Pinto, capit., B.
Bernardini, lieut., B.
Ferrari, s.-lieut., B.

24 *mars* 1813, *affaire de Castro-Urdiales*.
Ponti, lieut.

CERACCHI, capit., B.
BAROSCHI, lieut., B.
BASSI, lieut., B.

BETTINELLI, lieut., B. 2 avril 1813, affaire de Guernica (Espagne).

19 mai 1813,
combat de Kœnigswartha (Saxe).
CAGUSSI, capit. A.-M., T.
N..., T.
N..., T.
N..., T.
N..., T.

N..., B.

VACIS, lieut., B. 25 août 1813, aux avant-postes en Saxe.

6 sept. 1813, bataille de Juterbock.
FERRU, col. en 2e, B.
ALBANESI, chef de bat., B.

ALBERTINI, s.-lieut., B. 11 nov. 1813, près d'Alla (Italie) (mort le 1er déc.).
VACIS, lieut., B. 1er mars 1814, défense de Magdebourg.

7e Régiment (1).

8 juill. 1809, affaire près de Presbourg.
PETIT, capit., B.
BEVILACQUA, lieut., B.

FLORIN, capit., B. 2 janv. 1810, près de Mantoue (mort le 7).
VENTURA, chef de bat., T. 20 mai 1811, siège de Tarragone.
CÉCOPIERI, chef de bat., B. 16 oct. 1811, affaire d'Ayerbe.

17 oct. 1811, combat d'Ayerbe, siège de Sagonte.
PROVANA, capit., T.
SPINEDA, capit., T.
BREGOLI, lieut., T.
GALLINA, capit., B.
CONTRI, capit., B.
RUGGIERI, capit., B.
GALLINO, lieut., B.
PICCIOTTINI, lieut., B.
MEUS, lieut., B.

BUSI, chef de bat., B. 6 janv. 1812, dans une reconnaissance en Espagne.

8 févr. 1812, en Espagne.
TESTONI, capit., T.
BIANCHI D'ADDA, lieut., T.
BUSI, chef de bat., B.
RACCHI, capit., B.
VARÈSE, capit., B.

BUSI, chef de bat., B. 5 mai 1812, affaire contre des brigands espagnols.

26 mai 1812, combat de Molins-del-Rey.
MUSCATI, lieut., B.
ZANIBONNI, s.-lieut., B.

19 mai 1813,
combat de Kœnigswartha (Saxe).
VENTURA, chef de bat., T.
N..., T.
N..., T.
N..., T.
N..., T.
BELPASSO, capit., B.
MOSCATTI, lieut. A.-M., B.
BORGASSI, s.-lieut., B.
BUGIERI, s.-lieut., B.
GERVASSONI, s.-lieut., B.
SAVINI, s.-lieut., B.
VERDI, s.-lieut., B.
BOCCIO, s.-lieut., B.

VIDIELLA, lieut., B. 7 juin 1813, défense de Tarragone.
CÉCOPIERI, chef de bat., B. 18 août 1813, prise de Lahn (Silésie).

6 sept. 1813, bataille de Juterbock.
VITTORI, chef de bat., B. (mort).
DE FRANCESCHI, lieut., B.
FALZACAPPA, capit., T.

MARCHAND, lieut., B. 16 oct. 1813, bataille de Leipzig.

---

(1) Formé en 1808.

Ruggi, capit., B. 2 mars 1814, attaque de Parme.

6 *mars 1814, combat près de Reggio.*
Menesclou, chef de bat., B.

Braco, capit., B.
Marotti, capit., B.

RÉGIMENTS D'INFANTERIE LÉGÈRE

1ᵉʳ Régiment.

Ramoletti, s.-lieut., B. 19 mars 1807, affaire de Selnow.

12 avril 1807, affaire de Neuverder (sous Colberg).
Piccoletti, capit., B.
Bianconi, lieut., B.

1807, siège de Colberg.
Gasparini, capit., T. 19 juin.
Cardinali, capit., T. 26 juin.
Baccarini, capit., T. 1ᵉʳ juill.
Beluzzi, lieut., T. 1ᵉʳ juill.
Dubane, capit., B. 1ᵉʳ juill.
Beckly, capit., B. 19 mai et 17 juin.
Sausse, capit., B. 20 juin.
Cugnato, lieut., B. 26 juin.
Castan, lieut., B. 24 juin.
Marinetti, lieut., B. 26 juin.
Papazzani, lieut., B. 26 juin.
Soave, lieut., B. 1ᵉʳ juill.
Fantini, s.-lieut., B. 2 juill.
De Michelis, s.-lieut., B. 26 juin.

15 oct. 1808, siège de Roses.
Pelissier, chef de bat., B.
Mathieu de Boissac, s.-lieut., B.

Guibert, capit., B. 8 nov. 1808, devant Roses.
Filhias, lieut., B. 28 nov. 1808, combat devant Roses.

2 et 3 déc. 1808, combats devant Roses (Catalogne).
Baguti, lieut., T. 3.
Péraldi, chef de bat., B. 3.
Cauvin, capit., B. 2.
Cuvilier, lieut., B. 2.
Aug, lieut., B. 3.
Boissac, s.-lieut., B. 3.

Guillon, chef de bat., B. 1ᵉʳ avril 1809, dans un combat en Espagne.
Betholi, lieut., B. 12 avril 1809, combat de Calder (Catalogne) (mort 23).
Barbari, cap., B. 14 avril 1809, combat de San-Marti (Catalogne) (mort 22).

24 avril 1809, combat de Calder (Catalogne).
Orlando, capit., B. (mort le 30).
Visconti, capit., B. (mort le 30).
Flayol, capit., B.

1809, siège de Girone.
Tirzoni, capit., T. 4 sept.
Bataglini, lieut., T. 4 sept.
Soave, lieut., T.
Guidetti, capit., B., 12 juill.
Mazuchelli, lieut., B.

Bardini, capit., B. 8 août 1809, affaire de Lientz.
Péraldi, chef de bat., B. 8 nov. 1809, combat de Muhlbach (Tyrol).

4 mai 1810, assaut de Hostalrich.
Prini, capit., B.
Sala, capit., B.
Bianconi, lieut., B.

26 juin 1810, devant Lérida.
Nogarina, capit., B.
Simolini, lieut., B.

Castafava, s.-lieut., B. 26 août 1810, affaire en Catalogne.
Reynier, capit., B. 9 janv. 1811, affaire devant Valence.

15 janv. 1811, combat de Vals (Catalogne).
Bianchi, chef de bat., T.
Bauchet, capit., T.

Ramoletti, lieut., T.
Bajo, capit., B. (mort).
Becchio, lieut., B.
Fillippini, lieut., B.
Balsami, s.-lieut., B.
Bertolotti, s.-lieut., B.
Pailet, s.-lieut., B.

Félici, major, B. juin 1811, siège de Tarragone.
Castafava, lieut., T. 21 avril 1812, étant en colonne mobile près de Tarragone.

24 oct. 1812, à Malojaroslawetz.
Piccoletti, capit., B.
Rossi, capit., B.
Tadini, capit., B.
Bevilacqua, lieut., B.
Ferrari, lieut., B.

Biggi, lieut., T. 16 nov. 1812, à la défense d'un convoi entre Saragosse et Jacca.
Poutié, capit., B. 23 nov. 1813, étant en colonne mobile en Espagne.
Estran, capit., B. 19 mai 1813, combat de Kœnigswartha (Saxe) (mort le 29 sept.).
Ferrante, chef de bat., B. 7 août 1813, affaire de San-Sadurin (mort le soir).

3 sept. 1813, combat près de Wittenberg.
Arnoux, s.-lieut., B.
Charpentier, s.-lieut., B.

Dubau, capit., B. 6 sept. 1813, bataille de Juterbock.
Poutié, chef de bat., B. 23 déc. 1813, combat en Catalogne.

2ᵉ Régiment.

1806, siège de Gaëte.
Robillard, major, B. 13 juill.
Pélissier, capit., B. 13 juill.
Zambelli, lieut., B. 13 juill.

1807, siège de Colberg.
Costa, lieut., T. 17 mai.
Ferrante (G.), capit., T. 18 mai.
Teulie, lieut., T. 13 juin.
Alberici, s.-lieut., T. 18 mai.
Ferrante (A.), capit., B. 18 mai.
Rusconi, capit., B. 18 mai.
Sacchini, capit., B. 18 mai.
Barbavara, lieut., B. 19 mars.
Bianconi, lieut., B. 19 mars.
Chaonet, lieut., B. 19 mars.
Meri, lieut., B. 18 mai.
Picoletti, lieut., B. 19 mars.
Tavara, lieut., B. 19 mars.
Ragazzoni, chirurg.-M., B. 18 mai.

Serra, s.-lieut., B. 28 oct. 1808, aux avant-postes, en Catalogne.

4 déc. 1808, assaut de Roses, (Catalogne).
N..., T.
N..., T.
N..., B.
N..., B.
N..., B.

Foqui, lieut., B. 5 déc. 1808, combat en Catalogne (mort le 15).
Michau, s.-lieut., B. 10 déc. 1808, affaire de Villalba-Fulbesa (Catalogne).
Robert, lieut., B. 25 mars 1809, dans une reconnaissance en Catalogne.
Sassoni, lieut., B. 1ᵉʳ avril 1809, sur les hauteurs de Torazza (Espagne).
Bintevoglio, capit., B. 10 janv. 1810, combat en Catalogne.
Cotti, col., B. 30 avril 1810, étant en colonne mobile en Catalogne (mort).

15 et 16 janv. 1811, combat de Vals (Catalogne).
Ferrisoli, chef de bat., B. 15.
Trolli, chef de bat., B. 15.
Felici, capit., B. 15.
Giorgi, s.-lieut., B. 16.

Sassoni, lieut., B. 24 juin 1811, siège de Tarragone.
Bintevoglio, capit., B. 27 juill. 1811, affaire en Catalogne.
Ré, chef de bat., B. 9 août 1811, combat de Monistrol (Catalogne).

BINTEVOGLIO, capit., B. 9 août 1811, à Monistrol (Catalogne).
RINALDI, s.-lieut., B. 25 oct. 1811, bataille de Sagonte.
MARTINELLI, lieut., B. 2 nov. 1811, combat en Espagne (mort le 22).

9 nov. 1811, devant Valence.
BARBIERI, col., B.
FERRISOLI, chef de bat., B.
RÉ, chef de bat., B.

26 déc. 1811, combat près du Guadalaviar.
BARBIERI, col., T.
FERRISOLI, chef de bat., B.
MATTEUCCI, capit., B.
GUIDOTTI, capit., B.
SASSONI, lieut., B.

17 mars 1812, combat près de Castro (à Villa Felice).
FRIGERIO, lieut., T.
GUIDOTTI, capit., B.
LECLUSE, capit., B.
SEIGLER, capit., B.
VALERIO, capit., B.
VISCONTI, lieut., B.
VISMARA, lieut., B.

24 mars 1813, combat de Castro.
BENTOVEGLIO, capit., B.
FERRARI, capit., B.

CONFALONIERI, capit., T. 5 avril 1813, dans une reconnaissance en Espagne.

5 mai 1813, combat de Seffersdorf.
DEPASSE, capit., B.
BIENVENUTI, lieut., B.

7 mai 1813, combat de Lienbach.
CERACCHI, lieut., B.
ROBERTI, lieut., B.
BELOTTI, s.-lieut., B.

ESCANDE, lieut., B. 11 mai 1813, aux avant-postes en Saxe.
DEPASSE, capit., B. 12 mai 1813, combat devant Dresde.
BORSARELLI, s.-lieut., B. 12 mai 1813, combat de Castro-Urdiale.
BELLOTI, s.-lieut., B. 19 mai 1813, combat de Kœnigswartha.
DEPASSE, capit., B. 21 août 1813, en escortant un convoi en Saxe.
SERRA, capit., B. 7 sept. 1813, aux avant-postes en Italie.
PETITJEAN, capit., B. 14 sept. 1813, combat en Saxe.
GAUDAIS, capit., B. 19 oct. 1813, au pont de Leipzig.
ESCANDE, capit. A.-M., B. 28 oct. 1813, combat devant Hanau.
PETITJEAN, capit., B. 2 déc. 1813, affaire près de Francfort.
LECLUSE, capit., B. 26 janv. 1814, combat de Riva, près de Trente.
BELLOTTI, lieut., B. 8 févr. 1814, bataille de Mincio.

5 mars 1814, combat de Reggio.
MALASPINA, lieut., B.
RIZZARDI, lieut., B.
BAGOLINI, s.-lieut., B.

3ᵉ Régiment (1).

13 mars 1808, à Antivari (Albanie).
PODESTA, lieut., massacré.
ALEXANDRONI, s.-lieut., massacré.

PACCIONI, capit., B. 9 mai 1809, combat de Lussino-Piccolo (Illyrie).

24 oct. 1812, bataille de Malojaroslawetz.
N..., T.

N..., T.
N..., T.
N..., T.
VARÈSE, col., B.
BECKLY, chef de bat., B.
ALBINI, chef de bat., B.
OLIVIERI, chef de bat., B.
LÉONARDI, capit., B.
BALDASSARI, capit. B.
BEAUMEVILLE, capit., B.
LUCCHI, capit., B.

(1) Formé en 1808.

PONTI, capit., B.
PALANQUE, capit., B.
CHANABOUX, lieut., B.
PAVIE, lieut., B.
COLONNA, lieut., B.
FEMI, lieut., B.
SÉRAFINI, lieut., B.
CATALINICH, s.-lieut., B.
MISSEROCCHI, s.-lieut., B.

29 *août 1813, combat de Saint-Léonard (Italie).*
CAMAZZONI, lieut., T.
CASTELDARDO, lieut., T.
FIORI, capit., B.

30 *août 1813, combat de Kraimburg.*
PALANQUE, capit., B.
BONAVILLE, lieut., B.

3 *sept. 1813, combat près de Laybach.*
OLIVIERI, chef de bat., B.
SCIEL, capit., B.
CATALINICH, lieut., B.
FIONI, lieut., B.

8 *sept. 1813, affaire de Kuplavafs.*
BIANCHI, col., B.
ALBINI, chef de bat., B.

MARTIN, lieut., B. 18 sept. 1813, affaire de Lobiano (Italie).
FÉDÉRIGO, chef de bat., B. 24 sept. 1813, aux avant-postes (Illyrie).

27 *sept. 1813, combat de Zirknitz.*
TIBALDI, capit., T.
SCHELLE, capit., T.
GRASCENNI, capit., T.
ROSSI, chef de bat., B.
MANARA, capit., B.
FALCINI, lieut., B.
BRUNI, lieut., B.

9 *nov. 1813, combat de Roveredo.*
ALBINI, chef de bat., B.
GUISSANI, capit., B.
GIOVANETTI, capit., B.
FAUSTINI, lieut., B.
TOSCHI, lieut., B.
CASALI, lieut., B.

PACCIONI, chef de bat., B. 20 janv. 1814, défense de Raguse.
GUISSANI, capit., T. 26 févr. 1814, défense de Mantoue.
VASSALI, chef de bat., T. 10 mars 1814, devant Mantoue.

4ᵉ Régiment (1).

STROCCI, capit., B. 30 avril 1813, affaire en avant de Raguse.
TOCK, s.-lieut., B. 18 juin 1813, défense du fort de la Montagne (Dalmatie).
CAMPAGNOLA, lieut., T. 23 sept. 1813, défense du fort de la Trinité (Cattaro).

27 *sept. 1813, combat sur les hauteurs de Laybach.*
N... (2), lieut., T.
TARDIEU, chef de bat., B.
N..., capit., B.
N..., capit., B.

N..., lieut., B.
N..., s.-lieut., B.

Déc. 1813, combat de San-Giorgio.
N..., capit., B.
CASARTELLI, lieut., B.
N..., s.-lieut., B.

Déc. 1813, défense de Palma-Nova.
CASSE, chef de bat., B.
N..., capit., B.
N..., s.-lieut., B.
N..., s.-lieut., B.

N..., capit., B. févr. 1814, défense de Venise.

(1) Formé en 1811.
(2) D'après l'état numérique des pertes.

RÉGIMENT DALMATE (INFANTERIE) (1)

8 mai 1809, bataille de la Piave.
Moroni, col., B.
Perrin, chef de bat., B.
Testi, capit. A.-M., B.
N..., capit., B.
N..., lieut., B.
N..., lieut., B.
N..., s.-lieut., B.

Mathieu, lieut., B. 8 nov. 1809, combat de Muhlbach (Tyrol).

24 oct. 1812, bataille de Malojaroslawetz.
Lachaise, col. en 2°, B. (mort le 5 févr. 1813).
Goupichy, lieut., B. (mort le 13 janv. 1813).
N..., T.
N..., T.
N..., T.
Lorot, col., B.

(1) Formé en 1808.

Perrin, chef de bat., B.
Goulet, chef de bat., B.
Cippio, capit., B.
Caturitz, chef de bat., B.
Bajo, capit., B.
Ferrero, capit., B.
Resich, capit., B.
Duval, s.-lieut., B.
N..., B.
N..., B.

Cippio, capit., B. 28 nov. 1812, aux ponts de la Bérésina (mort le 3 janv. 1813).
Antomarchi, lieut., B. 21 août 1813, affaire près de Berlin.
Antomarchi, lieut., B. 26 août 1813, aux avant-postes (Saxe).
Resich, chef de bat., B. 26 oct. 1813, combat route de Hanau.
Knapitz, lieut. A.-M., T. 1ᵉʳ déc. 1813, défense de Zara (Illyrie).

BATAILLON DE CHASSEURS D'ISTRIE (1)

6 juin 1809, combat de Klagenfurth (Tyrol).
Tordo, capit., B.
Valerio, capit., B.

Aloni, lieut., B. et noyé le 6 juin 1809, affaire du pont de Mehelbach (Tyrol).

(1) Licencié en 1809.

BATAILLON DE LA GARDE MUNICIPALE DE MILAN (1)

19 mai 1813, combat de Kœnigswartha (Saxe).
N..., T.
N..., T.
N..., T.
Roveroni, capit., B.
Zugliani, s.-lieut., B.
Vielli, s.-lieut., B.

Spini, s.-lieut., B.

Antomarchi, capit., B. 28 août 1813, affaire route de Berlin.
Azzanelli, lieut., B. 6 sept. 1813, bataille de Juterbock.

(1) Formé en 1810, licencié en 1813.

RÉGIMENT SÉDENTAIRE DE VENISE (1)

15 janv. 1814, sortie de Brondolo (Venise).
N..., B.
N..., B.

Alexandre, lieut., B.

(1) Formé en 1811.

RÉGIMENTS DE VOLONTAIRES (1)

1ᵉʳ Régiment.

28 déc. 1813, *affaire dans la Valteline.*
Neri, col., B.
N..., lieut., B.

N..., lieut., B. 3 janv. 1814, aux avant-postes (Italie).
Bagolini, lieut., B. 5 mars 1814, dans une affaire à Ostiglia.

(1) Formés en 1813.

2ᵉ Régiment.

2 *mars* 1814, *défense du Simplon.*
Pavesi, capit., B.

Migliavacca, lieut., B.
Laugier, lieut., B.

COMPAGNIES DE RÉSERVE DÉPARTEMENTALES

21 *déc.* 1813, *défense de Venise.*
Giacomini, capit., B.

Bollart, s.-lieut., B.

GENDARMERIE. — LÉGIONS DÉPARTEMENTALES

Durand, lieut., B. 14 juin 1809, bataille de Raab.
Bignami, chef d'escad., T. en 1812, par des brigands près de Fabriano (Ancône).

8 *déc.* 1813, *affaire près de Ravennes.*
Scotti, col., B.
N..., capit., B.
N..., lieut., B.
N..., lieut., B.

RÉGIMENT DE DRAGONS DE LA REINE

Charpentier, chef d'escad., B. 6 juill. 1809, bataille de Wagram.

3 *nov.* 1812, *combat de Wiasma.*
Braza, chef d'escad., T.
Vantini, capit., T.
Galletti, lieut., T.
Castel, capit., B.

28 *nov.* 1812, *aux ponts de la Bérésina.*
Pangeri, capit., B. (mort le 11 janv. 1813).
Sausset, lieut., B. (mort le 6 déc. 1812).
Bigoni, s.-lieut., B. (mort le 15 janv. 1813).

Tolosani, chirurg. A.-M., B. (mort le 15 janv. 1813).

Sainte-Marie, chef d'escad., T. 10 déc. 1812, combat devant Wilna.

8 *févr.* 1814, *bataille du Mincio.*
Narboni, col., B.
Charpentier, col. en second, B.
Cima, chef d'escad., B.
Paguen, chef d'escad., B.
Vitali, capit., B.
Castelli, lieut., B.

RÉGIMENT DE DRAGONS NAPOLÉON

SCHAFARGETZ, lieut., B. oct. 1808, en escortant un courrier à la frontière.
CAMBIELLI, lieut., B. 6 déc. 1808, combat en Catalogne (mort le 4 janv. 1809).

16 avril 1809, bataille de Sacile.
HAON, s.-lieut., B.
BONSERGENT, s.-lieut., B.

MOROSI, s.-lieut., B. 8 mai 1809, bataille de la Piave.
BONSERGENT, lieut., B. 14 juin 1809, bataille de Raab.
DE VERNETY, s.-lieut., B. 14 juin 1809, bataille de Raab.
BONSERGENT, lieut., B. 5 nov. 1809, affaire de Brixen (Tyrol).

20 févr. 1810, combat de Vich (Catalogne).
GHELDOF, lieut., T.
GUALDI, capit. A.-M., B.

20 déc. 1810, combat de Boria-Blancas (Catalogne).
CECCHETTI, lieut., E. (mort).
RAPPI, lieut., B.
CHINI, lieut., B.
SERRAPIGA, lieut., B.
TARONI, chirurg. A.-M., B.

RAPPI, s.-lieut., B. 3 janv. 1811, dans une reconnaissance sur Tarrega.

9 avril 1811, affaire sur le Llobregat.
ERCULEÏ, lieut., B.
SENSI, lieut., B.

BARTOLI, lieut., B. 29 sept. 1811, affaire de Tarres-Torre.
PELLISSON, capit., B. 25 oct. 1811, bataille de Sagonte.
ARALDI, lieut., B. 11 août 1812, combat sur le Guadarama.

24 mars 1813, combat de Castro-Urdials.
PONTI, lieut., T.

BARBERI, chef d'escad., B.
PAVESI, capit., B.
MOSTI, lieut., B.
SENSI, lieut., B.
GIOVANETTI, lieut., B.
BONESI, lieut., B.

2 mai 1813, bataille de Lutzen.
CIMA, capit., B.
SPERONI, lieut., B.
BAISTROCCI, lieut., B.

DURAND, capit., B. 21 mai 1813, bataille de Wurschen.

27 mai 1813, reconnaissance près de Goldeberg.
CONCA, capit., T.
SILVESTRI, lieut., B. (mort le 6 juill.).
OLIVIERI, col., B.
GUALDI, chef d'escad., B.
CECCHETTI, capit., B.
DURAND, capit., B.
VALLI, lieut., B.
VERDESINI, lieut., B.
MANDOLA, s.-lieut., B.
LENNE, s.-lieut., B.

VAUTRIN, chef d'escad., B. 26 août 1813, bataille de Dresde.
BOBY, capit., B. 12 sept. 1813, combat près de Weissenfels.

16 et 18 oct. 1813, bataille de Leipzig.
N..., capit., T. 16.
FONTANA, lieut., T. 18.
GUALDI, col., B. 16.
PELLISSON, chef d'escad., B. 16.
N..., capit., B. 16.
ZACCARIO, lieut., B. 16.
N..., lieut., B. 18.
N..., s.-lieut., B. 16.

BELLUCCI, capit. A.-M., B. 30 oct. 1813, bataille de Hanau.
GIOVANETTI, lieut., B. 9 nov. 1813, combat de Roveredo (Italie).

RÉGIMENTS DE CHASSEURS A CHEVAL

1ᵉʳ Régiment.

3 *juin* 1807, *combat de Lomitten.*
ZANETTI, col., T.
SOFFIETTI, chef d'escad., T.
VIGADA, capit., T.
VIGNON, capit., T.
ALBERI, capit., T.
BEAU, lieut , T.
VIAL, lieut., T.
SERON, capit., B.
ARDUINI, lieut., B.
ROGER, lieut., B.
BATAILLE, s.-lieut., B.
VISCONTI, s.-lieut., B.
ZUCCARI, s.-lieut., B.

BELLUCCI, s.-lieut., B. juin 1809, affaire près d'Hostalrich (Espagne).
GIULI, lieut., B. 6 juill. 1809, bataille de Wagram.
CURTI, lieut., B. 3 déc. 1809, combat devant Girone.
VILLATA, col., B. 4 avril 1810, combat de Mora (Espagne).
SERRAPICA, lieut., B. 20 déc. 1810, dans une reconnaissance en Catalogne.
CHINA, s.-lieut., B. 4 janv. 1811, affaire près de Lerida (mort le 24).

26 oct. 1811, *au combat de Daroca.*
GAGLIARI, chef d'escad., T.
BONALUMI, lieut., B.

BASTASINI, lieut., B.

DE CHALAMBERT, chef d'escad., B. 26 août 1813, bataille de Dresde.

30 *août* 1813, *affaire de Culm.*
GAMBERTI, s.-lieut., B. (mort le 21 sept.).
GASPARINETTI, col., B.
SOURDIAUX, major, B.
DE CHALAMBERT, chef d'escad., B.
GALEAZZI, capit., B.
MOCCHETTI, capit., B.
BUFFOLI, lieut., B.
BOUFFET, lieut., B.

RIGNON, capit., B. 3 oct. 1813, dans une reconnaissance en Saxe.
BELLUCCI, capit. A.-M., B. 30 oct. 1813, bataille de Hanau.

3 *mars* 1814, *combat de Parme.*
VILATTE, col., B.
SPINI, chef d'escad., B.
SÉRAPICA, capit., B.
ROGNORI, capit., B.
GRIMOUVILLE, capit., B.
SACCHINI, lieut., B.
BELLINI, lieut., B.

BOTTARD, chef d'escad., B. 6 mars 1814, combat du pont de Saint-Maurice.

2ᵉ Régiment.

TOUSIT, s.-lieut., B. 8 nov. 1808, combat de Sans (Catalogne) (mort le 9).
BORGHARI, s.-lieut., B. 6 juin 1809, affaire de Klagenfurth (Tyrol).

29 *juill.* 1812, *affaire de Welissa (Russie).*
GIOVIO, lieut., B. (mort le 17 déc.).
N..., lieut., T.
N..., lieut., T.
EBENDINGER, capit., B.
TOMBA, lieut., B.
N..., lieut., B.
N..., lieut., B.
N..., lieut., B.

TITA-VIANI, capit. A.-M., B. 9 août 1812, affaire de Janovitschi.
VAUTRIN, chef d'escad., B. 7 sept. 1812, bataille de la Moskowa.
ROSSI, capit., B. 7 sept. 1812, bataille de la Moskowa.
KUGÈLE, s.-lieut., B. 22 sept. 1812, aux avant-postes, en avant de Moscou.
ROSSI, capit., B. 24 oct. 1812, bataille de Malojaroslawetz.

3 *nov.* 1812, *combat de Wiasma.*
BANCO, col., T.
VAUTRIN, chef d'escad., B.

GAZZOLA, capit., B.

10 déc. 1812, combat devant Wilna.
BERNARDI, lieut., D.
MARTINENGO, lieut., D.
BREMBATI, s.-lieut., D.
ROCCA, s.-lieut., D.
TOMBA, lieut., B.

13 et 14 déc. 1812, affaires devant Kowno
LAURENZI, chef d'escad., B. 14 (mort le 14 janv. 1813).
MAFFEI, capit., B. 13.

PALOMBANI, major, B. 4 mars 1813, à l'évacuation de Berlin.

26 août 1813, bataille de Dresde.
LANCI, capit., B.

EBENDINGER, capit., B.
TROMBONI, s.-lieut., B.

1813, défense de Dresde.
FERRÈRE, chef d'escad., T. 8 sept.
BOSSI, s.-lieut., B. 8 sept. (mort le 23).
LAVAL, col., B. 13 oct.
VAUTRIN, chef d'escad., B. 13 oct.
PEZZI, capit. A.-M., B. 21 sept.
SAVINI, capit., B. 14 sept.
TAMBURINI, lieut., B. 8 sept.
SERIPOLDI, lieut., B. 8 sept.
CASTAL, lieut., B. 14 sept.
BREDA, lieut., B. 14 sept.
BORSA, s.-lieut., B. 2 oct.

BASTIDE, s.-lieut., B. 8 févr. 1814, bataille du Mincio.

3ᵉ Régiment (1).

HAON, capit., B. 7 sept. 1812, bataille de la Moskowa.
CONTARINI, lieut., T. oct. 1812, combat près de Moscou.

24 oct. 1812, bataille de Malojaroslawetz.
NAMDORFI, s.-lieut., T.
GRIFFI, lieut., B.
LAGNIER, s.-lieut., B.

3 nov. 1812, combat à Wiasma.
GUILINI, chef d'escad., B. (mort)
BERETTA, lieut., T.
ARCERI, lieut., B. (mort).
CHIZZOLA, chef d'escad., B.
CASTOUL, s.-lieut., B.
DOVERGNE, s.-lieut., B.

GUERRIÉRI, lieut., T. 9 nov. 1812, affaire près de Smolensk.
GATTI, lieut., B. 3 sept. 1813, dans une reconnaissance en Italie.

3 déc. 1813, combat de Rovigo.
RAMBOURG, col., B.
BUTTAREL, chef d'escad., B.
BATAILLE, capit., B.
SCANAGATTI, capit., B.
MARTINI, capit., B.
VENTURINI, lieut., B.
POLVERANI, lieut., B.
PINI, lieut., B.
COLLI, lieut., B.
DEGLI-AZZI, lieut., B.

8 févr. 1814, bataille du Mincio.
PROVASI, col., B.
SALUZZO, chef d'escad., B.
SCHAFARGIS, capit., B.
SARTORI, lieut., B.
LE PAYS DE BOURJOLLY DE SERMAISE, lieut. A.-M., B.

VICERÉ, lieut., B. 1ᵉʳ mars 1814, affaire de Guastalla.

(1) Formé en 1810.

4ᵉ Régiment (1).

22 févr. 1813, combat de Munchberg (route de Francfort à Berlin).
ERCULEÏ, col., B.

RÉ, chef d'escad., B.

(1) Formé en 1811.

Tela, chef d'escad., B.
Aloisel, capit. A.-M., B.
Ulviret, capit. A.-M., B.
Roger, capit., B.
N..., lieut., B.
N..., lieut., B.

20 mai 1813, bataille de Bautzen.
De Ségur (A.), s.-lieut., B.
Comaselie, s.-lieut., B.

Gamberay, lieut., B. 10 nov. 1813, dans une reconnaissance en Italie.
Richet, capit., B. 15 nov. 1813, combat de Caldiero.

8 févr. 1814, bataille du Mincio.
Dubois, chef d'escad., B.

Ciugia, chef d'escad., B.
Bonsergent, capit., B.
Migliorini, capit., B.
Porcher, capit., B.
Zaffanelli, capit., B.
Gamberay, capit., B.
Ceretti, lieut., B.
Bonacina, lieut., B.
Zambonelli, lieut., B.
Bastide, lieut., B.
Castelli, lieut., B.
Ciciorini, lieut., B.

Bonsergent, capit., B. 10 mars 1814, affaire de Roverbella.

ARTILLERIE

Camozzi, lieut., B. 30 oct. 1805, combat de Caldiero.
Proveran, lieut., B. juin 1808, combat en Catalogne.

2 et 3 déc. 1808, siège de Roses.
Bagutti, lieut., T. 2.
Clément, chef d'escad., B. 2.
Lirelli, capit., B. 3.

Cordier, capit., B. 16 avril 1809, bataille de Sacile.
Mussi, capit., B. 6 juill. 1809, bataille de Wagram (mort).
Naissant, capit., B. 30 mars 1810, combat du Pont-du-Roi (Catalogne).

1811, siège de Tarragone.
Spinelli, capit., B. 21 juin (mort le 23).
Lirelli, capit., B. 16 juin.
Casati, capit., B. 16 juin.
Berri, capit., B. 29 mai.

Aynard, capit., B. 29 déc. 1811, au siège de Valence.

24 oct. 1812, bataille de Malojaroslawetz.
Millo, col., B.
Gorio, chef de bat., B.
Fortis, capit., B.
Capriole, capit., B.
Albergante, lieut., B.
Nobili, lieut., B.

Foliaco, lt, B. 28 nov. 1812, aux ponts de la Bérésina (mort le 12 fév. 1813).
N..., lieut., B. 19 mai 1813, combat de Kœnigswartha (Saxe).
Avit, chef de bat., T. 1813, dans la retraite de Saragosse.
Beroaldi, capit., B. 3 sept. 1813, affaire près de Fiume (Italie).
Armandi, col., B. 6 sept. 1813, bataille de Juterbock.
Clément, chef d'escad., B. 16 sept. 1813, combat en Italie.
Verna, chef de bat., B. 3 oct. 1813, combat de Wartenbourg.
Avril, chef d'escad., B. 13 janv. 1814, défense de Wittenberg.
Millo, col., B. 8 févr. 1814, bataille du Mincio.

COMPAGNIE DE CANONNIERS GARDES-COTES

Biron, capit., T. 2 oct. 1813, à la batterie de Goro (Italie).

GÉNIE

SIMBALDI, lieut., B. 19 mars 1809, affaire du Moulin-du-Roi (Catalogne) (mort le 27).

1809, siège de Girone.
GRASSI, capit., B. 8 juill.
RONZELLI, capit., B. 8 juill.
TRAVERSARI, lieut., B. 8 juill.
VINCENZI, capit., B. 30 août.

1811, siège de Tarragone.
SALIMBENI, capit., B. 17 juin (mort le 24).
SPINELLI, capit., T. 21 juin.

1811-1812, siège de Valence.
ORDINARI, capit., T. 9 nov. 1811.
PSALDI, capit., B. 6 janv. 1812.

GRASSI, capit., B. 24 oct. 1812, bataille de Malojaroslawetz.

28 nov. 1812, bataille de la Bérésina.
ZANARDINI, col., T.
MARIANI, chef de bat., B. (mort).
ALBANI, capit. (mort).
DEL-RÉ, capit. (mort).
BARBIERI, capit. (mort).
BELCREDI, capit. (mort).
ROUGIER, capit. (mort).

PÉRIOLAS, lieut., B. 10 déc. 1812, combat devant Wilna.
STACHINI, capit., B. 19 mai 1813, combat de Kœnigswartha.
VILLANI, capit., B. 23 août 1813, bataille de Gross-Beeren.
CASTELLI, lieut., B. 3 déc. 1813, combat de Rovigo.

BATAILLON D'ARTILLERIE DE LA MARINE

SANTOLINI, lieut., B. 13 mars 1811, combat de Lissa (Adriatique).

MARINE

13 mars 1811, combat de Lissa (Adriatique).
DUODO, capit. de frégate, B. (mort le 15).
MICHIAVICH, lieut. de vaisseau, T.
MATTICOLA, enseigne, T.
PASQUALIGO, capit. de frégate, B.
BURATOVICH, capit. de frégate, B.
D'ABADIE, lieut. de vaisseau, B.
VECCHIETTI, enseigne, B.

SANTOLINI, enseigne, B.
BORGIA, enseigne, B.
N..., aspirant, B.

GELLICH, enseigne, B. 22 févr. 1812, combat du vaisseau *le Rivoli* (Adriatique).
TEMPIÉ, lieut. de vaisseau, B. 15 mars 1814, combat sur le lac de Garde.

TROUPES NAPOLITAINES
(1806-1813.)

GARDE ROYALE
Régiment de grenadiers à pied.

4 août 1806, combat de Roca-Gloriosa.
RIVAT, lieut., B.
N..., lieut., B.

RIVAT, lieut., B. 29 août 1806, affaire de Loria.
MONTCHOISY, capit., B. 1ᵉʳ sept. 1806, affaire de Camerata.

21 déc. 1806, au siège d'Amantea.
LE CAPITAINE, col., B.
N..., capit., B.

N..., lieut., B.

ROCHE, capit., B. 10 oct. 1807, combat de Sainte-Lucie.

4 oct. 1808, attaque de Capri.
MOREL, capit., B.
LEGNEUX, lieut., B.

TAYON, lieut., T. 10 févr. 1814, sur la route de Gênes, par des brigands.

Régiment de voltigeurs (1).

18 sept. 1810, affaire devant Reggio (Calabre).
FERRANTI, s.-lieut., T.
N..., capit., B.

N..., lieut., B.

(1) Devenu 2ᵉ régiment de vélites à pied en 1812.

1ᵉʳ Régiment de Vélites à pied (1).

11 déc. 1812, affaire route de Wilna à Kowno.
FRANCESCHETTI, chef de bat., B.
SAINT-MARC, capit. A.-M., B.

COURAND, capit., B.
ARDIN, lieut., B.
PETIT-JEAN, lieut., B.

BOUVIER, s.-lieut., B. 26 déc. 1812, aux avant-postes route de Posen.

(1) Formé en 1809. Le 1ᵉʳ bataillon fit la campagne de Russie.

2ᵉ Régiment de Vélites à pied (1).

11 déc. 1812, affaire route de Wilna à Kowno.
COUCHOT, capit., B.
BARRAU, lieut., B.

CASIMIR, s.-lieut., B.
FIAT, s.-lieut., B.

LERAY, lieut., B. 5 janv. 1813, pendant la retraite sur Posen.

(1) Formé en 1812. — Le 1ᵉʳ bataillon fit la campagne de Russie.

Régiment des gardes d'honneur (1).

4 déc. 1812, affaire près d'Omiana.
CHIARIZIA, capit., B.
MONTALAN, lieut., B.

Rocco, s.-lieut., B. 5 déc. 1812, à Smorgony.

10 déc. 1812, combat devant Wilna.
MURAT, lieut., B.
SAMBIASI, s.-lieut., B.

MARQUESANE, s.-lieut., B. 11 déc. 1812, route de Kowno (mort le 10 janv. 1813).
PIGNATELLI, capit., B. 13 déc. 1812, à la montée de Kowno.
MURAT, lieut., B. 2 janv. 1813, affaire contre des cosaques route de Posen.

(1) Formé en 1808. Ce régiment a escorté l'Empereur de Smorgony à Wilna.

RÉGIMENT DE VÉLITES A CHEVAL (2).

SELLENTANI, chef d'escad., B. sept. 1809, affaire du village de Casal (Pouille).

4 déc. 1812, affaire près d'Osmiana.
SUIDNISKI, capit., B.

(2) Formé en 1808. Ce régiment a escorté l'Empereur de Smorgony à Wilna.

SAINT-ANGE, s.-lieut., B.

PAGANO, s.-lieut., B. 6 déc. 1812, route de Wilna.
LANCE, chef d'escad., B. 10 déc. 1812, par des cosaques, devant Wilna.
SPERANZA, s.-lieut., B. 15 déc. 1812, par des cosaques, sur le Niémen.

RÉGIMENTS D'INFANTERIE DE LIGNE

1er Régiment (DU ROI).

LECERF, s.-lieut., B. 10 févr. 1807, assaut d'Amantéa (Calabre).
SEGONNE, s.-lieut., B. 8 mai 1808, combat de Sparagliera.

Août 1808, devant Girone.
NOTARIS, capit., T.
PINEDO, lieut., B.
CASTAGNA, lieut., B.
LAVEGA (A.), lieut., B.
LAVEGA (B.), lieut., B.

OUDINOT, s.-lieut., B. 7 sept. 1808, passage du Llobregat (Catalogne).
PÉORIER, lieut., B. 26 nov. 1808, combat devant Barcelone (mort le 27).

5 déc. 1808, combat de la Croix Couverte (Catalogne).
DORIA, capit., B. (mort le 6).
VANEUVELLA, lieut., B. (mort le 8).

OUDINOT, lieut., B. 16 déc. 1808, combat de Saria, près Barcelone.

27 févr. 1809, combat d'Esquirol.
FORNI, lieut., T.
LOMBARDO, capit., B.
MANÈS, lieut., B.
GUILIANI, lieut., B.

14 mars 1809, combat de Molins-del-Rey (Catalogne).
STAITI, capit., B.
RUGGIERO, capit., B.
CANNELLO, lieut., B.
POERIO, lieut., B.

SEGONNE, s.-lieut., B. 4 mai 1809, en escortant des prisonniers espagnols (Catalogne).

8 juill. 1809, assaut de Montjouy,
(Girone).
DOMINICIS, capit., B.
RUGGIERO, capit., B.
DU MARTEAU, lieut., B.
GUILIANI, lieut., B.
RUTTING, s.-lieut., B.
N..., B.
N..., B.
N..., B.

19 sept. 1809, assaut de Girone
(Catalogne).
DOMINICIS, capit. A.-M., T.
DE CRESCENZI, s.-lieut., T.
RUTTING, s.-lieut., B. (mort le 1ᵉʳ oct.).
PALMA, chef de bat., B.

FORNI, capit., B.
GIANNETTINI, capit., B.
PEPÉ, capit., B.
MOULIN DU MOUSSET, lieut., B.
NINI, lieut., B.
SCARPELLI, lieut., B.
DU MARTEAU, lieut., B.

6 oct. 1809, combat dans le Tyrol.
BOY, col., B.
HUSSON, capit., B.

CELENTANI, chef de bat., B. 1ᵉʳ juill. 1810, près de Terracine, par des brigands.
BOY, col., B. 7 sept. 1810, affaire d'Oletta (Catalogne).

2ᵉ Régiment (DE LA REINE).

HUGO, chef de bat., B. 24 nov. 1806, combat de Boyano (Naples).

4 sept. 1808, combat de la Jonquière
(Catalogne).
PRACHE, capit., T.
RONGY, capit., B.
N..., lieut., B.
N..., lieut., B.

DELPAZZO, s.-lieut., B. 23 oct. 1808, affaire près de Barcelone (mort le 28).
LANGLET, capit., B. 31 déc. 1808, affaire du rocher de Valbonne.
CARASCOSA, col., B. 17 févr. 1809, combat de Valbona.
BONNEMAIN, capit., B. 14 mai 1809, au défilé de St-Hilaire (Catalogne).

8 juill. 1809, à l'assaut de Montjouy
(Girone).
N..., T.
BONNEMAIN, capit., B.
BAZIRE, capit., B.
HAUCH, capit., B.
N..., B.
N..., B.
N..., B.

LANGLET, capit., B. 19 sept. 1809, assaut de Girone.
LABRANO, chef de bat., B. 17 sept. 1810, combat près de San-Filiu.
PRETE, capit., B. 3 nov. 1810, affaire près de Mequinenza.

4ᵉ Régiment (ROYAL ABRUZZES) (1).

GUARINELLI, lieut., T. 11 sept. 1810, par des brigands en Calabre.

19 sept. 1810, dans une descente en Sicile.
D'AMBROSIO, col., B.
POCHET, capit., B.
N..., capit., B.

N..., lieut., B.

MULTEDO, capit., B. 22 sept. 1810, affaire en Calabre.

29 sept. 1810, combat en Calabre.
FILANGIERI, lieut., T.
PISANO, s.-lieut., T.
N..., capit., B.

(1) Formé en 1808.

5ᵉ Régiment (ROYAL CALABRAIS) (1).

1813, *défense de Dantzig.*
N..., lieut., T. 29 août.
LEBON, col., B. 2 sept.
CUTTOLI, capit., B. 17 févr.
LOUIS, capit., B. 2 sept.
NAPOLITANO, capit., B. 29 août.
CUTTOLI, capit., B. 9 juin.
GALIAZZI, lieut., B. 29 août.

NAGLE, lieut., B. 29 août.
GALIAZZI, lieut., B. 2 sept.
DENIS, s.-lieut., B. 29 août.
BAUZANCOURT, s.-lieut., B. 29 août.
FOLACCI, s.-lieut., B. 2 sept.
PAOLETTI, s.-lieut., B. 29 août.

(1) Formé en 1808.

6ᵉ Régiment (DE NAPLES) (1).

1813, *défense de Dantzig.*
MAROTTE, s.-lieut., B. 5 mars (mort le 15).
NICOLAÏ, capit., B. 2 sept (mort le 30).
DE GENNARO, col., B. 2 sept.
ANGELI, capit., B. 2 sept.
DE GENNARO, capit., B. 2 sept.
AMATO, lieut., B. 2 sept.

(1) Formé en 1808.

LEGENDRE, lieut., B. 2 sept.
HABERT, lieut., B. 2 sept.
DE GENNARO, lieut., B. 2 sept.
PONSA, s.-lieut., B. 2 sept.
GOMEZ, s.-lieut., B. 2 sept.
ZANETTI, s.-lieut., B. 2 sept.
PÉTROSINI, s.-lieut., B. 2 sept.
QUARANTA, s.-lieut., B. 2 sept.
LOURDEL DE HÉNAUT, s.-lieut., B. 11 oct.
PROCIDA, s.-lieut., B. 2 sept.

7ᵉ Régiment (PRINCE LUCIEN) (1).

JACQUEMIN, capit., B. 7 févr. 1807, au siège d'Amantea.
CIOLLI, capit., B. 10 avril 1807, par des brigands en Calabre.

1813, *défense de Dantzig.*
GRENON, capit. A.-M., B. 5 mars (mort le 28 mai).
CASSANDRE, s.-lieut., B. 5 mars (mort le 1ᵉʳ juin).
FROMENT, capit., B. 2 sept. (mᵗ le 28 oct).

FIGLIO, lieut., B. 9 juin (mort le 11).
LAPOMMERAYE, capit., B. 5 mars.
DENIS, lieut., B. 9 juin.
COMARD, lieut., B. 29 août.
HILLARION, s.-lieut., B. 2 nov.
LEBRUN, s.-lieut., B. 2 sept.
MIELE, s.-lieut., B. 29 août.

(1) Ex régiment Royal Africain de 1806 à 1810.

8ᵉ Régiment (1).

1ᵉʳ *mars* 1813, *combat devant Sos. (Aragon).*
LABRANO, chef de bat., B.
DUPUIS, capit., B.

8 *juill.* 1813, *devant Saragosse.*
N..., lieut., B.
N..., lieut., B.

(1) Formé en 1812.

RÉGIMENTS D'INFANTERIE LÉGÈRE

1ᵉʳ Régiment.

Husson, lieut., B. juin 1807, combat en Calabre.
Antonetti, lieut., B. 14 juill. 1809, en Calabre.
Desbret, major, B. 17 sept. 1810, dans une descente en Sicile.

18 sept. 1810, dans une descente en Sicile.
Ornano, capit., B.

Matra, lieut., B.
Antonetti, lieut., B.
Bernardini, s.-lieut., B.
Muracciole, s.-lieut., B.

Pierraggi, s.-lieut., B. 29 nov. 1810, combat en Calabre.

3ᵉ Régiment (1).

Bagnaninchi, lieut., B. 22 nov. 1806, affaire de Bisagnano (Calabre).
Courant, s.-lieut., B. mai 1807, étant en colonne mobile dans les Abruzzes.
Matteï, s.-lieut., B. 26 janv. 1808, affaire de Montefalcone.
Carafa, major, B. 5 avril 1808, combat près de Naples.

4 oct. 1808, prise de l'île de Capri (Naples).
Riolacci, capit., B.
Ottore, lieut. A.-M., B.

(1) Ex régiment Royal Corse de 1806 à 1812.

Pozzi, lieut., B.
Margantei, s.-lieut., B.

Boccheciampe, lieut., B. 5 oct. 1808, affaire d'Ana-Capri (mort en déc.).
Lemaire, capit., B. 2 juin 1809, affaire de Palmi (mort le 6 juin).
Giovanetti, lieut., B. 14 juill. 1809, combat en Calabre.
Mufraggi, lieut., B. 18 juillet 1810, affaire en Calabre.
Pieraggi, s.-lieut., B. 16 nov. 1810, étant en colonne mobile en Basilicate.

4ᵉ Régiment (1).

Pieraggi, lieut., B. 2 mai 1813, bataille de Lutzen.

21 mai 1813, bataille de Würschen.
Chiarizia, col., B.
Belviso, chef de bat., B.
De Piétri, capit., B.
Labar, lieut., B.
Addante, s.-lieut., B.
Courant, s.-lieut., B.
Marchand, s.-lieut., B.

(1) Formé en 1812 du régiment provisoire.

Lega, s.-lieut., B. 3 juin 1813, combat devant Lukau (Saxe).

16 et 19 oct. 1813, bataille de Leipzig.
Landi, capit., B. 19 (mort le 11 nov.).
Lombardo, chef de bat., B. 19.
Pécoud, chef de bat., B. 16.
Noël, lieut., B. 16.
Marchand, lieut., B. 16.
Courant, lieut., B. 16.

Courant, lieut., B. 30 oct. 1813, bataille de Hanau.

RÉGIMENT D'ÉLITE (1).

2 mai 1813, *bataille de Lutzen.*
AFFRE, capit., T.
PETETIN, lieut., T.
MACDONALD, col., B.
BUONAPANE, lieut., B.
SÉTA, s.-lieut., B.

LOUBIÈS, lieut., B. 7 mai 1813, passage de la Mulda, près de Dresde.

21 mai 1813, *bataille de Wurschen.*
BRUNNER, lieut., T.
SORTIANI, lieut., B. (mort le 31).
OBERTEUFFER, capit. A.-M., B.
PÉRALDI, capit., B.
SEBASTIANI, capit., B.
LETELLIER, capit., B.
SEMIDEÏ, lieut., B.

(1) Formé à Dantzig des compagnies de grenadiers et de voltigeurs des 5°, 6° et 7° régiments.

MARQUAT, lieut., B.
DESPLAN, lieut., B.
NATALE, lieut., B.
ARGANTE, s.-lieut., B.
BELANGE, s.-lieut., B.
PIAZZA, s.-lieut., B.

LICASTRO, capit., B. 30 août 1813, combat de Greiffenberg.

4 sept. 1813, *affaire de Wohlemberg.*
SERRANT, lieut., B.
PRUDENT, lieut., B.

18 oct. 1813, *bataille de Leipzig.*
LICASTRO, capit., B. (mort le 1er déc.).
PRUDENT, lieut., B.
MARCHAND, lieut., B.
PIAZZA, lieut., B.
SEMIDEÏ, lieut., B. 19.

CHASSEURS A CHEVAL

1er Régiment.

N..., lieut., B. 1er oct. 1809, combat dans le Tyrol.
LAMALETIE, lieut., B. 6 oct. 1809, affaire contre les bandes de Hofer (Tyrol).
NAVARRA, capit., B. 16 nov. 1809, près de Bolzano (Tyrol).
N..., capit., B. 6 juin 1811, dans une reconnaissance en Espagne.

VITELLI, capit., B. 12 août 1811, affaire de Mora (Espagne).

26 déc. 1811, *affaire devant Valence.*
N..., capit., B.
DESVERNOIS, s.-lieut., B.

2e Régiment.

2 janv. 1809, *combat en Catalogne.*
BOURKAUT, lieut., B. (mort le 6).
DAURIE, s.-lieut., B. (mort le 4).

COMPA, lieut., B. 11 mai 1813, combat devant Dresde.

21 mai 1813, *bataille de Wurschen.*
SALVO, capit., B. (mort le 1er juin).
DE LAVIANO, major, B.
PISA, capit. A.-M., B.

DESVERNOIS, capit., B.
CASTAGNA, capit., B.
LAVEGA, lieut., B.
GÉRARDIN, s.-lieut., B.
BOULET, s.-lieut., B.
LICHTENSTEIN, s.-lieut., B.

DESVERNOIS, capit., B. 26 août 1813, bataille de Dresde.

ARTILLERIE

1806, *siège de Gaëte*.
FERRANTI, col., T. 10 mai.
FERRANTI (fils), lieut., B. 16 mars.

NATALI, chef d'escad., B. 19 sept. 1809, siège de Girone.

MONTALÈGRE, lieut., B. 29 juin 1810, par des brigands, à Bagnara (Calabre).
LASSUS, lieut., B. 9 mai 1813, affaire du pont de Dresde.
NATALI, chef d'escad., B. 29 mai 1813, blocus de Tarragone.

GÉNIE

COLLETTA, chef de bat., B. 4 oct. 1808, attaque de Capri.

FERDINANDI, lieut., B. 18 sept. 1810, expédition de Sicile.

LÉGIONS DE GENDARMERIE

N..., capit., B. 12 juin 1806, route de Gaëte.
NATALI, lieut., B. 14 juill. 1806, en escortant un convoi en Calabre.
CARABELLI, capit., B. 5 avril 1808, affaire près de Teramo.
RAYBAUD, lieut., B. 8 févr. 1809, étant en colonne mobile dans les Abruzzes.
BONNELLI, chef d'escadr., T. 30 sept. 1809, attaque de la commune d'Atina par les brigands.
GAJANI, lieut., T. 22 mai 1810, par des brigands, près de Luongo.
JATTA, capit., B. 17 oct. 1810, étant à la poursuite des brigands.
ANGIOLLILO, lieut., T. 19 déc. 1810, par des brigands, à Martina.

2 *mars* 1811,
par des brigands près de Serra.
N..., lieut., T.
N..., lieut., T.

BARTHELEMY, capit., B. 12 août 1811, affaire contre des brigands près de Capoue.
VINCENT, s.-lieut., B. 17 sept. 1811, dans les Abruzzes.
CHAMPAGNE, capit., B. 2 mai 1812, combat contre des contrebandiers route de Foggia.

18 *juin* 1812, *route de Montéléone*.
WORSTER, capit., B.
BERLINGO, lieut., B.

GARDE NATIONALE (1). — LÉGIONNAIRES ET GARDES CIVIQUES

N..., lieut., T. 25 nov. 1809, affaire du château de Papassidero (Basilicate).

8 *déc.* 1809, *affaire d'Altilia*.
MARSICO, capit., B.
FUNARI, capit., B.

CORSI, chef de bat., B. 18 janv. 1810, au village d'Altamura (poursuite des brigands).
MORALÈS, capit., T. 28 avril 1810, par des brigands, dans la Capitanate.

FERRARA, lieut., assassiné le 30 avril 1810, par des brigands, à Marriconovo.
N..., lieut., T. 23 mai 1810, par des brigands, près de Bari.
N..., lieut., T. 26 juin 1810, par des brigands, près de Manfredonia.
PAPALEO, lieut., B. 16 juill. 1810, étant à la poursuite des brigands, en Calabre.
DE MAJO, capit., B. 17 juill. 1810, près de Deliceto, dans une embuscade.
PERRICELLI, lieut., T. 10 oct. 1810, combat près de Fossato.

Formée en 1809.

N..., capit., B. 28 oct. 1810, par des brigands, près de Filadelphia.
MÉOMARTINO, capit., assassiné le 22 déc. 1810, près de Colle, par des brigands.

Rossi, capit., B. 12 févr. 1811, devant Panarano, par des brigands.
POMARICI (marquis), capit., T. 10 mars 1811, au bois del Vecchio (Basilicate).

CORPS DES DOUANIERS

N..., capit., B. 17 juin 1809, route de Reggio.
THOMAS, lieut., B. 21 nov. 1810, défense de l'île d'Ischia.

N..., lieut., B. 16 août 1812, étant à la poursuite des contrebandiers, près de Gaëte.

MARINE

N..., lieut. de vaisseau, B. 25 juin 1809, combat de la frégate la *Cérès* (devant Naples).

28 juin 1809, combat de la frégate la Cérès, dans le golfe de Naples.
GIASSET, lieut. de vaisseau, T.
CADUCCI, enseigne, B.
BARANTIN, enseigne, B.
ROBERTI, enseigne, B.
N..., aspirant, B.

9 oct. 1809, combat du corsaire l'Etoile Bonaparte, *devant Zante.*
ROVERANO, capit., B.
MARSIGLIERI, lieut., B.

LUCCIANO, enseigne, B. 5 août 1810, affaire de Pellaro (Calabre).
GAVAZZO, capit., B. 6 août 1810, combat devant Reggio.
MONTEMAJOR, capit. de frégate, B. 4 sept. 1810, combat de Reggio.
CADUCCI, lieut. de vaisseau, T. 29 sept. 1810, combat devant Messine.

TROUPES ESPAGNOLES
(1805-1813)

GARDE ROYALE
Régiment de grenadiers à pied.

28 juill. 1809, bataille de Talavera-de-la-Reyna.
ORSATTONI, capit., B.
N..., lieut., B.

19 nov. 1809, bataille d'Ocana.
N..., capit., B.
MARCHAL, chirurg.-M., B.
N..., lieut., B.

GRÉGOIRE, capit., B. 15 août 1812, affaire route de Madrid.

1ᵉʳ mars 1813, dans une reconnaissance (Espagne).
MAINGARNAUD, major, B.
N..., capit., B.
N..., lieut., B.

GUILLET (1), chef de bat., B. 25 mars 1813, affaire près de Valladolid.

31 août 1813, passage de la Bidassoa.
BOUCHER, capit., T.
DAUBENTON, lieut., T.

(1) Commandait les hallebardiers.

CHEVALIER, col., B.
N..., capit., B.
N..., capit., B.
ORSATTONI, capit., B.

N..., lieut., B.
RICHARD DE BLIGNY, s.-lieut., B.
BERNERD, s.-lieut., B.
N..., s.-lieut., B.

Régiment de voltigeurs.

3 *août* 1811, *dans une reconnaissance près de Madrid.*
N..., capit., B.
REYES, s.-lieut., B.

DELANY, s.-lieut., B. 15 avril 1813, combat de Roa.

31 *août* 1813, *passage de la Bidassoa.*
BOUVARD, col., B.

N..., chef de bat., B.
LETOURNEUR, capit., B.
PONTE, capit., B.
VITTARD, lieut., B.
CAUCANAS, s.-lieut., B.
BUCHIOTTI, s.-lieut., B.
TUAILLON, s.-lieut., B.
N..., s.-lieut., B.

Régiment de fusiliers (1).

31 *août* 1813, *au passage de la Bidassoa*
PAVIA, chef de bat., B.
Don JUAN GUERRERO, capit., B.
BORREGO, capit., B.

VILLAFRANCA, lieut., B.
VASQUEZ, s.-lieut., B.

(1) Formé en 1809.

Régiment de chevau-légers.

19 *nov.* 1809, *bataille d'Ocana.*
N..., capit., B.
LASSERRE, lieut., B.
ALLARD (1), s.-lieut., B.
TOPY, s.-lieut., B.

TEYSSANDIER, s.-lieut., B. 16 juin 1812, affaire de Colmenar-el-Vigo.
CAMBOLAS, lieut., B. 29 janv. 1813, dans une reconnaissance.
ALLARD, lieut., B. 31 janv. 1813, affaire d'Alcazar, près d'Alcala.

(1) Devenu général au service du roi de Lahore.

21 *juin* 1813, *bataille de Vittoria.*
PAGÈS, chef d'escad., B.
N..., capit., B.
N..., capit., B.
MILLIARD, lieut., B.
N..., lieut., B.

LADURELLE, lieut., B. 12 nov. 1813, combat en avant de Bayonne.

13 *déc.* 1813, *combat devant Bayonne.*
CAMBOLAS.
BOUCHARDON.

Régiment de hussards.

PEREIRA, lieut., B. 26 juin 1812, affaire près de Soria.

21 *juin* 1813, *bataille de Vittoria.*
CASACALVO, chef d'escad., B.
N..., capit., B.

N..., lieut., B.
GARDASSE, (1) lieut. B.

(1) En sauvant la vie du Ministre de la guerre, général O'Farill.

Compagnies d'artillerie (1).

CHASSEBŒUF, lieut., B. 11 août 1809, bataille d'Almonacid.

(1) 1 compagnie à pied, 1 compagnie à cheval et 2 compagnies du train.

DUPRÉ, lieut., B. 14 oct. 1812, au passage de la Tormès, près d'Alba.
FAGART, capit., B. 21 juin 1813, bataille de Vittoria.

Gendarmerie d'élite.

MAGINEL, lieut., B. 21 juin 1813, bataille de Vittoria.

1ᵉʳ BATAILLON D'INFANTERIE LÉGÈRE DE CATALOGNE (1807)

6 août 1807, combat devant Stralsund.
CAMILLERI, lieut., B.

PINEYRO, s.-lieut., B.

RÉGIMENT D'INFANTERIE DE CORDOBA (1805)

21 oct. 1805, bataille navale de Trafalgar.
GRAULLÉ, lieut.-col., T.

JUSTINIANI, lieut., T.
VIVALDO, lieut., T.

RÉGIMENT DE LA CORONA (1805)

21 oct. 1805, bataille navale de Trafalgar.
MORIANO, capit., T.

OKIFF, capit., B.
GONZALÈS, enseigne, B.
MENDIVIL, enseigne, B.

1ᵉʳ RÉGIMENT D'INFANTERIE DE LIGNE (1)

10 juill. 1810, combat contre des brigands espagnols.
N..., capit., B.

N..., capit., B.
INGANY, s.-lieut., B.

CORTIJO, s.-lieut., B. 16 août 1812, combat près de Madrid.

(1) Formé en 1808.

1ᵉʳ RÉGIMENT D'INFANTERIE LÉGÈRE (1).

10 juill. 1809, dans une rencontre avec des brigands, près de Madrid.
MORA, capit., B.
N..., lieut., B.
N..., lieut., B.

28 juill. 1809, bataille de Talavera-de-la-Reyna.
RAFIN, s.-lieut., B.
N..., s.-lieut., B.

(1) Formé en 1808.

RÉGIMENT D'INFANTERIE DE CASTILLE (1).

10 juill. 1810, combat contre les guérillas (Espagne).
BOURBAKI, chef de bat., B.
N..., capit., B.
N..., capit., B.

N..., lieut., B.
N..., s.-lieut., B.

(1) Formé en 1808.

DE MONTALBO DE TARBARÈS, lieut.-col., B. 3 févr. 1811, affaire d'Illescas.
PÉRÈS, lieut., T. 12 oct. 1811, affaire près de Burgos.

21 juin 1813, bataille de Vittoria.
DUPIN, capit., B.

LEBRAND, lieut., B.
BARENNES, lieut., B.

31 août 1813, passage de la Bidassoa.
JACQUOT, chef de bat., B.
FOURNIER, capit., B.

RÉGIMENT ROYAL IRLANDAIS (1)

FÉLIX, capit., B. 17 oct. 1810, combat de Brihuega.
NAGTEN, capit., B. 18 oct. 1810, affaire contre des guérillas, route de Madrid.

16 août 1812, affaire de Guadalaxara.
DELÈS, chef de bat., B.
N..., lieut., B.

(1) Formé en 1808. Licencié en 1812.

RÉGIMENT ROYAL ÉTRANGER (1)

CAUCANAS, s.-lieut., B. 24 juin 1809, défense d'un convoi, près de Ségovie.
DE MOYNIER DE CHAMBORANT, capit., B. 17 déc. 1809, au pont d'Almaras.
DEUCAR, capit., B. 15 avril 1810, affaire près de Mira-Buena.
PEIRERA, lieut., B. 17 avril 1810, combat près de Sória.
NAVAS, capit., B. 23 mai 1810, affaire de Lavas-del-Marquès.
DUMONT, s.-lieut., B. 13 juill. 1810, combat de Casas-Viexas.
BELLOQUI, chirurg.-M., B. 13 août 1810, défense du pont de Truxillo.
GUYANO, s.-lieut., B. 20 sept. 1810, affaire de Mirabueno.

23 mars 1811, combat d'Aunion (Espagne).
ELGINDIN, s.-lieut., B. (mort).
HUGO, col., B.
BOSSU, chef de bat., B.
NAVAS, capit., B.
N..., capit., B.
ROGG, lieut., B.
BUMAN, lieut., B.
GAIST, lieut., B.
SANS, s.-lieut., B.

ARICI, s.-lieut., B. 12 juin 1811, étant en colonne mobile.

24 juill. 1811, combat de Cogolludo.
BEAUD, chef de bat., B.
N..., lieut., B.

23 août 1811, dans une reconnaissance sur Cogolludo.
HUGO, col., B.
DUBREUIL, capit., B.
ARICI, s.-lieut., B.
KAISER, s.-lieut., B.

DEUCAR, capit., B. 1ᵉʳ déc. 1811, affaire de Séguensa.
HUSSON, lieut., B. 14 mars 1812, dans une reconnaissance.

21 mai 1812, combat près de Madrid.
ROGG, capit., B.
BAILLY, lieut., B.
BAILLODZ, lieut., B.
SCORSINI, s.-lieut., B.

16 août 1812, affaire de Guadalaxara.
KAUFFMANN, chef de bat., B.
BAILLY, lieut., B.
SCHAUER, lieut., B.
ARICI, s.-lieut., B.

MONTOZON-BRACHET, chirurg. A.-M., B. 22 août 1812, défense du Retiro.
ROGG, capit., T. 16 avril 1813, affaire de Granga.
ARICI, s.-lieut., B. 27 juin 1813, retraite de Vittoria.

(1) Formé en 1808.

31 *août* 1813, *passage de la Bidassoa.*
GAIST, capit., B. (mort le 24 sept.).
SANS, capit., B. (mort en sept.).
LACOUX, s.-lieut., T.
MARINOSKI, s.-lieut., T.
D'AMBLY, capit., B.
VICTOR, lieut., B.
RENNEVILLE, lieut., B.

DRIGET, lieut., B.
FOLNAY, lieut., B.
ROYÉ, s.-lieut., B.
MALESPINE, s.-lieut., B.

YOST, chef de bat., B. 10 nov. 1813, combat de Sarre.

RÉGIMENTS SUISSES (1)

19 *juill.* 1808, *bataille de Baylen.*
JAQUET, col. (6°), T.
YOST, capit. (2°), B.
N..., capit. (6°), B.

N..., capit. (2°), B.
DE BONS, lieut. (6°), B.
KALBERMATTEN, s.-lieut. (6°), B.
KOTTMANN, s.-lieut. (2°), B.
RICHE, s.-lieut. (6°), B.

ADEL, s.-lieut. (1°), B. 5 févr. 1810, combat devant Malaga.

(1) Régiments suisses au service du roi Joseph en 1808 : 1er régiment (Kayser); 2e régiment (Reding); 3e régiment (Ruttimann); 4e régiment (Schmid); 5e régiment (Traxler); 6e régiment (Preux).

COMPAGNIE FRANCHE D'AVILA (1810)

MORALÈS, capit., B. 29 juin 1810, étant en colonne mobile.

ESCADRON DE CHASSEURS DE ZAMORA (1812-1813)

FLORIAN, capit., B. 28 mars 1813, affaire de Labajoz.

DE LA TORRE, lieut., T. 19 avril 1813, combat d'Orduna.

COMPAGNIE DE CHASSEURS DE VALENCE (1812)

D'ABADIE, lieut., B. 4 oct. 1812, dans une reconnaissance (mort le 5).

COMPAGNIE DE CHASSEURS DE MADRID (1811)

MESA, capit., B. 2 août 1811, affaire entre Alcazar et Valladolid.

COMPAGNIE DE CHASSEURS DE CUENÇA (1811)

JACQUILLO, capit., B. 2 août 1811, affaire entre Alcazar et Valladolid.

1re COMPAGNIE DE GUIDES CATALANS (1812)

NOEL, capit., B. 3 juin 1812, route de Girone, par des contrebandiers.

COMPAGNIES DE FUSILIERS ARAGONAIS (1811-1812)

TONDO, lieut., B. 2 sept. 1811, dans une affaire route de Daroca.
FERNANDEZ, capit., B. 16 juin 1812, combat près d'Alcanitz.

DENOVIS, capit., B. 2 août 1812, affaire près d'Alcanitz.
MARTINEZ, s.-lieut., B. 4 sept. 1812, combat près de Calatayud.

COMPAGNIE DE CHASSEURS DE JAEN (1810-1812)

Monchou, s.-lieut., B. 14 août 1811, affaire d'Ubeda.

Roby, capit., B. nov. 1811, dans une reconnaissance près de Jaen.

COMPAGNIE FRANCHE D'ESTRAMADURE (1810-1813)

Minoro, capit., B. 16 août 1811, route de Madrid.

21 juin 1813, bataille de Vittoria.
Rossan, lieut., B.

Laribepierre, s.-lieut., B.

Samanège, s.-lieut., B. 28 juill. 1813, retraite de Pampelune.

COMPAGNIES DE MIQUELETS (1809-1813)

Escudier, lieut., B. 16 avril 1812, dans une reconnaissance sur Sainte-Colombe.

Chacon, capit., T. 21 août 1812, affaire route de Carascal à Pampelune.

COMPAGNIE FRANCHE CATALANE (1810-1813)

Cueto, lieut., B. 9 janv. 1812, au passage de la Sègre.

CHASSEURS DU LAMPOURDAN (INFANTERIE ET CAVALERIE) (1810-1813)

Pujol, capit., B. 3 janv. 1810, affaire de Bascara; B. 19 mars 1811, combat de Ridaura; B. 24 juin 1812, affaire de Lamazan.

Irondy, s.-lieut., B. 18 nov. 1812, combat de Montserrat.

Pujol, chef de bat., B. 23 juin 1813, affaire de Bagnolas.
Aigueviva, lieut., B. 9 juill. 1813, combat de la chapelle de la Salud.
Calvet, s.-lieut., B. 15 nov. 1813, défense d'un convoi en Catalogne.

CHASSEURS A CHEVAL

1er Régiment (1809-1813)

Velasco, s.-lieut., B. 19 nov. 1809, bataille d'Ocana.
Acher, s.-lieut., B. 22 juill. 1812, bataille des Arapiles.
Goutierrez, s.-lieut., B. 16 juin 1812, dans une reconnaissance en Espagne.
Banoli, s.-lieut., B. 20 juin 1813, aux avant-postes, devant Vittoria.

21 juin 1813, bataille de Vittoria.
Galvez, chef d'escad., B.

Puech, capit., B.
Urbina, s.-lieut., B.
Galan, s.-lieut., B.

Moreno, chef d'escad., B. 12 juill. 1813, aux avant-postes, route de Pampelune.
Puech, capit., B. 31 août 1813, au pont de la Bidassoa, étant d'escorte près du général Casa-Palaccio.

2ᵉ Régiment (1810-1813).

CARDONA, lieut., B. 18 mars 1810, en escortant un courrier, près de Burgos.
DE RANCY, capit., B. 27 mars 1810, au siège d'Astorga.
MORALÈS, major, B. 15 mai 1813, dans une charge contre les Anglais.
PRIEX, chef d'escad., B. 21 juin 1813, bataille de Vittoria.

22 *juin* 1813, *en défendant les bagages.*
SANGULTO, capit., B.
DELGADO, lieut., B.

MUNOS, capit., B. 31 août 1813, passage de la Bidassoa.

3ᵉ Régiment (1810-1813).

MORET D'AIGUEBELLE, s.-lieut., B. 2 janv. 1811, affaire de Cyfuentès.
INGALDO, capit., B. 19 févr. 1811, bataille de la Gebora.

16 *mai* 1811, *bataille de l'Albuhéra.*
CIABURRI, capit.
INGALDO, capit.
MORET D'AIGUEBELLE, s.-lieut.

4ᵉ Régiment (1810-1813).

LABOURDETTE, lieut., B. 16 mai 1811, bataille de l'Albuhéra.
N..., lieut., T. 12 août 1811, près de Séville.
BLANCO, capit., B. 13 mai 1812, combat de Cortijo (Cordoue).

DUPONCHEL, lieut., B. 16 juin 1812, dans une reconnaissance (Andalousie).
LABOURDETTE, lieut., B. 11 juill. 1812, route de Madrid.

ESCADRON DE HUSSARDS DE GUADALAXARA (1813)

LOPEZ, capit. A.-M., B. 2 mai 1813, dans une reconnaissance en Espagne.
FLORIAN, capit., B. 16 juin 1813, aux avant-postes, près Vittoria.

21 *juin* 1813, *bataille de Vittoria.*
ABRIM, chef d'escad., B.

SAUGAR, capit., B.
BALAGUEY, lieut., B.
MANDISCABEL, s.-lieut., B.

GONZALÈS, lieut., B. 31 août 1813, combat sur la Bidassoa.

ARTILLERIE (1808-1813)

21 *oct.* 1805, *bataille navale de Trafalgar.*
CEBRIAN, lieut., T.
BELORADO, enseigne, T.
PALAFOX ET CROÏ DE TEBA (1), s.-lieut., B.
BOADO, enseigne, B.

PONS, lieut., B. 22 nov. 1809, combat près d'Ocana (mort le 24 déc.).
FERRANTI, lieut., B. 14 août 1810, près d'Alméria.
FERRANTI, lieut., B. 1ᵉʳ mars 1811, affaire de Guardi-Viega (près Malaga).
ESPEJO, lieut., B. 13 oct. 1813, combat de Sainte-Barbe.

---

(1) Père de l'impératrice Eugénie.

GÉNIE (1808-1813)

JUCHEREAU DE SAINT-DENIS, col., B. mars 1811, au siège de Cadix.

GENDARMERIE (1)

DESROBERT, lieut., B. 21 mai 1810, étant à la poursuite des brigands en Aragon.

20 févr. 1811, dans une émeute près de Saragosse.
BRUN, capit., B.
ASCENSIO, capit., B.

CASSANT, lieut., B. 8 juin 1811, en défendant un convoi à Val-de-Penas.

LOSTE, lieut., B. 16 juin 1811, en escortant un courrier route de Valence.
GUÉRIDO, capit., B. 12 déc. 1811, combat près de Zamora.
GIRALDO, capit., B. 5 avril 1812, affaire près d'Espartinas (Andalousie).
JOUANDON, capit., B. 3 avril 1813, route de Jacca, par des brigands.

(1) Formée en 1810.

CORPS DES DOUANIERS (1)

HAGUET, chef de brig., B. 19 sept. 1812, blocus de Burgos.

(1) Formé en 1810.

MARINE

21 oct. 1805, bataille navale de Trafalgar.
GRAVINA, lieut.-gén., B. (mort).
ALCALA-GALIANO, brig., T.
DE CHURRUCA, brig., T.
ALCEDO, capit. de vaisseau, T.
MOYA, capit. de frégate, T.
CASTANOS, capit. de frégate, T.
GIRAL, lieut. de vaisseau, T.
MOUZON, lieut. de vaisseau, T.
AMAYA, lieut. de vaisseau, T.
CISNIEGA, lieut. de vaisseau, T.
DE SALAS, lieut. de vaisseau, T.
MATUTE, lieut. de vaisseau, T.
DONESTÈVE, lieut. de vaisseau, T.
MORIANO, lieut. de frégate, T.
DE URIA, lieut. de frégate, T.
BOBADILLA, lieut. de frégate, T.
ROSSO, lieut. de frégate, T.
ECHAGUE, enseigne de vaisseau, T.
PUADO, enseigne de vaisseau, T.
DEL CAMINO, enseigne de vaisseau, T.
DE MEDINA, enseigne de vaisseau, T.
DE CASTRO, enseigne de frégate, T.
DEL CASTILLO, enseigne de frégate, T.
GAVEIA, enseigne de frég. provis., T.
PEXER, enseigne de frégate provis., T.
SALAS, garde de marine, T.
BRIONES, garde de marine, T.
BOBADILLA D'ESLABA, garde de marine, T.

DE ALAVA, lieut.-gén., B.
ESCANO, chef d'escadre, B.
HIDALGO DE CINEROS, chef d'escadre, B.
VALDEZ, brig., B.
DE VARGAS, brig., B.
DE URIARTE, brig., B.
CAJIGAL, brig., B.
ARGUMOSA, capit. de vaisseau, B.
GARDOQUI, capit. de vaisseau, B.
PASEJA, capit. de vaisseau, B.
OLAETA, capit. de vaisseau, B.
RAMERY, capit. de vaisseau, B.
SOMOZA, capit. de frégate, B.
BRANDASIZ, capit. de frégate, B.
MORENO, lieut. de vaisseau, B.
JORGANÈS, lieut. de vaisseau, B.
CALDERON, lieut. de vaisseau, B.
GURUCETA, lieut. de vaisseau, B.
NUNEZ, lieut. de vaisseau, B.
LINARÈS, lieut. de frégate, B.
MONTEVERDE, lieut. de frégate, B.
RIVERA, lieut. de frégate, B.
VALLE, lieut. de frégate, B.
DEL BUSTO, lieut. de frégate, B.
LAMA Y MONTÈS, lieut. de frégate, B.
AROSTEGUI, lieut. de frégate, B.
CARMONA, enseigne de vaisseau, B.
GROULLER, enseigne de vaisseau, B.
SORADA, enseigne de vaisseau, B.
RATO, enseigne de vaisseau, B.
DEL RIO NOGUERIDO, ens. de frég., B.

De La Serua, enseigne de frégate, B.
Carrauza, enseigne de frégate, B.
Navarro, enseigne de frégate, B.
Aleman, enseigne de frégate, B.
De Ariaz, enseigne de frégate, B.
Obsegon, enseigne de frégate, B.
De Paros, enseigne de frégate, B.
Diar, enseigne de frégate, B.
Riedriguer, enseigne de frégate, B.
Cabezas, enseigne de frégate, B.
Bedrimana, enseigne de frégate, B.
Taboada, command. provis. d'inf., B.
Saer Baranda, garde de marine, B.
Butron, garde de marine, B.
Sotomayor, garde de marine, B.
Marquer de la Plata, garde de marine, B.
Diar Pimienta, garde de marine, B.
Burbillos, garde de marine, B.

Rua, garde de marine, B.
Barros, garde de marine, B.
Maymo, garde de marine, B.
Pita-Daveiga, garde de marine, B.

De Gonsault, lieut. de frégate, B. 1er mai 1806, combat de la frégate *la Concorde*.

23 *avril* 1812, *combat dans le port de Malaga*.

Michel, capit. de corsaire, T.
Gallejo, capit. de corsaire, B.

Porchier (1), enseigne, B. 21 juin 1813, bataille de Vittoria.

(1) Etait attaché à l'état-major du général d'Aultanue.

TROUPES HOLLANDAISES

(1805-1810)

GARDE ROYALE

Régiment de grenadiers à pied (1).

Goetz, capit., B. 16 avril 1807, combat près du village de Springersfeld.

17 *mars* 1809, *combat de Mesa-de-Ibor*.
De Vlieger van Dragt, capit., B.

Van Limburg-Stirum, lieut., B.
Des Tombes, lieut., B.

(1) 3e régiment de grenadiers à pied de la Garde Impériale en 1811.

Régiment de cuirassiers (1).

Laats, major, B. 7 nov. 1806, affaire devant Hameln.

(1) 2e régiment de chevau-légers lanciers de la Garde impériale en 1810.

RÉGIMENTS D'INFANTERIE

2e Régiment (1).

Weyman, capit., B. 31 oct. 1808, combat de Durango.

17 *mars* 1809, *combat de Mesa-de-Ibor*.
Klapp (L.), capit., B. (mort).
De Boer, lieut., B.
Aberson, lieut., B

Tengnagellez, capit., B.

28 *juill.* 1809, *bataille de Talavera-de-la-Reyna*.

Meyer, lieut., T.

(1) 123e régiment d'infanterie de ligne en 1810.

GROENIA, capit., B.
BISSCHOP, capit., B.
NYVENHEIM, capit., B.
SCHÖNSTADT, lieut. A.-M., B.
STOKKERS, lieut., B.
BOELEN, lieut., B.
ARENSMA, lieut., B.
MINVIELLE, capit., B.

29 juill. 1809, près du village de Valdemora.
DE BRUYN, lieut., T.
COENEN, lieut., T.

PRUIS, lieut., B. 11 août 1809, bataille d'Almonacid.

19 nov. 1809, bataille d'Ocana.
SCHINDLER, lieut., T.
JACOBSON, chirurg.-M., T.
PIEPER, lieut., B.
VAN OVERVELT, lieut., B. (mort le 3 janv. 1810).
DIEUDONNÉ, chirurg. A.-M., B.

SPRENGER, capit., B. 24 janv. 1810, combat près de Palencia.
VAN-WESSEM, s.-lieut., B. 22 mai 1810, près de Ciudad-Réal.

4ᵉ Régiment (1).

ANTHING, col., B. 8 févr. 1807, bataille d'Eylau.

31 oct. 1808, combat de Durango.
KLAPP (A.), capit., B.
HERCHENRATH, lieut., B.

VAN LIEBERGEN, capit., B. 17 mars 1809, combat de Mesa-de-Ibor.
VAN LIEBERGEN, capit., B. 7 juin 1809, près de Mérida (mort le 12).
HOLTIUS-LANS, lieut., assassiné le 15 juin 1809, près de Truxillo.

(1) 123ᵉ régiment d'infanterie de ligne en 1810.

5ᵉ Régiment (1).

VAN BLOMBERG, lieut., B. 31 mai 1809, prise de Stralsund.

LUIKEL, s.-lieut., B. 2 août 1809, au Sud-Beveland.

(1) 126ᵉ régiment d'infanterie de ligne en 1810.

6ᵉ Régiment (1).

DOESBURG, s.-lieut., B. 26 juin 1807, au siège de Colberg.

30 avril et 31 mai 1809, attaque et prise de Stralsund.
VAN MEYERS, lieut., T. 31 mai.
SEYFFERT, lieut., B. (mort le 14 juill.).

DE HAMER, lieut., B. 31 mai.
VAN DEN HEUVEL, lieut., B. 31 mai.
DE QUAY, lieut., B. 31 mai.
VAN STOCK, s.-lieut., B. 30 avril.
VAN DIERMEN, s.-lieut., B. 30 avril.

(1) 123ᵉ régiment d'infanterie de ligne en 1810.

7ᵉ Régiment (1).

1807, siège de Colberg.
FULLING, capit., B. 26 juin.
FRIEDRICHS, capit., B. 15 juill.
HUBNER, lieut., B. 14 juill.
STURLER, capit., B. 14 juill.

VAN OFF, lieut., B. 2 juill.
DE FRENTZ, lieut., B. 1ᵉʳ juill.

(1) 124ᵉ et 125ᵉ régiment d'infanterie de ligne en 1810.

9ᵉ Régiment (1).

31 mai 1809, prise de Stralsund.
BATENBURG, lieut.-col, T.
DOLLEMAN, lieut.-col., T.
MEYLINK, capit., T.
BOURGEOIS, capit., T.
DUURING, capit., B.

LAMBRECHTS, lieut., B.
HOFFMAN, lieut., B.
VAN BLOMBERG, lieut., B.

(1) Licencié en 1810.

RÉGIMENT DE CHASSEURS A PIED (1)

KERKOFF, lieut., B. 1805, près de Vienne.
STURLER, capit., B. 26 juin 1807, siège de Colberg.

BADINGS, lieut., B. 31 mai 1809, prise de Stralsund.

(1) 33ᵉ régiment d'infanterie légère en 1810.

RÉGIMENT COLONIAL

8 janv. 1806, défense du cap de Bonne-Espérance.
DONNIS, capit., B.
N..., capit., B.

VERKOUTEREN, capit., B.
KESLER, lieut., B.
N..., lieut., B.

2ᵉ RÉGIMENT DE CUIRASSIERS (1)

14 juin 1807, bataille de Friedland.
VAN LANGEN, lieut.-col., B.
STERKE, capit., B.
VAN HANSWYKE, lieut., B.
PASTER, lieut., B.

31 mai 1809, prise de Stralsund.
COCK VAN OYEN, capit., B.
ENGELMANN, chef d'escad., B.

(1) 14ᵉ régiment de cuirassiers en 1810.

3ᵉ RÉGIMENT DE HUSSARDS (1)

16 avril 1807, combat de Springersfeld.
KUMMICK, capit., B.
PYMAN, lieut., B.

PYMAN, lieut., B. 18 mai 1807, affaire devant Colberg.
VAN ZUYLEN, capit., B. 28 nov. 1808, passage de la Sierra-Morena.

6 janv. 1809, affaire devant Toro.
GOOSSENS, chirurg.-M., T.

VAN GOES, col., B.

VAN ZUYLEN, capit., B. 17 mars 1809, combat de Mesa-de-Ibor.

27 mars 1809, combat de Ciudad-Réal.
ROEST VAN ALKEMADE, col., B.
SPIES, lieut., B.

(1) 11ᵉ régiment de hussards en 1810.

ARTILLERIE ET GÉNIE

BYVELD, lieut., B. 16 oct. 1805, devant Ulm.

8 janv. 1806, défense du cap de Bonne-Espérance.
STEFFENS, capit., B.

Mossel, capit., B.
Madlener, lieut., B.

Trolé, s.-lieut., B. 1ᵉʳ mai 1807, devant Stralsund.
Van-Wassèle, capit., B. 31 mai 1809, prise de Stralsund.

28 juill. 1809, bataille de Talavera-de-la-Reyna.
Steinmetz, major, T.
Tripp, capit., B.

MARINE

Dura, aspirant, B. 10 mai 1808, combat de la frégate *Gelderland*.

TROUPES DE BERG

(1807-1813)

RÉGIMENTS D'INFANTERIE

1ᵉʳ Régiment.

Juin 1807, siège de Graudentz.
Hœbel, capit., B. 15.
Lautz, lieut., B. 10.
Keller, s.-lieut., B. 16.

Obler, lieut. A.-M., B. 16 déc. 1808, combat en Catalogne.

1809, siège de Girone.
Blanchard, capit., B. (mort le 15 août).
D'Achard (A.), capit., T. 26 juin.
D'Achard (J.), capit., T. 19 sept.
Forgeot, capit., B. (mort le 18 août).
Kisselstein, capit., T. 26 août.
Moers, capit., T. 19 sept.
Vanbergheim, lieut., T. 9 mai.
Desroziers, s.-lieut., T. 26 juin.
Keiser, s.-lieut., T. 24 juin.
Gruber, s.-lieut., T. 21 sept.
Mouff, col., B. les 8 juill. et 19 sept.
Hœbel, chef de bat., B. 8 juill.
Filleau, capit., B. 8 juill.
Mouff, capit. A.-M., B. 19 sept.
Gilles, lieut., B.
Stahl, lieut., B.
Teyssandier, lieut., B. 19 sept.

Hœbel, chef de bat., B. nov. 1809, dans une reconnaissance sous Girone.

23 déc. 1809, affaire de Saint-Laurent (Catalogne).
Eisenberg, lieut. A.-M., T.
Ehrhardt, lieut., B.

De Bois-David, capit., B. 11 juin 1810, combat en Catalogne.
Stahl, capit., B. 14 nov. 1812, combat de Smoliany.
Weber, s.-lieut., B. 19 nov. 1812, combat près d'Orcha.

28 nov. 1812, bataille de la Bérésina.
Bewer, lieut., B. (mort).
Abler, chef de bat., B.
Vondenesch, capit., B.
Obler, capit., B.
Schwedler, lieut., B.
Schwind, lieut., B.
Oudard, lieut., B.
Hausen, s.-lieut., B.

Notz, lieut. A.-M., D. 13 déc. 1812, en avant de Kowno.
Konatolski, s.-lieut., B. 3 janv. 1813, près de Kœnigsberg (mort le 7 mars).

2ᵉ Régiment.

Pinel, lieut., B. 25 avril 1809, combat en Catalogne.
Linen, capit., B. 17 juin 1809, aux avant-postes devant Girone (mort).

1809, siège de Girone.
Kladt, chef de bat., B. 19 sept. (mort le 11 nov.).
Lautz, capit., T. 19 sept.
Scheurer, capit., T. 13 juill.
Hugo, capit., T. 16 sept.
Hilger, lieut., T. 14 sept.
Garreau, lieut., T. 7 août.
Abler, chef de bat., B. 8 juill.
Le Tourville, capit., B. 8 juill.
Pinel, lieut., B. 5 août.
Eichelkampe, lieut., B. les 8 juin et 5 sept.
N..., lieut., B. 5 sept.

Boslager, s.-lieut., B. 6 oct. 1809, affaire en Catalogne (mort le 7).
Daligre, lieut., T. 2 févr. 1810, combat en Catalogne.

14 nov. 1812, combat de Smoliany.
Raulin, capit., B.
Pinel, capit., B.
Rosel, lieut., B.
Raus, s.-lieut., B.

28 nov. 1812, bataille de la Bérésina.
Schütte, chirurg. S.-A.-M., T.
Gattung, chirurg. S.-A.-M., T.
Krecke, capit., T.
Floren, capit., T.
Erfurth, lieut., B.
Julius, s.-lieut., T.
Guisez, s.-lieut., T.
Hoffmeyer, major, B.
Blanck, chef de bat., B.
Gunther, chef de bat., B.
Engels, lieut. A.-M., B.
Rosel, lieut., B.
Blum, lieut., B.
Forell, lieut., B.
Voltz, lieut., B.
Funck, lieut., B.
Reitz, lieut., B.
Schwedler, lieut., B.
Raus, s.-lieut., B.
Fasbender, s.-lieut., B.

Clémendot, lieut., B. 14 déc. 1812, par des cosaques, route de Kowno.
Faernhagen, lieut., B. 15 déc. 1812, combat route de Kowno (mort le 7 mars 1813).
Hustenrich, lieut., B. 1ᵉʳ janv. 1813, route de Labiau (mort le 4 mars).

3ᵉ Régiment.

Schaffler, capit., T. 1ᵉʳ août 1809, affaire devant Brunswick.

7 nov. 1812, combat de Witepsk.
Blavier, capit., T.
De Bois-David, chef de bat., B.

Kamp, s.-lieut., B. 7 nov. 1812, aux avant-postes de Witepsk.
Sornin de L'Epresse, capit., B. 14 nov. 1812, combat de Smoliany.

28 nov. 1812, bataille de la Bérésina.
Ruben, capit. A.-M., T.
Schuking, capit., D.
Schorn, lieut., T.
Goblet, capit. A.-M., B. et D.
Bucking, chirurg. S.-A.-M., B.
Reininghaus, s.-lieut., B.
Rappart, s.-lieut., B.

4ᵉ Régiment (1).

HELMICH, s.-lieut., B. 14 nov. 1812, combat devant Smoliany.

28 nov. 1812, bataille de la Bérésina.
FOERSCH, major, T.
SCHEURER, capit., B. (mort).
MUSCHERBORN, capit., T.
RATH, capit., T.
BEWER, capit., B. (mort).
PIGAGE, lieut., T.
SCHELLARD, lieut., B. (mort, brûlé vif).
HARDUNG, s.-lieut., B. (mort).
DREYKLUFT, chirurg. A.-M., B.
SCHERPIG, chirurg. A.-M., B.

KLEIN, capit., B.
BEYER, capit., B.
SCHENK, lieut., B.
MENGER, lieut., B.
KELLER, s.-lieut., B.
ERHARDT, s.-lieut., B.

13 déc. 1812, défense du pont de Kowno.
KLEIN, capit., T.
FRAYWALD, capit., D.
DELEPESSE, capit., B.
MATHIOT, lieut., B.

. (1) Formé en 1811.

CHEVAU-LÉGERS

1ᵉʳ Régiment (1).

CHARINET, capit., B. 29 déc. 1808, combat de Benavente (Espagne).
DANGON, s.-lieut., B. 25 janv. 1809, par des insurgés, entre Burgos et Torquemada.
MARCHAL, s.-lieut., B. juill. 1809, combat près de Francfort-sur-l'Oder, (étant à la poursuite du partisan Schilt).
MARCHAL, s.-lieut., B. 10 juill. 1810, en escortant le général Seras, de Burgos à Valladolid.
FRICKEN, s.-lieut., B. 16 avril 1811, combat de Pennaranda.

RENARD, chef d'escad., B. 10 juin 1811, affaire contre des brigands, près de Bilbao.
LECERF, lieut., B. 16 août 1811, dans une reconnaissance en Espagne.
SCHWITER, capit., B. 25 sept. 1811, combat de Capio (Espagne).

23 oct. 1812, combat de Villodrigo (près de Burgos).
DE TOLL, chef d'escad., B.
THELAUSEN, capit., B.

BLAMONT, lieut., B. 21 juin 1813, bataille de Vittoria.

(1) Ex-régiment de chasseurs à cheval.

2ᵉ Régiment (1).

14 nov. 1812, combat de Czarnicki (ou de Smoliany).
MULLER, chef d'escad., B.
FRANCKEN, lieut., B.

MAUVE, s.-lieut., B. 24 nov. 1812, par des cosaques, près de Borisow.

(1) Formé en 1811.

28 nov. 1812, disparus à la bataille de la Bérésina.
DE NESSELRODE, col.
DE NESSELRODE, chef d'escad.
DE WOLFERSDORFF, chef d'escad.
D'AIGREMONT, capit.
BECKERY, capit.
STOVEL, capit.
STAARDT, capit.
STAMM, chirurg.-M.

GAVERKY, chirurg. S.-A.-M.
GENÈVE, lieut. A.-M.
DE NESSELRODE, lieut. A.-M.
DARRIBEAU, lieut.
DOLLMANS, lieut.
GROTHE, lieut.
HARTENFELS, lieut.
MARKS, s.-lieut.

MERFELD, s.-lieut.
KELLER, s.-lieut.
ZANDERS, s.-lieut.
PIRCH, s.-lieut.
ZINZER, s.-lieut.
FEHERBACH, s.-lieut.
MAUVE, s.-lieut.

BRIGADE DE CAVALERIE (1)

2 mai 1813, *bataille de Lutzen.*
HUTMACHER, lieut., B.
RÜSSING, lieut., B.

RÜSSING, lieut., B. 22 mai 1813, combat de Reichenbach.

18 oct. 1813, *bataille de Leipzig (près de Konnewitz).*
OLIVIER, capit., T.
DE HAADT, lieut., T.
DAPPERMANN, lieut., T.
HOPPE, lieut., T.
BAÜNING, lieut., T.

JOBARD, capit., B.
BROCKHOFF, capit., B.
MULLER, capit., B.
HUCK, capit., B.
HUTMACHER, lieut., B.
DE HAGERS, lieut., B.
OBERSTADT, lieut., B.
TRIBOUT, lieut., B.
NIERKENS, lieut., B.
JAHN, chirurg. A. M., B.
MOUTARD, s.-lieut., B.

(1) Formée en 1813.

TROUPES WESTPHALIENNES

(1807-1813)

GARDE ROYALE

Bataillon de grenadiers-gardes.

7 sept. 1812, *bataille de la Moskowa* (1).
DE GRIPPENBERG, lieut., T.

(1) Le 8ᵉ corps (Westphalien) était en ligne à la bataille de la Moskowa, où il eut 13 officiers tués et 117 blessés.

MULDNER, major, B.
DE LONG, capit., B.
D'ARNIM, lieut., B.
THOLSTROM, lieut., B.

Bataillon de chasseurs-gardes.

7 sept. 1812, *bataille de la Moskowa.*
MORIO, capit., B.
GRIESHEIM, capit., B.
GARDIEN, lieut., B.
SEELHORST, lieut., B.
PARASKY, lieut., B.

DÉCOLE, s.-lieut., B. 28 nov. 1812, aux ponts de la Bérésina (mort le 16 janv. 1813).
FRAPART, capit., B. 28 sept. 1813, combat près de Cassel.

Bataillon de chasseurs-carabiniers.

DE HESSBERG, chef de bat., T. 19 août 1812, combat de Valoutina-Gora.

---

7 *sept.* 1812, *bataille de la Moskowa.*
DE STEIN, chef de bat., B.

REICHMEISTER, capit., B.
KOREMACHER, capit., B.
BRUCKE, lieut., B.
BURHENNE, lieut., B.
HÜTTEROTT, lieut., B.

Régiment de fusiliers (1).

N... (2), lieut., B. 20 août 1813, aux avant-postes d'Ottendorf.

---

23 *août* 1813, *combat de Goldberg.*
N..., capit., B.
N..., capit., B.
N..., s.-lieut., B.

---

(1) Formé en 1813.
(2) D'après l'état numérique des pertes.

N..., s.-lieut., B. 25 août 1813, affaire en avant de Kemnitz.
N..., capit., B. 26 août 1813, affaire près de Hirschberg (Katzbach).

30 *août* 1813, *combat de Grieffenberg.*
N..., B.
N..., B.

N..., capit., B. 4 sept. 1813, combat d'Hochkirch.

Régiment de chevau-légers.

19 *août* 1812,
combat de Valoutina-Gora.
GEOFFROY, capit., B. (mort le 1ᵉʳ sept.).
D'ANDLAU, lieut., B. (mort le 16 sept.).

7 *sept.* 1812, *bataille de la Moskowa.*
MÜLLER, col., B.
CRAMON, chef d'escad., B. (mort).
KORNBERG, capit., B.
LANDSBERG, capit., B.
D'OEYNHAUSEN, capit., B.
D'OCHS, lieut., B.
SPIEGEL, lieut., B.
PUCKLER, lieut., B.
NIEDZILSKY, lieut., B.
RAESFELD, lieut., B.

18 *nov.* 1812, *à Krasnoë.*
DE PUIBUSQUE, lieut., B.
CARRÉGA, capit., B.

DUPLEIX, capit., B. 24 sept. 1813, combat d'Altenbourg.

23 *août* 1813, *affaire de Gross-Beeren.*
SZMAUCH, major, B.
D'OEYNHAUSEN, chef d'escad., B.
BARTHELEMY, capit. A.-M., B.
THUET, capit., B.
NIEDZILSKY, lieut., B.
GERVEROT, lieut., B.

6 *sept.* 1813, *bataille de Juterbock.*
DE SAINT-PAUL, capit., B.
BASSON, lieut., B.
DE BELLEFROID, lieut., B.

LATOUR, lieut., B. 8 sept. 1813, pendant la retraite sur Torgau.
DUPLEIX, lieut., B. 23 sept. 1813, aux avant-postes, Saxe.

INFANTERIE DE LIGNE

1er Régiment.

28 déc. 1812, combat près de Tilsitt.
N... (1), capit., B.
N..., lieut., B.

MULLER, s.-lieut., B. 31 déc. 1812, dans la retraite sur Dantzig.
N..., lieut., B. 14 janv. 1813, affaire sur la Vistule, près de Dantzig.

(1) D'après l'état numérique des pertes.

5 mars 1813, défense de Dantzig.
N..., capit., B.
N..., capit., B.
N..., lieut., B.
N..., s.-lieut., B.

N..., lieut., B. 29 août 1813, dans une sortie de la garnison de Dantzig.
DALWICH, lieut., B. 2 sept. 1813, défense de Dantzig.

2e Régiment.

8 juill. 1809, assaut de Montjouy (Girone).
N... (1), T.
N..., T.
N..., B.
N..., B.
N..., B.
N..., B.
N..., B.
N..., B.

15 août 1809, siège de Girone.
WELKEMAN, lieut., B. (mort le 17).
YIONKÉ, lieut., B. (mort le 21).

7 sept. 1812, bataille de la Moskowa.
DE HAINAU, capit., T.
POBLOTZKY, lieut., T.

(1) D'après l'état numérique des pertes.

SCHMIDT, chef de bat., B. (mort le 5 déc.).
DE FULGRAFF, col., B.
GALLET, capit. A.-M., B.
NEUHAUSS, capit., B.
DE HUGO, capit., B.
DE MEYBORN, capit., B.
DE GEYSO, lieut., B.
RAUZAU, lieut., B.
DE MEYBORN (J.), lieut., B.

28 nov. 1812, aux ponts de la Bérésina.
GOEBEL, capit., B. (mort le 14 avril 1813).
SCHEISSLER, lieut., B. (mort le 2 févr. 1813).

N..., capit., B. 18 oct. 1813, bataille de Leipzig.

3e Régiment.

8 juill. 1809, assaut de Montjouy (Girone).
N..., T.
N..., B.
N..., B.
N..., B.
N..., B.
N..., B.

DE LAMBERTYE, lieut., B. 19 sept. 1809, assaut de Girone.

7 sept. 1812, bataille de la Moskowa.
DE LEPEL, chef de bat., B.
LOSSBERG, chef de bat., B.
ZEITZ, capit., B.
DE BOETTCHER, capit., B.
DE SCHIMMEL, capit., B.

PFENNIG, capit., B.
BONITZ, lieut., B.
LANGENECKER, lieut., B.
BAUCKE, lieut. A.-M., B.

SEXDORF, lieut., B. 28 nov. 1812, aux ponts de la Bérésina.

STREEBE, lieut., B. 29 nov. 1812, route de Wilna (mort le 6 janv. 1813).
OBERLIN, lieut., B. 26 août 1813, bataille de Dresde.

4° Régiment.

8 *juill.* 1809,
assaut de Montjouy (Girone).
N... (1), T.
N..., B.
N..., B.
N..., B.
N..., B.
N..., B.
N..., B.

28 *nov.* 1812, *bataille de la Bérésina.*
SCHWINET, capit., B. (mort le 23 févr. 1813.)

(1) D'après l'état numérique des pertes.

SCHOUL, lieut. A.-M., B. (mort le 24 janv. 1813).
N..., capit., B.
N..., capit., B.
N..., lieut., B.
N..., lieut., B.
N..., s.-lieut., B.

BODE, capit., B. 1ᵉʳ janv. 1813, pendant la retraite (mort le 3 févr. 1813).
HERMANN, chef de bat., B. 22 août 1813, défense de Custrin.
SCHULTZ, capit., B. 23 août 1813, défense de Custrin.

5° Régiment.

D'ALÈS, lieut. A.-M., B. 31 juill. 1809, affaire d'Halberstadt (Westphalie).

28 *nov.* 1812, *bataille de la Bérésina.*
N... (1), capit., T.
N..., capit., B.
N..., capit., B.

(1) D'après l'état numérique des pertes.

N..., capit., B.
SPANENBERG, capit., B. (mort le 23 janv. 1813).
VILDAMOTTE, lieut., B. (mort le 4 mars 1813).
N..., lieut., B.
N..., lieut., B.
N..., s.-lieut., B.
N..., s.-lieut., B.

6° Régiment (1).

7 *sept.* 1812, *bataille de la Moskowa.*
DE SPIEGEL, capit., T.
DE QUERBUSCH, capit., T.
DE CONRADY, chef de bat., B.
MÜLDNER, capit., B.
KANN, capit., B.
NEUBER, lieut., B.
NITTMANN, lieut., B.
LANGE, lieut., B.
DUYKER, lieut., B.

(1) Licencié en 1813.

RUELLE, col., B. 10 oct. 1812, à Verija, près de Mojaïsk.
LOURDEL-HÉNAULT, s.-lieut., B. 11 oct. 1812, dans un fourrage près de Mojaïsk.
WALDSCHMIDT, lieut., B. 28 nov. 1812, à la Bérésina (mort le 7 janv. 1813).

10 *déc.* 1812, *combat devant Wilna.*
RUELLE, col., B.
JUNGKART, chef de bat., B.

7ᵉ Régiment (1).

7 sept. 1812, *bataille de la Moskowa.*
AUBERT, capit. A.-M., T.
STOEPPLER, lieut., T.
ACLOQUE, lieut. A.-M., B.
NUMMERS, capit., B.
REMBE, capit., B.
DE BROESKE, capit., B.
BOTT, capit., B.
BAUMBACK, capit., B.
D'ATTEN, capit., B.
WESTPHAL, capit., B.
SCHAEFFER, lieut., B.
DICKMANN, s.-lieut., B.
SPIEGEL, s.-lieut., B.

(1) Licencié en 1813.

CRÉPON, s.-lieut., B.

NOLTE, s.-lieut., B. 28 nov. 1812, aux ponts de la Bérésina (mort le 1ᵉʳ janv. 1813).
SMALLIAN, major, B. 29 nov. 1812, à la Bérésina.
PÉROLD, lieut. A.-M., B. 10 déc. 1812, devant Wilna (mort le 12 janv. 1813).
SPIGLE, capit., B. 12 déc. 1812, à la montée de Kowno (mort le 3 mars 1813).
SCALONNE, lieut., B. 13 déc. 1812, à Kowno (mort le 3 févr. 1813).
KEHR, chef de bat., B. 14 déc. 1812, à Kowno.

8ᵉ Régiment (1).

19 août 1813, *combat de Lahn.*
N... (2), capit., B.
N..., s.-lieut., B.

N..., capit., B. affaire près d'Ottendorf.

23 août 1813, *combat de Goldberg.*
N..., lieut., B.
N..., s.-lieut., B.
N..., s.-lieut., B.

(1) Formé en 1809.
(2) D'après les états numériques des pertes.

N..., capit., B. 26 août 1813, affaire de la Katzbach.

30 août 1813, *combat de Greiffenberg.*
N..., capit., B.
N..., lieut., B.
N..., lieut., B.

4 sept. 1813, *combat d'Hochkirch.*
N..., lieut., B.
N..., lieut., B.
N..., s.-lieut., B.

9ᵉ Régiment (1).

27 août 1813, *combat de Lubnitz.*
LINDERN, col., B.
KIWIATOWSKI, chef de bat., B.
N..., capit., B.

SOUCHON, lieut., B.
GUESTHER, lieut., B.

(1) Formé en 1813.

INFANTERIE LÉGÈRE

1ᵉʳ Bataillon.

ROUSSEAU, lieut., B. 15 août 1812, affaire près de Smolensk.

7 sept. 1812, *bataille de la Moskowa.*
SCHAEFFER, capit., B.

BODUNGEN, capit., B.
BIERNHEID, lieut., B.
KIEBBURGER, lieut., B.
SCHAFFER, lieut., B.
KOHLMANN, lieut., B.

ERDMANN, lieut., B.

SALLENAVE, lieut., B. 10 déc. 1812, combat devant Wilna.

DANLOUP-VERDUN, lieut., B. 26 août 1813, bataille de Dresde.

2⁸ Bataillon.

19 *août 1812,*
bataille de Valoutina-Gora.
DE WURMB, capit., T.
N..., lieut., B.

7 *sept.* 1812, *bataille de la Moskowa.*
BOEDICKER, chef de bat., B.

DE SIERACH, capit., B.
DE BRETHAUER, capit., B.
BUCHER, capit., B.
STŒPLER, lieut., B.
D'HOUDETOT, lieut., B.
QUANO, lieut., B.
LIMBERGER, s.-lieut., B.

3ᵉ Bataillon.

7 *sept.* 1812, *bataille de la Moskowa.*
DE HUGO, capit., B.
DE LANZAC, capit. A.-M., B.
MARCKWART, capit., B.
DE HOLLE, capit., B.

ROBER, lieut., B.

KLEIN, lieut., B. 28 nov. 1812, à la Bérésina (mort le 16 janv. 1813).

4ᵉ Bataillon.

8 *juill.* 1809,
assaut de Montjouy (Girone).
N... (1), T.
N..., B.
N..., B.

N..., B. 16 mai 1810, route de Figuières, par des brigands.
MONBERT, chirurg. A.-M., B. 7 févr. 1813, défense de Figuières (mort le 20).

19 *août* 1813, *combat de Lahn.*
N..., lieut., B.
N..., s.-lieut., B.

N..., lieut., B. 21 août 1813, aux avant-postes de Greiffenstein.
N..., capit., B. 23 août 1813, combat de Goldberg.
N..., lieut., B. 27 août 1813, affaire d'Hirchberger.
N..., lieut., B. 28 août 1813, aux avant-postes de Buntzlau.
N..., capit., B. 30 août 1813, combat de Greiffenberg.

4 *sept.* 1813, *combat d'Hochkirch.*
GAUTHIER, chef de bat., B.
N..., capit., B.
GARNIER, lieut., B.
N..., s.-lieut., B.

(1) D'après l'état numérique des pertes.

CUIRASSIERS

1ᵉʳ Régiment.

7 *sept.* 1812, *bataille de la Moskowa.*
DE CŒLLN, chef d'escad., T.
RUDOLPHI, lieut., T.

DE GILSA, col., B. (mort le 12).
TRINIUS, lieut. A.-M., B.
VOSS, capit., B.

FUHRMANN, capit., B.
AMINOF, lieut., B.
HAMPE, lieut., B.

BOLLE, lieut., B.
DE SPIEGEL, lieut., B.

2ᵉ Régiment.

7 sept. 1812, *bataille de la Moskowa.*
DE KNORR, chef d'escad., B. (mort).
D'AMEHMXEN, capit., B.
WEGELY, lieut., B.
PLUMBOHM, lieut., B.

DE MARSCHAL, lieut., R.
SCHŒN, lieut., B.
CLEVES, lieut., B.
BLUMENTHAL, lieut., B.
SACK, lieut., B.

RÉGIMENT DE CHEVAU-LÉGERS

11 mars 1809,
combat d'Hynojola (Espagne).
HAMMERSTEIN, capit., B.
Comte DE MUNSTER, capit., B.
LECOFRE, lieut., B.
KENNIGEN, lieut., B.
DALLEN, lieut., B.
EUDEN, lieut., B.

DE PUTTRICH ô LASMA, lieut., B. en juin 1809, près Figières (Catalogne).

28 juill. 1809,
bataille de Talavera-de-la-Reyna.
DE PLESSEN, capit., B.
LECOFRE, lieut., B.

N..., T. 25 août 1809, affaire de Montalban.
STAARKE, lieut., B. 4 oct. 1812, dans une reconnaissance en Espagne (mort le 5).

HUSSARDS

1ᵉʳ Régiment.

7 sept. 1812, *bataille de la Moskowa.*
STOCKHAUSEN, chef d'escad., B. (mort le 25).
DE ZANDS, col., B.
CZERNISKI, chef d'escad., B.
MEYER, capit. A.-M., B.
DE GILSA, lieut. A.-M., B.
ZWEHL, capit., B.
UNGERVITTER, capit., B.
GRUPE, capit., B.
BUSCH, lieut., B.
LEBRUN, lieut., B.

BARTELS, lieut., B.
SCHAUMBOURG, lieut., B.
SCHÆFFER, lieut., B.
BRANDIS, lieut., B.
DUPLEIX, lieut., B.
GOULLON, lieut., B.
KUSTER, lieut., B.

6 sept. 1813, *affaire de Dippoldiwalda (Saxe).*
LECOFRE, capit., B.
BARBAROUX, capit., B.

2ᵉ Régiment.

WERNER, lieut., B. 19 août 1812, bataille de Valoutina-Gora.

7 sept. 1812, *bataille de la Moskowa.*
BOCK, capit., T.
SCHLIEPHAKE, lieut., T.
WERNER, lieut., B. (mort le 22).

DE HESSBERG, col., B.
WOLFRAHM, lieut. A.-M., B.
LEHNOFF, capit., B.
BUSSCHE, capit., B.
BODECKER, capit., B.
BOYNEBURG, capit., B.
THIELMANN, lieut., B.

RHEDEN, lieut., B.
JACOBY, lieut., B.
SCHRŒDER, lieut., B.
FRICKE, lieut., B.
SCHWENKE, lieut., B.
WALMODEN, lieut., B.

REICHE, lieut., B.

RICARD, capit., B. 28 nov. 1812, bataille de la Bérésina.
RICARD, capit., B. 29 mai 1813, affaire de Buntzlau.

ARTILLERIE ET GÉNIE

1809, siège de Girone.
BOSSE, lieut., B. 19 sept.
SCHOLENSTEIN, capit., B. (mort).
EDELMANN, lieut., B. 15 sept.

7 sept. 1812, bataille de la Moskowa.
STEINBACH, capit., T.
MAYER, s.-lieut., T.
MŒLLER, lieut., B. (mort).
WOLMAR (Cadet), capit., B.
CULMANN, capit., B.
TAUTAIN, capit., B.
LORENZ, capit., B.

RICHTER, lieut., B. 16 nov. 1812, près d'Orcha.

8 déc. 1812, dans un incendie près de Wilna.
KRAUSE, lieut., brûlé.
KŒLER, lieut., brûlé.

JOLBERT, lieut., B. 10 déc. 1812, devant Wilna (mort le 25 févr. 1813).
BRAND, lieut., D. le 14 déc. 1812, à Kowno.
ORGÈS, lieut., B. 26 août 1813, bataille de Dresde (mort le même jour).

30 août 1813, affaire de Greiffenberg.
SCHULTHÈS, capit., B.
SCHLEENSTEIN II, capit., B.

TRAIN DES ÉQUIPAGES

MULLER, lieut., B. 9 nov. 1812, devant Smolensk, D.

ASSELINEAU, lieut., B. 11 nov. 1812, route de Krasnoë, D.

LÉGION DE GENDARMERIE

DE MOTZ, capit., T. 28 nov. 1812, aux ponts de la Bérésina.

TROUPES POLONAISES
(1806-1814)

INFANTERIE

1er Régiment (1807-1814).

Févr. 1807, combat de Ruda.
N..., capit., B.
SKUPIEWSKI, s.-lieut., B.

12 juin 1809, combat de Gorzyce.
SIEMONKOWSKI, capit., T.

MALACHOWSKI, col., B.
HUISSON, capit., B.
N..., capit., B.
N..., lieut., B.

15 nov. 1812, *combat près de Minsk.*
FONTANA, chef de bat., B.
N..., lieut., B.

21 nov. 1812, *affaire près de Borisow.*
N..., capit., B.
JANOWSKI, lieut., B.

28 nov. 1812, *bataille de la Bérésina.*
CAMPAUX, capit., B. (mort le 18 déc.).
MALACHOWSKI (C.), col., B.
SLAWICZ, capit., B.
GOLEMBIOWSKI, capit., B.
SWIEZAWSKI, capit., B.
BADURSKI, capit., B.
N..., lieut., B.

N..., lieut., B.
N..., s.-lieut., B.

KOCHWOSKI, capit., B. 10 déc. 1812, combat devant Wilna.

18 et 19 oct. 1813, *bataille de Leipzig.*
JAWOWSKI, capit., B. 19.
KOCHWOSKI, capit., B. 18.
N..., lieut., B. 19.
N..., s.-lieut., B. 18.
OSTROWSKI, s.-lieut., B. 18.

JANOWSKI, capit., B. 30 oct. 1813, bataille de Hanau.

2ᵉ Régiment (1807-1814) (1).

SZYMANSKI, lieut., B. 8 févr. 1807, bataille d'Eylau.
MEHOROWSKI, chef de bat., B. 23 févr. 1807, combat de Dirschau.
NIEMOJEWSKI, s.-lieut., B. 14 juin 1807, bataille de Friedland.
SZYMANOWSKI, lieut., B. 27 juin 1807, au siège de Graudentz.

20 mai 1809, *assaut de Zamosc.*
POTOCKI (S.), col., B.
KRASINSKI (H.), chef de bat., B.
DAINE, capit., B.
JOUNGA, capit., B.
N..., lieut., B.
N..., lieut., B.

17 août 1812, *bataille de Smolensk.*
GAWARD, chef de bat., T.
KRUKOWIECKI, col., B.
BOGULAWSKI, chef de bat., B.
HIZ, capit., B.
KLEINKIEWICZ, capit., B.
BORTKIEWICZ, lieut., B.
HIZ, s.-lieut., B.

7 sept. 1812, *bataille de la Moskowa.*
CRYSEWSKI, lieut., T.

(1) Le 17 nov. 1812, le 5ᵉ corps (Polonais) perdit, à l'affaire de la route d'Orcha, 3 officiers tués et 8 blessés.

PLUSKWINSKI, s.-lieut., T.
ZARSKI, chef de bat., B.
ZIELINSKI, capit., B.
SIEMINSKI, capit., B.
WYBRANOWSKI, capit., B.
REMBOWSKI, lieut., B.
ZABORSKI, s.-lieut., B.

GARDARELLI, lieut., B. 20 déc. 1812, affaire près de Tilsitt (mort le 3 janv. 1813).
WISNIECOSKI, lieut., B. 2 mai 1813, bataille de Lutzen (mort le 4).
N..., lieut., T. 4 sept. 1813, affaire près de Wittenberg.
N..., lieut., B. 1ᵉʳ oct. 1813, aux avant-postes.

18 oct. 1813, *bataille de Leipzig.*
SZYMANOWSKI, col., B.
BOGULAWSKI, chef de bat., B.
JOUNGA, capit., B.
URBANSKI, capit., B.
KLIMKIEWICZ, capit., B.
BROMIRSKI, lieut., B.
ZABORSKI, lieut., B.
PASZKOWICZ, lieut., B.
TREMBICKI, s.-lieut., B.
ZELWITZ, s.-lieut., B.
SOKOLOWSKI, s.-lieut., B.

3ᵉ Régiment (1807-1813).

26 *juin* 1809, *assaut de Sandomir*.
GAYZENBACH, chef de bat., T.
ZOLTOWSKI, col., B.
N..., chef de bat., B.
N..., capit., B.
N..., lieut., B.
N..., lieut., B.
N..., s.-lieut., B.

17 *août* 1812, *bataille de Smolensk*.
ZACKRZEWSKI, col., T.
N..., capit., T.
N..., lieut., T.
KURCYNSZ, chef de bat., B.
CRAYKOWSKI, chef de bat., B.
ZAWADSZKI, capit., B.
NOWICKI, capit., R.
KORYZKI, lieut., B.
N..., lieut., B.

LUCZYCKI, s.-lieut., B.
N..., s.-lieut., B.
N..., s.-lieut., B.

7 *sept.* 1812, *bataille de la Moskowa*.
MARKOWSKI, lieut., T.
KIRMIENICKI, s.-lieut., T.
MIEDZOWIECKI, s.-lieut., T.
VODERASKI, s.-lieut., T.
BLUMER, col., B.
ROZYCKI, chef de bat., B.
KOSSOWSKI, capit., B.
CZOLEZYNSKI, capit. A.-M., B.
LEMOWSKI, capit., B.
JANINSKI, lieut., B.
LINKIEWICZ, s.-lieut., B.
N..., s.-lieut., B.

4ᵉ Régiment (1807-1814).

MIEROTOWSKI, capit., B. 1807, affaire du pont de Labiau.
DE CONTRÉGLISE, capit., B. 25 juin 1807, au siège de Graudentz.
ZAMBRZYCKI, chef de bat., B. 28 juill. 1809, bataille de Talavera-de-la-Reyna.

11 *août* 1809, *bataille d'Almonacid*.
N..., T.
POTOCKI, col., B.
ZITOWSKI, chef de bat., B.
ZAMIESKI, chef de bat., B.
SAENGER, capit., B.
BAGINSKI, capit., B.
MIESZKOWSKI, lieut., B.
MADALINSKI, lieut., B.
UBYSY, lieut., B.

19 *nov.* 1809, *bataille d'Ocana*.
ZAMBRIEZKI, lieut., B. (mort le 29).
BAGINSKI, capit., B.
MADALINSKI, capit., B.
SMALINSKI, s.-lieut., B.
GIEYZLER, s.-lieut., B.
N..., B.
N..., B.

GIEYZLER, lieut., T. 12 févr. 1810, combat de Velez-Malaga.
CHELMICKI, lieut., B. 15 oct. 1810, déf" du fort de Fuengirola, près Malaga.
UBYSY, lieut., B. 22 mars 1811, dans une reconnaissance en Espagne.

29 *mars* 1811, *combat d'Ximenas*.
RADZIMINSKI, capit., T.
WOLINSKI, col., B.

16 *mai* 1811, *bataille d'Albuhera*.
BABSKI, capit., B.
BACHECKI, capit., B.
JABLONSKI, lieut., B.
KUEZENSKI, s.-lieut., B.
STAWSKI, s.-lieut., B.

28 *nov.* 1812, *bataille de la Bérésina*.
N..., major, B.
ZDZTOWISKI, chef de bat., B.
SCIBORT, capit. A.-M., B.
KALISZ, capit., B.
ZDZIENICKI, capit., B.
BIENKOWSKI, capit., B.
MEYER, lieut., B.
MIEZKOWSKI, lieut., B.
LALE, s.-lieut., B.

LACZEWSKI, s.-lieut., B.
OSTROWSKI, s.-lieut., B.
STAWSKI, s.-lieut., B.

ZAKZEWSKI, s.-lieut., B. 4 déc. 1812, combat près de Smorgoni.
ROBERT, s.-lieut., B. 3 janv. 1813, combat près de Kœnigsberg.

18 et 19 oct. 1813, bataille de Leipzig.
CICHOCKI, col., B.
DOBROGROSKI, major, B.
MUCHOWSKI, chef de bat., B.
MLOKOSIEWICZ, chef de bat., D.
LEFLER, lieut. porte-aigle, B. et D.
FILMANN, capit., B.
WOLSKI, capit., B. et D.

MIERSZKOWSKI, capit., B. et D.
MARUSZEWSKI, capit., B.
KALIGARY, lieut., D.
KOLUDZKI, lieut., B.
METER, lieut., B.
LACZEWSKI, lieut., B.
LEMANSKI, lieut., B.
JÉROMSKI, lieut., D.
KOSZIEKI, s.-lieut., D.
KOLADZKI, s.-lieut., B.
KEMPKI, s.-lieut., B.
JANIKOUSKI, s.-lieut., D.
KIELPINSKI, s.-lieut., B.

EYMERY, capit., B. déc. 1813, dans une sortie de la place de Wittenberg.

5ᵉ Régiment (1807-1814).

11 mai 1809, combat de Czentochowa.
N..., capit., B.
RACZYNSKI, lieut., B.
N..., lieut., B.

IWANOWIEZ, capit., B. 7 oct. 1812, combat de Neighout.

1813, défense de Dantzig.
N..., capit., T. 29 août.
N..., lieut., T. 29 août.

N..., lieut., T. 1ᵉʳ nov.
GODLEWSKI, chef de bat., B. 29 août.
BOGULAWSKI, capit., B. 1ᵉʳ nov.
N..., capit., B. 29 août.
N..., capit., B. 29 août.
N..., capit., B. 5 juin.
N..., lieut., B. 1ᵉʳ nov.
N..., lieut., B. 1ᵉʳ nov.
N..., lieut., B. 29 août.
N..., s.-lieut., B. 29 août.

6ᵉ Régiment (1807-1813).

20 mai 1807, siège de Dantzig.
PARYS, chef de bat., T.
DOWNAROWICZ, chef de bat., B.

3 mai 1809,
à la tête de pont de Gora.
MAJACZEWSKI, col., B.
SUCHODOLSKI, chef de bat., B.
BLUMMER, chef de bat., B.

18 mai 1809, prise de Sandomir.
N..., lieut., T.
N..., lieut., T.
BOGULAWSKI, chef de bat., B.
RYBINSKI, capit., B.
STRZELECKI, capit., B.
RULINKOWSKI, capit., B.

MALCZEWSKI, capit., B.
WOLSKI, lieut., B.
CZARNECKI, lieut., B.
PRZCZDZIECKI, s.-lieut., B.

26 juin 1809, assaut de Sandomir.
SIÉRAWSKI, col., B.
SUCHODOLSKI, chef de bat., B.

28 nov. 1812, bataille de la Bérésina.
CHLOPOLSKI, capit., B. (mort le 10 janv. 1813).
MAKOMASKI, capit., B. (mort le 9 juin 1813).
SIÉRAWSKI, col., B.
KRONIECKI, capit., B.
STRZELECKI, capit., B.

Owczarski, capit., B.
Kalinkowski, capit., B.

Chilianai, lieut., B. 4 avril 1813, défense de Zamosc (mort le 5).

7° Régiment (1807-1813).

11 août 1809, *bataille d'Almonacid.*
Sobolowski (1), col., T.
Luba, chef de bat., T.
N..., T.
N..., T.
N..., T.
Galawzewski, chef de bat., B.
Siéraszewski, capit., B.
Lipnicki, capit., B.
Laskowski, capit., B.
Oranowski, capit., B.
Malczewski, lieut., B.
Chodakowski, lieut., B.
Malinowski, lieut., B.
Madalinski, s.-lieut., B.
Antosiewicz, s.-lieut., B.
N..., B.
N..., B.

19 nov. 1809, *bataille d'Ocaña.*
N... (2), T.
Siéraszewski, capit., B.
Karpinski, capit., B.
Czaplicki, lieut., B.
Welski, lieut., B.
Maykowski, lieut., B.
Zakvrewski, s.-lieut., B.

(1) 5 tués et 15 blessés.
(2) 1 tué et 9 blessés.

N..., B.

Rasieski, capit., B. 30 déc. 1811, assaut de Tarifa.

9 avril 1812, *affaire du défilé de Salinas.*
Welski (1), capit., T.
Maykowski, lieut., T.
Madalinski, lieut., T.
Zakvrewski, lieut., B. (mort le 3 mai).
Parys, capit. A.-M., B.
Bilinski, capit., B.
Malinowski, lieut., B.
Lemanski, s.-lieut., B.
Ryszkiewicz, s.-lieut., B.

28 nov. 1812, *bataille de la Bérésina.*
Walewski, lieut. A.-M., B. (mort le 17 juin 1813).
Tremo, col., B.
Urbanowski, capit., B.
Radzikowiski, capit., B.
Pettinski, capit., B.
Koludski, lieut., B.
Truskowski, lieut., B.
Mendlikowski, s.-lieut., B.
Bogdanski, s.-lieut., B.
Pradzinski, s.-lieut., B.

(1) 7 tués et 5 blessés.

8° Régiment (1807-1814).

Goderski, col., T. 19 avril 1809, combat de Raszyn.

18 mai 1809, *prise de Sandomir.*
N..., capit., T.
Biernacki, capit., B.

17 août 1812, *bataille de Smolensk.*
Stuart, col., B.
Suchodolski, chef de bat., B.
Kossecki, chef de bat., B.
Kluzewski, capit., B.
Soczynski, capit., B.

Rytendorf, lieut., B.
Kochanowski, s.-lieut., B.

7 sept. 1812, *bataille de la Moskowa.*
Chylinski, capit., T.
Jermanowski, chef de bat., B.
Zawitouski, s.-lieut., T.
Zabiello, capit., B.
Rychtowski, capit., B.
Gorski, capit., B.
Tavolski, lieut., B.
Luzakowski, lieut., B.
Smorzenski, lieut., B.

LUNOWSKI, s.-lieut., B.
KOCHANOWSKI, lieut., B.
KOSSAKOWSKI, s.-lieut., B.

18 oct. 1813, *bataille de Leipzig.*
RYCHTOWSKI, capit., B.
KOSCIELSKI, lieut., B.
TAVOLSKI, lieut., B.

GROCHOLSKI, s.-lieut., B.
SMORZEWSKI, lieut., B.
N..., lieut., B.
MAIEWSKI, lieut., B.
N..., lieut., B.
KOCHANOWSKI, lieut., B.
N..., s.-lieut., B.
WOLNER, s.-lieut., B.

9° Régiment (1807-1813).

23 *févr.* 1807, *combat de Dirschau.*
SULKOWSKI, col., B.
MOJACZEWSKI, major, B.
KEHZINSKI, capit., B.

SIELSKI, chef de bat., B. 28 juill. 1809, bataille de Talavera-de-la-Reyna.

11 *août* 1809, *bataille d'Almonacid.*
KOSNACKI, capit, B. (mort le 13).
KOWNACKI, capit., B. (mort le 16).
N..., T.
N..., T.
GROTOWSKI, chef de bat., B.
SIELSKI, chef de bat., B.
ZAWADSKI, capit., B.
BORKOWSKI, capit., B.
BUTAWECKI, lieut., B.
KOSLOWSKI, s.-lieut., B.
LAROSE, s.-lieut., B.
GUTOWSKI, s.-lieut., B.

19 *nov.* 1809, *bataille d'Ocaña.*
N..., T.
N..., T.
SULKOWSKI, col., B.
KEHZINSKI, capit., B.
GEISLER, capit., B.
CZARNEKI, lieut., B.

3 *juin* 1811,
combat de Ronda (Andalousie).
JASINSKI, chef de bat., T.

ZAWADSKI, capit., B.
WESOLOWSKI, lieut., B.
WECKI, s.-lieut., B.

ZAMOSKI, s.-lieut., B. 12 févr. 1812, affaire de Cartama.

28 *nov.* 1812, *bataille de la Bérésina.*
CHICHOCKI, col., B.
GEISLER, chef de bat., B.
BUTAWECKI, capit., B.
ZAWADSKI, capit., B.
OSTREZESZEWITZ, capit., B.
CZARNECKI, capit., B.
SCHUTZ, lieut. A.-M., B.
KRAJESKI, lieut., B.
POLITOWSKI, lieut., B.
ZWAN, lieut., B.
NAGORSKI, lieut., B.
WECKI, lieut., B.
KMITA, s.-lieut., B.
GZYZINGER, s.-lieut., B.
LICHTER, s.-lieut., B.

KOSLOWSKI, capit., B. 2 déc. 1812, affaire contre des cosaques.

17 *avril* 1813,
combat devant Wittenberg.
KRAJESKI, capit., B.
BUTAWECKI, capit., B.
KMITA, lieut., B.

10° Régiment (1807-1814) (1).

KLNISYSKI, s.-lieut., B. 22 sept. 1809, dans une émeute à Brandebourg.
RAJECZKI, lieut., B. 6 oct. 1812, dans une reconnaissance en Courlande.

3 *janv.* 1813, *combat d'Eingelhorthoff (au pont de Labiau).*
N..., capit., T.

(1) Vingt-deux officiers de tués ou blessés le 29 août 1813.

N..., lieut., T.
N..., capit., B.
N..., lieut., B.
N..., lieut., B.
N..., s.-lieut., B.
N..., s.-lieut., B.

N..., lieut., B. 13 janv. 1813, affaire sur la Vistule, devant Dantzig.

1813, défense de Dantzig.
DABSKI, capit. A.-M., B. 27 mars.
ROSOWSKI, s.-lieut., B. 27 mars.
KUNZOSKI, s.-lieut., B. 27 avril (mort le 11 juill.).
BENTLEWSKI, lieut., B. 29 août (mort le 30).
ROGASINSKI, lieut., B. 29 août (mort le 1er sept).
SZAYKOWSKI, s.-lieut., B. 29 août (mort le 29 sept.).
GLISZCZNSKI, lieut., B. 29 août (mort le 15 sept.).
WILCZECK, s.-lieut., B. 29 août (mort le 18 sept.).

ROBIECKI, chef de bat., B. 29 août.
GATCZYNSKI, capit., B. 29 août.
DOBRZEBWSKI, capit., B. 29 août.
N..., capit., B. 29 août.
N..., capit., B. 29 août.
N..., capit., B. 29 août.
N..., lieut., B. 29 août.
WINDZYK, lieut., B. 29 août.
N..., lieut., B. 29 août.
N..., lieut., B. 29 août.
N..., s.-lieut., B. 29 août.
PONIANOWSKI, s.-lieut., B. 29 août.
N..., s.-lieut., B. 29 août.
N..., s.-lieut., B. 29 août.
N..., s.-lieut., B. 29 août.
N..., s.-lieut., B. 29 août.
N..., s.-lieut., B. 29 août.
KARKOWSKI, s.-lieut., B. 1er sept. (mort le 21 oct.).
BOKS, s.-lieut., B. 4 sept. (mort le 10).
KALESKA, capit., B. 1er nov.
ROMAN, capit., B. 1er nov.
RACZYNSKI, capit., B. 19 nov.

11e Régiment (1807-1814).

1813, défense de Dantzig.
N..., capit., T. 29 août.
N..., lieut., T. 29 août.
SZEMBECK, chef de bat., B. 29 août.
KMITA, capit., B. 5 juin.
JANKOWSKI, capit., B. 29 août.

N..., capit., B. 1er nov.
N..., lieut., B. 1er nov.
N..., lieut., B. 29 août.
LUTOMSKI, s.-lieut., B. 29 août.
N..., s.-lieut., B. 29 août.

12e Régiment (1807-1814).

17 mai 1809, prise de Sandomir.
LUBOMIRSKI, capit., T.
N..., capit., B.
N..., lieut., B.

26 juin 1809, assaut de Sandomir.
WEISSENHOFF, col., B.
N..., capit., B.
N..., lieut., B.
N..., lieut., B.
N..., s.-lieut., B.

17 août 1812, bataille de Smolensk.
WIERZBINSKI, col., B.
BLUTKOWSKI, chef de bat., B.

POLORISKI, chef de bat., B.
BLESZYNSKI, chef de bat., B.
HILGER, capit., B.
DEUHOFF, capit., B.
SZEZAWINSKI, capit., B.
POLEUZYNSKI, capit., B.
HUBERT, lieut., B.

7 sept. 1812, bataille de la Moskowa.
BIAKOWSKI, chef de bat., T.
POLORISKI, chef de bat., T.
KMITA, capit., T.
MROWINSKI, capit., B.
ORYNSKI, capit., B.
SLANIEWSKI, capit., B.

PLONCZYNSKI, lieut., B.
GRABOWSKI, lieut., B.
KOBYLINSKI, lieut., B.
DZYADANOWSKI, s.-lieut., B.
JACHELSKI, s.-lieut., B.
N..., s.-lieut., B.
N..., s.-lieut., B.

ORYNSKI, capit., B. 28 nov. 1812, aux ponts de la Bérésina.

18 oct. 1813, bataille de Leipzig.
BLEZYNSKI, chef de bat., B.
BIALKOWSKI, capit., B.
N..., capit., B.
N..., capit., B.
N..., lieut., B.
DZIEWANOWSKI, lieut., B.
JAROMA, lieut., B.
JAZYANOWSKI, s.-lieut., B.
RYDEL, s.-lieut., B.

13ᵉ Régiment (1809-1813).

4 nov. 1812, combat sur le haut Bug.
N..., capit., B.
N..., lieut., B.

15 nov. 1812, combat de Koïdanowo.
N..., capit., B.
N..., s.-lieut., B.

1813, défense de Zamosc.
ZEBROWSKI, s.-lieut., B. 10 mars.
DROCHAIOWSKI, capit., B. 4 avril.

WOYCIEKIEWICZ, lieut., T. 4 avril.
KARCZENSKI, lieut., B. 4 avril.
STAMELBERG, capit., B. 26 avril.
TRZCINSKI, lieut., B. 26 avril.
BOIAWSKI, lieut., T. 27 avril.
KZSINOWSKI, lieut.-col., B. 27 avril.
SZTUKA, lieut., B. 27 avril.
BAGINSKI, capit. A.-M., B. 27 avril (mort le 29).

14ᵉ Régiment (1809-1814).

28 nov. 1812, bataille de la Bérésina.
WINNICKI, chef de bat., B.
MALINOWSKI, chef de bat., B.
LEDOCHONSKI, capit., B.
KREMPSKI, capit., B.
KOLBERSZ, capit., B.
TURKIEWICZ, capit., B.
JANIKOWSKI, lieut., B.
N..., lieut., B.
N..., lieut., B.
N..., lieut., B.
KARSKI, s.-lieut., B.
DABROWSKI, s.-lieut., B.

18 avril 1813, défense de Wittenberg.
MALINOWSKI, chef de bat., B.
N..., capit., B.
N..., s.-lieut., B.

21 août 1813, combat devant Wittenberg.
JANIKOWSKI, capit., B.
LEBRUN, lieut., B.
EISEMOND, lieut., B.
N...
N...

18 oct. 1813, bataille de Leipzig.
KARSKI, capit., B.
PNIEWSKI, capit., B.
N..., capit., B.
N..., capit., B.
VALENTIN, lieut., B.
OTTOWSKI, lieut., B.
MAKOWIECKI, s.-lieut., B.
N..., s.-lieut., B.
N..., s.-lieut., B.

15ᵉ Régiment (1809-1814).

17 août 1812, bataille de Smolensk.
MIAKOWSKI, col., B.
MIELOWSKI, chef de bat., B.
BIENACKI, chef de bat., B.
RYBINSKI, chef de bat., B.
MYCIELSKI, capit., B.
MIEULSKI, capit., B.
WEGIERSKI, capit., B.
PODCZASKI, capit., B.
KOSSAWSKI, capit., B.
DOBROWSKI, capit. A.-M., B.
VIDE, lieut., B.
TREBEZYNSKI, lieut., B.
N..., s.-lieut., B.
N..., s.-lieut., B.
N..., s.-lieut., B.

7 sept. 1812, bataille de la Moskowa.
MEYER, capit., T.
THOMASZEWSKI, capit., T.
STRAZEWSKI, col., B.
RYBINSKI, chef de bat., B.
CZAYKOWSKI, capit., B.

MYCIELSKI, capit., B.
N..., capit., B.
KOSCIELSKI, lieut., B.
N..., lieut., B.
GROCHOLSKI, s.-lieut., B.

18 avril 1813, défense de Wittenberg.
DWERNICKI, major, B.
URBANSKI, capit., B.
N..., lieut., B.
N..., lieut., B.

18 et 19 oct. 1813, bataille de Leipzig.
STRAZEWSKI, col., B. 19.
RYBINSKI, chef de bat., B. 18.
TOLATOWICZ, capit., B. 18.
PODCZASKI, capit., B. 18.
KESZEWSKI, capit., B. 18.
KOSSOWSKI, lieut., B. 19.
N..., lieut., B. 19.
N..., s.-lieut., B. 18.
N..., s.-lieut., B. 18.
KOSSAKOWSKI, s.-lieut., B. 19.

16ᵉ Régiment (1809-1814).

17 août 1812, bataille de Smolensk.
KORUBSKI, chef de bat., B.
DOCROGOSKI, chef de bat., B.
DOCGOROSKI, capit., B.
KOSONOWSKI, capit., B.
WOLSKI, capit., B.
BOGDOWBSKI, capit., B.
BAKIEWICZ, lieut., B.
ZUKTOWSKI, lieut., B.

7 sept. 1812, bataille de la Moskowa.
SKROZDZKI (P.), lieut., T.
BEM, lieut., T.
SZPIECHALSKI, capit., B.
SMIOWSKI, capit. A.-M., B.
POZNAWSKI, s.-lieut., B.

N..., s.-lieut., B.
N..., s.-lieut., B.
N.... s.-lieut., B.

18 oct. 1813, bataille de Leipzig.
BRZESKI, capit., B.
N..., capit., B.
N..., capit., B.
N..., capit., B.
JUNGA, lieut., B.
N..., lieut., B.
KOSTECKI, s.-lieut., B.
MANKOWSKI, s.-lieut., B.
N..., s.-lieut., B.
N..., s.-lieut., B.

17ᵉ Régiment (1809-1813).

WEZYK, capit., B. août 1812, aux avant-postes de Borisow.

14 sept. 1812, affaire de Pankratowicz.
SZONA, capit., B.
N..., capit., B.

N..., s.-lieut., B.

NIDECKI, lieut., B. 17 nov. 1812, combat devant Mohilow.

28 nov. 1812, *bataille de la Bérésina*.
SKARATKEWIEZ, s.-lieut., B. (mort le 26 mai 1813).
LUX, chef de bat., B.
MAZURKIEWICZ, chef de bat., B.

KLINIENSKI, capit., B.
N..., capit., B.
N..., capit., B.
WEZYK, capit., B.
N..., lieut., B.
N..., lieut., B.
N..., lieut., B.
N..., s.-lieut., B.
N..., s.-lieut., B.

CAVALERIE

1er Régiment (1807-1814) (1).

8 févr. 1807, *bataille d'Eylau*.
KRASINSKI, col., B.
N..., capit., B.
ROSTWAROWSKI, lieut., B.
ZLINICKI, s.-lieut., B.

1807, *combat de Ruda*.
STOKOWSKI, chef d'escad., B.
SZULZ, s.-lieut., B.

KOBYLINSKI, s.-lieut., B. 14 juin 1807, bataille de Friedland.

10 juill. 1812, *combat de Romanow*.
N... (2), T.

(1) 1er régiment de chasseurs à cheval.
(2) Un officier tué et huit officiers blessés.

N..., B.
N..., B.
N..., B.
N..., B.
N..., B.
N..., B.
N..., B.
N..., B.

ADAMOWSKI, chef d'escad., B. 27 juill. 1812, combat de Witepsk.
WESOLOWSKI, chef d'escad., B. 19 oct. 1813, bataille de Leipzig.

2e Régiment (1807-1814) (1).

27 févr. 1807, *combat de Waty*.
GODZISZEWSKI, s.-lieut., B.
ZELINSKI, s.-lieut., B.
WALASZYNSKI, s.-lieut., B.

19 avril 1809, *combat de Raszyn*.
LAGOWSKI, capit., B.
KOKICKI, lieut., B.

SUMIENSKI, capit., B. 11 mai 1809, combat route de Posen.

9 juin 1809, *affaire de Tuszyn*.
KURNATOWSKI, chef d'escad., B.
SIODOLKOWITZ, s.-lieut., B.

(1) 2e régiment de lanciers.

LENKIEWICZ, s.-lieut., B. 1809, affaire de Zarnowice.
N..., capit., B. 23 nov. 1812, reprise de Borisow.

28 nov. 1812, *bataille de la Bérésina*.
KOSSECKI, chef d'escad., B.
LAGOWSKI, capit., B
ROMOCKI, capit., B.
NIÉMIRZCZ, s.-lieut., B.
DAROWSKI, s.-lieut., B.

18 avril 1813, *défense de Wittenberg*.
KOSECKI, major, B.
LAGOWSKI, chef d'escad., B.
MESTRELLI, s.-lieut., B.

3ᵉ Régiment (1807-1814) (1).

KWIATKOWSKI, s.-lieut., T. 4 mai 1809, affaire de Czenstochowa.
KACZYNSKI, lieut., B. 11 mai 1809, au fort de Czenstochowa.
STRZYZEWSKI, chef d'escad., B. 20 mai 1809, assaut de Zamosc.
OSTROWSKI, chef d'escad., B. 12 juin 1809, affaire de Wrzawy.

10 juill. 1812, combat de Mir.
DESCOURS, chef d'escad., B.
N..., capit., B.
N..., lieut., B.
N..., lieut., B.

7 sept. 1812, bataille de la Moskowa.
RADZIMINSKI, col., T.
DESCOURS, chef d'escad., T.
GLINSKI, capit., T.

STERYMAWIECZ, capit., T.
VIESOLOSKI, lieut., T.
LABANOWSKI, s.-lieut., T.
ZDANOWSKI, capit., B.
N..., capit., B.
HERNIG, lieut., B.
MADALINSKI, lieut., B.
N..., lieut., B.
N..., lieut., B.
N..., s.-lieut., B.
N..., s.-lieut., B.
N..., s.-lieut., B.
N..., s.-lieut., B.

SCHMITT, lieut., B. 20 avril 1813, défense de Zamosc.

(1) 3ᵉ régiment de lanciers.

4ᵉ Régiment (1807-1814) (1).

FIALKOWSKI, capit., B. 15 juill. 1809, affaire de Saltzbrünn.

17 août 1812, bataille de Smolensk.
BURKAWSKI, lieut., B.
N..., lieut., B.

7 sept. 1812, bataille de la Moskowa.
POTWOROWSKI, s.-lieut., T.
RUDOWSKI, capit., B.
N..., capit., B.

N..., lieut., B.
N..., lieut., B.
DULFUS, s.-lieut., B.

21 août 1813, au poste de Wettin (devant Wittenberg).
KOSTANECKI, col., T. (2).
BIERNACKI, chef d'escad., B.

(1) 4ᵉ régiment de chasseurs à cheval.
(2) 7 officiers blessés.

5ᵉ Régiment (1807-1813) (1).

14 juin 1807, bataille de Friedland.
NIEGOLOWSKI, capit., B.
N..., lieut., B.
N..., lieut., B.

6 avril 1809, combat de Kock.
BERKO, chef d'escad., T.
N..., lieut., B.

18 avril 1809, engagement de Grzybow.
KORNATOWSKI, chef d'escad., B.
OSIPOWSKI, capit., B.
CZYZEWSKI, capit., B.

RADWAN, lieut., B.
URBANSKI, s.-lieut., B.

3 mai 1809, prise du pont de Gora.
TURNO, col., B.
KORNATOWSKI, chef d'escad., B.

18 mai 1809, prise de Sandomir.
MICHALOWSKI, capit., B.
KURNACKI, s.-lieut., B.

(1) 5ᵉ régiment de chasseurs à cheval; licencié et versé au 1ᵉʳ régiment en 1813.

17 *août* 1812, *bataille de Smolensk*.
KURNATOWSKI, col., B.
FREDRO, major, B.
POLWOROWSKI, s.-lieut., B.

7 *sept*. 1812, *bataille de la Moskova*.
WIERZBICKI, s.-lieut., T.
SIEMONSKOWSKI, chef d'escad., B.

KOMECKI, chef d'escad., B.
FREDRO, capit., B.
JACMIN, capit., B.
N..., lieut., B.
N..., lieut.,B.
N..., s.-lieut., B.

6° Régiment (1807-1814) (1).

BRZECHWA, chef d'escad., B. 20 mai 1809, assaut de Zamosc.
DZIEWANOWSKI, col., B. 26 juin 1809, assaut de Sandomir.
SUCHORZEWSKI, major, B. 26 juill. 1812, combat d'Ostrowno.

27 *juill*. 1812, *combat de Witepsk*.
OBORSKI, chef d'escad., B.
LAJEWSKI, chef d'escad., B.
GRODZIKI, capit., B.
STRYZINSKI, capit., B.
LUSKOWSKI, s.-lieut., B.
REDZINA, s.-lieut., B.
BIERZINSKI, s. lieut., B.
OSSOLINSKI, s.-lieut., B.

7 *sept*. 1812, *bataille de la Moskowa*.
BLESZINSKI, lieut., T.
SUCHORZEWSKI, major, B.
LAKINSKI, capit., B.
GRODSKI, capit., B.
N..., lieut., B.
N..., lieut., B.
LASOCKI, s.-lieut., B.
DEMAN, s.-lieut., B.
RADOLEWSKI, s.-lieut., B.

WIRCINSKI, s.-lieut., B. 22 août 1813, aux avant-postes en Saxe.

(1) 6° régiment de lanciers.

7° Régiment (1809-1814) (1).

CZARNOCKI, lieut., B. 1809, aux avant-postes près de Cracovie.

10 *juill*. 1812, *combat de Mir*.
ZATTSKI, chef d'escad., B.
N..., capit., B.
N..., lieut., B.
N..., s.-lieut., B.
N..., s.-lieut., B.

N..., s.-lieut., B. 6 nov. 1812, aux avant-postes de Mohilow.

26 *nov*. 1812, *affaire route de Borisow*.
N..., capit., B.
N..., capit., B.
N..., lieut., B.
N..., s.-lieut., B.

28 *nov*. 1812, *bataille de la Bérésina*.
MOIACZEWSKI, capit., B.
SULKOWSKI, capit., B.
LASOCKI, lieut., B.

(1) 7° regiment de lanciers.

8° Régiment (1809-1814) (1).

27 *juill*. 1812, *combat de Witepsk*.
RADZIWILL, col., B.
OBUSCH, capit., B.
N..., capit., B.

SZAMSTOWSKI, lieut. A.-M., B.
N..., lieut., B.

(1) 8° regiment de lanciers.

N..., s.-lieut., B.

7 *sept.* 1812, *bataille de la Moskowa.*
Szamstowski, lieut. A.-M., T.
Stanowski, capit., B.
N..., capit., B.
Piénatski, lieut., B.
Starospicki, lieut., B.
N..., s.-lieut., B.

Burzynski, lieut., B. 19 sept. 1813, au défilé de Naunbourg (Saxe).

18 *et* 19 *oct.* 1813, *bataille de Leipzig.*
Obusch, chef d'escad., B. 18.
Stanowski, capit., B. 18.
Koztowski, capit., B. 18.
Borystawski, s.-lieut., B. 18.
Wloczewski, s.-lieut., B. 19.

9° Régiment (1809-1814) (1).

7 *sept.* 1812, *bataille de la Moskowa.*
N..., chef d'escad., B.
Siodolkowitz, capit., B.
N..., capit., B.
N..., lieut., B.
N..., lieut., B.
N..., s.-lieut., B.
Snayde, s.-lieut., B.

1813, *défense de Dantzig.*
Regulski, lieut., B. 5 mars (mort le 6).
Bogatho, capit., B. 29 août.
Pateck, capit., B. 29 août.
Wolski, lieut., B. 29 août.
Snayde, lieut., B. 29 août.
Galniski, s.- lieut., B. 29 août.
Roguier, s.-lieut., B. 29 août.

(1) 9° régiment de lanciers.

10° Régiment (1809-1813) (1).

27 *juill.* 1812, *combat de Witepsk.*
Uminski, col., B.
Osipowski, chef d'escad., B.
N..., capit., B.
Bardzincki, lieut., B.
Kosobudzki, s.-lieut., B.
N..., s.-lieut., B.
N..., s.-lieut., B.

7 *sept.* 1812, *bataille de la Moskowa.*
Blezinski, lieut., T.
N..., chef d'escad., B.
N..., capit. A.-M., B.
Bardzincki, capit., B.
N..., lieut., B.
N..., lieut., B.
N..., lieut., B.
Kosobudzki, s.-lieut., B.
Laczkowski, s.-lieut., B.

(1) 10° régiment de hussards. Licencié et versé au 13° régiment de hussards en 1813.

11° Régiment (1809-1813) (1).

7 *sept.* 1812, *bataille de la Moskowa.*
Dabrowski (2), lieut., T.
Gawlikowski, s.-lieut., T.
Potocki (A.), col., B. (mort).
N..., B.
N..., B.
Wesolowski, capit., B.
Szumlewski, capit., B.
N..., B.

N..., B.
N..., B.
N..., B.
N..., B.
N..., B.
N..., B.
Drohojowski, lieut., B.
N..., B.
N..., B.
N..., B.
N..., B.
N..., B.

(1) 11° régiment de lanciers. Licencié en 1813, versé au 3° lanciers.
2) Deux tués et dix-huit blessés.

12ᵉ Régiment (1809-1813) (1).

17 août 1812, bataille de Smolensk.
RYSZCZEWSKI, col., B.
N..., capit., B.
MROZOWSKI, s.-lieut., B.

7 sept. 1812, bataille de la Moskowa.
ZABOROWSKI, lieut., T.
BORZENSKI, chef d'escad., B.

BIELICKI, capit., B.
N..., capit., B.
DROSZEWSKI, lieut., B.
TCHORNICKI, s.-lieut., B.
N..., s.-lieut., B.

(1) 12ᵉ régiment de lanciers. Licencié en 1813 et versé au 8ᵉ régiment.

13ᵉ Régiment (1809-1813) (1).

7 sept. 1812, bataille de la Moskowa.
TOLINSKI, col., B.
ZALEWSKI, chef d'escad., B.
KIZIELNICKI, capit., B.
LIRZOWSKI, capit., B.
JOSNOWSKI, capit., B.
MARCHOCKI, capit., B.
ZABIELSKI, capit., B.

WIESWINSKI, lieut., B.
TURNO, s.-lieut., B.

6 nov. 1813, défense de Dresde.
N..., capit., B.
N..., lieut., B.

(1) 13ᵉ régiment de hussards.

14ᵉ Régiment (1809-1813) (1).

7 sept. 1812, bataille de la Moskowa.
JABLONSKI, chef d'escad., T.
GOIEJEWSKI, lieut., B. (mort).
DZYENKOWSKI, major, B.
N..., capit., B.
CALOPIECKI, lieut., B.
OZOLNICKI, lieut. A.-M., B.
OZIERSBICKI, lieut., B.
RONJEWSKI, lieut., B.
ZELTOWSKI, lieut., B.

BIENKOWSKI, lieut., B.
N..., s.-lieut., B.

16 et 19 oct. 1813, bataille de Leipzig.
SKARZYNSKI, major, B. 16.
N..., capit., B. 19.
N..., lieut., B. 19.
N..., s.-lieut., B. 16.

(1) 14ᵉ régiment de cuirassiers.

15ᵉ Régiment (1809-1813) (1).

N..., lieut., B. 13 sept 1812, affaire près de Mohilow.
DUNIN, lieut., B. 25 nov. 1812, aux avant-postes.

28 nov. 1812, bataille de la Bérésina.
DWERNICKI, chef d'escad., B.
BROMIRSKI, capit., B.

SZYMANSKI, capit., B.
GUZYNA, lieut., B.
DUNIN, lieut., B.
ZAIOCZKOWSKI, lieut., B.
N..., s.-lieut., B.

(1) 15ᵉ régiment de lanciers. Licencié en 1813.

16ᵉ Régiment (1809-1813) (1).

7 sept. 1812, bataille de la Moskowa.
LEXINSKI, capit., T.
STADNICKI, capit., T.
SKARZYNSKI, chef d'escad., B.
BLEDOWSKI, capit., B.
N..., capit., B.
BARDZKI, capit., B.
N..., lieut., B.
N..., s.-lieut., B.
N..., s.-lieut., B.
N..., s.-lieut., B.
BYDLOWSKI, s.-lieut., B.

ZADZSKI, s.-lieut., B.

N..., lieut., B. 5 févr. 1813, combat devant Dantzig.
N..., capit., B. 17 oct. 1813, dans une reconnaissance en Saxe.

6 nov. 1813, défense de Dresde.
N..., capit., B.
N..., lieut., B.

(1) 16ᵉ régiment de lanciers.

RÉGIMENT DE CRACUS (1813) (1) (dit RÉGIMENT D'AVANT-GARDE)

BABSKI, capit., B. 10 sept. 1813, aux avant-postes en Saxe.
URBANOWSKI, lieut., B. 1ᵉʳ oct. 1813, dans une reconnaissance.

18 et 19 oct. 1813, bataille de Leipzig.
SZYMANSKI, chef d'escad., B. 18.
KUROWSKI, capit. A.-M., B. 18.
GOLINSKI, capit., B. 19.
N..., capit., B. 18.
N..., capit., B. 18.
JAWASKIEWIEZ, lieut., B. 18.

KORTOWSKI, lieut., B. 18.
N..., lieut., B. 19.
CYBULSKI, s.-lieut., B. 18.
ZALEWSKI, s.-lieut., B. 18.
MARTINIEWICZ, s.-lieut., B. 18.

ZATZSKI, s.-lieut., B. 1814, combat de Clayes.
POMORSKI, s.-lieut., B. 30 mars 1814, bataille de Paris.

(1) Formé en 1813, à Cracovie.

1ᵉʳ RÉGIMENT DE HUSSARDS (1806-1807)

1807, combat devant Kosel.
TREMBECKI, chef d'escad., B.
SZELINSKI, lieut., B.
WALASZYNSKI, lieut., B.

RZEWSKI, lieut., B.
SEIFFERT, lieut., B.

(1) Licencié en 1807.

ARTILLERIE (1807-1814)

GUGENMUS, capit., B. 14 juin 1807, bataille de Friedland.
BULEWSKI, lieut., B. 19 avril 1809, combat de Raszyn.
BULEWSKI, lieut., B. 26 juin 1809, assaut de Sandomir.
KOBYLINSKI, lieut., B. 18 mai 1809, prise de Sandomir.
IMIELKI, lieut., B. 19 nov. 1809, bataille d'Ocaña.

16 et 17 août 1812, bataille de Smolensk.
SOWINSKI, chef d'escad., B. 17.
ROMANSKI, capit., B. 17.
KOBYLANSKI, lieut., B. 16.
FRANKOWSKI, lieut., B. 17.

7 sept. 1812, bataille de la Moskowa.
DARET, chef de bat., T.
LABOWSKI, capit., T.
GUYKOWSKI, lieut., T.
CHOYNACKI, capit., B.

STOFFMANN, capit., B.
JURKOWSKI, capit., B.
SWIRGOCKI, lieut., B.
ROSTWOROWSKI, lieut., B.

KOBYLANSKI (A.), lieut., B. 17 nov. 1812, bataille de Krasnoë.

28 *nov.* 1812, *aux ponts de la Bérésina.*
BRZOWSKI, lieut., B. (mort le 13 janv. 1813).
GUGENMUS, major, B.
SZWEYER, capit., B.
WEISFLOG, capit., B.

RIEDEL, capit., B.

LEDOUKOWSKI, capit., B. 3 janv. 1813, au pont de Labiau.
WYKORSKI, capit., B. 20 avril 1813, défense de Zamosc.

18 *oct.* 1813, *bataille de Leipzig.*
KONAWSKI, capit., B. 18.
SWRECICKI, lieut., B. 18.

RACZYNSKI, capit., B. 19 nov. 1813, défense de Dantzig.

GÉNIE (1807-1814)

SWEYCER, lieut., B. 1807, combat de Ruda.

7 *sept.* 1812, *bataille de la Moskowa.*
BULAWSKI, capit., B.
SWIDA, lieut., B.

PRODZINSKI, capit., B. 28 nov. 1812, aux ponts de la Bérésina.
ROSSMANN, lieut., B. 30 août 1813, affaire de Greiffenberg.

KRAMITZKI, capit., B. oct. 1813, combat près de Leipzig (mort le 8).

18 et 19 *oct.* 1813, *bataille de Leipzig.*
D'ALFONSE, major, B. 19.
PAKATOWICZ, capit., B. 18.
PRADRYNSKI, capit., B. 18.
LINSENBARTH, lieut., B. 18.
ELSANOWSKI, lieut., B. 19.
KROLSKIEWICZ, capit., B. 19.

TROUPES LITHUANIENNES
(1812-1813)

RÉGIMENT DE CHASSEURS A PIED (1)

28 *nov.* 1812, *bataille de la Bérésina.*
KOSAKOWSKI, col., B.
ROKICKI, major, B.
CZAYKOWSKI, capit., B.
PETLINSKI, capit., B.
SULISTROWSKI, lieut., B.
DRUSKI, s.-lieut., B.
MENDLISKOWSKI, s.-lieut., B.
MAJEWSKI, s.-lieut., B.

WITEMBERG, s.-lieut., B.

10 *déc.* 1812, *combat devant Wilna.*
CZAYKOWSKI, capit., B.
N..., lieut., B.
N..., lieut., B.

(1) Ce régiment fut presque entièrement détruit à la Bérésina.

22ᵉ RÉGIMENT D'INFANTERIE

15 *nov.* 1812, *combat de Koïdanowo (Lithuanie).*
SRYMANOWSKI, major, B.
N..., capit., B.

N..., capit., B.
N..., s.-lieut., B.
N..., s..lieut., B.

LANCIERS

17ᵉ Régiment.

18 déc. 1812, *pendant la retraite.*
RUKZA, capit., B.
KWIATKOWSKI, chirurg.-M., B.

KOZTOWSKI, major, B. 22 déc. 1812, combat contre des cosaques.

29 déc. 1812, *combat de Labiau.*
JASINSKI, lieut., B.
STRUMITO, lieut., B.
SZKLENNIK, s.-lieut., B.
BURZYNSKI, s.-lieut., B.
GODLEWSKI, s.-lieut., B.
CIOTKUWICZ, s.-lieut., B.

28 déc. 1812, *affaire de Tilsit.*
ERTMAN, s.-lieut., B.
SMARZYNSKI, s.-lieut., B.

4 janv. 1813, *affaire de Bradenbourg.*
KZYWKOWSKI, capit., B.
CZYR, capit., B.
SIESIEKI, lieut., B.
KORBUT, lieut., B.

13 févr. 1813, *combat de Zirne.*
TYSZKIEWICZ, col., B.
STROWSKI, chef d'escad., B.
PTONCZYNSKI, capit., B.
BRZOSTOWSKI, capit., B.
STRAZENSKI, capit., B.
KRZYVKOWSKI, capit., B.
LABINSKI, s.-lieut., B.

PIETRUSKI, capit., B. août 1813, dans une reconnaissance près de Hambourg.

18ᵉ Régiment.

28 nov. 1812, *bataille de la Bérésina.*
SIODOLKOWITZ, chef d'escad., B.
N..., capit., B.

N..., capit., B.
N..., lieut., B.
N..., s.-lieut., B.

19ᵉ Régiment (1).

28 nov. 1812, *bataille de la Bérésina.*
RAJECKI, col., B.
GRABOWSKI, capit. A.-M., B.
WOYNIDOWICZ, capit., B.

29 déc. 1812, *combat de Labiau.*
ROZKUROWSKI, chef d'escad., B.
RZEWUSKI, capit., B.
JORDAN, capit., B.

SOROKA, s.-lieut., B.
OKONSKI, s.-lieut., B.

BRUCHOUSKI, capit., B. 3 janv. 1813, devant Kœnigsberg.

---

(1) Ce régiment a été versé au 17ᵉ regiment de lanciers le 20 avril 1813.

GENDARMERIE A CHEVAL

28 nov. 1812, *bataille de la Bérésina.*
N..., chef d'escad., B.
N..., capit., B.
N..., lieut., B.
N..., lieut., B.
N..., lieut., B.

SCALEWSKI, s.-lieut., B. 29 nov. 1812, aux ponts de la Bérésina (mort le 13 févr. 1813).
JURGUSKA, capit., B. 4 déc. 1812, affaire route de Wilna.

II

TROUPES BAVAROISES

(1805-1813)

RÉGIMENTS D'INFANTERIE DE LIGNE

1ᵉʳ Régiment.

2 nov. 1805, *combat de Salzbourg*.
MUHL, lieut., T.
LERCHENFEDY, lieut., T.
DE STROEHL, major, B.

VAN SEEAU, capit., T. 16 déc. 1806, combat devant Breslau.

24 déc. 1806, *assaut de Breslau*.
DE SEIBOLTSDORF, lieut., T.
DE HAGENS, lieut., B.
DE GUMPPENBERG, lieut., B.
DE THIBOUST, lieut., B.

DE MADROUX, s.-lieut., B. 10 janv. 1807, combat de Grottkau.
DE GRIESSENBECK, lieut., B. 28 janv. 1807, combat devant Kossel.

14 mai 1807, *combat de Kantz*.
DE KLINGENSBERG, s.-lieut., T.
DE BALIGAND, capit., B.
DE SUMDAHL, capit., B.
DE LODRON, lieut., B.
DE MÜHLHOLZ, lieut., B.
DE GUMPPENBERG, lieut., B.
DE LERCHENFELD, lieut., B.

24 juin 1807, *assaut de Glatz*.
DE FORMENTINI, lieut., T.
STIER, lieut., T.
D'OSTERHUBER, lieut., B.
DE KIEFFER, lieut., B.
DE HORL, lieut., B.

10 août 1809, *combat de Wald (Tyrol)*.
BERCHEM, lieut., B.
VERRY, lieut., B.
DE GUMPPENBERG, lieut., B.

HORNECK, lieut., B. 11 août 1809, affaire de l'Isselberg (Tyrol).

25 sept. 1809,
combat dans le défilé de Meleck (Tyrol).
DIERSCH, lieut., T.
ARMANSBERG, lieut., T.
DE KOFFER, lieut., T.
MILIUS, lieut., B. (mort).
OSTERHUBER, cap., T., D., jeté dans l'*Inn*.
PFETTEN, capit., T., id.
WINTER, lieut., T., id.
DE SCHLELEIN, lieut., T., id.
SIZZO, lieut., T., id.
WALDKIRCH, lieut.-col., B.
KIEFER, lieut., B.
MAILLINGER, lieut., B.

22 août 1812, *combat devant Polotsk*.
DE HACKE, lieut., T.
DE TUCHER, lieut., T.
SEIBOLTSDORF, major, B.
LÜNESCHLOSS, capit., B.
REITZER, lieut., B.
DARVILLARS, lieut., B.

SCHAUBERG, capit., B. 28 nov. 1812, Bérésina (mort le 28 janv. 1813).

2ᵉ Régiment.

2 nov. 1805, combat de Salzbourg.
GUMPENBERG, capit., T.
LESSEL, col., B.
AUDRIZKI, capit., B.

HOFSTETTEN, lieut., B. 11 nov. 1809, affaire du pont d'Arzelen (Tyrol).

16, 17 et 18 août 1812, bataille de Polotsk.
DE REICHLIN, major, B.

SCHMELZ, capit., B.
FREYTAG, capit., B.
BRUCKE, lieut., B.
BAUMANN, lieut., B.
SPAUR, lieut., B.
GROSSCHEDEL, lieut., B.

BECKER, lieut., B. 9 févr. 1813, défense de Thorn.

3ᵉ Régiment.

DE MASSEMBACH, lieut., B. 2 nov. 1805, combat de Salzbourg.
DE KESLING, lieut.-col., T. 24 déc. 1806, assaut de Breslau.

24 déc. 1806, combat de Strehlen.
PALM, capit., B.
KIRCHHOFFER, lieut., B.
SCHUPPERT, lieut., B.
DE TAVEL, lieut., B.
DE SCHERER, s.-lieut., B.

16 mai 1807, combat de Pultusk.
DE LAROCHE, major, B.
DE TREUBERG, capit., B.
DE VINCENTI, lieut., B.
DE LEINENGEN, lieut., B.
RUDERSHEIMER, lieut., B.
STENGEL, lieut., B.
DE SCHINTLING, s.-lieut., B.

DE LUNESCHLOSS, lieut., B. 19 avril 1809, combat d'Abensberg.

---

24 avril 1809, combat de Neumarck.
GOLSEN, capit., T.
DE VINCENTI, capit., T.
DE LÜNESCHLOSS, lieut., T.
STENGEL, lieut., B. (mort le 29).
HERMANN, lieut., B. (mort).
WILHELMI, lieut., B. (mort).
ENDERS, lieut., B.
DE SCHINDLING, lieut., B.

ZUNNER, lieut., B.
DE ANDRIAN, lieut., B.

11 mai 1809, défilé de Lofer (Tyrol).
BERCHEM, col., B.
DE SARNY, lieut.-col., B.
ZIBINI, lieut., B.
WOLFF (H.), lieut., B.

RUDESHEIMER, lieut., T. 15 mai 1809 à Schwatz (Tyrol).
DE VINCENTI, lieut. A.-M., B. 16 mai 1809, combat de Poplawy (Tyrol).

6 juill. 1809, bataille de Wagram.
Comte BERCHEM, col., B.
GOLSEN, capit., B.
PASSAUER, capit., B.
BRÜCKNER, lieut., B.
BERÜFF, lieut., B.
MOLL, lieut., B.
WAIBEL, lieut., B.
JUNNER, lieut., B.

16 et 18 août 1812, bataille de Polotsk.
DE TAVEL, lieut.-col., B.
HÜGLER, lieut., B.
REICHARD, lieut., B.

20 mai 1813, bataille de Bautzen.
DE SCHMID, lieut., T.
RUDESHEIMER, lieut., T.
MIELACH, lieut., B.

4ᵉ Régiment.

14 mai 1807, combat de Siérok.
DE PIERRON, col., T.
DE SCHEDEL, lieut., T.

16 mai 1807, affaire de Pultusk.
GALLER, lieut., T.
OEHNINGER, lieut., T.

WAIDMANN, capit., B. 5 mai 1809, affaire à Abtenau (Tyrol).
DE SCHMIEHL, lieut., T. 25 sept. 1809, aux défilés de Leugpats.
DE REINACH, s.-lieut., B. 7 oct. 1809, combat dans le Tyrol.

16, 17 et 18 août 1812, bataille de Polotsk.
VANDERMARCK, lieut., T. 18.

DE LICHTEMBERG, capit., T. 18.
MANGSTL, lieut., T. 18.
DE ZOLLER, major, B.
SEBUS, capit., B.
MORO, capit., B.
SEEKIRCHNER, capit., B.
RASSNER, lieut., B.
SPENGEL (C.), lieut., B.

20 mai 1813, bataille de Wurschen.
MULLER, lieut., T.
STROBEL (1), lieut., T.

(1) La 1ʳᵉ brigade bavaroise eut neuf officiers blessés à la bataille de Wurschen.

5ᵉ Régiment.

SPENGEL, lieut., T. 2 nov. 1805, combat de Salzbourg.
DE HEEG, s.-lieut., B. 10 avril 1807, devant Cosel.
ENGELBRECHT, s.-lieut., B. 21 avril 1809, à Schierling.
WINDMASSINGER, lieut., B. 22 avril 1809, bataille d'Eckmühl.

4 mai 1809, affaire de Sagram (Tyrol).
DE STONOR, capit., B.
ENGELHARDT, lieut., B.
FINSTERER, lieut., B.

DE FABRIS, lieut., B. 25 mai 1809, au mont Isel (Tyrol) (mort).
HERMANN, lieut., B. 30 mai 1809, à Stans (Tyrol) (mort le 22 juill.).
DE DURST, capit., B. 31 mai 1809, à l'Angererberg (Tyrol).
RIEGER, s.-lieut., T. 30 mai 1809, affaire de Leutasch (Tyrol).
DE BERNKLAU, capit., T. 9 août 1809, à Landeck (Tyrol).

9 août 1809, affaire de Imst (Tyrol).
CASPERS, lieut., B.
MAIERHOFER, s.-lieut., B.
ECKEL, s.-lieut., B.

DE HORNECK, lieut., B. 11 août 1809, à Hotting (Tyrol).
LANIUS, lieut., B. 13 août 1809, au mont Isel (Tyrol).

1ᵉʳ nov. 1809, Inspruck.
BAUER (A.), lieut., B.
VOLKOMNER, lieut., B.

16, 17 et 18 août 1812, bataille de Polotsk.
ANISER, capit., B.
DANIELS, capit., B.
PFLUMERN, lieut., B.

19 oct. 1812, combat de Polotsk.
BACHER, capit., B.
DE PECHMANN, lieut., B.
ROTH (I.), lieut., B.

7 déc. 1812, combat en avant de Wilna.
DEMMELMAIER, s.-lieut., B. (mort).
PFLUMERN, lieut., B.

9 févr. 1813, défense de Thorn.
BECK, lieut., B.
SCHMIDT, lieut., B.

MINDLER, s.-lieut., T. 21 mai 1813, bataille de Wurschen.

6ᵉ Régiment.

DE STINGELHEIM, capit., B. 8 févr. 1807, affaire sur la Wartha.
DE BECKERS, col., B. 17 avril 1807, combat devant Glatz.

19 avril 1809, combat d'Abensberg.
KANDLER, lieut., T.
BAUER (F.), lieut., B.

24 avril 1809, combat de Neumarck.
MULLER, lieut., B.
Comte ERBS, lieut., B.
NEUMAYER, lieut., B.
DE REITZENSTEIN, s.-lieut., B.
D'HAIBE, s.-lieut., B.

10 juill. 1809, devant Znaïm.
REU, lieut., T.
MAILLINGER, lieut., T.
RASSHOFER, s.-lieut., T.
DERSCHAU, s.-lieut., T.
DE PIERRON, capit., B.
DE STAHL, capit., B.
LEIB, lieut., B.
WENIGER, lieut., B.
DE GRAFENRIED, lieut., B.
DE MESSINA, s.-lieut., B.

DE REITZENSTEIN, s.-lieut., B.
DE TAUSCH, s.-lieut., B.
KANDLER, s.-lieut., B.
SCHMALZ, s.-lieut., B.
BAUER, s.-lieut., B.

1ᵉʳ nov. 1809, au mont Isel (Tyrol).
VOLKAMER, lieut., B.
BAUER, lieut., B.

16, 17 et 18 août 1812, bataille de Polotsk.
DE PIERRON, capit., T.
VOLKAMER, lieut., T.
SCHMALZ, lieut., B. (mort le 25).
DE BACH, major, B.
DE MANN-TIECHLER, major, B.
SAUER, capit., B.
DE SCHMADEL, lieut., B.
DE GRAFENRIED, lieut., B.
WENINGER, lieut., B.
BAUER (F.), lieut., B.
D'HAIBE, lieut., B.
DE SCHERER, lieut., B.
DE DAUMULLER, lieut., B.
DE RODT, lieut., B.

7ᵉ Régiment.

PLESSEN, capit., B. 5 déc. 1805, affaire de Stecken.
COLRE, lieut., B. 17 mai 1807, affaire de Pultusk (mort le 27).

24 avril 1809, combat de Neumarck.
Comte DE TAXIS, col., B.
DE GEDONI, major, B.
SCHMIDS, lieut. A.-M., B.
XYLANDER, capit., B.
FORTIS, capit., B.
FRIDERICK, lieut., B.
DETTENHOFER, lieut., B.
WALRAFF, lieut., B.
MERCK, lieut., B.
WITTMANN, lieut., B.
SAINT-SAUVEUR, lieut., B.
HAAG, lieut., B.
STENDEL, lieut., B.
SCHMECKENBECKER, lieut., B.

10 juill. 1809, combat devant Znaïm.
N... (1), B.
N..., B.
N..., B.
N..., B.
N..., B.
N..., B.
N..., B.

16, 17 et 18 août 1812, bataille de Polotsk.
LEISTLE, capit., B.
DETTENHOFFER, capit., B.
GRÜBNER, lieut., B.
DE IMHOF (A), lieut., B.
DUFRESNE, lieut., B.
DELTSCH, lieut., B.
SARTORIUS, cadet, B.

(1) D'après l'état-numérique des pertes.

8ᵉ Régiment.

Haren, lieut., B. 28 nov. 1805, affaire de Skurow.
De Hepp, major, B. 5 déc. 1805, affaire de Steken.

1ᵉʳ mai 1809, à Golling (Tyrol).
Spitzel, lieut., B.
Brett, lieut., B.

Walch, lieut., B. 4 mai 1809, à Abtenau (Tyrol).

5 mai 1809, combat d'Abtenau (Tyrol).
Mendel, lieut., B.
Muller, capit., B.

Siéber, lieut., B.

16, 17 et 18 août 1812, bataille de Polotsk.
De Wrède, col., B. (mort le 19).
Haren, capit., B.
Massenhausen, capit., B.
Sartorius, capit., B.
Bedall, capit., B.
Spitzel, capit., B.
Sieber, capit., B.
Stubenrauth, lieut., B.
Scheben, lieut., B.

9ᵉ Régiment.

Ysenburg, major, B. 8 août 1809, affaire de Flinserbrucke (Tyrol).
Barnclau, capit., T. 9 août 1809, affaire du pont de Landeell.

13 août 1809, à Wildau (Tyrol).
Hildel, lieut., B.
De Keider, lieut., B.

15 août 1809, combat dans le Tyrol.
Muller, lieut., T.
Hillesheim, capit., B.

16, 17 et 18 août 1812, bataille de Polotsk.
De Reuther, lieut., T. 17.
Delamotte, col., B. 17.

Ysenburg, major, B. 17.
De Treuberg, major, B. 17.
Grossbach, capit., B. 17.
Aulitschek, capit., B. 17 (mort).
Winther, lieut., B. 17.
Branzetti, lieut., B. 17.
Ott, lieut., B.
Ertel, lieut., B.

De Treuberg, major, B. 5 sept. 1813, combat devant Wittenberg.

6 sept. 1813, bataille de Juterbock.
De Guttenberg, capit., B.
Bremser, lieut., B.
Westen, lieut., B.
Hertel, lieut., B.

10ᵉ Régiment.

14 mai 1807, combat de Kanth.
De Schmitt, major, T.
De Taufkirchen, lieut., B.
De Deym, lieut., B.
De Hohenhausen, lieut., B.
Kieffer, lieut., B.

De Kaltenthal, lieut., B. 23 juin 1807, combat devant Glatz.
De Pechmann, lieut., T. 24 juin 1807, assaut de Glatz.

De Sundahl, lieut., T. 22 avril 1809, bataille d'Eckmühl.
Pflug, lieut., B. 22 mai 1809, mont Isel (Tyrol) (mort).

16, 17 et 18 août 1812, bataille de Polotsk.
De Preysing, col., B. (mort le 24).
De Bullinger, major, B.
Tröltsch, major, B.
Platten, capit., B.

LUEGER, capit., B.
KALTERSTHAL, lieut., B.
WEINGARTEN, lieut., B. (mort le 18).
PERNAT, lieut., B.
HIRCH, lieut., B. (mort le 18).
SCHLEGEL, lieut., B.
KÖNITZ, lieut., B.

GASSNER, lieut., B.
DIETL, lieut., B.

DE PÖLLNITZ, lieut.-col., B. 6 sept. 1813, bataille de Juterbock (mort le 9).

11ᵉ Régiment.

16, 17 *et* 18 *août* 1812, *bataille de Polotsk*.
N..., lieut., T.
BAUER, capit., B.
HIRSCHBERG, capit., B.

N..., capit., B.
STENGEL, lieut., B.
N..., lieut., B.
N..., lieut., B.
N..., lieut., B.

12ᵉ Régiment (1).

GOETZENDORFER, lieut., T. 5 déc. 1805, affaire de Steken.

(1) Ce régiment fut licencié après la campagne de 1805, par mesure de discipline.

13ᵉ Régiment.

24 *avril* 1809, *combat de Neumarck*.
DE TANZEL, lieut.-col., T.
DALWIG, col., B.
STENGEL, capit., B.
BAUER, lieut., B.
MARKREITER, lieut., B.
KAMPFEL, lieut., B.

12 *mai* 1809, *affaire d'Elmau (Tyrol)*.
DE ZWANZIGER, capit., B.
KNEIP, lieut., B.

BEULEWITZ, lieut., B. 15 mai 1809, affaire de Schwatz.

10 *juill.* 1809, *combat devant Znaïm*.
N..., B. (1).
N..., B.
N..., B.
N..., B.
N..., B.
N..., B.
N..., B.
N..., B.
N..., B.
N..., B.
N..., B.
N..., B.

(1) D'après l'état numérique des pertes.

N..., B.

D'ARCO, col., T. 13 août 1809, à la chapelle de la Croix (Tyrol).

27 *oct.* 1809, *affaire de Hall (Tyrol)*.
DE OTTEN, capit., B.
MIESIG, lieut., B.
MOLITOR, lieut., B.
PADBERG, lieut., B.
GROSSGEBAUER, major, B.

WILLKOMM, lieut., B. 20 nov. 1812, combat de Ponewicz (près Riga).

5 *janv.* 1813, *affaire de Bradenburg*.
SCHNIZLEIN, lieut., B.
BURKHARD, lieut., B.
RUMMEL, s.-lieut., B.

29 *mars* 1813, *combat de Colditz (Dantzig)*.
GEISENHEIM, col., B.
SCHEERER, lieut., B.

1813, *défense de Dantzig*.
DALWICK, lieut., B. 29 août.
FAHRBECK, capit., B. 2 sept.
FAHRBECK, capit., B. 1ᵉʳ nov.

14e Régiment.

22 avril 1809, bataille d'Eckmühl.
DE SUNDAHL (1), lieut., T.
N..., B.
N..., B.
N..., B.
N..., B.
N..., B.
N..., B.
N..., B.

25 mai 1809, combat d'Ambras (Tyrol).
HELLDORFER, capit., B.
HECHT, lieut., B.
GROSSCHEDEL, lieut., B.

13 août 1809, combat de Wildau (Tyrol).
DE GMAINER, lieut., B.
DE PFRETSCHNER, lieut., B.
DE PIERRON, lieut., B.
DE FABER, lieut., B.
DE MUCK, lieut., B.

(1) D'après l'état numérique des pertes.

BATAILLONS D'INFANTERIE LÉGÈRE

1er Bataillon.

2 nov. 1805, combat de Salzbourg.
DE HAYNAU, major, B.
GRAEFF, capit., B.

TATTENBACH, lieut., B. 2 nov. 1805, dans les défilés de Strub (Tyrol).
DE SAINT-SIMON, lieut., B. 12 mai 1809, déblocus de Kuffstein.

11 nov. 1809, affaire du pont d'Arzelen (Tyrol).
THIERECK, capit., B.
LINDACHER, lieut., B.

FRITSCH, lieut., B.
GANTHER, lieut., B.
SCHLEUER, lieut., B.

22 août 1812, combat devant Polotsk.
DE GEDONI, lieut.-col., T.
FRITSCH, capit., B.
XYLANDER, lieut., B.
GOUVIN, lieut., B.
ECKART, lieut., B.
SAUER, lieut., B.
STUHLMULLER, lieut., D.
HARTER, lieut., D.

2e Bataillon.

2 déc. 1805, combat de Stecken (Tyrol).
DE DIETFURTH, lieut.-col., B.
STOCK, capit., B.
DUPPEL, capit., B.
VINZENTI, lieut., B.
HEIL, lieut., B.
ACHENBACH, s.-lieut., B.
LEUTHIN, s.-lieut., B.

VALLADE, lieut., B.
KALTENTHAL, lieut., B.

10 févr. 1813, défense de Thorn.
ORTHMAIER, lieut., B.
MICHEL, lieut., B.
PAUL, lieut., B.

3e Bataillon.

16, 17 et 18 août 1812, bataille de Polotsk.
DE BERNKLAU, lieut.-col., B.
HARTER, capit., B.
REMICH, lieut., B.

BOOS, lieut., B.
ENGER, lieut., B.
SIMON, lieut., B.
BESSER, lieut., B.
MEIXNER, lieut., B.

4ᵉ Bataillon.

De Gradinger, lieut., B. 15 févr. 1807, affaire de Konigswalde.
Massenbach, lieut., B. 29 juill. 1809, à Klausberg (Tyrol).

16, 17 et 18 août 1812, bataille de Polotsk.
N..., lieut., T.

De Stockheim, capit., B.
Prœssel, lieut., B.
Roggenhoffer, lieut., B.
Schwaben, lieut., B.

5ᵉ Bataillon.

27 juill. 1809, au pont de Halbslunden (Tyrol).
Beck, capit., T.
Gerhardt, lieut., T.

13 août 1809, combat de Wildau (Tyrol).
De Weinbach, lieut., B.
De Reichel, lieut., B.

Fronmüller, lieut., B. 15 août 1809, dans une reconnaissance (Tyrol).

16, 17, 18 août 1812, bataille de Polotsk.
N..., lieut., T.
Rogister, lieut., B.
De Buchholtz, lieut., B.
Beck, lieut., B.
Malthernn, lieut., B.
Achilles, lieut., B.

6ᵉ Bataillon.

24 avril 1809, combat de Neumarck.
Stengel, lieut., T.
Schmidt, lieut., B.
Hofstetten, lieut., B.

De Reichling, capit., B. 29 avril 1809, combat devant Salzburg.
Rodenstein, lieut., B. 15 mai 1809, affaire de Schwatz (Tyrol).

10 juill. 1809, combat de Znaïm.
N..., B.
N..., B.

Ziwny, lieut., B. 18 août 1812, bataille de Polotsk.

22 août 1812, combat devant Polotsk.
Rodenstein, lieut., T.
Betz, capit., B.

7ᵉ Bataillon.

Gunther, lieut.-col., T. 30 mai 1809, au pont de Brixlegg (Tyrol).

2 juin 1809, combat de Mittenwalde (Tyrol).
Fischheim, capit., B.
Jehle, capit., B.

CHEVAU-LÉGERS

1ᵉʳ Régiment (1).

21 juin 1807, assaut de Niederlannsdorf (Glatz).
De Kornet, chef d'escad., T.
De Gumppenberg, lieut., B.

Boy, chef d'escad., T. 21 avril 1809, combat de Landshut.

---

(1) 1ᵉʳ régiment de dragons de 1805 à 1811.

Baron DE PRIELMAYER, lieut., B. 21 avril 1809, affaire de Schierling.

7 sept. 1812, *bataille de la Moskowa.*
Comte DE WITGENSTEIN (1), col., T.
DE ZWEIBRÜCKEN, major, T.
DE MAGERL, chef d'escad., T.
DE SEDELMAYER, lieut., T.
DE ZANDT, major, B.
SECKENDORFF, major, B.
HILBERT, chirurg.-M., B.
N..., capit., B.
N...., capit., B.

(1) Tous les officiers du régiment furent tués ou blessés, à l'exception des lieutenants Schmidt et Stromer.

SCHMALZ, capit., B.
N..., capit., B.
TRUCHSESS, lieut., B.
BEURMANN, lieut., B.
SCHOENFELD, lieut., B.
N...., lieut., B.
N..., lieut., B.
N..., lieut., B.

21 mai 1813, *bataille de Wurschen.*
MULLER, chef d'escad., T.
WEISSE, lieut.-col., B.
Baron POLLNITZ, lieut., B.

Comte DE SEISSEL, col., B. 17 août 1813, aux avant-postes (Saxe).

2e Régiment (1).

22 avril 1809, *bataille d'Eckmühl.*
LUGNET, chef d'escad., T.
MOLL, lieut., T.
SCHIFFMANN, chef d'escad., B.
MOLTER, lieut., B.

DE MAGERL, lieut., B. 13 août 1809, combat de Wildau (Tyrol).

(1) 2e régiment de dragons de 1805 à 1811.

7 sept. 1812, *bataille de la Moskowa.*
N..., T.
N..., T.
BOURSCHEID, col., B.
THERCHEN, major, B.
HARDY, chef d'escad., B.
N..., B.
N..., B.
N..., B.

3e Régiment (1).

Prince OETTINGEN-SPIELBERG, lieut., B. 24 oct. 1809, affaire devant Inspruck.

7 sept. 1812, *bataille de la Moskowa.*
N..., B.
N..., B.
N..., B.
N..., B.
N..., B.

N..., B.

18 oct. 1812, *combat de Winkowo.*
N..., B.
N..., B.
N..., B.

(1) 1er régiment de chevau-légers de 1805 à 1811.

4e Régiment (1).

RECHBERG, major, B. 5 déc. 1805, combat de Stecken.

2 janv. 1807, *affaire de Kossel.*
DE KLEUDGEN, lieut., T.
WALTER, s.-lieut., B.

DE ZWEIBRUCKEN, lieut., B. 10 janv. 1807, affaire de Grottkau.
DE PAPPENHEIM, col., T. 8 févr. 1807, bataille d'Eylau.

(1) 2e régiment de chevau-légers de 1805 à 1811.

DE BESSERER, lieut., B. 16 mai 1807, combat de Wartha.

10 juin 1887, bataille d'Heilsberg.
OTT, lieut., B.
PARISELLE, lieut., B.
HIES, s.-lieut., B.

STIER, lieut., T. 24 juin 1807, assaut de Glatz.
DE BIEBER, lieut., T. 24 avril 1809, combat de Neumarck.
REINACH, lieut., B. 29 avril 1809, devant Salzbourg.
SIEFFERT, lieut. A.-M., T. 25 mai 1809, combat de Linz.
DE FLORET, col., T. 9 juill. 1809, affaire de Staatz.

7 sept. 1812, bataille de la Moskowa.
BOLAND, chef d'escad., B. (mort).

BERNHARDT, major B.
MAGERL, lieut., B.
WILLINGER, lieut., B.
GRAF, lieut., B.

DE BIEBER, major, B. 28 nov. 1812, bataille de la Bérésina.

Nov. et déc. 1812, disparus pendant la retraite.
RUMMEL, chef d'escad.
SCHARL, chef d'escad.
HOTTNER (A.), lieut.
HOTTNER (J.), lieut.
WINTER, lieut.
DE VOLKAMMER, lieut.
LANGRAF, lieut.
RECHTEN, cadet.
RAUSCHER, chirurg.-M.

5ᵉ Régiment (1).

VANDERMARK, lieut., B. 28 nov. 1805, affaire de Skurow.

18 nov. 1806, combat de Rothkirschdorf.
GERVINUS, lieut., B.
DE ZANDT (H.), lieut., B.
DE ZANDT (J.), lieut., B.

STUBENRAUTH, capit., T. 30 déc. 1806, affaire d'Oldachin.
JAUTMANN, lieut., T. 1ᵉʳ janv. 1807, affaire de Weitzendrodau.
WEINBACH, lieut., B. 22 juin 1807, combat de Susk.
DE TÖRRING, lieut., B. 17 avril 1809, affaire route de Siegenburg.
DEISEMBERG, lieut., T. 13 mai 1809, combat de solten (Tyrol).
DE ZAIGER, major, T. 15 mai 1809, combat de Schwatz.

DE STEINMETZER, lieut., B. 6 juill. 1809, bataille de Wagram.

10 juill. 1809, combat devant Znaïm.
DE ZWERGER, lieut, T.
DE REIBOLD, chef d'escad., B.
DE ZANDT, lieut., B.

7 sept. 1812, bataille de la Moskowa.
MONGRIF, chef d'escad., T.
N..., B.
N..., B.
N..., B.
N..., B.

3 nov. 1812, combat de Wiasma.
N..., B.
N..., B.
N..., B.

(1) 3ᵉ régiment de chevau-légers de 1805 à 1811.

6ᵉ Régiment (1).

MUFFEL, col., B. 21 avril 1809, affaire de Schierling.

(1) 4ᵉ régiment de chevau-légers de 1805 à 1811.

22 avril 1809, bataille d'Eckmühl.
MERK, lieut., T.
PLATTNER, lieut., T.
LURZ, lieut., T.

De Rassler, major, B.
N..., B.
N..., B.
N..., B.

7 sept. 1812, bataille de la Moskowa.
Winkler, major, B.
N..., B.

N..., B.
N..., B.
Lebur, lieut., B.

28 oct. 1812, dans une charge contre les cosaques.
Diethel., capit., B.
Kern, lieut., B.

ARTILLERIE ET GÉNIE

Edlinger, lieut. (ingén.), B. 21 déc. 1806, devant Breslau.
De Spreti, major (artill.), T. 6 févr. 1807, devant Kossel.
Katzenberger, lieut., B. 20 avril 1809, combat de Neumarck (mort).
Hazzi, lieut. (ingén.), B. 26 avril 1809, affaire de Mühldorf.

11 mai 1809, affaire du défilé de Lofer (Tyrol).
Gutti, lieut. (artill.), B.
Commender, lieut. (artill.), B.
Hazzi, lieut. (ingén.), B.

Commender, lieut. (artill.), B. 15 mai 1809, à Schwatz (Tyrol).
Caspers, capit. (artill.), B. 25 mai 1809, combat de Linz.
Tausch, major (artill.), B. 27 juill. 1809, au pont d'Halbstunden (Tyrol).

18 août 1812, bataille de Polotsk.
De Colonge, col. (artill.), B.
Hazzi, capit. (ingén.), B.

Vandouve, major (artill.), B. 18 oct. 1812, attaque de Polotsk.
Imhof, lieut. (ingén.), T. 20 oct. 1812, combat devant Polotsk.

TROUPES SAXONNES

(1807-1813)

RÉGIMENTS D'INFANTERIE

1er Régiment (du Roi).

6 juill. 1809, bataille de Wagram.
De Bose, capit., T.
De Egidy, enseigne, B. (mort le 19).
De Gophardt, lieut.-col., B.
De Boblick, major, B.
De Bernewitz, capit., B.
De Bauern, lieut., B.
De Gersdorf, lieut., B.
De Reinsperg, s.-lieut., B.
De Mandelshoh, enseigne, B.

27 juill. 1812, combat de Kobryn.
De Larisch, capit., B. (mort le 22 oct.).
De Rechenberg, lieut., T.

De Wolffrawsdorff, major, B.
Bévilaqua, major, B.
Becker, lieut., B.

15 nov. 1812, combat de Wolkowisk.
De Bernewitz, capit., B. (mort le 22).
Le Coq, lieut., B. (mort en nov.).

5 sept. 1813, combat de Dennewitz.
De Metzrad, major, B.
D'Eichelberg, major, B.
N..., capit., B.
N..., lieut., B.
N..., lieut., B.

2ᵉ Régiment (PRINCE ANTOINE).

6 juill. 1809, bataille de Wagram.
De Lenz, s.-lieut., T.
Hermann, capit., B. (mort le 13).
De Salza u Lichtenau, capit., B. (mort le 28).
Diersthen, s.-lieut., B. (mort le 12).
De Pétrikowski, capit., B.
N..., B.
N..., B.
N..., B.
N..., B.

14 nov. 1812, combat de Wolkowisk.
De Zeschau, lieut., T.
Von der Pforte, lieut., T.
N..., B.
N..., B.
N..., B.

13 févr. 1813, combat de Kalisch.
Götz, capit., T.
De Klütchner, lieut., B. (mort le 19 mars).
N..., B.

3ᵉ Régiment (PRINCE MAXIMILIEN).

6 juill. 1809, bataille de Wagram.
De Egidy, lieut., B. (mort le 10).
N..., capit., B.
N..., capit., B.
N..., lieut., B.
N..., lieut., B.

2 avril 1813, combat de Lunebourg.
Von der Planitz, capit., T.
De Ehrenstein, col., B. (mort en mai).
De Ehrenstein, major, B.

De Schlegel, major, B. (mort le 6).
De Eberstein, lieut. A.-M., B.
Dierschen, lieut., B.
De Berge, lieut., B.
De Milkau, s.-lieut., B.
Aster, s.-lieut., B.

De Könneritz, major, B. 28 août 1813, affaire de Lukau.

4ᵉ Régiment (PRINCE FRÉDÉRIC-AUGUSTE).

5 et 6 juill. 1809, bataille de Wagram.
De Liebenau, major, T.
Von der Mossel, cap., B. (mᵗ en juill.).
De Rohrscheidt, lieut., T.
De Klengel, s.-lieut., T.
N..., capit., B.
N..., B.
N..., B.
N..., B.
N..., B.
N..., B.

12 août 1812, combat de Podobna.
De Kaufberg, lieut., T.
N..., B.
N..., B.

14 et 15 nov. 1812, combat de Wolkowisk.
De Holleuffer, capit., B. (mort le 17 janv. 1813).

De Brzesky, lieut., B. (mort le 16).
De Helldorf, s.-lieut., T.
De Krafft, capit., B. 15.
N..., B.
N..., B.

22 mai 1813, combat de Reichenbach.
De Schindler, lieut., T.
De Vittern, lieut., T.
N..., B.
N..., B.

6 sept. 1813, bataille de Juterbock.
De Klengel, lieut., T.
De Lindenau, s.-lieut., T.
De Hausen, s.-lieut., T.
N..., B.
N..., B.
N..., B.
N..., B.

5ᵉ Régiment (PRINCE CLÉMENT) (1).

6 juill. 1809, bataille de Wagram.
BEYER, capit., T.
DE WITZLEBEN, capit., T.
DE WERTHERN, major, B. (m¹ le 23 nov.).
DE KRASSAU, s.-lieut., T.
DE BESSER, s.-lieut., B. (mort le 10).
N..., B.
N..., B.
N..., B.

(1) Régiment de Steindel en 1813.

N..., B.
N..., B.
N..., B.

6 sept. 1813, bataille de Juterbock.
DE BRUNNAU, capit., T.
DE KOPPENFELD, capit., B. (mort le 16).
ENLE, lieut., B. (mort).
N..., B.
N..., B.
N..., B.

6ᵉ Régiment (DE RECHTEN).

DE KOPPENFELD, lieut., B. 31 oct. 1812, affaire de Lukomla (Russie).

14 nov. 1812, combat de Smoliany.
DE BOSE, col., B. (mort le 23 mars 1813).
ANGERMANN, capit., B. (mort).
DE BEULWITZ, capit., B. (mort).
DE HACK, lieut., B. (mort).
DE KÖNEMANN, lieut., B. (mort).

27 et 28 nov. 1812, bataille de la Bérésina.
OBERNITZ, capit., T.
DE BOSE, capit., T.
DE DÜRFELD, lieut. A.-M., B. (mort).
DE HELDREICH, lieut. A.-M., B. (mort).
DE DÖERING, capit., B. (mort).
DE EINSIEDEL, col., B.

DE HAUSEN, major, B.
N..., capit., B.
N..., capit., B.
N..., lieut., B.
N..., lieut., B.
N..., s.-lieut., B.

DE PONCET, capit., T. 29 nov. 1812, près de la Bérésina.

4 déc. 1812, combat de Molodzyzno (Lithuanie).
DE LICHTENHAYN, capit., B. (mort).
DE KUTSCHENBACH, lieut., B. (mort le 14).
VONSECHKI, s.-lieut., B. (mort le 14 janv. 1813).

7ᵉ Régiment (DE NIESEMEUSCHEL).

6 juill. 1809, bataille de Wagram.
DE JESCHKY, enseigne, T.
N..., B.
N..., B.
N..., B.

DE GLASER, capit., B. 27 juill. 1812, combat de Kobryn (mort le 16 oct.).

15 nov. 1812, combat de Wolkowisk.
DE METZRADT, capit., B. (mort en 1813).
DE KYAW, cap., B. (m¹ le 29 janv. 1813).

8ᵉ Régiment (DE LOW).

DE HAUSEN, capit., T. 31 oct. 1812, affaire sur la Lukomla (Russie).

28 nov. 1812, bataille de la Bérésina.
DE POLENZ, capit., T.

DE SALZA, capit., B. (mort).
DE RENNER, lieut., B. (mort).
DE SONIERBRANDT, lieut., B. (mort).
PAPST DE OTRANI, lieut., B. (mort).
DE SALZA (C.), lieut., B. (mort).

N..., B.
N..., B.
N..., B.

4 déc. 1812, *affaire de Molodzyzno.*
DE BRANDENSTEIN, lieut., B. (mort).

DE BIELA, lieut., B. (mort).

DE SCHMIEDEN, major, B. 23 août 1813, affaire de Gross-Beeren.

10ᵉ Régiment (DE CERRINI).

6 *juill.* 1809, *bataille de Wagram.*
DE LARISCH, lieut., T.
N..., B.
N..., B.

N..., B.
N..., B.
N..., B.

INFANTERIE LÉGÈRE

1ᵉʳ Régiment.

12 *août* 1812, *combat de Podobna.*
DE NOSTITZ, lieut., B. (mort le 3 oct.).
SCHNEIDER, capit., B.
DE HOLZENDORF, lieut., B.
URLAUD, lieut., B.
N..., B.

11 *oct.* 1812, *combat de Kliniki.*
DE METZSCH, major, T.
DE EGIDY, lieut.-col., B. (mort le 16).

ENGEL, lieut., B. 15 nov. 1812, combat de Wolkowisk (mort le 24).

21 *mai* 1813, *bataille de Wurschen.*
N..., B.
N..., B.

6 *sept.* 1813, *bataille de Juterbock.*
DE STAFF, lieut., T.
N..., B.
N..., B.

DE WEDELL, lieut., B. 8 sept. 1813, combat devant Torgau.

2ᵉ Régiment.

12 *août* 1812, *combat de Podobna.*
LINDEMANN, capit., B. (mort le soir).
SCHEUBNER, lieut., B.
OCHLSCHLÈGEL, lieut., B.
GERMAR, lieut., B.
ZYNCHLENSKY, lieut., B.
SIESSMILCH, lieut., B.
SCHULZE, lieut., B.

13, 14 *et* 16 *nov.* 1812, *combat de Wolkowisk.*
DE ZESCHAU, lieut., T. 13.
HAUSCHILD, lieut., T. 13.

DE BRZESKI, lieut., T. 16.
KINDLER, lieut., T. 16.
DE TETTENBORN, col., B. 16.
N..., B. 13.
N..., B. 13.
N..., B. 16.
N..., B. 16.

N..., lieut., B. 22 mai 1813, combat de Reichenbach.
DE SCHEIBNER, lieut., B. 23 mai 1813, affaire de Léopoldshain (mort le 27).

BATAILLONS DE GRENADIERS

5 et 6 juill. 1809, bataille de Wagram.
Heydte, lieut., B. (mort le 19 août).
De Bose, major, B.
De Salza, capit., B.
De Logau, s.-lieut., B.

12 août 1812, combat de Podobna.
De Lenz, lieut., B. (mort le 29 août).
De Mossel, capit., B.
Einsiedel, lieut., B.

Ochlschlagel, lieut., B.

Compass, lieut., T. 14 nov. 1812, combat de Wolkowisk.
De Lieben, lieut., B. 13 févr. 1813, combat de Kalisch.
N..., B. 21 mai 1813, bataille de Wurschen.
De Sperl, major, B. 23 août 1813, affaire de Gross-Beeren.

RÉGIMENT DES GARDES DU CORPS (1)

5 et 6 juill. 1809, bataille de Wagram.
De Liebenau, s.-lieut., T.
Sahrer de Sahr, s.-lieut., B. (mort le 20).
De Hollenfer, s.-lieut., B.

7 sept. 1812, bataille de la Moskowa.
De Hoyer, major, T.
De Feilitzsch, lieut., T.
De Loppelholz, major, B. (mort).
De Biedermann, lieut., T.
De Hagen, s.-lieut., T.
De Kirchbach, lieut., B. (mort).
De Polenz, lieut., B. (mort).
De Kirchbach II, lieut., B. (mort).
De Leyer, col., B.
De Brandenstein, major, B.

De König, capit., B.
De Berge, capit., B.
De Tietz, capit., B.
De Böhlau, capit., B.
De Goldacker, capit., B.
Comte Ronnow, s.-lieut., B.
De Quaalen, s.-lieut., B.
De Kuntsch, s.-lieut., B.

De Tietz, capit., B. 4 oct. 1812, près de Winkowo (mort).
De Schönberg, lieut., B. nov. 1812, pendant la retraite (mort).
De Schwerdtner, chef d'escad., T. 14 nov. 1812, combat de Wolkowisk.

(1) Régiment de cavalerie.

RÉGIMENT DES CUIRASSIERS DE LA GARDE

G. de Seydewitz, chef d'escad., T. 7 sept. 1812, bataille de la Moskowa.
Faucher, major, T. 17 août 1813, combat devant Dresde.

16 et 18 oct. 1813, bataille de Leipzig.
De Görschen, major, T. 16.

N..., B.
N..., B.
N..., B.
N..., B.
N..., B.

RÉGIMENT DE CUIRASSIERS (de Zastrow).

De Petrikowski, col., B. 5 juill. 1809, bataille de Wagram.
De Grünewald, col., T. 23 juill. 1812, affaire près d'Ostrow.

7 sept. 1812, bataille de la Moskowa.
De Trützschler, col., B. (mort le 19 nov.).
De Selmnitz, lieut.-col., T.
De Oertzen, chef d'escad., T.

De Welzien, major, B. (mort en déc.).
De Schönfeld, major, B. (mort en mars 1813).
De Hake, lieut., T.
De Thielau, lieut., T.
De Watzdorf, lieut., T.
De Altrock, lieut., B. (mort en nov.).
De Feilitzsch, lieut., B. (mort le 5 janv. 1813).
De Hoffmann-Altenfels, major, B.
De Schleiben, capit., B.

Mehrheim, lieut., B.
Scheffel, lieut., B.
De Rockenthien, lieut., B.
De Rosofsky, lieut., B.
De Bielwiz, lieut., B.
De Reimann, lieut., B.

De Reimann, chef d'escad., B. 26 août 1813, bataille de Dresde.
De Berge, col., B. 16 oct. 1813, bataille de Leipzig.

RÉGIMENTS DE CHEVAU-LÉGERS

Régiment de Polenz.

De Trotha, major, T. juill. 1812, affaire de Biala.

30 juill. 1812, combat de Sieletz.
Krug de Nidda, capit., B.
De Willisen, lieut., B.

De Hann, col., B. 13 févr. 1813, combat de Kalisch.
De Hann, col., B. 16 oct. 1813, bataille de Leipzig.

Régiment prince Clément.

5 et 6 juill. 1809, bataille de Wagram.
Von der Heydte, capit., T.
De Naundorff, s.-lieut., T.
N..., B.
N..., B.
N..., B.
N..., B.
N..., B.

25 juill. 1812, dans une reconnaissance en avant de Kobryn.
Heymann, chef d'escad., B.
N..., B.
De Salza, lieut., B.
N..., B.

De Seydlitz, major, T. 1er nov. 1812, affaire de Wisocki.

Régiment prince Albert.

7 sept. 1812, bataille de la Moskowa.
De Zehmen, lieut., T.
De Glaser, major, B. et D.
De Rabenau, capit., B. (mort).
De Salza, capit., B. et D.
De Carlowitz, lieut., B. et D.
De Houwald, lieut., B. (mort le 10 janv. 1813).

De Kirchbach, lieut., B. et D.
De Massow, lieut., B. et D.

De Neubern, capit., B. 6 déc. 1812, par des cosaques, à Smorgoni (mort le même jour).
De Biela, lieut., B. 14 mars 1813, affaire près de Dresde.

Régiment prince Jean.

6 et 7 nov. 1812, affaires sur la Lukomla.
Von der Planitz, lieut., B. 6.

Bosse, lieut., B. 6.
De Altrock, lieut., B. 7.

28 nov. 1812, *bataille de la Bérésina.*
N..., B.
N..., B.

N..., B.
N..., B.

RÉGIMENT DE HUSSARDS

30 *avril* 1809, *à Schönberg.*
De Steck, lieut.-col., B.
Belmont, chef d'escad., B.

17 *mai* 1809, *combat de Linz.*
Probstayn, lieut., B.
De Selchow, lieut., B.
De Lindemann, lieut. A.-M., B.

De Czettritz, chef d'escad., B. 19 mai 1809, à Neumarck.

6 *juill.* 1809, *bataille de Wagram.*
De Selchow, lieut., T.
Wagner, lieut., T.
Heinze, lieut., B.

25 *juill.* 1812, *à Janow.*
De Lindemann, chef d'escad., B.

De Reitzenstein, s.-lieut., B.

De Schirnding, lieut., B. 21 sept. 1812, à Niesuricz.
De Schulenburg, lieut., B. 13 nov. 1812, à Porosow.
De Engel, col., B. 16 nov. 1812, combat de Wolkowisk.
De Taubenheim, chef d'escad., B. 11 févr. 1813, à Kolikonow.
De Zacha, lieut., B. 22 mai 1813, combat de Reichenbach.
De Ziegler, lieut., B. 30 mai 1813, affaire de Jauer.

23 *août* 1813, *affaire de Gross-Beeren.*
De Fabrice, major, B.
De Ende, lieut., B.

ARTILLERIE

Zandt, lieut., B. 16 avril 1807, au siège de Dantzig.
Langbein, lieut., B. 5 juill. 1809, bataille de Wagram (mort le 11).
Kaiser, lieut., B. 27 juill. 1812, combat de Kobryn (mort le 17 déc.).
Busch, lieut., B. 10 août 1812, affaire de Stanyns (mort le 30 sept.).
Auenmüller, major, B. 15 nov. 1812, combat de Wolkowisk (mort le 1er déc.).

21 *mai* 1813, *bataille de Wurschen.*
N..., T.
N..., B.

23 *août* 1813, *affaire de Gross-Beeren.*
Raabe, lieut., T.
Meyer, lieut., B.
Witzthum, lieut., B.

Raab, lieut.-col., B. 6 sept. 1813, bataille de Juterbock.

INGÉNIEURS

5 *et* 6 *juill.* 1809, *bataille de Wagram.*
Schellig, capit., T.
Haderer, lieut., B.

Brück, capit., B. 15 nov. 1812, combat de Wolkowisk (mort le 15 janv. 1813).

TROUPES WURTEMBERGEOISES
(1805-1813)

RÉGIMENTS D'INFANTERIE

1ᵉʳ Régiment (PRINCE PAUL).

17 août 1812,
combat de Katan, près Smolensk.
EBBAUER, lieut., B. (mort le 2 sept.).
DE BRANDENBURG, lieut., B.

18 *août* 1812, *prise de Smolensk.*
DE HERWIG, capit., T.
DE SCHLÉGER, capit., T.
DE RÜDT, lieut., T.
DE BARTRUFF, lieut.-col., B.
DE SEIBOLD, major, B.
DE SCHAUMBERG, capit., B.
DE ROTTENHOF, lieut., B.
DE DOBENECK, lieut., B.
DE SCHADE, lieut., B. (D. 19).

7 *sept.* 1812, *bataille de la Moskowa.*
DE HUPPEDEN, capit. A.-M., B.
DE DONOPP, lieut., B.

21 *mai* 1813, *bataille de Wurschen.*
SCHRANK, lieut., T.

DE FRIDENSBURG, major, B. (mort).
WOERNLE, lieut., B. (mort).
DE BIBERSTEIN, col., B.
DE KHUON, capit., B.
DE AUER, capit., B.
DE MASSENBACH, lieut., B.
HAERLE, lieut., B.
WOELFING, lieut., B.
MAYER, lieut., B.
VETTER, lieut., B.

28 *août* 1813, *bataille de Dresde.*
DE SATTLER, major, B.
DE WÖLKERN, lieut., B.

3 *sept.* 1813, *combat d'Euper.*
DE BIBERSTEIN, col., B.
DE TILING, lieut., B.

DE AUER, capit., B. 3 oct. 1813, affaire de Bleddin.

2ᵉ Régiment (DUC GUILLAUME).

3 *févr.* 1807, *combat de Schweidnitz.*
DÜNGER, lieut., T.
DE SCHMIDT, capit., B.

17 *août* 1812, *combat de Katan.*
DE ROEDER, lieut.-col., B. (mort le 12 févr. 1813).
DE STETTEN, lieut., B.

DE BAUER, lieut.-col., B. 18 août 1812, prise de Smolensk.

7 *sept.* 1812, *bataille de la Moskowa.*
DE SCHLEIERWEBER, lieut., B. (mort le 25 janv. 1813).
SCHWEITZER, lieut., B.
KUHN, lieut., B.

HAUG, capit., brûlé le 8 déc. 1812, en avant de Wilna (mort le 6 févr. 1813).
DE STETTEN, lieut., gelé le 8 déc. 1812, près de Wilna.

21 *mai* 1813, *bataille de Wurschen.*
WERNER, lieut., T.
DE BAUER, col., B.
DE BERNDES, lieut.-col., B.
DE STARKLOFF, major, B.
DE LOEFFLER, major, B.
DE STADLINGER, lieut., B.
HENZLER, lieut., B.
BECK, lieut., B.
GÜNTNER, lieut., B.
SCHOENLEBER, lieut., B.
RUEFF, lieut., B.
SPROSSER, lieut., B.

3 *sept.* 1813, *combat d'Euper.*
De Hervig, lieut., B. (mort).
De Hausler, lieut., B.
De Blosz, lieut., B.
De Schoenleber, lieut., B.
Bescher, lieut., B.

De Wirth, capit., T.
De Roell, capit., T.
De Henzler, lieut., T.
Beck, lieut., T,
Kaufmann, lieut., T.
Bescher, lieut., T.

6 *sept.* 1813, *bataille de Juterbock.*
De Bauer, col., T.

Régiment d'infanterie (de Neubronn).

17 *mai* 1809, *combat près de Linz.*
Doetschmann, lieut., T.
De Stumpe, major, B.

Landenberger, lieut., B. 6 juill. 1809, affaire de Trasmauer (mort).

Régiment d'infanterie (de Phull).

17 *mai* 1809, *combat près de Linz.*
Schwarz, lieut., T.
De Havel, major, B.

De Schmid, capit., B.
De Sattler, capit., B.
Ebbauer, lieut., B.

Régiment d'infanterie (de Schroeder).

Langenbacher, lieut., B. 30 janv. 1807, siège de Schweidnitz (mort le 4 mars).

Régiment d'infanterie (de Lilienberg).

De Stumpe, capit., B. 2 mai 1807, siège de Neisse.

Nuits des 23 *et* 24 *juin* 1807, *siège de Glatz.*
De Hochstetter, capit., B.
De Dounz, capit., B.

4ᵉ Régiment.

15 *juill.* 1809, *affaire d'Egloffs (Tyrol).*
De Hoff, capit., B.
De Rassler, lieut., B.

Lobhauer, capit., T. 16 juill. 1809, combat d'Issny (Tyrol).
De Buhl, col., B. 17 août 1812, combat de Katan, près Smolensk.

18 *août* 1812, *prise de Smolensk.*
De Waldenfels, capit., B.
De Notter, capit., B.
De Wachter, lieut., B. (mort le 24).

Kühn, lieut., B. 7 sept. 1812, bataille de la Moskowa.

28 *août* 1813, *bataille de Dresde.*
De Tafel, capit., T.
Kurrer, lieut., B.

6 *sept.* 1813, *bataille de Juterbock.*
De Weckherlin, capit., B.
Schumann, lieut., B.

De Brecht, capit., B. 3 oct. 1813, affaire de Bleddin.

6ᵉ Régiment (PRINCE ROYAL).

DE PARROT, lieut., B. 18 août 1812, prise de Smolensk.

7 sept. 1812, bataille de la Moskowa.
DE SCHMIDT, col., B.
DE HOLLEBEN, lieut., B.
DE LANG, lieut., B.
BLECH, lieut., B.

HOECKEL, lieut., B. 6 sept. 1813, bataille de Juterbock.

DE ZINKERNAGEL, capit., T. 30 sept. 1813, combat de Wartemburg.

3 oct. 1813, affaire de Bleddin.
DE LANGEN, capit., B.
DE RAUCHHANPT, lieut., B.
BRUCKER, lieut., B.
LINDENMAIER, lieut., B.

7ᵉ Régiment.

15 nov. 1812, affaire de Kohidanow.
DE FLEMMING, lieut., T.
N..., lieut., B.

28 nov. 1812, bataille de la Bérésina.
DE WILD, capit., T.
N..., B.
N..., B.
N..., B.

21 mai 1813, bataille de Wurschen.
DE REINHARDT, major, B. (mort).
DE SUCKOW, capit., B.
DE DESCHLER, capit., B.
KILLMAIER, lieut., B.
HAYD, lieut., B.

DE KAMMERER, lieut.-col., B. 24 mai 1813, en Saxe.

31 mai 1813, combat de Gross-Rosen.
DE WITZLEBEN, capit., T.

DE HEYD, lieut., B. (mort).
RAPPOLD, lieut., B.
SCHÜSSLER, lieut., B.
DIETZ, lieut., B.

4 sept. 1813, combat d'Euper.
D'ARLT, capit., B.
DE SUCCOW, capit., B.
DE KILLMAIER, lieut., B.
DE BAYER, lieut., B.
DE MEMMINGER, lieut., B.
DE FROMM, lieut., B.
SONNTAG, lieut., B.
RAPPOLD, lieut., B.

6 sept. 1813, bataille de Juterbock.
DE POMMER, lieut., T.
HASIS, lieut., T.
OELHAFEN, méd.-major, B.

9ᵉ Régiment (1).

21 mai 1813, bataille de Wurschen.
DE HOFFMAN, major, T.
DE HUGEL, capit., B.
LANG, lieut., B.
HOBACH, lieut., B.

31 mai 1813, combat de Gross-Rosen.
D'IMTHURN, lieut., B.
MOSER, lieut., B.

26 août 1813, combat d'Hollbeck, près Dresde.
ERHARDT, lieut., B. (mort).
SCHAUMENKESSEL, lieut., B.

4 sept. 1813, combat d'Euper (près Wittenberg).
D'IMTHURN, capit., B.
HOBACH, lieut., B.
ROTH, lieut., B.
LANG, lieut., B.
MOSER, lieut., B.

DE LANDENBERGER, major, B. 6 sept. 1813, bataille de Juterbock.

---

(1) Formé en 1813, des 1ᵉʳ et 2ᵉ bataillons de chasseurs à pied.

10e Régiment (1).

21 mai 1813, *bataille de Wurschen.*
De Hüpeden, lieut.-col., B.
De Grimmenstein, major, B.
De Parrot, capit., B.
De Brand, lieut., B.
Faber, lieut., B.
De Beust, lieut., B.
Hirst, lieut., B.

Pflüger, lieut., B. 31 mai 1813, combat de Gross-Rosen.

28 août 1813, *combat d'Hollbeck.*
De Parrot, capit., B.
Pflüger, lieut., B.

4 sept. 1813, *combat d'Euper.*
Reichert, lieut., B. (mort).
De Hugo, capit., B.
Pflüger, lieut., B.

---

(1) Formé en 1813, des 1er et 2e bataillons d'infanterie légère.

BATAILLONS DE CHASSEURS

1er Bataillon.

Desvignes, lieut., B. 29 déc. 1806, à Polnitz-Stein (Breslau) (mort le 25 janv. 1807).
De Brüsselle, capit., B. 8 mars 1807, combat de Stephensdorf, devant Neisse (mort le 10).
De Hügel, lieut., B. 22 avril 1809, bataille d'Eckmühl.

17 mai 1809, *assaut du château de Steinrück (devant Linz).*
De Motter, capit., T.
De Wibbeking, capit., T.
De Lienhardt, capit., B.

De Imthurn, lieut., B.
D'Adelsheim, lieut., B.

16 août 1812, *bataille de Smolensk.*
De Ochsenstein, lieut., T.
Erbe, lieut., B. (mort le 28).
De Seeger, lieut.-col., B.
De Wundt, capit., B.
De Kuster, lieut., B.
Scherer, lieut., B.

17 août 1812, *combat de Katan.*
De Meisrimel, capit., B.
D'Ottweiler, lieut., B.

2e Bataillon.

De Starkloff, capit., B. 15 déc. 1806, au siège de Breslau.
Parrot, lieut., B. 29 déc. 1806, à Polnitz-Stein, siège de Breslau.
De Starkloff, capit., B. 17 avril 1807, affaire de Hasswitz, devant Glatz.

21 avril 1809, *combat de Landshut.*
De Muller, capit., B.
Comte de Lippe, lieut., B.

Reinhardt, lieut., T. 22 avril 1809, bataille d'Eckmühl.
De Groschop, lieut., B. 17 mai 1809, assaut du château de Steinruck.

17 août 1812, *combat de Katan.*
Weinland, lieut., T.

De Landenberger, capit., B.
Comte de Lippe, capit., B.
De Groschop, lieut., B.

7 sept. 1812, *bataille de la Moskowa.*
De Boeckler, lieut., T.
Jaeger, lieut., T.
De Scheidemantel, col., B. (mort le 23).
De Brégenzer (F.), capit., B.
De Brégenzer (L.), lieut., B.

De Brégenzer (F.), capit., B. 3 nov. 1812, à Wiasma (mort à Ghiat).
De Brégenzer (L.), lieut., B. et D. le 28 nov. 1812, aux ponts de la Bérésina.

BATAILLONS D'INFANTERIE LÉGÈRE

1ᵉʳ Bataillon.

20 *avril* 1809, *combat d'Abensberg.*
DE WOLFF, col., B.
DE GRUNBERG, capit., B.
DE TUNGERN, lieut., B.

DE HUGO, capit., B. 19 août 1812, combat de Valoutina.

7 *sept.* 1812, *bataille de la Moskowa.*
DE TRALTSCH, capit., B. (mort).
BLECH, lieut., B.

2ᵉ Bataillon.

SCHRAISHUN, capit., T. 23 déc. 1806, devant Breslau.
DE SEIBOTHEN, lieut., B. nuit du 22 au 23 déc. 1806, devant Breslau.

Nuit du 23 au 24 juin 1807, *siège de Glatz.*
HOFFMANN, lieut., B.
DE CZSCHOCK, lieut., B.

22 *avril* 1809, *bataille d'Eckmühl.*
DE NARDIN, capit., B. (mort le 23).

STECK, lieut., B.

6 *juill.* 1809, *combat de Goetweig.*
HADERER, lieut., B.
KENNER, lieut., B.
BELOW, lieut., B.

SCHAAD, lieut., B. 17 août 1812, combat de Katan.
DE KENNER, lieut., B. et D. le 19 août 1812, à Valoutina.

RÉGIMENTS DE CHEVAU-LÉGERS

1ᵉʳ Régiment (DUC HENRI).

20 *avril* 1809, *combat d'Abensberg.*
DE JETT, col., B.
DE BOSE, lieut., B.

22 *avril* 1809, *bataille d'Eckmühl.*
DE BROCKFELD, lieut.-col., B.
DE PALM, capit., B.

22 *mai* 1809, *bataille d'Essling.*
DE WIEDERHOLD, major, T.
DE JETT, col., B.

GEROCK, lieut., B. 14 juill. 1809, route de Presbourg, étant en parlementaire (mort le 15).
SCHLALCH, lieut., B. 14 août 1812, combat de Krasnoë.

7 *sept.* 1812, *bataille de la Moskowa.*
DE SCHÜTZ, capit., T.

DE FALKENSTEIN, col., B.
DE BLUCHER, lieut., B.
HARPFRECHT, lieut., B.
WEIGELIN, lieut., B.
DE BOSE, lieut., B.
MAX DE SPATH, lieut., B.
DE LA PLANITZ, lieut., B.
DE WAGNER, lieut., B.

21 *mai* 1813, *bataille de Wurschen.*
DE SIGEL, lieut., B.
DE SPATH, lieut., B.

DE BISMARCK, lieut.-col., B. 25 mai 1813 (Saxe).
DE KETTLER, lieut., B. 28 août 1813, bataille de Pirna.

2ᵉ Régiment (du Roi).

De Dillen, lieut., B. 29 déc. 1806, attaque de Polnitz-Stein.
De Kœnigsegg, lieut., B. 1807, siège de Niesse.
De Schütz, lieut., T. 25 juill. 1812, route de Polotsk à Witepsk.
Spittler, lieut., T. 14 août 1812, combat de Krasnoë.
De Speth, capit., B. 4 sept. 1812, route de Moscou, à l'avant-garde.

7 sept. 1812, bataille de la Moskowa.
De Boekler, lieut., T.
De Normann, col., B.
De Podervils, lieut., B.
De Schultess, lieut., B.
D'Einsiedel, lieut., B.
De Pückler, lieut., B.

De Miller, major, T. 11 sept. 1813, combat de Cameng (Saxe).

RÉGIMENTS DE CHASSEURS A CHEVAL

3ᵉ Régiment (duc Louis).

24 déc. 1806, combat de Strehlen.
Hehl, lieut., T.
De Breuning, chef d'escad., B.

De Adelsheim, lieut., B. 17 mai 1809, combat devant Linz.

5 juill. 1812, combat d'avant-garde.
Prᶜᵉ de Hohenlohe-Kirchberg, col., B.
De Weiss, lieut., B.

8 août 1812, combat d'avant-garde.
Comte de Waldburg, col., B. (mort).
De Hornstein, lieut., B. (mort).
De Batz, lieut.-col., B.

7 sept. 1812, bataille de la Moskowa.
De Milkau, col., T.
Stockmayer, lieut., B. (mort).
Maier, cadet, B. (mort).
De Mungen, lieut., B.
De Vosseler, lieut., B.
De Tungern, lieut., B.
De Blattmacher, lieut., B.

3 oct. 1812, combat près de Winkowo.
De Freudenstein, chef d'escad., B.
Finckh, lieut., B.

De Mentzingen, lieut., B.

Nörr, lieut., B. 3 oct. 1812, aux avant-postes (mort le 12 déc.).
Vosseler, lieut., B. 13 mai 1813, affaire de Kœnigsbruck.

21 mai 1813, bataille de Wurschen.
Grebner, lieut., B.
Hermann, lieut., B.
De Peyer, lieut., B.

24 mai 1813, combat de Lauban.
De Speth, lieut., B.
De Peyer, lieut., B.

26 août 1813, combat d'Hollbeck.
Entress, lieut., T.
De Seebach, major, B.
De Bassewitz, chef d'escad., B.

6 sept. 1813, bataille de Juterbock.
De Seebach, major, B.
Hœlderlin, méd.-major, B. (mort).
Diener, lieut., B. 5.
Herbort, lieut., B.
De Hardt, lieut., B.

4ᵉ Régiment (du Roi).

10 juin 1807, bataille d'Heilsberg.
De Lestocq, col., B.
De Röder, major, B.

De Blucher, lieut., B.
De Miller, lieut., B.
De Verow, lieut., B.

De Siegel, lieut., B.

1ᵉʳ mai 1809, combat de Riedau.
De Rüdt, lieut., T.
De Blucher, lieut., B.

3 mai 1809, combat d'Ebersberg.
De Bockel, lieut., B.
De Zieten, lieut., B.

De Mundorf, capit., B. 7 mai 1809, combat près de Neumarck.
Vellnagel, cadet, B. 7 juill. 1809, affaire d'Herzogenburg.

14 août 1812, combat de Krasnoë.
De Wollwarth, capit., B.
Schleich, lieut., B.
Voelter, lieut., B.

17 août 1812, combat de Katan.
De Miller, lieut., B.
De Casenove, lieut., B.
D'Egloffstein, lieut., B.

19 août 1812, bataille de Valoutina.
De Gemmingen, capit., B.
De Heydenschwerdt, capit., B.

De Speth (A.), lieut., B.
De Kunsperg, lieut., B.
De Speth (F.), lieut., B.
De Buch, lieut., B.
De Kalden, lieut., B.

De Speth (A.), capit., B. 1ᵉʳ sept. 1812, aux avant-postes, route de Moscou.

1ᵉʳ sept. 1812, combat de Ghiat.
De Breuning, lieut., B.
Hartig, lieut., B.

7 sept. 1812, bataille de la Moskowa.
De Palm, col., T.
De Stockmaier, cadet, B. (mort).
De Münchingen, lieut.-col., B.
De Mundorff, lieut.-col., B.
De Breitenbanch, lieut., B.
Comte de Beroldingen, lieut., B.
De Hartig, lieut., B.
De Honolstein, lieut., B.

11 sept. 1813, combat de Kameng (Saxe).
De Einsiedel, chef d'escad., B.
De Vellnagel, lieut., B.

ARTILLERIE

De Seckendorf, lieut., T. 22 nov. 1806, par une sentinelle devant Glogau.
De Schnadow, col., B. 25 mai 1809, combat près de Krems.

31 mai 1809, bombardement de Krems.
De Brogniard, capit., T.
Comte de Normann, lieut., T.
De Schnadow, col., B.

De Bartruff, lieut.-col., B. 18 août 1812, devant Smolensk.
De Brand, lieut.-col., B. 7 sept. 1812, bataille de la Moskowa.
Koch, lieut., B. 28 nov. 1812, aux ponts de la Bérésina (mort le 4 janv. 1813).

21 mai 1813, bataille de Wurschen.
Kurz, lieut., T.
Stadlinger, lieut., T.

TROUPES HESSOISES
(1807-1813)

1ᵉʳ Régiment d'infanterie des gardes.

6 *juill.* 1809, *bataille de Wagram.*
DE FOLLENIUS, chef de bat. (1), B.
STRECKER, capit., B.
WELLER, capit., B.
FRESÉNIUS, lieut., B.

N..., B. 11 juill. 1809, bataille de Znaïm.

2 *mai* 1813, *bataille de Lutzen.*
LIEBKNECHT, lieut., T.

(1) D'après l'état numérique des pertes.

DE FOLLENIUS, col., B.
RÖDER, capit., B.
GLASSMACHER, lieut., B.
KILIAN, lieut., B.
HEIDT, lieut., B.
LIER, lieut., B.

18 *oct.* 1813, *bataille de Leipzig.*
DE SCHWARZENAU, capit., T.
GOTTWERTH, lieut., T.
HOFFMANN, lieut., B. (mort).
DE ROSENBERG, capit., B.
DE STOSCH, capit., B.

2ᵉ Régiment d'infanterie de ligne.

6 *juill.* 1809, *bataille de Wagram.*
HALLWACHS, lieut., T.
MEREK, capit., B.
SEIPP, s.-lieut., B.
DE ROTHSMANN, s.-lieut., B.
N..., B.

2 *mai* 1813, *bataille de Lutzen.*
MEYER, capit., B.
SCHÆFER, capit., B.

SCHMIDT, lieut., B.
WESTERWELLER, lieut., B.
ASSMUS, lieut., B.
VOGT, lieut., B.
DE ROTHSMANN, lieut., B.
GRAFF, lieut., B.

18 *oct.* 1813, *bataille de Leipzig.*
DE DRESSEL, lieut., T.
DIETZ, lieut., B.

3ᵉ Régiment d'infanterie légère.

10 *déc.* 1812, *combat devant Wilna.*
N..., B.
N..., B.

N..., B.
N..., B.

4ᵉ Régiment d'infanterie.

22 *janv.* 1807, *au siège de Graudentz.*
EDLING, lieut., B. (mort le 20 oct.).
SCRIBA, s.-lieut., B.

28 *juill.* 1809,
bataille de Talavera-de-la-Reyna.
DÖLL, capit., B.
GRÜBEL, capit., B.

EYSERMANN, major, B. 11 août 1809, bataille d'Almonacid.

19 *nov.* 1809, *bataille d'Ocana.*
FENNER, capit., B.
SCHWANER, capit., B.
MAURER, lieut., B.

GRAND, capit., B. 24 sept. 1810, défense de Rielves.

---

19 mars 1812, défense de Badajoz.
ZUMBACH, lieut., B.
VOIGT, lieut., B.

---

6 avril 1812, assaut de Badajoz.
SMALKADER, chef de bat., T.
SCHULTZ, capit. A.-M., T.

DE SCHAFFER, capit., T.
KLINGELMANN, capit., B. (mort le 7).
SCHWANER, capit., B. (mort le 8).
KOLLER, col., B.
DE LEHRBACH, capit., B.
SENKENBERG, lieut., B.
BESSERER, lieut., B.
VENATOR, lieut., B.
MAURER, lieut., B.
SCHEIDT, lieut., B.

RÉGIMENT DE CHEVAU-LÉGERS

DE MÜNCHINGEN, major, B. 22 avril 1809, bataille d'Eckmühl.
DE DALWIGK, chef d'escad., T. 2 mai 1809, combat de Neumarck.
DE BREIDENBACH, lieut., B. 21 mai 1809, bataille d'Essling (mort en mars 1810).
GLOCK, lieut., B. 6 juill. 1809, bataille de Wagram.
SOMMERLAD, lieut., B. 14 nov. 1812, combat de Smoliany.

28 nov. 1812, bataille de la Bérésina.
DE BOYNEBURG-LANGSFELD, ch. d'esc., B.

DE BOLTOG, lieut., B. et D.
GLOCK, lieut., B.
Comte YSENBURG, lieut., B.

---

2 mai 1813, bataille de Lutzen.
ELIER, lieut., B.
SEIP, lieut., B.
DE GEHREN II, lieut., B.

DE LÜNINGK, lieut., B. 19 mai 1813, combat d'Hoyerswerda.
DE MÜNCHINGEN, col., T. 6 sept. 1813, bataille de Juterbock.

ARTILLERIE

6 juill. 1809, bataille de Wagram.
MÜLLER, lieut., B.
KRÖLL, lieut., B.

MAI, lieut., B. 6 avril 1812, défense de Badajoz.

28 nov. 1812, bataille de la Bérésina
HAAK, capit., B. (mort le 22 déc.).
MÜLLER, lieut., D.

KUHLMANN, lieut., B. 18 oct. 1813, bataille de Leipzig (mort).

TROUPES BADOISES
(1805-1813)

RÉGIMENTS D'INFANTERIE DE LIGNE
1ᵉʳ Régiment.

Beust, capit., B. 22 mai 1809, bataille d'Essling.

6 juill. 1809, bataille de Wagram.
Neustann, col., B.
N..., B.
Beust., capit., B.
N..., B.
N..., B.
N..., B.

11 juill. 1809, bataille de Znaëm.
Neustann, col., T.
N..., T.
N..., B.
N..., B.
N..., B.

12 nov. 1812, combat de Tschachnicki.
Heddaüs, capit., B.
Kuhn, capit., B.
De Holtz (B.), lieut., B.

24 nov. 1812, combat de Batury.
De Wolfsramsdorf, capit., T.
De Imhof, capit., T.

28 nov. 1812, bataille de la Bérésina.
De Stetten, capit., B. (mort).
De Rüdt, capit., B. (mort).
De Eck, capit., B. (mort le 22 déc.).
De Steinberg, lieut., B. (mort le 28 janv. 1813).
De Holtz (L.), lieut., T.
Walz, lieut., B. (mort).
Schmidt, lieut., B. (mᵗ le 25 janv. 1813).
Wolff, lieut., B. (mort).
Obermuller, lieut., B. (mort le 15 janv. 1813).
Hoffmann, lieut., T.
De Stulpnagel, lieut., B. (mort).
Junkh, lieut., B. (mort).

De Muller, lieut., B. (mort le 24 janv. 1813).
De Hirsch II, lieut., B. (mort).
Hilmann, chirurg. A.-M., B. (mort le 4 févr. 1813).
Oehl, lieut., T.
De Göler, lieut., B.

10 déc. 1812, combat de Wilna.
De Poly, capit., B. (mᵗ le 18 janv. 1813).
De Zech, capit, B.
De Hirsch I, lieut., B.
Spitznaas, lieut., B.
Uloth, lieut., B. (mort).

Stippel, chirurg.-M., B. 13 déc. 1812, à la montée de Kowno (mort).

16 déc. 1812, route de Tilsitt.
De Beroldingen, lieut., D.
Zipf, lieut., D.
De Hammerer, lieut., D.

2 mai 1813, bataille de Lutzen.
Bruckner, major, B.
Wauker, capit., B.
Klein, capit., B.
Closmann, lieut., B.
Holz, lieut., B.

Mai 1813 (Silésie).
Jagemann, major, B.
De Blarer, capit., B.
Warzemann, capit., B.
Gretler, lieut., B.
Ill, lieut., B.
Ludwig, lieut., B.
Reichert, lieut., B.
Rheinecker, lieut., B.
Ruff, lieut., B.
Schonhard, lieut., B.
Seutter, lieut., B.

2° Régiment.

De Heddersdorf, capit., B. 23 févr. 1807, combat de Dirschau.

1807, siège de Dantzig.
Neusser, lieut., B. 16 mars.
D'Etzdorff, capit., B. 1er avril.
Beruff, lieut., B. 1er avril.
Stepp, lieut., B. 1er avril.
Müller, lieut., B. 16 avril.

Müller, lieut., T. 12 juin 1809, combat devant Papa (Hongrie).
De Davans, capit., T. 15 juin 1809, combat devant Raab.
Killinger, major, T. 18 juin 1809, devant Raab, par un poste badois.

6 juill. 1809, bataille de Wagram.
Kammerer, lieut., T.
Gerber, lieut., B.

9 juill. 1809, combat d'Hollabrünn.
De Wrede, capit., T.
Mercy, lieut., T.
De Schmerfeld, lieut., T.
Beruff, lieut., B.

11 juill. 1809, bataille de Znaïm.
De Leuchsenring, lieut.-col., T.
Greiff, capit., B.
Lebeau, lieut., B.
Saul, lieut., B.
Möller, lieut., B.

Clossmann, lieut., B.

28 nov. 1812, bataille de la Bérésina.
Greiff, capit., B. (mort).
De Heddersdorf, capit., B. (mort).
De Beust, capit., B. (mort le 3 janv. 1813).
De Wingierl, capit., B. (mort).
Knapp, capit., B. (mort le 11 déc.).
De Esleben, capit., B. (mort).
Clasmann, capit., B. (mort).
Hieronymus, lieut., T.
D'Arnoldi, lieut., B. (mort).
Dörr, lieut., T.
Beckert, lieut., B. (mort).
De Petzeck, lieut., B. (mort).
Maas, lieut., B. (mort).
Heilig, lieut., B. (mort).
Triesth, lieut., B. (mort le 14 janv. 1814).
D'Etzdorff, lieut.-col., B.
Pfnar, capit., B.
De Vincenti, capit., B.
Betz, lieut., B.
Bomatsch, lieut., B.
Guignard, lieut., B.
Fritsch, lieut., B.

De Biedenfeld, lieut., B. 4 déc. 1812, combat de Molodeczno (Lithuanie).
Résich, capit., B. 7 avril 1813, défense de Glogau.

3° Régiment.

12 nov. 1812, combat de Tschachnicki.
Spimer, lieut., B. (mort le 25 déc.).
De Beck, capit., B.

28 nov. 1812, bataille de la Bérésina.
De Waldeck, capit., T.
De Ehrenberg, capit., B. (mort le 10 févr. 1813).
Merlet, capit., B. (mort le 19 janv. 1813).
De Haynau, capit., B. (mort).
Mahler, capit., B. (mort).
Rutschmann, lieut., T.
De Rosée, lieut., B. (mort).

De Strohmeyer, lieut., B. (mort le 26 janv. 1813).
De Beck, lieut., B. (mort).
De Rechtaler, lieut., B. (mort).
De Froben, lieut., B. (mort le 25 janv. 1813).
Sartorius, lieut., B. (mort).
De Rosenegg, lieut., B. (mort).
Gesell, lieut., B. (mort le 14 janv. 1813).
De Durrheim, lieut., B. (mort le 11 janv. 1813).
Mossemann, capit., B.
Greiner, capit., B.

HOFFMANN (G.), lieut., B.
HOFFMANN (H.), lieut., B.
SCHUSTER, lieut., B.
FRISCH, lieut., B.
NEBENIUS, lieut., B.

SPECK, lieut., B. 9 déc. 1812, route de Wilna.
LAIBLIN, lieut., B. 10 déc. 1812, combat devant Wilna.
SERGER, lieut., B. 16 déc. 1812, affaire de Tilsitt.

2 mai 1813, bataille de Lutzen.
DE REISBACH, major, B.

DE POETZ, capit., B.
DE PIERRON, capit., B.
DE EICHRODT, capit., B.
VANOTTI, capit., B.
SAUL, capit., B.
SCHULZ, lieut., B.
SCHMIDT, lieut., B.

Mai 1813 (Silésie).
DINGS, lieut., B.
SACHS, lieut., B.

SARTORIUS, lieut., noyé le 19 oct. 1813, dans l'Elster.

4ᵉ Régiment.

1808-1813 (Espagne).
DE PORBECK, col., T. 28 juill. 1809, Talavera.
DE HAMMERER, capit., T. 9 nov. 1810.
SCHONDAL, capit., T.
DE STOCKHORN, capit., T.
MAYER, lieut. A.-M., T.
BARTH, lieut., T.
BRACKENHEIMER, lieut., T.
DORNBLÜTH, lieut., T.
HERÈS, lieut., T.
SCHULZ, lieut., T.
ZEITLER, lieut., T.
HENNIG, major, B.
EICHROD, chef de bat., B. 31 août 1813, sur la Bidassoa.
BRUCKNER I, capit., B.
BRUCKNER II, capit., B.
DE HOLZING, capit., B.
DE HORADAM, capit., B.

DE KAMMERER, capit., B.
SCHACH, capit., B.
WALBRUNN, capit., B.
DE HOLZING, lieut., B.
PECHER, lieut., B.
SCHREIBER, lieut., B. 31 oct. 1808, Durango.
SEITZ, lieut., B.
BAIER, lieut., B.
BRAUER, lieut., B.
EICHRODT I, lieut., B.
EICHRODT II, lieut., B.
FISCHER, lieut., B.
GEHRES, lieut., B.
HOFFMANN, lieut., B.
JAUDAS, lieut., B.
KNAPP, lieut., B.
OBERMAIER, lieut., B.
SACHS, lieut., B.
BOMATSCH, cadet, B.

BATAILLON D'INFANTERIE LÉGÈRE

6 juill. 1809, bataille de Wagram.
LINGG, col., B.
LANGATY, lieut., B.
BACHELIN, lieut., B.

24 nov. 1812, combat de Batury.
NAU, lieut., T.
FROHLICH, lieut., T.
EICHFELD, capit., B.

FRISCH, lieut., B. 27 nov. 1812, aux avant-postes de Borisow (mort le 19 janv. 1813).

28 nov. 1812, bataille de la Bérésina.
BACHELIN, capit., B. (mort).
RIESS, lieut., T.
DE VOGEL, lieut., B. (mort).
HECHT, capit., B. (mort).
SCHAFER, lieut., B. et D.

Sachs, lieut., B.
Niebergall, chirurg. A.-M., B.

10 déc. 1812, combat de Wilna.
Sguhany, lieut., B.
Clauer, lieut., B.

---

18 oct. 1813, bataille de Leipzig.
Betz, capit., B.
De Bode, capit., B.

Muller, capit., B.
Schweighardt, capit., B.
Barth, lieut., B.
Freiberg, lieut., B.
Khuon, lieut., B.
Kiefer, lieut., B.
Mahler, lieut., B.
Stuber, lieut., B.
Wieser, lieut., B.
Zwenger, lieut., B.

RÉGIMENT DE DRAGONS

De Naso, lieut., B. 23 févr. 1807, combat de Dirschau (mort le 2 mars).
De Sponeck, lieut., B. 7 mars 1807, affaire de Bangschin.
De Stern, lieut., B. 22 avril 1809, bataille d'Eckmühl.
Schimmelpennik, chef d'escad., T. 2 mai 1809, combat d'Efferding.

21 mai 1809, bataille d'Essling.
De Sponneck, lieut.-col., T.
De Babo, lieut., T.
De Stern, lieut., B.

5 et 6 juill. 1809, bataille de Wagram.
De Freystedt, col., B. 5.

De Heimrodt, lieut.-col., B. 6.
De Gayling, lieut., B. 5.
De Sponeck, lieut., B. 6.

---

2 mai 1813, bataille de Lutzen.
Richard, chef d'escad., T.
De Degenfeld, major, B.
Speck, chef d'escad., B.
De Geyer, lieut., B.
De Massenet, lieut., B.
De Rotberg, lieut., B.

18 août 1813, affaire de Hainau.
De Hornig, lieut., B.
De Seldeneck, lieut., B.

RÉGIMENT DE HUSSARDS

Lingg, col., B. 9 juill. 1809, combat d'Hollabrünn.
De Seldeneck, lieut., B. 11 nov. 1812, combat de Trochanowicz.
De Caugrin, col. en 2°, T. 12 nov. 1812, combat de Tschachnicki.
De Leiningen, lieut., B. 12 nov. 1812, combat de Trochanowicz.
De Rüdt, capit., B. 23 nov. 1812, affaire de Dauby.

28 nov. 1812, bataille de la Bérésina.
Dietz, major, B. (mort le 26 avril 1813).
Bischoff, capit., B. (m¹ le 14 févr. 1813).
De Ammerogen, lieut., B. (mort).
De Laroche, col., B. (mort).
De Preen, lieut., B.
De Stetten, lieut., B. (mort).
De Ritz, lieut., B. (mort le 31 déc.).
Sartori, lieut., B. (mort).
De Strauss, lieut., B.
De Leiningen, lieut., B.

ARTILLERIE

Trapp, capit., B. 27 janv. 1809, au pont de l'Arzobispo (mort le 28).

22 mai 1809, bataille d'Essling.
Holtz, capit., T.

Freidorf, capit., B.

Freidorf, capit., B. 6 juill. 1809, bataille de Wagram.

28 *juill.* 1809,
bataille de Talavera-de-la-Reyna.
Lassolaye, capit., B.
Schulz, lieut., B.

Kleber, lieut., B. 9 août 1809, affaire devant Tolède.

---

28 *nov.* 1812, *bataille de la Bérésina.*
Burstert, capit., B. (mort).

Sensbourg, lieut., B. (mort le 18 janv. 1813).
Fischer, capit., B.
Schwaab, lieut., B. (m¹ le 5 janv. 1813).
Renner, chirurg.-M., B.

Brengbauer, lieut., B. 10 déc. 1812, aux portes de Wilna.

TROUPES DES PRINCES DE LA CONFÉDÉRATION DU RHIN
(1806-1813)

RÉGIMENTS D'INFANTERIE
1ᵉʳ Régiment de Nassau.

Félix, major, B. 6 août 1807, au siège de Stralsund.

---

5 *avril* 1812, *défense de Manresa.*
Hartwig, capit., T.
Greiss, lieut., T.
Mulot, lieut., T.
Meder, major, B.
De Motz, chef de bat., B.
Hegmann, capit., B.
Avemann, capit., B.
Marquard, capit., B.
Schüler, lieut. A.-M., B.
De Habel, lieut., B.

Appel, lieut., B.
Hofmann, lieut., B.
Eyring, cadet, B.
Sendler, chirurg.-M., B.
Pamert, chirurg.-M., B.

De Pollnïtz, col., B. 11 juill. 1811, combat de Mataro (mort le 13).
De Waldschmidt, capit., B. 29 août 1812, défense de Mataro.

20 *déc.* 1812, *surprise de Mataro.*
Remy, lieut., B. (mort le 22).
De Waldschmidt, capit., B.

2ᵉ Régiment de Nassau (1).

Hehel, capit., B. 31 oct. 1808, combat de Durango.

---

27 *janv.* 1809,
combat du pont d'Almaras.
Von Trapp, capit., B. (mort le 28).
De Weyhers, capit., B.

17 *mars* 1809, *combat de Mesa-de-Ibor.*
Tholmin, lieut., T.
Rosenbaum, lieut., B. (mort).
Langschied, lieut., B. (mort).
Umbusch, capit., B.

Hehl, capit., B.
Wirsdorf, lieut., B.
Sterzing, lieut., B.
Liel, lieut., B.
Schmidt, lieut., B.
Suden, lieut., B.

28 *mars* 1809, *bataille de Medellin.*
Von Kruse, col., B.
Sattler, capit., B.

---

(1) L'escadron de cavalerie était attaché au 2ᵉ régiment.

Bûsgen, lieut., B.
Sossy, lieut., B.

*28 juill. 1809,
bataille de Talavera-de-la-Reyna.*
De Hayn, capit., T.
Reiss, capit., B. (mort le soir).

19 nov. 1809, bataille d'Ocaña.
Bûsgen, lieut., B.
De Clotz, lieut., B.
Schmidt, lieut., B.

De Hadel (Ch.), lieut., B. 25 mars 1810, route de Manresa.
De Rettberg, lieut., B. 4 mars 1811, combat d'Albacède.
De Hadel (G.), lieut. A.-M., B. 5 avril 1811, affaire près d'Hostalrich.

17 juill. 1811, affaire à Lezuza.
De Reineck, major (cavalerie), T.
De Normann, chef d'escad., T.
De Schwege, lieut. (cavalerie), T.
Pahl, capit., B.
De Rettberg, lieut., B.
De Reichenau, lieut., B.

De Gödecke, lieut.-col. B. 2 nov. 1811, affaire de Villa-Nueva.
Berninger, capit., B. 6 mars 1812, à la surprise d'Infantes.

Morass, capit., B. 10 juill. 1812, combat de Villa-Rubia (mort le 11).
Pahl, capit., B. 7 août 1812, affaire de Villa-Robledo.
Sattler, capit., B. 22 sept. 1812, à la défense de Consuegra.
De Furtenwarter, capit., B. 1812, à la surprise d'Almaras.

18 juin 1813, combat d'Arinuella.
De Berninger, capit., B.
De Krift, lieut., B.

21 juin 1813, bataille de Vittoria.
Pahl, capit., T.
Médicus, capit., T.
De Gödecke, lieut.-col., B.
Prince Wittgenstein, major, B.
Dumont, capit., B.
Morenhofen, lieut., B.
Schmidt, lieut., B.
Ebel, lieut., B.

28 juill. 1813, retraite de Pampelune.
De Fürstenwarter, capit., B.
Müller, lieut., B.

31 août 1813, combat sur la Bidassoa.
De Schwarz, capit., B. (mort le 1er sept.).
Weber, lieut., B.
Worsberg, lieut., B.

Régiment de Francfort.

Welsch, major, B. 28 juill. 1809, bataille de Talavera-de-la-Reyna.

11 août 1809, bataille d'Almonacid.
Schiller, lieut., B.
Weber, s.-lieut., B.

Schweiger, lieut., B. 2 janv. 1810, dans une reconnaissance en Espagne.
Damboer, capit., B. 12 juin 1810, en escortant des prisonniers espagnols.
De Dressler, lieut., B. 20 juin 1810, dans un village, par des paysans espagnols.
Schuller, lieut., B. 6 avril 1811, affaire près de Manzanarès.
Horadam, major, B. 9 déc. 1812, combat en avant de Wilna.

10 déc. 1812, combat devant Wilna.
Corneli, chef de bat., B. et D.
Drach, chef de bat., B. et D.
Léopold, capit. A.-M., B.
Büsser, capit., B. et D.
De Ringelmann, lieut., B. et D.
Tippel, capit., B.
Henning, capit., B.
Unkelhauser, capit., B.
Breidenbach, capit., B.
Boediker, capit., B.
Gnau, lieut., B.
Griessel, lieut., B.
Ball, lieut., B.
Damboer, s.-lieut., B.
De Droege, s.-lieut., B.
Gerold, s.-lieut., B.

13 *déc.* 1812, *combat de Kowno.*
TROST, capit. A.-M., B.
BREIDENBACH, capit., B.
ASMUTH, s.-lieut., B.

5 *mars* 1813, *combat devant Dantzig.*
GOTTFRIED, lieut., B. (mort le 25).
HORADAM, major, B.
NEBEL, capit., B.

21 *juin* 1813, *bataille de Vittoria.*
DAMBOER, capit., B.
SCHULER, capit., B.
IOHA, lieut., B.

SCHUTZ, s.-lieut., B.

HERBA, capit., B. 29 août 1813, défense de Dantzig.

10 *nov.* 1813, *défense de Glogau.*
VOGT, chef de bat., B.
UNKELHAUSER, chef de bat., B.
DIELMANN, capit. A.-M., B.
ESOH, s.-lieut., B.
BÜHLER, s.-lieut., B.

RODER, capit., B. 17 janv. 1814, défense de Glogau (mort le 17 févr.).

1ᵉʳ Régiment.
(Formé des contingents des maisons ducales de Saxe.)

Mai et juin 1807, *siège de Colberg.*
DE BUTTLAR, lieut., B. nuit du 17 au 18 mai.
DE WALDENFELS, capit., T. 14 juin.
DE HENNING, col., B. 15 juin.
DE HÖNNING, lieut., B. 19 juin (mort).
MERKEL, lieut., B. 19 juin.

4 *août* 1809, *affaire du pont d'Unterau (Tyrol).*
5 *août* 1809, *combat d'Oberau (Tyrol).*
DE HENNING, col., B. (mort).
DE HÖNNING (A), capit., T.
DE SCHIERBRANDT (A.), capit., T.
DE SOCIERBRANDT (G.), capit., T.
DE HÖNNING (C.), lieut., T.
DE BREUN, lieut., B. (mort).
DE BUNAU, major, B.
DE BOSE, major, B.
DE GERMAR, major, B. 5.
DE MUNCH, capit., B.
DE SPILLER, capit., B.
KRATZSCHMAR, capit., B.
DE BEUST (II), lieut., B.
DE SCHAUROTH, lieut., B.
DE SCHÜTZ, lieut., B.
GILSA, lieut., B. 5.
BOYNEBURGK, lieut., B. 5.
DE SEEBACH, lieut., B.
GERNAND, lieut., B.
BEULWITZ, lieut., B.
DE TÜMPLING, lieut., B.
FLEISCHMANN, lieut., B.
HASKARL, chirurg.-M., B.

25 *mars* 1810, *combat de Manresa (Catalogne).*
GEYER DE GEYERSBERG, capit., B. (mort le 2 nov.).
MEISTER, capit., B.
DE BOYNEBURGK, capit., B.
DE KRAVEN, lieut., B.
MERKEL, lieut., B.
DE SEEBACH, lieut., B.
WUNDER, lieut., B.
DE STEUBEN, lieut., B.
DE SCHAUROTH, lieut., B.
DE BOYNEBURGK, lieut., B.

DE PLANKNER, lieut., B. juin 1810, près de Martorell, par des brigands.
MULLER, lieut., B. 18 juill. 1810, combat de Granollers (Catalogne) (mort le 8 août).
HASKARL, chirurg.-M., T. 5 déc. 1812, route de Smorgoni, par des cosaques.
ALTROCK, lieut., gelé 7 sept. 1812, aux avant-postes (Lithuanie).

10 *déc.* 1812, *combat devant Wilna.*
DE DONOP, capit., B. (mort).
DE SCHULTHES, capit., B. (mort le 12).
MERKEL, capit., T.
FRIEDHEIM, lieut. A.-M., B. (mort le 12).
DE WANGENHEIM, lieut., T.
DE KROPF, lieut., B. (mort).
DE STEUBEN, lieut., B. (mort).
DE KINSKY, lieut., B. (mort).
DE DIEMAR, lieut., B. (mort).
DE BACHOF, lieut., B. (mort).

DE KURNATOWSKI, lieut., B. (mort).
DE CRAYEN, capit., B. (mort le 14 mars 1813).
DE GILSA, capit., B.
DE WANGENHEIM, capit., B.
DE SCHUTZ, lieut., B.
DE AVENSLEBEN, lieut., B.

DE BOXBERG, lieut., B.
DE WANGENHEIM II, lieut., B.

BARKHAUSEN, capit., T. 14 déc. 1812, au pont du Niémen, par les cosaques.

5ᵉ Régiment.
(Formé des contingents des maisons d'Anhalt et Lippe.)

2 avril 1810, combat de Manresa.
RESSMAYER, capit., T.
KORFF, lieut., B.
HERBA, lieut., B.

4 sept. 1810, combat de La Bisbal.
HUHN, capit., T.
BARTHE, capit., B.
RINDFLEISCH, lieut., B.
DENICKE, capit., B.

14 et 15 sept. 1810, combats de Palamos.
DE WALZDORFF, maj., B. 14 (mᵗ le 26 déc.)

DE KERUSTURY, capit., B. 15 (mort le 23).
LELIWA, lieut., B. 15.

LOEWE, capit., T. 12 déc. 1812, combat route de Kowno.

29 août 1813, combat devant Dantzig.
TÖRPEL, s.-lieut., T.
D'EGLOFFSTEIN, col., B.
HERBA, capit., B.

6ᵉ Régiment.
(Formé des contingents des maisons de Schwartzbourg, Waldeck et Reuss.)

KASSELMANN, lieut., B. 9 juin 1809, affaire près de Bascara (Espagne).
GAMBI, lieut., B. 1ᵉʳ sept. 1809, affaire du pont de Majora (Espagne) (mort).

3 sept. 1809, combat en Catalogne.
DE CAMPHAUSEN, capit., T.
DE STERNKOPF, capit., B.
SCHILLING, capit., B.
MEINHARD, capit., B.
DE WIDBURG, lieut., B.
GRAUPNER, s.-lieut., B.

DE SAYDEWITZ, capit., B. 23 sept. 1809, en escortant le trésor à Barcelone.
DE GUNTHER, lieut., assassiné en mars 1810, par des brigands Espagnols.
FRIEDHORN, lieut., T. 11 juin 1810, étant en colonne mobile (Catalogne).

OTTO, lieut., B. 19 juill. 1810, combat en Catalogne.
DE WIDBURG, lieut., B. 4 sept. 1810, combat de La Bisbal.
REICHE, lieut., B. 5 déc. 1810, affaire en Catalogne, route de Girone.

5 déc. 1812, combat près de Smorgoni (Lithuanie).
SCHELIA, lieut., B. (mort).
BRUCKNER, lieut., B. (mort).
GERLAU, capit., B.
WEHEINE, lieut., B.
DE METZET, lieut., B.

DE HEERINGEN, col., B. 3 févr. 1813, défense de Dantzig.

Régiment de Wurtzbourg.

8 juill. 1809, assaut de Montjouy (Girone).
N... (1), T.

METZ, chef de bat., B.

(1) Un officier tué et cinq blessés.

Nickels, capit., B.
Adelsheim, capit., B.
Cantler, lieut., B.
N..., B.

N..., l., T. sept. 1809, siège de Girone.

N..., lieut., T. nov. 1809, combat devant Girone.
Von Neuvied, lieut., T. janv. 1812, combat de Saint-Filiu-de-Rodinas.

Régiment de Mecklembourg-Schwerin et Strelitz.

11 nov. 1812, *combat devant Smolensk.*
De Kardoff, lieut., B. (mort).
De Boddien, lieut., B. (mort).
De Holstein, lieut., B. (mort).

5 *déc.* 1812, *combat de Smorgoni.*
Spiznak, capit., B. (mort).
Berg, capit., B. (mort).

10 *déc.* 1812, *combat devant Wilna.*
Langermann, lieut., T.
De Helderhorst, capit., B. (mort en févr. 1813).
De Kriegsheim, lieut., B. (mort en janv. 1813).

Altrock, lieut., B. (mort le 16).
De Pallandt, lieut., B. (mort le 12).
De Kardorff (cadet), lieut., B. (mort en janv. 1813).
De Kamptz, capit., B.

Strubing, lieut., B. 11 déc. 1812, route de Kowno (mort le 1er janv. 1813).
Labbe, s.-lieut., B. 14 déc. 1812, à la montée de Kowno (mort le 25 janv. 1813).
De Sprewitz, lieut., B. 14 déc. 1812, à la montée de Kowno.

RÉGIMENT DE CHASSEURS A CHEVAL D'ANHALT (1)

30 *août* 1813, *affaire de Culm.*
Birkner, chef d'escad., B.
N..., capit., B.
Henzelius, lieut., B.

N..., lieut., B.
N..., lieut., B.

(1) Formé en 1813.

TROUPES DANOISES
(1813-1814.)

RÉGIMENT DE CHASSEURS A PIED (de Holstein).

Waldeck, col., B. 22 août 1813, affaire de Kamin.

RÉGIMENTS D'INFANTERIE

Régiment de la Reine.

Lobedanz, lieut., B. 4 déc. 1813, affaire de Boden.

10 *déc.* 1813, *combat de Sehested.*
Wynecken, chef de bat., B.

Lempfert, s.-lieut., B.
Hartz, s.-lieut., B.

Régiment de Holstein.

Koch, capit., B. 10 déc. 1813, combat de Sehested.

Régiment d'Oldenbourg.

10 déc. 1813, *combat de Sehested.*
Höegh, capit., B.

Cropp, lieut., B.

Régiment Fionais.

10 déc. 1813, *combat de Sehested.*
Möller, capit., B.

Rosenberg, s.-lieut., B.

3ᵉ Régiment Judlandais.

Munk, lieut., B. 10 déc. 1813, combat de Sehested.

RÉGIMENT DE CAVALERIE (DE HOLSTEIN).

Baron Wedell, capit., B. 4 sept. 1813, affaire de Malzow (mort le 14).

10 déc. 1813, *combat de Sehested.*
Hedemann, col., B.

Rosenörn (C.-A.), lieut., B.
Schiött, s.-lieut., B.
Moltke, s.-lieut., B.

RÉGIMENT DE DRAGONS LÉGERS FIONAIS

Preusser, s.-lieut., B. 18 oct. 1813, affaire de Zarrentin.
Sönnichsen, capit., B. 4 déc. 1813, affaire de Boden.

Wiggers, s.-lieut., B. 10 déc. 1813, combat de Sehested.

RÉGIMENT DE DRAGONS LÉGERS JUDLANDAIS

6 *déc.* 1813, *affaire de Rahlsted.*
Engelsted, col., B.
Bonnichsen, col. en second., T.
Fogh, lieut., B.

Hobe, s.-lieut., B.
Ursin, s.-lieut., B.
Rosenörn, s.-lieut., B.

RÉGIMENT DE HUSSARDS

Funch, lieut., B. 1ᵉʳ oct. 1813, affaire de Seedorf.

ARTILLERIE

De Gerstenberg, capit., B. 19 août 1813, affaire de Büchen.
De Heltzen, lieut., B. 7 déc. 1813, affaire de Bornhöved.

10 *déc.* 1813, *combat de Sehested.*
Gonner, capit., B.
Pedersen, lieut., B.

MARINE

Kruse, capit. de vaisseau, T. 28 déc. 1813, affaire de Glückstadt.

TROUPES AUTRICHIENNES
(1812)

RÉGIMENTS D'INFANTERIE

5ᵉ Régiment (WARASDINER-KREUZER).

JAKUPCHEVICH, enseigne, B. 25 août 1812, affaire de Stari-Wüschna.

19ᵉ Régiment (ALVINTZY).

12 août 1812, combat de Podobna.
DÖRY, capit., T.
KRITZNER, lieut., T.

AMBRUS, lieut., T.
MAYR, s.-lieut., T.

30ᵉ Régiment.

HAMPEL DE WAFFENTHAL, major, B. 8 sept. 1812, combat du pont de Pothatje.

32ᵉ Régiment (ESTERHAZY).

18 nov. 1812, combat de Rudnia.
ALLEMANN, capit., B.

BARKENSTEIN, lieut., B.
KOHL, s.-lieut., B.

33ᵉ Régiment (COLLOREDO).

12 août 1812, combat de Podobna.
DIMINA, s.-lieut., T.
MEINERT, enseigne, B. (mort le 3 sept.).
GOLLENHOFER, lieut.-col., B.
HAROSSY, lieut.-col., B.
HOVEL, capit., B.
SCHENK, capit., B.
PECHLER, s.-lieut., B.
DIETRICH, s.-lieut., B.
SCHÖNHOLZ, s.-lieut., B.

GUNDIAN, s.-lieut., B.
BAUER DE EHRENBAU, s.-lieut., B.
DOLESCHALL, enseigne, B.
DONATH, enseigne, B.
VECSEY DE HAINATSKÖ, enseigne, B.
KRASITZKY, enseigne, B.

MUSSINGER, lieut., B. 29 sept. 1812, affaire de Ljuboml.

34ᵉ Régiment (DAVIDOVICH).

MAZUR, major, T. 8 oct. 1812, combat de la ferme de Triszyn.

39ᵉ Régiment (DUKA).

MUSCATIROVICH, enseigne, B. 14 oct. 1812, combat de Mantury.

48ᵉ Régiment (SIMBSCHEN).

12 août 1812, combat de Podobna.
LOHR, s.-lieut., B.

SCHAEUR, s.-lieut., B.
BULATH, enseigne, B.

5ᵉ BATAILLON DE CHASSEURS

MICHALIKO DE PÖRFÖLD, s.-lieut., B. 30 août 1812, combat de Davigrodek.

18 nov. 1812, combat de Rudnia.
HARTOPP, major, T.

GENIMONT, capit., T.
ADAMY, lieut., T.
SCHMID, s.-lieut., B. (mort le 21).

7ᵉ BATAILLON DE CHASSEURS

FITZ-PATRIK, lieut., B. 8 août 1812, combat de Siegniewiczi (mort le 14 sept.).

25 août 1812, combat de Stari-Wäschna.
PAPP, capit., T.
DOSA, s.-lieut., T.

6ᵉ RÉGIMENT DE DRAGONS (RIESCH).

THUM, capit., T. 27 nov. 1812, combat de Podhatje.

RÉGIMENTS DE HUSSARDS

1ᵉʳ Régiment (EMPEREUR).

CASTIGLIONE, lieut., B. 17 juill. 1812, dans une reconnaissance.
MODRAY, capit., B. 18 juill. 1812, affaire de Lubesz.

8 août 1812, combat de Siegniewiczi.
HORVATH DE SZENT GYÖRGY, col., B. (mort le 9).
BUTSEK, lieut., T.

SEJBEN, lieut., B.

CZEHY, capit., T. 29 sept. 1812, affaire de Brest-Litowsky.
SZÖLLOSSY, lieut., B. 1ᵉʳ nov. 1812, affaire de Lumina.
PAULINI, capit., B. 14 déc. 1812, combat de Jawor.

4ᵉ Régiment (HESSEN-HOMBOURG).

AULICH, s.-lieut., B. 7 sept. 1812, affaire de Lachwa.
FORSTER, s.-lieut., B. 8 sept. 1812, affaire du pont de Podhatje.

9 oct. 1812, combat de Welikzelo.
HESSEN-HOMBOURG, col., B.
SCHMID, lieut., B.
MEDVEY, s.-lieut., B.

6ᵉ Régiment (BLANKENSTEIN).

DRIVER, capit., T. 30 sept. 1812, combat de Wladowa.

8ᵉ Régiment (KIENMAYER).

BARKO, s.-lieut., B. 10 août 1812, affaire de Pruzany.

TROUPES PRUSSIENNES
(1812)

RÉGIMENTS COMBINÉS D'INFANTERIE

1er Régiment.

De Massenbach, lieut., T. 29 sept. 1812, combat d'Eckau.

De Crammor, major, B. 3 déc. 1812, affaire de Dahlbingen.

2e Régiment.

De Wallis, lieut., T. 19 juill. 1812, combat d'Eckau.

De Menkslern, lieut., B.
De Hippel, lieut., B.

22 août 1812, combat de Dahlenkirchen.
De Pfeiffer, major, B.
De Raven, lieut., B.
De Mulbe, lieut., B.
De Schachtmeyer, lieut., B.
De Meller, lieut., B.
Salinger, lieut., B.

De Raven (1), lieut., B. 2 oct. 1812, combat de Garossenkrug.

(1) Le général d'York, dans son rapport au maréchal Macdonald sur le combat de Garossenkrug, accuse deux officiers tués et treize blessés.

3e Régiment.

22 août 1812, combat de Dahlenkirchen.
De Stulpnagel, capit., T.
De Borcke, major, B.
De Szglinitzki, capit., B.
De Tilly, lieut., B.
De Grumbkow, lieut., B.

De Pritzelwitz, lieut., B.
De Korff, lieut., B.
De Wolff, lieut., B.

De Kaminietz, lieut., B. 2 oct. 1812, combat de Garossenkrug.

5e Régiment.

22 août 1812, affaire d'Olay.
De Fiédler, lieut., B.
De Hindzmann, lieut., B.

De Schimmelpfennig II (1), lieut., B. 27 sept. 1812, aux avant-postes d'Olay (mort le 28).

28 sept. 1812, combat de Grafenthal.
De Halten, capit., T.

(1) Du 26 septembre au 2 octobre 1812, les Prussiens eurent cinq officiers tués et trente-cinq blessés.

De Muller, lieut., T.
De Hochtetter, lieut., B. (mort le 29).
De Grzymalla, lieut., B.
De Schimmelpfennig I, lieut., B.

29 oct. 1812, combat d'avant-postes.
De Goltz, major, B.
De Schack, lieut., B.

Schulz, lieut., B. 16 nov. 1812, affaire de Reggen.

6ᵉ Régiment.

De Zaborowski, lieut., B. 22 août 1812, combat de Dahlenkirchen.

D'Olezewski, lieut., T. 2 oct. 1812, combat de Garossenkrug.

7ᵉ BATAILLON DE FUSILIERS

12 août 1812, combat de Dahlenkirchen.
De Knobelsdorf, capit., B.
Zglinitzki, capit., B.

De Koszinski, lieut., B.

Spitznass, lieut., B. 30 sept. 1812, affaire de Gräfenthal.

BATAILLON COMBINÉ DE CHASSEURS

22 août 1812, combat de Dahlenkirchen.
De Valentini, capit., T.
De Marées, lieut., B. (mort).
De Knobelsdorf, lieut., B. (mort).
Pohle, lieut., B. (mort).
De Pannewitz, lieut., B.
Krüger, lieut., B.

22 août 1812, combat d'Olay.
De Kröcher, lieut., B. (mort le 23).
De Rieben, capit., B.
De Röder, lieut., B.

De Schmidt, lieut., B. 1ᵉʳ oct. 1812, combat d'Eckau.
De Grawert, lieut., B. 2 oct. 1812, combat de Garossenkrug.

RÉGIMENTS COMBINÉS DE DRAGONS

1ᵉʳ Régiment.

19 juill. 1812, combat d'Eckau.
D'Exbeck, capit., T.
De Brandebourg, capit., B.
N..., B.
N..., B.

De Massenbach, lieut. A.-M., T. 29 sept. 1812, affaire d'Eckau.
Dessauniers, lieut., B. 2 oct. 1812, combat de Garossenkrug.
De Manstein, capit., T. 26 déc. 1812, sur le Niemen.

2ᵉ Régiment.

De Massow, lieut., B. 2 oct. 1812, combat de Garossenkrug.

Pultkamer, lieut., T. 20 nov. 1812, combat de Ponewicz

1ᵉʳ RÉGIMENT COMBINÉ DE HULANS

De Strantz, lieut., B. 5 juill. 1812, affaire de Staroje-Daugelischki.

De Michaelis, lieut., B.
De Lupinski, lieut., B.

8 août 1812, combat d'Inkowo.
De Werder, major, B.
Julius, lieut., B.

3 oct. 1812, combat de Woronowno.
De Wildowski, chef d'escad., B.
De Wulffen, lieut., B.
De Duncker, lieut., B.

7 sept. 1812, bataille de la Moskowa.
De Lavalette, lieut., T.
De Vitzleben, chef d'escad., B.

De Grodzki, lieut., B. 17 nov. 1812, affaire de Spa-Kuplia.

RÉGIMENTS COMBINÉS DE HUSSARDS

1ᵉʳ Régiment.

De Raven, lieut., B. 5 juill., 1812, affaire de Ponewiez.
De Firecks, lieut., B. 22 août 1812, combat de Dahlenkirchen.
Dauer, lieut., B. nov. 1812, affaire devant Dunabourg.

28 déc. 1812, combat près de Tilsitt.
De Manstein, chef d'escad., T.
De Zastrow, capit., B.

2ᵉ Régiment.

Abraham, lieut., B. 6 juill. 1812, affaire du Gué de la Sisna.

26 juill. 1812, combat d'Ostrowno, près de Witepsk.
De Manteuffel, chef d'escad., B.
De Kalkreuth, lieut., B.
De Rudorff, lieut., B.
De Kameke, lieut., B.
De Sommnitz, lieut., B.

De Quitzow, lieut., B. 21 août 1812, aux avant-postes sur le Dnieper.
De Borke, lieut., B. 22 août 1812, affaire de Dorogobouje.
Abraham, lieut., T. 25 août 1812, affaire de Kupki.

7 sept. 1812, bataille de la Moskowa.
Mayer, lieut., T.
De Knobloch, chef d'escad., B.
Stiemer, lieut., B.
Felgentreu, lieut., B.

De Oesterling, enseigne, B.
De Schönbron, enseigne, B.
Felgentreu, enseigne, B.

De Lemke, lieut., B. 10 sept. 1812, combat de Mojaïsk.
De Meyeringk, lieut., B. 13 sept. 1812, affaire devant Moscou (mort à Wilna).
De Zieten, major, B. 4 oct. 1812, combat de Tarotino (mort à Wilna).

18 oct. 1812, combat de Winkowo.
De Eisenhardt, lieut., B.
De Craven, lieut., B.

De Czarnowski, col., D. le 28 nov. 1812, à la Bérésina.

Nov. et déc. 1812, pendant la retraite de Russie.
De Manteuffel, chef d'escad., D.
De Taschen, lieut., D.

3ᵉ Régiment.

22 août 1812, combat de Dahlenkirchen.
De Schill, major, B.

De Behr, lieut., B.

ARTILLERIE

Fischer, lieut., B. 20 nov. 1812, combat de Ponewicz.

LISTE SUPPLÉMENTAIRE[1]

ÉTAT-MAJOR GÉNÉRAL

CLAPARÈDE, gén. de div., B. 3 mai 1809, combat d'Ebersberg.
TAUPIN, gén. de brig.; B. 27 déc. 1808, combat devant Saragosse.
ALBERT, gén. de brig., B. 22 mai 1809, bataille d'Essling ; B. 6 juill. 1809, bataille de Wagram.
AUBRY, gén. de brig., B. 1ᵉʳ août 1812, combat devant Poiotsk.
PELLEPORT, gén. de brig., B. 21 mai 1813, bataille de Wurschen.

ÉTAT-MAJOR. — ADJUDANTS-COMMANDANTS

MOLARD, B. 30 oct. 1805, combat de Caldiero.
WOLFF, B. 16 janv. 1807, combat d'Ostrolenka.
ALLEMAND, B. 28 mars 1809, bataille de Medellin.
LOVERDO, B. 6 juill. 1809, bataille de Wagram.
CHARROY, B. 28 janv. 1811, affaire de Calaf (Catalogne).
BLANQUET, B. 7 sept. 1812, bataille de la Moskowa.
BRENOT, B. 13 déc. 1813, combat de Saint-Pierre-d'Irube.
BEDOS, B. 1ᵉʳ févr. 1814, bataille de la Rothière.
BRENOT, B. 19 mars 1814, combat de Vic-de-Bigorre.

ADJOINTS D'ÉTAT-MAJOR.

VAN BERKEM, capit., B. 4 nov. 1805, combat d'Amstetten.
BONNAIRE, capit., B. 2 déc. 1805, bataille d'Austerlitz.
ZAKRZEWSKI, capit. (Polonais), B. } 8 févr. 1807, bataille
SZYMANOWSKI, lieut. (Polonais), B. } d'Eylau.
DUGUÉ, capit., B. } 14 juill. 1808, bataille
DE ZEGERS, capit., B. } de Medina-del-Rio-Secco.
D'ESCRAGNOLLES, lieut. (Portugais), T. 29 juill. 1808, combat d'Evora.
MOUTONNET, capit., B. 29 févr. 1809, dans une reconnaissance en Espagne.
VAN ZUYLEN VAN NYEVELT, capit. (Hollandais), B. 18 mars 1809, affaire de Val-de-Canas.
VERDIÈRE, capit., assassiné en avril 1809, dans la province de la Manche.
BRUNOT DE ROUVRE, capit., B. 10 mai 1809, dans un faubourg de Vienne par la populace.
BECHTOLD, col. (Hessois), T.
FERRARI, chef de bat., B.
DE NERVAUX, capit., B.
DE LENTZ, lieut. (Saxon), B. } 6 juill. 1809,
DE WALDSDORFF, lieut. (Saxon), B. } bataille de Wagram.
DE LUTTICHAU, lieut. (Saxon), B.
DE SAHR, lieut. (Saxon), B.

---

(1) Etablie à l'aide des documents des Archives de la Légion d'honneur.

Bosse, chef d'escad., B. 28 juill. 1809, bataille de Talavera-de-la-Reyna.
Leforestier, capit., B. 19 nov. 1809, bataille d'Ocaña.
Desbrest, chef de bat. (Napolitain), B. sept. 1810, dans une descente en Sicile.
Bedos, chef de bat., B. 31 janv. 1811, au siège de Badajoz.
Bin, chef de bat., B. 20 mai 1811, siège de Tarragone.
Oboussier, capit., B. 22 juill. 1812, bataille des Arapiles.
Prunelle, capit., B. 25 juill. 1812, combat d'Ostrowno.
Seras, capit., B. 15 nov. 1812, par des cosaques, route de Krasnoë.
D'Oberkirch, capit., B. 28 nov. 1812, bataille de la Bérésina.
Zakrzewski, capit. (Polonais), B. 29 nov. 1812, aux ponts de la Bérésina.
Bingant, lieut., B. 21 mai 1813, bataille de Wurschen.
Freire d'Andrade, chef de bat. (Portugais), B. 21 juin 1813, bataille de Vittoria
Bingant, lieut., B. 6 sept. 1813, bataille de Juterbock.
Niegolowski, chef d'escad. (Polonais), B. 19 oct. 1813, au pont de Leipzig.
Orbecchy de Pietri, capit., B. 16 oct. 1813, bataille de Leipzig.
Zakrzewski, capit. (Polonais), B. 25 oct. 1813, route de Hanau.
Chambure, capit., B. 5 nov. 1813, défense de Dantzig.
Mieroslawski, major (Polonais), B. 5 janv. 1814, défense de Hambourg.
Acher, lieut., B. 27 févr. 1814, combat de Bar-sur-Aube.
Bourgeoy, lieut., B. 16 juin 1815, bataille de Ligny.
Orbecchy de Pietri, capit., B. 18 juin 1815, bataille de Waterloo.

AIDES DE CAMP

Desbrest, capit., B. 4 juill. 1806, combat de Sainte-Euphémie.
Mandeville, lieut., B. 5 juin 1807, combat de Guttstadt.
Breton, capit., B. } 14 *juin* 1807,
Gautray, capit., B. } *bataille de Friedland.*
De Soulage, chef de bat., B. 14 juill. 1808, bataille de Medina-del-Rio-Secco.
Federico, capit. (Italien), B. 8 mai 1809, bataille de la Piave.
Brunot de Rouvre, chef de bat., B. 5. } 5 *et* 6 *juill.* 1809,
Gaugler, lieut., B. 6. } *bataille de Wagram.*
Cham, lieut., B. 8 août 1809, combat du pont de l'Arzobispo.
De Schaeffer, lieut. (Hessois), B. 19 nov. 1809, bataille d'Ocaña.
Guyton, capit., B. 5 mars 1811, combat de Chiclana.
Chambure, lieut., B. 6 juin 1811, affaire de Cabrillos (Portugal).
Prunelle, capit., B. 29 déc. 1811, dans une reconnaissance en Espagne.
Roettier, lieut., B. 2 févr. 1812, affaire dans la Sierra de Ronda.
Loke, capit., B. 18 mars 1812, en escortant des prisonniers espagnols.
Dulnas, lieut., B. 1er août 1812, affaire devant Polotsk.
Chamerlat, capit., B. 18 août 1812, bataille de Smolensk.
De Durfort-Léobard, capit., B. 7 sept. 1812, bataille de la Moskowa.
Benoist, lieut., B. 4 oct. 1812, affaire devant Moscou.
Morard de Galle, lieut., B. 9 nov. 1812, combat devant Smolensk.
Jousserand, lieut., B. 14 nov. 1812, affaire route de Krasnoë.
De Durfort-Léobard, capit., B. 6 déc. 1812, par des cosaques près de Wilna.
De Bourgoing, capit., B. 1er janv. 1813, affaire de Marienbourg.
De Brandsen, lieut. (Italien), B. 19 mai 1813, combat de Kœnigswarta.
Bourquin, capit., B. 28 juill. 1813, retraite de Pampelune.
Kielkiewicz, capit. (Polonais), B. 3 oct. 1813, combat devant Dresde.
D'Haucour, capit., B. 14 oct. 1813, bataille de Wachau.
Vesco, capit., B. 18 oct. 1813, bataille de Leipzig.
Malandin, capit., B. 21 janv. 1814, combat de Ligny-sur-Aube.

DE PONT-BELLANGER, capit., B. 11 févr. 1814, bataille de Montmirail.
VERTILLE DE RICHEMONT, capit., B. 27 févr. 1814, bataille d'Orthez.
CHEVREAU, chef de bat., B. 3 mars 1814, combat devant Troyes ; B. 18 juin 1815, bataille de Waterloo.

OFFICIERS HORS CADRES

BROYER, col. en second, B. 21 mai 1809, bataille d'Essling.

ÉTAT-MAJOR DES PLACES

BOSSE, major command. d'armes, B. 30 oct. 1813, bataille de Hanau.
DELAULLE, chef de bat., adjudant de place, B. 1814, défense de Grave.
VARINOT, capit.-adjudant de place, B. 23 avril 1814, défense de Venasque (Aragon) (mort le 10 mai).

SERVICE DE SANTÉ

BIDOT, chirurg.-M., B. 6 avril 1812, défense de Badajoz.
RAYMOND, chirurg.-M., B. 12 sept. 1812, combat naval sur l'Adriatique.
SATURNINI, chirurg.-M., B. 10 nov. 1812, route de Krasnoë.
BALISTE, chirurg. A.-M., B. 2 mai 1813, bataille de Lutzen.

ADMINISTRATION DE L'ARMÉE

BONNARD, commissaire des guerres, T. en août 1810, entre Vittoria et Tolosa.
COUTELLE, sous-inspecteur aux revues, B. 28 mars 1809, bataille de Medellin.
FROMENTIN DE SAINT-CHARLES, sous-inspecteur aux revues, B. 17 nov. 1812, devant Krasnoë.
KRYNIEWICZ, inspecteur aux revues (Polonais), B. 28 nov. 1812, aux ponts de la Bérésina.

SERVICE DES HOPITAUX

LALUNG DE FEROL, inspecteur, B. 6 juin 1808, sur la Guadiana.

GARDE IMPÉRIALE

2e grenadiers à pied.	BACHEVILLE, lieut., B. 13 févr. 1814, combat de Château-Thierry.
1er tirailleurs........	BRUYNÉES, lieut., B. } 17 nov. 1812,
—	LABOLE, lieut., B. } combat de Krasnoë.
3e —	BOZIO-NÉGRONI, lieut., B. 18 juin 1815, bataille de Waterloo.
8e —	BRINCOURT, s.-lieut., B. 3 mars 1814, combat du pont de la Guillotière.
Flanqueurs-grenadiers.	FERNAGU, lieut., B. 11 févr. 1814, combat près de Château-Thierry.
2e chasseurs à pied..	LABORDE, lieut., B. 12 févr. 1814, aux avant-postes.
Fusiliers-chasseurs....	PETIT, lieut., B. 10 juin 1807, bataille d'Heilsberg.
—	REICHARDT, capit., B. (m.le 15 avril.) } 30 mars 1814,
—	VERSTRAËTE, lieut., B. } bataille de Paris.

5ᵉ voltigeurs	Mativet, lieut., B. 18 oct. 1813, bataille de Leipzig.
6ᵉ —	Delatre, s.-lieut., T. 23 févr. 1814, combat de Brinon (Yonne).
7ᵉ —	Morel, s.-lieut., B. 31 août 1813, combat de Nossen (Saxe).
8ᵉ —	Roussel, s.-lieut., B. 27 août 1813, bataille de Dresde.
10ᵉ —	Folliot, lieut., B. 30 mars 1814, bataille de Paris.
Vélites de Florence	Haulon, capit., B. 11 févr. 1814, bataille de Montmirail.
Grenadiers à cheval	Scribe, cap. A.-M., B. 18 juin 1815, bataille de Waterloo.
1ᵉʳ chevau-légers	Tanski, capit., B. 6 juill. 1809, bataille de Wagram.
2ᵉ —	De Chavannes, lieut., B. 26 mars 1814, combat de Saint-Dizier.
3ᵉ gardes d'honneur	Bourlon de Chavanges, capit., B. 18 oct. 1813, bataille de Leipzig.
—	Bournier, lieut., B. 26 févr. 1814, défense de Landau.
Train d'artillerie	Falfet, s.-lieut., B. 18 oct. 1813, bataille de Leipzig.
Marins	Bouvier des Touches, capit., B. 19 juill. 1808, bataille de Baylen.

GENDARMERIE

François, lieut., B. 27 févr. 1814, combat de Bar-sur-Aube.

INFANTERIE DE LIGNE

1ᵉʳ régiment	Nanot, lieut., B. 22 juill. 1812, bataille des Arapiles.
—	Mouton, capit., B. 18 oct. 1813, bataille de Leipzig.
—	Denizet, lieut., B. 26 oct. 1813, affaire de Castel-la-Pietra (Italie).
—	D'Arnoult, chef de bat., B. 8 févr. 1814, bataille du Mincio.
2ᵉ —	Beaumel, lieut., B. 1ᵉʳ avril 1814, défense de Besançon.
3ᵉ —	Bardin, s.-lieut., B. 5 févr. 1814, combat de Sanguessa.
—	Barabé, s.-lieut., B. 11 avril 1814, combat devant Hambourg.
4ᵉ —	Queyrol, capit., B. 18 nov. 1812, bataille de Krasnoë.
5ᵉ —	Barthez, s.-lieut., B. 11 juill. 1809, bataille de Znaïm.
—	Desclèves, capit., B. } 18 juin 1815,
—	Gillet, s.-lieut., B. } bataille de Waterloo.
6ᵉ —	Bourbaki, s.-lieut., B. 26 juin 1806, au siège de Gaëte.
7ᵉ —	Fournier, capit., B. 17 févr. 1809, combat de Masquefa; B. 18 juill. 1810, dans une reconnaissance en Catalogne.
8ᵉ —	Barois, s.-lieut., B. 5 mars et 2 nov. 1813, défense de Dantzig.
—	Losinchi, lieut., B. 13 déc. 1813, combat devant Bayonne.
9ᵒ —	Larcilly, major, B. }
—	Gouland, lieut. A.-M., B. } 6 juill. 1809,
—	Gérin, lieut., B. } bataille de Wagram.
—	Leclerc, s.-lieut., B. }
—	Voisin, s.-lieut., B. 31 oct. 1813, près de Bassano.
—	Boyet, s.-lieut., B. 13 avril 1814, combat sur le Taro.

LISTE SUPPLÉMENTAIRE

10⁰ régiment........	Petison, s.-lieut. B. 11 mai 1813, passage de l'Elbe.	
—	Bourdageau, lieut., B. 23 août 1813, combat de Goldberg.	
—	Bourdageau, lieut., B. 18.	⎱ 18 et 19 oct. 1813,
—	Richard, lieut., B. 19.	⎰ bataille de Leipzig.
—	Bourdageau, lieut., B. 30 oct. 1813, bataille de Hanau.	
—	Baetens, s.-lieut., B. 10 avril 1814, bataille de Toulouse.	
11ᵉ —	Aubrée, col., B. 14 juill. 1811, blocus de Figuières.	
12ᵉ —	Guyot, lieut., B. 26 déc. 1806, combat de Pultusk.	
—	Belingeri, s.-lieut., B. 6 juill. 1809, bataille de Wagram.	
—	Baron, capit., B. 19 août 1812, combat de Valoutina-Gora.	
13ᵉ —	Doreille, chef de bat., B. 6 juill. 1809, bataille de Wagram.	
—	Perriquet, lieut., B. 3 oct. 1813, combat de Wartembourg.	
14ᵉ —	Clavier, capit., B. 16 oct. 1813, bataille de Leipzig.	
15ᵉ —	Charvais, capit., B. 16 mai 1809, au pont de Missarella (Espagne).	
16ᵉ —	Pattez, chef de bat., B. 19 juin, 8 juill. et 19 sept. 1809, siège de Girone.	
—	Marin, col., B.	⎱ 21 mai 1809,
—	Devoucoux, lieut., B.	⎰ bataille d'Essling.
—	De Mauroy, lieut., B.	⎱ 6 juill. 1809,
—	Brenon, lieut., B.	⎰ bataille de Wagram.
—	Lenoir, lieut., B.	
—	Lacroix, capit., B. 25 oct. 1811, bataille de Sagonte.	
—	Berthet, s.-lieut., B. 20 mars 1814, combat devant Lyon.	
18ᵉ —	Boudin, capit., B. 7 sept. 1812, bataille de la Moskowa.	
—	Vallent, s.-lieut., B. 27 août 1813, combat de Lubnitz.	
—	Pinsum, capit., B. 9 juill. 1815, combat devant Strasbourg.	
19ᵉ —	Aubry, s.-lieut., B. 16 oct. 1813, bataille de Leipzig.	
—	Brassaud, s.-lieut., B. 18 juin 1815, bataille de Waterloo.	
23ᵉ —	Richard, lieut., B. 21 mai 1813, bataille de Wurschen.	
—	Piéverd, capit.. T. 6 sept. 1813, bataille de Juterbock.	
—	Demarçay, lieut., B. 16 juin 1815, bataille de Ligny.	
24ᵉ —	Beligny, capit., B. 8 févr. 1807, bataille d'Eylau.	
—	Beligny, capit., B.	⎱ 26 févr. 1807,
—	Remy, capit., B.	⎰ combat de Braunsberg.
—	Voirin, chef de bat., B. 6 août 1811, en visitant les postes devant Cadix.	
25ᵉ —	Brice, s.-lieut., B. 6 juill. 1809, bataille de Wagram.	
—	Mazure, capit., B. 24 oct. 1812, bataille de Malojaroslawetz; B. 3 nov. 1812, combat de Wiasma.	
26ᵉ —	Baudin, s.-lieut., B. 5 mai 1811, bataille de Fuentès-d'Oñoro.	
27ᵉ —	Bethelhe, chirurg. A.-M., B. 31 mars 1811, dans une reconnaissance en Navarre.	
28ᵉ —	Baillot, lieut., T. 30 juill. 1813, combat de la vallée d'Elizondo.	

28ᵉ régiment	....	GRAVANT, lieut., B. 8 févr. 1807, bataille d'Eylau.
30ᵉ	—	BONNEVILLE, capit., B. 2 déc. 1805, bataille d'Austerlitz; B. 8 févr. 1807, bataille d'Eylau.
	....	FOURNIER, capit., B. 9 févr. 1814, combat de Willemsbourg.
33ᵉ	—	GUILLAUMOT, s.-lieut., B. 18 nov. 1812, bataille de Krasnoë.
34ᵉ	—	CHAMBURE, s.-lieut., B. 26 déc. 1808, siège de Saragosse.
	—	CHAMBURE, lieut., B. 21 mars 1810, combat de Mozon.
	—	BOSREDON, lieut., B. 13 déc. 1813, combat devant Bayonne.
36ᵉ	—	BERGAIGNE, capit., T. 10 déc. 1813, combat devant Bayonne.
37ᵉ	—	VOILLOT, s.-lieut., B. 28 nov. 1812, bataille de la Bérésina.
	—	DUVAL, capit., B. 1ᵉʳ avril 1814, défense de Besançon.
	—	HENON, chef de bat., B. ⎱ 1ᵉʳ févr. 1814,
	—	FRÉMIOT, s.-lieut., B. ⎰ bataille de la Rothière.
	—	LEMAIRE, s.-lieut., B. 16 juin 1815, bataille de Ligny; B. 18 juin 1815, combat de Wavre.
39ᵉ	—	FOURNIER, s.-lieut., B. 27 févr. 1814, bataille d'Orthez.
40ᵉ	—	BONNOT, capit., B. 2 déc. 1805, bataille d'Austerlitz; B. 26 déc. 1806, combat de Pultusk.
	—	CHASSEREAUX, capit., B. 8 sept. 1811, affaire près de Bilbao.
	—	BALLUE, capit., B. 28 oct., 1811, combat d'Aroyo-de-Molinos.
	—	VILLIÉ, lieut., B. 29 nov. 1812, à Assouela (Espagne).
	—	BALLUE, capit., B. ⎱ 28 juin 1815, combat sur la
	—	DELAUNEY, s.-lieut., B. ⎰ Suffel (devant Strasbourg).
42ᵉ	—	JUGUET, capit., B. 4 juill. 1806, combat de Sainte-Euphémie (mort).
	—	MOREAU, s.-lieut., B. 30 oct. 1813, bataille de Hanau.
	—	LEMAIRE, lieut. A.-M., B. 11 mars 1814, combat de Monzambano.
43ᵉ	—	BASTID, capit., B. 10 juin 1807, bataille d'Heilsberg (mort le 12).
	—	BECK, lieut., B. 16 oct. 1813, bataille de Leipzig.
44ᵉ	—	BERGONNIER, chirurg. S.-A.-M., T. janv. 1812, devant Valence.
45ᵉ	—	BERNARD, s.-lieut., B. 6 juill. 1809, bataille de Wagram.
	—	LENGLADE, chef de bat., B. 14 mai 1809, combat d'Alcantara.
	—	DUBREUIL, capit., B. 28 juill. 1809, bataille de Talavera-de-la-Reyna.
	—	RENOUARD, s.-lieut., B. 5 mai 1811, bataille de Fuentès-d'Oñoro.
	—	BERNARD, lieut., B., 21 juin 1813, bataille de Vittoria.
46ᵉ	—	GAUTHIER, lieut., B. 5 juin 1807, combat de Lomitten.
	—	GAUTHIER, capit., B. 6 juill. 1809, bataille de Wagram.
	—	BARIL (M.), s.-lieut., B. 28 nov. 1812, aux ponts de la Bérésina (mort le 28 janv. 1813).
	—	HAUDOUART, lieut., B. 18 nov. 1812, bataille de Krasnoë.

46e régiment........ Moreau, s.-lieut., B. 18 juin 1815, bataille de Waterloo.
47e   —   .... Bourcier, s.-lieut., B. 1806, en poursuivant les brigands dans le Morbihan.
       —   .... Marret, capit., B. 22 avril 1813, en Espagne.
48e   —   .... Berge, s.-lieut., B. 7 août 1809, défense de Flessingue.
       —   .... Bouisson, capit., B. 9 févr. 1814, combat devant Hambourg.
50e   —   .... Biolet, capit., B. 25 nov. 1808, en Espagne.
51e   —   .... Bernadac, capit., T. 15 mai 1811, combat d'Obeda (Espagne).
       —   .... Tournefier, capit., 31 déc. 1811, siège de Tarifa.
53e   —   .... Pineton de Chambrun, lieut., B. 6 juill. 1809, bataille de Wagram.
       —   .... Pestel, capit., B. 24 oct. 1812, bataille de Malojaroslawetz.
       —   .... Leroy, lieut., B. 8 févr. 1814, bataille du Mincio.
54e   —   .... Bouteloup, capit., B. 14 juin 1807, bataille de Friedland (mort le 26).
       —   .... Marreau, lieut., B. 16 oct. 1813, bataille de Leipzig.
55e   —   .... Louvet, s.-lieut., B. 9 août 1811, dans une reconnaissance en Espagne.
       —   .... Vergès, s.-lieut., B. et D. le 10 déc. 1812, à Wilna.
56e   —   .... Garçon, capit., B. 22 mai 1809, bataille d'Essling.
       —   .... Naas, s.-lieut., B. 31 juill. 1812, combat de Dunabourg.
58e   —   .... Berlancourt, capit., B. 14 juin 1807, bataille de Friedland.
       —   .... Desavignac, s.-lieut., B. 16 avril 1812, affaire d'Arrola (Espagne).
59e   —   .... Bourdon, capit., B. 12 août 1809, affaire de Bornos.
       —   .... Valentin, s.-lieut., B. 16 juin 1815, bataille de Ligny.
60e   —   .... Bodenstaff, capit., B. 9 juill. 1813, combat de la Salud.
61e   —   .... Barras, capit., B. 8 févr. 1807, bataille d'Eylau.
       —   .... Fernay, s.-lieut., B. 18 juin 1815, bataille de Waterloo.
62e   —   .... Trimoullier, s.-lieut., B. 5 avril 1813, affaire d'Orloban.
64e   —   .... Boudin, lieut., B. 26 déc. 1806, combat de Pultusk.
65e   —   .... Baron, lieut., B. 17 août 1813, affaire de Garissia.
       —   .... Barthe, lieut., B. 10 déc. 1813, combat devant Bayonne.
       —   .... Bouvier, lieut., B. 25 mars 1814, combat de Fère-Champenoise.
       —   .... Menjoulet, lieut., B. 19 juin 1815, combat devant Namur.
69e   —   .... Dartigues, capit., B. 12 mars 1807, aux avant-postes d'Alkirken.
       —   .... Bernard, s.-lieut., B. 27 sept. 1810, bataille de Busaco.
70e   —   .... Bonnichon, capit., B. 4 août 1808, attaque de Saragosse.
       —   .... Mazuyer, lieut., B. 17 août 1809, dans une reconnaissance en Espagne; B. 10 déc. 1810, affaire de Guadalaxara.
       —   .... Brenon, capit., B. 3 avril 1811, combat de Sabugal.
       —   .... Garnier, lieut., B. 18 oct. 1813, bataille de Leipzig.

72e régiment........		VANNEROT, s.-lieut., B. 13 janv. 1811, dans une batterie de côtes (Helder).
75e	—	.... BELLIER, s.-lieut., B. 11 janv. 1812, affaire de Tarancon.
	—	.... GARNIER, capit., B. 24 oct. 1813, combat de Santona.
76e	—	.... BESSON, capit., B. 18 nov. 1805, combat de Botzen.
	—	.... CHAUSSY, lieut., B. 26 déc. 1806, combat de Pultusk.
	—	.... BESSON, capit., B. 5. ⎫ 5 et 6 juin 1807, défense
	—	.... BISSON, lieut., B. 6. ⎭ du pont de Deppen.
	—	.... CARRELET, lieut., B. 8 juill. 1810, siège de Ciudad-Rodrigo.
	—	.... ANDRIEUX, capit., B. 30 août 1813, affaire de Culm.
82e	—	.... BOUIRE, s.-lieut., B. 21 août 1808, bataille de Vimeiro.
	—	.... BOSSE, capit., B. 31 déc. 1811. près d'Avila.
	—	.... GHILAIN, lieut., B. 16 juin 1815, bataille de Ligny.
86e	—	.... CHAINEAU, lieut., B. 10 nov. 1811, dans une reconnaissance en Espagne; B. 18 juin 1812, route de Salamanque.
	—	.... GALLAND, s.-lieut., B. 25 juin 1812, dans une reconnaissance en Espagne; B. 29 sept. 1812, route de Logrono.
	—	.... PRAT, s.-lieut., B. 24 oct. 1812, combat devant Burgos.
	—	.... BÉGARD, s.-lieut., B. 2 mai 1813, bataille de Lutzen.
	—	.... RIDE, lieut., B. 16 oct. 1813, bataille de Leipzig.
	—	.... FRÉMY, s.-lieut., B. 20 juin 1815, combat de Namur.
88e	—	.... BAUDET, lieut., B. 9 mars 1814, bataille de Laon.
89e	—	.... COTE, s.-lieut., T. ⎫ 24 janv. 1809, défense
	—	.... JOURDAIN, s.-lieut., B. (mort le 19 mars). ⎭ de Santo-Domingo.
94e	—	.... GUIOT, lieut., B. 26 août 1813, bataille de Dresde.
95e	—	.... GÉRARD, s.-lieut., B. 18 juin 1815, bataille de Waterloo.
96e	—	.... BOYER, lieut., B. 11 nov. 1808, combat d'Espinosa.
	—	.... CHARLOT, capit., T. 16 juin 1815, bataille de Ligny.
	—	.... VARDA, chef de bat., B. 21 juin 1813, bataille de Vittoria.
	—	.... CHAVANCE, lieut., B. 30 août 1813, affaire de Culm.
	—	.... CHALMAS, s.-lieut., B. 17 oct. 1813, défense de Dresde.
100e	—	.... LAFLIZE, chirug.-major, B. 11 nov. 1805, combat de Dürrenstein.
101e	—	.... BASTIEN, capit., B. 22 juill. 1812, bataille des Arapiles.
	—	.... TIRAN, lieut., B. 21 mai 1813, bataille de Wurschen.
	—	.... SARDOU, s.-lieut., B. 27 févr. 1814, combat de Bar-sur-Aube.
102e	—	.... MOREAU DE GRANDMAISON, lieut., B. 24 sept. 1813, combat près de Bautzen.
	—	.... GAUCHET, capit., B. 18 oct. 1813, bataille de Leipzig.
	—	.... MOREAU DE GRANDMAISON. lt, B. ⎫ 30 oct. 1813, bataille
	—	.... BELLANDO, s.-lieut., B. ⎭ de Hanau.
	—	.... GAUCHET, capit., B. 30 nov. 1813, combat d'Arnheim.
103e	—	.... MIETTON, s.-lieut., B. 21 juin 1813, bataille de Vittoria.
105e	—	.... REMY, lieut., B. 19 avril 1809, combat de Thann; B. 22 mai 1809, bataille d'Essling.
	—	.... BRABANT, capit., B. 6 juill. 1809, bataille de Wagram.

106ᵉ régiment........		Pigeard, chef de bat., B. 24 oct. 1812, bataille de Malojaroslawetz.
—	....	Mariani, s.-lieut., B. 14 nov. 1805, à Fiume (Istrie).
—	....	Moreau, capit., T. 10 déc. 1812, à Wilna.
107ᵉ	—	Dubreuil, s.-lieut., B. 3 févr. 1814, combat de la Chaussée.
—		Moreau de Grandmaison, lieut., B. 4 févr. 1814, combat de Châlons.
108ᵉ	—	Derives, lieut., B. 4 déc. 1812, par des cosaques, route de Wilna.
—	....	Mariez, capit., B. 10 déc. 1812, combat de Wilna.
—	....	Bergès, s.-lieut., B. 20 janv. 1814, combat d'Haarbourg (Hambourg).
111ᵉ	—	Bastiani, chef de bat., B. 7 sept. 1812, bataille de la Moskowa; B. 3 nov. 1812, combat de Wiasma.
—	....	Borne, capit., B. 16 juin 1815, bataille de Ligny.
112ᵉ	—	Arondel-Desvaux, lieut., B. 18 oct. 1813, bataille de Leipzig.
114ᵉ	—	Agnès, s.-lieut., B. 29 juin 1808, retraite de Valence.
116ᵉ	—	Casalta, lieut., B. 25 oct. 1811, bataille de Sagonte.
118ᵉ	—	Antoniotti, s.-lieut., B. 30 juill. 1813, retraite de Pampelune.
119ᵉ	—	Renaudin, s.-lieut., B. 28 juill. 1809, combat devant Saragosse.
—	....	Bajon, capit., B. 31 août 1813, combat sur la Bidassoa (mort le 1ᵉʳ sept.).
121ᵉ	—	Cunéo d'Ornano, s.-lieut., D. nuit du 30 au 31 juill. 1811, à Tudela.
—	....	Beauval, s.-lieut., B. 18 oct. 1813, bataille de Leipzig ; B. 5 mars 1814, reprise de Soissons.
122ᵉ	—	Bacheville, s.-lieut., B. 1ᵉʳ août 1810, à Lapola-de-Lena.
123ᵉ	—	Thielen, lieut., T. 6 mars 1811, défense de Los-Infantès.
—	....	Breders, lieut., B. 19 mars 1811, défense de Ciudad-Réal.
—	....	Wolters, lieut., B. 17 avril 1811, à la Solana
—	....	Guillon, capit., B. 13 janv. 1814, défense de Wittenberg.
127ᵉ	—	Demann, capit., B. 18 janv. 1813, à Bromberg.
128ᵉ	—	Bruyssel, lieut., B. 2 déc. 1813, défense de Kehl.
132ᵉ	—	Ribot, s.-lieut., B. 2 mai 1813, bataille de Lutzen.
—	....	Bermond, s.-lieut., B. 6 sept. 1813, bataille de Juterbock.
—	....	Auricot, s.-lieut., B. 1ᵉʳ févr. 1814, bataille de la Rothière; B. 30 mars 1814, bataille de Paris.
135ᵉ	—	Leroy, s.-lieut., B. 2 mai 1813, combat de Halle.
136ᵉ	—	Daubremé, col., B. 18 févr. 1814, combat de Lisy.
139ᵉ	—	Demange, s.-lieut., B. 18 oct. 1813, bataille de Leipzig.
143ᵉ	—	Dené, s.-lieut., B. 6 mai 1813, en Catalogne.
144ᵉ	—	Exevin, lieut., B. 21 mai 1813, bataille de Wurschen.
147ᵉ	—	Berthereau de la Giraudière, s.-lieut., B. 31 mai 1813, combat de Neukirchen ; B. 19 août 1813, combat de Lowenberg.

130e régiment		STRATZ, lieut., B. 2 sept. 1813, combat de Bischofwerda.
—		DELABLANCHETAIS, capit., B. 16 oct. 1813, bataille de Leipzig.
131e —		DEGLOS, lieut., B. 21 mai 1813, bataille de Wurschen.
154e —		VAUTHRIN, s.-lieut., B. 19 mai 1813, combat de Weissig.
156e —		BRONDEL, s.-lieut., B. 2 avril 1814, combat de Voreppe.

INFANTERIE LÉGÈRE

1er régiment........ BOUTEYN, lieut., B. 4 juill. 1806, combat de Sainte-Euphémie.

— .... DESFOSSEUX, s.-lieut., B. 25 févr. 1809, combat de Vals; B. 20 oct. 1810, combat près de Solona (Catalogne).

2e — MOLLET, s.-lieut., B. 28 mars 1809, combat d'Oporto.

— .... BINET DE JASSON, s.-lieut., B. 27 sept. 1810, bataille de Busaco.

— .... BADIMON, lieut., B. 22 juill. 1812, bataille des Arapiles.

— .... BREDIF, s.-lieut., B. 31 août 1813, combat sur la Bidassoa.

— .... BARDOS, s.-lieut., B. 11 févr. 1814, bataille de Montmirail.

— .... BREDIF, lieut., B. 22 févr. 1814, combat de Méry.

— .... BRINCOURT, s.-lieut., B. 16 juin 1815, bataille de Ligny.

— .... DE LA CHEVARDIÈRE DE LA GRANDVILLE, s.-lieut., B. 18 juin 1815, bataille de Waterloo.

3e — VIDAL, lieut, B. { 3 déc. 1811,
— .... PRISS, lieut., B. { combat de St-Celoni.

4e — DELISLE, lieut., B. 14 juin 1807, bataille de Friedland; B. 29 mars 1809, prise d'Oporto.

— .... VIAL, lieut., B. 18 oct. 1813, bataille de Leipzig.

5e — CADOT DE SÉBEVILLE, lieut., B. 28 déc. 1810, siège de Tortose.

— .... PAYSSÉ, capit., B. 3 déc. 1811, siège de Valence.

— .... ECHATZ, s.-lieut., B. 18 mai 1811, siège de Tarragone.

— .... GUITARD, s.-lieut., B. 1er avril 1813, défense de Mora.

— .... EYMAR, lieut., B. 18 oct. 1813, bataille de Leipzig; B. 14 févr. 1814, bataille de Vauchamp.

6e — VERNIETTE, capit., B. 14 juin 1807, bataille de Friedland; B. 16 juin 1809, en Espagne.

— .... WANWORMHOUTE, capit., B. 2 mai 1813, bataille de Lutzen.

7e — SANSOT, lieut., B. 11 nov. 1812, combat devant Smolensk; B. 18 nov. 1812, bataille de Krasnoë.

— .... MOUNIER, chef de bat., B. 30 août 1813, affaire de Culm; B. 14 sept. 1813, combat de Peterswald.

8e — BERTON, s.-lieut., B. 11 juill. 1809, bataille de Znaïm.

— .... GÉNIN, lieut., B. 25 juill. 1809, défense de Zara (Dalmatie).

— .... VANBAMBEKE, lieut., B. 6 sept. 1813, bataille de Juterbock; B. 28 oct. 1813, route de Hanau.

— .... VERNEY, capit., B. 10 avril 1814, affaire de Chavanne (devant Montmeillan).

9e — BELESDENT, chirurg. A.-M., B. 9 févr. 1811, affaire contre des brigands espagnols.

9ᵉ régiment	....	FERRAND, lieut., B. 19 oct. 1813, bataille de Leipzig.
—	....	BARDIN, s.-lieut., B. 28 mai 1812, affaire de Villa-Réal.
—	....	BOUDIN, lieut., B. 29 juill. 1813, retraite de Pampelune.
—	....	PRÉAUX, capit., B. 27 févr. 1814, bataille d'Orthez.
—	....	BESVILLE, s.-lieut., B. 10 avril 1814, bataille de Toulouse.
10ᵉ	—	BAUCHOT, lieut., B. 2 déc. 1805, bataille d'Austerlitz.
—	....	DEKER, capit., B. 8 févr. 1807, bataille d'Eylau.
—	....	PETIT-RADEL, chirurg. S.-A.-M., B. 10 juin 1807, bataille d'Heilsberg.
—	....	BOULET, capit., B. 22 avril 1809, bataille d'Eckmühl.
—	....	BARBIER, lieut., B. 6 juill. 1809, bataille de Wagram.
—	....	DEKER, capit., B. 11 oct. 1812, affaire près de Pampelune.
—	....	GUITTARD, s.-lieut., B. 3 nov. 1812, combat devant Pampelune.
—	....	LEJEUNE, cap., B. 11 févr. 1813, par des bandes de Mina.
—	....	CUMENGÉ, s.-lieut., B. 7 oct. 1813, combat de la Croix-des-Bouquets (sur les Pyrénées).
—	....	FURET, capit., B. 9 déc. 1813, devant Bayonne.
11ᵉ	—	BAYLE, lieut. A.-M., B. 18 août 1812, bataille de Polotsk.
—	....	MILLOT, chirurg. S.-A.-M., B. 13 déc. 1812, à la montée de Kowno.
—	....	MARIANNI, s.-lieut., B. 16 oct. 1813, bataille de Leipzig.
—	....	GARNIER, lieut., B. 16 juin 1815, bataille de Ligny.
12ᵉ	—	RAIMONDY, capit., B. 18 mars 1814, à Lambèze.
—	....	PARIS, lieut., B. 10 juill. 1812, au passage du Picot-de-la-Miel.
15ᵉ	—	DOMENGIÉ, lieut., B. } 7 sept. 1812,
—	....	BOULIER, s.-lieut., B. } Moskowa.
—	....	BOULIER, s.-lieut., B. 4 oct. 1812, combat près de Moscou.
—	....	FARGUES, s.-lieut., B. } 10 déc. 1812,
—	....	LEBUGLES, s.-lieut., B. } combat devant Wilna.
16ᵉ	—	GÉLONY, capit., B. Iena (mort le 21 mars 1807).
—	....	BOURAYNE, capit., B. 30 mars 1811, à la Palma (Espagne).
—	....	PIERROT, s.-lieut., B. 3 févr. 1812, à Sanguessa.
—	....	BOUILLÉ, chef de bat., B. 13 mars 1814, attaque de Reims.
18ᵉ	—	BARBET, capit., B. 6 juill. 1806, bataille de Wagram.
—	....	BOURDELIN, lieut., B. } 16 nov. 1812,
—	....	PEIS, lieut., B. } bataille de Krasnoë.
22ᵉ	—	BAUD, capit., B. 18 oct. 1813, bataille de Leipzig; B. 27 févr. 1814.
23ᵉ	—	CARRIÈRE, lieut., B. 4 juill. 1806, combat de Sainte-Euphémie.
—	....	REICH, lieut., B. 18 oct. 1813, bataille de Leipzig.
24ᵉ	—	DELANGLE, lieut., B. 22 mai 1809, bataille d'Essling.
25ᵉ	—	BONNESCUELLE, capit., B. 19 avril 1809, combat de Thann.
—	....	GUILLERON, lieut., B. 22 mai 1809, bataille d'Essling.
—	....	BONNESCUELLE, capit., B. } 6 juill. 1809,
—	....	DELAURIER, lieut., B. } bataille de Wagram.
—	....	VIELLARD, s.-lieut., B. 5 mai 1811, bataille de Fuentès-d'Oñoro.
26ᵉ	—	FARAGUET, capit., B. } 2 déc. 1805,
—	....	DE LAHUBAUDIÈRE, s.-lieut, B. } bataille d'Austerlitz.

26ᵉ régiment........		PINTARD, s.-lieut., B. 22 mai 1809, bataille d'Essling.
—	....	ROIZE, capit., B. 18 oct. 1812, bataille de Polotsk.
27ᵉ —	....	HANTELOCOPE, s.-lieut., B. 5 juin 1807, sur la Passarge.
—	....	HANTELOCOPE, capit., B. 22 juill. 1812, bataille des Arapiles.
—	....	ARNOUX, capit., B. 26 mai 1813, affaire près de Salamanque.
—	....	SANTONA, s.-lieut., B. 31 août 1813, passage de la Bidassoa.
28ᵉ —	....	CHENON, capit., B. 5 mars 1813, défense de Dantzig.
29ᵉ —	....	BELLIER, lieut., B. 26 nov. 1812, combat de Borisow (mort le 21 déc.).
—	....	BONNOTTE, s.-lieut., B. 26 nov. 1812, combat de Borisow.
—	....	AUBRAN, lieut., B. 17 oct. 1813, défense de Dresde.
31ᵉ —	....	MORARD DE GALLE, s.-lieut., B. 31 mars 1809, affaire de Braga.
—	....	BASTIA, s.-lieut., B. 17 mars 1814, défense de Saint-Jean-Pied-de-Port.
—	....	SAPELLY, s.-lieut., B. 10 avril 1814, bataille de Toulouse.
32ᵉ —	....	MARCHESI, s.-lieut., B. 8 juill. 1809, siège de Girone.
—	....	SANGUINETTI, lieut., B. 21 août 1813, combat devant Dresde.
—	....	MARRY, capit., B. } 16 oct. 1813,
—	....	RIOLACCI, s.-lieut., B. } bataille de Leipzig.
34ᵉ —	....	MAIGRE, capit., B. 27 sept. 1811, combat de Ponte-del-Ponte.
36ᵉ —	....	COFFIN, capit., B. 15 nov. 1812, combat de Wolkowisk.
37ᵉ —	....	BOULIER, lieut., B. 10 févr. 1814, combat de Vauchamp.

TROUPES HORS LIGNE, COLONIALES ET AUXILIAIRES

Légion corse..........	SOLESI, s.-lieut., B. 15 mai 1806, au siège de Gaëte.
1ʳᵉ légion de réserve...	MAIRESSE, chef de bat., B. 3 juill. 1808, combat de Jaen (présumé mort).
4ᵉ — ...	HELLMUTH, capit., B. 19 juill. 1808, bataille de Baylen (mort).
Compagnies de réserve.	NADAL, capit., B. 11 avril 1809, affaire près de Bassano.
1ᵉʳ batail. de chasseurs des montagnes.	BOULBÈNE, lieut., B. 13 juill. 1808, dans une reconnaissance en Catalogne.
Rég. de l'Ile-de-France.	HUGOT DE NEUFVILLE, capit., B. 1ᵉʳ déc. 1810, défense de l'Ile de France.
Troupes de Java.......	MOLLENBECK, col., B. 26 août 1811, assaut de Meester-Cornelis.
1ᵉʳ régiment étranger..	DUHAMEL, lieut., B. 24 juill. 1809, en Calabre.
— ..	BARERA, capit., B. 2 nov. 1810, affaire de Valderas (Espagne).
— ..	BERGER, s.-lieut., B. 28 oct. 1813, combat de Saint-Marco (Tyrol).
— ..	BANYULS, lieut., B. 26 déc. 1813, près de Forli.
Régiment d'Illyrie.....	DEMARBŒUF, lieut., B. 10 déc. 1812, combat de Wilna.
—	BOURQUIN, s.-lieut., B. 6 sept. 1813, bataille de Juterbock.

Tirailleurs du Pô......	GALVAGNO, lieut., B. 8 févr. 1807, bataille d'Eylau; B. 3 mai 1809, combat d'Ebersberg.
Légion du Nord.......	ANGELINI, lieut., B. 15 mai 1807, au siège de Dantzig.
1er rég. de la Vistule...	HEMMERICH, capit., T. 15 juin 1808, devant Saragosse.
— ...	SKUPIESKI, s.-lieut., B. 24 déc. 1806, combat de Castel-Franco.
2e — ...	WAGROWSKI, lieut., B. 1er juill. 1808, siège de Saragosse.
— ...	RÉGULSKI, chef de bat., B. 4 août 1808, assaut de Saragosse.
— ...	KOSINOWSKI, col., B. 23 nov. 1808, bataille de Tudela.
— ...	RECHOWICZ, capit., B. 4 oct. 1812, combat de Woronowo.
3e — ...	SKORUPSKI, s.-lieut., B. } 4 août 1808,
— ...	KRAJEWSKI, s.-lieut., B. } *assaut de Saragosse.*
— ...	WALOWICZ, s.-lieut., B. 16 juin 1809, affaire de Salmonia.
— ...	BROSZKOWSKI, chef de bat., B. 28 nov. 1812, bataille de la Bérésina.
Régiment de lanciers de la Vistule........	PETIT, lieut., B. 14 oct. 1810, dans une reconnaissance en Espagne.
1er bataillon de pionniers espagnols.....	LOER, lieut., B. 29 mars 1813, défense de Dantzig.

CAVALERIE

1er carabiniers.........	DURIVAL, chef d'escad., B. 14 juin 1807, bataille de Friedland.
2e —	LEGENDRE, s.-lieut., B. 2 déc. 1805, bataille d'Austerlitz.
—	GILLIER, s.-lieut., B. 30 oct. 1813, bataille de Hanau.
—	AUBLIN, s.-lieut., B. 18 juin 1815, bataille de Waterloo.
1er cuirassiers........	PICARD, lieut., B. 22 mai 1809, bataille d'Essling.
—	RANG, s.-lieut., B. 1er janv. 1814, combat de Neumarck.
4e —	BIOT, lieut., B. 6 juill. 1809, bataille de Wagram.
5e —	VERGEZ, lieut., B. 22 mai 1809, bataille d'Essling.
—	PETIT, s.-lieut., B. 4 oct. 1812, combat de Kalouga; B. 14 mars 1814, combat de Château-Thierry.
7e —	RÉGEON, s.-lieut., B. 1er janv. 1814, combat de Neustadt.
12e cuirassiers.........	BETHMANN, s.-lieut., B. 6 juill. 1809, bataille de Wagram.
2e dragons...........	DENIS, s.-lieut., B. 14 oct. 1813, bataille de Wachau.
—	DENIS, lieut., B. 18 juin 1815, bataille de Waterloo.
3e —	DE LAFRESSANGE, lieut., B. 29 janv. 1814, bataille de Brienne.
6e —	ANDRAUD, s.-lieut., B. 24 déc. 1813, combat de Sainte-Croix.
7e —	BAYARD, s.-lieut., B. 27 août 1813, bataille de Dresde.
—	VERNETY, capit., B. } 18 juin 1815,
—	BOURDON, s.-lieut., B. } *bataille de Waterloo.*
8e —	LANGLOIS, s.-lieut., B. 21 déc. 1808, combat de Sahagune.
9e —	LAGNEAU, lieut., B. 14 oct. 1806, bataille d'Iéna.
—	DUVAL, s.-lieut., B. 8 févr. 1807, bataille d'Eylau.
10e —	BARRY, capit., B. 16 févr. 1809, dans une affaire en Portugal.

12ᵉ dragons............		ROLLET, chef d'escad., B. 26 mars 1809, défilés de la Sierra-Morena.
14ᵉ —		D'ARCELIN, s.-lieut., B. 28 mars 1809, bataille de Medellin.
—		BÉGUIN, s.-lieut., B. 17 juin 1808, dans les montagnes de la Sierra-de-Ronda.
15ᵉ —		DUBOIS, s.-lieut., B. 14 oct. 1813, bataille de Wachau.
16ᵉ —		LEGOUZ-DUPLESSIS, s.-lieut., B. 28 sept. 1811, affaire de Huescal.
—		CHAUDRUC DE CRAZANNES, s.-lieut., B. 16 juin 1815, bataille de Ligny.
17ᵉ —		BOLLINGER, s.-lieut., B. 31 mars 1813, affaire de Talamanca.
—		HÉMERY, s.-lieut., B. 6 sept. 1813, bataille de Juterbock.
18ᵉ —		VALENTIN, s.-lieut., B. 23 oct. 1813, affaire de Bouttechel.
19ᵉ —		DUSSUEL, s.-lieut., B. 5 juill. 1815, combat devant Strasbourg.
21ᵉ —		LOUP, chef d'escad., B. 21 juin 1813, bataille de Vittoria.
23ᵉ —		DELEAU, capit., B. 18 oct. 1813, bataille de Leipzig.
—		RAYMOND, lieut., B. 2 mars 1814, affaire près de Meaux.
26ᵉ —		VIAL, lieut., B. 19 juill. 1808, affaire de Baylen.
—		BERGER dit BARON, s.-lieut., B. 25 mars 1811, combat de Campo-Mayor.
6ᵉ chevau-légers......		CAGLIANO, s.-lieut., B. 26 août 1813, affaire de la Katzbach.
2ᵉ chasseurs..........		DENESMOND, s.-lieut., B. 14 août 1812, combat de Krasnoë.
—		AUPPY, s.-lieut., B. 18 oct. 1812, combat de Winkowo.
—		DENESMOND, lieut., B. 21 mai 1813, bataille de Würschen.
3ᵉ —		REIGNIER, lieut., B. 26 sept. 1812, affaire près de Moscou.
4ᵉ —		DE PONCHALON, s.-lieut., B. 20 mai 1813, bataille de Bautzen.
5ᵉ —		GAUCHET, s.-lieut., B. 27 mars 1814, affaire devant Tarbes.
6ᵉ —		HENKENS, s.-lieut., B. 12 oct. 1813, combat près de Leipzig.
7ᵉ —		GENORAY, lieut., B. 10 juin 1807, bataille d'Heilsberg.
—		LACOSTE, s.-lieut., B. 18 févr. 1814, aux avant-postes.
—		ANGÉ, s.-lieut., B. 9 juill. 1815, combat devant Strasbourg.
8ᵉ —		NAUDET, capit., B. 7 sept. 1812, bataille de la Moskowa.
—		COMBES, s.-lieut., B. 18 oct. 1812, aux avant-postes près de Moscou.
—		BERETTI, s.-lieut., B. 2 mai 1813, bataille de Lutzen.
—		RICHARD DE LA PERVANCHÈRE, lieut., B. 23 mars 1814, affaire près de Fismes.
9ᵉ —		HANAUT, s.-lieut., B. 8 mai 1809, bataille de la Piave.
10ᵉ —		HENKART, lieut., B. 16 oct. 1813, bataille de Leipzig.
11ᵉ —		CHEVEREAU, capit., B. 2 déc. 1805, bataille d'Austerlitz.
12ᵉ —		BERET, lieut., B. 18 oct. 1813, bataille de Leipzig.

13ᵉ chasseurs		VANDOIS, s.-lieut., B. 14 oct. 1806, bataille d'Iéna.
—		DESCRAVAYAT-LA-BARRIÈRE, s.-lieut., B. 19 juill. 1808, bataille de Baylen.
—		BOURGEOIS, s.-lieut., B. 2 juin 1809, affaire d'Engerau.
—		DEMENGEOT, col., B. 6 juill. 1809, bataille de Wagram.
—		BRACHI, s.-lieut., B. 22 juill. 1812, bataille des Arapiles.
14ᵉ	—	JANIN, lieut., B. 22 mai 1809, bataille d'Essling.
23ᵉ	—	MAZUYER, lieut., B. 17 sept. 1812, aux avant-postes devant Polotsk.
24ᵉ	—	BEILLER, chirurg. A.-M., B. 6 juill. 1809, bataille de Wagram.
—		BOUDON, capit. A.-M., B. 13 févr. 1814, près de Brey-sur-Seine.
26ᵉ	—	BARBIER, capit., B. 25 sept. 1811, combat en avant de Del-Bodon.
29ᵉ	—	DUSTON DE VILLERGLAM, s.-lieut., B. 20 févr. 1810 combat de Vich.
2ᵉ hussards		HAUSSMANN, capit., B. 2 mai 1813, bataille de Lutzen.
3ᵉ	—	BRODY, capit., B. 14 oct. 1805, combat d'Elchingen.
—		DAVID, lieut., B. 2 mai 1808, insurrection de Madrid.
—		BOYER, capit., B. 27 févr. 1814, combat de Bar-sur-Aube.
6ᵉ	—	DE PONT-BELLANGER, s.-lieut., B. 15 avril 1809, combat de Pordenone.
—		DE BEAUVAU, s.-lieut., B. 6 sept. 1813, bataille de Juterbock.

ARTILLERIE

Etat-major particulier.		PROST, col., B. 21 août 1808, bataille de Vimeiro.
—		VERPEAU, col., B. 6 sept. 1813, bataille de Juterbock.
—		LALLIER, chef de bat., B. 1814, défense de Huningue.
1ᵉʳ rég. à pied		DUFOURQ, lieut., B. 18 août 1812, bataille de Smolensk.
2ᵉ	—	BERNARD, chef de bat., B. juin 1811, siège de Tarragone.
3ᵉ	—	PARENT, capit., B. 7 juin 1808, au pont d'Alcolea (mort le 18 juill.).
5ᵉ	—	GARCIN, capit., B. 16 janv. 1807, combat d'Ostrolenka (mort le 20 juin).
—		BRUSSEL-SANCY, lieut., B. 3 juin 1809, devant Presbourg.
—		ROBERT, capit., B. 1ᵉʳ août 1812, combat devant Polotsk.
—		ARNOULT, lieut., B. 15 mars 1814, défense de Peniscola.
5ᵉ	—	SARRET, lieut., B. 21 juin 1815, défense d'Avesnes.
3ᵉ rég. à cheval		FERRIN, capit., R. 18 avril 1809, au pont de Friedberg.
6ᵉ	—	CHABERT, lieut., B. 6 juill. 1809, bataille de Wagram.
2ᵉ bataillon principal du train		VIGOUREUX, s.-lieut., B. 14 oct. 1806, bataille d'Iéna.
6ᵉ	—	LAINÉ, s.-lieut., B. 18 nov. 1812, bataille de Krasnoë.
10ᵉ	—	LAFOURCADE, lieut., B. 9 févr. 1809, affaire de Cineo (Galice).
14ᵉ	—	TROLÉ, lieut., B. 18 nov. 1812, bataille de Krasnoë.
—		VAN-WASSÈLE, capit., B. 18 oct. 1813, bat. de Leipzig.

GÉNIE

Etat-major particulier. VAUVILLIERS, lieut., B. juill. 1807, au siège de Colberg.
— . PAULIN, capit., B. 18 oct. 1812, combat de Polotsk.
1er bataill. de mineurs. GILLET, capit., B. juill. 1807, au siège de Colberg.
2e bataillon de sapeurs. LENDY, lieut., B. 29 août 1813, à la destruction de Buntzlau.
4e — . AUBERT, lieut., T. 16 juill. 1810, au village de Solein (Espagne).

TRAIN DES ÉQUIPAGES

Etat-major particulier. BERNARD, s.-lieut., B. 12 janv. 1813, pendant la retraite.
6e bataillon.......... BEGUY, s.-lieut., B. 16 nov. 1812, combat de Krasnoë.
18e — .... ARGENSON, s.-lieut., 10 déc. 1812, à Wilna (mort le 15 janv. 1813).

ARTILLERIE DE LA MARINE

1er régiment.......... GOULARD, chef de bat., B. 2 mai 1813, bataille de Lutzen.
— .... RAMU, capit., B. } 29 *août* 1813,
— .... BILLET, s.-lieut., B. } *combat devant Pirna.*
— .... MARÉCHAL, major, B.
— .... BILLET, s.-lieut., B.
2e — .... DE BISSCHOP, capit., B. (mort le 20). } 16 *oct.* 1813, *bataille de Leipzig.*
3e — .... ARNOULD, lieut., B.
— .... GUIOT, lieut., B. 2 févr. 1814, combat de Rosnay.
— .... CHAMBONNAS, lieut., T. 5 mars 1814, défense de Soissons.

ÉQUIPAGES DE LA FLOTTE

BELLISLE, aspirant, B. 8 déc. 1808, combat de la frégate *la Topaze*; B. 10 févr. 1809, combat de la frégate *la Junon*.
HÉRAUD, enseigne, B. 17 nov. 1811, combat du chebeck *la Sirène* (en Italie).

TROUPES ALLIÉES

TROUPES ITALIENNES

2e rég. d'inf. de ligne.. FORESTI, col., B. 9.
— .. PELISSIER, capit., B. 13. } *Juillet* 1806, *siège*
— .. ZAMBELLI, lieut., B. 13. } *de Gaëte.*
— .. ROCCHI, capit., B. 9 déc. 1806, attaque de Maratea.
— .. BAUDREAU, capit., B. 16 avril 1809, bataille de Sacile.

TROUPES NAPOLITAINES

Artill. garde royale...	Simon, lieut., B. 26 août 1813, bataille de Dresde.
2ᵉ rég. d'inf. de ligne..	Bazire, capit., B. 21 déc. 1808, passage du Llobregat; B. 1ᵉʳ sept. 1809, au siège de Girone.
1ᵉʳ régiment de chasseurs à cheval.......	Un lieutenant T. en mars 1810, en Catalogne. Deux officiers T. le 5 sept. 1810, en Catalogne.

TROUPES ESPAGNOLES

Garde royale; régiment de grenadiers.......	Boucher, capit., B. (mort). } 31 août 1813, Daubenton, lieut., T. } passage de la Bidassoa.
2ᵉ régiment d'infant. de ligne (Tolède)....	Raymondy, lieut. A.-M., B. 21 juin 1813, bataille de Vittoria.
Chasseurs à cheval de Girone.............	Galy-Fauron, lieut., B. 2 nov. 1812, en Catalogne.
Chass. du Lampourdan.	Fabre, lieut., B. 23 juin 1813, affaire de Bagnolas; B. 9 juill. 1813, affaire de La Salud.

TROUPES DE BERG

État-major............	Gheiter, col.-brig., B. 8 juill. 1809, assaut de Montjouy.
Service de santé.	Praetorius, chirurg.-M., B. 19 juin 1809, devant Girone.
1ᵉʳ rég. d'infanterie....	Grouben, s.-lieut., B. } 19 sept. 1809, assaut Breidenstein, lieut. A.-M., B. } de Girone.
—	Becker, lieut., B. 28 nov. 1812, à la Bérésina (mort le 14 mars 1813).
2ᵉ rég. d'infanterie....	Blanck, capit., B. 20 juin et 8 juill. } Kochs, lieut., B. 20 juin. } Juin et juill. 1809, Hugo, capit., B. 8 juill. } siège de Girone.
Artillerie.............	Lothner, lieut., assassiné en mars 1811, en Catalogne.

TROUPES WESTPHALIENNES

	De Hadel, capit., T. 19 sept. 1809, assaut de Girone.
4ᵉ bataillon léger......	Kachler, lieut., B. mai 1811, au siège de Figuières.

TROUPES POLONAISES

4ᵉ rég. d'infanterie....	Poninski, col., B. 14 juin 1807, bataille de Friedland.
—	Maruszewski, capit., B. 11 août 1809, bataille d'Almonacid.
—	Lempicki, lieut., B. 19 nov. 1809, bataille d'Ocaña; B. 29 mars 1811, affaire de Ximena.
—	Rauer, capit., B. } Koludzki, lieut., B. } 28 nov. 1812, bataille Kielpinski, s.-lieut., B. } de la Bérésina.
—	Rauer, capit., B. 18 oct. 1813, bataille de Leipzig.

7ᵉ rég. d'infanterie....	Finmann, lieut., B. 28 juill. 1809, bataille de Talavera.
—	Wolski, lieut., B. 11 août 1809, bataille d'Almonacid.
—	Lemanski, s.-lieut., B. 19 nov. 1809, bataille d'Ocaña.
5ᵉ rég. de cavalerie...	Turno, col., B.
— ...	Konopka, major, B. ⎫ 14 juin 1807, bataille
— ...	Puchalski, chirurg.-M., B. ⎬ de Friedland.
— ...	Drzecwiecki, lieut., B. ⎭
— ...	Biskupski, chef d'escad., B. 18 mai 1809, prise de Sandomir.
6ᵉ — ...	Wiereinski, s.-lieut., B. 25 juillet 1812, combat d'Ostrowno.
Régiment de Cracus...	Un officier T. et deux officiers B. le 18 août 1813, en Saxe.
Artillerie............	Kobylinski, lieut., B. 14 juin 1807, bataille de Friedland.
—	Schulz, lieut., T. 28 juill. 1809, bataille de Talavera.

TROUPES LITHUANIENNES

17ᴬ rég. de lanciers...	Rymza, capit., B. 12 mai 1813, affaire d'Allembourg.

TROUPES BAVAROISES

3ᵉ rég. d'infanterie....	Kirchhoffer, lieut., B. ⎫ 16 mai 1807, combat
—	Passauer, lieut., B. ⎬ de Pultusk.

TROUPES SAXONNES

État-major............	Un officier B.
1ᵉʳ rég. d'inf. légère...	Un officier B. ⎫ 23 août 1813, affaire
6ᵉ rég. (de Rechten)...	Un officier B. ⎬ de Gross-Beeren (1).
Régiment de uhlans...	Trois officiers B. ⎭

TROUPES HESSOISES

1ᵉʳ rég. d'infanterie...	Coppet, capit., B.
— ...	Meyer, lieut., B. ⎫ 3 juin 1809, combat
— ...	Frésenius, lieut., B. ⎬ de Presbourg.
2ᵉ — ...	Königer, capit., B. ⎫ 22 mai 1809, bataille
— ...	De Rothsmann, s.-lieut., B. ⎬ d'Essling.
— ...	Königer, major, B. 2 mai 1813, bataille de Lutzen.

TROUPES BADOISES

2ᵉ régiment d'infanterie de ligne........	Meyer, lieut., B. 3 juin 1809, combat de Presbourg.
—	Eichfeld, capit., B. 11 juill. 1809, bataille de Znaïm.
4ᵉ —	Un officier T. 20 nov. 1810, route de Madridejos.
Bataillon d'inf. légère.	Langatty, lieut., B. 3 mai 1809, combat d'Ebersberg.
— .	Schwarz, capit., B. ⎫ 3 juin 1809, combat
— .	Bachelin, lieut., B. ⎬ de Presbourg.

---

(1) État numérique des pertes à Gross-Beeren.

TROUPES DES PRINCES DE LA CONFÉDÉRATION DU RHIN

2ᵉ rég. de Nassau...... Un lieutenant B. 22 nov. 1810, en Espagne.
Rég. de Wurtzbourg... Un lieutenant T. le 24 oct. 1811, près de Puycerda.
— ... BAUNACH, capit., T. 15 nov. 1812, combat de Wolkowisk.

FIN

NOTE

Page 21. — Lire : CHARBONNEL, général de brigade, B. 24 juill. 1810, défense du fort de la Conception.
— 28. — — DE SANTA-CROCE, adjudant-commandant, B. 9 mars 1811, combat de Pombal.
— 35. — — PÉRIÉ, capit., T. 7 sept. 1812, bataille de la Moskowa.
— 52. — — DE NOAILLES (A.), chef d'escad.
— 69. — — DELAITRE, lieut. A.-M., T. 17 nov. 1812, à Krasnoë.

TABLE DES MATIÈRES

I
L'EMPEREUR ET LES PRINCES 9

Pages.

II
ÉTAT-MAJOR GÉNÉRAL ET SERVICES GÉNÉRAUX DE L'ARMÉE

I
ÉTAT-MAJOR GÉNÉRAL

Maréchaux de France..	11
Généraux de division..	12
Généraux de brigade...	17

II
SERVICE D'ÉTAT-MAJOR

Adjudants-commandants...	27
Officiers adjoints...	30
Ingénieurs-géographes...	40
Aides de camp..	40

III
OFFICIERS HORS CADRES ET ÉTAT-MAJOR DES PLACES

Officiers hors cadres..	58
Commandants d'armes...	60
Adjudants de place...	60

IV
SERVICE DE SANTÉ ET ADMINISTRATION DE L'ARMÉE

Chirurgiens et pharmaciens principaux, majors, aides-majors et sous-aides-majors.	61
Inspecteurs et sous-inspecteurs aux revues.................................	64
Ordonnateurs, commissaires des guerres et adjoints.........................	64

V
SERVICES DU TRÉSOR, DES POSTES ET DES HÔPITAUX

Inspecteurs, directeurs, contrôleurs et employés	66

III
GARDE IMPÉRIALE

I
INFANTERIE

	Pages.
Grenadiers, fusiliers-grenadiers, tirailleurs, flanqueurs-grenadiers, chasseurs, fusiliers-chasseurs, voltigeurs, flanqueurs-chasseurs, vélites de Florence et de Turin, pupilles dépôt de tirailleurs et vétérans..................................	67

II
CAVALERIE

Grenadiers, dragons, chasseurs, mamelucks, chevau-légers lanciers, lithuaniens, éclaireurs, gardes d'honneur, gendarmerie d'élite, gendarmes d'ordonnance.....	93

III
ARTILLERIE, GÉNIE, TRAIN DES ÉQUIPAGES ET MARINS

Artillerie à pied, artillerie à cheval, train d'artillerie, canonniers-vétérans, génie, train des équipages et marins..	104

IV
GENDARMERIE

Force publique aux armées, légions départementales et légions d'Espagne.........	110

V
INFANTERIE

I
RÉGIMENTS D'INFANTERIE DE LIGNE...................... 115

II
RÉGIMENTS D'INFANTERIE LÉGÈRE...................... 385

III
TROUPES HORS LIGNES

Fusiliers vétérans, garde municipale de Paris, tirailleurs corses, chasseurs corses (du Liamone et du Golo), infanterie légère corse, légion corse, légions de réserve, compagnies de réserve, pionniers blancs, miquelets, bataillons auxiliaires, pionniers volontaires étrangers, chasseurs français rentrés, chasseurs d'Orient et chasseurs des montagnes...	468

IV
TROUPES COLONIALES

Légion du Cap, régiments de l'Ile-de-France, chasseurs coloniaux, troupes de Java, bataillon du Sénégal, bataillon de la Guyane, bataillon expéditionnaire, pionniers coloniaux et dépôts coloniaux..	478

V

GARDE NATIONALE, CORPS FRANCS ET DOUANIERS............... 483

VI

TROUPES AUXILIAIRES

Régiments suisses, bataillon de Neuchâtel, bataillon valaisan, régiments étrangers, régiments d'Illyrie, bataillon de tirailleurs du Pô, légion du midi, compagnies de police du grand-duché de Toscane, légion hanovrienne (infanterie et cavalerie), régiment albanais, bataillon septinsulaire, pionniers noirs, sapeurs ioniens, légion du Nord, légion de la Vistule (infanterie et cavalerie), régiments Joseph-Napoléon, pionniers espagnols, légion portugaise (infanterie et cavalerie), régiments croates, bataillons étrangers, régiment de Wesphalie.................. 491

VI

CAVALERIE

I

COMPAGNIE D'ÉLITE DU GRAND QUARTIER GÉNÉRAL, CARABINIERS ET CUIRASSIERS... 517

II

DRAGONS ET CHEVAU-LÉGERS....................... 537

III

CHASSEURS ET HUSSARDS....................... 579

VII

ARTILLERIE, GÉNIE ET TRAIN DES ÉQUIPAGES

I

ARTILLERIE..... 633

II

GÉNIE........................... 662

III

TRAIN DES ÉQUIPAGES ET AMBULANCES................. 670

VIII

MARINE

I

ARTILLERIE DE LA MARINE.................. 676

II

ÉQUIPAGES DE LA FLOTTE....................... 681

Bataillons d'ouvriers militaires....................... 691

IX

TROUPES ALLIÉES

I

Pages.

Régiments italiens, napolitains, espagnols de Joseph), hollandais, du grand-duché de Berg, wesphaliens, polonais, lithuaniens.................................... 692

II

Régiments bavarois, saxons, wurtembergeois, hessois, badois, des Petits Princes de la Confédération du Rhin, danois, autrichiens et prussiens................... 759

LISTE SUPPLÉMENTAIRE.. 801

Paris et Limoges. — Imprimerie militaire Henri CHARLES-LAVAUZELLE.

www.ingramcontent.com/pod-product-compliance
Lightning Source LLC
Chambersburg PA
CBHW071426300426
44114CB00013B/1333